希腊岛屿

本书作者

科里娜·米勒（Korina Miller） 亚历克西斯·艾弗巴克（Alexis Averbuck）

卡罗琳·贝恩（Carolyn Bain） 迈克尔·斯塔马蒂奥斯·克拉克（Michael Stamatios Clark）

格雷格·沃德（Greg Ward） 理查德·沃尔特斯（Richard Waters）

中国地图出版社

计划你的行程

在路上

VISIONS OF OUR LAND / GETTY IMAGES ©

米科诺斯岛（见178页）

目录

了解希腊岛屿

生存指南

特别呈现

欢迎来希腊岛屿

在碧蓝海水的拍打下，被阳光晒得褪色的遗址散落各处，希腊岛屿用神话故事充实你的想象，用本地美味填饱你的肚子，用真正的悠然自在放松你的精神。

大饱口福

去岛屿港口看看还在渔网里扑腾的当日渔获，海鲜无疑是希腊厨房的骄傲，没有哪个地方海鲜的新鲜程度可以和希腊岛屿相媲美。希腊人对于自己的美食深感自豪，并且会千方百计地让你大快朵颐。基本食材包括羊乳酪和橄榄油，辅以奶油奶酪和味道浓郁的奇特绿色蔬菜。即便是意大利面也呈现出独特的希腊风格，有丰富的酱汁，也许还有乌佐酒蒸贻贝，或是新鲜的烤蒜。传统菜肴包括烤胡椒酿米饭和奶酪，或烤羊肉配鲜柠檬和薄荷，都会一次又一次地吸引你。

保持活力

这是一片广袤多姿的大地，天空高远，海水蔚蓝，令人惊叹。面对此情此景，我们很容易理解为什么这么多关于众神和巨人的神话传说起源于此。对于所有喜欢户外运动的人来说，漂浮在洋面上的岛屿是他们的向往。你可以沿着鹅卵石铺就的拜占庭小径漫步，徒步至火山群中；或伴着海豚划皮划艇，亲眼看看海龟；或骑自行车穿越茂密的丛林。希腊也是尝试新消遣的理想之地，有一些世界一流的风筝冲浪、潜水及攀岩胜地。

时光旅行

站在被阳光晒得褪色的提洛岛遗址之间，或者漫步于重建的米诺斯克诺索斯王宫，你几乎能感受到古希腊人就在身边经过。从圣托里尼岛大规模火山爆发的灰烬下发掘出的阿克罗蒂里古城及罗得岛的中世纪城墙，都能带你迈步穿过时光之窗，回到往昔。无论是数量还是质量，希腊遗址都令人印象深刻。

岛上生活

不必小心翼翼地将脚趾伸进温暖的爱琴海，一个猛子扎进去吧！岛上生活不容错过。感受圣托里尼岛的壮观之美，或者沉迷于米科诺斯岛跳动的夜生活。徐徐穿行于春天繁茂的野花之间，慵懒地躺在夏季僻静的海湾沙滩之上。了解雅燃音乐（rembetika，希腊蓝调音乐）的忧郁悸动和自制酸奶黄瓜的浓郁口味。日子在广阔的蓝天和一望无际的蓝色海岸之间一天天消磨，这片海岸得天独厚，堪称欧洲最洁净的海滩。很多旅行者干脆定居在此，再也不回家了。

我为什么喜欢希腊岛屿

本书作者 科里娜·米勒

我被困在蒂洛斯岛——漂泊在爱琴海上的一座小岛。渡轮被取消，温暖的雨水倾盆而下，把我浇成落汤鸡。这不是我的海岛梦。我来到海滩边一座20世纪初的石质建筑，走进里面的酒馆，受到了随意不拘的欢迎，在这家老男孩的俱乐部喝一杯乌佐酒，就像液体阳光滑落我的喉咙。歌声在房间里响起的时候，有人随着音调演奏吉他。岛上生活看似千变万化，但温馨和热情始终不变。

了解更多作者信息，见646页。

上图：圣托里尼岛（锡拉；见229页）的落日

希腊岛屿

科孚镇
法国、意大利和英国风格影响的多元文化(525页)
雅典
古典与现代融合(58页)
伊兹拉镇
欧洲最美丽的岛屿城镇之一(147页)
哈尼亚
威尼斯建筑的迷宫(314页)
撒马利亚峡谷
欧洲最长的峡谷(326页)
MACEDONIA
马其顿
ALBANIA
阿尔巴尼亚
TIRANA
地拉那
ADRIATIC SEA
亚得里亚海
ITALY
意大利
GREECE
希腊
IONIAN SEA
伊奥尼亚海
MEDITERRANEAN SEA
地中海
MYRTOON SEA
米尔托翁海
EPIROS
伊庇鲁斯
THESSALY
色萨利
STEREA ELLADA
中希腊
PELOPONNESE
伯罗奔尼撒
ATTICA
阿提卡
IONIAN ISLANDS
伊奥尼亚群岛
ATHÍNAI希腊
Thessaloniki
萨塞洛尼基
Kalamaria
Halkidiki
哈尔基季基半岛
Gulf of Kassandra
卡桑德拉湾
Kassandra Peninsula
卡桑德拉半岛
Drama
兹拉马
Serres
塞雷
Mt Olympus
奥林匹斯山
Corfu科孚岛
Corfu Town (Kerkyra)
Lefkada Town
莱夫卡扎镇
Lefkada
莱夫卡扎
Ithaki
伊萨基
Sami萨米
Argostoli阿尔戈斯托利
Kefallonia凯法利尼亚
Agios Nikolaos圣尼古拉奥斯
Zakynthos Town
扎金索斯镇
Zakynthos
扎金索斯
Alonnisos
阿洛尼索斯岛
Skiathos
Skopelos斯科派洛斯岛
Sporades
斯波拉泽斯群岛
Evia
埃维亚
Marathon
马拉松
Piraeus
比雷埃夫斯
Rafina
拉斐那
Lavrio
拉夫利奥
Corinth
科林斯
Aegina
埃伊纳岛
Saronic Gulf
Poros
波罗斯
Hydra
伊兹拉
Spetses
斯派塞思
Tripoli
特里波利斯
Lakonian Gulf
扎科尼亚湾
Kythira
基西拉
Antikythira
安提基西拉岛
Kissamos-Kastelli
基萨莫斯-卡斯蒂里
Paleohora
帕琉霍拉
Exohi
Promahonas
Doïrani
Evzoni
Kilkis
Niki
Florina
Edessa
Giannitsa
Kotas
Naoussa
Kristallopigi
Veria
Alexandria
Kastoria
Ptolemaida
Kozani
Katerini
Lake Aliakmonas
Litohoro
Mertziani
Konitsa
Kakavia
Metsovo
Tirnavos
Sagiada
Ioannina
Kalambaka
Trikala
Larissa
Igoumenitsa
Volos
Pelion Peninsula
Karditsa
Parga
Arta
Lake Kremasta
Karpenisi
Lamia
Agios Konstantinos
Preveza
Mytikas
Mt Iti
Agrinio
Mt Parnassos
Messolongi
Nafpaktos
Delphi
Thiva (Thebes)
Patra
Gulf of Corinth
Mt Parintha
Diakofto
Perahora
Loutraki
Kyllini
Amaliada
Mycenae
Pyrgos
Olympia
Nafplio
Epidavros
Megalopoli
Kyparissia
Kalamata
Sparta
Geraki
Mystras
Pylos
Gythio
Monemvasia
Areopoli
Neapoli
41°N
40°N
39°N
38°N
37°N
36°N
35°N
19°E
20°E
21°E
22°E
23°E

0 100km
0 50miles

海拔高度
4000m
3000m
2000m
1000m
500m
0

斯基罗斯岛
浓厚的历史和艺术氛围(513页)

莱斯沃斯岛
宁静沙滩和清凉松林(458页)

圣托里尼岛
人文民俗和壮丽风景并存(229页)

帕特莫斯岛
加入复活节的狂欢队伍(410页)

奥林波斯
多姿多彩的村庄坐落在山地边缘(367页)

罗得老城
被壮观城墙环绕的中世纪城镇(348页)

普利维利海滩
被风景如画的修道院守护(313页)

克诺索斯
经过修复的米诺斯宫殿(284页)

BULGARIA 保加利亚
THRACE
Ormenio
Kastanies
Edirne
Orestiada
Didymotiho
Xanthi
Komotini 科莫蒂尼
Kipi
Kavala 卡瓦拉
Alexandroupoli 亚历山德鲁波利斯
Thracian Sea
İstanbul 伊斯坦布尔
SEA OF MARMARA 马尔马拉海
Thasos 萨索斯岛
Samothraki 萨莫色雷斯岛
The Dardanelles
Gallipoli Peninsula
Imvros (Gökçeada) 格克切岛
Limnos 利诺姆斯岛
Myrina 米里纳
NORTHEASTERN AEGEAN ISLANDS 东北爱琴海群岛
TURKEY 土耳其
Agios Efstratios 圣埃夫斯特拉蒂奥斯岛
Lesvos 莱斯沃斯岛
Mytilini Town 米蒂利尼镇
Skyros 斯基罗斯岛
Psara 普萨拉岛
Chios 希俄斯岛
Chios Town 希俄斯镇
Çeşme
İzmir
AEGEAN SEA 爱琴海
Nea Styra
Karystos 卡利托斯
Kuşadası
Gavrio 加夫里翁
Andros 安德罗斯岛
Kea 凯阿
Tinos 蒂诺斯岛
Ikaria 伊卡里亚岛
Samos 萨摩斯岛
Fourni Islands 富尔尼群岛
Syros 锡罗斯岛
Mykonos 米科诺斯岛
Patmos 帕特莫斯岛
Delos 提洛岛
Milas
Kythnos 斯基诺斯岛
CYCLADES 基克拉泽斯群岛
Leros 莱罗斯
Serifos 塞瑞弗斯岛
Hora (Naxos) 霍拉(纳克索斯)
Antiparos
Donousa 多诺萨
Bodrum
Kalymnos 卡利姆诺斯岛
Naxos 纳克索斯岛
Sifnos 斯弗诺斯岛
Paros 帕罗斯岛
Kos Town 科斯镇
Datça Peninsula
Marmaris
Little Cyclades 小基克拉泽斯群岛
Kimolos 基莫洛斯岛
Sikinos 锡基诺斯岛
Amorgos 阿莫尔戈斯岛
Kos 科斯岛
Datça
Symi 锡米岛
Ios 伊奥斯岛
Astypalea 阿斯提帕利亚
Nisyros 尼西罗斯岛
Milos 米洛斯岛
Folegandros 福莱安兹罗斯岛
Rhodes Town 罗得镇
Anafi 阿纳菲岛
Tilos 蒂洛斯岛
Kastellorizo (Megisti) 卡斯特洛里佐岛
Rhodes 罗得岛
Halki 哈尔基岛
Santorini (Thira) 圣托里尼岛(锡拉)
AEGEAN SEA 爱琴海
Lindos 林佐斯
Kattavia 卡塔维亚
MEDITERRANEAN SEA 地中海
DODECANESE 多德卡尼斯群岛
Saria
Olymbos 奥林波斯
Karpathos 卡尔帕索斯岛
Pigadia 皮加贾
SEA OF CRETE 克里特海
Crete 克里特岛
Kasos 卡索斯岛
Hania 哈尼亚
Rethymno 雷西姆农
Iraklio 伊拉克利翁
Knossos 克诺索斯
Sitia 锡蒂亚
Moni Arkadiou 阿卡迪奥修道院
Agios Nikolaos 圣尼古拉奥斯
Plakias 普拉基亚斯
Agia Galini 圣加里尼
Ierapetra
Matala 马塔拉
Gavdos 加夫多斯

40°N
39°N
38°N
37°N
36°N
24°E
26°E
27°E
28°E
29°E

希腊岛屿 Top 16

1

基克拉泽斯群岛环岛游

1 从米科诺斯岛和伊奥斯岛生机勃勃的夜生活和名流隐居处，到阿纳菲岛这样遥远小岛的僻静沙滩海岸，基克拉泽斯群岛（见159页）环岛游是不可错过的希腊体验。遍布古代遗址（试试提洛岛）、神秘的城堡（前往纳克索斯岛）、葱翠的景色和扣人心弦的海岸线（游览米洛斯岛），这些岛屿如同希腊播撒在海面上的明珠。乘坐双体船在爱琴海上乘风破浪，乘坐老式渡轮随波逐流穿梭于小岛之间，最后准确到达让你不虚此行的岛屿。被海水溅到的那一刻，你绝不会后悔。图为米洛斯岛（见250页）。

圣托里尼岛的日落

2 圣托里尼岛（见229页）是一座由火山喷发形成的著名小岛，虽然这里不是只有落日余晖的美景，但落日景象俨然成了独家招牌。每到夏日傍晚，悬崖边的菲拉镇和伊亚镇就挤满了游客。随着夕阳西下，太阳洒下属于夕阳的色彩，此时，整个崖壁变成了一块巨大的血红色画布，令人惊叹不已。你可以在悬崖边的任何一处拍到没有挤满游客的落日美景。若是错过了日落，也可以面朝东方等待同样让人叹为观止的日出第一道霞光……图为伊亚（见238页）。

MARKA / GETTY IMAGES ©

2

BKINDLER / GETTY IMAGES ©

罗得老城

3 一定要在罗得老城（见348页）流连一番。你可以远离人群，徜徉于鹅卵石铺就的小巷里，上方是一道道拱门，前方就是开放的广场。在这些隐蔽的角落里，你的想象力会随着中世纪的幻想飞离。你可以探访古代骑士的营房、老犹太聚集区以及土耳其区；可以在希腊小馆里聆听希腊传统音乐的现场演奏，或是在户外餐厅享用海鲜大餐；还可以漫步于城墙之上，一边是汪洋大海，另一边则可以俯瞰整座城市，这可是个活生生的博物馆。

帕特莫斯岛的复活节

4 虽然希腊日历上满是节假日，但到目前为止，希腊东正教最隆重的盛事就是复活节。体验节日氛围的最佳地点是多德卡尼斯群岛的帕特莫斯岛（见410页）。届时岛上生机焕发，焰火、街头舞蹈、盛大的户外烤羊肉活动，当然还有大量的乌佐酒（ouzo）。首先你将看到的是放满鲜花的棺材随着烛光游行，穿越首府，标志着耶稣受难日庆典的开始。到了周六晚上，人们要喊Hristos Anesti（基督复活了），并且打碎染得鲜红的鸡蛋。

撒马利亚峡谷

5 撒马利亚峡谷（见326页）自奥马洛斯起始，沿一片古老的河床向下直抵利比亚海，这是克里特岛游客最多的大峡谷。如此受欢迎当然有原因：壮丽的大峡谷是多种野生动植物的家园，有翱翔天空的食肉猛禽，也有绽放在春天里的绚丽野花。参观大峡谷要走上整整一天（光是下山就要6小时），因此一定要起个大早，走上这一趟一定能磨炼意志，强壮体格。若想要安静些，可以选择一些鲜为人知的峡谷，比如伊姆布罗斯峡谷（见324页），这条峡谷的走向大致与撒马利亚峡谷平行。

克里特岛美食

6 克里特岛（见270页）是大饱口福的理想地点。地中海饮食或许以其健康的优点而闻名，但使其成为传奇的却是新鲜的农产品、香草、现从海里捞上来的海鲜、气味浓烈的柔软奶酪，以及世界上最好的几种原生态橄榄油。在村庄里，尝尝手工千层油酥（filo）、希腊煮青菜（horta）或刚刚用网拖上来的红鲣。在城市中，当代厨师对传统菜谱进行改造，赢得了国际奖项也满足了食客。不知从哪儿吃起？不妨先吃一些开胃小菜（mezedhe），这会有助于你判断菜单上的菜肴。

体验卫城

7 卫城（见68页）依然是西方文明标志的精华，原因就是它的壮观。无论是清晨在卫城侧翼闲庭信步，还是晚餐时在露台上欣赏灯火辉煌的帕台农神庙，卫城体现出祖祖辈辈延续的力量与美丽的和谐统一。视线越过帕台农神庙，你会看到更宁静怡人的地点，比如精致小巧的雅典娜胜利女神庙（Temple of Athena Nike），而卫城博物馆（Acropolis Museum）则展现了卫城幸存珍宝的优雅美妙。图为帕台农神庙（见70页）。

伊兹拉

8 要去伊兹拉（见147页）只能走海路，这里没有飞机也没有汽车。到达这里，你会发现此地有保存完好的迷人的石头村落，一幢幢白金色的房子依天然洞穴及四周群山的山崖而造。接下来，你会进入如芭蕾舞剧般精致的港口生活。帆船、凯科轻舟以及巨型游艇遍布伊兹拉的码头，随处可见的港边咖啡馆里挤满了形形色色的人们。这里距离雅典仅90分钟的船程，你会在这儿找到超好喝的卡布奇诺，学到不少航海和建筑史的知识，还有天然海岸，一定会吸引你下水畅游一番。

7

8

DOUG PEARSON / GETTY IMAGES ©

ANITA BONITA / GETTY IMAGES ©

克诺索斯

9 与米诺斯人的幽灵擦肩而过，青铜时代的这个民族拥有高超得惊人的文明水平，大约4000年前他们的都城克诺索斯（见284页）统治爱琴海的大部分地区。在20世纪初期这处遗址被发掘之前，丰富非凡的壁画、雕塑、珠宝、印章及其他遗迹一直被埋葬在克里特岛的泥土之下。虽然部分重建建筑招致了争议，但克诺索斯依然是地中海地区最重要的考古遗址之一，也是克里特岛游客最多的旅游景点。

新锐首都

10 雅典（见58页）的生活是古代与现代的绝妙融合。这座城市有许多庄严的地标性建筑，宏伟的外观下蕴含着生命力与创造力。希腊人喜欢走出家门，享受一切。画廊和夜店经常举办展览、演出以及能展现这座城市艺术水平的装置艺术。餐馆和酒馆可以快速供应美食。无处不在的咖啡馆挤满时髦的当地人，话题从朋克摇滚到高级时装，不一而足。迪斯科舞厅和酒吧比比皆是，人们一直玩到深夜。图为莫纳斯提拉奇广场（见67页）。

普利维利海滩

11 克里特岛的普利维利海滩（见313页）是希腊最具标志性的海滩之一。普利维利海滩被一条淡水河一分为二，其两侧是布满海蚀洞的峭壁。利比亚海环绕普利维利海滩，在棕榈成荫的岸上形成了清澈的小水池，最适宜下去游个泳了。在海滩高处坐落着一座宏伟的修道院，拥有俯瞰海滩的绝佳视野。这座宁静的修道院曾是反奥斯曼组织的中心，后来也为同盟军提供掩护，从这里能看到壮丽的景色。

ATHANASIOS GIOUMPASIS / GETTY IMAGES ©

哈尼亚

12 在克里特岛最美丽、最具历史特色的哈尼亚（见314页）小镇，踏入曾经的威尼斯码头。海港边色彩淡雅的建筑似乎在海面的反射下熠熠生辉。后面曲折的石头小巷纵横交错，引人遐思，里面到处是威尼斯和土耳其式建筑。无论是购物、观光、用餐还是放松，哈尼亚在这些方面都出类拔萃。

科孚岛

13 科孚岛（见522页）的故事就写在城市主要建筑的漂亮外观上。这小小的一方天地挤满了各种风格的建筑物，随便逛逛，你就会看到拜占庭城堡、19世纪新古典主义的英式建筑、巴黎风格的拱廊、东正教教堂的塔楼，还有阳光斑驳的威尼斯老城的狭长街道。更远的地方，科孚岛尽是林木繁茂的青山、起伏不平的乡村地带以及气势恢宏的海岸线。如果这些建筑和景色还不够，那就来试试这里的意大利风味美食吧！图为科孚镇（见525页）。

莱斯沃斯岛

14 莱斯沃斯岛（见458页）的广阔与千变万化的风景相得益彰，宏大而壮观。起伏的橄榄树丛和凉爽的松树林伸向绿草茵茵的平原，那里矗立着世界上少有的一片石化森林。岛屿海岸排列着海滩，其中很多是游客难以触及之处。莱斯沃斯岛的首府米蒂利尼镇，有很多的学生，还有提供当地佳酿乌佐酒和葡萄酒的热闹咖啡馆和酒吧，生机勃发。略探小岛，精致的历史建筑历历在目。在这里，你会发现自己唯一缺少的就是时间。图为Plomari的港口（见470页）。

奥林波斯

15 奥林波斯（见367页）高高矗立在岩石海岸线上，看起来非常危险。当一日游的游客们都回去后，村庄又再次散发出宁静的魅力。小路两旁，妇女们在社区公用的烤箱烘焙面包，男人们则坐在门口的阶梯上雕刻木雕。几个世纪以来，他们的穿着打扮一成不变，说的也是一种近乎失传的语言。世界越来越小，这样的地方已经寥寥无几。趁它还存在，感受一下它的神奇魅力吧！

斯基罗斯

16 在充满活力的岛上社区斯基罗斯（见513页）感受艺术氛围。这里有希腊技艺最精湛的陶器工匠，最漂亮的器物。岛上的制陶业可追溯至过往海盗用陶瓷及其他劫掠来的珍宝交换当地商品的年代，这促使斯基罗斯人发展出了自己制陶的传统。斯基罗斯镇（Skyros Town）、马加齐亚（Magazia）和阿齐查（Atsitsa）有开放式作坊，游客们可以在此观看因“海盗的劫掠”而来的这种传承。

15

16

行前参考

更多信息见“生存指南”（见609页）

货币

欧元（€）

语言

希腊语

签证

中国大陆游客需要申根签证；港澳台游客不需要签证，半年内可以停留30~90天，入境时需提供住宿及机票等信息资料备查。

现金

ATM机分布广泛。规模较大的机构及景点可使用信用卡。在乡村和小岛上则只能用现金。一些主要城市都能使用银联卡，使用前请与商家咨询。

手机

国内手机开通国际漫游业务后都能在希腊使用，中国电信用户请确认所持手机是否支持GSM/WCDMA频段。只有匹配WCDMA频段的手机才可以在当地使用数据流量上网。建议使用当地的SIM卡拨打当地电话，这样更便宜。

时间

比北京时间晚6个小时，夏令时（3月最后一个周日到10月最后一个周日）比北京时间晚5个小时。

干燥气候
夏季温暖，冬季温和
夏季温和，冬季寒冷

旺季

（复活节和5月至8月）

➡ 一切都满负荷运营，交通非常繁忙。

➡ 住宿有时要花两倍价钱。

➡ 游客数量激增，气温也同时飙升。

➡ 在复活节期间也是相同状况。

平季

（4月、9月和10月）

➡ 住宿价格能下降20%。

➡ 温度更加宜人。

➡ 国内航班和渡船班次减少。

➡ 游客较少。

淡季

（11月至次年3月）

➡ 许多旅馆、景点和餐厅都闭门歇业，尤其是在岛上。

➡ 住宿价格不到旺季时的一半。

➡ 渡船班次很少。

➡ 温度下降，在雅典和克里特岛能看到雪。

网络资源

EOT（希腊国家旅游组织；www.gnto.gr）提供简要旅游信息。其中文网站www.visitgreece.com.cn提供旅游信息、出行帮助等。

希腊旅行页（www.gtp.gr）可查询渡船班次表及住宿情况。

Lonely Planet（www.lonelyplanet.com/greece）目的地信息查询、酒店预订、游客论坛。

文化部（www.culture.gr）文化活动及景点查询。

重要号码

在希腊拨打电话一定要加上区号，所以一般都要拨出完整十位数的电话号码。

国家代码	☎30
国际接入码	☎00
救护车	☎166
高速公路救援（ELPA）	☎104
警察局	☎100
旅游警察局	☎171

汇率

人民币	CNY1	EUR0.139353
港币	HKD1	EUR0.117004
新台币	TWD1	EUR0.027953
澳门币	MOP1	EUR0.113708
新加坡元	SGD1	EUR0.66133
美元	USD1	EUR0.90913
英镑	GBP1	EUR1.294025

实时汇率请查询www.xe.com。

每日预算

经济
少于€60

- 宿舍床位€10~20，希腊民宿（domatio）起价€25
- 在市场及街边小摊就餐：不到€10

中档
€60~100

- 中档酒店的双人间：€35~60
- 当地酒馆的丰盛一餐：大约€15
- 大部分景点的门票不到€15

高端
高于€150

- 高档酒店的双人间：起价€90
- 一流餐饮场所，其中一些有米其林星级：大约€60
- 诸如潜水（证书费用约€400）、帆船这样的活动
- 鸡尾酒：大约€10

营业时间

全年开放时间有所不同。以下提供的是旺季的开放时间，平季和淡季的开放时间会明显缩短，许多地方甚至会闭门歇业。

银行 周一至周四 8:30~14:30，周五 8:00~14:00

酒吧 20:00至深夜

咖啡馆 10:00至午夜

夜店 22:00至次日4:00

邮局 周一至周五 7:30~14:00（乡村）；周一至周五 7:30~20:00，周六 7:30~14:00（市区）

餐馆 11:00至正午，19:00至次日1:00

商店 周一、周三和周六 8:00~15:00，周二、周四和周五 8:00~14:30和17:00~20:00

抵达希腊

埃莱夫塞里奥斯·维尼泽洛斯国际机场（雅典；见620页）市中心、机场与比雷埃夫斯之间的快速公交24小时运营。市中心与机场之间的地铁列车运行时间为5:30~23:30，每半小时一班。乘坐出租车去市中心的费用为€30，车程1小时。

尼科斯·卡赞扎基斯国际机场（伊拉克利翁，克里特岛；见621页）6:15~22:45，1路公共汽车每10分钟一班，往来机场和市中心。乘坐出租车去市中心的费用为€10。

当地交通

小汽车 租车价格合理，除了非常小的岛屿之外，所有岛上都有。驾车可以自由探索岛屿，不过需要相当的勇气和道路驾驶技术。

船 渡轮连接各岛屿及大陆，包括双体船、设施齐备的现代渡轮和有船舱的夜船。时刻表并不准。旺季时预订比较明智。

飞机 国内航班众多，可以大大缩短行程。旺季时，航班很快就会被订满，因此要及早预订。

长途汽车 通常配备空调，班次频繁，长途汽车是在各大城市之间旅行的好方式。

淡季 淡季时，所有公共交通工具的数量显著减少，一些航班和渡轮的线路会被完全取消。

关于**当地交通**的更多信息，见620页。

初次到访

更多信息见“生存指南”（见609页）

清单

- 检查护照的有效期。
- 预订住宿和旅行过程中所需之物。
- 核对航空公司的行李限制，包括地区航班的行李限制。
- 告知信用卡/借记卡公司你的旅行计划。
- 买好旅行保险。
- 检查你的手机是否可以使用。

带什么

- 防水腰包
- 信用卡和借记卡
- 驾照
- 常用语手册
- 潜水资格证
- 手机充电器
- 电源适配器
- 锁/挂锁
- 轻便的雨衣
- 晕船药
- 驱蚊器
- 泳衣、呼吸管和脚蹼
- 衣夹和晾衣绳
- 耳塞

最佳旅行提示

- 尽可能安排在平季出游，即春末或秋初。此时天气宜人，游客也不太多。
- 一定要参观一些偏僻的村庄，你仍然能在这里找到原汁原味、真挚自然的传统文化。最好的办法是租车前往探索。停车吃个午饭，去当地商店逛逛，顺便练练希腊语。
- 至少品尝或逛一家当地的咖啡馆，一家港口边的海鲜小馆，还要看一场传统音乐会——这能让你最大限度地感受希腊文化。

穿什么

雅典人穿着十分考究，年轻人则穿得十分时尚，所以在这里你最好也注重一下穿着。在首都雅典和罗得岛以及伊拉克利翁（Iraklio）等其他大城市，你还是可以穿短裤或牛仔裤或休闲上衣的。但若去酒吧或时尚餐厅，就得精心打扮一番了，那些地方不要求多么考究，但必须新潮时尚。尽量穿洋气一点，别穿T恤和毛边短裤。在偏远的地方，可以穿得很休闲。夏天，这里能热得让你想裸奔，所以建议带上易干的背心和清凉的裙装。一定要带一双结实的步行鞋，因为这里到处都是鹅卵石小道。

住宿

淡季时预订住宿十分重要，因为许多酒店会歇业长达数月之久；而在旺季时预订住宿同样重要，因为酒店很有可能提前订满了。

- **酒店** 分为从A到E五个等级，其中A级为五星级度假式酒店，E级共用卫生间，热水不稳定。
- **希腊民宿**（Domatia）类似英国民宿的希腊民宿，只是没有早餐。如今，许多民宿会专门配有设施齐全的厨房。
- **露营地** 设立在多数区域和岛屿，经常包括热水淋浴、共用厨房、餐馆和游泳池。

现金

在城市以及较大的酒店、餐馆和商店，一般都可以使用借记卡和信用卡。维萨和万事达信用卡在希腊普遍适用。规模较大的旅游地区可以使用美国运通公司和大来卡，不过其他地方可能从未听说过这些卡。规模较小的家庭作坊，尤其是在偏僻的地方，不接受信用卡，只能用现金。大多数城镇都有ATM机，但有时会因发生故障而多日不能使用。因此，随身多带点现金是个明智且必要的选择。现金要放在安全处，比如腰包（注意：在国外第一次取款后，信用卡公司经常自动锁卡以防诈骗，为避免这种情况发生，需预先通知银行你的旅行计划）。

了解更多信息，见611页。

讨价还价

跳蚤市场和集市可以讨价还价，不过其他地方得支付固定价格。

小费

➡ **餐厅** 如果账单含服务费，只要留一点小费就很好了。如果账单不含服务费，则需留10%~20%的服务费。

➡ **出租车** 车费需向上取整多付几欧元。如果司机帮忙提行李则需再付一小笔费用。这属于正规收费，而非小费。

➡ **服务生** 酒店服务生或渡船乘务员都希望能收到€1~3的答谢小费。

语言

旅游业是希腊的重要产业，为了做好这门生意，很多希腊人已经学习了商务语言工具——英语。在城市及热门的旅游城镇，即使对希腊语一窍不通也能应付得来；不过在较小的村庄或是偏僻小岛，能讲点儿希腊语会大有帮助。无论在哪里，希腊人都会感激你这么努力地说他们的语言。简单实用的表达方式，见我们的“语言”章节（见630页）。

礼仪

➡ **餐饮** 食物通常摆放在桌子中间，大家共享。有人敬酒你一定要喝，因为这是他们表达善意的方式。如果有人请你出去吃饭，你不要坚持结账，这是对主人的一种侮辱。希腊餐馆里的上菜速度很慢——在希腊用餐是一种很漫长的体验，而催服务员是很不礼貌的。

➡ **照相** 在教堂里拍照要避免使用闪光灯，也不要拍摄主祭坛，这是忌讳。在考古遗址中，避免使用三脚架，因为一旦使用三脚架，管理者会以为你是专业摄影师，那需要特别许可。

➡ **宗教场所** 如果打算前往教堂，要带着披肩或长袖上衣，穿着长裙或长裤遮住腿，以示尊重。如果过于暴露，有的地方会拒绝让你入内。

➡ **肢体语言** 如果你感觉自己没有得到明确的答案，可能就需要借助一下希腊的肢体语言了。“是”要把头往前倾一下，也可以重复几次（但不是点头），而“不”则要稍稍抬头或是眉毛，往往伴随着“ts”的弹舌音。

就餐

与欧洲大部分地区一样，希腊人吃饭很晚，晚餐时许多餐馆不到晚上7点都不开门营业。热门餐馆需预订，通常需提前一天预订。

➡ **希腊小馆**（Taverna）不是很正规的小店，其特色菜经常是海鲜、炭火烤肉或传统家常烤制菜肴。

➡ **饭店**（Estiatorio）是较为正式的餐厅，提供类似希腊小馆中的饭菜或各国风味美食。

➡ **开胃菜馆**（Mezedhopoleio）供应开胃小菜（mezedhe），而乌佐酒馆（ouzerie）也是类似的餐厅，不过会提供一轮乌佐酒，然后再加上一轮开胃小菜。

➡ **咖啡馆**（Kafeneio）希腊最古老的传统之一，提供咖啡、烈酒和一些小吃。

如果你喜欢

艺术

为了展现雕塑这种最古老的艺术表现形式，无数考古博物馆中都收藏有古代雕塑和铜像，且大多是从爱琴海中发掘出来的。

拜占庭圣像 为希腊艺术家们提供了无尽的灵感，拜占庭圣像遍布全国各地的画廊，在这里，艺术家们创造出一件件精妙绝伦、色调金黄的作品。你可以到帕特莫斯岛上的美术馆（见410页）及罗得老城（见348页）去看看。

国家当代艺术博物馆 这是希腊艺术之旅的绝佳起始点。不过还可以在很多其他活动和众多美术馆里见证现代艺术在雅典的蓬勃与繁荣。（见79页）

艺术空间 这间超有格调的画廊位于圣托里尼岛最古老的葡萄园的酒窖内，这里也是希腊最大的画廊之一，常有一些希腊顶级的当代艺术家的作品展出。（见242页）

国家艺术馆 馆藏有大量贯穿希腊历史的艺术品。如今此馆正在扩建，扩建面积超过11,000平方米（见67页），计划于2016年重新开放，截至2016年1月装修仍未完成。艺术馆虽然目前闭馆，但游客仍可参观其分馆，包括国家雕塑艺术馆（见92页）。

步行

缓缓走在雅典的步行街上，在海风吹拂的羊肠小道上徒步，或者沿橄榄树和柏树掩映的小径前行。

克里特岛峡谷 壮观的撒马利亚峡谷（见326页）吸引徒步爱好者蜂拥而至，而其附近的兄弟峡谷——狭长的伊姆布罗斯峡谷（324页）和葱翠的圣伊里尼峡谷（见328页）也同样有种摄人心魄的美。

纳克索斯岛 沿着蜿蜒穿越橄榄树丛和原始村庄的小径前行，或者徒步前往宙斯洞穴。（见200页）

阿洛尼索斯岛 这里多数步行小径的尽头是可以放松躺卧的质朴海滩。（见508页）

荷马的伊萨基 走进《奥德赛》的故事背景，徒步穿越激动人心的岛屿风光和往昔的考古遗址。（见555页）

博物馆

希腊许多维护良好的现代博物馆是让人印象十分深刻的宝库。

卫城博物馆 雅典卫城附近出土的珍品都在这个设备顶尖的展厅中展出。（见73页）

贝纳基博物馆 这是一座私人博物馆，藏品丰富，有从迈锡尼和色萨利出土的青铜时代文物，也有埃尔·格列柯（El Greco）的作品，还有漂亮至极的希腊地方服饰。（见86页）

伊拉克利翁考古博物馆 拥有贯穿5500年悠久历史的各种藏品，其中最有名的是米诺斯文物，包括克诺索斯让人瞠目结舌的壁画。（见276页）

大理石工艺品博物馆 蒂诺斯的这座博物馆用最佳典范和有趣的展览创造性地讲解采石和雕刻技术。（见171页）

地方美食

从口味浓厚的肉末烧茄子（mousaka）到希腊烤肉（souvlaki），还有掺有蜂蜜的果仁蜜饼（baklava），都体现了希腊美食地道的家常风味。

土耳其菜的影响 在希腊北部的厨房能很深刻地感受到土耳其菜的影响力，向南传播，越过东北爱琴海群岛（见422页）和多德卡尼斯群岛。尝尝烤肉串（yiaourtlou，烤牛肉配酸奶皮塔面包）和香料甜食（siropiasta）。

意大利菜的影响 希腊人将意大利人留下的意大利面融入了自己的菜肴中。尝一尝makaroune

上图：撒马利亚峡谷的徒步者（见326页），克里特岛
下图：刚刚捕获的章鱼，伊亚（见238页），圣托里尼岛（锡拉）

（奶酪与洋葱烹制的自制意面），试一试科孚镇（见525页）精致的家常意面。

海鲜 海港旁边的菜品包罗万象，从鲭鱼、墨鱼到鱿鱼、海胆应有尽有。可以烧烤、油炸、烘烤，也可以加奶酪和香草一起烹制。在圣托里尼岛上的1500bc（见237页）和罗得岛上的Nireas餐厅（见355页），你可以尽情吃到饱。

葡萄酒 岛上有欣欣向荣的葡萄酒产业，包括用本地葡萄制成的口感清爽的白葡萄酒、丰富的餐后甜酒和令人陶醉的红葡萄酒。参观伊拉克利翁酒城（见286页）或圣托里尼岛的Argyros Canava（见242页），这是岛上最古老的酿酒厂之一，以其艺术空间美术馆而闻名。

现场音乐

全国各地的夜店都有传统的雅燃音乐乐队，演奏动人的希腊蓝调音乐。听现场音乐常常要伴食乌佐酒。

Stoa Athanaton 这家传奇性的夜店占据了中央肉市上方的一间大厅。一支由音乐家组成的乐队备受推崇，演奏城市流行民谣（laika）和传统雅燃音乐。（见114页）

Cafe Chantant 在罗得镇古老的气氛中，音乐家们弹奏着充满活力的曲调，当地人随音乐摇摆，还从长木桌上取乌佐酒来喝。（见356页）

摇滚音乐节 在一个露天公园里举办，大牌乐队云集，观众人头攒动。这是每一个摇滚人的梦想。（见97页）

科孚岛爱乐协会 1840年至今，这个具有远见卓识的乐团一直让这座岛屿飘荡着免费音乐会的旋律。（见528页）

每月热门

最佳节庆

东正教复活节，4月

希腊节，6月至8月

狂欢节，2月

八月月亮节，8月

葡萄酒文化节，7月

1月

在冬季的这几个月里，大部分岛屿都陷入冬眠状态。然而，首府却十分热闹，欢迎游客参加一些节日活动，不过这些节日并不是针对游客的。你将尽情体验本地生活，感受当地的热情，即使没有阳光。

圣瓦西利基（圣巴西尔）节[Feast of Agios Vasilios（St Basil）]

1月伊始有一系列繁忙的教堂仪式，之后还有互换礼物、唱歌跳舞和宴会庆典。人们会切开vasilopita（庆祝新年前夕的金黄蛋糕）；如果吃到了有硬币的那块蛋糕，将预示着你在新的一年里万事如意。

主显节（Epiphany）

1月6日这一天，希腊全国上下都会庆祝圣约翰（St John）为基督施行的洗礼。海洋、湖泊及河流都受到祝福，其中最大的仪式在比雷埃夫斯举行。

2月

虽然人们不太可能在2月前往希腊旅行，但如果你喜欢派对，狂欢节期间游览这里将不虚此行。

狂欢季

大斋节（Lent）前的3个星期，狂欢季拉开了序幕，并从1月中旬一直持续到2月末或3月初。一系列小型活动的举办促成了一个疯狂的周末，其中包括化装游行、五彩花船、盛大的宴会以及传统舞蹈。这些庆典在各个地区之间有明显的差异——帕特拉斯最隆重，斯基罗斯最离奇。

净周一（忏悔星期一）[Clean Monday（Shrove Monday）]

在大斋节的第一天（被称为Kathara Deftera），人们还会登上希腊各地的山头野餐和放风筝。

3月

3月，虽然这些岛屿仍昏昏欲睡，但岛上气温却已回暖，这使得3月的希腊岛屿安静而闲适，是个游览的好时候。3月有无数的宗教节日，所有城镇和各个岛屿都会兴致勃勃地加以庆祝。

独立日

3月25日，人们会用游行和跳舞来庆祝希腊国旗升起的纪念日。当时独立运动的支持者们在圣拉弗拉斯修道院升起了希腊国旗，标志着独立战争的打响。

4月

希腊一年之中最隆重的节日要数复活节了，尤其是各个岛屿，都会摆脱冬季的慵懒散漫。假日的周末，希腊人会忙于旅行，一定要提前预订好。

东正教复活节（Orthodox Easter）

各个社区欢庆耶稣复活的活动从耶稣受难日的烛光游行开始，其中最令人印象深刻的是爬上雅典的利卡维多山。为期40天的大斋期在复活节的星期天结束，人们摔碎染成红色的彩蛋、放鞭炮、大吃大喝，还会跳舞。要体验这个节日推荐前往帕特莫斯岛上的圣约翰神学家修道院。

圣吉尔吉奥斯(圣乔治)节[Festival of Agios Georgios(St George)]

圣乔治是这个国家及牧羊人的守护神。圣乔治节是4月23日或复活节后的第一个星期二。可以观赏或感受热情洋溢的舞蹈，参加有很多山珍海味的宴会，还可以感受如同派对一般的热闹气氛。

5月

5月是合适的徒步时间。温度仍相对适中，簇簇野花色彩斑斓，引人注目。当地的农产品充斥着希腊人的厨房。

五朔节(May Day)

每逢5月第一天的到来，人们都会成群结队地从城镇涌向乡村去野餐。他们采集野花，做成花环用来装饰房子。这个节日也与工人的权益息息相关，所以近年来也会举行不少的大规模罢工活动。

克里特岛战役周年纪念日

5月的最后一周，人们用仪式典礼、历史重现表演、运动会和民间舞蹈的方式纪念这场史诗般的战役和克里特岛人的抵抗运动。规模最大的庆祝活动在哈尼亚和雷西姆农。

6月

如果你对传统的村庄聚会不感兴趣，而热衷于当代活动的话，那6月来到希腊就对了，可以在大陆地区穿梭游览。顶级的国际和国内的表演艺术家们会在舞台上展现充满感染力的舞蹈、音乐以及戏剧演出。

海洋周(Navy Week)

为了庆祝长期以来与大海的依存关系，6月初全国各地的渔村和海港都会重现古老的活动，举办各种派对。

施洗者圣约翰节(Feast of St Johnthe Baptist)

6月24日，人们点燃五朔节时制作的花环，全国各处都在篝火的映照下显得闪耀明亮。

摇滚音乐节

摇滚节上有知名的国际艺术家和大量人群。6月末，节日在雅典周边的开阔绿地上举行。更多信息，请见www.rockwavefestival.gr。

希腊节(Hellenic Festival)

这是希腊夏季最重要的节日，国内国际的音乐、舞蹈、戏剧将会在节日期间上演，其演出的舞台包括坐落在雅典卫城斜坡上古老的阿迪库斯剧场(Odeon of Herodes Atticus)。活动从6月一直持续到8月底。详情和门票获取办法请查看www.greekfestival.gr。

米亚奥利斯节(Miaoulia Festival)

6月的最后一个周末，伊兹拉的庆祝活动热闹起来，以纪念希腊舰队司令Miaoulis和伊兹拉人在独立战争中的贡献。可以见到壮观的火船、焰火、划船比赛和民间舞蹈。

7月

此时，岛上温度飙升，海岸生活热闹喧嚣，同时户外影院和大型海滩俱乐部持续吸引着游客前来体验雅典的夜生活。如果你住的地方靠近海边的话，就可以饱餐新鲜的海鲜了。

葡萄酒文化节

这个节日在埃维亚的沿海小镇卡利托斯举行，节庆时间从7月一直持续到8月，该节日有戏剧表演、传统舞蹈、音乐演奏以及视觉艺术展览。节日最后，人们还可以品尝当地的每一种葡萄酒。

8月

不要小看8月的酷热，到时候你就会想减少活动，放慢速度，更彻底地放松。假如你打算8月中旬来旅游，需早早做好预订工作，因为希腊人也会开始出行，大量使用车辆和船只。

八月月亮节(August Moon Festival)

能看到一年之中最亮的月亮，在此月光下，雅典各处的历史古迹中都会提供免费演出。你可以在雅典卫城或是罗马市集这样的地方观看戏剧表演和音乐歌舞。希腊其他城镇和历史古迹也会举办活动来庆祝这个节日。详情请询问当地人。

圣母升天节（Feast of the Assumption）

8月15日的圣母升天节是合家团圆、共同庆祝的日子。这前后几天，所有的希腊人仿佛都忙碌了起来。还有成千上万的人进行朝圣之旅，去达蒂诺斯看看圣母福音教堂里曾经创造奇迹的肖像。

10月

虽然各岛消停了下来，不过10月这里仍会被阳光灿烂的天气所眷顾。城市生活依旧节奏飞快。

说不纪念日（Ohi Day）

1940年10月28日，墨索里尼要求希腊为他的军队提供无条件通行权的时候，当时的总理梅塔克萨斯（Metaxas）的著名回应就是一个简单的"不"（希腊语"ohi"）。这一天如今是重要的法定假日，有纪念仪式、游行、宴会和舞蹈。

11月

秋天的到来让气温渐渐下降。在克里特岛等地，橄榄的收获正如火如荼，羊乳酪生产也到了收获的时候，你可以尝一尝绝对新鲜的奶酪。

阿卡迪奥修道院纪念日（Moni Arkadiou Anniversary）

阿卡迪奥修道院纪念日是克里特岛的重要节日，11月7日至9日，在纪念在阿卡迪奥修道院被炸期间爱国主义活动掀起高潮。

上图：圣母升天节庆典，奥林波斯（见367页），卡尔帕索斯岛

下图：复活节传统面包（Tsoureki）里放着染红的鸡蛋

旅行线路

10天 雅典和基克拉泽斯群岛

如果你时间不多，这条仅需10天的线路就很带劲。囊括了雅典的几处必去景点，游览几座喧闹热门的岛屿，在比较安静的隐居地放松一番，感受慢节奏的岛屿生活。这些岛屿与大陆之间的交通方式众多。

在**雅典**停留几天，参观卫城，在古老的阿迪库斯剧场欣赏演出，在卫城博物馆之中漫步。感受雅典热闹的市场、当代艺术场馆和精彩的夜生活。

在**拉斐那**搭乘渡船，在时髦的**米科诺斯岛**待一两天，丰富多彩的港口、忙碌的酒吧，海滩上到处是享受日光浴的人，享受其间的乐趣。去神圣的**提洛岛**一日游，探寻古代遗址。跳上开往**纳克索斯岛**的渡轮，那里有基克拉泽斯群岛最青翠的山顶、威尼斯城墙的古镇、古雅的村庄和细沙绵软的海滩。继续前往**帕罗斯岛**，铺着鹅卵石的首府里到处是新潮的精品店和一流的就餐场所。去海边村庄纳乌萨（Naousa）享用鲜美的海鲜。

最后，游览宏伟的**圣托里尼岛（锡拉）**，观看令人赞叹的日落景色。探访杰出的酒庄和火山海滩，还有真正令人瞩目的米诺斯遗址——阿克罗蒂里（Akrotiri）。在这里搭乘飞机，返回雅典。

上图：米拉贝洛湾（Mirabello Bay），圣尼古拉奥斯（见331页）附近，克里特岛

下图：斯卡拉埃雷索（见467页），莱斯沃斯岛

2周 克里特岛和多德卡尼斯群岛

拥有极好的海滩、氛围独特的城镇和令人目瞪口呆的景点，克里特岛本身就是完美的旅行目的地。可以在东侧乘渡轮或在伊拉克利翁乘坐短途航班抵达毗邻的多德卡尼斯群岛。多德卡尼斯群岛具有丰富的多样性，且快速双体船使得环岛游成为一种享受。

从**伊拉克利翁**开始这段旅程，先参观出色的考古博物馆，前往令人印象深刻的米诺斯文明遗迹**克诺索斯**一日游。中途看看附近的**Peza**葡萄酒产区，此处风景优美，坐落于秀丽的山丘之间，阳光照耀着山坡，山谷中林木茂盛。从伊拉克利翁向东，沿着北部海岸来到休闲度假小镇**圣尼古拉奥斯**，这里每一寸土地都散发着迷人的魅力和时尚的气息。

圣尼古拉奥斯是探索周围景点的绝佳大本营。前往**金沙滩**（也叫Voulisma Beach）和**Istron海湾**看看延绵的沙滩。搭乘短途渡船穿过Mirabello海湾，欣赏迷人的**斯皮纳隆加岛**上的巨大堡垒。探索附近的米诺斯文明遗迹，包括**马利亚**，这是一处充满神秘色彩的宫殿；还可以租一辆自行车去探索富饶的**拉西锡高原**上的宁静村庄，这片高原坐落在两座山脉之间，是宙斯的诞生之地。

从圣尼古拉奥斯继续向东，经过**锡蒂亚**，前往**拜伊**的白色沙滩，这是欧洲唯一一片天然棕榈林海滩。向南则可以直抵**卡托扎克罗斯**，在那里能徒步穿越传说中的死亡之谷。

从锡蒂亚搭乘渡船，经过10个小时的航程后可到达**罗得岛**。在**罗得镇**待上几天，探索中世纪城墙环绕的古镇、附近的几处海滩、令人神往的拜占庭式教堂及方糖块一般的村庄林佐斯。登上双体船（每日都有班次）前往**尼西罗斯岛**，那里林木茂盛，郁郁葱葱，你可以深入冒泡的火山口去探险。继续前行，到**帕特莫斯岛**去感受艺术和宗教氛围，参观圣约翰写出《启示录》的洞穴。沿原路返回**科斯岛**，在美丽的凯法洛斯海湾（Kefalos Bay）的沙滩上度过旅程的最后几天，在科斯镇热闹的广场上品尝咖啡和鸡尾酒。最后从科斯镇转机飞往**雅典**。

东部岛屿线路

对于时间不紧张的勇敢旅行者来说，希腊的东部边缘有萧条的海岸、苍翠的风景、令人惊艳的景点和得天独厚的海滩。时间排定的渡轮定期发船，不过班次并非一直频繁，所幸你不急着离开，很多跳岛游旅行者乐于将探访时间从3周延长至3个月。

先在**罗得岛**停留几天，漫步穿过有城墙的中世纪古镇，体验独具氛围的现代夜生活。参观林佐斯卫城（Acropolis of Lindos）和北海岸摇摇欲坠的童话城堡，那里有非凡的景色。如果有时间，去**锡米岛**一日游，欣赏景色如画的海港和华丽的米哈伊尔帕诺米蒂天使修道院（Moni Taxiarhou Mihail Panormiti）。

离开罗得岛，启航前往气氛孤远的**蒂洛斯岛**，这里是适合鸟类和徒步爱好者的理想之地，有古老的鹅卵石小巷和仅能步行到达的小海湾。北上前往**莱罗斯**，那里有意大利风情的建筑、极为悠闲的氛围，以及引人入胜的地堡博物馆，后者介绍了这座岛屿在第二次世界大战期间的重要作用。继续往北，到达**萨摩斯岛**，你可以徒步穿越茂密的森林，抵达人迹罕至的瀑布，在闲适恬静的海滩懒散度日。从萨摩斯岛前往**希俄斯岛**，在南部村庄迈斯塔（Mesta），迷失在迷宫般的石头小巷里，然后进入腹地，徒步穿过高耸山影下的柑橘树丛。

接下来是**莱斯沃斯岛（米蒂利尼）**，诗人萨福（Sappho）的出生地，希腊最优质的橄榄油和乌佐酒产地之一。不必奇怪，这里还有热闹的夜生活。参观岛上迷人的现代美术馆、山顶的拜占庭修道院高山修道院（Moni Ypsilou）及其出色的古代手稿。风景与文化一样多元，包括咸腥的沼泽、喷涌的温泉、茂密的森林和柔软的沙滩。从这里前往**利姆诺斯岛**，在米里纳的水畔海鲜餐馆享用当日的渔获。继续去往僻静的**圣埃夫斯特拉蒂奥斯岛**，平躺在火山沙滩上，然后跳上开往**雅典**的夜船。

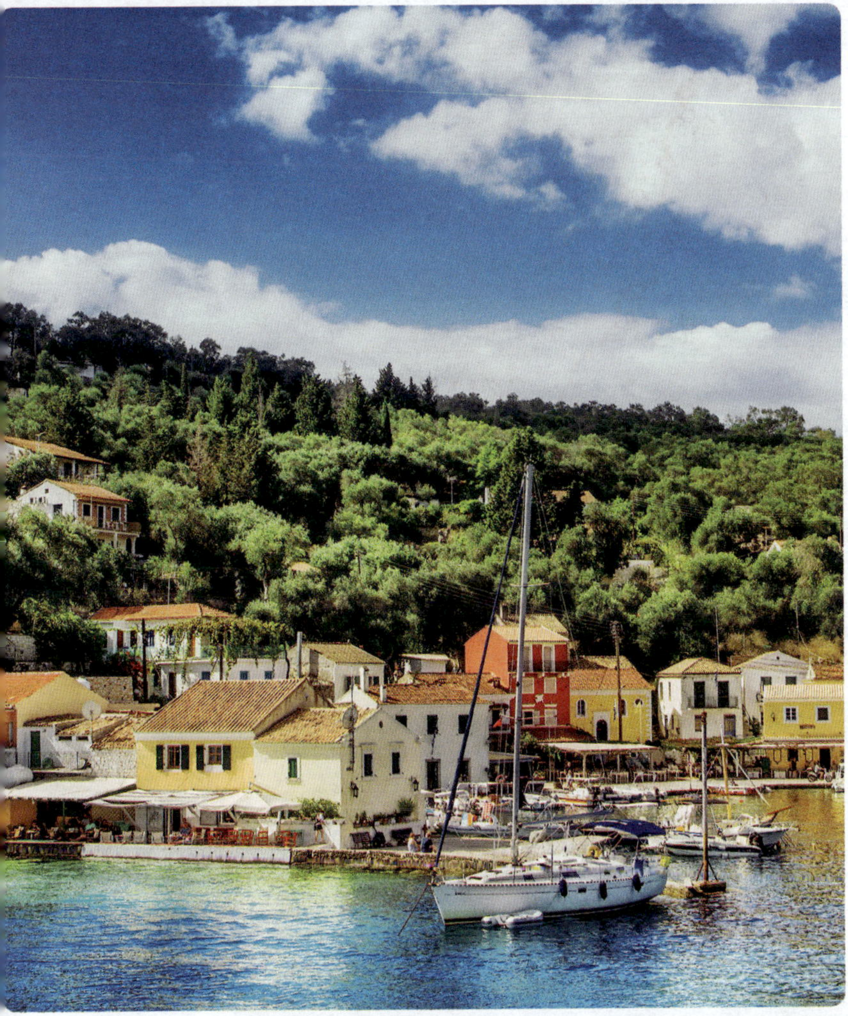

上图： 龙格斯（见538页），帕克西，伊奥尼亚群岛

下图： 圣吉尔吉奥斯（见535页），科孚岛

WESTEND61 / GETTY IMAGES ©

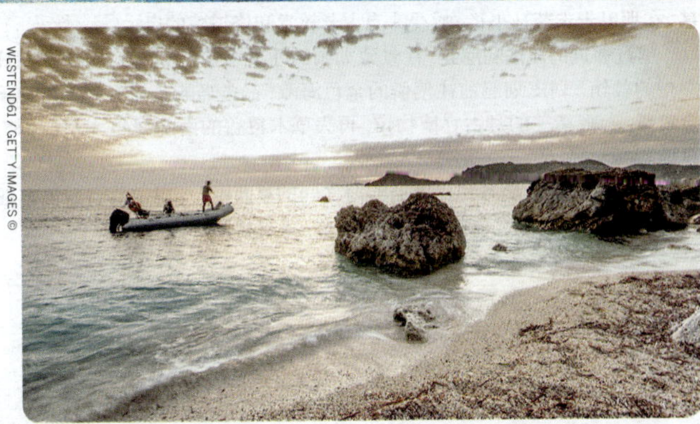

伊奥尼亚群岛

如果你渴望岛屿生活，连同漂亮的建筑、美味的食物、柔软的沙滩和壮观的景色，伊奥尼亚群岛之旅会令人非常满意。如果你还热衷于在旅途中增加些户外活动，那就更应该来这里了。在雅典乘短途飞机能到达这段线路的起止点，景色优美。

从**科孚岛**开始这段旅程，你可以在那里轻易消磨几天时光，缓步穿越科孚老城令人惊诧的意大利、法国和英国建筑群，埋首于美食之中。前往岛上世界级的博物馆和堡垒。探访风景如画的海岸村庄，懒散地躺卧在美轮美奂的沙滩上。如果你想多运动一下，科孚岛是帆板运动的理想场所，还可以试试在岛上内陆山区进行自行车骑行运动。

从科孚岛出发，搭乘渡轮前往小小的**帕克西**，古老的橄榄树丛和磨坊散落其内，宁静的小海湾背靠海岸线。威尼斯风情的绚丽港口期待你的逗留。离开这里，前往西海岸**莱夫卡扎**的海滩，那里无穷无尽的沙滩和碧蓝的海水让你欣喜若狂。去往南端玩帆板，然后继续到达**伊萨基**，在那里走走荷马小径，感受来自古老教堂和修道院的启示。

越过邻近的**凯法利尼亚**，在景致如画的菲斯卡尔宗（Fiskardo）的村庄过夜，那里有首屈一指的餐馆。划皮划艇前往偏僻的金色海滩，品尝岛屿备受好评的本地葡萄酒。乘船南下**扎金索斯**，参观精美的拜占庭博物馆，再去草木覆盖的南部海角。这座岛屿是濒危赤蠵龟的栖息地。

乘飞机南下爱琴海和伊奥尼亚海之间的**基西拉**，那里散落着白色方糖般的小村庄。返回现实世界之前，探索岛屿内部的田园风光、瀑布和偏僻的小海湾。

计划你的行程

海上巡游

在希腊这片美丽湛蓝的水域上，散落着超过1400个岛屿，因此海上巡游就成了希腊之旅中必不可少的部分。毫无疑问，海上巡航游览希腊已经成为越来越受欢迎的方式。这不仅能让你免于打理岛际行程安排的压力，能让你从容感受身后吹来的海风，还有不断迎接从海平面冒出来新岛屿的惊喜。

选择邮轮

邮轮已不再像过去那样是老年人和老虎机的领地了。为了迎合不断增长且要求越来越高的客户群，邮轮往往会根据客户需求及市场定位做出调整。行业竞争越来越激烈，也使得服务设施变得越来越好，出现了更加多样化的岸上观光活动，船上娱乐活动更加超值，餐饮选择也越来越多样化。无论是30多岁的单身贵族，还是带着孩子出行；无论是追求豪华享受，还是简简单单只想冒险，只要你有乘坐邮轮旅行的念头，这里就肯定有一条完美的航线等着你。

船舶尺寸

选择邮轮时别听那些天花乱坠的宣传信息，邮轮的大小才是最重要的，这直接关系到你的航行体验。巨型船看起来更像是漂浮的度假村，能承载上千人，而小型船只能乘坐不到50人。

大型船或巨型船

- 能容纳1000多人。
- 各种不间断的活动和完备的设施。
- 赌场、餐厅、水疗中心、剧院、儿童俱乐部、舞

邮轮之最

文化

银海邮轮（Silversea Cruises; www.silverseacruises.com）运营独家旅游团，其中包括语言和烹饪学习班，参加当地的客座演讲和娱乐活动。

自由

精钻邮轮（Azamara; www.azamaraclubcruises.com）提供顶级服务和即兴活动。

豪华

海梦游艇俱乐部（Seadream Yacht Club; www.seadream.com）提供超级贴心的服务，船员几乎和游客一样多。

小型个性化

Variety Cruises（www.varietycruises.com）的邮轮最多承载50名游客，而大海就是它的游泳池。

新奇

Star Clippers（www.starclipperscruises.com）运营的邮轮是世界上最高大的全帆装船。

厅、酒吧、咖啡馆和商店，一应俱全。

➡ 但是这样的船只往往无法驶入一些小岛的海港，只能参观那些热门大港口。

➡ 邮轮往往比小岛的规模还大，其乘客人数可能是目的岛上人口的两倍多。

中型船

➡ 能满足400~1000名乘客的使用需要。

➡ 中型船更重视目的地的选择，停靠的港口更多，游览的地方更多，而船上的活动则相对较少。

➡ 有水疗中心、游泳池、餐厅和酒吧。

➡ 能经常在小岛港口停靠。

小型船

➡ 旅行线路往往更为多样化，可以停泊在偏远的小港口。

➡ 更侧重于一个特定的游览目的，如寻求豪华享受或是以活动为主的冒险旅程。

➡ 没有游泳池、水疗中心、宽敞的船舱，也没有很多的就餐选择。

当地邮轮

国际邮轮往往会将游览希腊港口与其他国家的港口并入一条航线里，比如意大利、土耳其、克罗地亚的港口等，通常从一个港口开始，在另一个港口结束。而希腊本国的邮轮则通常仅专注于希腊国内的港口，并且提供往返服务。这些邮轮往往涵盖更多的目的地，每天都会停靠一两处。船员通常都是希腊人，让旅程更像是原汁原味的希腊之旅，同时美食和娱乐活动更倾向本地化，仅掺杂了一点点国际风味。

基地在希腊的一些邮轮值得一试，包括以下几艘：

➡ **Golden Star**（www.golden-star-cruises.com）中型邮轮，运营包括希腊岛屿、土耳其和意大利在内的短途巡游。

➡ **Variety Cruises**（www.varietycruises.com）小型豪华巡游，包括希腊岛屿中最小的几座。

➡ **Windstar Cruises**（www.windstarcruises.com）游艇式的小船，从爱琴海巡游至黑海。

上岸观光

上岸观光往往会使邮轮旅行显得更加物有所值，旅行社设计这些活动可以帮助你充分利用短暂的上岸游览机会。如果参观的景点不在港口附近，或有文化专家带队游览，那这样的上岸观光就最物有所值。如果景点都靠近港口，那也很不错，因为独自去探索会让人更加放松。如果你打算独自前去探索，那么预订之前更要做好功课，因为有些较大型的邮轮停靠的港口十分偏远，很难前往景区或主要城镇。

上岸观光项目都是在出发之前就预订好的，要不然就在一踏上甲板时马上预订。船上提供的上岸观光都基于"先到先得"的原则，一般都很受欢迎，所以如果你选

自驾游艇

自己驾驶游艇在海上航行是一种奇妙的旅行方式，让你能自由地游览偏僻荒芜的海岛。如果你买不起游艇，还有其他几个选择。如果两名船上成员持有航行证，就可以包租一条空船（不含任何船员），租金为每周€1700起，详情请查询**Set Sail Holidays公司**（www.setsail.co.uk）。如果更喜欢别人为你驾船，**Tasemaro**（www.tasemarosailing.eu）最多可容纳4名乘客，可以让你随心所欲地参与航海。每周的单人间/双人间费用€1050/1800起。

Hellenic Yachting Server（www.yachting.gr）提供周围岛屿的基本航行信息，还有包租游艇信息等各种链接。

适宜出航的时间从4月持续到10月，而其中最受欢迎的时段是从7月至9月。不幸的是，此时也恰逢干燥的北风（meltemi）最强的时候。不过在伊奥尼亚海（Ionian Sea）就没有这个问题，这里的夏天主要刮西北风（maïstros），这种下午开始刮起的柔和微风一般在傍晚停息。

巡游公司

公司	网址	船型	巡游时长	站点	预算
Azamara	www.azamaraclubcruises.com	中型	7~10天	希腊、土耳其、意大利	$$$
Celebrity Cruises	www.celebrity.com	超大型	10~13天	希腊、意大利、土耳其、克罗地亚、法国	$
Celestyal Cruises	www.celestyalcruises.com	中型和大型	3~7天	希腊、土耳其、塞浦路斯	$$
Costa Cruise Lines	www.costacruises.com	大型	7~9天	希腊、意大利、土耳其、克罗地亚、以色列	$
Crystal Cruises	www.crystalcruises.com	大型	7~12天	希腊、意大利、土耳其、西班牙、葡萄牙	$$
Cunard Line	www.cunard.com	大型	7~21天	希腊、意大利、克罗地亚、土耳其、法国、西班牙	$
Golden Star	www.golden-star-cruises.com	中型	3~7天	希腊、土耳其	$
Holland America Line	www.hollandamerica.com	大型	6~12天	希腊、意大利、西班牙、克罗地亚	$
MSC	www.msccruises.com	大型	7~10天	希腊、土耳其、克罗地亚、意大利、埃及	$
Oceania Cruises	www.oceaniacruises.com	中型	10~12天	希腊、土耳其、法国、意大利、西班牙	$$$
Princess Cruises	www.princess.com	中型和大型	6~24天	希腊、意大利、土耳其	$
Regent Seven Sea Cruises	www.rssc.com	中型	10~20天	希腊、意大利、土耳其、法国	$$$
Seadream Yacht Club	www.seadream.com	小型	6~13天	希腊、土耳其、意大利、克罗地亚	$$$
Silversea Cruises	www.silverseacruises.in	小型和中型	7~12天	希腊、西班牙、土耳其、意大利	$$$
Star Clippers	www.starclipperscruises.com	小型	7~14天	希腊、土耳其、意大利	$$$

择的邮轮是以提供上岸观光为主的，尽早预订就很重要了。团队游价格一般为半天€35~60，或是一整天€70~110。以活动为主的团队游，如骑山地自行车或划皮划艇，其价格往往更高，半天大约要€100。一开始就要确认费用包括所有观光开销。

预算

出游的时间不同，邮轮的价格也有很大的浮动。淡季时预订会很划算，但也意味着你可能只能参观一些最大、最繁忙的港口，因为淡季时较小的岛屿基本上都已封闭了。

便宜的邮轮价格为每天€100~175，中档邮轮价格为每天€175~380，豪华邮轮价格每天€380起，最高可达每天€630。费用包含餐饮、船上活动、娱乐、港口费和搬运费，有时还要付额外的燃油费。你另外还需要支出机票、小费、酒水、邮轮航行前后的住宿费用以及中间的上岸观光费用。留意找一下优惠套餐，如买一送一、含机票和酒店费用的套餐以及提前报名优惠价。

预订

如果你明确知道自己想要邮轮旅行上什么样的服务项目，那么简单而且直接的做法就是从网上预订，旅游信息和各种评论肯定会有帮助，但见多识广的旅行社能帮助你在众多选项中选出适合你的，并且会在额外上岸观光费用和其他附加费用方面提供建议，这是网上预订时经常会被忽视的。

提前预订经常会有优惠，并且在挑选客舱、上岸观光、餐饮场所等方面提供更多选择空间。如果你愿意灵活调整日程和旅行计划，也可以去抢最后时刻的优惠价格。如果通过邮轮公司预订机票，就意味着你要在机场集合，然后被直接带上船，如果航班或行李有延误，他们会等你，或直接把你送去第一个港口。

客舱选择

标准客舱类似于旅馆中的小房间，配有设备齐全的浴室，一张双人床和放置行李的地方。最便宜的选择是"内舱"（即没有窗户的客舱）。如果你有幽闭恐惧症，就要选择价钱高得多的"外舱"，外舱有一个窗户或者舷窗。楼层越高，客舱价格也越高，不过与此同时船身晃动也越剧烈。如果你晕船，最好选择下层甲板的舱位，那样不会太颠簸。

客舱定价是双人房的价格；如果单独旅行则需支付额外费用；如果你是三四个人组团旅游，并且愿意共享一间客舱，就可以省下不少钱。床铺（bunk）指的是上下铺，要不然就是一张双人床，或两张单人床，可推到一起拼成双人床。有时船上也有两个舱连接起来形成的家庭间。

需要注意你的客舱是否离舞厅太近；如果你订了外舱，就要注意视野是否可能被救生艇挡住。

船上生活

登船：会遇到什么

- 邮轮起航前2~3小时办理登船手续。
- 护照要拿去办理出入境手续。
- 客舱中会有第一天的活动计划和舱位图。
- 有人带你参观这艘船。
- 安全演练，这是法律规定所有船只都必须进行的。
- 可以开通一个船上信用账户。
- 你的餐桌分配表。

用餐

大多数船都会设定进餐时间，进行座位分配，预订时你可以选择喜欢的晚餐时间和餐桌大小。许多船只仍有正式晚餐，要求着装规范。规模较小的船上则比较自由，而另一些船则为那些没兴趣参加正式晚餐的游客提供了其他的用餐选择。

小费

首先，无须给船长或是高级船员小费，这就好比无须给牙医或是飞行员小费是一样的道理。在邮轮航行的最后一天，你将会在你的客舱里发现小费指南，一般是每人每天付€8左右。小费不是硬性规定要给的，但这占服务人员收入的一大部分，他们很期待能收到小费。

计划你的行程

环岛游

踏上希腊这片土地，你的旅程只能算进行了一半，因为环岛游是希腊之旅中不可或缺的一部分。无论是从五彩缤纷的港湾启航，在阳光普照的甲板上聆听浪花拍击的声音，还是乘坐螺旋桨驱动的双引擎飞机在湛蓝的海面上飞过，你绝对会体验到冒险的感觉。

计划要点

虽然像当地人一样随心所欲的环岛游是值得效仿的游览方式，但若稍作计划会让你旅行得更远。出发前就确定下来目的地、时间、路线和日程安排，这样你就能无忧无虑地享受你的假日旅行了。

在希腊旅游时，最好能空出些自由灵活的时间，这会让旅程更加愉快。因为与其他地方相比，希腊的交通信息尤其容易发生变化。无论是狂风天气还是工人罢工，都意味着又有临时通知告知飞机和轮船延误或取消了。渡船班次表和航空时刻表年年在变、季季不同，因为常常有某条线路被某个渡船公司竞标“赢走”。环岛游时，最重要的就是要记住：没有一个时间表是无懈可击的。

何时去

旺季

- 渡船和交通工具很多，不过要预订。
- 水温足够暖和，可以游泳。
- 干燥的北风（meltemi）向南吹过爱琴海，有时会打乱渡船时刻表。

平季

- 交通虽然会略有限制，但仍能到达大多数目

岛屿亮点

最佳文化旅游地

提洛岛 令人叹为观止的考古遗址

卡尔帕索斯岛 感受奥林波斯的多里安文化

帕特莫斯 参观圣约翰写出《启示录》的洞穴

罗得岛 徜徉在中世纪古镇之中

克里特岛 探索米诺斯的克诺索斯王宫

最佳活动旅游地

伊奥斯岛 潜水、帆板和滑水

克里特岛 徒步穿越欧洲最长的峡谷

卡尔帕索斯岛 尝试世界级的风筝冲浪

最佳淡季旅游地

圣托里尼岛 观看美丽的日落

伊兹拉 逃离雅典

克里特岛 中世纪的古城和山区小村庄

最佳餐饮旅游地

克里特岛 品尝口味丰富的地中海饮食

伊卡里亚岛 饱餐新鲜的龙虾。

科孚岛 享用烤肉、意大利调味饭和意大利面

的地。

- 水温依然非常凉。
- 观赏海洋动物的最佳时段从5月份开始，持续至整个9月。

淡季

- 由于船和飞机有限，提前计划至关重要。
- 只有那些不受寒冷水温影响的人才能在海里游泳。
- 提供水上运动的多数商家会在冬季歇业。

岛屿亲测

岛屿	饮食	适合家庭	人迹罕至	夜生活	海滩	文化	活动	交通方便
埃伊纳岛						✓		✓
阿洛尼索斯岛						✓	✓	✓
阿莫尔戈斯岛			✓			✓	✓	
安德罗斯			✓			✓	✓	✓
希俄斯岛	✓	✓			✓	✓	✓	✓
科孚岛	✓	✓			✓	✓		✓
克里特岛	✓	✓			✓	✓	✓	✓
埃维亚	✓				✓	✓	✓	✓
富尔尼群岛			✓		✓	✓		
伊兹拉		✓		✓		✓	✓	✓
伊奥斯岛	✓			✓	✓		✓	✓
卡利姆诺斯岛		✓		✓		✓	✓	✓
卡尔帕索斯岛			✓			✓	✓	
凯法利尼亚	✓	✓			✓		✓	✓
科斯岛		✓		✓	✓	✓	✓	✓
莱夫卡扎					✓	✓	✓	✓
莱罗斯		✓	✓			✓	✓	
莱斯沃斯岛		✓			✓	✓	✓	✓
小基克拉泽斯群岛			✓		✓			
米洛斯岛		✓			✓	✓	✓	✓
米科诺斯岛				✓	✓			✓
纳克索斯岛	✓	✓		✓	✓	✓	✓	✓
帕罗斯岛	✓	✓		✓	✓	✓		✓
帕特莫斯岛	✓	✓			✓	✓	✓	✓
帕克西			✓			✓	✓	✓
罗得岛	✓	✓		✓		✓		✓
萨摩斯岛	✓	✓			✓	✓	✓	✓
萨莫色雷斯岛			✓		✓	✓	✓	
圣托里尼岛	✓			✓	✓	✓	✓	✓
斯弗诺斯岛			✓			✓	✓	
斯基亚索斯岛				✓	✓		✓	✓
斯基罗斯岛					✓	✓	✓	✓
锡米岛						✓		✓
萨索斯岛		✓			✓	✓	✓	✓
扎金索斯					✓	✓		✓

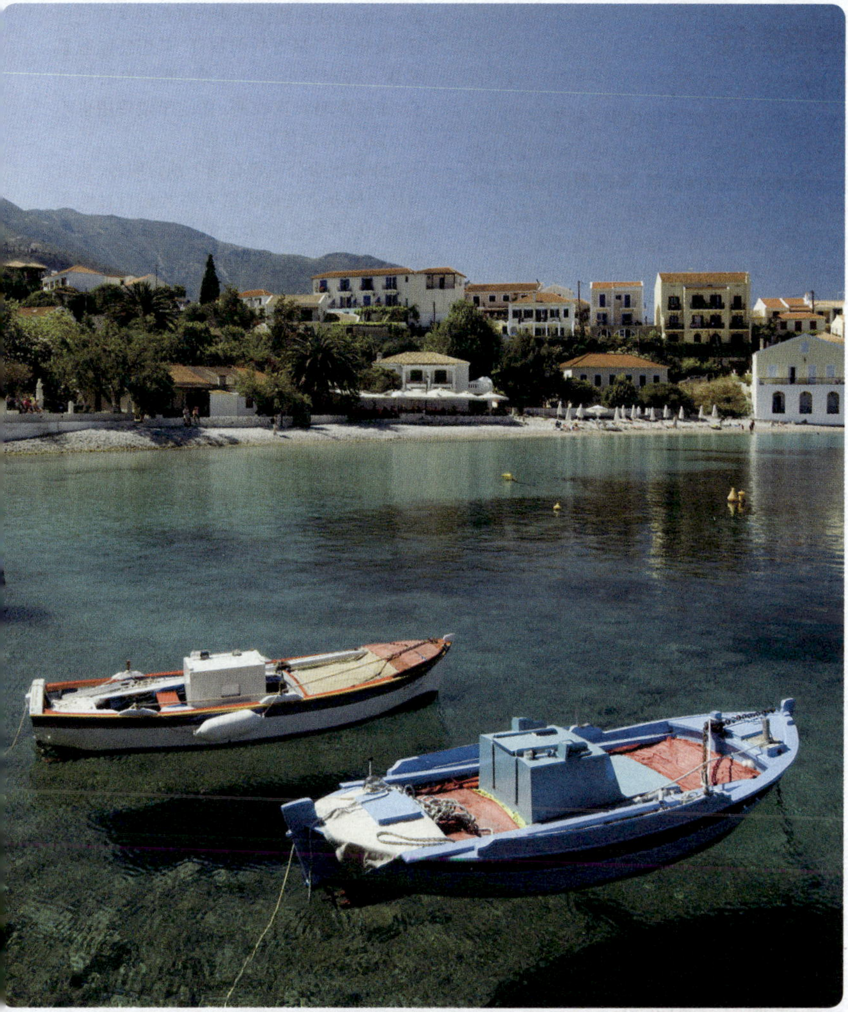

上图：阿索斯（见553页）的港口，凯法利尼亚，伊奥尼亚群岛

下图：希俄斯岛（见446页），东北爱琴海群岛

NEJDETDUZEN / GETTY IMAGES ©

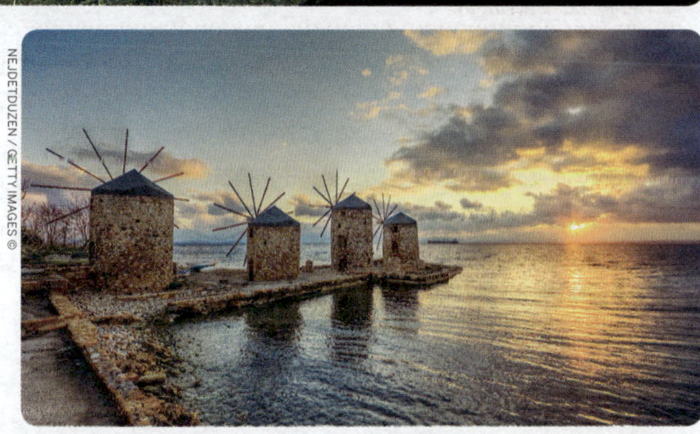

海路旅行

船队

希腊渡船系统规模庞大，种类繁多，航线覆盖了全部有人居住的岛屿。那些锈迹斑斑的慢船早已被淘汰了。虽然现在也能找到慢速小船，但是高速渡船已经越来越普遍，覆盖了大多数的常用路线。本地渡船、游览船和被称为凯科轻舟（caïques）的私营小渔船经常来往邻近的大小岛屿。你还能找到送你前往偏远海滩和小海湾的水上出租。另一方面，水翼船和双体船极大地缩短了旅行时间。水翼船已经过了全盛时期，不过仍继续连接一些比较偏远的岛屿和群岛。双体船已全面占领海面，提供更舒适的服务，能更好地应对恶劣天气。

想乘坐长途渡轮旅行，依然可以乘坐在岛屿间突突航行的慢船，蜷缩进甲板的睡袋里，节省夜间住宿费用。无论如何，过去10年间，希腊国内的渡轮经受了彻底的变革，如今，在保证速度的情况下，你也能非常舒适地旅行了。当然，代价就是海上长途旅行相当昂贵。从比雷埃夫斯到罗得岛，船舱过夜的床位比打折的机票还贵。

票务

由于渡船很容易出现延误和取消，短途旅行时你最好等到渡船确认即将开船再买票。旅游旺季期间，或需要汽车渡轮的车位时，都应当提前预订。像双体船这样的快速船，其船票往往要比慢速船提前很久就已售罄。夜班渡船最好提前预订，若想要船舱票或某一特定类型的卧铺票，那就更要预订了。如果渡船班次取消，你的船票费用也不会白费，可以改签下一班船。

许多渡船公司都有网上预订服务，也可以从当地办事处或希腊大多数旅行社购买船票。办事处会售卖大多数海滨港口的船票，但很少有一个办事处能出售所有船票，而且他们也不愿提供不代理的船票班次信息。大多数办事处外面都会显示班次时间表，可据此核对下一班离港船只，或向港口警察（limenarhio）咨询。

票价

渡船价格由政府统一定价，根据始发港口距离目的港口的距离而确定。不同售票机构在票价上会略有不同，这是因为有些机构少赚了一点佣金，让利"打折"（只是折扣很少会超过€0.50）。

高速渡船和水翼船票价要比传统的普通渡船高20%，而双体船通常比相应的慢速船贵30%~100%。通常而言，凯科轻舟（Caïques）和水上出租的价格合理，不过如果你尝试脱离主路线外的岛屿旅行的话，短途轮船显然更加有用但也很昂贵。5岁以下儿童免费，5~10岁的儿童通常半价。

舱位等级

小型船如水翼船和双体船，只提供一种舱位的船票，而如今大型船的舱位也不再分

如何减轻晕船症状

当航行船只遭遇恶劣天气时，即使拥有最强健的胃也会有晕船的感觉。为了不让胃里翻江倒海，这里有一些小贴士：

- 凝视地平线，不要看海。不要阅读，盯着你认为是稳定的东西看。
- 多喝水，少吃东西。很多人认为生姜饼干和姜茶会让胃部平静下来。
- 不要使用望远镜。
- 如条件允许，待在空气新鲜的地方，不要到甲板下面去。避免乘坐水翼船，因为那就意味着必须待在舱内了。
- 不要让大脑闲下来。
- 如果知道自己容易晕船，出发之前考虑买个按摩腕带。

等级了。在更加现代的渡船上，公共区域一般都向所有人开放。只有夜班渡船会提供不同等级的住宿船票。

甲板舱（deck class）票可供出入甲板和内舱的任何地方，但晚上没有住宿处；再好一点的是软座票，可以在如飞机座椅一般的座位上睡个觉；接下来就是各种各样的船舱住宿票，有四铺间、三铺间、双铺间。而内舱票价要比同等铺位的靠舷窗的外舱票价便宜。在大多数船上，船舱都非常舒适，类似一间设有私人浴室的酒店客房。

购买船票时，除非另行说明，否则会自动默认甲板舱票。若不加说明，所报价格也是甲板舱的价格。

托运汽车

虽然几乎所有岛屿都提供汽渡服务，但费用很昂贵，而且为了确保能登上船，通常要提前订好票。一种更加灵活便捷的旅行方式就是徒步登船，到了目的岛屿之后再租辆车。每座岛上都能租到汽车，而且一两天的租车费用也比较便宜。

信息来源

每周从比雷埃夫斯出发的渡船信息会由位于雅典的希腊国家旅游组织（EOT，国外称GNTO）发布，该组织力求信息准确。而在岛上，人们则可以向当地的港口警察咨询最新渡船信息，其办公处通常就设在码头或附近。

你可以在网上找到很多渡船服务信息，且许多较大的渡船公司也有自己的网站。一定要对照网上的班次时间表与运营商或是旅行社核对最新信息。有用的网站包括：

➡ **Danae Travel**（www.danae.gr）预订船票的好去处。

➡ **Greek Travel Pages**（www.gtp.gr）有很实用的渡船搜索程序和链接。

➡ **greekferries**（www.greekferries.gr）可以搜索到无数运营商的渡轮时刻表，包括住宿选择和多段旅程。

➡ **Open Seas**（www.openseas.gr）关于渡轮线路和时刻表的可靠的搜索引擎。

飞机旅行

各种机型

航空飞行可以省下在海上漂泊的时间，而且可以看到整个群岛的绝美全景。岛屿之间的航程往往很短，飞机也很小，导致飞行中颇为颠簸。希腊国内绝大部分航班是由合并的奥林匹克航空公司（Olympic Air）和爱琴海航空公司（Aegean Airlines）经营管理的，公司提供国内常规线路和有竞争力的优惠价格。除了这些航空公司之外，还有许多小型机构运营水上飞机，或是补充热门航线的空档。

票务及票价

最简单的订票方法是直接通过运营商来进行网上订票。在希腊的大多数旅行社也可以购买机票。在航班始发的城镇以及其他主要城镇中，奥林匹克航空公司都设立了办事处。在一周中间（周一至周四）旅行，往返机票会有折扣，若是周六晚上离开的话，折扣更多。在航空公司网站上，你能找到班次时间表的全部细节和信息。

信息来源

在网上最容易找到截至目前的最新航班时间表。航空公司通常在岛上都有当地办事处。

➡ **爱琴海航空公司**（www.aegeanair.com）国内航班。

➡ **阿斯特拉航空公司**（Astra Airlines; www.astra-airlines.gr）总部在塞萨洛尼基的航空公司，运营国内航班。

➡ **奥林匹克航空公司**（www.olympicair.com）爱琴海航空的子公司，运营更多国内航班。

➡ **Sky Express**（www.skyexpress.gr）以克里特岛为中心的国内航班。

和当地人吃喝

希腊人都喜欢出去吃饭，乐于与家人和朋友一起分享一顿欢乐漫长的大餐。无论你是在海边的桌子上吃海鲜，还是在灯火辉煌的雅典卫城中品尝现代希腊美食，在希腊吃饭绝不仅仅在于食物本身，而在于你整个的感官体验。

何时去

美食季

许多橄榄油生产厂家、葡萄酒厂、合作农场和奶酪制造商都全年开放供游客参观。橄榄收割在冬天达到高潮。春天有洋蓟及其他新鲜蔬菜，与此同时，奶酪制作进入佳境。夏季，新鲜的无花果、西瓜、樱桃及其他水果挤满市场。秋天，干果丰收，葡萄酒酿成。

美食节

每年都有节日庆祝当地特产和丰收季节。

渔民的节日（8月至10月）包括在莱斯沃斯岛的沙丁鱼节和伊萨基的银鱼节（maridha）。

整个埃伊纳岛的开心果产业会在9月中旬举办开心果节。

每年11月橄榄油出产的时节，Voukolies或克里特岛的其他村庄会举办Raki节（或称tsikoudia节）。

最佳集市

全年里，游客都可以参观雅典的中心市场、哈尼亚历史悠久的市集，还有每周一次的农贸市场。

美食体验

问问当地人哪家小馆好吃，然后直奔过去，前往海滨小鱼馆吃鱼，或到山区小村吃当地特色的肉。还可以找一些自种蔬菜、自酿葡萄酒和食用油的希腊小馆，那里的炸薯条都是手工切的，鱼也是店主自己（或是他兄弟姐妹之类的）捕捞的，不过这种地方已经越来越少了。

回味终生的美食餐厅

- **Varoulko**（见127页）提供希腊星级厨师烹制的极好的海鲜，同时能将雅典卫城美景尽收眼底。
- **Koukoumavlos**（见237页）现代爱琴海菜式，位于圣托里尼岛壮观的破火山口边缘。
- **Thalassino Ageri**（见320页）在绝美的环境中仔细看看经常更换的克里特岛菜单，从当日渔获开始。
- **Rambagas**（见259页）著名厨师在此向斯弗诺斯的烹饪传承致敬。
- **Katogi**（见228页）坐落在伊奥斯岛上，环境犹如一座热闹美丽的花园，提供诱人的创意开胃小菜。
- **Klimataria**（见534页）是一间不起眼的简朴希腊小馆，位于科孚岛上一个叫拜尼采斯（Benitses）的小渔村里，这里供应新鲜而简单的

价格区间

本指南中的价格是指主菜的平均花费：

€ 低于€10

€€ €10~20

€€€ 高于€20

食物，非常棒。

➡ **Thalassaki**（见172页）是蒂诺斯一家环境迷人的海边餐厅，巧妙地运用了当地的特色农产品和优质海鲜。

➡ **Hotzas Taverna**（见449页）希俄斯岛上一家经典的石屋希腊小馆，提供口味极佳的传统菜和创意菜。

➡ **Marco Polo Cafe**（见354页）闲适恬静的罗得岛镇花园庭院，常变的菜单上有美味的希腊和意大利菜肴。

实惠小吃

➡ **希腊烤肉**（Souvlaki）是最受欢迎的希腊快餐，用皮塔面包卷上希腊旋转烤肉（gyro；在立式烤架上烤肉片）或肉串，里面还有番茄、洋葱和大量的酸黄瓜。

➡ **馅饼** 面包房能做出数不清的馅饼品种，如奶酪馅饼（tyropita）、菠菜馅饼（spanakopita）以及其他各种馅饼。

➡ **街头小吃** 有新鲜的椒盐卷饼（koulouria）和时令小吃，如烤栗子或烤玉米。

烹饪课程

许多希腊知名作家和厨师在几个岛上和雅典地区都开设了烹饪工作坊，大都在春秋两季运营。

➡ **荣光希腊烹饪学校**（Glorious Greek Kitchen Cooking School；www.dianekochilas.com）每年7月和8月，Diane Kochilas在她的祖居小岛伊卡里亚岛上开设为期一周的课程，同时在雅典、克里特岛和基克拉泽斯群岛上也开设了课程和美食之旅。

➡ **凯阿岛作坊**（Kea Artisanal；www.keartisanal.com）Aglaia Kremezi和她的朋友开放了他们在凯阿岛上的厨房和花园作为烹饪工作坊。

➡ **克里特岛烹饪圣殿**（Crete's Culinary Sanctuaries；www.cookingincrete.com）Nikki Rose将烹饪课程与有机农场之旅、克里特岛周边文化之旅结合起来。

➡ **希腊美食博物馆**（Museum of Greek Gastronomy；见86页）每周三，博物馆的厨师会帮你快速烹制5道菜，可以与庭院里的葡萄酒品尝一同享用。

在家自制

一定要在行李中留出些空间给希腊当地特色食物（若是海关和检疫法规允许的话），比如橄榄、来自小型有机生产地的特级初榨橄榄油、气味芬芳的希腊百里香蜂蜜、干牛至、高山茶或甘菊花，或一罐水果蜜饯（spoon sweets）。

希腊厨房

希腊传统烹饪的精华在于时令自产食材。菜肴经过简单的调味，柠檬汁、大蒜、气味刺鼻的希腊牛至和极为原生态的橄榄油是典型的调味品，还有番茄、欧芹、莳萝、肉桂和丁香。

➡ **杂烩**（Mayiferta）一锅家常的烤制或炖制菜肴。早早准备，放凉后提味。著名的包括碎肉茄盒（mousakas；鸡蛋、碎肉、茄子和奶酪）、蔬菜酿米（yemista；蔬菜中加入米和香菜馅料）、柠檬炖肉（lemonato；柠檬和牛至配肉）和蔬菜炖肉（stifadho；番茄和洋葱炖甜肉）。

➡ **烧烤** 希腊人擅长烧烤和叉烧肉。希腊烤肉（Souvlaki）堪称国菜，形式多样，从串烧烤肉块到小吃皮塔饼卷配烤架上肉串式的旋转烤猪肉

咖啡

希腊咖啡是将传统的窄口咖啡壶（briki）放在所谓的"hovoli"热砂仪器上冲泡，并以小杯供应。点一份"metrio"（中等口味，加一勺糖），慢慢啜饮，直到现出杯底泥浆般的渣子（不要喝那些）。

羊乳酪

希腊用羊奶制作国民奶酪已经有大约6000年的历史。只有在希腊制作的羊乳酪才能被称为“feta”，和帕尔马火腿和香槟一样，受到欧盟的裁定保护。

或鸡肉，不一而足。烤羊排（Paidakia）和烤猪排（brizoles）也很受欢迎。

➡ **鱼和海鲜** 鱼经常整条烧烤，撒上柠檬和油类调味品（ladholemono）。较小的鱼，比如红鲣（barbounia）或银鱼（maridha）轻煎。章鱼要经过烤制、腌制或在葡萄酒中炖煮。热门海鲜菜肴有墨鱼浓汤、鱿鱼酿奶酪和香草，以及鱼汤（psarosoupa）。避开进口货的最佳方式就是寻找当地渔民开的酒馆。

➡ **开胃小菜**（Mezedhes）这些小菜（或开胃菜）经常被分吃。传统的菜式有酸奶黄瓜（tzatziki；酸奶、黄瓜和大蒜）、茄子泥（melitzanosalata）、鱼子酱（taramasalata）、柠檬汁蚕豆泥（fava）和煎奶酪（saganaki）。还可以留意肉丸（keftedhes）、猪肉肠（loukaniko）、酥炸凤尾鱼和葡萄叶米饭（dolmadhes）。

➡ **希腊沙拉** 这种无处不在的沙拉（horiatiki或“乡村沙拉”）用番茄、黄瓜、洋葱、羊乳酪和橄榄制成；但是经常饰以希腊煮青菜（horta）、胡椒、酸豆或干果。羊乳酪有时会换成当地奶酪。甜菜根沙拉也很受欢迎，经常搭配核桃和奶酪。

➡ **奶酪** 希腊各地生产多种不同类型的奶酪，大都使用羊奶，口味无穷无尽。除了羊奶酪之外，当地奶酪还有格拉维拉（graviera），一种果仁味淡味羊奶酪，类似瑞士格鲁耶尔干酪；凯斯利（kaseri），类似意大利熏干酪；还有类似乳清干酪的乳清奶酪梅扎拉（myzithra）。

地方特色

从奶酪、橄榄油，到盘子里的各种原材料，你在旅途中会发现很多地区差异和地域特色。克里特岛是一个深受美食家欢迎的目的地，具有鲜明的烹饪传统，不过各个岛屿都有自己的烹饪美食。一定要咨询清楚当地菜肴、奶酪和特产。

礼仪和餐桌礼仪

➡ 希腊小馆让人感觉悠然自得，完全放下心防。人们着装休闲随意，但在高档餐厅，当地人还是会穿得很讲究。

➡ 按西方标准来看，希腊的一些餐厅服务很慢或不能让人完全满意，但也不会催你离开。

➡ 通常埋单时才会清理餐桌，此时传统餐厅还会赠送免费水果、甜品或是一杯酒。最好刚开始吃饭就把收据放在桌子上，以防税务稽查部门突击检查。

➡ 希腊人吃饭的时候爱喝酒，他们的合法饮酒年龄是16岁，但是公共场所喝得酩酊大醉还是很罕见的，也让人难以接受。

➡ 高档餐厅需预订，而大多数的希腊小馆则没有这个必要。

➡ 账单含服务费，但是大多数人还是会留一点小费或是把单子凑个整数，一般小费是账单金额的10%~15%。如果你想AA制，最好先内部讨论好，希腊人通常都是轮流坐庄，争论的问题一般是到底轮到谁埋单。

➡ 希腊人是很慷慨而骄傲的东道主。不要拒绝他们请的咖啡或饮料，这是主人表示热情和友好的方式。如果有人邀请你出去吃饭，通常是东道主埋单。若是有人邀请你去他家里吃饭，带上一份小礼物（鲜花或是甜品）会显得礼貌一些。另外掌握好用餐节奏，因为主人希望你吃光盘子里的所有食物。

➡ 在封闭的公共场所禁止吸烟，包括餐厅和咖啡馆，户外空间可以随意吸烟。

如何吃喝

希腊人的热情以及令人放松的饮食文化，很容易让人融入当地文化中。

由于希腊拥有漫长的夏日和温暖的冬季，因此用餐体验以露天为主，餐桌都摆在人行道上、道路两旁、广场上和海滨沙滩上。

希腊人没有早上吃大餐的传统，早上通常是一杯咖啡、一根香烟，或者路上啃一个椒盐卷饼或奶酪馅饼。酒店和旅游区会提供西式早餐。

何时吃

希腊人晚餐吃得很晚，夏天很少会在日落之前就吃晚餐，与商店的打烊时间基本一致，所以餐厅往往晚上10点之后才满满当当全是人。为了避开人潮，可以晚上9点就进店。

尽管工作时间上的变化会影响传统饮食模式，但是午餐仍然是一天之中的大餐，通常从14:00后开始。

大多数希腊小馆全天开放，但一些高档餐厅仅供晚餐。

适合素食者

虽然素食者在希腊显得很怪异，但他们也能得到很好的招待，因为希腊烹饪的重要特色就是蔬菜，源于困难时期和东正教信仰斋戒传统的传承。

找找受欢迎的蔬菜菜肴，比如焖青豆（fasolakia yiahni）、秋葵（bamies）、烘焙蔬菜砂锅（briam）和葡萄叶米饭。至于营养丰富的野生蔬菜，苋菜（vlita）最甜，而其他常见类型有野萝卜、蒲公英、大荨麻和掌叶大黄。

甜品

按照传统，希腊在餐后提供水果，而不是甜点，但是当地也不缺少甜品和霄糕。传统甜品有果仁蜜饼、蜂蜜肉桂甜甜圈（loukoumadhes）、千丝卷（kataifi；内有坚果碎的意大利细面糕点）、大米布丁（rizogalo）和蛋奶糕点（galaktoboureko）。糖浆水果蜜饯（ghlika kutalyu）是作为欢迎招待放在小盘里提供的，不过也可以加在酸奶上食用。

来点乌佐酒？

乌佐酒（Ouzo），希腊知名烈酒，已成为希腊饮食和社交的一种方式，在慵懒而漫长的夏日午后，配着开胃小菜一同享用。慢慢啜饮乌佐酒，就当是品尝不同菜肴之前的清口。乌佐酒通常是小瓶供应或是用玻璃瓶（karafakia）盛装，配上一碗冰块来稀释它，同时会让酒变成雾蒙蒙的白色。

乌佐酒是由蒸馏过的葡萄与水果、谷物和土豆的残留物一起制成，以八角茴香为主的各种香料调味，让酒有一种甘草的味道。最好的乌佐酒产于莱斯沃斯岛（米蒂利尼）。

带孩子去吃

希腊人喜爱孩子，餐馆非常适合家庭用餐。在一些旅游地区，你或许能找到儿童菜单，不过希腊分享菜肴的方式很适合喂孩子。多数餐馆会为儿童做出调整。

节日饮食

希腊的宗教和文化活动必然要与宴会及他们自己的很多烹饪传统联系在一起。

40天的大斋节应运而生出素食（nistisima）：没有肉或乳制品的食品（或者油，如果你严格依照规定的话）。大斋节甜食包括哈尔瓦（halva），用芝麻酱做的马其顿式甜点（熟食店有售）和经常在饭后供应的粗面甜点。

染成红色的复活节鸡蛋装饰的甜面包（tsoureki）是一种用马哈利酸樱桃（mahlepi）和乳香脂调味的奶油面包。周六夜晚的后复活节弥撒晚餐包括杂碎汤（mayiritsa），而复活节那天，在全国各地都能见到插在钎子上的烤全羊。

新年前夜的午夜时分，金色的新年蛋糕（vasilopita）被切开，吃到硬币的人就会获

希腊葡萄酒

希腊的葡萄酒复兴得到了国际关注和赞赏，用独特的古老本土葡萄品种酿造出一流的葡萄酒。接受过国际培训的新一代酿酒师在希腊最好的葡萄酒产区酿造美酒，其中很多产区在海岛上。可以去圣托里尼岛、克里特岛、伊卡里亚岛、凯法利尼亚、萨摩斯岛和罗得岛参观葡萄园。

希腊白葡萄品种有玫瑰妃（moschofilero）、阿斯提可（assyrtiko）、阿斯瑞（athiri）、荣迪思（roditis）、罗柏拉（robola）和莎娃夏（savatiano）；受欢迎的红葡萄品种有黑喜诺（xynomavro）、圣吉提科（agiorgitiko）和卡茨法里（kotsifali）。

招牌酒或桶装葡萄酒质量大相径庭（白葡萄酒是更保险的选择），可以按公斤或瓶点。

希腊餐后甜酒有来自萨摩斯岛、利姆诺斯岛和罗得岛的一流的麝香葡萄酒，圣托里尼岛的圣桑托酒，以及黑月桂葡萄酒（经常用于烹饪）。

20世纪60年代，松香味希腊葡萄酒（Retsina）开始流行，对于外国人来说，依旧是极具民间意义的葡萄酒。这种酒适合搭配风味浓郁的食品（尤其是海鲜），有的酿酒商会生产这种酒的现代类型。

得好运气。

去哪吃

远离“游客餐厅”，到当地人吃饭的地方去——作为一个基本原则，不要去那些在主要旅游街道上的餐厅，尤其是那些外面挂着食物照片大招牌的地方。对于酒店的推荐饮食要谨慎选择，因为他们和某些特定餐馆达成了协议。

希腊小馆让人休闲放松，食物也物有所值。通常由家庭经营，也欢迎儿童。客人一来，服务员就会拿着纸台布、一篮面包和餐具放在桌上。

不要以装修或是景色来评定一个餐馆。不要去那些菜色无比丰富的餐厅，最好选择菜式较少的，因为那里的食物很可能更新鲜。

餐厅指南

➡ 经典的希腊小馆有几种特色版本，比如供应鱼类和海鲜的psarotaverna，吃炭烤肉或是叉烧肉的hasapotaverna或psistaria。

➡ 伙房（mayirio）擅长传统的一锅炖和焗烤菜（mayirefta）。

➡ 饭店（estiatorio）环境更为正式，供应高档国际美食或经典希腊菜肴。

➡ 开胃菜馆（mezedhopoleio）提供大量的开胃小菜。与此类似，乌佐酒馆（ouzerie）也有开胃小菜（通常跟一巡乌佐酒一起上来）。而地方小酒馆更多是喝当地烈酒，包括克里特岛上供应raki酒的rakadhiko。

点单建议

➡ 餐厅外面一定会有菜单与价格。英文菜单相当常见，不过偏远地区可能遇到只有希腊语的菜单。很多餐厅都会展示出当天的烤制菜肴大盘mayirefta，或鼓励你去看看厨房正在做什么。

➡ 你一进店就会有面包送上，有的店还会上少量蘸料或零食，这是必选项目，会被直接算进账单。

➡ 希腊不像其他西方国家那样有三步进餐范式，这里的主菜和开胃菜都是大份，供大家一起享用，有时候仅仅开胃菜就是一餐。上菜可能没有任何特定顺序。

➡ 冷冻食材，尤其是海鲜通常会在菜单上标出（希腊菜单上则会用星号或是“kat”标示）。

➡ 鱼通常是论公斤卖的，而不是按每部分多少钱来卖。鱼一般是整条烹制，不会剔骨切片后再做。这里的习惯是进入后厨挑鱼，最好选肉质紧实、眼睛明亮的鱼。先确认好生鱼的重量，这样结账的时候不会有意外。

计划你的行程

户外活动

碧蓝的海水和温暖的海风、多种多样的海底生物、令人叹为观止的悬崖峭壁、繁茂旺盛的森林，还有一条条古道……一直以来，希腊都因为这些风景而增色不少。不过，只是最近几年才有越来越多的游客从日光浴躺椅上抬起头去关注这些美景。无论你是风筝冲浪的新手还是狂热的自行车骑手，无论你想在幽深的峡谷徒步还是想从高地滑雪而下，选择比比皆是。

水上运动

潜水和浮潜

希腊海岸的任何一处都可以享受到浮潜的乐趣，到处都提供浮潜装备。你可以穿着脚蹼尝试潜泳，以下几个都是绝佳去处：帕罗斯岛的莫纳迪里（Monastiri）、科孚岛的帕莱奥卡斯特里萨（Paleokastritsa）、莱罗斯的希罗卡波斯湾（Xirokambos Bay）以及卡斯特洛里佐岛（Megisti）海滨附近的任何地方。很多潜水培训学校还会开船载着浮潜的学员们去最好的浮潜地点。

希腊法律规定，人们要在潜水培训学校的监督之下进行潜水，以保护地中海和爱琴海海底深处的众多文物。直到最近，潜水地点才放宽了限制，有更多潜水地点开放，潜水培训学校也随之蓬勃发展。你可以在以下地方找到潜水培训学校：科孚岛、埃维亚、莱罗斯、米洛斯岛、米科诺斯岛、帕罗斯岛、圣托里尼岛、斯基亚索斯岛，以及克里特岛上的圣尼古拉奥斯。

专业潜水教练协会（www.padi.com）会发布很多有用的信息，包括所有PADI认证的希腊潜水中心的列表详单。另外可以在Diving Greece（www.diving-greece.net）和www.

最佳户外活动地

徒步

撒马利亚峡谷 在高耸悬崖和漫山野花之中徒步。

安德罗斯 沿着老旧的山路前往深谷之中。

尼西罗斯岛 徒步穿越郁郁葱葱的丛林，深入火山口。

萨摩斯岛 漫步穿过树林，在瀑布下尽情畅游。

斯科派洛斯岛 徒步走过橄榄树林和原始草原。

行家

圣托里尼岛 拥有穿越峡谷的小道和可供潜水者穿越的沙质洞穴。

纳克索斯岛 徒步至宙斯洞（Cave of Zeus）。

帕罗斯岛 风筝冲浪运动的天堂。

新手

瓦西利基 学习风筝冲浪。

伊奥斯 有满足新手需求的潜水培训学校。

波罗斯 适合滑水运动初学者。

帕克西 可以在古老的树林中漫步。

科斯岛 在平原骑行。

"潜"入历史

在过去10年间，希腊的潜水法规已经放宽，允许潜水者参观更多的水下地点。虽然潜水者和潜水公司大都宣称这一举措具有积极意义，但历史学家和考古学家却深感担忧，并呼吁重启2007年之前的法律。那时的法律严格限制潜水活动，潜水地点也屈指可数。历史学家和考古学家为什么要这么做呢？原因就是水下考古遗址经常失窃。

希腊的海底世界拥有丰富的历史遗迹。几个世纪以来，许多陆地上的雕像都被回炉熔化制成了武器和硬币。因此，你在希腊的博物馆所看到的许多大型古代雕像都是20世纪从海底深处打捞上来的。大海现在已经成为这个国家残存下来的最大的考古遗址。尽管大约有100处已知水下遗址受到保护，但历史学家称可能仍有1000多处有待发现。希腊的海床是无数失事船只的墓场，一直可追溯至古典时期，这里既是让人着迷的潜水地点，也是引人入胜的考古温床。

尽管1932年颁布的一条法律明确规定被发现的所有文物均归国家所有，但据说仍有很多潜水者都带着雕像、珠宝、武士头盔或更多东西上岸。同时，考古学家声称就算被拿走的物件看似平凡，但也会影响甚至毁掉整个考古遗址。

要做到有素质地潜水，不要成为带着面罩、穿着脚蹼的海盗。对于文物，请做到只看不碰。

greeka.com/greece-sports/diving.htm上查询潜水中心、潜水地点、链接和文章。

帆板

帆板在希腊是一项十分受欢迎的水上运动。帕罗斯岛上的金沙滩（Hrysi Akti）和莱夫卡扎上的瓦西利基是帆板运动的两处顶尖基地。

岛屿周围也有许多适宜帆板运动的黄金地点，众多水上运动商店出租运动装备。你可以在以下地方亲自体验一下：米科诺斯岛上的卡拉法蒂斯海滩（Kalafatis Beach）、纳克索斯岛的圣吉尔吉奥斯、伊奥斯岛的米罗伯塔斯海滩、罗得岛南部的Prasonisi海角、科斯岛上的廷加基（Tingaki）附近和萨摩斯岛上的科卡利海滩（Kokkari Beach）。

几乎到处都能租到帆板，租金€10~25，价钱根据装备自身和店面位置而定。如果你是新手，大部分出租装备的地方还会对你进行培训和指导。可自由携带帆板进入希腊境内（每人一支），只要离开时带离该国即可，总之，要确认你所在国家的海关规定。

风筝冲浪和冲浪

对于风筝冲浪的高手来说，帕罗斯岛上的Pounda海滩有着绝对的吸引力。那里的海风四季不停，有理想的冲浪条件，以至于世界职业风筝冲浪锦标赛（PKRA）和世界风筝冲浪巡回赛（KPWT）都在此举办。浅水区则是学习冲浪艺术的好地方。纳克索斯岛上的米克里维格拉（Mikri Vigla）海滩也是一个很好的冲浪地点，那里美丽的白沙海滩上有专门的冲浪场地。

滑水

由于大多数岛屿附近的水面都相当平静，而且地中海的海水通常都很温暖，所以在这里滑水是一件让人十分开心的事情。不过，8月是个让人头疼的月份，因为此时干燥的偏北风（meltemi）会使爱琴海中部的滑水运动变得比较艰难。这项运动在波罗斯组织得相当不错，那里有个叫作**Passage**（☎22980 42540; www.passage.gr; Neorion Bay）的专门组织，开办了一个很受欢迎的滑水培训学校和一家回旋滑水中心。

陆地活动

徒步

希腊大多数地方是山区，从很多方面看来这里都是徒步者的天堂。受欢迎的徒步路线都得到了很好的维护，但**希腊登山俱**

乐部（Greek Alpine Club，简称EOS；☎210 321 2429；Plateia Kapnikareas 2，Athens）资金不足，这导致许多不太知名的徒步路线都杂草丛生，路标也严重不足。在克里特岛和埃维亚都会找到希腊登山俱乐部的分部。其中克里特岛和埃维亚的分部分别是希腊登山协会（Greek Mountaineering Association）和哈尔基达登山俱乐部（Halkida Alpine Club）。

步行探索的最佳岛屿目的地之一是克里特岛的撒马利亚峡谷，那里是名副其实的全球热门，热闹忙碌也不出奇。除了撒马利亚峡谷之外，克里特岛西部还有很多其他峡谷，适合不同水平的徒步者。在岛上你会遇到各种各样的道路，如kalderimia，这是一种用鹅卵石或石板铺就的小路，自拜占庭时期起就连通着各个居民点。其他还有牧羊人或修道士走的徒步路径（monopatia），它们连通着民居的羊圈或者通过没有标记的崎岖徒步路径连通偏远的居民点。牧羊人或动物走的徒步路径通常都非常陡峭难行。

如果要到人迹罕至的地方去冒险，那么一幅好地图必不可少。大多数旅游地图都不够完善。最好的岛屿徒步地图由希腊本土公司Anavasi公司（www.mountains.gr）和Terrain公司（www.terrainmaps.gr）制作。量力而行。每次动身前，都要将你计划的线路告知客栈或当地徒步协会。

春季（4月至6月）是徒步的最佳时节。经过冬雨的洗礼，村庄焕发出新绿，野花盛开漫山遍野。秋季（9月至10月）也是徒步的好时节。而7月和8月去徒步就没有太大的乐趣了，此时温度升高至大约40℃。无论哪个季节，都要带好装备：足以应付希腊崎岖多石

岛屿徒步热门地点

目的地	难度等级	说明
撒马利亚峡谷，克里特岛	容易至中等	欧洲最热门的徒步线路，有500米的垂直山壁、数不清的野花和濒危的野生动物（10月中旬至次年4月中旬无法通行）
扎克罗斯和卡托扎克罗斯，克里特岛	容易至中等	穿越神秘的死亡谷（Valley of the Dead），这条小径通向偏远的米诺斯宫殿遗址
特拉盖亚，纳克索斯岛，基克拉泽斯群岛	容易至中等	开阔的中央平原，有橄榄树丛、原生态的村庄及许多小路
斯弗诺斯，基克拉泽斯群岛	容易至中等	这片纵横交错的小径刚刚更新信息，覆盖了200公里的岛屿地带，遍布修道院、海滩和一览无余的风景
蒂洛斯岛，多德卡尼斯群岛	容易至中等	无数传统小径沿着扣人心弦的悬崖顶端通向下方与世隔绝的海滩；鸟类爱好者的天堂
尼西罗斯岛，多德卡尼斯群岛	中等至困难	富饶的火山岛，陡峭悬崖边的徒步小径通向热气蒸腾的火山口
斯泰尼，埃维亚	中等至困难	埃维亚的最高峰迪尔斐斯山（Mt Dirfys）提供了一日徒步者需谨慎对待的徒步机会
帕克西，伊奥尼亚群岛	容易	小径经过古老的橄榄树丛，蜿蜒穿过干石墙；非常完美地避开人群
伊萨基，伊奥尼亚群岛	容易至中等	神话爱好者可以在与特洛伊战争的英雄奥德修斯（Odysseus）有关的遗址之间徒步
萨摩斯岛，东北爱琴海群岛	容易至中等	探索这座爱琴海岛屿的宁静腹地，岛上有山村和安拜洛斯山（Mt Ambelos）草木丛生的北坡
伊兹拉，萨洛尼克湾群岛	容易	禁止机动车通行的岛上有维护良好的小路网络，通向海滩和修道院
阿洛尼索斯岛，斯波拉泽斯群岛	容易	小径纵横交错，通向质朴的海滩

帆板运动，霍拉（纳克索斯岛；见203页），基克拉泽斯群岛

地形的步行靴、宽檐帽、水壶和防晒系数较高的防晒霜。

许多旅游公司都经营团体徒步项目。其中最大的公司是Trekking Hellas（www.trekking.gr），提供克里特岛和基克拉泽斯群岛上的各种徒步路线，类型有自助式、多日旅程等。

骑车

希腊逐渐成为备受山地自行车手和渴望在海岸公路上兜风的新手们欢迎的自行车骑行地。如果有行李车的话，自行车可以带上火车；否则就要由列车员决定。在雅典和塞萨洛尼基之间的高速列车上，你可以要一个自行车包袋。每次都要核实当地是否要求你为自行车额外购票。

Cycle Greece（www.cyclegreece.gr）经营横跨希腊的公路骑行旅游和山地骑行旅游，各种难度等级的路线都有。Hooked on Cycling（www.hookedoncycling.co.uk/Greece）运营各种旅行路线，能乘船、骑车游览各个岛屿，还组织大陆地区团队游。Bike Greece（www.bikegreece.com）专门经营山地骑行旅游，有适合新手和熟手的不同旅游路线，时间为期一周。

希腊的很多地方都十分偏僻，请务必随身携带补胎工具包和急救箱。这里的驾驶员开车是出了名地快，并且总是不在指定车道上行驶。另外，在弯道和窄道处也要格外小心。7月到8月期间，大多数骑行者都会在正午到下午4点之间休息，以避免中暑和脱水。

计划你的行程

带孩子旅行

尽管希腊不像有些国家那样可以迎合孩子的需求，因为在这里没有不计其数的主题公园，也没有专门的儿童菜单，但无论到哪里，孩子们都会受到欢迎和接纳。希腊人特别喜欢孩子，孩子们在这里总能收到很多小礼物，受到各种优待。教会孩子们一些希腊短语，他们更会感到自己大受欢迎。

孩子们的希腊

景点和活动

即使最现代化的希腊博物馆，馆内藏品也不可能是所有孩子都喜欢的文物，但是孩子们在漫步于古老宫殿般的博物馆时，却常常会被周围的场景所吸引。文物背后的故事也会激发他们的想象力，比如从海洋深处捞上来的古代雕像或是角斗士曾经戴过的头盔。一般来说，很多古代遗址比博物馆更受孩子们欢迎，在那里他们可以尽情攀爬游览。

在希腊，海滩是最佳儿童游玩地之一。夏季，很多大型热门海滩都会出租滑水板、冲浪板、浮潜装备和帆板装备。许多海滩还提供授课指导服务、乘船游览服务和很大的橡胶气垫船。虽然有些海滩坡度很陡、水流很急，但通常每个岛屿都有相对平缓的一侧或是有保护措施的浅湾，当地人会给你指明前往的道路。

大多数城镇都至少有一座小型游乐场，而较大的城市往往有很好的现代化游乐园。很多时候，在公园内的咖啡馆享用咖啡和点心的同时就能欣赏到孩子们在游戏过程中克服语言障碍的天性。像罗得岛、克里特岛和雅典等更大型、更热门的地方还有水上乐园。

最佳儿童游玩地

雅典

对于儿童来说，雅典是个游览的好地方，这里有众多的古代遗迹可以攀登，还有博物馆和儿童景点以供游览。此外还有大型公园和花园、各种美食和适合家庭的旅馆。

克里特岛

克里特岛上的沙滩延绵不绝，克诺索斯王宫能激发孩子们的想象力。你可以住在一个固定的地方，参观周围的景点，避免了收拾行李、搬来搬去的麻烦。

多德卡尼斯岛

这里是家庭旅游的理想之地，有神秘的要塞和城堡、美丽的海滩、悠闲的岛屿和连通着多德卡尼斯各个小岛的快捷双体船。另外，这里的食物有着十足的意大利风味，这也意味着有很多适合儿童食用的意大利面食。

外出就餐

希腊美食的精髓就在于分享，可以点很多开胃小菜让孩子们品尝当地美食并从中找到他们喜欢的口味。你还会发现这里有很多适合孩子吃的东西，比如比萨、意大利面、煎蛋饼、薯片、面包、美味的馅饼和酸奶。

这里的大多数餐厅服务快捷，这对于要赶紧喂饱饥肠辘辘的孩子可是一个好消息。希腊小馆十分适合全家出游，店主一般十分乐意去迎合孩子的口味。菜肴中会放很多坚果和奶制品等食材，所以如果你的孩子对某种食材过敏的话，最好找人用简单明了的希腊语写下来出示给餐厅工作人员看。

住宿

许多酒店都让小孩子免费入住，并会在房间里加一张床。除了特别小的旅馆之外，所有酒店都提供旅行婴儿床，不过最好你还是提前确认一下。较大的酒店、城市和度假村通常都提供家庭套餐业务。为了迎合儿童的需要，会提供照管儿童的设施、附属的房间、戏水池、婴儿床和儿童高脚餐椅。

安全

带着孩子在希腊旅行十分安全、方便。希腊儿童有很大的自由度，经常能看到他们在广场和游乐场里玩耍直至深夜。但是旅行时带着孩子要格外警惕，要确保孩子始终知道要去哪里、要向谁求助。在海滩或是游乐场更应该如此，因为孩子在这里更容易迷失方向。还要注意的一点是，不要让孩子使用绣着他们名字或个人信息（如国旗）的箱包、衣服和毛巾等。这些信息很可能会被潜在的犯罪分子利用，假装他们认识你或你的孩子。

孩子还有可能遇到中暑、水媒传染细菌和疾病、蚊虫叮咬以及攀爬古代遗址和破旧的城堡时造成的刮伤和擦伤等危险。大多数岛屿都有大小不一的诊所，但是开放的时间却不固定，因此随身携带装有基本药物和绷带的急救箱就会方便得多。

适合孩子们的亮点

各种活动

➡ **乘船游** 乘坐双体船飞速穿越海洋，在小渔船上颠簸而行，或者航行到僻静的海湾来个一日游。

➡ **皮划艇** 划桨与海豚并肩而行，参观凯法利尼亚岛附近的海盗湾。

➡ **海滩时光** 在海浪间蹦跳，在沙滩上堆个沙堡，或者浮潜。记得向当地人打听一下适合儿童的海滩，帕特莫斯岛是个理想的起点。

➡ **骑车** 沿科斯岛上适合骑自行车的平坦公路前行。

➡ **运动场** 每座城市都有一座，大都经常受到维护，而且有树荫。

尽情游览

➡ **卫城**（Acropolis；见68页）希腊众神居住的地方，清晨游览的绝佳地点。

➡ **罗得岛中世纪古堡**（见346页）罗得岛的海边悬崖上布满了城堡，它们看起来摇摇欲坠，是攀岩和玩过家家游戏的好地方。

➡ **克诺索斯**（Knossos；见284页）当孩子们进入这座迷宫随心所欲地畅游时，他们就会开始天马行空的想象。

➡ **尼西罗斯岛的火山**（成人 €1.50；⌚9:00~20:00）你可以看到火山嘶嘶往外冒气，还可以听到火山咕嘟咕嘟冒泡的声音。

吃个痛快

➡ **Yemista** 塞满了米饭的蔬菜（一般是西红柿）。

➡ **Pastitsio** 与碎羊肉一起烤制的黄油通心粉。

➡ **Tzatziki** 用黄瓜、酸奶和大蒜一起制成的酱料或小菜。

➡ **Loukoumadhes** 油炸面粉团，浇上蜂蜜和桂皮粉。

➡ **Galaktoboureko** 包着蛋奶馅的面点。

➡ **Politikopagoto** 君士坦丁堡式的乳香冰激凌（比较耐嚼）。

瑰丽文化

➡ **狂欢季** 奇装异服、游行队伍和传统舞蹈都能让大孩子陶醉其中、如痴如醉。

➡ **足球** 买好票去看一场足球比赛，感受一下希腊人的民族精神。雅典和塞萨洛尼基的体育场

带什么

- 旅游儿童高脚餐椅（可充放气的儿童加高座椅或带椅背的布艺座椅。这些都很轻便，易于携带）
- 轻便折叠婴儿床（如果前往偏远地区的话）
- 汽车安全座椅（租车公司并非总能提供）
- 幼儿用的塑料水杯和餐具
- 药品、配有处方药的吸入器等设备
- 晕车药和驱蚊剂
- 帽子、防水防晒霜、太阳镜和水壶

吸引的人数最多。

- **希腊儿童博物馆**（见74页地图；☎210 331 2995；www.hcm.gr；Kydathineon 14，Plaka；⊙周二至周五 10:00~14:00，周六和周日 至15:00；Ⓜ Syntagma）免费 和雅典的孩子们一起建设、烘焙和研究。

旅行计划

平季（4月和5月、9月和10月）是带孩子旅行的好时候，因为这时天气回暖，人也不那么多。

为了让孩子们做好假期旅行的准备，并引起他们对于旅行目的地的兴趣，你可以提前让他们阅读相关书籍，或是看看相关电影。很多年纪较小的孩子喜欢希腊众神及希腊神话故事，而年纪稍微大的孩子则喜欢《妈妈咪呀》（*Mamma Mia*）或《古墓丽影》（*Lara Croft*），可以用这些电影作为希腊之行的背景铺垫。你还能找到关于希腊生活的儿童读物，里面包含一些简单的希腊短语，孩子们可以尝试着学一下。

如果孩子太小，不能长时间走路，那你就要考虑带一个结实的背包。因为有些城镇或村庄的路面很高，又铺着很滑的鹅卵石，不太适宜使用折叠婴儿车（即婴儿推车）。不过，若是折叠婴儿车结实又适合颠簸，也不妨多费点力气推车。

4岁以下的儿童可以免费乘船、公共汽车和火车。乘坐渡船时，10岁以下儿童半价；乘坐公共汽车和火车时，12岁以下儿童半价。超过年龄的儿童要买全价票。若是你抱着2岁以下的孩子乘坐希腊国内航班，需要另付10%的费用，2~12岁的儿童半价。如果你打算租车，最好带着自己的汽车安全座椅或儿童加高座椅，因为在这些方面，出租机构并不总是可靠，尤其是在小岛或当地办事处。

大城市和旅游区里都能买到鲜牛奶，但小岛上就比较困难了。购买鲜牛奶的最佳去处是超市。无论在哪里都能买到婴儿食品，比如热处理后的浓缩牛奶。纸尿裤也基本在哪里都能买到，但若是去偏远岛屿旅行的话，你最好把这些东西都带齐，以防当地买不到。

网络资源

- **My Little Nomads**（www.mylittlenomads.com/greece-with-kids）想找带孩子游览希腊的大量建议及热火朝天的讨论，登录戴维·霍格（David Hogg）的网站。
- **Travel Guide to Greece**（www.greektravel.com）马特·巴雷特（Matt Barrett）的网站，有很多适合家长的实用技巧。
- **Greece 4 Kids**（www.greece4kids.com）马特·巴雷特的女儿阿玛兰迪（Amarandi）汇总了一些她自己的建议。

地区速览

如果你找寻的是迷人的遗址，克里特岛、多德卡尼斯群岛、伊奥尼亚群岛和基克拉泽斯群岛都有独具氛围的建筑和古迹，吸引来潮水一般的人流。如果你喜欢运动，这些地方同样可以潜水、冲浪、攀岩、徒步和划皮划艇。它们为游客量身定做，体验者不在少数。

想看海滩景色，前往科孚岛、米科诺斯岛或科斯岛。万幸的是，几乎所有的群岛都有绝佳的偏僻小沙滩，不过若想真正避开人群，就得去东北爱琴海群岛。

有的群岛，包括多德卡尼斯群岛和基克拉泽斯群岛，拥有良好的交通，你可以轻松快速地从一个港口到达下一个港口。其他群岛，比如东北爱琴海群岛，需要花点时间探索，穿行往返需要更加无畏的精神。

雅典及周边

遗迹
夜生活
博物馆

古代希腊

参观卫城是不可错过的体验。不过别总是留在那儿！首都及周边地区散落着更多可探索的遗址，从市中心的古市集到苏尼翁角（Cape Sounion）的波塞冬神庙（Temple of Poseidon），不一而足。

雅燃音乐吧到海滩夜店

这座城市拒绝沉寂，其间有迷人的海边夜店、宁静怡人的雅燃音乐吧，包罗万象。

艺术和古代珍宝

从兼收并蓄的贝纳基博物馆（Benaki Museum）到十分现代的卫城博物馆，雅典对世界博物馆界做出了重大贡献。无论你对什么感兴趣，都能找到一座可以激发你热情的博物馆。

见56页

萨洛尼克湾群岛

活动
建筑
博物馆

潜水和山顶

在这片水域潜水非常神奇，有令人惊叹的海洋动物、沉没的海盗船和水下洞穴。波罗斯、伊兹拉和斯派塞斯的宁静腹地都有可探寻的森林和山顶。

传统建筑

伊兹拉景致如画，在传统建筑的楼顶可以一览无余地俯瞰港口。斯派塞斯的老港口展现造船传统，住宅则散落在岛屿各处。

航海收藏

这里的博物馆规模小，气氛悠闲。看看经过彻底改造的住宅、不拘一格的海军收藏品、镀金的教会用品、传统的船员住宅和内有凯科轻舟和游艇的舰船博物馆。

见136页

基克拉泽斯群岛

遗迹
美食
夜生活

神圣遗迹

提洛岛的神圣遗迹只在自己这座岛上展出，是希腊最重要的景点之一。圣托里尼岛的锡拉有镶嵌画，景色非凡，而独具氛围的阿克罗蒂里能让你探寻米诺斯古城的遗址。

当地饮食

熏鳗鱼和火腿、米科诺斯熏火腿、柔软的奶酪和野蘑菇在当地都能见到，占据了米科诺斯岛和帕罗斯岛的菜单，为传统食物塑造了现代的创意外观。

派对场所

米科诺斯岛的夜生活大名鼎鼎，有时几近疯狂，其余时间都歌舞升平。伊奥斯的派对场所没那么活跃，但也一应俱全，而圣托里尼岛的火山口上有鸡尾酒吧。

见159页

克里特岛

遗迹
活动
海滩

米诺斯遗址

辉煌的米诺斯遗址为岛屿增色不少。复原的克诺索斯王宫及其著名的迷宫令人印象深刻，是旅行的主角。

峡谷

一条步行小路蜿蜒穿过撒马利亚峡谷陡峭的山壁；该峡谷是欧洲最长的峡谷，也是克里特岛最热门的景点之一。这里还有更宁静但同样扣人心弦的峡谷，适合徒步和攀岩，山区内部隐藏着隐士的洞穴和“闹鬼的”森林。

一望无际的沙滩

克里特岛连绵不绝的沙滩柔软细腻，棕榈林立，令你难以取舍。有的沙滩常有名人出没，有的沙滩是僻静的绿洲，然而全都值得你陷入脚趾。

见270页

多德卡尼斯群岛

建筑
活动
美食

教堂和城堡

丰富多彩的养眼建筑，包括童话中的城堡、绘有壁画的拜占庭教堂和有城墙的中世纪城市。你能找到山中躲避海盗的村庄、古老的神庙遗址和意大利风格的港口城镇。

户外活动

世界一流的攀岩、风筝冲浪、赶海、潜水和徒步地点都在这里。沿着古老的步行小径，徒步进入冒烟火山的破火山口，或者在波涛中冲浪。

意大利风格

受意大利风格影响的传统希腊菜式结出了美味的果子。尝尝富有创意的比萨、意大利面、炖菜和酿菜、许多新鲜奶酪、蜂蜜、野菜和香草、海鲜和烤肉。

见343页

东北爱琴海群岛

活动
美食
海滩

游泳

潜入岛屿周围的清澈水域，你会被可以步行或骑自行车探寻的瀑布、河流和原始森林吸引。

新鲜的海鲜

每天都享用新鲜的海鲜大餐是这里的生活方式。你可以吃到海瓜子、海胆、小龙虾、烤鳕鱼和龙虾，同时畅饮乌佐酒和萨摩斯岛的甜酒。不论你走到哪里，都能尝到当地的家常菜。

隐蔽的小海湾到度假村

这里有伊卡里亚岛偏远的白色鹅卵石海岸，有富尔尼群岛的隐蔽海湾，还有希俄斯岛上连绵的原始沙滩和萨摩斯岛上的海滨度假胜地……你离爱琴海轻轻拍打的海滩一定不会太远。

见422页

埃维亚和斯波拉泽斯群岛

活动
美食
夜生活

水上活动

泡进温热的海水，游览海洋公园时观赏海豚，徒步穿越橄榄树丛。该地区的水深以适合水肺潜水而闻名，为新手和老手都提供了机会。

当地食材

不可不品尝当地蜂蜜，尤其是冷杉（elatos）和松树（pefko）品种的蜂蜜。另外尝尝极其新鲜的鱼——从渔网里挑选，在码头享用。本地产的蔬菜和压榨橄榄油使得家常菜就像出自祖母（yiayia）之手。

现场音乐

在这里，夜生活就是倾听全国最著名的几位布祖基琴演奏家弹奏，在低调的葡萄酒吧里观赏日头落下地平线。

见489页

伊奥尼亚群岛

建筑
活动
美食

宅邸和风车

科孚镇融合了各种风格的建筑，有色调柔和的威尼斯式豪宅，也有法式风格的拱廊，还有英国新古典主义风格的建筑物。相邻岛屿上则拥有传统的白色村庄和古老的风车。

划皮划艇和散步

划着皮划艇来到偏远的海湾，扬帆远航穿越深蓝色的爱琴海，徒步穿越山区。这里延绵不断的美丽海岸线和宁静的内陆地区吸引着爱冒险的人来此探险。

科孚风味

入口即化的炖肉、大蒜、家常面包、意大利海鲜烩饭和手卷面食，都暗示着意大利风味的影响。科孚岛未被土耳其统治过，这里的菜独具特色。

见520页

在路上

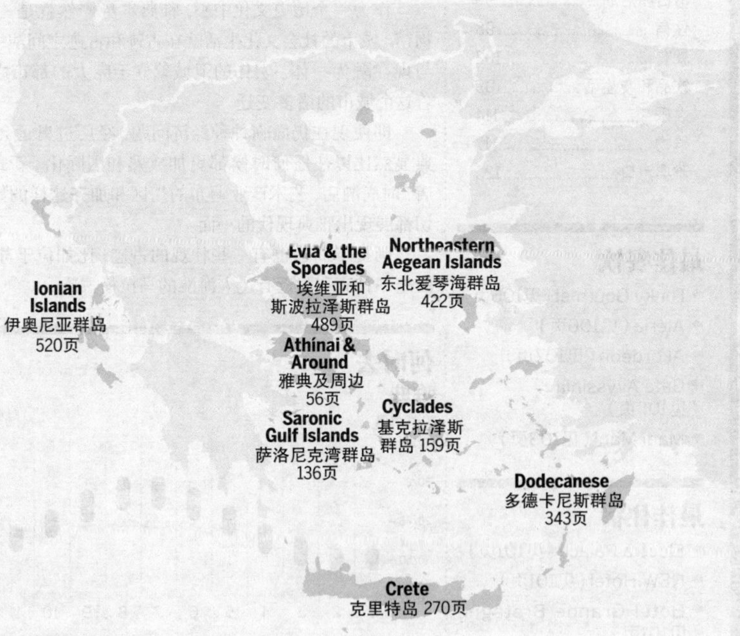

Ionian Islands
伊奥尼亚群岛
520页

Evia & the Sporades
埃维亚和斯波拉泽斯群岛
489页

Northeastern Aegean Islands
东北爱琴海群岛
422页

Athínai & Around
雅典及周边
56页

Saronic Gulf Islands
萨洛尼克湾群岛
136页

Cyclades
基克拉泽斯群岛 159页

Dodecanese
多德卡尼斯群岛
343页

Crete
克里特岛 270页

雅典及周边

包括 ➡

最佳餐饮

- Funky Gourmet（见106页）
- Aleria（见106页）
- Akordeon（见107页）
- Café Avyssinia（见105页）
- Mani Mani（见103页）

最佳住宿

- Electra Palace（见101页）
- NEW Hotel（见101页）
- Hotel Grande Bretagne（见101页）
- Herodion（见98页）
- Hera Hotel（见98页）

为何去

热闹繁华的雅典既古老又现代，典雅当中混杂着粗俗，是历史与潮流的复杂混合体。标志性的遗迹夹杂在一座座一流的博物馆、热闹的咖啡馆和露天餐厅之间，有着无所不在的娱乐精神。

作为一个历史文化中心，雅典本身俨然就是一座露天博物馆。城市的社会文化生活就在古迹和古迹之间演绎，将过去与现在融为一体。宏伟的卫城耸立于庞大的都市之上，见证着这个城市的诸多变迁。

即便现在仍面临种种经济问题，经历过奥运会之后的雅典显然比以往任何时候都更加成熟和国际化。新式餐厅、商店、时尚酒店、艺术产业遍布的街区和加齐这样的娱乐区，一切都展现出雅典现代的一面。

阿提卡周边也有一些壮观的古迹，比如位于苏尼翁角的波塞冬神庙和附近有迷人海滩的马拉松古迹。

何时去

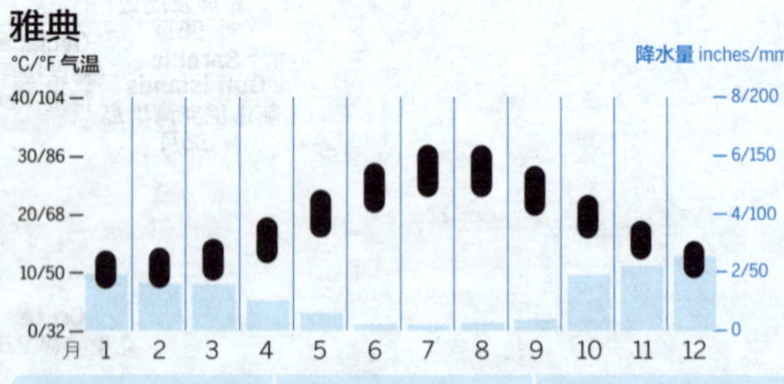

5月 体验这座城市古老的历史，然后跳上岛屿晒太阳。

6月至8月 希腊节庆用戏剧和音乐点亮全城各处。

9月至10月 天气转凉，居民们从岛上返回，社交场所热闹起来。

雅典及周边亮点

❶ 攀登令人惊叹的**卫城**（见68页）。

❷ 在**卫城博物馆**（见73页）感受帕台农神庙建筑的宏伟壮观。

❸ 漫步于**雅典历史中心**（见67页）的古老景点和遗迹之中。

❹ 在Tailor Made（见110页）这样热闹的咖啡馆和酒吧里探寻雅典火热的**夜生活**。

❺ 前往**国家考古博物馆**（见85页）欣赏文物。

❻ 观看**阿迪库斯剧场**（见73页）的演出。

❼ 到**莫纳斯提拉奇跳蚤市场**（见117页）购物。

❽ 在**Strofi**（见103页）等餐厅边就餐边欣赏灯火辉煌的卫城。

❾ 醉心于**泛雅典娜体育场**（见92页）古老的力量。

雅典（ATHENS） ΑΘΗΝΑ

人口 310万

历史

早期历史

雅典早期的历史与神话传说有着密不可分的联系，让人很难分清哪些是史实哪些是虚构。人们所知道的是：在新石器时代，卫城的山顶遗址因为有两眼水源充足的泉眼而吸引了希腊最早的居民来此定居。当和平的农业城市被战争主导的城邦国家所替代时，卫城提供了一个理想的防御场所。

到公元前1400年，雅典卫城已经成为迈锡尼文明中一座强大的城市。公元前1200年，这座城市侥幸躲过了多里安人的入侵。但是，在此后的400年间，它却没有逃过笼罩希腊的黑暗时代。直至公元前8世纪，雅典迎来和平时期，成为希腊的艺术中心，在陶瓷工艺方面尤为突出。

公元前6世纪之前，雅典被各个贵族和将军所统治。直到公元前594年梭伦（Solon）成为大执政官（arhon）之后，工人和农民才有了权利。梭伦提升了穷人的地位，做出了一系列改革，比如废止债务和实行公民陪审团审判制度。但改革期间的持续动荡为僭主庇西特拉图（Peisistratos，前军队首领）提供了借口，他于公元前560年夺取政权。

庇西特拉图建立了强大的海军，拓展了雅典的势力范围。他十分支持艺术，开创了大酒神节（Festival of the Great Dionysia），这也是阿提卡戏剧的前身。同时，他还委托其他人创作了很多杰出的艺术作品，但其中大多数都被波斯人毁坏了。

庇西特拉图的儿子希庇亚斯（Hippias）于公元前528年继承其统治。在斯巴达的帮助下，雅典于公元前510年彻底摆脱了这个暴君的统治。

雅典黄金时期

通过公元前480年的萨拉米斯战役（battle of Salamis）和再次得到斯巴达帮助的普拉提亚战役（battle of Plataea，公元前479年），雅典最终击退了波斯帝国，开始走向强盛。

在雅典……

两日游

首先，清晨登上普拉卡的街道，来到辉煌的**雅典卫城**，然后穿过**古市集**（Ancient Agora）蜿蜒而下，游览**普拉卡**和**莫纳斯提拉奇跳蚤市场**，还可以在Adrianou街的咖啡馆休息一下。然后前往**卫城博物馆**，参观帕台农神庙的珍品杰作。漫步于**步行大街**附近，随后爬上**菲洛帕普山**（Filopappou Hill），来到**西斯奥**的咖啡馆，最后选一家餐厅，一边欣赏雅典卫城景色，一边享用晚餐。

第二天，在宪法广场观看**卫兵换岗仪式**，随后穿过花园前往**泛雅典娜体育场**（Panathenaic Stadium）和**奥林匹亚宙斯神殿**（Temple of Olympian Zeus）。乘坐无轨电车去**国家考古博物馆**，然后在历史悠久的**阿迪库斯剧场**看一场夜场演出，或是前往**加齐**（Gazi）或**莫纳斯提拉奇**的阿基亚伊里尼广场（Plateia Agia Irini）的周边地区享受晚餐和夜生活。

四日游

如果能再待两天，你可以参观**贝纳基博物馆**、**基克拉泽斯艺术博物馆**以及**拜占庭和基督教博物馆**（Byzantine & Christian Museum），之后可以在**柯洛纳基**（Kolonaki）吃午餐和购物。乘坐缆车（teleferik）或登上**利卡维多山**（Lykavittos Hill），尽览风景。找一家**户外电影院**，借着月光看一场电影。或者，寒冬时节去一家**雅燃音乐俱乐部**。

第四天，参观生机勃勃的**中心市场**和**凯拉米克斯**（Keramikos）遗址。沿着海岸游览，来到位于苏尼翁角的**波塞冬神庙**，或者省下体力，前往格利法达的**海滩酒吧**享受夏日的夜生活。

雅典命名之争

据神话传说，通过与波塞冬竞争，雅典娜光荣地以自己的名字为雅典命名，并成为城市的守护神。当时，凯克洛普斯（Kekrops，腓尼基人）在海边的巨石上建造了一座城市，奥林匹斯山的众神宣布：谁能为人类提供最有价值的遗产，这座城市就会以谁的名字命名。雅典娜（Athena，掌管智慧与和平的女神）造了一棵象征着和平与繁荣的橄榄树。波塞冬（Poseidon，海神）用他的三叉戟刺破了一块岩石，出现了一股海水喷泉。众神裁定雅典娜的礼物能够更好地服务雅典市民，为他们带来食物、油和木材。直至今日，这位女神仍占据雅典神话的主要位置，而且这座城市的伟大纪念建筑都是献给她的。

公元前477年，雅典人在神圣的提洛岛上成立了一个联盟，要求周边岛屿向它进贡以获得免受波斯人侵害的保护。公元前461年，这些进贡的财富珍宝转运到了雅典。公元前461年至公元前429年在位的伯里克利（Pericles）用这些钱建造了这座城市。这个时期，就被称为雅典黄金时期——雅典古典时期的巅峰。

今天雅典卫城的大多数纪念建筑都可追溯至雅典黄金时期。戏剧与文学的欣欣向荣得益于众多大师，如埃斯库罗斯（Aeschylus）、索福克勒斯（Sophocles）和欧里庇得斯（Euripides）。雕刻家菲迪亚斯（Pheidias）和米隆（Myron），历史学家希罗多德（Herodotus）、修昔底德（Thucydides）和色诺芬（Xenophon）也生活在这一时期。

对抗斯巴达

斯巴达没有让雅典陶醉于其刚获得的荣耀之中。他们的权力角逐导致了公元前431年的伯罗奔尼撒战争，这场战争一直持续到公元前404年。最终，斯巴达占据了上风，雅典再也没有恢复昔日的辉煌。但是，公元前4世纪却诞生了三位西方最伟大的演说家和哲学家：苏格拉底（Socrates）、柏拉图（Plato）和亚里士多德（Aristotle）。

公元前338年，雅典连同希腊的其他城邦被马其顿的腓力二世（Philip Ⅱ of Macedon）攻陷。腓力遇刺身亡之后，相较于其他城邦，他的儿子亚历山大大帝（Alexander the Great）对雅典青睐有加。但是亚历山大英年早逝，之后雅典在其部队手中不断被辗转易手。

罗马和拜占庭统治

罗马打败了马其顿之后，于公元前186年袭击了雅典，因为雅典曾在小亚细亚（Asia Minor）一次反抗罗马的战争中与其对抗。罗马人摧毁了雅典城墙，将珍贵的雕塑搬到罗马。在罗马的统治下，雅典度过了3个世纪的和平时期，史称“罗马统治下的和平”（Pax Romana）。

此时雅典仍然是学术中心，罗马人也接纳了希腊文化。许多富有的罗马青年都进入雅典的学校学习，当时罗马有头有脸的人物都说希腊语。罗马的帝王们在雅典建了很多宏伟的建筑，为雅典增色不少，哈德良（Hadrian）皇帝尤其如此。但从基督教成为雅典的法定宗教开始，崇拜希腊众神就被视为“异教徒”，是非法的。

罗马帝国分裂为东西两部分之后，雅典仍然是重要的文化知识中心，并一直持续到公元529年查士丁尼大帝（Emperor Justinian）下令关闭其哲学学校。之后雅典日渐衰退。1200年至1450年期间，雅典不断遭到侵略——法兰克人、加泰罗尼亚人、佛罗伦萨人和威尼斯人都想从摇摇欲坠的拜占庭帝国那里分一杯羹，掌握希腊的统治权。

奥斯曼统治和独立

1456年，雅典被土耳其攻占，之后近400年它都在奥斯曼帝国的统治之下。雅典卫城成了土耳其统治者的居所，帕台农神庙（Parthenon）变成了清真寺，伊瑞克提翁神庙（Erechtheion）也成了后宫所在地。

1821年3月25日，希腊人发动独立战争，并于1822年宣布独立。激烈的战斗在雅典的大街小巷展开，这座城市几经易手。英国、法国和俄国最终介入，在1827年10月著名的纳瓦里诺海战（Battle of Navarino）中摧毁了土耳其–埃及联合舰队。（下接内容66页）

卫城(The Acropolis)

假如时光回到2500年以前，想象一下雅典卫城的威严。著名的帕台农神庙是一处神圣的历史遗址，专门供奉女神雅典娜，傲然立于小城之上。在公元前5世纪，雅典卫城达到鼎盛时期，朝圣者和祭司们来到这里的神庙（其中大部分经过不同程度的修复，至今仍然屹立在此）朝拜。许多神庙涂有明亮的颜色，并用雕刻精细的象牙、黄金和宝石装饰，灿烂无比。

如今，当你走进其中，在右侧高处是雅典卫城修复最好的建筑之一：小型的❶**雅典娜胜利女神庙**。沿着泛雅典娜节日大道（Panathenaic Way）穿过山门，上斜坡就到了帕台农神庙——西方世界的招牌建筑。它那❷**雄伟的柱子**代表了当时最优秀的雕刻：柱顶环绕着❸**山墙、陇间壁及雕带**。漫步在神殿外，可以俯瞰下面的雅典和比雷埃夫斯城。

当你转回到遗址中心，你会看到那些可爱而著名的女士们——伊瑞克提翁神庙的❹**女像柱**。在伊瑞克提翁神庙北面是常常被人遗忘的❺**波塞冬神庙**，它就坐落在精巧的❻**泰米斯托克利城墙**一旁。漫步到伊瑞克提翁神庙的西侧，你就会发现雅典娜赠与这座城市的礼物：❼**橄榄树**。

重要建议

» **卫城** 对每一位来雅典的游客而言都是必游之地。要避开人潮，可以选择清晨或者傍晚去。

泰米斯托克利城墙
Themistocles' Wall
足智多谋的将军泰米斯托克利（公元前524年至前459年）下令尽快修筑围绕雅典卫城的保护墙，城墙绕经一些古风时期的神殿遗址，便就地利用遗址上的材料筑墙。找一找那块建入墙内的柱鼓石。

波塞冬神庙
Temple of Poseidon
尽管没当上雅典的保护神，但伊瑞克提翁神庙北部仍设有祭祀海神波塞冬的神庙——上面仍保留着被他的三叉戟刺过的痕迹。想象一下精心装饰的方格彩绘门廊，它保持了以前的样子。

ALEXIS AVERBUCK ©

女像柱门廊
Porch of the Caryatids

卫城最具标志性的建筑元素或许是宏伟的女像柱（约公元前415年）。以卡里埃（Karyai；现在拉科尼亚的Karyes）女性为原型。据推测，女像应该是一手持奠酒碗，一手整理服饰。

ALEXIS AVERBUCK ©

帕台农神庙的山墙、陇间壁及雕带
Parthenon Pediments, Metopes & Frieze

帕台农神庙的山墙（东西外墙顶端的三角形部分）上遍布精雕细刻的立体雕塑。西侧描绘雅典娜和波塞冬在争夺这座城市的控制权，东侧则是雅典娜从宙斯的头颅中诞生。陇间壁是开槽三竖线花纹装饰之间的正方形雕刻镶板。它们描绘了战争场景，包括特洛伊的沦陷和拉庇泰族与半人马之间的冲突。内殿顶端是伊奥尼亚式雕带，这个连续雕带表现了泛雅典娜女神节游行。

Parthenon
帕台农神庙

3

2

Chalkotheke
青铜室

Panathenaic Way
泛雅典娜节日大道

Sanctuary of Artemis Brauronia
阿耳忒弥斯神殿

Statue of Athena Promachos
雅典娜普罗玛琪斯雕像

Arrephorion
阿瑞封瑞翁

Propylaia
卫城山门

Pinakothiki
艺术馆

1

Entrance 入口

Spring of Klepsydra
水钟泉

帕台农神庙柱子
Parthenon Columns

帕台农神庙刻有凹槽的多立克式柱子形状完美。线条被巧妙地雕刻营造出视错觉：基座（就像所有神庙的"水平"表面）稍微凹陷，柱子稍微凸起，从而看上去地面平整，柱子垂直。

雅典娜胜利女神庙
Temple of Athena Nike

最近经过修复，这座珍贵的潘特里克大理石小神庙由卡利特瑞特（Kallicrates）设计，建于公元前425年前后。内殿有雅典娜胜利女神木雕像，外边的雕带展现了雅典人凯旋的场景。

雅典娜的橄榄树
Athena's Olive Tree

伊瑞克提翁神庙旁边繁茂的橄榄树就是雅典娜在争夺雅典时为取得胜利而变出的圣树。

ALEXIS AVERBUCK ©

ALEXIS AVERBUCK ©

IZZET KERIBAR / GETTY IMAGES ©

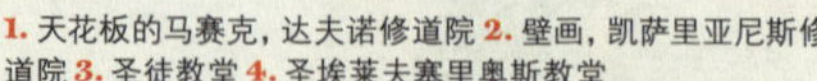

1. 天花板的马赛克，达夫诺修道院 2. 壁画，凯萨里亚尼斯修道院 3. 圣徒教堂 4. 圣埃莱夫塞里奥斯教堂

CHRIS HELLIE / ALAMY PHOTO STOCK ©

拜占庭时期的雅典

在拜占庭帝国的统治下，基督教成为雅典的官方宗教，对希腊诸神的"异教"崇拜被取缔。如今，在雅典各处都能见到著名的拜占庭式宗教建筑，不要错过这些与众不同的拜占庭和基督教博物馆。

达夫诺修道院（Moni Dafniou）

该地区最重要的拜占庭建筑是被列入《世界遗产名录》的11世纪**达夫诺修道院**（☎210 581 1558; http://whc.unesco.org/en/list/537; ⊙周二和周五 9:00~14:00）免费，坐落于雅典西北10公里处的扎夫尼（Dafni）。它是拜占庭宗教建筑的典范，复杂的八角形建筑上有装饰华丽的大理石雕刻。6世纪的墙壁和精美马赛克部分来自更早期的教堂（建在一座古老神庙上）的遗存。

凯萨里亚尼斯修道院（Moni Kaisarianis）

坐落于雅典以东5公里的伊米托斯（Mt Hymettos）的山坡上，华丽的11世纪**凯萨里亚尼斯修道院**（☎210 723 6619; Mt Hymettos; 成人/儿童 €2/免费; ⊙周二至周日 8:30~14:45, 院子 周二至周日 8:30至日落）是一处围墙环绕的安静圣所。圆顶的主教堂（katholikon）由4根古神庙的柱子支撑，教堂内有保存完好的壁画。

圣徒教堂（Church of the Holy Apostles）

迷人的圣徒教堂（见80页）矗立于古市集南门附近，是10世纪初为了纪念圣保罗在市集布道而修建。它是雅典最古老的教堂之一。

小梅特罗波利斯教堂（圣埃莱夫塞里奥斯教堂）[Little Metropolis (Church of Agios Eleftherios)]

这座部分用大理石修建的12世纪十字形教堂（见79页）被认为是雅典最精美的教堂之一。教堂修建于一座古老神庙的遗址上，并以具有象征意义的野兽雕带为装饰。教堂是在古老的早期基督教遗迹之上重新修建的，且曾经一度是雅典的主教座堂。

Greater Athens 大雅典

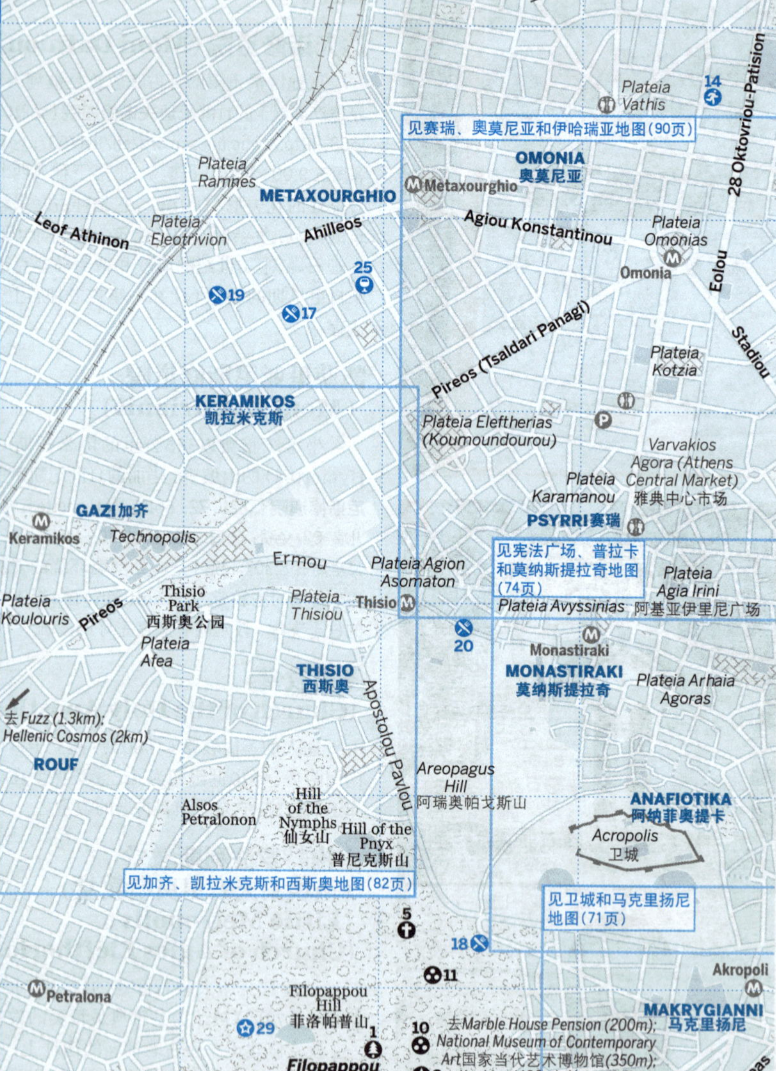

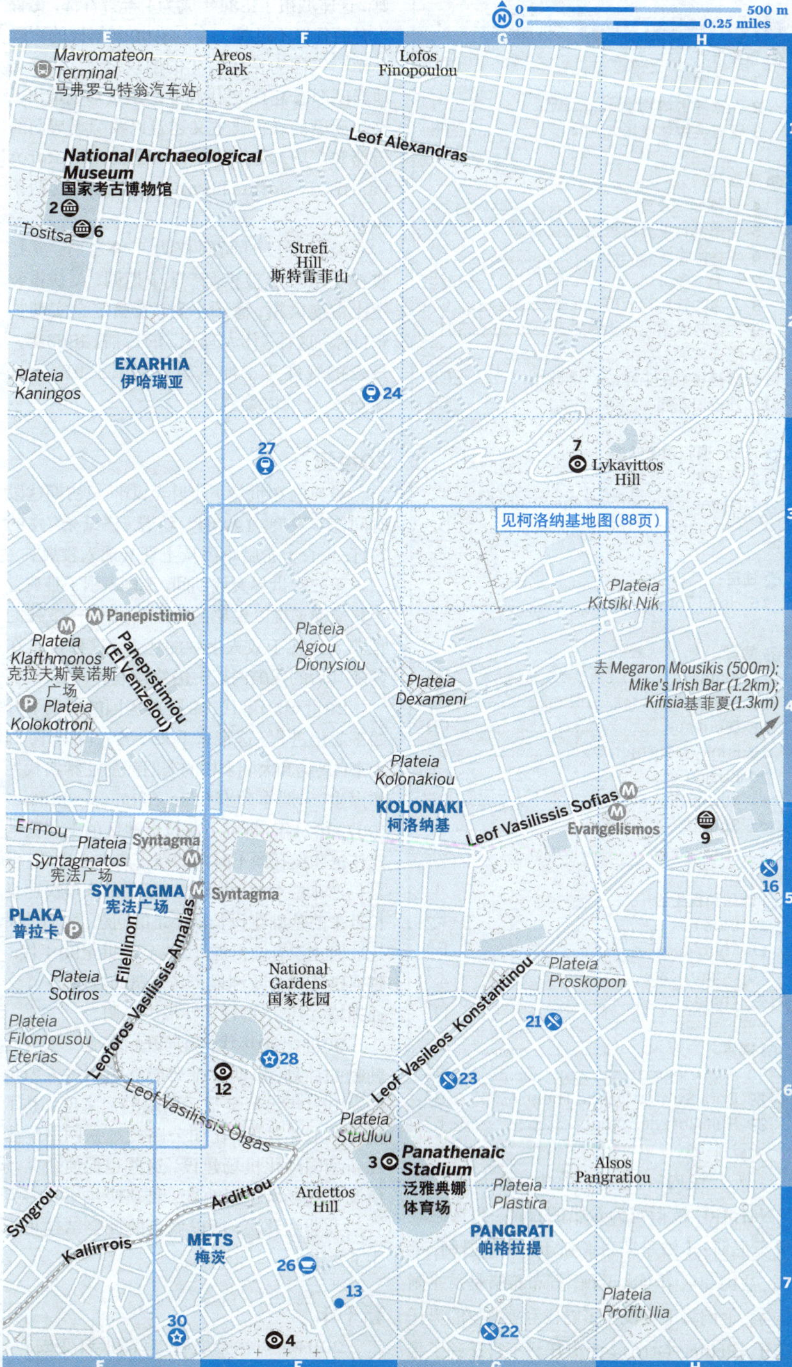

0 500 m
0 0.25 miles
Mavromateon Terminal
马弗罗马特翁汽车站
Areos Park
Lofos Finopoulou
Leof Alexandras
National Archaeological Museum
国家考古博物馆
2
Tositsa
6
Strefi Hill
斯特雷菲山
EXARHIA
伊哈瑞亚
Plateia Kaningos
24
27
7
Lykavittos Hill
见柯洛纳基地图(88页)
Plateia Kitsiki Nik
Panepistimio
Plateia Klafthmonos
克拉夫斯莫诺斯广场
Panepistimiou (El Venizelou)
Plateia Kolokotroni
Plateia Agiou Dionysiou
Plateia Dexameni
去 Megaron Mousikis (500m); Mike's Irish Bar (1.2km); Kifisia基菲夏(1.3km)
Plateia Kolonakiou
KOLONAKI
柯洛纳基
Leof Vasilissis Sofias
Evangelismos
9
16
Ermou
Plateia Syntagmatos
宪法广场
Syntagma
SYNTAGMA
宪法广场
PLAKA
普拉卡
Filellinon
Leoforos Vasilissis Amalias
Plateia Sotiros
Plateia Filomousou Eterias
National Gardens
国家花园
Plateia Proskopon
Leof Vasileos Konstantinou
21
28
12
23
Leof Vasilissis Olgas
Plateia Stadiou
3
Panathenaic Stadium
泛雅典娜体育场
Alsos Pangratiou
Plateia Plastira
Ardittou
Ardettos Hill
Syngrou
Kallirrois
METS
梅茨
PANGRATI
帕格拉提
26
13
Plateia Profiti Ilia
30
4
22

Greater Athens 大雅典

重要景点

1 菲洛帕普山 B7
2 国家考古博物馆 E1
3 泛雅典娜体育场 F6

景点

4 雅典第一公墓 F7
5 圣季米特里奥斯教堂 C6
6 碑铭博物馆 E2
7 利卡维多山 G3
8 菲洛帕普斯纪念碑 C7
9 国家艺术馆 H5
10 缪斯神殿 C7
11 苏格拉底的监狱 C6
12 扎皮奥花园 F6

活动、课程和团队游

13 雅典中心 F7
14 Hellenic Society for the Study & Protection of the Monk Seal D2

住宿

15 Hotel Tony C7

就餐

16 Alatsi H5
17 Aleria B3
18 Dionysos C6
19 Funky Gourmet B3
20 Kuzina C5
21 Mavro Provato G6
22 Spondi G7
23 Trapezaria G6

饮品和夜生活

24 Blue Fox F2
25 Myrovolos B3
26 Odeon Cafe F7
27 Tralala F3

娱乐

28 Aigli Cinema F6
29 Dora Stratou Dance Theatre B7
30 Half Note Jazz Club E7

（上接内容59页）最初，纳夫普利翁（Nafplio）被指定为希腊的首都。当选总统爱奥尼斯·卡波季斯蒂亚斯于1831年遇刺，英国、法国和俄国再次干预，宣布希腊是君主制国家，他们将王位授予了巴伐利亚17岁的奥托王子（Prince Otto），而奥托将王宫迁到了雅典。这座城市于1834年成为了希腊首都，尽管当时的雅典不过是一个约有6000居民的寂静小镇——因为在1827年的围攻之后，许多当地居民都逃走了。巴伐利亚的建筑师创造出了气势磅礴的新古典主义建筑以及绿树成荫的道路和广场，现存最好的例证就在Leoforos Vasilissis Sofias和Panepistimiou这两条路上。

经过一段时间的权力斗争之后，奥托政权于1862年被推翻。斗争期间，英法占领了比雷埃夫斯，意图平息“希腊定会实现扩张目标”这种“伟大理想”的传播。1863年，丹麦的威廉王子加冕为乔治国王（Prince George），统治希腊。

20世纪

雅典在19世纪下半叶至20世纪初期这段时间稳步发展。1923年，随着《洛桑条约》的签订，近百万希腊难民从土耳其涌入雅典。

第二次世界大战期间，德国占领了雅典，令其遭受了难以想象的苦难折磨——饿死的雅典人比死于敌人手中的还多。这种苦难在紧随其后的残酷内战中仍然持续。

20世纪50年代，希腊在美国的援助下开始工业化进程。这带来了又一次人口爆炸，因为来自岛屿和大陆乡村的人们都前往雅典找工作谋生。希腊军政府（The colonels' junta，1967~1974年）拆除了普拉卡地区的土耳其老式住房和奥托国王时期的新古典主义建筑，但是仍然未能解决20世纪50年代的人口快速增长带来的基础建设长期不足的问题，之后的民选政府也没有做得更好。截至20世纪80年代，雅典已经成为欧洲最声名狼藉的城市之一，交通拥堵、污染严重且运转极度失调。

20世纪90年代，当局开始实施一项雄心勃勃的计划，以期使雅典能够顺利进入21世纪。2004年奥运会最后期限的到来也加快了项目的工程进度，比如公路及地铁网络扩张和新型国际化机场建设，这些也促使公共场所及私人场所进行改变。雅典吸纳了60多万合法及非法移民，所以城市的社会结构也发生了变化。

新千年

2004年奥运会之后，首都雅典变成了一

个更加干净、更多绿地、更加高效的城市。奥运会也使得雅典近十年的经济蓬勃增长，这让雅典人的自豪感油然而生。但是这种乐观情绪和财政状况良好的时光总是转瞬即逝。随着国际金融危机的来临，民众对政府也不再抱有任何幻想，这些使得雅典上空阴云密布。

随着债务危机的出现，希腊从2010年开始多次接受紧急援助(由欧盟委员会、国际货币基金组织和欧洲央行提供——所谓的三驾马车)。雅典不时被抗议严格紧缩政策的罢工和示威所困扰。随着退休金缩减和欧洲最高失业率的出现，很多人的生活变得艰难。2015年初，欧洲央行(ECB)中断了紧急援助，银行暂时关闭，资本管制实施，导致城中各处的ATM机前排起长龙。由左翼联盟(Syriza)政党领导的政府(2015年当选)反对紧缩，已在寻求遏制萧条的方案。不过在本书写作期间，向三驾马车争取第3笔贷款的谈判仍在进行。然而，就算面对困境，小型企业仍然坚持运营，雅典的创意生活也持续繁荣。

景点

宪法广场(Plateia Syntagmatos, Syntagma Sq)是现代雅典的中心——主要建筑是议会大厦，从这里步行可以到达大多数主要景点。普拉卡的土耳其老城区位于宪法广场南部，这片老城区几乎就是雅典成为希腊首都时所拥有的全部了。铺砌过的狭窄街道嵌在雅典卫城的东北坡上，途经雅典多处古迹。现在这里旅游观光的人极多，因为**普拉卡**(Plaka)仍然是雅典最有特色的地区。

宪法广场以西的市场区虽然杂乱但极具魅力，是城市最热门的夜生活所在，有接连开张的新餐馆、咖啡馆和酒吧，其中心是繁忙的**莫纳斯提拉奇广场**(Plateia Monastirakiou, 又叫Monastiraki Sq)。**赛瑞**(Psyrri, 读作psee-ree)位于莫纳斯提拉奇的北部，有充满活力的酒吧餐厅区，不过其他街道夜里冷冷清清。邻近**西斯奥**(Thisio)的Apostolou Pavlou是一条迷人的绿树掩映的步行长廊，有许多咖啡馆和年轻人经常光顾的酒吧；多数街区拥有令人愉快的住宅区氛围。**加齐**(Gazi)区经过翻新的煤气工厂烟囱林立，烟囱上红色霓虹灯闪烁，照亮了这个城市夜生活最繁华的地区之一；这里也是雅典对待同性恋较为友好的新兴地区之一。

不可否认，**柯洛纳基**(Kolonaki)十分别致，正好依偎在宪法广场东面的**利卡维多山**(Lykavittos Hill)脚下，有高档精品店、美术馆、咖啡馆和时尚餐厅。雅典卫城的东部是**帕格拉提**(Pangrati)，这里是一片朴实无华的住宅区。**马克里扬尼**(Makrygianni)和**科卡基**(Koukaki)是两个安静的居民区，位于卫城南面，这里干净清爽，游客也不多。

奥莫尼亚(Omonia)附近的商业区曾经是雅典城内比较高档的地方之一，现在虽然一直在整治，但治安状况依然相当差。尤其是晚上，一定要多加小心。**伊哈瑞亚区**(Exarhia)位于雅典理工大学(Polytechnio)和斯特雷菲(Strefi)山之间，随处可见波希米亚风格的涂鸦。这个地区活跃着学生、艺术家和左翼知识分子。内陆的**基菲夏**(Kifisia)和海边的**格利法达**(Glyfada)这两处豪华的远郊区有自己的购物卖场、咖啡馆和夜生活场所。

雅典盆地被群山环绕，北面是**帕尔尼斯山**(Mt Parnitha)，东北是**彭代利山**(Mt Pendeli)，西面是**艾加里奥山**(Mt Egaleo)，东面是**伊米托斯山**(Mt Ymittos)。雅典市中心则遍布小得多的山丘。

雅典拥有很多气势宏伟的新古典主义建筑物，都是在独立之后建的，其中最杰出的要数帕尼匹斯提米奥街(Panepistimiou)上著名的新古典主义三大楼。这条街位于奥莫尼亚和宪法广场之间，三大楼为：**国家图书馆**(National Library; 见90页地图; ☎210 338 2541; www.nlg.gr; Panepistimiou 32, Syntagma; ⏲周一至周四 9:00~20:00，周五和周六 至14:00; Ⓜ Panepistimio)、**雅典大学**(Athens University; 见90页地图; ⏲不对公众开放; Ⓜ Panepistimio)和**雅典学院**(Athens Academy)。

本书调研期间，**国家艺术馆**(National Art Gallery; 见64页地图; ☎210 723 5937; www.nationalgallery.gr; Leoforos Vasileos Konstantinou 50, Kolonaki; Ⓜ Evangelismos)已经关闭，正在进行翻新。**希腊民间艺术博物馆**(Greek Folk Art Museum; 见74页地图; ☎210 322 9031; www.melt.gr; Adrianou & Areos, Plaka; Ⓜ Syntagma)由于迁入新楼而关闭。

卫城 (Acropolis)

★卫城 古迹

（Acropolis；见74页地图；☎210 321 0219，无障碍通道 210 321 4172；http://odysseus.culture.gr；成人/儿童/优惠 €12/免费/6；⏲4月至10月 8:00~20:00，11月至次年3月 至17:00，关闭前30分钟停止入内；Ⓜ Akropoli）雅典卫城是西方世界最重要的古迹。它像哨兵一样屹立于雅典上方，顶部是帕台农神庙，几乎从城里的每个地方都能看到这里。在正午阳光的照耀下，潘特里克（Pentelic）大理石纪念碑和圣殿泛着白光；随着落日西沉，它们会渐渐抹上一层蜜色；而在晚上，这些矗立在城市上方的建筑物被映照得五光十色。瞥一眼这壮丽的景象，就会令你的精神为之一振。

尽管这些建筑让人振奋不已，但也不过是伯里克利之城凋零的残迹。修建这些建筑时，古希腊政治家伯里克利（Pericles）不惜工本，认为只有最好的材料、建筑师和雕刻家才配得上这座献给雅典娜的城市。这里简直就是个展示台，展示着色彩明丽的巨型建筑和巨型雕塑。其中有些是铜的，其他的则是镀上黄金、镶着宝石的大理石雕塑。

进入卫城

从好几个入口处都可以进入雅典卫城。从南面进入，沿着Dionysiou Areopagitou前行，来到阿迪库斯剧场前面的阶梯，到达正门；或是穿过位于雅典卫城地铁站附近的狄厄尼索斯剧场入口（Theatre of Dionysos entrance），然后从那里曲折而上。携带背包或是大包（相机包也包括在内）的游客必须从正门进入，将包存放在行李寄存处。从普拉卡进入的主要路径是沿着Dioskouron延续的道路往前走。

➡ 坐轮椅的人可以乘坐厢式电梯到达卫城北部岩壁。最好提前拨打电话（☎210 321 4172）进行安排。去的时候，走主入口。

➡ 要么尽早到达，要么下午晚去，因为这里会非常拥挤。记得穿橡胶鞋底的鞋子，因为卫城附近的小路既湿滑又不平。

雅典卫城最早的居民出现在新石器时代（公元前4000年至公元前3000年）。最早的神庙则建于迈锡尼时期，用作供奉雅典娜女神。人类一直在雅典卫城居住到公元前6世纪末，但就在公元前510年，德尔斐神谕宣称这里应该是众神的领地。

公元前480年，萨拉米斯战役前夕，波斯人将卫城所有建筑物都化为灰烬。此后，伯里克利开始了他野心勃勃的重建工程。他将卫城变成了一座神庙之城，这座城市后来被认为是希腊古典成就的巅峰之作。

然而，这些幸存的古迹却饱受摧残，外邦入侵数年的洗劫、外国考古学家顺手牵羊、独立后整修不当、游客的踩踏、地震以及近年来的酸雨和污染都使得这些建筑物伤痕累累。最沉重的一击发生在1687年，当时威尼斯攻打土耳其，双方在雅典卫城开火，引发了帕台农神庙爆炸——土耳其人一直在那里贮藏火药，摧毁了所有的建筑物。

大型重建工程如今仍在继续，其中许多雕塑的原作已经被转移到了卫城博物馆（见73页），展出也是用复制品替代。雅典卫城于1987年被列入《世界遗产名录》。

11月至次年3月，每个月的第一个周日免门票。

➡ 布雷之门（Beulé Gate）

走过卫城遗址的主入口，沿着左边的小路走一小段，你就能看到它。布雷之门于1852年被法国考古学家Ernest Beulé发现，并以他的名字命名。在通往山门崎岖的半山坡道上，左边有一个高达8米的底座，上面曾经矗立着Agrippa纪念碑。它是一尊罗马将军驾着战车的铜像，是为了纪念泛雅典娜运动会（Panathenaic Games）上取得的胜利而建造的。

➡ 山门（Propylaia）

山门是雅典卫城的巨大入口，由穆尼西克里（Mnesicles）建于公元前437年至公元前432年之间，其在建筑史上的辉煌成就可以媲美帕台农神庙。山门由中央大厅和两侧各两间的侧厅构成。五个厅各有一个门，在古代，这五扇门是通往“上城”的唯一通道。其中最大的中门通向泛雅典娜节日大道（Panathenaic Way），它是泛雅典娜游行（Panathenaic

Procession；见81页）的重要线路。

山门壮观的**西门廊**（western portico）由6组双柱组成，外侧是多立克风格，内侧是伊奥尼亚风格。顺着数的第4根柱子进行过修复。**中央大厅**（central hall）的天花板是深蓝色的背景，上面画着金色的星星。**北侧厅**（northern wing）用作艺术馆（pinakothiki），**南侧厅**（southern wing）则用作雅典娜胜利女神庙的前厅接待室。

山门与帕台农神庙连成一线，相互呼应，这是此类建筑规划中最早的范例。13世纪之前，它一直保存完好。但是之后各国入侵者开始不断增添、修饰这所建筑。17世纪时，闪电击中了另一处土耳其火药库，引发了爆炸，严重损毁了山门。19世纪，考古学家海因里希·谢里曼（Heinrich Schliemann）花钱拆掉了其中一处附属建筑（一处法兰克式的塔楼）。1909年至1917年，人们对这处建筑进行了重建。第二次世界大战之后又进行了一次重建。

卫城通票和进入时间

- 持卫城门票可以进入以下雅典主要古代遗址：狄厄尼索斯剧场（Theatre of Dionysos）、古市集（Ancient Agora）、罗马市集（Roman Agora）、哈德良图书馆（Hadrian's Library）、凯拉米克斯（Keramikos）和奥林匹亚宙斯神殿（Temple of Olympian Zeus）。门票有效期为4天，超过4天就要在各个景点单独买票。
- 随着政府预算的变化，各个景点的开放时间每年都会有所变化，一定要再三核对，有时最早15:00就会关闭。
- 售票处会在关闭前15分钟至30分钟关门。节日免费参观的信息可以登录odysseus.culture.gr查看。

雅典娜胜利女神庙（Temple of Athena Nike）

山门右边是虽小却玲珑匀称的雅典娜胜利女神庙，坐落于卫城陡峭的西南边沿的一处平台之上。这座神庙由卡利特瑞特（Kallicrates）设计，并使用潘特里克大理石建造，于公元前427年至公元前424年完成。该建筑几乎呈正方形，每边都有4根优美的伊奥尼亚式柱子。中楣雕刻只剩下一些残存的碎片，这

Acropolis 卫城

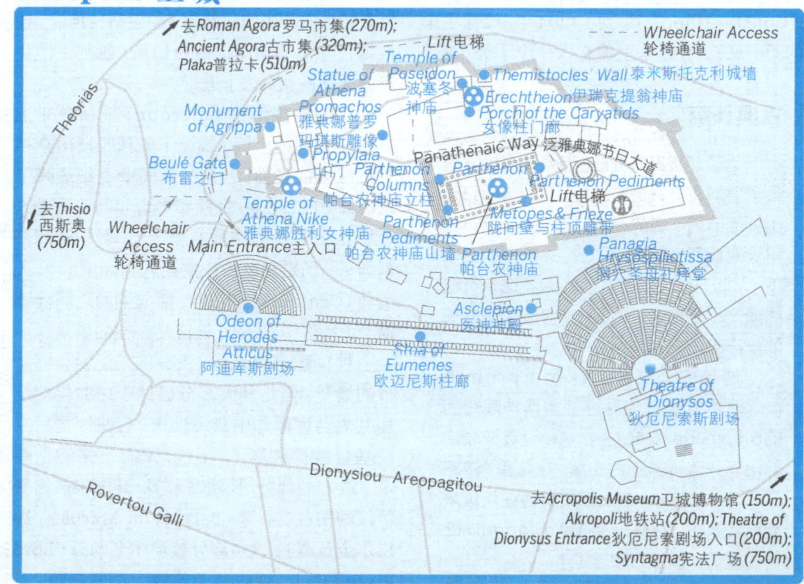

些碎片描述的场景来自神话传说——公元前479年的普拉提亚战役(Battle of Plataea)中，雅典人与皮奥夏人(Boeotians)和波斯人进行抗争。

部分中楣雕刻收藏于卫城博物馆之中，那里还收藏有一部分浮雕，其中包括刻画着胜利女神雅典娜系鞋带的优美场景。神庙里还有一尊雅典娜的木质雕像。

1686年，土耳其人将其拆走，在平台上放置了一尊重型火炮；1836年至1842年期间，神庙得到了精心重建，但60年后因为平台崩塌又被拆除。2003年，神庙再次被一块块拆开，这次有争议的举措是为了在原址附近进行重建；如今，经过艰辛重组，它得以昂然矗立。

➡ 雅典娜普罗玛琪斯雕像和基座(Statue of Athena Promachos & Pedestals)

走过山门，进入卫城遗址，沿着泛雅典娜节日大道前行，你会看到左侧是排列道路两旁的雕像基座，其中一座还承载过菲迪亚斯创作的高达9米的雅典娜普罗玛琪斯雕像(promachos，意为"冠军")。雅典娜头戴战盔，左手持盾，右手持矛——这个形象象征着雅典人面对波斯人侵略时展现的不屈精神。

公元426年，这尊雕像被狄奥多西皇帝(Emperor Theodosius)运往君士坦丁堡(Constantinople)。到了1204年，雕像手中的矛不见了，看起来就像在做一个手势。这导致当地居民认为正是这尊雕像招来了十字军，于是就将雕像砸了个粉碎。

➡ 帕台农神庙(Parthenon)

帕台农神庙比其他任何纪念建筑物都更能代表古希腊的辉煌。它的意思是"贞女的居所"，这座神庙是献给雅典娜女神的，她体现了这个城市的力量和威望。帕台农神庙是希腊有史以来最大的多立克风格神庙，也是唯一一座全部使用潘特里克大理石建造的神庙(木质屋顶除外)，共计用时15年才建成。由伊克提诺斯(Iktinos)和卡利特瑞特(Kallicrates)设计，在公元前438年大泛雅典娜节(Great Panathenaic Festival；见81页)之前完工。

帕台农神庙被设计为雅典卫城的杰出建筑，并被建于最高处，其目的有两个：一是放置伯里克利委托创作的雅典娜巨型雕像；二是充当新国库之用。神庙所在地在此之前已经修建过至少四座献给雅典娜的神庙。

神庙两端排列着饰有8个凹槽纹的**多立克式柱**(Doric columns)，每边各有17根。为了达到完美的表现形式，神庙的线条巧妙地弯曲，形成一种视觉错觉——神庙柱基部分微微下陷，柱身微凸，这样看起来地面平整，柱子垂直。雕刻家Agoracritos和Alcamenes负责帕台农神庙的建筑雕刻，包括三角墙、柱顶雕带和色彩明丽的镀金墙面，雕刻工作在菲迪亚斯的指导之下进行。

东侧的**陇间壁**(metope，柱顶雕带上三线槽之间的空间)描绘了奥林匹斯山众神对抗巨人的场面；西侧的陇间壁上则表现了忒修斯(Theseus)带领雅典青年与亚马逊人(Amazon)浴血奋战的场景。南侧的陇间壁刻画了一场婚宴上的拉皮斯人(Lapith)和人头马(Centaurs)的战斗，而北侧的陇间壁则描绘了特洛伊(Troy)被洗劫一空的场景。

柱顶雕带(frieze)上刻的是泛雅典娜游行的场景，但是其大部分已经于1687年的土耳其火药库爆炸中灰飞烟灭，有些则是后来被基督教徒破坏了。不过，幸存下来的是雕带上最好的部分，长达75米多。其中包括饱受争议的帕台农石雕(Parthenon Marbles，即埃尔金石雕)，这一部分被埃尔金勋爵(Lord Elgin)带走，现收藏于伦敦大英博物馆。英

古典长廊

为了迎接2004年奥运会并连接城里最重要的古迹，雅典历史悠久的市中心周围曾经拥堵不堪的街道被改造成一条3公里长的壮观步行大道。在灯火辉煌的卫城下，大批当地人和游客傍晚沿着这条有趣的遗产小径散步(volta)。它是欧洲最长的步行街之一。

这条**古典长廊**(grand promenade)的起点在奥林匹亚宙斯神殿对面的Dionysiou Areopagitou，沿着卫城南部山麓一直延伸到古市集。在这里，道路分成两条岔路，一条从西斯奥通往凯拉米克斯和加齐，另外一条沿Adrianou向北通往莫纳斯提拉奇和普拉卡。

Akropoli & Makrygianni 卫城和马克里扬尼

Akropoli & Makrygianni 卫城和马克里扬尼

重要景点

1 卫城博物馆 B2
2 哈德良拱门 D1
3 奥林匹亚宙斯神殿 D1

景点

4 医神神殿和欧迈尼斯柱廊 A1

活动、课程和团队游

5 Athens Segway Tours C1
6 Athens: Adventures B2
7 Funky Rides B2
8 GO Tours C3
9 Solebike C2

住宿

10 Art Gallery Hotel A3
11 Athens Backpackers C2
12 Athens Gate C1
13 Athens Studios B2
14 Athens Was C1
15 Hera Hotel C2
16 Herodion B2
17 Philippos Hotel B2

就餐

18 Aglio, Olio & Peperoncino C2
19 Fresko Yogurt Bar C1
20 Lotte Cafe-Bistrot B2
21 Mani Mani B3
22 Strofi A1

饮品和夜生活

23 Duende C1
24 Lamda Club C2
25 Sfika A3
26 Tiki Athens B2

购物

27 El.Marneri Galerie C2

国政府仍然对希腊要求将其归还的呼声置之不理。

帕台农神庙的天花板也和山门一样，蓝色的背景上点缀着星星。神庙东端是内殿（cella，即神庙的内室），只有少数享有特权的人才能进入。这里曾矗立着雅典娜·波利阿斯（Athena Polias；城市女神雅典娜）的雕像，人们将其视为古代世界的奇迹之一。正是为了供奉这尊雕像，古人才建造了这座神庙。雕像由菲迪亚斯设计，于公元前432年完工。其内部是木质骨架，外侧贴着金箔，矗立于底座之上，差不多有12米高。雕像的面部和手脚均由象牙雕刻而成，眼睛则是用宝石做的。女神像身着一件金质长裙，胸前是象牙雕刻的美杜莎（Medusa，希腊神话中长有蛇发的女妖）头像，右手托着一座希腊胜利女神雕像（Nike），左手握着长矛，长矛底部有一条蟒蛇。她的战盔顶上有个狮身人面像，像两侧是狮身鹰首兽的浮雕。

426年，这尊雕像被带到了君士坦丁堡（Constantinople），后来就从那里消失了。国家考古博物馆里有一尊罗马版本的雅典娜神像（Athena Varvakeion）。

➡ 伊瑞克提翁神庙（Erechtheion）

虽然帕台农神庙是雅典卫城里最引人入胜的建筑物，但与其说它是个尚能使用的神庙，倒不如说更像是一件展品。所以，真正展示卫城特色的重任就落到了伊瑞克提翁神庙身上。这里是雅典卫城大部分神像的所在地，波塞冬在这里用三叉戟击破了地面，雅典娜在这里创造了橄榄树。神庙以传说中的雅典国王厄瑞克透斯（Erechtheus）的名字命名，里面供奉着雅典娜、波塞冬和厄瑞克透斯的雕像。6根比真人还大的**女像柱**（Caryatids）支撑着南柱廊。

女像柱之所以得名，是因为它们以拉科尼亚（Lakonia）Karyai地区（即今日的Karyes）的女性为原型。你看到的只是石膏仿制品，真品都收藏于卫城博物馆之中（但是有一件除外，埃尔金勋爵将其运走了，现在存放于大英博物馆之中）。

建造伊瑞克提翁神庙是伯里克利计划的一部分，但是由于伯罗奔尼撒战争的爆发，工程被迫延后。公元前421年，即伯里克利死后8年，这项工程才开始施工，并于公元前406年左右竣工。

从建筑方面来说，伊瑞克提翁神庙是雅典卫城里最非比寻常的，是伊奥尼亚风格建筑的绝佳范例。为了克服地势不平，神庙巧妙地建在了几个层面之上。主庙分为两个内殿，一个供奉雅典娜，一个供奉波塞冬，这代表着两位神明在城市命名之争后的和解。**雅典娜的内殿**（Athena's cella）中立着一尊雅典娜·波利阿斯的橄榄木雕像，雕像手持盾牌，盾牌上装饰着蛇发女妖的头像。大泛雅典娜节（见81页）的高潮正是将圣巾（peplos）披到这尊雕像的身上。

伊瑞克提翁神庙的**北边柱廊**（northern porch）上有6根伊奥尼亚式柱子，地上的裂缝传说是宙斯用霹雳杀死厄瑞克透斯时留下的，也有传说是波塞冬与雅典娜较量时所用的三叉戟造成的。从这里向南就是Cecropion，刻克洛普斯国王（King Cecrops）的墓地所在。

除了一座不复存在的罗马和奥古斯都小神庙之外，伊瑞克提翁神庙是雅典卫城在古代修建的最后一座公共建筑。

卫城南坡和马克里扬尼（South Slope of the Acropolis & Makrygianni）

★ 狄厄尼索斯剧场 剧院

（Theatre of Dionysos；见74页地图；☎210 322 4625，Dionysiou Areopagitou；成人/儿童 €2/免费，持卫城通票免费；⌚8:00~20:00，淡季开放时间缩短；Ⓜ Akropoli）公元前6世纪，僭主庇西特拉图推行每年一度的大酒神节，并且在坐落于卫城南坡的剧场举办庆典。这是世界上最早的剧场，最初是个木质建筑。节日期间，人们都踊跃参加比赛，男人身穿山羊皮，载歌载舞，随之而来的是盛宴和狂欢。我们所知道的戏剧就起源于这些比赛。在其中一场比赛上，泰斯庇斯（Thespis）脱离了团体，占据舞台中央，进行了单独表演。此举被视为第一次真正意义上的戏剧表演，也因此有了演员"thespian"一词。

公元前5世纪的雅典黄金时期，每年一度的大酒神节是这个国家的盛事之一。政客们会为埃斯库罗斯、索福克勒斯、欧里庇得斯等作家的戏剧提供赞助，也为阿里斯托芬（Aristophanes）的一些低俗喜剧提供笑料。整个阿提卡地区的人们都会赶来这里，而且他们的花费由城邦报销。

公元前342年至公元前326年，莱克格斯（Lycurgus）用石头和大理石对此剧场进行了重建。重建后的剧场拥有64排座位，能够容纳17,000名观众，其中约有20排座位保存至今。除了第一排外，所有座位均用比雷埃夫斯石灰石制作，供普通市民使用，妇女只能坐在后排。第一排的67个宝座使用潘特里克大理石制作，专供参加节日庆典的官员和地位显赫的祭司使用。中间最豪华的那个座位上有狮爪形扶手，为狄厄尼索斯祭司专用，他坐在遮阳的华盖之下。

罗马统治时期，该剧场用于举办国家重大活动和大型演出。

舞台后部的浮雕可追溯至公元前2世纪，刻画了当时大酒神节的辉煌盛况。浮雕中有两个头部完好的强壮男人是selini，即传说中塞利诺斯（Selinos）的崇拜者。塞利诺斯是半羊人萨提尔（satyrs）的父亲，他生性荒淫，阴茎粗大，最热衷的消遣就是翻山越岭追逐仙女。

洞穴圣母礼拜堂

古迹

（Panagia Hrysospiliotissa；见74页地图）狄厄尼索斯剧场上方依稀有一条通往悬崖壁上一个洞穴的石头小路。公元前320年，斯拉苏卢斯（Thrasyllos）将这个洞穴改为祭祀狄厄尼索斯的神庙。洞穴圣母礼拜堂十分小巧，现在看来则有点局促，墙上挂着陈旧的图片和画像。礼拜堂的上方有两根伊奥尼亚式柱子，这是斯拉苏卢斯所建神庙中遗留下来的。除了命名日这一天（即每年8月15日），此处一般不对游客开放。

医神神殿和欧迈尼斯柱廊

遗迹

（Asclepion & Stoa of Eumenes；见71页地图）狄厄尼索斯剧场的正上方有台阶通向医神神殿，后者是修建于圣泉附近的一座神庙。对阿波罗的儿子——医师阿斯克勒庇俄斯（Asclepius）的崇拜起源于埃皮扎夫罗斯（Epidavros），公元前429年被引入雅典。当时这座城市被瘟疫席卷，人们因此来到这里寻求医治。

医神神殿下面是欧迈尼斯柱廊，由帕加马国王欧迈尼斯二世（Eumenes Ⅱ，公元前197~159年）修建的柱廊，作为剧院观众的遮蔽处和散步场所。

★阿迪库斯剧场

剧院

（Odeon of Herodes Atticus；见74页地图；☎210 324 1807；Ⓜ Akropoli）医神神殿的小路继续向西，通向阿迪库斯剧场；该剧场由富有的罗马人希罗德·阿迪库斯（Herodes Atticus）建于公元161年，为了纪念他的妻子雷姬拉（Regilla）。剧场于1857年至1858年间进行了发掘，在1950年至1961被彻底修复。雅典节日（见96页）期间，这里会上演戏剧、音乐和舞蹈。

★卫城博物馆

博物馆

（Acropolis Museum；见71页地图；☎210 900 0901；www.theacropolismuseum.gr；Dionysiou Areopagitou 15, Makrygianni；成人/儿童 €5/免费；⏲4月至10月 周一 8:00~16:00，周二至周日 至20:00，周五 至22:00，11月至次年3月 周一至周四 9:00~17:00，周五 至22:00，周六和周日 9:00~20:00；Ⓜ Akropoli）这座炫目的现代主义博物馆位于卫城南坡脚下，展示为希腊所有的幸存珍品。尽管博物馆中的藏品年代横贯古希腊和罗马时期，但重头戏还是公元前5世纪的卫城藏品，人们认为这是希腊艺术成就的巅峰。博物馆巧妙地揭开了层层历史，位于遗迹之上，抬头就能看到卫城，结合背景展示着各种杰作。性价比出奇高的**餐馆**景色超凡；这里还有一家不错的博物馆商店。

由住在美国的建筑师伯纳德·楚米（Bernard Tschumi）和希腊建筑师迈克尔·福蒂亚迪斯（Michael Photiadis）设计，造价1亿3千万欧元的博物馆内有其他博物馆展示过的藏品或馆藏展品，还有国外博物馆返还的物品。

踏入卫城博物馆，透过有机玻璃地板看看**雅典附近的众多古迹**。这些古迹是在考古发掘时被发现的，之后巧妙地与博物馆设计融为一体。

卫城山坡上发现的物品均陈列在**门厅展馆**（foyer gallery）之中，这里有向上倾斜的玻璃地板，能够让你模拟爬圣山的情景，同时还能看到脚下的古迹。其展品有彩绘花瓶和供奉众神的神殿中的还愿祭品（votive offering），但更多的是挖地基时新近发现的物品，包括入口处两尊胜利女神黏土雕像。

沐浴在自然光之中的**古代艺术馆**（Archaic Gallery）简直就是一片雕塑之林，其中大多数雕塑都是献给雅典娜的还愿祭品。这些还愿祭品中有令人惊叹的6世纪少女像（kore），雕像中的少女身着宽松长袍，梳着精致的发髻，手上通常还有石榴、花环或是小

Syntagma, Plaka & Monastiraki
宪法广场、普拉卡和莫纳斯提拉奇

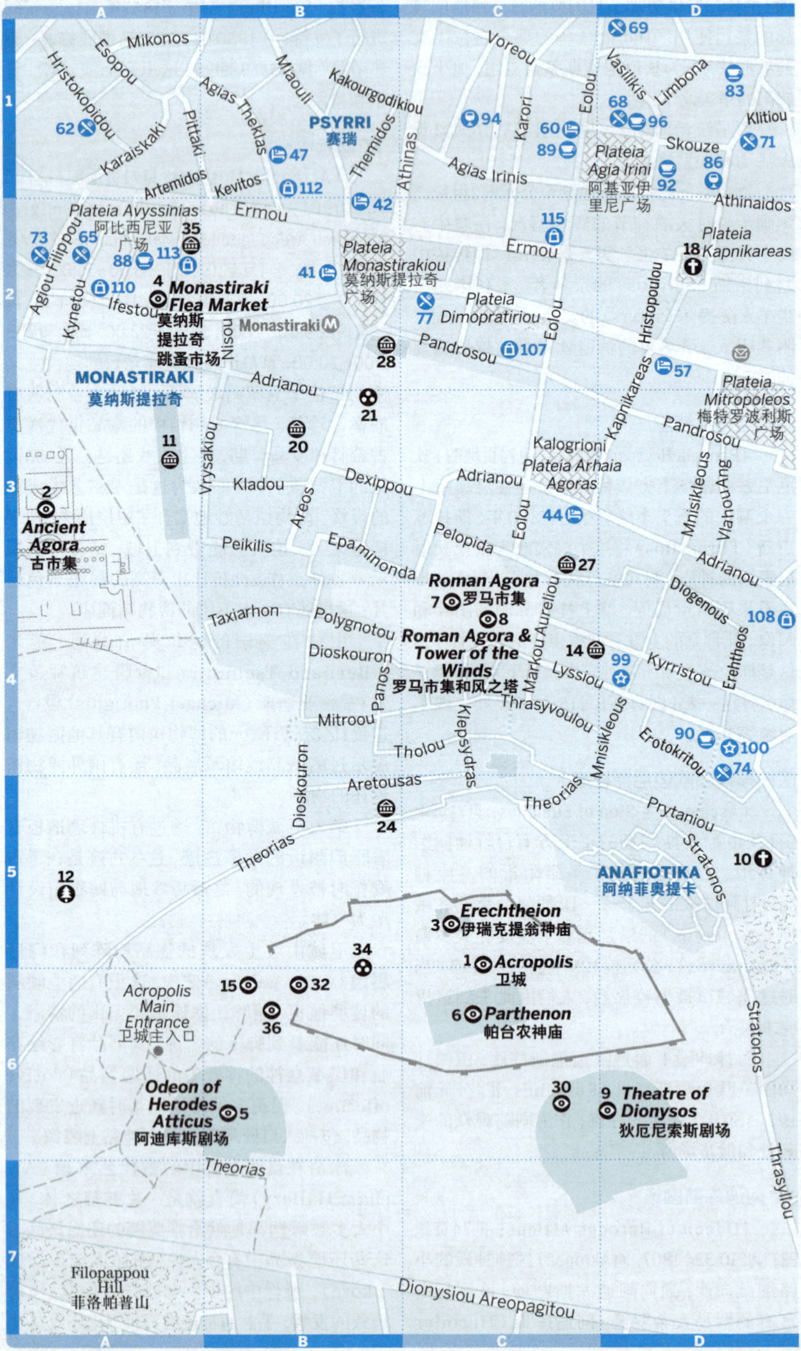

A B C D
1 2 3 4 5 6 7

Mikonos
Esopou
Hristokopidou
62
Karaiskaki
Pittaki
Agias Theklas
Miaouli
Kakourgodikiou
PSYRRI
赛瑞
47
Themidos
Athinas
Voreou
94
Karori
Eolou
60
89
Vasilikis
68
96
Limbona
83
Klitiou
71
Skouze
86
92
Plateia Agia Irini
阿基亚伊里尼广场
Agias Irinis
Artemidos
Kevitos
112
42
Ermou
Athinaidos
Plateia Avyssinias
阿比西尼亚广场
35
73
65
Agiou Filippou
88
113
115
Plateia Kapnikareas
18
Plateia Monastirakiou
莫纳斯提拉奇广场
41
Ermou
110
Kynetou
Ifestou
4
Monastiraki Flea Market
莫纳斯提拉奇跳蚤市场
Nisou
Monastiraki
77
Plateia Dimopratiriou
Eolou
Hristopoulou
Pandrosou
107
28
57
MONASTIRAKI
莫纳斯提拉奇
Adrianou
21
Kapnikareas
Plateia Mitropoleos
梅特罗波利斯广场
Pandrosou
11
20
Vrysakiou
Kalogrioni
Plateia Arhaia Agoras
Kladou
Dexippou
Adrianou
2
Ancient Agora
古市集
Areos
Eolou
44
Mnisikleous
Vlahou Ang
Peikilis
Epaminonda
Pelopida
27
Adrianou
Roman Agora
7 罗马市集
8
Roman Agora & Tower of the Winds
罗马市集和风之塔
Diogenous
108
Taxiarhon
Polygnotou
Dioskouron
Markou Aureliou
14
99
Lyssiou
Kyrristou
Erehtheos
Panos
Thrasyvoulou
Mitrou
Tholou
Klepsydras
Mnisikleous
90
100
Erotokritou
74
Dioskouron
Aretousas
24
Theorias
Prytaniou
Theorias
10
Stratonos
ANAFIOTIKA
阿纳菲奥提卡
12
Erechtheion
3 伊瑞克提翁神庙
34
1 Acropolis
卫城
15
32
36
Acropolis Main Entrance
卫城主入口
6 Parthenon
帕台农神庙
Stratonos
30
9 Theatre of Dionysos
狄厄尼索斯剧场
Odeon of Herodes Atticus
5
阿迪库斯剧场
Theorias
Thrasyllou
Filopappou Hill
菲洛帕普山
Dionysiou Areopagitou

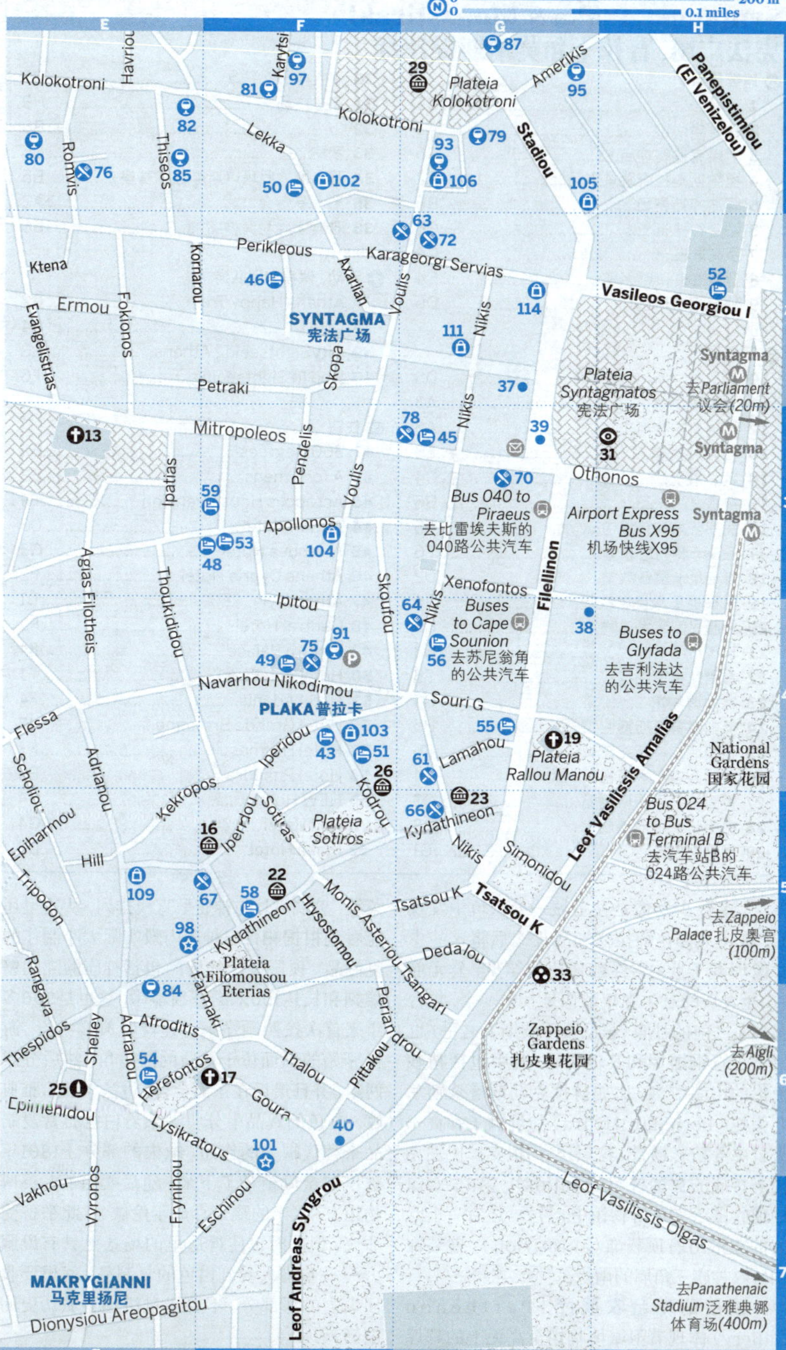
0 200 m
0 0.1 miles
SYNTAGMA
宪法广场
PLAKA普拉卡
MAKRYGIANNI
马克里扬尼
Plateia Kolokotroni
Plateia Syntagmatos
宪法广场
Syntagma
去Parliament 议会(20m)
Bus 040 to Piraeus
去比雷埃夫斯的040路公共汽车
Airport Express Bus X95
机场快线X95
Buses to Cape Sounion
去苏尼翁角的公共汽车
Buses to Glyfada
去吉利法达的公共汽车
National Gardens
国家花园
Bus 024 to Bus Terminal B
去汽车站B的024路公共汽车
去Zappeio Palace扎皮奥宫(100m)
Zappeio Gardens
扎皮奥花园
去Aigli (200m)
去Panathenaic Stadium泛雅典娜体育场(400m)
Plateia Rallou Manou
Plateia Sotiros
Plateia Filomousou Eterias
Kolokotroni
Havriou
Karytsi
Amerikis
Panepistimiou (El Venizelou)
Stadiou
Lekka
Romvis
Thiseos
Perikleous
Karageorgi Servias
Ktena
Kornarou
Axarlian
Voulis
Nikis
Vasileos Georgiou I
Ermou
Evangelistrias
Fokionos
Skopa
Petraki
Mitropoleos
Pendelis
Othonos
Ipatias
Apollonos
Filellinon
Xenofontos
Agias Filotheis
Thoukididou
Ipitou
Skoufou
Navarhou Nikodimou
Souri G
Flessa
Scholiou
Adrianou
Iperidou
Lamahou
Leof Vasilissis Amalias
Kekropos
Sotiras
Kodrou
Kydathineon
Epiharmou
Hill
Simonidou
Tripodon
Monis Asteriou
Hrysostomou
Tsatsou K
Dedalou
Tsangari
Rangava
Farmaki
Afroditis
Periandrou
Thespidos
Shelley
Thalou
Pittakou
Herefontos
Epimenidou
Goura
Lysikratous
Vakhou
Vyronos
Frynihou
Eschinou
Leof Andreas Syngrou
Leof Vasilissis Olgas
Dionysiou Areopagitou
E
F
G
H
1
2
3
4
5
6
7
13
16
17
19
22
23
25
26
29
31
33
37
38
39
40
43
45
46
48
49
50
51
52
53
54
55
56
58
59
61
63
64
66
67
70
72
75
76
78
79
80
81
82
84
85
87
91
93
95
97
98
101
102
103
104
105
106
109
111
114

Syntagma, Plaka & Monastiraki
宪法广场、普拉卡和莫纳斯提拉奇

重要景点

1 卫城 …… C5
2 古市集 …… A3
3 伊瑞克提翁神庙 …… C5
4 莫纳斯提拉奇跳蚤市场 …… A2
5 阿迪库斯剧场 …… B6
6 帕台农神庙 …… C6
7 罗马市集 …… C4
8 罗马市集和风之塔 …… C4
9 狄厄尼索斯剧场 …… D6

景点

10 圣尼古拉斯·朗格瓦斯 …… D5
11 市集博物馆 …… A3
12 阿瑞奥帕戈斯山 …… A5
13 雅典大教堂 …… E3
14 风之浴场 …… C4
15 布雷之门 …… B6
16 民间艺术和传统中心 …… F5
17 圣艾卡特利尼教堂 …… F6
18 卡普尼卡里亚教堂 …… D2
19 里科提莫救世主教堂 …… G4
20 希腊民间艺术博物馆 …… B3
21 哈德良图书馆 …… B3
22 希腊儿童博物馆 …… F5
23 犹太博物馆 …… G5
24 卡内洛普洛斯博物馆 …… B5
25 利西克拉特斯纪念碑 …… E6
26 希腊儿童艺术博物馆 …… F4
27 希腊流行乐器博物馆 …… C3
28 希腊传统陶器博物馆 …… B2
29 国家历史博物馆 …… G1
30 洞穴圣母礼拜堂 …… C6
31 宪法广场 …… H3
32 山门 …… B6
33 罗马浴室 …… G5
34 雅典娜普罗玛琪斯雕像和基座 …… B5
35 艺术基金会 …… A2
36 雅典娜胜利女神庙 …… B6

活动、课程和团队游

37 Athens Happy Train …… G2
38 CHAT …… G4
39 CitySightseeing Athens …… G3
40 Hop In Sightseeing …… F6

住宿

41 360 Degrees …… B2
42 A for Athens …… B2
43 Acropolis House Pension …… F4
44 Adrian Hotel …… C3
45 Arethusa Hotel …… G3
46 Athens Cypria Hotel …… F2
47 AthenStyle …… B1
48 Central Hotel …… F3
49 Electra Palace …… F4
50 Hotel Achilleas …… F1
51 Hotel Adonis …… F4
52 Hotel Grande Bretagne …… H2
53 Hotel Hermes …… F3
54 Hotel Phaedra …… E6
55 NEW Hotel …… G4
56 Niki Hotel …… G4
57 Plaka Hotel …… D2

鸟。大多数少女像是在卫城一处灰坑中发现的，雅典人曾在萨拉米斯战役之后将这些少女像埋葬于此。男性雕像比较罕见，公元前570年发现的赶牛青年雕像是其中一个。帕台农神庙之前的神庙（早已毁于波斯人之手）也留下了青铜雕像和其他物品，其中包括精妙绝伦的山墙雕刻，比如赫拉克勒斯屠杀勒拿九头蛇（Lernaian Hydra）和母狮子吞食一头公牛等精彩场景。这层还有5根支撑伊瑞克提翁神庙的**女像柱**（Caryatids），第6根女像柱现收藏于大英博物馆中。另外，还有一个巨大的花形山墙顶装饰（akrotirion），曾装饰帕台农神庙三角墙的南缘。

顶层的**帕台农展厅**（Parthenon Gallery）体现着卫城博物馆至高无上的辉煌荣耀，玻璃大厅与神庙呈直线排列，从这里还能看到根据帕台农神庙内殿实际大小制作的复制品。顶层展厅的展品包括神庙的陇间壁雕刻和长达160米的柱顶雕带，这也是200多年来首次按照顺序来讲述泛雅典娜游行。游行开始的画面位于神庙的西南角，然后分成两组，并且最后在东面会合，将圣巾献给雅典娜。金色的真品中分明夹杂着白色石膏复制品来替代缺失的作品。缺失的部分于1801年被埃尔金勋爵砍了下来，随后卖给了大英博物馆（一大半的雕带存放于伦敦）。此举备受非议，但同时也使得这里的场景更具有说服力——希腊人看到白色的复制品，就想要收回失去的那部分。不要错过讲述卫城历史的电影。

58 Student & Travellers' Inn F5
59 Sweet Home Hotel F3
60 Tempi Hotel C1

就餐
61 2 Mazi G4
62 Akordeon A1
63 Ariston G2
64 Avocado G4
65 Café Avyssinia A2
66 Cremino G5
67 Glykis F5
68 Kostas D1
69 Mama Roux D1
70 Meatropoleos 3 ......G3
71 Melilotos D1
72 Metropolis G2
73 Ouzou Melathron A2
74 Palia Taverna tou Psara D4
75 Paradosiako F4
76 Pure Bliss E1
77 Thanasis C2
78 Tzitzikas & Mermingas G3

饮品和夜生活
79 42 Bar G1
80 Baba Au Rum E1
81 Barley Cargo F1
82 Bartesera E1
83 Booze Cooperativa D1
84 Brettos E6
85 Drunk Sinatra E1
86 Faust D1
87 Galaxy Bar G1
88 Loukoumi A2
89 Magaze C1
90 Melina D4
91 Oinoscent F4
92 Rooster D1
93 Seven Jokers G1
94 Six DOGS C1
95 Sixx G1
96 Tailor Made D1
97 Toy Cafe F1

娱乐
98 Cine Paris E5
99 Mostrou D4
100 Palea Plakiotiki Taverna Stamatopoulos D4
101 Perivoli tou Ouranou F6

购物
102 Actipis F1
103 Amorgos F4
104 Anavasi F3
105 Apriati G1
106 Aristokratikon G1
107 Centre of Hellenic Tradition C2
108 Forget Me Not D4
109 Ioanna Kourbela E5
110 John Samuelin A2
111 Korres G2
112 Melissinos Art B1
113 Olgianna Melissinos A2
114 Public G2
115 Spiliopoulos C2

★菲洛帕普山 公园

（Filopappou Hill；见64页地图；ⓂAkropoli）也被称为缪斯山（Hill of the Muses）。菲洛帕普山——连同普尼克斯山和仙女山——根据普鲁塔克（Plutarch）的记载，是忒修斯（Theseus）和亚马逊人战斗的地方。从史前时期至后拜占庭时期，这里一直有人居住。如今，松树覆盖的斜坡是休闲散步的好去处。从这里能俯瞰阿提卡地区和萨洛尼克湾（Saronic Gulf）的美景，能欣赏到有完好标记的遗迹，还能找到一些拍摄卫城景观的绝佳位置。

卫城西南的山可从山顶的**菲洛帕普斯纪念碑**（Monument of Filopappos；见64页地图）分辨出来；建于公元114年至116年的纪念碑是为了纪念著名的罗马执政官尤利乌斯·安条克·菲洛帕普斯（Julius Antiochus Filopappos）。通往山顶的铺砌小路始于Dionysiou Areopagitou上的问讯亭（periptero）附近。走过250米，经过卓尔不凡的**圣季米特里奥斯教堂**（Church of Agios Dimitrios Loumbardiaris；见64页地图），那里有精美的壁画，继续往前，经过**苏格拉底的监狱**（Socrates' prison；见64页地图）和**缪斯神殿**（Shrine of the Muses；见64页地图），然后走上山顶。

公元前4世纪和5世纪修筑的翻山越岭的防御工事，比如Themistoclean墙和Diateichisma，如今你还能见到巨大的遗迹。

免费博物馆

希腊流行乐器博物馆（Museum of Greek Popular Instruments；见74页地图；☎210 325 4119；www.instruments-museum.gr；Diogenous 1-3，Plaka；⊙周二至周日 8:00～15:00；Ⓜ Monastiraki）免费 展出和记录各种传统乐器和服饰，包括希腊音乐大师的乐器和服饰。夏季每个工作日的夜晚，庭院里都会举办音乐会。其中经过修复的土耳其浴室是雅典现存极少的私人土耳其浴室之一。

碑铭博物馆（Epigraphical Museum；见64页地图；☎210 821 7637；http://odysseus.culture.gr；Tositsa 1，Exarhia；⊙周二至周日 8:30～15:00；Ⓜ Viktoria）免费 名副其实的碑碣宝库，拥有希腊最重要的碑文收藏，位于国家考古博物馆旁边。

民间艺术和传统中心（Centre of Folk Art & Tradition；见74页地图；☎210 324 3987；www.cityofathens.gr；Hatzimihali Angelikis 6，Plaka；⊙周二至周五 9:00～13:00和17:00～21:00，周六和周日 9:00～13:00；Ⓜ Syntagma）免费 位于普拉卡宏伟的大楼内，定期举办有趣的展览。

阿瑞奥帕戈斯山 公园

（Areopagus Hill；见74页地图；Ⓜ Monastiraki）卫城脚下这片露出地面的岩石能够将古市集的景观尽收眼底。据神话传说，战神阿瑞斯（Ares）杀死了波塞冬的儿子哈利罗提奥斯（Halirrhothios），他也因此遭到了众神的审判，审判地点正是这里。阿瑞斯为自己辩护，称他是为了保护女儿阿尔基佩（Alcippe）免受侮辱。众神接受了他的理由，判他无罪。

在阿瑞奥帕戈斯议会（Council of the Areopagus）入驻之前，这里就是审理谋杀、叛国和贪污案件的地方。公元51年，圣保罗（St Paul）在山上发表了著名的《献给未识之神的布道》（*Sermon to an Unknown God*），让狄厄尼索斯成为他的首位雅典皈依者，后者后来成为这座城市的守护圣徒。

普尼克斯山 公园

（Hill of the Pnyx；见82页地图；Ⓜ Thisio）菲洛帕普山以北就是岩石嶙峋的普尼克斯山，这里是公元前5世纪民主大会（Democratic Assembly）的会场，伟大的演说家们都曾在这里发表过演讲，比如阿里斯蒂德斯（Aristides）、德摩斯梯尼（Demosthenes）、伯里克利和泰米斯托克利（Themistocles）。这里游人较少，可以安安静静地散步，还能欣赏到雅典的壮观景象。

仙女山 公园

（Hill of the Nymphs；见82页地图；Ⓜ Thisio）位于普尼克斯山西北，这座山丘上有建于1842年的**雅典老天文台**（old Athens observatory）。

★奥林匹亚宙斯神殿 神庙

（Temple of Olympian Zeus，Olympieio；见71页地图；☎210 922 6330；http://odysseus.culture.gr；Leoforos Vasilissis Olgas和Leoforos Vasilissis Amalias交叉路口，Syntagma；成人/儿童 €2/免费，持卫城通票免费；⊙4月至10月 8:00～20:00，11月至次年3月 8:30～15:00；Ⓜ Akropoli，Syntagma）你绝对不能错过这个奇迹，这个醒目的建筑矗立于雅典市中心。它是雅典最大的神庙，由庇西特拉图始建于公元前6世纪，由于资金匮乏不得不中途停工。后来的许多帝王也曾试图建成这座神庙，公元131年最终由哈德良皇帝建成，共计花了700多年的时间。

这座神庙令人印象深刻，因为它有104根庞大的科林斯式柱子，柱高17米，柱基直径1.7米。这些柱子中有15根保存至今，其中一根被1852年的一场大风刮倒在地。哈德良皇帝在神庙内殿供奉了一尊巨大的宙斯雕像，同时也毫不谦虚地在旁边安放了一尊同样巨大的本人雕像。

★哈德良拱门 纪念碑

（Hadrian' s Arch；见71页地图；Leoforos Vasilissis Olgas和Leoforos Vasilissis Amalias交叉路口，Syntagma；Ⓜ Akropoli，Syntagma）免费 哈德良皇帝对雅典情有独钟。虽然他从雅典往罗马偷运了不少古典艺术作品，但是同样也为雅典新建了许多受古典建筑风格影响的建筑物。哈德良拱门就是一座高耸的潘特里克大理石建筑，矗立在繁华的Leoforos Vasilissis Olgas和Leoforos Vasilissis Amalias交会处。132年，可能是为了纪念奥林匹亚宙斯神殿的献祭仪式，哈德良皇帝决定兴建这座拱门。

建筑上的铭文显示，它还是古城和罗马新城的分界点。西北侧的雕带上刻着"这里是雅典，忒修斯的古城"，而东南侧的雕带上刻着"这里不是忒修斯的城市，而是哈德良的城市"。

★国家当代艺术博物馆

博物馆

（National Museum of Contemporary Art；☎210 924 2111；www.emst.gr；Kallirrois & Frantzi, Koukaki-Syngrou；成人/儿童 €3/免费；⏲周二、周三和周五至周日 11:00~19:00，周四 至22:00；Ⓜ Syngrou-Fix）这座博物馆翻新了位于Leoforos Syngrou曾经的Fix Brewery区域，于2015年盛大开幕。这里有一流的希腊及国际当代艺术巡回展。永久展览包括绘画、装置、摄影、视频和新媒体，还有实验建筑。

宪法广场、普拉卡和莫纳斯提拉奇 (Syntagma, Plaka & Monastiraki)

★古市集

古迹

（Ancient Agora；见74页地图；☎210 321 0185；http://odysseus.culture.gr；Adrianou；成人/儿童 €4/免费，持卫城通票免费；⏲周一 11:00~15:00，周二至周日 8:00~15:00；Ⓜ Monastiraki）市集是古雅典的中心，热闹拥挤，是行政、商业、政治和社交活动的中心。苏格拉底曾在这里阐释他的哲学。公元49年，圣保罗也来到这里布道，让人们信奉基督教。如今这里郁郁葱葱，令人耳目一新，有美观的纪念碑和神庙，以及引人入胜的博物馆（见74页地图）。

公元前6世纪，这个市集起初是个公共场所，但于公元前480年被波斯人摧毁。然而，新的市集很快又兴建了起来。伯里克利在位时，这里欣欣向荣，一直持续到公元267年。那时，市集毁于来自北欧哥特部落的赫鲁利人（Herulians）之手。土耳其人在此建立了一个居民区，但希腊独立后，这片区域被考古学家拆除。后来，这里发掘出新古典主义时期的物品，甚至有一些还是新石器时代的东西。

★罗马市集和风之塔

古迹

（Roman Agora & Tower of the Winds；见74页地图；☎210 324 5220；Pelopida和Eolou交叉路口，Monastiraki；成人/儿童 €2/免费，持卫城通票免费；⏲8:00~15:00；Ⓜ Monastiraki）罗马市集的入口通过保存完好的雅典娜之门（Gate of Athena Archegetis），两侧有4根多立克式柱子。市集在公元1世纪由尤利乌斯·恺撒（Julius Caesar）提供资金修建。非凡的风之塔（Tower of the Winds）保存完好，由叙利亚天文学家安德罗尼柯（Andronicus）于公元前1世纪修建。潘泰列克大理石的八边形纪念碑是可以作为日晷、风向标、水钟和罗盘的独创建筑。

塔楼的每侧都代表罗盘的一点，每点都有代表风的轻盈人物浮雕。每幅浮雕下是模糊的日晷标记。消失多年的风向标是特里同（Triton）的青铜像，位于塔顶，随风旋转。土耳其人曾允许伊斯兰教的托钵僧使用此塔。

古迹的其他部分空空荡荡。入口右侧是1世纪公共厕所的地基。东南区域是防御塔楼（propylon）和一排商店的地基。

哈德良图书馆

遗迹

（Hadrian's Library；见74页；☎210 324 9350；Areos 3, Monastiraki；成人/儿童 €2/免费，持卫城通票免费；⏲8:00~15:00，淡季开放时间缩短；Ⓜ Monastiraki）这座公元2世纪的庞大图书馆位于罗马市集以南，是哈德良兴建的最大建筑。内部回廊环绕的庭院边有100根柱子，中间还有水池。除了藏书，图书馆里还有音乐厅、讲堂和一个剧院。

雅典大教堂

教堂

（Athens Cathedral；见74页地图；☎210 322 1308；Plateia Mitropoleos, Monastiraki；⏲7:00~19:00，弥撒 周日 6:30；Ⓜ Monastiraki）这座兴建于1862年的华丽的雅典大教堂位于梅特罗波利斯广场（Plateia Mitropoleos），是希腊东正教大主教的住地。然而，更具历史和建筑意义的，是大教堂旁边12世纪的小型十字形大理石教堂。它被称为小梅特罗波利斯（Little Metropolis），是正式供奉"有求必应的圣母"（Panagia Gorgeopikoos）和圣埃莱夫塞里奥斯（Agios Eleftherios）两位圣人

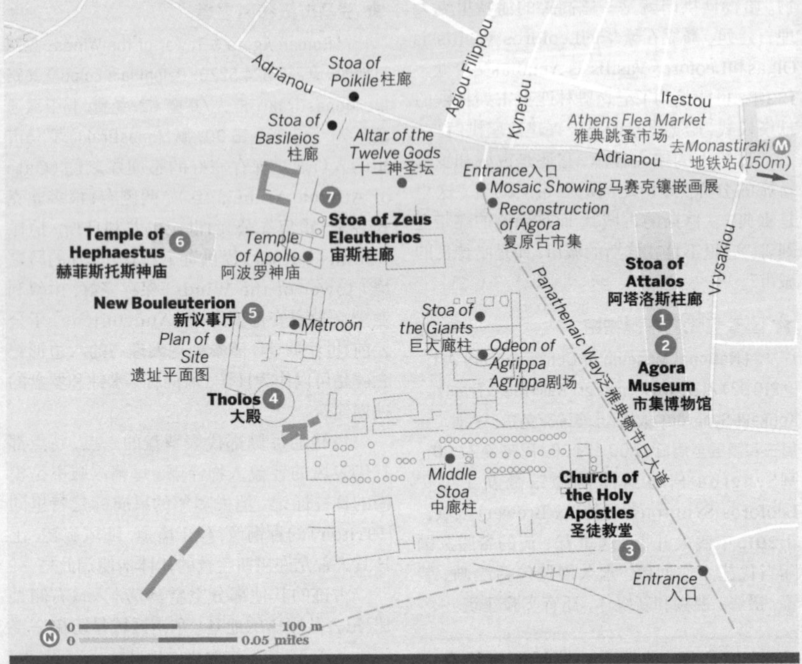

古迹游览
古市集

耗时：2小时

进入市集，来到壮观的❶**阿塔洛斯柱廊**。这座两层柱廊（有顶走廊或门廊）由帕加马阿塔洛斯二世（King Attalos Ⅱ of Pergamum，公元前159年至公元前138年）修建，是有史以来最早的购物拱廊。底层有45根多立克式柱子，上层是伊奥尼亚式柱子。起初，建筑外观被涂成红色和蓝色。每隔4年，人们会聚集在这里观看泛雅典娜游行。

柱廊里面是杰出的❷**市集博物馆**，这是了解遗址的好地方。博物馆内有一个市集模型及众多卓越的考古发现，四周环绕着古代的众神雕像。

继续向前，来到遗址南端迷人的❸**圣徒教堂**，这座教堂建于10世纪早期，是为了纪念圣保罗在市集讲经布道而修建的。1954年至1957年，人们拆除了19世纪教堂增设的建筑，将其恢复原貌。教堂内有精美的拜占庭壁画。

向西北穿过遗址，你会经过圆形的❹**大殿**，这里是政府首脑会面的地方，也是❺**新议事厅**的所在地，参议院会在这里举行会议。

前往市集西部边缘引人注目的❻**赫菲斯托斯神庙**，这是希腊保存最为完好的多立克式神庙。神庙供奉锻造之神赫菲斯托斯（Hephaestus），周围是铸造厂和金属加工品商店。这座神庙是伯里克利（Pericles）早期兴建的工程之一，由伊克蒂诺斯（Iktinos）建于公元前449年，是帕台农神庙建筑之一。神庙有34根柱子，东侧雕带上雕刻着"赫拉克勒斯十二伟绩"（Twelve Labours of Hercules）中的9项。公元1300年，它被改作圣吉尔吉奥斯教堂（Church of Agios Georgios）。教堂最后一次礼拜仪式举办于1834年，为了纪念奥托国王来到雅典。

往神庙东北方向走，你会经过❼**宙斯柱廊**的地基，这里曾是苏格拉底论述哲学的地方之一。

的教堂。教堂在一座古代庙宇的遗址上，利用古代及早期基督教古迹的碎片修建。

卡普尼卡里亚教堂 教堂

（Church of Kapnikarea；见74页地图；Ermou, Monastiraki；⊙周二、周四和周五 8:00~14:00；Ⓜ Monastiraki, Syntagma）这座11世纪的小型建筑物正好矗立于Ermou购物街的中心。建筑在推土机的摧毁中幸免于难，并且由雅典大学进行修复。教堂穹顶由4根罗马柱子共同支撑。

风之浴场 博物馆

（Bath House of the Winds；见74页地图；☎210 324 4340；www.melt.gr；Kyrristou 8, Monastiraki；成人/儿童 €2/免费，11月至次年3月 周日免费；⊙周三至周一 8:00~15:00；Ⓜ Monastiraki）这座翻新漂亮的17世纪土耳其浴室（hammam）是雅典现存唯一的公共浴室，也是奥斯曼时代的少数遗迹之一。免费的语音导览非常有用，可以带你回到那段辉煌的岁月。

卡内洛普洛斯博物馆 博物馆

（Kanellopoulos Museum；见74页地图；☎210 321 2313；http://odysseus.culture；Theorias 12和Panos交叉路口，Plaka；门票 €2；⊙周二至周日 8:00~15:00，淡季开放时间缩短；Ⓜ Monastiraki）免费 这座杰出的博物馆设在卫城北坡上一座19世纪的府邸之中，内有卡内洛普洛斯（Kanellopoulos）家族收藏的丰富藏品。1976年，这座博物馆被捐赠给了政府。藏品包括珠宝、黏土及石质的花瓶和小雕像、武器、拜占庭时期雕像、青铜器和各种工艺品。

圣尼古拉斯·朗格瓦斯 教堂

（Agios Nikolaos Rangavas；见74页地图；☎210 322 8193；Prytaniou 1和Epiharmou交叉路口，Plaka；⊙8:00至正午和17:00~20:00；Ⓜ Akropoli, Monastiraki）这座迷人的教堂是朗格瓦斯家族宫殿的一部分，该家族成员包括拜占庭皇帝米哈伊尔一世（Michael I）。土耳其人不准用钟，雅典脱离土耳其统治的第一座教堂钟就安放在这里。1833年，宣布雅典自由的第一声钟声就在这里敲响。

犹太博物馆 博物馆

（Jewish Museum；见74页地图；☎210 322 5582；www.jewishmuseum.gr；Nikis 39, Plaka；成人/儿童 €6/免费；⊙周一至周五 9:00~14:30，周日 10:00~14:00；Ⓜ Syntagma）这座博物馆通过引人注目的文件资料收藏和宗教及民间艺术品，追溯了希腊犹太社区的历史，其内容可回溯至公元前3世纪。馆内还有一座仿建的犹太教堂（synagogue）。

里科提莫救世主教堂 拜占庭教堂

（Church of Sotira Lykodimou；见74页地图；Fillelinon, Plateia Rallou Manou, Plaka；Ⓜ Syntagma）这座教堂建于11世纪，现在是俄式东正教堂，有壮观的圆顶，是唯一一座拜占庭八角形教堂。

利西克拉特斯纪念碑 纪念碑

（Lysikrates Monument；见74页地图；Sellei和Lysikratous交叉路口，Plaka；Ⓜ Akropoli,

泛雅典娜节日和游行

古代雅典最盛大的活动就是泛雅典娜游行（Panatheniac Procession），这是为了敬奉雅典娜女神而举办的泛雅典娜节的高潮部分。卫城博物馆中长达160米的帕台农神庙柱顶雕带上描绘了游行的生动场面。

实际上，泛雅典娜节有两个：一个是每年雅典娜生辰举办的小泛雅典娜节（Lesser Panathenaic Festival），另一个是每4年雅典娜生辰举办的大泛雅典娜节（Great Panathenaic Festival）。人们首先会跳舞庆祝，其后会举办各种体育、戏剧和音乐比赛。最后一天，泛雅典娜游行从凯拉米克斯开始，首先由男子献上给雅典娜的牲口祭品，随后少女献上角形酒器（rhytons），乐师吹奏号角。在号角的伴奏下，贵族少女会举起圣衣（peplos，一条华丽的橘黄色披肩）。泛雅典娜节日大道从卫城中间横穿而过，也正是泛雅典娜游行时走的路线。庆典结束时，圣衣会披到伊瑞克提翁神庙中雅典娜·波利阿斯雕像的身上。

Gazi, Keramikos & Thisio 加齐、凯拉米克斯和西斯奥

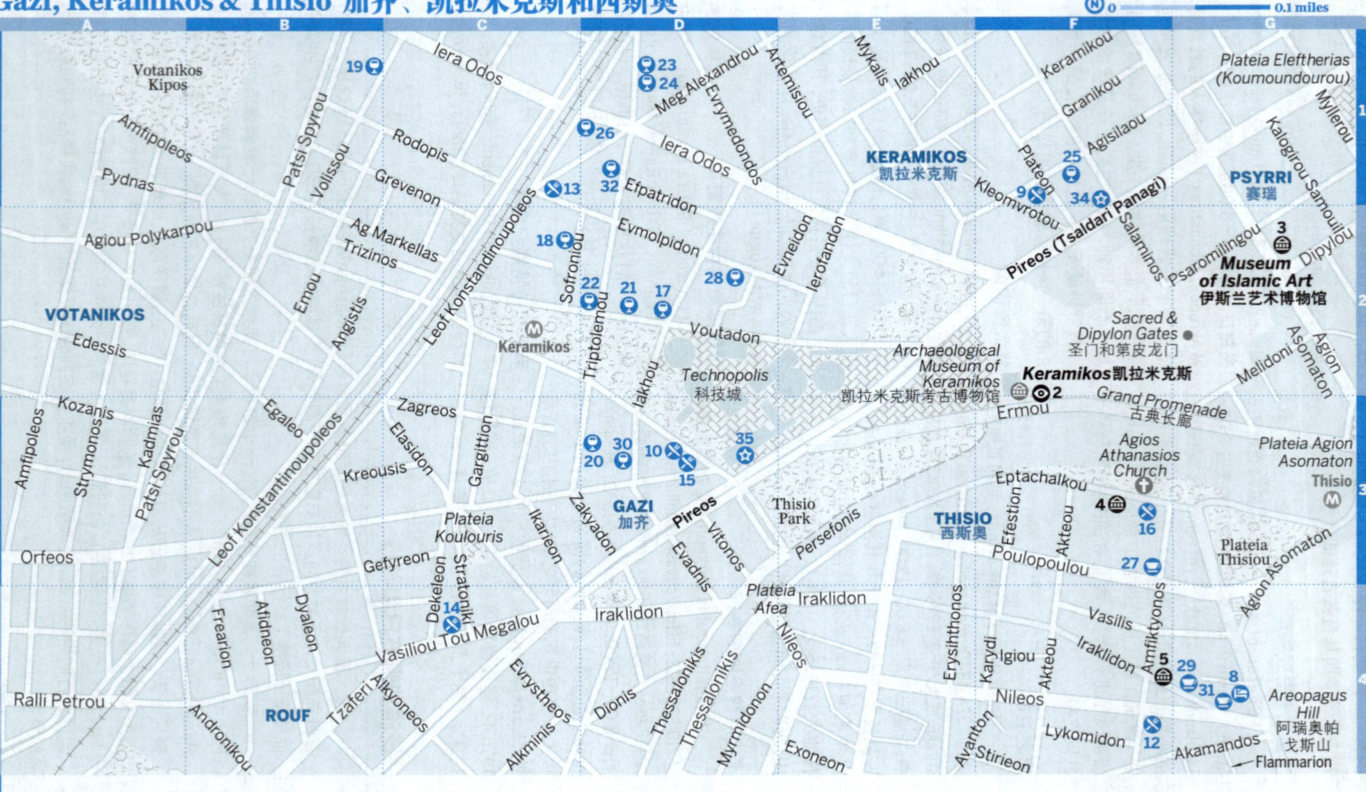

Syntagma）作为唯一存世的资助纪念碑的典范，利西克拉特斯纪念碑建于公元前334年，是为了纪念利西克拉特斯对在狂欢节激烈比赛中胜出的合唱团的资助。它是人们所知最早的外观采用科林斯柱式风格的纪念碑。上面的浮雕描绘了酒神狄厄尼索斯和第勒尼安（Tyrrhenian）海上的海盗打斗的场面，酒神将他们变成了海豚。

纪念碑矗立的地方曾经是三角街（Street of Tripods，今天的Tripodon）的一部分，古代戏剧和合唱比赛中的获胜者会在这里将他们的三角奖杯献给狄厄尼索斯。1810~1811年，拜伦勋爵曾在此居住并创作了《恰尔德·哈洛尔德游记》。1890年，一场大火将修道院摧毁。

宪法广场

广场

（Plateia Syntagmatos；Syntagma Sq；见74页地图；Ⓜ Syntagma）雅典的中央广场。宪法广场得名于1843年9月3日，面对起义的国王奥托（King Otto）授权宪法。而今，这座广场是主要的交通枢纽和议会的所在地（位于东边的上坡处），从而成为示威和罢工的中心。

四周是高级酒店和店铺，广场内有一座大理石喷泉、地铁入口和两家咖啡馆，后者是观看行人的最佳地点。广场西侧是雅典主要商业区之一——Ermou步行街起始的部分。

★议会和卫兵换岗仪式

建筑

（Parliament & Changing of the Guard；见88页地图；Plateia Syntagmatos；Ⓜ Syntagma）免费 宪法广场的议会大楼前面，无名战士墓前身着传统服装的卫兵（evzones）每到整点都会换岗。周日11:00，一排卫兵在乐队的陪同下沿Vasilissis Sofias行进。总统卫兵的制服没有短裙和绒球鞋，是基于希腊爱国者（klephts，独立战争时期的山贼）的服装设计的。

★国家花园

花园

（National Gardens；见88页地图；Leoforos Vasilissis Sofias和Leoforos Vasilissis Amalias交叉路口，Syntagma；⏲7:00至黄昏；Ⓜ Syntagma）免费 惬意阴凉的夏季避暑地，国家公园曾经是阿马利娅王后（Queen Amalia）设计的皇家花园。这里有一个大型的**儿童游乐场**、一

Gazi, Keramikos & Thisio 加齐、凯拉米克斯和西斯奥

重要景点
1 贝纳基博物馆皮里奥展馆 B5
2 凯拉米克斯 F2
3 伊斯兰艺术博物馆 G2

景点
4 Bernier/Eliades F3
5 赫拉克雷翁博物馆 F4
6 仙女山 F5
7 普尼克斯山 G6

住宿
8 Phidias Hotel G4

就餐
9 Athiri F1
10 Butcher Shop D3
11 Filistron G5
12 Gevomai Kai Magevomai F4
13 Kanella C1
14 Oina Perdamata C4
15 Sardelles D3
16 To Steki tou Ilia F3

饮品和夜生活
17 45 Moires D2
18 A Liar Man C2
19 BIG B1
20 Gazaki D3
21 Gazarte D2
22 Hoxton D2
23 Moe Club D1
24 MoMix D1
25 Nixon Bar F1
26 Noiz Club D1
27 Peonia Herbs F3
28 Pixi D2
29 Root Artspace G4
30 S-Cape D3
31 Sin Athina G4
32 Sodade D1

娱乐
33 Athinon Arena A6
34 Bios F1
35 Technopolis D3
36 Thission G5

个鸭子戏水的池塘和一间树荫下的咖啡馆。

扎皮奥花园 花园

（Zappeio Gardens；见64页地图；Leoforos Vasilissis Amalias和Leoforos Vasilissis Olgas的入口，Syntagma；Ⓜ Syntagma）这些花园位于国家花园和泛雅典娜体育场之间，环绕分布在宏伟的**扎皮奥宫殿**周围宽广的人行道上。宫殿始建于19世纪70年代，用于举办各种会议和展览。宫殿旁边有一间咖啡馆兼餐厅和一家露天电影院Aigli（见117页）。

罗马浴室 遗迹

（Roman Baths；见74页地图；Leoforos Vasilissis Amalias，Syntagma；Ⓜ Syntagma）免费 为了建造地铁的通风道，人们进行了挖掘工作，从而发现了保存完好的大型罗马浴室建筑群遗址。浴室建于公元3世纪赫鲁利人突袭之后，地点在伊利索斯河（Ilissos river）附近，一直延伸至国家花园。公元5世纪或6世纪时，浴室曾遭破坏，但随后又得到修复。

国家历史博物馆 博物馆

（National Historical Museum；见74页地图；☎210 323 7617；www.nhmuseum.gr；Stadiou 13，Syntagma；成人/儿童 €3/免费，周日免费；⏲周二至周日 9:00~14:00；Ⓜ Syntagma）专门展示独立战争时期的纪念品，这座博物馆保存着拜伦的头盔和剑、描绘战前事件的一系列绘画，以及照片和皇室肖像藏品。博物馆位于老议会大楼内，大楼的台阶就是前总理Theodoros Deligiannis于1905年被刺杀的地点。

圣西奥多利教堂 教堂

（Church of Agii Theodori；见90页地图；Dragatsaniou和Agion Theodoron交叉路口，Syntagma；Ⓜ Panepistimio）这座11世纪的教堂位于克拉夫斯莫诺斯广场（Plateia Klafthmonos）后面，有贴着瓷砖的穹顶和以雕刻着动植物的漂亮赤陶雕带作装饰的墙壁。

加齐、凯拉米克斯和西斯奥 (Gazi, Keramikos & Thisio)

★凯拉米克斯 古迹

（Keramikos；见82页地图；☎210 346 3552；http://odysseus.culture.gr；Ermou 148，Keramikos；成人/儿童 含博物馆 €2/免费，持卫

城通票免费；⏲8:00~20:00，淡季开放时间缩短；ⓂThisio）公元前3000年至公元6世纪（罗马时代）的墓地。凯拉米克斯最初是被伊利达诺斯河（River Iridanos）河岸黏土吸引而来的陶工居住地。由于经常发生水灾，这片地区最终变成了墓地。在1861年修建皮里奥（Pireos）街道期间被重现发现，如今则是个郁郁葱葱的宁静之地，有出色的小型博物馆，内有非凡的石碑和雕塑、精美的花瓶藏品以及赤陶雕像。

进入凯拉米克斯，直奔前面的小山，右转你会看到古迹的**方位图**。从山上的一条小路向下走往右通往**城墙**遗址，城墙由泰米斯托克利（Themistocles）于公元前479年修建，后来科侬（Konon）于公元前394年重建。整个城墙被两扇城门的地基隔断开来，每扇城门上都有细微的标记。

第一扇城门是**圣门**（Sacred Gate），横贯圣道（Sacred Way）之上。每年厄琉西斯游行（Eleusian procession）时，来自厄琉西斯的朝圣者就是从这扇城门进入城市的。东北方向是**第皮龙门**（Dipylon Gate）——城市的正门，也是泛雅典娜游行队伍（见81页）的起点。这里也是这座城市为旅行者提供服务的妓女聚集地。第皮龙门外面有一处平台，伯里克利曾在这里发表了著名的演讲，歌颂雅典人民的美德，纪念那些在伯罗奔尼撒战争爆发的第一年就壮烈牺牲的战士。

圣门和第皮龙门之间是**庞贝**（Pompeion）的地基。泛雅典娜游行时，参加游行的人们会在这里更衣。

沿着圣道前行离开城市，然后左转就是**墓街**（Street of Tombs），此街用作雅典著名人物的墓地。现存的石碑如今收藏于国家考古博物馆（National Archaeological Museum），所以你看到的多半是仿品。这一系列墓碑及其浅浮雕值得细细观察一番。普通市民则被葬在墓街旁边的地方。北面的台阶上有一块保存完好的墓碑，上面是一个小女孩和她的宠物狗。这里最大的一块墓碑是一对姐妹的，她们的名字是Demetria和Pamphile。

★贝纳基博物馆皮里奥展馆 博物馆

（Benaki Museum Pireos Annexe；见82页地图；☎210 345 3111；www.benaki.gr；Pireos 138，Andronikou交叉路口，Rouf；门票 €4~6；⏲周四和周日 10:00~18:00，周五和周六 至22:00，8月关闭；ⓂKeramikos）贝纳基博物馆（见86页）的这座巨大的皮里奥展馆位于曾经的工业大楼内，举办当代视觉艺术、文化和历史展览，有重要的国际展出以及在庭院里举办的音乐演出。这里有通风良好的咖啡馆和出色的礼品商店。

赫拉克雷翁博物馆 博物馆

（Herakleidon Museum；见82页地图；☎210 346 1981；www.herakleidon-art.gr；Herakleidon 16，Thisio；成人/儿童 €6/免费；⏲6月、7月、9月和10月 周日 10:00~18:00；ⓂThisio）这座非凡的私人博物馆展示艺术、数学和哲学之间的相互关系。永久展览设在经过修复的美观的新古典大楼内，包括世界上最大规模的MC. 埃舍尔（MC Escher）藏品，还有维克托·瓦萨雷里（Victor Vasarely）的作品。丰富的教育活动包括两个小时的优秀的英语导游以及研讨会，若想参加需要提前预订（€25，至少10人参加）。

赛瑞、奥莫尼亚和伊哈瑞亚 (Psyrri, Omonia & Exarhia)

雅典中心市场（Varvakios Agora；见107页）周边的街道拥挤不堪但令人振奋，是爱美食或爱凑热闹和爱购物的人的必去之地。

★国家考古博物馆 博物馆

（National Archaeological Museum；见64页地图；☎213 214 4800；www.namuseum.gr；28 Oktovriou-Patision 44，Exarhia；成人/儿童 €7/免费；⏲4月至10月 8:00~20:00，11月至次年3月开放时间缩短；ⓂViktoria；🚌2，4，5，9或11至Polytechnio）世界上最重要的博物馆之一。国家考古博物馆收藏了世界上最精美的希腊文物，这些瑰宝得以让人一览希腊艺术和历史。它们可以追溯至新石器时代至古典时代，包括在希腊各地发现的精美雕塑、陶器、珠宝、壁画和手工艺品。陈列美观的展览主要以主题形式展现。在这幢巨大的（8000平方米）19世纪新古典建筑内，一定要留出足够时间观赏海量壮观的藏品（超过11,000件）。

欣赏博物馆的海量藏品需要多参观几

回，不过用半天时间看看亮点也是可以的。该博物馆还举办世界级的临时展览活动。

除了亮点之外，博物馆的上层有非凡的陶器藏品，追溯了从青铜时期至阿提卡红彩陶器时代（公元前5世纪末至公元前4世纪初）的发展历程。珍品包括在泛雅典娜运动会上赠予获胜者的6个泛雅典娜双耳细颈酒罐。罐中盛有取自雅典圣橄榄树的橄榄油，获胜者最多可得到140个这样的罐子。

与拜占庭和基督教博物馆（见89页）及其他地点的联票价格€12。从Viktoria地铁站步行10分钟即可到达，或者在Panepistimiou的圣丹尼斯教堂（St Denis Cathedral）外搭乘无轨电车2路、4路、5路、9路或11路，在Polytechnio车站下车。

★伊斯兰艺术博物馆 博物馆

（Museum of Islamic Art；见82页地图；☎210 325 1311；www.benaki.gr；Agion Asomaton 22 & Dipylou 12, Keramikos；成人/儿童 €7/免费，周四免费；⏰周四至周日 9:00~17:00；Ⓜ Thisio）这座博物馆是全世界最重要的伊斯兰艺术收藏地之一。位于凯拉米克斯附近两栋经过修复的新古典大楼内，展出12世纪至19世纪的8000多件物品，包括纺织品、雕刻、拜毯和陶瓷。4楼有个17世纪风格的接待室，地面上镶着从开罗豪宅中运过来的大理石地板。你还能在地下室里看到部分“泰米斯托克利城墙”。

希腊美食博物馆 博物馆

（Museum of Greek Gastronomy；见90页地图；☎210 321 1311；www.gastronomymuseum.gr；Agiou Dimitriou 13, Psyrri；⏰周二 11:00~18:00，周三至周日 至午夜，餐馆 周三至周日 17:00至午夜；Ⓜ Monastiraki, Thisio）免费 这座新博物馆和美食中心开创的专题展重点介绍了希腊丰富多彩的烹饪历史（比如，修道院有机食品或者马其顿传统）。与展览相关联的咖啡馆餐馆会提供创意菜肴（€7~15），商店出售各主题的食品：有马其顿蜂蜜，还有修道院制作的果酱。这里有时还有烹饪课程、电影放映和派对。

柯洛纳基及周边 (Kolonaki & Around)

★贝纳基博物馆 博物馆

（Benaki Museum；见88页地图；☎210

博物馆之旅 国家考古博物馆

耗时： 2小时

一进入博物馆，你面前的就是❶**史前展厅**，展出了一些迈锡尼、新石器时代和基克拉泽斯群岛最重要的艺术品，其中许多都是纯金制品。令人赞叹的❷**迈锡尼文物展厅**（4号展厅）堪称馆内一绝。第一个展柜里有出土于迈锡尼的著名黄金制品❸**阿伽门农面具**和刻着复杂精细狩猎图案的青铜匕首。精致的❹**瓦斐奥金杯**上有人们驯服野牛的场景，是现存迈锡尼艺术品中的典范之一。❺**基克拉泽斯群岛展厅**（6号展厅）里面有公元前3000年至公元前2000年的精美小雕像，这些小雕像曾激发了毕加索等现代艺术家的灵感。

入口处左边的几个展厅保存着最古老、最重要的雕刻藏品。雕刻于公元前600年的巨型❻**苏尼翁青年雕像**（8号展厅）用纳克索斯岛的大理石制成，曾矗立在苏尼翁的波塞冬神庙前。15号展厅里主要展出公元前460年令人惊叹的青铜制品❼**宙斯或波塞冬雕像**。雕像发现于埃维亚附近的海域之中，刻画了宙斯或波塞冬张开双臂的姿势（具体是哪位就没人分得清了）。

公元前200年的❽**雅典娜神像**（Athena Varvakeion；20号展厅）是矗立在帕台农神庙里菲迪亚斯制作的雅典娜雕像（Athena Polias）中最著名的复制品，不过尺寸小了许多。

21号展厅里有一尊引人注目的❾**马和年轻骑手雕像**（公元前2世纪），雕像是在埃维亚的阿泰米斯角（Cape Artemision）附近的一艘沉船里发现的。对面是精美的雕刻作品，比如❿**阿芙罗狄忒雕像**。

楼上是来自圣托里尼岛（锡拉）壮丽的⓫**米诺斯壁画**，壁画是在公元前16世纪末的火山爆发中被掩埋的阿克罗蒂里史前聚居地发现的。

NATIONAL ARCHAEOLOGICAL MUSEUM
国家考古博物馆

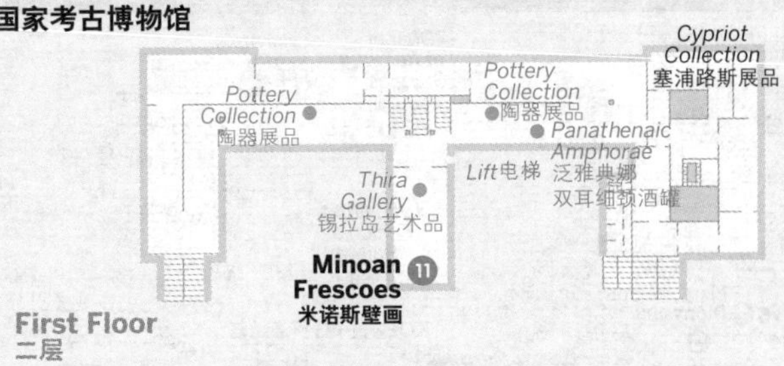

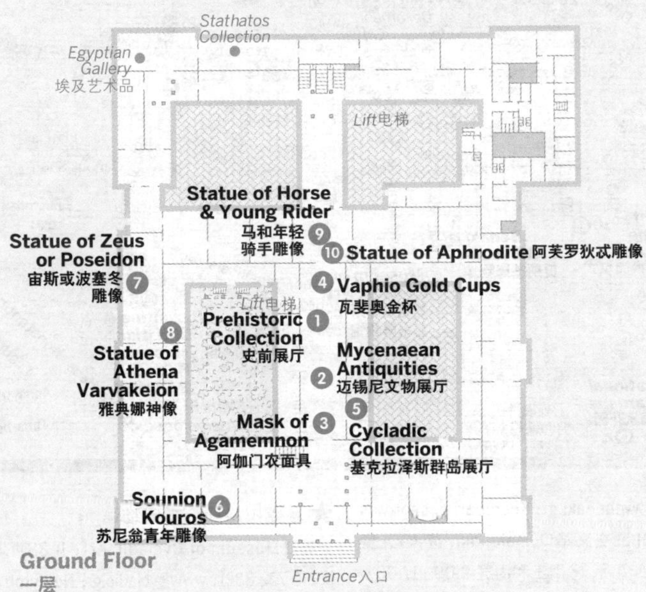

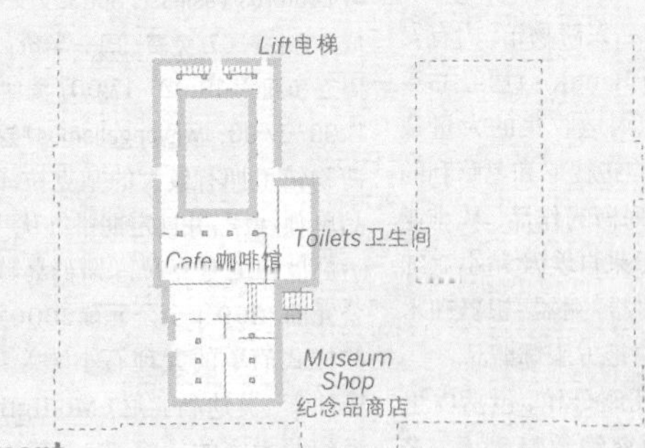

Kolonaki 柯洛纳基

367 1000; www.benaki.gr; Koumbari 1, Leoforos Vasilissis Sofias交叉路口, Kolonaki; 成人/儿童 €7/免费, 周四免费; ⌚周三和周五 9:00~17:00, 周四和周六 至午夜, 周日 至15:00; Ⓜ Syntagma, Evangelismos)希腊最好的私人博物馆，内有安东尼斯·贝纳基（Antonis Benakis）历经35年时间，在欧亚两地如饥似渴地收集的大量藏品。其中包括青铜时代来自迈锡尼和色萨利的考古发现、画家埃尔·格列柯的作品、从小亚细亚带过来的教会器具、来自埃及和小亚细亚以及美索不达米亚的陶器、铜器、银器和木制品，还有令人惊叹的希腊地方服饰藏品。

这座博物馆扩充了几座分馆，包括皮里奥展馆（见85页），以便容纳数量庞大、多种多样的藏品，是雅典艺术领域的重量级成员。博物馆轮流举办各种展览活动，日程安排很满。

★基克拉泽斯艺术博物馆 博物馆

（Museum of Cycladic Art; 见88页地图; ☎210 722 8321; www.cycladic.gr; Neofytou Douka 4, Leoforos Vasilissis Sofias交叉路口, Kolonaki; 成人/儿童 €7/免费, 周一半价; ⌚周一、周三、周五和周六 10:00~17:00, 周四 至20:00, 周日 11:00~17:00; Ⓜ Evangelismos）这座特别的私人博物馆里拥有最大的基克拉泽斯群岛艺术藏品单独展厅，并且定期举办优秀的展览活动。一层展出的基克拉泽斯群岛藏品可以追溯到公元前3000年至公元前2000年，其中包括一些样式简单的大理石小雕像，它们曾激发了毕加索、莫迪利亚尼（Modigliani）等许多20世纪艺术家的灵感。馆内其余收藏为公元前2000年到公元4世纪的希腊和塞浦路斯艺术品。五楼展厅为古代日常生活场景，里面有展示古希腊人生活的文物和电影。这里还有一

Kolonaki 柯洛纳基

重要景点

1 贝纳基博物馆 B3
2 拜占庭和基督教博物馆 D4
3 基克拉泽斯艺术博物馆 B3
4 国家花园 A4
5 议会和卫兵换岗仪式 A4

景点

6 Agiou Dionysiou Aeropagitou Church A2
7 CAN B2
8 Medusa Art Gallery C2
9 议会 A4
10 塞奥卡拉齐斯美术及音乐基金会 A3
11 战争博物馆 D3

活动、课程和团队游

12 希腊美国联合会 A1

住宿

13 Periscope C2
14 St George Lycabettus C2

就餐

15 Café Boheme A2
16 Capanna C2
17 Filippou C2
18 Il Postino A1
19 Kalamaki Kolonaki C2
20 Loukoumelo A2
21 Nice N' Easy A1
22 Oikeio C2

饮品和夜生活

23 Da Capo B3
24 Filion A2
25 Mai Tai D3
26 Petite Fleur A2
27 Rock' n' Roll B3
28 Rosebud A1
29 To Tsai A2

娱乐

30 Dexameni B2

购物

31 Apivita B3
32 Elena Votsi B2
33 Fanourakis C2
34 Graffito A2
35 Gusto di Grecia B2
36 Parthenis B2

家现代的咖啡馆。

★拜占庭和基督教博物馆 博物馆

（Byzantine & Christian Museum；见88页地图；☎213 213 9500；www.byzantinemuseum.gr；Leoforos Vasilissis Sofias 22，Kolonaki；成人/儿童 €4/免费；⏲4月至10月 8:00~20:00，11月至次年3月 开放时间缩短；Ⓜ Evangelismos）这座博物馆位于城里曾经的绿洲丽塞亚别墅（Villa Ilissia）院内，相当出类拔萃，展示了3世纪至20世纪基督教艺术的无价之宝。拜占庭和后拜占庭时期的专题展在光线充足且开阔的多层展馆里特别展出，按照年代顺序巧妙排列，有英文翻译。藏品包括肖像、壁画、雕刻、纺织品、手稿、法衣和马赛克镶嵌画。

别墅的院子坐落在亚里士多德学园（Aristotle's Lyceum；见89页）旁边，还有诸如庇西特拉图（Peisistratos）引水渠在内的古代遗迹。

亚里士多德学园 遗迹

（Aristotle's Lyceum；见88页地图；Rigillis和Leof Vasilissis Sofias交叉路口；⏲周一至周五 8:00~20:00；Ⓜ Evangelismos）免费 公元前335年，亚里士多德在这里创建了他的学校。如今这座学园历经多年的考古工作，已经面向公众开放，且不收门票。学园过去位于城墙外，是亚里士多德教授修辞和哲学的学校。这里还被称为"逍遥学派"（Peripatetic School），因为老师和学生可以边散步边对话。

利卡维多山 地标

（Lykavittos Hill；见64页地图；Ⓜ Evangelismos）利卡维多山（狼山）的名字来源于古代，当时四周都是荒郊野岭，山上松林覆盖，有狼出没，因此得名。Loukianou顶上有一条小路通往山顶，若是雾霾污染（nefos）不严重的话，你可以从这里俯瞰雅典市区和阿提卡盆地的美妙全景。或者，乘坐柯洛纳基Ploutarhou顶端开出的**缆车**（teleferik；☎210 721 0701；往返 €6；⏲9:00至次日3:00，每隔30分钟运行）。小小的**圣吉尔吉奥斯礼拜堂**（Chapel of Agios Giorgios）坐落在山顶，晚上这里灯火辉煌，就像是城市里的灯塔。

Psyrri, Omonia & Exarhia 赛瑞、奥莫尼亚和伊哈瑞亚

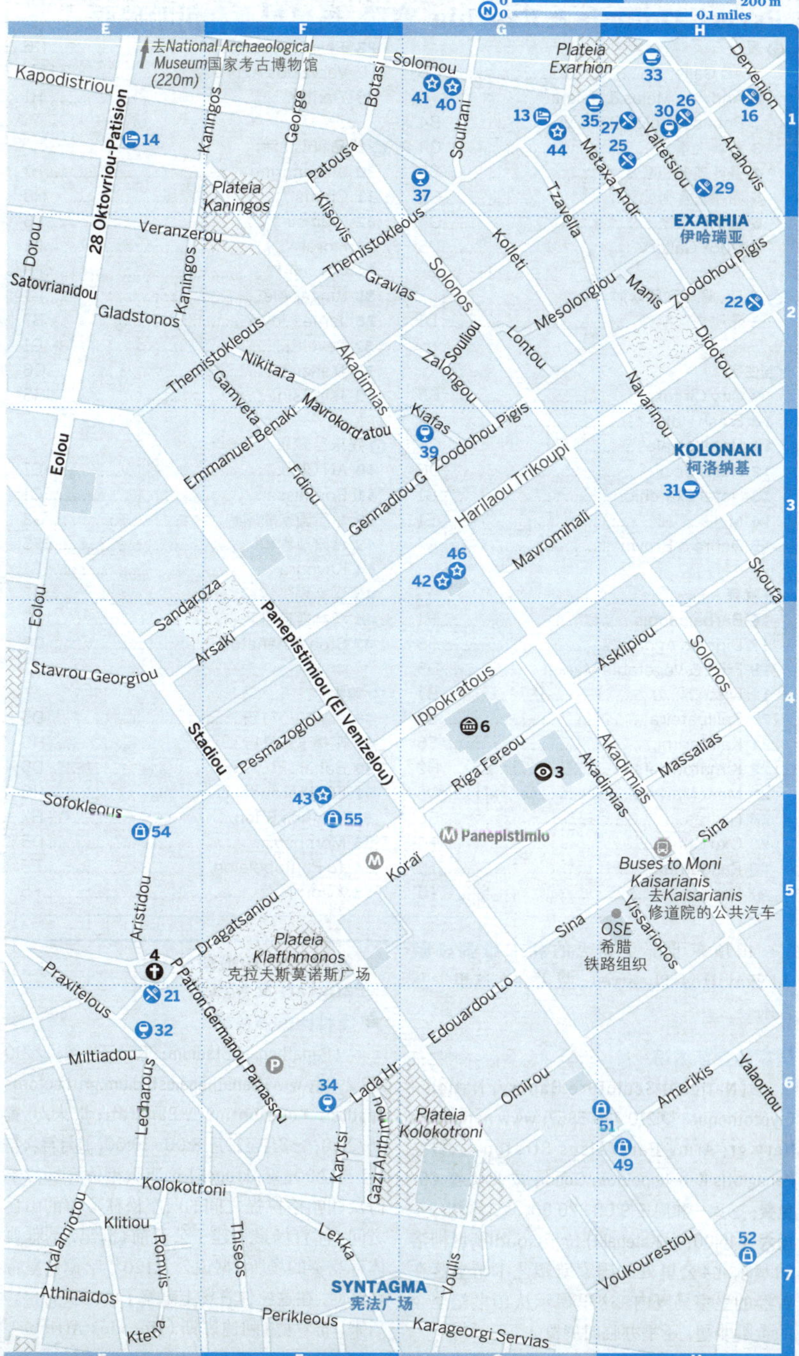
去National Archaeological Museum国家考古博物馆 (220m)
Plateia Exarhion
EXARHIA
伊哈瑞亚
KOLONAKI
柯洛纳基
Plateia Kaningos
Panepistimiou
Buses to Moni Kaisarianis
去Kaisarianis修道院的公共汽车
OSE
希腊铁路组织
Plateia Klafthmonos
克拉夫斯莫诺斯广场
Plateia Kolokotroni
SYNTAGMA
宪法广场
Kapodistriou
28 Oktovriou-Patision
Solomou
Botasi
George
Kaningos
Patousa
Soultani
Klisovis
Themistokleous
Veranzerou
Gravias
Solonos
Kolleti
Tzavella
Metaxa Andr
Valtetsiou
Arahovis
Dervenion
Mesolongiou
Manis
Zoodohou Pigis
Didotou
Lontou
Souliou
Zalongou
Kiafas
Navarinou
Dorou
Satovrianidou
Gladstonos
Nikitara
Gamveta
Akadimias
Mavrokordatou
Emmanuel Benaki
Fidiou
Gennadiou G
Harilaou Trikoupi
Mavromihali
Skoufa
Eolou
Sandaroza
Arsaki
Panepistimiou (El Venizelou)
Stavrou Georgiou
Stadiou
Pesmazoglou
Ippokratous
Riga Fereou
Asklipiou
Massalias
Sofokleous
Korai
Sina
Vissarionos
Aristidou
Dragatsaniou
P Patron Germanou Parnassou
Praxitelous
Edouardou Lo
Omirou
Amerikis
Valaoritou
Miltiadou
Lecharous
Lada Hr
Karytsi
Gazi Anthimou
Kolokotroni
Kalamiotou
Klitiou
Romvis
Thiseos
Lekka
Voulis
Voukourestiou
Athinaidos
Ktena
Perikleous
Karageorgi Servias
200 m
0.1 miles

Psyrri, Omonia & Exarhia 赛瑞、奥莫尼亚和伊哈瑞亚

景点
1 AD Gallery C6
2 Andreas Melas & Helena Papadopoulos Gallery B4
3 雅典大学 G4
4 圣西奥多利教堂 E5
5 希腊美食博物馆 C6
6 国家图书馆 G4
7 Qbox Gallery D5

活动、课程和团队游
8 希腊文化中心 D1

住宿
9 City Circus B5
10 Fresh Hotel D4
11 Hotel Attalos C6
12 Hotel Cecil D6
13 Hotel Exarchion G1
14 Melia E1
15 Ochre & Brown A7

就餐
16 Barbagiannis H1
17 Diporto Agoras C5
18 Fruit & Vegetable Market D5
19 Ivis B7
20 Kallipateira B7
21 Kalnterimi E6
22 Kimatothrafstis H2
23 Meat Market D5
24 Nikitas B6
25 Oxo Nou H1
26 Rakoumel H1
27 Rozalia H1
28 Taverna tou Psyrri C6
Varvakios Agora .... (见48)
29 Yiantes H1

饮品和夜生活
30 Alexandrino H1
31 Circus H3
32 Clumsies E6
33 Floral H1
34 Gin Joint F6
35 Ginger Ale G1
36 James Joyce B7
37 Revolt G1
38 Tranzistor C6
39 Tsin Tsin G3

娱乐
40 AN Club G1
41 Boemissa G1
42 希腊国家歌剧院 G3
43 希腊节售票处 F5
44 Kavouras G1
45 国家剧院 C2
46 奥林匹亚剧院 G3
47 Stoa Athanaton D5

购物
48 雅典中心市场 D5
49 阿提卡百货店 H6
50 Bahar D5
51 Eleftheroudakis H6
52 Mastiha Shop H7
53 Mompso D6
54 To Pantopoleion E5
55 Xylouris F5

山顶东北部是露天的**利卡维多剧院**（Lykavittos Theatre），夏天会在这里举办音乐会。

国家雕塑艺术馆 博物馆

（National Sculpture Gallery, National Glyptotheque；☎210 723 5857；www.nationalgallery.gr；Army Park/Alsos Stratou，入口在Panagiotis Kanellopoulos, Goudi；成人/儿童 €5/免费；⏲周一和周三 9:00~20:00，周二和周四至周六 至16:00；Ⓜ Katehaki）位于Goudi街区柯洛纳基东北4公里处的国家雕塑艺术馆坐落在曾经的皇室马厩内。这里展示从19世纪至今的希腊雕塑，还举办临时展览。

帕格拉提和梅茨 (Pangrati & Mets)

★泛雅典娜体育场 古迹

（Panathenaic Stadium；见64页地图；☎210 752 2984；www.panathenaicstadium.gr；Leoforos Vasileos Konstantinou, Pangrati；成人/儿童 €5/2.50；⏲3月至10月 8:00~19:00，11月至次年2月 至17:00；Ⓜ Akropoli）这座大型体育场位于梅茨和帕格拉提之间的两座松林覆盖的山丘之间。体育场最初建于公元前4世纪，是雅典体育竞赛的场所。据说公元120年哈德良皇帝登基时，在这座体育场上献祭了1000头野兽。后来，希罗德·阿迪库斯（Herodes Atticus）

用潘特里克大理石材料重建了场内座位。这里有70,000个观众座位，有一条跑道和用于田径项目的中央场地。

废弃了数百年之后，在希腊富人Georgios Averof的捐助下，这座体育场于1895年完全修复。次年，举办了首届现代奥林匹克运动会。

艺术爆炸

近年来，雅典的艺术界蓬勃发展。即使这座城市正在政治或社会生活的其他方面奋力挣扎，希腊的音乐家、表演艺术家和视觉艺术家也仍然在努力工作。雅典同时也涌现出了新一代的多功能美术馆，用于承办各个领域的展览活动。其中一些像是博物馆，还有一些更像是夜店，另外一些则取决于一天中的时段。最值得期待的有斯塔弗洛斯·尼亚霍斯基金会文化中心（www.snfcc.org），由伦佐·皮亚诺（Renzo Piano）设计，矗立于市中心以南4.5公里处，即将容纳国家图书馆和国家歌剧院，还有一座大公园。

塞奥卡拉齐斯美术及音乐基金会（Theocharakis Foundation for the Fine Arts & Music；见88页地图；☎210 361 1206；www.thf.gr；Leoforos Vasilissis Sofias 9，Kolonaki；成人/儿童 €6/免费；⏲周一至周三和周五至周日 10:00~18:00，周四 至20:00，8月关闭；Ⓜ Syntagma）这座出色的中心有3层展览空间，以20世纪和21世纪的国内外艺术家为特色，还有剧院、艺术品商店和宜人的咖啡馆。音乐表演在9月至次年5月间举办。

艺术基金会（Taf；见74页地图；☎210 323 8757；www.theartfoundation.gr；Normanou 5，Monastiraki；⏲周一至周六 正午至21:00，周日 至19:00；Ⓜ Monastiraki）Taf内的咖啡馆位于庭院中央，四周环绕着19世纪70年代摇摇欲坠的砖造建筑物，里面满是不拘一格的年轻人。其余空间用作美术、音乐和戏剧展览，观看表演及放映通常都是免费的。

奥纳西斯文化中心（Onassis Cultural Centre；☎210 900 5800；www.sgt.gr；Leoforos Syngrou 107-109，Neos Kosmos；Ⓜ Syngrou-Fix）耗费数百万欧元修建的视觉和表演艺术中心举办知名演出和装置艺术展览。中心位于Syngrou-Fix地铁站西南1.5公里处。

Six DOGS（见74页地图；☎210 321 0510；www.sixdogs.gr；Avramiotou 6，Monastiraki；⏲10:00至深夜；Ⓜ Monastiraki）六度分隔理论，真的是有道理。古朴的后花园适合静静聊天，同时享用咖啡和饮料。到了晚上，酒吧的人群挤满前面的小巷。这里还有剧院和美术馆。

Bios（见82页地图；☎210 342 5335；www.bios.gr；Pireos 84，Gazi；⏲11:00至深夜；Ⓜ Thisio）这间前卫的多层迷宫位于加齐附近一座工业包豪斯风格的建筑中，内有酒吧、现场表演、美术及新媒体展览、地下室夜店、微型艺术影院和屋顶花园。

科技城（Technopolis；见82页地图；☎210 346 7322；www.technopolis-athens.com；Pireos 100，Gazi；Ⓜ Keramikos）雅典煤气厂的建筑群经过巧妙改造之后，可以举办多媒体展览、音乐会和特别活动。

艺术活动

Art-Athina（www.art-athina.gr）雅典一年一度的国际当代艺术展，为期3天，5月份在巨大的埃尔展览中心（Hellexpo centre）展示来自希腊及国际美术馆的各式艺术品，包括雕塑和装置艺术。其他场地还会举办附属展览。

雅典双年展（Athens Bienniale；☎210 523 2222；www.athensbiennial.org）每两年举办一次，时间从6月持续至10月，雅典双年展会为一流的国内外艺术家提供展示的机会。

ReMap（www.remapkm.com）与雅典双年展同时进行，在城镇各地举办另类的展览。

Documenta 14（www.documenta.de）2017年，Documenta 14将在德国卡塞尔（Kassel）和雅典举办。特色是特定场地内持续100天的精美展览。

如今这里忠实仿制了原先的泛雅典娜体育场，为2004年奥运会的箭术比赛和马拉松终点提供了令人叹服的体育和历史环境。泛雅典娜体育场偶尔也会举办音乐会和公众活动，同时也是一年一度马拉松赛跑的终点。这里提供多种语言的语音导览。

雅典第一公墓 墓地

（Athens' First Cemetery；见64页地图；Longinou, Mets；⏲7:30至日落；Ⓜ Syngrou-Fix）这里安息着许多著名的希腊人以及热爱希腊的人，是个宁静的地方。墓地安息的知名人士包括考古学家海因里希·谢里曼（Heinrich Schliemann，1822~1890年），他的陵墓上绘着特洛伊战争的场景。大部分的墓碑和陵墓都极尽奢华，艺术作品包括哈雷帕斯（Halepas）在一位少女墓地上雕刻的"沉睡的少女"（Sleeping Maiden）。

活动

Planet Blue Dive Centre 潜水

（☎210 418 0174；www.planetblue.gr；Velpex Factory, Lavrio；PADI认证 €300起，潜水 €35~80）深受经验丰富的潜水爱好者欢迎，位于苏尼翁角的潜水点符合各个级别潜水者的需要。

Solebike 自行车租赁

（见71页地图；☎210 921 5620；www.solebike.eu；Lembesi 11, Makrygianni；10小时 €20起；⏲周一至周六 9:00~15:00，外加周二、周四和周五 18:00~20:30；Ⓜ Akropoli）Solebike出租电动自行车，提供团队游（€36起）。

Funky Rides 自行车租赁

（见71页地图；☎211 710 9366；www.funkyride.gr；Dimitrakopoulou 1, Koukaki；3小时/天 €7/15；Ⓜ Akropoli）Funky Rides在卫城附近出租自行车。

课程

雅典中心 语言

（Athens Centre；见64页地图；☎210 701 2268；www.athenscentre.gr；Arhimidous 48, Mets；Ⓜ Akropoli）一流的现代希腊语课程（€350~650）和夏季讲习班（两周 €1280）。

步行游览
雅典市中心

起点：宪法广场

终点：莫纳斯提拉奇跳蚤市场

距离：3.5公里；耗时2小时

起点是❶**宪法广场**（Plateia Syntagmatos；见83页）。1843年9月3日，广场上的集会活动使得奥托国王在王宫（现今的议会大楼）的阳台上宣布批准了一部宪法，此后这个广场成了举行抗议活动的最佳地点。1944年，警察在这里向集会的共产党人开枪，引发了第一轮内战；1954年，人们也是在这里进行了第一次游行示威，要求塞浦路斯回归希腊。

历史悠久的Hotel Grande Bretagne是雅典最显赫的酒店，始建于1862年。第二次世界大战期间，纳粹将其用作司令部。1944年，温斯顿·丘吉尔险些在这里遭到炸弹袭击。地铁入口的左边是一段❷**庇西特拉图引水渠**（Peisistratos aqueduct），是在修建地铁通道时挖出来的。

❸**议会**（Parliament；见83页）前面，总统卫兵（evzones）守卫着无名烈士墓。卫兵每小时换岗一次。走过繁茂葱翠的❹**国家花园**（National Gardens；见83页），出去就是2004年被用作奥运村的扎皮奥宫殿。穿过游乐场向左转，一直走到❺**泛雅典娜体育场**（Panathenaic Stadium；见92页）的路口，1896年的第一届奥林匹克运动会就是在这里举行的。

沿着花园往回走，前往宏伟壮观的❻**奥林匹亚宙斯神殿**（Temple of Olympian Zeus；见78页），它是有史以来修建得最大的神庙。神庙旁边的街道边缘是摇摇欲坠的❼**哈德良拱门**（Hadrian's Arch；见78页），这座华丽门楼的竖立是为了标记哈德良时期雅典城的边界。

穿过Leoforos Vasilissis Amalias，向右走到Lysikratous，然后左转就进入了普拉卡地区。右前方是❽**圣艾卡特利尼教堂**（Church of Agia Ekaterini）前院的罗马纪念碑的遗址。继续前往❾**利西克拉特斯纪念碑**（Lysikrates Monument；见81页）。公

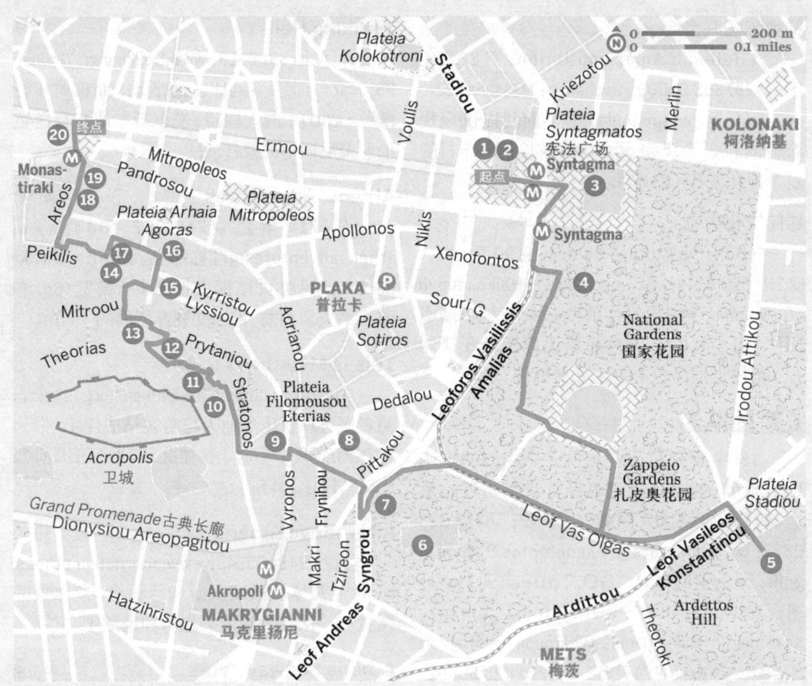

元前334年为庆祝合唱节而建，它是已知最早的科林斯式柱顶纪念碑。

面向纪念碑，先左转，再右转，进入Epimenidou。在台阶顶部右转进入Stratonos，卫城的边缘地区。继续向前，你就能看到⑩**圣乔治岩石教堂**（Church of St George of the Rock），这里是⑪**阿纳菲奥提卡地区**（Anafiotika quarter）的入口处。这座由白色房屋构成的迷宫风景如画，是希腊独立后从基克拉泽斯群岛阿纳菲小岛带来修建王宫的石匠的遗产。这是个安静的地方。夏季，小花园里色彩鲜艳的橄榄油罐花团锦簇。

继续向前，经过小小的⑫**圣西缅教堂**（Church of Agios Simeon）。那里看上去像个死胡同，但是坚持走下去，你就会出现在通往卫城的路上。先向右转，再向左转，就能进入Prytaniou，再向右走50米就是Tholou。Tholou5号的赭黄色建筑是威尼斯人建造的⑬**雅典大学老校区**（old Athens University）；1837年至1841年，土耳其人将其用作官署，里面是雅典大学。

接着往前走，前往⑭**罗马市集**（Roman Agora；见79页）遗址。位于Kyrristou的风之塔（Tower of the Winds）右侧是⑮**风之浴场**（Bath House of the Winds；见81页）。位于Diogenous的⑯**希腊流行乐器博物馆**（Museum of Greek Popular Instruments；见78页）的礼品店里有雅典仅存的私人土耳其浴室之一。

转入Pelopida，你会看到穆斯林神学院（Muslim Seminary）和⑰**费特希耶清真寺**（Fethiye Mosque），前者建于1721年，毁于1911年的一场大火，后者坐落在市集遗址上。

沿环绕市集的公路前行，到达⑱**哈德良图书馆**（Hadrian's Library；见79页）遗址。旁边就是⑲**希腊传统陶器博物馆**（Museum of Traditional Greek Ceramics），馆址设在1795年建造的塞斯塔拉基斯清真寺（Mosque of Tzistarakis）。希腊独立后，清真寺遗失了塔尖，还一度被用作监狱。

现在，你就到了莫纳斯提拉奇，可以看到五光十色的杂乱广场上挤满了街头小贩。左边就是⑳**莫纳斯提拉奇跳蚤市场**（Monastiraki Flea Market；见117页）。

希腊美国联合会 语言

(Hellenic American Union; 见88页地图; ☎210 368 0900; www.hau.gr; Massalias 22, Kolonaki; Ⓜ Panepistimio)学年期间提供现代希腊语和会话课程(€1300)或长达一个月的夏季强化课程(€460)。

希腊文化中心 语言

(Hellenic Culture Centre; 见90页地图; ☎210 523 8149; www.hcc.edu.gr; Halkokondyli 50, Omonia; Ⓜ Omonia)单独(每小时€30)或团体(每小时€22~30)希腊语课程及在线课程。圣托里尼岛也有一家分支机构。

团队游

3家主要公司运营几乎完全相同的空调巴士城市观光游，同时也经营景点附近的短途旅行路线：CHAT(见74页地图; ☎210 323 0827; www.chatours.gr; Xenofontos 9, Syntagma; Ⓜ Syntagma)、GO Tours(见71页地图; ☎210 921 9555; www.gotours.com.gr; Kallirrois 12, Makrygianni; Ⓜ Akropoli)和Hop In Sightseeing(见74页地图; ☎210 428 5500; www.hopin.com; Leoforos Vasilissis Amalias 44, Makrygianni; ⏲6:30~22:00; Ⓜ Akropoli)。

团队游包括雅典半日观光游(€68起)，游览通常不过是指出主要景点，并在雅典卫城稍作停留。另外还有去科林斯古城(€58)和苏尼翁角(€43)的半日游，前往德尔斐(€86)、科林斯运河、迈锡尼、纳夫普利翁和埃皮扎夫罗(€86)的一日游，后面几个景点价格相近。另外还经营乘船游览埃伊纳岛、波罗斯和伊兹拉的航线(含午餐，€99)。这里的旅馆都代理预订业务，并且通常会有折扣。

CitySightseeing Athens 巴士游

(见74页地图; ☎210 921 4174; www.city-sightseeing.com; Plateia Syntagmatos, Syntagma; 成人/儿童 €18/8; ⏲4月至10月 9:00~21:00, 11月至次年3月 至18:30, 30分钟1班; Ⓜ Syntagma)乘坐敞篷双层巴士环绕城市巡游，起点为宪法广场，全程90分钟。时长70分钟的环线前往比雷埃夫斯(成人/儿童 €22/9)。可持48小时通票在15个车站上下车。

Trekking Hellas 户外活动

(☎210 331 0323; www.trekking.gr; Gounari 96, Marousi)一系列团队游活动，如雅典步行游览(€50)、洞穴探险、骑自行车或步行游览伯罗奔尼撒半岛及各岛屿。

Athens: Adventures 导览游

(见71页地图; ☎210 922 4044; www.athensadventures.gr)总部在Athens Backpackers(见98页)，提供雅典步行游览(€6)和前往纳夫普利翁、德尔斐和苏尼翁的一日游。

This Is My Athens 导览游

(http://myathens.thisisathens.org)这个志愿者服务项目让当地人与游客结成伴儿，带领游客游览两个小时。参加此活动必须提前72小时从网上预订。

Alternative Athens 导览游

(☎6948405242; www.alternative-athens.com)经营体验式团队游和研讨会，带你独辟蹊径——从饮食到街头艺术和逛酒吧。

Athens Segway Tours 导览游

(见71页地图; ☎210 322 2500; www.athenssegwaytours.com; Eschinou 9, Plaka; 2小时游览 €59; Ⓜ Akropoli)骑着赛格威(Segway)两轮代步车穿越城市。

Athens Happy Train 小火车游览

(见74页地图; ☎213 039 0888; www.athenshappytrain.com; Plateia Syntagmatos, Syntagma; 成人/儿童 €6/4; ⏲6月至9月 9:00~23:00, 10月至次年5月 至21:00, 30分钟1班; Ⓜ Syntagma)途经站点包括卫城、莫纳斯提拉奇和泛雅典娜体育场。全程在车上观景需要1小时，或者你也可以在5小时内上上下下。火车从Ermou顶上出发，每30分钟1班。

节日和活动

★希腊节 表演艺术节

(Hellenic Festival; Athens & Epidavros Festival; www.greekfestival.gr; ⏲6月至8月)埃皮扎夫罗斯剧场和雅典阿迪库斯剧场等古老的剧场是希腊一年一度的文化节日的中心地点，节日特色是顶级阵容的国际国内音乐、舞蹈和戏剧表演。

艺术机构

www.athensartmap.net网站上有画廊和艺术空间的名单，或者在城市各处的画廊和咖啡馆领取《雅典当代艺术地图》（*Athens Contemporary Art Map*）。

AD Gallery（见90页地图；☎210 322 8785；www.adgallery.gr；Pallados 3，Psyrri；⊙周二至周五 正午至21:00，周六 至16:00，8月关闭；Ⓜ Monastiraki）位于市中心，以当代希腊艺术家为主。

CAN（见88页地图；☎210 339 0833；www.can-gallery.com；Anagnostopoulou 42，Kolonaki；⊙周二至周五 11:00～15:00和17:00～20:00，周六 至16:00，8月关闭；Ⓜ Syntagma）是克里斯蒂娜·安德罗里达基（Christina Androulidaki）的智慧结晶，柯洛纳基画廊界的这家新入驻机构推出了一大批希腊当代艺术家。

Bernier/Eliades（见82页地图；☎210 341 3935；www.bernier-eliades.gr；Eptachalkou 11，Thisio；⊙周二至周五 10:30～18:30，周六 正午至16:00；Ⓜ Thisio）这家老牌画廊展示杰出的希腊艺术家和一系列世界瞩目的国际艺术家的作品，从抽象的美式印象派到英式波普。

Qbox Gallery（见90页地图；☎211 119 9991；www.qbox.gr；Armodiou 10，Monastiraki；⊙周二至周五 正午至18:00，周六 至16:00；Ⓜ Omonia，Monastiraki）由米提亚·尼古拉科普洛（Myrtia Nikolakopoulou）指导的这家画廊将当地和来访的年轻艺术新秀推向国际。非常适合希腊的前卫品位。

Andreas Melas & Helena Papadopoulos Gallery（见90页地图；☎210 325 1881；www.melaspapadopoulos.com；Epikourou 26，Korinis交叉路口，Psyrri；⊙周二至周五 正午至18:00，周六 至16:00；Ⓜ Omonia，Monastiraki）前身是AMP Gallery，这家新机构合并了雅典两家当代艺术巨头，推介国内外艺术新秀。

Medusa Art Gallery（见88页地图；☎210 724 4552；www.medusaartgallery.com；Xenokratous 7，Kolonaki；⊙周二至周五 11:00～14:30和18:30～21:30，8月关闭；Ⓜ Evangelismos）30多年以来，柯洛纳基的这家可靠机构一直在展示出色的希腊当代绘画、雕塑、装置艺术品和摄影作品。

雅典节（Athens Festival）的大部分演出都会在壮观的阿迪库斯剧场（见73页）里上演。这里是世界上最重要的历史场馆之一，后面的背景是灯火辉煌的雅典卫城。城市里的现代场馆中也会举行一些重大活动。**埃皮扎夫罗斯节**（Epidavros Festival）的活动会在著名的埃皮扎夫罗斯剧场（见96页）举行，上演国内国际演员联袂主演的古希腊戏剧。剧场位于雅典西部的伯罗奔尼撒半岛，约两个小时的车程，活动时间为7月和8月的周五和周六晚上。登录节日网站查询开往埃皮扎夫罗斯的**KTEL专线公共汽车**，可以通过网络或电话订票，或是在**希腊节售票处**（Hellenic Festival box office；见90页地图；☎210 327 2000；Arcade，Panepistimiou 39，Syntagma；⊙周一至周五 9:00～17:00，周六 至15:00；Ⓜ Panepistimio）买票，在Public和Papasotiriou的商店也有销售。虽然剧场售票处也可以买票，但是会排很长的队，还有可能被抢购一空。对于大多数演出，学生出示学生证可以买到半价票。

雅典科技城爵士音乐节 音乐节

（Athens Technopolis Jazz Festival；www.technopolisjazzfestival.com；⊙5月下旬至6月初）在加齐改造过的煤气厂里举办的爵士音乐节。

摇滚音乐节 音乐节

（Rockwave Festival；☎210 882 0426；www.rockwavefestival.gr；⊙5月下旬至7月）一年一度的国际摇滚音乐秀在Terra Vibe举办，这是位于雅典郊区Malakassa的一块公园绿地场馆。有从雅典市区开来的专线公交车。有时提供便宜的露营。

八月月亮节
表演艺术节

（August Moon Festival; ⊙8月）每年8月的月圆之夜，各大主要历史景点都会举办音乐表演，其中包括卫城、罗马市集及希腊境内的其他古迹。

雅典国际电影节
电影节

（Athens International Film Festival; ☎210 606 1413; www.aiff.gr; ⊙9月）有回顾展、电影首映式、各国艺术电影和纪录片。

住宿

雅典拥有全方位的住宿选择，但服务或许无法始终满足你的预期。普拉卡是最受游客欢迎的地区。宪法广场周围聚集的大多是高档酒店。马克里扬尼和科卡基（Koukaki）附近地区比较安静，零星分布着一些不错的小型旅馆。奥莫尼亚附近一些旅馆已经进行了翻新，但是这里治安不好，毒品和卖淫活动比较泛滥，晚上的时候尤其如此。

最好在7月和8月提前预订旅馆。报价均为旺季价格，若是淡季入住、长期住宿或是网上预订，可以找到较大幅度的折扣。虽然旅馆有禁烟的规定，但往往形同虚设。

你也可以通过**Boutique Athens**（☎6985083556; www.boutiqueathens.com; 1/2/4卧室公寓 €80/140/430起，最少住两晚；❄📶）预订一间经过出色翻新的宽敞公寓或整栋房屋，地点遍布全城。

希腊国家旅游组织（简称EOT）和www.travelling.gr共同发布的《在希腊露营》（*Camping in Greece*）手册列出了阿提卡地区的露营地点。雅典附近的露营地大部分都提供基础设施，但是一般达不到欧洲标准。如果必须露营的话，可以选择最近的地方。**Athens Camping**（☎210 581 4114; www.campingathens.com.gr; Leoforos Athinon 198, Haidari; 露营地 每个成人/帐篷/汽车 €8.50/5/4; ⊙全年；📶）位于去往科林斯的路上，在市中心向西7公里处。更远的Shinias和苏尼翁角有更好的露营地供游客选择。

卫城、马克里扬尼和科卡基 (Akropoli, Makrygianni & Koukaki)

★Athens Backpackers
青年旅舍 €

（见71页地图；☎210 922 4044; www.backpackers.gr; Makri 12, Makrygianni; 铺 含早餐 €24~29, 2/4/6人公寓 €100/130/160起；❄@📶；Ⓜ Akropoli）这个由澳大利亚人经营的旅馆友好而现代，是背包客的最爱。主要卖点是热门的屋顶酒吧，有便宜的饮品，可以看到卫城景色。酒店院子里有烧烤架，厨房里面存货丰富，人们则不停忙碌着相互交流。一尘不染的宿舍有单独的卫生间，储物柜里有寝具，使用毛巾收费€2。管理人员还经营价格合理的Athens Studios（见99页），有位于附近的现代公寓。

Art Gallery Hotel
家庭旅馆 €

（见71页地图；☎210 923 8376; www.artgalleryhotel.gr; Erehthiou 5, Koukaki; 标单/双/标三/四 €50/60/70/80起；❄📶；Ⓜ Syngrou-Fix）住在这家古香古色、家庭经营的旅馆中，你会有种宾至如归的感觉。公共区域装饰着20世纪60年代的古老家具。有的房间稍微小点儿，但是楼上阳台可以远眺卫城美景。一些便宜点儿的房间带有公共浴室。

Marble House Pension
家庭旅馆 €

（☎210 923 4058; www.marblehouse.gr; Zini 35a, Koukaki; 标单/双/标三 €35/45/55, 双/标三/四 带共用卫生间 €40/50/65; ❄@📶；Ⓜ Syngrou-Fix）位于一条安静的死胡同里，是雅典最物有所值的经济型酒店之一。客房翻修得十分精巧，内有铁艺床，浴室也铺着光滑的大理石。所有房间都有冰箱和吊扇，有的房间有空调（外加€9）。从游客聚集区步行一段路才能到达，不过距离地铁很近。

★Herodion
酒店 €€

（见71页地图；☎210 923 6832; www.herodion.com; Rovertou Galli 4, Makrygianni; 双 含早餐 €144起；❄@📶；Ⓜ Akropoli）这家时髦的四星级酒店面向富人和商务旅行者，房间虽小，但配套设施齐全，有非常舒适的床。屋顶水疗浴室和休闲室可以看到无与伦比的卫城和博物馆风光。

★Hera Hotel
精品酒店 €€

（见71页地图；☎210 923 6682; www.herahotel.gr; Falirou 9, Makrygianni; 双 含早餐 €130~145, 套 €250; ❄@📶；Ⓜ Akropoli）从卫城和普拉卡步行片刻即可到达这家优雅的精品酒

店。酒店经过彻底重建，不过规则的室内设计仍然能够与美观的新古典外观协调一致。酒店里有许多时尚典雅的黄铜和木质家具。屋顶的花园、餐厅和酒吧中能看到秀丽的风景。

Philippos Hotel

酒店 €€

（见71页地图；☎210 922 3611；www.philipposhotel.com；Mitseon 3，Makrygianni；双 含早餐 €105起；❄@📶；ⓂAkropoli）作为最受欢迎的热门住宿地点，Philippos提供设施齐备的小房间。位于卫城附近。屋顶双人间有单独的露台。

Hotel Tony

单间公寓 €€

（见64页地图；☎210 923 0561；www.hoteltony.gr；Zaharitsa 26，Koukaki；单间公寓 €70~115；❄@📶；ⓂSyngrou-Fix）2015年经过彻底翻新，Hotel Tony如今提供宽敞、干净和现代的单间公寓，都有小厨房。家庭房尤其配备齐全，"高级家庭房"有3个阳台。卫生间不错，有步入式淋浴和四面瓷砖。此处位于卫城西南约1公里处。

Athens Studios

公寓 €€

（见71页地图；☎210 923 5811；www.athensstudios.gr；Veïkou 3a，Makrygianni；公寓 含早餐 €80~120；@📶；ⓂAkropoli）由Athens Backpackers（见98页）的人经营，这些惬意的公寓宽敞，有小厨房、色彩绚丽的卫生间和带共用阳台的休闲区。卧室要么是两张床，要么是4张上下床，是可以替代宿舍的实惠选择。

Athens Gate

商务酒店 €€€

（见71页地图；☎210 923 8302；www.athensgate.gr；Leoforos Syngrou Andrea 10，Makrygianni；双 含早餐 €160~185；❄@📶；ⓂAkropoli）位于中心（热闹）地段，这家经过彻底翻新的酒店是个很棒的选择，前面的宽敞房间可以眺望奥林匹亚宙斯神殿的绝美景色。时髦别致的房间一尘不染，现代化设施齐备；员工友好，超棒的屋顶露台提供早餐，并能欣赏360度的雅典景色。

Athens Was

精品酒店 €€€

（见71页地图；☎210 924 9954；www.athenswas.gr；Dionysiou Areopagitou 31-39；双 €180~220，套 €320；❄@📶；ⓂAkropoli）位于卫城脚下，地段无与伦比，这家新酒店散发着精品的气息。简单的小房间采用现代的暗色装修，也就是说，这里不会像你想象的那样有符合价位的豪华感，不过干净舒适，有热情的员工。5层和6层的套间可以看到卫城景色。

宪法广场、普拉卡和莫纳斯提拉奇（Syntagma, Plaka & Monastiraki）

Hotel Phaedra

酒店 €

（见74页地图；☎210 323 8461；www.hotelphaedra.com；Herefontos 16，Plaka；标单/双/标三 €60/70/95起；❄@📶；ⓂAkropoli）这家小型家庭酒店的很多房间都有可以俯瞰教堂或卫城的阳台。旅馆装修得很有品位，房间大小不一，温馨舒适。部分客房的私人浴室设在大厅对面（双人间/三人间 €65/75）。迷人的屋顶露台套房、热情友好的工作人员和便捷的地理位置，使得这里成为普拉卡酒店的上佳之选。

Hotel Cecil

酒店 €

（见90页地图；☎210 321 7079；www.cecilhotel.gr；Athinas 39，Monastiraki；标单/双/标三/四 含早餐 €60/75/120/155起；❄@📶；ⓂMonastiraki）这家迷人的古老酒店位于繁华的Athinas，有漂亮的模压装饰天花板、抛光的木地板和原始的箱式升降梯。客房简约，装修品位高雅，但是没有冰箱。相连的两间客房有一间公共浴室，是家庭旅游住宿的理想选择。

Tempi Hotel

酒店 €

（见74页地图；☎210 321 3175；www.tempihotel.gr；Eolou 29，Monastiraki；双/标三 €57/67，标单/双 带共用卫生间 €38/50；❄📶；ⓂMonastiraki）这家位于Eolou步行街上的家庭经营的酒店拥有便利位置和价位上的优势。前面的阳台可俯瞰阿基亚伊里尼广场（Plateia Agia Irini），后者是雅典最精彩的夜生活场所；侧面是卫城景色。基本客房配有卫星电视，但浴室却相当简陋。顶层房间十分狭小，爬上去也不太容易。这里还有一个公共厨房。

Arethusa Hotel

酒店 €

（见74页地图；☎210 322 9431；www.arethu

sahotel.gr; Mitropoleos 6, Nikis交叉路口, Syntagma; 标单/双 含早餐 €50/68; 📶; ⓂSyntagma) Arethusa是位于市中心的简单住宿选择。

Student & Travellers' Inn 青年旅舍 €

(见74页地图; ☎210 324 4808; www.studenttravellersinn.com; Kydathineon 16, Plaka; 铺€20~25, 标单/双/标三 €57/73/90, 不带卫生间€47/52/79起; ❄@📶; ⓂSyntagma) 地处普拉卡中心，这家老牌青年旅舍受到了各年龄段游客的欢迎。有各种非常简单的宿舍和房间，有的带独立卫生间和空调，但共用卫生间肮脏破旧，对卫生状况的怨言屡见不鲜。旅馆庭院里浓荫覆盖，让人愉快，还提供十分有用的旅行服务。

Sweet Home Hotel 精品酒店 €€

(见74页地图; ☎210 322 9029; www.thesweethomehotel.com; Patroou 5, Plaka; 双 €140起; ❄@📶; ⓂSyntagma) 这家精品小酒店距离雅典所有主要景点仅有"一箭之遥"，提供15个装修完善的舒适房间、平板电视、现代卫生间和有机的卫浴产品。

Central Hotel 商务酒店 €€

(见74页地图; ☎210 323 4357; www.centralhotel.gr; Apollonos 21, Plaka; 双/标三 含早餐€125/150起; ❄@📶; ⓂSyntagma) 这家时髦的酒店装修高雅，风格明亮现代。客房舒适，配有各种现代设施和不错的浴室。屋顶露台上有小型水疗浴池和日光椅，可以眺望卫城美景。正如酒店名字那样（直译为"中央酒店"），它位于宪法广场和普拉卡之间，地理位置优越。

A for Athens 酒店 €€

(见74页地图; ☎210 324 4244; www.aforathens.com; Miaouli 2, Monastiraki; 双 €150起; ❄📶; ⓂMonastiraki) 现代简朴，这里成为莫纳斯提拉奇中央广场上方不错的中心落脚地。屋顶咖啡酒吧十分气派，360度全方位扫视雅典卫城的风景，部分客房也同样可以看到卫城风光。

Hotel Adonis 酒店 €€

(见74页地图; ☎210 324 9737; www.hotel-adonis.gr; 3 Kodrou St, Plaka; 标单/双/标三 含早餐 €70/88/105; ❄@📶; ⓂSyntagma) 这家舒适的家庭旅馆位于普拉卡一条僻静的步行街上，房间干净、简单，配有电视。浴室虽然有点儿小，但是翻新得很好。从4楼的房间和屋顶露台（提供早餐的地方）眺望，可以将雅典卫城的美景尽收眼底。不支持信用卡支付。

Hotel Hermes 酒店 €€

(见74页地图; ☎210 323 5514; www.hermeshotel.gr; Apollonos 19, Plaka; 双/四 含早餐€130/205; ❄@📶; ⓂSyntagma) Hermes提供现代设施，还有温暖舒适的房间，包括两间适合家庭的相连房间。

Plaka Hotel 酒店 €€

(见74页地图; ☎210 322 2096; www.plakahotel.gr; Kapnikareas 7, Mitropoleos, Monastiraki交叉路口; 双 含早餐 €145~200; ❄📶; ⓂMonastiraki) 从屋顶花园和顶层房间可以眺望到雅典卫城风景，你很难不为这样的美景倾倒。房间干净整洁，拥有浅色的木质地板和家具，还有卫星电视。不过，浴室稍微有点儿小。虽然酒店名字叫Plaka Hotel（普拉卡酒店），但是实际上更靠近莫纳斯提拉奇。

Adrian Hotel 酒店 €€

(见74页地图; ☎210 322 1553; www.douros-hotels.com; Adrianou 74, Plaka; 标单/双/标三 含早餐 €95/120/140起; ❄@📶; ⓂMonastiraki) 这家小酒店就在普拉卡中心，在树荫遮蔽下的可爱露台上提供早餐，你可以在那里看到卫城风景。设施齐全的房间令人愉快，只是有点破旧。四楼的房间最好，阳台很大，可以俯瞰下面的广场。

Niki Hotel 酒店 €€

(见74页地图; ☎210 322 0913; www.nikihotel.gr; Nikis 27, Syntagma; 双 含早餐 €87起; ❄@📶; ⓂSyntagma) 这家毗邻普拉卡的小酒店拥有现代设计和陈设。房间配备齐全，有适合家庭的两层套房（€180），带可以欣赏卫城景色的阳台。

Athens Cypria Hotel 酒店 €€

(见74页地图; ☎210 323 8034; www.athenscypria.com; Diomias 5, Syntagma; 标单/双 含早餐 €81/98; ❄@📶; ⓂSyntagma) 这间小型家

机场酒店

如果你要赶早班飞机的话，机场附近只有两家酒店：机场航站楼的**Sofitel**（☎210 354 4000；www.sofitel.com；Airport；双 €168起；❄📶）和乘坐机场免费班车15分钟可至的**Holiday Inn**（☎210 668 9000；www.hiathens.com；Peania，Airport附近；双 €112起；❄📶）。

庭旅馆位于Ermou旁边的一条小巷中，没有什么特色，但却现代、舒适，设施良好，位置便利。部分房间有阳台，只是看不到什么景致。店里也有家庭房（€170起）提供。

Acropolis House Pension 家庭旅馆 €€

（见74页地图；☎210 322 2344；www.acropolishouse.gr；Kodrou 6-8，Plaka；双/标三/四 含早餐 €83/119/149起；❄📶；Ⓜ Syntagma）这家独具氛围的家庭旅馆位于保存完好的19世纪建筑内，建筑留存了许多原来的特色，有粉刷漂亮的墙壁。住宿满3天及以上就有折扣。部分客房的私人浴室设在大厅对面。

Hotel Achilleas 商务酒店 €€

（见74页地图；☎210 323 3197；www.achilleashotel.gr；Leka 21，Syntagma；标单/双/四 含早餐 €95/105/150；❄@📶；Ⓜ Syntagma）这家商务酒店位置便利，时髦的大厅里有大理石棋盘格地板和设施齐备且稍微昏暗的房间，有的房间通向花园阳台。

★ **Electra Palace** 酒店 €€€

（见74页地图；☎210 337 0000；www.electrahotels.gr；Navarhou Nikodimou 18，Plaka；双/套 含早餐 €230/350起；P❄@📶≋；Ⓜ Syntagma）普拉卡最漂亮的酒店适合追求浪漫的人——在卫城下方（高档房间内）的阳台上享用早餐，在别致的屋顶餐馆吃晚餐。经过翻新后，房间风格古典优雅，设施完备，能够有效缓冲城市街道上的噪声。这里有健身房和室内游泳池，还有可欣赏卫城景色的屋顶游泳池。

★ **NEW Hotel** 精品酒店 €€€

（见74页地图；☎210 628 4565；www.yeshotels.gr；Filellinon 16，Plaka；双 €179起；P❄📶；Ⓜ Syntagma）无论是喜欢一流设计师坎帕纳兄弟（Campana Brothers）的精致家具，还是睡枕菜单（告诉他们你有多喜欢这个！），在这里你总能找到某种能引起你兴趣并且让你沉溺其中的东西。作为当地知名设计酒店集团的一分子，这里是雅典高档消费场所的新晋成员。

★ **Hotel Grande Bretagne** 酒店 €€€

（见74页地图；☎210 333 0000；www.grandebretagne.gr；Vasileos Georgiou 1，Syntagma；房间/套 €355/460起；P❄@📶≋；Ⓜ Syntagma）如果你追求最好，雅典最好的住宿场所（始终）就是这家位于宪法广场的Grande Bretagne。酒店建于1862年，起初是为了招待各国来访的元首，现在已经跻身世界上最豪华的酒店之列。前几年经过翻新，如今依然保留着旧时代的庄严大气。这里的**水疗浴池**完美至极。能够眺望雅典卫城的**屋顶餐厅**和**酒吧**也值得一逛，即使不是酒店住客也可以去。

360 Degrees 酒店 €€€

（见74页地图；☎210 324 0034；Plateia Monastirakiou，Monastiraki；双 含早餐 €160~180；❄📶；Ⓜ Monastiraki）正位于莫纳斯提拉奇广场，这些现代的房间位于实至名归的“360度风景”的屋顶餐馆顶端，相当出众。想住最安静的房间，预订背对广场的上层房间。

西斯奥（Thisio）

Phidias Hotel 酒店 €€

（见82页地图；☎210 345 9511；www.phidias.gr；Apos-tolou Pavlou 39，Thisio；标单/双/标三 含早餐 €67/80/97起；❄📶；Ⓜ Thisio）恰好位于西斯奥步行大街的中段，这家酒店及其友好的管理人员提供好地段且一切从简的房间。网上的价格差距很大。

赛瑞、奥莫尼亚和伊哈瑞亚（Psyrri，Omonia & Exarhia）

AthenStyle 青年旅舍 €

（见74页地图；☎210 322 5010；www.athenstyle.com；Agias Theklas 10，Psyrri；铺 €18~26，标单/双 €50/75，公寓 €84起；❄@📶；Ⓜ Monastiraki）富有艺术气息的明亮地方，有友善的员工、设施齐全的单间公寓和青年旅舍床位，步行可至Monastiraki地铁站、主要

景点和夜生活场所。每间宿舍都有储物柜，部分客房阳台可以欣赏到雅典卫城的美景。凉爽的地下休闲室内有台球桌、家庭影院和上网区，还举办艺术展览。屋顶小酒吧能看到卫城风光，还有晚间优惠。

City Circus 青年旅舍 €

（见90页地图；☎213 023 7244；www.citycircus.gr；Sarri 16，Psyrri；铺 含早餐 €25~30，双 €65~110，四 €120；❄📶；Ⓜ Thisio，Monastiraki）雅典最新的青年旅舍，承诺提供良好的设施和服务。客房光线充足，布局合理，有现代化的浴室，用作宿舍或私人房间，有些房间还带厨房。酒店人员态度活泼，乐于助人。

Hotel Exarchion 酒店 €

（见90页地图；☎210 380 0731；www.exarchion.com；Themistokleous 55，Exarhia；双/四 含早餐 €50/84起；❄@📶；Ⓜ Omonia）位于波希米亚风格的伊哈瑞亚中心，这座简单却舒适的20世纪60年代的高楼有干净、现代化且设施齐全的房间，有的带阳台。这里有屋顶咖啡馆兼酒吧，出门就有餐饮娱乐选择。

Melia 商务酒店 €€

（见90页地图；☎210 332 0100；www.melia.com；Halkokondyli 14，28 Oktovriou-Patision交叉路口，Omonia；双/套 €98/160起；❄📶🏊；Ⓜ Omonia）专业的员工、时髦的房间和屋顶卫城风景，还有酒吧、游泳池、水疗室，让Melia成为一个很棒的安身场所。酒店位于奥莫尼亚和伊哈瑞亚之间。

Fresh Hotel 精品酒店 €€

（见90页地图；☎210 524 8511；www.freshhotel.gr；Sofokleous 26，Klisthenous交叉路口，Omonia；标单/双/套 含早餐 €110/130/250起；❄📶🏊；Ⓜ Omonia）勇于开在奥莫尼亚区的第一家时尚酒店，只要你能对外面街上的应召女郎视而不见，你就会觉得这里是个很棒的地方。除了设计别致、色彩明丽的客房之外，还有能眺望卫城迷人景色的屋顶，上面有游泳池、酒吧和餐厅。

Hotel Attalos 酒店 €€

（见90页地图；☎210 321 2801；www.attaloshotel.com；Athinas 29，Psyrri；标单/双/标三/四 €75/86/107/144起；❄@📶；Ⓜ Monastiraki）虽然装潢一直不是这家酒店的强项，但却十分舒适，位置便利。酒店最大的特色是屋顶酒吧，可以看到卫城的美妙风景。后面的房间有阳台，也可以看到卫城景色。

Ochre & Brown 精品酒店 €€€

（见90页地图；☎210 331 2940；www.oandbhotel.com；Leokoriou 7，Psyrri；双 €115~300，套 €200~580；❄📶；Ⓜ Thisio）赛瑞主要的时尚酒店，走出门就是莫纳斯提拉奇附近全城最热闹的购物区。或者，你也可以在豪华僻静的室内足不出户。网上价格合算。

柯洛纳基（Kolonaki）

Periscope 精品酒店 €€

（见88页地图；☎210 729 7200；www.periscope.gr；Haritos 22，Kolonaki；双 €125起；❄📶；Ⓜ Evangelismos）这是一家设计酒店，有鲜明的工业特色装饰。酒店地处别致的柯洛纳基，能够俯瞰利卡维多山的美景。酒店到处闪耀着别出心裁的小设计，比如大厅里的幻灯片秀和天花板上放映的高空拍摄的城市影片。Korres有机洗浴用品和时尚的Pbox餐厅也为酒店的氛围增色不少。顶楼的私人屋顶水疗浴池能看到动人心魄的美景。

St George Lycabettus 精品酒店 €€€

（见88页地图；☎210 741 6000；www.sglycabettus.gr；Kleomenous 2，Kolonaki；标单 €130起，双 €165~240；❄@📶🏊；Ⓜ Evgangelismos，Syntagma）柯洛纳基山上的一个庄严奢华的酒店，凭借美轮美奂的城市和卫城景色吸引高端客户，只是内部稍微过时；提供全方位服务。

就餐

雅典人的用餐场景充满生气，其特色是休闲欢快的户外用餐文化——对于希腊人来说，聚在一起吃喝谈天是娱乐生活的主要形式。新一代的厨师从希腊地方烹饪和当地特产中汲取灵感，将高端烹饪技术与奶奶的家常风味巧妙地融合在一起。时尚的新型希腊餐厅、传统的希腊小馆、提供乌佐酒和小零食的乌佐酒馆以及古香古色的户外餐馆（mayiria）相互竞争。

既然住在普拉卡，你就不可避免地要在

这里吃饭，但这里的食物普遍价格过高，而且味道也不怎么样。莫纳斯提拉奇、赛瑞和加齐有许多现代希腊小馆，十分便利，让你能够在晚上去附近的夜店之前先充充饥。此外，在莫纳斯提拉奇的Mitropoleos尽头是一处希腊烤肉聚集地，乐手的音乐表演也使得这里热闹繁华了不少。Adrianou附近可以找到专营开胃小菜的开胃菜馆（Mezedhopoleia）和更加高档的餐厅。伊哈瑞亚地区较受欢迎的餐馆主要满足当地人的需求，而别致的柯洛纳基地区则可以找到一些最好的高级餐厅。在高档餐厅就餐，提前预约必不可少。

卫城、马克里扬尼和科卡基

Fresko Yogurt Bar 酸奶 €

（见71页地图；☎210 923 3760；www.freskoyogurtbar.gr；Dionysiou Areopagitou 3，Makrygianni；酸奶 €2.20起；⏲9:00~21:00；Ⓜ Akropoli）美味新鲜的希腊酸奶是此处一切饮食的主要配料。或者新鲜饮用，或者加入奶昔。酸奶可搭配许多浇头，从巧克力味到黑樱桃甜品，不一而足。这里是你逛完卫城后理想的纳凉地点。

Lotte Cafe-Bistrot 咖啡馆 €

（见71页地图；☎211 407 8639；Tsami Karatsou 2，Makrygianni；小吃 €2.50~7；⏲9:00~21:00；Ⓜ Akropoli）这家迷人的小咖啡馆以古书和茶具为装饰，还有人行道旁边的餐桌。饮食一般是蛋糕和清淡的小吃。

★ Mani Mani 希腊地方菜 €€

（见71页地图；☎210 921 8180；www.manimani.com.gr；Falirou 10，Makrygianni；主菜 €9~15；⏲14:00~23:00，7月和8月歇业；Ⓜ Akropoli）爬上楼梯来到这家明快现代的餐厅，里面的用餐室让人轻松愉悦，其特色是伯罗奔尼撒半岛的玛尼地方菜肴。出类拔萃的菜肴有意式馄饨配瑞士甜菜（ravioli with Swiss chard）、奶酪细叶芹（chervil and cheese）和味道浓厚的马尼香肠拌香橙（Mani sausage with orange）。几乎所有菜肴都可以点半份（半价），这样你就可以品尝更多菜肴了。

Strofi 希腊菜 €€

（见71页地图；☎210 921 4130；www.strofi.gr；Rovertou Galli 25，Makrygianni；主菜 €11~15；⏲正午至次日1:00；Ⓜ Akropoli）这家餐厅位于一栋装修精美的联排别墅之中，餐厅屋顶的座位能够看到帕台农神庙的美景，但是需要提前预订。餐厅供应简单的希腊菜，里面的布置让你有种浪漫的感觉，餐桌铺着优雅的亚麻制品，服务态度也很贴心。

Aglio,Olio & Peperoncino 意大利菜 €€

（见71页地图；☎210 921 1801；Porinou 13，Makrygianni；主菜 €15~25；⏲周二至周六 20:00至次日0:45，周日 14:00~18:45；Ⓜ Akropoli）虽然是最不起眼的餐馆，不过卫城地铁站附近小巷里的这颗隐藏的明珠仍然是享受简式传统意大利面和舒适的意大利餐馆氛围的好选择。

Hytra 地中海菜 €€€

（☎210 331 6767，217 707 1118；www.hytra.gr；Syngrou 107-109，Onassis Cultural Centre；主菜 €27~32；⏲周一、周二和周日 20:00至午夜，周五和周六 至次日1:00；Ⓜ Syngrou-Fix）前往奥纳西斯文化中心（Onassis Cultural Centre）的Hytra，享受具有现代风味的精美希腊饮食和令人赞叹的风景。尽管分量不大，但味道极佳，为其赢得了米其林星级。夏天，餐厅还会在沃里亚戈米尼湖滨地区的Westin Athens Astir Palace Beach Resort（www.westinathens.com）开设一处分店。

Dionysos 地中海菜 €€€

（见64页地图；☎210 923 1936；www.dionysoszonars.gr；Rovertou Galli 43，Makry-gianni；主菜 €19~36；⏲餐厅 正午至次日1:00，咖啡馆 8:00至次日1:00；Ⓜ Akropoli）地段，还是地段！在这里吃饭，透过平板玻璃往外看去，可以将卫城南坡的秀美风景一览无余。食物价格有点儿高，但是服务很周到，要不晚上就在这里来场约会？

宪法广场、普拉卡和莫纳斯提拉奇

★ Tzitzikas & Mermingas 开胃小菜 €

（见74页地图；☎210 324 7607；www.tzitzikasmermigas.gr；Mitropoleos 12-14，Syntagma；开胃小菜 €6~12；⏲正午至23:00；Ⓜ Syntagma）这家欢快现代的开胃菜馆（mezedhopoleio）正坐落在雅典市中心，墙壁边排列着希腊商品，向

熙熙攘攘的当地人提供各种美味而有创意的开胃小菜（比如洒上蜂蜜并卷入培根的纳克索斯奶酪）。

★Kalnterimi 希腊小馆 €

（见90页地图；☎210 331 0049；www.kalnterimi.gr；Plateia Agion Theodoron, Skouleniou交叉路口，Monastiraki；主菜 €5~8；⊙周一至周六 正午至23:00；📶；Ⓜ Panepistimio）这家露天小馆有点隐蔽，你可以在圣西奥多利教堂后找到通向它的路径。这里提供最正宗的希腊食品。所有食物都是新鲜制作，十分美味，绝对不容错过。店里的手绘餐桌一直延伸到步行街旁的小路上，让用餐的人们在城市最为繁华的地方找到一种宁静的感觉。

★Avocado 素食 €

（见74页地图；☎210 323 7878；www.avocadoathens.com；Nikis 30, Plaka；主菜 €6~12；⊙周一至周六 11:00~22:00，周日 至19:00；📶🌿；Ⓜ Syntagma）这家受欢迎的出色咖啡馆提供各式各样的素食、无麸质和有机食品——在希腊凤毛麟角。位于一家有机市场旁边，前面有小天井，你可以享用从三明治到藜麦茄子或什锦蔬菜椰风咖喱，应有尽有。现场制作鲜榨果汁和芒果奶昔。

Mama Roux 各国风味 €

（见74页地图；☎213 004 8382；Eolou 48-50, Monastiraki；主菜 €5~13；⊙周二至周六 9:00至午夜，周一 至18:00，周日 正午至17:00；📶；Ⓜ Monastiraki）市中心最热门的便宜餐厅，里面挤满了当地顾客，他们大吃各种新鲜美味的食物，从正宗的墨西哥卷饼（burritos、路易斯安那特色菜）到巨大的美式汉堡应有尽有。像这种人们常去的地方要提前预订。店里供应桶装的圣托里尼岛黄驴啤酒（Yellow Donkey beer），周日还可以边吃早午餐边欣赏爵士乐演奏。

Melilotos 希腊菜 €

（见74页地图；☎210 322 2458；www.melilotos.gr；Kalamiotou 19, Monastiraki；主菜 €6~10；⊙周二至周六 正午至次日1:00，周日 14:00~22:00；Ⓜ Monastiraki）提供美味实惠的希腊菜，稍显复杂。少许葡萄酒让这里成为该区域酒吧夜生活的愉快起点。店里每天都供应不同的特色菜。

Pure Bliss 咖啡馆 €

（见74页地图；☎210 325 0360；www.purebliss.gr；Romvis 24a, Syntagma；小吃 €3~9；⊙周一至周六 10:30至次日1:00，周日 17:00~21:00；📶🌿；Ⓜ Syntagma）🍃在雅典能买到价格公道的有机咖啡、具有异域风情的茶叶和豆类制品的地方真是少之又少，Pure Bliss便是其中之一，你还可以尽情享受这里的悠闲氛围。出售各种有益健康的沙拉、三明治和冰沙，还有大部分的有机食物、葡萄酒和鸡尾酒。

Kallipateira 开胃小菜 €

（见90页地图；☎210 321 4152；www.kallipateira.gr；Astingos 8, Monastirkai；菜肴 €4~10；⊙午餐和晚餐；Ⓜ Monastiraki）位于可俯瞰一片考古发掘现场的新古典建筑内，雅典年轻人长时间聚集在此，享用开胃小吃和一瓶瓶乌佐酒，以及周五至周日的雅燃音乐（希腊蓝调音乐）。

Glykis 开胃小菜 €

（见74页地图；☎210 322 3925；Angelou Geronta 2, Plaka；开胃小菜 €6~8；⊙10:30~

街头小吃

从小贩售卖的新鲜椒盐卷饼面包（koulouria）、烤玉米或烤栗子，到许许多多的快餐食品，雅典从来不缺小吃。**Ariston**（见74页地图；☎210 322 7626；Voulis 10, Syntagma；馅饼 €1.40~2；⊙周一至周五 10:00~16:00；Ⓜ Syntagma）从1910年起就供应奶酪馅饼（tiropites），无可挑剔。希腊人最喜爱的可口小吃是希腊烤肉，2.50欧元买到的分量比其他食物多得多。我们列出了大多数地区供应食品的商店。其中最好的就是小小的**Kostas**（见74页地图；☎210 323 2971；Plateia Agia Irini 2, Monastiraki；烤羊肉串 €2；⊙9:00~17:00；Ⓜ Monastiraki），招牌是番茄辣酱，位于阿基亚伊里尼（Agia Irini）教堂对面宜人的广场上。

13:30；ⓂAkropoli）这家低调的开胃菜馆位于普拉卡的一个安静角落里，院子里绿树成荫，是学生和当地人经常光顾的地方。有各种可口的开胃小菜供你挑选，包括烤蔬菜砂锅（briam）、红酒墨鱼（cuttlefish in wine）等传统菜肴。

Thanasis 烤肉 €

（见74页地图；☎210 324 4705；Mitropoleos 69，Monastiraki；希腊旋转烤肉 €2.50；⊙8:30至次日2:30；ⓂMonastiraki）位于Mitropoleos尽头的雅典烤肉串中心的中心地带，Thanasis以皮塔饼上搭配烤番茄和洋葱的烤肉而闻名。

Ouzou Melathron 开胃小菜 €

（见74页地图；☎210 324 0716；Agiou Filipou 10，Astingos交叉路口，Monastiraki；开胃小菜€5~7；⊙正午至深夜；ⓂMonastiraki）来自塞萨洛尼基的著名连锁小酒馆，从在莫纳斯提拉奇开业起就风靡一时。店面朴实无华，但是店里闹哄哄的，菜单上供应各种异想天开的可口开胃小菜。

Cremino 冰激凌 €

（见74页地图；Nikis 50a，Plaka；一勺€1.50；⊙6月至8月 9:00至午夜，9月至次年5月 营业时间缩短；ⓂSyntagma，Akropoli）Cremino可爱的老板娘全过程使用奶牛和水牛的奶及希腊热门配方制作所有的冰激凌。

Metropolis 三明治 €

（见74页地图；☎210 322 2122；Voulis 9-11，Syntagma；三明治 €3.50~6；⊙8:00~21:00；ⓂSyntagma）用当地的新鲜农产品制作的美味三明治蔚然成风。店里腌制的三文鱼单片三明治和鲜榨果汁堪称一流。装饰风格精致。但有的人会抱怨三明治不够大。

Meatropoleos 3 烤肉串 €

（见74页地图；☎210 324 1805；www.meatropoleos3.com；Mitropoloeos 3，Syntagma；主菜€6~12，烤肉串 €1.50；⊙正午至午夜；ⓂSyntagma）你可以在开始城里的夜生活之前大吃一顿烤肉。

★Café Avyssinia 开胃小菜 €€

（见74页地图；☎210 321 7047；Kynetou 7，Monastiraki；主菜 €10~16；⊙周二至周六 11:00至次日1:00，周日 至19:00；ⓂMonastiraki）藏身于跳蚤市场中间的绚丽多彩的阿比西尼亚广场（Plateia Avyssinias），这家风格不羁的开胃菜馆凭借气氛、饮食和服务获得好评。专门经营希腊地方菜式，从热乎的柠檬汁蚕豆泥到茄子烤番茄和奶酪，还有精选乌佐酒、雷基酒（克里特岛烈酒）和齐普罗酒（tsipouro；类似乌佐酒的蒸馏烈酒，不过通常劲道更大）。周末有希腊音乐的现场表演。楼上还可以欣赏到美妙的卫城风光。

★2 Mazi 创意菜 €€

（见74页地图；☎210 322 2839；www.2mazi.gr；Nikis 48，Plaka；主菜 €17~22；⊙13:00至午夜；ⓂSyntagma，Akropoli）位于新古典大楼内，这家高雅的餐厅使用白色亚麻桌布和真正的水晶制品，有两位年轻的厨师烹制创意菜肴。他们结合新鲜的本地食材，比如山野菜、希腊奶酪和新鲜捕捞的海鲜，制作出精美诱人的菜肴，涵盖亚洲、法国和希腊岛屿菜式。

Kuzina 新派希腊菜 €€

（见64页地图；☎210 324 0133；www.kuzina.gr；Adrianou 9，Monastiraki；主菜 €12~25；⊙11:00至深夜；ⓂThisio）光线透过平板玻璃窗户，温暖了冬季围坐在桌边的人们。或者，夏季在外边的步行街Adrianou就餐，也有很好的感受。店里的希腊创意菜值得期待，比如克里特宽面（Cretan pappardelle）和芝麻无花果拌鸡肉（chicken with figs and sesame）。

Paradosiako 希腊小馆 €€

（见74页地图；☎210 321 4121；Voulis 44a，Plaka；主菜 €5~12；⊙午餐和晚餐；📶；ⓂSyntagma）这间希腊小馆位于普拉卡边缘，只有几张桌子摆在人行道上，店面朴实无华，毫不起眼。但是要想吃到地道的传统美味，这里可是不容错过的地方。店里有个简易菜单，但你最好从每日特色菜里点餐，特色菜包括油炸对虾（prawn saganaki）等新鲜海鲜。

Palia Taverna tou Psara 希腊小馆 €€

（见74页地图；☎210 321 8733；www.psarastaverna.gr；Erechtheos 16，Plaka；主菜 €12~24；⊙周三至周一 11:00~12:30；ⓂAkropoli）远离普拉卡主要的热闹场所，这家希腊小馆出类拔萃，排列到街道对面的餐桌座无虚席。以普拉卡最好的海鲜小馆著称（鱼每公斤€65）。

加齐、凯拉米克斯和西斯奥

Kanella 希腊小馆 €

（见82页地图；☎210 347 6320；www.kanellagazi.gr；Leoforos Konstantinoupoleos 70, Gazi；菜肴 €7~11；⊙13:30至深夜；Ⓜ Keramikos）自制农家面包、不协调的复古陶器和棕色桌布纸为这家时尚现代的希腊小馆奠定了基调，提供希腊地方菜式。店员热情友好，每天都有特色菜供应，比如土豆柠檬羊肉（lemon lamb with potatoes）和美味的西葫芦鳄梨沙拉（zucchini and avocado salad）。

To Steki tou Ilia 希腊小馆 €

（见82页地图；☎210 345 8052；Eptahalkou 5, Thisio；肉排 每份/每公斤 €9/30；⊙20:00至深夜；Ⓜ Thisio）你经常能看到有人在这家psistaria（专门提供炙烤类食物的饭店）等位子，店里的美味烤羊排和烤猪排远近闻名。店面朴实无华，餐桌就放在教堂对面步行街区的树荫下，十分安静，供应桶装葡萄酒、简单蘸酱、薯条和沙拉。

Gevomai Kai Magevomai 希腊小馆 €

（见82页地图；☎210 345 2802；Nileos 11, Thisio；主菜 €6~11；⊙午餐和晚餐；📶；Ⓜ Thisio）徜徉在步行街，找到这家有大理石桌面的街角小馆。街区居民都知道这里有用最新鲜的材料制成的最好的简单自制饮食。菜单时常更换。

Oina Perdamata 希腊小馆 €

（见82页地图；☎210 341 1461；www.oinomperdemata.gr；Vasiliou tou Megalou 10, Gazi；主菜 €5~10；⊙午餐和晚餐；📶；Ⓜ Keramikos）挨着热闹的Pireos，新鲜低调的每日特菜是这里的招牌。主要菜品有煎鳕鱼配大蒜酱和烤蔬菜、炖猪肉、兔肉和鸡肉等，不妨一试。

★Aleria 地中海菜 €€

（见64页地图；☎210 522 2633；www.aleria.gr；Megalou Alexandrou 57, Metaxourghio；主菜 €12~20；⊙周一至周六 20:00至午夜，8月下旬关闭；Ⓜ Metaxourghio）这家优雅现代的餐馆位于翻新过的大楼内，美食层出不穷。在Metaxourghio街区稍微偏僻的地方，精美的本地食材吸收了地中海周边菜式的风格，值得多走上一段路来此享用。

★Athiri 新派希腊菜 €€

（见82页地图；☎210 346 2983；www.athirirestaurant.gr；Plateon 15, Keramikos；主菜 €12~19；⊙周二至周六 20:00至次日1:00，周日 20:00至午夜；Ⓜ Thisio）地处凯拉米克斯的一块小地方，Athiri可爱的花园庭院是一个绿意盎然的惊喜之所。精巧创新的菜单继承了希腊当地的经典烹饪特色。你可以尝一尝圣托里尼岛出产的蚕豆、丰盛的羊奶奶酪（myzithra）炖牛肉和来自卡尔帕索斯的自制意大利面。

Sardelles 海鲜 €€

（见82页地图；☎210 347 8050；Persefonis 15, Gazi；鱼菜 €10~17；⊙午餐和晚餐；Ⓜ Keramikos）这家店位于灯火通明的煤气厂对面，你可以坐在店外的桌子旁，尽情享用制作简单的海鲜开胃小菜。服务十分贴心，提供有鱼贩图案的纸制桌布，赠送小盆罗勒留作纪念。喜欢吃肉的人可以试试隔壁的**Butcher Shop**（见82页地图；☎210 341 3440；Persefonis 19, Gazi；⊙19:00~23:30；Ⓜ Keramikos）。

Filistron 开胃小菜 €€

（见82页地图；☎210 346 7554；Apostolou Pavlou 23, Thisio；开胃小餐 €8~14；⊙周二至周日 18:00至午夜；Ⓜ Thisio）在屋顶露台上预订一张宝贵的餐桌是明智之举，这家开胃菜馆可以享受激动人心的卫城和利卡维多山风光。有各种不错的开胃小餐和种类繁多的希腊葡萄酒，不过服务有时会变差。

★Funky Gourmet 地中海菜 €€€

（见64页地图；☎210 524 2727；www.funkygourmet.com；Paramithias 3, Salaminas交叉路口，Keramikos；套餐 €80起；⊙周二至周六 19:30至次日1:00，最后点菜时间 22:30；Ⓜ Metaxourghio）这家米其林二星餐馆将新式美食与新鲜的地中海食材相结合。典雅的灯光、精致的装潢以及纯粹由食物带来的乐趣都值得吃货们驻足品尝。品尝菜单可以搭配葡萄酒。及早预订。

赛瑞、奥莫尼亚和伊哈瑞亚

赛瑞的傍晚或周末，一些出色的开胃菜

馆和希腊小馆会将餐桌摆到街上，挤满闲聊咀嚼的当地人。从Plateia Agion Anargyron和Plateia Iroön附近出发，找找最适合的就餐场所。

★Akordeon

开胃小菜 €

（见74页地图；☎210 325 3703；Hristokopidou 7, Psyrri；菜肴 €5~12；⊙午餐和晚餐；Ⓜ Monastiraki, Thisio）位于赛瑞一条安静的小巷里。你如果不知不觉走进这家教堂对面迷人的黄色房屋，就会受到音乐家厨师Pepi和Achilleas（及其配偶们）的热情款待。他们经营的这家一流餐馆是当地音乐和小吃界的新秀。他们会帮你点正宗的希腊菜，然后（夜晚和周末）用深情的歌声将你包围。穿上舞鞋好了，因为你可能会感动得加入他们。

★雅典中心市场

市场 €

（Varvakios Agora; Athens Central Market；见90页地图；Athinas, Sofokleous和Evripidou之间，Omonia；⊙周一至周六 7:00~15:00；Ⓜ Monastiraki, Panepistimio, Omonia）绚丽多彩、熙熙攘攘的中心市场附近的街道令人感官愉悦。肉鱼市场（见90页地图）占据了东侧历史悠久的建筑，果蔬市场（见90页地图）在马路对面。去肉市吃饭可能听起来很奇怪，但那里的小馆沿用了雅典习俗。顾客之中既有饥肠辘辘的市场摊贩，也有刚从夜店出来的优雅夫妇，都为了来喝一碗醒酒的牛肚汤（patsas）。

★Diporto Agoras

希腊小馆 €

（见90页地图；☎210 321 1463；Theatrou和Sokratous交叉路口；盘菜 €5~6；⊙周一至周六 7:00~19:00，8月1至20日关闭；Ⓜ Omonia, Monastiraki）这家奇特古老的希腊小馆是雅典餐饮界的瑰宝之一。餐厅没有什么标牌，只是两扇门通往一个乡村地窖；也没有菜单，只有常年不变的几个招牌菜。店里的特色菜是鹰嘴豆（revythia），通常搭配着烤鱼，并佐以墙边大木桶中的葡萄酒。变化多端的特色服务是这里吸引顾客的部分原因。

Nikitas

希腊小馆 €

（见90页地图；☎210 325 2591；Agion Anargyron 19, Psyrri；主菜 €6~8；⊙正午至18:00；Ⓜ Monastiraki）当地人极其信赖这家可靠的小馆。在赛瑞变得新潮起来之前，这家餐馆就一直提供价格合理、清爽简单而且美味的传统饮食。这里是唯一工作日也依然繁忙的地方。

Kimatothrafstis

希腊小馆 €

（见90页地图；☎213 030 8274；Harilaou Trikoupi 49, Exarhia；小/大盘菜 €3.80/6.80；⊙8:00~23:00，周日晚餐关闭；📶；Ⓜ Omonia）这家实惠、明亮、悠闲现代的咖啡馆有共用餐桌，提供各种希腊家常菜及其他饮食。你可以从每日供应的自助餐中选餐，菜肴分量不等，有大盘和小盘两种。

Rakoumel

克里特菜 €

（见90页地图；☎210 380 0506；www.rakoumel.gr；Emmanuel Benaki 71, Exarhia；菜肴 €5~9；⊙周一至周六 13:00至次日3:00；📶；Ⓜ Omonia）挤进这家摆满餐桌的狭长餐馆，吃一顿克里特家常菜。一边啜饮克里特蜂蜜雷基酒（rakomelo），一边品尝小盘山野菜和炖肉。

Barbagiannis

希腊小馆 €

（见90页地图；☎210 330 0185；Emmanuel Benaki 94, Exarhia；主菜 €5~8；⊙午餐和晚餐；Ⓜ Omonia）伊哈瑞亚的一家餐馆。这家低调的旧式餐馆（mayirio）受到学生和喜欢实惠希腊家常菜的人的欢迎。

Ivis

开胃小菜 €

（见90页地图；☎210 323 2554；Navarhou Apostoli 19, Psyrri；开胃小菜 €4~10；Ⓜ Thisio）这家舒适的街角开胃菜馆装饰得明亮而富有艺术气息，有数量不多却美味可口的简单的现做开胃小菜。由于只有一份潦草的手写希腊文菜单，所以可以主动问问当日特色菜。喝点儿上好的乌佐酒会让你容光焕发。

Rozalia

希腊小馆 €

（见90页地图；☎210 330 2933；www.rozalia.gr；Valtetsiou 58, Exarhia；主菜 €5~11；Ⓜ Omonia）伊哈瑞亚最受欢迎的一家餐馆，位于热闹的步行街一带。这家家庭小馆提供烧烤和家常菜肴。

Taverna tou Psyrri

希腊小馆 €

（见90页地图；☎210 321 4923；Eshylou 12, Psyrri；主菜 €6~9；⊙午餐和晚餐，8月关闭两

周；ⓂMonastiraki）这家气氛欢快的小馆紧邻Plateia Iroön，提供不错的简式传统饮食。

Oxo Nou 克里特菜 €

（见90页地图；☎210 380 1778；Emmanuel Benaki 63-65，Exarhia；主菜 €8~11；⏲15:00至深夜；📶；ⓂOmonia）极其随意而美味的克里特饮食先驱之一，位于雅典市中心。

★Yiantes 希腊小馆 €€

（见90页地图；☎210 330 1369；Valtetsiou 44，Exarhia；主菜 €9~12；⏲13:00至午夜；✎；ⓂOmonia）这家现代小餐馆有白色桌布和鲜花，位于一间可爱的花园庭院里，在伊哈瑞亚算得上高档。食物非常出色，大都使用有机食材。有很多菜品你不妨一试，比如像almirikia这样的绿色蔬菜、恰到好处的烤鱼、美味的藏红花配贻贝鱿鱼（mussels and calamari with saffron）。

柯洛纳基

★Oikeio 地中海菜 €

（见88页地图；☎210 725 9216；Ploutarhou 15，Kolonaki；主菜 €7~14；⏲周一至周六 13:00至次日2:30；ⓂEvangelismos）这家现代希腊小馆的店名是"家"的意思，名副其实，供应上好的家常菜肴。店里装潢温馨，店外人行道上摆了几张桌子，人们可以随意坐下观察过往行人，无须消费。这里的意大利面食、沙拉和各国风味美食都十分可口，最好尝尝这里事先做好的特色菜（mayirefta），比如上好的包馅西葫芦。需要提前预订。

Filippou 希腊小馆 €

（见88页地图；☎210 721 6390；Xenokratous 19，Kolonaki；主菜 €8~12；⏲周一至周五 13:00~17:00和19:00~23:00，周六 13:00~17:00；ⓂEvangelismos）为什么不吃点儿经典的呢？自1923年起，Filippou就开始供应各种美味的希腊菜肴。餐厅地处柯洛纳基中心，里面铺着白色的亚麻桌布，能品尝到厨师用心烹调的食物。

Kalamaki Kolonaki 希腊烤肉 €

（见88页地图；☎210 721 8800；Ploutarhou 32，Kolonaki；主菜 €7；⏲13:00至午夜；ⓂEvangelismos）点一份kalamaki（每串€1.70），配上沙拉和皮塔面包一起吃。你可以在柯洛纳基的烧烤摊上看着街上形形色色的人们，大快朵颐。

Nice N' Easy 咖啡馆 €

（见88页地图；☎210 361 7201；www.niceneasy.gr；Omirou 60，Kolonaki；三明治 €5~10；⏲9:00至次日1:30；✎；ⓂPanepistimio）🍃在这家悠闲的咖啡馆里，坐在路易斯·阿姆斯特朗（Louis Armstrong）和玛丽莲·梦露（Marilyn Monroe）的相片下面，早午餐可以大口咀嚼新鲜的有机三明治、沙拉和墨西哥煎蛋。

Loukoumelo 甜点 €

（见88页地图；☎211 012 5330；www.loukoumelo.gr；Skoufa 37，Kolonaki；甜食 €2.70~3.80；⏲周一至周五 8:30~23:00，周六和周日 9:30至午夜；ⓂSyntagma）这家友好的店面专做蜂蜜圈饼（loukoumades），一种希腊式热甜甜圈，有各种口味。搭配冰激凌才真是享受。

Alatsi 克里特菜 €€

（见64页地图；☎210 721 0501；www.alatsi.gr；Vrasida 13，Ilissia；主菜 €12~18；⏲周一至周六 13:00至次日1:00；ⓂEvan-gelismos）这里代表着时尚高档餐厅的新潮流，店内供应传统克里特菜肴，如一般在婚宴上吃的羊肉饭（gamopilafo）和较为罕见的野菜stamnagathi。顾客一般为时髦的雅典人。出色的菜单按季节更换。及早预订。在Hilton附近可以找到它。

Capanna 意大利菜 €€

（见88页地图；☎210 724 1777；Ploutarhou 38 & Haritos 42，Kolonaki；主菜 €10~17；⏲周二至周日 13:00至次日1:00；📶；ⓂEvangelismos）Capanna紧靠着柯洛纳基的一角，夏季会在小路边摆上桌子。菜式是新颖的意大利菜，从巨大的比萨到戈贡佐拉干酪团子（gnocchi with gorgonzola）。享受丰盛的食物和周到的服务，再来一杯葡萄酒。不过这里价格略高。

Café Boheme 咖啡馆 €€

（见88页地图；☎210 360 8018；www.cafeboheme.gr；Omirou 36，Kolonaki；主菜 €6.50~15；

⏲周一至周五 10:30至深夜，周六和周日 正午起；Ⓜ Panepistimiou）类似啤酒店的花哨地方，有多种葡萄酒选择，提供三明治、沙拉及肋眼牛排（€19.50），应有尽有。

Il Postino 意大利菜 €€

（见88页地图；☎210 364 1414；Grivaion 3, Kolonaki；意大利面 €8~12；⏲13:00~23:30；Ⓜ Panepistimio）晚上去夜店逛之前，有没有兴趣来一盘自制的香蒜沙司意式汤团？如果有，那就到这个小巷来吧！你可以坐在罗马的老照片下畅享晚餐。

帕格拉提和梅茨

★Mavro Provato 开胃小菜 €

（见64页地图；☎210 722 3466；www.tomauroprovato.gr；Arrianou 31-33, Pangrati；菜肴 €4~12；⏲午餐和晚餐；Ⓜ Evangelismos）这家位于帕格拉提的现代开胃菜馆极受欢迎，要及早预订。餐桌沿小路排开，美味的小盘菜搭配雷基酒（raki）或齐普罗酒（tsipouro）。

Trapezaria 新派希腊菜 €€

（见64页地图；☎210 921 3500；www.trapezaria.gr；Efforionos 13, Pangrati；主菜 €8~15；⏲周二至周六 19:00至午夜，周日 13:00~18:00；Ⓜ Evangelismos, Akropoli）这家时尚的当代希腊菜馆位于一处毫不起眼的地方，里面挤满了当地顾客，他们都是冲着这里价格实惠又别具风格的美味食物来的。餐厅酒单也不同寻常。

★Spondi 地中海菜 €€€

（见64页地图；☎210 756 4021；www.spondi.gr；Pyrronos 5, Pangrati；主菜 €38~50，套餐 €69起；⏲20:00至深夜）这家米其林二星餐厅经常被雅典人公认为最好的餐厅，而且当之无愧。它位于一栋迷人的老式住宅中，店里布置休闲别致，供应地中海高级菜肴，有浓厚的法国风味。菜单明码标价，你可以从中选择套餐和酒品。餐馆有被叶子花环绕的漂亮花园。及早预订，搭乘出租车前往，因为公共交通很难到达。

饮品和夜生活

当地人最青睐的消遣方式便是去喝咖啡。雅典的咖啡馆随处可见，并且人满为患。这里的一些咖啡在整个欧洲都是最昂贵的，一杯要3欧元到5欧元——你一般会占用店里的椅子，而且一坐就是好几个小时。许多地方白天是咖啡馆和餐厅，晚上就变成了酒吧和夜店。

> **ⓘ 夜生活热门小贴士**
>
> ➡ 酒吧一般晚上11点之后才开始忙碌，一直到深夜才打烊。
>
> ➡ 眼下，卡里特斯广场（Plateia Karytsi；宪法广场北部）和阿基亚伊里尼广场（Plateia Agia Irini；莫纳斯提拉奇）举办的活动最多。赛瑞最近有所复苏，而柯洛纳基则一如既往地吸引着喜欢时尚的人们，加齐照旧值得信赖。
>
> ➡ 目前由于雅典的经济不甚景气，所以无论到哪里，你都要多加小心。
>
> ➡ 若想在夏日尽情热舞，可以乘出租车去格利法达（Glyfada）附近海滨的海滩夜店（见112页）——因为市里的夜店打烊比较早。

卫城、马克里扬尼和科卡基

Sfika 咖啡馆、酒吧

（见71页地图；☎210 922 1341；Stratigou Kontouli 15, Makrygianni；⏲9:00至深夜；Ⓜ Akropoli）当地人最多的地方就是Sfika（译为“黄蜂”）。它是一家街区小咖啡馆兼餐馆兼酒吧，有另类的或学生氛围，时不时有现场音乐。

Duende 酒吧

（见71页地图；Tzireon 2, Makrygianni；⏲20:00至次日3:00；Ⓜ Akropoli）这家气氛温馨的酒吧隐藏在一道安静的小巷之中，感觉就像是一个巴黎啤酒屋。葡萄酒和威士忌最好，而不是酒尾和食物。

Tiki Athens 酒吧

（见71页地图；☎210 923 6908；www.tikiathens.com；Falirou 15, Makrygianni；⏲16:30至深夜；Ⓜ Akropoli）这家店有时尚独特的20世纪50年代装潢、各种风格的音乐和亚洲风味的菜单，还经常有标新立异的年轻人光顾，是畅饮一杯的好去处。

宪法广场、普拉卡和莫纳斯提拉奇

这座城市最热门的地方，集中在宪法广场北部的Kolokotroni街周边和莫纳斯提拉奇的阿基亚伊里尼广场附近。莫纳斯提拉奇咖啡馆最为密集的地区是Adrianou街，街道沿古市集伸展，旁边阴凉处坐满了人。多用途空间艺术基金会（见93页）和Six DOGS（见93页）是美术馆改成的咖啡馆和人满为患的酒吧。也有酒店酒吧，比如Hotel Grande Bretagne（见101页）和A for Athens（见100页），能看到极美的卫城景色。

★ Tailor Made 咖啡馆、酒吧

（见74页地图；☎213 004 9645；www.tailormade.gr；Plateia Agia Irini 2, Monastiraki；⏰8:00至次日2:00；Ⓜ Monastiraki）这家新开的热门微型烘焙店提供很多综合咖啡和手工压茶。从圆粒咖啡豆到南非茶，应有尽有，还有自制甜点（€5）和三明治（€6）。从现代艺术装修风格的店里一直到沿着花市摆放的桌子旁边，到处都坐满了热情洋溢的雅典人。晚上这里就变成了一处时尚的酒吧，供应鸡尾酒和葡萄酒。

★ Clumsies 酒吧

（见90页地图；☎210 323 2682；www.theclumsies.gr；Praxitelous 30, Syntagma；⏰9:00至深夜；Ⓜ Syntagma）温馨热情的装饰配合怀旧的氛围，挤挤挨挨的人群叽叽喳喳，欢快地啜饮饮品（从咖啡到创意鸡尾酒），这一切都让这家新开的全天酒吧成为当地人和游客常去的地方。

Drunk Sinatra 鸡尾酒吧

（见74页地图；☎210 331 3733；Thiseos 16, Syntagma；⏰10:00至深夜；Ⓜ Syntagma）雅典最新的时尚场所，提供一流的鸡尾酒。

Baba Au Rum 鸡尾酒吧

（见74页地图；☎211 710 9140；www.babaaurum.com；Klitiou 6, Monastiraki；⏰周一至周四 17:00至次日3:00，周五和周六 正午至次日4:00，周日 13:00至次日2:00；Ⓜ Syntagma, Monastiraki）高超的鸡尾酒调酒师调配出你梦想的酒。

Melina 咖啡馆

（见74页地图；Lyssiou 22, Plaka；⏰9:00至午夜；Ⓜ Akropoli, Monastiraki）歌颂伟大的迈尔库里（Melina Merkouri，希腊演员、歌手和政治人物），Melina提供繁忙市中心之外的魅力和私密感。

Seven Jokers 酒吧

（见74页地图；☎210 321 9225；Voulis 7, Syntagma；⏰13:00至深夜；Ⓜ Syntagma）充满活力，地处中心；这里集中了整个街区的派对，同时与街角宽敞的**42**（见74页地图；Kolokotroni 3, Syntagma；⏰9:00至次日2:00；Ⓜ Syntagma）共用空间，那家店有木镶板的华美环境，提供鸡尾酒。

Barley Cargo 酒吧

（见74页地图；☎210 323 0445；Kolokotroni 6, Syntagma；⏰11:00至次日3:00；Ⓜ Syntagma）这家魅力非凡的啤酒吧供应的各款啤酒有150多种，其中许多都来自希腊当地的小啤酒厂。你可以坐在木桶旁边的桌前，慢酌浅饮特拉普啤酒（Trappist brew）。

Brettos 酒吧

（见74页地图；☎210 323 2110；www.brettosplaka.com；Kydathineon 41, Plaka；⏰10:00至次日3:00；Ⓜ Akropoli）虽说普拉卡没有新潮的酒吧，不过Brettos倒是一家令人愉快的老酒吧和自酿酒吧，有满墙的各色酒瓶和巨大的酒桶。店里自酿的葡萄酒、乌佐酒、白兰地和其他烈酒都可以尝一下。

Booze Cooperativa 咖啡馆、酒吧

（见74页地图；☎211 405 3733；www.boozecooperativa.com；Kolokotroni 57, Monastiraki；⏰11:00至深夜；📶；Ⓜ Monastiraki）白天，这家具有艺术气息的慵懒的地方挤满年轻的雅典人，他们在这里下国际象棋和双陆棋，摆弄他们的苹果笔记本；之后，这里变成一家摇滚至深夜的热闹酒吧。地下室经常举办艺术展览活动，楼上还有一个剧院。

Loukoumi 咖啡馆

（见74页地图；www.loukoumibar.gr；Plateia Avyssinias 3, Monastiraki；⏰11:00至次日2:00；Ⓜ Monastiraki）白天提供咖啡和小吃，夜晚有DJ和现场音乐，可以俯瞰阿比西尼亚广场。

Galaxy Bar 酒吧

（见74页地图；☎210 322 7733；Stadiou 10,

Syntagma；⏲周一至周六 13:00至深夜；Ⓜ Syntagma）不要将其与Hilton的空中酒吧混为一谈，这个温馨的小地方采用木板装潢，拥有家庭沙龙的感觉和值得尊敬的历史。

Faust 酒吧

（见74页地图；☎210 323 4095；www.faust.gr；Kalamiotou 11 & Athinaidos 12, Monastiraki；⏲9月至次年5月；Ⓜ Monastiraki）热门酒吧Faust只是块巴掌大的地方，举办现场音乐、卡巴莱歌舞表演和艺术展览。

Bartesera 酒吧

（见74页地图；☎210 322 9805；Kolokotroni 25, Syntagma；⏲10:00至深夜；Ⓜ Syntagma）这家悠闲的酒吧兼咖啡馆隐藏在一条狭窄拱廊的尽头，播放美妙的音乐。

Gin Joint 鸡尾酒吧

（见90页地图；☎210 321 8646；Christou Lada 1, Syntagma；⏲正午至次日2:00；Ⓜ Syntagma）他们称这里为Gin Joint（杜松子酒中心）是有原因的：可以品尝60种杜松子酒或其他美酒，其中一些还有产地来源的历史注释。

Sixx 夜店

（见74页地图；☎6979470638；Amerikis 6, Syntagma；⏲周五至周六 23:00至次日7:00；Ⓜ Syntagma）如果你不甘夜晚就此结束……这里的DJ派对会持续到黎明。

Oinoscent 葡萄酒吧

（见74页地图；☎210 322 9374；www.oinoscent.gr；Voulis 45-47, Plaka；⏲11:00至次日1:00；Ⓜ Syntagma）来这里品尝希腊及世界各地各种各样的葡萄酒，或是买一瓶路上喝。

Toy Cafe 鸡尾酒吧

（见74页地图；☎210 331 1555；Plateia Karytsi 10, Syntagma；⏲正午至次日4:00；Ⓜ Syntagma）白天，30多岁的人聚集在这家最受欢迎的老店喝咖啡；夜晚，人们喝的是诱人的鸡尾酒。

James Joyce 小酒馆

（见90页地图；☎210 323 5055；www.jjoyceirishpubathens.com；Astingos 12, Monastiraki；⏲周日至周四 10:00至次日1:00，周五和周六 至次日3:00；Ⓜ Monastiraki）在这家爱尔兰小酒馆畅饮吉尼斯黑啤酒（Guinness），这里还有不错的食物（主菜€9～12）、现场音乐，以及许许多多游客和外国人。

加齐、凯拉米克斯和西斯奥

在凯拉米克斯地铁站下车，你就会置身于繁华热闹的加齐活动中心。西斯奥的咖啡馆在步行区Apostolou Pavlou一带，可以看到宏伟的卫城风光；夜晚，在步行街Iraklidon沿线，卫城景色一览无余。

★ Gazarte 酒吧

（见82页地图；☎210 346 0347；www.gazarte.gr；Voutadon 32-34, Gazi；Ⓜ Keramikos）楼上有电影院大小的屏幕，播放包括卫城在内令人赞叹的城市风光以及主流音乐的视频，还有一群30多岁的潮人聚集在此。不时有现场音乐，还有一家餐馆。

Gazaki 酒吧

（见82页地图；☎6940629755；Triptolemou 31, Gazi；⏲19:00至深夜；Ⓜ Keramikos）该街区还没变成这个样子之前，这家“加齐先驱者”就开业了。友好的当地人聚集在这家美妙的屋顶酒吧。

Root Artspace 咖啡馆、现场音乐

（见82页地图；☎210 345 0003；www.rootartspace.gr；Iraklidon 10, Thisio；⏲9:00至次日1:00；Ⓜ Thisio）这座经过翻新的19世纪石棚既是咖啡馆也是酒吧；既有现场音乐，又是艺术场馆。处于卫城阴影中的Root Artspace是个不错的让人流连的场所。在线查看艺术和娱乐活动。

Hoxton 酒吧

（见82页地图；☎210 341 3395；Voutadon 42, Gazi；⏲13:00至深夜；Ⓜ Keramikos）走近时尚文艺的人群，在原创艺术品、钢铁房梁和皮沙发之间一同把酒言欢。

MoMix 鸡尾酒吧

（见82页地图；☎6974350179；www.momix.gr；Keleou 1, Gazi；⏲19:00至深夜；Ⓜ Keramikos）雅典第一家分子调酒酒吧。格利法达（见130页）还有一家分店。

A Liar Man
酒吧

（见82页地图；☎210 342 6322；www.aliarman.gr；Sofroniou 2，Gazi；⏲9月中旬至次年6月中旬；Ⓜ Keramikos）位置隐蔽的小酒吧，气氛更为安静。夏季关门。

Pixi
夜店

（见82页地图；☎210 342 3751；www.pixi.gr；Evmolpidon 11，Gazi；Ⓜ Keramikos）DJ很棒，灯光闪烁，适合年轻人。夏季会在阿波罗海岸（Apollo Coast；见130页）的海滩夜店举办派对。

45 Moires
酒吧

（见82页地图；☎210 347 2729；www.45moires.gr；Iakhou 18，Voutadon交叉路口，Gazi；Ⓜ Keramikos）深入体会硬摇滚音乐，欣赏露台上加齐霓虹闪烁的烟囱和卫城景色。

Sin Athina
咖啡馆

（见82页地图；☎210 345 5550；www.sinathina.gr；Iraklidon 2，Thisio；⏲8:00至深夜；Ⓜ Thisio）地段，地段，还是地段！这间小小的咖啡兼酒吧坐落在两条咖啡馆云集的步行街交界处，从店里向上看可以将卫城美景一览无余。

Nixon Bar
酒吧

（见82页地图；www.nixon.gr；Agisilaou 61b，Keramikos；⏲19:00至深夜；Ⓜ Thisio）比大多数地方时髦雅致，Nixon Bar提供食物和鸡尾酒。

Peonia Herbs
茶室

（见82页地图；☎210 341 0260；www.peonia.gr；Amfiktyonos 12，Thisio；⏲周一至周五10:00~16:00，周六 至15:00；Ⓜ Thisio）这家草药店和茶室禁止吸烟，气氛转瞬间就能让你平静下来。

赛瑞、奥莫尼亚和伊哈瑞亚

伊哈瑞亚的伊哈瑞亚广场（Plateia Exarhion）有年轻热闹的酒吧，是个好去处。Mesolongiou附近的廉价酒吧区深受学生和无政府主义者的青睐。需要注意的是，目前奥莫尼亚夜晚尤其危险。

Floral
咖啡馆

（见90页地图；☎210 380 0070；www.floralcafe.gr；The-mistokleous 80，Exarhia；⏲9:00至深夜；📶；Ⓜ Omonia）Floral光鲜现代，有灰色系的怀旧生活图。你猜对了，墙上还有花，因为它的名字就叫作“Floral”。当地顾客来到这里买书、闲聊、看看形形色色的人。

Alexandrino
鸡尾酒吧

（见90页地图；☎210 382 7780；Emmanuel

夏日海滩夜店

夏季，城市里大多数重要的夜生活场所都转移到了以格利法达（见130页）为中心的无数迷人海滨夜店。其中许多位于有轨电车线路沿线，有轨电车周五和周六会运营至次日2:30。若是预订晚餐的话，你就可以省下入场费用，否则门票费用为€10~20，含一杯酒水。打扮得漂漂亮亮去玩吧！**Akrotiri**（☎210 985 9147；www.akrotirilounge.gr；Vasileos Georgiou B5，Agios Kosmas，Alimos；🚊Elliniko）这家规模很大的高级海滩夜店有分布在不同楼层的酒吧、餐厅和休息室，可容纳3000人。拥挤的派对之夜有顶级的常驻和客座DJ。白天一直有游泳池派对。

Balux（☎210 894 1620；www.baluxcafe.com；Leoforos Poseidonos 58，Glyfada；W；🚊T5 to Asteria）就位于海滩上，集夜店、餐厅、休闲酒吧于一体，魅力非凡，你要亲眼目睹才能相信。游泳池旁有椅子和带床幔的四柱床。

Akanthus（☎210 968 0800；www.akanthus.gr；Leoforos Poseidonos，Alimos；🚊Zephyros）Akanthus夜晚有顶级的DJ阵容，位于太阳海滩附近。

Island（☎210 965 3563；www.islandclubrestaurant.gr；Km 27，Athens-Sounion Rd，Varkiza；🚌A2/E2至Glyfada，🚌117或122至Camping Varkizas stop）这家经典的夏日夜店餐厅如梦似幻，地处海滨，店里的岛屿装饰十分精美。

Benaki 69, Exarhia; ⏲19:00至深夜; Ⓜ Omonia）这家酒吧感觉像是一家可爱的法式小馆，有上好的葡萄酒和鸡尾酒。

Tralala 酒吧

（见64页地图；☎210 362 8066; Asklipiou 45, Exarhia; ⏲23:00至次日3:00; Ⓜ Panepistimio, Omonia）Tralala很酷，经常吸引演员们光顾，有原创艺术品、活泼的店主和适合社交的氛围。

Blue Fox 酒吧

（见64页地图；☎6942487225; Asklipiou 91, Exarhia; ⏲22:00至次日2:00; Ⓜ Omonia）你一定没料到雅典还有这样的地方。Blue Fox的20世纪50年代摇摆乐和乡村摇滚乐确实出色，包括Vespa牌踏板摩托和喇叭裙。

Ginger Ale 咖啡馆、酒吧

（见90页地图；☎210 330 1246; Themistokleous 74, Exarhia; ⏲8:00至深夜; Ⓜ Omonia）时光倒流，这里就像是20世纪50年代的胶合板咖啡店兼摇滚夜店。白天品一品意大利浓缩咖啡，晚上看一场经常更换阵容的现场表演。

Revolt 酒吧

（见90页地图；☎210 380 0016; Kolleti 29, Exarhia; ⏲11:00至次日2:00; Ⓜ Omonia）这家朴素的小酒吧将桌子排到了外边的步行广场，是汇集相连几个街区的夜生活的好去处。门外充满活力的壁画非常棒。就从这里开始探索好了。

Circus 咖啡馆、鸡尾酒吧

（见90页地图；☎210 361 5255; www.circusbar.gr; Navarinou 11, Exarhia; ⏲10:00至深夜; 📶; Ⓜ Panepistimiou）赫然站立着一头象鼻神式的金属丝大象。Circus白天有清爽的咖啡，晚上有鸡尾酒。

Tsin Tsin 鸡尾酒吧

（见90页地图；☎210 384 1460; Kiafas 6, Exarhia; ⏲19:00至深夜; Ⓜ Omonia）很小很小的酒吧。地处偏僻之地，酒保却是货真价实的调酒师，懒散的氛围令人放松。

Tranzistor 酒吧

（见90页地图；☎210 322 8658; Protogenous 10, Psyrri; ⏲9:00至午夜; Ⓜ Monastiraki）在这个又小又酷的地方，静静来到背光式吧台，或者在外边的餐桌边放松一番。

柯洛纳基

柯洛纳基有两个主要的酒吧区：一处位于Skoufa的顶端，另外一处位于Haritos人潮拥挤的小酒吧聚集地。

★Rock' n' Roll 酒吧

（见88页地图；☎210 722 0649; Plateia Kolonakiou, Kolonaki; ⏲9月至次年6月; Ⓜ Evangelismos）柯洛纳基的经典。这家高档酒吧广受欢迎；到了夜晚，舞会会变得狂野，真是名副其实。受柯洛纳基时尚人士的喜爱，气氛不错，不过"凭脸"入场的规则相当严格。白天，这里会变成柯洛纳基主广场边缘繁忙而放松的咖啡馆。

Da Capo 咖啡馆

（见88页地图；☎210 360 2497; Tsakalof 1, Kolonaki; ⏲8:00~19:00; Ⓜ Syntagma）Da Capo是柯洛纳基主广场上咖啡馆的带头人，是让人认识自己的好地方。自助式服务（如果你能找到桌子）。

Mai Tai 酒吧

（见88页地图；☎210 722 5846; Ploutarhou 18, Kolonaki; ⏲正午至深夜; Ⓜ Evangelismos）跟着衣着最漂亮的人群挤进这间狭窄的酒吧，顾客都排到了远处的街道上。是观察别人并展示自我的好地方。

Filion 咖啡馆

（见88页地图；☎210 361 2850; Skoufa 34, Kolonaki; ⏲8:00至午夜; 📶; Ⓜ Syntagma）尽管装修不张扬，但Filion一直吸引着知识分子团体：画家、作家和电影制作人。

Petite Fleur 咖啡馆

（见88页地图；www.petite-fleur.gr; Omirou 44, Kolonaki; ⏲8:00~23:00; Ⓜ Panepistimio）Petite Fleur提供大杯热巧克力和特色卡布奇诺，气氛静谧，有种近乎巴黎的风情。

Rosebud 酒吧

（见88页地图；☎210 339 2370; www.rosebud.gr; Omirou 60, Skoufa交叉路口, Kolonaki; ⏲9:30

至次日1:30; ; ⓂPanepistimiou)柯洛纳基的专业人士和潮人齐聚这家鸡尾酒吧，里面还供应素食。

To Tsai 茶室

(见88页地图; ☎210 338 8941; www.tea.gr; Alexandrou Soutsou 19, Kolonaki; ⊙周一至周六 6:00~21:00, 冬季 每天; ⓂSyntagma)在原木桌边品茗，感受禅意。热闹的日子，后台会传出清脆的迪克西兰爵士乐。简餐(€6~9)包括汤和烤鸡。

帕格拉提和梅茨

Odeon Cafe 咖啡馆

(见64页地图; ☎210 922 3414; Markou Mousourou 19, Mets; ⊙8:30至深夜; ⓂAkropoli)在朴素的街角咖啡店，朋友们坐在蜿蜒攀过小路的常春藤下安静交谈，成为令人愉快的当地生活片段。不时有现场音乐。

☆ 娱乐

《国际先驱论坛报》(*International Herald Tribune*)的增刊《希腊日报》(*Kathimerini*)上每天都发布英语娱乐信息。此外，《雅典增刊》(*Athens Plus*)上也都列出了娱乐信息。雅典繁荣的多用途空间(见93页)几乎能举办各种类型的活动。欲知完整的活动清单，包括网上售票点的链接，试试下列网站:

This is Athens (www.breathtakingathens.gr)雅典旅游网站。

elculture (www.elculture.gr)艺术和文化。

tickethour (www.tickethour.com)还有体育赛事。

Tickethouse (www.tickethouse.gr)摇滚音乐节及其他节日。

Ticket Services (www.ticketservices.gr)各种活动。

希腊音乐

雅典有一些气氛宜人的场馆，里面有最好的雅燃音乐(希腊蓝调)演出，能够唤起人们的记忆。大部分地方既有雅燃音乐演出，也有莱卡音乐(laïka)演出。演出一般从23:30开始，不收取服务费，但是里面的酒水可能会很贵。大部分场馆于5月至9月歇业，因此夏天你可以到普拉卡和赛瑞附近的希腊小馆里听听现场音乐。大多数周末，Café Avyssinia(见105页)和Akordeon(见107页)里都会有现场音乐演出。

Stoa Athanaton 传统音乐

(见90页地图; ☎210 321 4362; Sofokleous 19, Central Market, Omonia; ⊙周一至周六 15:00~18:00和午夜至次日6:00, 6月至9月歇业; ⓂMonastiraki, Panepistimio, Omonia)这个充满传奇色彩的俱乐部占据了中央肉市上面的一个大厅。店里有一帮口碑不错的乐手，他们演奏的雅燃音乐和莱卡音乐颇受欢迎，演出通常从下午3点左右开始。从拱廊乘坐电梯就可以上去。食物并不吸引人。

Perivoli tou Ouranou 传统音乐

(见74页地图; ☎210 323 5517; www.perivolitouranou.gr; Lysikratous 19, Plaka; ⊙周四至周日 21:00至深夜, 7月至9月歇业; ⓂAkropoli)这里经常演奏老式的普拉卡乡村音乐，是人们最喜爱的地方。店里还供应晚餐(主菜€18~29)。

Kavouras 传统音乐

(见90页地图; ☎210 381 0202; Themistokleous 64, Exarhia; ⊙周四至周六 23:00至深夜, 7月和8月歇业; ⓂOmonia)这家夜店十分热闹，位于伊哈瑞亚流行的烧烤店上面。通常为学生群体表演，演出一直持续到黎明时分。

Palea Plakiotiki Taverna Stamatopoulos 传统音乐

(见74页地图; ☎210 322 8722; www.stamatopoulostavern.gr; Lyssiou 26, Plaka; ⊙周一至周六 19:00至次日2:00, 周日 11:00至次日2:00; ⓂMonastiraki)这家普拉卡餐馆每晚都有现场音乐演出。店里挤满了当地人，早去才能找到座位。

Mostrou 传统音乐

(见74页地图; ☎210 322 5558; www.mostrou.gr; Mnisikleous 22和Lyssiou交叉路口, Plaka; ⊙周四至周日 18:00至次日2:00; ⓂMonastiraki)这家餐馆有受欢迎的大尺寸舞台和舞池。夏天，露台上会有更多庄严安静的现场音乐表演。

Boemissa 传统音乐

(见90页地图; ☎210 383 8803; www.boemissa.gr; Solomou 13-15, Exarhia; ⏲周四至周六22:00至深夜; ⓂOmonia)这家低档小店有雅燃音乐、莱卡(laïka)和不错的小吃。

摇滚和爵士乐

雅典的摇滚乐界繁荣兴旺，因此许多欧洲乐团的巡回演出都会将这里作为一站。夏天可留意摇滚音乐节和其他音乐节的时间行程。

★Half Note Jazz Club 爵士乐

(见64页地图; ☎210 921 3310; www.halfnote.gr; Trivonianou 17, Mets; ⓂAkropoli)雅典最重要的时髦爵士乐场所，为很多国际音乐家

雅典的同性恋

自2005年以来，每年6月举办的**Athens Pride**(www.athenspride.eu)游行已经成为一年一度的盛事。尽管如此，雅典多半的同性恋场所仍然相对低调。可以查看www.athensinfoguide.com，或者在报刊亭(periptera)买一本《希腊同性恋指南》(*Greek Gay Guide*)的小册子。至于夜生活，加齐地区已经成为雅典同性恋的夜生活聚集地，Leoforos Konstantinoupoleos和Megalou Alexandrou的铁路线附近还出现了一处同性恋三角地。城市周围的Makrygianni、赛瑞、Metaxourghio和伊哈瑞亚地区也有一些对同性恋友好的夜店。

天体海滩(Limanakia)Limanakia B公共汽车站(阿波罗海岸的瓦拉基扎附近)下方的岩石海湾是同性恋和裸体主义者常来的热门地点。乘坐有轨电车或A2/E2快车前往格利法达，然后乘坐117路或122路公共汽车到达Limanakia B公共汽车站。

Rooster(见74页地图; www.roostercafe.gr; Plateia Agia Irini 4, Monastiraki; ⏲9:00至次日3:00; ⓂMonastiraki)这家人满为患的同性恋咖啡馆也欢迎异性恋，热闹的阿基亚伊里尼广场上坐满交谈的当地人。

Magaze(见74页地图; ☎210 324 3740; Eolou 33, Monastiraki; ⏲正午至深夜; ⓂMonastiraki) Magaze对同性恋友好。坐在步行小路的餐桌旁，可以看到卫城景色。

S-Cape(见82页地图; www s-capeclub.gr; Iakhou 32, Gazi; ⓂKeramikos)挤满年轻的男女同性恋者和变性人。可以在网上查看夜晚主题。

Sodade(见82页地图; ☎210 346 8657; Triptolemou 10, Gazi; ⏲23:00至次日6:00; ⓂKeramikos)位于加齐，小巧时髦的Sodade非常适合跳舞。

Noiz Club(见82页地图; ☎210 346 7850; www.facebook.com/noizclubgaz; Konstantinoupoleos 78, Gazi; ⓂKeramikos)雅典主要同性恋夜店，有复古的舞蹈之夜。

Myrovolos(见64页地图; ☎210 522 8806; Giatrakou 12, Metaxourghio; ⓂMetaxourghio)热门的同性恋咖啡馆兼酒吧兼餐馆。

BIG(见82页地图; ☎6946282845; www.barbig.gr; Falesias 12, Gazi; ⏲周二至周日 22:00至次日4:00; ⓂKeramikos)热闹的雅典酒吧聚集中心。

Moe Club(见82页地图; www.moeclub-gazi.blogspot.com; Keleou 5, Gazi; ⏲1:00~6:00; ⓂKeramikos)偶尔有特殊派对，持续几小时。

Lamda Club(见71页地图; ☎210 942 4202; Lembesi 15, Makrygianni; ⓂAkropoli)热闹的Lamda Club共有3层，不适合心脏脆弱的人。找找招牌上的“λ”标记。

Koukles(☎694 755 7443; Zan Moreas 32, Koukaki; ⏲午夜至次日4:00; ⓂSyngrou-Fix)这里有迷人的变装演出。

举办演出。

Gagarin 205 Club 现场音乐

（☎213 024 8358；www.gagarin205.gr；Liossion 205, Thymarakia；Ⓜ Agios Nikolaos）周五和周六晚上有现场爵士乐演出，演出主要来自知名的摇滚乐团和地下乐队。

AN Club 现场音乐

（见90页地图；☎210 330 5056；www.anclub.gr；Solomou 13-15, Exarhia；Ⓜ Omonia）这家店比较小，在店里演出的是还不太出名的国际和当地摇滚乐队。

Mike's Irish Bar 现场音乐

（☎210 777 6797；www.mikesirishbar.com；Sinopis 6, Ambelokipi；Ⓜ Ambelokipi）这家店长时间以来得到了雅典外籍群体的青睐，店里几乎每晚都有现场音乐演出或卡拉OK。

Fuzz 现场音乐

（☎210 345 0817；www.fuzzclub.gr；Pireos 209, Tavros；Ⓜ Petraluna）各种国际化的演出让人应接不暇，比如Wailers和吉卜赛庞克乐团Gogol Bordello的演出。

戏剧和表演艺术

夏季，最主要的文化盛事就是希腊节（见96页）。

Megaron Mousikis 表演艺术

（雅典音乐厅；☎210 728 2333；www.megaron.gr；Kokkali 1和Leoforos Vasilissis Sofias交叉路口，Ilissia；⏲售票处 周一至周五 10:00~18:00，周六至14:00，演出日更晚；Ⓜ Megaro Mousikis）雅典设备最先进的音乐厅，冬季这里会上演各种歌剧和音乐会，演出均来自世界一流的国际国内表演者。

Dora Stratou Dance Theatre 传统舞蹈

（见64页地图；☎210 324 4395；www.grdance.org；Filopappou Hill；成人/儿童 €15/5；⏲演出 6月至9月 周三至周五 21:30，周六和周日 20:15；Ⓜ Petralona, Akropoli）每年夏天，这家剧院都会在菲洛帕普山西侧的露天剧院上演希腊各个地区的民间舞蹈。同时，这里还组织夏季民间舞蹈培训班。

希腊国家歌剧院 歌剧

（Greek National Opera, Ethniki Lyriki Skini；见90页地图；☎210 366 2100；www.nationalopera.gr）演出季是11月至次年6月。夏季演出通常在**奥林匹亚剧院**（Olympia Theatre；见90页地图；☎210 361 2461；Akadimias 59, Exarhia；Ⓜ Panepistimio）或阿迪库斯剧场（见73页）。

国家剧院 剧院

（National Theatre；见90页地图；☎210 528 8100；www.n-t.gr；Agiou Konstantinou 22-24, Omonia；Ⓜ Omonia）城里最好的新古典建筑之一，演出当代和古代戏剧。在城中各处还有其他场地。夏季则在希腊各地的古代剧院演出。

体育

在雅典，最受欢迎的体育运动就是**篮球**（www.basket.gr）和足球。希腊最好的足球队是雅典的**帕纳辛奈克斯**（Panathinaikos；www.pao.gr）、**AEK**（www.aekfc.gr）和比雷埃夫斯的**奥林匹亚科斯**（Olympiakos；www.olympiacos.org），这三支球队都参加了欧洲冠军联赛。详

布祖基琴

希腊语bouzoukia（布祖基琴）或skyladika（字面意思是“狗窝”，二流的bouzoukia俱乐部，用于嘲讽歌手低声吟唱像狗叫声）独一无二。雅典最典型的代表就是面向成年人的象征颓废文艺风格的圆形剧场。这些卡巴莱风格的演出场所令人炫目，有著名影星、异域舞者、古装表演者和高空杂技演员，他们的演出光彩照人！女人们跳着强劲有力的肚皮舞（tsifteteli），接受放在昂贵托盘里的康乃馨；人们纵酒狂欢，直至天明。如果你有钱（提前购买桌位票，坐下之后还有昂贵的瓶装酒）和探险的欲望，可查看一下现在流行什么，或者前往魅力十足的**Athinon Arena**（见82页地图；☎210 347 1111；www.athenspantheon.com；Pireos 166, Rouf；⏲周五和周六；Ⓜ Petraluna）。

不要错过

夏日影院

炎热的夏日夜晚，雅典人的乐事之一就是去露天影院，这一传统经久不衰。在那里，你可以在月光下观看最新的好莱坞大片或艺术电影。许多早期的户外影院都经过了翻新，至今仍然在雅典各处的花园和屋顶运营，还采用了现代化的音响系统。

历史最悠久的户外影院是**Aigli**（见64页地图；☎210 336 9369；www.aeglizappiou.gr；Zappeio Gardens，Syntagma；ⓂSyntagma），位于葱翠的扎皮奥花园，你可以在那儿一边喝杯葡萄酒，一边观看时下流行的电影。

柯洛纳基的**Dexameni**（见88页地图；☎210 362 3942；www.cinedexameni.gr；Plateia Dexameni，Kolonaki；ⓂEvangelismos）位于一处安静的广场上。

尽量在普拉卡屋顶的**Cine Paris**（见74页地图；☎210 322 0721；www.cineparis.gr；Kydathineon 22，Plaka；ⓂSyntagma）占个可以看到卫城风景的座位，或者从卫城山麓周边漫步到**Thission**（见82页地图；☎210 342 0864；www.cine-thisio.gr；Apostolou Pavlou 7，Thisio；ⓂThisio）。

情可以查看俱乐部网站、英语出版物或www.tickethour.gr。

购物

雅典市中心是一处繁华的购物天堂，林立着各种店铺和特色购物区。其中心购物街是Ermou步行街，街道从宪法广场一直延伸到莫纳斯提拉奇，两旁排列着各种主流的时尚商店。

国际顶级品牌的设计师和珠宝商遍布宪法广场各处，他们从**阿提卡百货店**（见90页地图；☎211 180 2500；www.atticadps.gr；Panepistimiou 9，Syntagma；⏲周一至周五10:00~21:00，周六 至19:00；ⓂSyntagma）穿过Voukourestiou步行街，来到柯洛纳基的精品时装店。普拉卡和莫纳斯提拉奇到处都有卖街头服饰和纪念品的商店：主要的两条街道是Kydathineon和Adrianou。Stadiou从宪法广场通往奥莫尼亚，街上星罗棋布着各种百货商店。基菲夏（Kifisia）和格利法达也有不错的高档购物场所。

在五光十色的中心市场（见107页）和Evripidou沿线，你能找到各种美味的食物和调料，而且附近街区还能买到各种家庭用具。

8月至9月和1月至2月是大型促销月份，尤其是服装商品。

★莫纳斯提拉奇跳蚤市场 市场

（Monastiraki Flea Market；见74页地图；Adrianou，Ifestou和Ermou之间，Monastiraki；⏲白天营业；ⓂMonastiraki）这处传统市场气氛十分热闹，还有大量比较现代的纪念品摊位。常年不变的古董和收藏品商店全周开放，而车站和Adrianou附近的街道则挤满了小摊小贩，他们兜售珠宝、手工艺品和各种小摆设。

★Forget Me Not 礼品

（见74页地图；☎210 325 3740；www.forgetmenotathens.gr；Adrianou 100，Plaka；⏲5月至9月10:00~22:00，10月至次年4月 至20:00；ⓂSyntagma，Monastiraki）这家无可挑剔的小店有超酷的设计商品，从时装到家庭用品和礼品，应有尽有，全都来自希腊当代设计师。纪念品和礼品真是好得不能再好，例如从让人开怀的"恶魔眼"杯垫到赫耳墨斯沙滩橡胶拖鞋。

Mastiha Shop 食物、化妆品

（见90页地图；☎210 363 2750；www.mastihashop.com；Panepistimiou 6，Syntagma；⏲9:00~21:00；ⓂSyntagma）乳香脂是采自珍贵的乳香树上的一种药用树脂，这种乳香树仅在希俄斯岛上生长。而这家店的所有商品都是以乳香脂为主要原料的，无论是天然的护肤用品还是神圣的冷冻利口酒，皆是如此。机场也有一家分店。

Mompso 工艺品

（见90页地图；☎210 323 0670；www.mompso.com；Athinas 33，Psyrri；⏲周一至周六10:00~18:00；ⓂMonastiraki）这里能找到各种

各样的马术用品和其他传统配件，比如驴子头上的串珠、牧羊人用的铜铃以及乡下人常用的手杖。

To Pantopoleion 食品

（见90页地图；☎210 323 4612；www.atenco.gr; Sofokleous 1, Omonia; ⏰8:00~19:00; Ⓜ Panepistimio）这家店铺十分宽敞，出售希腊各地的传统食物，有圣托里尼岛刺山柑和精品橄榄油、克里特岛面包干，还有成罐的糖果和有纪念意义的食品以及希腊的各种葡萄酒和烈酒。

Gusto di Grecia 食品

（见88页地图；☎210 362 6809; Pindarou 16-20, Kolonaki; ⏰周一至周六 8:00~22:00; Ⓜ Syntagma）提供希腊各地最好的饮食，从奶酪到本地蜂蜜、冷盘、橄榄油和葡萄酒。

Bahar 食品

（见90页地图；☎210 321 7225；www.bahar.gr; Evripidou 31, Omonia; ⏰周一至周四和周六 7:00~15:00，周五 至18:00; Ⓜ Omonia, Monastiraki）无意间走入这家充满生气的香料店看看新鲜的藏红花、玫瑰果及各式各样的芬芳商品。

Aristokratikon 食品

（见74页地图；☎210 323 4373; www.aristokratikon.com; Voulis 7, Syntagma; ⏰周一至周五 8:00~21:00，周六 至18:00; Ⓜ Syntagma）走过Karageorgi Servias街附近的一些坚果和糖果商店，这家小店里各种手工制作的巧克力琳琅满目，绝对会让巧克力迷们欣喜若狂。

Xylouris 音乐

（见90页地图；☎210 322 2711; www.xilouris.gr; Stoa Pesmatzoglou, Panepistimiou 39, Panepistimio; ⏰周一、周三和周六 9:00~16:00，周二、周四和周五 至20:00; Ⓜ Syntagma）这处音乐宝藏由克里特岛的音乐传奇尼科斯·克西卢里斯（Nikos Xylouris）家庭经营。他们可以指引你全方位地了解各种希腊音乐，其中不乏精选的珍贵唱片。该店还开设有一处分店，位于希腊流行乐器博物馆（见78页）中。

John Samuelin 音乐

（见74页地图；☎210 321 2433; www.musicshop.gr; Ifestou 36, Monastiraki; ⏰9:00~19:00; Ⓜ Monastiraki）这个位于市中心的地方被希腊及其他民族乐器挤得满满当当。

Amorgos 手工艺品

（见74页地图；☎210 324 3836; www.amorgosart.gr; Kodrou 3, Plaka; ⏰周一至周五 11:00~20:00，周六 至19:00; Ⓜ Syntagma）这家店铺十分迷人，里面摆满了各种希腊民间艺术品，有小饰品、陶瓷制品、刺绣和店主自制的木雕家具。

Centre of Hellenic Tradition 手工艺品

（见74页地图；☎210 321 3023; www.kelp.gr; Pandrosou 36, Monastiraki; ⏰4月至11月 9:00~20:00，10月至次年3月 至18:00; Ⓜ Monastiraki）有来自希腊各地的传统陶器、雕塑和手工艺品。

Graffito 礼品

（见88页地图；☎210 360 8936；www.graffito.gr; Solonos 34, Kolonaki; ⏰8:00~21:00; Ⓜ Panepistimio, Syntagma）雅典购物界的新秀，Graffito将家居用品、时装及其他高品质设计商品与热情的咖啡馆相结合。

Apivita 化妆品

（见88页地图；☎210 364 0560；www.apivita.com; Solonos 6, Kolonaki; ⏰周二、周四和周五 10:00~21:00，周一、周三和周六 至17:00，周一和周日 水疗关闭; Ⓜ Syntagma）Apivita的旗舰店有各种各样一流的天然化妆品，楼下则忙于快速水疗护理。机场也有一家分店。

Korres 化妆品

（见74页地图；☎210 321 0054; www.korres.com; Ermou 4, Syntagma; ⏰周一至周五 9:00~21:00，周六 至20:00; Ⓜ Syntagma）在这家领导天然化妆品潮流的商店，你可以在该公司独创的顺势疗法药房购买各种各样的商品——是你在伦敦或纽约花费的几分之一。机场有一家分店，泛雅典娜体育场附近也有一家。

Ioanna Kourbela 时装

（见74页地图；☎210 322 4591; www.ioannakourbela.com; Adrianou 109, Plaka; ⏰周一至周六 10:00~21:00，周日 11:00起; Ⓜ Syntagma）来自一位希腊年轻设计师的经典炫酷服装。想

想优雅下垂的棉布和丝绸，采用自然的温馨色调，还有穿着上街的随意休闲服。男装和高级时装精品就在角落。

Parthenis

时装

（见88页地图；☎210 363 3158；www.orsalia-parthenis.gr；Dimokritou 20和Tsakalof交叉路口，Kolonaki；⊙周一和周三 10:00~15:00，周二、周四和周五 至20:30，周六 至16:00；Ⓜ Syntagma）店里经营的正宗希腊女装浑然天成，由一对父女组合设计，在优质的天然纤维上突出经典图案。

Fanourakis

珠宝

（见88页地图；☎210 721 1762；www.fanourakis.gr；Patriarhou Ioakeim 23，Kolonaki；⊙周一、周三和周六 10:00~17:00，周二、周四和周五 至21:00；Ⓜ Syntagma）是希腊最具创意而且激动人心的珠宝店之一。Fanourakis设计了精致的重叠黄金制品、镶饰戒指、饰片及其他奇特的作品。各具特色的形式提供了纯粹的艺术感受，成为其定价的一个因素（不过，如今也有比较便宜的一排）。

Apriati

珠宝

（见74页地图；☎210 322 9183；www.apriati.com；Stadiou 3，Syntagma；⊙周一、周三和周六 10:00~16:30，周二、周四和周五 至20:30；Ⓜ Syntagma）这家令人惬意的小店有各种吸引人的有趣物品和来自雅典娜阿克西奥蒂（Axioti）、忒弥斯博博拉（Bobolas）及其他当地设计师的新颖的当代设计。在柯洛纳基和Ermou还有商店。

Elena Votsi

珠宝

（见88页地图；☎210 360 0936；www.elenavotsi.com；Xanthou 7，Kolonaki；⊙周二至周六 10:00~20:00；Ⓜ Evangelismos）沃特斯（Votsi）以利用精致的半宝石做出新颖大胆的大型设计而著称。她的作品还在纽约和伦敦出售，由于被选中设计奥运会新奖牌，她的受关注程度获得了极大的提高。

El.Marneri Galerie

珠宝、艺术品

（见71页地图；☎210 861 9488；www.elenimarneri.com；Lembesi 5-7，Makrygianni；⊙周二、周四和周五 10:00~20:00，周三和周六 至18:00；Ⓜ Akropoli）体验当地现代艺术的巡回展览和城里最好的珠宝。手工制作，与众不同，绝对引人注目。

Actipis

珠宝

（见74页地图；☎210 323 6907；www.actipis.com；Lekka 20，Syntagma；⊙11月至次年4月 周一至周五 11:30~20:00，周六 至17:00；Ⓜ Syntagma）鹅卵石上摆放着优雅的珠宝，闪闪发光的银制品和生皮革让这家艺术珠宝店脱颖而出。夏季，斯皮罗·阿克皮斯（Spiros Actipis）在米科诺斯岛也有一家商店。

Olgianna Melissinos

鞋、饰品

（见74页地图；☎210 331 1925；www.melissinos-sandals.gr；Normanou 7，Monastiraki；⊙周一、周三、周六和周日 10:00~18:00，周二、周四和周五 至20:00；Ⓜ Monastiraki）奥尔扬纳·梅利西诺斯（Olgianna Melissinos）设计和制作了各种各样出色的皮制品，从凉鞋到背包，不一而足。她的父亲斯塔夫罗斯（Stavros）是著名的诗人兼鞋匠，顾客包括甲壳虫乐队、索菲娅·罗兰和杰奎琳·肯尼迪。她提供定制服务。

Melissinos Art

鞋

（见74页地图；☎210 321 9247；www.melissinos-art.com；Agias Theklas 2，Psyrri；⊙10:00~20:00，冬季 至18:00；Ⓜ Monastiraki）Pantelis Melissinos继承了父亲斯塔夫罗斯制作凉鞋的传统。

Spiliopoulos

鞋、饰品

（见74页地图；☎210 322 7590；Ermou 63，Monastiraki；⊙周一、周三和周六 10:00~16:30，周二、周四和周五 至20:30；Ⓜ Monastiraki）混乱庞杂。不过，你或许能在过分拥挤的进口名牌次等品和过季鞋包中淘到便宜货。这里还有皮来克 Adrianou有一家分店。

Anavasi

地图、书籍

（见74页地图；☎210 321 8104；www.anavasi.gr；Voulis 32，Apollonos交叉路口，Syntagma；⊙周一和周三 9:30 ~17:30，周二、周四和周五 至20:30，周六 10:00~16:30；Ⓜ Syntagma）很棒的旅行书店，有种类繁多的希腊地图及徒步和活动指南。

Public 书籍、电子产品

(见74页地图；☎210 324 6210；www.public.gr; Plateia Syntagmatos, Syntagma；⊙周一至周五 9:00~21:00，周六 至20:00；📶；Ⓜ Syntagma）这是一家大型的多媒体产品店，经营电脑和文具，四楼还有英语书籍。

Eleftheroudakis 书籍

(见90页地图；☎210 325 8440；Panepistimiou 15, Syntagma；⊙周一至周五 9:00~21:00，周六 10:00~16:00；Ⓜ Syntagma）一家大型连锁书店，有来自希腊各地的各种书籍，外加英文书，包括地图和旅行指南。

实用信息

危险和麻烦

随着国际金融危机的爆发，雅典的犯罪案件也逐渐增加。虽然街头暴力犯罪仍然比较少见，但是游客出门时也要小心，晚上的时候更应警惕。

奥莫尼亚附近的街区尤为脏乱，娼妓和瘾君子越来越多。尽量不要去那里，晚上的时候更不要去。

罢工和示威

罢工和示威会让公共交通陷入混乱，不论景点或商店是否营业。不过这些活动经常会提前告知。队伍通常会行进至宪法广场，避开他们。最新信息查看www.livingingreece.gr/strikes/。

扒手

扒手们最爱出没的地方就是地铁（特别是比雷埃夫斯—基菲夏线）、奥莫尼亚及Athinas附近的拥挤街区，还有莫纳斯提拉奇跳蚤市场。

出租车欺诈

大多数敲竹杠的出租车司机都是在机场、火车站、汽车站以及比雷埃夫斯港口这些地方提供出租服务，当然这并不是全部。在比雷埃夫斯的出港口，如果有人问你要不要坐出租车，不要上去，在靠近街道的地方叫一辆。

- 有些司机根本不开计价器，漫天要价。还有一些司机非说你给他的钱比你说的数额小，故意少找给你钱。如果你对打车费存有质疑的话，那就事先商定好价钱。
- 就算你已经提前预订好了，但有些司机还是会骗你说你要去的那家酒店已经客满了。

酒吧欺诈

- 骗子瞄准的目标是雅典市中心的游客，特别是宪法广场附近的游客。有的骗局是这样的："友好"的希腊人会主动跟独自一人的男性游客套近乎，他们会说自己也是从外地来的（或是说"我有个表亲在你们国家"），并提议去酒吧喝一杯。很快就会出现几个女人，点更多的酒水上来。此时骗子却不见了，留下游客支付高昂的费用。这时那些人笑容不再，气氛也变得紧张起来。
- 有一些酒吧利用性话题来引诱醉醺醺的男性游客，然后让他们支付高得离谱的账单。
- 还有一些酒吧和夜店提供当地人称为"bombes"的饮品，那是用廉价的非法进口酒或是主要成分为甲醇的假冒酒勾兑稀释出来的，喝了之后，第二天你会明显感到不适。

紧急情况

报警电话（☎100）

警察局 市中心（☎210 770 5711; Leoforos Alexandras 173, Ambelokipi; Ⓜ Ambelokipi）；宪法广场（☎210 725 7000; Mimnermou 6-8; Ⓜ Syntagma）。

旅游警察局（☎210 920 0724，24小时 171; Veïkou 43-45, Koukaki; ⊙8:00~22:00; Ⓜ Syngrou-Fix, Akropoli）

游客紧急求助（☎112）免费电话，24小时英语服务。

上网

大多数旅馆都有互联网和Wi-Fi。宪法广场、西斯奥、加齐和比雷埃夫斯港都有免费的无线上网热点。在OTE（希腊的主要电信运营商）店或是Germanos店为你的笔记本电脑买好上网充值卡。

行李寄存

多数旅馆会免费为住客存放行李，不过只是把行李堆放在走道里而已。机场、奥莫尼亚、莫纳斯提拉奇和比雷埃夫斯等地铁站也有寄存行李的地方。

媒体

《雅典增刊》（*Athens Plus*）英语新闻和娱乐新闻周报，每周五由《希腊日报》出版，可在线浏览。

《希腊日报》（*Kathimerini*; www.ekathimerini.com）《国际先驱论坛报》每日出版《希腊日报》英文版，周日除外，内容包括新闻、艺术、电影节目表和每日渡船时刻表。

Press Project（www.thepressproject.gr）英文版的网上新闻项目。

医疗服务

救护车/急救建议（☎166）

药店（☎1434，希腊语服务）药店窗口上有距离最近的值班药店的详细信息，机场有一个24小时营业的药店。

救援中心医生（☎1016, 210 821 1888; ⏲24小时）提供付费英语医疗服务。

现金

各大银行均在宪法广场周围设有分行，城里到处都有ATM机。

欧元兑换处 莫纳斯提拉奇（☎210 322 2657; Areos 1, Monastiraki; ⏲9:00~21:00; Ⓜ Monastiraki）；宪法广场（☎210 331 2462; www.eurochange.gr; Karageorgi Servias 2, Syntagma; ⏲9:00~21:00; Ⓜ Syntagma）兑换旅游支票，提供转账服务。

希腊国家银行（National Bank of Greece; ☎210 334 0500; Karageorgi Servias和Stadiou交叉路口，Syntagma; Ⓜ Syntagma）设有一台24小时自动货币兑换机。

邮局

宪法广场邮局（见74页地图; Plateia Syntagmatos, Syntagma; ⏲周一至周五 7:30~20:00，周六 至14:00; Ⓜ Syntagma）

电话

雅典公共电话可以拨打国际长途电话。报刊亭可以买到电话卡，手机商店里可以买到价格合理的当地SIM卡。

旅游信息

希腊国家旅游组织（简称EOT; 见71页地图; ☎210 331 0716, 210 331 0347; www.visitgreece.gr; Dionysiou Areopagitou 18, Makrygianni; ⏲5月至9月 周一至周五 8:00~20:00，周六和周日 10:00~16:00，10月至次年4月 周一至周五 9:00~19:00; Ⓜ Akropoli）提供免费雅典地图和交通信息，还有《雅典和阿提卡》（*Athens & Attica*）的详细手册。雅典机场（⏲周一至周五 9:00~17:00，周六 10:00~16:00）也设有问讯处。

雅典机场问讯处（Athens Airport Information Desk; ⏲24小时）问讯处24小时提供服务，提供雅典信息和各种手册以及商品服务的折扣卡。

雅典城市信息亭（Athens City Information Kiosks; www.breathtakingathens.com）卫城（见71页地图; ☎210 321 7116; Dionysiou Areopagitou & Leoforos Syngrou; ⏲5月至9月 9:00~21:00; Ⓜ Akropoli）；机场（☎210 353 0390; ⏲8:00~20:00; Ⓜ Airport）提供地图、交通信息以及所有雅典相关信息。

参考网站

如果你有网页翻译软件的话，那么以下几个希腊语网站会十分有用：**Athinorama**（www.athinorama.gr）、**雅典之声**（Athens Voice; www.athensvoice.gr）和**Lifo**（www.lifo.gr）。它们都有希腊文纸质版。

Athens Living（www.athensliving.net）雅典生活的简短视频剪辑。

elculture（www.elculture.gr）双语网站，有戏剧、音乐和电影节目指南。

文化部（www.culture.gr）提供博物馆、考古遗址和文化活动的信息。

This is Athens（www.breathtakingathens.gr）雅典旅游景点，有当前活动列表。

ℹ 到达和离开

飞机

现代化的埃莱夫塞里奥斯·维尼泽洛斯国际机场（Eleftherios Venizelos International Airport，见620页）位于雅典以东27公里处的Spata。机场拥有各种现代化的便利设施，包括位于抵达大厅的24小时行李寄存处、儿童游戏室，甚至值机大厅上面有小型考古博物馆供人们打发时间。

很多主要和廉价航空公司在此提供服务，旺季时还有包机。

国内单程票的平均价格从€56到€140不等，但随着季节变化有显著价差。爱琴海航空和奥林匹克航空公司（已经合并，不过仍然单独运营航线）开通的航班飞往所有开设机场的岛屿。

爱琴海航空公司（☎210 626 1000, 801 112 0000; www.aegeanair.com）

阿斯特拉航空公司（Astra Airlines; A2; ☎2310 489 392; www.astra-airlines.gr）总部在塞萨洛尼基的航空公司。

雅典航空公司（☎801 801 4000, 210 669 6600; www.athensairways.com）

奥林匹克航空公司（☎801 801 0101, 210 355

0500；www.olympicair.com）

Sky Express（☎281 022 3500；www.skyexpress.gr）克里特岛航空公司，有飞往希腊各地的航班。注意严格的行李限制。

船

大多数开往各个岛屿的渡船、水翼船和高速双体船从雅典巨大的比雷埃夫斯港口出发。

一些开往埃维亚和基克拉泽斯群岛的船也从拉斐那（Rafina）和拉夫里奥（Lavrio）较小的港口出发。

可以在渡船邻近码头的售票处买票，也可以通过电话或网络买票。港口附近的旅行社也都出售船票。更多详细信息，见港口名录。

公共汽车

雅典有两个主要的城际（IC）**KTEL**（☎14505；www.ktel.org）公共汽车站，分别位于奥莫尼亚以北5公里和7公里处。在旅游办事处领取汽车时刻表，或者在网上查看。

Kifissos汽车站A（Kifissos Terminal A；☎210 512 4910；Leoforos Kifisou 100，Peristeri；Ⓜ Agios Antonios）该站有长途汽车发往塞萨洛尼基、伯罗奔尼撒半岛、伊奥尼亚群岛和希腊西部各地，比如伊古迈尼察、约阿尼纳、卡斯托里亚、埃泽萨及其他地方。当地的051路公共汽车开往雅典中部（奥莫尼亚附近Zinonos和Menandrou的交界处），早上5:00发车，运营至午夜，每15分钟1班。本地公共汽车X93往返机场。本地公共汽车420路往返比雷埃夫斯（Akti Kondili和Thermopilon交叉路口）。

开往宪法广场的费用约为€9。

Liossion汽车站B（Liossion Terminal B；☎210 831 7153；Liossion 260，Thymarakia；Ⓜ Agios Nikolaos，Attiki）该站有长途汽车发往希腊中部和北部地区，比如特里卡拉（到达麦泰奥拉）、德尔斐、拉里萨、锡韦和沃洛斯。欲到达该汽车站，需从Amalias的国家花园大门处乘坐024路公共汽车，然后要求在Praktoria KTEL下车。或者乘地铁到Attiki，然后搭乘任意一辆本地公共汽车向北行至该车站。车会在Liossion 260停下（和KTEL近），然后右转拐入Gousiou，你就会看到这个汽车站了。

23:40至次日5:00没有开往市中心的公共汽车，开往宪法广场的出租车费用约为€9。当地公共汽车X93连接Kiffisos Terminal A、Liossion Terminal B和雅典机场。

开往南部阿提卡站的长途汽车从**马弗罗马特翁汽车站**（Mavromateon terminal；见64页地图；☎210 880 8080，210 822 5148，210 880 8000；www.ktelattikis.gr；Leoforos Alexandras和28 Oktovriou-Patision交叉路口，Pedion Areos；Ⓜ Viktoria）发车。该站位于国家考古博物馆以北250米处。开往拉斐那、拉夫里奥和马拉松的公共汽车从马弗罗马特翁汽车站北区（向北150米处）发车。

KIFISSOS汽车站A的主要长途汽车

目的地	时间	票价	班次
Alexandroupoli	11小时	€71	每天5班
科孚岛*	9.5小时	€56	每天3班
埃皮扎夫罗斯	2.5小时	€12.50	每天2班
伊古迈尼察	7.5小时	€47	每天3班
约阿尼纳	7小时	€39	每天6班
伊萨基*	7.5小时	€50	每周3班
卡拉夫里塔	3小时	€18	每天1班
凯法利尼亚*	7小时	€55	每天4班
莱夫卡扎	5.5小时	€36	每天5班
莫奈姆瓦夏	6小时	€29.60	每天3班
纳夫普利翁	2.5小时	€13.50	每小时1班
奥林匹亚	5.5小时	€31	每天2班
帕特雷	3小时	€22	半小时1班
塞萨洛尼基	7小时	€42	每天12班
扎金索斯*	6小时	€34	每天3班

*包含渡船票

LIOSSION汽车站B的主要长途汽车

目的地	时间	票价	班次
圣康斯坦丁诺斯	2.5小时	€15	每天8班
德尔斐	2.5小时	€17	每天5班
哈尔基达	1.25小时	€7	半小时1班
卡尔派尼西	4.5小时	€25	每天2班
埃维亚基米港	4.5小时	€23	每天1班
特里卡拉（换乘前往迈泰奥拉）	4.5小时	€28	每天7班
沃洛斯	4.5小时	€28	每天10班

马弗罗马特翁汽车站的主要长途汽车

目的地	时间	票价	班次
苏尼翁角（海滨公路）	2小时	€7.50	半小时1班
拉夫里奥港口	1.5小时	€5.20	半小时1班
马拉松	1.5小时	€4.50	半小时1班
拉斐那港口	1小时	€2.40	半小时1班

汽车和摩托车

阿提卡路（Attiki Odos）、国道（Ethniki Odos）以及多条环形公路使得进出雅典方便了不少。

所有主要的汽车租赁公司都设在机场，还有一些小型的汽车租赁公司散布于Leoforos Syngrou最顶头路段，靠近奥林匹亚宙斯神殿。本地公司往往比跨国公司更加划算，预期价格一般为每天45欧元，若是租用3天及以上，价格会更加便宜。

Budget（☎210 922 4200；www.budget-athens.gr；Leoforos Syngrou Andrea 23，Makrygianni；⊙8:30~20:30；ⓂAkropoli）

Europcar（☎210 921 1444；www.europcar-greece.gr；Leoforos Syngrou 25，Makrygianni；⊙8:30~21:00；ⓂAkropoli）

Hertz（☎210 922 0102；www.hertz.gr；Leoforos Syngrou 12，Makrygianni；⊙8:00~21:00；ⓂAkropoli）

Kosmos（☎210 923 4696；www.kosmos-carrental.com；Leoforos Syngrou 5，Makrygianni；⊙8:00~20:30；ⓂAkropoli）

Motorent（☎210 923 4939；www.motorent.gr；Kavalloti 4，Makrygianni；⊙周一至周五9:00~18:00，周六9:30~16:00；ⓂAkropoli）从50cc到250cc的各种机车应有尽有，价格为每天19欧元起，一定要有摩托车驾照（和坚强的神经）才行。

火车

开往希腊中部和北部地区的城际（IC）列车从市中心的**Larisis火车站**（Stathmos Larisis；☎210 529 8837，14511；www.trainose.gr；ⓂLarisis）出发，该站位于Plateia Omonias西北1公里处。

前往伯罗奔尼撒半岛可先乘坐**郊区列车**（☎1110；www.trainose.gr）到达Kiato，然后换乘公共汽车。在雅典的Kifissos Terminal A乘坐汽车到达你的最终目的地会比较方便。

由于国际金融危机，本书调查期间，希腊铁路系统一直不断变化。国内列车时刻表和票价一定要网上核实，或者是通过**OSE**（☎210 362 4402/6，1110；www.trainose.gr；Sina 6，Syntagma；⊙周一至周五8:00~15:30；ⓂPanepistimio）核实。可以在网上购票。

关于抵离希腊的国际列车的重要建议，查阅www.seat61.com。无论如何你都得经过塞萨洛尼基。

目的地	时间	票价	班次
Alexandroupoli	12.25小时	€40	每日1班（途经塞萨洛尼基）
Alexandroupoli（IC）	11小时	€65	每日1班（途经塞萨洛尼基）
科林斯（城郊铁路）	1小时20分钟	€8	每日13班
Kiato（城郊铁路）*	1小时40分钟	€8	每日13班
塞萨洛尼基	6小时	€25	每日1班
塞萨洛尼基（IC）	5小时	€45	每日6班
沃洛斯（IC）	5小时	€30	每日6班（途经拉里萨）

当地交通

抵离机场

乘坐地铁和城郊列车能够快速到达雅典市中心。乘坐公共汽车最省钱，不过花的时间要长一些。城郊列车还开往比雷埃夫斯和Larisis火车站。

公共汽车

快速公交24小时运营，往返于机场和市中心、比雷埃夫斯和KTEL各个汽车站之间。在机场，你可以在车站附近的售票亭买到公交车票（票价5欧元，不适用于其他形式的公共交通工具）。

宪法广场 X95路公共汽车，全程1~1.5小时，每30分钟1班，24小时运营。宪法广场站位于Othonos St上。

Kifissos汽车站A车站 X93路公共汽车，全程1小时，每30分钟1班（夜间每隔60分钟），24小时运营。

地铁3号线Ethniki Amyna站 X94路公共汽车，全程25分钟，每10分钟1班，运营时间为

7:30~23:30。

比雷埃夫斯 X96路公共汽车，全程1.5小时，每20分钟1班，24小时运营。开往Plateia Karaïskaki。

基菲夏 X92路公共汽车，全程约45分钟，每45分钟1班，24小时运营。

地铁2号线Dafni站 X97路公共汽车，全程1小时，每30分钟1班，24小时运营。

地铁

地铁3号线开往机场。有一些地铁的终点站在Doukissis Plakentias：下车等待，换乘开往机场的地铁（地铁和站台的屏幕上会有显示）。地铁每30分钟1班。从莫纳斯提拉奇开出的地铁运营时间为5:50至午夜，从机场开出的地铁运营时间为5:30~23:30。

机场地铁每位成人的票价为单程8欧元，往返14欧元，往返票的有效时间为48小时。两人或是更多人一起团购票价为每位7欧元，所以最好能一起买票（城郊铁路也有相同的优惠政策）。机场地铁票适用于所有的公共交通工具，有效时间为90分钟（在你乘坐的最后一种交通工具上延长有效时间）。

城郊铁路

从雅典中央火车站（Larisis）乘坐城郊铁路（全程1小时），然后在Ano Liosia或地铁1号线的Nerantziotissa换乘前往机场的火车；与地铁票价格一致，不过往返票1个月有效。地铁在3号线的Doukissis Plakentias连接城郊铁路。开往机场的列车运营时间为6:00至午夜，从机场开往雅典的列车运营时间为5:10~23:30，列车从Nerantziotissa出发，每15分钟1班。

城郊铁路也有列车从机场开往比雷埃夫斯（在Nerantziotissa处换乘）和伯罗奔尼撒半岛的Kiato（途经科林斯）。

出租车

出租车贴出了固定价格。从机场去市中心的预计价格为白天/晚上（午夜至5:00）€35/50，去比雷埃夫斯的预计价格为白天/晚上€47/72。这两个车程经常至少要1小时，若是交通拥堵的话需要更长时间。更多信息请登录www.athensairporttaxi.com查看。

自行车

即使是经验丰富的自行车骑手也会觉得雅典的道路很有挑战性，因为这里没有自行车道，路上的司机开车还很猛。好消息是，现在北部基菲夏和南部Faliro之间27公里的新自行车道已经开通。几家机构提供自行车出租（见94页）。

汽车和摩托车

有时在雅典开车简直就是一场噩梦，因为这里交通状况臭名昭著，拥堵不堪，路标混乱，司机脾气暴躁，还是单行道。

事实上，在标有黄线的路边、人行道和步行商业街上停车都是违法的，但是你看到的情况却恰恰相反。收费停车场需要门票，门票可以从报刊亭买到。

公共交通

雅典的综合公共交通体系覆盖面广、价格便宜，包括公共汽车、地铁、无轨电车和有轨电车。交通地图可以从旅游办事处拿到，也可以从网上查询：**雅典城市交通组织**（简称OASA；☎185；www.oasa.gr）。

雅典通往比雷埃夫斯码头的电车轨道和地铁延长线正在施工，计划于2017年之前建成。

车票

车票适用于所有的公共交通工具，不过开往机场方向的车除外。不同车票有效时间不同，有效期为70分钟的车票售价为1.20欧元，24小时/5天旅行通票的车票售价为4/10欧元；3天旅游车票（€20）包括一次往返机场的车程。仅限用于公共汽车或无轨电车的车票（1.20欧元）不能用于地铁。6岁以下的儿童可以免费乘坐，18岁以下和65岁以上的人群可以半价购票。

在地铁站、交通亭或大多数的报刊亭（periptera）都能买到车票。选好你要乘坐的交通工具，上车时要在机器上验票。

公共汽车和无轨电车

当地快速公交、普通公交和无轨电车运营时间为5:00至午夜，每15分钟1班。免费的OASA地图上有大部分公交路线。

比雷埃夫斯公共汽车24小时运营（6:00至午夜每20分钟1班，其余时间每小时1班）：

从宪法广场（040路公共汽车）位于宪法广场和Filellinon的角落，开往Akti Xaveriou。

从奥莫尼亚（049路公共汽车）位于Athinas靠近奥莫尼亚的这端，开往Plateia Themistokleous。

地铁

地铁运作状况良好，张贴的地图也让人一

目了然（有图标和英文翻译）。地铁运营时间为5:00至午夜，高峰期每4分钟1班，非高峰期每10分钟1班。周五和周六时，2号线和3号线运营到次日2:00。更多信息请登录www.stasy.gr和www.ametro.gr查看。所有车站均设有轮椅通道。

1号线（绿色）从基菲夏（Kifisia）到比雷埃夫斯（Piraeus）的老地铁线被称为Ilektriko，相较于其他线路和地上交通工具来说，车速较慢。在奥莫尼亚（Omonia）和阿提卡（Attiki）可以换乘2号线，在莫纳斯提拉奇（Monastiraki）可以换乘3号线，在Nerantziotissa可以换乘城郊铁路。这条线上的500路车从比雷埃夫斯开往基菲夏，整夜运行，每小时1班，汽车站点就位于地铁站外面。

2号线（红色）从西北的Agios Antonios开往东南的Agios Dimitrios。在阿提卡和奥莫尼亚与1号线相接；在宪法广场（Syntagma）与3号线相接。

3号线（蓝色）从东北的Egaleo开往Doukissis Plakentias，在这里与机场地铁相接。在莫纳斯提拉奇换乘1号线；在宪法广场换乘2号线。

火车

快捷的**城郊铁路**（见123页；☎1110；www.trainose.gr）将雅典与机场、比雷埃夫斯、周边地区和伯罗奔尼撒半岛北部地区连接起来，并在Larisis、Doukissis Plakentias和Nerantziotissa站与地铁线相连。城郊铁路列车从机场开往Kiato，全程1.75小时，票价14欧元。

有轨电车

雅典的**有轨电车**（www.stasy.gr）开往Faliro和沃拉，途经格利法达，车速缓慢，沿途是风景秀丽的海滨风光。

有轨电车有不同路线，宪法广场至Faliro（全程45分钟）、宪法广场至沃拉（全程1小时）和Faliro至沃拉。电车运营时间为周日至周四5:30至次日1:00，每10分钟1班，周五和周六5:30至次日2:30，每40分钟1班。

宪法广场汽车站位于国家花园对面的Leoforos Vasilissis Amalias，站台上有自动售票机。

出租车

虽然街上黄色的出租车很多，但是要想拦到一辆也不容易，高峰期的时候更是如此。你要在街上使劲挥动手臂，并且向司机大声喊出你的目的地，看看司机是否有兴趣前往。上车时确保计价器开着。智能手机的App应用**Uber**（www.uber.com）可以在雅典使用。

如果司机载你的时候车上还有别的乘客，车费可不是分摊的，除了司机绕道去接其他乘客所花的路程费，每人都要按照计价器上的金额付费（需要注意一下你上车时计价器上的金额是多少）。雅典市中心附近的短程路线费用约为5欧元；在机场和交通枢纽上客要收附加费，还有节假日和夜间税。出租车公司有**Athina 1**（☎210 921 7942）、**Enotita**（☎210 645 9000，18388；www.athensradiotaxienotita.gr）、**Taxibeat**（www.taxibeat.gr）和**Parthenon**（☎210 581 4711）。

雅典港口（ATHENS PORTS）

比雷埃夫斯（Piraeus） Πειραιάς

人口 163,700

比雷埃夫斯是希腊主要港口和渡船枢纽，码头多得几乎数之不尽。码头边是一排排的渡船、轮船和水翼船，远远望去，仿佛世外之景。比雷埃夫斯位于雅典西南方向10公里处，是地中海最大的港口（每年接纳的游客超过2000万人）。它是爱琴海渡船网络的枢纽，希腊海事贸易的中心，同时也是希腊大型商船队的基地。尽管严格说来，比雷埃夫斯是一个独立的城市，但是近年来几乎已同不断拓展的雅典融为一体。

因为比雷埃夫斯市中心交通拥挤，游客一般不会在那里停留。除了海运事务所、银行和公共建筑以外，就是人流混杂的步行区、商业区和某些相当破败的地方。最具吸引力的地方要数东部的Zea Marina和常有游客出没的Mikrolimano，这个可爱的港口挤满了咖啡馆、餐厅和酒吧。

自古典时期以来，比雷埃夫斯便是雅典的港口。公元前5世纪，泰米斯托克利（Themistocles）将他的雅典舰队从毫无遮掩的法勒隆（如今的法里罗）转移到了比雷埃夫斯。但是，这里在中世纪和土耳其统治时期逐渐被其他港口取代，沦为一座小渔村。1834年希腊独立，雅典成为首都，比雷埃夫斯再度复兴。若想消磨时光，可以游览比雷埃夫斯考

Piraeus 比雷埃夫斯

Piraeus 比雷埃夫斯

景点

1 比雷埃夫斯考古博物馆 D4

住宿

2 Hotel Triton D2
3 Piraeus Theoxenia D2
4 Pireaus Dream City Hotel D3

就餐

5 General Market D2
6 Mandragoras D2
7 Marinopoulos-Carrefour D2
8 Rakadiko D2
9 Yperokeanio A4

交通

10 去宪法广场的040路公共汽车 D2
11 去机场的X96公共汽车 C2
12 登船口E1（去希腊十二群岛） A2
13 登船口E2（去克里特岛和东北爱琴海群岛） B2
14 登船口E4（去克里特岛） B1
15 登船口E7（去西部和中部基克拉泽斯群岛） C1
16 登船口E7（去西部和中部基克拉泽斯群岛） C1
17 登船口E8（去基克拉泽斯群岛） C2
18 登船口E8（去萨洛尼克湾群岛） C2
19 登船口E9（去基克拉泽斯群岛） D2
20 登船口E9（去基克拉泽斯群岛、萨摩斯岛、伊卡里亚岛） C3
21 登船口E1和E3间的摆渡班车 C1

古博物馆(Piraeus Archaeological Museum; ☎210 452 1598; http://odysseus.culture.gr; Harilaou Trikoupi 31; 成人/儿童 €3/免费; ⊙周二至周日 8:00~15:00),其中陈列着宏伟的阿波罗雕像;还有希腊海事博物馆(Hellenic Maritime Museum; ☎210 451 6264; http://odysseus.culture.gr; Akti Themistokleous, Plateia Freatidas, Zea Marina; 门票 €4; ⊙周二至周日 9:00~14:00)。

住宿

如果你要赶早班渡轮,可以不去雅典市区而待在比雷埃夫斯,但是大港口(Megas Limani)周围的许多旅馆较为破旧,主要面向海员和偷情者。不要露宿,因为比雷埃夫斯差不多是全希腊露宿最危险的地方之一。

Pireaus Dream City Hotel 酒店 €

(☎210 411 0555; www.piraeusdream.gr; Filonos 79-81; 双/标三 含早餐 €60/97起; ❄@📶; Ⓜ Piraeus)这家经过翻新的酒店距离地铁站大约500米,4层以上的房间安静,有屋顶餐馆。

Hotel Triton 酒店 €

(☎210 417 3457; www.htriton.gr; Tsamadou 8; 双/标三 含早餐 €60/90起; ❄@📶; Ⓜ Piraeus)这家简朴的酒店交通便利,员工乐于助人,比起比雷埃夫斯一贯破败的住所来说算是不错的待遇了。有些房间可以眺望到熙熙攘攘的市集广场,还有一间家庭套间(€100)。

Piraeus Theoxenia 酒店 €€

(☎210 411 2550; www.theoxeniapalace.com; Karaoli Dimitriou 23; 双/标三 含早餐 €90/125起, 2卧室套间 含早餐 €248; ❄@📶; Ⓜ Piraeus)这家酒店是比雷埃夫斯市区中心的奢华酒店,配有松软的浴袍和卫星电视。网上预订最优惠。

餐饮

大港口(Great Harbour)周围小咖啡馆和快餐店星罗棋布,更优质的食物和环境可以去后街小巷,或者偏远些的Mikrolimano港口、Zea Marina和Freatida的水滨步行大道沿线。

Yperokeanio 开胃小菜 €

(☎210 418 0030; Marias Chatzikiriakou 48; 菜肴 €6~12; ⊙正午至23:30)打车造访这家极为出色的海鲜开胃菜馆,你可以在餐前小吃的小盘前大快朵颐,从烤沙丁鱼到蒸贻贝,应有尽有。留点肚子给特色奶油(kaimaki)冰激凌——按照希腊传统配方用乳香脂和萨拉普(sahlep;兰花块茎制成的粉末)制成。如果可能,及早预订,这里经常客满。

Rakadiko 希腊小馆 €

(☎210 417 8470; www.rakadiko.gr; Karaoli Dimitriou 5, Stoa Kouvelou; 主菜 €6~15; ⊙周二至周六 午餐和晚餐; Ⓜ Piraeus)在葡萄藤下安静地享用开胃小菜或来自希腊各地的传统菜肴。周末有现场雅燃音乐。

Margaro 海鲜 €€

(☎210 451 4226; Marias Chatzikiriakou 126; 主菜 €6~21; ⊙9月至次年7月 正午至午夜; 🚌904)这家当地老牌热门餐馆以一大堆新鲜的小龙虾而闻名,值得乘坐出租车前来。请在这个偏僻悠闲的宝地享受各种新鲜海鲜。

★ Varoulko 海鲜 €€€

(☎210 522 8400; www.varoulko.gr; Akti Koumoundourou 52, Mikrolimano, Piraeus; 主菜 €45~65; ⊙13:00至次日1:00)想获得令人陶醉的希腊就餐体验,试试这里吧,Varoulko拥有米其林星级、水畔景色、顶级大厨莱夫泰里斯·拉扎罗(Lefteris Lazarou)以及美味的海鲜。帆船驶入Mikrolimano的港口时,啜饮上好的葡萄酒。

自炊

★ Mandragoras 熟食 €

(☎210 417 2961; Gounari 14; ⊙周一、周三和周六 7:45~16:00, 周二、周四和周五 至20:00; Ⓜ Piraeus)这家熟食店超赞,提供众多由美食家精挑细选的开胃小菜、调味料、橄榄油和腌制食品。

General Market 市场 €

(Dimosthenous; ⊙周一至周五 6:00~16:00; Ⓜ Piraeus)售卖各种食物和小装饰品。

Marinopoulos-Carrefour 超市 €

(☎210 417 5764; Makras Stoas 1; ⊙周一至周五 8:00~18:00, 周六 至16:00; Ⓜ Piraeus)便于

给更远的旅行补充所需品。

实用信息

地铁站有行李寄存柜（24小时收费3欧元），港口附近有免费Wi-Fi。

大港口沿岸有ATM机和零钱兑换机。

阿尔法银行（Alpha Bank; Makras Stoas 15; ⊙周一至周五 8:00~14:00）

希腊国家银行（National Bank of Greece; Antistaseos和Tsamadou交叉路口; ⊙周一至周五 8:00~14:00）

到达和离开

地铁和郊区铁路从雅典开往大港口的东北角，即Akti Kalimassioti。只需要从这里走过一个人行天桥就能到达大部分渡船的出发点。从地铁站出来左转再走250米就到了机场巴士的大巴站，即Plateia Karaïskaki。

雅典通往比雷埃夫斯码头的电车轨道和地铁延长线正在施工，计划于2017年之前建成。

船

比雷埃夫斯是希腊最繁忙的港口，由此出发的船只络绎不绝，包括去往大部分群岛的日常运营船。但伊奥尼亚例外，因为那里的船舶只通往基西拉（到其他岛屿的船只从帕特雷和伊古迈尼察启航）以及斯波拉泽斯群岛加上凯阿（Kea, Tzia）和基克拉泽斯群岛的安德罗斯岛（从拉斐那和拉夫里奥启航）。比雷埃夫斯的渡船也会向伯罗奔尼撒半岛（包括美萨纳、阿米尼、波多河丽、莫奈姆瓦夏和伊西翁）提供服务。

一定要向售票处问清楚始发港口。

要记住，在比雷埃夫斯港口有两个通往克里特岛的起航点：去往伊拉克利翁的渡船从Akti Kondyli的西端出发，但是通往克里特岛其他港口的渡船有时也会从这个码头或者其他码头出发。

行程和船票

所有渡船公司都会在网站上发布时刻表以及码头的卡座信息。4月、5月和10月的渡船行程会减少，冬天则大量削减，尤其是通往较小岛屿的线路。可以通过网络查询时刻表及订票信息（www.greekferries.gr; www.openseas.gr; www.ferries.gr或者渡船公司网页）或通过旅游代理或给公司打电话直接订票。本书中，我们将在相关岛屿或目的地章节中列出渡船的时刻表。**比雷埃夫斯港务局**（☎14541; www.olp.gr）同样可以查询时刻表信息。

公共汽车

比雷埃夫斯—雅典的机场特快X96路（X96 Piraeus-Athens Airport Express，车票 €5）从Plateia Karaïskaki的西南角发车，到Kalimassioti也会停车。**040路公共汽车**往返于Leoforeos Vasileos Geourgiou和雅典。

地铁

大港口和雅典之间最快捷并且最方便的交通线就是地铁（车票1.40欧元，30分钟，每10分钟1班，从清晨5:00运行到午夜），并且距离Akti Kalimassioti北端的轮渡码头很近。需要特别当心的是，比雷埃夫斯到莫纳斯提拉奇之间的路段上扒手臭名昭著。

火车

比雷埃夫斯也已经与城郊铁路相连，车站就位于地铁站对面。去机场或是伯罗奔尼撒半岛的Kiato，你需要在Nerantziotissa换乘火车。

当地交通

该港口规模巨大，因此有**免费的班车**在距离地铁站最近的码头沿线定时往来（见路标指示地图）。

作为一座城市，比雷埃夫斯有其自身的公共汽车网络。可能会使游客感兴趣的服务线路是往返于Zea Marina和地铁站的904路和905路公共汽车。

雅典的电车轨道和地铁延长线正在施工（计划于2017年建成），已经将港口地区变成街道阻塞和车辆掉头的地方。

拉斐那（Rafina） Ραφήνα

拉斐那位于阿提卡的东海岸，是雅典的主要渔港，也是第二大客运渡船港口。它比比雷埃夫斯小得多，也没那么繁杂，船票还要便宜20%，但是路程需要坐1个小时的公共汽车。

到达和离开

公共汽车

从清晨5:45到夜晚10:30，很多**KTEL**（☎210

拉斐那船只服务信息

目的地	公司	时间	票价	班次
安德罗斯	Fast Ferries, Golden Star	2.5小时	€17	每天4~6班
埃维亚（马尔马里）	J/V Rafinas - Marmariou	1小时	€8	每天3~6班
伊奥斯	Blue Star	7.25小时	€35	每周6班
伊奥斯*	Hellenic Seaways, Blue Star, Sea Jets	4小时	€55	每周5班
米科诺斯岛	Golden Star, Blue Star, Fast Ferries	4.5小时	€27	每天2~3班
米科诺斯岛*	Hellenic Seaways, Sea Jets	2小时10分钟	€49	每天2班
纳克索斯岛	Blue Star	6小时	€32	每周6班
纳克索斯岛*	Hellenic Seaways, Sea Jets	4小时	€52	每天1班
帕罗斯岛	Blue Star	5小时	€30	每周6班
帕罗斯岛*	Hellenic Seaways	3小时	€50	每天1班
圣托里尼岛（锡拉）*	Hellenic Seaways, Sea Jets	5.5小时	€22~69	每天1班
蒂诺斯	Golden Star, Fast Ferries	4小时	€24	每天4班
蒂诺斯*	Hellenic Seaways, Sea Jets	2小时	€49~54.50	每天2~4班

*高速服务

880 8000, 210 880 8080, 拉斐那 22940 23440; www.ktelattikis.gr）长途汽车往来于雅典和拉斐那之间（2.40欧元，1小时），从雅典的马弗罗马特翁终点站发车。雅典机场大巴（3欧元，45分钟）从索菲特酒店附近的抵港旅客大厅前发车。两者都会在拉斐那码头停站。

船

拉斐那港务局（☎22940 28888; www.rafinaport.gr）和www.openseas.gr有渡船相关信息。

拉夫里奥（Lavrio） Λαύριο

拉夫里奥位于距雅典60公里的东南海岸，是一个工业城镇，有去往凯阿和基斯诺斯（Kythnos）的渡船，旺季有去往基克拉泽斯群岛西部的双体船。古代时，这里是重要的矿业城镇，有些地下矿井和采矿图至今依然可见。银矿为雅典伟大的古典建筑的蓬勃发展提供了资金，并帮助舰队击败了波斯人。拉夫里奥现在成了一个风帆运动胜地。

拉夫里奥有许多吃鱼的小餐馆和乌佐酒馆，还有一个大型鱼市。

景点

矿物博物馆
博物馆

（Mineralogical Museum; ☎22920 26270; http://odysseus.culture.gr; Iroön Polytehniou; 成人/儿童 €2/免费; ⏲周一至周六 9:00~15:00）从该地区开采出来的水晶和金属极为精美，是拉夫里奥这座小型矿物博物馆的亮点；此处还追溯了该区域丰富的矿业历史。博物馆位于城镇古老的蒸汽洗矿设施内。

考古博物馆
博物馆

（Archaeological Museum; ☎22920 22817; http://odysseus.culture.gr; Mitropoulou和Perikleous交叉路口, Sepieri; 成人/儿童 €2/免

> **捷径**
>
> 因为拉夫里奥，尤其是拉斐那距离雅典机场很近，如果你想去基克拉泽斯群岛北部，完全绕开雅典和比雷埃夫斯，直接从机场去港口通常是最迅捷的选择。

费；⊙周二至周日 8:00~15:00）拉夫里奥的小型考古博物馆存有来自该地区的发现，有的可以追溯至公元前5000年。

到达和离开

公共汽车

到拉夫里奥的KTEL汽车（5.20欧元，2小时，每30分钟1班）从雅典的马弗罗马特翁汽车站发出。机场大巴（5欧元，1小时）从索菲特酒店附近的抵港旅客大厅前发车，你必须在马科普洛（Markopoulo）换乘。两者都会在拉夫里奥码头停站。

船

拉夫里奥港务局（☎22920 25249）和www.openseas.gr有渡船信息。

出租车

拉夫里奥出租车（☎22920 25871，6981040085）可以将你送至机场（40欧元，30分钟）、雅典（50欧元，1小时）和比雷埃夫斯（60欧元，1.5小时）。

雅典周边

直到公元7世纪，阿提卡仍是由几个小王国组成的，如厄琉西斯（埃莱夫西尼亚）、拉姆诺斯和Brauron[维拉维龙纳（Vravrona）]。如今这些城市的遗迹依然是地区名胜，尽管它同苏尼翁角恢宏的波塞冬神庙（Temple of Poseidon）相比要逊色不少。

阿提卡是农业和葡萄种植区，有几个大的人口中心。这里还有不少优良海滩，尤其是阿波罗海岸沿岸以及马拉松附近的Shinias。该地区的葡萄酒酿造商创建了关于当地酿酒厂的一流信息交流中心（www.winesofathens.com），包括可下载的地图。

上述许多景点可以乘坐定时的市区公共汽车（通常会有些困难，因为有些车次可能发车不多）或者乘坐从马弗罗马特翁公共汽车站开出的KTEL公共汽车。如果你自己有车的话当然是最便利的。

阿波罗海岸（Apollo Coast）

雅典东南约17公里处的**格利法达**（Glyfada）是被称为“阿波罗”（有时被叫作雅典海滨）的绵延48公里的海岸起点，边上有一连串向南延伸至苏尼翁角的美丽海滩和高档度假村。夏季的夜生活（见112页）大都出现在这里，如果你没时间前往岛屿，这里也是躲避喧闹雅典的清爽之地。

忙碌的格利法达是雅典的高档郊区，从这里继续南下，海岸公路（Leoforos Poseidonos；经常被简称为paraliaki）通向**武拉**（Voula）、**克沃里**（Kavouri），然后是喧闹热门的武利亚格迈尼（Vouliagmeni）和小小半岛上奢华的星星海滩（Astir Beach）。继续前行，来到武利亚格迈尼神奇的矿物湖（武利亚格迈尼湖）及其度假村群。随着公路绕小小的尖端弯曲绕行，过了裸体和同性恋的岩石海湾Limanakia（见115页），就到了悠闲的**瓦拉基扎**（Varkiza）、**阿吉亚玛丽娜**（Agia Marina）及更远的海岸。经过更为原生态的海岸瓦里武拉武利亚格（Vouliagemeni），你可以继续前行。

雅典东北和东部的希尼亚（Shinias）、马拉松（Marathon）和维拉维龙纳（Vravrona）还有不错的游泳地点（免费），不过需要花费更长时间到达，最好驾车前往这些阿波罗海岸最便利的戏水地点。

景点和活动

阿波罗海岸大多由私人经营，需要购买门票（每位成人 €5~15）。5月至10月，营业时间一般是8:00至黄昏（酷暑期更晚），有日光浴床和太阳伞（有的地方额外收费）、更衣室、儿童游乐园和咖啡馆。很多地方已经成为夏季夜店（见112页）。

太阳海滩 海滩

（Akti tou Iliou；☎210 985 5169；www.aktitouiliou.gr；Alimos；成人/儿童 周一至周五€5/3，周六和周日 €6/3；🚌T5至Zefyros）相对悠闲，有一长排日光浴床和几家芦苇屋顶的海滩酒吧，此处是比较靠近雅典的海滩之一（就在雅典以南7.5公里处）。

阿斯特拉斯海滩 海滩

（Asteras Beach；☎210 894 1620；www.asterascomplex.com；Glyfada；成人/儿童 周一至周五

€6/3，周六和周日 €7/3；790从Syntagma上车，T5至Asteria）漂亮的阿斯特拉斯海滩与格利法达之间交通便利，海滩上有滨水酒吧、适合交友的Balux（见112页）餐馆酒吧和游泳池（如果海滩都不能满足你的话）。

星星海滩

海滩

（Astir Beach；210 890 1621；www.astir-beach.com；成人/儿童 周一至周五 €15/8，周六和周日 6月中旬至9月中旬 €25/13，全年其余月份价格降低；114从Glyfada或Voula tram stops上车）星星海滩是最浮华、最高档的夏季海滩游乐场，有水上运动、商店和餐馆。你甚至可以在网上预订。海滩位于雅典以南19.5公里和格利法达以南7.5公里处。

武利亚格迈尼湖

游泳

（Limni Vouliagmenis；210 896 2239；www.limnivouliagmenis.gr；Leoforos Vouliagmenis；成人/儿童 周一至周五 €9/6，周六和周日 €10/6；7:00~20:00；；114，115或149，A2或E2）武利亚格迈尼湖全年可游泳，这个半盐水半泉水的湖泊温度始终不低于21℃。此处有益健康的矿物质也很出名。湖面正对雅典以南19.5公里处的一座巨崖，惹人注目，湖泊的常客是上了年纪的市民，他们戴着浴帽，甩着毛巾，营造出一种宁静保守的氛围。这里有日光浴床、游乐场、淋浴和咖啡馆。家庭套餐价格€19起。

阿波罗海岸重要建议

- 为了避开夏季周末的拥堵车流，在9:00以前交通还不太拥挤的时候出发，从格利法达驾车前往苏尼翁用时约1小时。
- 在雅典乘坐有轨电车可以到达最靠近格利法达的海滩。想去更南边，在格利法达或武拉换乘海岸公共汽车。
- 在沙滩包里装上晚装，可以在晒了一天太阳后逛逛海滩夜店。
- 芭里奥法里洛（Palio Faliro，Edem）、克沃里、格利法达及南边的瓦拉基扎附近有免费海滩和岩石海湾。在路边找找当地人停车的地方。

乘坐A2长途汽车（或者夏季的E2快车）前往格利法达广场（Plateia Glyfada；即Plateia Katraki Vasos），然后乘坐114、115或149路公共汽车。

亚巴纳基

海滩

（Yabanaki；210 897 2414；www.yabanaki.gr；Varkiza；成人/儿童 周一至周五 €5/3.50，周六和周日 €6/3.50；6月至8月 8:00~19:00，5月 9:00~17:00；122）不比格利法达附近的海滩夜店浮华，但亚巴纳基（宪法广场以南21公里）也拥有全套的娱乐选择，从餐馆到沙滩排球，应有尽有。

住宿

Villa Orion

酒店 €

（210 895 8000；www.villaorionhotel.gr；I Metaxa 4，Voula；标单/双 含早餐 €35/50起；122，171，X96）酒店简单朴素，内部被富有创造性的涂料油漆精心装扮，不过真正吸引人的地方还是极高的性价比。酒店位于岛内几个街区处，但前往所有海滩都很方便。

Hotel Vouliagmeni Suites

酒店 €€

（210 896 4901；www.vouliagmenisuites.com；Panos 8，Vouliagmeni；标单/双 含早餐 €130/140起；122）这个漂亮的住处在海滩稍靠后的地方，有装饰奇特的豪华房间，有的可欣赏海景。

餐饮

海滩夜店都有咖啡馆和餐馆。阿波罗海岸的很多地点适合交友，因此可以想见，高昂的价格和时髦的地点经常都会发生变动。

Trigono

希腊小馆 €

（22990 48540；Athinon 36，Kalyvia；主菜 €6~12；午餐和晚餐）这家备受喜爱的希腊小馆位于距离海岸约8公里的圣迪米特里奥斯附近，经过完美烤制的肉类美食吸引了全雅典的人。

Mooou Quality Meats

牛排 €€

（211 409 6295；Foivis 17，Glyfada；主菜 €10~25；12:30至次日2:00；5）这家牛排店在格利法达中心的餐馆和咖啡馆区域风靡一时，记得来这里吃烤肉。

Attica 阿提卡

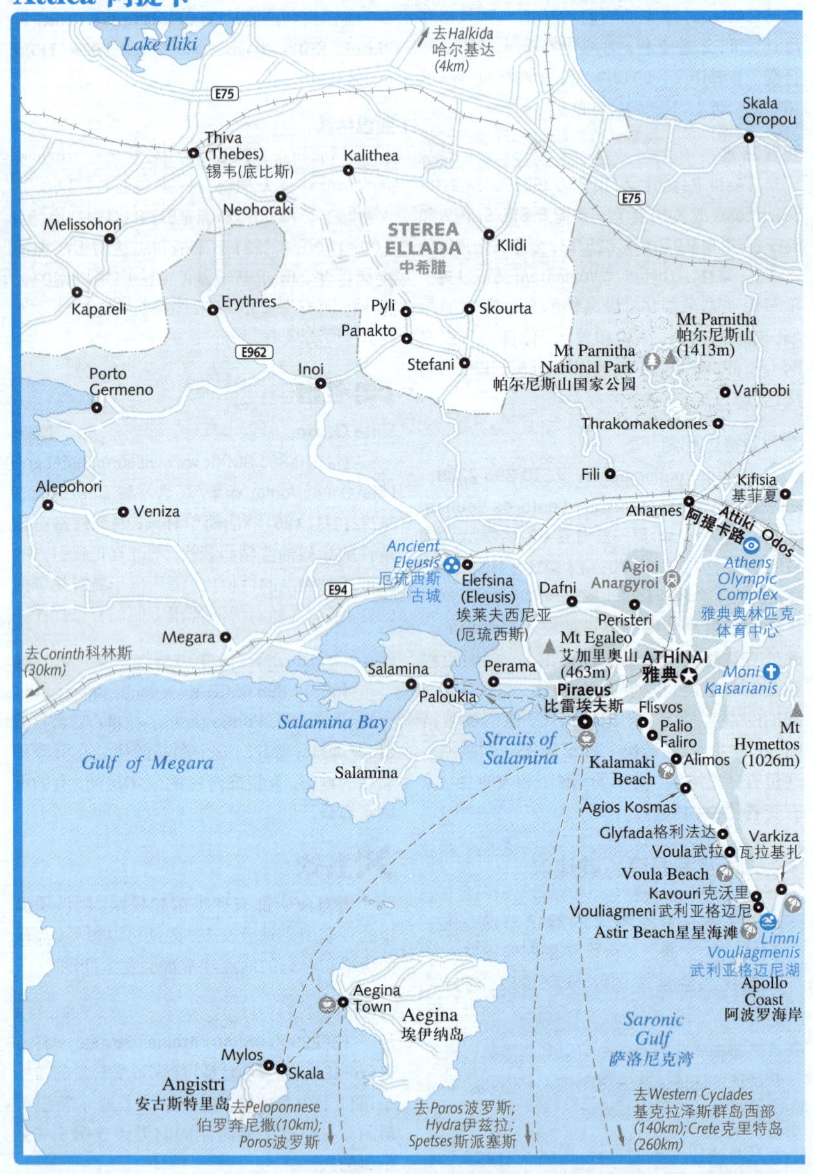

Matsuhisa 寿司 €€€

(☎210 896 0510; www.matsuhisaathens.com; Apollonos 40, Vouliagmeni; 寿司卷 €5~15; ⌚19:30至次日1:00; 🚌122)来希腊吃寿司？为何不行！如果你有心情和赶时髦的雅典人一起前来这家水畔热门餐馆的话。餐馆的老板是世界闻名的松久信幸（Nobu Matsuhisa）。景色绝美，对得起顾客和价格。及早预订。

Malabar 休闲酒吧

(☎210 892 9160; www.themargi.gr; Litous

11, Margi Hotel, Vouliagmeni; ⏲11:00至次日2:00; 🚌122) **Margi Hotel**（双人间 €215起）有轻松的台球酒吧和餐馆，凭借舒适的休闲室和时尚的氛围惹人喜爱。酒店还有一家名为Baku的高级希腊餐馆。

苏尼翁角（Cape Sounion）

Ακρωτήριο Σούνιο

★ 波塞冬神庙 遗迹

（Temple of Poseidon; ☎22920 39363; http://odysseus.culture.gr; Cape Sounion; 成人/儿童 €4/免费; ⏲8:00至日落，冬季9:30起）古希腊人对于如何为神庙选址颇有造诣，位于雅典南面70公里的苏尼翁角无疑是最佳例证。在这里，波塞冬神庙耸立在高出海平面65米的峭壁顶端。公元前444年（与帕台农神庙同时），它用来自Agrilesa当地的大理石建造而成。现存的16根细长的柱子是多立克式的。

据说这座神庙是由雅典古市集上赫菲斯托斯神庙的建造师伊克梯诺（Iktinos）建造的。

从海面上看去，这里闪烁着白色的光芒，在古代为水手们提供了莫大的安慰：远远地一看到那抹白色，他们就知道自己要到家了。从神庙望去的景色同样令人印象深刻：天气晴朗的日子，往东南可以看见凯阿（Kea）、基斯诺斯（Kythnos）和塞瑞弗斯（Serifos），往西可以见到埃伊纳岛（Aegina）和伯罗奔尼撒（Peloponnese）。遗址还包括**入口**、防御**塔楼**及东北侧一座6世纪的**雅典娜神庙**（temple to Athena）的少量遗迹。

苏尼翁角给英国浪漫主义诗人拜伦留下的印象如此深刻，以至于他在一根柱子上刻下了自己的名字（遗憾的是，其他许多没什么名气的旅行者也如法炮制）。上午，赶在旅游大巴到来之前早早游览，或者落日时分前来，你可以表演拜伦在《唐璜》里的台词："置我于森纽的云石峭壁/那里只有海涛与我自己/彼此间可听得话语低低。"

遗迹正下方有几家小馆，非常适合吃午餐和游泳。

帕尔尼斯山（Mt Parnitha）

Πάρνηθα

景点和活动

帕尔尼斯山国家公园 国家公园

（Mt Parnitha National Park; ☎21024 34061; www.parnitha-np.gr）森林茂密的帕尔尼斯山国家公园位于雅典以北25公里处，是环绕整个

城市的最高山脉。超过4200公顷有着百年历史之久的杉树和松树树林在2007年的一场毁灭性大火中消失殆尽，自那之后，希腊将国家公园的面积扩大了两倍，并启动了一个森林再造项目。徒步小径纵横交错，公园还受到骑山地自行车的人欢迎，有两处徒步者休息处。具体可购买该地区的道路版（Road Editions）徒步地图。

帕尔尼斯山由数个小山峰组成，其中最高的一个是**Karavola**（1413米），该高度冬天有降雪。详情见道路版的当地徒步地图标示。这里还有许多洞穴和野生动植物，包括赤鹿（red deer）。

Dasoktima Tatoiou是该地区曾经的皇家宫殿（关闭），有林地，非常适合徒步和骑自行车。

就餐

Agios Merkourios II 希腊小馆 €€

（☎210 816 9617; Varibobi; 主菜 €6~15; ⏰午餐和晚餐）周末，这家繁忙的希腊小馆里挤满了慕名来乡下吃美味肉菜的雅典人。羔羊肉、小山羊肉和小牛肉风靡一时。餐馆位于帕尔尼斯山脚下的Varimbombi。

马拉松及周边（Marathon & Around） Μαραθώνας

位于雅典东北42公里处的马拉松原本是一座不起眼的小镇，然而环绕它的平原正是世界史上最著名的一场战役的战场。公元前490年，由9000名希腊人和1000名普拉提亚人（Plataeans）组成的联合军队击败了2.5万名波斯精兵组成的军队，证明了波斯人并非无敌。希腊人的胜利得益于米太亚德（Miltiades）高明的战术，他改变了传统排兵布阵方式，减少中央兵力，将兵力集中到两翼。波斯人误以为希腊人不堪一击，他们从中路突破，却中了两翼的埋伏。战事结束当天，6000名波斯人战死，而希腊军队只损失了192人。据说，战争结束后，费迪皮迪兹（Pheidippides）一路奔跑回雅典报告胜利喜讯，他喊出“我们胜了！”（希腊语：Enikesame）之后便瘫倒而死——这就是现代马拉松长跑比赛的起源。马拉松战场就是雅典马拉松（Athens Marathon; www.athensauthenticmarathon.gr）的起点。

景点和活动

马拉松战场和墓地 纪念碑

（Marathon Battlefield & Tomb; ☎22940 55462; http://odysseus.culture.gr; 遗址和考古博物馆 成人/儿童 €3/免费; ⏰周一至周五 8:00~20:00，周六和周日 至15:00，10月至次年5月开放时间缩短）这座10米高的古墓（tumulus）坐落在马拉松城镇外4公里处，距离雅典至马拉松的公路350米。在古希腊，战争中阵亡的士兵尸体会被送回家单独埋葬。但是，192名在马拉松倒下的士兵被火化后埋葬在这座集体坟墓，以示尊荣。此处有战役模型和历史信息。

马拉松考古博物馆 博物馆

（Marathon Archaeological Museum; ☎22940 55155; http://odysseus.culture.gr; 博物馆和马拉松墓地遗址 成人/儿童 €3/免费; ⏰周一至周五 8:00~20:00，周六和周日 至15:00，10月至次年5月开放时间缩短）位于马拉松镇附近，这家绝佳的博物馆陈列着在当地发现的各历史时期文物，包括从潘之洞（Cave of Pan）中发现的新石器时代的陶器和雅典人墓地中的文物。在**Brexiza**附近的**埃及圣殿**（Egyptian sanctuary）中新发现的几尊雕像比真人还大。博物馆旁边是该地区**史前墓穴圈遗址**之一，一直被保存在类似库房的遮蔽处，有架高的平台和小道。附近的另一处库房内有希腊青铜时代早期的**墓地遗址**。

拉姆诺斯 遗迹

（Ramnous; ☎22940 63477; http://odysseus.culture.gr; 成人/儿童 €2/免费; ⏰周二至周日 8:30~15:00）草木丛生，人迹罕至，拉姆诺斯古老的码头遗址引人遐思。它位于马拉松东北10公里处，坐落在风景如画的高地上，俯瞰海面。遗址中还存有多立克式的复仇女神庙（Temple of Nemesis，公元前435年）的废墟。遗址的另一部分沿小径延伸1公里，到达悬崖顶端，那里有一座保存相对完好的城镇堡垒和城市遗迹，包括一座神庙、一座体育馆和一间剧场。没有公共交通通往此处遗址。

涅墨西斯（Nemesis）是复仇女神，是特洛伊的海伦（Helen of Troy）的母亲。这里还有一处专门供奉正义女神忒弥斯（Themis）的6世纪小神庙遗址。

希尼亚 海滩

（Shinias）松枝摇曳的长沙滩位于马拉松东南，是阿提卡（Attica）一带最棒的沙滩。周末极受欢迎。

食宿

Ramnous Camping 露营地 €

（☎22940 55855; www.ramnous.gr; Leo foros Poseidonos 174, Shinias; 露营地 每个成人/汽车/帐篷 €7.50/3.50/7; ⊙4月至10月）距离希尼亚约1公里的Ramnous Camping是阿提卡最令人惬意的露营地，露营位置在灌木和树木之间。这里有小集市、酒吧餐馆、游乐场和洗衣房，还出租帐篷。

Galazia Akti 海滩夜店 €€

（☎22940 55800; www.galaziaakti.com; Leoforos Poseidonos 206, Shinias; 主菜 €6~15; ⊙复活节至10月）2014年经过翻新，希尼亚的这家滨水海滩夜店位于马拉松附近，是一处热情的避暑胜地。不如吃点东西，畅快地游个泳。

维拉维龙纳（Vravrona） Βραυρώνα

阿耳忒弥斯神殿 遗迹

（Sanctuary of Artemis; Brauron; ☎22990 27020; 成人/儿童 €4/免费; ⊙周二至周日 8:00~14:45）这处遗迹最初是新石器时代的聚居点，后来成为阿耳忒弥斯女神崇拜者们的圣地。阿耳忒弥斯是月神与狩猎女神，同时也是产妇和新生儿的保护者。现今的神殿遗址可以追溯至大约公元前420年，其他建筑结构的遗迹可追溯的年代更早。该**博物馆**中收藏了许多在这个圣殿和该地区的发掘场所发现的珍品。

在雅典乘坐地铁3号线到Nomismatikopio，然后乘坐304路公共汽车至阿耳忒弥斯神殿（维拉维龙纳）。从那里搭乘出租车10分钟，沿途是美丽的海滩。

佩亚尼亚（Peania） Παιανία

曾经，佩亚尼亚最为出名之处在于这里是希腊政治家德摩斯梯尼（Demosthenes; 公元前384年至公元前322年）的出生地。如今令这一地区闻名于世的主要是举世瞩目的**库图齐洞**（Σπήλαιο Κουτούκι Παιανίας, Koutouki Cave; ☎210 664 2910; http://odysseus.culture.gr; Peania; 成人/儿童 €5/免费; ⊙周一至周五 9:00~15:00，周六和周日 9:30~14:30）。洞穴位于佩亚尼亚之外4.5公里处，最好乘小汽车前往。这里还有一家美术和文化博物馆**沃莱斯博物馆**（Vorres Mu-seum; ☎210 664 2520; www.vorresmuseum.gr; Parodos Diadohou Konstantinou 4, Peania; 成人/儿童 €5/免费; ⊙周六和周日 10:00~14:00; 🚌125或308至Koropi-Peania, Ⓜ Nomismatikopio）。

埃莱夫西尼亚（Elefsina） Ελευσίνα

厄琉西斯古城（Ancient Eleusis; ☎210 554 6019; 成人/儿童 €3/免费; ⊙周二至周日 8:30~15:00; 🚌A16或B16从Plateia Eleftherias/Koumoundourou上车）遗址位于雅典以西22公里处，在工业城镇埃莱夫西尼亚的旁边。古时候，厄琉西斯古城位于萨洛尼克湾（Saronic Gulf）岸边的一座低矮的山坡上，建在得墨忒耳神殿（Sanctuary of Demeter）的周围。该遗址可追溯到迈锡尼时期，那时祭奠得墨忒耳的宗教仪式刚刚兴起，到了古典时期，这种祭奠活动已发展为一年一度的隆重节日了。直到公元4世纪，罗马皇帝狄奥多西（Theodosius）关闭了这片朝圣之地。

萨洛尼克湾群岛

包括 ➡

最佳餐饮

- Sunset（见151页）
- Akrogialia（见156页）
- Aspros Gatos（见145页）
- Tarsanas（见157页）

最佳住宿

- Poseidonion Grand Hotel（见156页）
- Hydra Hotel（见150页）
- Rosy's Little Village（见143页）
- Orloff Resort（见156页）
- Cotommatae（见149页）
- Hotel Miranda（见149页）

为何去

萨洛尼克湾群岛（Νησιά του Σαρωνικού）点缀在雅典附近的海域里，为希腊提供了触手可及的海岛风情。与希腊所有岛屿一样，萨洛尼克群岛的每座岛屿都有其独特的氛围和文化。在这里，你既能欣赏到古典遗产、度假海滩和精致建筑，又能体验到远离尘嚣的感觉。

埃伊纳岛有壮观的多立克式庙宇和废弃的拜占庭村庄，附近是松林覆盖的安吉斯特里岛，令人感觉安全、宁静，仿佛置身于喧嚣的仲夏时光之外。再往南是波罗斯森林密布的内陆地区，从这里绕到伯罗奔尼撒半岛只有几百米。伊兹拉是萨洛尼克极具代表性的窗口，这是个美丽的无车岛，港口有保存完好的石头住宅，点缀着别致的历史港湾。最南边是弥漫着松香的斯派塞斯，这里鲜活地呈现着航海历史，拥有美丽的城镇建筑，还有那些距伯罗奔尼撒半岛只有几分钟路程的绿色小海湾，不胜枚举。

何时去

伊兹拉

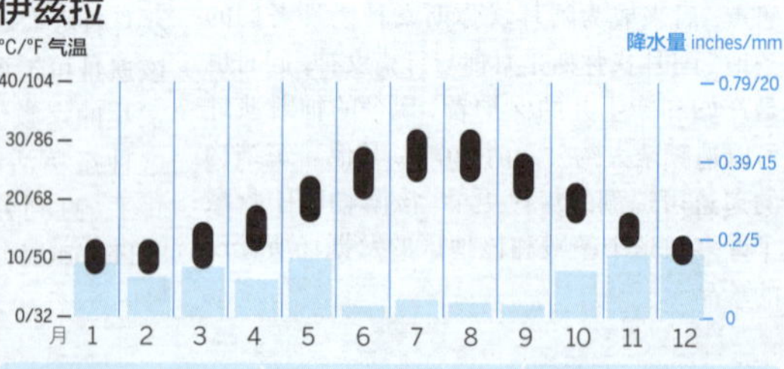

4月和5月 冬日过后，岛屿慢慢苏醒，随着复活节的到来，这里鲜花遍野。

6月 温暖的天气里，在伊兹拉用苏打水庆祝米奥里亚节（Miaoulia）。

9月 这里有清澈的天空、稀少的游客和斯派塞斯的阿玛塔庆祝活动。

萨洛尼克湾群岛亮点

❶ 流连于**伊兹拉**（见147页）绚丽的港口之间，这里有绝佳的博物馆和别致的景色，还可以挑战荒野中的徒步路径和遍布海岸的天然礁石游泳池。

❷ 探索爱法伊娥神庙和拜占庭帕琉霍拉，沉浸在**埃伊纳岛**（见138页）的古老历史中。

❸ 到**斯派塞斯**（见154页）的顶级餐馆里愉悦味蕾，之后去博物馆追溯该地区的历史，或者来一次环岛骑行，路上遇见波光粼粼的海湾就随性踏浪。

❹ 在淡季来到宁静的**安吉斯特里岛**（见143页）逃离喧嚣，此时的海滩最为安静。

❺ 探索**波罗斯**（见143页）的恬静内陆。

Aegina & Angistri 埃伊纳岛和安吉斯特里岛

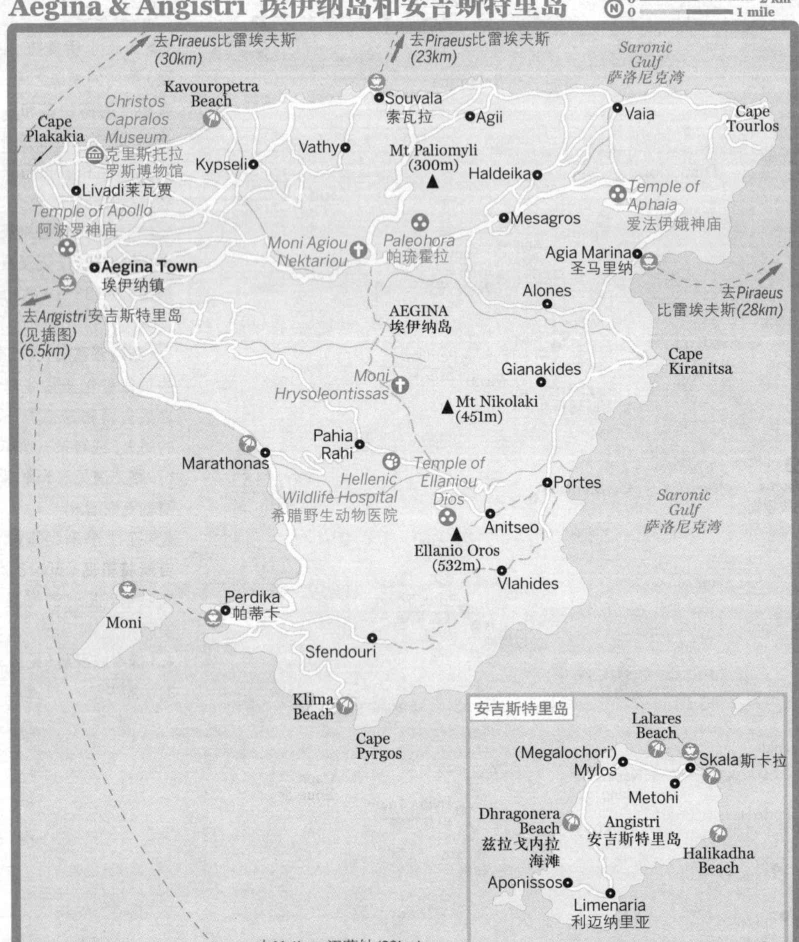

埃伊纳岛(AEGINA) ΑΙΓΙΝΑ

人口 13,056

除了热闹的港口，埃伊纳岛(发音：eh-yi-nah)还拥有典型希腊岛屿的魅力和逍遥。此外，这里还有久负盛名的古代遗址，更平添一份吸引力。每逢周末，雅典人会加入悠闲的当地人和旅客的队伍。独特的埃伊纳岛拥有特别美味的开心果、壮观的5世纪爱法伊娥神庙(Temple of Aphaia)和神奇的拜占庭遗址帕琉霍拉(Paleohora)。

公元前7世纪，埃伊纳岛通过贸易变得强盛，成为萨洛尼克湾主要的海上力量。公元前480年的萨拉米斯战役(Battle of Salamis)中，埃伊纳岛为希腊战胜波斯舰队作出了重要贡献。尽管埃伊纳与雅典保持联盟关系，但后来雅典嫉妒埃伊纳的财富和地位，并记恨它与斯巴达的联络，于公元前459年入侵了埃伊纳岛。虽然埃伊纳在19世纪早期作为战争根据地击败了土耳其人，并在1827年至1829年成为希腊解放区的临时首都，但它再也没有恢复往日的荣耀。

到达和离开

埃伊纳镇是埃伊纳岛的主要港口，**Hellenic Seaways**（☎22970 22945）、**Nova Ferries**（☎22970 24200）和**Agios Nektarios**（☎Aegina 22970 25625，比雷埃夫斯 21042 25625；www.anes.gr）的普通渡轮（www.saronicferries.gr）以及**Hellenic Seaways**（☎22970 26777；www.hsw.gr）和**Aegean Flying Dolphins**（☎22970 25800）的快速渡轮来往于比雷埃夫斯（Piraeus）和安吉斯特里岛（Angistri）。一些渡轮还继续前往至迈萨纳（Methana，伯罗奔尼撒半岛）和波罗斯。渡轮在较大的外码头停靠，水翼船则在较小的内码头停靠。

亚历山德罗斯（Alexandros；☎圣马里纳 22970 32234，比雷埃夫斯 210 482 1006，索瓦拉 22970 52210；www.alexcruises.gr）只在旺季才有开往埃伊纳岛较小港口、圣马里纳（Agia Marina）、索瓦拉（Souvala）和比雷埃夫斯的渡轮。即使在冬季，从比雷埃夫斯出发的高速渡轮在周末也会满员。

Angistri Express（☎6947118863）旺季每天有几班渡轮开往安吉斯特里岛上的斯卡拉（Skala）和米洛斯岛（€5.50，20分钟）。渡轮从埃伊纳岛海港中部出发，海港张贴有渡轮时间表。**水上出租**（Water taxis；☎22970 91387，69722 29720）到安吉斯特里岛单程船费为€45，不限乘客数量，不用等人满才开船。

当地交通

公共汽车

埃伊纳镇的公共汽车在岛上各地的3条线路上频繁发车（Plateia Ethnegersias广场上的售票处外面有发车时刻表，必须在那里买票）。登录www.aeginagreece.com了解详细信息。站点包括帕蒂卡（Perdika；€1.60，15分钟）、索瓦拉（€1.60，20分钟）和圣马里纳（€1.70，30分钟），途经帕琉霍拉（€1.70，15分钟）和爱法伊娥神庙（€1.70，25分钟）。

汽车、摩托车和自行车

汽车租赁每天€30起，50毫升摩托车€15，自行车€8。

Karagiannis Travel（☎22970 28780；www.aeginatravel.gr；Pan Irioti 44，Aegina Town；⏲9:00~14:00和17:00~21:00）

Sklavenas Rent A Car（☎Aegina Town 22970 22892，Agia Marina 22970 32871；Kazantzaki 5；⏲9:00~14:00和17:00~21:00）提供汽车、四驱车、踏板车、沙滩车和自行车。地点在**埃伊纳镇**，位于通往阿波罗神庙（Temple of Apollo）的路上；**圣马里纳**也有一家分支机构。

出租车

Taxi（☎Aegina Town 22970 22010，Agia Marina 22970 32107）

埃伊纳镇（Aegina Town） Αίγινα

人口 8905

埃伊纳镇的港口充满活力，行人、摩托车熙来攘往，咖啡馆、餐厅随处可见。置身狭窄的小镇街巷时，孩子们骑着自行车来回穿梭，阳台上传来洗衣机转动的声音，希腊小镇一天

埃伊纳岛船只服务信息

目的地	港口	时间	票价	班次
安吉斯特里岛（斯卡拉）	埃伊纳镇	20分钟	€2.50	每日1班
安吉斯特里岛（斯卡拉）*	埃伊纳镇	10分钟	€5.50	每日4班
迈萨纳	埃伊纳镇	40分钟	€5.70	每日2~3班
比雷埃夫斯	埃伊纳镇	1小时10分钟	€8~9.50	每小时1班
比雷埃夫斯*	埃伊纳镇	40分钟	€13.50	每日6班
比雷埃夫斯	圣马里纳	1小时	€9.50	夏季每日3~4班
比雷埃夫斯	索瓦拉	1小时35分钟	€9.50	夏季每日3~4班
波罗斯	埃伊纳镇	1小时50分钟	€8.50	每日2~3班

*高速服务

的生活又开始了。

平行的两条街Irioti和Rodi背靠港湾，两侧店铺林立，售卖各种各样的商品。其中有几处19世纪新古典主义的建筑，混杂在一堆白房子中间。阿波罗神庙遗址令人惊叹，它是古希腊的象征，位于码头的北边。

景点

阿波罗神庙 遗迹

（Temple of Apollo；☎22970 22637；http://odysseus.culture.gr；成人/儿童 €3/免费；⏰5月至10月 周二至周日 9:00~17:00，11月至次年4月 开放时间缩短）神庙位于码头西北部，这里有荒废的围墙、水池和残破的蜜色石柱，均靠一根残存的坚实圆柱所支撑。这些都是公元前5世纪一座庙宇的遗址，它曾经是古代卫城（建造于一处史前遗址之上）的一部分。神庙博物馆（Sanctuary Museum）能提供诸多信息，有英语、德语的文字说明。

民俗博物馆 博物馆

（Folklore Museum；☎22970 26401；S Rodi；⏰周三至周五 8:30~14:30，周六和周日10:00~13:00，外加周五和周六 17:30~20:30）免费 这里展示着古老衣物、家庭用品和艺术品，再现了岛屿古时的生活风貌。

节日和活动

埃伊纳岛开心果节 美食节

（Aegina Fistiki Fest；www.aeginafistikifest.gr；⏰9月）为期3天的埃伊纳岛开心果节旨在通过音乐会、艺术节和烹饪比赛来宣传推广埃伊纳著名的开心果（fistiki aeginis）。

> **环岛游**
>
> 埃伊纳岛和安吉斯特里岛到伊兹拉和斯派塞斯之间没有直航渡船，要经由比雷埃夫斯或波罗斯转乘。想体验一日游，可以选择埃伊纳岛-波罗斯-伊兹拉的游轮（www.athensonedaycruise.com；巡游€89，包括转乘 €99）。Pegasus Cruises（www.pegasus-cruises.gr；成人/儿童€34/17）从纳夫普利翁（Nafplio）出发，到达斯派塞斯和伊兹拉。

住宿

周末需提前预订。

Aeginitiko Archontiko 家庭旅馆 €

（☎22970 24968；www.aeginitikoarchontiko.gr；Ag Nikolaou和Thomaiados交叉路口；双 含早餐 €55~60；❄📶）这座镇中心的古老宅邸仍保持着19世纪的特色。客厅漂亮，庭院舒适，早餐丰盛，房间略微狭小陈旧，浴室也较为简陋。从屋顶平台能看到海景。

Aegina Hotel 酒店 €

（☎22970 28501；www.aeginahotel.gr；Stratigou Dimitriou Petriti 23；标单/双/标三€37/48/60起）这家有19个房间的酒店坐落在海港往回走约500米的地方。房间干净，设备完善，有冰箱和电视。

Electra Pension 家庭旅馆 €

（☎22970 26715；www.aegina-electra.gr；房间 €45；❄📶）这座白房子小型家庭旅馆坐落在镇中心安静的一隅，虽然没有好的景致，但房间整洁舒适，比附近旅馆的档次要高很多。

Marianna Studios 家庭旅馆 €

（☎22970 25650；www.aeginastudiosmarianna.com；Kiverniou 16~18；标单/双 €30/35；❄）房间简单，设施普通，房东友好，是物美价廉的选择。有的房间有阳台，有的房间能看到内庭院旁边宁静又繁茂的花园。有一个房间带有厨房设备（双/标三 €40/45）。

Hotel Rastoni 酒店 €€

（☎22970 27039；www.rastoni.gr；Odos Stratigou Dimitri Petriti 31；双/标三/四 €70/110/120；P❄@📶）房间宽敞，有阳台，能俯瞰美丽的花园和阿波罗神庙。丰盛的早餐、友好的员工使在这里的住宿体验堪称完美。这家旅店位于码头北边的居民区，走上几分钟就到。

Fistikies Holiday Apartments 公寓 €€

（☎22970 23783；www.fistikies.gr；Logiotatidou 1；单间公寓 €90，4人公寓 €120；P❄📶🏊）这片公寓建于2007年，坐落于小镇南部，位于一个足球场旁，干净友好。宽敞的公寓里有DVD播放机，还有阳台，可俯瞰泳池。

就餐

码头旁的餐馆很适合看风景，但菜品不是特别出色，除非你刚好走进的是当地特色的乌佐酒馆（ouzeries；提供乌佐酒和简单小吃的地方）。埃伊纳岛随处都有开心果卖（从500克€6.50起价，质量越好的越贵）。

★Elia 地中海菜 €

（☎22975 00205；Koumoundourou 4；主菜 €6~9；⊙午餐和晚餐，冬季营业时间缩短）穿过后街就可以找到这家备受当地人喜爱的餐馆。每天都有新鲜又富有创意的特色菜品，包括开心果香蒜沙司（pistachio pesto）和皮塔饼（pita）。

Gelladakis 开胃小菜 €

（☎22970 27308；Pan Irioti 45；菜肴 €7~12；⊙午餐和晚餐）位于码头中间嘈杂的鱼市后面，这家充满活力的小店总是挤满了买章鱼、沙丁鱼和其他开胃小菜的人群。

Tsias 希腊小馆 €

（☎22970 23529；Dimokratias 47；主菜 €7~10；⊙午餐和晚餐）这是海港旁边最好的小吃店。推荐番茄羊乳酪虾（shrimps with tomatoes and feta）或者每日特色菜。

Bakalogatos 开胃小菜 €€

（☎22975 00501；Pan Irioti & Neoptolemou；主菜 €7~13；⊙午餐和晚餐 周二至周日）这家餐厅环境十分优雅，拥有合成材料制作的精美餐桌，四周墙上挂有传统工艺品，可以在这里尽情享用开胃小菜。

饮品和夜生活

Remvi 咖啡馆、酒吧

（☎22970 28605；Dimokratias 51；⊙8:00至深夜；📶）音乐咖啡馆兼酒吧，生意火爆，全天营业。

International Corner 酒吧

（☎22970 26564；I Katsa和S Rodi交叉路口；⊙正午至深夜）不在主街上，慷慨的老板会应顾客要求播放音乐，包括40首排行榜歌曲和美妙的希腊音乐。屋内用木头嵌板装饰，别具风格。

Avli 酒吧

（☎22970 26438；Pan Irioti 17；⊙9:00至深夜）这家热闹的餐馆和酒吧不断地在有屋顶的花园里开展各式活动，演奏范围从20世纪60年代的音乐到希腊流行音乐。

实用信息

埃伊纳没有旅游办事处。可以到Karagiannis Travel（见139页）咨询租车、团队游和其他岛屿的船只信息。码头前的银行有ATM机。

医院（☎22970 24489，急诊 22970 22251；Agios Dionisios Nosokomeiou 4）

港务局（☎22970 22328）位于渡轮码头入口处。

旅游警察局（☎22970 27777；Leonardou Lada）位于水翼艇码头对面的小路上。

埃伊纳镇周边

春天，埃伊纳岛野花遍地；而无论哪个季节，都能参观萨洛尼克湾最棒的古代遗址。内陆山丘给这座小小的岛屿平添了不少趣味；这里也有海滩，但却不是当地的招牌风景。东部沿海小镇圣马里纳（Agia Marina）背靠着非常繁忙的交通要道，是岛上主要的度假地，这里的浅水海滩很适合家庭度假。沿埃伊纳镇到帕蒂卡的路上有一些多沙的浅水沙滩，比如马拉松（Marathonas）。

景点

★爱法伊娥神庙 神庙

（Temple of Aphaia；☎22970 32398；http://odysseus.culture.gr；成人/儿童 €4/免费；⊙每天 8:00~20:00，博物馆 5月至10月 周二至周日 9:00~17:00，11月至次年4月 开放时间缩短）这座神庙遗址保存完好，十分雄伟。它立于苍松遍布的小山上，在此可以看到萨洛尼克湾。神庙建于公元前480年，供奉着前希腊时期的一位本土神。入口的三角形门楣上原来装饰着有关特洛伊战争（Trojan War）的壮丽浮雕，很多浮雕在19世纪时被盗走了，现存于慕尼黑古代雕塑展览馆（Munich's Glyptothek）。遗址内所有的解说牌上都有英语解说。爱法伊娥位于埃伊纳镇以东10公里处。乘坐班次不多的去往圣马里纳的公共汽车可达（20分钟）。出租车单程车费约为€12。

★ **帕琉霍拉** 教堂、遗迹

(Paleohora, Παλαιοχώρα) 免费 这片令人陶醉的远山点缀着几处拜占庭时期村落的遗址。旧时的城堡遗址上散布着留存下来的30多座教堂，其中几处已被翻修过。教堂之间由纵横交错的小路相连接，春天小路上会开满野花。从9世纪开始，帕琉霍拉古镇一直是埃伊纳的首府，并贯穿整个中世纪，直到19世纪20年代被废弃。

帕琉霍拉位于埃伊纳镇以东6.5公里处，靠近宏大的现代教堂Moni Agiou Nektariou。从埃伊纳镇开往圣马里纳的公共汽车会在通往帕琉霍拉的岔路口停车(10分钟)。出租车单程车费为€8。

克里斯托拉罗斯博物馆 博物馆

[Christos Capralos Museum; ☎22970 22001; Nikou Kazantzaki (Coast Rd), Livadi; 门票 €2; ⊙6月至10月 周二至周日 10:00~14:00和18:00~20:00，11月至次年5月 周五至周日 10:00~14:00]这是著名雕刻家克里斯托拉罗斯(Christos Capralos, 1909~1993年)的故居和工作室，位于莱瓦吉(Livadi)附近的海岸，在埃伊纳镇以北1.5公里处。这里已被改建成了博物馆，展览许多他优美而富有表现力的作品。40米长的品都斯雕带(Pindus Frieze)是极具纪念意义的雕塑之一。

帕蒂卡及周边 (Perdika & Around) Πέρδικα

帕蒂卡是个古朴的小渔村，地处西海岸南端，在埃伊纳镇以南约9公里处，适合休闲短居。帕蒂卡的海港水域特别浅，要想获得最佳的游泳体验，可以乘定时的凯科轻舟(caïque, €5)前往Moni小岛，几分钟便可到达。那里有绿树成荫的海滩和夏日咖啡馆。帕蒂卡海港边的高处平台上有成排的希腊小馆，当营业至深夜的音乐酒吧喧嚣起来时，夏日热闹的夜生活开始了。人们结束了傍晚的娱乐，加入夜生活的大军中。

食宿

Villa Rodanthos 公寓 €

(☎6944250138, 22970 61400; www.villarodanthos.com; Perdika; 单间公寓 €45起; ❄📶)这个地方非常好，并不仅仅因为主人热情又有魅力。每个房间都有各自多彩的装饰风格，并有专享厨房。

Angie Studios 酒店、公寓 €€

(☎22970 61233; www.antzistudios.gr; 单间公寓 €60~120; P📶🏊)一些房间和公寓能看到中间的水池。新楼的顶层公寓可以看到海景。

O Thanasis 海鲜 €

(☎22970 31348; Seafront, Portes; 主菜 €7~8; ⊙午餐和晚餐，冬季营业时间缩短)这个由家庭经营的餐厅位于Portes，帕蒂卡以东13公里的岛屿东岸。热情友好的店主一家会欢迎你到摆满鲜花盆栽的海边露台参观。他们提供最好的海鲜和希腊传统饮食。

Miltos 海鲜、希腊小馆 €€

(☎22970 61051; 主菜 €12~15; ⊙午餐和晚餐)帕蒂卡最受欢迎的海鲜希腊小馆，以高品质的海鲜和简单不花哨的希腊主食而远近闻名。

Aeginitissa 海鲜 €€

(☎22970 61546; www.aeginitissa.com; 主菜 €6~15; ⊙5月至9月 正午至深夜)可以计划去

ℹ 网络资源

月刊萨洛尼克杂志(www.saronic-magazine.com)在各个主要岛屿上有售，杂志涵盖了岛上的部分景点。岛屿网站和假日租赁网站(www.homeaway.com, www.vrbo.com)有租房信息的链接，通常对于人数较多的团体很合算。

埃伊纳岛 www.aeginagreece.com, www.aegina.com.gr

波罗斯 www.poros.gr

伊兹拉 www.hydra.com.gr, www.hydradirect.com, www.hydraislandgreece.com, www.hydraview.gr

斯派塞斯 ww.spetsesdirect.com, www.spetses.com.gr, www.spetses.wordpress.com/english

帕蒂卡以北1.5公里（埃伊纳镇以南6公里处）的这家朴素的海鲜小馆吃一顿晚餐。这里美丽的水畔环境最受当地人喜爱。如果点鱼，先称一下重量，避免结账时被价格吓一跳。

安吉斯特里岛（ANGISTRI） ΑΓΚΙΣΤΡΙ

人口 1142

小小的安吉斯特里岛位于埃伊纳岛西海岸外几公里处。这里有平缓的小路和蔚蓝的小海湾，可以避开旅游旺季来此一日游，也可以逃离日常生活来此度个长假。有关该岛的信息详见www.agistri.com.gr。

港口度假村**斯卡拉**（Skala）遍布小旅馆、公寓、希腊小馆和咖啡馆，不过这里的生活还是十分安宁平静。从码头右拐能通往一处小海滩，之后继续通向低洼海岬处的一处教堂。再远处是这个岛上最好的海滩，但是7月和8月的时候游人如织，整个沙滩上都是来此漫步晒太阳的游客。从斯卡拉码头左拐，沿着一条泥路向南，穿过松林，能到达遍布卵石的裸体海滩**Halikadha Beach**。安吉斯特里岛的另一个港口**Mylos**（Megalochori）位于斯卡拉以西约1公里处，拥有吸引人的传统元素、房间和希腊小馆，但没有海滩。**Aponissos**有绿松石般的碧水、一小片沿岸沙滩，还有一家相当美味的希腊小馆。**利迈纳里亚**（Limenaria）的水域更深一些。在淡季，整个岛都有些冷清。

食宿

房间需提前预订，特别是在8月和夏季周末。斯卡拉码头的一处布告栏列出了住宿信息。

★ Rosy's Little Village 家庭旅馆 €€

（☎22970 91610；www.rosyslittlevillage.com；标单/双/标三/四 €56/70/80/106起；❄📶）这个旅馆位于斯卡拉码头以东不远处，沿着平缓的台阶可以下到海边。旅馆拥有几座基克拉泽斯风格（Cycladic-style）的简易方形小屋。这里灯光炫目、色彩缤纷，内设长椅，房间里有能观海景的小阳台。此外，这里还提供山地自行车、夏日课程、每周野餐及现场音乐之夜。旅馆的**餐厅**（主菜 €6~10，⏰午餐和晚餐）主营有机食物。

★ Alkyoni Inn 希腊小馆 €

（☎22970 91378；www.alkyoni-agistri.com；主菜 €6~10；⏰复活节至9月 早餐、午餐和晚餐；❄📶👶）从斯卡拉码头向东南方向走10分钟就能到达这家热情的家庭餐馆。这家餐馆备受欢迎，供应精心制作的鱼和肉，而酒店（标单/双/公寓套房 €30/40/55起）能提供面朝大海的房间，可以观赏开阔而非凡的景色。两层的家庭公寓最多能住4人。

ℹ 到达和离开

Aegean Flying Dolphins（见139页）和Hellenic Seaways（见139页）的快速水翼艇和汽车渡轮（www.saronicferries.gr）从比雷埃夫斯出发（水翼艇/渡轮 €13.50/10.50，55分钟/1.5小时），途经埃伊纳岛（水翼艇 €5.20，10分钟，每天6班；渡轮 €2.50，20分钟，每天1班）。周一至周六，Angistri Express（见139页）每天有几趟前往埃伊纳岛的班次。

埃伊纳和安吉斯特里之间的水上出租（见139页）单程费用为€45。

ℹ 当地交通

夏季每天有几班**公共汽车**（☎69730 16132，22970 91244；Skala）从斯卡拉和Mylos（Megalochori）发车，开往利迈纳里亚（Limenaria）和兹拉戈内拉（Dhragonera）海滩。租一辆小型摩托车（€15）或结实的自行车（€6）探索海岸公路非常值得。

你也可以从Metohi出发，沿着道路穿过冷松林，到达兹拉戈内拉海滩。带好指南针，因为这里常常有岔路，找路会让人感到沮丧。

Kostas Bike Hire（☎22970 91021；斯卡拉）

Takis Rent a Bike & Bicycles（Logothetis；☎22970 91001；www.agistri.com.gr/logothetis；Mylos）

出租车（☎69776 18040，22970 91455；Skala）

波罗斯（POROS） ΠΟΡΟΣ

人口 3800

一条狭窄的海峡将波罗斯与多山的伯罗

奔尼撒隔开，优美的环境使波罗斯镇的主要居住区更像是令人愉悦的湖边度假胜地。山坡上密布着色调柔和的房子，一直延伸到钟楼，给人以生机勃勃的第一印象。

波罗斯由一条狭窄的地峡连接的两块陆地组成：一块是**斯费里亚**（Sferia），其大部分区域被波罗斯镇所占据；另一块是**卡拉夫里亚**（Kalavria），面积更大，被森林所覆盖，拥有散布在南部海岸的岛上海滩和季节性酒店。波罗斯内陆人烟稀少、森林密布，仍然保留着远离尘世的感觉。

伯罗奔尼撒的**加拉塔斯**（Galatas）镇位于海岸对面，对于想探索伯罗奔尼撒古迹的人来说，波罗斯是个很好的中转站。例如，要想去**埃皮扎夫罗斯**（Epidavros）那座漂亮的古代剧院，就可以乘坐汽车或**出租车**（☎加拉塔斯 22980 42888）。

到达和离开

夏季，每日有从比雷埃夫斯到波罗斯的渡轮（www.saronicferries.gr）；冬季班次减少。Hellenic Seaways的快速渡轮继续向南到达伊兹拉、斯派塞斯、埃尔米奥尼（Ermioni）和波多河丽（Porto Heli）。普通渡轮从埃伊纳岛到波罗斯和位于大陆上的迈萨纳。旅行社（见146页）有船票出售。

凯科轻舟不断地往返于波罗斯和加拉塔斯之间（€1，5分钟）。Plateia Iroön是一个三角形广场，临近波罗斯镇的主要渡轮码头，这些轻舟从Plateia Iroön对面的码头启航。水翼艇码头位于北边约50米处。再往北几百米，在去往卡拉夫里亚的路上，还有一处汽车渡轮码头，提供去往加拉塔斯的汽车渡轮服务（每人/每车 €0.90/6）。

你也可以在雅典机场和加拉塔斯（或者埃尔米奥尼）的**Pop's Car分店**（☎加拉塔斯 22980 42910；www.popscar.gr）租用单程车（无须还车到

Poros 波罗斯

波罗斯船只服务信息

站点	时间	票价	班次
埃伊纳岛	1.25小时	€8.30	每日2~3班
伊兹拉*	0.5小时	€12.50	每日4班
迈萨纳	0.5小时	€4.50	每日2~3班
比雷埃夫斯	2.5小时	€10.50~13	每日2~3班
比雷埃夫斯*	1小时	€22.50	每日4~5班
斯派塞斯*	1.5小时	€14.50	每日4班

*高速服务

原租车点）。

加拉塔斯有**公共汽车站**（☎22980 42480；www.ktelargolida.gr），可以乘车往来于纳夫普利奥（Nafplio）和雅典。

当地交通

夏季可乘凯科轻舟去岛屿周边的海滩。

出租车（波罗斯 ☎22980 23003）

公共汽车

5月至10月，从早上7点至午夜，每半个小时一班公共汽车（€3），从Plateia Iroön广场东端的报亭旁边发车，穿过卡拉夫里亚，沿南海岸继续向东，直到Moni Zoödohou（10分钟）。然后掉头向西行驶，到达Neorion Beach（15分钟）。

摩托车和自行车

通往卡拉夫里亚的路上有一些地方出租自行车和小型摩托车（每日 €4/15）。

Stelios（☎22980 23026；www.motostelios.gr；Harbour, Poros Town；⏲9:00~19:00）在波罗斯港口出租全地形车、小型摩托车和自行车。

Fotis（☎22980 25873；www.poros.com.gr/fotis；Kanali；⏲9:00~21:00）自行车和摩托车。

波罗斯镇（Poros Town） Πόρος

人口 3651

房屋被涂成各种诱人的冰激凌色，与加拉塔斯狭窄的海峡和伯罗奔尼撒秀美的山峰遥遥相望。帆船沿着长长的码头行驶，渡轮滑行过海面，小船则快速地往返穿梭。人们看不到海港后面被挡住的广场（plateies）和一些希腊小馆，仅能看到一道陡然升起的岩石峭壁，其上方是一座**钟楼**。

景点

希特罗内 美术馆

［Citronne；☎22980 22401；www.citronne.com；Paralia（Harbourfront）；⏲6月至8月 周一至周六 10:00~15:00］这座明亮欢快的当地美术馆为希腊各地的艺术家举办展览。

住宿

Seven Brothers Hotel 酒店 €

（☎22980 23412；www.7brothers.gr；Poros Harbour；标单/双/标三 €50/55/60；❄📶）这家现代酒店靠近水翼艇码头。房间明亮舒适，配有极好的浴室。有的房间有小阳台，有的房间能看到海景。

Georgia Mellou Rooms 家庭旅馆 €

（☎22980 22309；porosnet.gr/gmellou；Plateia Georgiou；双/标三 €35/40；❄📶）旅馆位于这座古老城镇的中心，靠近教堂，在海港高处。房间风格简单而古朴。老板很有魅力，把一切收拾得井井有条。可以提前预订能看到美景的西侧房间。

Hotel Manessi 商务酒店 €

（☎22980 22273；www.manessi.com；Poros Harbour；双 €45~55；❄@📶）这座酒店地处海港区的中央，地理位置很好。虽然有些破旧，但能提供干净的商务客房。

Roloi 公寓 €€

（☎6932427267, 22980 25808；www.storoloi-poros.gr；单间公寓/公寓/住宅 €55/100/165起；❄）Roloi能提供波罗斯镇各处的整洁公寓。

就餐

★Aspros Gatos 海鲜、希腊小馆 €

（☎22980 24274；www.whitecat.gr；Labraki 49；主菜 €6~15；⏲复活节至10月 午餐和晚餐）这家波罗斯最好的海鲜希腊小馆距离小镇不远，往Neorion Beach方向走，看到一座桥后再往西走400米即可抵达。它坐落在水面上，人们可以一边观看当地的皮划艇队训练，一边等待心情愉快的房东准备番茄肉酱以及当天的渔获。

Taverna Karavolos 希腊小馆 €

（☎22980 26158；www.karavolos.com；主菜 €6~9；⏰19:00~23:00）Karavolos的意思是"大蜗牛"，因此蜗牛是这家地处后街的古朴餐馆的特色菜。友好的老板也提供经典的希腊荤菜及一些鱼肉佳肴。楼上还有房间（双/标三 €30/45）。

Dimitris Family Taverna 希腊小馆 €

（☎22980 23709；www.dimitrisfamily-poros.gr；主菜 €6~10；⏰18:00~22:00或23:00）这家希腊小馆的荤菜非常有名，老板也做屠宰生意，因此猪肉、羊肉和鸡肉的质量很好。位于城镇中心的山坡上，向当地人打听一下方向。

Oasis 希腊小馆 €

（☎22980 22955；Poros Harbour；主菜 €6~12；⏰10:00至次日1:00）在海港边逛逛，尽情享用家常的希腊食物和海鲜。

Poseidon 海鲜 €€

（☎22980 23597；www.poseidontaverna.gr；主菜 €6~15；⏰复活节至10月 9:30~12:30）凭借美味的海鲜、友好的服务和时不时出现的希腊舞蹈表演成为码头周围最受欢迎的地方。

实用信息

波罗斯没有旅游办事处。海港前的旅行社可以提供住宿、租车、团队游和游轮服务。Plateia Iroön广场上的银行有ATM机。

Askeli Travel（☎22980 25857；www.askelitravel.com；⏰6月至9月 8:00~23:00，全年其余月份营业时间缩短）

Family Tours（☎22980 23743；www.familytours.gr；⏰9:00~14:00和17:00~22:00）出售普通渡轮票。

Marinos Tours（☎22980 23423；www.marinostours.gr；⏰4月至10月 7:00~21:30，11月至次年3月 7:00~19:00）在水翼艇码头对面，出售水翼艇票。

旅游警察局（☎22980 22256；Dimosthenous 10）位于中学后面。

波罗斯周边

波罗斯比较好的海滩有：遍布鹅卵石的**Kanali Beach海滩**，位于卡拉夫里亚小岛以东1公里处。多沙的长海滩**阿斯克海滩**（Askeli Beach）。桥西3公里处的**Neorion Beach海滩**，能进行滑水、香蕉船和滑水椅（air-chair rides）等娱乐项目。最好的海滩在**Russian Bay海湾**，距离Neorion Beach 1.5公里。

景点

波塞冬神庙 遗迹

（Temple of Poseidon）这座6世纪的神庙所剩无几。曾经宏伟的建筑是逃亡者和失事水手的庇护所，18世纪，这里大部分被拆除，拆下来的材料被用来修建伊兹拉的修道院。不过，步行前往这处遗址可以欣赏萨洛尼克湾和伯罗奔尼撒的壮观景色。从祖佐胡皮吉斯修道院（Moni Zoödohou Pigis）下方的道路往岛内走，即可抵达该遗址。接着，你可以继续循路而行，绕回斯费里亚的桥上。路程总计约6公里。或者在城镇里看看——有的季节有开往遗址的小型电车。

祖佐胡皮吉斯修道院 修道院

（Moni Zoödohou Pigis）这座18世纪修道院位于波罗斯镇以东4公里处，路标清晰。修道院里有来自小亚细亚的漂亮镀金圣障（放置圣像的屏风）。

食宿

阿斯克海滩有几家全年营业的海滨小馆。

Hotel New Aegli 酒店 €€

（☎22980 22372；www.newaegli.com；双 €55~120；⏰4月至10月；❄@📶🏊）长长的阿斯克海滩是波罗斯最好的海滩之一。Hotel New Aegli与海滩只隔一条路，是不错的度假村风格酒店，提供很好的现代房间，很多房间有海景。

Sirene Blue Resort 度假村 €€

（☎22980 22741；www.sireneblueresort.gr；Monastiri Beach；双/套 含早餐 €140/240起；

❄📶🏊)从波光粼粼的游泳池到挺括的床单，打造出豪华的海滨假期。位于祖佐胡皮吉斯修道院附近的莫纳斯提尔海滩（Monastiri Beach）。

伊兹拉（HYDRA） ΥΔΡΑ

人口1966

伊兹拉（发音：ee-dhr-ah）毫无疑问是萨洛尼克湾的一颗明珠。在希腊的诸岛之中，它孤立于一隅，是一个禁止任何带轮子的交通工具通行的小岛。这里没有汽车，没有小型摩托车，只有细碎的大理石铺就的小巷，以及驴子、岩石和大海。多少年来，伊兹拉一直吸引着形形色色的群体，比如艺术家Brice Marden、Nikos Chatzikyriakos-Ghikas、Panayiotis Tetsis，音乐家莱纳德·科恩（Leonard Cohen），演员梅利纳·梅尔库里（Melina Mercouri）、索菲亚·罗兰（Sophia Loren）等，当然，还有像你一样的游客。岛上拥有保存完好的石头建筑、交错的乡村小路以及清澈见底的海水。你还可以在海港上随处找一家不错的咖啡馆，坐看往来行人。骡子和驴子是伊兹拉主要的运载工具，加之岛上淳朴的生活方式，伊兹拉给人以别致和质朴的双重体验。

历史

伊兹拉古时人口稀少，但是古希腊历史学家希罗多德（Herodotus）曾途经此处并在其《历史》（Ἱστορίαι）一书提及过此地。这里有人居住的最具说服力的证据要追溯到迈锡尼（Mycenaean）时期。16世纪，伊兹拉成为人们躲避威尼斯人和土耳其人之间战争的避难所，许多人从今天的阿尔巴尼亚地区迁徙而来。

18世纪中叶，岛上居民开始建造船只，并热衷于在仅有一线之隔的海上贸易和海盗活动中冒险。他们远赴埃及和黑海经商，并在拿破仑战争时期（1805～1815年）打破了英国人对他们的封锁。由于一直老老实实纳税，他们没有受到奥斯曼帝国的过多干涉。到19世纪，伊兹拉已然具备了成熟的海上力量，镇上的大部分豪华宅邸均系富裕的海运商人所建。1821年，岛上人口为2.8万，达到了顶峰。在希腊独立战争中，伊兹拉提供了130艘船以封锁土耳其。这片岛屿养育了很多领导人，比如前希腊舰队统帅Andreas Miaoulis，以及1822年至1827年希腊国民议会主席Georgios Koundouriotis。

ℹ 到达和离开

快速渡轮从伊兹拉往返于波罗斯、比雷埃夫斯和斯派塞斯以及位于伯罗奔尼撒的埃尔米奥尼和波多河丽。冬季，渡轮班次大大减少。你可以在伊兹拉镇阿尔法银行（Alpha Bank）右边小巷的**Hydreoniki Travel**（☎22980 54007）购买船票。**Freedom**（☎6944242141，6947325263；www.hydralines.gr）的船只来往于伊兹拉和大陆上仅比一个停车场稍大的Metohi（€6.50，10分钟，每天11班，码头和网络上有时间表）。

站点	时间	票价	班次
埃尔米奥尼*	20～40分钟	€7.50	每日3班
比雷埃夫斯*	1.75小时	€25.50	每日4～6班
波罗斯*	30分钟	€12.50	每日4班
波多河丽*	1小时	€15	每日4班
斯派塞斯*	40分钟	€10.50	每日4～5班

*高速服务

ℹ 当地交通

通常人们游览伊兹拉时会选择步行。夏季，凯科轻舟从伊兹拉镇出发前往岛上的沙滩。**水上出租**（☎22980 53690）的运费贴于码头上（Kamini €10，Vlyhos €15）。驴夫们聚在码头附近，可以帮你把行李送到旅店里，费用是€10～15。绕码头一周的短程骑驴费用约为每人€10。

伊兹拉镇（Hydra Town） Υδρα

人口1900

伊兹拉的生活集中在繁华的港口周围。无论你是自己驾船还是乘坐渡轮而来，停满船只的繁华港口、一排排精心保护的浅色石屋，都会给你留下深刻的印象。港口在旺季会形成一套独有的生态系统，游艇、凯科轻舟和水上出租车进出往返；驴子、游客、咖啡馆常客、水上出租车的拉客者让这个大理石码头充满了个性鲜明的节奏。晚上，这里就成了景观大道，可以随手抓把椅子，再买杯饮品，随意坐看周围的人情风物。

Hydra 伊兹拉

如果你往回一直走到拥挤的码头房屋区，特别是从镇中心往陡峭的坡路上爬的时候，会对伊兹拉的本地生活产生全然不同的认识：老奶奶们在安静的小巷里聊着晚饭吃什么，而街道逐渐变成了土路，通向随季节和时辰变换色彩的山丘。

👁 景点和活动

梅利纳·梅尔库里会展中心（Melina Mercouri Exhibition Hall）和**戴思特基金会**（Deste Foundation；www.deste.gr）免费 在旺季举办艺术展览。

★拉扎罗斯·库多里奥迪斯历史故居 博物馆

（Lazaros Koundouriotis Historical Mansion；☎22980 52421；www.nhmuseum.gr；成人/儿童 €4/免费；⏲3月至10月 周二至周日 10:00~14:00和17:30~20:30）伊兹拉最负盛名的文化建筑当属拉扎罗斯·库多里奥迪斯历史故居，这座漂亮的土色石头豪宅高高耸立在海港旁边，曾经是希腊独立战争的主要发起者之一的故居，也是18世纪晚期传统建筑的精美典范，有最初的布置、民间服饰、手工艺品和绘画作品。

★伊兹拉历史档案博物馆 博物馆

（Historical Archives Museum of Hydra；☎22980 52355；www.iamy.gr；成人/儿童 €5/3；⏲6月至8月 9:00~16:00和19:30~21:30，9月至次年5月 9:00~16:00）这个博物馆位于港口前，收藏了大量的人物肖像及海事文物，重点展示该岛在独立战争中发挥的作用。夏季这里会举办临时展览，还会在屋顶露台举行音乐会。

★伊兹拉大教堂 教堂、博物馆

（Kimisis Tis Theotokou Cathedral，Cathedral of Hydra；Metropolis）这座漂亮的大教堂位于海港边一座宁静的修道院中，历史可以追溯到17世纪，有一座蒂诺斯（Tinian）大理石钟楼。其中的**教会博物馆**（Ecclesiastical Museum；☎22980 54071；成人/儿童 €2/免费；⏲4月至11月 周二至周日 10:00~17:00）收藏圣像和法衣。修道院建筑也被称作凡内罗门尼（Faneromeni）。需穿着得体入内。

Harriet's Hydra Horses 骑马

（☎6980323347；www.harrietshydrahorses.com；1.5/8小时团队游 €20/140）友好的当地人哈丽雅特（Harriet）会说英语和希腊语，为前往修道院和海滩的正规骑马游提供向导服务。

Vasilis Kokkos 划船

(☎6977649789; bkokkos@yahoo.com) Caprice餐馆的老板瓦西里·柯克(Vasilis Kokkos)出租快艇(每天€40~230)和帆船(提前预订;一周最低€840)。要求提供驾照。

节日和活动

复活节是为期一周的盛大节日,人们会抬着鲜花装饰的碑文沿街游行,往卡米尼(Kamini)港口走去,这一活动在该区域相当闻名。

★米奥里亚节 文化节

(Miaoulia Festival; ⊙6月的第三个周末)在伊兹拉海滩上举行壮观的烧船仪式(还有烟火表演),以纪念舰队统帅Miaoulis和伊兹拉人在独立战争中的贡献。

住宿

这里住宿水准比较高,且价格不便宜。很多旅店房东会在码头招揽游客,组织行李转运。

Piteoussa 家庭旅馆 €

(☎22980 52810; www.piteoussa.com; Kouloura; 双 €50~70; ❄📶)开朗的店主在一条栽有松树的僻静街道上拥有两栋楼房,楼内有漂亮的房间。角落里的那栋楼经过了整修,里面的房间体现了时代的变化,配有现代设备;另一栋楼里的房间较小,2010年翻新过,很有现代感。

Pension Erofili 家庭旅馆 €

(☎22980 54049; www.pensionerofili.gr; Tombazi; 标单/双/标三 €45/50/70; ❄📶)坐落在城镇内部,这些令人感到惬意的低调房间很合算。还有配备厨房的单间公寓。

Glaros 家庭旅馆 €

(☎22980 52085, 6942523338; www.hydra.com.gr/glaros; 双 €55; ❄📶)打理妥善的简单房间位置便利,就在港口后面。

★Cotommatae 精品酒店 €€

(☎22980 53873; www.cotommatae.gr; 双/套 含早餐 €130/200起)这座建筑最近经过翻新,保留了本地特色和原来家庭的一些纪念品,同时增添了无可挑剔的现代风格。有的套间有单独露台或水流喷射按摩浴缸。

★Hotel Miranda 酒店 €€

(☎22980 52230; www.mirandahotel.gr; Miaouli; 双/四/公寓 含早餐 €130/180/238起; ⊙3月至10月; ❄📶)在这块摆满古董的宝地,假装自己是19世纪的船长。公共区域装饰着古香古色的绘画、木雕和不断变换的展品。凝视镶饰天花板,或者从高级房间的阳台眺望。这里还有公寓。

Angelica Hotel 精品酒店 €€

(☎22980 53202; www.angelica.gr; Miaouli; 双/标三/四 含早餐 €120/160/220起; ❄📶)这家富有魅力的酒店位于一处安静之地,以其舒适奢华的房间及宽敞完美的浴室而出名。高档房间有阳台,可以在水流喷射按摩浴缸里放松,或者在院子里休闲。

Hotel Sophia 精品酒店 €€

(☎22980 52313; www.hotelsophia.gr; 双 含早餐 €85~115; ⊙4月至10月; ❄📶)华丽的小房间就位于港口上。有的房间有阳台,有的是两层,每间都精心配备了所有现代化设备。卫生间由漂亮的大理石砌成。

Nereids 家庭旅馆 €€

(☎22980 52875; www.nereids-hydra.com; Kouloura; 双 €65; ❄📶)经过精心修复的石屋,有性价比超高的可爱房间。宽敞、宁静,有漂亮的装饰,房间有伊兹拉岩石高地的景色,顶层的房间可观看海景。

Pension Alkionides 家庭旅馆 €€

(☎22980 54055; www.alkionidespension.com; 紧邻Oikonomou; 双/单间公寓 €63/80; ❄📶)位于城镇中心宁静的胡同内,房间整洁(有的相当小),有泡茶和咖啡的设备以及美丽的庭院。单间公寓有单独的露台。

Amaryllis Hotel 酒店 €€

(☎22980 53611; www.amarillishydra.gr; Tombazi 15; 标单/双 €45/60; ❄📶)简单的房间、友好的老板和就在城镇中心的超棒地段,让这里成为经济型住宿的可靠选择。另外有共用厨房。

Hydra Town 伊兹拉镇

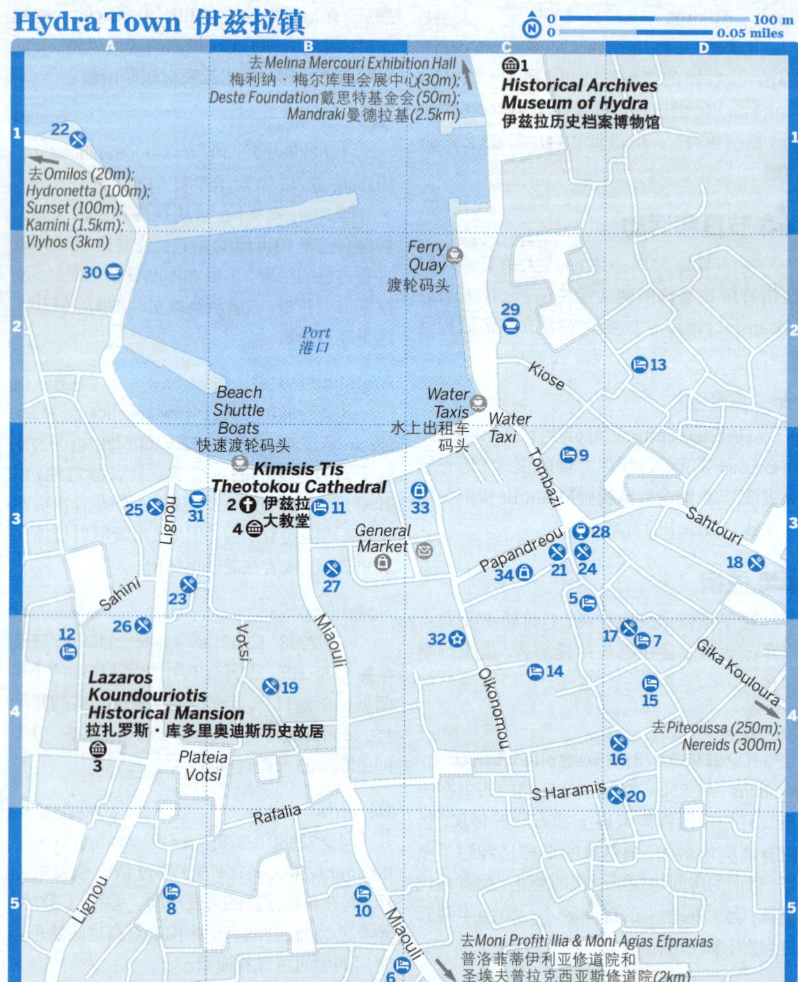

★ Hydra Hotel

公寓 €€€

(☎22980 53420, 6972868161; www.hydra-hotel.gr; Petrou Voulgari 8; 单间公寓 含早餐 €150~200, 公寓套房 €250; ❄📶)码头南侧高处就是这栋翻新得无可挑剔的老楼，内有最好的漂亮公寓，有小厨房，可观景。202号房间有小阳台，一览无余的景色美极了。

Hydras Chromata

公寓 €€€

(☎6944225576; www.hydraschromata.gr; 公寓 €160~220; ❄📶)3间配备新式的独立公寓有露台，以及所有让你感到宾至如归的便利条件。

✕ 就餐

Paradosiako

希腊小馆 €

(☎22980 54155; Tombazi; 主菜 €5~14; ⏰复活节至11月 正午至23:30)街边的这个小地方是希腊传统饮食的代表。坐落在街角露台。可以一边观看行人，一边津津有味地吃着开胃小吃，比如蒜汁甜菜根沙拉，或者荤菜和海鲜，比如新鲜的烤沙丁鱼片。

Hydra Town 伊兹拉镇

重要景点

1 伊兹拉历史档案博物馆 C1
2 伊兹拉大教堂 B3
3 拉扎罗斯·库多里奥迪斯历史故居 A4

景点

4 教会博物馆 B3

住宿

5 Amaryllis Hotel C3
6 Angelica Hotel B5
7 Bratsera Hotel D4
8 Cotommatae A5
9 Glaros C3
10 Hotel Miranda B5
11 Hotel Sophia B3
12 Hydra Hotel A4
13 Hydras Chromata D2
14 Pension Alkionides C4
15 Pension Erofili D4

就餐

16 Barba Dimas D4
17 Bratsera D4
18 Caprice D3
19 Flora's B4
20 Gitoniko D4
21 Ke Kremmidi C3
22 Omilos A1
23 Ostria A3
24 Paradosiako C3
25 Psarapoula A3
26 Veranda A4
27 Zefyros B3

饮品和夜生活

28 Amalour C3
29 Isalos C2
30 Papagalos A2
31 Pirate A3

娱乐

32 Cinema Club of Hydra C4

购物

33 Elena Votsi C3
34 Turquoise C3

Ostria 希腊小馆 €

（Stathis和Tassoula；☎22980 54077；主菜€5~8；⏰午餐和晚餐）人们常以这家餐馆热情的老板的名字来直呼它。这家全年营业的希腊小馆所提供的都是新鲜食物。点菜的时候不用看菜单，直接问问是否有鸡肉饼、蚕豆、南瓜球。斯塔西斯（Stathis）供应亲自捕捞的鱿鱼，鲜美可口。

Zefyros 希腊小馆 €

（☎22980 52008；Miaouli；主菜€5~9；⏰正午至22:00）可爱的阿马利娅（Amalia）和她的家人在这间位于码头后面的低调餐厅内提供传统希腊菜肴。看看玻璃橱里的当日特色菜。连德国人都说这里有岛上最好的炸肉排。

Psarapoula 希腊小馆 €

（☎22980 52630；主菜€7~12；⏰正午至深夜）往码头上方看，Pirate酒吧和主要面包店附近就是这家可靠的小馆，在此可以欣赏优美的港口景色。这家餐馆建于1911年，颇具历史感。游客和当地居民都喜欢品尝这里的每日特供菜肴。

Ke Kremmidi 希腊菜 €

（☎22980 53099；Tombazi；皮塔三明治€2.50，主菜€6~9；⏰正午至深夜）这家友好的希腊烤肉（souvlaki）小店将桌子排到了热闹的步行街上，提供美味的沙拉和盘装烤肉。

Flora's 甜点 €

（Anemoni；☎22980 53136；Plateia Votsi；甜点€1起；⏰9:00至深夜）内陆沃特斯广场（Plateia Votsi）的Flora's甜品店用当地的羊奶制作蛋奶饼（galaktoboureko）、大米布丁和冰激凌。

★ Sunset 地中海菜 €€

（☎22980 52067；主菜€9~22；⏰复活节至10月 正午至23:00）这家餐厅靠近港口西边的炮台，以其壮观的景色而出名；菜肴也新鲜又精致，美味的沙拉、创新的意面及本地的鱼类均以天才的烹饪方法呈现，透着一丝优雅。

Barba Dimas 意大利菜 €€

（☎22980 52967；Tombazi；主菜€11~20；⏰晚餐）这里提供地道的意大利食物，就像是那不勒斯人的祖母过去做的那样。继续往内陆方向走50米，在La Castra另有一家较大的露天餐厅，还经营午餐。菜单每天都有变化，旺季请提前预订。

Bratsera 地中海菜 €€

（☎22980 52794；Tombazi；主菜 €9~20；⊙4月至10月 早餐、午餐和晚餐）位于Bratsera Hotel游泳池（白天不使用）旁边的室内餐馆，提供了在温馨愉快的气氛中享受高档美食的机会。自助早餐（€14）非常丰盛。

Gitoniko 希腊小馆 €€

（☎22980 53615；Haramis；主菜 €7~15；⊙复活节至10月 午餐和晚餐）人们常用老板的名字克里斯蒂娜和马诺利斯（Christina and Manolis）来代称这家店。店里提供各种各样的希腊菜肴，尤其有名的当属鱼类，价格较高。

Caprice 意大利菜 €€

（☎22980 52454；Sahtouri；主菜 €9~15；⊙晚餐 4月至10月）这里提供享用浪漫烛光晚餐的机会。有成套的意大利菜肴，其中还有现做的意面。

Veranda 地中海菜 €€

（☎22980 52259；Lignou；主菜 €7~15；⊙4月至10月 晚餐）这家餐馆有着梦幻般的露台，能看到外边正对的港口和群山。由开朗的兄弟俩经营。

Omilos 地中海菜 €€€

（☎22980 53800；www.omilos-hydra.com；主菜 €16~25；⊙复活节至10月 正午至深夜）这家别致的水畔餐馆全是白色，是伊兹拉的美食入门地点。夜间这里会变成舞厅。

饮品和夜生活

价格较高，但可以一边喝咖啡或鸡尾酒，一边观看来来往往的各色人等。午夜过后，港口便热闹起来。

★ Pirate 咖啡馆、酒吧

（☎22980 52711；www.thepiratebar.gr；港湾；⊙8:00至深夜）友好的温迪（Wendy）、塔科斯（Takis）以及他们的孩子萨拉（Zara）和宙斯（Zeus）一家经营着这家店。白天，他们提供一流的咖啡、早餐、家庭午餐；到了晚上，这里又变成了一个热闹非凡的聚会场所，音乐随着人群和气氛而变换。

★ Hydronetta 咖啡馆、酒吧

（☎22980 54160；⊙复活节至10月 正午至23:00）你无法忽略这家礁石之上的咖啡馆，位于海港的西端，邻水的地理位置十分优越。由总是面带微笑的安德鲁斯（Andreas）和伊莱亚斯（Elias）兄弟俩经营，提供鸡尾酒及午餐（仅在旺季）。

Papagalos 咖啡馆、酒吧

（☎22980 52626；港湾；⊙9:00至深夜）Papagalos稍微远离热闹喧嚣，位于港口比较安静的一侧。白天，这里提供咖啡和简单的饮食；夜晚，提供鸡尾酒和清朗的月光景色。

Isalos 咖啡馆

（☎22980 53845；港湾；⊙7:00至深夜）制作口味独特的咖啡，常年供应三明治和意大利面。

Amalour 鸡尾酒吧

（☎22980 53800；Tombazi；⊙6月至8月 19:00至深夜，全年其余月份营业时间缩短）这里有色泽明艳的鸡尾酒，成列摆放。室外有休闲的位子。过了午夜还可以在室内跳舞。

☆ 娱乐

Cinema Club of Hydra 电影院、剧院

（☎22980 53105；http://cineclubhydras.blogspot.com；Oikonomou）在7月和8月，露天影院会放映一些大片或者小成本的独立影片。还会组织人们前往埃皮扎夫罗斯古剧院看演出。

购物

Turquoise 时装、饰品

（☎22980 54033；www.turquoise.gr；⊙6月至8月 10:00~22:00，全年其余月份营业时间缩短）当地设计师季米特里斯（Dimitris）每年都用精致的木版印刷设计一系列女士服装和饰品。

Elena Votsi 珠宝

（☎22980 52637；www.elenavotsi.com；港湾；⊙10:00~23:30）伊兹拉本地人沃特斯（Votsi）采用精美的半宝石为原材料制作珠

宝，以其新颖大胆的设计而出名。她的作品在纽约和伦敦有售。

实用信息

伊兹拉没有旅游办事处，海港附近的银行有ATM机。

医院（☎2980 53150；Votsi）

旅游警察局（☎22980 52205）与常规警察局共用一处办公地。

伊兹拉周边

伊兹拉多山而干燥的内陆粗犷却宁静，与喧嚣的码头区形成鲜明的对比。Anavasi为步行者编写的《伊兹拉》（*Hydra*）地图很是实用。码头上贴有一份地图，上面标出了几条穿越海岛的小路。一旦离开了伊兹拉、卡米尼（Kamini）、弗里霍斯（Vlyhos）等地，就不再有服务和补给了，所以徒步前请带足饮用水。

在伊兹拉一定要体验前往普洛菲蒂伊利亚修道院（Moni Profiti Ilia）的长途攀爬。奇妙的修道院建筑中有美丽的圣像，还有绝美的风景。这是艰难的1小时，因为你要穿过松树和绵延弯曲的小路才能一览高处的盛景。圣埃夫普拉克西亚斯修道院（Moni Agias Efpraxias）是个较小的修道院，位于普洛菲蒂伊利亚修道院的正下方，由修女们管理。厄洛斯山（Mt Eros，588米）是岛上的最高点，通往此处的小路沿着岛上自东向西的山脊分布，但你要有高超的找路本领，也可以从无所不知的当地人那里打听准确方向。

码头向西约1.5公里，过了卡米尼之后，海滩大道就变成了美丽的天然小路。卡米尼有一个小渔港、几家好餐馆，还有布满礁石的游泳区和一个小小的鹅卵石海滩。确切地说，伊兹拉没有细沙沙滩，这是它的缺点，却也是它的长处，因为不会吸引成群的游客。人们经常在这里的礁石附近游泳。从卡米尼往前走1.5公里可以到达弗里霍斯，在这个山前的小村落里，有两处稍微大点的鹅卵石海滩（其中一处就叫作弗里霍斯，另一处则是更为原始的Plakes），还有几家希腊小馆和一座整修过的19世纪石桥。

从码头沿海滩大道向东2.5公里，就到了位于曼德拉基（Mandraki）的一处鹅卵石海滩。过了那儿是海滩度假村，有弹簧床和音乐，有时提供水上设备出租。

有船只往返于港口和上述地点。你一定要乘船去岛屿西南的比斯蒂海湾（Bisti Bay）或圣尼古拉奥斯海湾（Agios Nikolaos Bay），虽然地方偏远，但那里有碧海和撑满太阳伞的鹅卵石海滩。

食宿

★Christina　希腊小馆 €

（☎22980 53516；Kamini；主菜 €6~12；⏲复活节至10月 周四至周二 午餐和晚餐）从卡米尼的码头进岛就能来到这家餐馆。克丽斯蒂娜（Christina）夫人和她的孩子们会为客人端上岛上最好的希腊菜肴和新鲜鱼类。

To Pefkaki　海鲜、开胃小菜 €

（☎6973535709；Kamini；主菜 €5~10；⏲复活节至10月 周四至周二 午餐和晚餐）你得沿着通往卡米尼的海岸走一小会儿才能来到这家餐厅，不过这里值得一试，它供应的休闲午餐有开胃小菜和新鲜海味（美味炸鳀鱼）。

★Four Seasons　希腊小馆 €€

（☎22980 53698；www.fourseasonshydra.gr；Plakes；主菜 €6~12；⏲复活节至10月 正午至22:00；📶）这家美味的海滨希腊小馆展现了伊兹拉的另一面：没有码头周围的嗡嗡声，只有风声和海涛声。一定要品尝红鱼子酱沙拉（taramasalata，里面有鱼子）配面包，以及其他你感兴趣的菜。这里也提供不错的套房（€220 含早餐）。

Pirofani　各国风味 €€

（☎22980 53175；www.pirofani.com；Kamini；主菜 €12~16；⏲5月下旬至9月 周三至周日 19:30至午夜）友好的西奥（Theo）开创了一系列可供选择的菜肴，推荐玫瑰辣酱牛排（beef fillet with rose-pepper sauce）和香辣亚洲咖喱（spicy Asian curry）。

Enalion　希腊小馆 €€

（☎22980 53455；www.enalion-hydra.gr；Vlyhos；主菜 €6~12；⏲复活节至10月 正午至22:00）这家餐馆可算是弗里霍斯海滩最好的

选择，有传统希腊食物。

Castello 地中海菜 €€€

（☎22980 54101；www.castellohydra.gr；Kamini；小吃 €7~15，主菜 €15~30；⊙6月至9月11:00至深夜）滨水的Castello位于翻新过的18世纪堡垒内，桌子排到了海滩上，提供小吃、美味的海边饮食和落日时分的鸡尾酒。周一至周四，这里不时会提早供应晚餐特色菜，价格是€24。景色令人赞叹。

斯派塞斯 (SPETSES) ΣΠΕΤΣΕΣ

人口 4027

斯派塞斯伫立在距离伯罗奔尼撒半岛陆地仅几公里之遥的地方，但这里要比萨罗尼克湾的其他地方更具自在的希腊岛屿风情。古镇生气勃勃、历史悠久，是岛上唯一的一座村落。一条简单的小路环绕着连绵起伏的山丘、松林和水晶般清澈的海湾。斯派塞斯镇有多彩的夜生活、餐馆，还有交通方便的宜人游泳场。这里过去拥有丰富多彩的海军历史，现在依然非常受游艇主人的欢迎。生机勃勃的文化吸引来艺术家、知识分子和喜爱岛上派对的人。

历史

在斯派塞斯镇的老海港附近和达皮亚港口（Dapia Harbour）周边都有古希腊铜器时代早期居民居住的痕迹。罗马和拜占庭遗址在圣尼古拉奥斯修道院（Moni Agios Nikolaos）后方的区域，位于上述两地之间。人们认为，斯派塞斯自10世纪开始的600年间都无人居住，直到16世纪，阿尔巴尼亚流亡者为躲避土耳其人和威尼斯人之间的战争才来到这里。

和伊兹拉一样，斯派塞斯通过造船积累财富。岛上的船长们在拿破仑战争（Napoleonic Wars）期间打破了英国人的封锁，在希腊独立战争时期改装了海船并加入了希腊舰队。在这次战争中，诞生了一位不朽的当地女英雄拉斯卡琳娜·波博利纳（Laskarina Bouboulina），她来自伊兹拉，是舰队指挥官、无畏的战士。岛上标志性的阿勒颇松树（Aleppo pine）森林是富有远见的慈善家Sotirios Anargyros的遗产，但在过去的20年里，已几次遭受火灾破坏。如今这片树林正稳步恢复往昔的模样。

Spetses 斯派塞斯

到达和离开

高速渡轮连接斯派塞斯和伊兹拉、波罗斯和比雷埃夫斯，以及伯罗奔尼撒的埃尔米奥尼和波多河丽。在夏季，有凯科轻舟（每人€4）和渡轮（€2）从港口出发去往大陆的科斯塔（Kosta）。注意：斯派塞斯仅限当地人的汽车通行，所以将你的车停在科斯塔。在Bardakos Tours（见157页）买票。以下是高速船只服务。

站点	时间	票价	班次
埃尔米奥尼	20~30分钟	€7.50	每日2班
伊兹拉	40分钟	€10.50	每日4班
比雷埃夫斯	2小时10分钟	€35	每日5班
波罗斯	1小时30分钟	€14.50	每日4班
波多河丽	15分钟	€5.50	每日4班

当地交通

自行车

自行车租赁中心（☎22980 72209；http://spetsesbikecenter.blogspot.com；⏲10:00~15:30和17:30~22:00）位于鱼市后面，出租自行车（每天€8），车上有婴儿座椅。

船

夏季，岛上的海滩提供凯科轻舟服务（往返€11）。公告牌上公布有**水上出租车**（☎22980 72072；Dapia Harbour；⏲24小时）的价格。都从Bardakos Tours对面的码头出发。

公共汽车

复活节期间会开放两条线路，6月至9月，班次会增加到每日3班或4班。公共汽车站和镇子周围的公告牌上有发车时间。一班从斯派塞斯镇的圣母广场（Plateia Agiou Mama）前往圣帕拉斯凯维（Agia Paraskevi，€6，40分钟），途经圣马里纳和阿吉伊阿纳吉里（Agii Anargyri）；另一班从Poseidonion Grand Hotel前面发车，途经Ligoneri抵达Vrellos（€4）。

汽车和摩托车

在斯派塞斯，只有当地汽车才能通行，而镇中心则连当地汽车也不准通行。可以选择的交通方式是小型摩托车，这里有很多摩托车和四轮摩托车出租商店（每天€15~€25）。

斯派塞斯镇（Spetses Town） Σπέτσες

人口 4001

热闹非凡的城镇沿着包括几座码头和海滩的滨水区延伸开来。渡轮到达的**达皮亚港口**、Plateia Limenarhiou广场周边地区和内陆的钟楼广场（Plateia Orologiou）上，到处是旅游商店和咖啡馆。沿着安静的小巷继续向内陆方向走，或者沿着Sotiriou Anargyriou的滨海道路向左走，穿过镇子的海滩和圣母广场后，可以来到气派的arhontika（古老豪宅），一睹斯派塞斯令人印象深刻的历史（或发展）财富。过了**圣尼古拉奥斯修道院**之后，就到了引人入胜的**老港**（Palio Limani）和有趣的**Baltiza**游艇停泊区和造船区。一条步行道和一条公路从达皮亚港口北侧延伸穿过海边的**Kounoupitsa**地区。

景点

斯派塞斯博物馆 博物馆

（Spetses Museum；☎22980 72994；http://odysseus.culture.gr；成人/儿童 €3/免费；⏲周二至周日 8:30~14:00）这个博物馆位于Hatzigiannis Mexis（1754年至1844年）的老宅，他是个船东，后来成为该岛的第一位统治者。这里的馆藏规模不大却很迷人，包括岛上的文物、传统服饰和岛屿创建人的肖像。

波博利纳博物馆 博物馆

（Bouboulina' s Museum；☎22980 72416；www.bouboulinamuseum-spetses.gr；成人/儿童€6/免费；⏲4月至10月 每日数次团队游）这座博物馆位于19世纪航海指挥官——"斯派塞斯的女儿"拉斯卡琳娜·波博利纳（Laskarina Bouboulina）的故居。这里提供导览游，全程40分钟（镇内的公告牌和网上公布开始时间）。博物馆有时举办音乐会。港口有一尊令人印象深刻的**波博利纳雕像**，就在Poseidonion Grand Hotel对面。

节日和活动

★ 阿玛塔 文化节

（Armata）斯派塞斯在1822年一场关键的海战中打败了土耳其，为纪念这次海战，每年都举办为期一周的庆祝活动，有历史重现表演和烟花燃放表演，在9月8日这天达到高潮。

住宿

Villa Christina Hotel 家庭旅馆 €

（☎22980 72218；www.villachristinahotel.com；标单/双/标三 含早餐 €40/50/60起；❄📶）位于海港向内陆走的上坡主路约200米处，房间整齐，有个可爱的花园，远离聒噪的交通噪声。

Hotel Kamelia 家庭旅馆 €

（☎6939095513；hotelkamelia.gr；标单/双 €35/40；⊙复活节至10月；❄📶）这家旅馆远离Agios Mamas地区喧嚣的海滨，性价比高。房间通风良好，阳台种满了九重葛。

Villa Marina 家庭旅馆 €

（☎22980 72646；www.villamarinaspetses.com；双 €50~60；❄📶）非常简单的标间房里有冰箱，楼下有设备齐全的公共厨房。就位于圣母广场的右边。

★ Orloff Resort 精品酒店 €€

（☎22980 75444；www.orloffresort.com；双/单间公寓/公寓 含早餐 €125/135/255起；⊙3月至10月；❄📶🏊）位于城镇边缘、老码头附近，在通向圣马里纳的路边，质朴的Orloff藏身于白色高墙后面。住客能享受时尚的房间和水晶般透明的泳池。

Economou Mansion 家庭旅馆 €€

（☎22980 73400；www.economouspetses.gr；双 含早餐 €130起；❄📶🏊）这家漂亮的家庭旅馆位于达皮亚港口以北约500米处，就在水边经过修复的船长住宅底层。提供令人感觉宾至如归的放松住处，融合了古香古色的装饰和现代设施，比如游泳池、电视、吹风机和保险箱。早餐很丰盛。

Kastro Hotel 公寓 €€

（☎22980 75319；www.kastro-margarita.com；单间公寓/4人公寓 含早餐 €120/160；❄📶🏊）这座私密安静的公寓楼靠近镇中心，这里提供单间和公寓。装修非常低调，房间却配有现代化设施和超大阳台。

Klimis Hotel 酒店 €€

（☎22980 73725；www.klimishotel.gr；Dapia Harbour；标单/双 含早餐 €65/85起；❄📶）位于一家咖啡厅酒吧和一家法式蛋糕店的上面，提供设施齐全的房间，其中一些带有面朝大海的阳台。

★ Poseidonion Grand Hotel 豪华酒店 €€€

（☎22980 74553；www.poseidonion.com；Dapia Harbour；双 含早餐 €230~350，四人套€570；❄📶🏊）在这里，你有机会体验20世纪20年代阔太太和绅士的生活。这家庄严古老的酒店已完全翻新，从精致房间到高档大堂酒吧和大泳池，每一寸地方都体现了奢华。对了，这里还有岛上最好的两家餐馆。

Zoe's Club 公寓 €€€

（☎22980 74447；www.zoesclub.gr；单间公寓/公寓 含早餐 €175/195起；❄📶🏊）一间间宽敞的独立公寓环绕着一座老旧的泳池和场院。这家公寓位于镇中心一面高大石墙之后，在斯派塞斯博物馆（Spetses Museum）附近。

就餐

达皮亚的Poseidonion Grand Hotel和Nissia Hotel有很好的餐馆。

★ Akrogialia 海鲜、希腊小馆 €€

（☎22980 74749；www.akrogialia-restaurant.gr；Kounoupitsa；主菜 €9~17；⊙10:30至午夜）这家极好的餐馆位于Kounoupitsa海滨区，有美味的食物、热情的服务和明亮的环境。美食包括烘焙的melidzana rolos（一种配有奶油乳酪和胡桃的茄子），尽情享用美味的鱼烩饭或精选牛排吧。全都搭配精选希腊美酒，一定让你大快朵颐。周末要预订。

Patralis 海鲜 €€

（☎22980 75380；www.patralis.gr；Kounoupitsa；主菜 €7~15；⊙1月至10月 午餐和晚餐）

Patrali有七十多年的历史，以优质海鲜而闻名全岛，恰好位于Kounoupitsa海滨区。

To Nero tis Agapis 地中海菜 €€

（☎22980 74009；www.nerotisagapis.gr；Kounoupitsa；主菜 €9~22；⏰午餐和晚餐）这家名为"爱之水"的饭店名字甜美，供应美味的鱼肉和荤菜。推荐这里的意大利小龙虾面（crayfish tagliatelle）和炖鱼（zarzuela），这里还有各种富有创意的沙拉可供选择。海景最美的浪漫餐桌需要预订。

Orloff 地中海菜 €€

（☎22980 75255；www.orloffrestaurant.com；Old Harbour；主菜 €13~21；⏰6月至9月 18:30至次日1:00，5月和10月 周五 18:30至次日1:00，周六 12:30至次日1:00，周日 12:30~18:00）这家有名的餐馆提供新鲜鱼肉和独家特色菜，如海鲜扁面条（seafood linguini）和茄子酱猪肉丝（pork fillet with aubergine puree）。其露台就在老港北边道路转弯处的水面之上。

★ **Tarsanas** 海鲜 €€€

（☎22980 74490；www.tarsanas-spetses.gr；Old Harbour；主菜 €17~26；⏰午餐和晚餐）这个家庭经营的餐厅是一家鱼馆（psarotaverna），位于老港口的水面上，很受欢迎，主要擅长制作鱼肉佳肴。价格可能较高，但是单单品尝鱼汤（€6）就是一种享受，还有其他的开胃菜，如柠檬汁腌鳀鱼（anchovies marinated with lemon），€6起。

饮品和夜生活

直接前往老港-Baltiza地区，斯派塞斯夜生活的中心。酒吧和夜店经常改头换面，不过这里始终有派对。

Ariston 咖啡馆

（☎22980 73803；Dapia Harbour；⏰9:00至深夜；📶）这是水滨区域上档次的地方，白天有咖啡，傍晚有夕阳西下。

Roussos 咖啡馆

（☎22908 72819；Dapia Harbour；⏰9:00至深夜）这家老式的斯派塞斯咖啡屋地处海港，提供点心。

Bar Spetsa 酒吧

（☎22980 74131；www.barspetsa.org；Agios Mamas；⏰3月至10月 20:00至深夜）你人生中能够碰到的最棒的小酒吧之一，这家斯派塞斯酒吧从不缺少轻松的氛围。过了圣母广场50米就能发现亭子右侧路边的这家酒吧。

La Luz 酒吧

（☎22980 75024；www.laluzspetses.gr；Old Harbour）La Luz经常有现场音乐，始终以斯派塞斯老港区美轮美奂的海景为荣。

Throubi 酒吧

（☎6948957398；Old Harbour）老港的主题之夜和DJ舞会。

Mourayo 酒吧

（☎6974335540；www.mourayospetses.gr；Old Harbour）别只为了吃而来，落日时分或深夜的水边鸡尾酒和希腊流行音乐也超赞。

Stavento Club 夜店

（☎22980 75245；www.clubstavento.com；Old Harbour；⏰23:00至深夜）听着流行音乐和希腊节拍跳舞。

ℹ 实用信息

达皮亚海港的银行里有ATM机。

Bardakos Tours（☎22980 73141；Dapia Harbour）出售渡轮船票，协助进行其他安排。

市政信息亭（Municipal information kiosk；www.spetses.com.gr；⏰5月至9月 10:00~21:00）位于码头，旺季时这里会有工作人员为你解答与岛屿有关的疑难问题。

港务局（☎22980 72245）从俯瞰达皮亚海港的咖啡馆露台向内陆走便可到达。

旅游警察局（☎警察局 22980 73100，旅游警察局 22980 73744；⏰5月中旬至9月）从俯瞰达皮亚海港的咖啡馆露台向内陆走便可到达，就在港务局里面。

斯派塞斯周边

斯派塞斯广阔的海岸线上散布着无数的峡湾、松林覆盖的海滩，一条26公里长的柏油公路环绕着整个海岸线，所以骑小型摩托车、四轮摩托车和自行车是游览这个岛屿的理想方式。热情的当地制图师彼得罗斯·哈里塔陶斯（Petros Haritatos）在网站www.spetsesdiadromes.wordpress.com上提供线路建议。内陆探索者需要一张详细地图，在报摊购买一张《阿纳沃斯地图》（*Anavasi*；€3.50）。

小而宁静的**克西洛凯里扎**（Xylokeriza）位于西南海岸上，这里有希腊烤肉摊（souvlaki kiosk），出售新鲜制作的香甜沙拉和美味烤马铃薯。

继续向前，是著名的长长的布满鹅卵石的**圣帕拉斯凯维海滩**（Agia Paraskevi）和多沙的**阿吉伊阿纳吉里海滩**（Agii Anargyri），后者虽然拥挤但风景如画。这两个地方都有希腊小馆和各种水上运动，夏季提供船只和汽车。可以在Anargyri的最北端顺着一条小路潜入水中的**贝克利斯洞穴**（Bekiris Cave），在这里畅游一番。

其他美丽的地点有**Vrellos**海滩和**Zogheria**海滩。

圣马里纳是镇子附近一处沙滩环绕的小度假村。**Ligoneri**海滩距离斯派塞斯镇2.5公里，乘汽车很容易到达。

Spetsopoula小岛远离南部海岸，为Niarcho家族所有，不对大众开放。

基克拉泽斯群岛

包括 ➡

最佳餐饮

- Thalassaki（见172页）
- M-Eating（见185页）
- O! Hamos（见253页）
- Omega 3（见261页）
- Metaxi Mas（见242页）

最佳住宿

- Semeli Hotel（见184页）
- Studios Eleni II（见170页）
- Makares（见218页）
- Red Tractor Farm（见267页）
- Aroma Suites（见236页）

为何去

想探索你梦中的希腊岛屿吗？就从基克拉泽斯群岛（Κυκλάδες，发音：kih-klah-dez）出发吧！高低不平的岩石钻出碧蓝的海面，在阳光的照耀下熠熠生辉，岛上还分散着许多雪白的村庄和蓝色半圆穹顶的教堂，还有许多考古遗址和如同明信片般的海滩。如果想品尝美食，一些著名的聚会胜地和许多高雅餐厅的烹饪方法会让你感觉回到了雅典时期，让你感受到希腊最大的魅力。

最让人惊讶的，可能要数这里所提供的多样选择。你可以尽情追寻任何类型的假期：在米科诺斯岛和伊奥斯岛追求充满享乐主义的氛围；在提洛岛感受历史的变迁；在安德罗斯岛和阿莫尔戈斯岛徒步；想跟恋人表白吗？到圣托里尼岛吧；想逃避现实吗？去多诺萨。是的，你就生活在自己的梦里。

何时去

米科诺斯镇

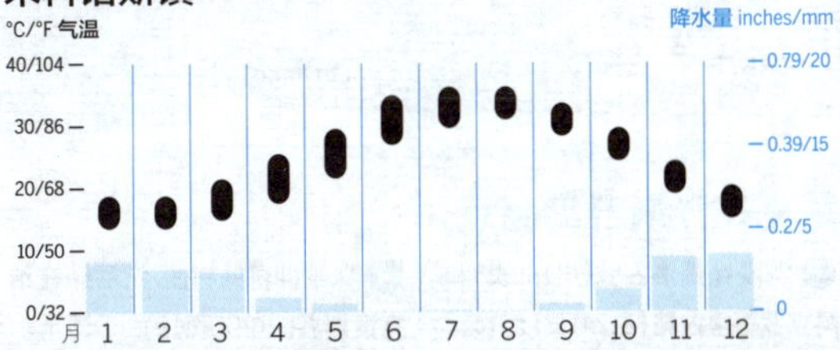

4月至6月 阳光正好，船也不会太挤。

7月和8月 阳光、大海、沙滩、愉快的夜晚和充满活力的伙伴们。缺点是人满为患、价格高昂。

9月和10月 可以提供更为安静的海滩，还可以伴随芳草的清香在山丘上漫步。

基克拉泽斯群岛亮点

❶ 沉浸在**提洛古城**(见189页)和**阿克罗蒂里古城**(见241页)之中。

❷ 到遥不可及的**小基克拉泽斯群岛**(见212页)感受宁静。

❸ 在迷人的**米科诺斯岛**(见178页)和充满喧嚣派对的**伊奥斯岛**(见224页)纵情狂欢,直至黎明。

❹ 探索神奇的村庄,然后躺在**纳克索斯岛**(见200页)的白沙滩上。

❺ 漫步于古老的人行道之上,穿越**安德罗斯岛**(见161页)的山谷。

❻ 被**阿莫尔戈斯岛**(见219页)令人眼花缭乱的修道院惊艳。

❼ 参加一次**蒂诺斯岛**(见167页)的朝圣之行。

❽ 在田园般的**斯弗诺斯岛**(见257页)或**安提帕罗斯岛**(见199页)感受另类的假日气氛。

❾ 前往**圣托里尼岛**(锡拉;见229页)和**米洛斯岛**(见250页)的神奇火山岩海岸线。

历史

据说基克拉泽斯群岛至少在公元前7000年就已有人居住。公元前3000年左右，这里出现了与远航贸易和货币兑换息息相关的基克拉泽斯文明。在基克拉泽斯时代早期（公元前3000~公元前2000年），这里出现了很小但富有特色的基克拉泽斯大理石雕像，主要表现的是女性裸体形象。克罗斯岛（Keros）有个无人居住的岛屿，它位于小基克拉泽斯群岛（Small Cyclades）上的库福尼夏（Koufonisia）。最新发现表明，这个岛屿可能是个朝圣之地。在这里，打碎雕像是仪式的一部分。

在基克拉泽斯时代中期（公元前2000~公元前1500年），这里的很多岛屿为米诺斯人所占据，他们很可能是从克里特岛移民而来。圣托里尼岛上发掘出的阿克罗蒂里正是一座克里特城邦，这里的手工艺品可以与克里特岛宫殿里的藏品相媲美。从基克拉泽斯时代晚期（公元前1500~公元前1100年）开始，基克拉泽斯群岛就处于伯罗奔尼撒的马其顿人势力范围之内。到了公元前8世纪，马其顿文明又被北面的多里安文明所代替。

到公元前5世纪中叶，这些岛屿成为强盛的雅典帝国成员。在希腊化时期（the Hellenistic era，公元前323~公元前146年），埃及的托勒密王朝掌控这里，接着是马其顿人。公元前146年，群岛成为罗马的一个省。这时，群岛已经和地中海的很多地方都建立了贸易联系。

公元395年，罗马帝国分裂，拜占庭（君士坦丁堡）夺取并统治基克拉泽斯群岛。但是，自公元1204年拜占庭衰落之后，群岛就被威尼斯统治，并随之催生了一批机会主义贵族。其中实力最强的是Marco Sanudo（自封为纳克索斯的威尼斯公爵），他获得了十几个较大的岛屿，包括纳克索斯、帕罗斯、伊奥斯、斯弗诺斯、米洛斯、阿莫尔戈斯岛和福莱安兹罗斯岛（Folegandros）的统治权，而他所引进的威尼斯印记至今依旧留存在岛上的建筑中。

1537年，土耳其人开始统治基克拉泽斯群岛。但帝国本身就管理不力，更别提保护这些分散的附属国了。一些海边的定居点频繁遭受海盗袭击，所以很多村庄迁到了隐蔽的岛屿内陆，他们也因此而生存下来。幸存的村庄如“霍拉”（Horas，意为“首府”，也经常写作“Chora”），如今成为群岛上极具吸引力的地方。土耳其人忽视海盗问题和粮食水源短缺的问题，进而导致了更多偏远岛屿上人口的减少。到了1563年，只剩下5个岛屿还有人居住。

在希腊独立战争中，基克拉泽斯群岛发挥的作用不大。但这里成为逃亡者的天堂。那时候，其他岛屿上反抗土耳其的起义者们都遭到了屠杀和迫害。第二次世界大战期间，意大利抢占了基克拉泽斯群岛。战后，群岛遭受了比以往更严重的经济掠夺。许多岛上的居民生活在贫困之中，许多人放弃抵抗，前往大陆地区，或是去美国和澳大利亚谋生。

20世纪70年代，随着旅游业的兴起，基克拉泽斯群岛得以复兴。然而，如何找到一条可持续的发展道路、不破坏这里的魅力和吸引力，成为如今的一大挑战。

安德罗斯岛（ANDROS） ΑΝΔΡΟΣ

人口 9221

安德罗斯岛是基克拉泽斯群岛的第二大岛，有着历史悠久并让人们引以为豪的航海传统。此外，这里还是徒步者的天堂。荒山之中是肥沃的山谷，谷里有潺潺的溪流和古代的石磨。在这个草木茂盛的岛屿上，几乎每个村庄都有山泉，一年中的大部分时间都有瀑布在山间奔流。最好租辆汽车，沿着偏僻的小路，在野花丛和考古遗迹中穿行，一览宏伟壮观的景致。同时，霍拉最迷人的主要城镇也叫安德罗斯，是一位船主的领土。镇上到处都是新古典主义建筑。

ℹ 到达和离开

从大陆港口拉斐那（Rafina）出发可到达安德罗斯，通过定期渡船继续南行，到达蒂诺斯岛和米科诺斯岛。每周有几班抵离锡罗斯岛（Syros）的直达车，从那里前往群岛的其他地方非常便利（或者你可以乘坐每天到达锡罗斯岛的公共汽车，然后在蒂诺斯转乘渡轮）。

在霍拉的**Ploes Travel**（☎22820 29220；Empirikou）或者在加夫里翁（Gavrio）的**Batsi**

Travel（☎22820 71489）买票。

ℹ 当地交通

KTEL Andros（☎22820 22316）每日最多有9班公共汽车（周末班次略少）往返于加夫里翁和霍拉（€4，55分钟），途经巴奇（Batsi，€2，15分钟）。运营时刻表张贴在加夫里翁和霍拉的汽车站外。淡季公共汽车通常会按拉斐那渡船的时刻表运营。

出租车（☎Batsi 22820 41081，Gavrio 22820 71561，Hora 22820 22171）从加夫里翁到巴奇大约花费€10，到霍拉大约花费€40。

路况不好、道路很窄，但是许多徒步线路和景点只有坐车才能到达。**Escape in Andros**（☎22820 29120；www.escapeinandros.gr）可以安排租赁车辆到机场接你（8月 每天约€40起，淡季 €25起）。

加夫里翁（Gavrio） Γαύριο

人口 1200

慵懒的加夫里翁位于西海岸，是安德罗斯的主要港口。海滨有服务设施（ATM机、售票代理处、汽车租赁），但小镇并不是岛上最有趣和最宜居的部分——有许多向南延伸的海滩（经过巴奇）相当迷人。

食宿

加夫里翁有很多希腊小餐馆，沿水滨一字排开。

Andros Camping 露营地 €

（☎22820 71444；www.campingandros.gr；露营地 每个成人/帐篷/汽车 €6.50/3.50/3；⏲5月至9月；📶）这个简单的露营地位于橄榄树丛中，在港口后面约400米处。按照通往巴奇的

Andros 安德罗斯岛

安德罗斯岛船只服务信息

目的地	时间	票价	班次
米科诺斯岛	2小时30分钟	€14	每天2~5班
拉斐那	2小时	€17	每天3~5班
锡罗斯岛	2小时50分钟	€10	每周2班
蒂诺斯岛	1小时30分钟	€11	每天2~5班

公路上的路标，在安德罗斯旅行社的逃生出口处转弯。

Perrakis 酒店 €€

（☎22820 71456；www.hotelperrakis.com；Chrissi Ammos；双 含早餐 €100起；⊙全年；❄📶🏊）在加夫里翁以南约3公里处，与金沙滩（Golden Beach）隔路相望。风景超棒，房间一流，高级客房非常漂亮，还有一个大阳台。这里有一个潜水中心和一家餐馆。淡季价格会下降50%。

Allegria Family Hotel 酒店 €€

（☎22820 72110；www.allegria-andros.com；Agios Petros Beach；双/四 €75/85；⊙4月至9月；❄📶）非常适合家庭居住，距离海滩很近，位于加夫里翁以南几公里处的Agios Petros。单间公寓都坐落在美丽的花园里，房间里有小厨房，一些配有儿童床。

Giannoulis 希腊小馆 €

（☎22820 71385；Agios Petros Beach；主菜€7~15；⊙6月至8月 午餐和晚餐，4月至5月 只有午餐）在这家自1958年开业、经营良好的经典希腊餐厅里，你可以享受传统美食。它位于Agios Petros Beach水滨，加夫里翁和巴奇之间。

巴奇（Batsi） Μπατσί

人口 960

巴奇小而陈旧，位于加夫里翁7公里外东南方向一处过度建设开发的美丽海湾上，有着长长的金色沙滩。岛上的主要度假村在7月和8月生意火爆。

食宿

7月和8月以及6月和9月的周末，最好提前订房。

Cavo D' Oro 客栈 €

（☎22820 41776；www.andros-cavodoro.gr；双 €40；❄📶）这里有几间简单、舒适的房间，物超所值。位于一家餐馆的上面，从海滩穿过马路就是。

Krinos Suites Hotel 精品酒店 €€€

（☎22820 42038；www.krinoshotel.com；套 含早餐 €160起；⊙5月末至9月；❄📶）这是安德罗斯一个相对高档的地方，有9套设备齐全的套房和一家时尚的"艺术咖啡馆"。有些房间有可以看到海景的阳台。

Stamatis Taverna 希腊小馆 €€

（☎22820 41283；主菜 €5~15；⊙午餐和晚餐）位于码头上面，这家餐馆的内部就像一个迷人的时光隧道，食物因正宗而闻名：安德罗斯羔羊肉和八宝鸡是特色菜，还有新鲜的鱼类菜肴。在周三晚上供应慢火羔羊肉时，需要提前预订。

实用信息

Greek Sun Holidays（☎22820 41198；www.andros-greece.com）在住宿、租车、渡船票、岛屿徒步及短程旅行上可以提供帮助。在巴奇港湾前面有一个办事处。

霍拉（安德罗斯岛）［Hora (Andros)］ Χώρα (Ανδρος)

人口 1670

霍拉拥有别具一格的魅力，地处岩石海岬之上，其新古典主义风格的建筑令人惊叹，两侧各有一个繁忙的海湾：Niborio和Paraporti。半岛上有不少威尼斯堡垒遗迹，镇上的壮观宅邸和广场一部分是威尼斯殖民者留下的，另一部分是来此定居的船主留下的。霍拉的文化传统在当代艺术博物馆、令人印象深刻的考古博物馆和几个重要的教堂中得到了很好的体现。

景点和活动

★当代艺术博物馆
博物馆

（Museum of Contemporary Art；MOCA；☎22820 22444；www.moca-andros.gr；门票 夏季/其他时间 €5/3；⏰7月至9月 周三至周一 11:00~15:00，周三至周日 18:00~21:00；4月至6月和10月 周三至周一 10:00~14:00；11月至次年3月 周六至周一 10:00~14:00）当代艺术博物馆早已凭借夏季展出的著名艺术家的作品在国际享有盛誉。这里展出过毕加索、马蒂斯、图卢兹-劳特累克（Toulouse-Lautrec）、米罗（Miró）和曼·雷（Man Ray）的作品。雕塑画廊展出希腊杰出艺术家们的作品。有一家夏季海景咖啡馆，供应家庭自制甜点，位于Plateia Kaïri的台阶下面（设有路标）。

安德罗斯考古博物馆
博物馆

（Andros Archaeological Museum；☎22820 23664；Plateia Kaïri；成人/儿童 €3/免费；⏰11月至次年3月 周五和周日 9:00~16:00）本书在调研时，博物馆有时间限制。如果它开放了，你可以研究公元前2世纪的普拉克西特列斯（Praxiteles）的安德罗斯的赫耳墨斯（Hermes of Andros）雕塑的大理石副本，它由青铜版本仿制而来；也可以研究令人印象深刻的其他发现，例如公元前9世纪至公元前5世纪Zagora和帕莱奥波里（Paleopoli）在安

计划者：基克拉泽斯群岛环岛游

基克拉泽斯群岛由24座主要岛屿（还有一些无人居住的岛屿）组成，分布在希腊大陆和克里特岛（Crete）之间的爱琴海上。

去哪里游览

从米科诺斯岛出发前往圣托里尼岛非常容易，这条路线甚至已经成为老生常谈。途中会经过许多二线岛屿，如帕罗斯岛、纳克索斯岛或伊奥斯岛。但你可以考虑更加遥远的组合之旅（沿着最显而易见的渡轮路线，游览所有能去的地方）。

➡ 如果你在米科诺斯岛的派对上玩够了，可以从这里出发向北游览，前往安德罗斯岛，那里非常适合徒步；也可以前往蒂诺斯岛，去体验那里的文化。

➡ 圣托里尼岛上壮丽的火山口好评如潮，但阿纳菲岛与这个喧嚣的旅游岛相比较给人一种世外桃源的感觉。相同感觉的还有福莱安兹罗斯岛，你可以拍摄那里的当地生活。

➡ 纳克索斯岛有许多绝妙的美食和海滩，但只有当地的小渡轮能到达库福尼夏的一流海滩以及阿莫尔戈斯岛的山脉和修道院。

➡ 知道渡轮时间表便于你计划走一条人烟稀少的道路，并穿越景色相当优美的西部岛屿塞瑞弗斯岛、斯弗诺斯岛和米洛斯岛。

如何环岛游：船

设计穿越岛屿路线的关键是了解每一艘渡轮在什么时间出发，开往哪里。渡轮服务的高峰期在7月和8月，但是到了淡季，渡轮服务会大量减少，有些路线甚至会停运。

值得注意的是，在2015年夏天NEL Lines破产后，渡轮服务一直处于不稳定的状态。（NEL是基克拉泽斯群岛上的一个主要的航运公司，从事岛与岛之间的运营服务，很可能会重新开放一些运营路线，但也有可能被其他的经营者改变原来的路线。）

许多公司都有遍及基克拉泽斯群岛的交通网。它们从阿提卡的主要港口出发，例如比雷埃夫斯（最大的港口，有通往大多数岛屿的运营服务）、拉斐那（到达米科诺斯岛、安德罗斯岛和蒂诺斯岛非常方便）和拉夫里奥（通往基斯诺斯岛和凯阿）。

如何环岛游：飞机

基克拉泽斯群岛24座岛屿中的6座都有机场——米科诺斯岛、锡罗斯岛、帕罗斯岛、纳克索斯岛、圣托里尼岛、米洛斯岛——所有机场每天都有飞往雅典的航班。夏季，一些机场还有

德罗斯西海岸的定居历史。

威尼斯城堡
遗迹

（Venetian Fortress）威尼斯城堡遗迹位于一个岛上。该岛由一座破损的石制拱桥与岬角相连，是个拍照的好地方。

Afanis Naftis
纪念碑

这个巨大的青铜水手雕像坐落在海角顶端的广场里，用来纪念霍拉的航海传统。附近有一个小型的航海博物馆（很少开放）。

住宿

许多古老的大厦已经被改造成精品酒店。周末价格会上涨。

★Anemomiloi Studios
公寓 €€

（☎22820 24084；www.anemomiloi.gr；双/四 €85/95；❄📶）这片很受欢迎的建筑群坐落在小镇的南端，里面有窗明几净的单间公寓，从所有的阳台都能看到绿色的田野。老板非常友好，会为你提供很多帮助，他们在附近又建造了更多的公寓，计划2016年开业。淡季价格会大幅度下降。

Archontiko Eleni
精品酒店 €€

（☎22820 22270；www.archontikoeleni.gr；Empirikou 9；标单/双 含早餐 €75/90；❄📶）这家新古典主义公寓中有8个房间，你可以享受温暖舒适的床铺。这里有高高的天花板和上等的装潢，包括19世纪90年代的原木地板。

直飞欧洲各个城市的航班（包机航班，以及飞往米科诺斯岛和圣托里尼岛的定期航班）。不过这些岛屿之间很少有直飞航班。

何时去游览

渡轮路线、游客数量、服务和价格都受季节的影响。4月（从东正教的复活节开始）至10月是基克拉泽斯群岛的旅游季节。

7月和8月是旅游的高峰期，此时游客最多，价格也比较昂贵。一定要参加这里的派对（那时的酒吧和夜店相当火爆），但也要考虑到那时的海滩将人潮拥挤，餐馆里的餐桌将很难预订，并且价格也会飞涨（尤其是住宿）。如果向在旅游部门工作的希腊人咨询，他们则会告诉你在5月、6月和（尤其是）9月适合游玩。

旺季 7月至9月初。从7月中旬开始（8月15日是一个盛大的节日，大多数希腊人会在这个时候前来度假），旅游最高峰将持续6周。

平季 5月、6月和9月的大多数时间。

淡季 4月和10月。天气转凉，4月的海水也会很凉，这会使前来游泳的游客很失望（10月的水温通常比较合适）。服务项目也会减少（尤其是在较小的岛屿），但此时的酒店价格非常便宜。

冬季 不要低估冬季的旅行。圣托里尼岛正通力合作来吸引和满足冬季游客的需求。所有较大的岛屿上都有全年营业的住宿场所，游客还将有机会看到岛上鲜活的当地生活。

花销

在7月和8月，你需要花高价住宿和租车——尤其是在米科诺斯岛和圣托里尼岛。我们列出的参考价格都是指7月和8月的最高价。

除以上月份外，价格会大幅度下降，来基克拉泽斯群岛旅行将会非常划算，因为住宿价格会下降50%，甚至更多。米科诺斯岛上的顶级房间8月份的价格高达€350以上，而4月份的价格会下降到€90左右。伊奥斯的优质房间8月份的价格是€120，而5月末的价格会跌至€30。但圣托里尼岛是个例外，那里的火山景观房不管是什么季节（尽管也是8月份的价格最高）价格总是很高。但是，圣托里尼岛东海岸的海滨房间的价格在5月份会跌至€25。

地图资源

基克拉泽斯群岛上的每座岛屿现在都有Terrain(www.terrainmaps.gr)绘制的地图，Terrain的地图对于那些想去人迹罕至的地方探索的游客来说，无论是徒步还是驾车前往，都是非常宝贵(但价格便宜)的资源。地图上涉及了历史和神话、景点、地形和徒步路线，并且会定期更新。在大多数书店和纪念品店都有销售。你也可以留意Terrain的英语徒步旅行指南——目前只能买到基斯诺斯岛的徒步旅行指南，米洛斯岛和斯弗诺斯岛的指南计划在2016年发行。

Micra Anglia 精品酒店 €€€

(☎22820 22207; www.micra-anglia.gr; Goulandri 13; 双 含早餐 €160起; ⏲5月至10月; ❄📶)霍拉的五星级酒店，里面有大量的现代化设施，装饰时尚。网上预订可打折。

就餐

霍拉的主街道上林立着许多使人眼花缭乱的糖果店(zaharoplasteio)。你可以漫步其中，并品尝一些美食。

I Parea 希腊小馆 €

(☎22820 23721; Plateia Kaïri; 主菜 €6~12; ⏲午餐和晚餐)历史悠久，在当地很有名。位于中心位置，最令它引以为傲的，是能俯瞰Paraporti海滩的大型露台。进去看看当天新出炉的美食。

Ta Skalakia 希腊小馆 €

(☎22820 22822; 主菜 €7~8; ⏲周一至周六 晚餐)毛茛黄色调的餐馆，桌子摆得满满当当，一直到楼梯口。里面更像个法式小馆，有古典新奇的小古董。这里有一个简短、美味的菜单，供应牛至风味猪肉、肉丸和烤羊乳酪等菜肴。

Endochora 地中海菜 €€

(☎22820 23207; www.endochora.com; Empirikou; 主菜 €8~15; ⏲5月至9月中旬 午餐和晚餐，一年中的其他时间只有周末营业)Endochora位于主干道上，是一个时尚的热门地点，供应新鲜的希腊经典美食，还是一个位置极佳的观景点。沙拉中的原料都是当地最好的，如酸豆、番茄、无花果和奶酪。

实用信息

公共汽车站位于Plateia Goulandri上面(继续前行会经过出租车亭)。沿大理石步行街从此处一路下坡，则通向威尼斯城堡(堡垒)，还有服务场所，包括许多家银行。你还可以登录http://andros.gr/en获取信息。

安德罗斯岛周边

试试租辆汽车探索安德罗斯岛的广袤大山、小小村庄以及道路和沙滩，你会觉得物有所值。在车上能饱览山脉的全景。

在岛屿北边，Arni附近有绿荫遮蔽的分水岭，随着曲折的道路延伸到风景开阔的Vourkoti和圣尼古拉奥斯。在那里，分水岭就被海风吹拂下的怪石嶙峋的山丘所代替了。

帕莱奥波里位于巴奇以南7公里的海岸公路上，是古代安德罗斯及其沉没的海港所在地。尽管只剩下废墟，但在面积不大的帕莱奥波里考古博物馆(Archaeological Museum of Paleopoli, ☎22829 41985; ⏲周二、周四和周五 9:00~16:00) 免费 里面陈列着一些出土文物。

岛屿上有个完全从事农业生产的山谷，有许多泉水汩汩的小村落。山谷的标志是环绕着霍拉的一些大理石狮子头像及类似的东西。道路穿过Sariza、Stenies、Mesathouri、Strapouries和Menites，这些地方都很有趣，值得一探究竟。

在南边，你可以造访一些宁静的农耕村庄，比如莱瓦贾(Livadi)、Kochilou、Piskopio和Aidonia，这些地方有不少废弃的中世纪城堡。这一区域最迷人的要数Ormos Korthiou，它被旷野和柏树环绕，但同时也是个有些单调的海湾村庄。

景点和活动

海滩

加夫里翁和帕莱奥波里海滩之间有不少美丽的海滩，包括金沙滩(Hrisi Ammos)、

Delavoia（那里沙滩上一半的人都是"天体主义者"）、Anerousa和青滩（Green Beach）。在霍拉附近，可以去看看可爱的Gialia Beach。

壮观的**Halkolimionas**——有金色的沙子和一间小教堂——位于一个石头梯田河谷向下2公里处，靠近霍拉的交叉路口。夏季有一家小沙滩酒吧营业。

一些最好的海滩，如Ahla、Vori和Vitali（都在东北部），只能乘四轮驱动车或者乘船到达。乘船之旅（或船只租用）通常可以在巴奇和尼姆波里奥（Nimborio）预订。

步行

有18条设有路标的小径穿梭于安德罗斯，步行时间在30分钟至6小时，并从容易到普通标记了难易程度。

最值得购买的就是由**安德罗斯路线**（Andros Routes；www.androsroutes.gr）项目和Anavasi地图公司共同出版的《安德罗斯徒步地图》（*Andros Hiking Map*；€6），非常详尽。在岛上的书店和礼品店都能买到。安德罗斯路线的网站也有路线概况图，可以为你在岛上的徒步旅行提供很好的建议。

当地人推荐游客到霍拉北部地区漫步，包括Stenies和Apikia的村庄。如果想短途漫步，**Pithara**是一个好去处，那里绿树成荫，还有发源于Apikia的溪流。如果想长途漫步，可以去激动人心的**季波塔马塔峡谷**（Dipotamata Gorge）。一路上设有路标，会引领你驶入内陆，到达Sineti（霍拉东南部）。一部分铺有鹅卵石的道路经过古桥和水磨，你会看到生机勃勃的植物，下面还有潺潺的流水经过。

在**Trekking Andros**（☎22820 61368；www.trekkingandros.gr；有导游带领的漫步 每人€15起）预订一次有导游带领的漫步之旅不失为一个更好的选择。Trekking Andros是岛上的一家公司，组织和安排一系列活动，包括徒步、骑山地自行车、乘船旅行、瑜伽、烹饪或绘画课程。

食宿

Onar Residence 农舍 €€€

（☎21062 51052，69325 63707；www.onar-andros.gr；Ahla Beach；3/5/7人农舍€210/350/650；⏲5月至10月；❄📶）位于Ahla偏僻但极好的海滩后面的湿地上，有环保、独特、豪华又僻静的农舍，这个度假村还为顾客准备了一座有机餐馆。你可以在网站上查询关于如何到达这个度假村的信息（道路仅限四驱车进入。交通工具可预约）。

★ **Tou Zozef** 希腊小馆 €

（☎22820 51050；Pitrofos；主菜 €6~10；⏲午餐和晚餐）友好的Katerina Remoundou就像是多年不见的长辈，热情地带着你去起居室和绿树成荫的庭院。在顾客品尝季节性的Andriot食物，如奶酪洋葱派（cheese-and-onion pie）或炖羊肉（stewed kid）时，她会跟顾客聊天。菜肴美味正宗，原料都产自当地。餐馆在Pitrofos村庄里，在霍拉西南7公里处，需要提前打电话预订。

Gialia 希腊小馆 €

（☎22820 24452；主菜 €7~12；⏲4月至10月 午餐和晚餐）距霍拉几公里的地方是美丽晶莹的Gialia Beach，这家极好的餐馆就在那里，为饥饿的游客和海滩探索者供应小吃和丰盛的经典菜肴。一定要尝一尝美味而丰盛的安德罗斯沙拉。

蒂诺斯岛（TINOS） ΤΗΝΟΣ

人口 8640

蒂诺斯是深受慵懒游客欢迎的岛屿之一，其高知名度主要是因为它是希腊正统的朝圣之地：圣母福音教堂（Church of Panagia Evangelistria）位于港口和主镇上。

在远离镇上的人群之后，你会发现蒂诺斯是一片有着自然美景的乐土。这里有隐蔽的海湾，也有梯田密布的山坡，烟雾缭绕的山顶上隐藏着40多个有大理石装饰的村子。在这些黄褐色村庄的对面，散布着数不清的精美鸽房，这些是威尼斯人的遗产。

蒂诺斯有着深厚的艺术传统，大理石雕刻最能体现出这种艺术的博大精深，皮尔戈斯北边的大理石矿场附近有个雕刻家村。蒂诺斯的食物以当地农产品（乳酪、香肠、番茄和野生洋蓟）为原料，是希腊最棒的美味之一。

到达和离开

拉斐那和比雷埃夫斯大陆港口、锡罗斯岛、安德罗斯岛及米科诺斯岛屿等地常年都有渡轮服务。夏季高速服务包括通往蒂诺斯南部的路线，从拉斐那（Rafina）开往主要的岛屿，如米科诺斯岛、帕罗斯岛、纳克索斯岛、伊奥斯岛和圣托里尼岛。可在霍拉海滨的**Malliaris Travel**（☎22830 24242；www.malliaristravel.gr）买票。

霍拉有两个码头：新（或外）码头位于主海港以北300米处，提供常规的和较大的快速渡船；旧（或内）码头位于镇上主海港北部尽头，提供小型快速渡船。注意你乘坐的渡船从哪个港口启航。

当地交通

5月至9月，**KTEL Tinos**（☎22830 22440；www.kteltinou.gr）公共汽车从霍拉开往附近的基奥尼亚（€1.60，10分钟，往返频繁），向西北开往帕诺尔莫斯（€4.20，1小时，每日数班），中途经过坎博斯（€1.60，15分钟）和皮尔戈斯（€3.40，50分钟）。霍拉公共汽车站位于港口附近。可以先上车后买票。

在霍拉水滨地区能租到摩托车（每日 €15~20）和汽车（每个工作日 €40，旺季周末 €60）。**Vidalis Rent a Car & Bike**（☎22830 23400；www.vidalis-rentacar.gr）在霍拉有4个服务点。

打电话预订**出租车**（☎22830 22470）。

霍拉（蒂诺斯岛）[Hora（Tinos）]
Χώρα（Τήνος）

人口 4762

霍拉，也被称作蒂诺斯（Tinos），是小岛的首府和码头。海港前分布着咖啡馆和旅店，后面狭窄的街道两侧则遍布饭店。霍拉最引以为傲的是圣母福音教堂，这里应该是希腊

Tinos 蒂诺斯岛

蒂诺斯岛船只服务信息

目的地	时间	票价	班次
安德罗斯岛	1小时30分钟	€11	每天3班
伊奥斯岛*	3小时	€38.50	每天1~2班
米科诺斯岛	30~40分钟	€7	每天2~6班
米科诺斯岛*	15分钟	€11.50	每天1~3班
纳克索斯岛*	2小时	€29	每天1~2班
帕罗斯岛*	60~80分钟	€28	每天1~3班
比雷埃夫斯	4小时40分钟	€31.50	每天3~4班
拉斐那	4小时	€24	每天2~4班
拉斐那*	1小时40分钟	€48	每天2~4班
锡罗斯岛	30分钟	€7.50	每周3~4班
圣托里尼岛*	3小时40分钟	€40.50	每天1~2班

*高速服务

正统宗教最重要的朝圣之地。

有两条主街道通往教堂。Evangelistria上遍布商店和售货亭，里面摆满了纪念品和宗教器皿。而在Leoforos Megalocharis的一侧有一条铺着地毯的小路，这是供朝圣者们使用的。他们将长烛推在身前，缓慢地向教堂爬行。对霍拉而言，宗教确实有重要意义（游客要是赶在某个圣日来到岛上，想找个房间住下可不容易），但这个忙碌而低调的海港同样也是个喧嚣之地。

景点

★圣母福音教堂
教堂

（Church of Panagia Evangelistria，Church of the Annunciation；☎22830 22256；www.panagiatinou.gr；⊙8:00~20:00）在蒂诺斯宗教中，新古典主义的教堂和其中的圣母玛利亚神像是绝对的核心。这尊神像于1822年被发现，就在目前教堂所处的位置。据说，蒂诺斯的一位修女在冥冥中得到了圣母的指引，让她找到了这尊神像。最开始，有人传言这尊神像能让人疾病康复，所以有大批人来此朝圣，蒂诺斯的圣母也就成了希腊的守护神。

一进入教堂，你就能看到走廊左边的这尊神像，神像身上用珠宝进行装饰。教堂用取自岛上的帕诺尔莫斯采石场的大理石修建，位于一座舒适的庭院之中，侧面与庄严的拱廊相连。在这里，你能一览四周的景色。博物馆（开放时间不定）里面的藏品有宗教艺术品、神像和世俗艺术品。门口没有门卫，但常来做礼拜的人和牧师希望你最好着装庄重：穿着长裤或裙子，衣服要遮住肩膀。

蒂诺斯文化基金会
画廊

（Cultural Foundation of Tinos；☎22830 29070；www.itip.gr；成人/儿童 €3/免费；⊙周一至周四 9:00~15:00，周五 10:00~14:00和17:00~20:30，周六 10:00~14:00）这个很棒的文化中心位于一座精美的新古典主义建筑之中，地处水岸之南，里面陈设着提尼安岛著名的雕刻家Yannoulis Chalepas的优秀作品。另一家画廊里有巡回展览。夏季经常有音乐节目。这里还有一家礼品商店和一家海港前的咖啡馆。

考古博物馆
博物馆

（Archaeological Museum；☎22830 29063；Leoforos Megalocharis；成人/儿童 €2/免费；⊙8:00~15:00 周二至周日）就在圣母福音教堂的下坡处，里面有一系列作品，包括令人印象深刻的黏土大口陶瓷坛（巨大的克里特存储罐）。

团队游

KTEL Tours
团队游

（☎22830 22440；www.poseidontraveltinos.com；全天游览 €12）夏季，可以在公共汽车站参加每天举行的团队游，将游览岛上的许多村庄，包括Volax、卢特拉（Loutra）、皮尔戈斯（Pyrgos）、帕诺尔莫斯（Panormos）和Tarambados。在一天的旅途中，你一路上能看到非常美丽的风景。团队游在11:00从公共汽车站出发，大约在17:00返回。

节日

圣母升天日
宗教

（Assumption of the Virgin Mary）8月15日，整个镇子完全沉浸在宴会日的氛围中。

住宿

在3月25日（天使报喜节，Annunciation）、希腊复活节（Greek Easter）、8月15日（圣母升天日，Feast of the Assumption）和11月15日（降临节，Advent）期间，霍拉会变得人山人海。除非数月前就定好旅馆，不然你就只能露宿街头了。

Nikoleta
家庭旅馆 €

（22830 25863；www.nikoletarooms.gr；Kapodistriou 11；标单/双 €30/40起；）沿着镇子南部向内陆走一段距离，就能找到这家小旅店，它是物超所值的选择之一。有座美丽的花园，一些房间带厨房。

★ Studios Eleni Ⅱ
客栈 €€

（22830 24352；www.studio-eleni.gr；Ioannou Plati 7；双/标三 €80/110；）它是从圣母福音教堂脱颖而出的一块"宝石"，小火箭般的埃莱尼（Eleni）经营着这家漂亮的客栈，所有的墙都被粉刷成白色，房间里有洁白的亚麻床单，还有一处极好的基克拉泽斯庭院，那里非常适合拍照。每个房间里都有一台冰箱，并有一个共享的小厨房。

埃莱尼还经营Studios Eleni Ⅰ，它位于小镇的南端，距离Agios Fokas Beach很近，与这里一样高端。在港口有到达这两家客栈的穿梭巴士。

Altana Hotel
精品酒店 €€

（22830 25102；www.altanahotel.gr；标单/双/套 含早餐 €80/90/100起；5月至10月；）在镇中心步行10分钟即可到达，位于通往基奥尼亚海滩（Kionia Beach）的途中。这家舒适的饭店是当代基克拉泽斯风格，墙壁洁白，内部装潢引入了独特的提尼安图案（Tinian motifs）。

Hotel Tinion
历史酒店 €€

（22830 22261；www.tinionhotel.gr；Eleftherias Sq；标单/双/标三 含早餐 €55/70/85；）这家老派的中央酒店的历史可以追溯到20世纪20年代，宽阔的走廊和曲折的楼梯通往天花板很高的舒适房间。房间的装饰有些陈旧，但这里依然极富吸引力，尤其是价格。你可以预订一间有阳台的海景房。早餐很丰盛。

餐饮

提尼安的食物新鲜又富有创造力，用的是当地特产。啤酒爱好者应该尝试一下蒂诺斯自产的手工制造的Nissos啤酒（www.nissosbeer.com）。

Mesklies
咖啡馆 €

（22830 22151；www.mesklies.gr；小吃 €3~7；9:00至深夜）这家位于海港前面的咖啡馆供应一系列美味的早餐，香甜美味的法式糕点最能吸引人们的眼球。从自制冰激凌到传统甜品，如香甜的乳酪小蛋糕（liknaraki）和杏仁酥，一定会找到你喜欢的。

★ Itan Ena Mikro Karavi
地中海菜 €€

（22830 22818；www.mikrokaravi.gr；Trion Ierarchon；主菜 €11~20；午餐和晚餐）以一个著名的当地童话故事的开场白（从前有一艘小船）命名，这家优雅的室内室外餐馆供应希腊美食和极具创意的地中海风味。像慢火炖猪肉和兔肉水饺这样的菜肴使用的都是极好的当地原料，环境和服务也堪称一流。

To Koutouki Tis Elenis
希腊小馆 €€

（22830 24857；G Gagou 5；主菜 €7~20；午餐和晚餐）这个色彩鲜艳但风格质朴的小餐馆占地不大，位于福音教堂下面延伸出来的小巷里。巷子非常窄，却挤满了多家希腊小馆。菜单上都是当地风味。试一试新鲜的奶酪、鱼汤、洋蓟馅饼或用茴香叶制作的油炸饼。

Tarsanas
海鲜 €€

（22830 24667；主菜 €7~18，鱼按公斤计费；午餐和晚餐）这是个亲切、淳朴的地方，位于海港南端，老板在前面设置了烧烤架，你可以在这里大吃一顿。特色菜是海鲜，尝一尝熏鱼酱和葡萄叶包小银鱼，或者挥霍一次，吃一回龙虾意大利面。

蒂诺斯岛周边

蒂诺斯的村庄非常迷人：山坡上有广袤的梯田，山顶有悬崖峭壁。这里还有原始村庄、美丽的沙滩和带有鸽房的迷人建筑。你可以租车，去欣赏这些美景。

基奥尼亚(Kionia)位于霍拉西北3公里处，有几处小海滩，还有建于公元前4世纪的波塞冬和安菲特里特神庙(Sanctuary of Poseidon & Amphitrite，门票 €2；⏲周二至周日 8:30~15:00)遗迹。这里曾是个很大的建筑群，吸引着朝圣者们前来。

沿着镇子北边的路先走上一段，你会发现美丽的克蒂佐斯(Ktikados)就坐落在悬着的山谷上，与蓝顶教堂和钟楼交相辉映。Drosia(☎22830 21807；Ktikados；主菜 €7~12；⏲复活节至次年10月 午餐和晚餐)是当地吃午餐和观景的首选。

坎博斯(Kambos)坐落在一座风景优美的小山顶上，周围环绕着一望无际的田野，是Costas Tsoclis博物馆(Costas Tsoclis Museum；☎22830 51009；Kambos；⏲6月至9月 周三至周一 10:00~13:30和18:00~21:00) 免费 的所在地，也是当代艺术家作品的发源地。

千万不要错过塔拉巴佐斯(Tarabados)，它像个有趣的迷宫，小街道上到处都是大理石雕塑装饰，通往一个密布着鸽舍、有微风吹拂的山谷(寻找"Pigeon Houses' Area"的标记)。快去探索吧！

迷人的卡尔季亚尼(Kardiani)地处霍拉西北17公里的一处陡峭的悬崖上，四周环绕着绿色的植物。狭窄的小巷穿梭于村庄之中，面向锡罗斯的风景非常怡人。

皮尔戈斯是个美丽的、教堂遍布的村庄，就连这里的墓地都是用大理石雕刻而成的，漂亮的村庄广场看起来就像是电影布景。在19世纪晚期和20世纪早期，皮尔戈斯是著名的雕刻中心，源源不断地向外界供应当地优质的大理石。

在皮尔戈斯的主要入口处，让人着迷的雅努利斯·哈勒帕斯故居博物馆(Museum House of Yannoulis Halepas；成人/儿童 €3/免费；⏲4月至10月中旬 11:00~15:00和17:30~19:30)很好地保存了雕刻家们朴素的房间和作坊。相连的画廊展出当地雕刻家的杰出作品。

北部偏远的皮尔戈斯主干道的尽头是帕诺尔莫斯(Panormos)，一处深受喜爱的远足目的地，那里的渔港非常适合拍照，渔港两旁还林立着许多鱼馆。

霍拉北部12公里处的海港有翡翠色的Kolymvythra海湾，这里的蒂诺斯冲浪课程(Tinos Surf Lessons，www.tinossurflessons.com)将两片很棒的海滩之间充分利用了起来。提供冲浪课程，还出租冲浪板、浮板、皮划艇和独木舟。

前往阿加皮(Agapi)需要在内陆绕路，但这路绕得绝对值得。阿加皮位于一个绿荫遮蔽、有鸽舍的山谷中，空灵浪漫，名副其实(agapi在希腊语中的意思是"爱")。

穿过吸引人的克洛科斯(Krokos；里面有Evangelismou tis Panagias，是一个很大的天主教堂)，就到达了Volax，它位于霍拉正北6公里处。这个小村庄坐落在低矮群山之中的圆形凹地中央，山上有成千上万的多色巨石。希腊小馆Volax(☎22830 41021；主菜 €6~10；⏲午餐和晚餐)供应地道的提尼安人最爱的菜肴，比如柠檬野生洋蓟(wild artichokes withlemon)。

不要错过

奇妙的大理石雕刻

Pyrgos高处的山坡上有非常宏伟的大理石工艺品博物馆(Museum of Marble Crafts；☎22830 31290；www.piop.gr；成人票/儿童票 €3/免费；⏲3月至10月中旬 10:00~18:00，10月中旬至次年3月 至17:00，全年周二闭馆)。这座杰出的现代博物馆创意地诠释了采石和雕刻的技术，里面有影片和解说详尽的展览，还配有英文翻译。展出的都是最优秀的工艺品和建筑，全都用提尼安大理石进行雕刻。其中，有关最后一批在世的采石工人工作的影片非常吸引人。

Exoburgo是威尼斯风格的堡垒遗址，位于Volax以南2公里处一座海拔640米的雄伟的岩石山顶部。

莱瓦贾东北部海岸的海滩很壮观，但霍拉东边的海滩，如**Porto**和**Pahia Ammos**则布满了建筑物。

食宿

Tinos Habitart 农舍 €€€

（☎22830 41907; www.tinos-habitart.gr; Triantoros; 4人小屋 €180起; ）这片设计巧妙的建筑群位于霍拉东北部6公里的一个村庄里，会让你体验到传统的岛上生活。5座房屋由石头和大理石构成，里面设备齐全，有厨房、居住空间和户外区域（大部分有私人游泳池）。我们最喜欢的要数由鸽舍改造而成的有三间卧室的别墅，非常迷人。

★ **Thalassaki** 新派希腊菜 €€

（☎22830 31366; tothalassaki@gmail.com; Ormos Isternia; 主菜 €8~16，鱼按公斤计费; ⊙复活节至次年10月 午餐和晚餐）如果你想去Ormos Isternia（皮尔戈斯南部凹凸不平的丘陵之间一个岩石密布的海滩），那就来这家餐馆吃饭吧。这家海滨餐馆里有手工制作的当地奶酪、番茄、野生洋蓟，还有艺术品般的蔬菜菜肴，海鲜极具创意，味道鲜美（如葡萄糖蜜烤章鱼、葡萄酒茴香蒸贻贝）。旺季需要提前预订。

锡罗斯岛（SYROS） ΣΥΡΟΣ

人口 21,500

令人喜爱的小锡罗斯岛将传统和现代的希腊风情融合在一起。它是基克拉泽斯群岛中最小的岛屿之一，位于首府之外更有乡村气息的地区。锡罗斯岛是群岛的司法中心和行政中心，人口也是群岛内最多的。它还是北部群岛的渡船中心，也是埃尔穆波利（Ermoupoli）的所在地。埃尔穆波利有着不同寻常的历史，是基克拉泽斯镇中最为壮观的。作为基克拉泽斯群岛的首府，这里虽并不太注重旅游业的发展，但依然常年热闹而有活力，遍地都是很棒的餐馆，充分展现了希腊人的日常生活。

历史

本地出土的基克拉泽斯时期早期的居民区以及Kastri墓地位于岛屿东北部，可以追溯到新石器时代（公元前2800~公元前2300年）。

17世纪和18世纪，天主教修道士和耶稣会会士来到岛上定居。天主教在这里拥有绝对的影响力，在土耳其统治时期，锡罗斯甚至向法国寻求过帮助。

独立战争时期，成千上万受土耳其迫害的人逃到了锡罗斯。他们将希腊的正统文化和新鲜的创业活力结合在一起，使这里成为19世纪希腊商业、航海和文化中心。20世纪，锡罗斯的地位下降，你依旧可以看到造船厂、纺织厂、兴旺的园艺店、规模很大的行政管理部门和一片大学校园，天主教信徒也在不断增加。

到达和离开

飞机

奥林匹克航空公司（Olympic Air; www.olympicair.com）每日有航班从雅典（€87，35分钟）飞往**锡罗斯机场**，机场位于埃尔穆波利以南5公里。

船

渡船常年往返于比雷埃夫斯和拉斐那及邻近岛屿的主要港口。作为群岛的首府，锡罗斯大致上全年都有渡轮往返于基克拉泽斯群岛的各个岛屿之间。然而，在调研时，由于NEL Lines的破产导致时间表发生了很大的变化。NEL Lines是锡罗斯的一家很重要的渡轮公司，定期有船只发往基克拉泽斯群岛各地，还有比较偏远地区的运营服务。我们的建议是：利用www.openseas.gr等网站查询可以乘坐的船只，或联系当地旅行社。

每周**Blue Star**（www.bluestarferries.com）的渡轮会往返于锡罗斯岛和基克拉泽斯群岛的各小岛之间，以及阿莫尔戈斯岛（爱吉阿利港）。每周会有几班Blue Star渡船往返于锡罗斯和多德卡尼斯群岛之间，这些渡船会到达帕特莫斯岛、莱罗斯、科斯岛和罗得岛。同一家公司每周还有一班渡轮往返于锡罗斯和阿斯提帕利亚岛之间。每周还有**Hellenic Seaways**（www.hellenicseaways.gr）连接东北爱琴海群岛，包括帕特莫斯岛、伊卡里亚岛、萨摩斯岛、莱斯沃斯岛和利姆诺斯岛。

买票需要去**Teamwork Holidays**（☎28810 83400; www.teamwork.gr; Akti Papagou 18）或是**Vassilikos**（☎22810 84444; www.vassilikos.gr; Akti Papagou 10），位于埃尔穆波利。

询问你所乘坐的渡轮从哪里离港，因为渡轮

Syros 锡罗斯岛

0 2 km
0 1 mile
去Kythnos基斯诺斯岛(74km);
Kea凯阿(76km); Lavrio(102km);
Piraeus比雷埃夫斯(154km)
Cape Trimeson
Cape Diapori
AEGEAN SEA 爱琴海
Grammata Beach
Kampos
San Michalis
Kastri
Lia Beach
去Tinos蒂诺斯岛(22km);
Mykonos米科诺斯岛
(35km); Andros
安德罗斯岛(57km)
431m
Aetos Beach
Varvarousa
Mytikas
AEGEAN SEA 爱琴海
Delfini Beach
Pyrgos 皮尔戈斯 (440m)
Agios Georgios Cathedral 圣吉尔吉奥斯教堂
去Leros
莱罗斯(180km);
Kos科斯岛(200km);
Rhodes罗得岛
(300km)
Kini
Kini Beach 基尼海滩
Ano Syros 阿诺锡罗斯
Vrodado
Ermoupoli 埃尔穆波利
Syros锡罗斯岛
去Paros
帕罗斯岛(48km);
Naxos纳克索斯岛(55km);
Ios伊奥斯岛(102km);
Santorini
圣托里尼岛(135km)
Cape Katakefalos
Danakos
Mt Volakas (312m)
Lazareto
Galissas Bay
Galissas 加里萨斯
Armeos Beach
Manna
Pagos
Mesaria
Ano Manno
Parakopi
Azolimnos Beach
Vissa
Hrousa
Atelio
Finikas费尼卡斯
Adiata
Finikas Beach
Finikas Bay
Mt Axachas (319m)
Vari
Fabrika Beach
Posidonia Beach 波西祖尼亚海滩
Posidonia 波西祖尼亚
Vari Beach
Nisi
Angathopes Beach
Vari Bay 瓦里湾
Shinonisi
Megas Gialos
Komito Beach
Megas Gialos Beach
Strongylo
Cape Viglostasi

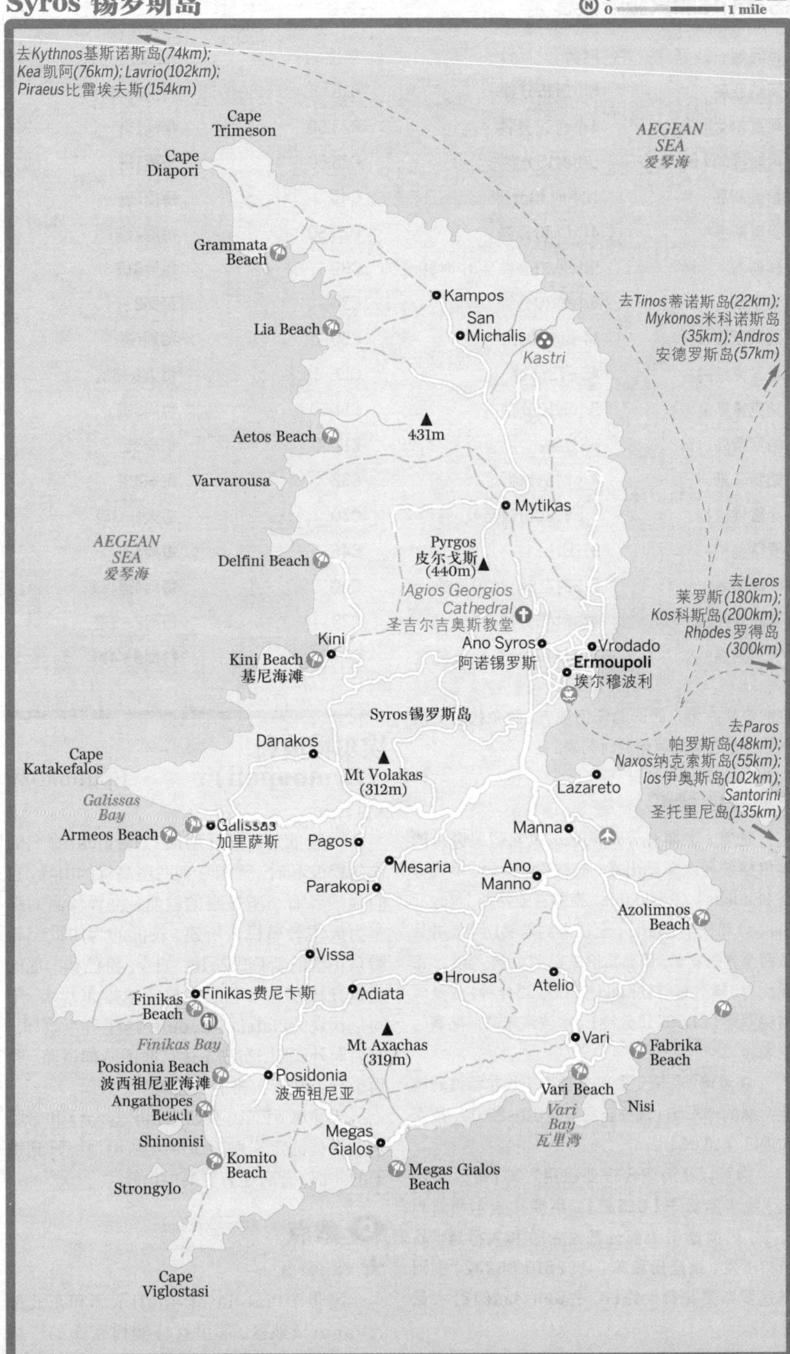

锡罗斯岛船只服务信息

目的地	时间	票价	班次
阿纳菲岛	6小时15分钟	€28	每周2~3班
阿莫尔戈斯岛	4小时30分钟	€23.50	每周1班
阿斯提帕利亚岛	6小时15分钟	€25.50	每周1班
希俄斯岛	11小时30分钟	€45	每周1班
伊奥斯岛	4小时30分钟	€25.50	每周2班
科斯岛	5小时30分钟至7小时30分钟	€39	每周3班
莱罗斯	5小时30分钟	€34	每周2班
莱斯沃斯岛	14小时30分钟	€50	每周1班
米科诺斯岛	45~75分钟	€12~18	每天1~3班
纳克索斯岛	2小时10分钟	€14.50	每周3班
帕罗斯岛	55分钟	€11.50	每周3班
帕特莫斯	4小时5分钟	€32	每周4班
比雷埃夫斯	3小时30分钟至4小时	€30	每天1~3班
罗得岛	9~11小时	€46	每周3班
萨摩斯岛	6小时至8小时20分钟	€40	每周4班
圣托里尼岛	4小时45分钟	€28	每周2~3班
蒂诺斯岛	30分钟	€7.50	每周3~4班

可能停靠在港口西部的任何地方。两个代理处的网站上都有每周渡轮的时刻表。

当地交通

通常，定期有公共汽车从渡轮码头旁边的埃尔穆波利汽车站出发，前往Galissas、费尼卡斯（Finikas）、Posidonia、梅加吉亚洛斯（Megas Gialos）和瓦里（Vari），全程大约需要1小时，并且从两个方向发车，最高票价是€1.70。除了周日，每天约有5辆汽车前往Kini（€1.60，35分钟）或是阿诺锡罗斯（€1.60，15分钟）。水滨汽车站前贴有时刻表。

在港湾，有辆免费班车往返于埃尔穆波利南北两端的停车场（周一至周五 7:00~22:00，周六和周日 至16:00）

你可以在海滨代理处租用汽车（每日 €40起）或者踏板车（€15起）。不要在埃尔穆波利开车，因为这里大部分都是台阶和人行道。从港口出发，乘坐**出租车**（☎22810 86222）去阿诺锡罗斯要花费大约€4，去Galissas€12，去瓦里€12。

埃尔穆波利（Ermoupoli） Ερμούπολη

人口 11,400

乘船抵达以赫耳墨斯（Hermes）命名的埃尔穆波利时，就能看到两座高耸的山峰，它们顶端各有一座显眼的教堂。位置较高的那座为天主教殖民者所建，较低的为19世纪希腊东正教的新移民所建。如今，粉色和白色的建筑在埃尔穆波利层层叠叠地排布开来。中间是壮观的Plateia Miaouli，这里有市政厅，然后向外辐射，布满了迷宫般的阶梯道路、购物步行街和新古典主义建筑。

天主教阿诺锡罗斯（Ano Syros）和希腊东正教徒的定居点Vrodado从山顶绵延到镇子的北部。背后还有更高的山峰。

景点

★ Vaporia 景区

漫步于Plateia Miaouli东部和东北部的Vaporia地区，那里有棕榈树密布的广场

Ermoupoli 埃尔穆波利

Ermoupoli 埃尔穆波利

重要景点

1 圣尼古拉奥斯 D1
2 Plateia Miaouli B2
3 市政厅 B2
4 Vaporia C2

景点

5 阿波罗剧院 C1
6 考古博物馆 B2

住宿

7 Diogenis Hotel A5
8 Ethrion A3
9 Hermoupolis Rooms B4
10 Lila Guesthouse A3
11 Ploes Hotel D2

就餐

12 Kouzina C3
13 Mammo C3
14 Oneiro C2

饮品和夜生活

15 Elia B2
16 Sta Vaporia D1

和雄伟的船主宅邸（一些现在已经是精品酒店）。在宏伟的东正教**圣尼古拉奥斯**（Agios Nikolaos; Vaporia District）教堂里面满是精美的壁画、雕塑、金饰和枝形吊灯，你可以目睹船主到底拥有多少的财富。

★ Plateia Miaouli 广场

这座宏伟的广场应该是基克拉泽斯群岛最好的城市空间了。以前这里紧邻海滨，如今已然成为内陆。从庄严的新古典主义**市政厅**（Plateia Miaouli）可以俯瞰广场全貌，它由恩斯特·齐勒（Ernst Ziller）所打造。棕榈树分列在广场两侧，咖啡馆和酒吧则遍布各个方向。广场和广场上的雕塑都得名于伊兹拉的海上英雄Andreas Miaoulis。

镇上有座小型**考古博物馆**（☎22810 88487; Benaki; 成人/儿童 €2/免费; ⏲8:30~20:00）外观很普通，位于市政厅的后面。在市政厅的两侧有两个年代久远的咖啡馆，那里的户外座椅非常适合观看人来人往。

★ 埃尔穆波利工业博物馆 博物馆

（Industrial Museum of Ermoupoli; ☎22810 84762; George Papandreou 11; 门票 €2.5; ⏲10月至次年3月 周一至周五 9:00~17:00, 4月至9月 周一至周六 10:00~15:30和周六 18:00~20:00, 周日 10:00~15:00）这是一座相当不错的博物馆，位于一座整修过的工厂中，记载了锡罗斯工业和造船业的传统。博物馆内有300多件标志性物品，覆盖缝纫、印刷、引擎、船只等方面的内容。打听一下**Aneroussis lead shot factory**是否开放，那里非常有趣。从市中心南行1公里即可到达这个博物馆，它就在通往基尼的道路上，在医院的对面。

阿波罗剧院 剧院

（Apollo Theatre; ☎22810 85192; www.facebook.com/apollontheater; Plateia Vardaka; 门票 €2; ⏲10:00~15:00）建于19世纪60年代，这个庄严的剧院有一部分是模仿米兰的斯卡拉（La Scala）而建造的。你可以留意剧院的定期表演，也可以偶然进去参观一圈。

活动

Cyclades Sailing 帆船

（☎22810 82501; www.cyclades-sailing.gr）一个大型的游艇出租公司，基地在费尼卡斯（Finikas）码头。登录网站查询范围广泛的船只租用和潜在的航行区域。为期一周的4人游艇出租在旺季的费用是€1430起。

Syros Windsurf School 帆板

（☎69367 13547）组织面向各个年龄段、各种水平的帆板和立式桨板活动。基地在费尼卡斯。可以在Facebook上获取更多详细信息。

课程

Omilo 语言课程

（☎雅典 210 612 2896; www.omilo.com/syros）在锡罗斯岛（和安德罗斯岛）都开设有夏季希腊语和文化课程。课程在埃尔穆波利以南4公里的Azolimnos举办。

住宿

渡船码头有很多廉价的住宿可供选择，精品酒店一般位于修葺一新的大厦之中，它们零星地散布在Vaporia地区。大部分旅店全年营业，淡季有折扣。

Hermoupolis Rooms 家庭旅馆 €

（☎22810 87475; www.hermoupolis-rooms.gr; Naxou; 标单/双/标三 €35/40/50起; ❄📶）从水滨地区出发，走一小段上坡路就到了。这里有维护良好的自炊式房间，你会受到热情的招待。前面的房间通向一个被三叶梅装饰的小阳台。

★ Lila Guesthouse 客栈 €€

（☎22810 82738; www.guesthouse.gr; Kosma; 标单/双/标三 含早餐 €80/100/120; 套€1460起; ❄📶）这里曾是法国领事馆，修葺一新的精美房间和套间采用了完美的现代装饰风格，并配有一流的浴室。套房很宽敞，里面摆放着餐桌和古玩。公共空间通风良好，亲切的老板会为你提供丰盛的早餐。此外，旅馆也提供港口接站服务。

Ethrion 酒店 €€

（☎22810 89066; www.ethrion.gr; Kosma 24; 双/标三 €70/80; ❄📶）家庭经营的Ethrion是一家最近修葺一新的高标准酒店，房间和单间公寓非常舒适并且设备齐全。在

不要错过

阿诺锡罗斯

阿诺锡罗斯（Ano Syros）最初是中世纪天主教徒们的定居点，狭窄的小巷和白色的房屋就高耸在埃尔穆波利（Ermoupoli）上方。从公共汽车终点前往美丽的迷宫，寻找最漂亮的天主教堂——13世纪的**圣吉尔吉奥斯教堂**（Agios Georgios Cathedral），那里有星星纹饰的筒形屋顶和巴洛克风格的柱顶（本书调研期间正在翻修）。继续前行，穿过一系列极美的景点，就能到达主街。这里有美丽的**Our Lady of Mt Carmel**、**Vamvakaris Museum**（门票 €1；⏲7月和8月 11:00~14:00和19:00~22:00），你可以去祭奠希腊本土的雅燃音乐（rembetika，即蓝调）鼻祖Markos Vamvakaris，也可抵达耶稣会和圣方济教会**修道院**。要做好迷路的准备，但你最好能尝试沿着主要巷道的咖啡馆和希腊餐厅回到视野开阔的露台上。

上层的阳台上可以看到大海和小镇的美景。

Diogenis Hotel 酒店 €€

（☎22810 86301；www.diogenishotel.gr；Plateia Papagou；标单/双/标三 含早餐 €70/80/90；❄@📶）这里明亮而时尚、装有双层窗户、并配备了各种现代化的设施。这家位于水滨的酒店拥有顶级的商务级品质，到达港口也非常方便。

★PloesHotel 精品酒店 €€€

（☎22810 79360；www.hotelploes.gr；Apollonos 2；双 €200起；⏲4月至10月；❄📶）坚持高雅和注重细节是这家精品酒店的特色，位于一座经过修复的银行家宅邸里面。高耸的天花板、原始的艺术品和名品家具使这里的7个房间大放异彩，这里还有一个为游泳者准备的私家凉亭，可以直通大海。

餐饮

水滨地区遍布着标准的餐厅、咖啡馆兼酒吧，尤以Akti Petrou Ralli和Plateia Miaouli的南部边缘居多——这些地方在深夜时分会挤满参加聚会的人们。其他用餐的好地方是位于开满叶子花的巷道中间的Emmanouil Roidi和Kyparissou。

Oneiro 地中海菜 €€

（☎22810 79416；Plateia Vardaka；主菜 €7~12；⏲19:00开始营业）简单的菜单上供应物美价廉的菜肴和丰盛的地方风味：锡罗斯香肠（用岛上最有特色的食材野生茴香制作而成）、奶酪球和来自纳克索斯岛的烤羔羊。下班后，温暖明亮的大庭院就变成了一个充满活力的酒吧，还有定期的现场音乐表演。

Mammo 各国风味 €€

（☎22810 76416；http://mammo-syros.gr；Akti Petrou Ralli 38a；主菜 €6~19；⏲9:00至深夜）目前是海滨的一个热门地点，是一个地道的葡萄酒和食品吧：装饰时髦，丰盛而令人赏心悦目的菜单上不仅有寿司、法士达和froutalia（一种传统希腊煎蛋卷），还有多种葡萄酒和鸡尾酒。到了晚上，这里就会变成一个情景酒吧，还有DJ表演。

Kouzina 地中海菜 €€

（☎22810 89150；Androu 5；主菜 €10~14，牛排 €26~40；⏲午餐和晚餐）来这家色彩鲜艳、舒适怡人的餐厅需要提前订位。创意地中海菜选用的是新鲜的当地食材。爱吃肉的顾客可以尝一尝顶级的黑安格斯（Black Angus）牛排。

Elia 餐馆、酒吧

（☎22810 76301；Hiou 32；⏲11:00~15:00；✎）紧邻Plateia Maiouli，寻找古老的绿色大门，进入这个舒适的餐馆兼酒吧。里面有许多原木和石雕工艺品、沙发、艺术品，还有一个阳光充足的封闭式阳台。房间里播放着美妙的音乐，菜单上有极好的酒水和物美价廉的素食。

Sta Vaporia 咖啡馆、酒吧

（☎22810 76486；⏲10:00~15:00）在圣尼古拉奥斯后面的一排设有路标的楼梯下面就是这家位置极好的咖啡馆，全天营业。它是一个休闲的平台，拥有明信片般的优美景色。菜单上有咖啡、鸡尾酒和小吃，还可选择大拼盘和小拼盘。底下是一个很受欢迎的游泳平台（所以带上你的泳衣）。

实用信息

医院（☎22810 96500；Papandreou）在城市的西部边缘，工业博物馆对面。

锡罗斯岛周边

锡罗斯岛在埃尔穆波利之外还有很多山丘和山谷，它们向下延伸至小海湾和沙滩。大多数地方都有便利的公共交通。

古老的度假小镇**Galissas**蒸蒸日上，还有一片非常迷人的海滩，很受法国游客的欢迎（他们是锡罗斯海滩假日期间的主要人群）。**Hotel Benois**（☎22810 42833；www.benois.gr；标单/双 含早餐 €85/110；⊙复活节至次年10月；❄📶🏊）最近经过重新装修，有极好的房间和很大的游泳区。它旁边的餐馆是你的上上之选——**Iliovasilema**（☎22810 43325；主菜 €7~15；⊙4月至10月 午餐和晚餐），供应新鲜的海鲜，服务很热情。

Galissas南部的海滩上有廉价旅馆，有些地方还有酒店。从加里萨斯（Galissas）环绕南海岸行驶一圈仅需1个小时，开着你自己的车去探索发现一番吧。内陆的**Posidonia**（Delagrazia）镇是历史上著名的船主度假地。这里有许多豪华别墅，一定要睁大眼睛，不要错过精彩之处。

Megas Gialos南部沿海小镇上有几片沿路海滩，但往东更远处的**瓦里湾**（Vari Bay）无疑是更好的选择，浅灰色的沙滩和山丘相得益彰，十分漂亮。不过，旺季水滨地区和希腊小馆里总是人满为患。在内陆地区，距梅加吉亚洛斯（Megas Gialos）1.5公里的是宁静的**Hotel Alkyon**（☎22810 61761；www.alkyonsyros.gr；⊙4月至10月），它是由一对可爱的法国和希腊夫妇经营的酒店。登录网站查询研修班活动，其中包括绘画和希腊烹饪。

基尼海滩（Kini Beach）位于西海岸，有绵延狭长的海岸线，现正成长为一处流行的度假胜地。如果要在基尼过夜，新开业的海滨酒店**Blue Harmony Hotel**（☎22810 71570；www.blueharmony.gr；双 €100起；❄📶）是一个不错的选择。最美味的餐馆当属位于海滨的**Allou Yialou**（☎22810 71196；主菜€7~22；⊙午餐和晚餐 5月至9月），这里供应好吃的海鲜。它还是观看日落的最佳地点。

值得一游

SAN MICHALIS

倘若你自己有车，一定要尝试一下到San Michalis北部村庄的自驾游。沿锡罗斯岛屿脊状隆起地带行驶，沿途能看到未受破坏的山谷和另一侧与之相邻的岛屿，景色十分壮观。San Michalis的奶酪远近闻名，如今这座小村庄遍布石头房屋和葡萄园。

沿着蜿蜒的岩石道路行走，可以到达山顶教堂。**PLAKOSTROTO**（☎69739 80248；www.plakostroto.gr；主菜 €8~15；⊙5月至10月 午餐和晚餐，11月至次年4月 周六和周日）是品尝锡罗斯美食的最佳之选。这家餐馆将当地的公鸡、羊肉或兔肉配奶酪放在炭火上一起烤。从这里你还能一览从山坡到凯阿（Kea）、基斯诺斯及更远处的风景。

米科诺斯岛（MYKONOS） ΜΥΚΟΝΟΣ

人口 10,100

米科诺斯岛是希腊最具魅力的一座岛屿，因其"圣特罗佩兹和伊比莎岛相结合"（St-Tropez-meets-Ibiza）的火热风格和疯狂的派对而享有盛名。

旺季的时候，快乐的外地游客和大量游轮齐聚此处（每天人流量多达15,000人）。同时，时尚一族也会蜂拥来到米科诺斯镇（Mykonos Town；也称作霍拉），这里是一个传统的、被粉刷成白色的基克拉泽斯式"迷宫"，其正宗的立体派艺术和时尚的咖啡厅、酒吧以及精品店无不令人着迷。

来米科诺斯岛观光的游客（还有富有的一线明星）数量不断增长，相应的建设和改造也不断进行：时尚的新型酒店、海滩酒吧和餐馆如雨后春笋般激增，物价也不断上升。想要在7月和8月到这里游览，你必须做好花钱的准备，还要愿意走上拥挤的街道，涂上防晒霜在满是人群的主要海滩上体验闲散的生活方式，并参加无穷无尽的聚会。不过，当旺季过后，浮华褪去，名流散尽，你会感受到一种更平和的当地生活方式。鹈鹕（pelican）时不

Mykonos 米科诺斯岛

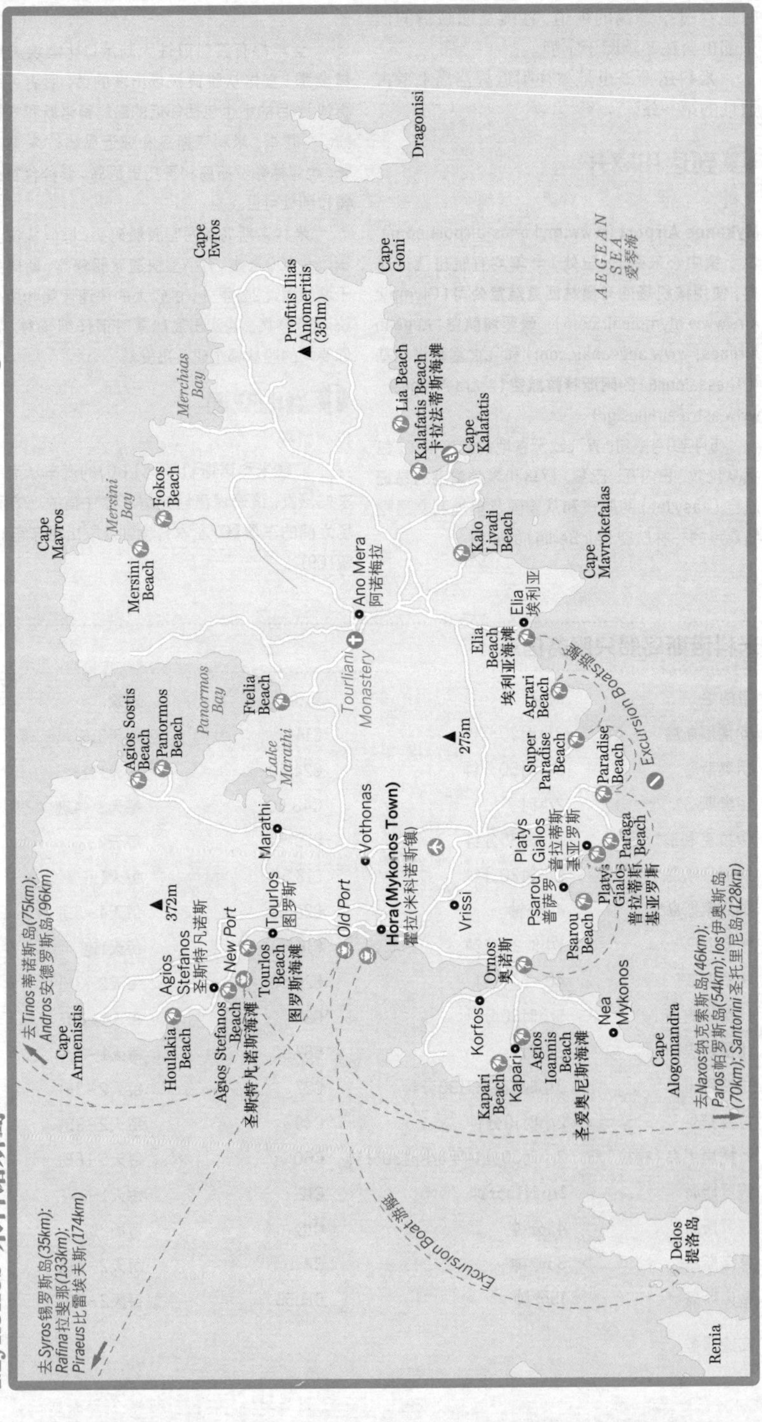

时地穿过空荡荡的街道，沙滩后面喧嚣的俱乐部也会在冬季归于宁静。

米科诺斯岛也是去往附近提洛岛上考古遗址的第一站。

到达和离开

飞机

Mykonos Airport（www.mykonos-airport.com）位于镇中心东南3公里处，全年均有航班飞往雅典，使用该机场的有**奥林匹克航空公司**（Olympic Air; www.olympicair.com）、**爱琴海航空**（Aegean Airlines; www.aegeanair.com）和飞往塞萨洛尼基（Thessaloniki）的**阿斯特拉航空**（Astra Airlines; www.astra-airlines.gr）。

5月至9月中旬，直飞欧洲各地的航班很多，包括从伦敦、日内瓦、巴黎、罗马和米兰离港的易捷航空（easyJet）的航班和从德国及奥地利交通枢纽离港的柏林航空（Air Berlin）的航班。

船

全年都有渡船前往大陆港口比雷埃夫斯和拉斐那（直接从雅典机场出发的话，后者可能会更快），目的地也包括邻近的岛屿蒂诺斯和安德罗斯。在旺季，米科诺斯岛和邻近岛屿往来更加频繁，也包括帕罗斯岛和圣托里尼岛。票务代售点在霍拉随处可见。

米科诺斯岛有两座渡船码头：旧码头位于城镇以北400米处，有小型快速渡船停靠；新码头位于城镇以北2公里处，供较大的快速渡船和所有传统渡船停靠。购买出岛船票时请仔细核对，看清你要乘的船从哪个码头出发。

当地交通

抵离机场

前往米科诺斯机场（€1.60）的汽车从南部汽车站出发。请确保已经定好了你住宿的地方和机场之间的车票（€7左右），也可以乘出租车前往城镇（€9）。

米科诺斯岛船只服务信息

目的地	时间	票价	班次
安德罗斯岛	2小时20分钟	€14	每天3班
伊奥斯岛	3小时50分钟	€24.50	每天1班
伊奥斯岛*	2小时	€48.50	每天3~4班
伊拉克利翁*	4小时35分钟	€79	每天2班
纳克索斯岛	2小时20分钟	€18.50	每天1班
纳克索斯岛*	40分钟	€28.50	每天4~5班
帕罗斯岛	1小时20分钟	€16.50	每天1班
帕罗斯岛*	40~50分钟	€29.50	每天2~3班
比雷埃夫斯	5小时30分钟	€34	每天1~2班
比雷埃夫斯*	3小时	€57.50	每天1~2班
拉斐那	3小时至4小时30分钟	€27	每天2~3班
拉斐那*	2小时10分钟	€49	每天2~3班
圣托里尼岛（锡拉）*	2小时30分钟至3小时30分钟	€60	每天5~6班
锡罗斯岛	1小时15分钟	€12	每天1~2班
锡罗斯岛*	45分钟	€18	每周2班
蒂诺斯岛	35分钟	€7	每天2~4班
蒂诺斯岛*	15分钟	€11.50	每天2~4班

*高速服务

船

Mykonos Cruises（☎22890 23995；www.mykonos-cruises.gr；⏲4月至10月）是船只和出租车经营者的协会，提供到岛上最好的海滩的运营服务。可以在网上查询时刻表。主要的离港地点是普拉蒂斯基亚罗斯，乘客可以在奥诺斯（Ornos）、帕拉加（Paraga）、Paradise、Super Paradise、Agrari和埃利亚（Elia）海滩上船或下船（返程需花费€5~7）。这里还可以安排游艇和个人旅游活动日程。

Sea Bus（☎697 8830355）这个水上出租服务站有新港到霍拉的运营服务（从9:00~22:00每小时一班，港内有游轮时会更加频繁）。

公共汽车

KTEL Mykonos（☎22890 26797，22890 23360；www.mykonosbus.com）总线网络有2个主要的总站，在旧港和新港还有起落点。淡季时运营服务会大大减少，旺季时公共汽车运营服务比较频繁；票价根据旅行距离而定，为€1~2。网站上有时刻表。在7月和8月，直到凌晨2:00或深夜还有公共汽车从海滩发车。

汽车总站A（Terminal A）是南部的公共汽车站（位于Fabrika Sq），被称为"Fabrika"，有到达奥诺斯和圣爱奥尼斯海滩（Agios Ioannis Beach）、普拉蒂斯基亚罗斯、帕拉加（Paraga）和Super Paradise海滩的运营服务。

汽车总站B（Terminal B）是北部的公共汽车站，有时被称作"Remezzo"，在希腊电信公司（OTE）办公室的后面，有到达圣斯特凡诺斯（Agios Stefanos）的运营服务，途经图罗斯（Tourlos）、阿诺梅拉（Ano Mera）和卡罗里瓦迪（Kalo Livadi）、Kalafatis和埃利亚海滩。开往图罗斯和圣斯特凡诺斯的公共汽车在旧港和新港有停车站。

有一班班车连接了新港和南部的公共汽车站，还有许多公共汽车往返于南部的公共汽车站和附近的机场之间。在夏季，有一班从旧港开往Paradise Beach的公共汽车。

在夏季的高峰期，有一班私人转接公共汽车每小时（11:00~23:00）从旧港发往Paradise Beach（途经Fabrika）。

汽车和摩托车

旺季汽车出租每日€45起价，淡季€30起。踏板车/四轮摩托车在旺季大约€20/40起租，淡季大约€15/30。Avis和Sixt等都在机场设有代理处，岛上还有许多租车地点，尤其是在港口和公共汽车站附近（那里有一个大型的公共停车场——你不能把车开进霍拉）。你也可以在米科诺斯住宿中心租车（见187页）。

Apollon（☎22890 24136；www.apollonrentacar.com）霍拉南部公共汽车站附近的代理处之一。

OK Rent A Car（☎22890 23761；www.okmykonos.com；Agios Stefanos）在新港附近。

出租车

出租车（☎224890 23700，机场 22890 22400）在霍拉的Plateia Manto Mavrogenous（出租车广场）、公共汽车站、码头附近排队，旺季你可能要等很久。所有出租车都有计价器，起价€3.30，每件行李加收€0.50，电话预订加收€3.30。

从霍拉发车的费用大概如下：到新港（€5）、奥诺斯（Ornos；€9）、普拉蒂斯基亚罗斯（Platys Gialos；€9）、Paradise（€10）、卡拉法蒂斯（Kalafatis€17）和埃利亚（Elia；€17）。

霍拉（米科诺斯岛）[Hora（Mykonos）]

Χώρα（Μύκονος）

人口 8400

霍拉也被叫作米科诺斯，是岛上保存完好的港口和首府所在地。从小镇著名的风车上能俯瞰错综复杂的狭窄小巷和被粉刷成白色的建筑。在水滨的小威尼斯（Little Venice）区中央，游人可以观赏到壮观的日落美景，花团锦簇的教堂与闪亮的精品店在此相映成趣，瀑布般的三角梅更是遍布每一个角落。旺季的时候，街道被时尚的商店、酷酷的画廊、争抢生意的珠宝商和酒吧围得水泄不通。别忘了，这里还有无数条小街道。

景点

★ **帕拉波尔蒂阿尼圣母教堂** 教堂

（Panagia Paraportiani）坚如磐石的帕拉波尔蒂阿尼圣母教堂是米科诺斯最著名的教堂，由四座底层小礼拜堂以及一座通过外部楼梯相连的上层小礼拜堂组成。这里通常是锁着的，它被粉刷成白色，外观是适合拍照的亮点。

Hora (Mykonos) 霍拉(米科诺斯岛)

Hora (Mykonos) 霍拉(米科诺斯岛)

◎ 重要景点
1 帕拉波尔蒂阿尼圣母教堂 A4

◎ 景点
2 爱琴海海事博物馆 C6
3 考古博物馆 D1
Lena' s House （见2）
4 米科诺斯岛民俗博物馆 A3

住宿
5 Carbonaki Hotel D6
6 Fresh Hotel C5
7 Hotel Lefteris D4
8 Hotel Philippi C5
9 Manto Hotel D4
10 Town Suites C6

就餐
11 Avra C5
12 M-Eating D5
13 Nautilus D5
14 Pepper B4
15 Taste Diaries B4
16 To Maereio C5
17 Uno Con Carne D5

饮品和夜生活
18 Astra C6
19 Babylon A3
20 Galleraki A5
21 JackieO' A3
22 Porta B4
23 Skandinavian Bar B4

娱乐
24 Cine Manto B5

购物
25 Ilias Lalaounis D3
26 iMuseum Shop C5
27 International Press C4
28 Mykonos Sandals A5
29 Parthenis A6

考古博物馆 博物馆

（Archaeological Museum; ☎22890 22325; Agiou Stefanou; 成人/儿童 €2/免费; ⏲周二至周日 9:00~16:00）收藏着提洛岛出土的陶器以及从Renia岛（提洛墓园）出土的墓地石碑（柱状物）和珠宝。主要展品包括一座用帕罗斯岛大理石雕成的赫拉克勒斯（Hercules）雕像。

爱琴海海事博物馆 博物馆

（Aegean Maritime Museum; ☎22890 22700; Enoplon Dynameon 10; 门票 €4; ⏲4月至10月 10:30~13:00和18:30~21:00）阳光明媚的庭院中收藏着船员的随身用品，相当引人入胜。还包括精致的当地船只模型和大型菲涅尔（Fresnel）灯塔灯笼。

Lena' s House 博物馆

（☎22890 22591; Enoplon Dynameon 10; ⏲5月中旬至10月中旬 18:00~21:00）**免费** 是一座19世纪晚期的迷人建筑。这座米科诺斯中产阶级房屋的家居设备相当完整，其得名于它的最后一任主人Lena Skrivanou。它就在爱琴海海事博物馆的隔壁。目前已经开放。

米科诺斯岛民俗博物馆 博物馆

（Mykonos Folklore Museum; ☎22890 22591; Paraportianis; ⏲6月至9月 17:30~20:30）**免费** 这家民俗博物馆位于一位18世纪船长的房子中，陈设着大量家具和其他手工艺品，包括古乐器。

团队游

米科诺斯岛住宿中心（Mykonos Accommodation Centre, MAC; 见187页）组织短途旅行和导游带队的团队游，还安排私人游和包车。提洛岛游（成人/儿童 €40/20）含返程的乘船之旅、门票和导游，蒂诺斯游（€59/38）会游览那里神圣的教堂和岛上的

> **霍拉（米科诺斯岛）导航**
>
> 在霍拉，你可能会一次又一次穿过同一个路口。刚开始这还挺有趣，但当你发现自己夹杂在同样迷路的游人和快速移动的当地人中时，着实会感觉非常懊恼。想要快速定位的话，你要先熟悉Plateia Manto（出租车广场）和以下这三条主街：Matogianni、Enoplon Dynameon和Mitropoleos，它们在水滨地区后面形成了U形。

景点。还有组织霍拉的徒步旅行和岛屿附近的巴士游(€35/22),以及沿南海岸历时1整天的巡游(€64/35)、傍晚巡游(€39/25)和到达与世隔绝的海滩的四驱车之旅。

Mykonos Cruises(见181页)运营到达南海岸各地的海上出租车,还可以安排垂钓之旅和私人巡游。

住宿

Hotel Lefteris
家庭旅馆 €

(☎22890 23128; www.lefterishotelmykonos.gr; Apollonas 9; 双 €150; ❄📶)盘踞在山上,并且远离人群,一扇色彩斑斓的大门通向朴素而简洁的房间,服务非常热情。这家有8个房间的客栈现在由一个年轻的家庭经营着(由老板的祖父建于20世纪70年代)。所有房间都有电视和空调,还有一个景色优美的屋顶平台。冬季,价格会跌至€30。

Manto Hotel
酒店 €

(☎22890 22330; www.manto-mykonos.gr; Evagelistrias 1; 双 含早餐 €125~160; ⏲4月至11月; ❄📶)隐藏在霍拉中心,令人心旷神怡的Manto是一个极好的、价格实惠的住宿选择(在米科诺斯岛)。这里有保持良好的色彩艳丽的房间、一个漂亮的早餐和休息区,它是由一对友好父子经营的。

Carbonaki Hotel
精品酒店 €€

(☎22890 24124; www.carbonaki.gr; 23 Panahrantou; 双 €180~220; ⏲4月至10月; ❄📶)这家家族经营的精品酒店舒适宜人。房间(有各种价格分类)明亮惬意,既有供人放松的公共阳台,也有阳光明媚的中央庭院。

Town Suites
公寓 €€

(☎22890 23160; www.mykonos-accommodation.com; 双/标三 €220/285; ❄📶)老板是管理米科诺斯岛住宿中心(Mykonos Accommodation Centre,简称MAC)的约翰(John)。这片隐蔽的建筑群有6个明亮的套房和公寓,是住宿的绝佳选择。每个房间里都有设备齐全的厨房和阳光充足的户外空间。对同性恋也很友好,安静隐蔽。在MAC(见187页)办理入住,会有人带领你到达(没有标记的)公寓建筑群。淡季的价格便宜得惊人,只要€60。

Hotel Philippi
酒店 €€

(☎22890 22294; www.philippihotel.com; Kalogera 25; 标单/双 €130/170起; ⏲4月至10月; ❄📶)这家传统酒店是这条街上公认的好酒店,旁边有许多很好的就餐选择。在一扇湖蓝色大门的后面是优雅的房间,可以通往带围栏的走廊,在那里可以俯瞰青翠的庭院花园。

Fresh Hotel
精品酒店 €€

(☎22890 24670; www.hotelfreshmykonos.com; Kalogera 31; 标单/双 含早餐 €180/190; ⏲5月中旬至10月; ❄📶)位于镇中心,有一处苍翠繁茂的花园和一家好评如潮的餐馆。Fresh确实很清新,房间崇尚极简主义,非常简洁时尚。淡季时,价格会跌到€70/80。

★ Semeli Hotel
酒店 €€€

(☎22890 27466; www.semelihotel.gr; 紧邻Rohari; 双 含早餐 €385起; ❄📶🏊)这里宽敞辽阔,有迷人的餐馆阳台和游泳池。时尚、现代的房间使这里成为米科诺斯岛上最受欢迎(价格比较实惠)的顶级酒店之一。淡季的价

ℹ 米科诺斯岛住宿须知

- 7月和8月,霍拉最基本的带浴室的双人间,价格是€150左右。中档房间的价格是€150至€300。顶级的住宿选择非常多,这里有许多豪华酒店和别墅——米科诺斯岛是希腊豪华设计酒店的中心。
- 如果没有预订房间,最好不要在7月或8月前来,因为那时岛上几乎找不到空闲的房间。
- 一些地方在旺季会有最短入住天数的限制(2晚起)。
- 夏季,在霍拉和一些比较受欢迎的度假胜地可能会比较吵闹。

格相当可观。

Belvedere Hotel 设计酒店 €€€

（☎22890 25122；www.belvederehotel.com；School of Fine Arts District；房间 €585起；⊙3月中旬至10月中旬；❄📶🏊）变通便利是很多一线演员选择这里的原因。这里有许多服务热情的一流餐馆（包括一家日本的明星餐馆Nobu）和一个可以登上杂志的游泳池区域。淡季时，价格比较亲民。

就餐

在米科诺斯岛，高价钱不一定意味着高质量。水滨地区遍布咖啡馆兼酒吧。镇上有几家烤肉店（非常物美价廉）。在旺季，大多数地方直到深夜才打烊。要是想吃饱喝足，就在**Oregano**（☎22890 27410；www.oreganomykonos.com；主菜 €7~20；⊙午餐和晚餐）订餐，那里有菜品极为丰富的菜单（可在网上查询）。

Taste Diaries 法式薄饼 €

（☎22890 29117；主菜 €5~9；⊙24小时）这家海滨餐厅全天供应三明治和法式薄饼。你可以亲自选择食品原料，也可以根据极好的菜单建议选择美食，如甜甜的白果仁糖法式薄饼、杏仁薄饼、焦糖薄饼和猕猴桃薄饼。

Pepper 希腊菜 €

（☎22890 27019；K Georgeouli 18；三餐 €2.50~8.50；⊙24小时）一家新开业的烤肉店。明亮而舒适，供应物美价廉的希腊烤肉、汉堡包和沙拉。

To Maereio 希腊菜 €€

（☎22890 28825；Kalogera 16；主菜 €14~16；⊙正午至15:00和19:00至午夜）一个忙碌、舒适并且物美价廉的地方，很受当地人的喜爱，供应米科诺斯人最喜欢的菜肴。肉菜是这里的重点——尝一尝肉丸、当地火腿和麻辣香肠。

★ **M-Eating** 地中海菜 €€€

（☎22890 78550；www.m-eating.gr；Kalogera 10；主菜 €17~30；⊙4月至10月 晚餐）这家创意餐馆的特色是服务贴心，柔和的灯光又兼顾了休闲和奢华。这里有烹饪新鲜希腊菜的天赋，从黑鲈鱼酱到鲜嫩的蜂蜜松露小牛排，应有尽有。不要错过餐后甜点米科诺斯蜂蜜派。

Nautilus 新派希腊菜 €€€

（☎22890 27100；Kalogera 6；主菜 €16~27；⊙3月至11月 晚餐）被粉刷成白色的阳台伸向街道。这里的希腊菜肴都是用顶级的原料制作而成。

Uno Con Carne 牛排 €€€

（☎22890 24020；www.unoconcarne.gr；主菜 €20~70；⊙7月至10月 晚餐）在这家时尚的牛排餐馆和生蚝酒吧，你可以品尝到最好的牛排和美酒。还可以在美丽明亮的阳台上一边喝鸡尾酒，一边观看DJ表演。在Panahrantou上坡的一个街区设有指示牌。

Avra 希腊菜 €€€

（☎22890 22298；www.avra-mykonos.com；Kalogera 27；主菜 €15~30；⊙晚餐 4月末至10月）位于金光闪闪的开满叶子花的庭院之中，供应一流的希腊食物及各种混搭美食，是体验浪漫气氛的完美之选。

饮品和夜生活

米科诺斯岛是举办聚会的好地方，每片主要的海滩上都至少有一个白天营业的海滨酒吧。在镇上，夜间狂欢从晚上11:00左右开始，到凌晨1:00气氛逐渐变得热烈。深夜时分，狂欢者离开霍拉，前往Paradise Beach的Cavo Paradiso（见188页）。从冰爽的日落鸡尾酒到汗流浃背的迷幻舞蹈，都能给人以非凡的体验。不过，不管你去哪里，都不要忘了带钱，因为高品质的生活可不会太便宜。

霍拉的小威尼斯地区有浓郁的爱琴海风情，以玫瑰色的落日、风车景观和众多色彩斑斓的酒吧而闻名。在酒吧的后面（旁边、上面和下面）是一些极好的夜店。另一个热门地点是Enoplon Dynameon的Tria Pigadia（Three Wells）地区。

Galleraki 咖啡馆、酒吧

（☎22890 27188；www.galleraki.com；Little Venice；⊙8:00至深夜）一间非常友好的咖啡馆兼酒吧，你可以选择坐在海滨座椅或是楼上的阳台点一杯这里最好的新鲜水果鸡尾酒（如用柠檬制作的“katerinaki”）。

Skandinavian Bar 夜店

（☎22890 22669；www.skandinavianbar.

com; Ioanni Voinovich 9; ⏲20:00至次日6:00)底层酒吧黑色的金属音乐与楼上贴面的复古舞步交织在一起。饮品比其他地方稍微便宜些。

Astra 夜店

(☎22890 24767; http://astra-mykonos.com; Enoplon Dynameon)金光闪闪的Astra具有非常严肃的外观,当地名流和一些雅典顶级DJ经常光顾这里。它位于一家午夜酒吧的小木屋里。

☆ 娱乐

★ Cine Manto 电影院

(☎22890 26165; www.cinemanto.gr; Meletopoulou; 成人/儿童 €8/6; ⏲6月至9月 21:00和23:00)需要从酒吧和夜店里出来休息一下吗?来这个十分吸引人的露天电影院吧,它的周围有极好的花园环境。电影都是用本土语言放映的,你可以在网上预览节目概况。这里还有一间咖啡馆。

购物

时尚精品店和画廊争相招揽顾客。很多奢侈品牌都在这儿开设店铺,也有很多希腊本土优秀设计师的作品。在冬季(11月至次年3月),大多数商店不营业。

★ iMuseum Shop 艺术品

(☎22890 77370; www.i-museumshop.com; Dilou 8)一家优雅创新的精品店,销售希腊最重要的博物馆里陈列的艺术品的复制品——包括古典艺术品、珠宝、陶瓷制品和雕像。这家商店里的复制品都是纯手工制作的,并获得了正式的批准。

Parthenis 服装

(☎22890 22448; http://profile.orsalia-parthenis.gr; Plateia Alefkandra)要寻找与众不同的衣服,就去找找米科诺斯的老住户、雅典设计师Dimitris Parthenis和他女儿Orsalia吧,他们的作品很棒。

Ilias Lalaounis 珠宝

(☎22890 22444; www.lalaounis.gr; Polikandrioti 14)有出自著名的希腊珠宝设计师之手的精美珠宝。

同性恋生活

米科诺斯是同性恋的旅行胜地。这里有很多同性恋酒吧,深夜时分人头攒动。当然,这里也同样欢迎其他形形色色的人群。旧码头和Paraportiani教堂中间的水滨地区是深夜同性恋最集中的地方。你可以登录www.gayguide.gr查询岛上的热门地点(包括海滩)。

8月中旬,喜欢参加派对的人一定要去**Xlsior**(www.xlsiorfestival.com),它是一个盛大的同性恋节日,会吸引30,000名派对爱好者的到来。

Hotel Elysium(☎22890 23952; www.elysiumhotel.com; School of Fine Arts District; 双 €260起; ⏲4月至10月; ❄📶🏊)很可能是岛上最大的同性恋聚集场所,这座闪亮的酒店坐落在霍拉主要城镇的高处。它高高的露营地就在游泳池酒吧的旁边,日落时分会有卡巴莱歌舞表演,是点燃夜晚派对的一个重要环节(需要预订一个餐桌)。它在Belvedere Hotel的上坡处,小镇的西南部。

Jackie O'(☎22890 77168; www.jackieomykonos.com; Old Harbour; ⏲20:00开始营业)Jackie O'是米科诺斯岛上既受同性恋又受异性恋欢迎的酒吧之一。刚到晚上,人们就从古典雅致的市内涌到海边。Super Paradise海滩(www.jackieobeach.com)有一个全天开放的边区村落,那里有餐馆、酒吧、游泳池和意式水流按摩浴缸(Jacuzzi)。

Babylon(☎22890 25152; Old Harbour; ⏲21:00至次日6:00)在Jackie O'隔壁的码头会举办同性恋大型聚会。

Porta(☎22890 27807; Ioanni Voinovich; ⏲20:00至次日4:00)Porta小巧的房间极具海上巡游的气氛,营业时间直至午夜。注意,这里会十分拥挤。

Mykonos Sandals 鞋

（☎22890 22451；www.mykonos-sandals.gr；Little Venice）这家公司成立于1948年，你可以在傍晚时分来这里喝一杯鸡尾酒。手工皮凉鞋非常值得期待。

International Press 书籍

（Kambani 5）国际报纸、杂志和书籍。

ℹ 实用信息

米科诺斯没有旅游办事处，你可以去找旅行社。在网站www.inmykonos.com和 www.mykonos.gr上有详细信息。

阿尔法银行（Alphabank，Matogianni）

欧洲银行（Eurobank，Matogianni）

医院（☎22890 23994）在去往Ano Mera的公路前行1公里。

米科诺斯住宿中心（Mykonos Accommodation Centre，MAC；☎22890 23408；www.mykonos-accommodation.com；1st fl，Enoplon Dynameon 10）在这里能得到米科诺斯岛的所有相关信息，例如住宿、向导游和岛屿信息等，也包括与同性恋有关的内容。已经载入网站。位于海事博物馆（Maritime Museum）隔壁。

Mykonos Trauma Care（☎22890 78549；www.mykonos-orthopedics.com；⏲24小时）私人紧急情况护理诊所，离医院很近。

警察局（☎22890 22716）位于去往机场的路上。

米科诺斯岛周边

一提起米科诺斯，你会不由自主地联想到派对和海滩。如果你想更加深入地了解一下这里的文化，就租辆车，沿着岩石山谷和村庄后面的街道转一圈吧。除了米克诺斯外的唯一村庄是**阿诺梅拉**（Ano Mera），在餐馆遍布的广场里有一座简单宁静的**Tourliani Monastery**（Ano Mera；门票€1；⏲9.30 13:00和15:30~19:00）。

👁 景点

在没有遭到过度开发和破坏之前，米科诺斯的金沙滩曾是希腊的骄傲。现在，沙滩上满是太阳伞，后面则挤满酒吧。不过，这也构成了另外一派热闹的景象，吸引了大量的海滩游客。人们的心情也从简单的兴奋变成更为彻底的得意，身体的裸露程度也变得更加夸张。如果不自己开车的话，你可以乘坐从霍拉发车的公共汽车，或者搭乘从奥诺斯和普拉蒂斯基亚罗斯出发的单桅帆船前往更为偏远的海滩。你可以在网上查询Mykonos Cruises（见181页）海上出租车服务的时刻表。

由于新港的建立，使距霍拉最近的海滩游客超载。这使得狭小的**圣斯特凡诺斯**（Agios Stefanos；霍拉以北4公里处）挤满了游艇。在镇上还有一片很小的沙滩带**阿基亚安纳**（Agia Anna）。

霍拉西南5公里处有面向家庭的**圣爱澳尼斯**[Agios Ioannis，电影《第二春》（*Shirley Valentine*）的拍摄地]和**Kapari**，附近拥挤嘈杂的**奥诺斯**（Ornos）和**普拉蒂斯基亚罗斯**（Platys Gialos）的众多度假胜地有船通往东边耀眼的海滩。在它们之间的是**普萨罗**（Psarou），吸引了许多希腊行家的到来。Platys Gialos以南约1公里处是**Paraga海滩**，这里有一小块同性恋聚集地。

热爱派对的人可以向东再前进1公里，就到达著名的**Paradise海滩**了。这是一片未被公开承认的同性恋海滩，洋溢着令人激动的年轻朝气和活力，这里有一个露营地（www.paradisemykonos.com）和丰富的夜生活。沿陡峭的道路向下的**Super Paradise**（又称Plintri或Super P）海滩有一片完全属于同性恋的区域（包括Jackie O' 海滩夜店），还有一家大型的与之齐名的夜店。

Elia是一个绵长、漂亮的沙滩，向形形色色的人群和同性恋敞开大门，这里也是小船的最后一站。从这里向西走几分钟就是僻静的**Agrari**。

卡拉法蒂斯（Kalafatis）在东部更远的地方，是水上运动的中心（包括潜水和帆板）；而**Lia**则会给你遥不可及、世界尽头的感觉。

北部海岸上的沙滩都处于偏北风的势力范围之下，但金沙遍地的**帕诺尔莫斯**和**Agios Sostis**则不受影响，而且它们也没有南部海岸沙滩那么繁忙。

要是想去位于东北海岸的像**Fokos**和**Mersini**这样偏远的海滩，你需要一辆足够结实的汽车。

活动

★Yummy Pedals
山地自行车

（☎69722 99282, 22890 71883; www.yummypedals.gr; 2小时团队游 €35起）一个远离海滩酒吧的世界，精通多种语言的迪米特拉（Dimitra）会为你提供穿越米克诺斯岛乡间小路的山地自行车导览游。持续时间和路线非常个性化，是根据你的技能水平而制定的，但可能经过农场、村庄和僻静的海滩（可以停下来游泳、吃东西）。团队游的起点和终点都在迪米特拉的家庭葡萄园，那里有食物和葡萄酒。葡萄园位于阿诺梅拉（Ano Mera）的外面。登录网站查询驾车路线，或预约从阿诺梅拉公共汽车站上车。

Dive Adventures
潜水

（☎22890 26539; www.diveadventures.gr; Paradise Beach; 单人潜水 €60, PADI证书课程 €295, 浮潜 含装备 €45; ⊙4月至10月）开设全方位的潜水课程，有讲多种语言的教练。

Windsurf Centre Mykonos
帆板

（☎22890 72345; www.pezi-huber.com; Kalafatis Beach; 1小时/1天 帆板出租 €30/80, 1小时私人课程 €60; ⊙5月中旬至9月）卡拉法蒂斯海滩（Kalafatis Beach）上的帆板出租和私人课程讲授机构。

住宿

Paraga Beach Hostel & Camping
露营地、青年旅舍 €

（☎22890 25915; www.mycamp.gr; Paraga Beach; 露营地 每个成人/儿童/帐篷 €10/5/10, 铺 €25, 平房 每人 €35; ⊙5月至9月; @🛜✉）海滩边比较划算的住所，住宿选择包括露营（自带或租用帐篷）和宿舍，或者平房和公寓，最多可住4人（平房包含最基本的设施；价格较高的公寓里有浴室、空调和厨房）。这里还有洗衣房、烹饪区、具有派对氛围的游泳池酒吧、自助餐厅和迷你市场。提供港口和机场接送服务。

San Giorgio Hotel
精品酒店 €€€

（☎22890 27474; www.sangiorgio-mykonos.com; Paraga Beach; 双 含早餐 €270起; ⊙5月至10月中旬; ❄🛜✉）这里将解决你最大的假期困境：你可以来这里享受奢华、休闲酒店的游泳池，或者前往Paradise Beach（步行仅需7分钟）或帕拉加海滩（步行仅需3分钟）。

就餐

Tasos
希腊餐厅 €€

（☎22890 23002; Paraga Beach; 主菜 €9~22; ⊙4月至10月 午餐和晚餐）Tasos的前身是一家老派的希腊海滨餐厅：自1962年开始营业起，这个地方全年都很受欢迎，就在帕拉加海滩（Paraga Beach），非常休闲、朴素，供应丰盛的经典美食，特色是烤肉和海鲜。

Hippie Fish
地中海菜 €€

（☎22890 23547; www.hippiefish-mykonos.com; Agios Ioannis Beach; 主菜 €10~25; ⊙5月至10月 午餐和晚餐）亮丽又宽敞的建筑群里有一家酒店（www.hippiechicmykonos.com），Hippie Fish坐落在爱奥尼斯海滩（Agios Ioannis Beach），是一个奇形怪状的全白色餐馆兼酒吧。细细品尝这里的希腊和地中海风味，寿司吧里有新鲜的小份美食；深夜时分有鸡尾酒供应。

饮品和夜生活

夜店通常在6月至9月开放，但7月和8月的氛围最热烈。请登录网站查询活动和购票信息。

Cavo Paradiso
夜店

（www.cavoparadiso.gr; Paradise Beach）当黎明的曙光从地平线升起的时候，铁杆酒客就从霍拉起身前往Paradise Beach的Cavo Paradiso了。这家大型的露天夜店位于悬崖顶端，从1994年起就已经声名鹊起，因为这里会聚了国际上一流的DJ。

Paradise Club
夜店

（www.paradiseclubmykonos.com; Paradise Beach）岛上最大的夜店，有大牌DJ为这里大力宣传，白色提花装饰和古铜色的皮肤形成了鲜明的对比。

提洛岛（DELOS） ΗΛΟΣ

基克拉泽斯群岛因环绕神圣的**提洛岛**（☎22890 22259; 博物馆和景点 成人/儿童 €5/免费; ⊙4月至10月 8:00~20:00, 11月至次年3月 至

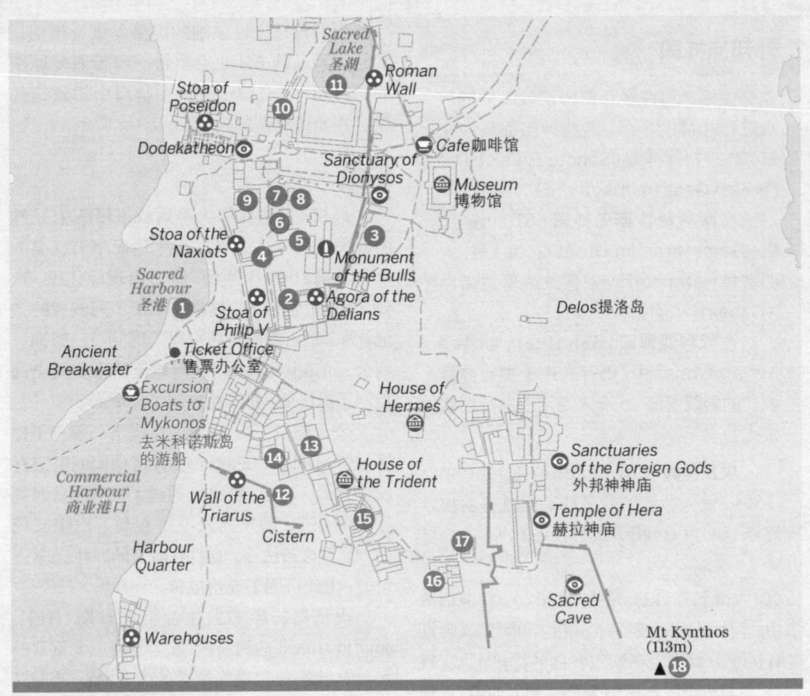

古迹游
提洛古城

起点和终点: 游船码头

耗时: 3小时

游览船从米科诺斯岛出发，停靠在风平浪静的❶**圣港**南部的海湾。沿着有箭头标注的小路，就能经过❷**南柱廊**遗址或门廊，它建于公元前3世纪中叶以后，由28根多立克柱架构而成，曾经用作商店和工作坊。继续前行就可以到达海港东北部的❸**阿波罗神庙**（Sanctuary of Apollo）。圣道（一条宽敞的道路，用于古代朝圣者朝拜）连通了一处建筑群，穿越❹**卫城山门**（Propylaia）方可到达。那里有众多雄伟壮丽的神庙和金库，其中有三座神庙供奉着阿波罗：❺**迪莉安神庙**（Temple of the Delians）、❻**雅典神庙**（Temple of the Athenians）和❼**波罗斯神庙**（Poros Temple）。圣殿里也收藏着经典的❽**财宝**和❾**Artemision**，后者是一座阿尔忒弥斯神殿。

圣殿北部是美不胜收的❿**石狮阵**（Terrace of the Lions）。向东北方向前进，⓫**圣湖**就映入眼帘了，勒托（Leto）就是在这儿诞下了阿波罗和阿尔忒弥斯。接下来，往南走是⓬**剧院区**，提洛岛上最富有的居民就住在列柱廊庭院周围的房屋里。其中最奢华的就是⓭**狄厄尼索斯宅院**（House of Dionysos），以一幅镶嵌画命名，描绘了酒神骑着黑豹的情景。还有⓮**克里欧佩特拉宅院**（House of Cleopatra）。

⓯**剧院**始建于公元前300年，其内部的巨型蓄水池供应着城镇大部分饮用水。⓰**面具宅院**（House of the Masks）里也有狄俄尼索斯镶嵌画，画中他骑在豹子上，驰骋在两头半人马中间。最壮丽的一幅镶嵌画收藏在⓱**海豚宅院**（House of the Dolphins）中，画中有狮子、狮鹫和海豚。⓲**Mt Kynthos**（高113米）一直延伸到港口东南部。其山体陡峭，是攀岩的理想场所。天气晴朗时，在山顶能看到群岛全貌，视野极好。那儿还有一些遗迹，比如宙斯和雅典娜神殿以及赫拉神庙。

外邦神神殿

提洛岛有许多除希腊正教以外的信众进行礼拜的场所，这些神庙都集中在被称作外邦神神殿（Sanctuaries of The Foreign Gods）的地区。

在**萨莫色雷斯岛神殿**（Shrine to the Samothracian Great Gods）里，人们敬奉Kabeiroi[双生神灵达耳达诺斯（Cabeiri）和伊顿（Aeton）]。

在**叙利亚神殿**（Sanctuary of the Syrian Gods）中，仍存有用于举行神圣仪式的**剧院**遗迹（也有人说用于进行狂欢仪式）。

埃及神殿（Shrine to the Egyptian Gods）受人尊敬的众多神明里就有塞拉比斯（Serapis）和伊西斯（Isis）。

15:00）而得名（kyklos意为“环形”）。在神话故事中，孪生兄妹阿波罗（Apollo）和阿尔忒弥斯（Artemis）就出生在恢宏壮丽的提洛古城。现如今，它早已由圣地转型为金融和商业中心。提洛古城被联合国教科文组织列入《世界遗产名录》，是希腊最重要的考古遗址之一。在这儿，你可以充分发挥想象力，让残缺的遗迹顺着飞扬的思绪，重现往日的壮丽辉煌。

尽管提洛岛的重大考古发现大都被位于雅典的国家考古博物馆（National Archaeological Museum）收藏，但当地破旧的博物馆仍然保留了不少有趣的藏品，其中就有来自石狮阵（the Terrace of the Lions）的狮子（石阶上的那些狮子都是用石膏铸造的复制品）。这些骄傲的大理石兽（最初被认为是16座）是纳克索斯岛人民的供品，它们于公元前7世纪赠送给提洛岛，用来守卫这个神圣的地区。

提洛岛长和宽分别只有5000米和1300米，岛上没有常住人口。尽管盛夏时节许多游客涌进岛屿参观游览，但与米科诺斯岛（Mykonos）相比，这一点仍然令人欣慰。岛上严禁留宿（和游泳），船在此最长的停留时间是4小时。博物馆旁边有一家简陋的咖啡馆，但价格昂贵，所以进岛旅游要随身携带饮用水和食物。还需要戴帽子，涂上防晒霜，穿上徒步鞋。

售票窗口出售详细的提洛岛旅行指南，米科诺斯岛的书店也会出售一些带有复原图的旅行指南，有助于游客在脑海中想象这些遗迹在鼎盛时期的模样。

历史

最初，提洛岛作为神话故事里孪生兄妹阿波罗和阿尔忒弥斯的出生地而享有盛名。从公元前3000年开始，这里出现原住民。自公元前8世纪以来，提洛岛就成了阿波罗的圣地，岛上最古老的神庙可以追溯到这一时期。到公元前5世纪，占据统治地位的雅典人全面控制了提洛岛，并因此控制了爱琴海。

公元前478年，雅典人在提洛岛建立了提洛同盟（Delian League），并将他们的财宝存放在此处。之后，雅典人通过了一项极具讽刺意味的法令，即任何人不得在岛上出生或死亡。借着这条法令，他们将岛上的原住民驱逐出境，由此巩固了统治地位。

提洛岛的影响力在希腊化时期（Hellenistic times）达到顶峰，成为希腊三大重要的宗教中心之一，也成为繁荣的商业中心。当时岛上的居民大多是从埃及和叙利亚远道而来的富有商人、水手和银行家。他们修建神庙来供奉故乡众神，但阿波罗始终是最重要的神灵。

公元前167年，罗马人开放提洛岛为免税港口。这一举措使提洛岛迎来又一个大繁荣时期。这主要归功于暴利的奴隶市场，该市场每天售出的奴隶多达10,000人。随后的一个世纪里，由于古代宗教影响力的削弱以及贸易路线的改变，提洛岛开始经历一个较长的衰败期。到公元3世纪，岛上仅剩下一个小型基督教聚集地。接下来的几个世纪里，古遗址则成了海盗的藏身处，众多文物被掠夺。直到文艺复兴时期，该岛的古文物研究价值才重新被认可。但时至今日提洛岛一直都有新的发现，近年来在石狮阵一带发现了一座金矿。

团队游

这是一个付费团队游，导游会带领你游览遗址，并为你讲述各个街区和建筑的来龙去脉。霍拉的米科诺斯岛住宿中心（见187页）组织前往提洛岛的多语种导览游（成人/儿童 €40/20），含船费、门票费和导游费。在你下船上岸时可能会有遇到招揽顾客的持证导游，费用大约是每人€10。

到达和离开

从霍拉（米科诺斯岛）开往提洛岛的船只（往返€18，30分钟），旅游旺季每天往返4次。最早的一班大约9:00出发，最晚的一班大约17:00出发。12:15~20:00之间，船只陆续返回。11月至次年3月，往返船只比较少。

提洛岛船只售票亭（Delos Boat Ticket Kiosk；www.delostours.gr）坐落在旧海港南端的码头脚下，售票亭张贴有出发和返程时间，也可在网站上查询。可以在网上或售票亭购票，也可以在各种旅行社和佳通运输机构买票。买票时，一定要确定你能乘哪条船返回。

帕罗斯岛（PAROS） ΠΑΡΟΣ

人口 13,700

与附近那些热闹的地方相比，帕罗斯岛平静而淡然。长期以来，它都被贴着渡船中心的标签。正是因为人口和游客稀少，其时尚美丽的首府、时髦的度假小镇和甜美古朴的村庄才更富有魅力。对于度假者来说，如果想要享受一个没有天花乱坠的宣传和高昂价格的

帕罗斯岛船只服务信息

目的地	时间	票价	班次
阿莫尔戈斯岛	3小时10分钟至4小时	€19	每天1班
阿纳菲岛	4小时50分钟	€20.50	每周2班
阿斯提帕利亚岛	4小时50分钟	€34.50	每周5班
多诺萨	2小时15分钟	€14	每周4班
福莱安兹罗斯岛	4小时30分钟	€18	每周1班
伊奥斯岛	2小时15分钟	€16	每天2~4班
伊奥斯岛*	1小时至1小时30分钟	€29.50	每天2~3班
伊拉克利亚	2小时	€16	每周3班
伊拉克利翁*	3小时45分钟	€69	每天1班
库福尼夏	3小时	€19	每周3班
库福尼夏*	1小时20分钟	€28.50	每天1班
米科诺斯岛	1小时20分钟	€16.50	每天1班
米科诺斯岛*	40~50分钟	€29.50	每天3班
纳克索斯岛	45~50分钟	€10	每天4~5班
纳克索斯岛*	30分钟	€18	每天3班
比雷埃夫斯	4~5小时	€33.50	每天2~5班
比雷埃夫斯*	2小时45分钟	€51	每天1班
拉斐那	5小时	€30	每天1班
拉斐那*	3小时15分钟	€50	每天1班
圣托里尼岛（锡拉）	3小时至3小时30分钟	€20.50	每天1~2班
圣托里尼岛（锡拉）*	2小时至2小时15分钟	€46.50	每天2~3班
西诺沙	2小时20分钟	€13	每周3班
锡罗斯岛	1小时30分钟	€12	每周3班
蒂诺斯岛*	1小时20分钟	€28	每天2班

*高速服务

Paros & Antiparos 帕罗斯岛和安提帕罗斯岛

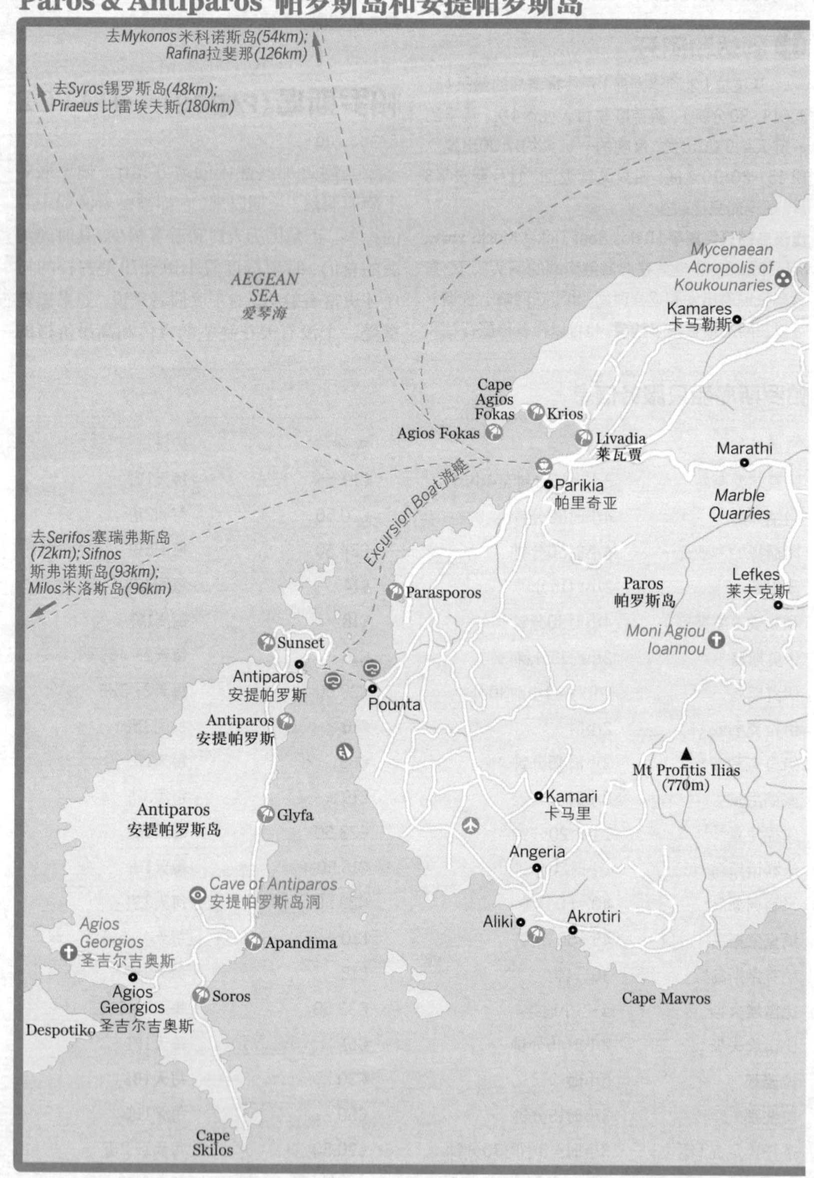

米克诺斯岛，这里正是好去处。不过，这一点目前已经开始传开了。

其实，从地理上讲，帕罗斯岛一直是希腊的一颗明星：从岛屿山丘上开采出的白色大理石造就了帕罗斯岛在早期基克拉泽斯时代的辉煌。世界上最著名的雕像之一——米洛的维纳斯（Venus de Milo）就是用帕罗斯岛大理石制成的，拿破仑的坟墓也采用了同样的石材。

较小的安提帕罗斯岛位于帕罗斯岛西南

1公里处，乘汽车渡轮或者游览船都可以轻松到达。

到达和离开

帕罗斯岛是前往爱琴海其他岛屿旅游的主要渡轮中心。所以比雷埃夫斯（Piraeus）有定期渡轮往返于这里，并与基克拉泽斯群岛的大多数岛屿以及塞萨洛尼基（Thessaloniki）、克里特岛（Crete）和多德卡尼斯群岛（Dodecanese）有交通往来。

Olympic Air（www.olympicair.com）每日有1班航班从雅典飞往帕罗斯岛（€98，40分钟）。

当地交通

船

水上出租从帕里奇亚（Parikia）码头出发，发往帕罗斯岛附近的海滩。票价从€8至€15不等，可以上船后再买票。

公共汽车

有定期的**KTEL**（☎22840 21395；http://ktelparou.gr）公共汽车直达帕里奇亚和纳乌萨（Naoussa；€1.60）。还有公共汽车从帕里奇亚开往东海岸的海滩，如Piso Livadi（€2.20）、Hrysi Akti（Golden Beach；€2.80）和Dryos（€2.80）。一些运营服务会途经纳乌萨，一些会途经莱夫克斯（Lefkes；€1.60）。有公共汽车定期开往Pounta（去往安提帕罗斯岛；€1.60）和Aliki（€1.60）。你可以在公共汽车总站的售票机和岛上的售票亭或迷你市场购票，也可以以稍高的价格从驾驶员手中购票。

小汽车和摩托车

帕里奇亚水滨地区和海岛周围有租车点。在8月，租用小汽车的最低价大约是每天€45，租用摩托车的价格为€20。**Acropolis**（☎22840 21830；www.acropolisparos.com；Waterfront，Parikia）是一个不错的选择。

出租车

出租车（☎22840 21500）聚集在帕里奇亚的环形路口附近。费用包括到机场（€20）、纳乌萨（€13）、Pounta（€12）、莱夫克斯（€14）和Piso Livadi（€22）。从码头出发的话，要多加€1。提前预订和行李额外收费。

帕里奇亚（Parikia） Παροικιά

人口 6060

虽然面积不大，但帕里奇亚很有影响力。迷宫般的老城区非常古朴，有很多精品店、咖啡馆和餐馆。在这里，你还能找到几处令人印

Parikia 帕里奇亚

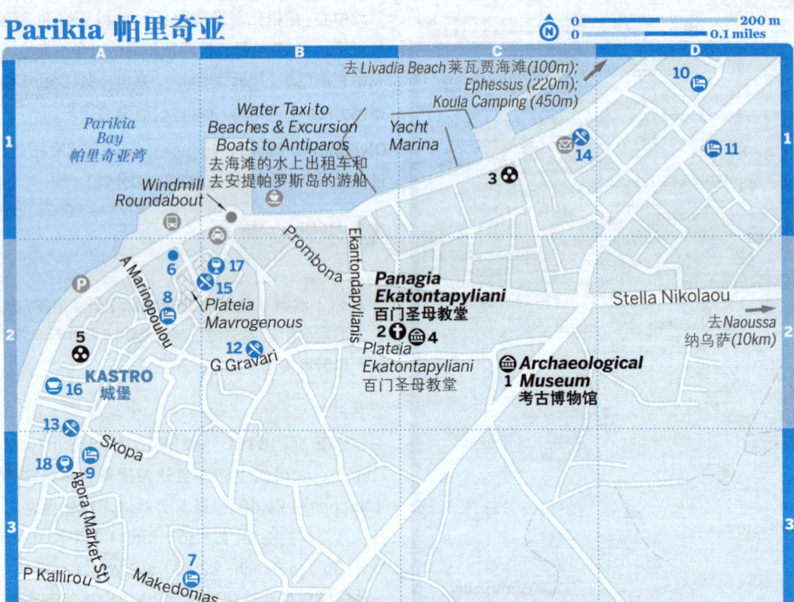

Parikia 帕里奇亚

重要景点
1 考古博物馆 C2
2 百门圣母教堂 B2

景点
3 古墓地 C1
4 拜占庭博物馆 C2
5 法兰克城堡 A2

活动、课程和团队游
6 Travel to Paros A2

住宿
7 Angie's Studios A3
8 Hotel Argonauta A2
9 Hotel Dina A3
10 La Selini D1
11 Pension Sofia D1

就餐
12 Cafe Distrato B2
13 Levantis A2
14 Little Green Rocket C1
15 Ragoussis B2

饮品和夜生活
16 Bebop A2
17 Koukoutsi B2
18 Pirate A3

象深刻的考古遗址，水滨则到处都是希腊餐厅和酒吧，还有一流的中档住所和连绵不断的沙滩。特别受欢迎的是莱瓦贾（Livadia），在小镇以北仅几步之遥。

景点

百门圣母教堂 教堂

（Panagia Ekatontapyliani; www.ekatontapyliani.gr; 8:00~21:00）百门圣母教堂可以追溯到公元326年，是基克拉泽斯群岛最好的教堂之一。它由三座不同的教堂组成：圣尼古拉奥斯（Agios Nikolaos）是其中最大的，位于建筑群的东侧，里面有宏伟的帕罗斯岛大理石柱和一面精雕细琢的圣幛。另外还有华丽的圣母教堂（Church of Our Lady）和古老的洗礼堂（Baptistery）。圣母教堂也被译为“拥有百扇门的圣母玛利亚”，虽然略有夸张，但这里的确有很多门，令游客印象深刻。

拜占庭博物馆（Byzantine Museum；门票 €2；⌚9:00~14:00和18:00~20:00）位于建筑群内，收藏着圣像和其他艺术品。

★考古博物馆 博物馆

（Archaeological Museum；☎22840 21231；门票 €2；⌚周二至周日 8:00~15:00）这家博物馆位于百门圣母教堂后面，它是一个很酷的地方，有一种带人们回到岛屿过去的魔力。这里收藏着一些非凡的展品，包括5世纪的从天而降的胜利女神（Nike）和一尊6世纪的蛇发女怪（Gorgon）刚刚降临荒蛮人间的雕像。

更早期的精美陶器展品包括身材丰满的“Saliagos的胖女士”（Fat Lady of Saliagos），另一个主展品则是一块4世纪的《帕罗斯岛编年史》（*Parian Chronicle*）厚板残片，上面记载了绝大多数的杰出人物和古希腊的事件。它是在17世纪被发现的，另外两块残片保存在英国牛津的Ashmolean博物馆。

古墓地 遗迹

（Ancient Cemetery）沿水滨向北，有一处被围栏围起来的古墓地，其历史可以追溯到公元前8世纪末期。它于1983年被发掘，出土了坟墓、骨灰瓮和石棺。

法兰克城堡 遗迹

（Frankish Kastro）这座城堡建于1260年，它是由纳克索斯岛的威尼斯人Marco Sanudo公爵建造的。所用的石头来自于曾矗立在此的古建筑，至今你仍然可以找到公元前5世纪的拱形雅典娜神庙和伊奥尼亚神庙的遗迹。

团队游

Travel to Paros 巴士游

（☎22840 24245；http://traveltoparos.gr）在公共汽车总站对面，该公司可以预订帕罗斯岛巴士游（€35）；安提帕罗斯岛周边游轮巡游（€50）；全天的到达米科诺斯岛和提洛岛（€45）、圣托里尼岛（€55）、伊拉克利亚（Iraklia）和库福尼夏海滩（Koufonisia；€40）的短途旅行。

Paros Hikes 徒步

（☎69722 88821；www.paroshikes.com；有导游带领的徒步 €20起）由克里斯（Chris）带领的生态旅游，将会探索帕罗斯岛和安提帕罗斯岛鲜为人知的各个方面，经营范围从乡村徒步到登山徒步探险（也可以选择骑车），历时2.5小时至6小时。团队游可以为你量身打造行程，或者你可以加入他已经安排好的徒步行程。即将举行的活动、详细路线、出发信息和价格会在网站上发布。

住宿

Koula Camping 露营地 €

（☎22840 22081；www.campingkoula.gr；Livadia Beach；露营地 每个成人/儿童/帐篷 €8/3/4，帐篷出租 €7；⌚5月至10月；📶）这里是搭建帐篷的好地方（可能会摇晃），树木林立，距离海边只有几步之遥。它位于帕里奇亚海滨北部的尽头处，在莱瓦贾海滩（Livadia Beach）上。有抵离小镇的免费接送服务，方便往来市里。还有一间餐馆和一个小市场。

★Angie' s Studios 公寓 €€

（☎22840 23909；www.angies-studios.gr；Makedonias；双 €100；⌚4月至10月；❄📶）Angie' s就在旧城区的南部（距离Market St只有几步之遥），非常值得一去。房间宽敞干净，地面上铺着石板，花园绚烂夺目。每个房间都有阳台和厨房，服务生热情友好。提前打电话预订，他们会去码头迎接。

★Pension Sofia 家庭旅馆 €€

（☎22840 22085；www.sofiapension-paros.com；双/标三 €100/120；⌚4月至10月；❄@📶）从水滨出发，经过几个街区，就能看到这家旅店。Sofia清翠的独立花园使这里非常值得停留。房间一尘不染（许多房间里都挂着老板的艺术作品），老板魅力十足，而且知识渊博。这里供应早餐，需花费€8，你可以把早餐拿到房间的阳台或在花园里享用。

Hotel Argonauta 精品酒店 €€

（☎22840 21440；www.argonauta.gr；Plateia Mavrogenous；标单/双/标三 含早餐 €75/105/125；⌚4月至10月；❄📶）Argonauta是小镇中的一家精品酒店，有舒适的房间和精致的样式，还有一些视野开阔、风景优美的公用区。附近还有单间和公寓，登录网站了解详情。

Hotel Dina 酒店 €€

[☎22840 21325; www.hoteldina.com; Agora (Market St); 标单/双 €75/95; ⊙5月至10月; ❄📶] 位于老城区中心，有8个房间。房间一尘不染、非常舒适，墙面被刷成白色，里面有熟铁锻造的床。每个房间都有一个小阳台，可以俯瞰Market St。在这个传统建筑的中央，还有公共庭院和走廊。

La Selini 客栈 €€

(☎22840 23106; www.laselini.com; 标单/双/标三 €50/75/100; ⊙4月至10月; ❄📶) 来自北美的老板卢·安 (Lou Ann) 把La Selini经营得有声有色。这座令人愉快的建筑群距离莱瓦贾海滩只有几步之遥，里面有明亮、舒适的房间和能居住4人的单间公寓。你可以试着从这里瞭望海景。

就餐

Ragoussis 面包房 €

(Plateia Mavrogenous; ⊙8:00~23:00) 这家面包房兼法式蛋糕店的陈列柜里装满了果仁蜜饼、蛋糕和传统饼干，还有完美的海滩野餐素材，如三明治。美味的食物备受称赞。

Cafe Distrato 咖啡馆 €

(☎22840 25175; G Gravari; 主菜 €3~10; ⊙8:00至午夜) 这家全天营业的咖啡馆氛围悠闲，推崇健康理念。它附属于一家销售当地食物产品的商店。令人赏心悦目的菜单上列出了各种菜肴，有可丽饼、三明治、牛肉汉堡、意大利面和沙拉，还有咖啡、鸡尾酒和当地葡萄酒。可以在屋外的树荫下用餐。

★ Levantis 新派希腊菜 €€

[☎22840 23613; www.levantisrestaurant.com; Agora (Market St); 菜肴 €13~22; ⊙5月至10月 晚餐] 有个藤蔓遮蔽的庭院，店内被刷成白色，陈设简单，具有现代艺术风格。所有的一切都是为了突出这家基克拉泽斯群岛当今最好的希腊餐厅，它为美味的菜肴营造出舒适优雅的就餐环境。菜单专为饥肠辘辘的人们而准备——有许多极具创意的风味搭配组合菜肴可供选择，如鸡肉和开心果大米羊肉菜叶包、慢炖蜂蜜调味羊肉和坚果馅饼搭配洋茴香冰激凌。

★ Ephessus 希腊菜 €€

(☎22840 22520; www.parosweb.com/ephessus; Livadia Beach; 主菜 €7~15; ⊙午餐和晚餐) 坐在海滨地区挂满灯笼的花园里，点上一盘用Ephessus的木火烤炉烹饪而成的希腊或安那托利亚 (Anatolian) 风味的菜肴，你就会明白为什么这家餐馆一年到头都会如此受欢迎。这里的环境、服务和美食都堪称一流。尝一尝manti (安那托利亚水饺)、peinirli (传统比萨) 或烤腌羊肉串。

Little Green Rocket 各国风味 €€

(☎22840 27560; www.facebook.com/thelittlegreenrocket; 主菜 €10~15; ⊙午餐和晚餐) 这是一个清新有趣的海滨餐馆兼酒吧，菜单虽小，但是什么都有，包括各种各样的菜肴 (烤鸡、咖喱、墨西哥卷)。这里也是一个休闲饮酒的好地方。

饮品和夜生活

这个西南海滨遍布酒吧，很受当地人和游客欢迎。

Koukoutsi 酒吧

(Plateia Mavrogenous; ⊙8:00至深夜) 位于中央广场的边缘。这个当地人经常光顾的地方是一块宝地——地方不大，却非常热闹，有贴满海报的墙壁和带有垫子的木椅。你可以品尝到开胃小菜、果汁、咖啡、牛肉，或者来一杯乌佐酒 (ouzo，茴香酒)。

Bebop 咖啡馆、酒吧

(☎22840 28075; ⊙21:00至次日4:00) 爬上楼梯来到这间海滨爵士乐酒吧，这里有广阔的户外区域，包括一个观看日落的屋顶平台。有一个很长的饮品单，有很多咖啡和鸡尾酒可供选择，包括一种很好喝的桑格利亚汽酒 (sangria)。留心这里的现场音乐表演，尤其是爵士乐表演。

Pirate 酒吧

[Agora (Market St); ⊙9:00至深夜] 非常酷，有点像个洞穴，是你逃离旧城区喧嚣生活的理想之地。另外，这里还有极好的饮品。

实用信息

Travel to Paros(见195页)位于水滨地区,在公共汽车总站的对面,销售渡轮票,可以为你提供住宿建议和租车信息,还能寄存行李。你还可以在这里预订各种各样的团队游。

纳乌萨(Naoussa) Νaούσa

人口 3120

沿北部一路向前,可以到达纳乌萨。途中,你会经过绿油油的农田。但是,纳乌萨已经从一个宁静的渔村转型成为一个越来越时尚的度假村。它位于巨大的Plastira海湾的海岸上,附近有很好的海滩,还有很棒的餐馆以及不断增加的时尚海滨酒店、咖啡馆和酒吧。海滨后面是迷宫般的白色狭窄街道。

景点和活动

这一地区最好的海滩是**Kolimbythres**和**Monastiri**。Kolimbythres坐落在令人难以置信的岩石中间,Monastiri有几个不错的浮潜地点。虽然**Lageri**相对低调,但也值得探索。**Santa Maria**位于东部海角的另一侧,是参加风帆活动的好地点。这些海滩都有公路相连,7月和8月还有小船从纳乌萨出发,到达每一个海滩。

镇上有两个低调的、不定期开放的博物馆(展示民俗和拜占庭人像),你还可以看到一直守护在港口地区的残破的15世纪的威尼斯城堡遗迹。

Moraitis Winery 葡萄酒厂

(☎22840 51350; www.moraitiswines.gr; 品酒 €5; ⏲周一至周六 10:00~15:30)Moraitis一家从1910年起就开始加工葡萄,如今这套流程已经发展成为一种精致的艺术。在去酒吧品尝多达12种葡萄酒之前,你可以先到原始的石头酒窖逛一逛。用岛上的本土葡萄monemvassia酿制的每种葡萄酒都非常值得品尝。这家葡萄酒厂位于市中心东南,走上几步就可以轻松到达。

Kokou Riding Centre 骑马

(☎22840 51818; www.kokou.gr)设施完善的Kokou提供2.5小时的早晨骑马活动(€55)、海中骑马探险活动,还有1.5小时的晚间骑马活动(€35)。花费€3,他们就可以去纳乌萨的主广场接你。

Tao's Center 禅修

(☎22840 28882; www.taos-greece.com; Ambelas; ⏲4月至12月)Tao's位于纳乌萨东部的一个山顶上,位置偏僻但景色秀丽,是健康的度假胜地和禅修中心。中心的环境非常和谐,开设有关禅修、静观、瑜伽、舞蹈和创造力的课程,也讲授按摩疗法。你可以来这里旁听、按摩,或者在极好的泛亚洲餐馆里吃上丰盛的一餐;可以在这里注册,注册后长期居住的价格非常实惠(登录网站了解详情)。沿主路转弯到Ambelas,然后循着明显的路标,沿着一条大部分路面都铺得差不多的小路前行就能到达该中心。

Michael Zeppos 乘船游

(☎69478 17125; www.mzeppos.gr; 一日乘船游 每人 €100起)从纳乌萨出发(也从Aliki出发),该公司组织全天的航海旅游活动,会到达帕罗斯岛的海滩、安提帕罗斯岛,还可能前往纳克索斯岛。有观看日落和钓鱼活动可供选择。价格根据人数而定,登录网站了解详情。

住宿

Katerina Mare 公寓 €€

(☎22840 51642; www.katerinamare.com; 双/标三 含早餐 €130/150, 公寓 €170起; ❄📶)一句话,这个公寓很棒。光线充足的套房既优雅又古朴,每个房间里都能看到美丽的风景,并配有各种便利设施,包括小厨房。服务一流。位于镇中心西南部的一个上坡上,与它旁边的酒店一样拥有许多住宿选择。

Hotel Kalypso 酒店 €€

(☎22840 51488; www.kalypso.gr; Agii Anargiri Beach; 房间 €100起; ⏲4月至10月; ❄@📶)这个古老的建筑群令人赏心悦目,刚刚进行过改造翻新。里面有一个美得惊人的休息室。简单干净的房间、单间和公寓色彩明艳。外面则更胜一筹——海滩上有一个摆满了日光浴床的花园。

Hotel Galini 酒店 €€

(☎22840 51210; www.hotelgaliniparos.com; 双 €70~85, 标三 €95; ⏲全年; ❄📶)这

家一尘不染的酒店由当地一个三代之家经营，拥有简单舒适的房间。你可以选择一间带阳台的房间来欣赏海景。它就在当地的蓝顶教堂对面，帕里奇亚通往小镇的主路上。除7月和8月外，房价€50。

Lilly Residence 精品酒店 €€€

(☎22840 51377; www.lillyresidence.gr; 房间 含早餐 €285起; ⏲5月至10月; P ❄ 📶 🏊) 这是纳乌萨最时尚的酒店，内部石头、木头和柳条的装饰起了很重要的作用，白色则是统一的主题。这里有一种低调的奢华（想想爱马仕），适合成年人居住（12岁以下儿童免进）。就在大海的后面，所有的11个套房都是海景房，你还可以在养眼的游泳池区玩乐。

餐饮

这个小镇知道怎样去经营好一家海滨餐厅。事实上，每个海滨地区都遍布餐桌——就在停泊船只的不远处，营造了一种欢乐的氛围。在海港的一边散布着许多很小很小的“海滩”，那是一排咖啡馆和音乐酒吧，里面播放着放克音乐；还有一间很酷的休息室，里面的装饰是名副其实的米科诺斯岛格调。

★Sousouro 咖啡馆、酒吧 €

(☎22840 53113; 早餐 €4~6; ⏲9:00至次日3:00) 这家小咖啡店位于老城区的一个小角落里，咖啡口感醇厚。这里有岛上最好的早餐菜单：超级美味的冰沙和奶昔；一系列自制的早餐营养食品，如格拉诺拉燕麦卷搭配羊奶酸奶和百里香蜂蜜；烤面包顶上涂上一层鳄梨酱或可可榛仁黄油和香蕉。到了晚上，这些有利于健康的美食就被浓烈的鸡尾酒所替代了。

Paradosiako 甜品 €

（希腊甜甜圈 €4~5; ⏲18:00至午夜）如果想要品尝一种被称作“loukoumadhes（希腊甜甜圈）”的美味面球的话，这里是必去之地。实行自助服务：可以自己添加蜂蜜巧克力酱或冰激凌。

Glafkos 地中海菜 €€

(☎22840 52100; 主菜 €8~16; ⏲午餐和晚餐) 餐桌就摆在海面之上，所以这个地方虽然有些隐蔽，但特色菜是海鲜一点都不足为奇。试试蒸扇贝和烤鱿鱼，或者尝尝虾肉意大利面（saganaki）和墨鱼烩饭。所有的美味佳肴都配有当地白葡萄酒。

★Sommaripa Consolato 咖啡馆、酒吧

(☎22840 55233; ⏲10:00至深夜) 这里是老板祖父母从前的住宅，但是被他改造成一家令人兴奋的咖啡馆兼酒吧。更巧的是，它就位于纳乌萨的小港口中心里（在Mario' s餐馆的上面），可在露台上可以看到熙熙攘攘的人群。这里有一流的饮品、小吃和服务。

To Takimi 酒吧

（音乐咖啡馆; ☎22840 55095）这家酒吧位于主广场的南部，当地人来此喝啤酒或乌佐酒，听现场音乐。音乐通常是由挂在墙上的传统弦乐器演奏的，从希腊蓝调雅燃音乐到摇滚乐应有尽有。

实用信息

从帕里奇亚出发的公共汽车最终会从水滨地区到达内陆地区的一些道路上，那里有一个很大的停车场（老城区的大部分地方都只能徒步到达）。老城区在这里的东侧：沿着步行街走到Xamilothoris Patisserie的左边，就能找到老城区的中心。

Erkyna Travel (☎22840 53180; www.erkynattravel.com) 这里出售渡船票，能提供住宿、汽车租车、短程旅行、水上运动和去其他岛屿的乘船游咨询。位于进入城镇的主路上。

莱夫克斯（Lefkes） Λεύκες

人口 490

环抱的群山形成了一个天然圆形剧场，美丽的莱夫克斯就依附在它的边上，山峰上点缀着古老的风车。整个村庄都被一种宁静的气氛笼罩，中午都会有午休时间。它位于帕里奇亚（Parikia）东南9公里处，是中世纪帕罗斯岛（Paros）的首府。村庄最吸引游客的地方是可以自由穿梭在质朴的小巷里。**圣特里亚达教堂**（Cathedral of Agia Triada）是一座令人印象深刻的建筑，它有一座独特的钟楼。在大教堂前面广场里的是**Kafeneio tis Marigos**（☎22840 44014），这是一家令人赏心悦目的复古咖啡馆，供应自制的肉丸和蛋糕。

帕罗斯岛周边

沿东南海岸向下，你就能到达Piso Livadi。它是一座富有吸引力的海港，也是个低调的度假地，拥有一个遍布希腊餐厅和咖啡馆的水滨地带。这里有一片小海滩，Logaras还有一个更大一点儿的海滩，在向南大约400米处，步行就能到达。

再往南，还是在东南海岸，是帕罗斯岛最棒的海滩Hrysi Akti（金沙滩）。这里的沙质柔软，海滩上还有几间希腊餐厅和出租屋。离这里最近的村庄是Dryos，村庄里的优质酒店和餐馆正逐年增加。

在西海岸，Pounta附近是顶级水上运动的活动中心：长长的浅水海岸线和完美的海岸风力情况，使这里成为各种技能水平的游客进行风筝冲浪和帆板运动的最佳地点。

活动

Aegean Diving College 潜水

（☎22840 43347；www.aegeandiving.gr；海岸浅水 €55起）在Hrysi Akti（金沙滩），专业化经营的Aegean Diving College为考古爱好者和生态爱好者提供了一系列的潜水地点。还提供潜水课程以及浮潜之旅（€40起）。

Force7 Surf Centre 帆板

（☎22840 41789；www.force7paros.gr）Force7 Surf Centre是Hrysi Akti（金沙滩）上一个经营相当良好的运动中心，提供帆板课程和风帆设备出租（包括儿童课程），还出租皮划艇和桨叶式冲浪板。

Paros Kite 风筝冲浪

（☎22840 93018；www.paroskite.gr；2小时的介绍 €90）这个经营灵活、专业的地方全部都是与风有关的活动：风筝冲浪和帆板讲授，还有装备可供出租。另外，这里还有一家冲浪商店、海滩酒吧兼咖啡馆、按摩和瑜伽，以及（2015年新开设的）骑马活动。当地住宿可以在此提前预订。

住宿

Golden Beach Hotel 酒店 €€

（☎22840 41366；www.goldenbeach.gr；Hrysi Akti；双/标三 含早餐 €125/40，4人公寓 €220；⊙4月至10月中旬；❄📶）就坐落在Hrysi Akti（金沙滩）上，有颜色淡雅、简单迷人的房间和公寓。更重要的是房间的外面：伸向海岸的是郁郁葱葱的草坪，还有餐馆、海滩酒吧和众多海滨活动。

安提帕罗斯岛（ANTIPAROS）ΑΝΤΙΠΑΡΟΣ

人口 1211

如梦似幻的安提帕罗斯岛位于帕罗斯岛的岸边。一到渡船码头，你就会明显地感觉到生活节奏一下子变慢了起来。主村庄和港口（也叫安提帕罗斯岛）令人放松。水滨地区和主要的街道附近很适合旅游观光；村庄则深入内陆，通向宁静的广场和小巷。沿着小巷，你会突然发现自己置身于一片旷野之中。岛屿的其他部分经过安静的乡下地区，通往主要聚居地的南部地区。这里有几处优质海滩，尤其是Glyfa和Soros。如果不喜欢被打扰，岛上还有一个"秘密旅游基地"，欧洲皇室和一线摇滚明星都来这里度假。

景点和活动

安提帕罗斯镇 村庄

（Antiparos Town）这个主要的城镇非常值得一逛。长长的步行主街上排列着各种服务设施和许多时尚的精品店、酒吧和餐馆。沿着步行街走到尽头，就能看到Plateia Agios Nikolaou里巨大的、很有特色的悬铃树。这里有一条狭窄的小巷，通往迷人而古老的威尼斯城堡遗迹，这个古老而坚固的地方的历史可以追溯到15世纪中叶，可以从一个拱门进入。

★安提帕罗斯岛洞 洞穴

（Cave of Antiparos；成人/儿童 €5/2.50；⊙7月和8月 10:00~18:00，6月 至17:00，5月和9月 至16:00，4月 至15:00）这个洞穴位于港口以南约10公里处，尽管钟乳石和石笋之前遭到了破坏（你可以看到之前的游客在墙上留下的涂鸦，其中一个可以追溯到1776年），但这个巨大的洞穴依然令人叹服。往下走400多个台阶，会进入一个阴暗潮湿的地方——注意，你可能需要爬出来！要想到达这个洞穴，沿着沿海公路向南，一直走到标记着岔路口的地方。港口有开往这里的公共汽车（€1.60）。

Blue Island Divers 潜水

（☎22840 61767；www.blueisland-divers.gr；单人潜水 €60起，PADI认证课程 €230起）坐落在北部海滨，提供有趣的潜水、专业潜水教练协会（PADI）课程，以及岛屿周围的浮潜之旅（€20）。

食宿

Camping Antiparos 露营地 €

（☎22840 61221；www.camping-antiparos.gr；露营地 每个成人/儿童/帐篷 €8/4/2；⊙5月至9月）这个令人放松的海滨露营地位于港口以北1.5公里（提供接送服务），种满了雪松和竹林，为你提供了一个很好的“隔间”。

Artemis Hotel 酒店 €€

（☎22840 61460；www.artemisantiparos.com；双 €80~90；⊙4月至10月中旬）Artemis（在海港遥远的北端）有优雅的大理石纹路的房间，非常简洁，价格合理。还有一个漂亮的私人露台（仅限海景房）。公共区域时尚迷人。

Beach House Antiparos 度假村 €€€

（☎22840 64000；http://beachhouseantiparos.com；套 €220起；⊙5月中旬至9月；❄📶）这是一座明亮的精品度假村，坐落在Apandima海滩上。有一座海滨别墅，里面有9个套房（一些适合家庭居住）。这里有一家高档的海滨餐馆，供应早午餐、午餐和晚餐，还有一间海滩酒吧和许多日光浴床，都向所有游客开放。你可以在海滩安排一次按摩、租一艘小船，或者逛一下“概念商店”。

★ **Captain Pipinos** 希腊小馆 €€

（☎22840 21823；http://captainpipinos.com；主菜 €6~14，鱼按公斤计费；⊙午餐和晚餐）Captain Pipinos在岛屿的南部，能饱览与它相邻的小岛Despotiko（无人荒岛）的全景。这是一家享有盛名的老式希腊鱼馆，坐落在海滨之上。章鱼菜肴是这里的首选（你将会看到它们是如何被烘干的），各种新鲜鱼类也应有尽有。

实用信息

从渡船码头沿着水滨地区向右走，Agora主街在经过Anarghyros Restaurant之后进入内陆。然后，你就能找到你所需要的大多数服务设施，包括食品杂货店和银行。想去中央广场的话，在主街上方向左拐，然后再向右拐。

这里有几处旅行社，包括**Oliaris Tours**（☎22840 61231；www.antiparostravel.gr），你可以在那里咨询当地的公共汽车信息。

可在网站www.antiparos.gr上查询实用信息。

到达和离开

夏季，有定期的小型客船从帕里奇亚开往安提帕罗斯岛（€5）。每天还有许多游轮从帕里奇亚、Pounta、Aliki和纳乌萨出发，往返于这两个岛屿的海滩之间。

还有车辆渡轮从Pounta出发，沿帕罗斯岛的西海岸抵达安提帕罗斯岛（单程 €1.10，每辆小轮摩托车 €1.40，每辆小汽车 €5.90；每小时1班或2班；10分钟）。第一班渡船约在7:15从Pounta出发，最后一班渡船在凌晨0:30离开安提帕罗斯岛。

当地交通

有一班公共汽车从港口开往洞穴，另一班公安汽车开往东海岸的海滩，最远到达圣吉尔吉奥斯，票价€1.60。时刻表随季节变化。理论上，公共汽车只在4月至9月营运。

你可以从**Aggelos**（☎22840 61626）租用车辆，这里是从渡船码头过来的第一家办事处。租赁汽车每日约€40起价（旺季），小轮摩托车€15，自行车€5。

纳克索斯岛（NAXOS） ΝΑΞΟΣ

人口 12,700

纳克索斯岛是基克拉泽斯群岛中最大的一个，拥有很多独特的优势。霍拉（也被称作纳克索斯）是它的主要城市，鹅卵石小巷纵横交织，耳边则充满了游客购物时的喧闹声。不过，你仍然能够在附近的一些地方寻找到僻静的海滩、村落和古代遗址。

传说就在纳克索斯岛上，忘恩负义的忒修斯（Theseus）抛弃了帮助他走出克里特迷宫的阿里阿德涅（Ariadne），但她并没有因此伤感太久，很快就和狄厄尼索斯（Dionysos）

Naxos 纳克索斯岛

走到了一起，后者是岛上最受爱戴的葡萄酒和布施欢乐之神。其实，长期以来纳克索斯的葡萄酒都是抚慰受伤心灵的灵丹妙药。

纳克索斯是古希腊和拜占庭的文化中心，威尼斯人和法兰克人都对这里产生了影响。相对于基克拉泽斯群岛的其他岛屿，这里的土地更加肥沃，出产橄榄、葡萄、无花果、柑橘、玉米和马铃薯。宙斯山（Mt Zeus，又名Mt Zas；海拔1004米）是基克拉泽斯群岛的最高峰，也是岛内的中心，山上有哈尔基岛和阿皮拉索斯（Apiranthos）等迷人的村庄。

这个岛屿同样也吸引户外运动爱好者，南部沙滩有风筝冲浪，村庄、教堂和其他景点之间有很多传统的小路。在当地书店可以买到步行游指南和地图——地形图是最好的，列出了十几条路线。由Dieter Graf出版的《纳克索斯岛徒步》（*Walking in Naxos*）涵盖了根据全球定位系统数据绘制的25条路线。

到达和离开

与帕罗斯岛一样，纳克索斯岛有点像是基克拉泽斯群岛的渡轮中心，定期抵离比雷埃夫斯的普通和快速渡轮的数量也相似，还有抵离拉斐那大陆港口的线路，途经基克拉泽斯群岛北部。

Olympic Air（www.olympicair.com）每天有抵离雅典的航班（€100，45分钟）。

当地交通

抵离机场

机场位于霍拉南部3公里。这里没有往返的公共汽车，但前往Agios Prokopios海滩和阿基亚安纳（Agia Anna）的公共汽车都从机场附近经过。出租车费用为€10~15，价格取决于行李数量、乘车时间和是否预订。

公共汽车

经常有公共汽车从霍拉开往Agios Prokopios海滩（€1.60）和圣安娜（€1.60）。每日有7班汽车开往Filoti（€2.30），途经哈尔基岛（€2）；有5班汽车开往阿皮拉索斯（Apiranthos；€3.10），途经Filoti和哈尔基岛；至少有2班汽车开往阿波罗纳斯（€6.20）、Pyrgaki（€2.30）和Melanes（€1.60）。开往其他村庄的汽车则没有那么频繁。

纳克索斯岛船只服务信息

目的地	时间	票价	班次
阿莫尔戈斯岛	2~6小时	€11.50	每天2~5班
阿莫尔戈斯岛*	1小时至1小时30分钟	€24	每天2班
阿纳菲岛	3小时45分钟	€19.50	每周2班
阿斯提帕利亚岛	3小时45分钟	€34.50	每周5班
多诺萨	1~4小时	€7.50	每周7班（注意：不是每天1班）
福莱安兹罗斯岛	3小时10分钟	€17	每周1班
福莱安兹罗斯岛*	2小时30分钟至4小时	€49	每周6班
伊奥斯岛	1~2小时	€14.50	每天1~2班
伊奥斯岛*	50分钟	€25	每天1~2班
伊拉克利亚	1小时至1小时30分钟	€7	每天1~2班
伊拉克利翁*	3小时40分钟	€70	每天1班
基莫洛斯岛	4小时40分钟	€17	每周1班
库福尼夏	2小时30分钟	€8	每天1~2班
库福尼夏*	40~50分钟	€19	每天1~2班
米洛斯岛	6小时	€21	每周1班
米洛斯岛*	3小时30分钟至5小时30分钟	€59.50	每周6班
米科诺斯岛	2小时30分钟	€18.50	每天1班
米科诺斯岛*	40分钟至1小时30分钟	€29.50	每天4~5班
帕罗斯岛	50分钟	€10	每天4~5班
帕罗斯岛*	30分钟	€16	每天3班
比雷埃夫斯	5小时15分钟	€34.50	每天2~4班
比雷埃夫斯*	3小时30分钟	€57.50	每天2班
拉斐那	6小时	€32	每天1班
拉斐那*	4小时	€52	每天2班
圣托里尼岛（锡拉）	2小时	€19.50	每天1~2班
圣托里尼岛（锡拉）*	1小时35分钟	€38.50	每天4~5班
西诺沙	1小时15分钟至2小时	€7	每天1~2班
锡基诺斯岛	2小时20分钟	€13	每周1班
锡罗斯岛	3小时10分钟	€15	每周1班
蒂诺斯岛*	2小时	€29	每天2班

*高速服务

注意：时间会根据船只类型和路线发生变化。

汽车从霍拉渡船码头的尽头发车，时间表张贴在**公共汽车信息办公室**（☎22850 22291；www.naxosdestinations.com；港口）的外面，从公共汽车站向左斜穿过马路就是。你必须要从这个办公室或者是外面的购票机上买票（不要从驾驶员手中买票）。

汽车和摩托车

8月份租车费用是每日€45~65，四轮摩托车€30起。在霍拉水滨附近有很多租车代理处。可以去**租赁中心**（Rental Center；☎22850 23395；www.rentalcenter.com.gr；Plateia Evripeou）、**Auto Tour**（☎22850 25480；www.naxosrentacar.com）或**Fun Car**（☎22850 26084；www.funcarnaxos.com）租车。

出租车

由于岛屿很大，所以大多数前往纳克索斯岛的游客都会选择乘坐公共汽车或自驾游。**出租车**（☎22850 22444）也是短途旅行可选的一种交通方式（例如霍拉至Agios Prokopios海滩或阿基亚安纳大约需花费€10）。出租车会集中在港口等待乘客，或者你可以打电话叫一辆。

霍拉（纳克索斯岛）［Hora（Naxos）］

Χώρα（Νάξος）

人口 6730

作为岛屿港口和首府，霍拉有着你能想象出的所有色彩与喧嚣。老城区位于岛屿西海岸，遍布着许多高低起伏的小路，就在两块历史上著名的威尼斯街区里：其中Bourgos是希腊人居住的地方，而山顶的城堡（Kastro）则是罗马天主教徒居住的地方。

霍拉本身是个不算小的城市，但徒步走一遍也不是什么难事。在老城区里你肯定会迷路，而且地图的用处会很小。

景点

★城堡 景区

（Kastro）霍拉最迷人的部分就是这座13世纪的住宅区城堡，马可·萨努多（Marco Sanudo）于1207年把这里定为他领地的首府。它位于水滨的后面，狭窄的小巷蜿蜒爬上景色壮丽的山顶。在城堡的中心有几座遗留至今的威尼斯宅邸，你还可以看到**Tower of Sanoudos**，它是萨努多的城堡遗迹，曾经被大理石阳台所环绕。你可以在午睡时间到城堡里星罗棋布的小教堂里逛一逛，感受它们安静永恒的气氛。如果迷失了方向（这几乎是必然的），记住沿着道路向上走，最终会到达城堡；沿着道路向下走，就会回到海边。去小镇的**Bourgos**地区看一看，进入帕拉利亚（Paralia）北端后面蜿蜒的后街。

★阿波罗神庙 考古遗址

（The Portara；Temple of Apollo）免费 从纳克索斯镇的海港出发，沿着通往帕拉利亚小岛的堤道，就能到达引人注目的、尚未完工的阿波罗神庙（也被称作Portara或"Doorway"），它是纳克索斯岛最著名的地标。结构简单的两根大理石柱和顶部的门廊使这里成为一个非常醒目的景点。日落时，人们会聚集在这里欣赏壮丽的景色。

圣吉尔吉奥斯海滩 海滩

（Agios Georgios Beach）圣吉尔吉奥斯海滩就在海滨以南，交通便利，是纳克索斯岛的小镇海滩。它后面是小镇末端的酒店和希腊餐厅（可能会非常拥挤），但在南部地区还有一些地方，那里的人会少一些。它的潜水区域非常适合家庭游玩。

德拉·罗卡-巴洛兹·威尼斯博物馆 博物馆

（Della Rocca-Barozzi Venetian Museum；☎22850 22387；www.naxosfestival.com；门票€5；⏲10:00~22:00）这座很有氛围的博物馆位于一座美丽的13世纪塔楼之中。它给人一种这里仍然有人居住的感觉，只是在此居住的人刚刚出门。事实上也真是如此——主人（最初的意大利贵族主人的直系后代）每个冬天都会在这里住几个月。你可以在房间里漫步，看一看最初的主人是如何生活的，看看他们的穿着和房间的摆设。这里经常会有导游带领（或者自助游）。博物馆位于城堡的城墙内，在西北城门旁边。拱顶上不断有更换的展品。在博物馆和它前面的空地上，经常会举办音乐会和其他活动。

民俗博物馆 博物馆

（Folk Museum Collection；☎22850 25561；www.naxosfolkmuseum.com；Old Market St；门票

Hora (Naxos) 霍拉(纳克索斯岛)

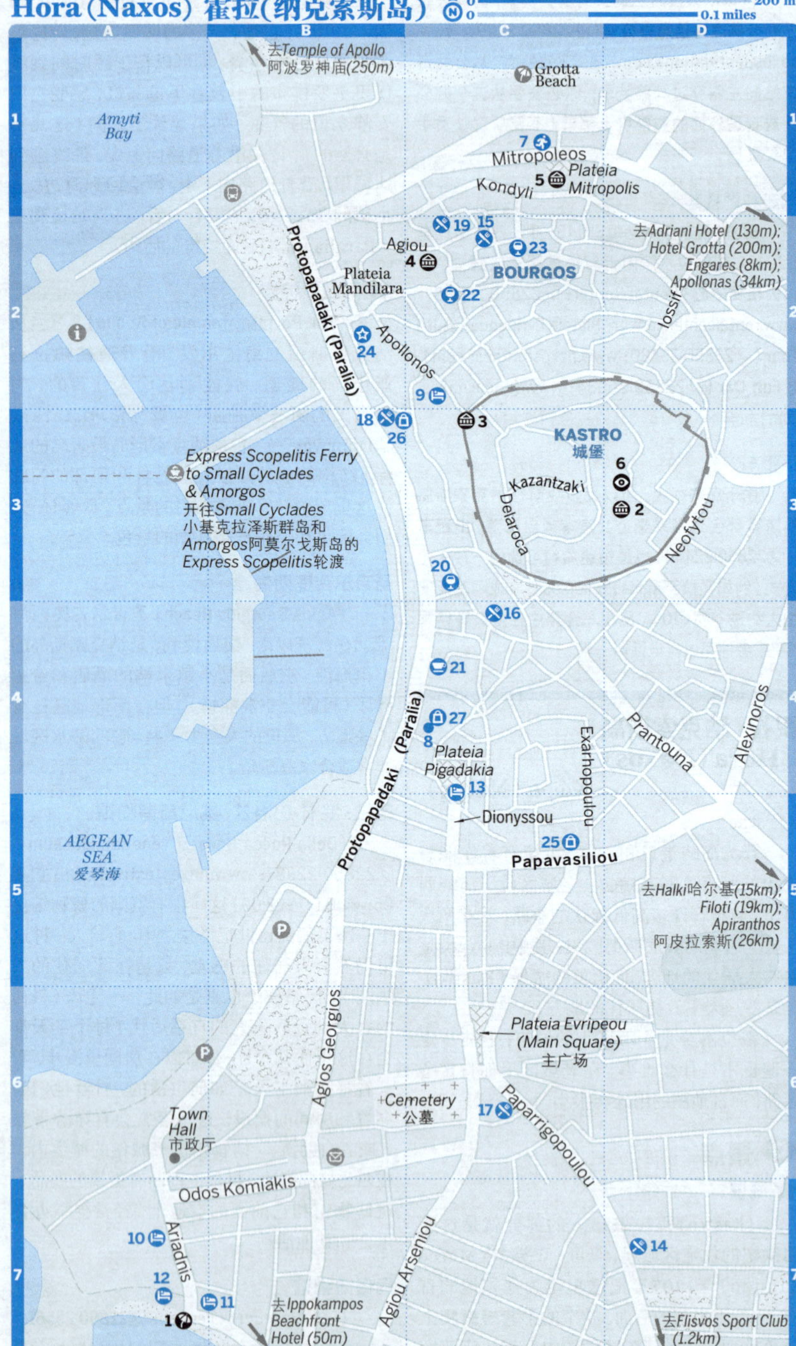

Hora（Naxos） 霍拉（纳克索斯岛）

景点

1 圣吉尔吉奥斯海滩……A7
2 考古博物馆……D3
3 德拉·罗卡-巴洛兹·威尼斯博物馆……C3
4 民俗博物馆……C2
5 大都会博物馆……C1
6 Tower of Sanoudos……D3

活动、课程和团队游

7 Naxos Bike……C1
8 Naxos Tours……C4

住宿

9 Despina's Rooms……C2
10 Hotel Galini……A7
11 Hotel Glaros……B7
12 Nissaki Beach Hotel……A7
13 Xenia Hotel……C4

就餐

14 Anna's Garden Café……D7
15 Labyrinth……C2
16 L'Osteria……C4
17 Maro……C6
18 Meze 2……B3
19 O Apostolis……C2

饮品和夜生活

20 520……C3
21 Citron Cafe……C4
22 La Vigne……C2
23 Naxos Cafe……C2

娱乐

24 DaCosta……B2
德拉·罗卡-巴洛兹·威尼斯博物馆……（见3）

购物

25 Kiriakos Tziblakis……C5
26 Papyrus……B3
27 Zoom……C4

€3；⏲10:00~14:00和19:00~22:00）这个小而保存完好的博物馆提供对纳克索斯岛历史的特别讲解，使人很容易理解。简明的展览涵盖了农具、养蜂、编织、面包制作、酿酒、奶酪生产。它是一个私人所有的博物馆，非常值得为之驻足。

考古博物馆　博物馆

（Archaeological Museum；☎22850 22725；Kastro；成人/儿童 €3/免费；⏲周二至周日 8:30~15:00）这家博物馆位于城堡里面，从前是耶稣会学校，小说家尼科斯·卡赞扎基斯（Nikos Kazantzakis）曾在这里就读。虽然有一些过时，但这里仍然有很多伊奥尼亚时期和多立克时期的惊人发现，还有一些绝妙的基克拉泽斯早期的大理石雕像。

大都会博物馆　博物馆

（Mitropolis Museum；☎22850 24151；Plateia Mitropolis；⏲周二至周日 8:30~15:00）免费 在水滨北端的后面有几座教堂和小礼拜堂，以及这个博物馆。它以公元前13世纪至公元前11世纪迈锡尼（Mycenaean）城的遗迹为特色，后来因为海边洪水的威胁而被遗弃。透过脚下的玻璃板，能看到古代地基。

活动

Flisvos Sport Club　帆板

（☎22850 24308；www.flisvos-sportclub.com；Agios Georgios Beach）这是一个组织完善的海滩俱乐部，开设了一系列的帆板课程（1小时的私人课程€40起），还出租山地自行车（每天€10起）。有一家很酷的咖啡馆和住宿场所，另外组织沙滩排球和瑜伽活动，还有一个健身中心。

★Naxos Bike　骑车

（☎22850 26612；www.naxosbikes.com；自行车出租 每天€10起）你可以在这里准备好所有的装备，从徒步自行车到儿童座椅应有尽有。当地的山地自行车专家扬尼斯（Giannis）会为你配好地图，然后你就可以外出探险了。另外，他还带领历时3小时的团队游（每人€30，最少2人）。

Naxos Horse Riding　骑马

（☎69488 09142；www.naxoshorseriding.com；2/3小时骑马 €45/55；⏲周一至周六）每天早上、中午和傍晚会组织内陆或沙滩骑马活动。工作人员可以为你安排抵离马厩的接送服务。有适合初学者、儿童和高级骑手的各种骑马活动。

团队游

Naxos Tours 团队游

（☎22850 24000；www.naxostours.net；岛上巴士游 成人/儿童 €30/15；⏰8:00~22:00）这家代理处坐落在水滨地区，你可以打电话咨询一系列的导览游和短途旅行，包括岛上巴士游、徒步导览游和每天的游轮游。有频繁发往提洛岛和米科诺斯岛（成人/儿童 €45/20）、圣托里尼岛（€55/30）、伊拉克利亚和库福尼夏（€40/20）的游艇。另外还有纳克索斯岛各地区的航海探险。

住宿

霍拉有很多住宿选择（大多数都全年营业），包括小镇海滩圣吉尔吉奥斯海滩后面都有许多住宿。如果你选择住在港口，一定要再三确定房间与镇中心的真正距离。在旺季，码头上可能会有发布酒店和客房信息的展亭。最好的露营地在霍拉南部的海滩（阿基亚安纳和普拉卡），这里有小型公共汽车去接从渡轮上下来的游客。

Despina' s Rooms 家庭旅馆 €

（☎22850 22356；www.despinarooms.gr；Kastro；双 €50；❄📶）Despina出租简单舒适的房间已经五十多年了，而且房间的价格很便宜。它隐藏在城堡的中间（经过一番攀爬才能抵达），有一些房间能看到海景。尽管屋顶露台上的房间面积不大，却很受欢迎。有公共厨房。

Hotel Grotta 酒店 €€

（☎22850 22215；www.hotelgrotta.gr；紧邻Kontoleontos；双 含早餐 €110~125；❄📶）坐落在高处，可以俯瞰城堡和主城镇。这家绝佳的酒店房间干净整洁，从前面能看到美丽的海景，公共区域十分宽敞，还有一个很酷的室内水流按摩浴缸区。更棒的是，这里的气氛既欢快又迷人。

Adriani Hotel 酒店 €€

（☎22850 23079；www.adriani.gr；Kontoleontos；双 含早餐 €120~160；❄📶）这家宜人的酒店位于小镇的东北角，拥有清新的房间，房间内设备齐全。最好的房间位置靠后，因而也更幽静一些，一楼的房间拥有令人赏心悦目的白色露台。顶层的房间共用一个宽敞的阳台，能饱览老城区的绝妙景色。这里的早餐堪称一流。

Hotel Galini 酒店 €€

（☎22850 22114；www.hotelgalini.com；双 含早餐 €90；❄📶）航海主题元素为这个非常友好的地方增色不少。宽敞而现代的客房里有小阳台、铁床，还有用贝壳和浮木制成的精美装饰。地理位置绝佳，离老城区和海滩都很近。早餐也很丰盛。

Ippokampos Beachfront Hotel 精品酒店 €€

（☎22850 24648；www.ippokampos-naxos.com；Agios Georgios Beach；房间 含早餐 €80~130；⏰4月中旬至11月中旬）它是全白色的现代化海滨建筑群的一部分，建筑群里还有一家餐馆兼酒吧。这家酒店有9个房间，装饰华丽。便宜的经济房会小一些。所有的房间共用一个极好的阳台。

Xenia Hotel 酒店 €€

（☎22850 25068；www.hotel-xenia.gr；Plateia Pigadakia；双 含早餐 €90~120；❄📶）这家酒店建于2012年，就在老城区里面，非常简约时尚，离所有的地方都很近。在阳台上能俯瞰喧嚣的街道，晚上休息时厚厚的玻璃又能将噪声阻挡在外。

Hotel Glaros 精品酒店 €€€

（☎22850 23101；www.hotelglaros.com；Agios Georgios Beach；双 €140~165；⏰4月至10月；❄@📶）这家经营良好的酒店既前卫又有家的感觉，简约而不失舒适，拥有13个整洁的房间，精致的装饰让人感觉仿佛置身于海边。服务体贴周到，有一个室内的极可意水流按摩浴缸。距离海滩仅有几步之遥。早餐费用为€10。

Nissaki Beach Hotel 酒店 €€€

（☎22850 25710；www.nissaki-beach.com；Agios Georgios Beach；双 含早餐 €220起；❄📶🏊）奢华得令人难以抗拒，有一家海滨餐馆和极好的游泳区域，还有优雅的房间。

就餐

纳克索斯有很好的餐厅。要想品尝最新

鲜的海鲜，请前往水滨的希腊餐厅：渔民在那里聚集，可以任意挑选他们新鲜捕获的鱼。纳克索斯岛的奶酪、香肠和马铃薯也非常值得品尝。

★ Maro

希腊菜 €

(☎22850 25113; 主菜 €4~12; ⊙午餐和晚餐) 这里看不到海景，也没有老城区的浪漫氛围，但当地人不在乎。他们都忙于品尝美味而又物美价廉的当地食物（包括大量阿皮拉索斯村庄的特色菜）。绿西葫芦丸（zucchini balls，事实上像是油煎饼）非常美味，希腊茄盒（moussaka）非常丰盛。它就在Plateia Evripeou的南部。

Anna's Garden Café

咖啡馆 €

(☎22850 26774; http://annasorganicnaxos.blogspot.com; Paparrigopoulou; 菜肴 €5~10; ⊙5月至9月 9:00~14:00和18:00~21:00; ✎👪) Anna给人一种十分淳朴的感觉，食物百分之百有机，每日供应的午餐菜肴都是用当地的应季产品制作而成。早餐非常丰盛：你可以考虑尝试一下自制的穆兹利（muesli；用碾碎的谷物、干果、坚果等制成的保健食品）和酸奶，还有用斯佩尔特小麦制作的面包或鸡蛋饼。野餐篮需要提前一天预订。

L'Osteria

意大利菜 €€

(☎22850 24080; www.osterianaxos.com; 主菜 €10~14; ⊙7:00至午夜) 这家正宗的意大利餐馆隐藏在港口上坡的一条小巷里，就在城堡城墙的下面。你可以在庭院中选择一张餐桌，然后赞叹这里的美味吧！正宗、可口的菜单每天都会变化；但还有一个一成不变的菜单，上面有意式特色面包、沙拉和美味的开胃菜。

Meze 2

海鲜 €€

(☎22850 26401; 主菜 €6~15; ⊙午餐和晚餐) 位于水滨的餐馆很容易被人们想成是为游客设置的陷阱，但这家不然。这里的克里特和纳克索斯菜肴相当美味，服务也优质到家，使其从其他餐厅中脱颖而出。海鲜味道很棒——试试当地奶酪酿鱿鱼、烤沙丁鱼或乌佐酒大蒜贻贝。7月和8月，普拉卡海滩上有另一家Meze。

Labyrinth

希腊菜 €€

(☎22850 22253; 主菜 €9~17; ⊙午餐和晚餐) 在这里，你很难判断哪一个更受欢迎：是温暖的内部装饰，还是美丽的私人庭院。细细品尝用烤manouri（源自北部的软干酪）腌制的蔬菜和香草箭鱼，也可以考虑一下海鲜烩饭配乌佐酒沙司。它的名字（意思是迷宫）非常贴切，有路标，但如果你从北部进入蜿蜒的小巷进入会最容易找到。

O Apostolis

希腊菜 €€

(☎22850 26777; Old Market St; 主菜 €8~15; ⊙午餐和晚餐) O Apostolis位于迷宫般的Bourgos正中心，你可以在它的石板庭院享用美味佳肴。Kleftiko（油酥羔羊肉）配上清炒时菜和羊乳酪，味道特别棒。

🍷 饮品和夜生活

水滨地区的南部尽头有几个大型、喧嚣的夜店。

520

酒吧

(☎69762 51135; ⊙9:00至深夜) 这家炫酷舒适的酒吧有一个可以俯瞰海港的露台，供应非常神奇的鸡尾酒。内部装饰时尚柔和，在这里你可以读报纸，也可以开派对，一切皆有可能。

La Vigne

葡萄酒吧

(☎22850 27199; www.lavignenaxos.com; ⊙19:00至次日1:00) 要想体验纳克索斯的夜生活，放松一下自己的身心，直接来这家位于Mandilara广场后面令人愉快的酒吧好了。由两名外国人经营，他们对好酒很有研究，也擅长与人沟通和交流。这里还有味道极好的混合美食。

Naxos Cafe

酒吧

(☎22850 26343; Old Market St; ⊙20:00至次日2:00) 如果你想小酌一杯，但又不喜欢夜店的环境，就到这里来吧。这家很有氛围的传统酒吧地方不大，采用蜡烛照明，位于铺满鹅卵石的Bourgos街道上。在这儿，你可以和当地人一起品尝纳克索斯葡萄酒。

Citron Cafe

咖啡馆

(Protopapadaki; ⊙8:00至深夜) 你可以一边欣赏港口景色一边喝着咖啡，开启自己新的一天。然后，用一杯当地葡萄酒或是哈尔基岛酿酒厂生产的齐特龙酒（kitron；用香橼叶子加工的酒）来给这一天画上句号。尝一尝当地风味的以齐特龙酒为主要成分的鸡尾酒（€6）。

DaCosta 夜店

（☎69759 39104）这家时髦的夜店位于港口警察局正后方，邀请了雅典DJ作为嘉宾来演奏舞曲，一直营业到凌晨。全部采用白色木质的装修风格，相当别致。你会感慨于酒吧丰富的藏酒，也会让你觉得这里是一个休闲的放松场所。

☆娱乐

★德拉·罗卡-巴洛兹·威尼斯博物馆 现场音乐

（Della Rocca-Barozzi Venetian Museum；☎22850 22387；www.naxosfestival.com；Kastro；活动门票 €15~20；⏲4月至10月 20:00）这个博物馆会在夏季的大多数夜晚举行特别的晚间文化活动。小镇上到处都张贴着即将举办的活动的宣传海报。活动可能是传统音乐和舞蹈音乐会、古典钢琴独奏会、布祖基琴或爵士和蓝调音乐演奏会，甚至还会放映《希腊人左巴》（*Zorba the Greek*）的视频。

购物

Papyrus 书籍

（☎22850 23039）最初，这里只有一箱书籍，还是一位游客留下的。后来收藏达到了惊人的1万多本二手书。它们涵盖了多种语言和各种体裁。从港口一路上坡就可以找到这里，就在Meze 2后面。

Kiriakos Tziblakis 食品和饮品

（Papavasiliou）这是一家家庭商店，历史可以追溯到1938年。它是一个色彩艳丽的神奇地方，当你从门前经过时，就会被里面浓烈的气味所吸引。当地人会来购买散装的调味料、橄榄、蜂蜜和奶酪。这里还堆满了极具吸引力的当地商品和货物，从锅到刷子，肥皂到raki（克里特岛的烈酒），应有尽有。

Zoom 书籍

（Paralia）这是个藏书丰富的大型报刊亭和书店，有绝大多数刚出版一天的国际报纸和大量美丽的明信片。

实用信息

纳克索斯岛没有官方旅游信息办事处。具体事宜可咨询旅行社。便利的网上资源包括www.naxos.gr。

阿尔法银行（Alpha Bank；Paralia和Papavasiliou交叉路口）有ATM机。

医院（☎22850 23550；Prantouna）在小镇的东部边缘。

希腊国家银行（National Bank of Greece；Paralia）有ATM机。

Naxos Tours（☎22850 24000；www.naxostours.net；Paralia；⏲8:00~22:00）出售渡轮票，组织住宿、短途旅行，提供汽车租赁服务。

警察局（☎22850 22100；Paparrigopoulou）位于Plateia Evripeou的东南部。

Zas Travel（☎22850 23330；www.zastravel.com；⏲9:00~21:00）出售渡轮票，组织住宿和团队游，提供汽车租赁服务。冬季营业时间缩短。位于海港前面。

纳克索斯岛周边

西南部的海滩

圣吉尔吉奥斯（Agios Georgios；霍拉的小镇海滩）南部的海滩包括漂亮的**Agios Prokopios**，它是一处多沙的浅滩，位于Cape Mougkri海岬南边隐蔽的海湾上。它和**阿基亚安纳**（Agia Anna）连在一起，后者有一片闪闪发亮的白沙滩，十分狭窄，但足够漫长。在它的南部末端，游人可以畅享无拘无束的感觉。Prokopios和阿基亚安纳的北端则发展得非常稳定。

多沙的海滩延伸到了Pyrgaki，穿过狭长梦幻的**普拉卡海滩**（Plaka Beach），那里有美丽的蓝绿色海水和点缀着岩石的壮丽多沙海湾。沿着这条海岸，你可以找到许多餐馆、住宿和公共汽车站——这个田园般的地方非常适合放松身心，会让你流连忘返。

Maragas Beach Camping（☎22850 42552；www.maragascamping.gr；Agia Anna Beach；露营地 每个成人/帐篷 €9/2，双/单间公寓 €40/60起）位于阿基亚安纳以南长长的沙滩带对面，

设施齐全：有露营地、单间公寓和房间，还有一家超市和一间希腊餐厅。从霍拉发车的班车会在它前面停车。

在**Mikri Vigla**（http://mikrivigla.com），金色花岗岩石板和巨石将海滩分成了两部分。这里风力情况稳定，因此海滩上的风筝冲浪越来越受欢迎。**Flisvos Kite Centre**（☎6945457407；www.flisvos-kitescentre.com）为有资质的冲浪者提供风筝冲浪和帆板课程并出租装备。你可以在隔壁的**Orkos Beach Hotel**（☎22850 75194；www.orkosbeach.gr；标单/双/公寓 含早餐 €75/105/166；⏲5月中旬至9月；❄📶🏊）过夜。那里的房间既干净又舒适，但到时候你绝不会甘心窝在房间里，而是更愿意在沙滩上尽情地玩耍。

哈尔基岛（Halki） Χάλκη

到了纳克索斯岛，如果不来哈尔基岛的话，那简直就是一种罪过。这个具有历史气息的村庄很久以前是该岛的首府，生动地反映了纳克索斯的历史。这里有古老的别墅和塔式楼，都是因此地古代丰富的物产才存留至今。如今，它是迷人的商店以及画廊的故乡，吸引了不少艺术家和烹饪天才。哈尔基岛位于Tragaea山区的中心，距离霍拉大约有20分钟的车程（15公里）。

主路环绕着哈尔基岛，在小镇的入口（从霍拉出发）和出口（在学校操场的旁边）处有停车场。步行道从主路一直延伸到位于哈尔基岛中心的风景如画的广场。

小路从哈尔基岛穿过平静的橄榄树林和开满鲜花的草地。11世纪的**St Georgios Diasorites教堂**在距离村庄北部很近的地方。教堂相当富有感染力，有许多壮观的壁画。

景点

Fish & Olive 画廊

（www.fish-olive-creations.com；⏲5月至10月中旬）这个画廊展出了纳克索斯岛的陶器制作者Katharina Bolesch和她的搭档以及艺

另辟蹊径

特拉盖亚和宙斯山

纳克索斯岛内陆可爱的特拉盖亚（Τραγαία；Tragaea）地区是一片广袤的平原，遍布橄榄树和未受打扰的村庄，村庄里隐藏着许多小型的拜占庭教堂。它位于中部山脉的下面，拥有基克拉泽斯群岛最高的山峰——**宙斯山**（Mt Zeus，也被称作Mt Zas；海拔1004米）。

菲洛蒂（Filoti）雄踞在宙斯山的斜坡上，是这片地区最大的村庄。从菲洛蒂出发，你同样也可以到达**宙斯洞**（Cave of Zeus）。这是一个很大的天然洞穴，位于宙斯山斜坡悬崖的山脚处，在距离菲洛蒂以南800米的一个交叉路口，你可以看到Aria Spring和Zas Cave的标志牌。如果是乘公共汽车前往的话，请在这里下车。

支线公路在1.2公里处终止。从路尽头的停车场出发，顺着一条小路经过**Aria Spring**，那是一个郁郁葱葱的喷泉和野餐区域，之后还需要沿着崎岖不平的小路向上爬才能抵达洞穴。大约要步行20分钟。

这条小路通向宙斯山山顶，但一路都非常陡峭。如果是从喷泉景区下面出发，需要沿着陡峭的山路徒步行走大约1个小时，要注意那里松散的岩石。

到达山顶还有另一条路线（一个比较容易的选择）：如果你上山的时候徒步经过洞穴的话，可以选择这条路下山——从通往Danakos村庄路上的Aghia Marina小教堂出发。你也可以走这条路线：菲洛蒂到**圣马里纳**（Agia Marina），再到山顶——沿着2号路标行进大约2小时（单程）。这条路在菲洛蒂广场的普拉塔诺斯（Platanos）餐馆旁边启程。

哪一条路都不像散步那样容易，所以你要准备好舒适耐穿的徒步鞋、饮用水和防晒霜。

术家兼手艺人亚历山大·雷查德（Alexander Reichardt）的精美作品。每一幅作品都以古地中海的鱼和橄榄作为主题，这些内容一般会被绘制在盘子闪亮的边缘、罐子和碗的外侧以及大浅盘里面。纽约的联合国总部和赫尔辛基设计博物馆（Design Museum of Helsinki）展出过这些艺术家的作品。这里也会举办其他国际艺术家作品的展览。在距离画廊几米的地方有一家精品店，销售他们的作品。

Phos Gallery 画廊

（☎22850 31118；www.phosgallery.gr；⏲5月至10月）在这里，你可以从才华横溢的摄影师Dimitris Gavalas的镜头中窥探这个岛屿。大部分照片都是纳克索斯岛令人印象深刻的风景，和少数概念印刷图像一起，装饰着画廊的墙壁。

就餐

Giannis Taverna 希腊餐厅 €

（☎22850 31214；菜肴 €5~12；⏲午餐和晚餐）Giannis以传统美食而闻名，它的餐桌摆满了哈尔基岛漂亮的中央广场。一定要尝一尝希腊茄盒（moussaka）、烤猪肉串（pork souvlaki）、开胃的馅饼或乡村香肠。

Dolce Vita 面包房、咖啡馆 €

（☎69814 67240；小吃 €3~7；⏲早餐、午餐和晚餐）这里以深色调的木头做装饰，有手动上发条的留声机，又酷又富有吸引力，是品尝自制烘焙食物、咖啡和冰激凌的休闲好去处。

Il Basilico 意大利菜 €€

（☎22859 31140；主菜 €10~25；⏲6月至9月 晚餐）这家富有活力的餐馆位于霍拉通向哈尔基岛的入口附近，每天根据原材料的不同供应不同的菜肴。花园露台和色彩艳丽的瓷砖平添了美妙的气氛（优质来源的意大利葡萄酒也增色不少）。

德罗西亚尼圣母教堂（Panagia Drosiani） Παναγία Δροσιαν

它坐落在Moni的下方，位于哈尔基岛以北2.5公里处。小而宁静的**德罗西亚尼圣母教堂**（Panagia Drosiani；敬请捐款；⏲5月至10月中旬）是希腊最古老、最庄严肃穆的教堂。它的里面有一排像洞穴一样的小礼拜堂；在土耳其占领时期，修道士和修女们在这里秘密地向当地儿童教授希腊语、传播宗教信仰。墙上还装点了几幅壁画，可以追溯到7世纪。在东边的分会堂能看到圣母玛利亚的肖像，她的容颜表情清晰得令人难以置信。

桑日（Sangri） Σαγκρί

德墨忒耳神殿 神庙

（Dimitra's Temple；Temple of Demeter；☎22850 22725；⏲遗址 24小时开放，博物馆 周二至周日 9:00~14:30）这座公元前6世纪的德墨忒耳神殿位于桑日以南1.5公里处。这些遗迹重建的地方都不大，但拥有相当悠远的历史。有一座很好的遗址博物馆，展示着很

当地佳酿

圆佛手柑（Citrus medica）看起来像是很大很粗糙的柠檬，如果不经过加工，将会非常难以入口。但经过糖浆的腌渍加工后，它的外皮会变得非常美味。kitron是一种用圆佛手柑叶子酿造的烈酒，从19世纪末期开始就已经成为纳克索斯岛的标志性产品。

每年10月到次年2月，人们会收集果实，将其风干之后再以水和糖进行浸泡和蒸馏，如此三遍。接着，染料会被加入其中，以标记酒的浓度：黄色的浓度最大，绿色的浓度最小、味道最甜，纯色介于两者之间。

如果这三种酒都想品尝，可以去霍拉的Citron Cafe（见207页）或参观哈尔基岛主广场里面的**Vallindras Distillery**（☎22850 31220；⏲7月和8月 10:00~22:00，5月至6月和9月至10月 至18:00）。1896年以后，Vallindras Distiller一直都以同样的方式蒸馏这种烈酒，并一代一代地传承了下来。这里每年最多能生产两万升的酒，但却不再出口，使得这种酒在纳克索斯岛以外的地方很难找到。正宗配方也是绝对机密，游客可品尝，也可购买。

逼真的神庙复原形象。从桑日到这里有路标指引。

Bazeos Tower 塔楼

（☎22850 31402；www.bazeostower.gr）美丽的Bazeos Tower位于桑日的村庄以东两公里处，非常引人注目。它建于17世纪，最初是作为修道院而建，后来被Bazeos家族买了下来。到了现代，他的后人利用技术和想象对这座建筑进行了翻新。

这座城堡现在的功能是一个文化中心，用来举办艺术展览，并于每年的7月和8月举办纳克索斯岛节（Naxos Festival），届时会上演戏剧表演和文学阅读活动。

梅拉内斯（Melanes） Μέλανες

霍拉东部这片位于梅拉内斯和Kinidaros之间的地区，从古代开始就已经成为岛上的大理石采石场。今天，人们仍然在这里开采大理石，你能看到山的一侧已开采完毕，活像一块巨大的羊乳酪片。

Kouros of Flerio 纪念碑

在Mili附近，Flerio绿色的山谷里有一个古代的大理石开采区，那里仍保留着两个kouros（青年人）的雕像——它们是两尊巨大的大理石雕像，分别制作于公元前6世纪和公元前7世纪。每尊雕像都高约5.5米，都是一副残破的样子；有一种说法是，它们是在运输途中被损坏的；另一种说法则是雕刻家感到不满意，还未完工就放弃了。尽管这个地区设置了解说板，但这两座雕像还是不太容易找到（其实在小岛北部的阿波罗纳斯还有一尊雕像，更大也更加令人印象深刻）。第一尊雕像躺在一棵树下，它的体积庞大，就那么被扔在那里，让人觉得疑惑不解；第二尊雕像在山坡上，路过第一尊雕像后，再步行800米就能看到。

埃加雷斯橄榄油博物馆 博物馆

（Eggares Olive Press；☎22850 62021；www.olivemuseum.com；⌚4月至9月 9:00~19:00）**免费** 从梅拉内斯（或霍拉）出发，来到这个位于Engares村庄的甜美博物馆，你一定觉得不虚此行。导游会为你解说这个小橄榄油博物馆里的运作方式（1850~1960年），还可以免费品尝由橄榄制成的各种产品。这里的商店销售橄榄油、橄榄膏、肥皂和药膏，另外，还销售蛋糕和咖啡。

阿皮拉索斯（Apiranthos） Απείρανθος

阿皮拉索斯位于霍拉以东25公里处（或从哈尔基岛绵延10公里处），仿佛是从崎岖不平的Mt Fanari（海拔883米）两侧的石壁延伸出来的一样。村庄有古朴的石屋和大理石铺成的街道，和当地人坚忍顽强的品质相得益彰。这里的人有很多是从克里特岛迁移过来的难民，今天这里的人仍然在说一种独特的语言，将他们与希腊主岛的人鲜明区分开来。阿皮拉索斯人一直以热衷于政治生活和平民主义而出名，他们充满活力。村子也涌现出了非常多的学者。如今，这里有各种各样新奇的商店、画廊和咖啡馆，超棒的氛围让你完全可以待上一整个下午。

如果感兴趣的话，当地还有几个有路标的小型博物馆，涵盖了民俗、自然历史、地质、考古和艺术各个方面，但开放时间变化无常。你最好的一边逛一边探索。别忘了仔细瞧瞧**Apiranthos Women's Association**。这是一家小型商店，出售手工刺绣和传统编织品，主要由当地的妇女所经营，她们习惯坐着编织。

就餐

Taverna O Platanos 希腊菜 €

（☎22850 61192；主菜 €6~13；⌚午餐和晚餐）位于与其同名的悬铃树的树荫之下。这个家庭经营的餐馆气氛活跃，供应各种食物，从酸奶和自制乳酪到当地烤肉，应有尽有。一定要尝一尝丰盛的传统菜肴番茄酱烤猪肉。旁边是老板经营的一家商店，那是一家销售当地产品的老式风格百货商场，你可以进去逛逛。

Lefteris 希腊菜 €€

（☎22850 61333；www.stoulefteri.gr；主菜€10~22；⌚5月至10月 午餐和晚餐）有个露台，能看到美丽的景致。这家餐厅引人入胜、备受好评，外观给人一种古老的乡下厨房的感觉。简短的菜单上罗列着当地奶酪和烤肉——尝一尝羔羊肉、牛排或塞满了当地奶酪和番茄的汉堡包。

北部

从内陆地区的山脉向北行进，沿着蜿蜒得像意大利面一样的道路，最终会到达生机勃勃的村庄**阿波罗纳斯**（Apollonas）。在村庄上面的山坡上有座古代采石场，里面有一尊公元前7世纪的伟大**雕像**，这尊雕像要比梅拉内斯的雕像更大，也更容易找到。沿着小小的路标就能到达这里。阿波罗纳斯的海滩不是最棒的，但海鲜却是。希腊餐厅遍布海滨地区，供应最鲜美的鱼。

顺路去**利昂纳斯**（Lionas）看看，你一定会不虚此行。驾车驶过一座古老的金刚砂矿山后，再行进8公里，就会到达一处可爱的岩石沙滩，那里还有两家希腊餐厅，沿途风景优美。**Delfinaki**（☎22850 51290；www.delfinaki.gr；Lionas）非常友好，供应丰盛的家常菜。食物配料都是刚刚采摘下来的，非常新鲜。女主人瓦西莉基（Vassiliki）会销售自制的果酱、"勺子糖果"和葡萄酒。

你可以自己开车穿过西北海岸公路回到霍拉，沿途经过荒芜且人烟稀少的村庄，欣赏令人赞叹的海景。途中别忘了停下来看一看**Tower of Ayia**，这是一片吸引人眼球的城堡废墟，后面是壮观的海景。

小基克拉泽斯群岛 (SMALL CYCLADES) ΜΙΚΡΕΣ ΚΥΚΛΑΔΕΣ

纳克索斯岛和阿莫尔戈斯岛（Amorgos）之间有一群小岛，小而平静。远古时代，所有小岛上都人口密集，从此地发掘出的大量古墓就可见一斑；中世纪，这些小岛上则只剩下了野山羊和迷失的海盗。独立后，纳克索斯岛和阿莫尔戈斯岛英勇的人们占领了小基克拉泽斯群岛。如今，其中四个岛屿有固定居民居住，即多诺萨（Donousa）、阿诺库福尼夏（Ano Koufonisia）、伊拉克利亚（Iraklia）和西诺沙（Schinousa）。最近，这些岛屿迎来了越来越多具有独立探索精神的游客。

多诺萨位于最北端，距离纳克索斯岛最远。其他岛屿都集中在纳克索斯岛东南海岸附近。所有的岛上都有ATM机，但你仍需随身携带足够现金。Terrain绘制了一份很好的地图，名为《小基克拉泽斯群岛》（*Minor Cyclades*）。

Small Cyclades 小基克拉泽斯群岛

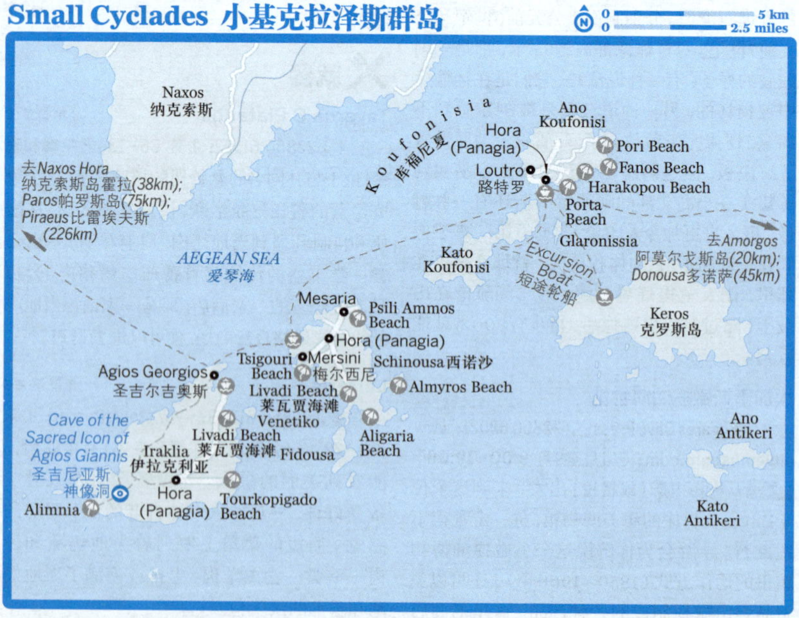

到达和离开

每周都有几班渡船往返于比雷埃夫斯和小基克拉泽斯群岛之间，途经纳克索斯岛。纳克索斯岛每日也有渡船往返。前往之前你要确保自己有充足的时间——尽管在技术上说是可能的，但想要在最后一刻或用一个晚上来游览这些岛屿是远远不够的。登录www.openseasgr查询渡轮时刻表。

Blue Star Ferries（www.bluestarferries.gr）的渡船全年往返于小基克拉泽斯群岛。它有两条路线，都从比雷埃夫斯出发，停靠在帕罗斯岛和纳克索斯岛。每周有4班渡轮从纳克索斯岛出发，会在多诺萨停靠，然后继续前往阿莫尔戈斯岛（爱吉阿利），终点是阿斯提帕利亚岛（位于多德卡尼斯群岛）。每周还有3班渡轮从纳克索斯岛出发，在到达终点阿莫尔戈斯岛（卡塔波拉）之前会经停伊拉克利亚、西诺沙和库福尼夏。

固定的小型渡船Express Scopelitis提供最主要的运营服务（冬季只要天气允许就营运）。只有每年的维修期间不营运，通常是在1月份。Scopelitis在周一至周六的每天（或隔日）下午从纳克索斯岛出发，在小基克拉泽斯群岛和阿莫尔戈斯岛停靠（通常在爱吉阿利和卡塔波拉这两个港口都会停靠），并在第二天清晨返回纳克索斯岛。

随着库福尼夏游客的日益增多，7月和8月的高速渡轮也逐渐增多，开往基克拉泽斯群岛的许多岛屿。

以上列出的到达伊拉克利亚、西诺沙、库福尼夏和多诺萨的渡轮都是夏季高峰期的运营服务；在淡季时运营服务会大量减少。旅行时间由路线或船舶类型决定。

每个小岛至少有一班小型旅游船。尽管这些旅游船的价格要比固定渡船高很多，但6月至9月你可以和船主就岛屿间的单程旅行进行协商。

伊拉克利亚（Iraklia） Ηρακλεία

人口 140

伊拉克利亚占地面积仅有19平方公里，是阳光下爱琴海上一颗小巧而慵懒的宝石。这里没有派对、夜生活、观光地和纪念品商店。相反，如果你想要打起精神，来这里享受安宁平静生活的话，伊拉克利亚是绝不会让你失望的。不过只有7月和8月这里才会有和你志趣相投的游客，你们可以一起分享安宁和闲适。

伊拉克利亚的港口和主要村庄是**圣吉尔吉奥斯**（Agios Georgios）。这里有个洞穴般的海港，很吸引人，附近有一处沙滩。在渡船码头的尽处右转，然后再向左，你会看到货品齐全的综合商店Perigiali超市。更远的山坡上有一家较小的商店，还有一个名为Melissa's的咖啡馆（kafeneio），后者也是船票代售点和邮局代理处。港口上有一台ATM机。这里没有公共汽车和出租车，但你可以租用小轮摩托车——可以到咖啡馆To Perasma咨询。

景点和活动

一条平坦的公路通往渡船码头的左侧，前行1公里左右你能到达**莱瓦贾**（Livadi），它是岛上最好的海滩。再走过2.5公里崎岖的路，你就来到了**霍拉**（也被称作Panagia和Pano Hora）。从霍拉出发，沿着一条平坦的公路就会到达**Tourkopigado Beach**。经过

伊拉克利亚船只服务信息

目的地	时间	票价	班次
阿莫尔戈斯岛	1小时45分钟至4小时45分钟	€8	每天1~2班
多诺萨	2小时15分钟	€7.50	每周3班
库福尼夏	55分钟	€5	每天1~2班
纳克索斯岛	1小时至1小时30分钟	€7	每天1~2班
帕罗斯岛	2小时15分钟	€12.50	每周3班
比雷埃夫斯	8小时	€35	每周3班
西诺沙	10分钟	€4	每天1~2班

圣吉尼亚斯神像洞(Cave of the Sacred Icon of Agios Giannis),有一条通往Alimina海滩的小路,夏季会有从圣吉尔吉奥斯出发的船只开往这里(这是一条抵达洞穴的捷径)。你也可以从霍拉出发,步行去往洞穴;路标就在教堂的南侧。

在7月和8月之间,当地的Anemos渡轮可以把人们送到岛上的海滩,也有去往附近西诺沙的一日游。可以在Perigiali超市进行咨询。

圣吉尼亚斯神像洞

洞穴

(Cave of the Sacred Icon of Agios Giannis)当你抵达岛上的主要景点圣吉尼亚斯神像洞,你会在左边发现一个很大很空旷的洞穴,右边则是由白色的岩石所环绕的一个很小的入口,通往主要的洞穴。火把在这里很有用,刚开始你需要沿着很低的地道爬行。继续前行,就到了布满钟乳石和石灰岩的洞穴。

从Agios Giorgios出发,步行就可以到达洞穴,大约需要2个小时(单程)。

沿着设有路标的3号、4号和7号乡间小径前行,Terrain地图上有详细介绍,还有到达其他岛屿的徒步路线。结实的运动鞋和饮用水是必备的。

8月28日是圣徒约翰受难的前夜,当地人会在洞穴聚集,然后爬到洞穴里面举行烛光仪式。

食宿

尽管夏季莱瓦吉(Livadi)的海滩上也有一些旅馆和希腊餐厅,但大多数都集中在圣吉尔吉奥斯及其周边。旅馆的老板会等待船上的乘客,但旺季最好还是提前预订。

圣吉尔吉奥斯有几家希腊餐厅,霍拉也有一家备受好评的餐馆。夏季莱瓦吉的咖啡馆兼酒吧会开始营业。

Anna's Place

家庭旅馆 €

(☎22850 74234; www.annasplace.gr; 双/四 €50/80; ❄📶)这家经营良好的可爱旅馆位于港口上方的高地,有漂亮的花园和阳台,能欣赏到一览无余的美景。每个房间都非常干净、舒适,还配有一间小厨房;有一些房间非常适合家庭居住。

Speires Hotel

精品酒店 €€

(☎22850 77015; www.speireshotel.gr; 双含早餐 €125; ⏲5月至10月; ❄📶)这个时尚的精品酒店是伊拉克利亚的一个最新选择,从港口向山坡上步行几步就能到达。屋内有白色的装饰和亮眼的浴室,并配备了各种现代化生活设备。高级的双人间很适合家庭居住。优雅的餐馆和葡萄酒吧的阳台非常适合一边喝酒一边庆祝假期。

Maïstrali

希腊小馆 €

(☎22850 71807; www.bluehotels.gr; 主菜€5~15; ⏲早餐、午餐和晚餐)在圣吉尔吉奥斯,Maïstrali有一个既阴凉又高雅的阳台,所有的一切都符合希腊标准。这里还有一系列简单、超值的房间和公寓(€50起)。

西诺沙(Schinousa) Σχοινούσα

人口 230

和邻近的其他地区一样,西诺沙也既安宁又闲适,给人以恒久如一的感觉。当然,旺季相对来说会热闹一些。岛屿上有柔和的风景,主要居住地霍拉(Panagia)有狭长的主街,温柔的风在这里吹过岛屿。位置较低的海岸附近散布着几处海滩。

渡轮停泊在渔港码头Mersini。霍拉位于1公里以外的山坡上,那里很热闹。每年大概在5月份之前,旅店老板们通常会乘交通工具来这里,等待渡轮的到来。他们经常会接到提前预订房间的客人。在霍拉的中央广场附近有一台ATM机。这里没有出租车和公共汽车,但夏季你可以租用小轮摩托车(可以在你的住处进行咨询)。

景点和活动

在霍拉,有土路通往附近的海滩。最近的海滩有Tsigouri和莱瓦吉(Livadi),每年除了8月,这两个地方的人都很少。再往前走一小段路就到了一个很棒的海滩和Aligaria海湾,海滩位于水很浅的Almyros。Tsigouri、莱瓦吉和Almyros有希腊餐馆和海滩酒吧。

从6月中旬至9月,旅游船Aeolia(☎69796 18233)每日营运多种乘船游,目的地包括伊拉克利亚和库福尼夏。价格为€15~€30。同样也提供私人旅行。

西诺沙船只服务信息

目的地	时间	票价	班次
阿莫尔戈斯岛	1小时30分钟至4小时30分钟	€7	每天1~2班
多诺萨	2小时	€7.50	每周3班
伊拉克利亚	10分钟	€4	每天1~2班
库福尼夏	30分钟	€5	每天1~2班
纳克索斯岛	1小时20分钟	€7	每天1~2班
帕罗斯岛	2小时35分钟	€13	每周3班
比雷埃夫斯	8小时30分钟	€35	每周3班

Aeolia 乘船游

（☎69796 18233；乘船游 €15~35）从6月至9月，Aeolia每日营运各种乘船游，包括到达岛上的海滩周围或是去往伊拉克利亚和库福尼夏。还可以安排私人旅行。

食宿

Mersini及岛屿周边有几家旅馆，但霍拉是最理想的居住地。

Meltemi 家庭旅馆 €€

（☎22850 71947；www.pension-meltemi.gr；双 €75；❄📶）这家家庭经营的旅馆和餐馆位于霍拉的中心，热情好客。最近翻新的房间舒适而简单。所有的房间都有阳台，一些房间还有小厨房。老板还会在海滩免费接送。

Iliovasilema 酒店 €€

（☎22850 71948；www.iliovasilemahotel.gr；Hora；双/四 含早餐 €70/85；⏰5月中旬至9月；❄📶）位于镇中心附近，有最棒的城堡日落景色。房间小巧简单、一尘不染。在阳台上能看到极好的景色，服务也很热情。

Kafe stou Peri 咖啡馆 €

（菜肴 €2~5；⏰8:00至深夜）一家色彩艳丽、服务友好的小咖啡馆，坐落在霍拉的主街道上，供应可丽饼、华夫饼、三明治和新鲜的沙拉，还有一些早餐选择。

Mersini Taverna 海鲜 €€

（☎22850 71159；www.mersini.gr；主菜€8~18；⏰5月至9月）位于港口下面，你可以在装修时尚的白色花园里一边观看壮丽的海港景色一边享用晚餐。这里供应极好的海鲜（尤其是鱿鱼）。

如果你不介意在距离霍拉较远的地方住宿，这个希腊餐厅的后面有几间别致的全白色的房间可供选择，这些房间堪称是岛上最好的（双 €80~100）。

Deli Restaurant & Cafe-Bar 新派希腊菜 €€

（☎22850 74278；餐馆 主菜 €15~25；⏰3月至10月 午餐和晚餐）二楼是一家海景餐馆，一楼是一家很酷的咖啡馆兼酒吧。它低调的名字与精美的菜单形成了鲜明的对比，晚餐的亮点是克里特岛家庭厨师的菜肴，包括肉桂、番茄红葡萄酒炖羊肉、牛肉丸、菠菜和韭菜饼，配料尽可能都选用当地食材。葡萄酒单上推荐了一些香醇的希腊葡萄酒。

实用信息

Grispos Travel（☎22850 71175）Grispos Travel位于Tsigouri Beach下方，在村庄的一头有一间办事处，销售所有的渡轮票和Express Scopelitis船票。

Paralos Travel（☎22850 71160；Grispos Hotel）位于霍拉主街道的中间。这里销售渡轮票，但Scopelitis船票除外，并在旺季兼做邮局和报刊经销社。

库福尼夏（Koufonisia）

Κουφονήσια

人口 400

库福尼夏是一颗正在冉冉升起的新星。对于知情的游客来说，它已经成了一个时尚的岛屿，当地人则称为"小基克拉泽斯群岛上的米科诺斯岛"。

它由三个主要的岛屿构成（其中有两个

无人居住)，你可以前往有人居住的低洼岛屿阿诺库佛尼夏岛(Ano Koufonisi)。由于有极好的海滩、优质的酒店和别致的餐馆，每逢夏季这里就会有大批游客蜂拥而至，夏季从基克拉泽斯群岛的其他岛屿开往这里的高速渡轮也越来越多。

即使如此，岛屿本身也依然保持着低调的迷人状态。除了短暂的夏季外，捕鱼业仍然是当地兴旺发展的经济支柱。

Kato Koufonisia南部有一片平坦的地方，乘小船很快就能来到这里。Kato Koufonisia有几处漂亮的海滩和一个可爱的教堂。东部是引人注目的克罗斯岛(Keros)，岛上有怪石嶙峋的崎岖山脉。考古人员在克罗斯岛发现了100多尊早期基克拉泽斯雕像，包括竖琴弹奏者和横笛吹奏者。这些文物目前在雅典的国家考古博物馆(National Archaeological Museum)中展出。

景点

别忘了带上每年都会出版的优质地图和村庄规划，那上面有关于公路、小径、海滩以及当地企业的详细信息，通常还会提供住宿或当地餐馆的信息。

库福尼夏的唯一居住地一直延伸至渡轮码头的后面。这里有一大片沙质较硬的平坦海滩，绵延到水滨地区，空间广阔。海滩内陆的边缘有一条公路。镇子中比较古老的部分——霍拉，沿着海港上面低矮的山脉，蜿蜒着一条被粉刷成白色的长长的主街道，街道两旁林立着许多餐馆和咖啡馆。

沿着港口向东部多沙的海岸公路轻松步行两公里，就会到达Porta海滩、Harakopou海滩和Fanos海滩。7月和8月，所有的海滩都挤满了晒日光浴的人们，你走得越远，遇到的裸体者就越多。Fano前面有一条小路，通往几处岩石密布的游泳场所，包括极好的Piscina。继续前行，就会到达位于Pori的一处很棒的海湾。在那里，一条新月形的狭长沙滩深入了梦幻般的清澈海洋。也可以从霍拉经一条内陆公路到达Pori。

在另一个方向，从港口向西行进，就会抵达路特罗(Loutro)。你会看到这里风景优美的重要景点，包括一个小石洞、小型造船厂、风车房和被粉刷成白色的教堂。

小镇海滩东端的商店提供自行车租赁(☎69896 37046；每天€4~10)服务。岛上地势平坦，骑自行车是一个很好的交通选择。

团队游

Koufonissia Tours 乘船游

(☎22850 71671; www.koufonissiatours.gr; Villa Ostria)基地在Villa Ostria，Koufonissia Tours组织前往克罗斯岛(Keros)、Kato Koufonisi和小基克拉泽斯群岛其他岛屿的小船游。这里也帮助安排住宿。

Marigo 乘船游

(☎22850 71438, 6945042548; ⊙6月至9月)前往码头，你可以乘坐这艘船往返于各个海滩，包括Kato Koufonisi。从上午10点开始，每2小时1班，往返€5。可以在Prasinos(见217页)的旅行社咨询详细信息。

住宿

★Anna Villas 家庭旅馆 €€

(☎22850 71697; www.annavillas.gr; 双含早餐 €100; ❄📶)位于海滩后面安静的地方，这里清新明亮的单间公寓非常吸引人，服务也很热情。所有房间的阳台都可以俯瞰老海港的美景，还有小厨房。非常适合家庭居住，有一个可爱的阅读角和夏季营业的咖啡馆。

Ermis Rooms 家庭旅馆 €€

(☎22850 71693; ermis.koufonissi@gmail.com; 双 €70~80; ❄📶)这些干净的房间位于邮局后面安静的地方，装饰清新淡雅，还有一座花园。可以选择一间有阳台的海景房。

Villa Ostria 酒店 €€

(☎22850 71671; www.ostriavilla.gr; 双房间/单间公寓 €75/95; ❄📶)在这里你会感觉置身于岛上。色彩艳丽的Ostria是海滩东部地势比较高的几家酒店之一，有非常吸引人的房间和单间公寓，屋内装饰奇特，都是用贝壳和浮木制作而成。房间里有小厨房，宽敞的单间公寓里有厨房。在公共室外空间收藏着许多海水冲到海滩上的杂七杂八的东西，非常有趣。

餐饮

Gastronautis 地中海菜 €

(☎22850 71468；主菜 €5~10；⊙5月至9月午餐和晚餐）位于狭窄的、被粉刷成白色的主街道上，是一家新生代的时尚餐厅。内部装饰带有海滨风格，非常别致；菜单丰盛，物美价廉。尝一尝金枪鱼酱、有趣的"咸甜甜圈"或用烤肉调味酱烹饪的带骨猪排。

★ **Capetan Nikolas** 海鲜 €€

(☎22850 71690；Loutro；主菜 €5~18；⊙5月至10月 晚餐）这家热情的餐馆是周边海鲜做得最好的地方之一，可以俯瞰路特罗的海港。热情的老板会向你展示刚出炉的新鲜菜肴，还会帮你选择鱼或烤肉。龙虾沙拉很有名，海鲜面十分美味。在当地捕捉的鱼，像红胭脂鱼和海鲤，都按公斤出售。这里还有房间出租。

Scholio 酒吧

(☎22850 71837；Loutro；⊙19:00至次日3:00；📶）Scholio是一间舒适的小酒吧，同时也是一家法式薄饼店，为顾客们演奏爵士、蓝调和摇滚乐等不同类型的音乐。它位于Loutro上方主要街道西边的尽头。老板们都是摄影师，摄影技术高超，经常展出他们自己的作品。

Karnagio 酒吧

(Loutro；⊙6月至9月 晚餐）不要错过这家小乌佐酒吧（ouzerie），桌子就摆在码头周围。顾客对食物评价不一，它与周围的神奇环境也不是很搭。

实用信息

Prasinos（☎22850 71438）位于霍拉的主街道，销售渡轮票。从海滩到内陆连接主街道的公路上有两家超市。这里还有一个有标志牌的邮局，邮局里有一台ATM机。可在网站www.koufonisia.gr查询实用信息。

库福尼夏船只服务信息

目的地	时间	票价	班次
阿莫尔戈斯岛	40分钟至3小时30分钟	€7	每天1~2班
阿莫尔戈斯岛*	25分钟	€14	每天1~2班
多诺萨	1小时10分钟	€6	每周3班
福莱安兹罗斯岛*	2小时15分钟至5小时30分钟	€69	每周6班
伊拉克利亚	50分钟	€5	每天1~2班
米洛斯岛*	3小时15分钟至6小时30分钟	€69	每周6班
米科诺斯岛*	1小时40分钟	€55	每周3班
纳克索斯岛	2小时至2小时30分钟	€7.50	每天1~2班
纳克索斯岛*	40~50分钟	€19	每天1~2班
帕罗斯岛	3小时20分钟	€19	每周3班
帕罗斯岛*	1小时25分钟	€30	每天1班
比雷埃夫斯	9小时	€35	每周3班
比雷埃夫斯*	4小时15分钟至5小时	€59	每天1~3班
圣托里尼岛*	1~4小时	€50	每周6班
西诺沙	30分钟	€5	每天1~2班
塞瑞弗斯岛*	2小时	€48	每天1班
斯弗诺斯岛*	1小时30分钟	€45	每天1班

*高速服务

多诺萨（Donousa） Δονούσα

人口 170

多诺萨是个令人惊叹的与世隔绝的岛屿，让你所有的忧愁一扫而光。7月下旬和8月，岛屿上会聚集许多希腊的度假观光客和追逐阳光的北欧人。除此以外的其他时间，这里非常宁静，适合休闲短居。

斯塔弗洛斯（Stavros）是多诺萨的主要居民区和港口。壮观的教堂周围林立着很多刷成白色的建筑，在这里，你可以俯瞰一个小型的多沙海湾。过去几年，这片地区总体变化不大。有一处绝妙的海滩，也被用作去往海湾对面的住所、出租屋和希腊小馆的步行道。

肯多罗斯（Kendros）是一个多沙的隐蔽海滩，位于斯塔弗洛斯东南1.25公里处，徒步是到达那里的最佳方式，有季节性营业的希腊餐厅和免费的露营地。莱瓦吉（Livadi）位于再往东行进1小时的地方，这里的游客更稀少。肯多罗斯和莱瓦吉都很受裸体主义者的欢迎。

内陆地区也有小路通往山中发展停滞的“古代小村庄”，比如Mersini。

这里没有汽车和小轮摩托车租赁服务（也没有加油站）。徒步是主要的交通方式，从7月至8月，你还可以乘坐Margissa的船只到达岛上的海滩。旺季沿着主干道通常也会有小型公共汽车营运。

食宿

7月至9月初，需要提前预订住宿。

Apospiteris Rooms 家庭旅馆 €

（☎22850 51586；www.apsperitis-rooms.com；双/标三/公寓 €45/60/65；⏰5月中旬至9月；❄📶）位于海滩和村庄的正中心，有一系列简单的双人间、三人单间公寓（带厨房）和适合家庭居住的公寓。装饰有些过时，但从阳台上看到的海景足以弥补这一不足。

★ **Makares** 公寓 €€

（☎22850 79079；www.makares-donoussa.gr；房间和公寓 €70~115；⏰5月至10月；❄📶）Makares的老板劳卡斯（Loukas）非常优秀。这是一座新建的漂亮的建筑群，位于斯塔弗洛斯海湾的远端（从码头穿过海滩就能到达），有自炊式单间和公寓。它距离海滩和村庄的中心仅有几步之遥，景色令人叹为观止，装饰简单、优雅。最大的优点是，这里给人一种与世隔绝的感觉，还配备了各种必需的奢侈品。

I Kori tou Mihali 希腊餐厅 €€

（☎22857 72322；主菜 €8~15；⏰午餐和晚餐）Mersini的这家希腊餐厅很受欢迎，会烹饪出美味且具有现代风味的希腊菜肴，例如岛上的野山羊制品、蜂蜜酸奶猪肉、烟熏茄子酱。这里的美食和绝佳美景一定会让你不虚此行。

Kafeneio To Kyma 酒吧

码头旁边这个老派的地方是乡村生活的中心，有多种用途，集商店、咖啡馆和酒吧于一身，吸引了大量的当地人和游客。夏季时，这里非常热闹，直至深夜。

多诺萨船只服务信息

目的地	时间	票价	班次
阿莫尔戈斯岛	40分钟至2小时15分钟	€8	每天1~2班
阿斯提帕利亚岛	2小时20分钟	€14	每周3班
伊拉克利亚	2小时	€7.50	每周3班
库福尼夏	1小时	€5.50	每周3班
纳克索斯岛	1小时10分钟至3小时40分钟	€7.50	每天1班
帕罗斯岛	2小时25分钟	€16	每周3班
比雷埃夫斯	9小时10分钟	€35	每周3班
西诺沙	1小时50分钟	€7.50	每周3班

实用信息

Sigalas Travel（☎22850 51570）是所有渡轮的船票代售点，在斯塔夫洛斯有一个总办事处（在面包店的后面），在Iliovasilema餐馆建筑群还有一个办公室。总办事处每天晚上开放，渡轮到达前40分钟也会开门。

海港公路的小商店旁边有一台ATM机（有时它会藏在蓝色百叶窗后面，以免被风沙破坏），但旺季你一定要确保带够现金。

阿莫尔戈斯岛（AMORGOS）ΑΜΟΡΓΟΣ

人口 1970

神奇的阿莫尔戈斯岛位于基克拉泽斯群岛遥远的东南部地区，形状像一只正朝着东部多德卡尼斯群岛（Dodecanese）游去的海马。乘船到达这里，你会看到长长的山脊仿佛要延伸到天边一般。

阿莫尔戈斯岛从上到下只有30公里，但其最高点的海拔在800米以上。东南海岸十分陡峭，高耸的悬崖上有一座神圣的修道院。对面的海岸也极其险峻和壮观，入口很狭窄，地势稍有缓和。主要港口卡塔波拉镇以及第二大港口爱吉阿利都在那里。迷人的霍拉（也就是我们所知道的阿莫尔戈斯）位于卡塔波拉上方嶙峋的岩石上。三个城镇作为堡垒都拥有很大的吸引力。爱吉阿利（Aegiali）拥有最好的海滩。

总体来说，与去阿莫尔戈斯岛的海滩游玩相比，这里的考古和其他活动更受欢迎——有徒步和潜水活动，还有一片蓬勃发展的攀岩场地。

到达和离开

与纳克索斯岛的连接由小型渡船Express Scopelitis很好地完成，每天（或隔天）往返于纳克索斯岛和阿莫尔戈斯岛的两个港口之间，途经小基克拉泽斯群岛。

Blue Star Ferries（www.bluestarferries.gr）有三条常用的路线：其中两条从比雷埃夫斯出发，途经帕罗斯岛、纳克索斯岛和小基克拉泽斯群岛，终点在爱吉阿利或卡塔波拉的港口。第三条路线每周从比雷埃夫斯出发，到达卡塔波拉，向东到达帕特莫斯岛、莱罗斯、科斯岛和罗得岛。

渡轮停靠在卡塔波拉或爱吉阿利（有时会在两个地方都停靠），所以核对这两个港口的时刻表和确认你要到达哪个港口或从哪个港口出发是很

Amorgos 阿莫尔戈斯岛

重要的。在调研期间，所有的高速服务都只在卡塔波拉停靠。

你可以在**Nautilos**（☎Aegiali 22850 73032，Katapola 22850 71201）购票，它是一个有办公室的售票代理处，距离两个港口都很近。

当地交通

阿莫尔戈斯岛公共汽车公司（Amorgos Bus Company；☎6936671033；http://amorgosbuscompany.com）的业绩相当突出，你可以在网上查询时刻表和票价。夏季，公共汽车经常从卡塔波拉开往霍拉（€1.60）、霍佐维奥迪瑟斯修道院（Moni Hozoviotissis）和阿基亚安纳海滩（Agia Anna Beach；€1.60），偶尔也会开往爱吉阿利（€2.50，30分钟）。也有公共汽车从爱吉阿利开往朗噶达（Langada；€1.60）。公共汽车的运营时间表张贴在每个村庄的主要车站。

Thomas Rental（☎Aegiali 22850 73444，Katapola 22850 71777；www.thomas-rental.gr）出租汽车和摩托车。在8月份，租用一辆小汽车的每日花费为€40。这里只有两个加油站：一个在距卡塔波拉1.5公里的内陆地区，另一个在爱吉阿利。

阿莫尔戈斯岛船只服务信息

目的地	时间	票价	班次
阿斯提帕利亚岛	1小时30分钟	€12.50	每周4班
多诺萨	2小时30分钟	€6	每天1班
福莱安兹罗斯岛*	2小时35分钟	€69	每周5班
伊奥斯岛	5小时20分钟	€12	每周1班
伊拉克利亚	1小时45分钟至4小时30分钟	€8	每天1~2班
科斯岛	5小时	€8	每周1班
库福尼夏	40分钟至3小时30分钟	€6	每天1~2班
库福尼夏*	25分钟	€14	每天1~2班
莱罗斯	3小时10分钟	€2	每周1班
米洛斯岛*	3小时45分钟	€69	每周5班
米科诺斯岛*	2小时15分钟	€55	每周3班
纳克索斯岛	2~6小时	€11	每天1~3班
纳克索斯岛*	1小时20分钟	€24	每天1~2班
帕罗斯岛	3小时30分钟至4小时30分钟	€19	每周7班（注意：不是每天1班）
帕罗斯岛*	2小时	€29	每天1班
帕特莫斯岛	2小时	€21	每周1班
比雷埃夫斯	8~10小时	€35	每周7班（注意：不是每天1班）
比雷埃夫斯*	5~6小时	€62	每天1~3班
罗得岛	8小时	€31	每周1班
西诺沙	1小时30分钟至4小时15分钟	€7	每天1~2班
圣托里尼岛（锡拉）	3小时15分钟	€14	每周1班
圣托里尼岛（锡拉）*	1~4小时	€50	每周5班

*高速服务

卡塔波拉(Katapola)

Κατάπολα

人口 600

卡塔波拉盘踞在海湾弯曲、挤满游艇的壮美海岸线上，这是岛上植物最葱郁的地方。Minoa古城的遗迹以及迈锡尼墓地(Mycenaean cemetery)都位于港口上方，你可以顺着铺好了路面的陡峭道路到达。阿莫尔戈斯岛还有很多基克拉泽斯地区的考古发现，群岛最大的雕像就是在卡塔波拉附近被发现的，目前收藏在雅典的国家考古博物馆。

住宿

Villa Katapoliani 家庭旅馆 €€

(☎22850 71664; www.villakatapoliani.gr; 双 €80~85, 四 €120; ❄📶) Stamatia有许多高质量的房间、单间公寓和公寓，坐落在水滨和渡轮码头的后面，交通便利。1号别墅的阳台可以俯瞰开满三角梅的花园和零星散布的古阿波罗神庙遗迹。你还可以爬上屋顶的露台欣赏海景。公寓可以住4个人。

Pension Amorgos 家庭旅馆 €€

(☎22850 71013; www.pension-amorgos.com; 双 €70; ❄📶) 这家传统客栈位于海滨正前方，极具特色，紫色的百叶窗后是明亮整洁的房间。它与阿莫尔戈斯岛霍拉的Emprostiada是同一个老板，酒店的品质也与Emprostiada一样高。

Minoa Hotel 酒店 €€

(☎22850 74055; www.hotelminoa.gr; 双/标三 €90/100; ❄📶) 对于早班渡轮的乘客来说，这个家庭经营的酒店再便利不过了。服务友好，整洁的房间里有经过改造的浴室和阳台，阳台上可以俯瞰绿树成荫、鸟语花香的花园。现代化的大堂里有一家咖啡馆和一家甜品店。

就餐

Honey & Cinnamon 面包房 €

(☎22850 71485; Katapola) 这里有鲜红色的百叶窗，只要跟着你的鼻子就能找到。这家小巧的法式蛋糕店位于海滨后面的一个街区，烘焙蛋糕、甜点和各种各样的当地饼干。品尝小点心的时候，要配上当地的酒psimeni raki，或者简单地点一杯咖啡或一个冰激凌。

★ **Karamel** 地中海菜 €€

(☎22850 71516; 菜肴 €4~12; ⏲午餐和晚餐) 在进餐时间，循着香味来到海港东侧，就能找到一些诱人的就餐地点，包括这家色彩艳丽的法国小酒馆。你可以坐在海滨餐桌旁品尝葡萄酒，从每日菜肴中选择美食，如鸡肉à la marocan、胡萝卜caramélisées和口感多汁的章鱼——希腊和法国风味的结合既美味又时尚。

★ **Captain Dimos** 新派希腊菜 €€

(☎22850 71020; 主菜 €6~16; ⏲午餐和晚餐) 老板在自家的海滨露台上供应令人垂涎欲滴的菜肴。丰富诱人的菜单上有许多美味，如用柠檬草和姜在乌佐酒中烹饪的章鱼和用啤酒、苹果和西梅烧制的猪肉。这里还有极具创意的意大利面和比萨饼。

实用信息

船只就在海滨停靠；公共汽车站就在海滨的左侧，步行几分钟就能到达。水滨中间有一家银行(有ATM机)。实用网站包括www.amorgos.gr、www.amorgos.guide和www.amorgos-island-magazine.com。

霍拉(阿莫尔戈斯岛)[Hora(Amorgos)]

Χώρα (Αμοργός)

人口 400

霍拉的旧首府横穿岩石山脊，像阳光下随风飞舞的雪花一般闪耀着光芒。它的顶端是一座13世纪的城堡，许多风车像哨兵一样矗立在周围的峭壁上。这里有一种成熟的魅力，尤其是几家时尚的酒吧和商店——它们不仅没有侵蚀霍拉永恒的历史，还为城镇增添了吸引力。在这里，游人们的主要活动就是漫步，以充分领略每一处乡村美景。

公共汽车站位于小镇边缘的小广场上，这里也有停车场。小市场附近有台ATM机，就在霍拉的入口处。小镇的主要街道上还有一所邮局。

食宿

Pension Ilias 家庭旅馆 €

（☎22850 71277；www.kastanisgroup.gr/pensionilias；双/公寓 €60/100；❄📶）这家家庭经营的旅馆隐藏在公共汽车站下面一群杂乱的传统房屋中间，有宜人的舒适房间。

★**Emprostiada** 客栈 €€

（☎22850 71814；http://emprostiada.gr；双 €100，套 €130~140；⊙3月至11月；❄📶）这家传统客栈极具魅力，私人的、具有特殊风格的套房位于一个很老的商人住宅里。景色如明信片般优美：白色的外观、淡蓝色的百叶窗、宽敞宁静的花园，村庄后面还有一番宁静祥和的景象。有宽敞的双人间、复式住宅和套房可供选择。除了7月和8月的旅游高峰期外，双人间非常便宜，只要€50。

Triporto 咖啡馆、酒吧 €

（☎22850 73085；早餐 €8，小吃 €3~5；⊙9:00至深夜）这家咖啡馆的前身是小村庄的面包房，具有十足的传统感，但内部装修却多彩而时尚。可以来吃早餐，尝一尝用橄榄酱、辣椒乳酪等配料制作的煎蛋卷，或是来点沙拉、三明治和甜点。友好的老板学识渊博，懂得很多当地知识。

Jazzmin 咖啡馆、酒吧 €

（☎22850 74017；早餐 €6~13，小吃 €3~6；⊙9:00至深夜）位于主要人行道的楼梯下方，舒适的房间就在一座传统的家庭住宅里。你可以挑选一本杂志或书籍，坐在窗边椅子上或是屋顶的长沙发上。早餐选择特别丰盛，选择一杯源自墨西哥的咖啡，或是极具创意的鲜果奶昔、果汁、花草茶，都很不错。鸡尾酒单说明酒吧的藏酒量丰富，爵士乐和其他悠扬舒缓的曲调会让你感觉很放松。

Kath Odon 希腊菜 €

（☎22850 74148；主菜 €5~10；⊙午餐和晚餐）这里有田园般的环境：位于主街道顶端可爱的小广场（plateia）里，有许多树下餐桌，隐现在白色的教堂之间。这家朴素的小酒馆的菜单上有一些美味的Amorgon菜品，包括山羊肉、香肠和一些极好的西葫芦丸（zucchini balls）。

爱吉阿利（Aegiali） Αιγιάλη

人口 510

爱吉阿利是阿莫尔戈斯岛的第二大港口，这里没有太多的游艇，但度假的人却相对较多。在海湾内部边缘有一片沙地，沙地上有一个村庄，上方是陡峭的斜坡和令人震撼的悬崖峭壁。

活动

可以在旅行社咨询岛屿附近的乘船游以及前往小基克拉泽斯群岛信息。

阿莫尔戈斯潜水中心 潜水

（Amorgos Diving Center；☎6932249538，22850 73611；www.amorgos-diving.com）这个经营良好的潜水中心提供热情友好的信息说明，在露营地有一个基地，村庄里有一间办事处兼商店（商店供应爬山、徒步和钓鱼装备）。潜水（有装备）起价€50，包括夜间潜水、沉船潜水，还开设专业潜水教练协会（PADI）课程。这里为儿童开设了Bubblemaker课程，以及浮潜之旅（€20）。

团队游

Special Interest Holidays 步行团队游

（www.walkingingreece.com）总部位于Langada，这个机构组织假日徒步（有导游带领或自助徒步），它的主办者Paul和Henrietta Delahunt-Rimmer是一对英国夫妇，他们经验丰富、知识渊博，编写了极好的实用资源《阿莫尔戈斯岛：旅游和徒步指南》（*Amorgos: A Visitor-Rimmerww.amorgos-div*）一书。登录网站了解详情。

住宿

Apollon Studios 客栈 €

（☎22850 73297；www.apollon-amorgos.com；单间公寓 双/四 €55/85；❄📶）这家客栈位于村庄的中心，有一个航海主题的大堂，大单间公寓里有设备齐全的厨房和可以看到海港美景的阳台。房间不算精致，但很舒适，价格合理。这里吸引了许多回头客以及全家一起出游的游客。

不要错过

霍佐维奥迪瑟斯修道院

你会自然而然地被这座标志性的**霍佐维奥迪瑟斯修道院**（Μονή της Χοζοβιώτισσας, Moni Hozoviotissis；敬请捐款；⌚8:00~13:00和17:00~19:00）所吸引。它是一栋耀眼的白色建筑，仿佛嵌在高于海面的悬崖之上。这里有希腊岛上最震撼人心的景观，甚至会让你忘记攀爬台阶的辛苦。

这座修道院建在霍拉下方，阿莫尔戈斯岛险峻的东海岸上，里面保存着在峭壁下大海中找到的神圣肖像。穿过那扇绿色低矮的门，来探索一下这座修道院的秘密吧。如果运气好的话，那里还会有管理人员为你解说修道院和肖像的意义。

对游客的着装要求严格，要端庄。不允许穿短裤、超短裙，不可以裸露肩膀，女性不允许穿裤装。无一例外（这里不提供服装借用服务）。

5月中旬至10月，每天有公共汽车从卡塔波拉、霍拉、爱吉阿利开往这家修道院。从霍拉东部的停车场出发，还有一条"之"字形的步行道可以到达修道院。如果你在这一带附近活动，也可以前进大约1公里到达迷你的阿基亚安纳海滩（Agia Anna Beach）。

Aegiali Camping 露营地 €

（☎22850 73500；www.aegialicamping.gr；露营地 每个成人/儿童/帐篷 €5.50/2/4；⌚4月至10月中旬）位于海滩后面的空地上，配有基本的设施，帐篷都在葡萄藤下面，多数游客来这里是为了去潜水中心潜水。租一顶帐篷要花费€6。这里还有希腊餐厅和酒吧。

Yperia 酒店 €€

（☎22850 73084；www.yperia.com；双 €100~110，家 €160，全都含早餐；⌚4月至10月；❄📶🏊）Yperia现代化的房间非常温馨，艺术气息浓郁，里面有手工制造的木质和铁质家具、大型浴室，还能看到很棒的海景。泳池俯瞰大海，旅店距离海滩只有一个街区。员工态度友好，服务周到。

Aegialis Hotel & Spa 酒店 €€€

（☎22850 73393；www.amorgos-aegialis.com；双 €195起；❄📶🏊）坐落在高高的山上，能眺望到爱吉阿利和村庄神奇的美景，这家酒店是岛上最好的住宿选择之一。房间很好，设施更加让它脱颖而出：有游泳池和游泳池酒吧，以及令人欢喜的日间水疗中心、室内游泳池、餐馆——哦，别忘了还有美丽的景致。淡季价格会大幅下降。可以在网上预订。

✕ 餐饮

Amorgis 咖啡馆、酒吧 €

（☎22850 73606；www.amorgis.gr；三餐 €3~7；⌚9:00至深夜）沿着海滨东端的台阶向上，有几家咖啡馆兼酒吧，从早上开始营业，直到深夜才打烊，傍晚时分来这里喝一杯绝对是个好主意。适合家庭聚餐，环境美丽如画、色彩柔和，墙上悬挂着许多盆栽植物。菜单上有诱人的餐食，如鲜榨果汁、酷爽的鸡尾酒、法国长棍面包和墨西哥玉米饼。

Falafel 各国风味 €

（☎69368 08038；菜肴 €4~12）位于在海滨上方的小巷里，是一个外观清新的休闲饮食场所。菜单上有各国风味的美食（春卷、夏季沙拉、咖喱）。这里是一个消磨时间的好地方，它甚至在冬季的周末都营业。

To Limani 希腊餐厅 €€

（☎22850 73269；www.limani.amorgos.net；菜肴 €5~15；⌚早餐、午餐和晚餐）这家很受欢迎的餐馆有着传统的氛围，令人感觉很舒服。厨师用自家种植的农产品烹饪出丰盛而美味的当地菜肴，尝一尝鱼汤、用番茄酱烹饪的羔羊肉炖土豆（patatao），或者任何一种食物搭配当地奶酪。别忘了留着肚子试试自制的橙子派。

ℹ 实用信息

Aegialis Tours（☎22850 73393；http://amorgos-aegialis.com/services）总部在Aegialis Hotel & Spa，可以帮助你安排当地团队游和体验活动（徒步、短途文化之旅、烹饪课程等）。

阿莫尔戈斯岛周边

从霍拉向南走，公路从高处慢慢下降，环抱着东海岸。通往**阿基亚安纳海滩**（Agia Anna Beach）和霍佐维奥迪瑟斯修道院在同一个地方转弯。阿基亚安纳海滩因为法国电影《碧海蓝天》（*Le Grand Bleu*）在此取景而备受欢迎。尽管地方很小，岩石也很多，但这里却非常迷人（风景优美，还有一座白色的礼拜堂）。停车场比较大。整个海岸的其余海滩也基本都是这样的风格。

岛屿远处的西南端有一艘搁浅的船，它也在电影里出现过，吸引了大批法国游客。不过，这里也充斥着毒品和保险诈骗的历史，在这一点上它可没有电影那么浪漫。你沿着这条道路向下走，会穿过位于岛屿南部宁静的农业地带，**Kalotaritissa Bay**的沙滩风景如画，后面还有一家很小的海滩咖啡馆。

沿着岛屿的隆起地带朝着霍拉东北部前进，白色的村庄和卡塔波拉有迷人的景色。美丽的村庄**Langada**和**Tholaria**坐落在爱吉阿利上方崎岖的山坡之间，这两个村庄都距离小镇3公里远。两个村庄彼此相连，通过一条9公里长的设有路标的环形小路能到达爱吉阿利，徒步需要2.5~3小时。有固定汽车往返于村庄和爱吉阿利。

徒步小路的概况可以在www.amorgos.gr上查询；登录活动网页查看活动信息。

食宿

Pagali Hotel 酒店 €€

（☎22850 73310；www.pagalihotel-amorgos.com；Langada；双 €65~98；❄📶）备受赞誉的Pagali Hotel隐藏在村庄的下方，景色迷人。房间和单间公寓都非常舒适。酒店全年营业，有农业旅游活动可供选择，如采摘葡萄或橄榄和酿制葡萄酒；还有一些其他活动，包括攀岩、徒步、瑜伽和美术学习班。

酒店坐落在朗噶达一个可爱的家庭经营的建筑里面，在极好的Nikos Taverna和Vassalos Bakery隔壁。

伊奥斯岛（IOS） ΙΟΣ

人口 2030

人们对于伊奥斯岛的印象，很长一段时间内都与假日的阳光、海洋和性感联系在一起，并以不间断的酒后派对狂欢而闻名。不可否认，这里在一定程度上确实是这样：7月和8月，小镇深受年轻人和享乐主义者的欢迎。但也不仅仅如此，其实你大可以放心，派对狂欢并不是在每个村庄或每片海滩上都有。

你可以花上几天时间，探索传统老镇山顶或者是沙滩上的蜿蜒小路，以寻找这里与世隔绝的地方。然后准时回到镇上，准备将自己扔进派对的狂欢之中。如果是在绿荫遮蔽的季节，你还可以追求一种更为安静的节奏，这时伊奥斯会吸引大批的家庭和更多资深游客前来享受生活。

到达和离开

伊奥斯岛交通便利，位于Mikonos和圣托里尼岛之间的渡船路线上，并与比埃雷夫斯之间有定期航线。你可以在欧尔莫什的Acteon Travel（见229页）或者霍拉较小的分理处购买船票。

当地交通

夏季，拥挤的**KTEL**（☎22860 92015；www.ktel-ios.gr）公共汽车往返于欧尔莫什、霍拉和米罗伯塔斯海滩（票价都是€1.80），大约每20分钟1班。时刻表张贴在镇上主要的公共汽车站里，可以在网上查询。夏季有更多的公共汽车频繁开往Koubara，而开往Agia Theodoti的海滩、Psathi和Manganari的公共汽车则没有那么频繁。你可以打电话给**Ios Taxi Service**（☎69777 60570）预订出租车，从港口到霍拉需花费€5，从霍拉到米罗伯塔斯也需花费€5。

夏季还有小船从欧尔莫什出发，开往Manganari，途经米罗伯塔斯，往返每人大约需花费€12。

欧尔莫什、霍拉和米罗伯塔斯海滩都有出租汽车、摩托车和四轮车的地方。你可以通过Acteon Travel（见229页）预订。

霍拉、欧尔莫什和米罗伯塔斯（Hora, Ormos & Mylopotas）

Χώρα, Ορμος & Μυλοπότας

伊奥斯的四个主要中心都位于西海岸，几乎是一个在另一个之上。欧尔莫什港口林立

Ios 伊奥斯岛

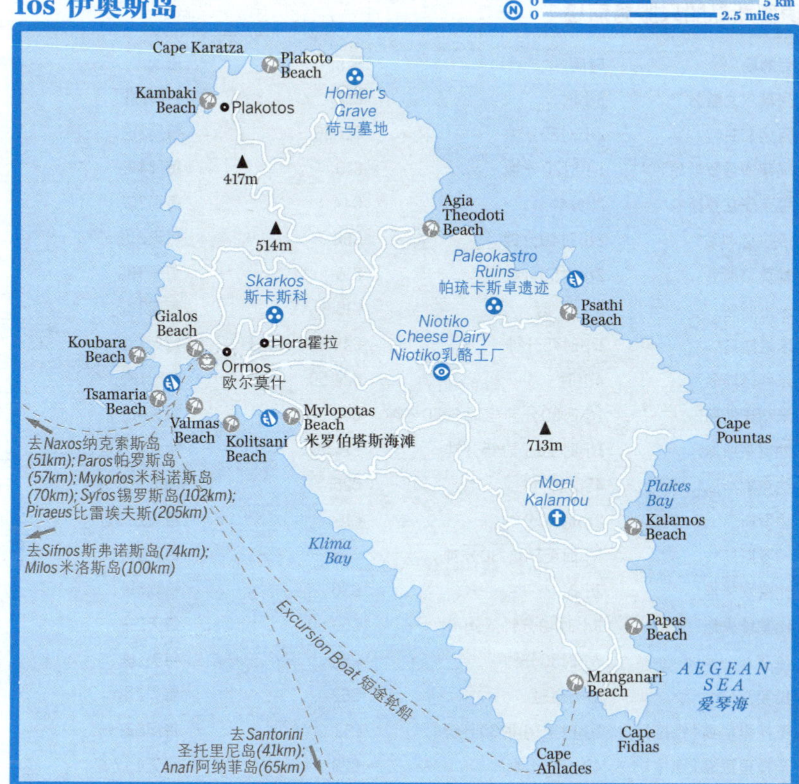

着希腊餐厅和咖啡馆，延伸到多沙的**吉亚罗斯海滩**(Gialos Beach)，后面则是海滩酒吧。沿着山坡向上走2公里(或是爬上1.2公里的石头楼梯)，就能到达首府霍拉。霍拉是一个很棒的传统村庄，也是夜生活的中心。从这里出发，蜿蜒的公路向南通往“红砂糖”般的米罗伯塔斯海滩(Mylopotas Beach)，这里有背包客风格的高档度假村。在这三个居民区里，你都能找到吃饭、睡觉、喝酒和跳舞的地方。这里还有杂货店和ATM机。霍拉有银行。

欧尔莫什的汽车总站位于Plateia Emirou渡船码头的正前方。如果你不介意爬楼梯，从这个港口到霍拉就相当容易了——按照镇子主路外面的标志走就行。

在霍拉，公共汽车站里有个季节性开放的信息亭，它位于大教堂所在的公路对面。霍拉的中心广场是Plateia Valeta，位于老镇深处。从霍拉公共汽车站开始的公路一直向前走3公里，就能到达米罗伯塔斯海滩。

景点和活动

霍拉 村庄

(Hora)霍拉是个魅力十足的基克拉泽斯村庄，有迷宫般的狭窄小巷和立体派的房舍。你可以白天来参观，漫步在宁静的居民区，一览这里旅游业背后的乡村生活。到了晚上，小巧的中心广场就会变成喧闹的露天派对胜地。

斯卡斯科考古 遗址

(Skarkos; The Snail; 门票 €2; ⏲6月至9月周二至周六 8:00~15:00)位于霍拉外面风景如画的平原矮山上，是一个青铜时代早期到晚期就有人定居于此的居民区。如今人们对城墙上的露台进行了修复，几处低矮的基克拉泽斯风格的建筑遗迹也非常值得探索。小型

伊奥斯岛船只服务信息

目的地	时间	票价	班次
阿莫尔戈斯岛	3小时	€12	每周1班
阿纳菲岛	2小时25分钟	€11.50	每周2班
福莱安兹罗斯岛	1小时20分钟	€10	每周4班
福莱安兹罗斯岛*	25分钟	€44	每周2班
伊拉克利翁*	2小时40分钟	€64	每天2班
基莫洛斯岛	2小时50分钟	€16	每周3班
米洛斯岛	3~4小时	€16	每周2班
米洛斯岛*	1小时45分钟	€49.50	每天1班
米科诺斯岛	4小时	€24.50	每天1班
米科诺斯岛*	1小时50分钟至3小时50分钟	€48.50	每天4班
纳克索斯岛	1小时至1小时45分钟	€14.50	每天1~3班
纳克索斯岛*	45分钟	€25	每天1~2班
帕罗斯岛	2小时20分钟	€16	每天1~3班
帕罗斯岛*	1小时至1小时30分钟	€28	每天3班
比雷埃夫斯	7小时	€36	每周6班
比雷埃夫斯*	3小时40分钟至5小时	€59.50	每天2班
拉斐那	7小时30分钟	€35	每天1班
拉斐那*	5~6小时	€62	每天2班
圣托里尼岛(锡拉)	1小时至1小时30分钟	€12	每周6班
圣托里尼岛(锡拉)*	40~50分钟	€29	每天4~7班
塞瑞弗斯岛	4小时50分钟	€19	每周1班
斯弗诺斯岛	4小时至5小时30分钟	€18	每周3班
斯弗诺斯岛*	3小时	€54.50	每天1班
锡基诺斯岛	25分钟	€5	每周4班
锡罗斯岛	5小时10分钟	€18	每周1班
蒂诺斯岛*	3小时至4小时30分钟	€38~48	每天2班

*高速服务

游客中心以及希腊语、英语的指示牌能帮你找到要去的地方。开车过来的话，要在欧尔莫什和霍拉之间设有路标的路口转弯。若是步行，需要沿着霍拉后面的传统石头小路走，穿过羊群和农舍。你可能会不止一次地迷失方向，但无须害怕，令人愉快的漫步到这里只需要约15分钟。

考古博物馆 博物馆

(Archaeological Museum; ☎22860 91246; Hora; 门票 €2; ⏲周二至周六 8:30~15:00)这个市政博物馆位于霍拉公共汽车站附近，详尽地陈列着斯卡斯科的出土文物，但是展出的模式有点单调。另外，这里还展出整个岛上出土的文物。

Mylopotas Watersports & New Dive 水上运动、潜水

(☎22860 92340; http://mylopotas-watersports.gr; Mylopotas; ⏲5月末至10月中旬)

在这里，你有一千种方式去度过充实的一天：试一试水肺潜水的入门课程（€55）或更加精深的专业潜水教练协会课程，起价为€270。还有沉船探索潜水和夜间潜水。你也可以花费€35参加历时3小时的浮潜之旅，或者租用一长串的设备：帆板运动装备、皮划艇、帆船等。你还可以进行隧道骑行或滑水运动。这里还有海上出租车服务。

Meltemi Watersports & Dive Centre 水上运动、潜水

（☎69803 86990；www.meltemiwatersports.com；My-lopotas）基地在Far Out Beach Club，有许多准备就绪的充满热情的顾客。Meltemi有各种把你弄湿的方法：参加一个潜水示范课程（€55）或专业潜水教练协会的完整课程，然后进行沉船潜水、洞穴潜水和夜间潜水。你也可以学习滑帆板、租一套立式单桨冲浪设备、参加一次独木舟之旅（从米罗伯塔斯或Manganari海滩出发），或者参加短途的乘船游。

Yialos Watersports 水上运动

（☎22860 92463，69742 90990；www.yialoswatersports.com；Gialos Beach）Mylopotas不是唯一一个活动齐全的海滩。在吉亚罗斯，这家公司有海上帆板运动（课程和装备）、立式单桨冲浪、滑水、水上滑板、香蕉船、独木舟、浮潜设备——只要你能叫出名字，这里都有。还有为"旱鸭子"准备的山地自行车，如果你在活动后感到筋疲力尽的话，这里还有简单的日光浴床供你休息。

住宿

欧尔莫什比霍拉和米罗伯塔斯要安静得多。大多数住宿都会提供港口免费接送服务。除7月和8月外，住宿价格会下降50%，甚至更多。

欧尔莫什（Ormos）

★Avra Pension 家庭旅馆 €

（☎22860 91985；www.avrapension.gr；房间 €60；⏲4月至10月中旬；❄📶）沿着码头后面的小巷就能到达。凯特琳娜（Katerina）经营着这家可爱的客栈，服务热情、效率很高，价格便宜（除了短暂的夏季高峰期外，房间价格会降至€30）。有五颜六色的盆栽植物、一个宁静的阳台、舒适的公共区域，再加上清新迷人的房间，非常超值。

★Petros Place Hotel 酒店 €€

（☎22860 91421；www.petrosplace.gr；标单/双 €80/90，单间公寓 €130~170，都含早餐；⏲5月至9月；❄📶🏊）位于沙滩高处一片街区上，刚刚进行过翻修，是一座有着200年历史的石头建筑，给人以家的感觉。房间既清新又有特色，有木梁支撑的天花板、传统床铺和鲜花环绕的游泳池。老板非常热心，吃早餐的地方看上去就像是一位希腊祖母自家的厨房。它与老板的另一处房产，更加现代的**Yialos Beach Hotel**（www.yialosbeach.gr）共享一个大型的游泳池区域。除高峰期外，价格优惠（双 €50左右）。

霍拉（Hora）

Francesco's 青年旅舍 €€

（☎22860 91223；www.francescos.net；铺€20，铺/双/标三/四 €20/70/105/140；⏲4月至10月中旬；❄@📶🏊）曾经住过很多背包客，如今这些人又让自己18岁的孩子回来住宿，而这里仍然经营得很好。房间一尘不染，能看到梦幻般的景色。而且，如果你想感受霍拉的夜生活，也只要走上一小段距离就行了。这里有一种全球化的感觉和一系列快乐旅行的特色：有阳台酒吧、游泳池，价格低廉的早餐会供应到15:00。沿主广场直走，顺着Odos Scholarhiou向下，200米后左拐，就能找到这里。或者，你也可以问问其他人。

Avanti Hotel 酒店 €€

（☎22860 91165；www.avanti-hotelios.com；双 含早餐 €130~150；⏲4月中旬至10月中旬；❄@📶🏊）距离霍拉有一小段距离，但足以让你获得一丝宁静。房间清爽，且阳光充足。私密的阳台和漂亮的游泳池和户外区域仿佛蛋糕上的糖霜一般。除夏季高峰期外，房间半价。

Pavezzo 客栈 €€

（☎69770 46091；www.iospavezzo.com；Hora；双 €70~100）这里距离霍拉只有几步之遥，远离了夜晚的喧嚣。旅店位于Kolitsani海滩附近安静的道路旁。有7个房间，价格便宜，干净舒适，有乡村风格的装修和私人海景露台。套房中的厨房里有充足的必需品。老板热

情又乐于助人。

★ Liostasi 精品酒店 €€€

(☎22860 92140; www.liostasi.gr; 双/套 含早餐 €175/280起; ⊙5月至9月; ❄@📶🏊)一踏入(在欧尔莫什和霍拉之间)大堂，你就再也不想离开了。现代的斯堪的纳维亚风情中混合着恰到好处的别致和舒适，温泉浴场、餐馆和游泳池区域也堪称一流。房间混搭了缤纷的颜色，能看到壮观的海景。服务也无可挑剔。

米罗伯塔斯（Mylopotas）

Far Out Beach Club & Beach Resort 青年旅舍、露营地 €

(☎22860 91468; www.faroutclub.com; 露营地 每人 €10，铺/双/四 €15/90/180; P@📶🏊)这个背包客的派对天堂几乎就在海滩顶上，泳池边则林立着酒吧、餐馆，从洗衣房到文身店、寿司吧、瑜伽和健身房，应有尽有。还有一系列床铺：你可以扎营或租一个帐篷，也可以住在帐篷大小的房间（也被称作dogboxes）或小巧可爱的圆屋里。床铺在一个四方形的帐篷里。套房相当奢华。这里经营得风生水起，并在米罗伯塔斯扩展了两个现代而精致的酒店（双 €130），使它们成为其“假日王国”的一部分。

就餐

欧尔莫什（Ormos）

La Randa 意大利菜 €

(☎22860 92448; www.larandaios.altervista.org; 主菜 €7~14; 📶)就位于港口，有最好的意大利美食。老板特地从意大利运来一个地道的烤箱，制作令人垂涎的比萨和带有自制番茄酱的意大利面。

霍拉（Hora）

霍拉不仅餐馆众多，快餐店也不少，供应gyros（旋转烤肉配皮塔饼）、法式薄煎饼和烤肉串，位于大广场附近，一直营业到凌晨。

★ Katogi 开胃小菜 €

(☎6983440900; 菜肴 €4~11; ⊙晚餐)这里是个充满生机的地方。一进入大门，你就会感觉像是受邀来到某人的客厅参加一个派对：明亮的居家装饰与漂亮的花园交相辉映，还播放着摇滚乐。当然，食物也很棒。尝尝芝士小吃配圣女果、用威士忌酱汁烹制的猪肉小吃，或者乳酪梨子意大利面。

Thai Smile 泰国菜 €

(☎22860 91925; 主菜 €7~9; ⊙晚餐)不要再去找那些各国风味的菜肴，直接来吃这里由泰国老板兼厨师烹饪的正宗泰国菜吧。狭小的餐馆气氛很好，供应泰式炒河粉、马莎文咖喱鸡和各种美味的汤。

Nest 希腊菜 €€

(☎22860 91778; 主菜 €6~18; ⊙午餐和晚餐)萦绕着雅燃音乐，Nest显得更加具有本地风情。桌旁的年长酒客一边长谈，一边一轮一轮地喝着拉基烧酒（raki）。供应当地蒜香烤肠、鸡肉烤肉、茄子羊肉keftiko，并配以大碗的酸奶黄瓜、橄榄和新鲜面包。提供壶装酒，蔬菜来自于老板的菜园子。

Lord Byron 地中海菜 €€

(☎22860 92125; www.lordbyronios.gr; 菜肴 €7~14; ⊙晚餐)这家餐馆很有生机，色彩缤纷、装修别致，整体弥漫着慵懒的气氛。在这样的环境中，客人们既满足了口腹之欲，又会觉得赏心悦目。你可以尽情享用富有创意的沙拉和主菜，试试乳酪派配上鲜橙蜂蜜芥末酱或烤螃蟹。服务堪称五星级。

米罗伯塔斯（Mylopotas）

Cantina del Mar 咖啡馆、酒吧 €

(☎22860 91016; http://cantinadelmar.gr; Mylopotas; 三明治和沙拉 €2~6; ⊙早餐、午餐和晚餐)来这里吧，它就在小镇入口处，海滩旁边。你可以在这里放松心情，尽情地享受丰盛的早午餐、三明治和墨西哥卷。你可以从长长的健康饮食菜单中选择果汁和冰沙（带有果肉的柠檬汁、橙汁和胡萝卜汁能满足你的需求吗？）。如果心情大好，还可以尝试这里的葡萄酒和鸡尾酒。

饮品和夜生活

霍拉中心的夜生活相当丰富，从小型的主广场向外辐射。午夜时分，这里十分拥挤，身陷人群中的你想摔倒都不可能，可以尽享活力，让自己完全放松下来。不过，因为人多，所以要格外注意安全。

包括爵士酒吧、疯狂的背包客酒吧在内，一些酒吧开始少量地低价售酒。与此同时，还有些店面也伴随着客流量的多少开张、倒闭或是易主。找一找长时间营业的Blue Note和好评如潮的Pash，也可以随着人群找一个适合自己心境的地方尽情享受。

Fun Pub 小酒馆

（☎22860 92022；http://funpubios.com；⏲4月末至10月 17:00至深夜）如果在霍拉的中央广场始终没有找到符合自己要求的地方，那你可能在爱尔兰人经营的Fun Pub里实现愿望。它位于穿越小镇的主干道上。正如标签上所说，这里有各种形式的娱乐方式：音乐、舞蹈、美食、现场运动、台球，以及各种混合的娱乐项目。

Ios Club 鸡尾酒吧

（☎69857 20049；www.iosclub.gr；⏲4月至10月 19:00至次日3:00）这是一个精致的鸡尾酒吧，酒香四溢。傍晚时分，在别致的阳台上一边喝鸡尾酒，一边欣赏一览无余的美景，简直再完美不过了。它位于Sweet Irish Dream旁边的小路上。

Foiniki Art Cafe 酒吧

（☎22860 92247；Hora；9:00至深夜）这间小酒吧非常好找，老板友好，酒吧里面色彩缤纷，收藏着许多杂志，还有源自希腊各地的纯手工酿制的啤酒。它隐藏在Lord Byron的后面，是早餐喝咖啡或进餐之前喝一杯的好地方。

Free Beach Bar 咖啡馆、酒吧

（☎22860 28357；http://freebeachbar.gr；⏲5月至9月 全天营业）这间海滩酒吧坐落在米罗伯塔斯海滩的中间，提供丰富多彩的休闲方式，非常吸引人。海滩更衣室和游泳池也吸引了不少顾客，周围还有许多吊床和缓冲仓。除了全天供应的酒水外，这里还供应小吃（多层三明治和比萨饼）。大部分时间有点清冷，但有时也会有火爆的DJ表演。

ℹ 实用信息

在欧尔莫什渡轮码头的信息亭旁边有一台ATM机。在霍拉，希腊国家银行（National Bank of Greece）位于教堂后面，有一台ATM机。霍拉的邮局位于主公路后面的街区（没有路标）。可以在http://ios.gr上查询实用信息。

Acteon Travel（☎22860 91343；www.acteon.gr；⏲8:00~22:00）你可以在欧尔莫什的Acteon Travel或霍拉较小的分理处购买渡轮票。

Dr Yannis Kalathas（☎6932420200，22860 91137；⏲24小时营业）万一需要急救，你最好与这里取得联系。

Hospital（☎22863 60000）位于通往吉亚罗斯的路上，在码头西北250米。

伊奥斯岛周边

在伊奥斯，想要远离喧闹的人群其实是件很容易的事情——你只需租一辆车，就可以探索与世隔绝的乡村。这里有山羊养殖场和蜂箱，景色壮观。可以前往岛屿最北角、距离霍拉12公里的Cape Gero Angeli，人们认为它是**荷马墓地**（Homer' s Grave）的所在地。没有哪里比这里更加海阔天空了。

如果你想要前往Psathi，则会经过**帕琉卡斯卓**（Paleokastro），它是海边悬崖顶部的拜占庭城堡遗址。顺着道路边的石头小径前行，你会觉得全世界好像只剩下了你和这里的羊群。此外，通往Psathi的路上有岛上著名的乳酪工厂，它被称作Niotiko。如果你去的时候刚好营业，可以进去买只烤鹅或者其他食物来一饱口福。

伊奥斯的海滩非常出名。唯一能与米罗伯塔斯争夺第一风景胜地的是**Manganari**，它的南部海岸有很赞的狭长白色沙滩，夏季乘汽车或小船可以到达。**Agia Theodoti**的海水最为清澈湛蓝，夏季很受希腊家庭的欢迎。附近的**Psathi**则更为宁静，不仅有受欢迎的希腊餐厅，还是一流的帆板运动场所。还有许多其他漂亮的海滩只能乘小船抵达。

圣托里尼岛（锡拉）[SANTORINI（THIRA）]

ΣΑΝΤΟΡΙΝΗ（ΘΗΡΑ）

人口 15,550

在亲眼看到圣托里尼岛之前，它可能就已经存在于你的想象中了。多彩的悬崖在海水

Santorini (Thira) 圣托里尼岛(锡拉)

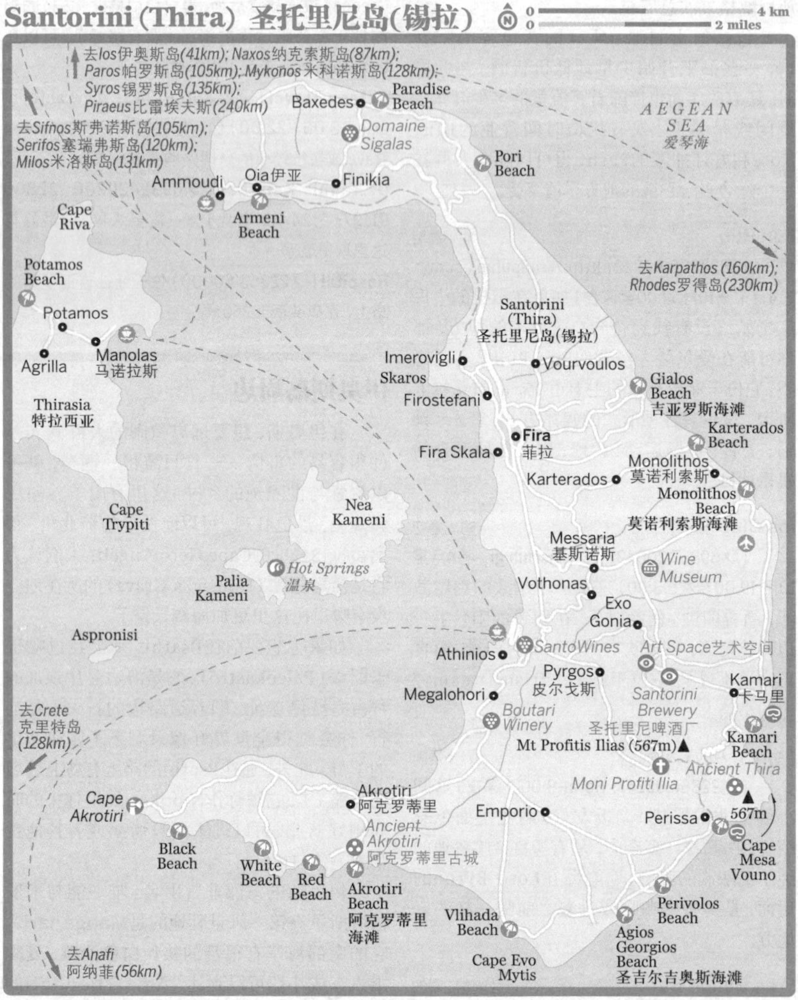

淹没的火山口处兀然耸立，高达300多米。圣托里尼岛坐落在蓝色的爱琴海中间，像一块巨大的夹层蛋糕。岛上有史上最大规模火山喷发留下的大坑。火山口的西部边缘参差不齐，环绕着许多小岛，其中最令人惊叹的要属锡拉的主岛——白色的基克拉泽斯房屋林立在悬崖顶部，仿似雪花在飞舞，有些向外侧突出的房屋就像是岩石上结冰的飞檐。傍晚，落日的余晖映在房屋上，连同悬崖上橘色和红色的光芒一起，俨然一幅壮美的画卷。

圣托里尼岛并不是什么神秘的地方，因为这里几乎全年都有游人到访。当地旅游业发达，景色又不负盛名，所以人山人海也是情理之中。岛上有阿克罗蒂里最令人着迷的克里特景点以及伊亚美丽的传统山顶村庄，仿佛让人置身于遥远的过去。岛上还有杰出的艺术家、出色的葡萄酒厂、独特的自酿酒吧和基克拉泽斯群岛顶级的餐饮，所有的一切都让这里大踏步地迈向美好的未来。多彩的海滩让这里锦上添花。

历史

在希腊有关地震火山的记载中，小规模的火山喷发一直都不算什么大事。但是，圣托里尼岛的火山频繁地喷发彻底改变了人们的这种看法。这里的火山喷发时会地动山摇。而且，几次喷发几乎改变了整个岛屿的形状。

多里安人、威尼斯人和土耳其人都占领过圣托里尼岛，但对这里影响最大的早期移民却是克里特人。公元前2000年至公元前1600年，他们从克里特岛来到这里，自该民族文明的鼎盛时期起就定居在阿克罗蒂里。

最初，圣托里尼岛是圆形的，称为Strongili（圆形）。几千年前，一次猛烈的火山喷发使Strongili的中心沉没，只剩下东边一个有着峭壁的火山口——现在是一个令人非常震撼的景点。最近，根据对阿克罗蒂里出土的橄榄油样本的碳年代分析，得出的结论表明：火山喷发的时间是公元前1613年前后10年的时间里。

公元前3世纪，圣托里尼再度被殖民者统治。在随后的2000年里，间或的火山喷发进一步改变了这里的地貌，形成了包括火山坑中央的Palia和Nea Kameni在内的火山岛。

最近的一次是1956年，大地震摧毁了伊亚和菲拉。到20世纪70年代，岛上的人们期盼游客到来的心情与游客想来岛上参观的心情一样迫切。今天，圣托里尼岛已经成为真正的世界级观景胜地，它吸引了大批来度蜜月的游客、背包客、富豪、巡游旅客、举办婚礼的中国游客（在一定程度上要归功于一部大获成功的电影《北京爱情故事》，电影中的一部分就是在圣托里尼岛取景拍摄的）。

不管怎么说，圣托里尼岛和米科诺斯岛已经成为希腊岛屿的旅游典范。大批游客的到来意味着这里的物价会变得非常高。

ℹ 到达和离开

飞机

圣托里尼机场（Santorini Airport；☎22860 28400；www.santoriniairport.com）全年都有**奥林匹克航空**（Olympic Air；www.olympicair.com）和**爱琴海航空**（Aegean Airlines；www.aegeanair.com）抵离雅典的航班（€64起，45分钟）。也有许多到达欧洲各地的季节性航班，包括到达伦敦、罗马和米兰的易捷航空（easyJet）的航班。

船只

每天也有多班轮渡抵离比雷埃夫斯和基克拉泽斯群岛的多个岛屿。

锡拉的主要港口Athinios位于狮身人面般的悬崖底部的狭窄浅滩上，看起来一派混乱。但每当渡船来到，港口的一切总是能各就各位。公共汽车（和出租车）会等待渡船，载上从船上下来的游客，穿过高耸的峭壁旁不断上升的S形道路，去往菲拉。酒店通常会安排车辆接送乘客（到达菲拉每人需花费€10左右）。

ℹ 当地交通

抵离机场

公共汽车频繁往返于菲拉公共汽车站和机场之间。机场位于莫诺利索斯海滩（Monolithos Beach）西南部。最早一班公共汽车7:00左右从菲拉发车，最晚一班21:00发车（€1.60，20分钟）。大多数酒店会安排车辆接送乘客（需付费）。

公共汽车

KTEL Santorini Buses（☎22860 25404；http://ktel-santorini.gr）的网站非常实用，可以查询时刻表和价格。你可以上车后再购票。夏季，每小时都会有2班公共汽车从菲拉开往伊亚（€1.60），在日落前班次会增多。每天也有很多汽车开往阿克罗蒂里（€1.80）、卡马里（€1.60）、佩里萨（Perissa）和Perivolos海滩（€2.20），还有几班开往莫诺利索斯（Monolithos，€1.60）。从菲拉、佩里萨和卡马里开往Athinios港口的公共汽车（€2.20，30分钟）每天6班，但你最好事先确认好时间。开往菲拉的公共汽车即使在深夜也会等待所有渡船。

汽车和摩托车

小汽车是旺季里游览岛屿的最佳选择，因为这个时候公共汽车都挤得不像话，能上去就已经算是幸运了。开车时要耐心谨慎，因为公路通常都非常狭窄，车水马龙；特别是在菲拉，简直就像是噩梦。游客还要注意，伊亚没有加油站，最近的加油站在菲拉城外。

这里有几家具有代表性的国际汽车租赁机构，各个旅游区还有许多当地机构。**Damigos Rent a Car**（☎22860 22048；www.santorini-carhire.com）是一家很好的当地汽车租赁机构。租一辆车每天的起价为€50左右，旺季租一辆小轮摩托车/

圣托里尼岛（锡拉）船只服务信息

目的地	时间	票价	班次
阿莫尔戈斯岛*	1小时至4小时15分钟	€49.50	每周6班
阿纳菲岛	1小时10分钟至1小时40分钟	€7.50	每周4班
福莱安兹罗斯岛	3小时	€12	每周3班
福莱安兹罗斯岛*	45~80分钟	€44	每天1~2班
哈尔基岛	12小时30分钟至15小时30分钟	€26	每周2班
伊奥斯岛	1~2小时	€12	每天1班
伊奥斯岛*	35~45分钟	€29	每天4~6班
伊拉克利翁*	1小时45分钟	€60	每天2班
卡尔帕索斯岛	8小时30分钟至11小时30分钟	€25	每周2班
卡索斯岛	6小时45分钟至9小时30分钟	€25	每周2班
基莫洛斯岛	4小时30分钟	€16	每周2班
科斯岛	4小时30分钟	€34.50	每周4班
库福尼夏*	1小时30分钟至3小时30分钟	€49.50	每周6班
米洛斯岛	3小时30分钟	€17	每周2班
米洛斯岛*	2小时	€52.50	每天2班
米科诺斯岛*	2~3小时	€60	每天5~6班
纳克索斯岛	2小时	€19.50	每天1~2班
纳克索斯岛*	1小时30分钟	€38.50~42	每天4~5班
帕罗斯岛	3小时至3小时30分钟	€20.50	每天1~2班
帕罗斯岛*	2小时至2小时15分钟	€46	每天3班
比雷埃夫斯	5小时30分钟至12小时	€36~39	每天2~3班
比雷埃夫斯*	4小时30分钟至6小时	€59	每天3~4班
拉斐那*	5小时45分钟	€64~69	每天2班
雷西姆农（克里特岛）*	2小时20分钟	€65	每周2班
罗得岛	8小时至17小时45分钟	€27~36.50	每周5班
塞瑞弗斯岛	6小时30分钟	€19	每周1班
斯弗诺斯岛	5小时至7小时15分钟	€18	每周3班
斯弗诺斯岛*	3~4小时	€54.50	每天1~2班
锡基诺斯岛	2小时	€9	每周3班
锡蒂亚（克里特岛）	6小时	€26	每周1班
蒂诺斯岛*	3小时30分钟至4小时	€40~60	每天2班

*高速服务

注意：时间会根据船只类型和路线发生变化。

四轮车需花费€25/30，但在租车前你最好货比三家。注意：租用小轮摩托车须持有摩托车驾驶执照，租用四轮车须持有汽车驾驶执照。

出租车

菲拉的**出租车等候处**（☎22860 23951，22860 22555）位于Dekigala，就在从公共汽车站

出来的拐角上。从Athinios港口到菲拉的费用为€10~15，从菲拉到伊亚的费用约为€15。如果提前订车或者有行李的话，要多花€2。前往卡马里的出租车花费约为€15，前往佩里萨的出租车花费约为€18，前往锡拉古城的单程价格约为€25。

Santorini Transport（☎6984637383；www.santorinitransport.com）是预订抵离机场或Athinios港口的一个很好选择，而且价格固定。

菲拉（Fira） Φήρα

人口 2290

菲拉是圣托里尼岛的主要城镇，它是一个生机盎然、热闹非凡的地方。火山口边缘满是酒店、窑洞一样的公寓、大型泳池和时尚餐馆；后面则是狭窄的街道，林立着商店、酒吧和餐馆。游客成群结队而来，但并没有让菲拉的魅力有丝毫减少。火山口边上的景色美得让人窒息。到了晚上，火山的边缘就像一个凝固了的荧光瀑布。

菲拉向北部延伸至两个村庄：**Firostefani**（从菲拉步行到这里大约需要15分钟）和**Imerovigli**（位于火山口边缘的最高点，从菲拉步行到这里大约需要半个小时）。一条小路横穿这两个村庄，路旁林立着漂亮的酒店、餐馆，还有许多适合拍照的地方。

景点

考古博物馆 博物馆

（Archaeological Museum；☎22860 22217；M Nomikou；成人/儿童 €3/免费；⏲周二至周日 8:30~15:00）位于缆车车站附近。这座博物馆收藏着阿克罗蒂里和古锡拉出土的惊人文物，包括一些从古锡拉出土的令人难以置信的精致黏土雕像，雕像里面有驴、猪、公羊和许多小鸟。一些陶器上还画着战车比赛的场景。博物馆馆藏丰富，而它本身也需要精心保护。

★锡拉史前博物馆 博物馆

（Museum of Prehistoric Thera；☎22860 22217；Mitropoleos；成人/儿童 €3/免费；⏲周二至周日 8:00~15:00）位于公共汽车站对面，这座精致的博物馆展出阿克罗蒂里出土的非凡藏品。在你了解了它们背后悠久的历史之后，一定会更加印象深刻。最为引人注目的是闪闪发光的金色山羊雕像，可以追溯到公元前17世纪，其完好程度令人吃惊。同样值得一看的是公元前6万年火山附近的橄榄树叶化石。

桑托博物馆 博物馆

（Santozeum；☎22860 21722；www.santozeum.com；Ypapantis；成人/儿童 €5/3；⏲5月至10月 10:00~18:00）位于考古博物馆的拐角处，这个现代文化中心是“锡拉壁画展”的举办地，里面收藏着阿克罗蒂里最好的壁画的复制品，这些复制品是按照真品的尺寸制作的。管理员放映的短视频非常生动。这里没有任何标签，所以你一定要拿到信息单以了解展览的内容。

梅加洛基奇博物馆 博物馆

（Megaro Gyzi Museum；☎22860 23077；www.megarogyzi.gr；Erythrou Stavrou；成人/儿童 €3/免费；⏲5月至10月，周一至周六 10:00~16:00）这个安静的博物馆位于城镇北部，展出菲拉1956年地震前后震撼人心的照片以及收藏的地图、雕刻、绘画和15世纪的手稿。

活动

在菲拉徒步可以看到壮观的美景，尤其是沿着火山口边缘的道路向北前往Firostefani和Imerovigli的这条路，更是美妙。单程需要30分钟。如果你还想继续前行，你最终会到达**伊亚**（Oia），但你要知道这是一个很大的挑战，因为经过Imerovigli之后的道路非常崎岖。总旅程大约是9公里，单程需要3~4小时。最好不要在白天最热的时候徒步。

其他选择包括向下徒步前往被称作**菲拉斯卡拉**（Fira Skala）的小港口（或从小港口出发向上走），那里是火山岛游艇出发的地方（也是巡游旅客上岸的地方）。这两条路线都要走大约600个台阶。你也可以选择骑着驴向上（€5），这会让你的旅途更加悠闲、惬意，但动物权益保护组织强烈建议游客不要这么做，因为这对动物来说很残忍。你可以乘坐**缆车**（☎22860 22977；http://scc.gr；M Nomikou；单程 成人/儿童 €5/2.50）缆车行驶于菲拉和菲拉斯卡拉（Fira Skala）之间，又快又平稳（6月至8月，6:30~23:00，每隔20分钟

Fira 菲拉

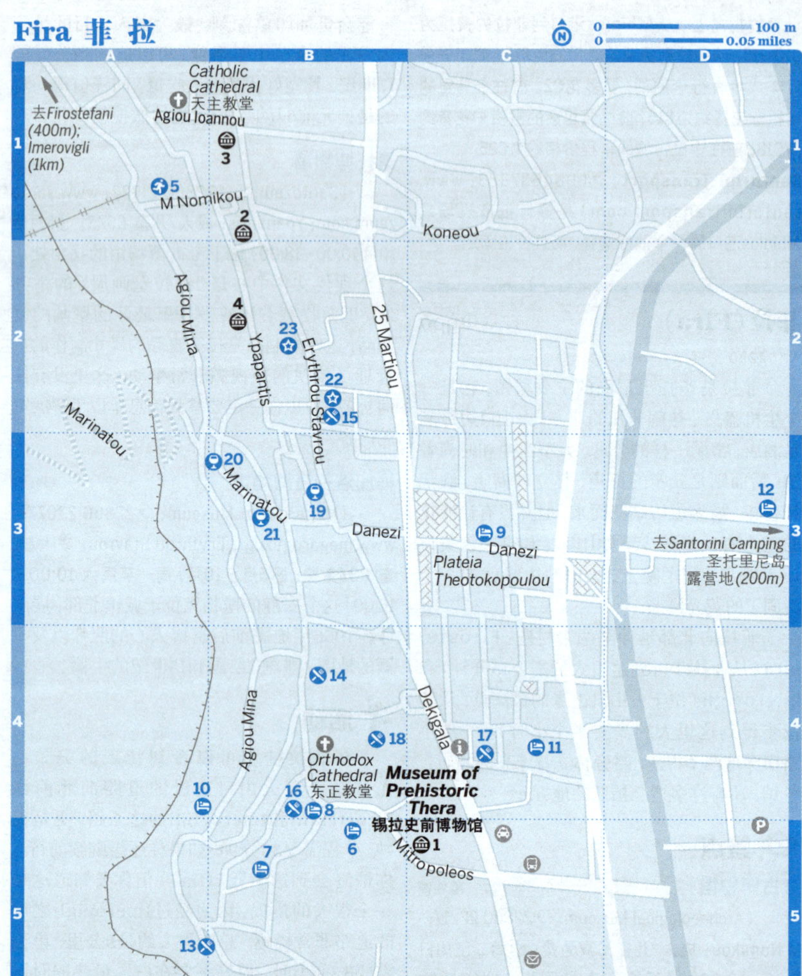

一趟）。除旺季外，缆车班次较少。携带行李需额外付费（€2.50）。

从Imerovigli出发，在Mezzo餐馆有一个路标会指引你向西抵达**Skaros**。那是一个怪石嶙峋的海岬，景色极美，还有一个地理位置堪称完美的教堂，单程需要20分钟。

团队游

圣托里尼岛上有符合你需求的各种团队游——几十家旅行社都已准备就绪，有葡萄酒厂观光之旅、考古之旅、传统村庄游、观赏落日之旅以及其他各种活动。

最受欢迎的活动是乘船游，最受欢迎的行程则是游览火山口上的火山岛Nea Kameni和Palia Kameni，将会参观Nea Kameni的火山口和Palia Kameni的温泉。一些团队游还会在特拉西亚（Thirasia）或伊亚下面的港口稍作停留。乘船观赏落日，再喝上一杯，也是必不可少的。

团队游从菲拉下面的菲拉斯卡拉出发，你可以在城镇中选择一家旅行社预订（这是最明智的），也可以侥幸前往那里看一看有哪

Fira 菲拉

重要景点
1 锡拉史前博物馆 C5

景点
2 考古博物馆 B1
3 梅加洛基奇博物馆 B1
4 桑托博物馆 B2

活动、课程和团队游
5 缆车 A1

住宿
6 Aressana Spa Hotel & Suites B5
7 Aroma Suites B5
8 Hotel Atlantis B4
9 Pelican Hotel C3
10 Porto Fira Suites A4
11 Villa Roussa C4
12 Villa Soula D3

就餐
13 1500bc A5
14 Assyrtico Wine Restaurant B4
15 Camille Stefani B2
16 Koukoumavlos B4
17 Mama' s House C4
18 Ouzeri B4

饮品和夜生活
19 Kira Thira B3
20 Tango B3
21 Tropical B3

娱乐
22 Enigma B2
23 Koo Club B2

个团队游可以参加，并跳上下一班船（有短途和长途团队游）。船只类型从帆船到漂亮的双体船和游艇，当然价格也会根据船只类型的不同而发生很大的变化。

最基本的一日乘船游起价大约是€30。如果对旅行日程、包含项目（如午餐或饮品）、游客人数等有疑问请在预订时提出。

住宿

圣托里尼岛露营 青年旅舍、露营地 €

（Santorini Camping；22860 22944；www.santorinicamping.gr；Fira；铺/双/四 €20/60/80，露营地每人 €12.50；5月至11月；P@）位于小镇东部的郊区，这家青年旅舍和露营地有阴凉的位置和良好的设施。房间很干净，但很普通。这里有一个自助餐厅、小市场、酒吧和游泳池。在港口有接送乘客的免费车辆。

★ Karterados

Caveland Hostel 青年旅舍 €€

（22860 22122；www.cave-land.com；Karterados；含早餐 铺 €17~25，双 带/不带浴室 €70/50，公寓 €100；P）这家极好的休闲旅舍位于Karterados一个古老的葡萄酒厂之中，距离菲拉中心两公里左右（网站上有路线说明）。住宿地就是古老的酒窖，房间装饰极具创意、色彩斑斓，并有良好的设施。附近的花园是放松休闲的好地方，每周都会举办烧烤活动，还开设了瑜伽课程。

Hotel Sofia 酒店 €€

（22860 22802；www.sofiahotelsantorini.com；Firostefani；双 €90~100；5月至10月；）这家酒店位于Firostefani中心，有6间舒适的小房间，极具特色。在热闹的菲拉，这是个闹中取静的选择。能看到火山景色——毫不夸张地说，美景就在你的门外。价格非常划算（提早预订），小巧可爱的游泳池和阳台更是锦上添花。这里以南800米就是菲拉的中心。

Villa Soula 酒店 €€

（22860 23473；www.santorini-villasoula.gr；Fira；房间 €90；）这家旅店令人愉快，相当干净，值得前来。房间不大，但新翻修过，有小型的通风阳台。公共区域颜色艳丽，游泳池维护良好，小巧而隐蔽，成为一个小小的休闲空间。从小镇中心走一小段路就到这里了。

Villa Roussa 酒店 €€

（22860 23220；www.villaroussa.gr；Dekigala；标单/双/标三 €60/85/100起；P）位置十分优越，距离火山只有几步之遥（不用花车费），走几步就到公共汽车站了。房间清新整洁，员工服务热情。

Pelican Hotel 酒店 €€

（☎22860 23113；www.pelicanhotel.gr；Danezi；标单/双/标三 €75/95/110；❄📶）这里看不到火山景观，但这家老字号的酒店会让你发自内心地生出找到家的感觉。最大的亮点之一就是隔壁的餐馆，还有漂亮的花园环境。

★ **Aroma Suites** 精品酒店 €€€

（☎22860 24112；www.aromasuites.com；Agiou Mina；双 €180起；❄@📶）这家精品酒店俯瞰宁静的菲拉南端的火山口，交通比同类酒店更为便捷。有6间漂亮的豪华套房，服务热情。位于火山边缘，传统的内饰与色彩单一的装饰品交相辉映，当地艺术品、书籍和立体声音响更是增加了魅力。阳台则营造出一种隐居于世的感觉。

★ **Mill Houses** 精品酒店 €€€

（☎22860 27117；www.millhouses.gr；Firostefani；单间公寓/套 含早餐 €280/325起；❄📶≋）位于Firostefani的火山口旁边，在一段长长的楼梯下方。一流的单间公寓和套房既别致又豪华。大量白色亚麻布和刷成白色的墙壁使房间显得非常明亮。有特大号床铺和宝格丽浴室用品。私人露台可以欣赏到爱琴海的景色，尽享奢华。

Aressana Spa Hotel & Suites 精品酒店 €€€

（☎22860 23900；www.aressana.gr；双 €330起；P❄@📶≋）这家摇滚明星般的酒店房间简约而现代，所有细节都彰显奢华。虽然看不到火山景观，但瀑布泳池、带私人露台的房屋弥补了这种遗憾。精心设计的大堂、奢华的水疗中心和丰盛的早餐使这里物有所值。

Porto Fira Suites 精品酒店 €€€

（☎22860 22849；www.portofira.com；Agiou Mina；2/4人 套 含早餐 €275/425起；❄📶）对于住在这里的客人来说，奢华的一天是从享受阳台早餐开始的。超现代的房间不仅洁白清新，而且风格很酷，还保留了传统火山洞的情调。豪华套房可以居住4人。

Hotel Atlantis 酒店 €€€

（☎22860 22232；www.atlantishotel.gr；Fira；双 含早餐 €225~345；❄📶≋）Atlantis是一座豪华的建筑，建于1953年，可以俯瞰火山边缘人行道辽阔的地区。这里满是凉爽的粉红色休息室和繁花似锦的露台——你可能不会想到，它的外面竟然就是旅游胜地。明亮通风的卧室很安静，设备齐全；你可以选择前面能看到火山景观的房间（价格不菲）。

就餐

在夏季，菲拉一些餐馆向游客供应高价但

圣托里尼岛的住宿须知

- 菲拉的住宿价格不菲。而且，想要欣赏火山景观的话，可能得花更大的价钱。
- 住宿场所很多（在伊亚也很多）：到处都是奢华的住宿场所，设施相当齐全（私人阳台很受欢迎，跳水游泳池最受欢迎）。
- 如果你不介意徒步走到菲拉，完全可以考虑住在Firostefani和Imerovigli。那里有许多高品质的酒店和餐馆，最重要的是景色非常优美。
- 多数火山口周边的旅店无法乘车直接抵达，前往旅馆的途中也可能要攀爬几段台阶。许多酒店都会有搬运工人帮助你搬运行李。
- 一些在码头招徕顾客的旅馆会声称他们就在镇上，实际上却距离城镇很远。所以，你应该要求他们在地图上指出确切的位置。
- 一些酒店会免费把乘客和行李运往码头或机场，其他酒店可能会收取€12起价的转运费。

品相一般的食物。幸运的是，游客还有其他许多很棒的选择。总体来说，观看火山景观的费用是在上涨的。夏季最好提前预订餐桌。

Ouzeri

希腊餐厅 €

（☎22860 21566；Fabrika Shopping Centre；主菜 €7~15；⊙午餐和晚餐）这家露台餐馆物美价廉，位于小镇的中心位置，红色的条纹桌布把这里装饰得非常喜庆。作为一家老字号餐馆，深受当地人和游客的喜爱，供应油炸贝类、烤羊乳酪等最好的传统食物。

Mama's House

希腊菜 €

（☎22860 21577；http://mamashouse-santorini.gr；主菜 €7~14；⊙早餐、午餐和晚餐）距出租车站仅有几步之遥，以种类极其丰富的早餐（€5~9）、丰盛的希腊菜肴和富有创造力的沙拉而享有盛名。人们在宽敞热闹的露台上用餐。开胃小菜品种多样，如香油烤章鱼和羊乳酪茄子卷。

Galini Cafe

咖啡馆、酒吧 €

（☎22860 22095；www.galinicafesantorini.com；主菜 €6~14；⊙8:00至午夜）刚一走进大门，你就会被这家微风习习的咖啡馆所吸引。有色彩明亮的花盆和其上方手工制作的鱼群嬉戏的工艺品，清新友好，看得到美丽的火山景观，是吃早餐、简餐、欣赏落日、品尝鸡尾酒的好地方。

Assyrtico Wine Restaurant

希腊菜 €€

（☎22860 22463；www.assyrtico-restaurant.com；Fira；主菜 €14~30；⊙午餐和晚餐）这家露台餐馆位于主街上方，你可以一边享用芳香四溢的当地菜肴，一边欣赏火山口的美景。最先品尝油酥芝士包、然后再尝一尝被切成小块的希腊烤肉或用圣托里尼岛的白茄子烹饪的希腊茄盒（moussaka）。服务温馨而友好，酒单也很丰富。

Camille Stefani

希腊菜 €€

（☎22860 22762；www.camillestefani.com；主菜 €8~18；⊙午餐和晚餐）从20世纪70年代末开始，这里变得越来越有名气。这家老派的屋顶餐馆能看到东海岸的美景，地道传统的氛围和它的饮食很搭。尝尝数不胜数的开胃小菜，比如油炸乳酪（saganaki）、用葡萄叶烹饪的菜肴，或是肉末茄盒、烤鸡肉串或箭鱼片。很受当地人的欢迎，同样也深受游客青睐。

Mylos

新派希腊菜 €€€

（☎22860 25640；www.mylossantorini.com；Firostefani；主菜 €22~26；⊙午餐和晚餐）这家超级迷人的餐馆位于Firostefani火山边缘一个经过改造的风车房内，供应各种高档美食，烹饪技术和食物外观都非常值得称赞。尝尝松脆可口的海盐烤鱼（被称作"雪海里的鱼"）或希腊黑猪肉配上romesco酱。这家餐馆在全国范围内备受关注。需要提前预订。

Koukoumavlos

新派希腊菜 €€€

（☎22860 23807；www.koukoumavlos.com；主菜 €28~34；⊙4月至10月中旬 晚餐）来这家露台餐厅用餐的人特别多，他们会把新鲜的新派爱琴海风味菜肴一扫而光（包括价格为€65的精选套餐，物超所值）。极具创意的烹饪和诗情画意的菜单使这里的菜肴上升到了一个新的高度：慢火烹制的羊肩肉土豆片，再配以茉莉、无花果和希腊咖啡酱调味。仔细寻找这家粉红色的建筑和它的木头入口。需要提前预订。

1500bc

海鲜 €€€

（☎22860 21331；www.1500bc.gr；主菜 €22~39；⊙午餐和晚餐）这家优雅的露台餐厅可以俯视火山口以南的壮观景色，供应最新开发的美食。绿橄榄油烹饪的龙虾、皇家蟹腿和烤牛肉片只是这里高品质美食中的几个。服务堪称完美：服务员会在餐桌前帮你剔除鱼骨，天冷的话还会为你拿来披肩。

饮品和夜生活

午夜过后，Erythrou Stavrou会随着菲拉火山附近俱乐部的气氛而变得热烈起来，而Marinatou也会惊人地出现许多时髦的畅饮场所。

Kira Thira

酒吧

（☎22860 22770；Erythrou Stavrou；⊙周三至周日 21:00至次日6:00）这里是菲拉最古老、也是最好的酒吧。深色木头和圆顶天花板使这里看起来像洞穴一般，给人一种隐秘的感觉，再配上一杯令人舒缓的鸡尾酒和更加令人舒缓的爵士乐，别提有多惬意了。

本特的基克拉泽斯之旅

早在20世纪60年代，追求时尚和享乐的人们把希腊群岛当作理想世界之前，19世纪晚期一对令人敬仰的旅行者就已经彻底游历了基克拉泽斯群岛。詹姆斯·西奥多·本特（James Theodore Bent）和他的夫人梅布尔（Mabel）游遍了爱琴海，探究岛上的文化生活与古迹。1885年，詹姆斯·西奥多出版了岛屿丛书《基克拉泽斯群岛，或希腊岛民生活》（*The Cyclades,Or Life Among the Insular Greeks*）。此书堪称是一本有趣的杰作，它描绘了19世纪晚期岛上的风景和文化现象，还加上很多西奥多本人与众不同的思考。你可以在网上查阅，也能在圣托里尼岛等较大岛屿的书店中找到。

Tango 酒吧

（☎69744 98206；www.tangosantorini.gr；Marinatou；⏲20:00至次日5:00）这家酒吧位于火山口边缘，有可口的鸡尾酒、时尚的人群和美妙的音乐。你可以在日落时分来，在这里待上几个小时（或者更久）。

Tropical 酒吧

（☎22860 23089；Marinatou）位于火山前边一个相当好的位置上，吸引了大量精力充沛的游客。这里有制作精良的鸡尾酒、放松的氛围和不间断的摇滚乐，还有一个景致无与伦比的阳台。

Enigma 夜店

（☎22860 22466；Erythrou Stavrou；⏲7月和8月 23:00至次日7:00）是菲拉最棒的地方，有三个酒吧和一个很大的舞池。装修很酷，音响一流，曲风从家庭音乐到主流音乐应有尽有，是举办一场秀的好地方。

Koo Club 夜店

（☎22860 22025；www.kooclub.gr；Erythrou Stavrou；⏲7月和8月 22:00至次日5:00）有一个多层的户外阳台，上面有沙发和躺椅，为你和新朋友们提供了消遣、品尝鸡尾酒以及观看现场DJ表演的好去处。

实用信息

出租车站附近有公共厕所。你可能需要做好心理准备，因为是老式的蹲厕。城镇周围有很多ATM机。

阿尔法银行（Alpha Bank；Plateia Theotokopoulou）有一台ATM机。

Central Clinic of Santorini（☎22860 21728；www.santorinicentralclinic.gr）位于镇中心东部的健康中心。提供24小时急诊。

Dakoutros Travel（☎22860 22958；www.dakoutrostravel.gr；Fira；⏲8:30~22:00）位于主街道上的一家旅行社，就在Theotokopoulou广场前面。售卖渡轮票和飞机票；帮助安排短途旅行、住宿和车辆。

信息亭（Information kiosk；⏲5月至9月 周一至周五 9:00~20:00）一个季节性的信息亭，开放时间有些奇怪——你去的时候可能不开放！

希腊国家银行（National Bank of Greece；Dekigala）位于Theotokopoulou广场南部，公路上的火山一侧。这里有一台ATM机。

警察局（☎22860 22649；Karterados）距离菲拉约2公里。

邮局（Dekigala）

伊亚（Oia） Oía

人口 670

伊亚（发音：ee-ah）村位于岛屿的北角，集中体现了1956年毁灭性的大地震后圣托里尼岛的重建情况。修缮工作让村庄美丽如初，甚至成为基克拉泽斯群岛最富魅力的地方。许多旅店都建在火山口陡峭的山坡上，聚集在火山岩附近。

伊亚吸引了大批游客，人们聚拢过来是因为这里的景色实在太美。你可以选择在早晨或者夜晚进行游览；下午和傍晚，随着港湾里停泊的游览船只越来越多，公共汽车里会挤满了人。傍晚时分，小镇像一块磁石般吸引着岛上游客的到来。

景点和活动

海事博物馆 博物馆

（Maritime Museum；☎22860 71156；门票€3；⏲周三至周一 10:00~14:00和17:00~20:00）这家博物馆位于从Nikolaou Nomikou出发向

右转的一个狭窄小巷里。在一幢古老的大楼当中，有关圣托里尼岛海洋历史的展品很受欢迎。

★Ammoudi

港口

Ammoudi是一个停泊着多彩渔船的小港口，位于伊亚的300个台阶下面。虽然上上下下会让人汗流浃背，但观赏完这里血红色的峭壁和海港的美景后再返回伊亚，一定会让你觉得不虚此行。你到达那里后，你可以在水边选择一家很棒的希腊餐厅吃午餐。夏天，每天都有小船和团队游从Ammoudi前往Thirasia。可以在菲拉的旅行社确认出发时间。

住宿

自从2014年伊亚的青年旅舍关闭后，这里就没有价格便宜的住宿地点了。不过，位于小镇火山口下方的豪华别墅和套房多得不胜枚举。

Maria's Place

酒店 €€

（☎22860 71221; www.mariasantorini.com; 双 单间公寓 €120; ❄📶🏊）位于小镇通往Finikia的公路旁，步行10分钟就能到达火山口，是一个不错的中档住所。这里非常宁静（16岁以下少年和儿童禁止入内），老板热情好客，有漂亮的游泳池，淡季价格合理。

Zoe Houses

公寓 €€€

（☎22860 71466; www.zoe-aegeas.gr; 单间公寓/公寓 €180/240; ❄@📶）这座建在火山边缘的传统房舍给人以家的舒适感。经典的装修、壮观的景色和热情友好的服务带来很多回头客。请提前预订。每间套房都完全不同，一些房间最多能住6人。

Chelidonia Traditional

公寓 €€€

（☎22860 71287; www.chelidonia.com; Nikolaou Nomikou; 单间公寓 €195, 别墅 €225起; ❄📶）是个位于悬崖边上的传统住所，就在老板家里。历经了几代人之后，古老和现代在这里完美地结合起来。现代装饰和古老木质家具相当和谐，私人庭院能看到绵延的火山景观。

就餐

Lolita's Gelato

冰激凌 €

（☎22860 71279; 锥形蛋卷筒 €3~6）Lolita's位于公共汽车站附近，销售味道极棒的自制冰激凌，包括经典风味的蓝莓或开心果冰激凌，以及原始风味的玫瑰汁冰激凌和红辣椒冰激凌。

Skala

希腊菜 €€

（☎22860 71362; Nikolaou Nomikou; 菜肴€8~18）从Skala休闲露台的高处，可以看到Armeni Bay上上下下的过往人群。受人欢迎的菜单上有烤肉串、烤茄子或乳酪派等传统菜肴。

Karma

希腊菜 €€

（☎22860 71404; www.karma.bz; 主菜€11~17; ⏰晚餐）这家庭院餐馆有喷泉、摇曳的烛光、金色的墙壁和暗红色的靠垫，给人以雄伟庄严的感觉。传统的特色美食令人感觉非常温馨。由于Karma距离火山口较远，价格也就比较便宜。

Ambrosia

新派希腊菜 €€€

（☎22860 71413; www.restaurant-ambrosia.com; 主菜 €22~33; ⏰4月至10月 晚餐）Ambrosia位于能俯瞰大海的石头露台上，你可以伴着摇曳的烛光享用雪白桌布上的美味佳肴。可以尝一尝新派的希腊风味菜肴，如烤对虾搭配芒果和甜酒酱或鸭肉搭配野生樱桃。

实用信息

从公共汽车总站出来左转，再向山上走，能来到光秃秃的中央广场和漂亮的铺满大理石的主

消失的一幕

没有人知道阿克罗蒂里（见241页）的米诺斯人到底发生了什么。这片区域内找不到任何有人生活过的遗迹。一些人认为，在火山爆发以及成吨的火山灰埋葬了整个岛屿之前的两三周，人们已经感觉到了地震的危险，逃离了这座城市；还有一些人猜测，岛上的人们感觉到了末日来临的征兆并乘船逃往克里特岛。

街道Nikolaou Nomikou，就位于火山口边缘。

在Nikolaou Nomikou公共汽车总站的旁边可以找到ATM机。在公共汽车停泊区旁边可以找到旅行社。

圣托里尼岛周边

圣托里尼岛并不是全部都位于火山口边缘。岛屿的东部和南部缓缓没入海平面，在备受欢迎的度假胜地，如**卡马里**和**佩里萨**，你可以找到深色的火山沙滩。

菲拉北部的内陆地区有**Vourvoulos**等迷人的传统村庄，南部有**Megalohori**和**皮尔戈斯**（Pyrgos）。皮尔戈斯非常值得游览，是除伊亚之外很好的选择，那里有壮观的美景，很值得参观（可登录www.santorinipyrgos.com浏览）。古遗址也会让你大开眼界，满载知识而归。

景点和活动

最好的海滩位于东海岸和南海岸。这里还有日光浴床、海滩酒吧和各种水上运动。

最主要的海滩之一就是**Perissa**的狭长海滩。狭长的**Perivolos**和**圣吉尔吉奥斯**位于更南的地方，有黑色沙子、鹅卵石和浮石。后面有酒吧、希腊小馆、旅店和商店，十分休闲。

Red（Kokkini）Beach位于阿克罗蒂里古城附近，有令人印象深刻的红色悬崖。到达这里需要穿过陡峭的岩石，历经短途跋涉。也可以从阿克罗蒂里海滩（Akrotiri Beach）乘坐小船到达这里，往返需花费€5左右，也可以去更远的相邻的White（Aspri）海滩和Black（Mesa Pigadia）海滩。**Vlihada**也位于南海岸，在怪石嶙峋的悬崖峭壁后面有一个海滩，还有许多希腊餐厅和一个适合拍照的渔港。

卡马里（人口 1351）距离菲拉10公里，是

圣托里尼岛体验

圣托里尼岛上有壮丽的火山口景观、一望无际的游泳池和黑沙滩，并以美酒和美食观光而闻名。这是一个非常值得探索的岛屿。

食物

食物方面，岛上最著名的希腊食物是白茄子、酸豆、圣女果和蚕豆（黄色的立成两半的豆荚，与扁豆相似）。煮熟和制作成酱汁后，这道很受欢迎的蚕豆菜肴传统上要趁热吃，可以作为一道开胃菜（或蘸料），也可以搭配主菜中的肉或鱼食用。

番茄工业博物馆（Tomato Industrial Museum；☎22860 85141；www.tomatomuseum.gr；Vlihada；门票 €3；⊙10:00~20:00）尽管这个名字听起来很枯燥，但它古老的番茄工厂却非常独特，就坐落在维哈达（Vlihada）的海边。它是新成立的很酷的**圣托里尼岛艺术工厂**（Santorini Arts Factory；www.santoriniartsfactory.gr）的一部分，经常举办展览、音乐会和戏剧表演；可以在网上查找节目安排。

Selene（☎22860 22249；www.selene.gr；Pyrgos）好评如潮的餐馆Selene提供一系列的烹饪示范、品酒活动和亲自动手实践的烹饪课程，有很多品尝美食的机会。课程包括一个**文化村**（Cultural Village；☎22860 31101；www.santorinimuseum.com）之旅，将会探索烹饪、农业和岛上其他的传统。登录网站了解详情。

葡萄酒

圣托里尼岛上备受赞誉的葡萄酒有爽口的干白和被称为Vinsanto的一种琥珀色的甜烈酒，这两种就都是由本地的葡萄品种assyrtiko酿制而成。

当地的大多数葡萄园都会举办品酒会（通常会收取很少的费用），一些还会供应食物，美景与当地产品的结合收到了很好的效果。

自己驾车前往很方便，但你也可以参加很多公司组织的团队游：**圣托里尼岛葡萄酒探险**（Santorini Wine Adventure；☎22860 34123；www.winetoursantorini.com；半日团队游 €75）和**圣托里尼岛葡萄酒之旅**（Santorini Wine Tour；☎22860 28358；www.santoriniwinetour.com；⊙半日团

圣托里尼岛发展得最好的度假村。这里有一段长长的黑色沙滩，南端是Cape Mesa Vouno崎岖的石灰石悬崖。夏季这里是锡拉古城的度假地。海滩前面的公路上遍布餐馆和酒吧，旺季很繁忙。夏季有通往佩里萨的船只。

注意：有时，圣托里尼岛的黑色沙滩非常受欢迎，太阳椅或垫子是不可或缺的。

★阿克罗蒂里古城 考古遗址

（Ancient Akrotiri；☎22860 81366；成人/儿童 €5/免费；⏲8:00~20:00）阿克罗蒂里于1967年开始考古发掘。在那里，考古学家们发现了一些非同寻常的内容：一座掩埋在火山灰之下的古代克里特城。这些火山灰是公元前1613年灾难性的火山喷发后留下的。今天，这里仍然震撼人心、令人敬畏。房屋都位于很酷的防护结构内，你可以在木头走道上步行穿过城市的各个部分。

观察一下里面保存下来的三层建筑结构，看看马路、排水系统和收藏的陶器。这片区域仍然处于不断的考古发掘之中，新发现也十分振奋人心。

导览游（每人€10）会帮助你了解该遗址的来龙去脉。你可以在门口的信息亭进行咨询。

锡拉古城 考古遗址

（Ancient Thira；成人/儿童 €2/免费；⏲周二至周日 8:30~14:30）公元前9世纪，多里安人最先在此定居。锡拉古城由希腊、罗马和拜占庭遗迹组成，充满情调，值得一游。遗迹包括神庙、镶嵌图案的住宅、一个市集（agora）、一个剧场和一家体育馆。这里的风景很壮观。

如果自驾前往，选择那条从卡马里出发的狭窄的之字形公路，有3公里路程。**锡拉古城团队游**（Ancient Thira Tours；☎22860 32474；

队游 €75）是众多运营商之中两个主要的团队游，导游见多识广，在团队游中你可以享受到一个集美食、美酒、美景和历史于一体的盛筵。

SantoWines（☎22860 22596；www.santowines.gr；团队游 €5；⏲10:00~21:00）是你开始葡萄酒探险的最佳地点。他们是岛上葡萄种植的合作者，有一座很大的观光建筑群，坐落在港口附近的火山口边缘。提供参观生产流程和许多品酒选择的短途旅行。这里景色相当优美，还有一个供应美食的葡萄酒吧、一家品种多样的葡萄酒商店，以及许多美味的当地产品。

Domaine Sigalas（☎22860 71644；www.sigalas wino.com；Oia）一处优美宁静的地方，距离伊亚不远，你可以在葡萄藤中品尝葡萄酒、享用食物拼盘。

Boutari（☎22860 81011；www.boutari.gr；Megalohori；⏲10:00~18:00）这是一座休闲放松、淳朴的葡萄酒厂，就在向南通往阿克罗蒂里（Akrotiri）的道路上，提供丰富的美酒：有多达34种希腊葡萄酒，品尝一次需花费€1。这里还供应简单的当地菜肴。

葡萄酒博物馆（Wine Museum；☎22860 31322；www.winemuseum.gr；门票 €8；⏲4月至10月 9:00~19:00，11月至次年3月 周一至周六 9:30~14:00）在通往卡马里途中的Koutsoyannopoulos Winery。这里经过大力推广之后，吸引了很多游客前来观光。在一座传统的葡萄酒厂（canava）里，价格略贵且展品粗糙。门票包括品尝4种葡萄酒。

啤酒

圣托里尼岛啤酒公司（Santorini Brewery Company；☎22860 30268；www.santorinibrewingcompany.gr；⏲夏季 周一至周六 11:00~17:00，冬季缩短营业时间）你更喜欢啤酒还是葡萄酒？在这里停留会让你不虚此行。这里是岛上非常畅销的驴啤酒（Donkey beers，在旅途中你可能已经见过它引人注目的商标了）的原产地。尝一尝黄驴（Yellow Donkey，一种金黄的啤酒）、红驴（Red Donkey，一种有啤酒花苦味的啤酒）和希腊的第一种印度淡啤酒[India Pale Ale，还被称作疯驴（Crazy Donkey）]。啤酒可以免费品尝，还销售有趣的纪念品。

不要错过

CINEKAMARI

这是在圣托里尼岛上度过一个美好夜晚的最佳方式之一（在你欣赏了火山口的日落景观后）。在通往卡马里（Kamari）的道路上，这个被绿树环绕的露天**电影院**（☎22860 33452；www.cinekamari.gr；Kamari；门票 €8；⏲电影放映 21:30）整个夏天都会放映他们本土语言的电影。你可以拿一把躺椅，如果感觉冷的话还可以索要一件毛毯，在这里尽情放松身心。有饮品和零食供应。

www.ancient-thira.gr/ancient.html；Kamari）每小时都有小型公共汽车（9:00～13:00）往返于卡马里和遗址之间，往返需花费€10。从卡马里的山脉另一边的佩里萨出发，徒步穿越一条满是灰尘的小路，途中非常炎热，需要1个多小时才能到达遗址。

★艺术空间 画廊

（Art Space；☎22860 32774；www.artspace-santorini.com；Exo Gonia；⏲11:00至傍晚）免费 这家艺术馆充满情调，绝对不容错过。位于卡马里外，岛上最古老的酿酒厂之一的**Argyros Canava**里面。充满情调的古老酒窖中悬挂有辉煌的艺术作品，雕塑边角都磨得很破旧。里面还收藏着一些希腊最好的现代艺术家的作品。

主人熟知酒水制作的流程，其中的一些秘诀已经被用于主流的葡萄酒制作中。尝一杯葡萄酒（€5）吧，这会让整个旅程更有情调。

住宿

主要的旅店都聚集在卡马里和佩里萨周边。

卡马里（Kamari）

Hippocampus Hotel 酒店 €€

（☎22860 32050；www.hippocampus-hotel.gr；Kamari；双/标三/四 €130/145/165；⏲5月至10月；❄📶🏊）这家友好的酒店距离卡马里的海滩只有几步之遥，有最近才修葺一新的房间和单间公寓，墙壁上都是手绘图画，崇尚生态环保。还有适合家庭居住的单间公寓。

Narkissos Hotel 酒店 €€

（☎22860 34205；www.narkissoshotel.com；Kamari；房间 含早餐 €70；⏲4月至11月；❄📶）位于城镇的南端，距离海滩很近，房间维护良好，价格便宜，是一个很棒的住宿选择。除夏季高峰期外，房间价格会下降（€25）。

佩里萨（Perissa）

★Zorzis Hotel 精品酒店 €€

（☎22860 81104；www.santorinizorzis.com；Perissa；双 含早餐 €95；❄📶🏊）这家酒店位于佩里萨主街道的一大片天竺葵后面，由Hirohiko和Spiros（一对日本和德国夫妻）经营，有10个一尘不染的房间。这里非常宁静（儿童禁止入内），仿佛一片粉红色的海洋，有漂亮的花园、游泳池，后面还有一座山脉。

Stelios Place 酒店 €€

（☎22860 81860；www.steliosplace.com；Perissa；双/标三/四 €75/95/118；❄@📶🏊）这家酒店地理位置优越，就在佩里萨主街道的后面，距离海滩只隔了一个街区。房间设备齐全，非常干净，没有什么特色。值得注意的是，淡季的房间价格会跌至€25。

就餐

大多数海滩有成排的希腊小馆和咖啡馆。最好的餐馆都在内陆地区的村庄里。

Brusco 咖啡馆 €

（☎22860 30944；Pyrgos；拼盘 €9～15）位于皮尔戈斯（Pyrgos），Brusco是一家甜美淳朴的咖啡馆兼熟食店，供应咖啡、葡萄酒和当地风味菜肴，有广阔的户外空间。这里的一切都在热烈欢迎你的到来，而自制的蛋糕（包括果仁蜜饼）和用圣托里尼岛的农产品（蚕豆、番茄、茄子、酸豆等）制作的拼盘也一定不会让你失望。

★Metaxi Mas 希腊餐厅 €€

（☎22860 31323；www.santorini-metaxi-mas.gr；Exo Gonia；主菜 €9～19；⏲午餐和晚餐）这个欢乐的希腊餐馆到处都飘散着拉基烧酒（raki）的香味，深受当地人和寻找正宗希腊美食的游客的欢迎。位于Exo Gonia（在皮尔戈斯和卡马里之间)的中心村庄,旁边是一座很大的教堂,向下走几步路就能到达。最好提前预订。尽情享受一览无余的美景、美味的当地菜肴和克里特岛的特色菜吧。

Selene 新派欧洲菜 €€€

(☎22860 22249; www.selene.gr; Pyrgos; 主菜 €30~40; 晚餐)这里提供的并不只是一顿饭,他们提供的是一种烹饪体验。当你看到菜单中有"清蒸爱琴海鳕鱼、圣托里尼岛蒜香蚕豆、牡蛎"之类的名字时,就知道这里一定会很特别。现在,这里有一个博物馆和一家价格适中的小酒馆**Meze & Wine Bistro**(主菜 €9~18, ⏲午餐和晚餐),食物不仅品质高,而且味道好。Selene还提供烹饪课程。

特拉西亚和火山岛 (Thirasia & Volcanic Islets)

Θηρασία & Ηφαιστειακές Νησίδες

特拉西亚(人口 160)没有遭到破坏,它在公元前236年火山爆发时从圣托里尼岛中分离出来。峭壁顶端的霍拉(主要城镇)和**马诺拉斯**(Manolas)都有希腊小馆和旅馆。这是个迷人的地方,比菲拉更休闲宁静。Thirasia是一个中转站,有许多渡船航线一周几次往返Athinios,你也可以在伊亚下面乘坐从Ammoudi出发的定期船只(€2)。可以在主要的旅行社咨询船只的航运时间。

无人居住的小岛**Palia Kameni**和**Nea Kameni**火山活动依然活跃。可以从菲拉斯卡拉和Athinios出发,乘多种船只游览这些地方。游览Nea Kameni的Palia Kameni**温泉**、特拉西亚和伊亚的一日游起价约为€30。

阿纳菲岛(ANAFI) ΑΝΑΦΗ

人口 270

阿纳菲岛距离圣托里尼岛东边只有19公里,这个小岛孤悬在遥远的天边,人们保持着传统的生活方式,节奏极其缓慢,有着震撼人心的基克拉泽斯风景。夏季是这里最富魅力的季节,其他时候游客较少。

到达和离开

阿纳菲岛位置偏僻,想去那里游玩也比较困难。但在7月和8月,岛上会有价格合理的交通运输方式。请事先计划好,可以在www.openseas.gr网站上进行咨询。

可以在位于霍拉主街道上的**Roussou Travel**(☎22860 61220; www.anafitravel.gr)购买渡轮票,也可以在渡轮抵达前2小时在位于海滨的办事处购票。**ANEK Lines**(www.anek.gr)每周有2班船从比雷埃夫斯发往阿纳菲岛,途经米洛斯岛和圣托里尼岛。在阿纳菲岛还有船只继续前往克里特岛的锡蒂亚和多德卡尼斯群岛的许多地方。每周还有两班船从相反方向出发。

Blue Star Ferries(www.bluestarferries.com)在双方向每周都有两班渡轮从比雷埃夫斯发往阿纳菲岛,途经锡罗斯岛、帕罗斯岛、纳克索斯岛、伊奥斯岛和圣托里尼岛。

当地交通

岛上有圣尼古拉奥斯港口。从这里出发,沿着有连续转弯的公路行驶10分钟,可以到达主要村落霍拉。沿着不算曲折但很陡峭的步道走1公里也能到达。夏季有公共汽车定时发往这里,通常会等待船只过来;公共汽车也会向东行驶前往修道院。

夏季,小船往返于各个海滩和附近的岛屿。

在霍拉的**Manos**(☎22860 61430; www.rentacarmanos.com)可以租用汽车、小轮摩托车和四轮车。

景点和活动

圣尼古拉奥斯附近有几处美丽的海滩。**Klissidi**海滩有成排的棕榈树,从这里步行1.5公里可以到达港口,它是距港口最近的、最受欢迎的海滩。沿着南海岸的小径继续前行可以到达更多海滩,包括狭长多沙的**Roukounas Beach**。

阿纳菲岛的主要景点是**卡拉米奥蒂萨斯修道院**(Moni Kalamiotissas)。从霍拉走9公里的公路,或者沿着南海岸的迷人小路走7公里就可以到达(单程需要2.5~3小时)。修道院位于岛屿东部,靠近**阿波罗神庙**(Sanctuary to Apollo)仅存的遗迹,位于最高点达463米的**修道院岩石**(Monastery Rock或Kalamos)下面。徒步走到修道院一定让你不虚此行,但同时那也是一段非常艰难的旅程,来回要花一天时间(夏季你可以考虑乘公共汽车前往，步行返回）。

岛上最有名的小路是一段岩石上坡路，小路从卡拉米奥蒂萨斯修道院向高处的修道院岩石延伸，最终到达顶端的现在已经被遗弃的修道院。路程2.5公里，单程大约需要1个小时。可以在详尽的阿纳菲岛Terrain地图上了解有关小路的信息。

住宿

霍拉大多数旅店的房间都能领略壮丽的美景，你能看到阿纳菲岛延伸到海中的连绵起伏的山脉，还能看到修道院岩石的最高点。在旺季，Domatia旅店的老板们喜欢长住的客人。所以如果你只住宿一夜的话，还是随便找个能住的地方就好。请提前预订。

Margarita' s Rooms　家庭旅馆 €

（☎22860 61237；www.margarita-anafi.gr；双 €45~55）位于海滩旁边，紧挨着Margarita' s咖啡馆。这里简单温馨的房间会让人重温宁静的希腊岛上生活。

Apollon Village Hotel　公寓 €€

（☎22860 28739；www.apollonvillagehotel.gr；双/单间公寓/公寓 €70/95/120起；⏲5月至9月；❄📶）位于Klissidi海滩的高处，呈阶梯状排列。每个独立房间、单间公寓和公寓都以希腊诸神的名字命名，风景优美，性价比很高。酒店的附属酒吧Blue Cafe Bar很酷，供应自制的甜品和糕点。

Villa Kalamiotissa　公寓 €€

（☎22860 61415；www.villakalamiotissa.gr；双 €80~110；⏲4月至10月；❄📶）这是一座新建的漂亮建筑群，里面有房间和单间公寓。所有的房间都被粉刷成白蓝相间的颜色，有漂亮的石雕。它坐落在霍拉安静的边缘地带，从每个房间的阳台上都能看到壮丽的海景。单间公寓配有厨房，能居住3人。

餐饮

霍拉有几家希腊餐厅，都位于主要街道上。

Margarita' s　希腊餐厅 €

（☎22860 61237；www.margarita-anafi.gr；Klissidi；主菜 €6~12；⏲早餐、午餐和晚餐）小型露台阳光明媚，可以眺望Klissidi的海湾，会让你拥有田园般的用餐体验。有新鲜的烤面包、手工意大利面和肉丸可供选择，蚕豆、炖羊肉和奶酪派都是正宗的当地风味。

Liotrivi　希腊餐厅 €€

（☎22860 61209；主菜 €7~15；⏲5月至10月 午餐和晚餐）一家上等的老派希腊餐厅，使用自家渔船打捞的鲜鱼制作美食。其他食物从鸡蛋到蔬菜以及蜂蜜也都产自自家的园子。

Armenaki　希腊餐厅 €€

（☎22860 61234；主菜 €7~15；⏲6月至9月 午餐和晚餐）金枪鱼和箭鱼是这家传统希腊餐厅的首选菜肴，通风的阳台和壮丽的美景锦上添花。

Glaros　酒吧

在霍拉，一定要来这家当地酒吧坐一坐。如果你够幸运的话，还会碰上现场音乐表演——如果没有现场音乐表演，这里的美景也不会让你失望。

实用信息

沿第一个公共汽车站向山坡上走，可以到达霍拉的主要步行街，大多数旅店、餐馆和小市场都在这里。沿着圣尼古拉奥斯的海滨前行，中途的凉亭里有一台ATM机。欲了解详情，请登录www.anafi.gr。

锡基诺斯岛（SIKINOS）　ΣΙΚΙΝΟΣ

人口 273

锡基诺斯岛就像是一块从圣托里尼岛脱颖而出宝石，有一种超凡脱俗的感觉——很少有游客来到这里。感觉宁静而遥远，如果你想体验远离商业化的传统岛屿生活，来这儿就对了。锡基诺斯岛是真正的世外桃源，有迷人的古镇、几个不引人注目的景点和绵延到沙滩的崇山峻岭。

阿洛普罗尼亚（Alopronia）港口是主要聚居地，它连接着霍里奥和城堡（这两者加在一起被称作霍拉）的内陆村落。城堡里有住宅区和商业区，而霍里奥只有住宅区。从港口

蜿蜒的公路经过3.4公里就可以到达这里。城堡的东部边缘有一个邮局，中央广场有一台ATM机。

到达和当地交通

当地长途汽车会等待渡船的到来。8月，每隔半个小时就会有长途汽车往返于阿洛普罗尼亚和霍里奥/城堡（€1.60）之间，但是一年中其他时间班次较少。汽车总站位于港口伸向内陆的地方，那里张贴着时刻表。

港口有一家小办事处**RaC**（☎21040 80300；www.rentacar-sikinos.gr），出租汽车和小轮摩托车。

可以在**Kountouris Travel**（☎6981594106, 22860 51232）购买渡船票。过了旺季，船只服务会变少。

景点

城堡的名字来源于13世纪的一座威尼斯堡垒。如今，这里是个名副其实的、很有魅力的地方。闪耀的白色房屋之间有蜿蜒曲折的小巷。城堡中心有大广场和**Church of Pantanassa**教堂。观察一下教堂附近的建筑，它们曾经是城镇富商的家。两层建筑的窗户附近有华丽石雕的遗迹。

古老的风车紧靠着城堡北侧的悬崖。同样是在北侧，刷成白色的阶梯通向曾经设防的**祖佐胡皮吉斯修道院**（Moni Zoödohou Pigis），它位于城镇的高处。这里始建于1690年，最初作为修女修道院，海盗侵略时是村民的藏身之处。

隐匿又美丽的霍里奥位于城堡以西险峻的梯田上面，再走一段台阶路就可以到达。这里仍然住着12户左右的人家，由被遗弃的和精心保护的房子混杂而成，绝对值得一游。

从城堡和霍里奥之间的山脊处出发，一条平滑的公路通向西南的**埃皮斯科皮斯修道院**（Moni Episkopis）。人们确信这里的遗迹是公元3世纪的罗马陵墓。7世纪时，它被改造成了教堂，10世纪又被改造成了修道院。从这里出发，向南徒步1.4公里（35分钟；有路标）就能到达**圣马里纳**（Agia Marina），途中会经过几处很小的拜占庭教堂和古遗址。还有通往霍里奥（3.5小时）或阿洛普罗尼亚（3小时）的小路，沿途风景优美。

在通往阿洛普罗尼亚的途中会经过**Manalis Winery**（☎22860 51281；www.manaliswinery.gr），非常值得驻足。那里的葡萄酒在生产过程中使用了自给自足、可持续的传统工艺。你可以花上一两个小时，在风景绝佳的露台上品尝甜点和葡萄酒。

阿洛普罗尼亚的海滩不大，沙子很多，有一些阴凉处和儿童运动场。**圣尼古拉奥斯海滩**（Agios Nikolaos Beach）是一片狭窄迷人的海滩，有小片沙土，从港口出发穿过乡下地区来到这里需要20分钟路程。要想来到这里，需要沿着去往Dialiskari的路标走。有一条小路通往遥远的**圣尼古拉奥西**，你也可以沿着一条经过铺装的路到达那里（7公里）。

夏季有开往各个海滩的小船（约为€6），包括北部的**Malta**（因山上的古代遗迹而著名）和南部的**Kara**。

食宿

阿洛普罗尼亚（Alopronia）

Lucas Rooms 家庭旅馆 €

（☎22860 51075；www.sikinoslucas.gr；双€50起；❄📶）简单舒适的房间装饰温馨。B座的房间位于山坡上，距离港口600米，而A座的房间位于渡船码头较远一端的港湾旁。所有的房间都有海景阳台，很是宁静。

Porto Sikinos 酒店 €€

（☎22860 51220；www.portosikinos.gr；标

锡基诺斯岛船只服务信息

目的地	时间	票价	班次
福莱安兹罗斯岛	45分钟	€7	每周4班
伊奥斯岛	25分钟	€5	每周4班
基莫洛斯岛	2小时15分钟	€13	每周4班
米洛斯岛	3小时25分钟	€13	每周2班
纳克索斯岛	2小时25分钟	€12	每周1班
帕罗斯岛	3小时50分钟	€14	每周1班
比雷埃夫斯	7小时30分钟至9小时30分钟	€36	每周4班
圣托里尼岛（锡拉）	2小时	€9	每周3班
塞瑞弗斯岛	4小时15分钟	€18	每周1班
斯弗诺斯岛	2小时45分钟至5小时	€16	每周4班
锡罗斯岛	6小时	€16	每周1班

单/双 含早餐 €90/105；⏲5月至10月；❄📶）房间以传统瓷砖和大理石装修，粉红色的风格极其甜美，带有阳台。在锡基诺斯，这家被粉刷成白色的酒店档次最接近标准酒店，所以价格稍贵。这里经营良好，景色迷人，还有一间咖啡馆。

Veranda 咖啡馆、酒吧 €

（☎22860 51220；三餐 €4~11）是Porto Sikinos酒店的一家全天营业的咖啡馆，服务人员彬彬有礼，菜单上有咖啡、鸡尾酒、可丽饼、沙拉和意大利面，你也可以伴着优美的爵士乐用餐。

Lucas Taverna 希腊餐馆 €€

（Alopronia；菜肴 €7~13；⏲午餐和晚餐）位于村庄里，能看到海滨的美景。供应精心准备、毫不浮夸的希腊菜肴，其中包括按公斤售卖的鱼。

城堡（Kastro）

Rooms Kaminia 家庭旅馆 €

（☎22860 51304；双 €60；❄📶）城堡区邮局旁的白色楼梯通往这家旅馆，有4个简单的单间公寓——既宽敞又明亮，有厨房设施和新装修的浴室，能看到壮丽的美景。全年营业，淡季价格跌至€30。

Stegadi 公寓 €€

（☎22860 51271；www.stegadi.com；双 €85；❄📶）位于城堡中央，这里的传统公寓能居住4人，配有现代家具，以各种明艳的色彩装饰。阳台像小小的绿洲，能看到海景。

Anemelo 咖啡馆 €

（☎22860 51216；主菜 €4~6；⏲早餐、午餐和晚餐）这里是城堡最有情调的地方，适合品尝当地茶水、啤酒或是简单的可丽饼沙拉午餐。当地人在桌子前一边聊天，一边下国际象棋，或是懒洋洋地坐在外面的餐桌前喝咖啡。可以通过一个小小的楼梯上到露台上，那里的景色棒极了。

Klimataria 希腊菜 €€

（☎22860 51065；主菜 €8~13；⏲5月至10月午餐和晚餐；📶）在既漂亮又阴凉的巷道上有两家传统餐厅，这个服务友好的餐馆就是其中一家，你可以尽情享用这里的什锦烤肉拼盘。

福莱安兹罗斯岛（FOLEGANDROS）

ΦΟΛΕΓΑΝΔΡΟΣ

人口 770

福莱安兹罗斯岛坐落在基克拉泽斯群岛的南部边缘。克里特海延伸到它的南部。岛上有迷人的景致。峭壁顶端的霍拉更是壮观，在基克拉泽斯群岛的村庄中最富吸引力。

福莱安兹罗斯岛长12公里、宽4公里，拥有一段多少有些黑暗的历史。岛屿偏僻又险峻，从罗马时期到20世纪一直是流放政治犯的地方。1967年至1974年，这里被军事独裁者统治。今天，福莱安兹罗斯岛的景色迷人，人们已经把那段黑暗的历史抛在了身后。

小船停泊在岛屿东部的卡拉沃斯塔西小码头。除了它和霍拉外，另一个唯一的小居民区是阿诺梅里亚（Ano Meria）。这里有几处很棒的海滩，但是步行前往的话，一定要做好艰苦跋涉的准备（或者选择比较轻松的方式：乘船）。

到达和离开

这里曾经只有渡船往返，如今通过西部的基克拉泽斯群岛路线，福莱安兹罗斯（至少是在夏季）与比雷埃夫斯的来往也十分方便。旺季，这里甚至和圣托里尼岛也有交通联系，最远前往阿莫尔戈斯岛。

当地交通

当地长途汽车会等待所有渡船的到来，并将乘客运往霍拉（€1.60）。在霍拉，渡船启航前的一个小时有公共汽车到达港口。夏季，公共汽车每隔1小时从霍拉开往阿诺梅里亚（€1.60），转而开往Angali海滩（€2）。公共汽车总站位于霍拉的南入口处，在邮局的后面。

出租车公司（☎6944693957）位于福莱安兹罗斯。到港口的费用为€7~10，到阿诺梅里亚€10，到Angali海滩€10~14。

旺季你可以从许多销售点中租到汽车/摩托车，每天花费€60/25。过了旺季，价格能便宜一半。

夏季有小船定期穿梭于各个海滩之间。

卡拉沃斯塔西（Karavostasis）
Καραβοστάσις

人口 90

福莱安兹罗斯的港口是个阳光充足的地方，有美丽的鹅卵石沙滩。卡拉沃斯塔西以北和以南1公里处还有许多其他沙滩，走一小段路就可以轻松到达。旺季，船只离开卡拉沃斯塔西，前往远处的海滩。但是依我之见，如果这些海滩（或Anemi）是你梦寐以求的地方，那么就待在这儿吧。不过，有时候霍拉才是最神奇的地方。

食宿

港口有几家希腊小馆，供应一流的地道

Folegandros 福莱安兹罗斯岛

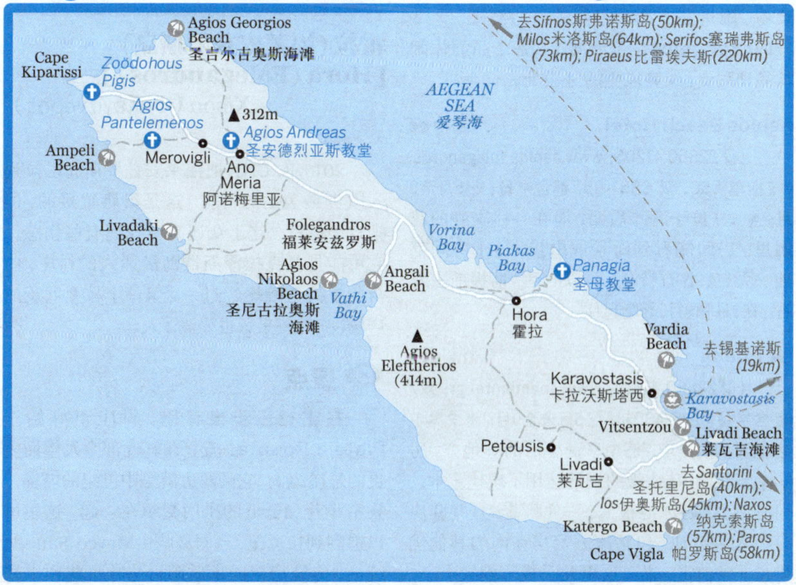

福莱安兹罗斯岛船只服务信息

目的地	时间	票价	班次
阿莫尔戈斯岛*	2小时至5小时30分钟	€69	每周6班
伊奥斯岛	1小时20分钟	€10	每周4班
伊奥斯岛*	20分钟	€44	每周2班
基莫洛斯岛	1小时20分钟至2小时40分钟	€13	每周4班
库福尼夏*	1小时40分钟至5小时	€69	每周6班
米洛斯岛	2小时30分钟	€13	每周2班
米洛斯岛*	1小时	€39.50	每天1~2班
米科诺斯岛*	3小时至3小时30分钟	€59	每周6班
纳克索斯岛*	2小时40分钟	€49	每周6班
比雷埃夫斯	6小时30分钟至9小时	€36	每周4班
比雷埃夫斯*	3小时30分钟至5小时	€59.50	每天1~2班
圣托里尼岛(锡拉)	3小时	€12	每周3班
圣托里尼岛(锡拉)*	40~70分钟	€44	每天1~2班
塞瑞弗斯岛	3小时20分钟	€18	每周1班
斯弗诺斯岛	2~4小时	€16	每周4班
斯弗诺斯岛*	2小时	€49.50	每周3班
锡基诺斯岛	45分钟	€7	每周5班
锡罗斯岛	6小时45分钟	€18	每周1班

*高速服务

菜肴。附近还有几家很棒的海边酒吧。老字号的**Evangelos**位于海滩上，是个品尝休闲饮品和甜点、谈笑风生的好去处。

Aeolos Beach Hotel 酒店 €€

(☎22860 41205; www.aeolos-folegandros.gr; 标单 €50, 双 €85~95, 都含早餐; ⏲5月至9月; ❄📶)位于海滩后面，建在一片安静的花园里。房间能看到海景或山景，每个房间都独一无二，各有特色。可以的话，请提前去看看。在7月和8月，3晚起住。

★ Anemi 酒店 €€€

(☎22860 41610; www.anemihotel.gr; 双/套 含早餐 €275/430起; ⏲5月末至9月; ❄📶🏊)这里时尚、奢华，是个享受生活的好地方。房间豪华整洁，床头板的设计运用了现代艺术，很有活力。游泳池很大，一片蔚蓝；有些套房有私人游泳池。包括家庭套房在内的其他优势也非常值得一提。这里几乎找不到缺点。

霍拉(福莱安兹罗斯岛) [Hora (Folegandros)]

Χώρα (Φολέγανδρος)

人口 425

2013年，CNN把福莱安兹罗斯岛霍拉列入欧洲最美丽的村庄。这是毋庸置疑的，但把这个秘密公之于众还是令我们有些伤感。它可能是基克拉泽斯群岛最迷人的村庄，曲折的主街道蜿蜒经过一个又一个枝繁叶茂的广场，户外餐桌旁也坐满了人。

景点

在霍拉漫步很有趣。村庄正好始于**Plateia Pounta**，矗立在其北部令人望而生畏的悬崖边上。它的西边就是中世纪的**城堡**，狭窄小巷和低低的拱门交织在一起。这里可以追溯到13世纪，当时岛屿由Marco Sanudo统治。传统房屋的木质阳台与叶子花和木槿花交相辉映，几座白色的小礼拜堂也为这里增加了魅力。

城堡之外绵延的村庄同样迷人。在Plateia Pounta，有一条陡峭曲折的小路通向一个很大的教堂——**圣母教堂**（Panagia；⏲18:00~21:00），它坐落在城镇上方令人惊心动魄的峭壁顶部，既是一个极好的拍照地点，又是一个欣赏日落的胜地。

团队游

如果想去那些难以到达的海滩游玩，可以参加历时6小时的环岛乘船之旅（成人/儿童 €30/15），这个团队游非常受欢迎。票价包括午餐和许多游泳场所。Diaplous Travel（见250页）和Sottovento Tourism Office（见250页）可以预订11:00从卡拉沃斯塔西（Karavostasis）出发的团队游，也可以安排私人乘船之旅。

住宿

7月和8月大多数宿舍和旅店都会爆满，所以要提前预订。大多数旅店都会提供免费的接送车辆。

Aegeo 酒店 €€

（☎22860 41468；www.aegeohotel.com；标单/双/标三 €70/95/140；⏲5月至9月；❄@📶）位于小镇的郊区，干净明亮的房间非常吸引人，还有木质家具和私人阳台。淡季双人间的价格非常优惠，在€50以下。

Hotel Odysseus 酒店 €€

（☎22860 41276；www.odysseushotel.com；标单/双 €75/105；⏲5月中旬至9月；❄📶🏊）位于小镇一个安静的角落，景色优美。漂亮整洁的房间都配有风格甜美的阳台。它与隔壁的Aria Boutique Hotel共用一个漂亮的游泳区域。淡季价格非常优惠（双€55），但早餐很贵，需花费€12。

Folegandros Apartments 公寓 €€

（☎22860 41239；www.folegandros-apartments.com；双€130~190；⏲5月至9月；❄📶🏊）这座漂亮的建筑位于一个维护良好的花园中，房间有单间和公寓（最大的公寓可以居住7人），旁边还有一个自然风貌的游泳池。

Anemomylos Apartments 酒店 €€€

（☎22860 41309；www.anemomilosapartments.com；双 含早餐 €250；⏲5月至9月；❄📶🏊）位于悬崖顶端，风景优美。有时尚的装修和漂亮的露台。房间很优雅，有上好的古董做装饰。泳池很棒，服务热情，每个细节都做得很好。

餐饮

Chic 希腊菜 €

（☎22860 41515；主菜 €6.50~13；⏲复活节至次年10月 晚餐；🌿）这里非常适合观看过往的人群。更加令人印象深刻的则要数这里芳香四溢的美食：无麸质、无乳食品和素食（在希腊很少见）。素食菜肴非常丰盛，都是自家种植的蔬菜和药草；喜欢吃肉的顾客则需要从老板的农场挑选山羊或羊羔。

Pounta 希腊餐厅 €€

（☎22860 41063；www.pounta.gr；Plateia Pounta；主菜 €6~12；⏲复活节至次年10月中旬 早餐、午餐和晚餐）这个家族企业由一对富有创造力的丹麦和希腊夫妇经营，已有20年的历史，菜肴都盛放在Lisbet手工制作的陶瓷容器里（也供出售），你可以在宽敞、奢华的花园里用餐。菜单上的美食从早餐的酸奶到烤章鱼，再到希腊浓味蔬菜炖野兔和烤茄子，应有尽有。如果正值西瓜收获的季节，一点要尝一尝西瓜蛋糕。

Eva's Garden 地中海菜 €€€

（☎22860 41110；主菜 €10~25；⏲5月至9月 晚餐）Eva是一家历史悠久的餐馆，供应美味的希腊菜肴（与其他希腊餐厅相比，菜码较小！）。开胃菜有章鱼片或煎基围虾，而诱人的主菜有鲈鱼片或烤牛里脊。在Piatsa广场左转就能找到这里。

★ **Rakentia** 咖啡馆、酒吧

（☎22860 41581；www.rakentia.gr；⏲5月至9月 10:30~15:00和18:30至次日1:00）向西沿着Anemousa Hotel旁边有路标的巷道，就能找到这个宝地，这家咖啡馆兼酒吧有很酷的音

乐和更酷的景色。你可以一边喝着鸡尾酒，吃着极具创意的菜肴，一边欣赏从天空中飞过的小鸟。

实用信息

旅行社是实用信息的最佳来源。Plateia Dounavi和邮局都有ATM机（从港口一进小镇就能看见）。网站www.infolegandros.com上也可以查询实用信息（还可以下载App）。

Diaplous Travel（☎22860 41158; www.diaploustravel.gr; Plateia Pounta）能为你提供帮助，服务效率高。这里出售渡船票，还组织乘船游。在卡拉沃斯塔西也有一家办事处。

Folegandros Travel（☎22860 41273; www.folegandros-travel.gr; Plateia Dounavi）出售渡船票、兑换现金。在港口也有一家办事处。

Sottovento Tourism Office（☎22860 41444; www.folegandrosisland.com; Plateia Pounta）既是意大利领事馆又能为住宿和乘船游等所有旅游问题提供帮助。

阿诺梅里亚（Ano Meria）

ΑνωΜεριά

人口 240

阿诺梅里亚的居民区十分分散，小农厂和住宅区绵延数公里。这就是传统的福莱安兹罗斯，旅游业并没有给这里造成困扰，人们依然快乐无忧地生活着。民俗博物馆（门票 €2; ⏲7月至9月中旬 17:00~20:00）位于村庄东部边界。让司机在这附近把你放下来。

这里有几家朴素的传统希腊餐厅，包括I Synantisi（Maria's; ☎22860 41208; ⏲6月至9月 午餐和晚餐）和Mimis（☎22860 41377; ⏲5月至9月 午餐和晚餐）。岛上的特色菜是matsata，一种加入番茄酱和肉类（通常是羊肉、鸡肉或兔肉）的意大利面。阿诺梅里亚的这道菜是最正宗的。

福莱安兹罗斯岛周边

里瓦迪海滩位于卡拉沃斯塔西东南1.2公里，沿着经过Anemi Hotel的海岸附近的支路走就到了。那里有露营地（参见网站www.folegandros.org）。

Katergo海滩位于岛屿的东南一角，最好是从卡拉沃斯塔西乘船前往。船只定期离港（如果天气允许的话），往返€8。

多沙和鹅卵石的Angali海滩位于霍拉对面的中部海岸，是个很受欢迎的景点。这里有很多旅店和物美价廉的希腊小馆。夏季有公共汽车定期从霍拉开往这里。在山的另一侧，Angali以西约750米处，沿着一条山间小路就能抵达圣尼古拉奥斯（Agios Nikolaos），它是对衣着没有限制的海滩。从圣阿诺梅里亚前面公路的尽头处出发，还能到达许多其他海滩。从阿诺梅里亚的圣安德烈亚斯教堂附近的车站步行1.5公里，可以到达Livadaki海滩。圣吉尔吉奥斯海滩（Agios Georgios Beach）位于阿诺梅里亚的北边，需要再走一段路，路途比较艰辛（大约需要40分钟）。你要准备好结实的鞋子，备好防晒霜。因为绝大多数海滩没有商店或是餐馆，一定要保证带足食物和饮用水。可以根据Terrain的福莱安兹罗斯地图确认徒步路线。

旺季，船只往返于西海岸的这些海滩：有观光船往返于Angali和圣尼古拉奥斯（€5），也有观光船往返于Angali和Livadaki海滩（€10）。

米洛斯岛（MILOS） ΜΗΛΟΣ

人口 4980

火山岩构成的米洛斯岛拱桥围绕着中央的火山口，一眼望去，尽是色彩斑斓、引人入胜的海景和虚幻的岩层。岛上最负盛名的是标志性的"断臂的维纳斯"（Venus de Milo），被收藏在遥远的法国罗浮宫。但如今，海滩（是基克拉泽斯群岛中最多的）和一系列风景如画的村庄成为这里新的骄傲。

这座岛屿有很吸引人的采矿史，可以追溯到新石器时代，当时的黑曜石曾出口到克里特岛。米洛斯岛现在仍是欧盟最大的膨润土和珍珠岩输出中心。

到达和离开

飞机

奥林匹克航空公司（Olympic Air; www.olympicair.

Milos & Kimolos 米洛斯岛和基莫洛斯岛

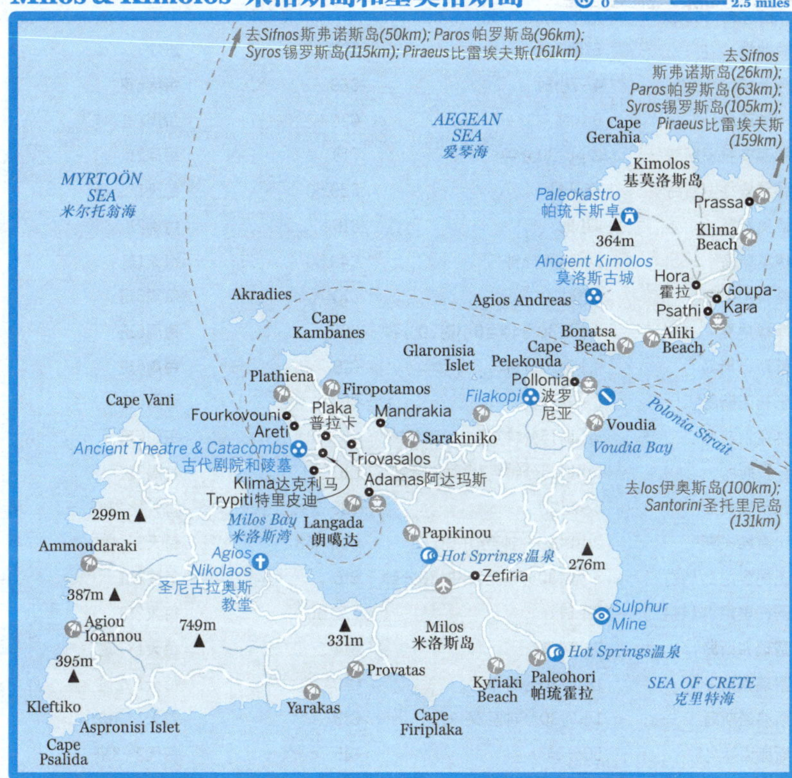

com）每天最多有5班航班飞往雅典和米洛斯岛机场（€65，45分钟）。

船

前往米洛斯岛的渡船在基克拉泽斯群岛西侧航行，航线与斯弗诺斯岛（Sifnos）和塞瑞弗斯（Serifos）一样。可以在**Riva Travel**（☎22870 24024；www.rivatravel.gr）或在**Milos Travel**（☎2287022000；www.milostravel.gr）购票，它们都位于阿达玛斯（Adamas）。

当地交通

没有机场巴士。乘出租车前往阿达玛斯的费用约为€12.50，外加包裹标记费。

Milos Buses（www.milosbuses.com）非常便利，网站上有更新后的时刻表信息。服务的频率随季节变化，但在7月和8月，大约每小时有一辆公共汽车从阿达玛斯发往普拉卡（Plaka）和特里皮迪（Trypiti）。有开往波罗尼亚（Pollonia）的公共汽车每2小时1班、开往帕琉霍拉（Paleohori）和Achivadolimni（Milos）Camping的公共汽车每小时1班。大多数票价为€1.60。

你可以租辆汽车或摩托车或机动自行车沿水滨游览，Riva Travel或**Milos Rent**（☎22870 41473；www.milosrent.gr；在机场有办公室）、阿达玛斯（Adamas）和波罗尼亚（Pollonia）都提供租车服务。

出租车（☎Adamas；22870 22219）在从阿达玛斯主广场的出租车站前往普拉卡的费用大约为€7，前往Pollonia约为€14，从港口出发加收€1。

阿达玛斯（Adamas） Αδάμας

人口 1350

渔民在阿达玛斯最热闹的港口赶早市售卖海鲜（阿达玛斯又称Adamantas）。这座现

米洛斯岛船只服务信息

目的地	时间	票价	班次
阿莫尔戈斯岛*	4~7小时	€69	每周6班
阿纳菲岛	6小时	€20	每周1班
福莱安兹罗斯岛	2小时30分钟	€13	每周2班
福莱安兹罗斯岛*	55分钟	€39.50	每天1~2 班
伊奥斯岛	4小时	€16	每周2班
伊奥斯岛*	1小时25分钟	€49.50	每天1班
基莫洛斯岛**	1小时	€10	每周6班
库福尼夏*	4小时30分钟至6小时30分钟	€69	每周6班
基斯诺斯岛	4小时10分钟	€18	每周6班
米科诺斯岛*	5~6小时	€69	每周6班
纳克索斯岛*	4小时15分钟至5小时15分钟	€59.50	每周6班
帕罗斯岛	5小时15分钟至7小时15分钟	€16	每周3班
比雷埃夫斯	5~7小时	€36	每天1~2班
比雷埃夫斯*	2小时30分钟至4小时	€46~58	每天3~4班
圣托里尼岛(锡拉)	3小时30分钟至5小时30分钟	€16	每周2班
圣托里尼岛(锡拉)*	2小时	€52.50	每天2班
塞瑞弗斯岛	2~3小时	€14	每天1~2班
塞瑞弗斯岛*	1小时30分钟	€16	每天1~2班
斯弗诺斯岛	1小时30分钟至2小时	€13	每天1~3班
斯弗诺斯岛*	50分钟	€15	每天2~3班
锡基诺斯岛	3小时30分钟	€13	每周2班
锡罗斯岛	5小时30分钟至9小时30分钟	€16	每周4班

*高速服务

**主要运营服务从阿达玛斯港口出发，但从米洛斯岛北部的波罗尼亚离港的渡轮班次也很频繁

代化的村庄不仅住宿、购物和一般服务机构一应俱全，就连水边的风景也美不胜收。

景点

米洛斯岛矿业博物馆 博物馆

（Milos Mining Museum；☎22870 22481；www.milosminingmuseum.gr；成人/儿童 €4/2；⊙6月至9月 10:00~14:00和17:00~21:30，10月至次年5月营业时间较短）这座完美的小型博物馆详细记载了米洛斯岛矿业发展史的所有细节，从轮渡码头东行600米即可到达。

在这里询问关于Miloterranean Geo Experience（www.miloterranean.gr）项目的信息，还有穿越米洛斯岛的半日“海湾徒步”系列地图。地图详细介绍了岛上的地质情况和火山成因、采矿历史和自然环境，可以在博物馆购买。

米洛斯岛教会博物馆 博物馆

（Ecclesiastical Museum of Milos；☎22870 23956；www.ecclesiasticalmuseum.org；⊙5月至9月 9:15~13:15）免费 坐落在水路和陆路的交接处，圣三一教堂（Church of the Holy Trinity）里号称收藏着绝佳的画像和文物。

团队游

游船会整晚停泊在阿达玛斯海滨招徕顾

客。这些船会在每天早上出发（如果天气允许的话）去探索令人印象深刻的海岸线、奇异的岩层和通过道路所不能到达的海滩。美丽的岩石和米洛斯岛西南部的小海湾**Kleftiko**是主要的目的地。许多游轮也会游览基莫洛斯岛（Kimolos）。

这里有大船和小船、私人包船、快艇、木壳船、双体船和帆船。选择一艘你梦寐以求的船吧。有必要问一下团队人数、旅游活动日程、午餐安排和可以游泳的时间。

起价通常是大约€30。大多数旅行社都可以为你预订巡游。值得注意的是，在夏季高峰期，你会发现有游轮从波罗尼亚离港。

住宿

夏季，廉价旅馆一览表在码头周围的旅游服务台随处可见。

Aeolis Hotel 酒店 €€

（☎22870 23985；www.aeolis-hotel.com；双/标三 含早餐 €105/120；❄📶）位于海港前面的内陆地区，这家甜美、干净的酒店有12个房间，给人一种宁静祥和的感觉。白色的墙上到处是流行的色彩。这里全年营业，淡季房价会大幅度下降（双 €35）。

Studios Helios 公寓 €€

（☎22870 22258；www.milos-island.gr/rooms-apartments/helios；单间公寓 €90；⏰5月至10月；❄📶）在港口的高处，这些宽敞的自炊式单间公寓十分整洁，传统风格的装饰极富魅力，还有海景阳台。

Hotel Delfini 酒店 €€

（☎22870 22001；www.delfinimilos.gr；双/标三 €80/100；⏰4月至10月；❄@📶）有美丽的露台，气氛相当温暖，十分舒适，位置比较隐蔽，价格比较划算。位于码头西侧的Lagada Beach Hotel后面，唯一遗憾的就是视野被挡住了。长时间的住宿可以打折。

餐饮

7月和8月，音乐酒吧在港口如痴如狂地演奏摇滚乐。

★ O! Hamos 希腊小馆 €

（☎22870 21672；www.ohamos-milos.gr；Papikinou Beach；菜肴 €5~10；⏰从复活节至10月 午餐和晚餐；📶👪）从海滩穿过马路，即可到达这家淳朴的希腊餐厅。你可以坐在花园里，仔细查看巨大的手写菜单，并选择一些传统美食（事实上，你也可以使用食谱卡）。最好的食物是奶酪和烤肉，但其他食物也都很好吃，服务热情（用凉爽的陶瓷器皿盛装）。

O! Hamos在Papikinou海滩，位于阿达玛斯东南大约两公里处。海滩上有一个咖啡馆、日光浴床和儿童游乐区。

Barko 希腊餐厅 €

（☎22870 22660；菜肴 €5~13；⏰晚餐）这是一家经典的希腊餐厅，就在去往普拉卡（Plaka）的道路上。在小镇郊区附近的一个隐蔽花园里，供应当地菜肴，如鹰嘴豆煎饼和烤羔羊肉。

Flisvos 希腊餐厅 €€

（☎22870 22275；菜肴 €8~14；⏰午餐和晚餐；📶）这家餐馆非常正宗：它是镇上最古老的海滨餐馆。你可以选择烤肉（这里的烤肉非常出名）、按公斤计费的鱼或者像柠檬酱羔羊肉这样的传统特色菜肴。

实用信息

市旅游信息咨询处（Municipal tourist office；⏰6月至9月）位于码头对面，是一个非常有用的咨询处，提供地图、方向和一般信息。

普拉卡和特里皮迪（Plaka & Trypiti）

Πλάκα & Τρυπητή

超级迷人的普拉卡（人口 749）位于阿达玛斯上行5公里处。坐落在悬崖边的白色房屋和错综复杂的小路，是人们感受基克拉泽斯群岛文化的理想地点。普拉卡建于古米洛斯岛的旧址上，曾遭雅典人破坏，后由罗马人重建。从此处径直向前漫步，就能到达南部定居点特里皮迪（人口 540）。这两个村庄都坐落在西南方，地理位置高于其他几个村庄。普拉卡的**主要教堂庭院**景色壮观，每逢旺季便挤满了观看日落的人们。

徒步在这个地区很受欢迎，尤其是从普拉卡出发去往特里皮迪和向下到达克利马

(Klima)的路段。走下前往陵墓的道路，你将会沿着一条煤渣道走到那个多少有点让人恐怖的地方。1820年，一位农民在那儿发现了断臂的维纳斯，有路标指引。再往前走一点，就会看到保存完好的罗马剧院(Roman theatre)，每年夏天这里都会举办米洛斯节(Milos Festival)，有小路通往山下的klima或带有古老石墙的岬以及两座小教堂。

景点和活动

考古博物馆 博物馆

(Archaeology Museum; ☎22870 28026; Plaka; 成人/儿童 €3/免费; ⊙周二至周日 9:00~16:00)在这座漂亮的古老建筑里，收藏着一些引人注目的展览品，包括维纳斯的石膏模型——它的原件很可能是在公元前100年用帕罗斯(Parian)大理石制造并于1820年在米洛斯岛被当地的一个农民发现的，现在被保存在巴黎的罗浮宫。还有出自Filakopi殖民地的一群栩栩如生的小公牛，历史可以追溯到公元前1400年至公元前1100年。

米洛斯岛民俗和历史博物馆 博物馆

(Milos Folk & History Museum; ☎22870 21292; Plaka; 成人/儿童 €3/免费; ⊙周二至周日 11:00~13:00和17:00~22:00)在众多装有传统家具的房间里，你可以仔细欣赏传统服饰、编织制品和家庭手工制品。就坐落在主教堂庭院的旁边。

城堡 要塞

(Kastro)此处是通往山顶的要塞，建在古卫城之上，能看到岛屿的全景。13世纪的教堂Thalassitras就坐落在城墙之内。

陵墓 纪念碑

(Catacombs; ☎22870 21625; Trypiti; 门票 €3; ⊙周二至周日 8:30~13:45)希腊唯一的基督教地下墓穴，始建于公元1世纪，早期的信徒都埋葬在此。在丁字路口下车就能看到路标。到达那里后会有导游带领你进去，并为你说明古墓的作用。

住宿

Archondoula Studios 公寓 €€

(☎22870 23820; www.archondoula-studios.gr; Plaka; 房间/单间公寓 €65/95; ⊙3月至11月; ❄📶)经营得井然有序，有白色装饰的房间和单间公寓。房间很小巧，而公寓的空间则更大。你可以在屋顶平台和阳台上将落日美景尽收眼底，并在天黑之后享受普拉卡的安宁。

Mimallis 公寓 €€

(☎22870 21094, 69728 08758; www.mimallis.gr; Plaka & Klima; Plaka 双 €90~95, Klima 双/四 €200/220; ⊙4月至10月; ❄📶)在普拉卡有两套小房子(每套可住2人)可供出租，在美丽的克利马还有一套(最多可住5人)。它们各有千秋，都舒适宜人，设施便利。淡季会有很大的折扣。

Studios Betty 公寓 €€

(☎22870 21538; www.studiosbetty-milos.com; Plaka; 单间公寓 €100; ❄📶)坐落在普拉卡的悬崖边上，有4个简单的单间公寓，这里的日落美景可以与圣托里尼岛媲美。

Windmill of Karamitsos 公寓 €€

(☎6945568086; www. windmillmilos.gr; Trypiti; 风车房 €200; ⊙4月至10月)四人床放置在经过改装的风车里，风车的历史则可以追溯到1859年。这个富有创意的住所分为3个等级。它坐落在特里皮迪边缘的一座山顶，你可以把美景尽收眼底。

就餐

Palaios 咖啡馆 €

(☎22870 23490; Plaka)这个古老的咖啡馆是一个完美的旅行休息站，你可以在这里吃早餐或喝咖啡，但最值得一尝的，是一些当地特色菜肴，例如karpouzopita(西瓜蛋糕或馅饼)。这在米洛斯岛和福莱安兹罗斯岛(Folegandros)是独一无二的，还有adenia(与面包烤比萨不同)。

★Archondoula 希腊餐厅 €€

(☎22870 21384; Plaka; 菜肴 €5~15; ⊙复活节至次年11月 午餐和晚餐)这个一流的希腊餐厅位于一条风景如画的巷道上，全家人都可以开心地聚集在这里美餐一顿。传统希腊菜非常正宗，从加了manouri(软干酪)的烤蔬菜到烤箭鱼，再到番茄和洋蓟羔羊肉，应有尽有。

波罗尼亚（Pollonia） Πολλώνια

波罗尼亚坐落在北部海岸，坐拥碧蓝的海水，这个低调的小渔村在夏天会变成一个非常时尚的避暑胜地（虽然村庄很小）。小镇离基莫洛斯很远。请注意，有时在地图上会将其标注为"阿波罗尼亚"（Apollonia）。

Travel Me to Milos（☎22870 41008；www.travelmetomilos.com）是能为你提供很多帮助的旅行社，组织很好的活动和短途旅行。

食宿

波罗尼亚有大量时尚的单间公寓（尤其是在西北部）、美味的海滨（和海鲜）餐馆。

Nefeli Sunset Studios 公寓 €€

（☎22870 41466；www.milos-nefelistudios.gr；单间公寓 €130起；⏰4月至10月；❄📶）粉刷成白色的房屋融合了现代设计和传统风格，在村庄西北边缘的一个花园海湾前面的房子里。

★ Salt 精品酒店 €€€

（☎22870 41110；www.salt-milos.com；双/套 含早餐 €180/230起；⏰4月至10月；❄📶）房间小得出奇，全白色的装饰，各种设施一应俱全，还能观赏海景。淡季房价可跌落近50%。

★ Armenaki 海鲜 €€

（☎22870 41061；www.armenaki.gr；菜肴 €6~13，鱼按公斤出售；⏰4月至10月 午餐和晚餐）Armenaki的鱼类菜肴备受青睐——这个地方全都是海鲜（事实上，菜单上还有一些其他菜肴）。这里的海鲜烹饪得色香味俱全，并且服务一流，服务员会在餐桌旁边为你切割鱼肉。Kakavia（传统的炖鱼汤）备受推崇。这里还有一个品种多样的酒单。

Gialos 海鲜 €€

（☎22870 41208；www.gialos-pollonia.gr；主菜 €7~18；⏰复活节至10月 午餐和晚餐）津津有味地享用新鲜海鲜和美味意面时，你还可以看看港口上忙碌的人群。这里门庭若市，有一个极具创意的菜单，上面有新鲜的当地风味，包括像烤金枪鱼、开口虾饺和酸乳酪馅饼这样的菜肴。留一些肚子品尝甜点。

> **不要错过**
>
> **克利马**
>
> 小小的克利马（Klima）位于特里皮迪下方悬崖的海滨处，景色优美。这是米洛斯岛syrmata（传统的渔民露营地）最鲜活的例子，建筑的楼下装有颜色艳丽的门，用于恶劣天气中的船只避险，楼上则用于家庭生活。
>
> 绝大多数住宅至今仍在使用，已成为岩石的一部分。如果你想获得一种独特的度假体验，那么就租一间syrmata过夜吧，有几座房屋可以在airbnb.com上找到。你需要自己开车前往。

米洛斯岛周边

米洛斯岛及其近海诸岛有70多个铺满色彩各异的沙子和石头的壮丽海滩，就好像被镶上了美丽的花边。在这里游览，你既可以租车，也可以乘船。

在北边，**Plathiena**是普拉卡北部一个极好的海滩，途中可以去参观**Areti**和**Fourkovouni**这两个村庄。该地区的**Sarakiniko**是一定要去的，其上遍布雪白的岩层和天然梯田。

南海岸有一个金沙滩**Provatas**，虽然有点远，但仍有几个希腊小馆。**基里亚吉**（Kyriaki）上有来自仙境般的灰色、玫瑰色和赭色山丘，以及柔软的灰色海沙。**帕琉霍拉**是一道长长的灰褐色拱门，背靠着带状悬崖，由于该地区有温泉，岛上还有海滩酒吧、水上运动和热砂。

景点和活动

菲拉科皮 古迹

（Filakopi；门票 €2；⏰周二、周四和周六 8:00~15:00）**免费** 坐落于岛屿东北部（靠近阿波罗尼亚），这座米诺斯古城是基克拉泽斯群岛最早的定居点之一。现如今它早已成为一个碎石堆，但海滨的景象依旧十分壮观，遍地都是坑洞状的岩层。

★ **Sea Kayak Milos** 皮划艇

（☎22870 23597；www.seakayakgreece.com；⏰4月至10月）乘坐皮划艇是探索海岸线的好方式。澳大利亚人罗德（Rod）和他的团队主管非常推崇一日游（€70，含午餐）；没有经验限制。旅游活动日程由天气情况决定。还有多日的皮划艇和露营之旅。

Milos Diving Center 潜水

（☎22870 41296；www.milosdiving.gr）潜水（€50起，包括装备）和课程都设在波罗尼亚。

食宿

Achivadolimni (Milos) Camping 露营地 €

（☎22870 31410；www.miloscamping.gr；Achivadolimni；露营地 2人 €18.50，别墅 含早餐 €85~115；⏰5月中旬至9月；📶🏊）这里遍布夹竹桃，有齐全的设备和高标准的房间。有一个游泳池、迷你市场、餐馆和酒吧。位于阿达玛斯以南6公里处。有班车可以到达这里。也可以在港口搭便车。

Scirocco 希腊小馆 €€

（☎22870 31201；www.restaurantsirocco.gr；Paleohori Beach；主菜 €7~15；⏰4月至10月 午餐和晚餐）是一家坐落在岸边的小餐馆，有非常新颖的美食："火山岩美食"（用地下沙子的热量慢慢烹饪而成的菜肴）。这里还有一个完整的菜单，上面全是希腊人最喜欢的菜肴。就餐环境则是微风拂面、景色优美。

基莫洛斯岛（KIMOLOS）

ΚΙΜΩΛΟΣ

人口 910

优美的基莫洛斯岛坐落在米洛斯岛的东北角。置身其中，你会有时光倒流的感觉。只有很少的游客能有幸来到这里，观赏到用火山岩打造的神奇赭色墙壁，或者熠熠发光的海湾，以及风景如画的syrmata。从米洛斯岛出发的一日游非常容易，你可以考虑开车或骑自行车，这会使你的出行更加便利。

船只（从米洛斯岛北部的波罗尼亚出发）停靠在**Psathi**码头，与美丽的首府**霍拉**相距1.5公里。沿着错综复杂的街道漫步，就能抵达霍拉中央咖啡厅和有些摇摇欲坠的中世纪城堡。城堡保留了**圣诞教堂**（Church of the Nativity；始于16世纪末）和小巧的**基莫洛斯民族和海事博物馆**（Folk & Maritime Museum of Kimolos；开放时间变化无常）。

单桅帆船从Psathi出发，驶向海滩。最好的海滩是壮丽的白沙滩**Prassa**（也可以乘车抵达，但Agios Minas一带有一段隐蔽的道路很颠簸）。你可以从霍拉徒步到这里，需要大约2个小时。

港口有ATM机，还有一个加油站。

食宿

廉价旅馆、希腊餐厅、咖啡馆和酒吧密布在霍拉和Psathi的各个角落，Aliki和与它相邻的Bonatsa的南部海滩也经过了一些开发。如果要过夜，就到**Aria Hotels**（☎22870 51677；www.ariahotels.gr；双 €90起；⏰5月至9月），在岛上有5处精品酒店，从海滨别墅到靠近海滨的单间公寓，再到经过修复的1852年的风车房。

在霍拉景色优美的巷道里，有一些吸引人的餐馆，Psathi的海滩上也有很好的就餐选择。希腊餐厅**To Kyma**（☎22870 51001；菜肴 €6~18；⏰复活节至次年10月 午餐和晚餐）有极好的海鲜和当地特色菜，如ladenia。它的隔壁是时尚的咖啡馆**Raventi**（☎22870 51212；⏰9:00至深夜），橱柜里装满了美味的甜点，还有一个舒服的阳台。

ℹ 到达和离开

米洛斯岛的一些长途渡轮停靠在基莫洛斯。霍拉的**Kimolos Travel**（☎22870 51219；霍拉）提供售票服务。一艘小型的**车辆渡船**（☎6948308758；www.kimolos-link.gr；每个成人/儿童/汽车 €2/1/8.50）将波罗尼亚、米洛斯岛和Psathi、基莫洛斯（30分钟）连接起来，旺季每天最多往返8次，淡季每天往返3次。

ℹ 当地交通

只有在旅游旺季，才有公共汽车往返Psathi和霍拉；一些汽车还会带你游览海滩。可以打电话叫出租车（☎6945464093）。

斯弗诺斯岛（SIFNOS）

ΣΙΦΝΟΣ

人口 2630

斯弗诺斯岛美不胜收，如梦似幻。以首府阿波罗尼亚为依托，三个粉刷成白色的村庄连成线，仿若散布在岛屿顶端的一串珍珠。变化的灯光与风景融合得相当完美。当你登上中部山脉的两侧山坡去探险时，会发现繁盛的梯田、橄榄树林、扁桃树、夹竹桃和草本香料植物层层交替。岛上所有的港湾都怀抱着一弯碧绿色的海水，眺望远景，那种美真的摄人心魂。

在古代（大约从公元前8世纪始），斯弗诺斯就因为有金银储备而十分富有。但到了公元前5世纪，金银矿山都枯竭了。现今，斯弗诺斯因陶器制造业、篮筐编织和餐饮业而远近闻名。10月到来年的复活节期间，整座岛屿会进入“冬眠”状态，绝大多数酒店和餐馆都暂时歇业。在旺季，它会吸引大量时尚人士，需提前预订。斯弗诺斯为游客提供了泰然自若的环境、便利的公共汽车网络和实用的旅行信息。

到达和离开

斯弗诺斯岛位于比雷埃夫斯到基克拉泽斯群岛西部的渡轮航线上，在夏季非常便利，可以到达基克拉泽斯群岛各地。在**Thesaurus Travel**（见259页）购票或在市旅游办事处（见258页）购票。

当地交通

公共汽车时刻表在岛上随处可见。连接卡马勒斯（Kamares）、阿波罗尼亚以及阿耳忒莫纳

斯弗诺斯岛船只服务信息

目的地	时间	票价	班次
福莱安兹罗斯岛	2~4小时	€16	每周3班
福莱安兹罗斯岛*	1小时30分钟至2小时	€49.50	每天1~2班
基莫洛斯岛	50分钟至2小时30分钟	€10	每周7班（注意：不是每天1班）
基斯诺斯岛	2小时30分钟	€15	每周6班
伊奥斯岛	3小时至5小时30分钟	€18	每周3班
伊奥斯岛*	2小时30分钟	€54.50	每天1班
米洛斯岛	1小时45分钟至2小时15分钟	€13	每天1~2班
米洛斯岛*	30~55分钟	€15.50	每天2~4班
米科诺斯岛*	5小时45分钟至7小时	€69	每周6班
纳克索斯岛*	5小时	€59.50	每周6班
帕罗斯岛	3小时	€8	每周2班
帕罗斯岛*	5小时30分钟至7小时	€69	每周6班
比雷埃夫斯	4小时30分钟至5小时30分钟	€33	每天1~2班
比雷埃夫斯*	2~4小时	€39~48	每天4班
圣托里尼岛（锡拉）	5~7小时	€18	每周3班
圣托里尼岛（锡拉）*	2小时30分钟至3小时	€54.50	每天1~2班
塞瑞弗斯岛	50分钟	€11	每天1~2班
塞瑞弗斯岛*	25分钟	€14	每天2班
锡基诺斯岛	2小时30分钟至5小时	€16	每周3班
锡罗斯岛	3小时至4小时30分钟	€13	每周3班

*高速服务

斯的公共汽车班次频繁；还有连接阿波罗尼亚和卡斯特罗、瓦锡、法罗斯(Faros)以及普拉蒂斯基亚罗斯(Platys Gialos)的公共汽车。票价通常是€1.60。

租车费用约为每天€45起。

运营公司会把你载到港口或酒店。试一试**Apollo Rent a Car**(☎22840 33333; www.automotoapollo.gr; Apollonia)或**Moto Car Rental**(☎22840 33791; www.protomotocar.gr; Kamares)。

出租车会往返于港口和阿波罗尼亚的主要交通干线之间。在公共汽车站，你可以看到出租车数量和费用的一览表。从卡马勒斯出发，到达阿波罗尼亚的费用是€8，到达普拉蒂斯基亚罗斯€18，到达瓦锡(Vathy)€18。

卡马勒斯(Kamares) Καμάρες

人口 250

被陡峭的山峰所环绕，风景如画，卡马勒斯的港口洋溢着节日的气氛，盛大的海滩、水滨咖啡馆、希腊小馆和商店全都在营造着这种氛围。但真正的活动多集中在阿波罗尼亚或者更具田园风情的海湾。

食宿

廉价旅馆的经营者很少会去港口迎接客人。旺季需提前预约。在海湾的北边，圣马里纳(Agia Marina)有许多很好的住宿和就餐选择。

Camping Makis 露营地 €

(☎69459 46339; www.makiscamping.gr; 2人露营地 €18，双 €55，单间公寓和公寓 €75~100; ⏲4月至11月; ❄📶)你可以把帐篷搭在沙滩后方结实的、长有迷人橄榄树的地方(也可以花费€25租用帐篷)。那儿有配套齐全的单间和公寓(最多可以居住5人)、一间咖啡馆、自助烧烤、公共厨房、迷你超市和洗衣房。

Stavros Hotel 酒店 €€

(☎22840 33383; www.sifnostravel.com; 双/四 €80/120; ❄📶)位于主干道上的Stavros Hotel服务优质，单间公寓舒适宽敞，里面有小厨房，还能看得到海景。额外福利：能根据住宿家庭的需求，灵活调整房间配置。楼下的咨询台能帮助你安排租车事宜。

Cafe Folie 咖啡馆、酒吧 €

(☎69365 19006; 主菜 €5~10; ⏲8:00至深夜)Cafe Folie非常适合海滩狂欢：它在海上有一个有趣的甲板区(朝向圣马里纳)，还有日光浴浴床和伸向水中的楼梯，菜单会让你从早餐的咖啡吃到午餐的沙拉，然后继续享用晚餐，最后还有鸡尾酒。

Argiris 希腊菜 €€

(☎22840 32352; 主菜 €4~14; ⏲4月至10月 早餐、午餐和晚餐)从海湾附近到圣马里纳的漫步会让你不虚此行。确实，回首卡马勒斯的景色无比壮观，而这里的食物也堪称一流。你一定不能错过Sifnos的特色菜(菜单上会指出)，尝一尝revithada(烤鹰嘴豆)、mastelo(葡萄酒羔羊肉)和刺山柑沙拉。

实用信息

距渡轮码头仅几米的地方就有ATM机和咨询处。

市旅游办事处(www.sifnos.gr)非常有用，提供有关渡船票、住宿以及公共交通时间表的信息。位于车站对面。开放时间视船只到达时间而定。

阿波罗尼亚(Apollonia) Απολλωνία

人口 870

一到旅游旺季，阿波罗尼亚就活跃起来，身着盛装的雅典人沿着Steno(Odos Prokou，因狭窄而得名)昂首阔步。咖啡馆、酒吧、夜店、商店和快餐店，到处都熙熙攘攘。

有些怪异的**流行艺术博物馆**(Museum of Popular Art，☎22840 31341; 门票 €1; ⏲19:00~23:00)位于中央交叉口，混杂着服装、纺织品和照片。开放时间不固定。

食宿

★ **Eleonas Apartments & Studios** 公寓 €€

(☎22840 33383; www.sifnostravel.com; 双/四 €100/120)Eleonas是一个田园般的建筑群，隐藏在一片橄榄树丛中，华丽宽敞的公

斯弗诺斯岛最好的活动

斯弗诺斯岛拥有让它引以为傲的**步道**网，总共大约有200公里。**Thesaurus Travel**（☎22840 33151；www.thesaurus.gr）坐落在阿波罗尼亚的中央广场上，从这里花费€4购买一个信息包绝对物超所值；信息包里面有斯弗诺斯地形图和岛上的步道概览图，还有当前的长途汽车和渡轮时间表。

此外，还有一些极好的短距离徒步：阿波罗尼亚至阿耳忒莫纳斯（15分钟）以及环绕城堡的徒步定会让你不虚此行。我们还推荐历时40分钟的从法罗斯至克里索皮吉修道院的短徒步。长距离的徒步路线则连接了主要的定居点，途中还会经过一些海滩、修道院，例如阿波罗尼亚至瓦锡的徒步历时4小时，沿途景色优美。

另一大旅游热点是斯弗诺斯的**烹饪遗产**（culinary heritage）。该岛是Nikolaos Tselementes（1878~1958年）的出生地，他是希腊第一本（也是最著名的一本）食谱的作者，该食谱出版于1910年。从那以后，斯弗诺斯就享有"出产杰出厨师"的盛誉。**Sifnos Farm Narlis**（☎6979778283；www.sifnos-farm-narlis.com；烹饪班 €60~80）经营烹饪班，还继承和探索岛上的农业和烹饪传统。烹饪班包括采摘新鲜的当季蔬菜和药草，还有大量的食物品尝。可以直接预订，也可以通过Thesaurus Travel预订。

寓可以居住5个人，有厨房、居住空间和阳台。单间公寓有些小，但也很宽敞。这里有一种宁静淳朴的感觉，但从Steno到这里只需步行几分钟。

Hotel Anthousa 酒店 €€

（☎22840 31431；www.hotelanthousa-sifnos.gr；双 含/不含早餐 €65/80；❄📶）这个全年营业的酒店外观非常漂亮，爬满了葡萄藤，在内部的庭院周围有清新迷人的房间。装饰风格甜美，甜美还意味着：楼下有一家咖啡馆（供应早餐）和一家法式蛋糕糖果店。

Mamma Mia 意大利菜 €€

（☎22840 33086；主菜 €8~23；⏲晚餐）斯弗诺斯的当地烹饪有让人引以为豪的悠久历史，而这个地方更是备受推崇。正宗的意大利烹饪方法、正宗的意大利特色菜肴和比萨好评如潮。它在通往阿诺皮塔利（Ano Petali）的小路上。在普拉蒂斯基亚罗斯的海滩上还有第二家分店，只在夏季营业。

Rambagas 新派希腊菜 €€€

（☎22840 32215；www.kikladonxoros.gr；餐馆主菜 €14~32；⏲9:00至深夜）你很容易被著名厨师的宣传所吸引，尤其是这里的环境还如此优美。紧邻Steno有一个巨大的白色阳台，那里的树木、灯光和艺术品使它显得非常时尚，也更具吸引力。晚餐菜单由著名厨师Yiannis Loucacos（一个希腊大厨）设计，菜肴融入了新旧元素，并表达了对斯弗诺斯烹饪传统的敬意，使用的原材料也都是一流的。

ℹ 实用信息

城镇的主要机动车道在市中心，但停车要沿村庄下山，那儿有大型免费停车场，然后再步行走进繁华的街道。在交通枢纽中心有各种服务：银行、邮局、药房、书店、出租车等。

阿诺皮塔利和阿耳忒莫纳斯（Ano Petali & Artemonas）
Άνω Πετάλι & Αρτεμώνας

从阿波罗尼亚出发，穿越城市主干道，一排房屋映入眼帘。它们一直向北，浩浩荡荡地延伸到阿诺皮塔利（Ano Petali）和阿耳忒莫纳斯（Artemonas）。在步行街上走走，所有景象都能尽收眼底，你可以选择一家时尚的咖啡馆稍作停留。

从弯曲的主干道走出来，阿耳忒莫纳斯也有一个中央广场。那儿有一个公交站点和一些很诱人的餐馆。

🛏 食宿

Pension Geronti 膳宿 €

（☎22840 31473；www. gerontisifnos.gr；双 €60；❄📶）这个住宿宝地在Petali Village

Sifnos 斯弗诺斯岛

Hotel的对面，位于阿波罗尼亚和阿耳忒莫纳斯之间的通道上，房间一尘不染，景色一览无余，老板友好热情，并且物美价廉。

Petali Village Hotel 酒店 €€€

（☎2284033024；www.petalihotel.gr；AnoPetali；双 含早餐 €180起；⏰全年；❄📶🏊）酒店坐落在阿波罗尼亚和阿耳忒莫纳斯中间的步行街。在呈阶梯状排列的房间和公寓里，阿波罗尼亚和大海的美景一览无余。还有一个很吸引人的游泳区。淡季的折扣相当可观。提供海港迎接服务。

城堡（Kastro） Κάστρο

你一定不能错过城堡里四周环绕着城墙的小村庄，它在阿波罗尼亚以东3公里处。作为城堡的前首府所在地，这里建有用扶壁支撑的小巷，粉刷成白色的房屋被山谷和大海拥入怀中，充满了魔力。这里还有一座朴素的**考古博物馆**（☎22840 31022；门票 €2；⏰周二至周日 8:30~15:00）。Seralia这个小港口就依偎在它的下方。

食宿

★ **Antonis Rooms** 膳宿 €

（☎22840 33708；http://sifnosholidays.gr；双 €50；❄📶）绝对物超所值。就位于去往城堡的路上，简单、干净的房间非常吸引人。这里有一个公共厨房和一个能看到山谷风光的阳台。全年营业。

Aris & Maria Traditional Houses 公寓 €€

（☎22840 31161；www.arismaria-traditional.com；双/标三/四 €80/95/120；❄）如果想拥有真正的城堡体验，那就租一间传统的Sifniot房子吧。有一些是海景房。

Dolci 咖啡馆、酒吧 €

（☎22840 32311；小吃 €3~7；⏰复活节至次年9月 9:00至深夜）是一家休闲咖啡馆，里面有鸡尾酒、咖啡、法式薄饼和华夫饼，你一进入小镇（在公共汽车站附近）就能看到它。这里还有宽敞的户外空间，可以饱览山谷风光。

Leonidas 希腊餐厅 €€

（☎22840 31153；主菜 €7~15；⏰复活节至次年9月 午餐和晚餐）在村庄的北部边缘，这个很受欢迎的地方供应可口的当地菜肴，包括Sifnian开胃菜，如鹰嘴豆油炸丸子和蜂蜜芝麻奶酪馅饼。

斯弗诺斯岛周边

在东南沿海，小渔村**法罗斯**（faros）附近有一些鱼馆和几处十分漂亮的海滩，其中就包括**Fasolou海滩**。从公共汽车站拾级而上，一直到海岬上方即可到达。

普拉蒂斯基亚罗斯（Platys Gialos）位于阿波罗尼亚向南10公里处。那儿有一座巨大、宽广的海滩，密布着希腊小馆、酒店和商店。

瓦锡坐落在西南沿海一处近乎圆形的碧蓝海湾上，是一个低调的度假村。这里有基克拉泽斯群岛最高档的五星级度假村**Elies**（www.eliesresorts.com）。

景点和活动

★ **克里索皮吉修道院** 修道院

（Moni Chrysopigi）克里索皮吉漂亮的白

色修道院可以追溯到600年以前，它坐落在一个小岛上，有一个很小的人行桥可以通向海滨。从法罗斯（Faros）的村庄出发，徒步去往克里索皮吉（单程大约需要40分钟）是极好的体验；在途中，你可以沿着美丽的蔚蓝色的克里索皮吉海滩（Chrysopigi Beach）漫步，那里有两家很好的希腊餐厅。

圣安德烈亚斯卫城 纪念碑

（Acropolis of Agios Andreas；☎22840 31488；门票 €2；⏲周二至周日 8:30~15:00）这座发掘完好的山顶卫城坐落在岛屿中心地带，距阿波罗尼亚南部约2公里，可追溯到公元前13世纪左右的迈锡尼文明时期（Mycenaean period）。从保存完好的城墙向外看去，内部的山谷和邻近的帕罗斯岛尽收眼底。那里还有一座小型的博物馆。与它相毗邻的**圣安德烈亚斯教堂**（Church of Agios Andreas）大约修建于1700年前。

食宿

普拉蒂斯基亚罗斯（Platys Gialos）

Hotel Efrosini 酒店 €€

（☎22840 71353；www.hotel-efrosini.gr；双含早餐 €80~90；⏲复活节至9月；❄📶）这家酒店维护良好，是普拉蒂斯基亚罗斯一带最好的酒店之一。从小阳台向前方眺望，能俯瞰枝叶茂盛、海水轻拂的庭院。

Verina 公寓 €€€

（☎22840 71525；www.verinahotelsifnos.com；双/公寓 €180/220起；⏲5月至10月；❄📶🏊）Verina位于普拉蒂斯基亚罗斯、瓦锡和Poulati（城堡北部）上方的前哨地带，非常时尚，出租套房和别墅。在普拉蒂斯基亚罗斯海滩的后面是Verina Suites，但你一定要努力把自己从华丽的游泳池和咖啡馆酒吧区域拉回来……

★ **Omega 3** 海鲜 €€

（Platys Gialos；菜肴 €4~17；⏲5月至9月 午餐和晚餐）这是一家小巧而休闲的海滨餐厅，它可爱的名字（Ω3）向人们暗示着这里的美食。这里有一个看上去充满稚气的菜单，有绝妙的鱼类风味菜肴，其烹饪技术更是享誉世界［生鱼片、酸橘汁腌鱼（ceviche）］。不过，真正吸引人们来这里的是慢火煮章鱼或红辣椒和羊乳酪蒸贻贝（steamed mussels with red peppers）。

瓦锡（Vathy）

Studios Nikos 公寓 €€

（☎22840 71512；www.sifnosrooms.com；单间公寓 €80~120；⏲4月至10月；❄📶）这些设施齐全、极受欢迎的单间公寓（配有小厨房）坐落在瓦锡海湾熠熠闪光的一角，在海岸边还有一片郁郁葱葱的草坪。

塞瑞弗斯岛（SERIFOS）ΣΕΡΙΦΟΣ

人口 1420

塞瑞弗斯岛陡峭的群山向下扎入深蓝色的宽阔海湾，呈现出一种原始粗犷的美。相较于霍拉古雅的山顶首府或其下布满尘埃、如狂野西部般的莱瓦贾港口，这座小岛呈现出一种逐渐消逝的美。在那里，你会偶然遇见旧时采矿企业的遗迹（生锈的轨道、起重机），耳边是风的呼啸声（有时十分凶猛）。租辆车，然后投身其中吧。塞瑞弗斯是仅有的当地

Serifos 塞瑞弗斯岛

塞瑞弗斯岛船只服务信息

目的地	时间	票价	班次
福莱安兹罗斯岛	2小时30分钟	€18	每周3班
伊奥斯岛	4~5小时	€19	每周2班
基莫洛斯岛	1小时40分钟	€14	每周5班
基斯诺斯岛	1小时30分钟	€15	每周6班
米洛斯岛	3小时	€14	每天1~2班
米洛斯岛*	1小时30分钟	€16	每天1~2班
帕罗斯岛	2小时	€13	每周2班
比雷埃夫斯	4~5小时	€28	每天1~2班
比雷埃夫斯*	2小时至2小时30分钟	€43	每天2~3班
圣托里尼岛（锡拉）	6小时30分钟	€19	每周2班
斯弗诺斯岛	50分钟	€11	每天1~2班
斯弗诺斯岛*	25分钟	€14	每天3班
锡基诺斯岛	3小时30分钟至4小时30分钟	€18	每周3班
锡罗斯岛	2小时至3小时15分钟	€12	每周3班

*高速服务

有饮用水的岛屿之一。

在希腊神话中，珀尔修斯就是在塞瑞弗斯岛成长起来的，相传这里也是基克洛普斯生活的地方。目前，塞瑞弗斯有许多步行游览的好去处。请参见Terrain的地形图。

到达和离开

塞瑞弗斯岛位于比雷埃夫斯至基克拉泽斯群岛西部的渡轮航线上，在夏季和南部地区可以保持顺畅的交通（或到斯弗诺斯岛旅行，那里有更多的选择）。在莱瓦贾水滨的**Kondilis**（☎22810 52340）可以购票。

当地交通

公共汽车往来于莱瓦贾和霍拉（€1.60，1班/小时），公共汽车站有游艇码头的时间表。其他公共汽车很少。

在**Blue Bird**（☎22810 51511；www.rentacar-bluebird.gr）可以租用汽车（€45起/天）、小轮摩托车（€15）和quads（€25），还车也在那里。或者你也可以选择紧邻水滨的**Serifos Travel**（☎22810 51463；www.serifostours.gr）。

出租车（☎69444 73044，69324 31114）至霍拉€7，至Psili Ammos€7，至Sykamia€20，至Vagia€11，至Megalo Livadi€20。

莱瓦吉（Livadi） Λιβάδι

人口 600

港口小镇塞瑞弗斯十分低调，尽管知名度日益提高，但它并未被现代社会完全同化，这一点着实令人欣慰。

在海岬上方，从渡轮码头一路延伸出来的就是Livadakia的海滩了。海滩周围点缀着红柳，十分漂亮。

住宿

多数住宿点集中在Livadakia海滩。只要提前通知，绝大多数旅店老板可以去海港迎接客人。

Coralli Camping & Bungalows 露营地、公寓 €

（☎22810 51500；www.coralli.gr；Livadakia Beach；露宿地 成人/儿童/帐篷 €8/4/5，平房 双/标三/四 €75/85/105；❄📶🏊）绿树成荫，位于Livadakia海滩的正后方，配套设施齐全，运营状况良好，同时也经营能眺望远山或大海的小平房（房间）。这栋建筑物里有一座清凉的泳池、一个酒吧、一个小餐馆、一家迷你超市、厨房以及烤肉设施。附近自炊式公寓的标准也相当高。

★ Studios Niovi
公寓 €€

（☎22810 51900; www.studiosniovi.gr; Livadi; 公寓 含早餐 €80~130起）完美无瑕的公寓坐落在莱瓦贾海湾的最东端。在这里，你能欣赏辽阔的海湾，看莱瓦贾熙熙攘攘的人群，也能眺望高耸入云的霍拉和远处的群山。这家公寓的老板十分受人尊敬，做得一手远近闻名的超美味早餐。从莱瓦吉过来步行需要20分钟。最好自驾前往。淡季时价格相当可观。

Alexandros-Vassilia
公寓 €€

（☎22810 51119; www.alexandros-vassilia.gr; Livadakia Beach; 双 €60~180; ⏲复活节至9月; ❄📶）位于花园里的海滨餐厅最为著名，这个友好的Livadakia建筑里有各种各样的房间和公寓，从物美价廉的经济房到家庭房，还有海景套房。

餐饮

Metalleio
地中海菜 €€

（☎22810 51755; Livadi; 主菜 €8~13; ⏲20:30至深夜）坐落在水滨后方的公路上，供应优质的美食，简短的菜单以当地风味为主：提供意大利调味饭配当地羊乳酪、当地料酒腌牛肉，还有柠檬派甜点。午夜时分，活动会移到楼上。到时候Metalleio又成了岛上主要的现场音乐演出地点，还有舞蹈俱乐部（尤其是在7月和8月）。

Kali' s
海鲜 €€

（☎22810 52301; 主菜 €8~15; ⏲3月至10月 午餐和晚餐）在水边有许多白色餐桌，服务员非常友好，供应美味的家常菜，特色是新鲜的鱼类菜肴。

Anemos Café
咖啡馆、酒吧

Anemos位于家乐福上方，其宽阔的阳台为观赏码头和远处的霍拉提供了最佳视野。店主十分友好，小吃和咖啡物美价廉，还能看到船只进港的忙碌情景。

Yacht Club Serifos
酒吧

（⏲7:00至次日3:00）这家经典的水滨咖啡馆兼酒吧生意兴隆、门庭若市。白天，这里会为喝咖啡的人演奏休闲音乐；深夜则演奏主流摇滚乐、迪斯科以及乡村爵士乐。

霍拉（塞瑞弗斯岛）
［Hora（Serifos）］
Χώρα（Σέριφος）

人口 370

塞瑞弗斯岛的霍拉横跨莱瓦吉的岩石山顶，是基克拉泽斯群岛上最引人注目（最高耸）的首府。

霍拉的长途汽车总站和主要的停车场都位于上方，靠近一排风车。与此同时，小型的考古藏品馆（☎22810 51138; 门票 €2; ⏲周二和周四至周日 8:30~16:00）也坐落于此。馆内展出从城堡发掘出来的希腊和罗马时期的雕塑残片。从那里拾级而上，爬入霍拉独有的迷宫，由此通往迷人的中央广场，再上方则是新古典主义风格的小市政厅。

从广场出发，由狭窄的街巷和数不清的台阶一路向上，可以抵达圣爱奥尼斯教堂（Agios Ioannis Theologos）等小教堂。它由岩石雕刻而成，位于一处古老的雅典娜神庙旧址上。另外，这里还有毁于15世纪的威尼斯城堡（Venetian Kastro）遗迹，那里的视野极其壮观。村落沿着斜坡一路散落，小巷径直通往有蓝色穹顶的教堂，在那附近建有另一座停车场。

值得注意的是，那里有一条风景优美的2.5公里长的步行小径（1A路线）连接着莱瓦吉和霍拉。它是岛屿周围非常好的小径之一，并设有路标。你可以在徒步网页http://serifos-greece.com查询比较好的小径的信息。

食宿

在霍拉较高处的东部有许多住宿选择。沿着道路向下，位于咖啡馆兼酒吧Cuckoo的对面，公共汽车总站附近。

I Apanemia
家庭旅馆 €

（☎22810 51517, 69718 91106; apanemia-soula@gmail.com; 标单/双 €35/40; ❄📶）这家性价比优越的家庭旅馆有很好的配套设施精良的房间。前面的阳台能眺望远处的大海。向两侧望去，霍拉美景尽收眼底。装饰很老式，但很精美。

Anemoessa Studios 公寓 €€

(☎22810 51132; www.serifos-anemoessa.gr; 公寓 €80~120; ❄📶)粉刷成白色的现代化单间公寓十分漂亮，具有辉煌的基克拉泽斯风格，房间最多容纳4人。

Stou Stratou 咖啡馆 €

(☎22810 52566; Plateia Ag Athanasiou; 菜肴 €4~9; ⊙复活节至10月 9:00至深夜)如明信片般美丽的Stou Stratou坐落在中央广场，菜单极具诗情画意，就像它的字面意思一样。供应美味的早餐和小吃，比如茴香馅饼(fennel pie)、冷切盘(a mixed plate of cold cuts)和奶酪。当然也少不了鸡尾酒和咖啡。

Aloni 地中海菜 €€

(☎22810 52603; 主菜 €8~15; ⊙6月至10月 晚餐，11月至次年5月 周六和周日)坐落在莱瓦贾和霍拉之间的半山腰上，道路右边有指示路标。Aloni可以把壮丽的美景尽收眼底，给人以高档的感受。岛上的人们称其为塞瑞弗斯最好的餐馆，它展示着让人引以为傲的当地菜肴(尤其是烤肉)。

塞瑞弗斯岛周边

距莱瓦贾漂亮的Psili Ammos小海滩北部约1.5公里处，有莱瓦贾附近最棒的游泳场所。也有两个非常好的希腊小馆。

北部的普拉蒂斯基亚罗斯海滩(Platys Gialos Beach)上有一家与它同名的仅在夏季营业的美味希腊小馆。

Sykamia是岛上最棒的海滩之一，穿过山上的石阶，沿一条陡峭多风的小路即可到达，简直令人难以置信。海滩上的海沙本身呈棕灰色，布满了石头。To Akrogiali(☎22810 51289; 主菜 €6~9; ⊙6月至8月 午餐和晚餐)是几公里内为数不多的发展不错的地方，供应美食。要抵达Sykamia，你要先穿越Panagia这个古老的村庄，或者去东海岸的Kendarhos(也被称作Kallitsos，意思是"最美丽的地方")。

小小的Megalo Livadi坐落在西南海岸，是一个趣味十足的景点，不仅坐拥闪光的海湾、摇摇欲坠的新古典主义风格的建筑(采矿时期的遗址)，还有美不胜收的滨海希腊小馆Kyklopas(☎22810 51009; 主菜 €5~14; ⊙复活节至9月 午餐和晚餐)，一定要尝一尝野生茴香饺子。据说基克洛普斯曾住过的洞穴就在这附近。

南部海岸最好的海滩宽广多沙，淡季人烟稀少。这里的景色比较荒凉，有许多废弃的采矿机械设备。你可以停下来，在像Vagia、Ganema和Koutalas这样的优美港湾里游泳。

基斯诺斯岛(KYTHNOS)

ΚΥΘΝΟΣ

人口 1460

基斯诺斯岛上是层层叠叠的山峦、废弃的垛口，其间点缀着石头小屋、古老的城墙、

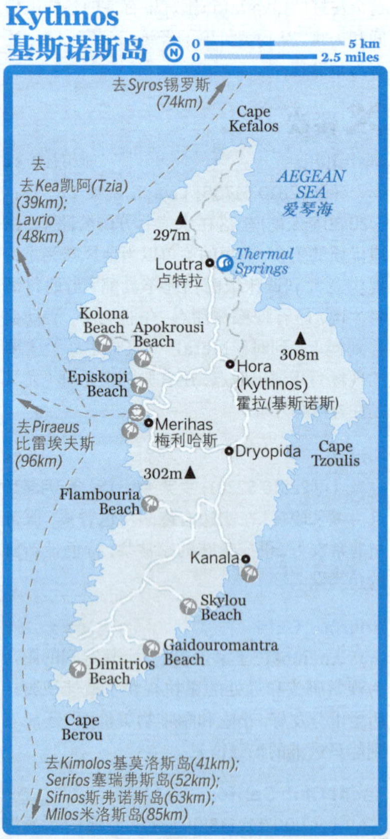

Kythnos 基斯诺斯岛

基斯诺斯岛船只服务信息

目的地	时间	票价	班次
凯阿	1小时40分钟	€8	每周2班
基莫洛斯岛	5小时15分钟	€18	每周1班
拉夫里奥	1小时40分钟	€15	每天1~2班
米洛斯岛	4小时至4小时30分钟	€18	每周6班
比雷埃夫斯	3小时	€23	每周6班
塞瑞弗斯岛	1小时25分钟	€15	每周6班
斯弗诺斯岛	2小时30分钟	€15	每周4班
锡罗斯岛	2小时30分钟	€12	每周2班

绿意盎然的山谷以及绝妙的海滩。港口居民居住在梅利哈斯（Merihas），村庄则集中在美丽的霍拉和Dryopida，所有一切都平易近人，就跟过去一样。从雅典过来非常方便，在夏季的周末，岛上的海滩和游船码头会挤满当地人。

到达和离开

渡船直达大陆地区的比雷埃夫斯和拉夫里奥、凯阿的北部（但班次很少，所以途经拉夫里奥通常会让旅行变得更加容易），旺季也会在南部岛屿停靠。不过，淡季时很少有船只驶往南部岛屿。在梅利哈斯，游客可以在**Anerousa Travel**（☎22810 32242）或Larentzakis Travel Agency购买船票。

Hellenic Seaways（www.hellenicseaways.gr）每周2班，连接基斯诺斯岛（Kythnos）和锡罗斯岛，并继续前往基克拉泽斯群岛的中部，包括帕罗斯岛、纳克索斯岛和伊奥斯岛。

当地交通

7月和8月，从梅利哈斯发往Dryopida的长途汽车继续驶往Kanala或霍拉。开往卢特拉（Loutra）的班车相对较少。除了这两个月以外，没有运营服务，使得乘坐汽车或小轮摩托车成为游览岛屿最好方式。Larentzakis Travel Agency提供租车服务。

出租车（☎69442 71609）至霍拉费用约为€10，至Dryopida约为€8。**海上出租车**（☎69449 06568）在夏季抵达和驶离海滩的往返费用约为€10；这是到达Kolona的最佳选择。

梅利哈斯（Merihas） Μέριχας

人口 370

小小的梅利哈斯是淡季的好去处。咖啡馆和餐馆沿小小的港口排成一排，出租屋散落在山丘上。小镇的海滩不是那么令人兴奋，但比较好的海滩步行即可到达，它坐落在Martinakia和Episkopi的码头北部。

食宿

廉价旅馆的经营者通常会去海港迎接客人。7、8月份以及周末需提前预订。

★ Kontseta 公寓 €€

（☎22810 33024；www.kontseta.gr；双€80~100；⊙4月至10月；❄📶）这里现代化的单间公寓比其他地方略胜一筹，装饰清新、景色优美，是镇上最好的住宿选择。它就在渡轮码头的上面，台阶上有指示牌，在阿尔法银行（Alpha Bank）的隔壁。

Foinika Studios 公寓 €€

（☎22810 32203；www.foinikias-studios.gr；双/标三 €90/100；❄📶）这里看不到海港的风光，但地理位置优越（距离海滨只有几米之遥），单间和公寓都非常简单，也很吸引人。

Kandouni 希腊小馆 €

（☎22810 32220；主菜 €6~15；⊙午餐和晚餐）坐落在水滨南部的拐弯处，Kandouni有一个经典菜单，专做肉类菜肴，坐落在玫瑰花丛中，环境优美。这里还有海滨座椅。

Molos 烤肉串 €

[☎22810 32455; 希腊烤肉配皮塔饼(gyros) €2; ⏰午餐和晚餐] 这是一个甜美而低调的地方，走出渡轮码头就能品尝到鲜嫩的希腊烤肉和羊肉串。

Ostria 海鲜 €€

(☎22810 33017; 主菜 €6~18; ⏰午餐和晚餐) 爱吃鱼的人一定不能错过Ostria: 这里新鲜的鲷鱼、鱿鱼和龙虾意大利面备受赞誉。有趣的是，坐在停泊的游艇旁边用餐会觉得海鲜的味道更加鲜美。

实用信息

Larentzakis Travel Agency (☎22810 32104) 出售渡轮船票，安排住宿，还出租小轮摩托车/汽车，每天€20/40起。就位于海滨。

霍拉（基斯诺斯岛）[Hora (Kythnos)] Χώρα (Κύθνος)

独特迷人的首府霍拉[也叫作基斯诺斯或梅萨里亚(Messaria)]，依偎在起伏的农田当中，有一种与生俱来的希腊品格。沿着长长的主干道漫步，穿过漂亮的中央广场，欣赏沿街五颜六色的咖啡馆、小餐厅、陶艺品和糖果商店。后面盘踞着传统的乡间小路，很受洗衣房外溜达的老奶奶的喜爱。

在**Filoxenia** (☎22810 31644; www.filoxeniakythnos.gr; 双 €60; 🅿❄) 能找到极好的配有厨房的单间和公寓，并且物美价廉。这里还有一些可爱的地方，你可以在这里就餐、喝上一杯或是观看人来人往——加入凉爽的冰激凌店门前排队的人群吧。

基斯诺斯岛周边

卢特拉(Loutra)是个低调的度假村和小渔村，位于霍拉北部3公里处。它庞大的码头上挤满了游艇(一些来自雅典)，港畔也排列着许多高标准的餐馆。

卢特拉最著名的要数它的**温泉**了。在海滨地区，你可以免费进入水中，那里有一个**石潭**(rockpool)标志着热水的入海口。你还可以游览附近的**水疗中心**(☎22810 31217; 门票 €3.50; ⏰6月至9月)，到矿泉胜地疗养一下。如果要过夜，就去**Porto Klaras** (☎22810 31276; www.porto-klaras.gr; 双/四 €90/130; ⏰4月至10月; ❄📶) 吧，那里有许多无可挑剔的单间和公寓，都配有厨房和阳台，装饰精美。

Dryopida是一个风景如画的小镇，红瓦屋顶和弯曲的街道簇拥在峡谷两侧陡峭的山坡上，有一条步行小径通往霍拉。主教堂周围有许多很好的餐馆。

细腻的**Kolona**的双湾海滩是岛上最著名的海滩，它就像一座半岛，海沙呈带状，通往一座离岸小岛。淡季时也很迷人，是游艇下锚停驻的好地方；旺季时，这里则是人山人海。

从**Apokrousi**(它本身是一个很好的、交通便利的海滩)通往小岛的公路很少，所以到达Kolona最好的方法就是乘坐海上出租车(从霍拉出发)。如果要开车的话，最好驾驶四驱车或四轮车。Kolona旺季时有一家咖啡馆营业(但是没有阴凉)。Apokrousi有希腊餐厅和很受欢迎的海滩酒吧。

凯阿(TZIA) KEA (TZIA)

人口 2460

凯阿(发音: kay-a) 拥有崎岖的峭壁、

Kea (Tzia)
凯阿(Tzia)

壮阔的海岸线和丰饶的山坡等自然美景，但缺点是度假屋几乎多到泛滥成灾。它是距离阿提卡最近的岛屿，进岛并非难事；但它通常只有在夏季周末和8月份游客才会比较多。租辆车沿偏僻的小路行驶，尽量去发现岛上的迷人之处：岩石山顶，长满果树、橄榄树和橡树的翠绿山谷，还有极好的步行小径。

主要的居民点是科里夏（Korissia）港以及坐落在岛内约5公里处的迷人首府伊欧利达（Ioulida）。当地居民把这座岛屿称作Tzia。

到达和离开

凯阿仅能通往拉夫里奥，与其他岛屿的来往少之又少。船只在周末总是挤满了人。**Hellenic Seaways**（www.hellenicseaways.gr）每周有2班船，连接凯阿和基斯诺斯（€7，1小时20分钟）以及锡罗斯岛（€12，2至4小时），并继续前往基克拉泽斯群岛中部，包括帕罗斯岛、纳克索斯岛和伊奥斯岛。每天还有2班船开往拉夫里奥（€11.50，1小时）。

提前在购票处**Marmari Express**（☎凯阿22880 21435，Lavrio 22920 26200）或**Makedon**（☎Kea 22880 21435，Lavrio 22920 26777）订票。科里夏的水滨设有售票亭。

当地交通

从理论上说，7、8月份会有班车往来科里夏、Vourkari、Otzias、伊欧利达以及Piosses海滩。**出租车**（☎69324 18821，69326 69493）或许会是更好的选择：乘坐出租车至Ioulida大约需花费€8，至Otzias€7，至Piosses€25。

Leon Rent A Car（☎22880 21898；www.rentacarkea.gr；小轮摩托车/汽车 每天€20/45起）坐落在港畔，渡轮码头附近。

科里夏（Korissia） Κορησσία

人口 710

在科里夏这个平淡无奇的港口，有足够多的希腊小馆和咖啡馆供游客打发时间。朝向北方的海滩往往容易起风，但你步行大约15分钟就可以到达很小但很受欢迎的Gialiskari Beach，它就隐藏在桉树丛中。

食宿

廉价旅馆的经营者不会去港口迎接客人。在旅游旺季或周末需提前预订。

★Red Tractor Farm 客栈 €€

（☎22880 21346；www.redtractorfarm.com；Korissia；双 €90，单间公寓 €130~180；❄📶）出色的Red Tractor Farm从科里夏海港深入内陆，像一块从小镇海滩抛掷而出的一块石头，位居宁静的葡萄园和橄榄树丛中间。科斯蒂斯·马洛里斯（Kostis Maroulis）和马西·梅尔（Marcie Mayer）经营着这家可持续发展的、富有创造力的农业旅游农场，漂亮的基克拉泽斯建筑把传统和现代风格融为一体，非常和谐。有房间、单间公寓和较大的小屋可供选择。

科斯蒂斯和马西还生产橄榄油、葡萄酒、柑橘酱和酸辣酱，还有用当地生长的栎树果实面粉制作的非常独特的饼干。在营业时间，游客可以在农场稍作停留，并买一些东西。农场全年开放。

Aegean View 客栈 €€

（☎22880 22046；www.roomsinkea.gr；双 €60~70；⏲3月至12月）位于港畔，距渡轮码头只有几米之遥。这家客栈有一些明亮现代的房间和单间公寓，里面有时髦的浴室。一些还有小型的私人阳台，所有的房间都可以共用一个露天平台。

Hotel Karthea 酒店 €€

（☎22880 21204；www.hotelkarthea.gr；双含早餐 €80；⏲4月至10月；❄📶）这家经营良好的酒店位于海港上，拥有咖啡色的外观，里面有33个简单、雅致的房间。有一些房间有海滨阳台。

Odalé 咖啡馆 €

（☎22880 29060；www. odalekea.com；早餐€3~10，开胃菜 €4~12；⏲4月至10月 9:30至深夜）位于紧邻海滨的一个大花园里，晚上亮灯时更加漂亮。Odalé供应新鲜、创新的食物，包括一流的早餐（薄煎饼和摊鸡蛋），晚上还有非常诱人的开胃菜。公路向内陆弯曲处即是。

Magazes 地中海菜 €€

（☎22880 21104；www.magazes.gr；主菜

€8~14; ⏲午餐和晚餐）Magazes坐落在港湾中部一个重新装修过的时髦的仓库里，供应高品质的当地风味菜肴。新鲜的海鲜备受赞誉，包括龙虾意大利面（原料是由当地渔民供应的）和大蒜油炸小银鱼。

Kea Events 咖啡馆 €

（☎22880 21841; www.keaevents.gr; ⏲5月至9月）如果你想改变一下在海滩上的口味，这个大型的建筑群里有一个很大的蓝色游泳池，它免费向公众开放，你可以从咖啡馆的菜单上购买一些美食（很简单，那里有小吃、咖啡和啤酒）。它位于科里夏深入内陆的1.5公里处（在Eko加油站附近）。

伊欧利达（Ioulida） Ιουλίδα

人口 630

伊欧利达（发音：ee-oo-lee-tha）堪称"凯阿的宝石"。漂亮、狭窄的岩间小巷和建筑物位于两座小山顶之间。它曾经是古希腊最大的居住点。如今，每逢周末这里都会给人一种四海一家的感觉。

长途汽车掉头处恰好位于城镇边缘的广场上，从那里有一条拱道直通村庄。可以把车停在广场下方的停车场。远离拱道向右拐，沿伊欧利达的主要街道径直向上走，会发现许多商店和咖啡馆，并能看到著名的凯阿狮像。

景点

★凯阿狮像 纪念碑

（Kea Lion）神秘的凯阿狮像于公元前6世纪由一块板岩雕刻而成，横卧在伊欧利达最后一户住宅远处的小山谷里。去那里的小路需要步行15分钟，充满了奇妙的乐趣：沿着很小的木质路标Αρχαίος Λέων从主要街道的顶端出发，直到走上离开城镇的道路（如果仔细看，你就能看到横卧在山谷的狮子）——它周围的石头都被涂成了白色。

人行道蜿蜒经过一片墓地，向左穿过一道门，你就能看到带着柴郡猫（Cheshire cat）式的露齿微笑的狮子了，它的臀部被岁月打磨得十分平滑。继续向前走就到了Otzias。

考古博物馆 博物馆

（Archaeological Museum; ☎22880 22079; 成人/儿童 €2/免费; ⏲周五 8:00~15:00）这里收藏着有趣的手工制品，包括华丽的陶土雕像，大多出土于Agia Irini。恰好坐落在邮局前方的主干道上。在调研时，开放时间大大减少。

食宿

Kea Villas 酒店 €€€

（☎69722 43330; www.keavillas.gr; 房间€140起; ⏲3月中旬至11月; ❄📶🏊）坐落在伊欧利达的最高点，这个视野辽阔的建筑群里有各种各样的套房和别墅，非常时尚，最多可以居住6人。所有的房间都有设备齐全的厨房和阳台。

Rolando' s 希腊菜 €

（☎22880 22224; 主菜 €7~15; ⏲午餐和晚餐）如果你询问当地人去哪里吃饭好，那么答案通常会是Rolando。它坐落在主要大道的顶端，供应极好的当地风味，以及像红酱意大利面（rooster pastitsada）这样的Corfiot特色菜。现在它在科里夏的港畔有了第二家分店。

凯阿周边

沿科里夏的海滩公路前行2.5公里，穿过Gialiskari海滩即可抵达小小的Vourkari。这里是游艇爱好者们最喜欢的地方，众多帆船和时尚的咖啡馆沿着水滨排成一线。IStrofi tou Mimi（☎22880 21480; 主菜€10~15; ⏲仅限冬季周末 午餐和晚餐）坐落在海湾较远的一侧。晚上这里被灯光照亮，仿佛一幅优雅的图画，它是岛上最好的海鲜小馆之一。

Otzias有一处沙滩和适合家庭旅行的极佳公寓，即位于内陆100米处的Anemousa（☎22880 21335; www.anemousa.gr; 单间公寓/公寓 €80/100起; ⏲4月至10月; P❄📶🏊）。沿着壮观的滨海大道继续前行6.5公里，即可抵达坐落在岩石山顶上、始建于18世纪的Moni Panagias Kastrianis。如果沿环线返回伊欧利达，就会发现从这里向外延伸的公路同样壮丽。沿山脊前行，两边都是绿树成荫的山谷。

伊欧利达西南8公里处就是岛上最好的海滩之一Pisses，但是它的名字不太吉利——有"小便"的意思。海滩后方有果园、成排的橄榄树和崎岖的山丘。维护良好的Camping Kea（☎22880 31302；campingkea@yahoo.gr；露营地 每个成人/帐篷/汽车 €6.50/6/4，别墅 €50；⏰5月至9月；🅿📶）坐落在浓密的桉树下，内有一家商店和一家咖啡馆（出租帐篷）。在Pisses还有一家希腊餐厅和一间海滩酒吧。沿着海岸继续前进，你会到达孔祖洛斯（Kondouros），一个为有钱的雅典人准备的游乐场，那里有许多多沙的小海湾。Kambi是一个迷人的游泳场所，那里有一家希腊餐馆。

位于东南部的波勒斯（Poles）的海湾只能乘船或通过步行小径（单程大约需要1小时）到达，那里是Karthea古都的所在地。徒步可以到达壮观的目的地：位于遥远的海滩旁边的古遗址。你可以购买一张好用的地图，如Terrain出版的*Tzia*，那上面有详细的路线信息。或者你可以去Kea Divers（☎69734 30860；www.keadivers.com；1/2潜水 含装备€50/90），它的基地在Vourkari，你可以乘船到达，还有潜水和浮潜活动可供选择。

克里特岛

包括 ➡

最佳餐饮

- To Maridaki(见319页)
- Castelvecchio(见308页)
- Thalassino Ageri(见320页)
- Elia & Diosmos(见288页)
- Avli(见308页)

最佳住宿

- Casa Vitae(见307页)
- Serenissima(见319页)
- Eleonas Cottages(见289页)
- Terra Minoika(见339页)
- Enagron(见310页)

为何去

克里特岛(Κρήτη)是希腊体验的高潮。这里自然资源就像毕加索全盛时期的作品一样丰富,绵延的群山山肩巨大,海滩美丽迷人,起伏的山坡上覆盖着橄榄园、葡萄园和各种野花;这里有深凿的峡谷,甚至是欧洲最长的峡谷;还有如水晶般透明的潟湖,以及棕榈树成行的海滩,这一点不禁使人联想起加勒比海。

克里特岛不仅自然景观美不胜收,更有历经千年的丰富历史为之锦上添花。克诺索斯王宫是众多古老而神秘的米诺斯文明遗迹中的一个。威尼斯城堡、土耳其清真寺和拜占庭教会使克里特岛上的历史鲜活起来,除了魅力无穷的哈尼亚和雷西姆农,你再也找不到这样的地方了。热情好客的克里特岛人民传承着他们独特的文化、美食和风俗。当地生活和传统充满活力,依旧是岛屿灵魂的一部分。

何时去

克里特岛(伊拉克利翁)

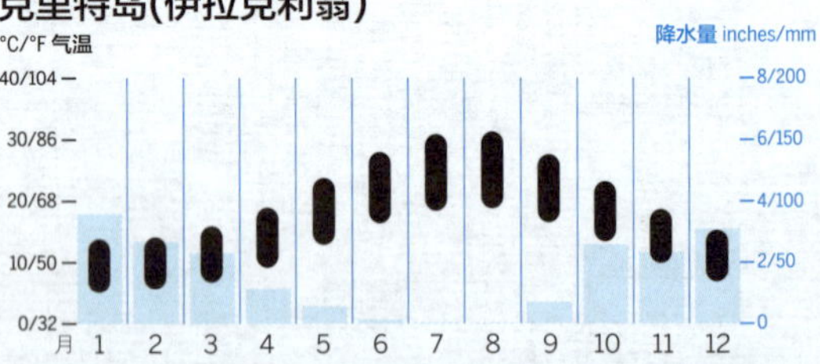

4月 野花给岛屿铺上一条色彩斑斓的毯子,当地人准备迎接复活节。

6月 在游客尚未挤爆海滩之前尽情去享受当地物产的馈赠吧。

9月至10月 此时正值葡萄收获的季节,海水温暖,天空湛蓝,并且游客也不会很多。

历史

尽管在新石器时代（公元前7000年至公元前3000年）这里就有人定居，但真正使克里特岛名扬四海的是其作为欧洲最早的先进文明——米诺斯文明的发祥地这一事实。这个神秘社会存在过的痕迹直到20世纪初才被发现。当时，英国考古学家阿瑟·埃文斯爵士（Sir Arthur Evans）在克诺索斯发现了这座宫殿，并以神话中的统治者——米诺斯国王的名字为其命名。

公元前3000年，米诺斯人迁徙至克里特岛。他们非比寻常的艺术、建筑和文化成就伴随着大型宫殿建筑群的建设而达到顶峰。当时，宫殿建筑群遍布克诺索斯、菲斯托斯（Phaestos）、马利亚（Malia）和扎克罗斯（Zakros）。公元前1700年左右，这些建筑在地震中被夷为平地。但米诺斯人并未因此而退却，他们在废墟上重新建起更宏大、更壮观的宫殿，与此同时，他们在克里特岛的定居范围也越来越广。公元前1450年左右，宫殿群又一次被神秘力量摧毁，这一神秘力量或许是由于圣托里尼岛（锡拉）的火山喷发而引发的海啸。而唯一幸免于难的克诺索斯，最终也在公元前1400年左右被大火烧成灰烬。

考古证据表明，米诺斯人的消失和他们的到来一样神秘莫测，在最后的几个世纪里，他们残存在几个小而孤立的定居点。紧随其后的就是边锡尼人和多里安人（约公元前1100年）。到公元前5世纪，克里特岛已划分出多个城邦，但它并未从希腊本土的文化繁荣中受益。事实上，它早已被波斯侵略者和马其顿征服者亚历山大大帝抛到脑后了。

到公元前67年，克里特岛成为昔兰尼加（Cyrenaica）的罗马省，其首府是哥提那（Gortyna）。公元395年罗马帝国分裂后，克里特岛归入讲希腊语的君士坦丁堡这一新兴的拜占庭帝国管辖。至公元824年阿拉伯人占领岛屿之后，事情或多或少开始出现好的转机。不过，公元961年拜占庭帝国的皇帝尼基弗鲁斯·福卡斯（Nikiforas Fokas；912~969年）收复了克里特岛，并随后对伊拉克利翁（当时阿拉伯人称为El Khandak）展开了为期9个月的围攻。克里特岛也在拜占庭的统治下繁荣起来，但随着1204年臭名昭著的第四次十字军东征，威尼斯凭借海军力量将克里特岛据为己有，作为供应十字军舰队的"补偿"。

在克里特岛残存的建筑中，最令人印象深刻的大都可以追溯到威尼斯时期，威尼斯人在该岛的统治历经土耳其21年的包围，随着伊拉克利翁（当时叫作Candia）这最后一张多米诺骨牌的倒塌，最终于1669年宣告瓦解。土耳其的统治带来了新的管理体制、伊斯兰文化以及穆斯林移居者。克里特人在山区要塞的反抗最为激烈，但所有反抗无一例外都遭到了残酷镇压，直到19世纪末奥斯曼帝国瓦解之后，欧洲大国才将克里特岛的主权诉求提上日程。

因此，1898年，经俄国和法国同意，英国成为克里特岛的保护国。然而，希腊未来的总理埃莱夫塞里奥斯·维尼泽洛斯连同克里特岛其他反抗者打出了Enosis i Thanatos（统一或死亡）的旗号继续战斗——他们要求跟希腊统一，而不仅仅是从土耳其独立出来。不过，直到希腊军队赢得巴尔干战争的胜利（1912~1913年）并于1913年签署了《布加勒斯特条约》（*Treaty of Bucharest*）之后，克里特岛跟希腊统一的愿望才变为现实。

第二次世界大战中，因希特勒觊觎其战略位置，克里特岛蒙受了巨大的创伤。1941年5月20日，大批德国空降兵迅速打败了克里特防御者。就像后来为大众所熟知的那样，德军与英国、澳大利亚、新西兰和希腊盟军展开了为期10天的激战，这就是克里特战役。战争有两天一度胜负难分，直到德军占领了哈尼亚附近的马莱迈机场。盟军随即展开了英勇的后卫战斗，使得32,000名盟军当中的18,000名在英国海军的协助下撤退。冷酷的德国人对克里特岛的统治贯穿了整个"二战"，许多山村被炸毁或被烧毁，那里的居民被集体处决。

ℹ 到达和离开

飞机

绝大多数游客选择乘飞机前往克里特岛，通常要在雅典转机。尽管游客从哈尼亚前往克里特岛西部十分便利，但伊拉克利翁的尼科斯·卡赞扎吉斯机场（Nikos Kazantzakis Airport；见621页）仍旧是克里特岛最繁忙的机场。锡蒂亚（Sitia）只承接少量国内航班。

去比雷埃夫斯

去比雷埃夫斯

去*Antikythira*安提基西拉岛;
*Gythio; Kythira*基西拉;
*Piraeus*比雷埃夫斯

Rodopos
Peninsula

SEA OF CRETE
克里特海

Akrotiri
Peninsula
阿克罗蒂里半岛

Stavros

Gulf of Hania
哈尼亚湾

Gramvousa
Peninsula
格拉姆武萨
半岛

Balos巴洛斯

Bay of
Kissamos
基萨莫斯湾

Souda
Bay

Cape Drepano

Hania 4
哈尼亚

Souda

Falasarna
法拉萨纳

Spilia

Kissamos基萨莫斯

Kalyviani卡利维亚尼

HANIA
哈尼亚

Polyrrina

Milia

Fournes

Meskla

Lakki

Theriso

Bali

Panormo
帕诺莫

Perama

Almyros
Bay

Vryses

Georgioupolis

9
Rethymno
雷西姆农

Adele

Anogia
阿诺吉亚

Moni
5 Arkadiou
阿卡迪奥修道院

Episkopi

Kournas
Lake

Omalos奥马洛斯

Mt Volakias
(2116m)

Agia Irini
阿基亚伊里尼

Pachnes
(2454m)

Elafonisi
埃拉福尼索斯

Xyloskalo

RETHYMNO
雷西姆农

Amari

Mt
Psiloritis
斯罗里迪斯山
(2456m)

Plakias
普拉基亚斯

Myrthios

Spili
斯皮利

Amari
Valley

Sougia
苏吉亚

Samaria
Gorge 10
撒马利亚
峡谷

Aradena

Imbros

Anopoli

Komitades

Selia

Lefkogia

Paleohora
帕琉霍拉

Elafonisi
Islet
埃拉福尼索斯岛

Lissos

Agia
Roumeli

Loutro路特罗

Mt Kedros
(1777m)

Agia Galini
圣加里尼

2
Moni
Preveli &
Preveli Beach
普利维利修道院
和普利维利海滩

Agios
Pavlos
圣帕夫洛斯

Vori

Tymbaki

Mires

Marmara
Beach
马尔马拉海滩

Hora
Sfakion
霍拉斯法基翁

Frangokastello
弗兰格城堡

Mesara
Gulf

Agia Triada
圣特里亚达

Phaestos
菲斯托斯

Matala
马塔拉

Triopetra
特里奥佩特拉

Paximadia
Islands

Cape
Lithino

Gavdopoula

Sarakiniko
Beach

Karabe

Gavdos
加夫多斯

克里特岛亮点

❶ 在**克诺索斯王宫**（见284页）与米诺斯国王来一次会晤。

❷ 跟随朝圣人群到**普利维利修道院**，并在棕榈树密布的**普利维利海滩**（见313页）游泳。

❸ 探索米诺斯遗址，并在**伊拉克利翁酒城**（见286页）品尝当地葡萄酒。

❹ 逛一逛能唤起人们回忆的**哈尼亚**历史街区（见314页）。

❺ 了解**阿卡迪奥修道院**（见309页）为什么对于克里特岛人

民如此重要。

⑥ 感受**斯皮纳隆加岛**（见335页）曾经作为麻风病人隔离区时的悲怆辛酸。

⑦ 在**拉西锡高原**（见341页）的风车之间来次骑行之旅。

⑧ 在克里特岛上最神奇和与世隔绝的**埃拉福尼索斯**（见330页）海滩来场狂欢。

⑨ 迷失在**雷西姆农**（见304页）老城区魅力超凡的建筑群之中。

⑩ 在欧洲最大的峡谷——**撒马利亚峡谷**徒步（见326页）。

克里特岛国内航班信息

目的地	机场	时间	班次
Alexandroupoli	锡蒂亚	1.5小时	每周3班
雅典	伊拉克利翁、哈尼亚、锡蒂亚	1小时	每天
希俄斯岛	伊拉克利翁	1.5小时	每周2班
伊卡里亚岛	伊拉克利翁	50分钟	每周4班
卡尔帕索斯岛	伊拉克利翁、锡蒂亚	50分钟	每周2班
科斯岛	伊拉克利翁	45分钟	每周3班
基西拉	伊拉克利翁	1小时	每周3班
米蒂利尼(莱斯沃斯岛)	伊拉克利翁	1.5小时	每周6班
普雷韦扎	锡蒂亚	1.75小时	每周3班
罗得岛	伊拉克利翁、锡蒂亚	50分钟	每周5班
萨摩斯岛	伊拉克利翁	1.75小时	每周2班
塞萨洛尼基	伊拉克利翁、哈尼亚	1.25小时	每天
沃洛斯	伊拉克利翁	1.5小时	每周2班

5月至10月期间，欧洲的廉价航空公司以及诸如易捷航空(easyJet)、德翼航空(Germanwings)、柏林航空(Air Berlin)、托马斯库克航空(Fly Thomas Cook)和捷特二航空(Jet2)等的包机航空公司有从欧洲各地出发的航班直飞克里特岛，**爱琴海航空**(Aegean Airlines; www.aegeanair.com)的航班从欧洲的许多机场直飞伊拉克利翁，包括伦敦希斯罗机场、米兰、巴黎、马赛和罗马。从北美洲来的游客需选择一个欧洲门户城市——比如巴黎、阿姆斯特丹或法兰克福转机，有时还要在雅典进行第二次转机。

从希腊其他岛屿飞往克里特岛通常需要在雅典转机，搭乘由爱琴海航空公司(Aegean Airlines)、**阿斯特拉航空公司**(Astra Airlines; www.astra-airlines.gr)和克里特本土航空公司**Sky Express**(www.skyexpress.gr)运营的航班除外，这些航空公司都有非常严格的行李重量限额。

船

克里特岛的渡船十分便捷，一年四季每天至少有1艘船从比雷埃夫斯(Piraeus，雅典附近)驶往伊拉克利翁和哈尼亚，夏季每天会有多艘渡船。另外在东部的锡蒂亚(Sitia)和西部的基萨莫斯[卡斯蒂里，Kissamos(Kastelli)]也有许多港口，那里有慢一点的渡船。从11月至次年4月，渡船班次会大大减少。渡船时刻表随季节变化而变化，如遇恶劣天气、罢工、机器故障等，会在短时间内延误和取消行程。

克里特岛的渡船公司有**Anek Lines**(www.anek.gr)、**Hellenic Seaways**(www.hellenicseaways.gr)、**Lane Sea Lines**(www.lane-kithira.com)、**Minoan Lines**(www.minoan.gr)以及**Sea Jets**(www.seajets.gr)。

查询当前的路线和时刻表，请查阅渡船公司的网站，或访问www.gtp.gr，www.openseas.gr，www.ferries.gr，www.greekferries.gr或www.greekislands.gr。前三个网站还提供船票预订服务。

ℹ 当地交通

尽管**KTEL**公司公共汽车的班次随季节不断变化，而且周末经常削减班次(或停运)，但其庞大的公共汽车覆盖网络确实令游览克里特岛相对容易起来。时刻表每月都会有变化，请登录网站查询价格，到达克里特岛西部请登录www.bus-service-crete-ktel.com查询，到达克里特岛中部和东部请登录www.ktelherlas.gr查询。

有渡船通往帕琉霍拉(Paleohora)和霍拉斯法基翁(Hora Sfakion)之间的南部沿海村庄。

如果你敢于面对各种司机和各式路况，那么自驾游无疑是探索克里特岛的一个好方法。那里的交通规则经常被无视，并且很少有警察在场。克里特岛上的司机通常随心所欲。如果你行驶得太慢，就会有汽车紧紧地跟在你的身后按喇叭，或者被非法超车。在弯道超车、忽视双线和停车标志在克里特岛上是普遍现象。驾车速度比较慢的司机最好在狭窄的通道上行驶，并时刻让后面的车通过。

除偏远村庄之外，出租车随处可见。大一点的城镇设有出租车停靠站点，站内贴有价目表，如果在别处招手上车，你就要打表付费了。如果出租车上没有计费器，务必要在出发前谈好价格。

克里特岛中部

克里特岛中部包括伊拉克利翁州和雷西

抵离克里特岛的渡轮路线

路线	公司	票价	时间	班次
哈尼亚–比雷埃夫斯	Anek	€42	8.5小时	每天1班
伊拉克利翁–哈尔基岛	Aegeon Pelagos（Anek）	€21	11.75小时	每周1班
伊拉克利翁–伊奥斯岛	Hellenic Seaways	€66	4小时	每天1班
伊拉克利翁–伊奥斯岛	Sea Jets	€62.70	3.5小时	每天1班
伊拉克利翁–卡尔帕索斯岛	Aegeon Pelagos（Anek）	€18	7.5小时	每周1班
伊拉克利翁–卡索斯岛	Aegeon Pelagos（Anek）	€19	5.75小时	每周1班
伊拉克利翁–米洛斯岛	Aegeon Pelagos（Anek）	€22	7.5小时	每周2班
伊拉克利翁–米科诺斯岛	Hellenic Seaways	€81	4.75小时	每天1班
伊拉克利翁–米科诺斯岛	Sea Jets	€82.70	5.5小时	每天1班
伊拉克利翁–帕罗斯岛	Hellenic Seaways	€71	4小时	每天1班
伊拉克利翁–纳克索斯岛	Sea Jets	€69.70	5小时	每天1班
伊拉克利翁–比雷埃夫斯	Minoan	€43	6.5~7.5小时	每天1~2班
伊拉克利翁–比雷埃夫斯	Anek-Superfast	€36	6.5~9.5小时	每天1~2班
伊拉克利翁–罗得岛	Aegeon Pelagos（Anek）	€28	14小时	每周1班
伊拉克利翁–圣托里尼岛（锡拉）	Anek	€15	4.25小时	每周2班
伊拉克利翁–圣托里尼岛（锡拉）	Sea Jets	€59.70	2小时	每天1班
伊拉克利翁–圣托里尼岛（锡拉）	Hellenic Seaways	€63	2小时	每天1班
伊拉克利翁–锡蒂亚	Aegeon Pelagos（Anek）	€15	3小时	每周1班
基萨莫斯–安提基西拉岛	Lane	€10	2小时	每周4班
基萨莫斯–伊西翁	Lane	€25	5小时	每周4班
基萨莫斯–基西拉	Lane	€17	4小时	每周4班
基萨莫斯–比雷埃夫斯	Lane	€24	12小时	每周2班
锡蒂亚–伊拉克利翁	Aegeon Pelagos（Anek）	€11	3小时	每周2班
锡蒂亚–卡尔帕索斯岛	Aegeon Pelagos（Anek）	€18	4.25小时	每周4班
锡蒂亚–卡索斯岛	Aegeon Pelagos（Anek）	€11	2.5小时	每周4班
锡蒂亚–米洛斯岛	Aegeon Pelagos（Anek）	€251	1.5小时	每周2班
锡蒂亚–比雷埃夫斯	Aegeon Pelagos（Anek）	€41	17小时	每周1班
锡蒂亚–罗得岛	Aegeon Pelagos（Anek）	€27	9.5小时	每周2班
锡蒂亚–圣托里尼岛（锡拉）	Aegeon Pelagos（Anek）	€26	7.5小时	每周2班

报价适用于甲板上的座位。

姆农州，前者以繁荣的首府命名，后者以美丽的威尼斯港口小镇命名。活力四射的都市生活和威尼斯文化的残留在这里相伴而生，全岛顶级的观光胜地都集中在这一区域，其中就包括克诺索斯王宫以及其他大大小小的米诺斯文明遗迹。延伸至伊拉克利翁市东部的海岸线上遍布酒店和度假村，而一星半点的内陆村庄里仿若时光停滞，两者形成了有趣的对比。尝尝伊拉克利翁酒城酿造的日益精致的烈酒，漫步于尼科斯·卡赞扎吉斯的足迹里，陶醉在扎罗斯（Zaros）富有乡土气息的华丽小山村中。

在迷人的雷西姆农，奔放的度假村、古老的村庄和精力旺盛的城镇相映成趣。离开北部海岸，漂过像阿诺吉亚（Anogia）这样的小村庄，你很快就会发现自己陶醉在无尽的宁静和自然美景中——在那里，当地人将永恒的传统和他们的音乐视若珍宝。然而南部海岸却是另外一番景象——富有野性美的陡峭峡谷、离群索居的迷人海滩、普拉基亚斯（Plakias）的休闲度假村以及马塔拉（Matala）的老嬉皮士洞穴和海滩交相辉映，妙不可言。

伊拉克利翁（Iraklio） Ηράκλειο

人口 140,730

伊拉克利翁（发音：ee-rah-klee-oh，别称Heraklion）是克里特岛的首府和经济、政治中心，也是希腊第五大城市。这个城市多少有些令人血脉贲张，摩托车在交通信号灯前齐声踩着油门呼啸而过，飞机越过长长的水滨拥挤着冲向蓝天，而水滨两侧则是威尼斯军械库、堡垒和圣地的遗迹。

尽管从传统眼光看来伊拉克利翁并不漂亮，但如果你肯花时间去探寻它的微妙之处，漫步于它的后街小巷，你就会爱上它。焕然一新的水滨等待你去漫步，新的专供行人参观的历史中心穿插着熙熙攘攘的广场，广场边缘是哥伦布起航时期的建筑。

伊拉克利翁俨然具有大都市的繁华，兴旺的咖啡馆和餐厅构成了一道风景线，岛上最高档的购物中心和最热闹的夜生活都汇聚于此。当然也不要错过那些了不起的景点，比如最近经过整修的、令人叹为观止的考古博物馆和附近的克诺索斯王宫，它们都是透视米诺斯文明的迷人窗口。

景点

伊拉克利翁的主要景点嵌在这座历史小镇中，包围在水滨和古老的城墙里。城市最好的建筑多沿主干道25 Avgoustou分布，它环绕着美丽的中央广场——威尼斯广场（Plateia Venizelou），这座广场也因其地标性建筑莫罗西尼喷泉（Morosini Fountain）而被称作狮子广场（Lion Sq）。从这里往东走就到了伊拉克利翁的咖啡馆聚集区——Koraï，然后通往不规则的Plateia Eleftherias（也称Eleftherias广场），考古博物馆就在这附近。

★伊拉克利翁考古博物馆 博物馆

（Heraklion Archaeological Museum；☎2810 279000；http://odysseus.culture.gr；Xanthoudidou 2；成人/儿童 €6/免费，含克诺索斯王宫€10；⏲4月至10月 8:00~20:00，11月至次年3月 周一 11:00~17:00，周二至周日 8:00~15:00）这座博物馆在经过长时间的整修后于2014年重新开放，它是克里特岛上的瑰宝。被修复的20世纪30年代的包豪斯建筑的两个楼层中，陈列了关于璀璨文化的展示柜，展示着从新石器时代至罗马时期、跨越5500年的文物，还有丰富的米诺斯（Minoan）藏品。各个房间经过颜色编码，文物按时间顺序和主题进行展示，并配有优美的英文描述。来这里参观可以大大增加你对克里特岛丰富历史的了解。千万不要错过它。

博物馆的宝藏包括陶器、珠宝和雕花大理石石棺，另外还有许多来自克诺索斯（Knossos）、Tylissos、Amnissos和圣特里亚达（Agia Triada）遗址的著名壁画，这些作品被分为各种主题，如定居点、贸易、死亡、宗教和行政。这些对日常生活和社会的长期发展具有重要作用的藏品都配有清晰的描述。

➡ 1楼

1号至3号房间着重于新石器时代至青铜器时代（Bronze Age）中期（公元前7000年至公元前1700年）的文物，展示克里特岛和克诺索斯周围的第一个定居点的生活。不要错过来自马利亚的**黄金蜜蜂吊坠**(golden pendant with bees),它是一位经验丰富的珠宝商的杰作,以及这里广泛的珠宝收藏。装饰精致的**卡马勒斯餐具**(Kamares)很可能是在皇家宴会上使用的。

4号、5号和6号房间阐述了青铜器时代晚期(公元前1700年至公元前1450年)的生活。此时米诺斯文化达到了顶峰,体现在新的宫殿的建造、精致的建筑和丰富的贸易经验上。毫不奇怪,这几个房间是参观者最多的,藏品也相当丰富。亮点包括**来自Arhanes的小泥房子**和惊人的**象牙和水晶镶嵌的棋盘**(ivoryand-crystal inlaid draught board)。大多数人都是为**斐斯托斯圆盘**(Phaistos disc)而来,它是一个泥盘,上面刻有45个符号,至今仍未破译出这些符号的含义。在它的附近,有许多圣特里亚达(Agia Triada)和扎克罗斯宫(Zakros Palace)的**铜锭**(copper ingots),展示着当时经济交换的单位。其他的宝物包括**公牛跳跃壁画**(bull-leaping fresco)和令人难以置信的**公牛跳跃者雕塑**(bull-leaper sculpture; 6号房间),向我们展示了当时的运动项目。

7号和8号房间的祭仪物品和雕像向我们展示了米诺斯宗教和意识形态。不要错过所谓的**米诺斯国王指环**,它是被重新发现,并于2011年上交到官方机构的一个图章戒指。**蛇女神**(snake goddesses)和**石牛头**(stone bull head; 镶有贝壳和水晶)是来自克诺索斯的两个令人惊艳的礼仪用品。7号房间收藏着来自Agia Triada的酋长杯,描绘了两个男人,一个人拿着一根棒子,另一个人拿着一把剑。

9号和10号房间用于展示克诺索斯宫殿,它是随着中央集权(在其他宫殿行政崩溃后)而出现的,有美锡人的证据为证。**B类线形文字泥板**揭示了最初的"希腊"脚本,说明了克诺索斯复杂的行政体制和繁文缛节的手续流程。在10号房间里,寻找非凡的**野猪头盔**(boar's helmet)和**金柄剑**(gold-handled swords),它们彰显着贵族武士身份的重要性。

11号房间和12号房间的重头戏是青铜器时代晚期的定居点、圣殿和坟墓,包括吸引人的死亡视觉再现。根据详尽的说明和肃穆的周围环境推测,**Aghia Triada**雕刻精美的非凡石棺(12号房间)属于一位统治者。

➡ 2楼

13号房间展示了米诺斯壁画(公元前1800年至公元前1350年),包括埃文斯(Evans)的著名的(或臭名昭著)二度创作作品。这些画反映了当时人们对于艺术和自然的兴趣。这里所有的绘画都是亮点,给你一个大致的参考,这是**百合花王子**(The Prince of the Lilies)、**蓝衣女士**(Ladies in Blue)和**牛头**(bull head)的收藏地。

15号至19号房间的重点在于从几何风格时期和古风时期(公元前10世纪至公元前6世纪),过渡到铁器时代(Iron Age)和希腊第一座城市的形成。**Apollonian Triad**是来自于Deros的青铜雕像,是已知最早的铸打而成的希腊青铜雕像,**Idaean Cave的青铜盾牌**是奢侈的供品。

20号至22号房间带你来到了古典文化时期、希腊化时期和罗马时期(公元前5世纪至公元前4世纪),那里的餐具和雕像、极好的镶嵌地板和两耳细颈酒罐显现出一幅自主的希腊城邦景象。随后是内战时期,最后是罗马时期,大量的**Phalagari银币藏品**(21号房间)被认为是一笔军事国家基金。这时的墓地也都特别引人注目:一定要留心寻找带着黄金花圈的头盖骨(22号房间)。

23号房间展览的是捐赠给博物馆的两个私人收藏。

26和27号房间(公元前7世纪至公元前4世纪)展示的是克里特岛在雕塑发展进程中的重要地位,另外还有罗马雕塑和英雄雕像(以及仿制品),还有之前提到过的古典时期的诸神(雕像)。

请注意:在调研时,一间多媒体会议室(那些没有号码的房间)仍在建造中,将用作物品寄存处和多媒体展示厅。

克里特岛历史博物馆　博物馆

(Historical Museum of Crete; www.historical-museum.gr; SofokliVenizelou 27; 门票 €5; ⏲4月至10月 周一至周六 9:00~17:00, 11月至次年3月 周一至周六 至15:30)如果你想知道克里特岛在过去的1700年里是什么样子的,到这个非常迷人的博物馆就算来对了地方。这里的展览从拜占庭时期到威尼斯和土耳其时期,以

Iraklio 伊拉克利翁

第二次世界大战告终。这里有极棒的英文标记、随处可见的多媒体设备和收听站。你还可以在参观结束后到咖啡馆里喝一杯。

库勒斯威尼斯城堡 堡垒

（Koules Venetian Fortress; Venetian Harbour）这座16世纪的方形低矮堡垒是伊拉克利翁主要的地标性建筑，被威尼斯人称作Roccaal Mare。它帮助抵挡了土耳其长达21年的进攻，后来演变为关押克里特反叛者的土耳其监狱。三面大理石墙壁上刻有威尼斯标志性的浮雕：长着翅膀的狮子圣马克（Lion of St Mark）。在调研期间，这里正进行闭馆改造。

莫罗西尼喷泉 喷泉

（Morosini Fountain; Lion Fountain; Plateia Venizelou）在威尼斯广场（Plateia Venizelou），它是镇上最受人喜爱的威尼斯遗迹。目前，令人遗憾的是水柱不再能从4只狮子的嘴里喷出落入大理石水槽内。中心装饰品——波塞冬的大理石雕像，在土耳其统治时期遭到破坏。

市艺术馆 艺术馆

（Municipal Art Gallery; Agios Markos Basilica, 25 Avgoustou; ⏲周一至周五 10:00~13:30和18:00~20:30，周六 至13:00）免费 这座有三条通道的13世纪的圣马可斯教堂（Agios Markos Basilica）被重建了很多次，后被土耳其人改成清真寺。如今它用于举办希腊和外国艺术家的临时展览。途经这里时，进去看一看正在举办什么展览，一定会让你不虚此行。

圣提多教堂 教堂

（Church of Agios Titos; Plateia Agiou Titou; ⏲7:30~13:00和16:30~19:30）这座庄严的教堂坐落在与它同名的广场内。始建于公元961年的拜占庭时期，被威尼斯人变为天主教堂，后又被奥斯曼人改造成了清真寺，又在1856年的那场毁灭性的地震后进行了重建。从1925年开始被奉为东正教堂。自1966以来，它又重新用于庇护非常珍贵的圣提多（St Titus）的头盖骨舍利，他被视作威尼斯的精神，在土耳其占领期间，为了安全起见，又被送回到这里保存。

Iraklio 伊拉克利翁

重要景点

1 伊拉克利翁考古博物馆......E6

景点

2 圣提多教堂......D5
3 克里特岛历史博物馆......A3
4 库勒斯威尼斯城堡......E1
5 莫罗西尼喷泉......B5
6 市艺术馆......C5

活动、课程和团队游

7 Cretan Adventures......C7
8 Mountaineering Club of Iraklio......D6

住宿

9 Atrion Hotel......B3
10 Capsis Astoria......E6
11 GDM Megaron......F4
12 Hotel Mirabello......B4
13 Kastro Hotel......B4
14 Rea Hotel......A4

就餐

15 Fyllo... Sofies......B6
16 Giakoumis......C6
17 Ippokambos......C2
18 Parasties......A3
19 Peskesi......B4

饮品和夜生活

20 Bar Blow-Up......B5
21 Jailhouse Bar......A5
22 Mare......A3
23 Utopia......A4

购物

24 Aerakis Music......D6
25 Roadside Travel......B5

海滩

Ammoudara在伊拉克利翁以西约4公里处。**Amnisos**位于在伊拉克利翁以东约2公里处，是距离小镇最近的海滩，就在刚刚路过机场的地方，比较吵闹。**圣佩拉加**（Agia Pelagia）的海滨在城市以西大约20公里处，更加美丽。

活动

Cretan Adventures 户外

（☎28103 32772；www.cretanadventures.gr; 3rd fl, Evans 10）这家深受好评的当地公司由友好而知识渊博且说英语的Fondas经营，组织徒步旅行、山地自行车和极限户外远足。还有极好的自助游，配有详细的徒步旅行说明，以及含早餐的住宿和行李转运（一周€740起）。Fondas的办公室3楼，很容易错过。

Mountaineering Club of Iraklio 徒步

（☎28102 27609；www.eos-her.gr; Dikeosynis 53；⊙周一至周五 20:30~22:30）地方分会组织的穿越岛屿的徒步旅行，在大多数周末举行（旅行计划在其网站上公布）。欢迎所有人的加入。

住宿

Hotel Mirabello 酒店 €

（☎28102 85052；www.mirabello-hotel.gr; Theotokopoulou 20；双 带/不带浴室 €60/45起；❄📶）这家友好放松的酒店有点过时，但很是物美价廉。房间是窗明几净，虽有点窄小，里面有电视和电话。有一些房间有阳台、冰箱和（令人喜悦的）煮咖啡和茶的设施。这条街通常很安静，但隔壁的学生社交俱乐部在星期五和星期六晚上通常很吵闹。

Rea Hotel 酒店 €

（☎28102 23638；www.hotelrea.gr; Kalimeraki 1, Hortatson交叉路口；双 带/不带浴室 €45/35，铺 €55；❄📶）家庭经营的Rea在2014年进行了重新装修，拥有非常舒适、友好的氛围。16间简单而井然有序的房间分布在两个楼层。所有的房间里都有小电视和阳台，但有些房间的浴室是共用的。这里还有家庭房，以及一间图书借阅所和一个公共冰箱。

Kastro Hotel 酒店 €€

（☎28102 84185；www.kastro-hotel.gr; Theotokopoulou 22；标单/双/标三 含早餐 €55/85/110；❄@📶）Kastro近乎是*Home Beautiful*家居杂志风格的房间以各种曲线和形状为特色，更像是一个个立方体的儿童玩具。另外，

还有时髦的壁纸，大理石桌子和真皮床头板。房间里配备了平板电视、小冰箱和阳台。这里还有舒适的早餐区和有求必应的工作人员，绝对是一个物超所值的选择。

Atrion Hotel 商务酒店 €€

（☎28102 46000；www.atrion.gr；Chronaki 9；标单/双/标三/家 含早餐 €70/95/120/135起；❄📶）这个现代的新型商务式酒店有60个房间，里面有各种电子设备和普通的商务设计，吸引了大批商务人士。它距离格列柯公园（Greco Park）和港口很近，对于游客来说，位置非常便利。不过价格确实有点高。

Capsis Astoria 酒店 €€

（☎28103 43080；www.capsishotel.gr；Plateia Eleftherias 11；标单 €85~100；双 €100~120，标三 €115~140，都含早餐；P❄@📶🏊）它粗糙的外表并不引人注目，但从前门进入其中，Capsis里面的一切都堪称一流。在通往屋顶游泳池的一路上都可以欣赏到伊拉克利翁的迷人美景。房间里闪耀着抚慰心灵的中性色调和华丽而具有历史意义的黑白照片。131个房间中的30个房间是"天窗"房间，说是窗户，却看不见景色。自助早餐棒极了！

GDM Megaron 酒店 €€€

（☎28103 05300；www.gdmmegaron.gr；Doukos Beaufort 9；标单/双 含早餐 €140/170起；❄@📶🏊）千万不要因巨大的轮船残骸而不敢踏入这座海港前的酒店，因为里面有顶级设计师设计的舒适房间（都有不同的大小和配置），贵宾套房里有按摩浴缸和平板电视。你可以在四周都是玻璃的游泳池里尽情放松，还可以在屋顶餐馆喝上一杯，欣赏一望无际的美景，餐馆和酒吧也都极具特色。

就餐

Fyllo...Sofies 咖啡馆 €

（☎2810 284774；www.fillosofies.gr；Plateia Venizelou 33；小吃 €3~7；⏰6:00至深夜；📶）这家咖啡馆有朝向莫罗西尼喷泉（Morosini Fountain）随意摆放的餐桌，是品尝早餐bougatsa（面粉糕饼里面包上奶油粗小麦粉布丁，再撒上肉桂和糖）的不二选择。少糖的早餐的是由myzithra（羊奶奶酪）制作的。

★ Peskesi 克里特菜 €€

（☎28102 88887；www.peskesicrete.gr；主菜 €8~16；⏰正午至深夜）伊拉克利翁城市中最近开张的高档餐厅之一，坐落在装饰精致漂亮的小木屋里，这间可爱的小餐馆供应许多价格昂贵的菜肴。人们把它称为"后现代的古希腊"（为什么这么说？我们听到了你的疑问），试想一下挂在屠夫的钩子上的熏猪肉（apaki），下面燃烧着正冒着烟的干草，还有kandavlos（一种古老的烤肉串）！

孩子们的一天

大量的儿童活动都集中在伊拉克利翁东北部沿海的Gournes（Γούρνες）和Hersonisos及其周边地区。你可以在水上公园里尽情玩耍，水上公园包括**Water City**（☎28107 81317；www.watercity.gr；成人/1.4米以下儿童/0.9米以下儿童 €25/17/免费；⏰5月至9月 10:00~18:30）、**Acqua Plus**（www.acquaplus.gr；成人/儿童 €26/17；⏰5月至9月 10:00~18:00，7月和8月至19:00）或**Star Beach**（www.starbeach.gr；门票免费；⏰4月至5月 10:00~18:00，7月至9月 至19:00）。你可以在**Dinosauria**（☎28103 32089；www.dinosauriapark.com；成人/儿童 €9.50/7.50；⏰5月至10月 10:00~20:00，11月至次年4月 至17:00）与雷克斯霸王龙亲密接触。在Gournes的大型水族馆**Cretaquarium**（☎28103 37788；www.cretaquarium.gr；成人/儿童 €9/6，语音导游 €3；⏰5月至9月 9:30~21:00，10月至次年4月 至17:00）想象着自己是条美人鱼。如果想近距离观察爬行动物和海洋生物，可以参观Hersonisos的**Aqua World**（www.aquaworld-crete.com；成人/儿童 €6/4；⏰4月至10月 10:00~18:00，最晚入场时间17:15）。喜欢马的人可以继续前往**Arion Stables**（☎69737 33825；www.arionstables.com；Old Hersonisos；每小时€30）。

Parasties 希腊菜 €€

(www.parasties.gr; Historic Museum Square, Sofokli Venizelou 19; 主菜 €7~24; ⏲正午至午夜)Parasties的经营者哈里斯(Haris)非常符合伊拉克利翁餐馆管理者的特点，他真诚地为顾客提供高质量的当地农产品和顶级的克里特葡萄酒。他的热忱在小巧而精致的菜单上展露无遗。牛肝和烤蘑菇是我们的首选，而一系列吸引人的沙拉和品质极佳的肉类菜肴会让你欲罢不能。

Ippokambos 海鲜 €€

(Sofokli Venizelou 3; 主菜 €6~13; ⏲周一至周六 正午至午夜; 🛜)这家精巧的乌佐酒馆深受当地人的好评，我们也很乐于跟随潮流而推荐它。鱼是这里的招牌菜，现捉活鱼十分新鲜，制备过程虽简单却巧妙，并且价格公道。夏天，你可以在海滨阳台上享用美食。寻找海马(ippokambos)标志就能找到这家餐馆。

饮品和夜生活

观光胜地集中在Koraï、Perdika和埃尔·格列柯公园(El Greco Park)周围。从此处向西，Handakos、Agiostefaniton和Psaromiligkon风格各异，为观光客提供了更多选择。大多数地方在上午或中午开始营业，在凌晨打烊，条纹桌布和顾客随着时间的推移不断变化。夜店林立在海港附近的Epimenidou和Beaufort，以及塔洛斯广场(Talos Plaza)购物中心附近的西部海滨。起价是€5，如果在甲板上有大型的国际DJ表演，价格翻倍。表演通常直到凌晨1点才达到高潮。

Utopia 咖啡馆

(www.outopia.eu; Handakos 51; ⏲9:00至次日2:00)这家安静正规的老式咖啡馆里有镇上最好的热巧克力(€5.50~8.50)，虽然价格确实是贵得有点惊人。这里其他吸引人的东西包括微火巧克力火锅和极好的冰激凌，还有自制饼干。它的另一个版本——Beer Utopia，在马路对面供应超过500种啤酒。

★ BarBlow-Up 酒吧

(http://barblowup.blogspot.de; Psaromiligkon 1; ⏲22:00至深夜; 🛜)这个很酷的派对巢穴有着神秘时尚的氛围，较伊拉克利翁而言，看起来更像是柏林，吸引着各个年龄段的低调人群来这里欣赏优美的音乐、品尝冰啤酒。

Jailhouse Bar 酒吧

(Agiostefaniton 19a; ⏲17:00至次日4:00)这是一个玩朋克(这里的老板Yiannis是超级乐迷)和摇滚音乐的地方，从约翰尼·卡什(Johnny Cash)到约翰尼·罗顿(Johnny Rotten)。粗糙复杂的装饰在这个拱形穹顶的威尼斯时代建筑里毫不逊色。欢乐时光从下午7点到晚上11点，在星期一啤酒买一赠一。

Mare 咖啡馆、酒吧

(www.mare-cafe.gr; Sofokli Venizelou; ⏲9:00至深夜)拥有极佳的地理位置，坐落在风景优美的海滨长廊上，在历史博物馆的对面，时尚的Mare具有后文化的特征，非常适合在日落时喝上一杯。

不要错过

伊拉克利翁市场

这是伊拉克利翁位于莫罗西尼喷泉正南方的一个公共场所，狭窄的Odos 1866(1866 St)一半是市场，一半是集市。尽管越来越多地以旅游为导向，但这里依然是个很有意思的地方，也是参观游览、置办野餐用品或选购纪念品的不二选择。水果、蔬菜和肉类相间排列，商贩叫卖着当地的奶酪、蜂蜜、橄榄、香草和山茶。市面上也出售大量的皮革制品、帽子、珠宝和两栖登陆装备。玩累了就去**Giakoumis**(Theodosaki 5~8; 主菜 €6~13; ⏲7:00~23:00)享用午餐吧，也可以继续向北走，去水产区，那里有簇拥成群的小餐馆。小巷的尽头是Plateia Kornarou(Kornarou广场)，那里始建于16世纪的**Bembo喷泉**(Plateia Kornarou)十分醒目，它是由一座古罗马石棺和无头汉白玉雕像拼凑起来的。

旺季从伊拉克利翁出发的渡轮路线

目的地	公司	票价	时间	班次
哈尔基岛	Aegeon Pelagos (Anek)	€21	11.75小时	每周1班
伊奥斯岛	Hellenic Seaways	€66	4小时	每天1班
伊奥斯岛	Sea Jets	€63	3.5小时	每天1班
卡尔帕索斯岛	Aegeon Pelagos (Anek)	€18	7.5小时	每周1班
卡索斯岛	Aegeon Pelagos (Anek)	€19	5.75小时	每周1班
米科诺斯岛	Hellenic Seaways	€81	4.75小时	每天1班
米科诺斯岛	Sea Jets	€83	5.5小时	每天1班
纳克索斯岛	Sea Jets	€70	5小时	每天1班
帕罗斯岛	Hellenic Seaways	€71	4小时	每天1班
比雷埃夫斯	Minoan	€43	6.5~7.5小时	每天1~2班
比雷埃夫斯	Anek-Superfast	€36	6.5~9.5小时	每天1~2班
罗得岛	Aegeon Pelagos	€27	14小时	每周1班
圣托里尼岛(锡拉)	Sea Jets	€60	2小时	每天1班
圣托里尼岛(锡拉)	Hellenic Seaways	€63	2小时	每天1班
锡蒂亚	Aegeon Pelagos (Anek)	€15	3小时	每周1班

购物

Aerakis Music

音乐

(www.aerakis.net; KoraïSq 14)1974年以来，这里就是伊拉克利翁的一个地标，这个小商店里存有范围广泛的克里特音乐，从古老稀有的唱片到最新发行的音乐，有些是它自己的唱片公司Aerabus-Cretan Musical Workshop & Seistron发行的。

Roadside Travel

书籍、地图

(Handakos 29; ⏲3月至10月 9:00~21:00, 11月至次年2月 9:00~14:00和17:30~21:00, 周六至14:30)世界上最好的专业旅游书店之一，里面有丰富的旅游指南和地图，以及关于克里特岛和岛上古遗址的出版物可供选择。

实用信息

伊拉克利翁的两所医院距市中心很远，并且交替工作——要先拨打电话确定能去哪所医院。带有ATM机的银行随处可见，尤其是25 Avgoustou沿线。欲知更多实用信息，请访问www.heraklion-city.gr和http://history.heraklion.gr；旺季时在狮子广场(Lion' s Square)的Aktarika大楼里有时会有旅游办事处(周一至周五 8:30~14:30)。

邮政总局(Plateia Daskalogianni; ⏲周一至周五 7:30~20:00, 周六 至14:00)

旅游警察局(Tourist Police; ☎28103 97111; Halikarnassos; ⏲7:00~22:00)在哈利卡纳索斯(Halikarnassos)郊区的飞机场附近。

高校医院(University Hospital; ☎28103 92111)位于伊拉克利翁以南5公里处的Voutes，这是城市中设备最齐全的医疗机构。

Venizelio医院(☎28103 68000)在去往克诺索斯的途中，伊拉克利翁以南4公里。

到达和离开

飞机

尼科斯·卡赞扎基斯国际机场(Nikos Kazantzakis International Airport; 见621页)在伊拉克利翁市中心东部约5公里处，里面有一个银行、一台ATM机、一间免税店和一家咖啡馆兼酒吧。

船

渡轮码头位于库勒斯城堡(Koules Fortress)和老海港以东500米处，长途汽车总站就在港口入口的对面。伊拉克利翁是通往众多岛屿的一个主要港口，但除旺季外，营运服务会大大减少。船票可以通过几个城镇的旅行社购买，包括中部的**Paleologos**（☎28103 46185；www.greekislands.gr；25 Avgoustou 5；⊙周一至周五 9:00~20:00，周六 至16:00）。船票也可以在网上购买。每日都有渡轮从伊拉克利翁港口出发，包括到达比雷埃夫斯（Piraeus）的航运服务，以及更快的到达圣托里尼岛（Santorini）和基克拉泽斯群岛（Cycladic Islands）的其他岛屿的双体船。渡轮向东航行到达罗得岛（Rhodes），途经圣尼古拉奥斯（Agios Nikolaos）、锡蒂亚（Sitia）、卡索斯（Kasos）、Kapathos和哈尔基岛（Halki）。请登录www.openseas.gr了解最新的时刻表。

长途汽车

伊拉克利翁有两个主要的长途车站。**车站A**（☎28102 46530；www.ktelherlas.gr）在水滨附近，有车辆前往克里特岛的东部和西部（包括克诺索斯），提供行李寄存处（每件每天€2），开放时间为6:30~20:00。本地公交车也在此处停留。

车站B（☎28102 55965；www.ktelherlas.gr）恰好位于市中心西侧的哈尼亚大门（Hania Gate）外，有车辆发往阿诺吉亚（Anogia）、菲斯托斯、圣加里尼（Agia Galini）和马塔拉。

想要了解到达雷西姆农（Rethymno）的详细信息，请登录www.bus-service-crete-ktel.com。

长途出租车

如果想到达克里特岛周边，你可以从Crete Taxi Services（☎69700 21970；www.crete-taxi.gr）或Heraklion Taxi（www.heraklion-taxi.com）预订一辆出租车。在机场也有等待乘客的出租车，就在Plateia Eleftherias（Capsis Astoria酒店外面）和车站A。出租车至多4人乘坐，参考车费包括到达圣尼古拉奥斯（Agios Nikolaos，€69）、伊罗达（Elounda，€74）、马利亚（Malia，€39）、马塔拉（Matala，€78）和雷西姆农（Rethymno，€87）。

ℹ 当地交通

抵离机场

机场紧邻E75高速公路。在夏季，1路公共汽车（€1.10）连通机场和市中心，从早上6:15到午夜5分钟1班（€1.10），其便利的市内站点为车站A和Plateia Eleftherias。出租车进城的费用为€12~15。

汽车和摩托车

伊拉克利翁的街道狭窄混乱，因此最好把车停在停车场（每天€6），或者徒步。Marina户外停车场最便宜（每天€2），就在小镇的东边。

所有国际连锁的租车公司在机场都设有分公司。25 Avgoustou上的租车公司包括**Caravel**（☎28103 00150；www. caravel.gr；25 Avgoustou 39；小汽车 每天€42起），**Hertz**（☎28103 00744；www.hertz.gr；25 Avgoustou 4）以及**Motor Club**（☎28102 22408；www.motorclub.gr；Plateia 18 Anglon；小汽车/小轮摩托车 每天 €40/28起）。

出租车

车站A、Plateia Eleftherias和Plateia Kornarou设有出租车候车点，或**电话**（☎2810 210102）叫车。

伊拉克利翁周边

克诺索斯（Knossos） Κνωσσός

克诺索斯王宫（Palace of Knossos）

考古遗址

[☎28102 31940；成人/儿童 €6/免费，含伊拉克利翁考古博物馆（Heraklion Archaeological Museum）€10；⊙5月至10月 8:00~20:00，11月至次年4月 至17:00] 克里特岛上最著名的历史景点就数米诺斯人在克里特的都城——克诺索斯王宫（发音：k-nos-os），它位于伊拉克利翁以南5公里处。这里非常能够唤起人们对过去的回忆，遗迹和重新建造的建筑令人印象深刻，包括一座巨大的宫殿、庭院、私人公寓、浴室以及惟妙惟肖的壁画等。该遗址的发掘始于1878年，由克里特岛的考古学家Minos Kalokerinos负责，并从1900年到1930年由英国考古学家亚瑟·埃文斯继续管理，他修复了部分遗址，人们对此颇有争议。

你可以在伊拉克利翁参观伊拉克利翁考古博物馆，并参加一个导览游以了解更多的背景知识。导游都集中在入口处，如果他们可以把你加入其他人的团队，你需要支付大约€10，或者你还可以选择费用高达€80的私人导览。

克诺索斯是弥诺陶洛斯（Minotaur）神话的背景设定。相传，有人赠予克诺索斯的国王米诺斯一头雄壮的白色公牛，让他用来

Palace of Knossos 克诺索斯王宫

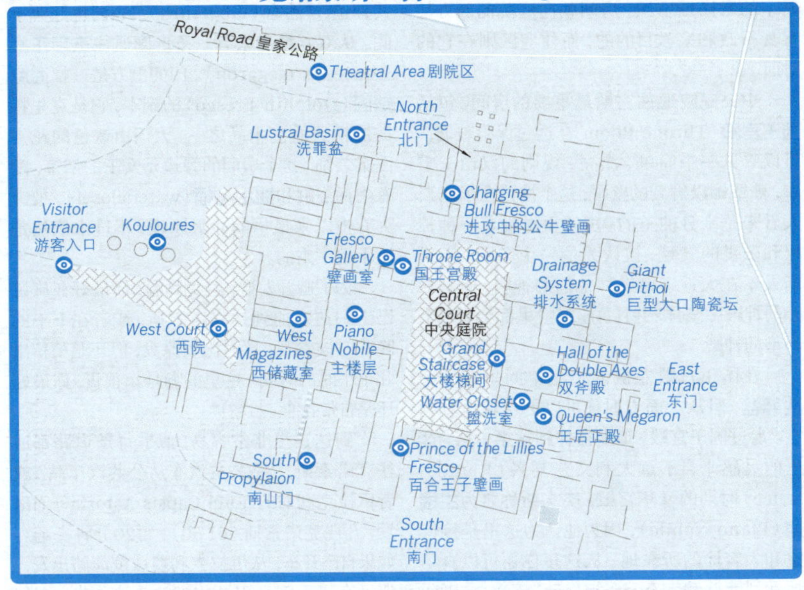

祭祀海神波塞冬（Poseidon），但他决定留下它。这激怒了海神波塞冬，他惩罚了国王：让国王的妻子帕西法厄（Pasiphae）爱上了这头牛。这个奇怪结合的结果就是弥诺陶洛斯——半人半牛——他被囚禁在克诺索斯王宫的一个地下迷宫里，以童男童女为食，后被提修斯（Theseus）所杀。

公元前1700年左右，克诺索斯的首座王宫（公元前1900年）毁于地震，重建的宫殿更加恢宏，但于公元前1500至公元前1450年间再次被部分损毁，残存的一部分也最终在居住了50年后被大火夷为平地。埃文斯的重建方法仍然是有争议的，许多游客和考古学家认为，他过于生动的想象力使宫殿失去了准确度。他把重建的重点放在了宫殿的最重要的部分，在30年的挖掘期间，埃文斯在青铜器时代（Bronze Age）的米诺斯宫殿下发现了新石器时代文明的遗迹。他还发现了3000块泥片，上面含有A类线形文字和B类线形文字的手稿。在平顶堆最先出土的宝藏是被称作**Kefala**，是米诺斯人创作的壁画，随后被发现的是**国王宫殿**（Throne Room）。考古世界对这些发现大为震惊，因为这个成熟、复杂的欧洲文明竟然与伟大的埃及法老属于同一时期。先进的排水系统以及房间到通道、天井、门厅和走廊的巧妙布局使得房间冬暖夏凉，这些细节都进一步证明了米诺斯社会的高度发达。

在你参观遗址时，要记住，建筑中的名字和用途并不一定反映米斯诺的现实。宫殿的第一个区域是**西院**（West Court），这里可能是一个市场或公共集会的场所。在你的左边是被称作**kouloures**的三个一组的大圆坑，曾用于粮食储藏。

沿宫殿西墙到达**剧院区**（theatral area），那里有一连串的浅台阶，其功能尚不清楚。它可能是一座剧院，观众在那里观看杂技和舞蹈表演，也可能是人们聚集在一起欢迎从通往西方的**皇家公路**（Royal Road）到来的重要游客的地方。欧洲的第一条公路两旁有工作坊和普通人的房子。也是在这里，在你的右边，是一个**洗罪盆**（lustral basin），但是埃文斯推测，那里是米诺斯人在宗教仪式举行之前进行洗礼的地方。

在宫殿的北入口附近，再继续前往宫殿的中心，雄伟的**中央庭院**（Central Court）之前，先停下脚步瞻仰一下**进攻中的公牛壁画**（Charging Bull Fresco），中央庭院曾在米诺斯时期被高墙包围起来。因为它是一个典型的米诺斯宫殿，房间朝向庭院的西方是有其行政和宗教目的的，而住宅区则在它的对面。

中央庭院通往宫殿最重要的房间，包括**国王宫殿**（Throne Room）。透过保险玻璃，可以看见一个简单、漂亮、规则的汉白玉宝座，墙壁饰以狮鹫的壁画，这个神兽在米诺斯人看来是十分神圣的。房间里洋溢着一种神秘和敬畏的气氛，被认为是一个圣殿。米诺斯人不在大神庙里祭拜他们的神明，而是在小的神殿中祭拜，并且每座宫殿里都会有几个小型的神殿。

在国王宫殿左侧的一个单间里有一个**洗罪盆**，但从上面看时你可以更直观地看到它。走过国王宫殿，走上楼梯到达第一层。这里的灵感来自于意大利文艺复兴（Renaissance）时期的豪华宫殿，埃文斯称之为**主楼层**（Piano Nobile），因为他认为这里是接待室和大客厅的所在地。从这里你还可以真切地看到**西储藏室**（west magazines），或者叫库房，那里巨大的大口陶瓷坛（泥坛）曾经用于盛装油、葡萄酒以及其他原料。

从主楼层北端被修复的房间向下看是上文中提及的洗罪盆，这里还收藏着出土自克诺索斯的最著名壁画的复制品，包括**《跳跃的公牛》**（*Bull-Leaper*）、**《穿蓝色衣服的妇人》**（*the Ladies in Blue*）以及**《蓝鸟》**（*Blue Bird*）。原件均收藏在伊拉克利翁考古博物馆内。在主楼层最南端，沿楼梯可以下到**南山门**（South Propylaion），在那里你可以欣赏**待酒者壁画**（Cup Bearer Fresco）。

回到中央庭院，并从中穿过，到达令人印象深刻的**大楼梯间**（grand staircase），从那里下去可以通往王室住所。你可以在上面研究它们的布局，然后走到较低的地方，经过中央庭院南边的**百合王子壁画**（Prince of the Lilies fresco）。

大部分的王室住所是禁止入内的，但是你仍然可以在宽敞的双人间**双斧殿**（Hall of the Double Axes）内瞥见国王的住所（king's quarters；正厅）。埃文斯指出，统治者既在那里就寝，又在那里办公。房间的一端光线很好，另一端有一个阳台，以保证空气流通。其名称来源于采光井上的双斧标志——双刃斧（labrys），对米诺斯人而言，这个标志极其神圣，"迷宫（labyrinth）"一词也起源于此。从双斧殿出来有一条走廊通往**王后正殿**（queen's megaron）。门的上方是一幅**海豚壁画**（Dolphin Fresco）的副本，它是克里特岛最精致的艺术品之一。大门由蓝色的花卉图案装饰。这个房间的旁边是女王的浴室，配有陶瓦浴缸和**抽水马桶**（water closet），被誉为有史以来最早的冲水原理，不过水依然是用手倒下来的。

为了避开人群，避免高温，你最好在旅游巴士到达之前到达克诺索斯，或者在下午的晚些时候参观，那时比较凉爽，但还是要留出几个小时的时间。这里的咖啡馆很贵，你最好还是自带饮食。

到达这里非常容易，似乎每条道路都通往克诺索斯。2路公共汽车从公共汽车站A或者伊拉克利翁的Hotel Capsis Astoria外面出发，开往克诺索斯（€1.50），每20分钟一趟。如果自己开车，从伊拉克利翁或滨海路出发，那里有指示牌会引领你到达克诺索斯。在纪念品商店的对面可以免费停车，但车位会很快爆满。

伊拉克利翁酒城 (Iraklio Wine Country)

克里特岛约有70%的酒产自伊拉克利翁酒城，酒城开始于克诺索斯的南部，在Dafnes和Arhanes（坐落在米诺斯宫殿的顶上，是一个理想的基地，与伊拉克利翁相比，它是一个更加悠闲的选择）周围都有。20多个酿酒厂与形状各异的山丘、阳光闪耀的山坡、葱翠富饶的山谷相映成趣，构成一道美丽的风景线。酿酒师培育品种优良的克里特葡萄品种，比如卡茨法里（kotsifali）、mandilari和马尔维萨（malvasia）。许多酒厂可供游览，葡萄酒博物馆也对外开放，还可以在此品尝美酒。访问www.winesofcrete.gr查询完整酒单，获取《伊拉克利翁葡萄酒之路》地图，也可以在葡萄酒厂领取。

活动

Boutari 葡萄酒厂

（☎28107 31617; www.boutari.gr; Skalani; ⏰周一至周五 9:00~17:00，全年营业，周末需预

米诺斯的其他宫殿

在克诺索斯旁边，克里特岛的中部另有3处主要的米诺斯遗址，它们未经重建，因此，即使没有埃文斯的解释，我们也可以从这些遗址中对这里的古代社会略知一二。

菲斯托斯（Phaestos）

伊拉克利翁西南方向约63公里处，靠近马塔拉，**菲斯托斯**（☎28920 42315；成人/儿童 €4/免费，包括圣特里亚达 €6/免费；⏲5月至10月 8:00~20:00，11月至次年3月 至15:00）是克里特岛第二重要的米诺斯宫殿，布局令人叹为观止，能欣赏Mesara平原和斯罗里迪斯山（Mt Psiloritis）的全景。著名的菲斯托斯圆盘，就出土自宫殿西北部，现今就收藏在伊拉克利翁考古博物馆（见276页）。

和克诺索斯一样，菲斯托斯（发音：fes-tos）也建在被毁的旧宫殿上，宫殿建筑也围绕中央庭院布局。不过，不同于克诺索斯王宫，该宫殿壁画较少，墙壁表面仅用白色石膏做了处理。

穿过售票厅，首先映入眼帘的就是**上庭院**（Upper Court），相传曾是市集广场。从这儿出发，沿楼梯向下，即是**西庭院**，右侧是**剧院区**，左侧是开阔的**大楼梯间**。这儿曾经通往**山门**（Propylae），宫殿的主入口，目前仅存柱基。穿过众多储藏室就到了宽广的**中央庭院**，皇室居住区就坐落在北翼（左转），其中包括**王后和国王的正殿**（十分隐蔽）以及优美的内部庭院——**列柱围廊式庭院**（Peristyle Court）。

大多数KTEL公共汽车（www.ktelherlas.gr）到达马塔拉，从伊拉克利翁始发（€6.50，1.5小时）前往菲斯托斯，也在哥提那（Gortyna）停车（先要跟司机确认，并询问返程时间，可能随时变化）。还有从圣加里尼（€2.10，45分钟）和马塔拉（€1.80，30分钟，每天2~3班）始发的公共汽车。

圣特里亚达（Agia Triada）

坐落在菲斯托斯以西3公里外一个迷人的山坡上，可以远眺墨萨拉（Messara）的海湾，**圣特里亚达**（☎27230 22448；成人/儿童 €3/免费，包括菲斯托斯 €6/免费；⏲夏季 9:30~16:30，冬季 9:00~16:00）环绕着一座L形的皇家别墅、一条曾经通往海边的坡道以及一座有住宅和商店的村庄。圣特里亚达（发音：ah-yee-ah trih-ah-dha）始建于公元前1550年左右，于公元前1400年左右毁于大火，但从未被洗劫。此处出土了大量米诺斯杰作，最著名的当属**圣特里亚达石棺**（Agia Triada Sarcophagus），如今是伊拉克利翁考古博物馆的明星展品。沿Matala公路穿过菲斯托斯，前行约500米就是指向圣特里亚达的路标。没有公共交通直达该遗址，你可以从任何一个主村庄步行5公里到达这里。

马利亚（Malia）

位于北部海岸，伊拉克利翁以东约35公里处，靠近与之同名的海岸观光胜地，**马利亚宫殿**（Palace of Malia；☎28970 31597；成人/儿童 €4/免费；⏲周二至周日 8:00~17:00，冬季周一不开放）由于提供了免费地图、展厅以及随处可见的标志，使游览这座宫殿相对容易。

从**西庭院**进入，右转然后沿众多的**储藏室**（West Magazines）南行，抵达被认为曾经是粮仓的8个圆坑。越过圆坑继续前行，从南侧进入宫殿的**中央庭院**。左手边的地下是**Kernos Stone**，是一个边缘附有24个洞的圆盘，可能是宗教用品。宫殿最重要的建筑就在中央庭院里，包括石头门厅后方的**列柱地穴**（Pillar Crypt）、**大楼梯间**以及架在高处的**凉廊**，该处最有可能用于举行仪式。更远处是**王室住所**，中央庭院北部则是**作坊**和**储藏室**。

从伊拉克利翁的车站A驶往马利亚村庄的公共汽车每小时有好几班，在宫殿停靠（€3.80，1小时）。

约）位于Skalani附近，距伊拉克利翁大约8公里，Boutari是岛上最大的葡萄酒厂（面向大众市场），经营理念时尚前卫。参加团队游（需预约）以旅游了解当地的葡萄和葡萄酒的酿造，或者在宽敞现代的品酒室俯瞰葡萄园，了解产品的样品（大多数是克里特岛的葡萄品种）。

Minos-Miliarikis 葡萄酒厂

（☎28107 41213；www.minoswines.gr；Peza；⏲周一至周五 9:00~16:00；周六 10:30~15:00）就坐落在Peza的主干道上，Minos规模巨大，1952年出产了克里特岛上最早的瓶装葡萄酒。它生产的葡萄酒好评如潮，尤其是带有Miliarakis商标的品种，包括醇香浓郁的有机干红以及芬芳的黑中白香槟（Blanc de Noirs）。需要预约，在**葡萄酒园会所**（Vineyard House；⏲周一至周六 11:00~18:00）还会举行品酒活动，就在Sambas葡萄的旁边，卡斯蒂里（Kastelli）方向的Peza以东10公里处。

Domaine Gavalas 葡萄酒厂

（☎28940 51060；www.domainegavalas.gr；Vorias；⏲周一至周五 8:00~16:00）成立于2004年，是克里特岛上最大的有机葡萄酒厂之一。一定要尝一尝备受赞誉的Efivos红葡萄酒和白葡萄酒。位于Vorias，在Peza以南约20公里处。

食宿

Eliathos 公寓 €€

（☎69518 04929，28107 51818；www.eliathos.gr；Arhanes；单间 €110，别墅 €130~180；❄✖）坐落在Arhanes以南大约500米的山坡上，可以看到壮丽的Mt Yiouhtas，这个有6座房子的住宿区是一处宁静祥和的地方。房主可以帮助你通过烹饪课、远足，橄榄油、葡萄酒制作工坊来了解当地文化。

Arhontiko 公寓 €€

（☎28107 52985；www.arhontikoarhanes.gr；Arhanes；公寓 €75~95；❄📶）这4个公寓位于一栋建于1893年的别墅里，弥漫着轻松高雅的氛围。这里曾经是一个军营和一所小学。这4间上下两层的公寓里有许多古董和古老的刺绣作品，还有设备齐全的厨房、一个壁炉和现代化的生活设备，一点都看不出它原来的用途。

Kritamon 克里特菜 €€

（www.kritamon.gr；Vathy Petrou 4；主菜 €9~14；⏲正餐 每天，午餐 周六和周日）把你的味蕾带到这个美食基地吧，它在紧邻中央广场的一条街上，附近有一座种满胡桃树的迷人的花园庭院。古克里特岛和现代极具创意的食谱上面有让人无法抗拒的沙拉、淳朴的主菜和令人欲罢不能的甜点。配料都来自家庭花园或当地供应商。

★ Elia & Diosmos 克里特菜 €€

（☎2810 731283；www.olive-mint.gr；Skalani；主菜 €10~19；⏲午餐和正餐 周二至周日）这个坐落在伊拉克利翁酒城边缘的美食广场，Argiro Barda把市场里新鲜的食材烹制成香飘四溢的当代克里特菜肴。菜单随季节而变化，但经典的选择包括多汁的蜂蜜羊排，松软的茴香饼，和口感饱满的猪肉配无花果、李子和开心果。距伊拉克利翁只有很短的车程，距克诺索斯南部也仅需大约10分钟。

扎罗斯（Zaros） Ζαρός

人口 2110

在斯罗里迪斯山（Mt Psiloritis）巨大的卢瓦斯峡谷（Rouvas Gorge）的底端，坐落着淳朴的扎罗斯小山村，它因有天然泉水而享有盛名——在克里特岛随处可见装在瓶中售卖的泉水。食客们闻香寻味，前来品尝农场养殖的新鲜鲑鱼，这一美味在城镇和翠绿的Votomos湖周边的许多小餐馆都能品尝到。

扎罗斯也吸引了许多户外运动爱好者，徒步5公里穿越**卢瓦斯峡谷**（Rouvas Gorge），十分轻松，也使人备感舒适。徒步路径的起点在Limni餐馆附近，但进入山谷还需继续步行1公里，越过圣尼古拉奥斯修道院——这座现代化的修道院环绕着一座具有历史意义的、充满了圣像和壁画残片的教堂。小路首先穿过一片被大火烧毁的森林，不过很快植被就多了起来，到处都是橡树、百合花、兰花、鼠尾草以及其他山区植物。小路尽头是圣约阿尼斯小礼拜堂，那里有桌椅，是享用休闲野餐的好去处。

食宿

★Eleonas Cottages 村舍 €€

(☎28940 31238, 6976670002; www.eleonas.gr; Zaros; 单间公寓/村舍 含早餐 €90/100起;) 因为特别的兴趣爱好，主人玛诺利斯(Manolis)为客人创造了这个美食天堂。由橄榄园发源而来，这个美丽的休憩场所建造在一个梯台花园的山坡上。这是一个具有克里特岛特色的地方，这里有新鲜的空气，轻松的氛围和热情的员工。这里还巧妙地建造了单间和公寓，并且装饰极具品味。

★Vegera 克里特菜 €

(☎28940 31730; www.vegerazaros.gr; MainSt; 多道菜套餐 €12; ⊙8:00至深夜;) 充满生机的Vivi有一门诀窍，就是立足传统菜谱，把农场种植的新鲜作物变成美味的创意菜肴。她的理念是"用家常的烹饪方法烹制菜肴"。确实，这里的花桌布，温馨的环境，主人Vivi会让你感觉是身在一个非常热情的希腊家庭里。

到达和离开

扎罗斯距伊拉克利翁西南约46公里。每天有1班从伊拉克利翁的车站B开往卡马勒斯(Kamares)的公共汽车，在扎罗斯(€5.50，1小时)停靠。除此之外最好的方案是坐每小时1班的公共汽车到Mires，然后从那里打车(€15)。

马塔拉(Matala) Μάταλα

人口 70

神话故事中，马塔拉(发音：ma-ta-la)是宙斯化作牛驮着欧罗巴上岸的地方，之后他把她带到了哥提那，并在那里和她孕育了未来的米诺斯国王。在更近的时期，马塔拉争得地位得益于20世纪60年代晚期大量嬉皮士的聚集，他们占据了悬崖边洞穴中的免费住所。琼尼·米歇尔(Joni Mitchell)的著名歌曲*Carey*使这一时代得以不朽。夏季，这里挤满了当天来回的游客。不过淡季在此留宿或到此参观，依旧能领略到马塔拉的魔力：光是海岬包裹的新月形海滩沿线的景色就十分壮观了。

景点和活动

在马塔拉，只有著名的"嬉皮士"**洞**(Ancient Matala, Roman Tombs; 门票 €3; ⊙4月至9月 10:00~19:00，10月至次年3月 8:30~15:00)被广泛认可，那里的确可以追(下接内容304页)

值得一游

哥提那

考古遗址**哥提那**(Γόρτυνα, Gortyna; ☎28920 31144; 成人/儿童 €4/免费，包括圣特里亚达 €6/免费; ⊙7月和8月 8:00~20:00，9月至次年6月 8:00~15:00)位于伊拉克利翁西南46公里处，是克里特岛上最大的遗址。它曾经是强大的菲斯托斯的一个附属城镇，但后来它成了罗马克里特岛的首府。大多数遗迹可以追溯到罗马时期。在全盛时期，有多达100,000的人口，仿佛能把哥提那的路面踏平。

哥提那分为两个部分，保存最完好的遗迹位于路北边的保护区内。其中包括6世纪拜占庭的**圣提多教堂**(Church of Agios Titos)，这是克里特岛最精美的早期基督教堂，更重要的是，大量石碑上刻有公元前6世纪的**《哥提那法典》**(*Laws of Gortyna*)，这是希腊社会最古老的法律准则。北边不远处就有神话故事中常青的**悬铃树**，是宙斯和欧罗巴的"爱巢"。主要的罗马建筑大都沿高速公路南侧的广阔区域延伸(不收门票)。因而不易于定位，要寻找指向**阿波罗神庙**(Temple of Apollo)的路标，这是前罗马时期哥提那最重要的圣地。从这儿往东是公元2世纪的**总督府**(Praetorium)，是罗马总督的住所，内有一间**Nymphaeum**(公共浴室)以及一座圆形剧场。

往返于伊拉克利翁和菲斯托斯或马塔拉的公共汽车可以让你在哥提那(€4.70)下车。

克诺索斯王宫
(Palace of Knossos)

2小时看遍王宫亮点

克诺索斯王宫是克里特岛最繁忙的旅游景点，因为看点很多。围绕部分按照想象复原的建筑群（按照人们认为的方式展现这里的全盛面貌）走上一圈，米诺斯人极为复杂的社会一定会令你瞠目结舌，毕竟就在4000年前左右，米诺斯文明曾主导欧洲南部。

从售票亭沿着带有标记的徒步路径一直走就能到达❶**北门（North Entrance）**，在这里，进攻中的公牛壁画就是米诺斯艺术带给你的第一印象。接着来到中央庭院（Central Court），你可以加入等候在此的游客队伍，一同去一睹神秘的❷**国王宫殿（Throne Room）**，那里可能在主持宗教仪式。出来后右转，沿着台阶向上走就到了所谓的主楼层（Piano Nobile），宫殿中最著名的作品的复制品就存放在位于主楼层的❸**壁画室（Fresco Room）**里。漫步于主楼层，停下来看看西储藏室（West Magazines）里黏土制的容器。绕回去，向下走到❹**南门廊（South Portico）**，在那里能看到装饰精美的侍酒者（Cup Bearer）壁画。再次回到中央庭院，前往宫殿东翼去欣赏一下❺**大楼梯间（the Grand Staircase）**，那里通往埃文斯（Evans，英国考古学家）想象中的王室私人住所。想要仔细参观一些房间，就步行到庭院的南端，停下脚步一睹❻**百合王子壁画（Prince of the Lilies fresco）**的风采，然后再去下面一层，这里的一大亮点是❼**王后正殿（Queen' s Megaron）**，埃文斯认为这里是王后的内庭，装饰着海豚嬉戏玩耍的壁画，趣味十足。在较低的楼层里一直走就能找到❽**巨型大口陶瓷坛（Giant Pithoi）**，它是用黏土制作的巨大容器。

南门廊
South Portico

精美的壁画装饰着这座宫殿的入口，其中最出名的是“侍酒者”（Cup Bearer）。一段巨大的开放式楼梯通向主楼层。曾经位于南外墙顶端的神圣号角（Horns of Consecration）被重新复原。

壁画室
Fresco Room

在西翼楼的高层主楼层可以欣赏一览无余的宫殿景色，然后可以在壁画室研究宫殿最著名艺术品的复制品。

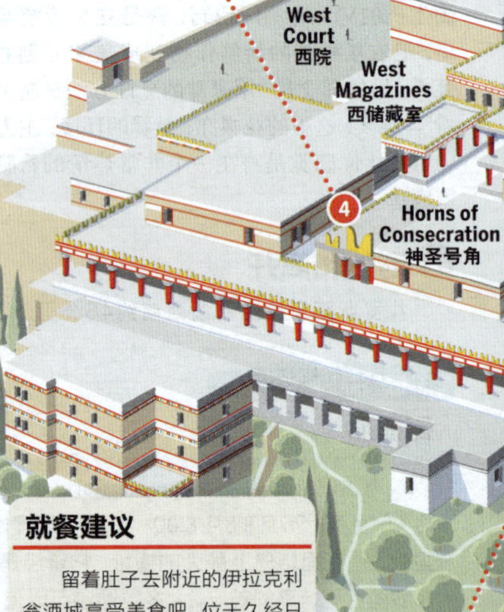

就餐建议

留着肚子去附近的伊拉克利翁酒城享受美食吧，位于久经日晒的山坡和郁郁葱葱的山谷之间。就在克诺索斯的南面。

百合王子壁画
Prince of the Lilies Fresco

克诺索斯最受喜爱的壁画之一，是用不同大小的碎片拼凑而成，表现了一位以百合花和孔雀羽毛作装饰的年轻男子，颇有争议。

计划

为了避开人群和酷热，早上10点之前进入，留出1～2个小时细细地参观遗址。

ANDREA SCHULTE-PEEVERS ©

ANDREA SCHULTE-PEEVERS ©

国王宫殿
Throne Room

1900年，阿瑟·埃文斯爵士（Sir Arthur Evans）开始发掘克诺索斯王宫，在这座比例优美的宫殿内，想象一下神话中的米诺斯国王在汉白玉王座上就座临朝。然而，洗罪盆和狮鹫壁画显示出此处的宗教用途，这里有可能属于一位女祭司。

北门
North Entrance

在米诺斯社会中，公牛的特殊地位从装饰北宫殿柱廊西堡垒那幅著名的进攻中的公牛浮雕壁画可见一斑，那里被用作作坊和储藏室。

大楼梯间
Grand Staircase

这座巨大的楼梯间由柱子支撑的四段石膏楼梯构成，通向东翼的王室住所。较低的两段楼梯为原址。楼梯间不向公众开放。

Piano Nobile 主楼层

Central Court 中央庭院

Royal Apartments 王室住所

巨型大口陶瓷坛
Giant Pithoi

这些巨大的陶罐是旧王宫时期的罕见遗存，被用于储存葡萄酒、油和粮食。罐子依靠穿过一系列把手的吊索运送。

ANDREA SCHULTE-PEEVERS ©

王后正殿
Queen's Megaron

凭借顽皮的海豚壁画（Dolphin Fresco），王后正殿是东翼起居区最漂亮的地方。毗邻的浴室（有黏土浴缸）和厕所证明这里有复杂的排水系统。

ANDREA SCHULTE-PEEVERS ©

1. 东正教复活节彩蛋 2. 帕特雷狂欢节 3. 复活节弥撒，帕特莫斯岛（见410页） 4. 圣徒纪念日的庆祝活动，伊卡里亚岛（见424页）

RACHEL ROYSE / CORBIS ©

众多节日

看上去希腊人几乎要庆祝所有事情。在这个国家，每个人都有两个生日——自己的生日和取名所依据的圣徒的纪念日。不管是沉痛压抑也好，兴高采烈也罢，任何情况都避不开庆祝活动。

狂欢节（Carnival）

与其说是狂欢节，不如说是狂欢季。狂欢节是希腊最绚丽多彩的节日，以花车、舞蹈和盛装为主的周末街头派对把节日推向高潮。不同地区有自己独特的狂欢活动。前往帕特雷（Patra）吧，亲身体验一下最盛大和狂野的庆祝活动。去斯基罗斯（Skyros）也行，可以见识一下所有小镇被饰以山羊和铜铃的场景。

东正教复活节（Orthodox Easter）

复活节不仅是许多餐馆大摆盛宴的时候，也是游人们受邀到当地人家用餐的好日子。数不胜数的盛宴最终都以传统舞蹈和欢饮告终。烟花爆竹满天飞，染红的鸡蛋遍地都是。作为基督教朝圣之旅的重要圣地，帕特莫斯岛（Patmos）是庆祝活动最盛大的几个地方之一。

八月月亮节（August Moon Festival）

据说八月月亮节是全年月亮最亮、最美的时候，在月亮的召唤之下，全国大大小小的城镇都会举办特别的夜间庆典和派对。在雅典，历史遗址这天会免费向公众开放，人们可以欣赏月光下上演的戏剧和舞蹈。

命名日（Name Days）

希腊教堂的日历中排满了特定的圣徒纪念日。大多数希腊人的名字都会取自其中一位圣徒，而且他们每年都会庆祝自己取名所依据的圣徒的纪念日。命名日比生日还令人激动，会吃糖果、送礼物，并举办派对进行庆祝。

DEA / ARCHIVIO J.LANGE / GETTY IMAGES ©

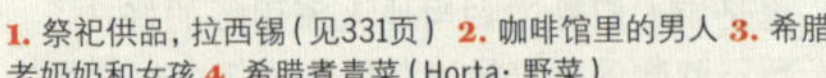

1. 祭祀供品，拉西锡（见331页） **2.** 咖啡馆里的男人 **3.** 希腊老奶奶和女孩 **4.** 希腊煮青菜（Horta；野菜）

ANTHONY PIDGEON / GETTY IMAGES ©

岛上习俗

前往村庄，特别是在岛屿内部地区的村庄，可以看到沿用至今的传统习俗。在其中一些地方，时光仿佛停滞不前，而在其他地方，传统习俗与现代社会并肩前行。

Kafeneio

走进一个传统的kafeneio（咖啡馆）去体验一下经得起时间考验的传统习俗。它通常与老式的男性俱乐部类似——你会发现饱经风霜的当地人会在这里停留几个小时，他们喝咖啡、打牌、高谈阔论。而女人则很少来这种地方，当然，她们并非不受欢迎。

Tama

在无数散布于岛上的礼拜堂旁边停下脚步，见证经过长期实践的tama习俗，祭祀供品。你会发现一座摆满婴儿蜡像的祭坛，这个祭坛是为圣母玛利亚准备的，以求多子。你还可以走过圣斯皮里东（St Spyridon）通道，以求保佑家中老人。一些礼拜堂中的拜占庭式的壁画和金色人像会让你大为震撼。

家庭

一位年纪很大的老奶奶弯着腰坐在广场上，用鹰一般的眼睛看护着自己的孙子孙女。这几乎是典型的希腊形象，你会多次看到。家庭在希腊社会仍然占主导地位，许多雅典人会在夏天把孩子送到岛上，让孩子们与祖父母一起度过暑假。

家常菜

你会经常看到当地人在路边的田野里采割青菜（Horta；野菜）、牛至或山茶。几个世纪过去了，他们的食谱还是以每座岛上的地方菜为基础。几乎在每座你所参观的岛上都会发现各种各样的绿叶蔬菜和奶酪（还有烈酒）。

ELI ASENOVA / GETTY IMAGES ©

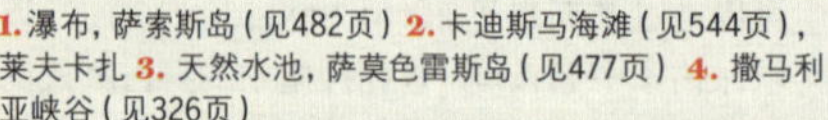

1. 瀑布，萨索斯岛（见482页）2. 卡迪斯马海滩（见544页），莱夫卡扎 3. 天然水池，萨莫色雷斯岛（见477页） 4. 撒马利亚峡谷（见326页）

DOUG MCKINLAY / GETTY IMAGES ©

多样地貌

一座隐世岛屿所需的特定要素——脚趾间细腻的沙子、可以下潜的晶莹温暖的海水，以及抛开现实生活的感觉。另外还有青翠的森林、艳丽的落日和繁茂的峡谷，让你再也不想回归现实。

海滩

尽管希腊确实不只有海滩，但海岸线是这里画龙点睛的一笔，悠长而触手可得的海滩是日光浴者梦寐以求之所，更有偏离道路、与世隔绝的海湾等待探寻。在克里特岛棕榈环绕的普利维利或圣托里尼岛黑色的火山沙上舒展身体，探索隐藏在科孚岛高大悬崖之间的小海湾，沿着科斯岛壮观的Kefolos海湾走上12公里长的温暖沙滩。光彩夺目的爱琴海边不缺少埋起脚趾的地方。

森林

与海浪轻抚的海岸形成鲜明的对比，青翠的森林给岛屿内陆披上神秘的外衣。在帕克西古老的橄榄树丛、莱斯沃斯岛高大的松树或萨莫色雷斯岛的悬铃木和橡树之间缓步穿行。探索萨索斯岛古老茂盛的森林，攀登萨摩斯岛Ambelos山北坡，欣赏壮观的景色。穿上徒步鞋，踏上无尽的细长小路。

峡谷

克里特岛撒马利亚峡谷的崎岖景色是希腊最壮观的景致之一，有高耸的峭壁和如毯子一般的野花。附近，伊姆布罗斯峡谷300米高的山壁上有柏树、无花果树和芬芳的鼠尾草。前往克里特岛东岸令人遐思的扎克罗斯峡谷：峡谷山壁上有蜂窝状的古墓，被称为“死亡谷”（Valley of the Dead）。

1

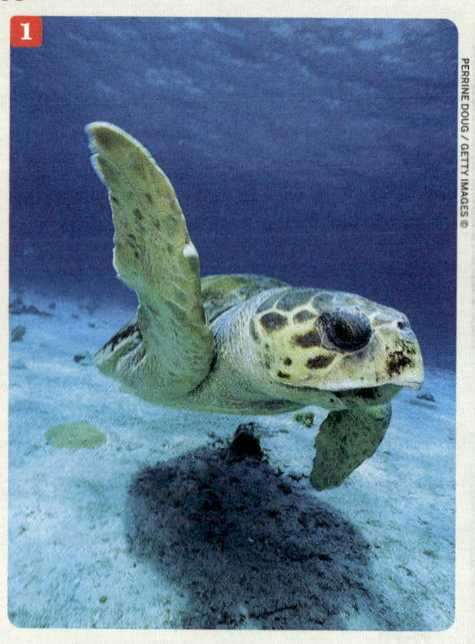

PERRINE DOUG / GETTY IMAGES ©

1. 赤蠵龟 2. 斯基罗马 3. 长角山羊（克里特岛山羊）
4. 僧海豹

3

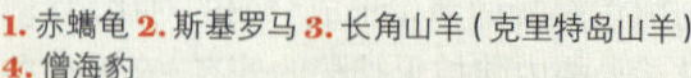

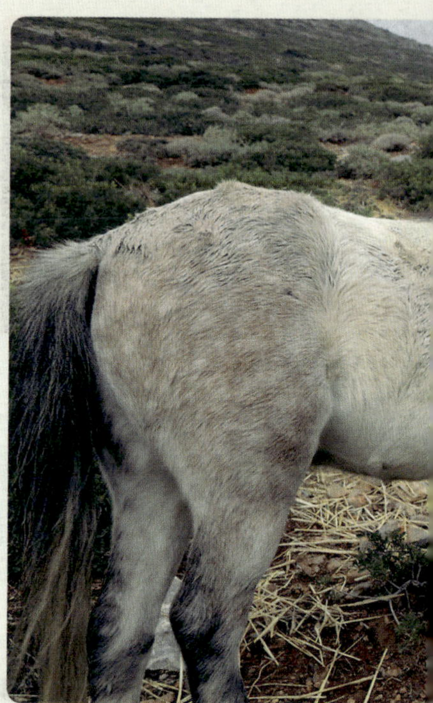

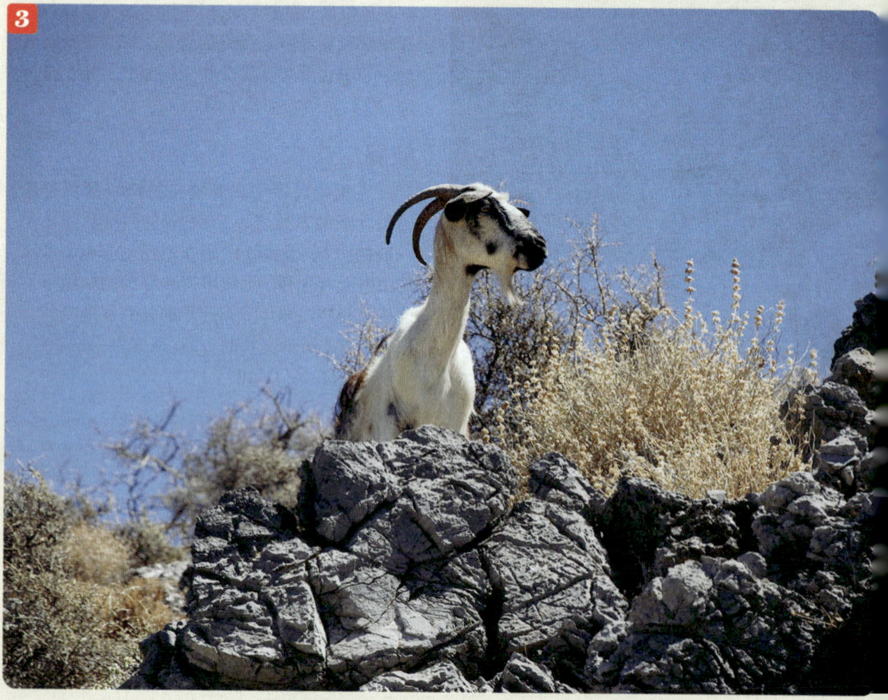

CONSTANTINOS PLIAKOS / ALAMY PHOTO STOCK ©

野生动物

许多岛上栖息着濒危动物及和远处迁徙途中落脚的动物，这里的野生动物会让你驻足惊叹。虽然当地的鼬鼠、狐狸和兔子不太可能激发你的热情，但有一些动物值得你睁大双眼。

赤蠵龟（Loggerhead Turtle）

扎金索斯周边的国家海洋公园是欧洲最后一片海龟栖息地。濒危的赤蠵龟在凯法利尼亚和克里特岛筑巢。

斯基罗马（Skyrian Horse）

濒危的斯基罗马从古代开始就在斯基罗斯岛的野外闲逛，它们脾性温和，在岛屿南部山区或保护农场里可以一窥其真颜。

鸟类

在南北迁徙线路下方休息，无数鸟类朋友会光顾岛屿，单单莱斯沃斯岛就吸引来279种鸟类。留意鹳（storks）、稀少的艾氏隼（Eleonora's falcon）、白腹隼雕（Bonelli's eagle）、巨大的胡兀鹫（bearded vulture）和好像鸬鹚的地中海鹭鸶（Mediterranean shag）。

僧海豹（Monk Seal）

这种濒危哺乳动物全世界数量的一半都在伊奥尼亚群岛和爱琴海。在古代，由于热爱大海和太阳，僧海豹受到波塞冬和阿波罗的保护，它们装饰了这个国家铸于公元前500年的第一批硬币。在斯波拉泽斯群岛的港口或Alonissos海洋公园的水面上留意它们的踪影。

长角山羊（Kri-Kri）

山羊角不同一般地大，克里特岛的野山羊或长角山羊经常出现在米诺斯文明的艺术品中。野外幸存的不多，在撒马利亚峡谷内外或许可以找到正在咀嚼野花的它们。

1

JOE DANIEL PRICE / GETTY IMAGES ©

2

4

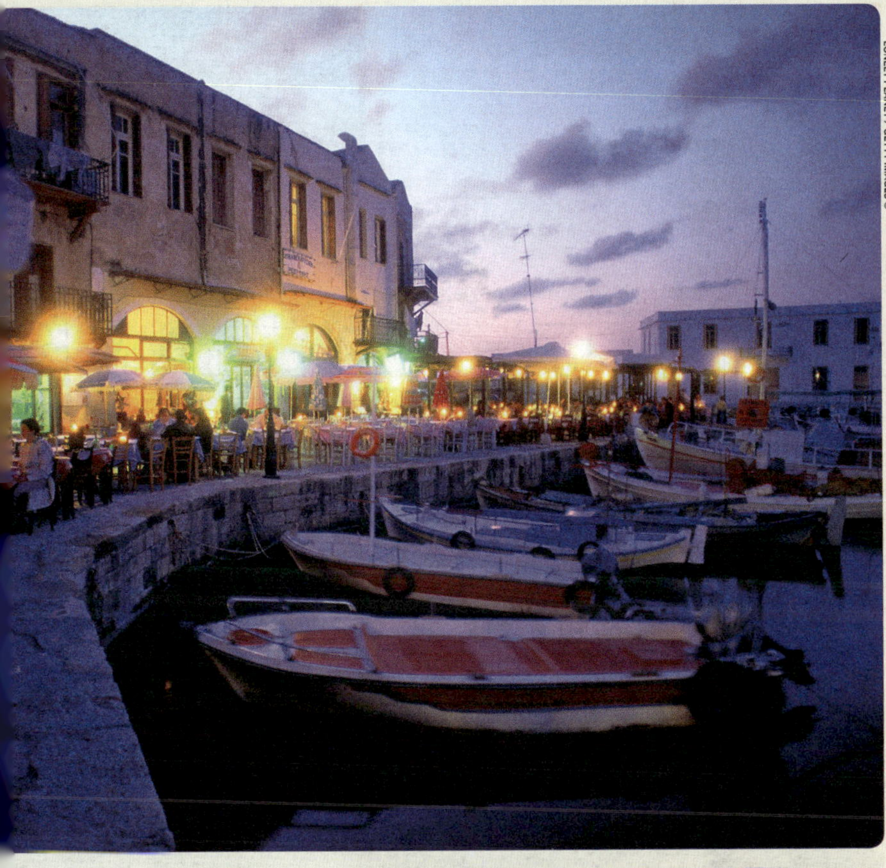

1. 斯皮利（Spili；见311页）
在村落北端的斯皮利现代修道院眺望山村。

2. 雷西姆农（Rethymno；见304页）
在克里特岛最迷人的小镇的海滨享用美食。

3. 伊拉克利翁考古博物馆（Heraklion Archaeological Museum；见276页）
这个博物馆位于克里特岛的首府伊拉克利翁，在被修复的包豪斯建筑中，陈列柜的展品跨越5500年的历史。

4. 斯皮纳隆加岛（Spinalonga Island；见335页）
当这里是麻风病人隔离区时，堡垒地下的隧道曾经用于输送病人。

3

1

JACK SULLIVAN / ALAMY PHOTO STOCK ©

2

4

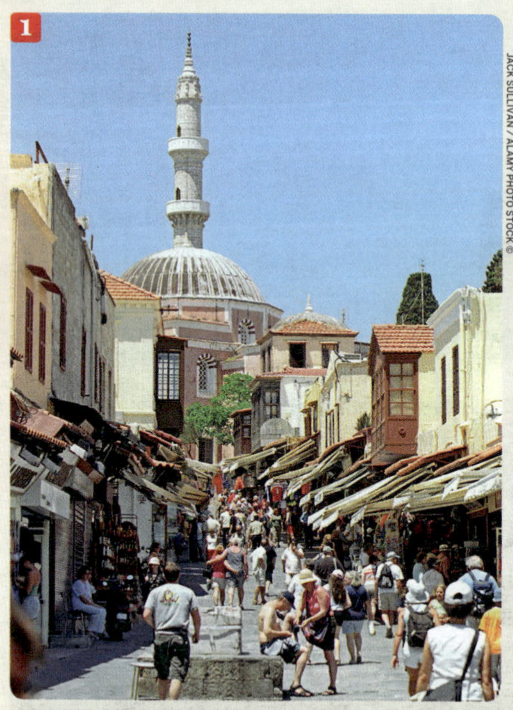

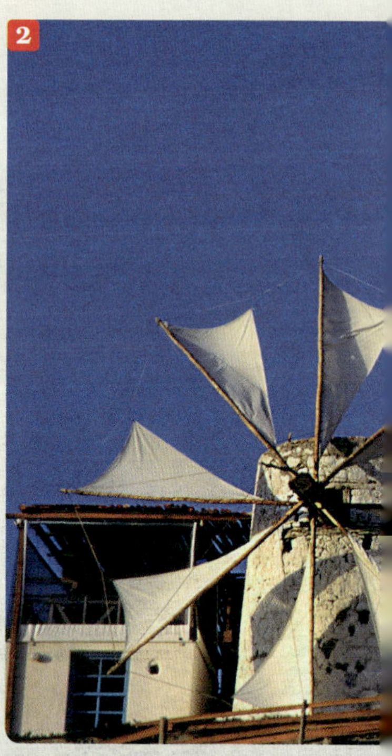

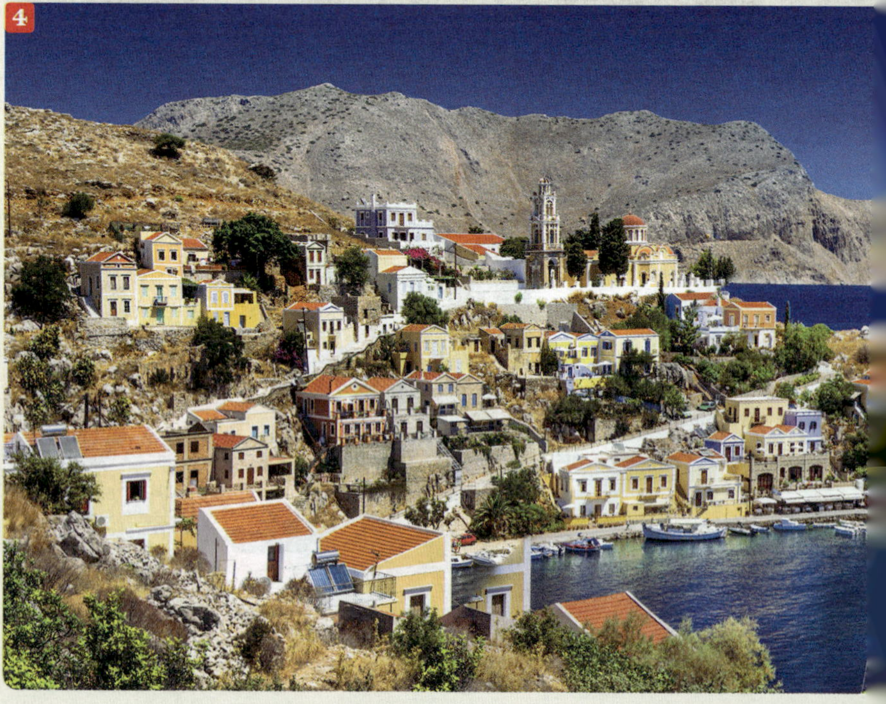

GEORGE TSAFOS / GETTY IMAGES ©

FREEARTIST / GETTY IMAGES ©

IKOR / GETTY IMAGES ©

1. 罗得老城（见348页）
在纷繁复杂的鹅卵石小巷之间可以找到拜占庭、土耳其和意大利风格的建筑。

2. 奥林波斯（见367页）
在曾经与世隔绝的卡尔帕索斯村庄回到过去，被美景所震撼。

3. 尼西罗斯岛（见382页）
在寂静的火山小岛尼西罗斯岛的阳光下晾晒鱿鱼。

4. 吉亚罗斯（见374页）
令人赞叹的港口迎接来到漂亮的锡米岛的游客。

（上接内容289页）溯到新石器时代，曾被罗马人用作墓穴。为了避开夏季主海滩上的拥挤人群，可以从岩石上攀爬30分钟前往裸体的红海滩（Red Beach；带上零食和饮用水）。或者前往Kommos海滩，它位于马塔拉以北约2公里，有两家希腊小馆。还可以前往马塔拉以北7公里的卡拉马基海滩（Kalamaki Beach）。

附近的村庄也值得探索，包括Pitsidia、Sivas和Kamilari。它们也是除了繁华的马塔拉以外的很好选择。

马塔拉及其周边地区是一个很受欢迎的蠵龟属海龟的筑巢地。海龟保护协会（Sea Turtle Protection Society）在停车场附近有一个摊位。

食宿

MatalaValley Village 度假村 €

（☎28920 45776；www.valleyvillage.gr；标单/双/别墅 €50/60/90；⊙5月至10月；P❄📶🏊）这个不规则的花园度假村坐落在村庄的入口附近，很受家庭的欢迎。这里有各种类型的房间，最好的就是在2008年新建的被刷成白色的别墅。每个房间都配有两间卧室、一台冰箱和一个宽敞的浴室，浴室里面有水流按摩浴缸和单独的花洒。供儿童嬉戏的场地上有草坪、小操场，还有一个大泳池。

> **值得一游**
>
> **克里特岛民族博物馆**
>
> 有趣的克里特岛民族博物馆（Museum of Cretan Ethnology；☎28920 91110；www.cretanethnologymuseum.gr；Voroi Pirgiotissis, Vori；门票 €3；⊙4月至10月 11:00~17:00，冬季需预约）在Vori的村庄里，位于Tymbaki以东4公里处，展示了迷人的克里特传统文化。贴有英文标签的展品根据主题摆放，譬如乡村生活、食品生产、战争、风俗、建筑、音乐和食品加工。大多数展品都十分普通——锄头、橄榄油压榨设备、篮子、衣物、仪器等——但在聚光灯照射的黑色屋子里，它们非常具有吸引力。该博物馆在主干道上有明显的路标。

Hotel Nikos 酒店 €

（☎28920 45375；www.matala-nikos.com；Matala；标单 €25~30，双 €40~45，标三 €50~55，家 €65~70；❄📶）是在狭窄的酒店地带最好的一家酒店，Nikos有17间最近修葺一新的、舒适通风的房间。房间占据了两个楼层，旁边是一个开满鲜花的庭院。早餐€7。

Gianni's 希腊菜 €

（主菜 €5.50~12；⊙正午至16:00和18:00至午夜）在众多海滨餐馆中这家餐厅令人耳目一新，让人流连忘返的家庭餐馆穿过中央广场即可到达，里面有大受赞许的希腊美食，包括极好的混合烤杂排沙拉和土豆。

Bunga Bunga 希腊菜 €

（主菜 €6.5~9；⊙10:00至深夜）是Kommos海滩上仅有的两个餐馆之一，距马塔拉北部约2公里。加勒比海风格的Bunga Bunga供应美味、新鲜的有机食物。它是以"二战"期间的悬崖上的燃料库而命名的。

到达和离开

周一至周五有5班、周六有6班、周日有3班（仅限旺季）长途汽车开往伊拉克利翁（€7.80，2小时）和菲斯托斯（Phaestos）。路边有免费停车场，海滩停车场收费€2。

雷西姆农（Rethymno） Ρέθυμνο

人口 32,468

雷西姆农（发音：reth-im-no）背靠地势险要的15世纪堡垒群，面朝波光粼粼的蔚蓝色地中海，是克里特岛上最优美宜人的小镇之一。该镇的威尼斯-奥斯曼区恍若一个美妙的迷宫，那里有许多开满鲜花的小棚，以及带有漂亮的木质阳台的房子，清真寺的尖塔也给这里增添了几分异国风情。作为克里特岛的第三大城镇，雷西姆农的夜生活十分精彩，这要归功于它的学生群体，有几家餐馆也非常棒，就连小镇里边都有值得一去的沙滩供游客玩耍。游客多一些的海滩一般都有必不可少的度假村，这些度假村都在小镇的外面，毫不间断地一路向东延伸22公里，直至帕诺莫（Panormo）。

景点

雷西姆农显得非常紧凑，因为大多数景点、住宿地点和希腊小馆都像楔子一样镶在了紧邻威尼斯港的Old Quarter，此地大部分是步行街。海滩在威尼斯港东面。

★福尔泰扎　堡垒

（Fortezza；成人/家庭 €4/10；⏲6月至10月 8:30~19:30，11月至次年5月 10:00~17:00；P）这座威尼斯堡垒赫然耸立于雷西姆农，巨大的城墙、威风的棱堡总能给人以震慑之感。建于16世纪70年代，用于抵御突袭和外来入侵的威胁，但福尔泰扎也没能阻挡住1646年土耳其人的入侵。从福尔泰扎高处向外望去，风景极美，游览一下旁边的防御土墙、棕榈树丛以及遗留下来的建筑物——最负盛名当属经过精心修复的苏尔坦·本·易卜拉欣清真寺（Sultan Bin Imbrahim Mosque）——也是乐趣无穷。

考古博物馆　博物馆

（Archaeological Museum；☎28310 54668；Argiropoulon；门票 €3；⏲周二至周日 8:00~15:00；P）博物馆位于一座土耳其时代的建筑中，该建筑直到20世纪60年代一直充当监狱。馆内陈列着从新石器时代到罗马时代的诸多珍贵宝物，包括铜质工具、迈锡尼雕像、罗马油灯以及公元1世纪的阿芙罗狄忒雕塑。你还能在**阿梅尼公墓**（Cemetery of Armeni；门票 €2；⏲周二至周日 8:00~15:00）中发现米诺斯陶器和古文物。其他明星展品包括精致的吹制玻璃样品和珍贵的硬币藏品。

威尼斯港　古迹

（Venetian Harbour）雷西姆农拥挤的历史港口挤满了为鱼馆和咖啡馆而来的游客。如果你想要看得更清楚，可以沿着海港的墙壁，穿过渔船，来到标志性的灯塔（lighthouse），这座灯塔由土耳其人建于16世纪。

圣斯皮里东教堂　小教堂

（Agios Spyridon Church）小巧的圣斯皮里东教堂建在威尼斯堡垒下面的悬崖上，教堂充满了神圣的气氛。这座拜占庭式的小教堂满是画像，还能听到附近波澜壮阔的海浪声。在石墙缝中你会看到几双拖鞋、婴儿鞋和凉鞋，左边是为病人祷告的供品。在堡垒西边的楼梯顶上还有一个小教堂。开放时间变化无常。

内拉齐兹清真寺　清真寺

（Neratzes Mosque）这个漂亮的有三个半球穹顶的清真寺是1657年由一座方济会教堂改建而成的，现在被用作音乐学校和音乐厅。即使这里没有展览，也确实值得一看。建筑的尖塔和以前的钟楼建于1890年，经过了长时间的修复。

里蒙迪喷泉　喷泉

（Rimondi Fountain；Paleologou与Petihaki广场交叉路口）在威尼斯统治时期的众多遗迹中，这个由喷水狮子头和科林斯柱组成的喷泉占有非常重要的地位。它建于1626年，由城市的教区牧师Alvise Rimondi建造。水从三个狮子头喷入科林斯柱两侧的三个水盆内。在中间的水盆上面，你可以看到里蒙迪的家族徽章。

当代艺术博物馆　美术馆

（Museum of Contemporary Art；☎28310 52530；www.cca.gr；Himaras 5；门票 €3；⏲周二至周五 9:00~14:00和19:00~21:00，周六和周日 10:00~15:00）在堡垒附近，这家画廊展览著名且很有前途的国际艺术家的作品。永久收藏展示了当地少年Lefteris Kanakakis的油画、素描和水彩画，以及1950年以来的现代希腊艺术家的作品。入口紧邻Mesologiou。

历史和民间艺术博物馆　博物馆

（Historical & Folk Art Museum；☎28310 23398；Vernardou 26~28；门票 €4；⏲周一至周六 9:30~14:30）位于一座美丽的府邸中，这座拥有5个展厅的博物馆里面陈列着从服装到篮子，从纺织工具到农用工具的展品，这些都是对传统乡间生活的记录。

活动

Dolphin Cruises　乘船游

（☎28310 57666；www.dolphin-cruises.com；VenetianHarbour；游轮 €12~38；⏲9:30~17:00）Dolphin组织1~4小时的乘船旅行，参观海盗洞穴、巡游前往巴里，或者进行垂钓。

Paradise Dive Centre　潜水

（☎28310 26317；www.diving-center.gr；潜

Rethymno 雷西姆农

水 €42起，开放水域认证 €400）经营各种级别的潜水之旅，基础级从雷西姆农以西14公里的Petres出发。还提供洞穴潜水、夜间潜水和各种专业潜水教练协会（简称PADI）课程。可以通过旅行社或电话预订。

Happy Walker 徒步

（☎28310 52920；www.happywalker.com；Tombazi 56；日间步行 €32；⊙周一至周五 17:00~21:30）经营穿越峡谷的4~18人的单日和多日徒步项目，沿着古老的牧羊人道路去往植物茂密的内陆传统村庄。途中的午餐和咖啡需要额外付费10元。要在前一晚预订。还有多日游。

World of Crete 团队游

（☎28310 50055，6949 791 242；www.ecoevents.gr；30 Eleftheriou Venizelou；团队游 €18~70；⊙10:00~14:00和17:00~21:00）这些人组织了一个庞大的旅行团，从徒步穿越撒马利亚峡谷（Samaria Gorge）到乘船巡游之旅和摄影之旅。其生态之旅将会带你到达传统村庄，在那里你可以看到葡萄酒蒸馏，还可以参加烹饪课程。还销售船票和飞机票。

Mountaineering Club of Rethymno 攀岩

（☎28310 57766；www.eosrethymnou.gr；Dimokratias 12；⊙周二 21:00~23:00）提供当地徒步旅行建议，还可以加入短途旅行。最好是通过网站联系。

住宿

Atelier 家庭旅馆 €

（☎28310 24440；www.frosso-bora.com；Himaras 25；标单 €35，双 €45~55；❄📶）几乎

Rethymno 雷西姆农

就在堡垒隔壁，这里有4间窗明几净的舒适房间，附属于当地陶瓷艺术家Frosso Bora的**陶瓷制作室**（pottery studio; www.frosso-bora.com; ⌚9:00~14:00和17:00~19:00）。房间里面有裸露的石头墙壁、小型的平板电视、崭新的浴室和厨房，是小镇中最佳的住宿选择。楼上的房间有小阳台，而楼下的房间极具威尼斯建筑特点，还有一个有梁的天花板。

Rethymno Youth Hostel 青年旅舍 €

（☎28310 22848; www.yhrethymno.com; Tombazi 41; 铺 €10; ⌚接待处 8:00~13:00和17:00~23:00; 📶）这家让人感觉愉快、经营良好的青年旅舍的房间卫生实用，能容纳6~8人。它位于中心地带，有一个私人的社交露台、酒吧和一个放松身心的花园。这里还有洗衣设备、热水淋浴、小吃和早餐（€2），以及女生宿舍。

Camping Elizabeth 露营地 €

（☎28310 28694; www.camping-elizabeth.net; 84 Ionias, Missiria; 露营地 每个成人/儿童 €7.50/4，帐篷/汽车/房车 €6.50/4/6.50; ⌚全年; @📶）距雷西姆农最近的露营地在东部4公里处，毗邻美丽的Missiria海滩。竹子、棕榈树和橄榄树为游客提供了大量树荫，这里还有一家餐厅、小吃店和小市场，另外还有一台公用冰箱、洗衣设施、免费遮阳伞和日光浴室。这里还出租简易平房和房车，起价是€38，帐篷出租的起价是€9。开往伊拉克利翁的长途汽车可以把你载到这里。

★ **Casa Vitae** 精品酒店 €€

（☎28310 35058, 69732 37897; www.casa-vitae.gr; Neophytou Patealarou 3; 房间 €95~150; ❄📶）这个极富魅力的威尼斯时代的酒店有8间淡雅的房间，混合着裸露的石墙和木墙，周围还环绕着一个宁静的庭院，在那里覆满藤蔓的棚架下面有早餐供应。充满浪漫气息的较大套房里面有铁制的四根帷柱的卧床、极可意水流按摩浴缸（Jacuzzi）和私人露台。

★ **Sohora** 精品酒店 €€

（☎2831 300913; www.sohora.gr; Plateia Iroön Politehniou; 工作室/双/公寓 €60/80/100; ❄📶）这里很舒服，但略显古怪，在这个有200年历史的住宅里有4个房间，里面有古老的家具，很有复古建筑的特色。这里有一个太阳能热水器、有机沐浴产品和自制的早餐，住在这里是一个绝佳的选择。服务既友好又专业。

Casadei Delfini 精品酒店 €€

（☎28310 55120, 69372 54857; www.casadeidelfini.com; NikiforouFoka 66-68; 单间公寓/公寓套房 €70/110; ❄📶）这家客栈精美绝伦，4

个单间围出了一个小庭院，极具历史韵味。有一个房间中你会发现一间土耳其浴室；还有一个房间里有一个明亮的威尼斯天井。所有房间都配有现代化的小厨房和优质的亚麻床单。还有两层的公寓套房，都有很大的独立阳台，需要预订。

就餐

★ Raki Baraki

希腊菜 €

（☎28310 26213；Arabatzoglou 17；主菜€6~9；⊙午餐和正餐；📶）这里淳朴、多彩、活跃，是一个晚上消遣的好地方，你可以品尝这里的特色食物，如香草沙丁鱼、烤蔬菜香肠，或鼠尾草蒸贻贝。炸乳酪配上无花果和薄荷相当美味。星期四至星期日到这里吃饭还能看到现场乐队表演。

Taverna Knossos

希腊菜 €

（www.knosos-rethymno.com；Venetian-Harbour；主菜 €6~12，2人套餐 €30；⊙午餐和正餐；📶👪）坐落在威尼斯港旁边，这家餐馆因其绝佳的美食和快速优质的服务在这一带脱颖而出。它由Stavroulaki家族经营长达半个世纪之久，在厨房里你可以看到奶奶在烹饪菜肴。菜单很简单，但非常正宗，鱼做得尤为出众。

★ Castelvecchio

希腊菜 €€

（☎28310 55163；Himaras 29；主菜 €15~21；⊙午餐 9月至次年6月，正餐 全年）非常有品位但有些过时的家庭餐厅Castelvecchio非常适合约会——尤其是当你的约会赶上葡萄酒熏猪肉或羊乳酪番茄酱烹去骨羊肉供应的时候。一定要留一些肚子品尝这里的自制甜点。如果是核桃蛋糕，你会渴望速速吃光。这里的露台人潮拥挤，但服务一流。

En Plo

希腊菜 €€

（☎28310 30950；Kefalogiannidon 28；mezedhes €10~15；⊙午餐和正餐；📶👪）在水边隐蔽的堡垒下方，En Plo烹制高档的希腊和克里特爽口的美食。山上的绿叶蔬菜在酸角的调味下清香扑鼻，肥美的鳕鱼搭配蒜蓉酱让人回味无穷，奶油鱼汤会让人心满意足。你可以坐在极具艺术气息的屋内或伴着海浪坐在海边的餐桌旁。

★ Avli

克里特菜 €€€

（☎28310 58250；www.avli.com；Xanthoudidou22；主菜 €13~30；⊙午餐和正餐；📶）这家威尼斯式的花园别墅声誉不错，供应一些城市中最具创意的克里特菜肴，露天的环境也深受喜爱。新鲜的菜品搭配非常大胆：小山羊肉配蜂蜜和百里香，黑鲈配柠檬红花酱，章鱼配焦糖洋葱。这些菜肴全部都色香味俱全。你可以在网站上预订烹饪课程。

饮品和夜生活

主要的酒吧和咖啡馆都在Eleftheriou Venizelou街上，另一个酒吧和咖啡馆聚集的地方在里蒙迪喷泉（Rimondi Fountain）一带的Plateia Petihaki街上。你可以漫步于街边，寻找一个比较安静的地方。

Livingroom

咖啡馆、酒吧

（www.livingroom.gr；EleftheriouVenizelou 5；⊙9:00至次日3:00；📶）白天坐在海滨时尚的沙发上或晚上到里面，在大镜子、天鹅绒豪华座椅和时尚的灯具之间与雷西姆农的年轻人一起嗨起来。这家店已经在那里经营了十多年。

Chalikouti

咖啡馆、酒吧

（☎28310 42632；Katehaki3；⊙9:00至次日1:00；📶）这家咖啡馆位于福尔泰扎堡垒下一个极具艺术性的街区内，主顾是健谈的当地人，他们都很喜欢该咖啡馆选用的墨西哥咖啡（由帕萨塔主义者生产）、巴西食糖（由失地的工人生产）及其与一个克里特女人合作生产的拉基酒。这个小巧的地方里面全是书籍和象棋板，还有摆在鹅卵石道上的餐桌。

购物

旧城区狭窄的鹅卵石步行街上密布着主要的旅游用品专门店。还有一些宝石也很值得寻觅。一定要去Mellissinou、Souliou和Arabatzoglou里面逛一逛。主流购物街沿着修道院（Arkadiou）。

实用信息

老城中的市政厅、Plateia Iroon（Iroon广场）、威尼斯港和市政花园都提供免费Wi-Fi。

凉爽假期（Cool Holidays；☎28310 35567；Melissinou 2；⌚9:00～14:00和17:00～21:00）一个非常有用的办公室，可以购买船票和飞机票、出租汽车和摩托车，以及预订短途旅行。

雷西姆农综合医院（General Hospital of Rethymno；☎28210 27491；Triandalydou 17；⌚24小时）有24小时的急诊室。离港口只有几个街区，在城市中比较新的地区。

邮局（Moatsou 21；⌚周一至周五 7:00～19:00）接收信件和包裹。

旅游办事处（☎28310 29148；www.rethymnon.gr；Sofokli Venizelou；⌚周一至周五 8:00～14:00）有当地地图，并提供区域信息。在海边的商务海港（Commercial Harbour）里面。

到达和离开

长途汽车站（Igoumenou Gavriil和Kefalogiannidon交叉路口）位于市中心的西部边缘。周末和淡季运营服务会减少。登录KTEL（www.bus-service-crete-ktel.com）即可获得现行汽车时刻表。

当地交通

Auto Moto Sports（☎28310 24858；www.automotosport.com.gr；Sofoklis Venizelou 48；自行车/汽车 每天€10/32起；⌚10:00～19:00）出租自行车、汽车和摩托车。

Rent-a-Bike（Paleologou 14；每天€7起；⌚9:00～14:00和17:00～21:00）出租崭新耐用的山地自行车，包括儿童自行车。

阿卡迪奥修道院（Moni Arkadiou）

Μονή Αρκαδίου

阿卡迪奥修道院（Moni Arkadiou，Arkadi Monastery；☎28310 83136；www.arkadimonastery.gr；门票 €2.50；⌚6月至8月 9:00～20:00，9月至次年5月 开放时间较短）位于雷西姆农东南方向约23公里处的山上，对于克里特人来说，它具有深远意义。作为数百名走投无路的当地人自我牺牲、与入侵的土耳其人同归于尽的地方，它是希腊人民摆脱土耳其控制、争取民族自由显而易见而又极具说服力的标志。

1866年11月，大批土耳其部队来到这里，镇压全岛人民的反抗。成百上千的克里特男女老少背井离乡，来到阿卡迪奥避难。然而，修道院也绝非安全之地，很快就被2000多名土耳其士兵包围。克里特人民引燃了炸药桶，与土耳其人同归于尽。但有个小女孩幸免于难，并在附近的一个村庄中活到了很大年纪。这位妇女的半身像和打响第一枪的修道院院长的半身像就立在修道院外。修道院里面还有一个古老的风车房，在自助餐厅隔壁（忽略这里的食物）有一个令人毛骨悚然的**藏骨堂**，在一个玻璃陈列柜里，整齐地摆放着一些1866年牺牲者的遗骨。

从雷西姆农始发的长途汽车

目的地	票价	时间	班次
圣加里尼	€6.50	1.5小时	每天最多5班
阿诺吉亚	€5.50	1.25小时	周一至周五2班
Argyroupoli	€3.30	40分钟	每天最多3班
哈尼亚	€6.20	1小时	每小时1班
霍拉斯法基翁	€7.30	2小时	每天1班
伊拉克利翁	€7.60	1.5小时	每小时1班
Margarites	€3.50	30分钟	周一至周五2班
阿卡迪奥修道院	€2.80	40分钟	每天最多3班
奥马洛斯（撒马利亚峡谷）	€15	1.75小时	每天3班
普拉基亚斯	€4.50	1小时	每天最多5班
普利维利	€4.50	1.25小时	每天2班

阿卡迪奥令人印象最深刻的建筑就是威尼斯教堂（Venetian church；1857年），它的正面有8根细长的科林斯柱，具有显著的文艺复兴特点，顶部是个圆形的塔。教堂里面非常的宁静、华丽，布满了古代文物。

左边是一棵柏树的树干，已经在爆炸时被烧焦，还有一颗子弹嵌在它的树皮里。远处是一个曾经的食堂（餐厅），现在是一个小型的博物馆，里面有宗教物品、人物画像和1866年使用过的武器，还有一家礼品店。在左侧的尽头处是一个年代久远的酒窖，这个酒窖就是当年存放火药的地方。

参观时，一定要把你的肩膀遮住，以示尊重。有3班公共汽车（周末2班）从雷西姆农开往修道院（€2.80，40分钟）。

阿诺吉亚（Anogia） Ανώγεια

人口 2380

位于斯罗里迪斯山旁边，在伊拉克利翁西南方向37公里处，阿诺吉亚以其反抗精神和不折不扣的克里特性格著称于世。在第二次世界大战期间，它是坚决抵抗的中心，并为此经受了深重的磨难。由于当地人为盟军提供避难所并帮助盟军俘虏了一位纳粹将军，为了报复，纳粹烧毁了整个小镇，杀死了镇上所有的男人。

值得一游

ENAGRON

坐落在Axos下面的山谷里，Enagron（☎28340 61611；www.enagron.gr；单间公寓和公寓 €90~150；❄@☒）是一个生态旅游的好地方，干净舒适的房间、无忧无虑的轻松氛围会让你在这里住得很愉快。石头建造的传统单间公寓既宽敞又舒适，里面还有小厨房和壁炉。这里有一个可以远眺山脉的游泳池和一家供应该地区有机农产品的希腊餐厅。顾客可以参加一些活动，如克里特岛烹饪课程、植物漫步、面包和奶酪制作，以及葡萄酒酿造。这里还提供有导游带领的漫步之旅。你可以参观农场，并在餐馆吃饭，但需要提前预订。

阿诺吉亚也因其激动人心的音乐而著名，孕育了许多克里特著名的音乐家，如尼科斯·克西卢里斯（Nikos Xylouris），他的故居现在已经成了一个小型博物馆（⏲9:00~14:00和17:00~20:00）免费。当地人一直遵循着历史悠久的传统习俗，在那里，随处可见男人们在咖啡馆中闲聊，他们穿着传统的黑色衬衣和宽松的裤子，且裤腿都塞在靴子里。而年长的妇女都在忙着出售传统织毯和带有刺绣的纺织品。尽管这些商品都非常漂亮，且价格合理，但并非所有商品都真正产自本地，因此购买时需要留心。阿诺吉亚现在被分成上、下两个村庄。

食宿

Hotel Aristea 酒店 €

（☎28340 31459；www.hotelaristea.gr；标单/双 含早餐 €35/40，公寓 €70~110；P☎）热情好客的Aristea在上面的村庄，可以看到波澜壮阔的山谷景观，还可以感受迎面而来的习习凉风。干净的房间里有电视、私人浴室和一个大阳台。如果想要更加宽敞舒适的房间，可以多花一点钱在隔壁选择一间比较新的公寓，其中一些可以居住多达6个人。

Ta Skalomata 克里特菜 €

（☎28340 31316；主菜 €4~9；⏲午餐和正餐；☎）在上面的村庄，Skalomata已经为当地人和游客供应美食40余年，是小镇上历史最悠久的餐馆。当你透过巨大的窗户观看屋内的全景时，一定要观察一下这里开放式的厨房和传统装饰。这里供应极好的烤串、手工香肠、自制葡萄酒和面包，以及美味的素食菜肴。

Arodamos 克里特菜 €

（☎28340 31100；www.arodamos.gr；主菜 €6~10；⏲午餐和晚餐）这家大型餐馆设在村子高处一座崭新的石头结构的房子中，并因其新鲜的克里特菜和热情周到的服务而备受当地人和游客的推崇。这里的羔羊肉和saganaki（炸乳酪）都堪称一流。saganaki（炸乳酪）是由katsohiri（当地的山羊奶酪）制作而成。餐后还有免费的甜馅饼和蛋卷冰激凌。

到达和离开

每天最多有3班长途汽车从伊拉克利翁发往该地（€3.80，1小时），周一至周五有2班长途汽车从雷西姆农发往该地（€5.50，1.25小时）。

斯罗里迪斯山（Mt Psiloritis） Ορος Ψηλορείτης

斯罗里迪斯山（2456米）又名Idi山，是克里特岛上最高的山。东侧山脚下是Nida高原（1400米），占地面积广阔、土壤肥沃。从阿诺吉亚出发，经由一条21公里长的柏油马路即可到达——途经一些mitata（牧羊人居住的圆形小屋），在岔路口通往备受推崇的Skinakas Observatory（www.skinakas.org.gr；月圆之夜 17:00~23:00）。山顶有个普通的希腊小馆，向游客提供食物、饮料以及斯巴达式的房间（€25）。即使是夏天，山顶也非常寒冷，因此需要携带毛衣或轻便的夹克。

从停车场出发，向山上步行1公里即可到达伊迪翁洞（Ideon Cave）。伊迪翁洞是地面上一个大而无奇的坑洞，但在神话中，它的重要性却不可小觑，因为就是在该洞中，母亲瑞亚（Rhea）把宙斯抚育成人，并躲过了噬婴父亲克洛诺斯（Cronos）[虽然拉西锡（Lasithi）的狄克特翁洞（Dikteon Cave）也声称有着同样的故事]。在高原后面，可以看到一个庞大的景观雕塑，被称为Andartis-Partisan of Peace，从上面观赏时，仿佛是一个天使，为纪念“二战”中克里特岛的抵抗战士而建。

斯皮利（Spili） Σπίλι

人口 700

斯皮利（发音：spee-lee）是一座很美丽的小山村，那里有铺满鹅卵石的街道，有又大又古老的悬铃树，还有挂满鲜花、粉刷得雪白的房屋，这些使得它成为摄像师的最爱。在海岸的旅行中，这里是便利的午餐享用地，周围的高山也是徒步爱好者的天堂。在这个小镇中，一座修缮后的威尼斯喷泉又开始喷水了（该水可饮用），水从25个石头狮头中喷出，流入一条长长的水槽。其他可供游览的景点还有：一个小型教堂博物馆，一个民俗博物馆，以及该镇北端的大型现代修道院。

食宿

Heracles 家庭旅馆 €

（28320 22111，69736 67495；www.heracles-hotel.eu；标单/双 €30/40；）5间带阳台的房间都非常安静、卫生，家具摆设也很简单，但这里真正让人难忘的原因却是热情好客的赫拉克勒斯（Heracles）本人。从职业上来说，他是个已退休的地质学家，对这一带非常熟悉，能为你指出一条正确的徒步路线，帮你找个极佳的观鸟点，或带你来到一个隐蔽的海滩。可随意选择的自制早餐起价€4。赫拉克勒斯还经营附近的Creta Natura商店，也非常值得一逛。

Stratidakis 克里特菜 €

（特色菜 €5~7；午餐和正餐）小镇上由一对母子经营的一家最古老的餐馆。你可以在外面的烧烤架上烤肉，用罐子炖制的健康的克里特风味每日特色菜可以免费品尝。早餐供应当地蜂蜜和酸奶。在葱郁的花园阳台可以看到令人震撼的山景。

Panorama 克里特菜 €€

（28320 22555；主菜 €6~13；每天提供晚餐，周日外加午餐；）Pantelis Vasilakis和他的妻子Calliope是这家优美、传统的希腊小馆的经营者，餐馆位于斯皮利的郊区。你可以一边在阳台欣赏美丽的风景一边享用美味可口的食物，如家庭自制面包、令人垂涎欲滴的开胃小菜或非常诱人的主菜，如搭配horta（野菜）的鲜美小山羊肉。这是一家公认的好餐馆。

实用信息

主街上有两台ATM机和一个邮局。威尼斯喷泉附近的一些咖啡馆里有无线网络。

到达和离开

雷西姆农至圣加里尼长途汽车线（€3.50，40分钟），经过斯皮利，该线路每天最多有5班。

普拉基亚斯（Plakias） Πλακιάς

人口 200

普拉基亚斯背靠广阔的新月形沙滩，需要穿过两个风景优美的峡谷——Kotsifou和

Kourtaliotiko才能到达，每年夏天（风很大的时候），普拉基亚斯都会迎来大量团队游客，但其他时间，这里就会变成悠闲的非主流旅行者的最爱。而小镇本身并不是特别安静，你可以步行从这里穿过橄榄树林，沿着海边的悬崖到达一些波光粼粼的隐蔽海滩。这也是一个区域短途旅行的好地方。这里很适合潜水（有两家公司组织海岸和乘船观光游）。夏季，SmernaBar（☎28320 31940，6936 806635；smernabar@gmail.com）的主人每天都会乘船去普利维利海滩。

住宿

www.plakias-filoxenia.gr是个比较便捷的租住网站。在普拉基亚斯旁边美丽的Myrthios也有很多不错的住宿选择。

Livikon Beach Hotel 酒店 €

（☎28320 31420；www.hotel-livikon-plakias.com；双/标三 €45/50；P❄📶）从海滩到街上的一家家庭经营的酒店，这家酒店有10个干净、宽敞、舒适的房间，最近新刷了漆。每一个房间都有一间阳台和厨房。服务一流。

Plakias Youth Hostel 青年旅舍 €

（☎28320 32118；www.yhplakias.com；铺€10；⏲复活节至10月；P@📶）距离水滨500米左右的地方有个橄榄树林，林中有一处挂满吊床的草坪，这家慵懒的青年旅舍有一种兼容并包的氛围，吸引了不同年龄和不同民族的游客。这家青年旅舍有8张床的房间，里面有电风扇和保管妥当的各种设备。早餐很便宜，还有饮料供应。需要提前预订。

Plakias Suites 公寓 €€

（☎28320 31680，69758 11559；www.plakiassuites.com；套 €100~150；⏲4月至10月；P❄📶）这家时尚的公寓现代气息浓厚，但也不失温馨，里面有大平板电视、花洒淋浴设备和一间别致的小厨房。这里是当地沙滩边最好的住宿地点。

餐饮

To Xehoristo 希腊菜 €

（主菜 €3~8；⏲午餐和正餐）不要在意图片菜单：当地人非常推崇这里的烤肉串和烧烤。它在主路的东侧，大海对面。

当地知识

周五的欢乐

当地人也好，外地人也罢，大家都喜欢参加聚会，这就是为什么Taverna Panorama（☎28320 31450；Myrthios；主菜 €5~12；⏲9:00至深夜；📶）这个坐落在美丽的Myrthios、紧邻Plakias青年旅舍的小馆子总会在周五爆满，且每到周五都会有一个希腊乐队在此演奏传统音乐，在此聚会的人们喝酒越多，场面就越喧闹。从Plakias Youth Hostel的前面向山顶方向行走2公里（或者搭出租车）即到，绝对值得一去。

★ Tasomanolis 海鲜 €€

（☎28320 31129；主菜 €4~16；⏲午餐和正餐；📶）来这家位于小镇安静角落的友好的航海主题餐厅，品尝马诺利斯（Manolis）打捞并由他的妻子埃莱尼（Eleni）烹饪的当地海鲜。你可以坐在色彩艳丽的天台享用海鲜面、凤尾鱼面包或每日捕获的海鲜烧烤，搭配野菜和葡萄酒。

Ostraco Bar 咖啡馆、休闲酒吧

（⏲9:00至深夜；📶）这里楼下有一个时尚的咖啡馆，还有海滨餐桌，楼上有一个酒吧，你可以在这个古老的非常受欢迎的地方待上一整天。在晚上，人们聚集在这里喝酒、跳舞。白天这里比较冷清。

实用信息

普拉基亚斯的水滨中央处有两台ATM机。邮局位于从东边数的第一条小巷上。

到达和当地交通

每天最多有5班KTEL长途汽车往返于普拉基亚斯与雷西姆农（€4.50，1小时），1班开往普利维利（€2.30，30分钟）。**Cars Alianthos**（☎28320 32033；www.alianthos-group.com；每天€36起；⏲24小时）是一家值得信赖的汽车出租公司。

普拉基亚斯周边

普拉基亚斯以东11公里处就是史上著

名的普利维利修道院（Μονή Πρεβέλης, Moni Preveli; ☎28320 31246; www.preveli.org; 门票€2.50; ⏲3月中旬至5月 9:00~18:30, 6月至10月 9:00~13:30和15:30~18:30），它在利比亚海上投下了美丽的剪影。和克里特岛上大多数修道院一样，在土耳其统治期间是反抗的中心。在第二次世界大战期间，它也起到了重要的作用，曾为盟军士兵提供藏身之所，以躲避纳粹追杀，直到这些士兵乘潜水艇逃往埃及。

在去往修道院的路上，有一座纪念碑，上面雕刻着一个持枪的修道院院长和一名英国盟军士兵，进入修道院后，右手边有个喷泉，这个喷泉和纪念碑都是用来纪念这所修道院的英雄壮举的。左手边是一个小型博物馆，里面有精美的圣象、缀满刺绣的法衣，以及“二战”后感恩的士兵赠送的两个银质大烛台。

波光粼粼的普利维利海滩[Παραλία Πρεβέλης, Preveli Beach; 也叫作棕榈滩（Palm Beach）]位于位于普利维利修道院的下面，是克里特岛上最著名的浅滩。Megalopotamos河从Kourtaliotiko峡谷口流入利比亚海（Libyan Sea），棕榈林立的河岸有淡水池，非常适合泡澡。海滩边有许多崎岖的峭壁，水边还有一个明显的心形巨石。陡峭的小路从停车场（€2）通向海滩（10分钟），在普利维利修道院前面1公里处。夏季，每天有两班长途汽车从雷西姆农（€4.50, 1.25小时）、一班从普拉基亚斯（€2.30, 30分钟）开往此地。

普拉基亚斯到圣加里尼（Plakias to Agia Galini）

特里奥佩特拉 (Triopetra)

Τριόπετρα

特里奥佩特拉是一个大型海滩，是以3块露出海面的巨大岩石命名的。一个突出的海岬将这片带状沙滩分成了两个部分——小特里奥佩特拉和大特里奥佩特拉。小特里奥佩特拉是Pension & Taverna Pavlos（☎28310 25189; www.triopetra.com.gr; 标单/双/标三 €33/43/48; ⏲4月至10月; ❄）的所在地，这里的鱼非常新鲜，都是主人亲自捕捞的，还有极富创意的沙拉和自家种植的有机农产品配菜。这里还有几个简单又舒适的房间，这些房间通常会被瑜伽练习者预订一空。

小特里奥佩特拉由于沙质暗礁的缘故，并不适合游泳，如果你想游泳的话，就去大特里奥佩特拉吧。这片沙滩上还有两家可以提供住宿的小餐馆。

从圣帕夫洛斯（Agios Pavlos）可以直达特里奥佩特拉（有一条300米左右的土路可以行车），在雷西姆农-圣加里尼公路沿线上有个名叫Akoumia的小村庄，从那里出发，在蜿蜒的沥青柏油路上行驶12公里也可到达特里奥佩特拉。

圣帕夫洛斯 (Agios Pavlos)

Αγιος Παύλος

圣帕夫洛斯周围峭壁环绕，只有几家可提供住宿的小餐馆和一个沙滩酒吧，酒吧旁边是片新月形的暗黑色粗沙沙滩，风景如画，海面上隐约可见Paximadia群岛的剪影。海湾的西端有个陡峭的楼梯，向上通往Melissa海角，从这里能看到褶皱密布、五彩斑斓的岩层。

夏天，由于大量游艇从圣加里尼来到这片海湾，这里会变得非常热闹，如果你想避开拥挤的人群，可以到西边海岬后面的沙滩。不过到那里需要爬下（或爬上）一个陡峭的沙丘。要自备饮用水和零食。

Agios Pavlos Hotel（☎28320 71104; www.agiospavloshotel.gr; 双 €32~40, 公寓 €45~60; ⏲4月至10月; ❄）在它的小酒馆上方有几个挨着水滨的房间，其公寓建在山丘上，现代气息浓厚，也非常棒。

在雷西姆农-圣加里尼公路上有个可以通往Saktouria的岔路口，从这里出发，沿着沥青柏油路行驶大约13公里即可到达圣帕夫洛斯海滩。

圣加里尼（Agia Galini）

Αγια Γαλήνη

人口 860

圣加里尼（发音: a-yaga-lee-nee）曾经是个风景如画的渔村，大量游客的到来和过度开发使它的原始魅力不复从前。这里有许多酒店和公寓大楼分布在一个陡峭的山丘旁边，小镇的周围悬崖密布，还有一个繁忙的海港，外观比较复古，每到旅游旺季，这里就会有一种被包围的感觉。要想游览菲斯托斯、圣特里亚达以及西边远处的海滩，这里就是一个非常便利的基地。每到冬天，该镇就会关闭。

食宿

Camping No Problem 露营地 €

（☎28320 91386；露营地 每人/帐篷/汽车/房车 €6/4/2/4；⏰全年；P 📶 🏊）有一个明亮的蓝色游泳池和阴凉的帐篷搭建点，这片优秀的露营地距海滩约100米，从镇中心步行仅需10分钟。这里还有一座漂亮的花园、一间极好的餐馆和一家小超市。

Palazzo Greco 精品酒店 €€

（☎28320 91187；www.palazzogreco.com；双 €85~110；P ❄ 📶 🏊）设计充满激情，体现在时尚的细节上，这个宝地还可以俯瞰大海。你可以把自己的心情与房间墙上的颜色对号入座——绿色、蓝色和紫色，宁静的现代化房间内可以看到甲板上的风光，房间里有平板电视、冰箱和极好的淋浴设备。你可以在游泳池上方的露台上享用早餐。酒店在小镇的最高处，海滩和海港中间。

Faros 海鲜 €€

（☎28320 91346；ShoppingSt；主菜 €7~13，鱼 每公斤€30~55；⏰午餐和晚餐）这家简朴的、主打鱼类菜的家庭小馆通常都是人满为患，理由如下：主人亲自在地中海撒网捕鱼，所以，今晚盘中的美食今天早上还在海里游着呢。乌贼就是用它自己分泌的墨汁烹饪的，龙虾意大利面和鱼汤都是这里的特色菜。

实用信息

要想获得实用信息，请登录www.agia-galini.com和www.gogalini.com。

到达和离开

沿着主街道到港口附近有几个长途汽车站。在旅游旺季，每天最多有6班车开往伊拉克利翁（€8，2小时），最多有5班车开往雷西姆农（€6.20，1.5小时）和菲斯托斯（€2.10，30分钟），有2班车开往马塔拉（€3.30，45分钟）。

克里特岛西北部

克里特岛的西北海岸依偎着美丽的港口城市哈尼亚，曾是点缀首府的一颗宝石，遍布着文艺范儿精品酒店、画廊和美味的小餐馆。附近空灵的Balos潟湖和广阔的海滩在法拉萨纳（Falasarna）热情地敞开怀抱。哈尼亚也是通往撒马利亚（Samaria）峡谷的门户，这是欧洲最宏伟的峡谷之一，深深切入陡峭的山脉，一路延伸直到南部海岸。

哈尼亚（Hania） Χανιά

人口 53,910

哈尼亚（发音：hahn-yah；也拼作Chania）是克里特岛最令人回味的城市，那里有美丽的威尼斯建筑区和纵横交错的狭窄小路，城市尽头还有壮阔的海港。威尼斯和土耳其建筑的遗迹随处可见，许多老旧的市政厅经重新改建，成为气氛独特的餐馆和精品酒店。老城（Old Town）中众多美景吸引着大批游客在夏季接踵而来，但这里仍不失为放松身心的一个好地方。想要散散步、饮一杯咖啡或鸡尾酒，去威尼斯港口再好不过了。这里还有一所大学，是城市里比较现代的部分，所以冬天这里依然生气勃勃。极好的手工艺品会为你带来非常不错的购物体验，而且众多富有创造性的餐馆会让你在这里品尝到最好的希腊菜肴。

景点

Zambeliou曾经是哈尼亚的主干道，道路两边布满了工艺品店、小酒店和小餐馆。Splantzia街区是一个非常迷人的地方，这里狭窄的街道大多是步行街，街上林立着历史悠久的建筑和几个购物长廊。沿着Chatzimichali Daliani街，你会看到哈尼亚仅存的两座尖塔（minarets）之一，另一座尖塔在Plateia 1821（Splantzia Square）附近。灯塔附近的海岬把威尼斯港口和现代化的Nea Hora地区拥挤的城镇海滩分离开来。

★威尼斯港 历史街区

（Venetian Harbour）漫步于这个古老的海

港是所有前往哈尼亚旅游的游客都不应错过的。港口排列着许多被粉刷成粉红色的历史住宅和商家，一直蜿蜒到林立着许多商店的狭窄小巷里。整个地区隐藏在令人印象深刻的**威尼斯防御工事**（Venetian fortification）里，环绕海堤，步行1.5公里即可抵达的**威尼斯灯塔**（Venetian lighthouse）非常值得一去。杰出的**克佐克·哈桑清真寺**（Mosque of Kioutsouk Hasan, Mosque of Janissaries）坐落在内港东侧，寺内经常会举办艺术展。

★考古博物馆 博物馆

（Archaeological Museum；☎28210 90334；Halidon 30；成人/儿童 €3/免费；⏰周一至周五 8:00~20:00，周六和周日 至15:00）博物馆独自坐落在精心修复的16世纪圣方济各威尼斯教堂（Venetian Church of San Francisco）里，藏有从新石器时代至罗马时期的精美手工制品，值得一睹其风采。米诺斯文明后期的石棺和一座大玻璃柜同样吸引眼球，这个玻璃柜里装有一群土制公牛（用于供奉波塞冬）。其他醒目的藏品还有：3块罗马镶嵌地板、希腊风格的金饰、刻有线性文字A和线性文字B的泥版，以及一座罗马皇帝哈德良的大理石雕塑。

★克里特岛海事博物馆 博物馆

（Maritime Museum of Crete；☎28210 91875；www.mar-mus-crete.gr；AktiKoundourioti；成人/儿童 €3/2；⏰周一至周六 9:00~17:00，周日 10:00~18:00，11月至次年4月，周日闭馆）博物馆位于港口的西入口处，是“二战”时期威尼斯人建造的庞大的Firkas堡垒的一部分，藏有模型船、航海用具、画作、照片、地图和大事记，用以纪念克里特岛的航海传统。有一间展厅用以展出历史海战，不过楼上有“二战”时期克里特战役的详细资料。通往堡垒的大门的开放时间为8:00~14:00。

★拜占庭和后拜占庭收藏馆 博物馆

（Byzantine & Post-Byzantine Collection；☎28210 96046；Theotokopoulou 82；门票€2，与考古博物馆的联票 成人/儿童 €3/免费；⏰周二至周日 8:00~15:00）这个拜占庭博物馆修复了令人印象深刻的圣塞尔瓦托威尼斯教堂（Venetian Church of San Salvatore）。这里仅有很小一部分但非常迷人的文物藏品、画像、珠宝和硬币，时间跨度从公元62年到1913年，包括早期的铺有镶嵌地板的基督教堂的部分和一幅非常珍贵的圣乔治（St George）屠龙画像。这座建筑里面有来自于不同业主的形形色色的建筑特色。

圣尼古拉奥斯教堂 教堂

（Church of Agios Nikolaos；Plateia 1821；⏰7:00至正午和14:00~19:00）这座教堂非常令人难忘，它的一端连接着哈尼亚仅存的两座尖塔之一，另一端是一个钟楼。教堂的地基由威尼斯人建于1205年，但方济会（Franciscan）修士建造了它整体结构中的弯曲的天花板和彩色简单的玻璃窗（1320年）。1645年，土耳其人把这个教堂改造成了一个清真寺，但它又在1918年被恢复为东正教教堂。穿过广场你就会找到被修复的使教堂变成清真寺的脚垫。参观完后，穿过广场，你会发现经过修复的威尼斯圣洛克教堂（Church of San Rocco）。

埃兹哈伊姆犹太教堂 犹太教堂

（Etz Hayyim Synagogue；☎28210 86286；www.etz-hayyim-hania.org；Paro-dosKondylaki；⏰周一至周四 10:00~18:00，周五 至15:00）这是克里特仅存的犹太教堂（从15世纪开始），“二战”时期受损，1999年重新开放。这里举办mikve（沐浴仪式），有拉比（犹太人对有学识的人的尊称）的坟墓，还有一个纪念碑，用以纪念被纳粹残害的当地犹太人。现今它举行小型集会，并向游客开放。它坐落在一条小巷上，只能从Kondylaki进入。

市艺术馆 画廊

（Municipal Art Gallery；☎28210 92294；www.pinakothiki-chania.gr；Halidon 98；成人/儿童 €2/免费；⏰周二至周六 10:00-14:00和周一至周六 19:00~22:00）这座现代化的三级美术馆举办当代希腊艺术展览。

海滩

小镇的海滩**Nea Hora**（Akti Papanikoli），在威尼斯港以西2公里处，虽然人潮拥挤，但通常很干净。如果你想放松自己并享受日光浴可以来这里。而**Koum Kapi**则

Hania 哈尼亚

0 200 m
0 0.1 miles
SEA OF CRETE
克里特海
SEA OF CRETE
去Akrogiali (850m);
Nea Hore Beach
(900m)
Firkas
Fortress
Byzantine &
Post-Byzantine Collection
拜占庭和后拜占
2 庭收藏馆
3 Maritime
Museum
of Crete
克里特岛海事
博物馆
Venetian
Harbour
威尼斯港
Grand
Arsenal
大兵工厂
Plateia
Katehaki
Plateia
Defkalionos
Akti Defkaliona
Ikarou
Sarpidona
Akti Enoseos
Epimenidou
Kalergon
Akti Tombazi
Ritsou
Angelou
Theotokopoulou
Parados
Theofanous
Moschon
Akti Koundourioti
Zambeliou
Portou
Douka
Skoufon
Pireos
Parodos
Kondylaki
Zambeliou
Plateia
Venizelou
威尼斯广场
Kanevaro
Sourmeli
Lithinon
Katre
Karaoli Dimitriou
Isodion
Agion
Deka
Gavaladon
Kantanoleontos
Ancient
Kydonia
Agiou Markou
Arholeon
Sifaka
Sifaka
Daskalogianni
Plateia 1821
(Splantzia
Sq)
Sarpaki
Kalistou
Rianou
Dionisiou
Daidalou
Ikarou
Gerasimou
SPLANTZIA
Roussou Verdouba
G Pezanou
Minoos
Melidoniou
Akti Miaouli
Kyprou

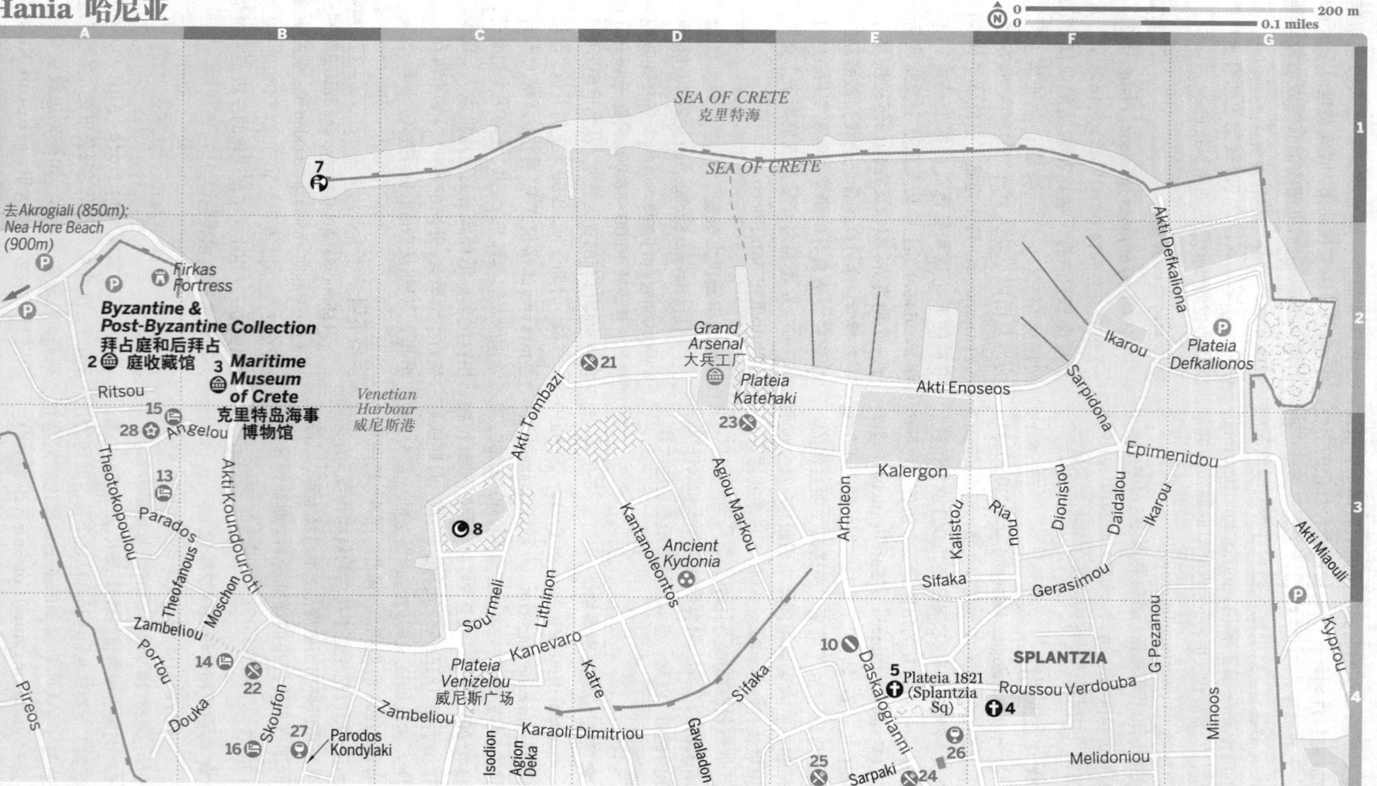

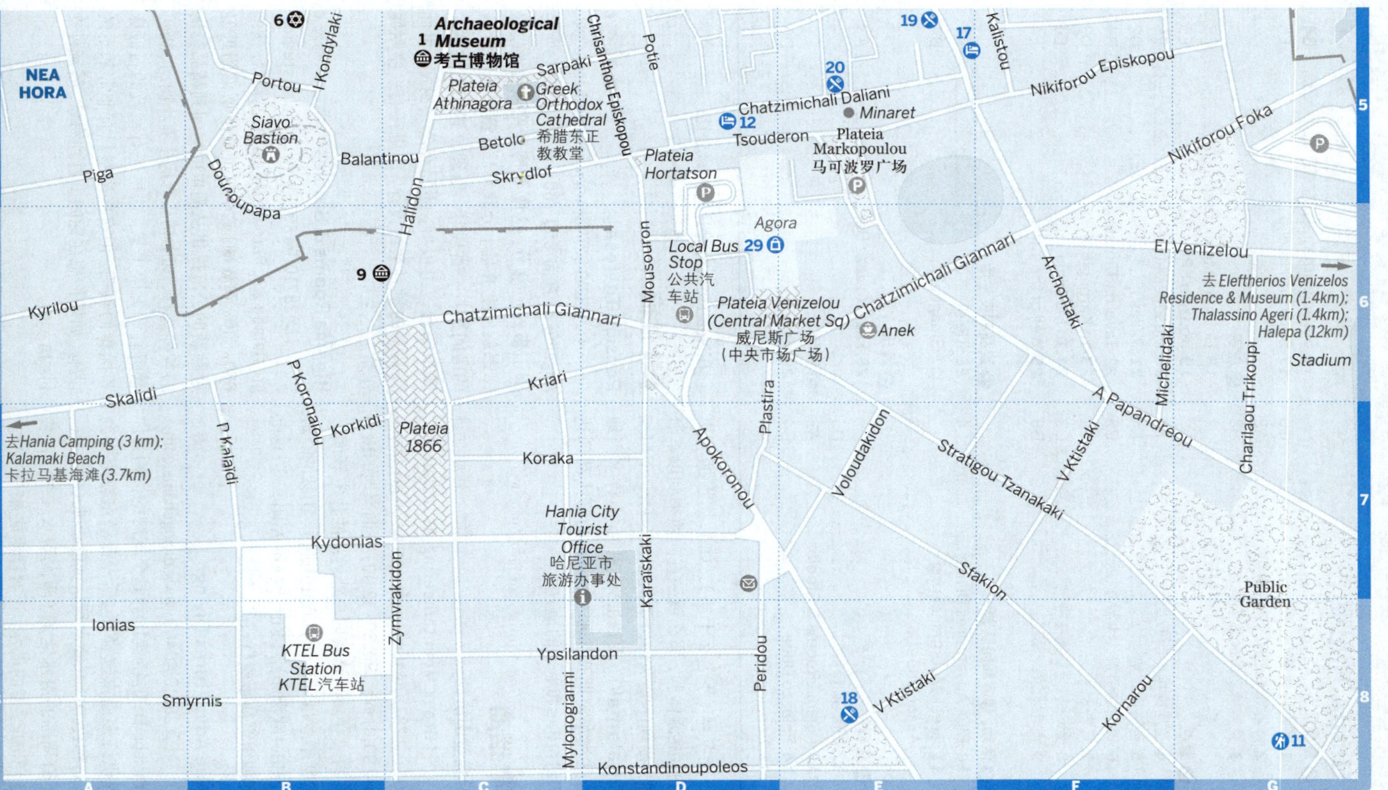
NEA HORA
6
I Kondylaki
1 Archaeological Museum 考古博物馆
Portou
Plateia Athinagora
Greek Orthodox Cathedral 希腊东正教教堂
Sarpaki
Chrisanthou Episkopou
Potie
Siavo Bastion
Betolo
Balantinou
Skrydlof
Piga
Dourоupapa
Halidon
Plateia Hortatson
Chatzimichali Daliani
12
Tsouderon
Minaret
Plateia Markopoulou 马可波罗广场
20
19
17
Kalistou
Nikiforou Episkopou
Nikiforou Foka
Agora
Local Bus Stop 公共汽车站
29
Mousouron
9
Kyrilou
Chatzimichali Giannari
Plateia Venizelou (Central Market Sq) 威尼斯广场（中央市场广场）
Anek
Archontaki
El Venizelou
去Eleftherios Venizelos Residence & Museum (1.4km); Thalassino Ageri (1.4km); Halepa (12km)
Stadium
Michelidaki
Charilaou Trikoupi
Skalidi
P Koronaiou
Korkidi
Plateia 1866
Kriari
Plastira
A Papandreou
去Hania Camping (3 km); Kalamaki Beach 卡拉马基海滩 (3.7km)
P Kalaïdi
Koraka
Apokoronou
Voloudakidon
Stratigou Tzanakaki
V Ktistaki
Hania City Tourist Office 哈尼亚市旅游办事处
Kydonias
Karaiskaki
Zymvrakidon
Sfakion
Public Garden
Ionias
KTEL Bus Station KTEL汽车站
Ypsilandon
Smyrnis
Mylonogianni
Peridou
18
V Ktistaki
Kornarou
11
Konstandinoupoleos
A
B
C
D
E
F
G
5
6
7
8

Hania 哈尼亚

重要景点
1 考古博物馆 C5
2 拜占庭和后拜占庭收藏馆 A2
3 克里特岛海事博物馆 B2

景点
4 圣尼古拉奥斯教堂 F4
5 圣洛克教堂 E4
6 埃兹哈伊姆犹太教堂 B5
7 灯塔 B1
8 克佐克·哈桑清真寺 C3
9 市艺术馆 B6

活动、课程和团队游
10 Blue Adventures Diving E4
11 Greek Mountaineering Association G8

住宿
12 Elia Suites D5
13 Ifigenia Rooms & Studios A3
14 Palazzo Duca B4
15 Pension Theresa A3
16 Serenissima B4
17 Splanzia Hotel E5

就餐
18 Bougatsa tou Iordanis E8
19 Kouzina EPE E5
20 Mesogeiako E5
21 Pallas D2
22 Taverna Tamam B4
23 To Karnagio D3
24 To Maridaki E4
25 Well of the Turk E4

饮品和夜生活
26 Kleidi E4
27 Sinagogi B4

娱乐
28 Fagotto Jazz Bar A3

购物
29 Agora D6

人迹罕至（不怎么干净）。如果你想拥有更好的游泳体验，那么就一直向西来到以下海滩（按顺序）：**Agioi Apostoli**、**Hrysi Akti**和**Kalamaki**（大约3.5公里）。有许多当地公共汽车定期开往那里，所有的路线都到达**Platanias**和更远的地方。

活动

希腊登山协会 徒步、户外

（Greek Mountaineering Association; EOS; ☎28210 44647; www.eoshanion.gr; Tzanakaki 90, Hania; ⏰8:30~18:00）查询当地的EOS机构或登录网站获取户外运动的独家新闻，包括攀登Lefka Ori（白山山脉）、山脉的隐蔽处和E4欧洲小路（European Path）。EOS也定期组织徒步旅行。

Blue Adventures Diving 潜水

（☎28210 40403; www.divingchania.com; Arholeon 11; ⏰4月至11月）这个老牌的机构为你提供许多潜水选择，包括专业潜水教练协会（简称PADI）开放水域认证的潜水（€450），还有周围的潜水之旅（两次潜水 €90，含装备）和初学者的潜水。还有浮潜之旅（€40）。它在Nea Hora海滩还有一家分店。

住宿

Pension Theresa 家庭旅馆 €

（☎28210 92798; www.pensiontheresa.gr; Angelou 8; 房间 €50~60; ❄📶）是威尼斯防御工事的一部分，这座老房子咯吱作响，楼梯螺旋向上并且十分狭窄！古董家具使舒适的房间别具一番风味。地理位置相当优越，屋顶露台视野极好，还配有公共厨房，里面有基本的早餐烹饪设备。这里还有一座附属建筑。

Ifigenia Rooms & Studios 公寓 €

（☎28210 94357; www.ifigeniastudios.gr; Gamba 23, Parodos Agelou交叉路口; 房间 €50~110; ❄@📶）这个位于威尼斯港附近经过翻新的公寓提供从简单的房间到精品套房的各种选择，其中精品套房中有小厨房、极可意浴缸和无限美景。这里还有精致的石锻床和优雅的拱门。但有些浴室只有非常基本的设施。如果你想在标间里看到海景，需额外支付€15~30。

★Elia Suites
设计酒店 €€

（☎28210 83778；www.eliahotels.gr；Chatzimichali Daliani 57, Gavaladon交叉路口；双/四 €100/140；❄📶）这个经过修复的联排别墅坐落在Daliani步行街上，就在小镇市场的后面，里面有4间宽敞、现代、豪华的套房。房间在2014年进行了整修，极具现代风格，如石板色的寝具、带有感应淋浴的石浴室。房间里还有巨幕平板电视、坚固的床和小露台。没有现场接待，请提前预订。它在哈尼亚附近还有其他连锁店。

Splanzia Hotel
精品酒店 €€

（☎28210 45313；www.splanzia.com；Daskalogianni 20；双/标三 含早餐 €115/130；❄@📶）这家修葺一新的酒店坐落在迷人的Splantzia街区里的一座土耳其建筑内，有8间现代风格的房间，其中有些配有四帷柱大木床和帷帐。后面的房间可以俯瞰长满九重葛的迷人庭院，还能看到哈尼亚为数不多的一个土耳其水井。业主非常友好和实在。

Palazzo Duca
公寓 €€

（☎28210 70460；www. palazzoduca.gr；Douka 27-29；双/套 €80/110起；❄📶）这家就在哈尼亚海港街道后面的小旅馆是旅行者最喜欢的住宿地。这里有超级舒适的单间公寓和带小厨房的公寓，一些房间里能看到海港风光，一些则有一个小阳台。

★Serenissima
精品酒店 €€€

（☎28210 86386；www.serenissima.gr；Skoufon 4；双/套 €170/230起；❄📶）在最新开业的豪华精品酒店中，2015年开始营业的Serenissima大放异彩。这里是宽敞的联排别墅，修葺后堪称完美。它全年为游客提供全方位服务。楼下极简主义的餐馆兼酒吧被喷刷成柔和的粉红色调，房间里有最新的电视、高端的装饰和浴室。

就餐

克里特岛几家一流的餐馆都坐落在哈尼亚。水滨的那些希腊小馆就不用去了。

★Bougatsa tou Iordanis
克里特菜 €

（☎28210 88855；Apokoronou 24；bougatsa €2.80；⏰周一至周六 8:00~14:30，周日 至正午）如果你没品尝过这家小店的Bougatsa就不算真正活过，这个小店致力于薄薄的、甜甜的奶酪食品。Bougatsa是由一大块烹饪而成，并在你的眼前切成小块。把它与咖啡搭配，并且一定要上午来。因为菜单上没有别的！

Kouzina EPE
克里特菜 €

（☎28210 42391；Daskalogianni 25；主菜 €4~8；⏰周一至周六 正午至19:30）这是享用午餐的好去处，当代设计师采用了水泥地面、乡村白色的桌子，并饰以镶银的纸折船。也是当地人远离喧嚣的最爱之地，你可以在开放式厨房中观看mayirefta（煮熟的食物）的制作过程。

Pallas
咖啡馆 €

（Akti Tombazi 15-17；主菜 €8~16；⏰8:00至午夜；📶）如果你想在哈尼亚的旧海港喝咖啡、吃早餐的话，一定要来当地人最喜欢的Pallas，这里有一个在2楼的餐厅，风景优美，还有一个早午餐菜单可供选择。

Mesogeiako
开胃小菜 €

（Chatzimichali Daliani 36；开胃小菜 €3.50~6；⏰18:00至次日1:00）在Splantzia街区的尖塔附近，这个时髦的开胃菜馆（mezedhopoleio，专门提供开胃小菜的餐馆）坐落在几个同样受欢迎的餐馆之间，供应一系列经典菜肴或更具创意的美食。一定要尝一尝炸西葫芦花、茄子、猪肉丸，以及香醇的葡萄酒。

★To Maridaki
克里特菜 €€

（☎28210 08880；Daskalogianni 33；菜肴 €7~12；⏰周一至周六 正午至午夜）这个现代的海鲜开胃菜馆一定不能错过。在令人愉快的明亮的餐厅里，快乐的游客和当地人都来吃这里无可挑剔的当地海鲜和克里特特色菜。这里食材新鲜，炒鱿鱼令你欲罢不能，白葡萄酒清爽可口，免费赠送的奶酪布丁更是让你这一餐无与伦比。有什么是你不喜欢的呢？

★Taverna Tamam
地中海菜 €€

（☎28210 96080；Zambeliou 49；主菜 €7~12；⏰正午至午夜；📶🌱）这间很棒的、令人愉快的小酒馆是由一个土耳其澡堂改造而成的，里面的餐桌边挤满了正在聊天的当地人，一直蔓延到街上。菜肴包含中东风味，包括美味的汤和一系列极好的素食特色菜。克里特岛的美味佳肴包括鲜嫩的山羊肉搭配staka（多汁的山羊奶调味酱）。

To Karnagio

克里特菜、海鲜 €€

（☎28210 53366；Plateia Katehaki 8；主菜 €5~18；⏰5月至10月 中午至午夜；📶）这家在大兵工厂（Great Arsenal）旁边的餐馆很受欢迎，在海滨广场还有户外餐桌。这里有一系列很好的海鲜和经典的克里特菜肴，如章鱼stifadho（红番茄料酒章鱼）和完美的boureki片（带馅糕点），另外还有上好的葡萄酒单。

Well of the Turk

中东菜 €€

（Pigadi tou Tourkou；☎28210 54547；www.welloftheturk.com；Sarpaki 1-3；主菜 €8~15；⏰周三至周一 晚餐）这家餐馆坐落在一个古老的石头建筑里，这座石头建筑曾经是一间土耳其浴室，两侧是静谧的广场，浪漫气息十足。特色是选用克里特最好的食材烹饪的、质感丰富的菜肴——受北非、中东和土耳其菜的启发而成。带有玫瑰香和橙子香的奶酪蛋糕是绝佳的餐后甜品。

★ Thalassino Ageri

海鲜 €€€

（☎28210 51136；www.thalasino-ageri.gr；Vivilaki 35；鱼 每公斤€55；⏰4月至10月中旬 19:30开始营业）这个鱼馆隐蔽在位于众多老皮革厂遗迹当中的小港口里，在镇中心以东2公里处，是克里特的顶级餐馆之一。在日落时分来到这里，仔细研读菜单，上面都是当天捕获的海鲜。大多数菜肴都充满了创造力，如渔民沙拉或口感极佳、入口即化的鱿鱼。

饮品和夜生活

威尼斯港口周围的咖啡馆酒吧是坐下来小憩的好去处，但花费非常高。如果想体验更浓厚的地方风情，可以前往位于Splantzia街区的Plateia 1821，它就在Potie附近更靠里的主街道上，或港口东端风味独特的Sarpidona。

★ Fagotto Jazz Bar

酒吧、现场音乐

（☎28210 71877；Angelou 16；⏰19:00至次日2:00）这家哈尼亚酒吧坐落在一座威尼斯建筑内，播放舒缓的爵士乐、轻摇滚和蓝调音乐（有时有现场演奏），处处饰以爵士乐器，包括一个萨克斯管形状的啤酒龙头。活动在22:00以后开始。

Kleidi

酒吧

（☎28210 52974；Plateia 1821；⏰8:00至深夜）白天阴凉的广场餐桌挤满了喝冰咖啡的当地人，夜里这里的派对生活更是热闹非凡。这里没有书写的标志牌，只有一个钥匙孔一样的图像标志（kleid意为钥匙）。

Sinagogi

酒吧

（☎28210 95242；Parados Kondylaki 15；⏰6月至9月 13:00至深夜；📶）坐落在一座没有屋顶的威尼斯建筑内，在旧城区的一条小巷上，只能从Kondylaki街进入。这个很受欢迎的休闲酒吧只有夏季营业，是一处休闲放松的好地方。

购物

哈尼亚将为你提供顶级的购物体验，尤其是在后街。Theotokopoulou上排列着许多纪念品和手工艺品店。Skrydlof销售一系列进口凉鞋、皮带和背包。你能在Splantzia街区，沿着Chatzimichali Daliani和Daskalogianni找到一些最正宗的工艺品。**Agora**（Central Market；www.chaniamarket.com；Chatzimichali Giannari；⏰周一至周六 8:00~15:00）是游客常去的地方，你会在那里逛得很开心。

实用信息

银行簇拥在新城内的Plateia Markopoulou（马可波罗广场）周围，不过Halidon旧城内也有许多ATM机。公共场所一般都有免费的无线网络，如港口、中央市场周围、Plateia 1866以及大多数酒店、餐馆、咖啡馆和酒吧。非常实用的网站包括www.chaniatourism.com、www.chania-oldtown-walks.com和www.west-crete.com。

哈尼亚圣乔治综合医院（Chania General Hospital St. George；☎28210 22000；www.chaniahospital.gr；Mournies）位于小镇以南4.5公里处——你可以乘坐当地公共汽车或者出租车（€8~10）到达。

哈尼亚市旅游办事处（Hania City Tourist Office；☎28213 41665；www.chania.gr；Milonogianni 53；⏰周一至周五 8:30~14:30）市政厅里有一系列旅行手册、地图和交通时刻表可供选择。在

一些周六也开放。

邮局（☎28210 28444；Peridou 10；⏰周一至周五 7:30~20:00，周六 至14:00）

Tellus Travel（☎28210 91500；www.tellustravel.gr；Halidon 108；⏰8:30~22:00）出租汽车、兑换货币、预订机票和船票、住宿和短途旅行的主要机构。

旅游警察局（Tourist Police；☎28210 25931，emergency 171；Irakleiou 24；⏰8:00~14:30）在Apokoronou，中央市场广场西南1.2公里处，进入Irakeleiou街的地方。

到达和离开

飞机

哈尼亚的**机场**（☎28210 83800；www.chaniaairport.com）坐落在城镇东部14公里处的阿克罗蒂里半岛（Akrotiri Peninsula）上，全年有从雅典和塞萨洛尼基（Thessaloniki）离港的航班，季节性地提供覆盖整个欧洲的航班。运输公司包括爱琴海航空公司（Aegean Airlines）和瑞安航空公司（Ryanair）。

船

哈尼亚的港口坐落在Souda，位于城镇东南7公里处（在北约基地）。港口有公共汽车（€1.50）和出租车（€9）与城镇相连。哈尼亚长途汽车与每艘船都能交会，与到达雷西姆农的长途汽车也可以相会。**港口警察局**（☎28210 89240）提供渡轮信息。

Anek（☎28210 27500；www.anek.gr；Plateia Venizelou）在比雷埃夫斯和哈尼亚之间有夜间通宵渡轮（每人/车 €42/83起，9小时）。可以在网上或港口购票，汽渡需要提前预订。

长途汽车

哈尼亚的**公共汽车站**（☎信息 28210 93052，购票 28210 93306；www.bus-service-crete-ktel.com；Kydonias 73-77；📶）有一个自助餐厅、迷你市场，还提供行李寄存服务（每天每件 €2）。登录非常实用的网站获得最新的时刻表，时刻表每个月都会有变化。海滩从10月至次年4月通常不开放。空调巴士定期往返于哈尼亚和小镇之间，还到达该地区的主要海滩，以及克里特岛其他地方比较大的城镇。如果是几个人同行，租一辆车通常会更加经济、便利。

当地交通

抵离机场

KTEL（www.bus-service-crete-ktel.com）有连通哈尼亚中部和机场的公共汽车，每天最多27班（€2.30，30分钟）。抵离机场的出租车费用为€20（每件行李加收€2）。

从哈尼亚始发的长途汽车

目的地	票价	时间	班次
埃拉福尼索斯	€10	2.5小时	每天1班
法拉萨纳	€7.60	1.5小时	每天3班
霍拉斯法基翁	€7.60	1小时40分钟	每天3班
伊拉克利翁	€13.80	2小时45分钟	半小时1班
基萨莫斯（卡斯蒂里）	€4.70	1小时	每天13班
Kolymbari	€3.3	45分钟	半小时1班
拉基（Lakki）	€2.60	1小时45分钟	每天2班
Moni Agias Triadas	€2.30	30分钟	每天2班
奥马洛斯（到达撒马利亚峡谷）	€6.90	1小时	每天3班
帕琉霍拉	€7.60	1小时50分钟	每天4班
雷西姆农	€6.20	1小时	半小时1班
苏吉亚	€7.10	1小时50分钟	每天2班
斯塔弗洛斯	€2.10	30分钟	每天3班

公共汽车

前往Souda、Halepa、Nea Hora和当地其他地方的公共汽车，在市场附近的Giannari有一个非常便利的中心汽车站（☎28210 27044；www.chaniabus.gr；票价 €1.10或€1.50，如果在车上买€1.50和€2）。

汽车

主要的租车网点都在机场或Halidon。圣马里纳（Agia Marina）公司的租车服务非常抢手，并能在哈尼亚转交车辆。

大多数老城镇的街道都是步行街。Firkas堡垒以西和通往Nea Hora海滩的沿线地带，或者东部边缘紧邻Kyprou的海港建有免费停车场。一定不要停在有“仅限居民”标志的区域。

出租车

出租车（☎28210 98700）

基萨莫斯（卡斯蒂里）[Kissamos（Kastelli）]

Κίσσαμος（Καστέλλι）

人口 4236

这里距哈尼亚西部约40公里，和其他北部沿海城镇相比，位于北部的沿海港口小镇基萨莫斯空气干燥且多沙。这里不完全依靠旅游业发展，虽然地处蔚蓝色的广阔海湾，环抱着半岛和高山，景色优美壮观，但小镇里面却有点儿杂乱无章。这里有两片被浑浊的运河分隔开来的海滩：多沙的**Mavros Molos**位于西侧，多卵石的**Telonio海滩**位于东侧。

基萨莫斯又可以称作卡斯蒂里（Kastelli；尽管前者是它的官方名称）。港口有抵离伯罗奔尼撒（Peloponnese）或基西拉（Kythira）的渡轮、每天还有到达壮观的巴洛斯（Balos）海滩（见323页）的船只。

食宿

Thalassa 单间公寓 €

（☎28220 31231；www.thalassa-apts.gr；Paralia Drapanias；单间公寓 €40起；P ❄ @ 📶）这片单独的建筑群非常安静，是在海滩休闲的一个理想场所，它位于基萨莫斯以东5公里处的Drapanias海滩。窗明几净的单间公寓通风良好，并且设备齐全。草坪上有一个烧烤架，还有一个运动场。如果有车会很便利。

Nautilus Bay 公寓 €€

（☎28220 22250；www.nautilusbay.gr；公寓 €75~145；P ❄ 📶 🏊）这个新建的建筑群有许多宽敞的现代化公寓，就坐落在沙滩上，在小镇的中心。在阳台上可以看到一望无际的美景，这里有一家餐馆和酒吧，还有一个很大的游泳池区域。

Taverna Sunset 希腊小馆 €

（☎28220 41627；Paraliaki；主菜 €7~10；⏲4月至10月 11:00至深夜；📶）这家精致的家庭餐馆里混杂着当地食客和慕名前往的游客，老板名叫吉亚尼斯（Giannis），他总是藏在烤架后面，供应汁多味美的肉和鱼。餐馆不偏不倚，恰好坐落在水滨。

实用信息

主要的商业区Iroön Polytechniou内有超市、配有ATM机的银行、邮局和公共汽车停靠站。

到达和离开

船

从城镇西侧3公里处的港口出发，**Lane**（☎27360 37055；www.lane-kithira.com）经营前往比雷埃夫斯的渡轮（12小时），每周两班，每周4次到达安提基西拉岛（Antikythira；€10，2小时）、基西拉（Kythira；€17，4小时）和伊西翁（Gythio；€25.10，5小时）。从哈尼亚出发，到达比雷埃夫斯会快很多。可以通过**Chalkiadaki Travel**（☎28220 22009；Skalidi 49）购票。请登录www.openseas.gr了解详情。夏季，有一辆公共汽车和渡船联合运营；也可以乘出租车进城，费用约为€5。

公共汽车

有公共汽车从**KTEl办公室**（KTEL office；☎28220 22035；www.e-ktel.com；Iroön Polytechniou 77）发车，在EKO加油站对面。登录网站查询时刻表。每天有多达14班公共汽车发往哈尼亚（€4.70，1小时），可以在哈尼亚转车前往帕琉霍拉、雷西姆农和伊拉克利翁。每天还有2~3班汽车开往法拉萨纳（Falasarna；€3.50，15分钟），只在夏季运营。5月至10月，每天还有1班车开往埃拉福尼索斯（Elafonisi；€8.10，1.25小时）。

基萨莫斯周边

波利里尼亚（Polyrrinia） Πολυρρηνία

美妙的山顶的古城遗址polyrrinia（发音：pol-ee-ren-ee-a）位于基萨莫斯以南约7公里处，在Ano Paleokastro[也称作波利里尼亚（Polyrrinia）]的村庄上方。海洋、山脉和山谷的景观在这个尖塔上一览无余，十分壮观。春天，你可以在这个地区看到漫山遍野的野花。

这个地方最令人印象深刻的特色就是由拜占庭人和威尼斯人建造的**卫城**（acropolis）。这里还有一座**教堂**，是在公元前4世纪的希腊神庙的基础上建造的。

格拉姆武萨半岛（Gramvousa Peninsula） Χερσόνησος Γραμβούσα

在基萨莫斯西北部，荒凉而偏僻的格拉姆武萨半岛是白色粉末状的环礁湖海滩**巴洛斯**（Balos）的发源地，巴洛斯海滩紧邻格拉姆武萨半岛的西端。在**Agria**（野蛮）和**Imeri**（顺从）这两座小岛上可以俯瞰这个世外桃源般的海滩和环礁湖上的浅滩和波光粼粼的碧绿色的水面。在它的顶上还有一个威尼斯**堡垒**（fortress）遗址，是为了防止海盗入侵海滩而建。

它是克里特岛上一个遥远而神圣的地方，到处都有介绍它优点的宣传册。海滩无与伦比，在清澈的海水中，你能看到小巧的贝壳和穿梭嬉戏的鱼儿。夏天，游客蜂拥而至，他们通常乘坐船只当天往返（仅限5月至10月），从上午11点至下午4点，海滩上人山人海。

而远离人群的唯一办法就是在船只抵达前或离开后驱车前往。通往巴洛斯的12公里长的颠簸土路（最好驾驶四驱车）起点在**卡利维亚尼**（Kalyviani）村庄主街道的尽头处，沿着Mt Geroskinos（762米）东部的山坡。它的终点在一个有快餐亭的停车场，那里有一条陡峭的小路沿着多沙的峭壁通向1.2公里之外的环礁湖。

卡利维亚尼是该地区最好的休闲基地，有极好的住宿和无与伦比的**Gramvousa**（☎28220 22707；www.gramboussa-restaurant.gr；Kalyviani；主菜 €6~15；⏲正午至午夜）餐馆。那里没有阴凉，带遮阳伞的日光浴床需花费€7。

每天有**Gramvousa Balos Cruises**（☎28220 24344；www.gramvousa.com；成人/儿童 €25/12；⏲5月至10月）运营的船只从基萨莫斯港口离港。可以在网上订购打折船票。船上供应价格合理的食物和饮品。

法拉萨纳（Falasarna） Φαλάσαρνα

法拉萨纳距基萨莫斯西部约16公里，它虽然仅仅是一片长海滩——但这片海滩实在是太棒了！这片海滩很宽阔，尽管橄榄树林中的温室多少破坏了视野的美感，但这里仍然是克里特岛公认的最美景点之一。像埃拉福尼索斯（Elafonisi）一样，法拉萨纳有神奇的奶油般的粉红沙滩和碧绿的海水。它以极好的日落美景而闻名。伴随着无比清澈的海水，法拉萨纳还有壮观的大浪，从奔放的地中海翻滚而来。你可以在南端的**大海滩**（Megali Paralia，Big Beach）来场日光浴，或去更北方由岩石凸起分隔出的小海湾里找个地方。

法拉萨纳是公元前4世纪的克里特城邦贸易往来中心，这得益于它的海港。如今，你可以在**古迹**中漫步，从柏油马路尽头的泥土小路步行2公里即可到达。穿过“石头王座”就是入口。门票免费。

尽管这里有一些希腊小馆、酒吧和小超市，但法拉萨纳本身并无中心地带。住宿地点有**Sunset Taverna & Apartments**（☎28220 41204；www.sunset.com.gr；双/标三/公寓/别墅 €40/45/65/100；P 📶），有长满无花果树的露台，视野极棒，酒店可以通往海滩，内有天然泉水，房间虽简洁但舒适。**Magnolia Apartments**（☎28220 41407；www.magnolia-apartments.gr；单间/公寓 €45/55起；⏲全年；❄📶）距大海滩（Big Beach）只有几步之遥。

从6月至8月，每天有3班公共汽车从基萨莫斯（€3.50，20分钟）和哈尼亚（€7.60，1.25小时）发往这里。

西南海岸

荒凉健硕的Lefka Ori（白山）与克里特波浪般的西南海岸沿岸的海水相接，与一系列悠闲的沿海村庄相交融，一些海滩只能乘船抵达，因而未受到大规模旅游业的侵袭。你可以步行前往完美无瑕的独立小海滩，也可以远离繁忙的撒马利亚峡谷（止于阿吉亚努美利），去攀登荒凉而豪迈的峡谷，沉浸在其壮丽的美景和芳香的空气中。

到达和当地交通

Anendyk（www.anendyk.gr）经营连通霍拉斯法基翁（Hora Sfakion）和帕琉霍拉的渡船，渡船也在路特罗（Loutro）、阿吉亚努美利（Agia Roumeli）和苏吉亚（Sougia）停靠。也有船只前往加夫多斯岛（Gavdos Island）。船只最远只能到达阿吉亚努美利，在那里你只能沿着海岸转乘另一只小船继续前行。在淡季，霍拉斯法基翁和帕琉霍拉之间航行的船只不能运载汽车，一些船只仅限游客乘坐。

KTEL每天都有公共汽车从哈尼亚出发，前往霍拉斯法基翁、帕琉霍拉和苏吉亚。到达雷西姆农需要转车。

值 得 一 游

伊姆布罗斯峡谷

8公里长的伊姆布罗斯峡谷（Φαραγγι Ιμπρου，Imbros Gorge；门票 €2；全年开放）是其姐妹峡谷撒马利亚峡谷长度的一半，位于哈尼亚以南57公里处，但是美景毫不逊色（下午时分绝美），而且少了许多拥挤。大多数人从伊姆布罗斯（Imbros）的山村开始徒步旅程，然后向下前往Komitades的南部沿海村庄。乘坐出租车（€22）或公共汽车可以在此停车。

弗兰格城堡（Frangokastello）

Φραγγοκαστέλλο

人口 148

由一座引人注目的14世纪堡垒建造而成，弗兰格城堡是一个低调的度假胜地，在霍拉斯法基翁（Hora Sfakion）以东15公里处，那里有十分宽阔的沙质海滩Orthi Ammos Beach，渐渐地向温暖的浅海中倾斜，是儿童玩耍的理想之选。那里没有真正意义上的村庄，只有几家希腊小馆、小超市、一个加油站和低矮的度假公寓，以及散布在主干道旁边的房间。这个荒废的堡垒是在第四次十字军东征（1204年）后不久由威尼斯人建造的，这是他们用来防御Sfakian军队的一个要塞。1828年5月17日，在流血牺牲最多的独立战争中，385名克里特反抗者在这里做了最后一次抵抗。大约800名土耳其人与反抗者一同被杀害。相传，每逢战争纪念日的黎明来临之际，人们就能看到阵亡将士的灵魂（drosoulites）列队穿过堡垒。

在众多希腊小馆中，Oasis（28250 92136；www.oasisrooms.com；主菜 €6~8；）烹饪地道的希腊特色菜，也出租宽敞的自炊式公寓（€50~60）。

弗兰格城堡距哈尼亚西南约70公里，距普拉基亚斯约30公里。每天有1班公共汽车前往哈尼亚（€8.40，2.5小时）。

霍拉斯法基翁（Hora Sfakion）

Χώρα Σφακίων

人口 212

路过的路标上弹孔越多，离霍拉斯法基翁（发音：ho-rasfa-kee-on）就越近了，当地居民因反抗外来入侵者的事迹在克里特历史上享有盛名。不过不要担心，小渔村十分平易近人，奇怪的是，这里如今迎合了许多国外游客的需要——他们当中许多是前来撒马利亚峡谷的步行游客，在返回哈尼亚的途中，因无法搭乘阿吉亚努美利的船只而困于此地。虽然大多数的停留时间只够等到下一班公共汽车离开，但你也可以在这个村庄、该地区最主要的也是唯一一个有ATM机的小镇里放松身心，停留几天，顺便到几处海滩和Aradena

Gorge看一看。

景点和活动

Vrissi Beach
海滩

靠近小镇的西部边缘，满是灰色沙子的Vrissi海滩非常适合潜水和欣赏日落美景。

Sweetwater Beach
海滩

（Glyka Nera）在霍拉斯法基翁西部，秀美的Sweetwater海滩每天都有一艘小型渡船（5月至10月，每人€4）前来此地，也可以乘出租船（单程/往返 €20/30）或步行前往——经由一条多石的沿海小道步行1小时，小道的起点位于Anopoli公路的第一个急转弯处，中间有一段路不太稳固。一家小咖啡馆出租阳伞和太阳椅。

Notos Mare Diving Centre
潜水

（☎69472 70106；www.notosmare.com；1人潜水 €49起）为初学者和富有经验的潜水者提供潜水服务和资质证书，还有南部沿海的浮潜和乘船短途旅行。

食宿

港口沿线的希腊小馆供应的食物相差无几，但是竞争十分激烈。大多数餐馆也出租房间。试试特色菜Sfakianpita（一种甜myzithra奶酪夹心的薄煎饼，上面涂有蜂蜜）。

Xenia Hotel
酒店 €

（☎28250 91490；www.sfakia-xenia-hotel.gr；双含早餐 €55；❄📶）这家经过翻新的酒店里有镇上性价比最高、位置最好的房间。它坐落在地理位置优越的西部边缘，可以俯瞰大海。21个房间里有现代化的生活设备，如空调、卫星电视和冰箱。

Hotel Stavris
酒店 €

（☎28250 91220；www.hotel-stavris-sfakia-crete.com；标单/双/标三 €30/35/40起；❄📶）在港口西端的台阶上面，这家酒店已经由Perrakis经营多年，酒店里有干净整洁的房间——有一些有小厨房、冰箱和面朝海港的阳台。房间种类多样，你可以选择住在装修一新的主建筑里。

★Nikos
希腊小馆 €

（☎28250 91111；主菜 €5~12；⏲8:00至午夜）霍拉斯法基翁最好的海港餐厅，因其友好和宾至如归的服务脱颖而出，所有的菜肴都极具特色，尤其是顶级的Sfakiani pita，吃烤蒜蓉面包总是很有趣，它通常是免费的。主菜从海鲜到传统希腊菜肴，还有克里特岛的特色菜，如熏猪肉或炒蜗牛。

实用信息

霍拉斯法基翁有两个加油站和一台ATM机。广场里有一家邮局，在警察局的对面。请访问www.chora-sfakion.com获取实用信息。

到达和离开

霍拉斯法基翁位于哈尼亚以南约60公里处，途经一条曲折的小路，穿过壮丽的Lefka Ori（白山）。出发前加满油。

船

渡轮码头在村庄港口东端的海角附近。霍拉斯法基翁是南部沿海**Anendyk**（☎28210 95511；www.anendyk.gr）渡轮路线的西部终点，渡轮抵离帕琉霍拉，途经路特罗、阿吉亚努美利和苏吉亚，还有到达加夫多斯岛的船只。

可以在港口东端的**电话亭**（☎28250 91221）购票。时刻表随季节变化，通常需要提前预订。通常船只最远只能到达阿吉亚努美利，你必须在那里转乘其他船只到达苏吉亚（€14）和帕琉霍拉（€17，3小时）。

6月至8月，每天有3班船从霍拉斯法基翁出发，到达阿吉亚努美利（€11，1小时），途经路特罗（€5，15分钟）。还有另外4班只到达路特罗的船只。每周还有2~3班船抵离加夫多斯岛（€17，1.5小时）。

Boat taxis（☎69786 45212）霍拉斯法基翁周围服务。到达Sweetwater海滩的私人船只租金€20。5月至9月，可以组团租船（每人€4）。

公共汽车

KTEL公共汽车在市停车场上面山上的广场发车。请登录网站获取时间表。夏季，每天有3班公共汽车前往哈尼亚（€7.60，2小时），前往雷西姆农（在Vryses收费，€7.30，1小时）。末班车会等待从阿吉亚努美利来的船只。

每天有2班或3班公共汽车前往弗兰格城堡（Frangokastello；€2，25分钟），夏季，每天有1班公共汽车前往Anapoli/Aradana（€2，30分钟）。

撒马利亚峡谷

徒步游览**撒马利亚峡谷**(Φαράγγι της Σαμαριάς, Samaria Gorge; ☎28210 45570, 28210 67179; www.samariagorge.eu; 成人/儿童 €5/免费; ⊙5月至10月底 7:00至日落)是克里特岛公认的必游项目,所以去那里你必须结伴而行。在旺季,每天有多达3000名游客踏上这条16公里长的石头小路,即使是春秋时节,游客也不会少于1000人。绝大多数游客由导游统一组织,从北部的大度假村出发前往。在途中,你既能遇到装备齐全的徒步爱好者,也能遇到穿着人字拖、缺乏经验的游客。

不过,撒马利亚峡谷天然去雕饰的自然美是不可否认的,直上直下的峭壁拔地而起高达500米,最狭窄之处相距仅3米,而最宽之处相距150米。徒步游从海拔1250米处的Xyloskalo出发,它就在Omalos高原的正下方,在沿海的阿吉亚努美利(Agia Roumeli)村庄结束。4月和5月,路边野花盛开时更是美不胜收。撒马利亚峡谷也是罕见的濒危野生动物长角山羊(kri-kri)的故乡。

徒步游峡谷

徒步路径发端于**Xyloskalo**(一条陡峭曲折的石头小路),下降600米左右直通峡谷,抵达柏树成荫的圣尼古拉奥斯礼拜堂。离开这儿,峡谷变得开阔起来,再行进6公里才能抵达被遗弃的**撒马利亚**定居点,峡谷开发成国家公园时,当地居民都迁走了。村庄南边是一个14世纪的**礼拜堂**,用于供奉埃及的圣玛利亚(St Maria),峡谷也因此而得名。

再往前走,峡谷又变得狭窄起来,也更加激动人心,直至走到11公里标记之前,两侧崖壁仅相隔3.5米。这些是著名的**Sideroportes**(铁门),有一条长约20米、摇摇晃晃的木头小路供游客在水上穿行。

峡谷尽头是12.5公里的标记,就在Palea(旧)阿吉亚努美利几乎被遗弃的村庄的北边。从这里出发,前往更远的**阿吉亚努美利**海边村庄的2公里徒步虽索然无味,不过村落里美丽的卵石滩和闪闪发光的海水十分吸引人的眼球。几乎没人会错过来这里扎个猛子小憩一下的机会,或者至少洗涤一下受伤的心灵和疼痛的双脚。整个旅途小跑约4个小时,步行约6个小时。

透露点内幕

➡ 早动身(8:00前)能避开拥挤的人群。首先要在奥马洛斯(Omalos)过夜。在7月和8月之间,甚至从哈尼亚出发的最早的一班车都会挤满人。你还可以正午之后出发,并计划在阿吉亚努美利过夜。

➡ 14:00左右,徒步者无论从哪边出发,仅能步行2公里。不要在峡谷过夜——最好在日落之前出来。

➡ 从北向南,海拔会下降1200米。穿双结实的鞋、涂上防晒霜、戴上太阳镜和一顶帽子、带上食物和水壶,途中可以从水龙头接满饮用水。一定要喝足水!

➡ 途中有几个休息站,设有洗手间、饮水处、垃圾箱和长椅。

➡ 落石有时会造成人身伤害,不过高温才是更大的挑战。步行游览之前一定要询问公园管理人员,因为峡谷在雨天或极端高温天气(通常高于40℃)时可能会关闭。如果雨季到来,峡谷也会关闭。

路特罗(Loutro) Λουτρό

在阿吉亚努美利和霍拉斯法基翁之间的小渔村里,一座宁静的蓝白相间的建筑拥抱着狭窄的卵石滩,挂满了月牙形的鲜花装饰,只能乘船或步行到达。这是几条海岸步行路径的出发点,前往几座孤立海滩,比如**Finix**(也拼作Phoenix;西部1公里处)、**马尔**

➡ 旺季初期，有时需涉水前行。旺季后期，降雨量减少，河床岩石露出水面，变成垫脚石。

➡ 如果不愿尝试16公里的徒步路径，就用“懒人方式”去领略撒马利亚峡谷吧，从阿吉亚努美利出发一路向北，觉得走够了就返回。比如，走大约1小时就能抵达Sideroporta。或者考虑去该地区的其他峡谷，例如圣伊里尼（Agia Irini；见328页）、伊姆布罗斯（见324页）或Aradena。

食宿

峡谷里禁止露营。你可以在北端的奥马洛斯或者南部的阿吉亚努美利住宿。当峡谷开放时，在小道的起点Xyloskalo，奥马洛斯附近有一家餐馆和一排售卖纪念品、小吃、瓶装水等的货摊。

Hotel Neos Omalos（☎28210 67269；www.neos-omalos.gr；标单/双/标三 含早餐 €35/45/55；🅿📶）淳朴的山间感觉弥漫在这家舒适的现代酒店中，在阳台上眺望，你就会生出一种想要步行的欲望。老板是个本地通，熟知当地徒步以及其他户外活动等信息，还能带你前往撒马利亚峡谷。餐馆的菜肴都是上好的新鲜食品。

Paralia Taverna & Rooms（☎28250 91408；www.taverna-paralia.com；双 €35~40；❄📶）就坐落在海滨，景色优美，这里有镇上最好的克里特菜肴、冰啤酒和简单整洁的房间。

Agriorodo（☎28210 67237；www.omalos.com；2/3个卧室的别墅 €80/120；🕐全年；🅿📶）这些崭新而独立的石屋是距离撒马利亚峡谷最近的住宿地点。每个房间能居住4~5人，房间里配有卫星电视、无线网络，客厅里还有壁炉。老板还经营着在峡谷入口处的一家很好的餐馆Xyloskalo，那里景色也十分壮观。

Xyloskalo（☎28210 67237；www.omalos.com；菜肴 €5~10；🕐4月至10月，每天 10:00~19:00或20:00，11月至次年3月 周六和周日；📶）坐落在景色壮观的峡谷入口处，偶尔会有老鹰在窗外盘旋，这家舒适的餐馆供应经典克里特菜肴和希腊美食。也是峡谷中最后可以使用室内水管和无线网络的地方。

到达和离开

绝大多数游客选择有组织的单程一日游，从克里特岛上任意一个大城镇和旅游胜地出发，自北向南游览峡谷。需要注意的是，价目表上通常不包括€5的进入峡谷的门票，或从阿吉亚努美利到达苏吉亚或霍拉斯法基翁的船票。

如果计划一番，你也可以自己前行。每天一早都有公共汽车从哈尼亚（€6.90，45分钟）和雷西姆农（€15，1.75小时）发往奥马洛斯，在旺季，每天也有1班或2班公共汽车从苏吉亚（Sougia；€4.20，1小时）和帕琉霍拉（€6.40，1小时）前往奥马洛斯。登录网站www.e-ktel.com获取时刻表。你还可以乘坐出租车。

在阿吉亚努美利，徒步小径的尽头，有**渡轮**（☎28250 91251；www.anendyk.gr）开往苏吉亚和霍拉斯法基翁，有一些渡轮会与到达哈尼亚的公共汽车相汇，或者你可以继续前往帕琉霍拉、加夫多斯岛或其他目的地。如果一路上你都携带行李的话，可以从苏吉亚或帕琉霍拉出发。

马拉海滩（Marmara Beach；西部5公里处）和Sweetwater海滩（见325页；东部3.3公里处）。向当地人问路，可以在Hotel Porto Loutro租用一艘**小型独木舟**（每小时/天 €5/15）或仅供夏季使用的小船。你还可以在海角探索城堡遗址。

留宿的话，可以尝试一下**Apartments Niki**（☎28250 91213；www.loutro-accommodation.com；单间/公寓 €50/110起；❄📶），酒

店房间十分整洁，阳台面朝大海。或者选择**Hotel Porto Loutro**（☎28250 91433；www.hotelportoloutro.com；标单/双/标三 含早餐 €55/65/75；⏰4月至10月；❄@📶），那是一座建在沙滩上的建筑。

Anendyk（www.anendyk.gr）渡轮发往霍拉斯法基翁（€5，15分钟）和阿吉亚努美利（€6，45分钟），偶尔发往帕琉霍拉（€16，2.5小时）和苏吉亚（€13），或者你可以在阿吉亚努美利转车到达那些港口。9月至次年6月，有从霍拉斯法基翁发往加夫多斯岛，也在路特罗停靠。

旺季，有**出租船**只开往Sweetwater海滩（渡轮/私人 €5/25，15分钟）和霍拉斯法基翁。路特罗没有ATM机。

苏吉亚（Sougia） Σούγια

人口 136

苏吉亚（发音：soo-yah）距哈尼亚以南67公里，位于霍拉斯法基翁-帕琉霍拉渡船航线上，是南部未经开发的最悠闲、最舒适的海滩度假地。咖啡馆、酒吧和希腊小馆沿水滨散步长廊呈柽柳形状排列，不过大多数住宿点位于更为安静的内陆地区。

景点和活动

苏吉亚美丽的灰色砂质和卵石**海滩**长1公里。像大多数沿海村庄一样，这里也是**徒步**的好去处。乘出租车前往撒马利亚峡谷的小道起点花费€60，但若提前1~2天告知，出租车站的工作人员可以组织几个游客拼车，平摊费用。还有只有夏季运营的公共汽车。

★圣伊里尼峡谷 徒步

（Agia Irini Gorge；门票 €1.50）美丽的圣伊里尼峡谷始于苏吉亚北部约13公里处。7公里长的路况良好的小路（海拔下降500米）将带你穿越香气袭人、变化多样的绿色植被，在峡谷壁内还隐藏着几个洞穴。你还会找到极好的**Taverna Oasis**（☎28230 51121；主菜 €6~10；⏰4月至10月 午餐和正餐），从那里再步行7公里，经过一条安静的柏油马路（或花€15打车）回到苏吉亚。反方向步行也是可行的。如果不参加团队游，可以从帕琉霍拉乘坐奥马洛斯（Omalos）公共汽车或从苏吉亚搭乘哈尼亚公共汽车，在圣伊里尼下车。

住宿

Aretousa Studios & Rooms 公寓 €

（☎28230 51178；标单/双/单间公寓 €35/40/45；⏰4月至10月；P❄📶）这家可爱的酒店位于前往哈尼亚的路上，距海边200米，有明亮舒适的翻新房间和单间公寓，大多数房间带有小厨房。后面还有一个休闲花园和儿童游乐场。

Santa Irene Apartments & Studios 公寓 €€

（☎28230 51342；www.santa-irene.gr；公寓 €60~80；⏰3月末至11月初；P❄📶）这家时尚的酒店坐落在海滩上，房间通风非常好，里面有大理石地板、电视和小厨房。还有两间家庭公寓（€80~90），里面有婴儿床。淡季价格会大幅度下降。

就餐

Polyfimos 希腊小馆 €

（☎28230 51343；主菜 €5~8；⏰午餐和晚餐；📶✍）坐落在警察局后方，远离哈尼亚的道路，老板Yianni以前是一个嬉皮士，他自己榨油，自酿葡萄酒和拉基酒，甚至还用庭院中郁郁葱葱的葡萄叶制作dolmadhes（葡萄叶酿大米），此外还供应美味的吮指炭烤肉和肉质丰满的tsigaristo（用葡萄酒和香料清炒的羔羊肉块）。素菜种类也相当多。

★Omikron 各国风味 €€

（☎28230 51492；主菜 €5~14；⏰8:00至深夜；📶✍）在这家优雅的乡间餐馆里，老板Jean-Luc Delfosse对主食进行了新鲜的改变，形成了独特的烹饪风格。从蘑菇可丽饼（crêpes）到Flammekuche（一种阿尔萨斯风味的比萨饼），从海鲜意面到胡椒牛排——都十分新鲜、美味、富有创意。

实用信息

苏吉亚没有ATM机。请登录www.sougia.info获取实用信息。

到达和离开

苏吉亚在**Anendyk**（www.anendyk.gr）帕琉

霍拉-霍拉斯法基翁渡轮航线上。在旺季，每天有船只向东开往阿吉亚努美利（€9，45分钟），路特罗（€13，1.5小时）和霍拉斯法基翁（€14，1.75小时），向西的船只开往帕琉霍拉（€9.50，50分钟）。每周有两班船从帕琉霍拉出发，穿越加夫多斯岛（从苏吉亚出发€18）。

乔治船长的水上出租（Captain George's Water Taxi; ☎69476 05802）在苏吉亚附近服务。

苏吉亚没有加油站。

在旺季，每天2~3班**KTEL公共汽车**（www.e-ktel.com）往返于哈尼亚和苏吉亚（€7.10，1小时50分钟），可以在圣伊里尼停车，以便让峡谷徒步者下车。每周还有3班公共汽车发往帕琉霍拉，每天有公共汽车发往奥马洛斯（到达撒马利亚峡谷），只有旺季时才有。

帕琉霍拉和周边（Paleohora & Around） Παλαιόχωρα

人口 1675

引人注目、悠闲又风格独特的帕琉霍拉（发音：pal-ee-oh-hor-a）坐落在一个狭窄的半岛上，一边是柽柳形状的弯曲的**长沙滩**（Pahia Ammos beach, Sandy Beach），另一边是鹅卵石密布的**卵石滩**（Halikia, Pebble Beach）。浅海静如止水，是带小孩的家庭度假的好去处。

帕琉霍拉最别致的景观就是13世纪的**威尼斯城堡**免费，遗址周围遍布迷宫般的狭窄街道。希腊小馆涌上了路面，有时会有文化活动，也会演奏克里特本土音乐和外国音乐，为小镇注入了活泼的气息。

春秋时节，帕琉霍拉会吸引大量步行游客，有许多当地步行道可以到达**Anydri Gorge**和**Azogires**。这里也是克里特岛上唯一的一个在冬天开放的海滨城镇。

活动

你可以从帕琉霍拉出发，徒步于撒马利亚峡谷（见326页）和圣伊里尼峡谷（见328页），也可以参加当地组织的团队游，还可以乘坐出租车或KTEL公共汽车到达步道口，然后从沿海步道的终点（去撒马利亚峡谷，在阿吉亚努美利；如果去圣伊里尼峡谷，在苏吉亚）返回。

5月中旬至9月，你可以乘船参加到达埃拉福尼索斯的一日游。可以在Selino Travel购票，在那里还可以参加其他短途旅行。

住宿

★Joanna's 公寓 €

（☎28230 41801; www.joanna-place.com; 单间公寓 €45~55; ⊙4月至11月; P❄📶）这家迷人的公寓地处安静地段，位于半岛东南端的一个小海滩的对面。单间公寓宽敞整洁，配有齐全的当地制造的家具，也有烹饪早餐的小厨房，而享用早餐当然要选在阳台了。

Homestay Anonymous 家庭旅馆 €

（☎28230 42098; www.anonymoushomestay.com; 标单/双/标三/2间卧室的公寓 €25/30/35/55; ❄📶）这间简单但物美价廉的家庭旅

> **另辟蹊径**
>
> **加夫多斯岛**
>
> 加夫多斯岛（ΝΗΣΙ Tησ ΓΑΥΔΟΥ, Gavdos Island）是一座让人心旷神怡的岛屿。如果你想通过旅行来摆脱烦恼，没有比这里更平静、更与世隔绝的地方了。它位于利比亚海（Libyan Sea），距帕琉霍拉65公里，距霍拉斯法基翁45公里。加夫多斯在欧洲的最南端，这里仅有少数的几个房间和餐厅，它是一个世外桃源般的地方。这个小岛吸引了许多露营者、裸体主义者和无拘无束的人，这里有未受到破坏的海滩，可以漫步其中，享受淳朴的假期。这里有几片极好的海滩，有一些只能步行或乘小船进入。
>
> 岛上的大部分地区使用发电机，经常在晚上和中午关掉。你可以在由这里的居民管理的网站www.gavdos-online.com上预订房间。**Anendyk**（☎28230 41222; www.anendyk.gr）渡轮发往霍拉斯法基翁（途经阿吉亚努美利和路特罗）或帕琉霍拉（途经阿吉亚努美利和苏吉亚），每周2~3班。

馆有私人浴室，庭院花园里有公共的烹饪设施，绝对物超所值。友好而见多识广的老板会让你感觉宾至如归，他还清楚地了解当地活动的信息。房间在一个古老的石头建筑里，很干净，设施齐全，但有一点拥挤。客房可以连起来，以适应家庭的需求。

★ Corali 公寓 €€

（☎69743 61868；www.corali-studios.com；双人间 €65起；❄@📶）这些干净整洁的单间公寓由一家友好的希腊-意大利家庭经营，与出租的标间有明显的区别。这里有一系列豪华单间公寓，里面有小厨房和海滨阳台，并配备了高端的现代家具和宽敞洁净的浴室。一些房间里有电脑。地理位置优越，位于镇中心，景色也无与伦比。

就餐

★ To Skolio 开胃小菜 €

（☎28230 83001；菜肴 €3~7；⏲复活节至次年9月 每天 咖啡 9:00开始供应，食物 正午至23:00，10月至复活节 周三至周日 咖啡 9:00开始供应，食物 正午至23:00）无论是步行穿越峡谷还是自驾游，都不要错过在极好的To Skolio吃饭的机会。由一个校舍改建而成，悬崖边阴凉的庭院中摆满了令人兴奋的油漆餐桌，还能看到壮丽的山谷风光。Mezedhes（开胃小菜）菜单采用最好的当地原材料，随着季节而变化。虽然价格很低，但分量很足。

Third Eye 素食 €

（☎28230 41234；www.thethirdeye-paleochora.com；主菜 €6~7；⏲8:30~15:00和17:30~23:00；📶✍）餐馆也是一个当地机构，Third Eye是克里特岛上唯一一家素食餐馆，不拘一格的菜单上有咖喱、沙拉、意大利面，以及希腊和亚洲菜肴。夏季，这里每周都有现场音乐表演。这家餐馆就在多沙的长沙滩的内陆地区。

★ Methexis 克里特菜 €€

（☎28230 41431；www.methexistaverna.com；主菜 €6~15；⏲周二至周日 12:30~23:30，7月和8月 营业至更晚；P📶✍）位于半岛东南端的这家小餐馆十分受当地人推崇，能去那里尝尝正宗的爽心食物、感受一下热情的氛围，就是费些脚力也是值得的，况且它的对面还有一片小海滩。菜单上的经典菜式令人称奇，比如不放肉的希腊浓味蔬菜炖肉（stifado），配大蒜酱的盐腌鳕鱼和其他克里特佳肴。

实用信息

Eleftheriou Venizelou上有ATM机和加油站，不过邮局在Pahia Ammos的北端。夏季，游客询问处有时会在港口开放。

Selino Travel（☎28230 42272；selino2@otenet.gr；Kondekaki；3小时旅行 €18；⏲4月至10月 8:00~13:30和18:00~21:30，一年中的其他时间营业时间缩短）提供基本信息、出售船票和飞机票，还可以参加短途旅行，包括去撒马利亚峡谷和圣伊里尼峡谷。5月中旬至10月，这里每天还有发往西部沿海的埃拉福尼索斯海滩的船只。

到达和离开

船

船只在卵石滩南端的码头出发。你可以在Selino Travel（见330页）购买所有船只的船票。

帕琉霍拉是**Anendyk**（www.anendyk.gr）南部沿海线路最南端的停泊站。渡轮向东发往苏吉亚（€9，50分钟）和阿吉亚努美利（€15，1.5小时），在那里你可以转乘一艘船只到达路特罗（€16，2.5小时）和霍拉斯法基翁（€17，3小时）。通常你不能全程都开车，因为有一些船只仅限运载乘客。夏季，到达加夫多斯岛（Gavdos Island；€19，2.5小时）的渡轮每周3班。

公共汽车

公共汽车从**KTEL汽车站**（☎28230 41914；www.e-ktel.com）出发，前往哈尼亚（€7.60，1.75小时，每周3~4班），时刻表变化无常。夏天，每天有1班公共汽车发往奥马洛斯（Omalos；€6.40，2小时，6:15发车），可以到达撒马利亚峡谷，也在圣伊里尼峡谷（€4.50）的入口处停车。夏天还有到苏吉亚和埃拉福尼索斯的运营服务，每周3班。

埃拉福尼索斯（Elafonisi） Ελαφονήσι

隐蔽在克里特岛的西南角上，浅粉白色

的细沙、绿松石色的海水和平缓的粉红色沙丘相映成趣，仿佛置身于神奇的幻境一般。蔚蓝色的大海环绕着沙滩，在阳光的照射下，海面映射出五光十色的长虹。埃拉福尼索斯岛（Elafonisi Islet）紧邻宽阔的埃拉福尼索斯海滩，偶尔，它还会与一个铺满浅沙的地峡相连，形成一个美丽可爱的双海滩，从及膝的海水中涉水行走50米即可到达。这个小岛上沙丘遍布，还有一连串若隐若现的小海湾，吸引了一些裸体主义者。走到它的最高点，可以领略海滩、海水和原始山脉的迷人风光。整个地区都被纳入了欧盟环境保护项目Natura 2000中。

哎，只可惜这个自然珍宝已不再隐蔽，盛夏尤其如此，数以百计的阳伞和躺椅（€7）几乎把海滩（想安静就去岛上吧）围得水泄不通。人类的入侵给当地脆弱的生态系统和为数不多的基础建设（尤其是厕所）带来了巨大的压力。找一天早来或者晚来一会儿，最好能在这儿住一晚，才能真正领略埃拉福尼索斯的魔力。除了旺季以外，没有公共交通前往海滩，旅行团也很少，一切都只能靠你自己。

食宿

★Elafonisi Resort 酒店、希腊小馆 €

（☎28250 61274；www.elafonisi-resort.com；标单/双 €35/45；❄📶）这家经营良好的小型酒店更像是一个度假酒店，这里有21间宽敞的房间，都有冰箱。在后面宁静的橄榄树林中还有漂亮的设备齐全的小别墅和带有厨房的公寓。在公共露台上能看到海景，这里还有一家很好的附属餐馆（对所有人开放）为你提供当天捕获的海鲜和经典希腊美食。需要提前预订。

Elafonisi Village 酒店 €

（☎69422 54382，28220 61548，www.elafonisi-village.gr；双/四 €55/75起；⏲4月至10月）距埃拉福尼索斯海滩仅有250米，这里排成一列的10套房间从一座荒芜的庭院中穿过，房间里有冰箱、电视和一个很小的户外平台。

到达和离开

埃拉福尼索斯距哈尼亚西南约72公里。大致从5月中旬至9月，Selino Travel每天有1艘船从帕琉霍拉出发，开往埃拉福尼索斯（€8，1小时）；同样的月份，每天都有1班**KTEL公共汽车**（www.e-ktel.com）从哈尼亚（€15，2.5小时）和基萨莫斯（卡斯蒂里；€8.10，1.25小时）开出，当天下午返回。

从10月至次年5月中旬，没有公共交通运输服务。

克里特岛东部

从伊拉克利翁向东，穿过Hersonisos和马利亚（Malia）人潮涌动的度假村，就能到达岛屿最东端的拉西锡（Lasithi）州，这是一个更悠闲的克里特世界，惊喜无处不在。想要寻找一座迷醉在黄昏午夜且氛围迷人度假小镇？没有比拉西锡的旅游胜地——圣尼古拉奥斯再好的了。想要寻找古遗址和传统文化？拉西锡有大量的米诺斯和迈锡尼遗址。肥沃的拉西锡高原隐藏在Dikti山的山脉中，在那里能骑自行车游览安静的小村庄，而Dikteon洞穴正是宙斯的诞生地。户外运动不妨考虑去卡托扎克罗斯（Kato Zakros）的死亡之谷（Valley of the Dead）步行游览。

一些独特的景点也为此地增加了游览价值，比如历史上著名的托普罗修道院（monastery of Toplou）和拜伊（Vaï）著名的棕榈树海滩。与此同时，许多小城镇和小村庄维系了克里特岛历史和精神的丰富源流。

圣尼古拉奥斯（Agios Nikolaos）

Αγιος Νικόλαος

人口 11,421

拉西锡的首府，圣尼古拉奥斯（发音：ah-yee-osnih-ko-laos）坐落在丘陵地区，地理位置优越，能俯瞰米拉贝洛湾（Mirabello Bay）给人以弯曲感的海滩。相比于其他城镇，这里的克里特风格并不鲜明，部分原因是它充盈着的度假村风格、林荫大道和现代化的建筑。不过，对圣尼古拉奥斯来说，这里也有极强烈的地方特色，从而使它更迷人、更友好。一条狭窄的水道将迷人的港口与圆形的武利斯梅尼湖（Voulismeni Lake）分隔开

Agios Nikolaos 圣尼古拉奥斯

Agios Nikolaos 圣尼古拉奥斯

景点

1 考古博物馆……A1

住宿

2 Du Lac Hotel……B3
3 Hotel Doxa……A4

就餐

4 Faros……C4
5 Pelagos……B2
6 Sarri' s……B4

饮品和夜生活

7 Bar Arudo……B2
8 Peripou Cafe……B3

来，在步行街的湖岸，旅行咖啡馆和餐馆成行排列着。晚上，随着大批前卫的年轻希腊人和游客从附近的度假村赶往港口的休闲酒吧，一种时尚的气氛骤然袭来。

景点和活动

城镇里，多沙的**Ammos海滩**和多卵石的**Kytroplatia海滩**面积相当小，且会变得十分拥挤，但它们却是可以快速畅游的便捷之地。北部和南部各1公里左右处的**Ammoudi海滩**和**Almyros海滩**也十分热闹，这两个海滩面积较大，沙质也更好一些。海滩上都有快餐店、咖啡馆，还有阳伞、太阳椅可供出租。

考古博物馆 博物馆

（Archaeological Museum; ☎28410 24943;

Paleologou Konstantinou 74）由于写作时正值经济危机，这座博物馆一直处于关闭状态。直到2016年进行整修和扩建后将再次开放，里面的大量藏品将是现存规模第二的米诺斯文物收藏，藏品包括黏土棺材、陶瓷乐器和Mohlos岛上出土的黄金。亮点是样子很奇怪的米尔托斯女神（Goddess of Myrtos），它是公元前2500年的一个陶壶。

住宿

Hotel Doxa
酒店 €

（☎28410 24214；www.doxahotel.gr；Idomeneos 7；标单/双/标三 含早餐 €45/50/65；）这个阴凉小巧的酒店在一条街边小巷上，拥有时尚但狭小的房间，里面有巧克力色的被褥、大理石地板、平板电视和干净的独立浴室。早餐非常丰盛。有电梯，距阿莫斯（Ammos）沙滩和停车场只有几步之遥。

Du Lac Hotel
酒店 €

（☎28410 22711；www.dulachotel.gr；28 Oktovriou 17；标单/双/湖景单间公寓 €40/55/70；）这家受欢迎的中心酒店整洁而现代，是商务人士的最佳选择。酒店里有新建的单间公寓和公寓房间，房间里有木质效果的墙壁、复合地板，还有一个能饱览武利斯梅尼湖（Voulismeni Lake）美景的阳台。单间公寓里的小厨房非常现代，设备齐全。公寓房间里也有浴缸。楼下有一家舒适的餐馆。淡季时物超所值。

★Villa Olga
公寓 €€

（☎28410 25913；www.villa-olga.gr；Anapafseos 18，Ellinika；标单 €45，公寓 €80~95；）这些美味的自炊式单间和公寓（2~6人）有一个逐渐上升的露台，上面可以饱览米拉贝洛湾（Bay of Mirabello）平静祥和的美景。露台在一个郁郁葱葱的花园里，花园里有许多大缸和橄榄树。房间内部的装饰经典而别致，有瓷砖地板、雅致的床上用品和家具。还有一个小游泳池。

Minos Beach Art Hotel
精品酒店 €€€

（☎28410 22345；www.minosbeach.com；Akti Ilia Sotirchou；房间 含早餐 €280起；P）就在镇外，地理位置相当优越，这个高级的度假酒店还是一座名副其实的美术馆，通往海滩的地面上摆放着知名希腊和外国艺术家创作的雕塑作品。低层设计和酷爽的风格使它成为岛上最好的酒店之一。沿着海滨路Akti Koundourou走，在距圣尼古拉斯中心东北部约1公里处。在通往大海的道路上设有酒店"Minos Beach Hotel"的路标指示牌。

就餐

想品尝正宗、美味的食物，请到Kitroplatia海滩港口附近，有很多当地人去那里享用美食。

Sarri's
希腊菜 €

（Kyprou 15；主菜 €10；午餐和晚餐）隐藏在一棵桉树下面，有许多铺满方格台布的餐桌和阴凉的环境，Sarris会唤起人们对古希腊的回忆。来这里品尝一下对虾saganaki，烤肉串、炸鱿鱼、比萨或价格为€9的配有葡萄酒的小吃拼盘。花园阳台是吃早餐、午餐或晚餐的完美地点。登上山顶，然后向下走20米就能找到它。

Faros
希腊菜 €

（Kitroplatia Beach；主菜 €10；正午至深夜）就在大海的旁边，这间香飘四溢的家庭经营的希腊餐厅散发着肉和鱼的香味，鱼和肉在前面的火盆中烤制而成。你可以在遮凉棚下面的户外座位就餐，也可以到舒适的餐馆里面用餐。食品非常美味，有人盘沙拉、令人垂涎欲滴的鱿鱼、kleftiko（慢火烘焙而成的羔羊肉或山羊肉），还有stifadho（番茄酱肉烧洋葱），可能还会有免费的果仁蜜饼和葡萄酒。服务非常热情！

★Pelagos
地中海菜 €€

（☎28410 25737；Stratigou Koraka和Katehaki交叉路口；主菜 €10；午餐和晚餐；）这家微风拂面的高档餐馆是新古典主义与现代希腊的完美结合，里面人造的残垣断壁上悬挂着花瓣玻璃灯和画像，餐桌上铺着明亮的橙白相间的桌布，菜单上有沙拉、海鲜、肉类和意大利面。一定要点一份铁扒大虾，定会让你欲罢不能！这里太精致高雅了。还有一个花园露台。

饮品和夜生活

沿Akti Koundourou的时尚临港休闲酒吧从10:00左右到凌晨时分都十分繁忙。约有6家舞蹈俱乐部簇拥在25 Martiou的下端，恰好就在港口上方。

Bar Arudo 酒吧

（Akti Koundourou；⌚9:30至深夜）许多颓废的当地人闲暇时经常会来这个灯光昏暗的地方聊天，这里有冰凉的鸡尾酒、一个面朝大海的户外阳台，里面还有一个精美的木质酒吧。

Peripou Cafe 咖啡馆

（28 Otkovriou 13；⌚9:30至次日2:00；📶）这个极具艺术气息的酒吧有一个阳台，可以俯瞰环礁湖，还有一个小巧精致的书店，播放着独立音乐，售卖烤面包片，你一走进酒红色的墙壁就会被这里放荡不羁的风格所吸引。

实用信息

绝大多数银行、ATM机、旅行社和商店位于Koundourou和与之平行的28 Oktovriou上。

综合医院（General Hospital；☎28410 66000；Konstantinou Paleologou）可以治疗骨折和拍X光片，但如果有更严重的病症，你就需要前往伊拉克利翁。在小镇的西边，陡峭的Paleologou Konstantinou顶上。

市区旅游办事处（☎28410 22357；www.agiosnikolaos.gr；⌚4月至11月 8:00~22:00）有非常实用的信息和地图、可以兑换货币和提供住宿帮助。在武利斯梅尼湖（Voulismeni Lake bridge）北边的对面。

邮局（28 Oktovriou 9；⌚周一至周五 7:30~14:00）

到达和离开

长途汽车从圣尼古拉奥斯车站发车，开往伊罗达（€1.70，20分钟，每天16班）、耶拉派特拉（€3.80，1小时，每天7班）、伊拉克利翁（€7.10，1.5小时，每天18班）、克里察（€1.60，15分钟，每天10班）、拉西锡高原（狄克特翁洞；€6，3小时，每天2班），拜伊（€14）和锡蒂亚（€7.60，1.5小时，每天7班）。你可以在旅游中心对面的车站乘坐伊罗达公共汽车。你还可以在这里搭乘一班当地公共汽车（每隔半小时）前往主要的公共汽车站。

当地交通

出租车（☎28410 24100）费用大概为伊罗达（€13）、普拉卡（€18）、克里察（€13）和拉托（€15）。

汽车和摩托车出租点，如**Club Cars**（☎28410 25868；www.clubcars.net；每天€40起），分布在28 Oktovriou和北部海滨。

Manolis Bikes（☎28410 24940；25 Martiou 12；小轮摩托车/山地自行车 每天€20/12起）有大量的小轮摩托车、摩托车、四轮摩托车和山地自行车出租。

圣尼古拉奥斯周边

伊罗达（Elounda） Ελούντα

人口 2185

从圣尼古拉奥斯向北通往伊罗达（发音：el-oon-da）11公里长的道路上能看到美丽的山脉和大海。这是个朴实的小渔村，近年来游客的增长从侧面看应归功于附近那些服务一流的酒店，而这些酒店服务于社会名流（例如罗纳尔多、莱昂纳多·迪卡普里奥、U2乐队和Lady Gaga）。其实这个小镇并不时尚和浮华，但足以让人赏心悦目。当地人会高兴地带你去钓鱼或前往斯皮纳隆加岛（Spinalonga Island），来到有栅栏的奥林匹亚旅游胜地，你会看到外表浮夸的好莱坞偶像。镇上美丽的海滩并不出名，但从海港向北走会变得十分拥挤。伊罗达南边有一条人工建造的长堤通往Kolokytha半岛。

食宿

Delfinia Apartments 公寓 €

（☎28410 41641；www.pediaditis.gr；单间/公寓 €40/50；❄📶🏊）这些令人赏心悦目的海景房里面布置着雅致的家具和设备齐全的小厨房，里面有三明治机、冰箱和微波炉。你可以伴着海浪声入睡。老板一家还经营着附近的Milos Apartments，那里有一个游泳池。

Corali Studios 公寓 €€

（☎28410 41712；www.coralistudios.com；Akti Poseidonos；房间 €45~75；P❄📶🏊）在郁

郁葱葱的草坪中间，有一个露台，可以眺望到附近小镇上的海滩。Corali里有手工抹灰墙、明亮的房间里有华夫格被褥、阳台、大浴室和雅致的家具。从伊罗达到普拉基亚的路上你会发现几百个庭院。老板一家还经营着隔壁的Portobello Apartments（€65~75）。

★Arodamos 希腊菜 €

（☎28410 41122；Naksou 6；主菜 €4~9；⏲11:00至深夜；📶）这个隐蔽的宝地坐落在广场后面一座有几世纪历史、带有基克拉泽斯式蓝色百叶窗的老房子里，前面有一座花园，花园密布着郁郁葱葱的橄榄树和棕榈树。菜单是传统的希腊风味，令人垂涎欲滴的肉类菜肴呈现在你的眼前：羊排、当地香肠和kondosouvli（烤肠衣肝脏）。

ℹ 实用信息

邮局和ATM机在伊罗达的中央广场上，这里也兼作停车场，能俯瞰海景。

市旅游办事处（Municipal Tourist Office；☎28410 42464；⏲6月至10月 8:00~20:00）帮助提供住宿和实用信息，还可以兑换货币。

Olous Travel（☎28410 41324）购买机票和船票，查找住宿信息。它可以远眺到中央广场。

ℹ 到达和当地交通

穿越斯皮纳隆加岛的船只每半小时1班（往返成人/儿童 €10/5，10分钟）。

有13班公共汽车每天从圣尼古拉奥斯出发，前往伊罗达（€1.70，20分钟）。

中央广场有一个**出租车摊位**（taxi booth；☎28410 41151），去往圣尼古拉奥斯需花费€13。

可以在**Elounda Travel**（☎28410 41800；www.eloundatravel.gr）租用汽车、摩托车和小轮摩托车，有几个办公室，其中有一个在中央广场。

斯皮纳隆加岛（Spinalonga Island） Νήσος Σπιναλόγκα

小巧的斯皮纳隆加岛（Spinalonga Island；门票 €2；⏲9:00~18:00）和岛上的堡垒风景如画，紧邻Kolokytha半岛的北端，在普拉卡的沿海村庄对面。因维多利亚·希斯洛普（Victoria Hislop）的浪漫小说《岛》（*The Island*；希腊语*To Nisi*）的畅销，斯皮纳隆加岛的旅游景点激增。小说讲述了该岛作为一个麻风病人隔离区的故事，但似乎在岛上你不会感觉岛上有街区是根据小说中的描述改造而成。尽管旅行团的到来使这里有些嘈杂，但你仍然可以玩得很愉快，你可以漫步于小岛周围，穿梭于能唤起人们记忆的教堂、炮塔和其他建筑之间。

庞大的堡垒（门票 €3；⏲10:00~18:00）于1579年由威尼斯人建造，用于保护伊罗达湾和米拉贝洛（Mirabello）湾。斯皮纳隆加岛于1715年向土耳其人投降。

从1903年到1955年，土耳其统治后期，该岛沦为殖民地，在那里，希腊人遭受了麻风病（又称哈森氏病，Hansen' s Disease）的侵袭，成为隔离区。殖民统治初期的生存环境肮脏悲惨。然而，在1953年，能力超凡的雅典难民、法律系学生伊巴密浓达（Epaminondas Remoundakis）的到来，使岛上的生活条件有所改善，并带来了救赎精神。殖民地生涯终于在1973年结束。希斯洛普（Hislop）通过小说讲述了这个跌宕起伏的感人故事。

这座小岛曾在一部短片中出现，短片的名字是《遗言》（*Last Words*），是1968年由沃纳·赫尔佐格（Werner Herzog）创作的。

这里有一家咖啡馆和许多纪念品店。游览船定期从圣尼古拉奥斯（€15起）出发，来到斯皮纳隆加岛观光。渡轮也往返于伊罗达（€10）和普拉卡（€10）。

克里察（Kritsa） Κριτσά

圣尼古拉奥斯西南11公里处就是克里察（发音：krit-sah），那里美丽小山村的优良传统因售卖刺绣品的小贩过于纠缠顾客而受到了轻微破坏。不过崎岖的峭壁下方那个海拔较高的村庄，又总能令人想起带有浪漫色彩的衰落和令人悲伤的过往。需要注意的一点是，从上午晚些时候到下午晚些时候，克里察会挤满团队游客。

克里察前方约1公里处有条岔路，通往美丽的13世纪凯拉圣母教堂（Church of Panagia Kera；☎28410 51806；门票 €3；⏲周二至周日 8:30~15:00），那里有克里特岛最好的几幅拜占庭壁画。

每小时都有公共汽车从圣尼古拉奥斯前来此地（€1.60，15分钟）。乘出租车约花费€13。

拉托 (Lato) Λατώ

位于克里察以北约4公里处的公元前7世纪的多里安拉托古城（Λατώ，Ancient Lato；门票 €2；⏲周二至周日 8:30~15:00），是克里特岛为数不多的非米诺斯古代遗址。拉托（发音：lah-to）曾经是一个强大的城邦，在一座壮丽的山上建有两座卫城，能俯瞰米拉贝洛湾。它以阿耳忒弥斯和阿波罗的母亲——勒托（Leto）的名字命名。

没有开往拉托的公共汽车。从圣尼古拉奥斯乘出租车前往约花费€18。

戈尔尼娅 (Gournia) Γουρνιά

米诺斯定居点戈尔尼娅（发音：goor-nyah；门票 €3；⏲周二至周日 8:30~15:00）坐落在圣尼古拉奥斯东南19公里处。由一座能眺望居民区的小宫殿构成，建于公元前1600年至公元前1500年间，公元前1450年遭到破坏，公元前1375年至公元前1200年间重被修复。那里有街道、楼梯还有墙高2米的房屋。在此发现的奴隶、商业贸易和农具的痕迹使得戈尔尼娅的繁荣景象可见一斑。

探访该遗址时，研究一下入口内侧的全景地图，然后顺着一条弯曲向上的狭窄古道直达宫殿遗址，沿作坊、储藏室以及发现陶土酒榨机的地方的边缘行走。小路尽头就是宫殿的中央庭院，右手边的台阶就指向主入口。庭院另一侧（西侧）的小楼梯向下通往一个竖直的厚板——被尊奉为圣石（sacred stone）。遗址内零星分布着10块解说牌，售票亭也出售小册子（€5）。

从圣尼古拉奥斯开往锡蒂亚和耶拉派特拉的公共汽车在此停靠。

莫胡洛斯 (Mohlos) Μόχλος

人口 121

沿一条蜿蜒的窄路穿过巨大采石场的尽头，就是克里特岛北部海岸沿线尚未被人们发掘的明珠——莫胡洛斯（发音：moh-los），这里远离喧嚣，静谧宜人。在这个地道的渔村里，时光的流淌仿若轻拍灰砂卵石海滩的海浪一样，平缓无声。在这里除了放松身心、归于宁静，再无其他事可做。

莫胡洛斯曾经是早期米诺斯文明的一个繁荣社区，与现今距海岸200米远的小岛相连。游泳的人一定要当心强大的海浪冲击。

食宿

Hotel Sofia 酒店 €

（☎28430 94554；sofia-mochlos@hotmail.com；房间 €35~45；❄）就坐落在海边，这个朴实无华的希腊餐厅的楼上有许多小房间，房间里有暗红色的床罩、古式的大衣柜、冰箱和浴室，一些房间里有阳台。你可以额外加钱选择海景房。店主还有一些宽敞的公寓（€40~55），在海港以东200米处，那里比较适合长住。

★ Petra Nova Villas 别墅 €€

（☎6984 365277，28430 94080；www.petranovavillas.gr；Mochlou St；公寓 €95~125；P❄📶）这些石头别墅完美地融合在山坡上，沿着道路步行几分钟就能到达海边。有一间或两间卧室的别墅可供选择。别墅有私人停车场、精心设计的内饰、卫星电视和阳台。联络Elaine获取更多信息。

★ TaKochilia 希腊菜 €€

（☎28430 94432；主菜 €7；⏲午餐和晚餐；📶）这里的海胆沙拉非常著名，但仅在盛夏时节供应。这家漂亮的海滨餐厅被粉刷成了基克拉泽斯式的白蓝相间的颜色，菜单上有丰盛的意大利面和传统克里特菜肴，如菠菜馅饼、柠檬酱洋蓟烧羊肉、番茄、胡椒、牛至和橄榄油烤羊乳酪。

到达和离开

往返于圣尼古拉奥斯和锡蒂亚的公共汽车在去往莫胡洛斯的岔路口停靠，在那里你可能需要搭便车或在陡峭的道路上步行6公里。

锡蒂亚 (Sitia) Σητεία

人口 9348

锡蒂亚（发音：si-tee-ah）是一座迷人的海边小镇，小渔港周围宽敞的散步长廊上，希腊小馆和咖啡馆排列成一条线。粉刷成白色的房屋紧紧依偎着被峭壁一分为二的小山坡。这个友好的小城镇旅游业十分低迷，酿造葡萄酒和种植橄榄树是主要的经济支柱。城镇东侧的长沙滩位于一处宽阔海湾的边缘。

景点

棕榈树密布的Plateia Iroön Polytechniou是锡蒂亚的主广场。

锡蒂亚考古博物馆 博物馆

（Sitia Archaeological Museum；☎28430 23917；Piskokefalou；入场费 €2；⊙周二至周日 8:30~15:00）这座博物馆里有很多在当地发现的重要藏品，横跨新石器时代到罗马时期的考古发现，重点是米诺斯文明。最重要的展品之一当属Palekastro Kouros——用部分河马牙和金子拼凑而成的雕像。从扎克罗斯宫（Zakros Palace）出土的文物包括一个酒榨机、一把青铜锯、罐子一些祭祀用品，还有在烧毁宫殿的大火中被烧焦的锅，锅上有明显的烧焦痕迹。藏品都用英文和希腊文标记。

卡扎马 要塞

（Kazarma；Neas Ionias；⊙8:30~15:00）免费 位于小镇山顶上的战略据点，这座建筑被当地人称作kazarma（源自威尼斯时期的casadiarma），是威尼斯人建造的防御要塞。这是目前仅存的、用于保护城镇的防御工事。该遗址现今被用作露天演出场所。

住宿

El Greco Hotel 酒店 €

（☎28430 23133；www.elgreco-sitia.gr；G Arkadiou St；房间 含早餐 €40~55；）窗明几净的房间里有瓷砖地板、精选家具、电视、冰箱和海景阳台。在一个引人注目的木质大厅里有自助早餐。

Sitia Bay Hotel 酒店 €€

（☎28430 24800；www.sitiabay.com；标单/双 €105/120；P）一家现代酒店，服务友好，能为你带来最高级的住宿体验。这里有舒适、雅致的公寓，公寓有一个或两个房间，大多数公寓里能看到海景。这里有一个游泳池、水疗中心、迷你健身房和桑拿浴。早餐€6。

餐饮

★Zorba's Tavern 希腊小馆 €

（Plateia Iroon Polytehniou；主菜 €8；⊙正午至深夜）善于交际的老板佐巴（Zorba）非常具有水手气质，戴着他的水手帽，还留着浓密的胡子，仿佛是从传统希腊油画中走出来的。这个地方也极具传统特色：试想一下布祖基琴演奏的音乐、蓝色的餐桌和座椅，以及丰盛的香飘四溢的自制美食。这里有多汁的羊肉片、新鲜的沙拉等。尽情释放你的味蕾吧！

Balcony 创意菜 €€

（☎28430 25084；www.balcony-restaurant.com；Foundalidou 19；主菜 €13~20；⊙午餐和晚餐；）锡蒂亚最时尚的餐厅位于一座紫色和奶油色的新古典主义建筑的一层，老板Tonya Karandinou把这里管理得有一种剧院的感觉。以克里特风味为基础的菜肴里注入了墨西哥菜和亚洲菜风味，范围从烤鱿鱼到嫩羊肉。希腊美酒与可口菜肴完美搭配。

实用信息

城镇中心有几家设有ATM机的银行。如果你想继续向东走，要在这里提取现金，因为在Palekastro只有一台ATM机。

邮局（Dimokritou；⊙7:30~15:00）向内陆前进，在El Venizelou第一个路口左转。

旅游办事处（☎28430 28300；Karamanli；⊙周一至周五 9:30~14:30和17:00~20:30，周六 9:30~14:00）冬季的开放时间不定。在海滨大道上。

Tzortzakis Travel（☎29211；www.tzortzakistravel.com；17 M Alexandrou St；⊙9:00~21:00）这个非常有用的旅行社，可以预订房间、机票和船票，还可以租车。

到达和离开

飞机

锡蒂亚的**机场**（☎28430 24666）有一个扩大到国际规模的跑道，夏季有航班飞往阿姆斯特丹（Amsterdam）和里昂（Lyon）。

阿斯特拉航空公司（www.astra-airlines.gr）每周有5个航班飞往雅典（€68，1小时）。

奥林匹克航空公司（www.olympicair.com）每天都有航班飞往卡索斯（€57，20分钟），然后继续飞往卡尔帕索斯（€63，1小时）和罗得岛（€63，2小时）。

船

Aegeon Pelagos Sea Lines（EP；☎哈尼亚 28210

24000）每周有2班渡轮从锡蒂亚开往伊拉克利翁（€11，3小时）、米洛斯岛（€25，11.5小时）、比雷埃夫斯（€41，17小时）、圣托里尼岛（€26，7.5小时）和罗得岛（€27，9小时20分钟）。每周有4班渡轮开往卡索斯（€11，2.5小时）和卡尔帕索斯（€18，4小时）。这些渡轮中有几班在凌晨离港。

公共汽车

从锡蒂亚的**公共汽车站**（☎28430 22272）发车，每天有6班公共汽车开往耶拉派特拉（€8，1.5小时）、7班公共汽车开往伊拉克利翁（€14，3小时），途经圣尼古拉奥斯（€8，1.5小时），有4班公共汽车开往拜伊（€3，30分钟），还有2班公共汽车开往卡托扎克罗斯（€8，1小时），途经Palekastro（€5，45分钟）和扎克罗斯（€8，1小时）。开往拜伊和卡托扎克罗斯的公共汽车只在5月和10月之间运营。

锡蒂亚周边

托普罗修道院（Moni Toplou） Μονή Τοπλού

孤零零地伫立在海上狂风肆虐的绝壁上，托普罗修道院（☎28430 61226；门票 €3；⊙4月至10月 10:00~17:00，11月至次年3月仅限周五）是克里特岛最具历史意义的修道院之一，其防御能力几经海盗、十字军骑士和土耳其人的验证，坚固程度可见一斑。它也是最富有、占地面积最大的修道院之一，就连拜伊的海滩也包括在内，还生产香醇的葡萄酒和橄榄油。

这里最珍贵的藏品是著名的克里特艺术家Ioannis Kornaros精雕细琢的、栩栩如生的Megasi Kyrie（Lord Thou Art Great，主你本为大）圣像。这里描绘了61个旧约和新约中的场景。找找看有没有挪亚方舟（Noah's Ark）、约拿和鲸鱼（Jonah and the Whale）或摩西过红海（Moses parting the Red Sea）的故事。其他房间里还有更多圣像、铜雕，还有第二次世界大战纪念展。

这座修道院在锡蒂亚以东约18公里。从锡蒂亚-Palekastro公路步行3公里即到。你可以在交叉路口下车。从锡蒂亚乘坐出租车需花费大约€22。

拜伊（Vaï） Βάι

拜伊的海滩位于锡蒂亚以东24公里处，以大型Phoenix theophrastii棕榈树而闻名。这里风平浪静、海水澄澈，是克里特岛最受欢迎的浅滩之一，7月和8月，这里的阳伞和太阳床（€6）在上午10点钟就会被抢占一空。随后不久，摩托艇的引擎声便会传遍整个海滩。换句话说，要想平心静气地欣赏拜伊的自然美景，要么早来一会，要么下午5点以后再来。

如果你想远离喧嚣（或远离棕榈树）享受美丽的海滩，就从多岩石的海岬上方向东攀爬1公里，那里没有任何设施，出发前一定要带好所需物品。徒步路径始于瞭望台岗哨，经由石阶拾级而上，抵达定价合理的希腊小馆。

5月至10月，每天有5班公共汽车从锡蒂亚开往拜伊（€3，1小时）。停车费€3。

扎克罗斯和卡托扎克罗斯（Zakros & Kato Zakros） Ζάκρος & Κάτω Ζάκρος

人口 640和22

扎克罗斯（发音：zah-kros），位于锡蒂亚东南45公里处，是穿越扎克罗斯峡谷（Zakros Gorge）的小径的起点，这里也被称为死亡之谷（Valley of the Dead），因为岩壁上呈蜂窝状排列的洞穴里曾是旧时的埋葬地。不过，扎克罗斯仅能算作沿海的卡托扎克罗斯的前奏曲，沿穿越崎岖地带的弯曲小路下行7公里即到。下行到中途，左侧环线就为拥有秀美山川与深切岩壁的扎克罗斯峡谷的红色峡口拉开了序幕。卡托扎克罗斯后方的卵石滩和一众希腊小馆以及著名的米诺斯扎克罗斯宫（Minoan Zakros Palace）遗迹也清晰地映入眼帘。

景点和活动

扎克罗斯宫 考古遗址

（Zakros Palace；☎28410 22462；Kato-Zakros；成人/儿童 €3/免费；⊙8:30~15:00）尽管扎克罗斯宫是最后被发掘的米诺斯宫殿（1962年），但却挖掘出了大量非同寻常的藏品。精致的石头水晶花瓶和石制的公牛头现在收藏于伊拉克利翁考古博物馆（Heraklion Archaeological Museum），是与米诺斯文物宝藏一起在扎克罗斯发现的。扎克罗斯古城是克里特岛4处宫殿式建筑群中最小的一处，是米诺斯时期的一个重要港口，承接和埃及、叙利亚、安纳托利亚（Anatolia，小亚细亚的旧称）以及塞浦路斯的贸易往来。宫殿建筑群的一些部分已经淹没在水中。

派莱基塔洞 洞穴

（Pelekita Cave）在Karoumbi，距卡托扎克罗斯3公里处，这个特别的300米长的洞穴能俯瞰下面壮丽的海景，洞穴里面有大量钟乳石和石笋，它们上边标有新石器时代的记号。进洞探索时要带上火把，穿运动鞋。

扎克罗斯峡谷 步行

（Zakros Gorge）扎克罗斯村庄的正下方是一条长8公里的小路的起点，这条弯曲的小路并不难走，通往距海滩200米远的扎克罗斯宫，接近宫殿之前，要穿过一个狭窄且（有时）草木和野生药草丛生的高耸的峡谷。从小路起点下行约3公里，前往卡托扎克罗斯，路途会更短。乘出租车返回扎克罗斯的费用约为€6。

食宿

卡托扎克罗斯有各种各样的住宿，从简单的房间到非常漂亮的寓所。旺季时房间会很快住满，所以最好提前预订。

Katerina Apartments 公寓 €

（☎28430 26893；www.katozakros.cretefamilyhotels.com；Kato Zakros；公寓 €50~60）坐落在高高的山坡上，可以俯瞰卡托扎克罗斯，能看到绿松石般的海浪和下方远处荒废的古代宫殿，这里有4间极好的石头建造的单间公寓和小屋，里面最多可以住4个人，非常干净，周围环境无与伦比。

★ Terra Minoika 别墅 €€

（☎28430 23739；www.stelapts.com；Kato Zakros；别墅 €120；P ❄ 📶）坐落在高高的山坡上，可以俯瞰下面的海浪，这些立方体的石屋非常激动人心。试想一下有木梁的天花板、阳台上辽阔的视野、别致的铁锈色家具、墙上挂满了瓶瓶罐罐，还有石头地板，简直是不能再浪漫了。每一个别墅都是独立的，里面都有一个设备齐全的小厨房。

Akrogiali Taverna 克里特菜 €

（☎28430 26893；Kato Zakros；主菜 €8；⏲8:00至午夜；📶）这个漂亮的海滨餐厅具有蓝白相间的外观，里面有鱼鳃龙虾、箭鱼和烤肉串。鱿鱼很大，沙拉极具味道。

到达和离开

从锡蒂亚发往扎克罗斯的公共汽车途经Palekastro（€4.50，1小时，每天2班）。从6月至8月，公共汽车会继续前行，抵达卡托扎克罗斯（€5.20，1小时20分钟）。直接到达卡托扎克罗斯的公共汽车只在5月到10月运营。

耶拉派特拉（Ierapetra）

Ιεράπετρα

人口 12,355

耶拉派特拉（发音：yeh-rah-pet-rah）是一个悠闲的海滨小镇，也是克里特岛东南部依托温室发展的大型农业综合企业的商业中心。这里炎热的夏季尘土飞扬，既能带你体验低调又正宗的克里特生活，也是通往亚热带的加伊祖罗尼西岛（GaïdouronisiIsland，也称Hrysi）的起点。当地的灰沙滩面积很大，沙滩后方有希腊小馆和咖啡馆，夏季夜生活热闹非凡。

尽管岛上的历史留存少之又少，不过耶拉派特拉的历史仍令人印象深刻，这里曾是征服埃及的一个罗马港口，也曾是建在坚固的港口堡垒上的威尼斯要塞。土耳其区的狭窄小巷又勾起人们对过往土耳其时期的点滴回忆。

景点和活动

耶拉派特拉主要的城镇**海滩**靠近港口，另一片海滩则从Patriarhou Metaxaki的东侧开始延伸。二者皆覆盖着粗糙的灰沙，不过主海滩上树荫较多。

耶拉派特拉考古博物馆 博物馆

（Ierapetra Archaeological Museum；☎28420 28721；Adrianou 2；门票 €2；⏲周二至周日 8:30~15:00）耶拉派特拉这座考古博物馆

规模虽小，其价值却不言而喻，位于从土耳其时期流传下来的一所学校里面。众多经典无头雕塑藏品中的亮点是保存完好珀耳塞福涅女神（goddess Persephone）雕像，它的历史可以追溯到公元2世纪。另一件杰出藏品是从公元前1300年流传下来的很大的红色黏土无釉陶棺（黏土棺材），棺上装饰的12幅嵌板再现了狩猎场景，还饰有章鱼和一列两轮战车队伍。

凯尔斯堡垒 堡垒

（Kales Fortress；⏲周二至周六 8:30~15:00）免费 这座矩形堡垒位于水滨南部沿线，是一座中世纪时期的堡垒，建于威尼斯统治时期的早期，1626年弗朗切斯科·莫罗西尼（Francesco Morosini）对其进行了加固。爬到上面的墙上可以看到东侧山川无与伦比的美景。

住宿

★Cretan Villa Hotel 酒店 €

（☎28420 28522；www.cretan-villa.com；Lakerda 16；双/标三 €50/70；❄📶）隐藏在镇中心，在一扇通向满是葡萄藤的院子的厚木门后面。这是一个安静、和谐的地方，漂亮的房间里有彩色玻璃窗、优质的家具、宽敞的浴室、有木梁的天花板和卫星电视。管理员格外热情，能为你提供很多帮助。从公共汽车站步行几分钟即到。

Akrolithos Apartments 公寓 €€

（☎28420 28522；www.ierapetra-apartments.net；Lakerda 16；公寓 €70；❄📶）这些最近翻新的公寓内部设计极好，公寓内有原始的壁炉、设备齐全的小厨房，非常宽敞，还有优越的中心位置，舒适得会让你不想离开。

餐饮

水滨有许多咖啡馆和小餐馆，有些口味相当正宗且价格实惠。夜店沿Kyvra排列。

Napoleon 希腊菜 €

（☎28420 22410；Stratigou Samouil 26；主菜 €6；⏲正午至午夜；📶🖉）这家宽敞的传统克里特餐馆在海边有一个建筑区，两旁种满了棕榈树，非常吸引人的餐馆就在其中。这里的美味dolmadhes、蜗牛、菠菜馅饼、炸鱿鱼和墨鱼饭都非常值得期待。

实用信息

银行和ATM机分布在Plateia Eleftherias和Lasthenous。

Ierapetra Express（☎28420 28673；express@ier.forthnet.gr；Kothri 2；⏲9:00~21:00）中央旅游办事处服务热情，并提供非常实用的信息。

邮局（Koraka 25；⏲7:30~14:00）

到达和离开

每天有9班公共汽车从耶拉派特拉**汽车站**（☎28420 28237；www.ktelherlas.gr；Lasthenous）发车，开往伊拉克利翁（€11，2.5小时），途经圣尼古拉奥斯（€3.80，1小时）和戈尔尼娅（€2.10，40分钟），还有7班开往锡蒂亚（€6.30，1.5小时）的公共汽车和7班开往米尔托斯（€2.20，30分钟）的公共汽车。

出租车（☎28420 26600）车费收费标准张贴在市政厅外：伊拉克利翁（€110）、圣尼古拉奥斯（€45）、锡蒂亚（€75）、米尔托斯（€20）。

在**Auto Tours**（☎28420 22571；Plateia Plastira；每天€25起；⏲9:00~20:00）租车非常可靠。

米尔托斯（Myrtos） Μύρτος

人口 622

鲜为人知的米尔托斯（发音：myr-tos）静卧在耶拉派特拉以西14公里处，被深色的环形沙滩和铁青色的海水所环绕，生活节奏悠闲缓慢，有几家享受风和日丽的精品店和客栈，在慵懒的海滨，还有许多希腊餐厅。

食宿

★Big Blue 公寓 €

（☎28420 51094；www.big-blue.gr；单间公寓 €30~40，公寓 €50~80；🅿❄📶）这些精致高雅的海景单间公寓把现代设备和传统希腊特色融为一体，里面的白墙上挂满了漂亮的艺术品。在阳台上能看到一望无际的美景和许多遮阳篷。由于这里海拔较高，所以景色也非常壮观惊人。“Blue Eye”公寓有极好的邪恶之眼（mati）流行艺术展览。事实上，这里的每个房间都有所不同。门外还有一个为日落时分散步的人们准备的满园飘香的花园。

Villa Mertiza 公寓 €€

(☎69327 35224, 28420 51208; www.mertiza.com; 单间公寓/公寓 €55/65; ❄📶)老板是一个友好的荷兰人，这些建造精美的单间和公寓里有自助的烹饪设备、摩洛哥风格的墙帷和点缀着美妙照片的墙壁。房间里有干净的浴室、平板电视，非常宽敞。这里还有一个图书交换场所。老板还有一些位置较远的漂亮别墅(€110)，提供其他的住宿选择。

★ Thalassa Taverna 希腊菜 €

(主菜 €8~12; ⏲10:00至午夜; ❄📶)这家深蓝色的海滨小餐馆内部用珊瑚和贝壳装饰着，有几张户外餐桌，菜肴有贻贝、鱿鱼、墨鱼、基围虾、章鱼……这里有足够的海鲜使美人鱼群都能保持安静。

★ Katerina 克里特菜 €€

(☎69483 25739; 主菜 €5.50~19.50; ⏲午餐和晚餐)在Katerina用餐，你的味蕾会像翻筋斗一样不断变化，大厨Yiannis就有这样的本领，那就是在即使最传统的菜肴中融入创新元素。不要过多食用搭配免费开胃食品的自制面包，开胃食品是为让你更好地享用极度美味的食品准备的，比如鲜香的羔羊肉kleftiko、油炸奶酪(ouzo flambéed saganaki)和蜜糖巧克力蛋糕。美食家或许还会对Yiannis的美味团队游(herb-collecting tours)和烹饪课程感兴趣。

ℹ 到达和离开

有7班当日往返的公共汽车从耶拉派特拉发往米尔托斯(€2.20, 20分钟)。

拉西锡高原(Lasithi Plateau) Οροπέδιο Λασιθίου

宁静的拉西锡高原海拔900米，是一片广阔的点缀着扁桃树和果园的绿色海洋。它坐落在Dikti山脉岩石散布的群山顶上，美得令人窒息，并为游客看到真实的克里特乡村生活提供了机会。拉西锡高原在17世纪时或许是一个风光绝佳的景点，当时高原上大约点缀着20,000架白帆风车，是威尼斯人为进行灌溉而建的。留存下来的少量风车现今已成为一个标志性(出镜率很高)的景点。

ℹ 到达和离开

拉西锡高原是旅游车的领地，很少有公共交通运营服务。每天只有1班公共汽车从伊拉克利翁发车，开往泽米亚多(€6.50, 2小时)、圣尼古拉奥斯(€6.90, 2小时)和萨罗(€6.50, 2.25小时)。还有公共汽车从圣尼古拉奥斯开往各个村庄。

驾车出游的主要线路是，驶离Stalida附近的滨海高速公路后向南行驶，经过赫索尼索斯(Hersonisos)即到。从圣尼古拉奥斯出发的最佳线路是途经奈阿波利(Neapoli)。

泽米亚多(Tzermiado) Τζερμιάδο

泽米亚多(发音: dzer-mee-ah-do)是拉西锡20个村庄当中最大的一个，仍旧具有浓厚的田园风情。Taverna Kourites(www.kourites.eu; 主菜 €7.50~10.50; ⏲9:00~22:00)店内午餐生意兴隆，一日游游客爆棚。其他时段，这里就成为一个宽敞宁静的好去处，菜单上供应一流的羔羊肉和炭烤乳猪。餐馆的上方和附近有小酒店(双 €40)。

想要去更高档的乡间寓所，可前往Argoulias(☎28440 22754; www.argoulias.gr; 双 含早餐 €55~80; ❄)，石屋中的许多单间公寓变成了泽米亚多主村庄上方小山坡的一部分(视野太棒了!)，在马路对面有一家极好的餐馆。

泽米亚多有两台ATM机、两个加油站和一家邮局。

圣吉尔吉奥斯(Agios Georgios) Αγιος Γεώργιος

圣吉尔吉奥斯(发音: agh-iosye-or-gios)这样宁静的小村庄是一个休闲胜地。迷人的民俗博物馆(Folklore Museum; ☎28440 31462; 门票 €3; ⏲4月至10月 10:00~16:00)精选展品包括农具和第一次世界大战的纪念物。Hotel Maria(☎28440 31774; 双/标三/四 含早餐 €60/80/100)有舒适、奇特的房间,它坐落在村庄的北边，前面有一座郁郁葱葱的花园。肚子饿了，就去Taverna Rea(主菜 €7~8;

⏲9:00~22:00）尝尝吧，这家活力四射的餐馆坐落在主干道上，装饰了手工制品。餐馆上方的房间可供出租，租金为€30。

萨罗和迪克提翁洞（Psyhro & Dikteon Cave） Ψυχρό & Δικταίον Αντρον

萨罗（发音：psi-hro）是距迪克提翁洞（Dikteon Cave, Cave of Psyhro; ☎28410 22462, 28440 31316; http://odysseus.culture.gr; 门票€4; ⏲4月至10月 8:00~20:00，11月至次年3月 8:30~15:00）最近的村庄，旅游巴士很多，极易堵车。相传，瑞亚（Rhea）就是藏身在这个洞穴中诞下宙斯，借以躲过噬婴的父亲克洛诺斯的魔爪。蜿蜒进入地面光滑、潮湿黑暗的洞穴，穿越陡峭的楼梯，上面悬挂着许多经过千年而形成的钟乳石。自古以来，数不胜数的信徒发现此地，并把这里视为礼拜圣地。

前往洞穴入口的是一条陡峭的15分钟（800米）的步行路，也可以经由一条隐蔽的多岩石的自然小路或停车场左边毫无遮蔽的小路抵达。停车费€2。

上有无数的旅游餐馆，停车场内有很多小吃摊点。

多德卡尼斯群岛

包括 ➡

最佳餐饮

- Marco Polo Cafe（见354页）
- Taverna Mylos（见408页）
- To Hellenikon（见365页）
- Tholos（见376页）
- Pote Tin Kyriaki（见390页）

最佳住宿

- Marco Polo Mansion（见351页）
- Harry's Paradise（见405页）
- Archontariki（见415页）
- Hotel Fiona（见376页）
- Nefeli Hotel（见410页）

为何去

始终对古希腊满怀渴望？希腊亘古永恒的岛屿召唤着现代的探险家，就像曾经召唤奥德修斯（Odysseus）和亚历山大一样。进入遥远的多德卡尼斯群岛（Δωδεκάνησα；发音：do-de-ka-ni-sa），从爱琴海东南蜿蜒穿行，那里与始终可见的土耳其海岸线平行。你可以在这里找到所有人的足迹——从希腊人和罗马人到加入十字军东征的中世纪骑士，从拜占庭和奥斯曼君主到20世纪的意大利官僚。除了著名的罗得岛和科斯岛之外，还有很多岛屿等待你去探索。

徒步者、自然主义者聚集到蒂洛斯岛；登山者在卡利姆诺斯岛攀登石灰岩悬崖；美学家崇拜锡米岛、哈尔基岛和卡斯特洛里佐岛的新古典建筑；潜水者探索水下洞穴和古老的沉船；风筝冲浪者被吹进卡尔帕索斯岛感受传奇的风；考古学家和历史迷在一堆古遗址前驰骋他们的想象力；贪图安逸的游客可以在远离旅行团的无数海滩上晒太阳。

何时去

罗得岛

°C/°F 气温　　降水量 inches/mm

40/104 — 8/200
30/86 — 6/150
20/68 — 4/100
10/50 — 2/50
0/32 — 0

月 1 2 3 4 5 6 7 8 9 10 11 12

4月和5月 价格低廉，游客稀少，且海水正在升温。

7月和8月 住宿和客流量的高峰期——请提前预订。

9月和10月 最佳到访时节：价格低，海水温暖，天气正适合徒步。

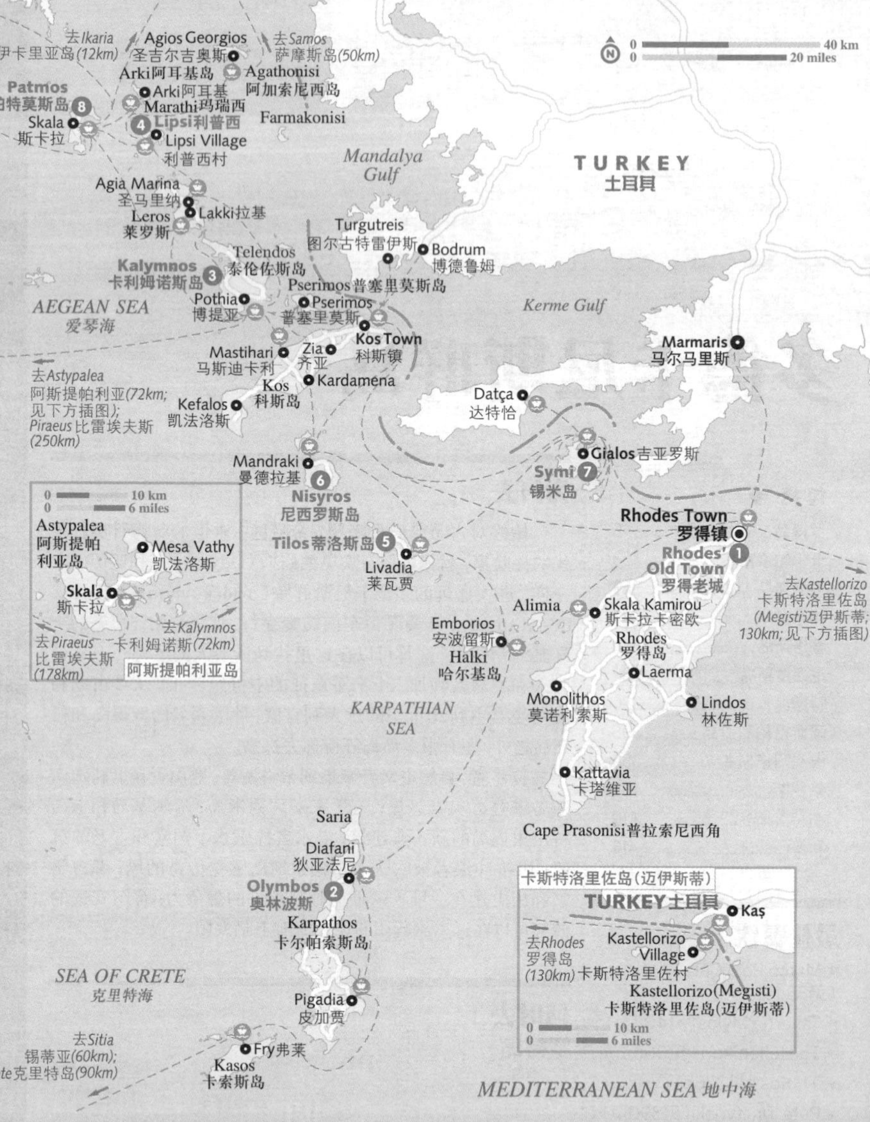

多德卡尼斯群岛亮点

❶ 在拜占庭拱门下，沿着**罗得老城**（见348页）古老的鹅卵石小巷漫步。

❷ 循着崎岖的道路攀登，前往**奥林波斯**（见367页）山顶不随时间变迁的村庄。

❸ 考验你的勇气，潜水寻找沉船残骸或攀登**卡利姆诺斯岛**（见399页）的石灰岩峭壁。

❹ 去**利普西**（见416页）找寻梦寐以求的海滩。

❺ 在风景如画的**蒂洛斯岛**（见378页）徒步或观鸟。

❻ 前往传说中囚禁泰坦的**尼西罗斯岛**（见384页）火山。

❼ 当游船驶入**锡米岛**（见373页）绚丽的意大利风格港湾时，感觉心跳加速。

❽ 前往圣约翰创作《启示录》的**帕特莫斯岛**（见410页）朝圣。

历史

从前米诺斯时期（pre-Minoan times）起，多德卡尼斯群岛就有人居住。公元前323年，亚历山大大帝（Alexander the Great）去世后，这里就被埃及国王托勒密一世（Ptolemy Ⅰ）统治。后来，群岛上的居民成为第一批皈依基督教的希腊人，这要归功于圣保罗和圣约翰的不懈努力。前者在1世纪时两度跋山涉水到达爱琴海群岛，后者则在被放逐到帕特莫斯岛期间创作了《启示录》（*Revelation*），并为《圣经》增添了一个章节。

拜占庭时代早期，群岛繁荣昌盛，但是到了公元7世纪，却一直被接踵而至的侵略者洗劫。耶路撒冷的圣约翰骑士团（Knights Hospitaller）于14世纪抵达，并最终统治了几乎整个多德卡尼斯群岛。他们坚固的防御工事足以经得起时间的考验，却未能阻挡1522年土耳其人的入侵。

1912年，轮到土耳其人被意大利人驱逐。意大利人将意大利语设为官方语言并禁止东正教传播。他们受到墨索里尼建立广阔

Rhodes 罗得岛

0 10 km
0 5 miles

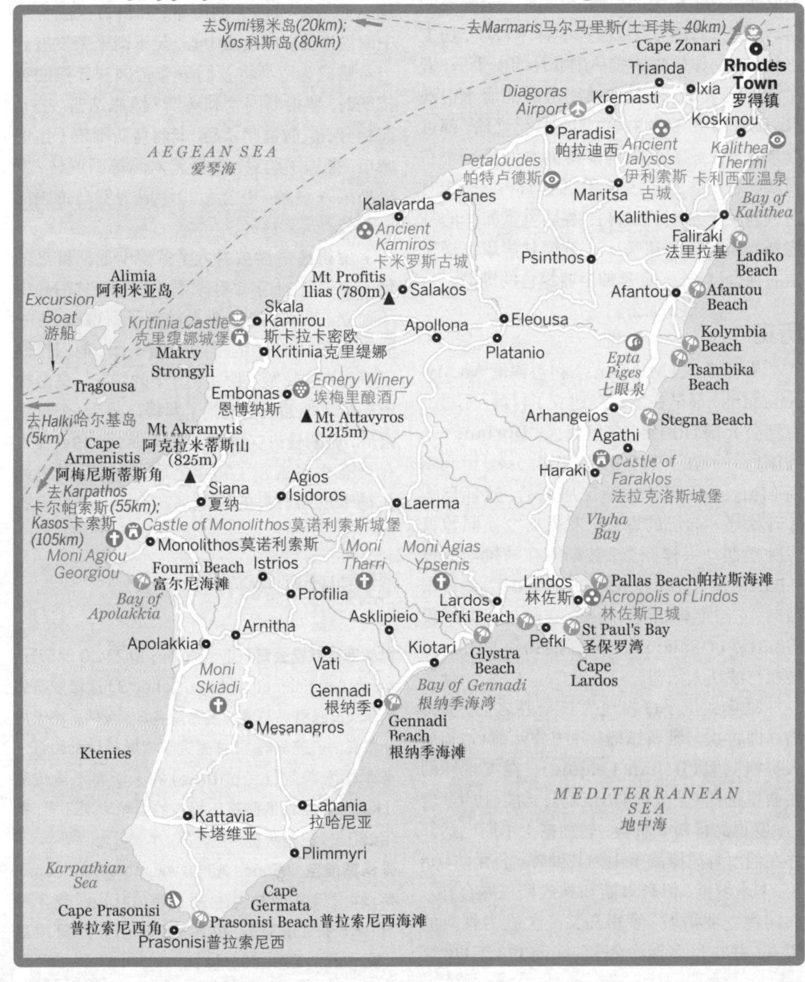

的中海帝国构想的鼓舞，建造了宏伟的法西斯式公共建筑，与原来的希腊建筑形成了鲜明对比。有益的是，他们发掘并修复了许多考古遗址。

1943年意大利投降后，多德卡尼斯群岛，特别是莱罗斯岛，成为英国和德国交火的战场，使当地人民蒙受了巨大的苦难。多德卡尼斯群岛于1947年被正式归还给希腊。

罗得岛（RHODES） ΡΟΔΟΣ

人口 115,000

迄今为止，罗得岛（发音：ro-dos）是多德卡尼斯群岛中最大的岛屿，也一直是最强大的岛屿。这里海滩众多，山谷中林木茂盛，历史悠久。无论你是要体验热闹非凡的夜生活、懒洋洋地晒太阳，还是在透明澄澈的海水中潜水，或者踏上一次古代文明的文化之旅，都可以来这里。颇有气氛的罗得岛老城像一个布满鹅卵石小巷的迷宫，将你带回拜占庭帝国时期或者更早的时光。再往南是风景如画的林佐斯（Lindos），这是一个方糖状房屋纵横交错的神奇世界，一直延伸至蓝绿色的港湾。

历史

米诺斯人（Minoans）和迈锡尼人（Mycenaeans）最早在罗得岛建立了村落，不过，直到公元前1100年，多里安人（Dorians）来到该岛——在卡米罗斯（Kamiros）、伊利索斯（Ialysos）和林佐斯定居之后，这座岛屿才开始显示自己的存在。罗得岛变换同盟就像钟摆摆动一样频繁：波斯人在马拉松战役（Battle of Marathon，公元前490年）中被击败时，它与雅典结盟；但是，在萨拉米斯战役（Battle of Salamis，公元前480年）中，它又转而与波斯人结盟。

雅典人出乎意料地大获全胜之后，罗得岛立即再次与雅典结盟，并于公元前477年加入提洛同盟（Delian League）。在灾难性的西西里远征（公元前416年至公元前412年）之后，罗得岛背叛了雅典，转而搭上了斯巴达，并在伯罗奔尼撒战争中为其助阵。公元前408年，卡米罗斯、伊利索斯和林佐斯三城合并，共同建立罗得城。罗得岛又一次成为雅典的盟友，并在尼多斯海战（公元前394年）中打败斯巴达。之后，罗得岛与波斯人联合对抗亚历山大大帝，可在亚历山大大帝展示出不可战胜的力量时，又只能依附于他。

公元前305年，托勒密的对手安提柯（Antigonus）派出他强大的儿子——围城者德米特里·波里奥西特（Demetrius Poliorketes）征服罗得岛。被围攻很长一段时间之后，罗得岛成功击退了德米特里。当时为了庆祝胜利，罗得岛建造了高达32米的赫利俄斯太阳神（Helios Apollo）铜像，被称为罗得岛太阳神巨像（见349页），它随后被誉为古代世界七大奇迹之一。

如此一来，罗得岛变得一发不可收拾。它建立起爱琴海最大的海军，其港口也成为地中海沿岸首要的贸易中心，艺术则繁荣发展。当希腊成为罗马将领们争夺帝国领导权的竞技场时，罗得岛同尤利乌斯·恺撒结盟。公元前44年，恺撒被暗杀后，卡西乌斯围攻了这座城市，摧毁了船只，并将艺术品掠回罗马。罗得岛陷入衰败，于公元70年成为罗马帝国的一部分。

罗得岛最后被并入了多德卡尼斯群岛的拜占庭省，在十字军夺取君士坦丁堡之后赢得了独立。后来，热那亚人控制了罗得岛。下一波来客是1309年的圣约翰骑士团，他们控制了罗得岛，开始了长达213年的统治，直至被奥斯曼人驱逐。在统治了罗得岛将近4个世纪之后，奥斯曼人又被意大利人驱逐。1947年，在被意大利占领了35年之后，罗得岛最终同多德卡尼斯群岛的其他岛屿一道，成为希腊的一部分。

ℹ 到达和离开

飞机

奥林匹克航空公司（Olympic Air；☎22410 24571；www.olympicair.com；Ierou Lohou 9）连接罗得岛的Diagoras机场与雅典及希腊各地，包括多德卡尼斯群岛的几座岛屿。飞往附近卡索斯岛（Kassos）、卡尔帕索斯岛（Karpathos）和卡斯特洛里佐岛（Kastellorizo）的航班比相应的渡轮班次还多，费用€50起，比船费贵一点而已。

米诺斯航空（Minoan Air；www.minoanair.com）每周4天飞往伊拉克利翁（Heraklion；克里特岛；€69，1小时），每周1班前往圣托里尼岛（Santorini；€79，50分钟）。

船

罗得岛是多德卡尼斯群岛的主要港口。两家岛际渡轮运营公司从罗得老城城墙外的商务港(Commercial Harbour)发船。

罗得岛船只服务信息

目的地	时间	票价	班次
阿加索尼西岛	5小时	€46	每周1班
阿斯提帕利亚岛	9小时	€32	每周1班
哈尔基岛	2小时	€9	每周3班
哈尔基岛*	1小时15分钟	€16	每周2班
卡利姆诺斯岛	6小时	€19	每周3班
卡利姆诺斯岛*	3小时	€38	每天1班
卡尔帕索斯岛	5小时40分钟	€20	每周3班
卡索斯岛	8小时	€24	每周3班
卡斯特洛里佐岛	4小时40分钟	€22	每周2班
卡斯特洛里佐岛*	2小时20分钟	€36	每周1班
科斯岛	5小时	€23	每周3班
科斯岛*	2小时30分钟	€30	每天1班
莱罗斯	8小时	€30	每周1班
莱罗斯*	3小时30分钟	€41	每周5班
利普西	9小时	€25	每周1班
利普西*	5小时30分钟	€45	每周5班
尼西罗斯岛	4小时	€13	每周2班
尼西罗斯岛*	2小时45分钟	€28	每周2班
帕特莫斯岛	10小时	€37	每周1班
帕特莫斯岛*	5小时	€46	每周4班
比雷埃夫斯	18小时	€44	每周3班
萨摩斯岛	6小时40分钟	€55	每周1班
锡蒂亚	11小时	€27	每周2班
锡米岛	1小时40分钟	€13	每周2班
锡米岛*	50分钟	€17	每天1~4班
蒂洛斯岛	2小时30分钟	€14	每周2班
蒂洛斯岛*	2小时	€25	每周2班

*高速服务
列出的所有船只均从商务港出发

Dodekanisos Seaways(见352页地图;☎22410 70590;www.12ne.gr;Afstralias 3,Rhodes Town)每天都有北上岛链的高速双体船,而**Blue Star Ferries**(☎21089 19800;www.bluestarferries.com)提供速度较慢和班次不太频繁的服务,开往同样的几座岛屿,并继续向西行至阿斯提帕利亚岛(Astypalea)和比雷埃夫斯(Piraeus)。该公司的渡轮还开往西南方向的卡尔帕索斯岛、卡索斯岛和克里特岛(Crete)。船票可以在码头或罗得镇的旅行社购得。

罗得镇西南45公里处的斯卡拉卡密欧(Skala Kamirou)小码头每天有一班开往哈尔基岛的渡轮,由**Nissos Halki**(☎6973460968)和**Nikos Express**(☎6946826905)运营。这里还有往返罗得老城的长途公共汽车,时长1小时。

另外,夏季,曼德拉基港(Mandraki Harbour)每天都有开往锡米岛(Symi)的短途游船(仅限一日游,€25)。先在港口看看船再决定乘坐哪一班。

国际

双体船往返于罗得岛商务港和土耳其的马尔马里斯港(Marmaris;50分钟,往返€65),夏季每天两班,冬季每周两班。单程票价€27,外加土耳其港口税€13;当日往返票价€45,含税;多住一段时间的往返票价€63。查询时刻表和预订信息,登录www.rhodes.marmarisinfo.com。

当地交通

抵离机场

Diagoras机场位于西岸帕拉迪西(Paradisi)附近,罗得镇西南方向16公里处。开往罗得镇的出租车固定收费€22,每天6:30~23:15运营;公共汽车往返机场和罗得镇的公共汽车东站(Eastern Bus Terminal;€2.40,25分钟)。

自行车

新城的Margaritis可以租到自行车。

船

曼德拉基港码头排列着开往东岸城镇和海滩的一日游游船,目的地包括法里拉基(Faliraki)和林佐斯,以及锡米岛。

乘坐Dodekanisos Seaways(见347页)双体船也可以一日游参观几座岛屿,从商务港出发。目的地包括锡米岛和科斯岛(每天都前往两岛)、哈尔基岛和蒂洛斯岛(每周2班),以及卡斯特洛里佐岛(每周1班)。

公共汽车

罗得镇有两座相距一个街区的公共汽车站，各自负责岛上一半的公交服务。岛上全周都有固定的公交班次，周六公共汽车数量有所减少，周日则只有几班。可以从任一车站售票亭或EOT（希腊国家旅游组织；见356页）办公室获取公共汽车时刻表。

公共汽车东站（Eastern Bus Terminal；见350页地图；☎22410 27706；www.ktelrodou.gr）有频繁的公共汽车班次发往机场（€2.40）、Kalithea Thermi（€2.20）、Salakos（€4.30）、卡米罗斯古城（Ancient Kamiros，€5）和莫诺利索斯（Monolithos，€6）。**公共汽车西站**（Western Bus Terminal；见350页地图；☎22410 26300）有发往法里拉基（€2.20）、查比卡海滩（Tsambika Beach，€3.50）、Stegna海滩（€4）和林佐斯（€5）的公共汽车。

汽车和摩托车

罗得岛机场有所有大型租车连锁机构的代表处，还有更多汽车和摩托车出租行分散在罗得镇各处和度假村。由于竞争十分激烈，一定要货比三家。几家机构可以将车辆开到承租人面前。

Drive Rent A Car（☎22410 68243, 22410 81011；www.driverentacar.gr；Diagoras Airport）出租较结实、较新的小型摩托车和汽车。

Margaritis（☎22410 37420；I Kazouli St 17）在新城出租可靠的汽车、小型摩托车和自行车。

出租车

罗得镇主要的出租车停靠站位于老城北边的Plateia Rimini广场东面。岛上出租车采用两种计费标准：罗得镇采用标准1，其他地方采用标准2（价格稍高）。午夜至清晨5点，打车费用加倍。停靠站贴有出租车固定价目表，包括机场€22、法里拉基€17、Kalithea€9、林佐斯€55。你可以拨打电话叫**出租车**（☎罗得镇内 22410 69800，罗得镇外 22410 69600）或无障碍出租车（☎22410 77079）。注意，老城内多数地点仅能步行，出租车到不了，要在距离目的地最近的入口下车。

罗得镇（Rhodes Town） Ρόδος

人口 86,000

罗得镇其实是两座泾渭分明、截然不同的城镇。老城坐落在新城中，但又与新城完全分离，好像被封存在两圈高墙和深深护城河内的中世纪胶囊。在多德卡尼斯群岛再也找不出第二个地方像罗得镇这个要塞古城一样，拥有如此多层次堆叠的历史建筑，古典、中世纪、拜占庭和奥斯曼以及意大利统治时期的建筑遗址和遗迹在令人头晕目眩的曲折小巷中“纠缠不清”。漫步在令人难忘的美丽鹅卵石小路上，尤其是夜间，是旅行者不可错过的体验。若能寻觅到镇上一半的乐趣，就足以使你陶醉其中了。北部的新城以其高档商店和海滨酒吧自豪地向背包客展开双臂，新城还有市内最好的海滩，而酒馆和酒吧则隐藏在小巷里。

岛际渡轮和双体船就在老城东部城墙外的商务港停靠。游船和私人快艇停泊在更北边新城旁的曼德拉基港。

景点

老城（Old Town）

老城区中，拜占庭、土耳其和意大利风格的建筑相互辉映，矗立在更加古老且大多已无法辨认的遗迹上。老城自成一体。理论上说，这里包括3个独立区域，尽管随意的游客很少注意到它们之间的区隔——北部，结实的石楼排列在由中世纪圣约翰骑士团奠基的**骑士区**（Knights' Quarter）笔直的街道边；从那里往南的**霍拉**（Hora）也被叫作土耳其区（Turkish Quarter），密密麻麻的鹅卵石小巷如今是商业中心，挤满餐馆和商店，还有荒废的清真寺和穆斯林历史遗迹；东南部的**犹太区**（Jewish Quarter）在第二次世界大战中失去了大多数居民，如今是一片寂静的区域。

虽然环绕老城12米厚的显眼城墙不允许公众上去，但你可以在多个地点走下分隔内外城墙的宽广护城河。现在没有河水，到处是繁茂的花园，护城河是个漫步和野餐的理想场所。

老城有9座大门（pyles），其中最繁忙显眼的是最北端的两座，距离新城最近。**自由之门**（Liberty Gate；见352页地图）最靠近曼德拉基港和出租车停靠站，通向一座小桥并继续延伸至主要的旅游区，而最具神韵的**昂布瓦斯门**（D'Amboise Gate；见352页地图）更深入内地，一路越过特别迷人的护城河段，直到骑士团长宫（Palace of the Grand Master）。

多德卡尼斯群岛 罗得镇

★考古博物馆
博物馆

（Archaeological Museum；见352页地图；☎22410 65256；Plateia Mousiou；门票 €6；⏲8:00~20:00）多德卡尼斯群岛迄今为止最好的博物馆，从15世纪的骑士医院（Knights' Hospital）延伸至极其天然的漂亮花园。一间间房屋内有从岛上各地发掘出的古代瑰宝，年代跨越7000年，保存得极好。亮点包括公元前2世纪精美的阿芙罗狄忒（Aphrodite）大理石雕像、展示壁式马赛克的展厅，以及一座重建的墓地，可追溯至公元前1700年，里面埋葬的不仅有一名佩戴头盔的战士，还有他的马匹。

骑士团长宫
历史建筑

（Palace of the Grand Master；见352页地图；☎22410 65270；门票 €6；⏲8:30~20:00）骑士团长宫恢宏壮观，外表看上去还是14世纪被圣约翰骑士团修建起来的样子。而事实上，19世纪时，这里毁于一次爆炸，所以你现在看到的内部是经过意大利人重建的，于"法西斯时代的第18年"（1940年）建成。楼上沉闷却庄严的内庭保存着劫掠而来的杂乱艺术品，最有趣的部分是楼下的古代罗得岛展览。

骑士街
古迹

（Street of the Knights；见352页地图；Ippoton）骑士街（希腊语Ippoton）朴实无华，未曾商业化，是14世纪统治罗得岛的圣约翰骑士团的所在地。按照出生地点，他们被分成7种语言团体——英格兰、法国、德国、意大利、阿拉贡（Aragon）、奥弗涅（Auvergne）和普罗旺斯（Provence）——每个团体负责一片特定的堡垒区。就像墙上所示，每个团体都在这条街道上有一家"旅馆"或者说宫殿。不过，这里的现代外貌多半要归功于意大利人在20世纪30年代所做的翻修。

犹太教堂博物馆
博物馆

（Jewish Synagogue Museu；见352页地图；☎22410 22364；www.rhodesjewishmuseum.org；Dosiadou；⏲5月至10月 周日至周五 10:00~15:00）免费 20世纪20年代，老城的犹太区是欣欣向荣的犹太社区，有大约4000名居民。悲惨的是，1944年，1673名罗得岛犹太人被送往奥斯威辛集中营。如今，这里是一片被时间遗忘的街区，街道寂静，房屋荒废。这座博物馆保存着20世纪初的照片和经过精心修饰的档案，会向你讲述整个故事。相邻的**卡哈尔沙罗姆犹太教堂**（Kahal Shalom Synagogue；Polydorou 5）建于1577年，是希腊最古老的犹太教堂。

穆斯林图书馆
图书馆

（Muslim Library；见352页地图；Sokratous；⏲周一至周六 9:30~15:00）免费 土耳其人1522年占领罗得岛以后，许多教堂被改造成清真寺，老城里出现了一批穆斯林名胜古迹。遗憾的是，这座修建于1794年的宁静小图书馆是当前面向游客开放的唯一穆斯林建筑，一间展厅里只有几个说明文字极少的展览，没什么可看的。唯一值得期待的就是对面有粉色圆顶的**苏莱曼清真寺**（Mosque of Süleyman）和即将重新开放的**土耳其浴室**[Hamman；阿廖尼广场（Plateia Arionis）]。

装饰艺术博物馆
博物馆

（Museum of Decorative Arts；见352页地图；☎22410 65246；Plateia Argyrokastrou；门票 €3）存有一批从多德卡尼斯群岛搜集的精选手工

罗得岛太阳神巨像

巨大的赫利俄斯太阳神青铜雕像，罗得岛巨像（The Colossus Of Rhodes），是为了纪念一次对罗得岛的失败围攻而修建的。修建历时12年，于公元前292年完工，然后矗立了不到一个世纪，就在公元前227年的一次地震中倒塌。

这座雕像被称为古代世界的七大奇迹之一，根据传说，雕像的双腿跨立在如今的曼德拉基港（Mandraki Harbour）入口——如此高大，就连高桅杆的三层划桨战船也能从下面通过。虽然历史学家称那不可能是真实的，但据说，这座巨像在近1000年的时间里一直躺在海滨的废墟中。公元654年，它被入侵的阿拉伯人肢解成碎片，卖给了一个叙利亚犹太人，据说后来被900只骆驼运到了海外。

Rhodes Town 罗得镇

制品，这座单厅博物馆里满满当当的都是乐器、陶器、雕刻品、衣服和纺车，全都为我们展示了过去多姿多彩的艺术。在本书调研期间，因为维护而关闭，预计很快就会重新开放。

新城 (New Town)

罗得岛所谓的新城已历经500年，始建于奥斯曼征服者驱赶希腊本地人在城墙外修建新住房的年代。老城以北和曼德拉基港周围的这个地区几乎没有什么历史价值，除非赌场也能算是古迹。与之相反的是，新城是繁忙的现代度假区，挤满酒店和餐馆（从闪闪发光的摩天大楼到小小的希腊小馆），还有银行、精品店以及让罗得岛经济持续增长的所有商业。

城镇的**海滩**以曼德拉基港北部为起点，环绕罗得岛最北端，向南延伸至新城西端。最佳景点位于海滩东侧，那里风平浪静、沙质优良、设施齐全。

希腊当代艺术博物馆 美术馆

（Modern Greek Art Museum；见350页地图；☎22410 43780；www.mgamuseum.gr；Plateia

Rhodes Town 罗得镇

景点

1 希腊当代艺术博物馆 B2
2 内斯托里蒂大楼 B2
3 罗得岛水族馆 B1

活动、课程和团队游

4 Waterhoppers Diving Centre D5

住宿

5 Florida Hotel B3
6 Hotel Anastasia A4
7 New Village Inn B3

就餐

8 Indigo C5
9 Koykos A3
10 Meltemi C3
11 Niohori B3
12 Yachting Club Cafe D5

饮品和夜生活

13 Christos Garden A4

Haritou；门票 €3，包括全部景点；⏲周二至周六 8:00~20:00）希腊当代艺术博物馆的主馆在新城北端附近，内有希腊艺术家的绘画、雕刻和雕塑，包括盖蒂·扬尼斯（Gaitis Giannis）、瓦西利欧·斯皮罗（Vasiliou Spiros）和卡特拉基斯·瓦索斯（Katraki Vaso）。其他三处馆址是新城附近的**内斯托里蒂大楼**（Nestoridi Building；见350页地图；Kos；⏲周二至周六 8:00~14:00）、在老城原址重现1964年首展的**艺术馆**（Art Gallery；见352页地图；Plateia Symi；⏲周二至周六 8:00~14:00）和老城的**现代艺术中心**（Centre of Modern Art；见352页地图；179 Sokratous；门票 €3；⏲周二至周六 8:00~14:00）。

罗得岛水族馆　　水族馆

（Rhodes Aquarium；见350页地图；☎22410 27308；www.rhodes-aquarium.hcmr.gr；Kos 1；成人/儿童 €5.50/2.50；⏲4月至10月 9:00~20:30，11月至次年3月 9:00~16:30）20世纪30年代，意大利人建造了一栋装饰艺术风格的建筑，作为生物研究站，新城最低调的水族馆就位于其中。尽管这里没有你期望的大水箱，可是对于年少的孩子来说也还算不错。内部装饰富有想象力，好像一个水下洞穴。摸摸水箱，你的手可以接触到鳐鱼、海星以及其他扭来扭去的海洋动物。

罗得岛卫城　　考古遗址

（Acropolis of Rhodes；⏲不限制入内）**免费** 罗得岛上这座古老的希腊城市遗址如今被称为罗得岛卫城，位于老城西南2公里处，延伸至史密斯山（Monte Smith）的山坡上。经过修复的建筑有绿树成行的体育场，可追溯至公元2世纪，还有毗邻的剧院，最初被罗得岛修辞学院（Rhodes School of Rhetoric）用作讲课场所。那里有向上延伸至阿波罗神庙（Temple of Pythian Apollo）的台阶。乘坐5路城市公共汽车，或者艰难徒步半小时可到达此处。

活动

曼德拉基港边的码头位于新城东侧，一排排船只提供各种各样的观光游，包括前往岛屿海滩、锡米岛或土耳其的一日游。每天的项目都有所不同。只需慢慢走走看看，很快就能搞清楚。

Waterhoppers Diving Centre　　潜水

（见350页地图；☎22410 38146；www.waterhoppers.com；Mandraki Harbour）在曼德拉基港和岛上其他几处大本营外经营，Waterhoppers提供"体验水肺潜水"的一日项目（€85）和一系列潜水课程，包括2~3天的国际专业潜水教练协会开放水域潜水员资格证培训。如果你是一个高级潜水员，可以选择夜间潜水、残骸潜水或洞穴潜水。

住宿

即使只是为了搭乘清晨渡轮而经停，值得住宿的也绝对是老城而非新城。那是体验欧洲保存最完好的历史城镇所有神奇之处的唯一方式。城镇这两个地方的房费比多德卡尼斯群岛的其他地方昂贵得多。夏季必须预订，冬季多数经济型住宿场所根本不营业。另外要注意，老城的多数酒店无法乘坐出租车到达，所以你可能得沿着狭窄的鹅卵石小巷自己拖着行李前往。如果可能，安排人来接你。

老城

★ Marco Polo Mansion　　精品酒店 €€

（见352页地图；☎22410 25562；www.marco

Rhodes Old Town 罗得老城

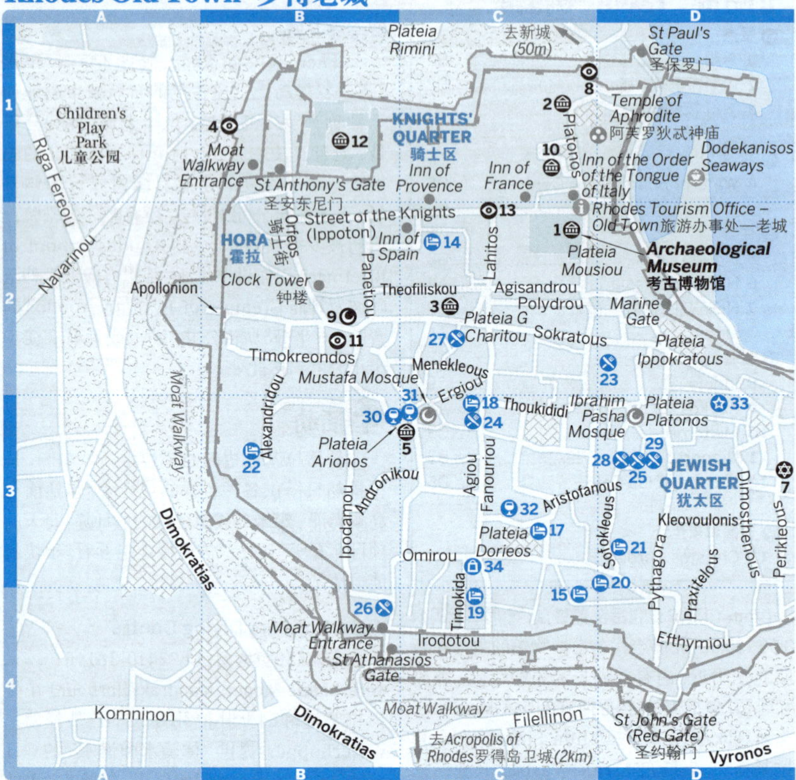

polomansion.gr; Agiou Fanouriou 40; 双 含早餐 €80~180; ⊙4月至10月; ❄) 这座极富感染力的花园宅邸坐落在一条古老的小巷内。15世纪时是一位奥斯曼官员的住宅，如今是浪漫无比的民宿酒店。凉爽的房间有高高的天花板，装饰品位细腻，古香古色。自助早餐摆在花团锦簇的庭院内，令人赞叹。每个傍晚，这个庭院都是一家开门营业的出色餐馆。

Hotel Andreas 酒店 €€

(见352页地图；☎22410 34156; www.hotelandreas.com; Omirou 28d; 标单/双 含早餐 €70/80; ⊙5月至10月下旬; ❄ @) 前身是奥斯曼住宅，位于城墙附近的一条寂静小巷内。这里有7个客房，豪华程度不一。我们最喜爱的是顶层房间，有架高的船长床和整洁的新卫生间。其他两个房间共用阳台。侧面敞开式的酒吧提供早餐，头顶是叶子花，对面是老城，外边是大海，景色一览无余。

Medieval Inn 民宿 €€

(见352页地图；☎22410 74786; www.medievalinn.com; Timokida 9; 标单/双/标三 €60/65/80; ⊙4月至10月;) 朴素热情的家庭旅馆，位于老城比较安静的南部小巷中，环境美观。10个房间陈设简单，有的很小，不过干净明亮。提供的早餐不错，价格是€5。

Mango Rooms 家庭旅馆 €€

(见352页地图；☎22410 24877; www.mango.gr; Plateia Dorieos 3; 标单/双/标三 €50/60/72; ❄ @) 俯临老城最美丽的一座广场，这些一尘不染的朴素房间内有保险箱、冰箱和令人满意的最新式卫生间，旅馆位于一家友好的餐馆兼咖啡馆上方。客人还可以

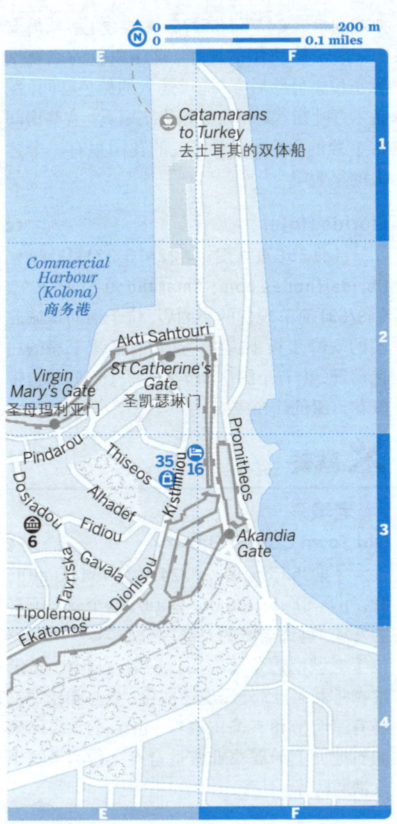

在宁静的屋顶露台放松。

Minos Pension 家庭旅馆 €€

（见352页地图；☎22410 31813；www.minospension.com；5 Omirou St；房间 €50~80；❄@📶）家庭经营的Minos坐落在老城南侧的一条安静的小巷内，位置迷人、设施完善，只是稍显过时。单间公寓房间内有光洁的小厨房和冰箱。而最吸引人的是绝妙的屋顶咖啡馆，这是一个可以看到老城美景的漂亮地点。房费不包括早餐。楼下有舒适的公共休闲室和图书交换处。

Hotel Cava d' Oro 民宿 €€

（见352页地图；☎22410 36980；www.cavadoro.com；Kisthiniou 15；标单/双/标三 含早餐 €75/90/140；P❄📶）最开始是库房，可以追溯至圣约翰骑士团的年代，这家家族经营的小酒店提供大小不一的房间，有华盖床、裸露的石墙和高高的拱顶天花板。凉爽的花园庭

Rhodes Old Town 罗得老城

重要景点
1 考古博物馆 C2

景点
2 艺术馆 C1
3 现代艺术中心 C2
4 昂布瓦斯门 B1
5 土耳其浴室 C3
6 犹太教堂博物馆 E3
7 卡哈尔沙罗姆犹太教堂 D3
8 自由之门 C1
9 苏莱曼清真寺 B2
10 装饰艺术博物馆 C1
11 穆斯林图书馆 B2
12 骑士团长宫 B1
13 骑士街 C2

住宿
14 Avalon Boutique Hotel C2
15 Hotel Andreas C4
16 Hotel Cava d' Oro E3
17 Mango Rooms C3
18 Marco Polo Mansion C3
19 Medieval Inn C4
20 Minos Pension D3
21 Niki' s Pension D3
22 Spirit of the Knights B3

就餐
23 Fournariko D2
24 Marco Polo Cafe C3
25 Nireas D3
26 Old Town Corner Bakery B4
27 Petaladika C2
28 Pizanias D3
29 Romios Restaurant D3

饮品和夜生活
30 Rock & Roll B3
31 Rogmi Tou Chronou C3
32 Walk Inn C3

娱乐
33 Cafe Chantant D3

购物
34 Antique Gallery C3
35 Byzantine Iconography E3

院提供早餐，客人甚至可以在专属酒店的一小段老城城墙上散步。

Niki's Pension 家庭旅馆 €€

（见352页地图；☎22410 25115；www.nikishotel.gr；Sofokleous 39；标单/双/标三€55/65/85）这家友好的酒店相当朴素，位于老城南半部，虽然有的地方已经开始显露它的年份，不过还是物有所值。房间差异很大，不全配备空调。住在建筑的高层，视野最佳。这里还有共用的屋顶露台。

★ Spirit of the Knights 精品酒店 €€€

（见352页地图；☎22410 39765；www.rhodesluxuryhotel.com；Alexandridou 14；标单/双含早餐 €160/200；❄📶）经过绝妙改造的老宅有6个豪华套间，位置靠近老城的城墙。每个套间都有独特的历史主题，在奢华的床上用品、墙幔、家具及类似彩色玻璃这样的细节中体现。所有套间共用室内图书室和外边的旋涡按摩浴池。可以在安静的花园慢慢地吃早餐。

Avalon Boutique Hotel 精品酒店 €€€

（见352页地图；☎22410 31438；www.avalonrhodes.gr；Charitos 9；双 含早餐€170~230；❄@📶）这座古老的石屋已经矗立了700年，不过别出心裁的老板对其进行了惊人的现代改造，设计出六七间炫目的套间，将历史魅力与现代风格及舒适度相结合。庭院咖啡馆是个吃早餐的好地方，对于想要前往附近宫殿的游客来说，全天都可以接待入住。

新城

New Village Inn 家庭旅馆 €

（见350页地图；☎22410 34937，6976475917；www.newvillageinn.gr；Konstantopedos 10；双 €50；❄）藏身于后街小巷，距离热闹的新城仅有几步之遥，这家维护良好的小型家庭旅馆以枝叶繁茂的惬意庭院为中心，院内饰有雕像。4间粉刷成白色的套间中有2间带独立阳台。

★ Hotel Anastasia 家庭旅馆 €€

（见350页地图；☎22410 28007；www.anastasia-hotel.com；28 Oktovriou 46；标单/标双/双/标三 €47/55/65/75；❄@📶）新城最友好、最宁静的住宿选择，这座白色的漂亮别墅正位于公路后方，提供迷人的赭色套间，配备木百叶窗、瓷砖地板和传统家具。有些房间带单独的阳台。苍翠繁茂的花园里有一个迷人的早餐吧。

Florida Hotel 酒店 €€

（见350页地图；☎22410 22111；www.florida-rhodes.com；Amarandou 5；标单/双€43/63）简单现代的小酒店，位于通向新城北端的安静步行小街上。这里有清爽干净的白色房间，内有小厨房和空调，每个房间都自带鲜花点缀的露台或阳台。

就餐

老城

Old Town Corner Bakery 面包房 €

（见352页地图；☎22410 38494；Omirou 88；小吃 €1~5；⏰8:00~21:00）是个令人惊喜的发现，远离老城的人群，名副其实——一家位于老城南边角落的面包房兼咖啡馆，提供浓咖啡和果汁，外加现烤面包、点心和松饼，还有三明治和有馅皮塔饼（pittas）。店外鹅卵石地面上的餐桌非常适合点一份不贵的小吃消磨时光。

Fournariko 面包房 €

（见352页地图；☎22410 43057；Platonos；主菜 €7~12；⏰7:00至深夜）要点是，这是一家现代大型面包房，提供一盘盘香甜可口的馅饼和点心，中间是烤箱，有许多户外座位，你可以坐下搭配咖啡享用。毗邻的餐厅被称为Il Forno，提供美味意大利菜肴的完整菜单，包括刚出炉的比萨。

★ Marco Polo Cafe 地中海菜 €€

（见352页地图；☎22410 25562；www.marcopolomansion.gr；Agiou Fanouriou 40-42；主菜€14~20；⏰19:00至午夜）🌿浪漫得无法抵挡的神奇餐馆，位于一个宜人的花园庭院内。菜式的激情和才华令人惊叹，而服务则以热情好客（filoxenia）为特点。菜单每晚调整，特色菜有鱿鱼、粗麦粉裹虾球、橘汁芝麻金枪鱼，或意大利调味饭盖烤羊羔肉串，外加独出心裁的甜点，比如芝麻酱冰糕（semifreddo of tahini）。

★ Nireas
海鲜 €€

（见352页地图；☎22410 21703；Sofokleous 45-47；主菜 €8~16；❄）Nireas享有罗得岛最热门海鲜餐馆的地位，很大程度要归功于从锡米岛来的亲切老板Theo十足的热忱和活力。在外边藤蔓成荫的棚子下或者室内柠檬色墙壁间的烛光中品尝精美的食物。一定要品尝锡米岛的虾、盐腌鲭鱼，如果你有兴致，还有小贝类制成的"伟哥"（Viagra）沙拉。

Romios Restaurant
希腊菜 €€

（见352页地图；☎22410 25549；www.romios-rhodes.gr；Sofokleous 15；主菜 €8~20；⏲11:00至午夜）有华盖的长沙发、角落的鸟笼和彩色小灯营造出一幅魔法洞穴的景象，别被它误导了。Romios（不要和附近平凡的Romeo's混为一谈）的饮食实际上非常正经，提供传统的罗得岛式菜单，上面的当地佳肴有栗子酱猪肉、橄榄小牛肉，以及美味的柑橘章鱼。

Petaladika
希腊菜 €€

（见352页地图；☎22410 27319；Menakleous 8；主菜 €8~15；⏲正午至深夜）Petaladika看起来就像是又一处旅游陷阱，藏身在紧邻主街的街角，不过它迅速在老城餐饮界建立了最佳新秀的地位。当地人痴迷的亮点有炸墨鱼仔、西葫芦丸子和现烤的鱼。

Pizanias
希腊小馆 €€

（见352页地图；Sea Star；☎22410 22117；Sofokleous 24；主菜 €8~15；⏲2月至10月 正午至午夜）这家氛围独特的小馆面向老城最迷人、最宁静的一座广场，以新鲜的海鲜——从奶酪馅鱿鱼到"划刀海鞘"（grooved seasquirt）——和香浓的蚕豆（fava）著称。头顶夜空，在树下用餐。

新城

★ Koykos
希腊菜 €

（见350页地图；☎22410 73022；Mandilana 20-26；主菜 €3~8；⏲早餐、午餐和晚餐；❄📶）紧邻商业步行街的这座引人注目的建筑包括几个摆满古玩的房间，其中两间有老式唱机。还有两个叶子花垂挂的庭院和一处鲜花盛开的屋顶露台。最出名的是极为美味的自制馅饼，这里还提供所有传统开胃小吃，外加肉类和鱼类菜肴，或者你可以进来喝杯咖啡、吃个三明治。

Niohori
希腊小馆 €

（见350页地图；☎22410 35116；I Kazouli 29；主菜 €6~10；⏲正午至午夜）这家朴素实惠的希腊小馆开放式的庭院基本上是车库。提供以肉食为主的菜单。老板是个屠夫，在街道对面开了家商店，所以他会挑选肉最好的部分来做菜。大嚼搭配植物油和牛至的牛肝、番茄酱洋葱配肉（stifadho）、牛排和肉丸。附近教堂的管风琴音乐平添趣味。

Meltemi
希腊小馆 €€

（见350页地图；☎22410 30480；Kountourioti 8；主菜 €9~21；⏲正午至深夜；P❄👪）新城海岸沿线最有魅力的就餐选择，这家海风阵阵的海滩小馆提供视野广阔的海景，可以在露台和以航海为主题的闲适内部观赏。菜单上都是海味美食，比如搭配奶酪和藏红花的虾，不过你也可以尝尝新鲜沙拉、猪肉和羊肉菜肴，还有素食选择，比如烤蚝蘑。

Indigo
咖啡馆 €€

（见350页地图；☎6972663100，6972663100；New Market 105-106；主菜 €8~15；⏲周一至周六 11:00~23:00；📶）位于一个老钟表厂旁边，面对着热闹市场内庭的白色圆顶（这个市场还装饰着若干粉色的遮阳篷，不知道出于什么原因），这家友好的小酒馆兼咖啡馆是一个蓝色宁静的避风港。品尝特色菜，比如蜂蜜猪肉、蚕豆章鱼，或者传统菜，比如哈罗米芝士（halloumi）和希腊沙拉。

饮品和夜生活

老城

Rogmi Tou Chronou
酒吧

（见352页地图；☎22410 25202；Plateia Arionos 4；⏲18:00至次日5:00；📶）昏暗得足以取悦哥特爱好者，热闹得足以让你保持清醒直至黎明，这家大胆、直接的酒吧经常有现场摇滚乐表演。名字意为"时间裂缝"，因此到处都是钟表的碎片。傍晚在外边喝一杯，唯一的配乐是树上鸟儿的叫声。

Walk Inn 小酒馆

（见352页地图；☎22410 74293；Plateia Dorieos 1；⊙10:00至深夜）这家小巷酒吧在室内和户外都有座位。没什么耀眼的，不过有热闹的啤酒花园、街头餐桌和非常友好的员工。深夜在老城喝一杯，没什么地方比这里更好。此处还提供酒吧菜单，包括沙拉和佛卡夏三明治，能让你保持体力。

Rock & Roll 酒吧

（见352页地图；☎22410 25202；Plateia Arionos 2；⊙9:00至深夜；📶👪）炫酷的餐厅风格酒吧，墙上贴有花砖。在这家酒吧里，还能聆听20世纪50年代的歌曲。在镜子中整理整理头发，然后尽情地享用一个汉堡。白天这里还是果汁吧。这感觉真是棒极了！

新城

虽然新城非常活跃的酒吧都集中在酒吧一条街I Dragoum，但是这些游人喧嚣的场所几乎一模一样，哪一家都不值得推荐。

Christos Garden 酒吧

（见350页地图；☎22410 32144；Griva 102；⊙22:00至深夜）Christos是一个洞穴状的酒吧，镶嵌着鹅卵石的庭院中百花齐放，为新城的游客提供了平静的休憩之处。白天，这里是画廊；夜幕降临后有小彩灯闪烁，非常适合浪漫地喝杯鸡尾酒。

☆ 娱乐

Cafe Chantant 现场音乐

（见352页地图；☎22410 32277；Dimokratou 3；⊙周五和周六 23:00至深夜）当地人蜂拥而至，坐在长长的木桌旁，倾听现场演奏的传统希腊音乐，喝着乌佐酒（ouzo）或啤酒。屋子里面很黑，你找不到小吃和点心，但这里的氛围热情友好，乐队总是充满活力。

购物

老城是挑选艺术品、礼品和纪念品的好地方，商店和货摊上有堆得高高的圣像、经典半身像、皮凉鞋和珠宝。尽情释放你内心的收藏癖吧！新城更为务实，有繁忙的市场、食品杂货店和百货店，不过也有一些名牌时装和时尚品牌店。

Byzantine Iconography 工艺品

（见352页地图；☎22410 74127；www.sirimis.gr；Kisthiniou 42；⊙周一至周五 9:00~17:00）你可以来这家狭小的工作室，拜访一下手艺人Basilios Per Sirimis。这里的墙壁上闪烁着金色的光芒，空气中弥漫着松香和油漆的味道。他的主要业务是来自教堂的委托，不过也出售绘画和圣像，价格€210~2000不等。

Antique Gallery 工艺品

（见352页地图；☎22414 00126；Omirou 45；⊙9:00~21:00）最好晚上来这里，有闪亮的铜灯、华丽的古玩戒指和饱含东方情调的镶嵌灯闪烁着，就像一群萤火虫，这家阿拉丁（Aladdin）洞穴一般的商店会让人联想起《一千零一夜》。

ℹ 实用信息

医疗服务

急救及救护车（☎166）

欧洲医疗综合医院（Euromedica General Hospital；☎22410 45000；www.euromedica-rhodes.gr；Koskinou）岛上最大的私营医疗机构，有会说英语的员工。医院位于老城以南6公里处的Koskinou。

General Hospital（☎22410 80000；Andreas Papandreou）技术最先进的医院。

现金

罗得镇有大量的ATM机，Platonos和Ippoton交叉路口的老城旅游办事处隔壁和新城Kypriou广场的阿尔法银行（Alpha Bank）网点都配备有ATM机。

警察局

港口警察局（☎22410 22220，曼德拉基）

旅游警察局（☎22410 27423，⊙24小时）在EOT隔壁。

邮局

邮政总局（见350页地图；☎22410 35560）位于曼德拉基港。

旅游信息

EOT（希腊国家旅游组织；见350页地图；☎22410 44335；www.ando.gr/eot；Makariou和Papagou交叉路口；⊙周一至周五 8:00~14:45）全国旅游信

息，包括小手册、地图和详细的交通信息。

旅游办事处-新城（见350页地图；☎22410 35495；www.rhodes.gr；Plateia Rimini；⏰周一至周五 7:30~15:00）在曼德拉基港和老城之间，位置便利。

旅游办事处-老城（见352页地图；☎22410 35945；www.rhodes.gr；Platonos和Ippoton交叉路口；⏰周一至周五 7:00~15:00）位于骑士街末端的古老建筑内，这个有用的办事处提供一流的街道地图、传单和小册子。

旅行社

Rodos Sun Service（☎22410 26400；14 New Market，New Town）可订购机票和船票。

Skevos Travel Agency（☎22410 22461；www.skevostravel.gr；111 Amerikis）可在希腊全境的机票和船票方面寻求帮助。可咨询Chroula。

Triton Holidays（☎22410 21690；www.tritondmc.gr；Plastira 9，Mandraki；⏰9:00~20:00）提供覆盖多德卡尼斯群岛的空运和海运、租车、住宿和团队游等服务，还有去往土耳其的票。

参考网站

Rhodes guide（www.rhodesguide.com）活动、住宿和消遣场所。

当地交通

当地公共汽车从位于曼德拉基港的**市区公共汽车站**（urban bus stop，见350页地图；曼德拉基）出发。11路公共汽车沿着海岸环行，经过水族馆上行到达卫城（Acropolis）。2路公共汽车开往Analipsi，3路开往Rodini，4路开往Agios Dimitrios，5路开往卫城。上车后购票。

罗得岛东北部

罗得岛大部分沙滩都在罗得镇和林佐斯之间的岛屿东北海岸沿线。因此，这段海岸如今有一连串度假胜地，有一望无际的游客酒吧，夏季这里云集了很多度假旅行团。主路上来往的长途汽车班次频繁，连接最有名的海滩。如果喜欢徒步，你可以在沿途几个地点步行走到更空旷的海滨。

Ladiko海滩位于罗得岛以南15公里处，刚过法里拉基的地方，被当地人称为“安东尼·奎恩海滩”（Anthony Quinn Beach）。倒退回20世纪60年代，出演《希腊人佐巴》（*Zorba the Greek*）的那位明星实际上从希腊政府手中买下了这片海滩，不过照他的家人所说，当局没有履行这项交易。这里由两处背靠背的海湾组成——更适合游泳的北侧鹅卵石沙滩和南边的火山岩石平台。

往南10公里，有两处美丽的海滩**Kolymbia**和**Tsambika**位于巨大的查比卡海岬两侧。两个都是沙滩，不过夏季人头攒动。往前不远，海岸公路向内陆弯折，但是通向大海的一条不长的绕行道可以将你带到闲适的**Stegn海滩**一带低调的Stegna小度假村。

这座海岬是到罗得镇以南40公里处的林佐斯之前的最后一道弯，顶端有15世纪**法拉克洛斯城堡**（Castle of Faraklos）遗址。这里曾经是一座关押抗命骑士的监狱，是岛上最后落入土耳其人手里的要塞，如今这里拥有美轮美奂的景色。一条小路从迷人的小度假村**Haraki**径直向南爬伸而至，Haraki有一处整洁的马蹄形海湾，边上是一处鹅卵石海滩。

景点

卡利西亚温泉　建筑

（Kalithea Thermi；☎22410 65691；www.kallitheasprings.gr；Kalithea；门票 €3；⏰场地 4月至10月 8:00~20:00，11月至次年3月 8:00~17:00，咖啡馆 营业至更晚）1929年，意大利建筑师彼得罗·隆巴尔迪（Pietro Lombardi）在古老的温泉上建造了这座豪华的装饰艺术风格温泉浴场。这里炫目的白色圆顶楼阁、鹅卵石和马赛克装饰的庭院以及一览无余的海景柱廊都曾出现在电影场景中，比如《希腊人佐巴》和《纳瓦隆大炮》（*Guns of Navarone*）。被遗忘多年后，如今已得到修复。旺季时，这里的小沙滩海水浴场和咖啡馆拥挤得难以想象。它就位于罗得镇以南9公里处，沿海岸开车直接可到。

七眼泉　泉水

（Epta Piges，Seven Springs；Kolymbia；⏰不限制进入）位于从Kolymbia往内地前行4公里处的山间，这个美丽的地方有7眼天然泉，泉水汇入的河流流进了一条狭窄的隧道，隧道大小仅容一个成年人通过。寻求刺激的游客可以在一片漆黑中步行几百米，在没过脚踝的湍急流水中走到远处尽头的深色湖泊。这里还有一家希腊小馆和一个礼品店House of the Python，起这么个店名的原因是这里确实是巨蟒的家园。

林佐斯（Lindos） Λίνδος

人口 3600

看到林佐斯的第一眼起，那座古老城镇难以置信的美丽定会让你屏住呼吸：卫城高耸在柏树覆盖的山上，光芒四射，山下是方糖状房屋林立的白色城镇，延伸至宝石蓝色的海滩上。走进城镇，你会发现自己身处一条条充满魔力的隐蔽街巷中，到处是华丽的房屋，早已不见原房主船长的身影，如今里面是诱人的希腊小馆，还有活力四射的酒吧和酷酷的咖啡馆。不要骑毛驴，徒步登上卫城，那里是希腊视野最好的地方之一。

林佐斯安享美妙的环境已有4000年，从多里安人在优越的港口和有利地点建立第一座居住点开始。从那之后，这里不断被拜占庭、法兰克和土耳其风格建筑所覆盖，它们的遗迹随处可见。

景点

★林佐斯卫城 考古遗址

（Acropolis of Lindos；☎22440 31258；门票 €6；⏲4月至10月 8:00~20:00，11月至次年3月 8:30~15:00）林佐斯上方一条陡峭的小路延伸至116米高的巨石，通向保护完好的美丽卫城。公元前6世纪首次修筑城墙，悬崖顶端如今被圣约翰骑士团修建的城垛环绕。进入卫城之后，你将面对令人惊叹的古代遗址，包括林佐斯雅典娜神庙（Temple to Athena Lindia）和有20根圆柱的希腊式柱廊（Hellenistic stoa）。在深蓝色天空的映衬下，鲜亮雪白的柱子耀眼炫目，悠长的海岸景色美到极致。

一定要装上帽子和水，山顶没有阴凉。小心保护你的孩子，让他们远离众多危险的陡坡。从村庄入口骑驴前往卫城只能让你少顶着太阳在山坡上走3分钟左右，而且决定骑驴之前应该注意，动物权利保护组织竭力主张人们考虑驴子的待遇。

海滩

村庄正下方的新月形港口里排列着两处壮观的海滩。顺理成章，较大的被称为主海滩，多沙且水浅，是适合儿童的理想游泳地点。沿一条小路北行，可以到达海湾西端的帕拉斯海滩（Pallas Beach）。不要在码头附近游泳，那里有海胆，但如果海滩太拥挤，你可以从岩礁游向远处。

从城镇步行10分钟，在卫城另一端的西边是僻静的圣保罗湾（St Paul's Bay），同样有轻柔的绿松石色海水。

住宿

林佐斯的住宿地非常有限，所以一定要提前预订。仔细核实，因为多数名字有"Lindos"的酒店或地址实际上并不在城镇内，而是在附近的海岸上。

Electra Studios 家庭旅馆 €

（☎22440 31266；www.electra-studios.gr；标单/双/标三 €40/50/60；⏲4月至10月；❄）朴素的家庭旅馆，普通却非常惬意。白色的房间有两张刷了清漆的双人床，以及冰箱和空调。有的房间有阳台，还有漂亮的屋顶公共露台，可以俯瞰柠檬树丛和海面。

Anastasia Studios 公寓 €€

（☎22440 31751；www.lindos-studios.gr；双和标三 €60；P❄📶）簇拥着林佐斯东侧一间开满天竺葵的庭院，6间错层式的公寓能看到高耸的卫城。每间都配有瓷砖地板、沙发床、设施完善的厨房和独立的卧室，6号房有独立阳台。

★Melenos 精品酒店 €€€

（☎22440 32222；www.melenoslindos.com；套 含早餐 €306起；❄@📶）🍃神奇的摩尔式宫殿有叶子花走道、鹅卵石嵌花地面、张灯结彩的游廊，灯光投射在奥斯曼风格的家具上。当你沉迷于令人赞叹的海湾景色时，员工们在你周围安静小心地走过。房间按照林佐斯的传统风格做了精心改造，有高架床、木质天花板和独立阳台，还有一家超棒的餐厅。

Filoxenia Cozy 精品酒店 €€€

（☎22440 32080；www.lindos-filoxenia.com；双/套 含早餐 €170/215；❄@）这座与世隔绝的

庭园旅馆花团锦簇，有6个明亮时尚且装修精美的房间和家庭套房。全都有现代化的家具、木梁天花板和传统的平台式床，另外配有冰箱和小厨房。隔壁是警察局，位于城镇南端。

餐饮

大部分希腊小馆都是在屋顶露台上接待顾客，下面是纷乱如麻的街道。如此可以俯瞰卫城和海湾的美景，但是如果你没确定要到某处用餐，有时候根本判断不出来这地方有没有营业。

Village Cafe
面包房 €

（☎22440 31559；www.lindostreasures.com；主菜 €8；⏰8:30~19:00；❄📶）在通向卫城的小路起点附近，这家白色面包房兼咖啡馆有藤蔓覆盖、鹅卵石嵌花的迷人庭院，凉爽的室内有舒适的长沙发。顺道来享用一下热或冰咖啡、果汁或冰激凌，以及大量令人垂涎欲滴的奶酪蛋糕、樱桃派、沙拉、卷饼和现做的三明治。不要错过美味的香草蛋奶派（bougatsa）。

Mare Mare
咖啡馆 €

（☎22440 31651；Pallas Beach；主菜 €9；⏰早餐、午餐和晚餐；📶🍷）这家时尚的海滩酒吧位于林佐斯下方两处海滩中较小的海滩码头附近，在一天中的任何时候都是放松的好地方。菜单包括早餐、烤肉串、多汁牛排和鱿鱼。为了避开拥挤的人群，上午早些时候或下午晚些时候前往。

★Kalypso
希腊小馆 €€

（☎22440 32135；www.kalypsolindos.gr；主菜 €8~15；⏰午餐和晚餐；❄📶）在这栋17世纪船长住宅的高天花板主厅里用餐，或者只是在屋顶露台上欣赏建筑外观。菜单上有海鲜、肉类和素食，外加美味的林佐斯菜肴，包括配羊乳酪和番茄的“Kalypso面包”。特色菜，比如烤羊羔或山羊肉，应该提前点好。离开主干道后，在第二个路口右转即可到达。

Melenos
地中海菜 €€€

（☎22440 32222；www.melenoslindos.com；主菜 €26；⏰8:00至午夜；📶）这个十分怡人的海景露台餐馆是林佐斯最浪漫的地点。美食家梦寐以求的丰富菜单以乌佐酒腌鲑鱼、蒸鲈鱼搭配贻贝芦笋酱，以及烤牛柳配蘑菇、葡萄酒和焦糖洋葱为特色。最后以一份豪华甜点作为圆满结束。

实用信息

林佐斯中心仅能步行，所有交通工具都过不了Eleftherias广场，而这座广场就是卫城主干道的起点，往返罗得岛的所有海岸长途汽车都在这里停车。小汽车要么停在通向海滩方向的下面，要么停在略高于主路的大型停车场，那儿有班次频繁的往返班车（€0.60）。城镇里有几台ATM机。

Island of the Sun Travel（☎22440 31264；卫城）组织当地观光游、出租汽车并提供住宿。

林佐斯旅游办事处（Plateia Eleftherias；⏰周一至周六 9:00~15:00，周日 10:00~13:00）林佐斯中心入口处的小型信息亭。

罗得岛东南部

从林佐斯沿东岸继续往南，岛上通风良好，鲜受旅游交通干扰。这里的村庄生活节奏较慢。

距林佐斯南部仅2公里的Pefki海滩很受欢迎。如果那里太拥挤的话，就去体验一下Glystra海滩吧，它就在路的尽头，是游泳的好去处。

根纳季 (Gennadi) Γεννάδι

人口 660

沉寂的根纳季只有一条街道，有几家咖啡屋和成片的白色房屋，当地人十分友好。在这里，你能找到一家水果市场、一间面包店、一个超市和几家希腊小馆。

住宿

Effie's Dreams Apartments
公寓 €

（☎22440 43110；www.effiesdreams.com；标单/双 €38/55；❄@📶）从海滩步行10分钟可以到达这6个物有所值的朴素单间公寓，两侧植有树龄1000年的桑树，配有阳台，能观赏美丽的海景。楼下的咖啡馆Mouria刚刚经过改造，魅力十足，古香古色，有小吃和鸡尾酒，迎接你的还有可以阅读放松的花园庭院。

从根纳季到普拉索尼西(Gennadi to Prasonisi) Γεννάδι προς Πρασονήσι

绵延不绝的卵石滩和沙丘,从根纳季一直延伸到南部11公里处的**Plimmyri**。注意观察通往**拉哈尼亚**(Lahania)的岔路口的路标,这个岔路口就位于主高速公路内侧2公里处,从那里一路向下,前往城镇中心,寻找一个有着曲折小巷和传统建筑的古老村庄。

沿着海岸公路继续向南,穿过无数个小教堂,来到村庄**卡塔维亚**(Kattavia),这里十分好客,而游客却很稀少。过了卡塔维亚,一条10公里长的小路曲折向南,通往遥远的**普拉索尼西角**(Cape Prasonisi)岛屿的最南端。夏季,一条纤细狭窄的多沙地峡连通到罗得岛;冬季,由于海平面升高,这里完全中断。爱琴海在这里和地中海交汇,创造出适合风筝冲浪和帆板冲浪的良好风浪条件。体育用品商店准备好了一切,从装备租赁到课程,再到冲浪高手风格的青年旅舍。但是,冬季全部关闭。

食宿

★ Four Elements 公寓 €€

(☎6939450014, 22440 46001; www.thefourelements.be; Lahania; 公寓 €90~135; P ❄ @ ≋)4套格外温馨宽敞的公寓,特别适合舒舒服服地度过一个乡村假期。所有公寓都有全套厨房,一间有无障碍通道。这里还有极好的游泳池、户外烧烤和花园。友好的比利时老板在这里经营一家名为"第五元素"(Fifth Element)的咖啡馆兼酒吧(啤酒是土、气、火、水之后的第五元素)。

Taverna Platanos 希腊小馆 €

(☎6944199991; www.lachaniaplatanos.com; Lahania; 主菜 €6~8)传统的乡村小馆,坐落在拉哈尼亚小小主广场上的教堂后面,闻名全岛。花团锦簇的中庭有传统的装饰,这里是休憩一番的好地方。丰盛的羊肉、牛肉或鸡肉炖菜价格不超过€10,搭配的沙拉和蘸料的价格不会超过炖菜价格的一半。

罗得岛西部和内部

罗得岛西部弥漫着松树的香气,山坡上点缀着闪烁微光的树林。西部比东部更缺少遮蔽,因此风更大,有利于风筝冲浪和帆板冲浪,而海上风浪一般也较大,海滩则多是卵石。若是骑自行车,或者驾驶小型摩托车、小汽车,翻越岛内起伏的道路丘陵,美景无数,值得探索。

对于观光者来说,可能最重要的中途停留地点是伊利索斯和卡米罗斯古城遗址。除此之外,一旦过了机场,想找个落脚点会很困难,落脚点之间相隔也很远。罗得镇西南45公里处的**斯卡拉卡密欧**(Skala kamirou)是个小码头,有开往附近哈尔基岛的直达渡轮。虽然那里有两三家希腊小馆,每天有两班汽车服务,但还是十分偏僻,因此更常为当地人所用,而非独自旅行的人。

16世纪的**克里缇娜城堡**(Kritinia Castle)遗址傲然矗立在斯卡拉卡密欧正南的海岬上。绕下主路,去看看海岸边和对面哈尔基岛令人惊叹的景色,在奇幻的环境中,你会生出一些邂逅罗密欧或长发公主的希望。继续往南,路边景致十分优美。风景如画的村庄**夏纳**(Siana)位于Akramytis山(825米)脚下,再往前5公里是**莫诺利索斯**(Monolithos)村。在靠近这些村庄的途中,茫茫远山美景在你面前展开。15世纪的城堡宏伟地坐落在莫诺利索斯上方240米高的陡峭岩壁上,经过一条土路可以抵达。需要从墙上的洞口爬进去才能入内。

景点

伊利索斯古城 考古遗址

(Ancient Ialysos; ☎22410 92202; 门票 €3; ⏲5月至10月 8:30~20:00, 11月至次年4月 8:30~15:00)修建于公元前3世纪,位于如今罗得镇西南10公里处的费乐摩斯山(Filerimos Hill)顶端,这座多利安式的伊利索斯古城在建成后不断被占领,由此成为多利安、拜占庭和中世纪遗址的大杂烩,现在的普通游客几乎看不明白。台阶从入口通向伊利索斯雅典娜神庙(Temple of Athena Ialysia)破败的地基和经过修复的安静的14世纪圣吉尔吉奥斯礼拜堂(Chapel of Agios Georgios)。沿着入口左边的小路,到达另一座12世纪礼拜堂,里面到处是壁画。

卡米罗斯古城 考古遗址

(Ancient Kamiros; ☎22410 40037; 门票

€4；⏲5月至10月 8:00~20:00，11月至次年4月 8:30~15:00）多利安式城市卡米罗斯的巨大遗址矗立在海岸上方，位于罗得镇西南34公里处。以无花果、植物油和葡萄酒而闻名，卡米罗斯在公元前7世纪鼎盛一时，不过很快被罗得岛取代，并毁于公元前226年和公元前142年的地震。尚且可见的遗址包括一座还有一根柱子立着的多利安神庙、一座雅典娜神庙和一处3世纪的宏大柱廊。下午前来，游客较少。

帕特卢德斯 森林

（Petaloudes；☎22410 82822；门票 €3；⏲9:00~17:00）距离海岸7公里，此处更出名的叫法是蝴蝶谷。6月、7月或8月前来，那些五彩斑斓的昆虫发育成熟时，你很快就会知道这个名字的来由。它们实际上是被苏合香树散发的树脂香气吸引到谷中的灯蛾（Callimorpha quadripunctarea）。夏季，整个山谷塞满旅游大巴。过了那个季节，你可以独享宜人的森林小径、溪流和水塘——不过没有蝴蝶。

埃梅里酿酒厂 葡萄酒厂

（Emery Winery；☎22460 41208；Embonas；⏲4月至10月 9:30~16:30）免费 位于岛上最高的山——Mt Attavyros（1215米）侧翼，Embonas村庄是罗得岛的葡萄酒之都。城镇东边的这家村舍酿酒厂提供酿酒设备团队游和品尝并购买优质葡萄酒的好机会，比如红葡萄酒Cava Emery或Zacosta和白葡萄酒Villare。

就餐

To Stolidi Tis Psinthoy 希腊小馆 €

（☎22410 50009；Psinthos；主菜 €8~10；⏲午餐和晚餐）位于帕特卢德斯东南10公里处，热闹的Psinthos有几个吸引人的午餐地点，其中最好的就是To Stolidi。木梁、格子桌布和墙上的家庭照片营造出浓厚的乡村风情。尝尝辛香猪肉、烤茄子、叶卷饭（dolmadhes）和刚烤好的乡村面包。

Mylos 咖啡馆 €

（☎6940641475；Kritinia；小吃 €5~7；⏲9:00至深夜）位于主路边，可以俯瞰克里缇娜城堡的美景，这家热情的小咖啡馆提供咖啡、饮品和小吃，比如沙拉、鸡蛋饼和三明治。不过最好的一点是，这里还有自己的民俗博物馆，里面摆满当地服装和令人吃惊的农具。

哈尔基岛（HALKI） ΧΑΛΚΗ

人口 330

得益于港口周边华丽的意式房屋，曾经以打捞海绵为业的哈尔基岛给人的第一印象就令人无法抗拒。踱下渡轮，你所走进的地方由希腊最好的一切组成：老渔夫在无花果树下剥虾皮，东正教神父沿着一条窄巷快步下行，色彩鲜艳的船只在码头摇摆。在这里几乎无事可干，只能在寂静的壮美之中放松沉迷，出去探寻水面碧蓝的迷人小海滩，凉快的季节可以沿岛上高大壮观的山脊徒步。

到达和离开

哈尔基岛（安波留斯）船只服务信息

目的地	时间	票价	班次
卡尔帕索斯岛*	3小时	€35	每周2班
卡尔帕索斯岛	4小时	€12	每周3班
科斯岛*	2小时20分钟	€26	每周2班
尼西罗斯岛*	1.5小时	€24	每周2班
比雷埃夫斯	24小时	€41	每周2班
罗得岛	2小时	€9	每周3班
罗得岛*	1小时15分钟	€16	每周2班
罗得岛（斯卡拉卡密欧）	1小时15分钟	€10	每天1~2班
圣托里尼岛（锡拉）	12小时	€26	每周1班
蒂洛斯岛*	40分钟	€24	每周2班

*高速服务

Dodekanisos Express（www.12ne.gr）双体船周二和周四在哈尔基岛停靠，这班船上午从罗得岛开往蒂洛斯岛、尼西罗斯岛（Nisyros）、科斯岛和卡利姆诺斯岛并在傍晚返回。你可以在有船停靠的日子从罗得岛出发，前往哈尔基岛一日游。Blue Star Ferries（见347页）渡轮每周3班往来于哈尔基岛和罗得岛，每周2班往来哈尔基岛和卡尔帕索斯岛、卡索斯岛、克里特岛、圣托里尼岛和比雷埃夫斯。

Nissos Halki（☎6973460968）和**Nikos Express**（☎6946826905）这2班船每天来往于哈尔基岛和罗得岛西岸斯卡拉卡密欧的小码头；还有1辆车程1小时的公共汽车连接罗得老城。**Stelios Kazantzidis**（☎6944434429）应要求提供到斯卡拉卡密欧的水上出租。

当地交通

大多数游客会步行游览哈尔基岛。夏季，定时发车的小型公共汽车往返连接安波留斯与潘达姆斯（Pondamos）、弗泰纳加（Ftenagia）和卡尼亚（Kalia）三个海滩（单程 €1.50），周五晚上还有往返Agiou Ioanni修道院（Moni Agiou Ioanni, €5）的车。1艘出租船也开往主要的海滩，而Zifos Travel（见363页）提供只在夏季运营的游船的详细信息，比如前往Alimia无人岛，那里荒草遍野。

安波留斯（Emborios） Εμπορειός

人口 300

哈尔基岛小镇安波留斯在不受风雨侵袭的绿松石色海湾的怀抱中，树木繁茂。海滨是开阔的石板，基本上都是步行区，猫和人的数量差不多。迷人的希腊小馆和咖啡馆林立。从阶梯爬上矮桥，壮丽的背景中是19世纪奶油色、赭色、石青色和玫瑰色的渔民和船长住宅。城镇没有海滩，不过到处都有让游泳者下水的台阶。

景点

安波留斯的新古典建筑是一场视觉盛宴。有一些已经成为一地瓦砾，不过多数经过重修已恢复往日光彩，如今很多用于出租。

城镇中心令人难忘的**钟楼**由已经移居佛罗里达州的哈尔基岛社区捐赠，大钟已经20多年不工作了。附近的**圣尼古拉奥斯教堂**（Church of Agios Nikolaos）有多德卡尼斯群岛最高的钟楼，包括来自古代阿波罗神庙的石头和风景如画的鹅卵石镶嵌的庭院。

哈尔基传统房屋 历史建筑

（Traditional House of Chalki；☎22460 45284；门票 €3；⊙周一至周五 11:00~15:00和18:00~20:00）坐落在山坡上，距离港口不远（路标紧邻通向潘达姆斯海滩的公路），哈尔基传统房屋（Chalki是哈尔基岛的另一种音译）是一栋修建于一个世纪以前的两层家庭住宅。现在，这里作为博物馆，受到精心保护，展示正宗的家具、桌布和服装、老照片，甚至还有主人祖父的内衣，并配上了雅致的外框。

住宿

哈尔基岛几乎没有住宿点，因此夏季要提前预订。游客大多住在能自己做饭的别墅和公寓。详细信息，联系Zifos Travel或Nissia Holidays（www.nissiaholidays.com）。

Captain's House 家庭旅馆 €

（☎6932511762, 22460 45201; capt50@otenet.gr; 双 €40; ❄📶）19世纪迷人的白色住所，就在教堂附近的海边不远处，以老式钟表和帆船模型为特色。两个美丽的房间有高天花板和木地板、空调和不错的卫生间。悠闲的花园庭院里有阳光露台，能观赏美丽的海港。

St Nicolas Boutique Hotel 酒店 €€

（☎22460 45208; www.stnicolas.com; 双/套 含早餐 €110/120; ❄📶）比它那"精品"的名字所显示的更大，却没那么宁静怡人，它是哈尔基岛唯一的酒店，有20个相当大的白墙现代房间。每间都有单独的临水阳台或露台，你可以从前面的码头下水游泳。

就餐

大约十几家酒吧、咖啡馆和希腊小馆林立于安波留斯的港口。

Taverna Lefkosia 希腊小馆 €

（☎6946978151; 主菜 €7~12; ⊙午餐和晚餐）备受喜爱的希腊小馆，铺着格子桌布的餐桌和蓝色的椅子摆到了码头上。菜单上有很多岛上家常特色菜，比如烘焙意大利面。煎奶酪球酥脆耐嚼，非常有趣。刚刚捕捞上来的鱼分量很大。

Black Sea 希腊小馆 €

（☎22460 45021; 主菜 €7~14; ⊙午餐和晚餐; 📶）🍃这家色彩明亮的小餐馆静立在海港左侧，距离漂泊的船仅有几米远，由一家可爱的格鲁吉亚人经营。这里是吃鲜鱼的好地方，从章鱼、小虾到烤鳊鱼，不一而足，不过素菜也不错，包括煎蘑菇。

Dimitri's Bakery 面包房 €

（主菜 €2; ⏲早餐、午餐和晚餐）居民和游客世世代代在Dimitri's置办美味的甜品和可口的馅饼、糕点，从清晨开始供应。有奶酪、菠菜派苹果派，外加牛角面包和晚上专供的切片比萨。

ℹ 实用信息

船只抵达安波留斯中心，所有服务机构和住宿点步行即可到达。唯一的ATM机经常出故障，因此一定要带够现金。

诊所（☎22460 70910; ⏲周一至周五 9:00~14:00和18:00~20:00）医生的电话号码张贴在Zifos Travel门上。

警察局和港口警察局（☎22460 45220）在港口处。

邮局（⏲周一至周五 9:00~13:30）在港口处，有一台ATM机。

Zifos Travel（☎22460 45028; www.zifostravel.gr; ⏲10:00~20:00）在住宿、船票、观光游和兑换货币方面提供帮助的最佳渠道。

哈尔基岛周边

宽宽的混凝土公路穿越安波留斯港口上方的低矮山丘，延伸500米到达**潘达姆斯海滩**——哈尔基岛几个小碎石海滩中最受欢迎的一处。继续往前300米，向上延伸至荒废的**霍里奥**（Horio）村庄，然后继续向西通向山顶的**圣约阿尼修道院**（monastery of Agiou Ioanni）。徒步单程总计8公里，建议只在较为凉爽的月份前往。

另外还有两处鹅卵石海滩位于安波留斯的步行范围内，都有不错的希腊小馆，夏季通行公共汽车。过了港口以南500米处的海岬就是**弗泰纳加海滩**，而往北徒步2.5公里就是令人愉快却没有阴凉的**卡尼亚海滩**，主路半路上有指向潘达姆斯海滩的路标。

👁 景点

潘达姆斯海滩 海滩

（Pondamos Beach）小巧美丽的潘达姆斯海滩被新月形海岸的碧蓝海水环绕，步行10分钟，翻过安波留斯以西的山丘即可到达。舒舒服服找个阴凉地方的唯一方式就是在**Nick's Taverna**（主菜 €6~15; ⏲早餐、午餐和晚餐）旁边租张日光浴床，店里有提供美味海鲜餐或饮料和小吃的单独区域。

霍里奥 考古遗址

（Horio）从潘达姆斯海滩出发，沿着道路艰难迂回地穿越哈尔基岛富饶的中央山谷，到达霍里奥。这处风景如画的遗址原是岛上的主要村庄，为了躲避来往的海盗而隐藏在此。刚刚铺设的鹅卵石小路通向曾经保护这里的**圣约翰骑士城堡**（Knights of St John Castle）的城垛。经过令人生畏的大门，可以看到翻新过的礼拜堂和令人惊叹的远景。

卡尔帕索斯岛（KARPATHOS）ΚΑΡΠΑΘΟΣ

人口 6200

这座漫长崎岖的岛屿以其荒山和深蓝色的海湾而著称，是商业化程度最低的希腊景点之一。相传，普罗米修斯（Prometheus）和他的泰坦诸神（Titans）都生于此地。这里有白云出岫的村庄和山石嶙峋的美景，空气中依然弥漫着确凿无疑的原始气息。荷马直言不讳地称其为"卡尔帕索斯"（即传说中泰坦族人居住的地方），但它实际上是一座可爱的岛屿。

卡尔帕索斯岛南部深受喜爱寻找刺激的旅游者欢迎。每逢夏季举办国际风筝冲浪大赛时，这里十分引人注目。这时，狂风将绿松石色的波浪高高扬起，风一路吹往北部山脉，在松树掩映下的方糖状房屋间呼啸。岛屿南端的喀尔巴阡（Karpathian）妇女还穿着传统服装，尤其是在险峻山脊顶端被时间遗忘的奥林波斯高山村庄的妇女们。

ℹ 到达和离开

机场在卡尔帕索斯岛最南端，每天有2~4班**奥林匹克航空**（www.olympicair.com）的飞机连接雅典（€92, 1小时）和罗得岛（€45, 40分钟），每天有1班飞机连接卡索斯岛（€40, 15分钟）和克里特岛的锡蒂亚（Sitia; €63, 1小时）。

岛上的主要码头皮加贾（Pigadia）有Blue

Star Ferries（见347页）的服务，所有航次在抵达皮加贾之前（南下时）或之后（北上时）也到达狄亚法尼（Diafani）的北部村庄。每周有3班渡轮开往哈尔基岛和罗得岛，3班开往卡索斯岛，其中2班继续前往克里特岛，还有1班前往圣托里尼岛。

卡尔帕索斯岛船只服务信息

目的地	时间	票价	班次
哈尔基岛	4小时	€12	每周3班
卡索斯岛	1小时30分钟	€8	每周3班
米洛斯岛	16小时	€36	每周1班
比雷埃夫斯	17小时	€41	每周2班
罗得岛	5小时40分钟	€20	每周3班
圣托里尼岛（锡拉）	8小时	€25	每周1班
锡蒂亚	4小时	€18	每周2班

当地交通

抵离机场

机场位于皮加贾以南14公里处。没有机场巴士，出租车费用是€22，所以租车是明智之举。

船

皮加贾有前往狄亚法尼的一日游，可以在那里乘坐长途汽车前往奥林波斯，或继续北上至偏僻的海滩。

公共汽车

KTEL（www.karpathosbus.wordpress.com）在皮加贾Mattheou距离港口不远的汽车站运营开往全岛各地的公共汽车。一路北上抵达奥林波斯的车每周只有两班。

汽车和摩托车

所有大型连锁租车机构都在机场设有店面，岛上各处还有本地租车公司。推荐的经营机构有**Europcar**（☎22450 23238；www.europcar.com）和**Lefkos Rent A Car**（☎22450 71487；www.lefkosrentacar.com）。

出租车

出租车的价格贴在皮加贾中心的**taxirank**（☎22450 22705；Dimokratias）。价格高得过分，开往莱夫科斯（Lefkos）费用为€50，开往奥林波斯需要€75。

皮加贾（Pigadia） Πηγάδια

人口 1690

卡尔帕索斯岛的首府和主要渡轮码头皮加贾位于岛屿东南海岸的悠长海湾边。怡人的海滩向北延伸得很远，不过城镇本身既没有适合拍照的美景，也没有几何形状美观的白色房屋。但是，抽出点时间逛逛这里的港口，漫步在水滨酒吧和小巷里的面包房之间，你或许会被这个地方深深吸引。午后喝着松香味葡萄酒的希腊人根本不会在意你的到来，这不正是旅行者们时常追寻的感觉吗？

住宿

经济型住宿选择集中在从皮加贾隆起的山坡的街道上，而比较新和豪华的住宿选择向北分布至海湾附近。

Rose's Studios 公寓 €

（☎22450 22284；www.rosesstudios.com；房间 €35；❄📶）想找个物超所值的经济型住处，从码头跋涉300米到达这8个简单清爽的房间非常值得。房间有干净的套内卫生间、海景大阳台和不错的家具，还有极小的厨房。

Atlantis Hotel 酒店 €€

（☎22450 22777；www.atlantishotelkarpathos.gr；标单/双 含早餐 €54/66；🏊）友好的老牌家庭旅馆，在这个最好的地段上确实很合算，位于港口西端正上方的意大利时期市政厅对面。房间令人愉悦，一切从简，经过良好的打理——要一间阳台面朝大海而非游泳池的（中等尺寸的）房间，多花一点钱也很值得。

Oceanis Hotel 酒店 €€

（☎22450 22975；www.oceanishotel.gr；房间 €70起；P❄📶）往港口西边步行5分钟即可到达，这家规模颇大的家庭旅馆有装满镜子的大堂和镶着金边的酒吧，20世纪80年代的气息扑面而来。楼上的50个房间中规中矩，不过有整洁的蓝色和白色的镶边装饰、雅致的家具，更有面朝大海的阳台。房费包括种类多样的自助早餐，露台适合观赏日落。

Nereides Hotel 酒店 €€

（☎22450 23347；www.nereideshotel.gr；Nereidon St；双 含早餐 €110；P❄📶🏊）这家迷

Karpathos 卡尔帕索斯岛

人的小酒店已经开了几年，不过从油漆到卫生间的一切依然闪亮如新。酒店坐落在山坡上，从海滩步行5分钟，从港口步行10分钟，即可到达。酒店提供30个有海景阳台的时髦房间，还有一个不错的游泳池。这里有小吃吧，不过没有餐厅。

就餐

后面的码头和步行街上排列着海鲜小馆、多功能啤酒店、咖啡馆和酒吧。另外可以在与港口平行的Apodimon Karpathion寻找到两家意式冰激凌店(gelaterias)。

★ To Hellenikon 希腊小馆 €

(☎22450 23932; Apodimon Karpathion; 主菜 €7~17; ⊙午餐和晚餐; ❄📶✍)这家非常传统的希腊小馆距离海边一个街区，在室内和侧面敞开式的走道平台上都有座位。厨房里摆满冒泡的锅，散发出诱人的香气。菜单足够吸引人，不过便宜的特色菜，比如炖鱿鱼或塞满奶酪的本地羊肉搭配烤土豆，才是真正惹人注目的菜品。

Orea 希腊小馆 €

(☎22450 22501; harbour; 主菜 €7~15; ⊙正午至午夜)渡轮码头附近的码头小馆提供正宗的卡尔帕索斯特色菜，比如makarounes(自制意大利面)，洒上奶酪和洋葱。多数肉类主菜价格不到€10，一整条烤鱼差不多是€12~14。一群人可以分享一大份开胃热菜的拼盘，价格是€18。

Pantheon Cafe 咖啡馆 €

(☎22450 22502; Papathanassiou; 小吃和早餐 €5~7)步行街一带两全其美的最佳咖啡馆，内部是精美的老木头镶板，后面有阳台平台，位于港口高处，景色美轮美奂。来一份英式(€6)或卡尔帕索斯式(€7，有黄瓜、橄榄和当地面包)全套早餐，还有水果、酸奶、果汁和浓咖啡。

Akropolis 法式啤酒馆 €€

(☎22450 23278; Apodimon Karpathion; 主菜 €15~25; ⊙早餐、午餐和晚餐)这家热情的港湾咖啡馆兼餐馆非常令人轻松，适合吃早餐或夕阳西下时喝杯鸡尾酒，还有全套晚餐。多数人是冲着牛排来的，而不是希腊食物。菜单上的牛排从牛肉排骨(entrecôte)、T骨牛排(T-bone)、菲力牛排(fillet)、牛里脊肉(sirloin)和肋眼牛排(rib-eye)到适合两个人吃的美味夏多布里昂(chateaubriand,

€50)，应有尽有。

饮品和夜生活

几乎所有海滨酒吧和咖啡馆都非常适合在夕阳西下时喝上一两杯。

Caffe Karpathos 咖啡馆

(☎21022 87383; www.cafekarpathos.com; Apodimon Karpathion; ⏱8:00至深夜)这家舒适的小咖啡馆距离海边只有几步之遥，位于向上延伸至附近码头的步行街上。坐在店外的柳条椅上，享用早上的咖啡或傍晚的本地葡萄酒，你会感到自己正悠然地坐在朋友的屋子前。老板们在意大利居住多年，所以这里有意大利风情。

实用信息

皮加贾的渡轮码头距离宽阔海港的东端不远，向东步行5分钟不到就能到达城镇中心。Apodimon Karpathion主干道从水滨向上延伸，然后与大海平行，过了500米就是意大利时期市政建筑的所在地Plateia 5 Oktovriou广场。皮加贾海湾的沙滩从不远处开始延伸。

Apodimon Karpathion的希腊国家银行和往上一个街区Dimokratias的阿尔法银行都有ATM机。

警察局(☎22450 22224)位于城镇西端的医院附近。

Possi Travel(☎22450 22235; ⏱8:00~13:00和17:30~20:30)提供渡轮、机票、观光游和住宿服务的主要旅行社。这里的工作人员英语很好，能为你提供帮助。

邮局(Ethnikis Andistasis)在医院附近。

旅游办事处(☎22450 23926; www.karpathos.org; ⏱7月和8月)坐落在海滨中间地带的一座小亭子内，仅在夏季办公。

卡尔帕索斯岛南部

多亏了沙滩，卡尔帕索斯岛南半部几座迷人的村庄将自身改造成为小型度假村。更宁静的村庄坐落在内陆的群山之间，那片地区有纵横交错的徒步小径，风景优美。

梅内特斯（Menetes） Μενετές

处于山风的风口处，小村庄梅内特斯坐落在皮加贾上方的悬崖上。攀登到最高处的教堂，然后再去探索其狭窄的白色街道。

景点

民俗博物馆 博物馆

(Folklore Museum; ☎6985847672; 欢迎捐赠; ⏱9:00~13:00和17:00~20:00) 免费 花几分钟在梅内特斯四处走走，你一定会遇到伊里尼(Irini)，她保管着这座古老礼拜堂的钥匙，里面是两个房间的博物馆。打开门锁，她会给你讲一遍这里杂乱的宝物，指给你看附近山坡上第二次世界大战期间德军使用的隧道。

就餐

Dionysos Fiesta 希腊小馆 €

(☎22450 81269; 主菜 €6~9; ⏱早餐、午餐和晚餐)位于村里曲折小巷中翻新过的传统房屋内，距离主路不远，这家气氛轻松、热情好客的希腊小馆通向一座架高的花园露台。可品尝的当地特色包括炖羊肉、柠檬鸡、洋蓟煎蛋和多汁味美的卡尔帕索斯风味香肠。

阿尔卡萨（Arkasa） Αρκάσα

西南海岸的阿尔卡萨距离梅内特斯9公里，是卡尔帕索斯最古老的居住地点之一。原来的村庄中心就位于海边，而今扩展至低处一座生机勃勃的海滩度假村。海边小路延伸500米，通向5世纪的**Agia Sophia大教堂**(Basilica of Agia Sophia)遗址，在马赛克碎块和圆形石柱中间，矗立着两个小教堂。小路继续延伸，通向海岬上的古老卫城。附近最好的海滩，覆盖沙子的**圣尼古拉奥斯海滩**(Agios Nikolaos Beach)，从卫城向南延伸，不过你得在村庄左转才能从公路到达那里。

住宿

★ Glaros Studios 公寓 €

(☎22450 61015; www.glarosstudios-karpathos.com; Agios Nikolaos Beach; 单间公寓€50~55; P 📶)这座经营有方的花园建筑群始终在扩大规模，几乎独自拥有了开阔的圣尼古拉奥斯海滩。这里有一尘不染的白色单间公寓，按照传统卡尔帕索斯风格装饰，有架高的地台床和小厨房，外加相邻的一家实惠悠闲的餐馆。

菲尼基（Finiki） Φοινίκι

风景如画的菲尼基坐落在整洁的新月形南向小海湾边，就在阿尔卡萨以北2公里处。蓝白色调的房屋中间穿插着密集的希腊小馆，前面是寂静的港口和灰色的小沙滩。当地最好的海水浴场位于向南前往阿尔卡萨方向不远处的圣吉尔吉奥斯海滩（Agios Georgios Beach）。

食宿

Finiki View Hotel 酒店 €€

（☎22450 61400；www.finikiview.gr；房间/公寓 €85/100；）时髦的小型家庭公寓酒店，从村庄沿海岸主路步行5分钟即可到达，可以俯瞰海滩和海湾引人注目的美景。这里的气氛轻松愉悦、温馨如家。所有的单间和公寓都配有小厨房和松绿色家具，房间墙壁洁白，可以看到海景，一些房间还配有传统的花床。

Marina Taverna 希腊小馆 €

（☎22450 61100；主菜 €6~16；⏲早餐、午餐和晚餐）这间悠闲的希腊小馆有开阔的露台，可以在水边几米的地方眺望风平浪静的绿松石色海湾。不贵的早餐、小吃午餐和令人愉悦的海鲜晚餐菜单，以鱿鱼、螃蟹和烤肉为特色。

莱夫科斯（Lefkos） Λευκός

西海岸最大、最美的低调度假胜地，位于菲尼基以北20公里处，下了主路绕道5公里即可到达。莱夫科斯存在于此有个极好的理由——弯曲的海滩绝对赏心悦目。在这样的地方，早午餐之间在海滩缓缓踱步就可以消磨掉两星期。莱夫科斯与皮加贾之间有长途汽车连接，来到这里，通过Lefkos Rent a Car（见364页）租辆汽车或小型摩托车绝对值得。

食宿

Le Grand Bleu 酒店 €€

（☎22450 71009；www.karpathos-legrandbleu.com；单间公寓/公寓 €85/120；）设施非常良好的单间公寓和两卧室公寓，位于优美的主海滩旁边。配有挺括的清新床单、雅致的艺术品和有靠垫扶手椅的华丽阳台。店内的希腊小馆备受推荐，22:00关闭，好让客人就寝。

Dramountana 希腊小馆 €

（☎22450 71373；主菜 €6~15；⏲早餐、午餐和晚餐）在莱夫科斯港口北端有水滨餐桌的4个相似的咖啡馆兼希腊小馆中的一个，这家全天营业的咖啡馆提供鲜榨果汁和咖啡，以及鱼汤、烤鱿鱼、烤羊肉和烤肉串，应有尽有。老板还在50米外经营一家新餐馆，在以北10公里处的山村Mesohori也有一家。

卡尔帕索斯岛北部

在当地人的讲述中，卡尔帕索斯岛经常表现为截然不同的两个岛屿：北半部崎岖多山，美得惊人；南半部肥沃低洼，对比强烈。也就是说，只要你从皮加贾北上，东海岸公路就开始向上延伸，景色越来越壮观。在最近10年间，这条通向遥远北部的线路才全程铺设路面。令人遗憾的影响是，曾经遗世独立的奥林波斯村庄如今被夏季的一日游游客所淹没。奥林波斯依然是个壮丽的地方，不过乘坐皮加贾到狄亚法尼的船到达最令人难忘，然后搭乘接驳的公共汽车。在这里待上几晚依然值得，尤其是如果你喜欢高山徒步或者在偏僻的海滩游泳的话。

阿佩拉海滩（Apella Beach） Απέλλα

无论你多么坚定地要去奥林波斯，都要给这条险峻的山路留出时间，山路从皮加贾以北17公里处的东海岸公路向下方的大海延伸。背靠野花盛开的层峦叠嶂，高耸的悬崖纵贯南北，阿佩拉海滩是多德卡尼斯群岛最美的海滩。一片纯天然的洁白开阔的沙滩，这里更像是夏威夷海滩，而不像你对爱琴海的设想。道路尽头有一家不错的希腊小馆，就在海滩上方。

奥林波斯（Olymbos） Όλυμπος

人口 330

在山路上转个弯，第一眼看到高山薄雾间色彩柔和的房屋时，这种体验无与伦比。这些房屋摇摇欲坠地贴在Mt Profitis Ilia（716米）山顶，就仿佛是被巨人的手掌抛至此处。沿着风洞巷道穿行，经过穿着鲜艳传统服装的老奶奶，你或许会感到自己迷失在电影的场景中。很多当地人说的方言甚至还保留着多里安希腊古语的痕迹。

如此众多的一日游游客来到这里，现今主街上林立着出售肥皂、地毯、绣花床单和皮凉鞋的商店及提供花哨贴膜菜单的小馆。不过，景色一如既往地令人目瞪口呆，如果下午晚些时候或清晨抵达，避开一日游游客，奥林波斯便会不断地释放出它永恒的魅力。

食宿

Hotel Aphrodite 酒店 €

（☎22450 51307；www.discoverolympos.com；双 €35）刚过奥林波斯尽头中央广场的乡村酒店。有两个房间配两张单人床，另两个房间配3张单人床。所有房间明亮、通风，装饰迷人，不过在这之上——位置也真的很高——这里有令人叹为观止的西向海景。老板在附近经营的餐馆Parthenon值得推荐，顶端有屋顶露台。

Hotel Olymbos 客栈 €

（☎22450 51009；房间 含早餐 €45）藏身在老板出色的街面餐馆下方，3个小套间公寓有架高的床和传统家具。走路要小心——墙上挂着精美的装饰盘子。可以看看这家人在旁边精心保存的铁匠铺。

Edem Garden 希腊小馆 €

（主菜 €6~9）这家乡村小馆有宽敞的山景露台、格子桌布和以乡村特色美食为主的菜单，比如makarounes（自制意大利面搭配奶酪和洋葱）、乡村香肠和本地炖羊肉，还有比萨和沙拉。是的，也许名字其实应该拼作“Eden”（伊甸园），但是人家才不。

狄亚法尼（Diafani） Διαφάνι

人口 250

狄亚法尼的白色房屋鳞次栉比，背靠山脉，面朝深蓝色的大海。酒吧里非常安静，除了海浪拍击海岸和老人们玩双陆棋的声音，没有任何别的动静。大多数旅行者只是路过狄亚法尼，所以如果你在此留宿，那么海滩和小路很可能只属于你一个人。

活动

乘船游

乘船观光游每天从狄亚法尼北上前往卡尔帕索斯岛比较偏远的海滩及附近的岛屿Saria。有的船从皮加贾起航，经过狄亚法尼，而剩下的船则从狄亚法尼出发。预计要花费大约€8到达海滩，或者高达€20前往Saria一日游。

徒步

从狄亚法尼延伸出去的徒步小路有红色或蓝色的路标或石头界标。最热门的线路通向腹地，直接穿过山谷到达奥林波斯。这段路用时约2小时——尽管有的人更喜欢乘公共汽车上山，然后步行下山。或者，一条用时50分钟的小路沿海滨延伸至向北4公里处，穿过一片松树林，便可抵达有季节性小馆的**Vananda海滩**。

经过3小时更加艰难的徒步，向西北方向走11公里，便可到达古希腊风格的**弗卢库扎**（Vroukounda）遗址，途中会经过农业村庄Avlona。一路上没有设施，所以请带上食物和水。所有打算好好徒步的人都应该准备一份1:60,000的《卡尔帕索斯-卡索斯》地图，由**Terrain**（www.terrainmaps.gr）出版发行，在皮加贾可以找到。动身前可以先电话咨询狄亚法尼海边的环境管理办事处（周一至周五10:00~16:00）当前的徒步环境。

食宿

BalaskasHotel 酒店 €

（☎22450 51320；www.balaskashotel.com；标单 €30，双 €35~45；❄📶）非常友好的酒店，从海滩往岛内步行片刻即可到达，不过没有海景。19间崭新的客房都铺着瓷砖，有白色的墙壁。有的房间有小厨房。老板经营两艘游船，向每位住客提供免费的海滩之旅。

Corali 希腊小馆 €

（☎22450 51332；主菜 €6~11；⏰早餐、午餐和晚餐）也许不是狄亚法尼码头边最引人注目的希腊小馆，但宁静阴凉的露台足以令人愉悦，更重要的是，这里提供村里最好的饮食。无论是寻找烤章鱼（€10）、丰盛的炖肉（€8），或者只是自制蛋糕和一杯咖啡，此处都是应该一来的地方。

实用信息

这里没有银行、邮局、加油站和ATM机，所以要带上现金和汽油。**Orfanos Travel**（☎69749-90394；⏲8:00~13:00和17:30~20:30）组织团队游，出售渡轮船票和飞机票。

到达和离开

开往哈尔基岛和罗得岛的Blue Star Ferries（见347页）每周3次到访狄亚法尼的小码头，每周3次顺路开往皮加贾和卡索斯岛（两班船都继续驶往克里特岛，其中一班驶往圣托里尼岛）。夏季还有前往皮加贾的乘船一日游及各式各样的观光游。旅游大巴在码头搭载前往奥林波斯的一日游乘客。工作日有2班定时发车的长途汽车，其中1班仅在周五继续开往皮加贾。周末还有1班。

卡索斯岛（KASOS） ΚΑΣΟΣ

人口 1080

卡索斯岛，多德卡尼斯群岛最南端的岛屿，看起来像是被遗忘在时光中的希腊。夏季似乎引人入胜，但冬季更有种与世隔绝的感觉，被强风和巨浪所冲击。这里最常见的游客是罕见的海鸟，而90%的返乡者都是短暂停留的卡索斯人。不过，到了这里，你会臣服于它衰败的别样魅力。

1820年，在土耳其人的统治下，卡索斯岛有11,000名居民。不幸的是，埃及的土耳其裔统治者穆罕默德·阿里（Mohammad Ali）将这里庞大的商船队伍视为他在克里特岛建立基地的绊脚石。因此，他的手下在1824年6月7日登陆卡索斯岛，杀害了这里约7000名居民。虽然这座岛屿从未真正恢复元气，但世界各地的卡索斯人每年都会回到这里，纪念那次大屠杀。

到达和离开

奥林匹克航空（☎22450 41555；Kritis机场）每天都有航班飞往卡尔帕索斯岛（€21，10分钟）、锡蒂亚（€38，40分钟）和罗得岛（€34，1小时）。唯一的渡轮服务由往来于罗得岛和卡尔帕索斯岛及克里特岛和比雷埃夫斯（Piraeus）之间的Blue Star Ferries（见347页）沿途提供。

Kasos 卡索斯岛

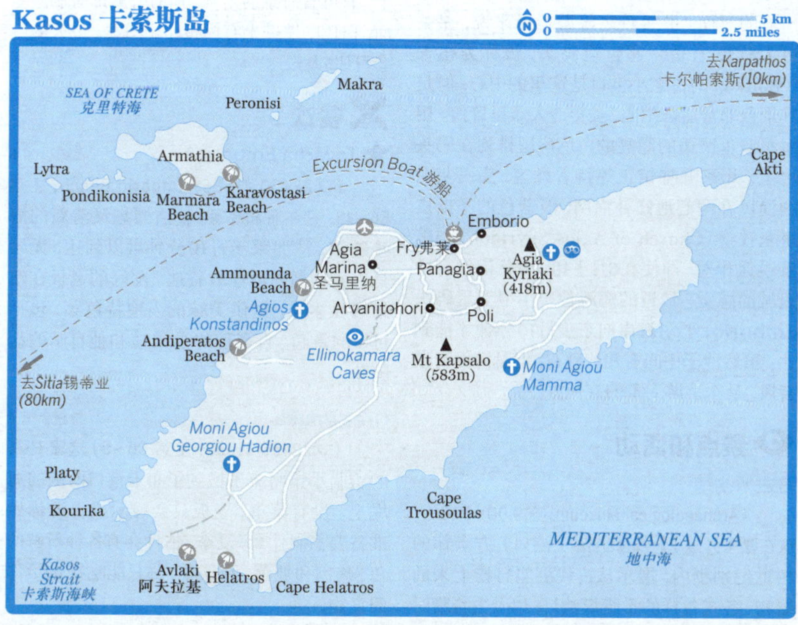

卡索斯岛(弗莱)船只服务信息

目的地	时间	票价	班次
伊拉克利翁	6小时	€20	每周1班
卡尔帕索斯岛	1.5小时	€8	每周3班
比雷埃夫斯	19小时	€41	每周2班
罗得岛	8小时	€24	每周3班
圣托里尼岛	9小时	€25	每周2班
锡蒂亚	2.5小时	€11	每周2班

当地交通

机场在弗莱以西1公里处。可以沿海岸公路步行10分钟——没错，无遮无挡，但你会非常愉快。或者可以拨打电话叫**出租车**(☎6973244371, 6977904632)。理论上说，有一班公共汽车通往岛上的每个村庄，不过已多年不运营。在**Oasis Rent-a-Car**(☎22450 41746)可以租到小汽车和小型摩托车。

弗莱(Fry) Φρυ

人口 350

首府弗莱(发音同free)位于北岸。后面开阔平缓的山谷是卡索斯岛唯一的肥沃土地，因此仅有的另一些村庄散落在周边山坡的对面。虽然较之旅游地点来说，弗莱更大程度上是一座营运码头，被称为布卡(Bouka)的古老小港口是这里的中心，但是其景色非常适合拍照，美得令人难以置信。用海军蓝色镶边的漂亮的白色房屋排列在码头边上，几家咖啡馆正等待着顾客，头发灰白的渔民在耐心地修补渔网，淡蓝色的圣斯皮里东教堂(Church of Agios Spyridon)与美景遥遥相对。即使在6月下旬，弗莱依然有种鬼城的感觉。最近的海滩位于小型卫星码头Emborio，要沿海岸向东步行10分钟才能到达。虽然沙子中间有几片砾石，但是海面清澈背风，是个小游一番的好地方。

景点和活动

考古博物馆 博物馆

(Archaeological Museum; ⏲9:00~15:00, 仅在夏季开放)免费 坐落于港口上方宏伟的19世纪别墅内，展示从古代沉船打捞上来的器物、各式各样的希腊煤油灯，以及古希腊时期的物品，包括刻字石板。

Excursion Boat 乘船游

(☎22450 41047, 6977911209; 旅程 €10)凑齐10名以上乘客，Athina和Kasos Princess这两艘船就会提供夏季午后短途游，开往无人居住的Armathia小岛，这个小岛有很棒的沙滩。Kasos Princess只在夏季的周三运营开往卡尔帕索斯岛皮加贾的全天游。

住宿

Hotel Anagennissis 酒店 €

(☎22450 41495; www.anagennisishotel.gr; 标单/双 €41/54; ❄📶)一家老式中档酒店，靠近村庄中心的海滨。这里有普通却完全合格的套间，内有舒适的床、冰箱和海景阳台。员工很少出现在酒店里；老板还经营隔壁的Kasos Maritime & Travel Agency。

Angelica's 公寓 €€

(☎22450 41268; www.angelicas.gr; 公寓 €65~95; ❄📶)陈设传统的迷人公寓位于精致古老的乡村住宅里，有一个铺着鹅卵石镶嵌地板的庭院，从港口步行5分钟即可到达。两间房在底层，带单独的庭院；两间房在楼上，有可看海景的走廊。所有公寓都有刷漆地面，白色的墙壁上有模板印刷图案。最大的一套可住5人。

餐饮

★Taverna Emborios 希腊小馆 €

(☎22450 41586; Emborio Beach; 主菜 €6~13; ⏲午餐和晚餐)整洁漂亮又清新的海滩餐馆，从弗莱步行10分钟可以到达，无疑是卡索斯岛的最佳就餐地。友好的老板在纽约居住多年，提供美味的当地特色菜，包括可口的章鱼、自家种的小橄榄和他自制的盐腌鱼。

Orea Bouka 希腊小馆 €

(☎22450 41053; 主菜 €6~9)这家朴素的希腊小馆将桌子摆到了布卡港口西侧的海堤上。没有菜单，老板只会展示或告诉你她准备要烹制什么。夏季，估计会有各种新鲜的鱼、烤肉和炖菜。在淡季，你只能吃提供给你的食物。

O Mylos 希腊小馆 €

(☎22450 41825; Plateia Iroön Kasou; 主菜€7; ⊙午餐和晚餐; ⓦ✎)这家显眼的希腊小馆可以俯瞰商港(与布卡相对),欣赏一览无余的海景,提供可靠的菜单,包括当地特色菜肴,比如"山草根"——乡村香肠和砂锅炖兔肉,还有新鲜的鱼。几乎所有东西都不到€10。

ℹ 实用信息

港口旁边的商业银行和Plateia Iroön Kasou广场的阿尔法银行有ATM机。

Kasos Maritime & Travel Agency(☎22450 41495; www.kassos-island.gr; Plateia Iroön Kasou)出售各种旅游票。

警察局(☎22450 41222)位于弗莱主路南边的一条狭窄的柏油街道上。

港口警察局(☎22450 41288)位于圣斯皮里东教堂后面。

邮局(⊙周一至周五 7:30~14:00)在警察局对面。

卡索斯岛周边

卡索斯的海滩都没有遮阳物。最佳海滩当属偏远的鹅卵石海滩Helatros,就在**Moni Agiou Georgiou Hadion**附近,位于弗莱西南11公里处。你需要自己寻找交通工具才能到达,而且这里没有设施。步行可至另外一处不错的小海滩**Avlaki**。

圣马里纳(Agia Marina)位于弗莱西南方向1公里处,是一个风景优美的村庄,有一座蓝白相间的教堂,会在7月17日举行节日庆典。过了那里,道路一直通往绿树成荫的**Arvanitohori**,那里随处可见无花果树和石榴树。前首府**Poli**位于弗莱西南方向3公里处,建于古代卫城之上。

卡斯特洛里佐岛(MEGISTI)[KASTELLORIZO(MEGISTI)]

ΚΑΣΤΕΛΛΟΡΙΖΟ(ΜΕΓΙΣΤΗ)

人口 280

卡斯特洛里佐岛紧邻土耳其海岸——卡什(Kaş)就在2公里之外——你几乎可以感受到东方风情,这座遥远的小岛最重要一点的是美得不可救药。这里的一座村庄,也叫卡斯特洛里佐(Kastellorizo),由一连串色彩柔和的迷人的新古典主义风格房子、环抱村庄且犬牙交错的马蹄形港湾组成。该岛一年里有320天洒满阳光,让人羡煞。这里光线澄澈,令人赞叹。虽然该岛没有沙子细软的海滩,但海岸依然值得探访。亮点包括令人叹为观止的蓝色洞穴(Blue Cave)。

前往卡斯特洛里佐岛颇费周折,但是所有费尽周章来到这里的人都会得到相应的回报——美景、宁静、温馨以及出色的住宿和餐饮选择。

历史

贝鲁特(Beirut)和比雷埃夫斯之间最好的港口所在,卡斯特洛里佐岛依次是多里安人、罗马人、十字军、埃及人、土耳其人和威尼斯人的繁荣贸易码头。从1522年开始,处于奥斯曼土耳其人的控制下,这里有多德卡尼斯群岛最大的一支商船船队。1913年,法国抗击土耳其的起义导致这里短暂成为法国海军基地,随后被转送到意大利人的手里。特别是在1923年之后,希腊和土耳其交换人口,这座岛屿逐渐丧失了在战略和经济上的重要地位。很多岛民移民到了澳大利亚,还有大约3万居民继续在此生活。

第二次世界大战期间,卡斯特洛里佐岛受到猛烈轰炸,之后,英国指挥官命令岛上仅存的居民放弃该岛,大多数人逃到了塞浦路斯、巴勒斯坦和埃及。回来的人们发现自己的房子已满目疮痍,成为废墟。该岛再也没能恢复到曾经的人口水平——曾经单单这座村庄就有10,000居民。近年来,返乡者终于基本修复了所有的海边建筑,卡斯特洛里佐岛看起来比之前的一个世纪好多了。

ℹ 到达和离开

飞机

奥林匹克航空(www.olympicair.com)每周有4班航班来往卡斯特洛里佐岛与罗得岛(€44, 40分钟)。

船

卡斯特洛里佐岛的渡轮服务非常有限。往返比雷埃夫斯(23小时, €59)的Blue Star Ferries(见

347页）每周2班，途经罗得岛（4.75小时，€22）。夏季周六，Dodekanisos Seaways（见347页）从罗得岛（2.25小时，€36）开往卡斯特洛里佐岛并返回。可作为一日游的交通工具，在岛上停留4小时。

当地交通

卡斯特洛里佐岛的小机场位于村庄上方2.5公里处的中央广场顶端。没有公共汽车，所以你得乘坐岛上出租车（☎6938739178）往返港口（€5）。

卡斯特洛里佐村（Kastellorizo Village） Καστελλόριζο

人口 250

除了山上的卫星城曼德拉基（Mandraki）之外，卡斯特洛里佐村就是岛上主要的居住地。色彩柔和的三层建筑都有瓦片屋顶和铁阳台，矗立在蓝绿色的海水旁边。传统生活在后方迷宫式的鹅卵石后街内延续。令人吃惊的是，村民中80%是澳大利亚归侨，他们无疑为这片社区增添了一份乐观向上的正能量。

景点

村庄里有两座小型博物馆。**Megisti博物馆**（Megisti Museum；门票 €3；⏲周二至周六 8:30~15:00）位于渡轮码头附近曾经的清真寺内，主要展示讲述岛屿故事的展板。上面不远的地方，**考古博物馆**（Archaeological Museum；⏲周二至周日 7:00~14:00）免费保存着各种古代物品、服装和照片。山顶摇摇晃晃的楼梯通向**圣约翰骑士城堡**（Knights of St John Castle）的遗址，也正是因为它矗立在红色的悬崖上，所以被称为"Castello Rosso"（红色城堡），这座岛也因此得以命名。在那里可以欣赏土耳其壮观的景色。

海岬附近的一条滨海小道经由危险的台阶通向岩石凿成的**吕基亚墓**（Lycian tomb），可追溯至公元前4世纪，其多立克式的建筑外观令人印象深刻。土耳其安那托利亚（Anatolian）海岸沿线有几座这样的陵墓，但是在希腊则十分罕见。

另外可以步行1公里攀登至**帕琉卡斯卓**（Paleokastro），该岛的古代首府。沿着从机场路上士兵岗亭开始的水泥台阶前行。这座古老城市的希腊式城墙围绕着一座古塔、一座水塔和三座教堂。

活动

乘船游的主要目的地是土耳其的卡什和壮丽恢宏的**蓝色洞穴**，这里最为著名的是光若明镜的海面，位于偏远的东南海岸。乘船游间隙停靠在码头时，找找Varvara或Agios Georgios（均为☎69778 55756）。

住宿

Damien & Monika's 家庭旅馆 €€

（☎22460 49028，6978066375；www.kastellorizo.de；Plateia Kastellorizou；房间 €60；❄）这家旅馆位于城镇中心，房间既舒适又有品位，配有传统的家具、冰箱，还有很多落地窗，可以让卡斯特洛里佐岛独有的阳光照射进来。旅馆还有一间图书交换室，在那里可以了解大量的当地信息。想用Wi-Fi，你得去老板在附近开的Olive Garden餐馆。淡季有相当大的折扣。

Mediterraneo 家庭旅馆 €€

（☎22460 49007；www.mediterraneo-kastelorizo.com；标单/双/套 €70/80/180；⏲5月至10月；📶）深黄色的水畔别墅，位于港口西端附近。提供只有电风扇的简朴房间，内有白色床罩，墙上点缀着画像，风格老旧但别致。最便宜的房间面朝花园，最好的房间是与海面齐平的套间，门外的水边就有躺椅。

Megisti Hotel 酒店 €€

（☎22460 49220；www.megistihotel.gr；双/套 €140/220；❄@📶）时髦的白色酒店，正对港口，面朝渡轮码头，你可以从水边的棋盘露台钻进大海。这里的4个套间和15个房间明亮现代，令人眼花缭乱，有莲蓬头淋浴、DVD播放机和挺括清新的床单。

Poseidon 酒店 €€

（☎6956617585，22460 49212；www.kastelorizo-poseidon.gr；Plateia Australias；双/套 €110/150；❄📶）Poseidon距离港口西侧的海滨一个街区，占据了5间整修漂亮的乡村房

屋，提供大房间，配有独立阳台，可以俯瞰辽阔的海景。有的房间有传统样式的平台式床，酒店主建筑有可爱的屋顶平台。

餐饮

餐桌摆在狭窄的港口边，猫咪在食客的腿边绕来绕去，傍晚在这里用餐别有一番奇妙的情趣——不过千万不要掉到水里！

★ Alexandra's 希腊小馆 €

（☎22460 49019；主菜 €7~15；⊙午餐和晚餐）卡斯特洛里佐有很多码头餐馆，这家最友好、最不爱出风头，还能提供岛上最好的饮食，绝非偶然。从炸鹰嘴豆小馅饼到墨鱼汁调味饭，一切都是新鲜烹制、卖相漂亮（由Alexandra亲自掌勺），而夜里的滨水环境尤其让人无力抗拒。

Radio Cafe 咖啡馆 €

（☎22460 49029；早餐 €3~6；⊙8:00至深夜；❄📶）这家热情的小咖啡馆配备Wi-Fi，靠近码头，提供希腊式和英式早餐——从蜂蜜酸奶到煎蛋和培根——直到13:00。之后，厨房关闭，不过继续提供咖啡、果汁和简单的小吃。这里是傍晚喝杯鸡尾酒的理想地点，免费奉送夕阳西下的景色。

Mediteraneo 希腊小馆 €

（Horafia；主菜 €7~12；⊙6月至9月 早餐、午餐和晚餐；❄📶🖊）这家宽敞的餐馆位于港口东边的山上，挨着前往曼德拉基海湾途中的教堂，只有夏季营业，有安静的花园，你可以在那里享用当地特色美食，比如炖章鱼（octopus stifadho）和甘蓝叶包饭。各种经常变换的特色菜会让你感受强烈的味蕾刺激。

Faros Bar 酒吧

（☎22460 49509；⊙9:00至深夜；📶）过了渡轮码头，这家酒吧占据了曾经的灯塔，位置优越，可以在蓝绿色的浅水区游泳，然后面对开阔的土耳其景色吃早餐、喝饮品。这里甚至有自己的码头躺椅。全天供应沙拉和小吃，18:00之后有西班牙小吃。

实用信息

渡轮抵达海湾的东端。村庄从港口向内只延伸了一两个街区。用时10分钟就能步行一路环绕至西边——主广场Plateia Ethelondon Kastellorizou位于中途，途中你会经过国家银行的ATM机。另一个开阔的广场澳大利亚广场（Plateia Australias）位于西南角。沿着港口以东的宽台阶往上走，抵达山顶的Horafia居民区，海湾另一边就是曼德拉基。

Papoutsis Travel（☎22460 70630，22460 49356）渡轮票和机票，自行车和小型摩托车租赁，游艇服务。

警察局（☎22460 49333）在海湾的西边。

港口警察局（☎22460 49010）位于海湾的东端。

邮局（⊙周一至周五 9:00~14:00）在警察局旁边。

锡米岛（SYMI） ΣΥΜΗ

人口 2610

美丽的锡米岛一定能让渡轮乘客还没下船就发出一片赞叹声。乍看之下，岛屿首府吉亚罗斯（Gialos）的港口被四面八方色彩缤纷的房屋围成一座圆形的阶梯剧场，令人难忘。这全都要感谢在将近1世纪之前统治岛屿的意大利人，他们确立的新古典主义建筑风格一直在锡米岛延续。

虽然锡米岛绝对不算小，但这里几乎寸草不生，仅有的居住区是吉亚罗斯、分布在后面山脊上的古老村庄霍里奥，以及远处山谷里的佩迪（Pedi）。一条路一直通向锡米岛南端附近帕诺米蒂斯（Panormitis）的修道院。这座引人入胜的岛屿的其余部分大多是荒地，不过周围环绕着蓝色的海湾和海滩，波光粼粼，海水清澈，小船在海上航行，看上去好像在稀薄的空气中飘浮。

历史

锡米岛有潜水采集海绵和造船的悠久传统。《伊利亚特》（*Iliad*）中提到，锡米岛曾派遣3艘船去援助阿伽门农（Agamemnon）围困特洛伊。在奥斯曼时期，锡米岛获得许可在土耳其海域采集海绵。作为回报，锡米岛为苏丹提供了一流的造船师。这一交易让锡米岛富裕起来，大量豪华的宅邸拔地而起，文化和教育事业也得到蓬勃发展。到20世纪初，锡米岛人口达到22,500人，每年造船量约为500艘。然而，意大利的占领、蒸汽船的出现和海绵业的衰落，给繁荣画上了句号，迫使锡米岛将自己改造成为旅游胜地。

到达和离开

Dodekanisos Seaways（见347页）每天至少有1班双体船往返罗得岛——每周4班在途中的帕诺米蒂斯停靠，还提供班次繁多的水运航班，开往西北的科斯岛及更远的地方。Blue Star Ferries（见347页）开往罗得岛的船每周2次到达锡米岛，沿途还抵达蒂洛斯岛、尼西罗斯岛、科斯岛、卡利姆诺斯岛、阿斯提帕利亚岛和比雷埃夫斯。锡米岛每天上午都被来自罗得岛的一日游游客挤满，几艘停泊在罗得岛的游船为高速双体船提供了补充。

留意夏季从吉亚罗斯到土耳其达特恰（Datça；含土耳其港口税，€40）的一日游。

锡米岛（吉亚罗斯）船只服务信息

目的地	时间	票价	班次
卡利姆诺斯岛*	2小时20分钟	€31	每周4班
科斯岛	3小时	€14	每周2班
科斯岛*	1.5小时	€22	每周4班
莱罗斯*	3小时	€40	每周4班
利普西*	3小时10分钟	€41	每周4班
尼西罗斯岛	3小时20分钟	€10	每周1班
帕特莫斯岛*	4小时	€44	每周4班
比雷埃夫斯	15小时	€51	每周2班
罗得岛	1小时40分钟	€13	每周2班
罗得岛*	50分钟	€17	每天1~4班
罗得岛*	1小时	€16	每天1班
萨摩斯岛	5小时	€49	每周1班
蒂洛斯岛	2小时	€9	每周1班

*高速服务

当地交通

船

水上出租排列在吉亚罗斯港口内侧，定时发往海滩。多数北上至尼姆波里奥斯（Nimborios；€6）或南下至圣马里纳、圣尼古拉奥斯、纳努（Nanou）和马拉苏扎（Marathounda；€6~14）。旺季时，从9:00开始，每小时至少有1班船出发，末班船17:00或18:00返回。较大的船提供前往偏远的西海岸海滩、帕诺米蒂斯的修道院的一日游，还有岛上环游（最多€40，包括烧烤午餐）。

公共汽车和出租车

这座岛屿的公共汽车每小时1班，往返于吉亚罗斯港口南侧和佩迪海滩之间，途经霍里奥（统一票价为€1.50）。另外还有开往帕诺米蒂斯的车，每天2~3班（€1.50）。出租车从公共汽车站西边100米处的出租车站发往帕诺米蒂斯，费用是€25（单程）。

汽车

Glaros（☎22460 71926，6948362079；www.glarosrentacar.gr）位于钟楼附近，出租汽车和小型摩托车。

吉亚罗斯（Gialos） Γιαλός

人口 2200

吉亚罗斯难以用语言形容，是全希腊最美的港口，一颗新古典主义的明珠。即使待上一星期，你还是会对这里壮丽的全貌痴迷不已。层层叠叠的华丽房屋和小别墅，每一栋都遵循顶端是三角形的模板，同样简单而有规则，刷上了奶黄色、赭色及粉彩色等柔和而多变的色彩。

在码头一带，迷人的咖啡馆、酒吧和希腊小馆之间夹着长方形会堂和钟楼，而港口里则挤满各式各样的水运工具，从巨型巡游船到小小的水上出租，不一而足。从海边出发，缓缓而行，寻找到处是海绵商店和香气四溢的面包房的小巷。

从钟楼沿海滨北上，离开城镇中心，你会立即置身于较小的哈尼（Harani）海湾。此处是传统的造船基地，依然有各种靠岸的船只，还有酒吧和希腊小馆。

最靠近吉亚罗斯的海滩Nos位于下一个海岬附近，距离钟楼500米。通向这片狭窄沙砾的道路被一家希腊小馆和酒吧控制，但不管怎么说，那里是游泳的好地方。

景点

航海和民俗博物馆 博物馆

（Nautical & Folklore Museum；门票€2；⏲9:30~21:00）一栋位于吉亚罗斯中央广场的

Symi 锡米岛

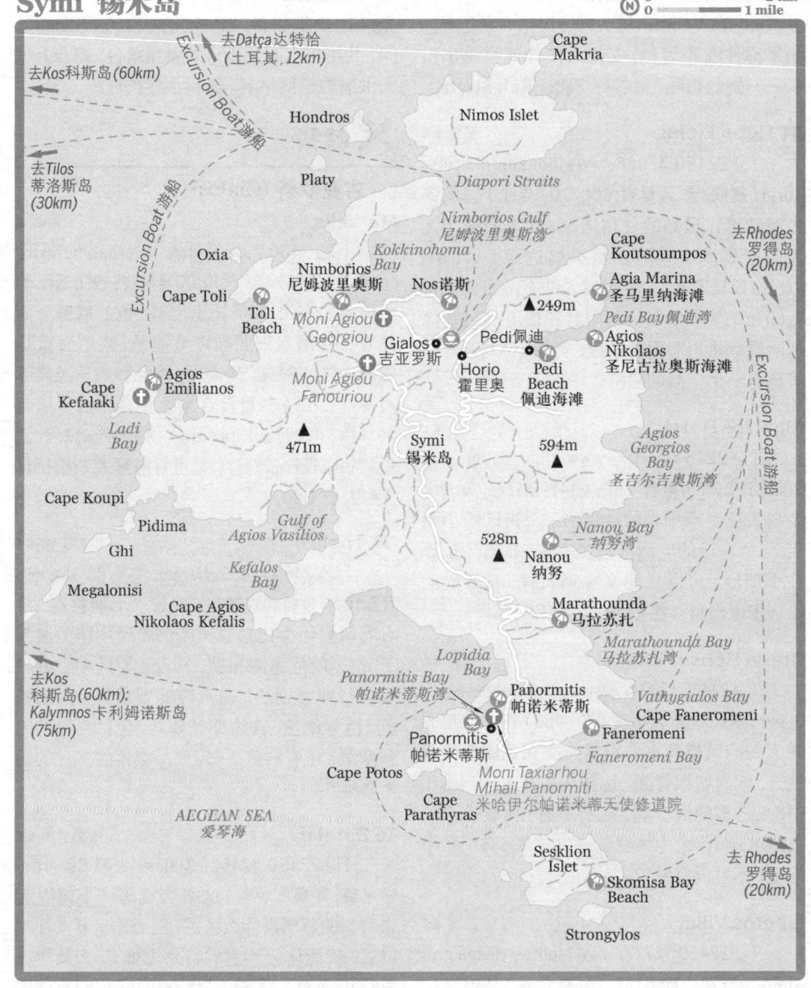

彩色别墅，上面两层是刚翻新的博物馆的单独两半部分。塞满锡米岛海绵潜水年代的纪念物品，包括一对笨重的头盔，顶层的航海展区比下面相当杂乱的民俗部分更有趣，不过两部分都有令人着迷的岛屿老照片。

霍里奥 村庄

(Horio)顺着从港口后小巷伸出的宽台阶小路Kali Strata出发，爬上500级左右的台阶，你腿肚子转筋，膝盖僵硬，便可以到达山顶的村庄霍里奥。沿途经过的一连串迷人的宏伟别墅是为很久以前的锡米岛船长而建——有的彻底荒废，有的恢复了光彩。

为阻止海盗劫掠而建，霍里奥完全是个狭窄密集的地方。所有小馆和酒吧挤在Kali Strata顶端附近。拜第二次世界大战德国军火的爆炸所赐，远处大多数房屋都已成为废墟，最上面的圣约翰骑士团城堡亦是如此。岛上的考古博物馆就在这里，不过目前正关闭翻新。

住宿

由于需求旺盛，锡米岛的住宿一般比其他岛上要贵。很多游客更喜欢住在租来的新古典别墅里：Kalodoukas Holidays（见377页）和Symi Visitor（见377页）提供大量选择。如果你住在霍里奥，安排人接你或搭乘出租车——别幻想自己提着行李爬上Kali Strata。

★ Hotel Fiona 酒店 €€

（☎22460 72088；www.fionahotel.htm；Horio；房间/套 含早餐 €60/70；❄📶）提供锡米岛性价比最高的住宿选择，这家简单却迷人的家庭酒店坐落在霍里奥边缘（从Kali Strata顶端左转）。装饰迷人的宽敞房间配备蓝绿色的家具，在房间阳台和楼下的早餐区都能看到港口对面的景色，实在令人惊叹。这里还有一个宁静的庭院。

Albatros Hotel 酒店 €€

（☎22460 71707；www.albatrosymi.gr；Gialos；房间 含早餐 €62；⊙4月至11月；❄📶）距离吉亚罗斯中心的港口两三个街区的小酒店。5个普通的空调房一尘不染、很有品位。在小阳台上可以从侧面看到大海。友好的法国店主也出租一些更大的房屋和公寓。

Opera House Hotel 公寓 €€

（☎22460 72034；www.symioperahouse.gr；Gialos；房间和套 含早餐 €70~150）各种新建的迷人岛屿风格新古典别墅矗立在远离大海的地方，朝向城镇背面。选择从小双人间到可住下6人之多的大套间，应有尽有。楼层较高的公寓可观山景。中央庭院提供早餐。有一家小吃吧，不过没有餐馆。

Iapetos Village 公寓 €€

（☎22460 72777；www.iapetos-village.gr；Gialos；双和公寓 €135；❄@📶🏊）从中央广场步行片刻进岛，Iapetos环绕一处枝繁叶茂的庭院，有按照传统风格新建的28个高级房间、单间公寓和公寓，全部都有漂亮的木质高天花板和独立天井或阳台，多数有配备齐全的厨房。这里还有一处漂亮的游泳池，位于拱桥下方，另外还有桑拿浴室和酒吧。

Old Markets 精品酒店 €€€

（☎22460 71440；www.theoldmarkets.com；Gialos；房间/套 含早餐 €220/395；❄📶）岛上最时髦的住宿场所，这家高档民宿与Kali Strata只有几步之遥。里面曾经是小市场，如今经过豪华翻新，有3个房间和1个华丽的套间，共用可以看到港口的屋顶露台，露台上每天供应香槟酒早餐。提供水疗护理。

就餐

吉亚罗斯（Gialos）

Meraklis 海鲜 €

（☎22460 71003；www.tavernaomeraklis.com；主菜 €8~10；⊙10:00至深夜；📶）老派的后街希腊小馆，"圣托里尼蓝"色的墙壁上面挂着一些潜水旧照和古董镜子。菜单简直是照搬海神的餐桌。烤肉串、肉丸和烤羊羔肉都很美味，不过多数食客来这里会尽情享用新鲜章鱼、海鲷（sea bream）、锡米岛对虾和剑鱼。为何不全都尝尝？这里有海鲜大杂烩拼盘（两人份 €30）！

★ Tholos 希腊小馆 €€

（☎22460 72033；Harani；主菜 €8~14；⊙5月至10月 午餐和晚餐）在多德卡尼斯群岛，没有哪家餐馆会比这家可爱的希腊小馆更浪漫了，位于哈尼海湾顶端，从吉亚罗斯中心沿码头前行即可到达。在水边的餐桌旁看夕阳景色，精彩绝伦，食物亦是如此，包括当地的肉和蔬菜，还有鲜鱼。一定要品尝鲜红多汁的锡米岛虾。

To Spitiko 希腊小馆 €€

（☎22460 72452；Gialos；主菜 €8~18；⊙早餐、午餐和晚餐）这家当地海滨小馆看起来与它的邻居没什么区别，但当你坐下来开吃以后，就能体会到它的特别之处了。很简单，Spitiko走对了路子，虽然一切从简，却有优质的家常菜。从乡村香肠到柠檬汁烤章鱼的一切都值得推荐。

Muses 创意菜 €€

（☎6958734503；www.muses-symi.com；主菜 €12~24；⊙5月至10月 19:00至深夜）只有晚餐的这个美食场所迅速在锡米岛树立了最令人振奋的新餐馆的名声。现代地中海菜单每天更换，将章鱼配蚕豆橘子或猪肉配梨子葡萄酒等招牌菜与独出心裁的甜点相结合——胡萝卜冰沙，有人要吗？城镇广场旁边鲜花盛开的露台上有座椅，就在港口后面。

霍里奥 (Horio)

OliveTree 咖啡馆 €

(☎22460 72681; www.olivetreesymi.eu; 简餐 €3~8; ⊙8:30~15:30;) 英国人经营的咖啡馆，是岛上外国人上午会面的热门地点。坐在Kali Strata顶端葡萄藤遮阳的露台上，享用种类繁多的冰沙、果汁、蛋糕、当地沙拉和三明治。

★ Syllogos 希腊菜 €€

(☎22460 72148; Plateia Syllogou; 主菜 €8~17; ⊙19:00至深夜) 这个村里最大餐馆的主要吸引力就是其大露台，沐浴在佩迪海湾上方高处的柔和晚风中。传统的希腊菜单很出色，特色菜有芝麻脆皮羊乳酪、柠檬土豆羊肉，或梅子炖鸡肉，分量很大。服务友好。

Taverna Giorgo & Maria 希腊小馆 €€

(☎22460 71984; Horio; 主菜 €8~12; ⊙午餐和晚餐) 霍里奥这家备受喜爱的餐馆非常传统，这种风格从带顶的敞开式鹅卵石嵌花庭院到简单的菜单，均有体现，菜单上有锡米岛羊羔、炖兔肉、葡萄叶包饭和海胆沙拉（sea-urchin salad）。高露台可以俯瞰海湾美景。周五和周六21:00开始有现场音乐。

饮品和夜生活

热闹的海滨到处是营业至深夜的酒吧和咖啡馆，另外霍里奥还有很多酒吧。

★ Tsati 酒吧

(☎22460 72498; Harani, Gialos; ⊙11:00至深夜) 非常热情的码头酒吧，沿哈拉尼海湾前行，过了钟楼100米即到。除了露台树荫下的餐桌之外，这里还提供雕刻成海堤的石头，刷成白色，配有坐垫，非常适合日落的时候坐在上面，就着免费的小吃，喝上一杯鸡尾酒。

实用信息

渡轮和双体船停靠在海港入口北侧钟楼的旁边，游船和出租船则停靠在陆地尽头的南侧一带。吉亚罗斯的所有活动都集中在码头，而Kali Strata阶梯从东南角向上通往霍里奥。

国家银行和阿尔法银行在港口北侧设有支行，有ATM机。

Kalodoukas Holidays (☎22460 71077; www.kalodoukas.gr) 没有官方旅游办事处，这家位于Kali Strata阶梯底层的机构也算次优选择了。这里提供房屋租赁、票务销售、观光游和游艇服务。

警察局 (☎22460 71111) 位于码头旁边。

港口警察局 (☎22460 71205) 位于码头旁边。

邮局 位于码头旁边。

Symi Tours (☎22460 71307; www.symitours.com) 这家机构就在港口东南侧后面，组织观光游，包括岛上长途汽车游和去往土耳其达特恰的乘船游，提供游艇租赁服务，出售渡轮船票。

Symi Visitor (☎22460 71785; www.symivisitor.com) 非常友好的机构，紧邻码头东南侧，有出租房屋的名册和全方位服务的洗衣店。

锡米岛周边

除了帕诺米蒂斯的修道院之外，锡米岛仅有的旅游胜地就是海岸上散落的海滩。

尼姆波里奥斯 (Nimborios)

Νιμπόρειος

尼姆波里奥斯是吉亚罗斯以西3公里处的鹅卵石海滩，步行或驾车一路环绕港口，只要沿着远处无遮无拦却绝对美丽的海岸公路继续前行即可到达。这个安静的地方有不错的希腊小馆，可以让客人在旁边红柳树下的日光浴床上待上一天。

佩迪 (Pedi)

Πέδι

曾经的村庄，如今更像是个游艇码头和低调的度假胜地。佩迪沿吉亚罗斯以南的巨大海湾内端延伸，就在霍里奥下方。后面的和缓山谷一直是锡米岛的农业中心。

从佩迪步行或在吉亚罗斯乘坐水上出租可以到达海湾口两旁的两处海滩，都有吸引人的希腊小馆。北边的**圣马里纳海滩**是类似潟湖的小海湾，隔着碧蓝的水面朝向一座顶端有礼拜堂的惬意小岛，夏季会变得十分拥挤。南侧的**圣尼古拉奥斯海滩**是更宽的沙滩，有不错的林木植被和闲适宁静的游泳地点。

纳努和马拉苏扎 (Nanou & Marathounda)

Νανού & Μαραθούντα

佩迪以南的两处开阔海湾，纳努和马拉

苏扎，有宽广的海滩和希腊小馆，是乘坐水上出租一日游的理想目的地。到处有山羊漫步的马拉苏扎背靠郁郁葱葱的山谷，经过一条颠簸的道路可以到达，特别值得推荐。

就餐

★ Marathounda Taverna 希腊小馆 €€

（☎22460 71425; Marathounda; 主菜 €8~12; ⏰早餐、午餐和晚餐）典型的海滩小馆，在这里，老板的山羊挨在餐桌边，负责为美味的自制奶酪提供原料，还能变成炖山羊肉。一定要尝尝锡米岛的虾和烤鱼，还有来自旁边有机菜园的香草和蔬菜。如果你舍不得离开，这里还出租豪华的海滨单间公寓（€125）。

帕诺米蒂斯 (Panormitis) Πανορμίτης

锡米岛南端附近，过了岛内高处清香的松林，壮观的帕诺米蒂斯海湾（Panormitis Bay）是巨大的**米哈伊尔帕诺米蒂天使修道院**（Moni Taxiarhou Mihail Panormiti; ☎22460 72414; ⏰日出至日落）免费的所在地。修道院从5世纪起就矗立于此，但现存的建筑则建于18世纪。主教堂里有精雕细琢的木质圣像屏帷、壁画和一尊圣乔治（St Michael）的雕像，后者是水手的保护神和锡米岛的守护神。

朝圣者向神祈愿时需要留下供品，因此，你会看到从船上扔下的供品和许愿瓶被冲到这里，堆积如山。大型建筑群包括拜占庭博物馆（Byzantine museum）、民俗博物馆（folkloric museum）、一家味道很棒的面包房，在北边还有一家普通的餐馆。游客应该着装得体。长途汽车从吉亚罗斯开往这里，还有几班渡轮到达这里。

蒂洛斯岛 (TILOS) ΤΗΛΟΣ

人口 550

如果你想在一座远离尘嚣的岛屿上来一次绿色冒险，蒂洛斯岛正合你意。下午，群山变成赤金色，渔船泊进莱瓦贾（Livadia）美丽的港口。与其周围的一些贫瘠岛屿不同，这座岛屿开满了各种娇艳欲滴的野花，生物品种丰富多样，吸引了来自世界各地的众多观鸟者和野生动植物爱好者。开始一次汗流浃背的徒步，穿过草地、高山和绿色的山谷，然后在众多冷清的海滩中找一处躺倒。这里湛蓝的海水是僧海豹和海龟的家园。

历史

令人惊奇的是，古代蒂洛斯岛最出名的是这里的矮象数量。人们认为600万年前该岛屿还与小亚细亚（Asia Minor）相连的时候，正常体型的大象来到这里。由于地中海上升的海水将两地隔断，大象们没有了天敌，同时食物也减少了，因而体型就缩小了。这些矮象于公元前4000年前后灭绝，可能是岛上第一批人类居民的到来导致的。1974年，藏着它们骨头的一大片地方在Harkadio洞穴被发现，该洞穴紧邻从莱瓦贾去往大霍里奥（Megalo Horio）的公路，不向游客开放。

到达和离开

蒂洛斯岛没有机场，只有极少的渡轮班次。**Dodekanisos Express**（www.12ne.gr）的双体船周二和周四上午从罗得岛和哈尔基岛开往尼西罗斯岛、科斯岛和卡利姆诺斯岛，中途在蒂洛斯岛停靠，傍晚返回罗得岛。目前，你可以从罗得岛或哈尔基岛参加一日游，游览这座岛屿。另外，Blue Star Ferries（见347页）每周有两班船驶往比雷埃夫斯，途经尼西罗斯岛、科斯岛和卡利姆诺斯岛，还有两班前往罗得岛，其中一班在锡米岛停靠。

蒂洛斯岛（莱瓦贾）船只服务信息

目的地	时间	票价	班次
哈尔基岛*	40分钟	€13	每周2班
卡利姆诺斯岛	3小时20分钟	€13	每周2班
卡利姆诺斯岛*	2小时15分钟	€29	每周2班
科斯岛	3小时	€10	每周2班
科斯岛*	1小时30分钟	€22	每周2班
尼西罗斯岛	1小时30分钟	€7	每周2班
尼西罗斯岛*	45分钟	€13	每周2班
比雷埃夫斯	16小时	€51	每周2班
罗得岛	2小时30分钟	€14	每周2班
罗得岛*	1小时30分钟	€25	每周2班
锡米岛	2小时	€9	每周1班

*高速服务

Tilos 蒂洛斯岛

当地交通

每天有5班公共汽车连接莱瓦贾与大霍里奥、埃利斯托斯海滩（Eristos Beach）和圣安东尼奥斯（Agios Antonios; €1.50）。没有出租车，不过你可以在**Drive Rent A Car**（☎22460 44173; www.drivetilos.gr）或Tilos Travel（见381页）租一辆汽车或小型摩托车。

莱瓦贾（Livadia） Λιβαδειά

人口 470

引人入胜的白色莱瓦贾位于蒂洛斯岛东南海岸，一定是岛上最先映入你眼帘的。不管你信不信，这个惬意低调的小码头是旅游的主枢纽。岛上所有的住宿选择几乎都分布在这处2公里的碎石和鹅卵石海滩沿线，海滩挨着开阔且不受风雨侵袭的圣斯特凡诺斯（Agios Stefanos）海湾。小小的中心广场上有咖啡馆、老式希腊小馆和意大利时期的市政建筑。

多数游客只满足于在海滩上放松一番，不过对于租汽车或小型摩托车或者步行进山探索莱罗斯（Leros，见405页）的人来说，莱瓦贾还是个理想的大本营。

景点和活动

小霍里奥 考古遗址

（Mikro Horio）海盗在多德卡尼斯群岛徘徊的时期，中世纪的定居地小霍里奥就是蒂洛斯岛主要的人口中心。大约50年前，最后一批居民离开了这里，如今这里空空荡荡。从莱瓦贾步行15分钟可以到达。房屋荒废程度不同——夏季有一间会作为音乐酒吧营业。这里是适合到处闲逛的迷人地方，逛到开始黑天的时候，这里会变得怪诞十足。

住宿

Apollo Studios 公寓 €

（☎22460 44379; www.apollostudios.gr; 双/公寓 €50/80; ❄📶）设施完善又清新的单间公寓由一对讨人喜欢的夫妇经营，距离港口几条街道，配有一尘不染的小厨房、现代化的浴室、独立阳台和一个公用的屋顶露台。他们还提供宽敞的公寓，有瓷砖和沙发床。推荐住3号房。

★ Eleni Beach Hotel 酒店 €€

（☎22460 44062; www.elenihoteltilos.gr; 标单/双 含早餐 €60/70）被打理得漂漂亮亮的海滨酒店非常热情，位于海湾中间，从码头沿步行道走10分钟即可到达。所有设施齐全的明亮房间几乎都有正对大海的阳台。房费包括早餐（在花园供应），还有海滩上的一张日光浴床。

Ilidi Rock Hotel 酒店 €€

（☎22460 44293；www.tilosholidays.gr；单间公寓/公寓 €90/100，套 €120~160，含早餐；❄@📶🏊）从渡轮上看到的第一栋房屋，这家闪亮的白色酒店沿山坡延伸至港口以西，连接两处小海滩。令人眼花缭乱的单间公寓和较大的公寓有四柱床、自炊设施和独立阳台。空调多加€6的费用，住在面朝内陆的3个房间则不用加钱。这里还有一家仅在夏季营业的咖啡馆兼酒吧。

餐饮

★ Omonoia Cafe 咖啡馆 €

（☎22460 44287；早餐 €3~5，主菜 €8~11；⏰8:00至深夜；📶🖉）位于主广场的无花果树荫下，距离码头不远，这家备受喜爱的全天候咖啡馆是享用一日三餐的好去处。上了年纪的可爱老板什么都提供，从烤肉、海鲜到简单的果汁和沙拉，但你有可能会忘情于这里的海绵蛋糕（sponge cake），同时也忘了控制腰围。

To Mikro Kafé 咖啡馆 €

（小吃 €5~7，主菜 €5~12；⏰周一至周五 18:30至深夜，周六和周日 16:00至深夜；❄📶🖉👪）这家咖啡馆或许规模不大，但环境幽静、气氛温馨。石头墙壁裸露在外，加入了航海元素。对儿童而言，这是一个很有吸引力的地方，有舷窗、棋盘游戏，他们可以在各个角落玩耍。你可以坐在可以看到海滩的中庭（还有个屋顶露台），啜饮一杯日落饮品。供应沙拉、海鲜、派、开胃小菜和三明治。

★ Armenon 希腊小馆 €€

（☎22460 44134；www.tilosarmenon.gr；主菜 €8~18；⏰早餐、午餐和晚餐）位于海滩走道上的前开式小馆提供优质的海鲜（蒸贻贝非常了不得）和当地特色菜，比如小扁豆和凤尾鱼沙拉。经营这里的夫妇惹人喜欢，致力于自己勤劳地种植食材。顾客可以免费在阳光浴床上躺一天。找找蓝色和黄色的遮阳伞。

饮品和夜生活

Cafe Bar Georges 酒吧

（☎22460 44257；⏰7:00至深夜）庄严的石头酒吧位于广场上，老人聚集于此讨论当前

在蒂洛斯岛山间徒步和观鸟

蒂洛斯岛的地形比多德卡尼斯群岛的其他岛屿更平缓。岛内的特色并非深山，而是被切割成梯田的富饶山谷。农民清出的小路纵横交错，如今成为理想的徒步小径。大量古代的小型防御工事和中世纪的礼拜堂散落各处，蒂洛斯岛是个出色的徒步地点。

更吸引人的是，由于岛上人烟稀少及长期禁猎，这里还是最受珍稀鸟类喜爱的地方。超过150种鸟类被记录在册。有的是留鸟，有的是候鸟。据估计，有46种鸟正濒临灭绝。徒步时，仔细关注白腹山雕（Bonelli's eagle）、艾氏隼（Eleonora's falcon）、棕尾鵟（long-legged buzzard）、黑头林莺（Sardinian warbler）、角枭（Scops owl）和地中海黑鸬鹚（black shag）。

一条3公里的步行小径维护良好、景色优美，从莱瓦贾向北通往**Lethra海滩**——一处未经开发的鹅卵石沙湾，少有阴凉处。Ilidi Rock Hotel在码头西北端，沿着该酒店后面的柏油路去找步行小径的起点。从风景如画的**波塔米山谷**（Potami Gorge）返回，可以到达岛上的主路。

一条更长的步行小径通向荒废的小定居区**耶拉**（Year）及其旁边**Despoti Nero**的海滩。只要从莱瓦贾沿海湾周边的路向南，一直走过远处东端的圣爱奥尼斯教堂（Church of Agios Ioannis）。往返路程总共6公里，需要半天时间。

两家机构，**Tilos Heritage Tours**（☎22460 44379；www.apollostudios.gr）和**Tilos Trails**（☎22460 44128，6946054593；www.tilostrails.com）提供各种难度的导览徒步游。

热门话题。里面有令人耳目一新的蓝色玻璃桌，墙上挂满了很久以前的渔夫的图片。咖啡浓烈，十分提神。

Spitiko 咖啡馆

（⏲7:00至深夜）这家温馨的咖啡馆面向广场，是个热门的歇脚地点，提供现磨咖啡、奶酪和菠菜饼、果仁蜜酥饼和当地的特色甜点。虽然它的招牌用的是希腊语，但是人人都知道这里。

ℹ 实用信息

所有的渡轮都抵达莱瓦贡的小码头，位于海湾西侧，就在中央广场下面，有邮局和设有ATM机的阿尔法银行。

诊所（☎22460 44219；⏲正午至17:00）位于教堂后面。

警察局（☎22460 44222）位于码头上的白色意大利式建筑里。

港口警察局（☎22460 44350）位于港口上。

Tilos Park Association（☎22460 70883；⏲周一至周五 10:00~12:30）蒂洛斯岛没有官方的旅游办事处，不过这处致力于推动生态保护的海滨中心提供关于当地野生动物和小路的展览和小册子。

Tilos Travel（☎22460 44310；www.tilos-travel.com；⏲9:00~22:00）码头上的有用机构，也被称为Stefanakis Travel，出售渡轮船票，出租小汽车和小型摩托车，提供信用卡提现服务。

大霍里奥（Megalo Horio）

Μεγάλο Χωριό

人口 50

大霍里奥，蒂洛斯岛的小“首府”，是一座山坡上的村庄，狭窄的街道上有被阳光暴晒的方块房屋，到处都是身经百战的猫。在主街的单厅博物馆（☎6984378079；⏲9:00~14:00，仅限夏季）免费里，热情的志愿者会向你讲述岛上著名的矮象的所有信息。

从大霍里奥北端费力徒步1小时，爬到骑士城堡（Knights Castle），途中会经过岛上最古老的居住地。

食宿

Miliou Studios 公寓 €

（☎22460 44204，6932086094；双 €50；❄）前往埃利斯托斯海滩的时候，布置惬意的舒适房间和能自己做饭的单间公寓就在城镇外，有近便的超市。在阳台上，远方的海景一览无余。

Kastro Cafe 希腊小馆 €

（☎22460 44232；主菜 €7~12；⏲午餐和晚餐）村里最好的小馆，山坡露台极好，俯瞰优美的海湾全景。菜单上的一切都很好，从有机烤羊肉片和当地自养猪肉到清新的小小叶卷饭（dolmadhes）和小红虾。

蒂洛斯岛西北部

蒂洛斯岛西北端有几处迷人的海滩。位于大霍里奥以南2.5公里处，开阔悠长的埃利斯托斯海滩（Eristos Beach）最适合游泳，蔚蓝的海水轻抚海滩。通常冷冷清清，不过对于当地奇特的线钓者来说，这里的灰色沙子四周有红柳树可以遮阴。

宁静的居民区圣安东尼奥斯位于大霍里奥西北1.5公里处的开阔海湾内，一端的狭窄碎石上有一家小馆。再往西3公里，小海湾内更漂亮的普拉卡（Plaka）海滩完全未经开发。海水稍暖，下午有阴凉，涉水片刻，有适合浮潜的暗礁。

过了普拉卡，海岸公路向上延伸至陡峭的山坡，绕过3公里的吓人陡坡，到达悬崖边的Agiou Panteleimona修道院。

食宿

Nitsa Apartments 公寓 €

（☎22460 44093；www.nitsa-tilosapartments.com；Eristos Beach；房间/套 含早餐 €50/70）时尚、现代的公寓楼，位于埃利斯托斯海滩往岛内方向100米处。有简单的房间，外加能做饭的一室或二室公寓。公寓附属的全天候小馆En Plo提供美味的章鱼火烤奶酪（saganaki；将奶酪按照传统方式煎炸作为开胃小吃）和番茄酱羊肉——搭配一杯松香味希腊葡萄酒佐餐，令人愉快。

Eristos Beach Hotel 酒店 €€

（☎22460 44025；www.eristosbeachhotel.gr；Eristos Beach；双/套 €60/90；P❄📶🏊）紧

邻海滩，这家大型酒店坐落在郁郁葱葱的花园里，园内植满木槿、兰花和柠檬树。清新的房间铺设瓷砖地面，有可以看到远处海景的阳台，而较大的单间公寓有小厨房，可以住4人。这里还有一个漂亮的游泳池，外加一家餐厅和一间酒吧。

尼西罗斯岛（NISYROS）

NΙΣΥΡΟΣ

人口 950

尽管岛内遍布壮观的火山口，但宁静怡人的小岛尼西罗斯岛依然低调。多数游客是从附近科斯岛来的一日游游客，所以即便是主要居住区曼德拉基，也是个沉寂的小村庄，可以每天傍晚踢开鞋子，对着西下的夕阳放松平和地沉思。

这里的主要景点正是火山，为岛屿提供了肥沃的土地，独特的植物群吸引来植物学家和园艺家。另外，没有优质的海滩，尼西罗斯岛更适合探索令人眼花缭乱的山顶村庄，比如尼盖亚（Nikea）和安波留斯。徒步一小段路，品尝当地农产品。留意koukouzina，一种用葡萄和无花果制作的饮料。

到达和离开

尼西罗斯（曼德拉基）船只服务信息

目的地	时间	票价	班次
哈尔基岛*	1.5小时	€24	每周2班
卡利姆诺斯岛	2.5小时	€10	每周2班
卡利姆诺斯岛*	1.5小时	€21	每周2班
科斯岛	1.25小时	€10	每天1班
科斯岛*	45分钟	€16	每周2班
比雷埃夫斯	14小时	€51	每周2班
罗得岛	5小时	€14	每周2班
罗得岛*	2.75小时	€28	每周2班
蒂洛斯岛*	40分钟	€13	每周2班

*高速服务

Dodekanisos Seaways（见347）运营的双体船来往于科斯岛和罗得岛，只在周二和周四抵达尼西罗斯岛。Blue Star Ferries（见347页）也在开往科斯岛、卡利姆诺斯岛、阿斯提帕利亚岛和比雷埃夫斯或蒂洛斯岛、锡米岛和罗得岛的双方向上各停靠两次。

另外，每天有1班船往来科斯岛。Panagia Spyliani驶往科斯镇或卡达米那（Kardamena；

Nisyros 尼西罗斯岛

€8)，而较小的Agios Konstantinos往返卡达米那(€6)。

当地交通

船

只在夏季有游船开往浮石小岛Giali(€8)，那里有沙滩。

公共汽车

每天有多达10班公共汽车团队游前往火山(€6)，在火山口停留40分钟左右。每天有3班公共汽车从码头经由帕利(Pali)开往尼盖亚(免费)。

汽车、摩托车和出租车

Diakomihalis(见384页)提供实惠的汽车租赁服务。从曼德拉基乘出租车前往火山的往返费用是€20；致电**Irini**(☎22420 31474)。

曼德拉基(Mandraki)

Μανδράκ

人口 660

这座美丽的白色城镇懒散地卧在尼西罗斯岛北岸边。不同寻常的是，它不是码头或港口。相反，这里仅有一道又长又直的海堤，被温柔的海水拍打着，海堤上咖啡馆和希腊小馆林立。

景点

曼德拉基几乎全部是步行区，因此迷宫般的蜿蜒小巷安静而不随时光变化，肥沃的山谷沿坡而上，直到后面的火山边缘。主要的地标在遥远的西端，那里有坐落于崖壁顶端的14世纪**骑士城堡**。占据较低处的是同样古老的修道院，**石窟圣母修道院**(Moni Panagias Spilianis, Virgin of the Cave；捐赠门票；⏲10:30~15:00)，攀上短而陡峭的台阶可以到达。

由于尼西罗斯岛缺少海滩，当地的孩子们喜爱城镇东端的小沙滩——**曼德拉基海滩**(Mandraki Beach)。这里是热门的游泳地点，尽管有时候被海藻覆盖。西边还有一处无遮无拦的黑石海滩**Hohlaki**，沿着修道院下方海岬附近危险破烂的小路可以到达。天气不好的时候，不要尝试步行。

考古博物馆

博物馆

(Archaeological Museum；☎22420 31588；门票 €2；⏲周二至周日 8:30~15:00)这座现代陈列博物馆位于曼德拉基主要的步行街上，展示令人神往的希腊时期和罗马时期的陶器和雕像，还有用从邻近的Giali采出的黑曜石制成的早期手工制品。一段古希腊语的铭文记录了一次叙利亚和巴勒斯坦移民的涌入。

帕琉卡斯卓

考古遗址

(Paleokastro；⏲24小时开放)免费 沿修道院西南延伸出的小径徒步20分钟穿越田野，令人感到惬意，是前往帕琉卡斯卓最好的方式，这座令人惊叹的迈锡尼时期的卫城修建于3000年前。这里经修复后的巨石墙垣略新一些，可追溯至公元前4世纪——那些看似现代涂鸦的东西实际上是古代献词。穿过令人生畏的大门，可以攀登至大块的火山岩顶端，看到美得令人窒息的景色。各处都有清晰的英语解说牌。

住宿

Hotel Porfyris

酒店 €

(☎22420 31376；www.porfyrishotel.gr；标单/双/标三 含早餐 €46/54/59；❄📶🏊)曼德拉基镇唯一的酒店傲然矗立于山坡上，坐落在从海边步行5分钟可至的柑橘园上方。如果你乘坐渡轮抵达，在Piccolo Bar左转。过了优雅的大理石大厅，想必可以见到简单舒适的套房，有舒服的床和露台或阳台。这里还有非常受欢迎的游泳池。

Hotel Romantzo

家庭旅馆 €

(☎22420 31340；www.nisyros-romantzo.gr；标单/双/标三 含早餐 €35/45/55；❄📶)距离码头不远，搭乘早班渡轮比较便利，这家装扮漂亮的老店有简单的房间，阳光充足，一尘不染，有冰箱和大理石地板。最好的是，2层有一个极好的公共阳光露台。不过最近的餐馆在城镇内，需要步行10分钟才能到。

★Ta Liotridia

民宿 €€

(☎22420 31580；www.nisyros-taliotridia.com；房间 含早餐 €140)位于海滨中心地带，两间非常漂亮宽敞的民宿房间在一家整洁的木镶板酒吧上层。每一间都采用舒适的传统风格，完全不凌乱，角落里有一张双人床，另外有一张箱形床，还有光亮的地板、石墙和海景阳台。注意淡季会有优惠。

就餐

曼德拉基的海滨小馆全都差不多，令人难以选择，全都试图用海鲜特色吸引每天从科斯岛涌入的游客。如果不注重视野的话，你会发现小巷里的饮食更好。向当地人问问特色菜pitties（鹰嘴豆洋葱馅饼），再配一杯清爽宜人的soumada（一种用杏仁汁酿造而成的软饮料）。

Irini

希腊小馆 €

（☎22420 31365；Plateia Ilikiomenis；主菜€8~12；⏰午餐和晚餐；❄📶✎👪）4家实惠小馆里最好的一家，餐桌摆满了这个镶嵌着鹅卵石的漂亮广场，距离海滨100米。坐落在无花果树的伞盖下，朴实的菜单上有岛上最受欢迎的丰富菜肴，比如塞了胡椒的兔肉或羊肉搭配番茄酱，或者精美细嫩的章鱼。沙拉新鲜，分量很足。

Taverna Panorama

希腊小馆 €

（☎22420 31185；主菜 €8~10；⏰午餐和晚餐；✎）位于旧梅尼斯广场（Plateia Ilikiomenis）和Hotel Porfyris之间的山坡小馆——在小巷里找找室外的蓝色格子餐桌，还有与店名一致的大海"全景"（panorama）。菜单每日变化，不过你可以从厨房里飘出的诱人香味辨别出正在烹饪的食物。主食包括塞浦路斯式香草香肠（seftelies）、自制肉丸、叶卷饭、意面（mousakas）、酿番茄和鲜鱼。

To Kazanario

希腊菜 €

（☎6972240556；小吃 €1.50~8；⏰正午至深夜）消息灵通的当地人在这家紧邻步行小巷的花园小馆里避开一日游游客，距离海滨一个街区。一段深色的楼梯从不起眼的门口通向远处一家古老友好的酒吧花园，那里的小吃出奇的便宜，包括烤肉串、香肠和意大利烤饼式的皮塔饼三明治，填满羊乳酪、胡椒和番茄。

Trattoria da Michele

意大利菜 €

（☎22420 31054；主菜 €7~12；⏰周一至周六 午餐和晚餐，周日 晚餐）为什么要在一座希腊岛屿上吃意大利菜？因为这里味道很好。在意大利受过培训的厨师Michele靠他精心准备的比萨、调味饭、沙拉和甜点，将简单的海边餐馆打造为尼西罗斯岛名副其实最受欢迎的地方。当然，波涛正上方的餐桌也起了一定作用。

饮品

曼德拉基海滨有成排的咖啡馆和酒吧，露台方向正好可以欣赏科斯岛上的日落。

Proveza

咖啡馆

（☎22420 31618；www.proveza.net；⏰11:00至深夜；📶）这家热情的海滨酒吧一开始是一家网吧，后面仍然有几台电脑。Wi-Fi永远可靠，不过如今顾客逗留在此，坐在室外的海堤边，更有可能是为了上午的咖啡、下午的奶昔或黄昏的鸡尾酒。

实用信息

渡轮码头位于曼德拉基东北方向500米处。只要沿着海岸直走，就能抵达城镇中心。关于景点、历史和当地服务的信息，登录www.nisyros.gr。

阿尔法银行在港口处有一台ATM机，在曼德拉基设有分行，在城镇内还有一台ATM机。

岛上警察局（☎22420 31201）、**警察局**（☎22420 31222）和邮局面朝码头排列。

Diakomihalis（☎22420 31015；www.visitnisyros.gr）出售渡轮船票和机票，提供租车服务和大巴团队游。

Enetikon Travel（☎22420 31180；www.enetikontravel.com）由始终乐于助人的Michelle经营管理，在码头往曼德拉基方向100米处，Enetikon经营乘船游和巴士团队游，提供免费咨询服务、出售车票。

尼西罗斯岛周边

火山（The Volcano）

Το Ηφαίστειο

尼西罗斯岛位于环绕爱琴海南部的火山断层线上。虽然从最后一次爆发形成火山已经过去了25,000年，但官方仍将其列为休眠火山，而不是死火山。山顶起初高达850米左右，但是30,000~40,000年前的3次火山喷发掀掉了顶部的100米，引发中间坍塌。该岛的北部、东部和南部侧面依然可见白色和橙色浮石，而大片的火山熔岩流覆盖了尼盖亚村周边整个西南部地区。

岛上的居民将火山命名为Polyvotis。根据传说，在众神和泰坦们（Titans）的大战中，波塞冬切下了科斯岛的一大块，用来把巨人Polyvotis困在尼西罗斯岛下方的岩石深处。火山的咆哮就是他发出的怒吼。

游客热衷于体验火山顶部的能量，他们乘坐公共汽车、小汽车或步行进入该岛中空的火山口，一片辽阔脱俗的平原，这里是古代数千名农民的家园。荒废的梯田沿山壁上升，奶牛在科幻小说场景般的岩间吃草。南端的栅栏区域（€3，9:00~20:00开放）围了几处独特的火山口。在11:00前到达那里，你才可能找到地方。一条小路向下通往最大的**Stefanos**火山口，在那里你可以看到温度高达100℃的五颜六色的喷气孔，听一听它们发出的嘶嘶声，闻一闻硫磺蒸汽的气味。地表松软，温度很高，因此一双结实的鞋子是必备品。由于地面很不稳固且容易坍塌，所以不要走太远。

一条明显的小路通向附近更小、更荒凉的**Polyvotis**火山口。你进不去火山口，这里边缘到处是喷气孔，所以一定要多加小心。

安波留斯（Emborios） Εμπορειός

引人入胜却几乎荒废的安波留斯村庄坐落在火山口北部边缘的崎岖高处，距离曼德拉基9公里。摇摇欲坠的房屋紧贴着岩石山脊的陡峭侧面。几栋房屋刚被刷成白色，但多数完全一片凌乱，暗红色的九重葛蔓生。除了无精打采的小猫之外，目前这里基本没人居住。

就餐

Balcony Restaurant 希腊菜 €

（☎22420 31607；主菜 €7；⏲周一至周六 9:00~22:00）面朝教堂的街边露台看似诱人，但参照店名，应该尽可能选择后面的阳台，可以看到巨大的火山口的全景，令人难忘。菜单以肉类为主，有令人垂涎欲滴的薯条和牛排，不过也提供各种油炸蔬菜馅饼。

ApiriaTaverna 希腊小馆 €

（☎22420 31377；主菜 €6~12；⏲午餐和晚餐；📶🖊）紧邻教堂后面的凹室，这家友好的希腊小馆将墙壁刷成酒红色和芥末色，品位十足。有几张阴凉的室外餐桌。当地特色菜

徒步热点地区

尼西罗斯岛（Nisyros）已经成为主要的徒步地点，尤其是在凉爽的5月和10月。**Terrain**（www.terrainmaps.gr）的1:20,000《尼西罗斯岛地图》很棒，上面详细地标注出了小径。

当然，火山本身就是一个目的地。从曼德拉基出发，或者直接徒步攀登翻越山脊的曲折步行小径，走过福音修道院（Evangelistrias monastery），或者沿地势较为低洼的南侧附近距离更长的小径而行，用时约2.5小时，步行进入火山口中心。

你也可以从尼盖亚（Nikea）徒步下行。小径向下延伸至火山博物馆后面，45分钟可以到达斯特凡诺斯（Stefanos）火山口。注意沿途路标，因为返回的时候找到小路要困难得多。

若是不想面对令人劳累的海拔变化，你还可以从尼盖亚徒步至安波留斯（Emborios）。只要一直往前走，台阶和水泥小路的尽头就在尼盖亚下方，不必左转前往火山口坑底，沿边缘下方的小径步行约1.5小时即可到达。

记住，你无法一路步行返回曼德拉基——在火山处预订一辆等待的出租车或旅游巴士，或者在尼盖亚或安波留斯搭乘公共汽车返回。

最后，想要快速体验尼西罗斯岛的乡村乐趣，不要错过从曼德拉基到帕琉卡斯卓（Paleokastro；见383页）的20分钟短途游，令人欣喜。

看包括烤肉串、章鱼、肉丸、酸辣椒和木炭烤山羊。

尼盖亚(Nikea) Νικαία

与安波留斯不同，尼盖亚村在沿火山口边缘向南4公里处却仍然极具生机。没有交通工具能深入这片分布密实的耀眼白房子，所以每位游客都会获得从路尽头沿狭窄小巷步行到小型中央广场的兴奋经历。与其说是广场，实际上就是个圆圈，是多德卡尼斯群岛最令人瞠目结舌的美丽地点之一，中间是鹅卵石几何嵌花设计，边缘附近是白色的长凳，村庄教堂矗立。尼盖亚到处都是设有路标的瞭望台可以远眺下方火山的惊人美景。从火山学博物馆(Volcanological Museum)后面通向火山口的小路向下延伸，具有挑战性。

景点

火山学博物馆 博物馆

(Volcanological Museum; ☎22420 31400; Plateia Nikolaou Hartofyli; 门票 €2; ⏲5月至9月 周一至周四 11:30~18:30，周五和周六 10:30~14:30)在道路尽头旁边，这座现代博物馆很好地解释了火山的历史和神话，以及对该岛的影响。由于这里几乎全部由展板组成，所以感觉更像是阅读一本书。

就餐

Porta 咖啡馆 €

(☎22420 31832; 小吃 €3~7; ⏲8:30至深夜)两家咖啡馆共用尼盖亚庄严美丽的中央广场，往外看出去的景致是大海，而不是火山。就像相邻的Nicola一样，Porta是个极为悠闲的地方，可以享用冷饮、烤三明治、果汁或啤酒，不过这里只提供简餐。

帕利(Pali) Πάλοι

这座山风阵阵的海边村庄位于曼德拉基以东5公里处，刚过通向火山的岔路口即是。这里主要是游艇码头，码头上被阳光照射的建筑之间有几家希腊小馆。海岸公路再往前5公里是**Lies**，尼西罗斯岛最有实用价值的海滩。从这里沿一条危险的小道步行1公里，就能到达**长沙滩**(Pahia Ammos)，一片没有阴凉的开阔火山沙区域。

食宿

Mammis' Apartments 公寓 €

(☎22420 31824; www.mammis.com; 双 €40; ⏲全年营业; ❄📶)坐落在码头上方100米的花园里，这片宁静的建筑群有12间装修充满创意的朴素公寓，配有小厨房和为儿童单独准备的沙发床，以及可以眺望海景的阳台。

Captain's House 希腊小馆 €

(☎22420 31016; 主菜 €7~10; ⏲8:00至午夜)装饰着黄色的渔网，离海面很近，你甚至可以闻到咸咸的味道，这家小馆凭借菜单吸引来游艇主和干瘦的渔民，菜单上面是清一色的海鲜，如章鱼、食用乌贼、小鲨鱼和墨鱼等。

科斯岛(KOS) ΚΩΣ

人口 33,300

四周是多德卡尼斯群岛最美的海滩，在巨大的峭壁下显得矮小，被郁郁葱葱的山谷隔断，到处都是充满故事的光荣遗迹，科斯岛是一座拥有无穷惊奇和多种宝藏的岛屿。游客很快就会对路边蔓生野草中有千年历史的科林斯柱子司空见惯，即使是在热闹的首府科斯镇，古希腊的遗址在你转身之间随处可见，巨大的中世纪城堡依然俯瞰港口。前一刻你还在质朴的山间小馆里，下一刻已身处喧嚣热闹的咖啡馆了——每个人都可以在这里找到属于自己的乐趣。

历史

在迈锡尼时期，这座岛十分富饶，很多人生活在这里，那时，科斯岛曾派出30艘船参加特洛伊战争(Trojan War)。公元前477年，经历了地震和波斯人的镇压之后，它加入了提洛同盟(Delian League)，并且再度繁荣。被视为医学创始人的希腊医学家希波克拉底(Hippocrates，公元前460年至公元前377年)出生并生活于此。在他去世之后，岛上修建了阿斯克勒庇俄斯圣所(Sanctuary of Asclepius，阿斯克勒庇俄斯为希腊神话中的药神)和一所医学院，人们延续了他的学说，并让科斯岛在整个希腊闻名遐迩。

埃及的托勒密二世（Ptolemy Ⅱ）也出生于科斯岛，因此将该岛纳入埃及的保护之下，使其发展成为一个繁荣的贸易中心。公元前130年，科斯岛由罗马人统治。从公元1世纪开始，它由罗得岛管辖，此后，科斯岛与罗得岛一起经历了跌宕起伏的命运，包括被骑士、奥斯曼人和意大利人征服、占领，与罗得岛很相似，这里的经济如今主要依赖旅游业。

到达和离开

飞机

科斯岛唯一的机场位于岛屿中间，这里的**奥林匹克航空**（www.olympicair.com）每天提供多达4个航班飞往雅典（€50起，55分钟），每周有3个航班飞往罗得岛（€61，30分钟）、卡利姆诺斯岛（€54，20分钟）、莱罗斯（€61，55分钟）和阿斯提帕利亚岛（€68，1小时40分钟）。**米诺斯航空**（www.minoanair.com）夏季每周有一个航班飞往克里特岛伊拉克利翁（€69，50分钟）。

船

这座岛屿的主要渡轮码头位于科斯镇城堡前面，Dodekanisos Seaways（见347页）在那里运营来往群岛的双体船，开往东南的罗得岛，途经尼西罗斯岛、蒂洛斯岛、哈尔基岛和锡米岛，北上萨摩斯岛，停靠地点包括卡利姆诺斯岛、莱罗斯和帕特莫斯岛。Blue Star Ferries（见347页）也驶往罗得岛，另外往西到阿斯提帕利亚岛和比雷埃夫斯。

夏季经营尼西罗斯岛到科斯岛一日游的**Panagia Spiliani**（☎22420 31015），搭载单程乘客前往尼西罗斯岛，每周4天，14:30从科斯镇起航；其他3天，18:10从卡达米那起航。每天还有8班渡轮连接马斯迪卡利（Mastihari）和卡利姆诺斯岛（€5，50分钟）；见www.anekalymnou.gr和www.anemferries.gr。

国际线路

高速双体船往返科斯镇与土耳其的博德鲁姆（Bodrum；每天2班）和图尔古特雷伊斯（Turgutreis；每天1班）。两段航程都用时20分钟。单程船票€18，当天往返€24，多逗留一段时间往返€32。关于时刻表和预订信息，登录www.rhodes.marmarisinfo.com。

当地交通

抵离机场

机场（KGS；☎22420 51229）位于科斯镇西南方向24公里处，每天有几班公共汽车往返机场与科斯镇的汽车站（€3.20）。开往科斯镇的出租车费用约为€30。注意，开往凯法洛斯（Kefalos）的公共汽车会在机场入口附近的环岛停车。

自行车

骑行游览很受欢迎，所以你可以骑着租来的自行车在这里游玩。租车价格高低不等，一辆破旧的自行车每天可能只需要5欧元；而一辆不错的山地车每天则可能需要20欧元。**George's Bikes**（见393页）提供合理的租赁价格。**Kos Mountainbike**

科斯岛船只服务信息

目的地	时间	票价	班次	目的地	时间	票价	班次
阿斯提帕利亚岛	4小时	€18	每周1班	帕特莫斯岛*	3小时	€29	每天1~2班
卡利姆诺斯岛	50分钟	€5	每天8班	比雷埃夫斯	11小时	€51	每周3班
卡利姆诺斯岛	1小时20分钟	€6	每天3班	罗得岛	3小时	€24	每天1班
卡利姆诺斯岛*	40分钟	€15	每天1~2班	罗得岛*	2.5小时	€30	每天1班
莱罗斯	3.25小时	€14	每周1班	萨摩斯岛	4小时	€42	每周4班
莱罗斯*	1.5小时	€22	每天1~2班	锡米岛	3小时	€14	每周2班
利普西*	2小时	€29	每天1~2班	锡米岛*	1.5小时	€22	每周5班
尼西罗斯岛*	55分钟	€16	每周2班				

*高速服务　　除了卡利姆诺斯岛渡轮从马斯迪卡利出发之外，其余渡轮全部从科斯镇发船。

Kos & Pserimos 科斯岛和普塞里莫斯岛

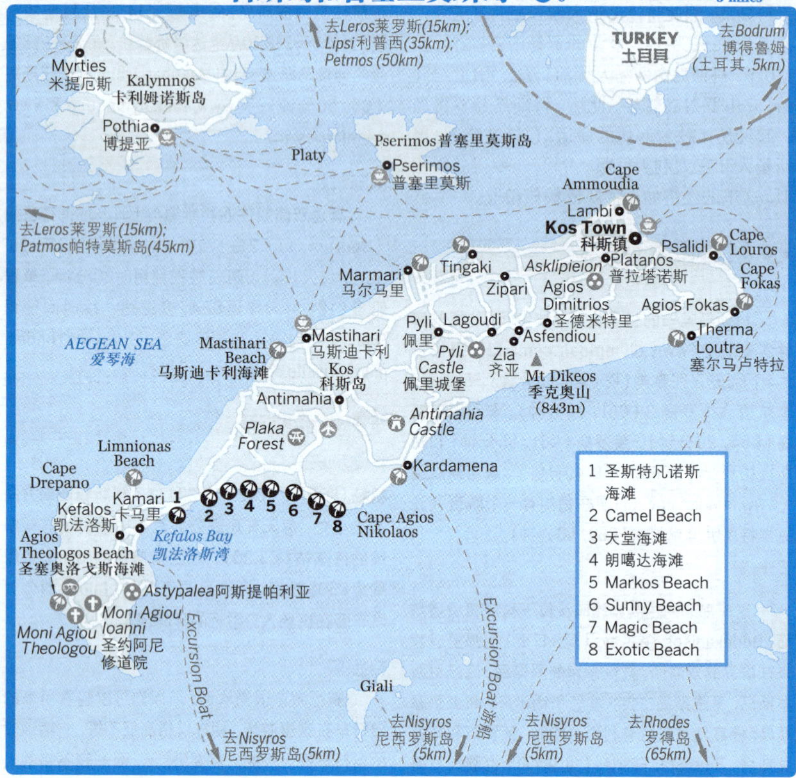

Activities (☎6944150129; www.kosbikeactivities.com; Psalidi)出租自行车，组织导览游。

船

停泊在科斯镇的几艘船提供前往科斯岛周边和附近岛屿的观光游。前往卡利姆诺斯岛、普塞里莫斯岛(Pserimos)和普拉蒂(Platy)的"三岛"一日游费用约为€30，包括午餐。另外，你也能找到价格低至€10的博德鲁姆一日游。

公共汽车

公共汽车总站(☎22420 22292; Kleo-patras 7, Kos Town)就在科斯站海滨后面，是开往岛上各地的线路总站，包括机场和南岸海岸，有**KTEL**(☎22420 22292; www.ktel-kos.gr)。

小汽车和摩托车

科斯岛各地出租汽车、摩托车和小型摩托车的店面和很多酒店都提供特价优惠。所有国际连锁机构都在机场设有办事处。机场距离科斯镇太远，所以如果你反正都打算租车，刚到的时候就租很值得。备受推荐的当地经营商是**Auto Bank Car Rental**(☎22420 23397; www.autobank-carrentalkos.com)，在机场、科斯镇和马斯迪卡利有店面。

科斯镇(Kos Town) Κως

人口 14,750

美丽的港口社区，前面是一座宏伟的中世纪城堡，莫名其妙地挤在很多令人目眩的希腊、罗马和拜占庭时期的古代遗址之间，科斯镇是科斯岛的首府、主要渡轮码头和岛上唯一颇具规模的城镇。尽管城镇中心的几条街道一般都被开派对的游客占领，但大多数地方依然迷人、时尚。港口是最吸引人的地区，咖啡馆和希腊小馆林立，还漂浮着一整排游船、渔船和昂贵的游艇，沿着海滨彼此对峙。你可以在码头的临时货摊购买刚捕上来的鱼。

港口向两个方向伸出的海滩惹人喜爱。悠长的Kritika海滩向西北延伸，从城镇中心步行轻松可至，有成排的酒店和餐馆，海滩常常被它们的顾客占据。与它对应的海滩在港口东南，正式名称是科斯镇海滩（Kos Town Beach），有狭长的沙滩，夏季有星星点点的太阳伞，深水适合游泳，这里也挤满了来自邻近酒店的客人。

景点和活动

骑士城堡　城堡

（Castle of the Knights；☎22420 27927；门票€4；⏰8:00~20:00）科斯岛宏伟的15世纪城堡并未修建在山顶，而是正位于港口入口的旁边。从普拉塔诺广场（Plateia Platanou）过桥前往，跨越曾经灌满海水如今却是道路的护城河。游客可以在完好无损的外墙上漫步，俯瞰港口的所有活动，密切关注海峡对面的土耳其。但是，里面的区域如今多半杂草丛生，只有猫巡行在荒地的野花之间。

普拉塔诺广场　广场

（Plateia Platanou）这个漂亮的鹅卵石广场就在城堡南边，最能让人体验科斯镇热情优雅的魅力和安静的节奏。坐在这里的咖啡馆，向**希波克拉底悬铃树**（Hippocrates Plane Tree）致敬。据说，希波克拉底曾在树荫下亲自授徒。下面古老的石棺被奥斯曼人改造成喷泉，而矗立在对面的18世纪**加齐哈桑帕夏清真寺**（Mosque of Gazi Hassan Pasha）现在遗憾地被挡板围了起来。

古市集　考古遗址

（Ancient Agora；⏰黎明至黄昏）**免费** 科斯岛古老的中心市集占据了城堡以南的大片区域，1933年被毁灭性的地震掀翻。回溯至公元前4世纪，这里是第一个分布在街区里的市镇。即便杂草丛生，你依然能辨认出原先的城镇规划。地标包括巨大的**柱廊**，还有**阿芙罗狄忒神殿**（Shrine of Aphrodite）、**大力神神庙**（Temple of Hercules）和基督教教堂的遗址。

该遗址被圈了起来，不过通常全天开放。当地人抄近路会从这里穿过。

西部发掘遗址　考古遗址

（Western Excavation Site；⏰黎明至黄昏）**免费** 城镇中心以南的这处开放场地有在1933年地震中露出的迷人古代遗址。真正的瑰宝是**欧洲之屋**（House of Europa）的马赛克，可追溯至公元2世纪，被简陋的遮蔽物所保护。前面有罗马城市的主要大道——**马克西姆斯东西大街**（Decumanus Maximus）的一段。遗址里还有**罗马式建筑**（Nymphaeum）、**艾克斯托**（Xysto）和杂草丛生却引人遐思的**狄厄尼索斯神庙**（Temple of Dionysos）。街道对面矗立着一座令人印象深刻的2世纪**剧院**（Odeion）。

考古博物馆　博物馆

（Archaeological Museum；Plateia Eleftherias；门票€3；⏰关闭整修）位于中央广场的意大利时期建筑内，这座小型考古博物馆当前正关闭整修。重新开放时，预计会看到古希腊时期到罗马时代晚期的当地雕塑，最重要的看点是希波克拉底的雕像和一幅公元3世纪的马赛克画。

住宿

★Hotel Afendoulis　酒店 €

（☎22420 25321；www.afendoulishotel.com；Evripilou 1；标单/双 €30/50；⏰3月至11月；❄@📶）这家酒店安静祥和，员工彬彬有礼、热情好客。房间墙壁洁白，配有小阳台和一尘不染的卫生间。楼下开放式的早餐间和繁花似锦的露台有铁艺桌椅，可以享用自制的美味果酱和橘子酱。科斯岛有很多更现代、更奢华的酒店，但是没有一家比这家家庭经营的酒店更特别。

Hotel Sonia　酒店 €€

（☎22420 28798；www.hotelsonia.gr；Irodotou 9；标单/双/标三 €45/60/75；❄📶）这家酒店位于距离海滨一个街区的安静小巷内，提供十几间明亮的房间，铺着拼花木地板，配有冰箱和时尚的浴室。如果有需要，还可以加床。4号房视野最佳。休闲的公共走廊里供应早餐，这里有不错的图书交换处，酒店正计划向游客开放花园。

Kosta Palace　酒店 €€

（☎22420 22855；www.kosta-palace.com；Akti Kountourioti和Averof交叉路口；标单/双/公

Kos Town 科斯镇

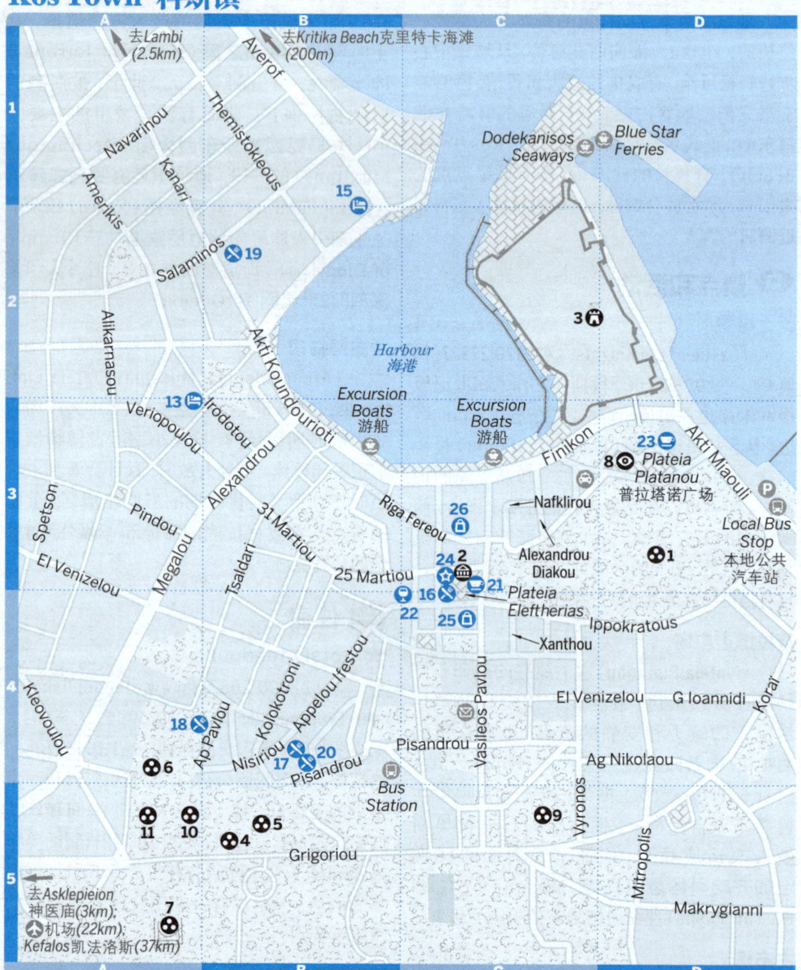

寓 €65/85/110; ❄@📶🏊)这座位于海港的豪华酒店面朝码头对面的城堡，有160个房间，配有小厨房和独立阳台。公寓有独立房间。屋顶有儿童和成人通用的游泳池和一家小吃餐吧。尽管干净实用，但相当冷淡。

Kos Aktis Art Hotel 酒店 €€€

(☎22420 47200; www.kosaktis.gr; Vasileos Georgiou 7; 标单/双 €165/210起; ❄@📶🏊)是什么成就了这样的Art Hotel? 嗯，高昂的价格，很显然，但还有浓厚时尚的极简主义风格，包括开向海滨阳台的落地窗和高档的彩色玻璃餐饮空间。从豪华的卧室——花岗岩地板和高档浴室，太过完美，你会认为自己的出现破坏了它的美好——看出去，夜里的博德鲁姆就像是一盏闪亮的枝形吊灯。

就餐

★ Pote Tin Kyriaki 希腊小馆 €

(☎22420 27872; Pisandrou 9; ⏲19:00至次日5:00)得名于梅利纳·梅尔库里(Melina Mercouri)于1960年获得奥斯卡奖的那首歌《别在星期天》(*Never on Sunday*)，这并

不是那种你在现代科斯岛惯常能够找到的地方，这里不太容易被发现。这家传统小馆提供美味的特色菜，比如酿西葫芦花、香茅草叶卷饭，以及蒸贻贝。这里还计划提供早餐和午餐——只要别在星期天。

Aegli 咖啡馆 €

（☎22420 30016；www.aiglikos.gr；Plateia Eleftherias；小吃 €3~5；⏲早餐、午餐和晚餐）从中央广场的市政建筑拱门下伸出，这家面包房兼咖啡馆由一个援助低收入妇女的合作社经营，雇佣的都是女性员工。特色有marmarites——翻译成"烤面饼"（crumpets），其实更像是发酵薄松饼——有甜味或咸味馅料，不过这里也提供馅饼、超棒果汁、咖啡和巨大分量的早餐（€16，够两个人吃）。

Pikoula 面包房 €

（☎22420 26200；Kanari 8，位于Salaminos；商品 €1~3；⏲7:00~22:00）这家最受欢迎的面包房在科斯镇共有3处门店（其他两处在Ethnikis Antistaseos 5和Makrigianni 28），都出售同样令人目不暇接的甜面圈、馅饼、肉桂卷、果仁蜜饼和巧克力蛋糕，当然，还有面包。早起第一件事就是来这里，为你的一天做好准备。

Elia 希腊菜 €€

（☎22420 22133；www.elia-kos.gr；Appelou Ifestou 27；主菜 €6~12；⏲12:30至深夜；❄📶🖉👪）🍃在这家友好的餐厅，你可以坐在花园或庄严的室内，还可以坐在热闹的步行街上。菜单吸收了希腊各地的传统菜肴，突出的有厚实的乡村香肠、牛至和迷迭香烤鳊鱼和醉猪肉（用葡萄酒烹制）。简单的开胃菜，比如蚕豆和煎洋葱同样美味。

Petrino Meze Restaurant 开胃小菜 €€

（☎22420 27251；www.petrino-kos.gr；Plateia Theologou 1；主菜 €9~28；⏲午餐和晚餐；❄📶）这家餐厅环境高雅，气氛安静祥和，枝繁叶茂的花园爬满了九重葛，俯瞰科斯镇西边的一组考古遗址。高档菜单的亮点有丰盛的肉类合菜，比如蓝奶酪酿牛肉和李子猪肉；不过也提供较为清淡的菜肴，比如清蒸箭鱼或意大利面，还有开胃小吃拼盘。

🍷 饮品和夜生活

科斯镇有非常热闹的派对场所，面向乘公共汽车从附近海岸度假村来的游客。夜生活集中在港口南边的一个街区和Kritika海滩的滨海区。周末，当地人凑在一起，在Eleftherias广场（Plateia Eleftherias，Freedom Sq）喝咖啡和闲聊。

Aenaos 咖啡馆

（☎22420 26044；Plateia Eleftherias；甜点 €3.50；⏲8:00至深夜；📶）这家阴凉迷人的

Kos Town 科斯镇

景点

1 古市集 D3
2 考古博物馆 C3
3 骑士城堡 C2
4 马克西姆斯东西大街 B5
5 欧洲之屋 B5
加齐哈桑帕夏清真寺 (见8)
6 罗马式建筑 A4
7 剧院 A5
8 普拉塔诺广场 D3
9 狄厄尼索斯神庙 C5
10 西部发掘遗址 A5
11 艾克斯托 A5

住宿

12 Hotel Afendoulis F4
13 Hotel Sonia A3
14 Kos Aktis Art Hotel E3
15 Kosta Palace B1

就餐

16 Aegli C4
17 Elia B4
18 Petrino Meze Restaurant A4
19 Pikoula B2
20 Pote Tin Kyriaki B4

饮品和夜生活

21 Aenaos C3
22 Global Cafe C4
23 Law Court Cafe D3

娱乐

24 Orfeas C3

购物

25 Dimotiki Agora C4
26 News Stand C3

咖啡馆位于一座仍在使用的漂亮的清真寺下面。在这里喝杯冰咖啡或浓咖啡十分惬意。可以为自己点一份令人愉悦的巧克力甜品(比如森林水果和草莓口味)、蛋糕、布朗尼和果汁。

Law Court Cafe 咖啡馆

(Plateia Platanou; ⏲7:30至深夜)虽然位于科斯镇最美丽的广场,面朝希波克拉底的悬铃树,这家不随时间变化的小咖啡馆却感觉与旅游区相距甚远。相反,就像店名所说,这里是当地律师和商人会面的地方,他们会一边品尝早晨的浓咖啡,一边讨论当日工作。

Global Cafe 酒吧

(☎22420 26003; Ifestou 1; ⏲8:30至深夜; 📶)科斯镇喜爱交际的年轻潮人的会面地点。他们不是在街边的餐桌上玩双陆棋,就是摆弄手机,或者不知不觉地走进后面的庭院式酒吧,里面有石头装饰墙、帆布遮阳棚和DJ配乐。你可以和他们一起阅读、工作、喝杯啤酒或鸡尾酒,或者吃一个三明治。

购物

约阿尼蒂(Ioannidi)的东端及Ippokratous南边的步行街有很多商业街风格的店铺。

Dimotiki Agora 市场

(☎22420 22900; Plateia Eleftherias; ⏲8:00至深夜)科斯镇翻新过的中心市场建筑,位于中央广场,内有一个小商品市场,提供从香料、鲜樱桃、橄榄油、土蜂蜜到古董和卡利姆诺斯岛海绵等各色商品,应有尽有。

News Stand 书籍

(☎22420 30110; Riga Fereou)有国外报纸、出版物和科斯岛旅游指南。

实用信息

科斯镇有几台ATM机,包括阿尔法银行在El Venizelou的支行和希腊国家银行在Riga Fereou的支行。有用的官方网站是www.kos.gr。

Fanos Travel & Shipping (☎22420 20016; www.kostravel.gr; 11 Akti Koundourioti)出售开往博德鲁姆的水翼船及其他渡轮的船票,还有游艇服务。

Kentrikon Travel (☎22420 28914; Akti Kountouriotou 7) Blue Star Ferries的授权代理商,也出售其他所有渡轮船票和飞机票。

警察局 (☎22420 25462; Eparhio Bldg, Akti Miaouli)

邮局 (Vasileos Pavlou)

港口警察局 (☎22420 26594; Akti Koundourioti和

Megalou Alexandrou交叉路口）

旅游警察局（☎22420 22444；Akti Miaouli）

ℹ 当地交通

自行车

科斯镇到处都有自行车道，最繁忙的线路是沿海滨而行，将城镇与北部的Lambi和南部的Psalidi相连。很多酒店为客人提供自行车，或者你可以在**George's Bikes**（☎22420 24157；Kanari 8）租一辆。

公共汽车

当地公共汽车由**DEAS**（☎22420 26276；单一票制€2）运营，在科斯镇内运行，不过游客很少乘坐。开往包括机场在内的岛屿其他地方的公共汽车从KTEL汽车站（见388页）发车。

出租车

出租车（☎22420 23333，22420 22777）集中停在港口南边。

旅行火车

夏季对当地环境有所了解的一个方式是乘坐旅行火车（☎22420 26276；€5）来一次20分钟的城市团队游，在港口的Akti Kountouriotou发车，车次频繁。

科斯岛周边

来到科斯岛的游客自然而然会将注意力集中在海滩上。除了科斯镇周围的海滩之外，这里还有3处主要的度假区域：南岸的Kardamena基本上被旅游团占领，而北岸的马斯迪卡利和遥远西南的卡马里（Kamari）更加吸引人。远离度假胜地，岛上有相当一大片荒野，崎岖的季克奥（Dikeos）山脉高达将近850米，就在科斯镇以西几公里处。

科斯镇附近的海滩

游客爆满的**Lambi海滩**距离科斯镇最近，从西北方向2公里处开始延伸，一路上酒店和餐馆林立。海岸沿线更西边，长长的白沙海滩周围还有两处度假胜地——距科斯镇10公里的**Tingaki海滩**和远处游客稍微少一些的**马尔马里海滩**（Marmari Beach）。帆板运动在这3个海滩上备受欢迎。而普塞里莫斯岛屿距离海岸只有几公里，夏季可以在马尔马里乘坐游船前往。

此外，从科斯镇沿Vasileos Georgiou向南，可到达这3个热闹的海滩：通往**帕萨里迪**（Psalidi；距离科斯镇3公里）、**Agios Fokas**（8公里）和最后的**塞尔马卢特拉**（Therma Loutra；12公里），后者的矿物温泉会使海水变暖。

医神庙（Asklepieion）

Ασκληπιείον

岛上最重要的古迹**医神庙**（☎22420 28763；门票 €4；⏲周二至周日 8:00~20:00）矗立在科斯镇西南方向3公里处的一座松林覆盖的小山上，俯瞰全城镇直至土耳其的美丽景色。除了是供奉医药神阿斯克勒庇俄斯的圣所之外，这里还是康复中心和医学院。根据有关出生在科斯岛的“现代医学之父”希波克拉底的传说，此处建于公元前3世纪。不过在那之前，他已经去世，这里的培训只是在延续他的学说。

在公元554年的地震将疗养院夷为平地之前，各地的人们曾不远千里到这里接受治疗。

遗址共有3层，1层有山门（propylaea，通往大门）、罗马时期的公共浴室和客房的遗址。2层有**Kyparissios Alollo圣坛**、东侧公元前1世纪的**阿波罗神庙**（Temple to Apollo）和西侧建于公元前4世纪的首座**阿斯克勒庇俄斯神庙**（Temple of Asclepius）。后来建于公元前2世纪的**阿斯克勒庇俄斯神庙**极为辉煌，其遗址位于3层。攀登片刻，到达上方凉爽的松树林，美景一览无余。

小路下面的一个现代博物馆保存了古代的铭文，放映讲解该遗址的影片。

每小时1班的3路公共汽车从科斯镇前往此地。骑自行车也同样乐趣无穷。

山村

这些山村散布在Dikeos山脉绿色的北坡上，是一日游的理想去处。

齐亚（Zia）

Ζιά

科斯岛最美丽的山村——齐亚，位于科斯镇以西14公里处，现在基本上是只有一条街的主题公园。下方的海景始终美轮美奂，但一车车游客每隔几分钟就被送来，沿着相互竞争的纪念品商店和希腊小馆缓缓而行。

就餐

Taverna Oromedon 希腊菜 €€

（☎22420 69983；www.oromedon.com；主菜 €9~15；⏰午餐和晚餐）齐亚最好的餐馆名不虚传，有布满葡萄藤的阳光露台、一览无余的海景和传统的希腊菜单：油炸奶酪小虾、葡萄叶包饭、炖肉（stifadho）。肉食爱好者一定要为厚实的本地香肠留点肚子。

佩里（Pyli） Πυλι

过了齐亚，继续西行6公里，来到没那么商业化的村庄佩里。或者就在村庄前左转，前往其中世纪前身**古佩里**的广阔遗址。该遗址分散在一片极为神奇的高坡上，岩石高耸，松林茂密。顶端是**佩里城堡**（Pyli Castle）的荒凉遗址，整片地方如此荒凉，你甚至会有点希望潘神（Pan，掌管树林、田地和羊群的神，有人的躯干和头，以及山羊的腿、角和耳朵）突然降临。一条标识清晰的小路从路边停车区域延伸，左转通向城堡；右转通向古村庄，那里唯一尚在使用的建筑就是一家藏在树林里的希腊小馆。

徒步爬上有1000年历史的佩里城堡对面的山坡，才能到达充满田园风情的**Oria Taverna**（☎6981764991；Old Pyli；主菜 €7~10；⏰9:00~21:00），欣赏科斯岛毋庸置疑的最美景色——可能也是世界上的最美景色。这里全天营业，提供小吃和冷饮，不过都无法取代落日时分在此吃顿晚餐，尽情享用当地的时令菜肴——牛排、肉丸、西葫芦和酸奶黄瓜。

公共汽车往来于科斯镇和佩里（€2，每天2~3班），而非古佩里。

马斯迪卡利（Mastihari） Μαστιχάρι

比一个村庄略大，这处老派的小型海滩度假胜地令人愉悦，对一次简单的家庭度假来说，这里有你所需要的一切。漂亮宽广的细沙沙滩上点缀着红柳树、一些白色的出租公寓和小酒店，还有一排诱人的海滨小馆和酒吧。没有历史中心和建筑名胜，不过作为晒晒太阳待一天或一周的地方，马斯迪卡利绰绰有余。

马斯迪卡利的小码头有班次频繁的**ANE Kalymnou**（www.anekalymnou.gr）和**ANEM**（www.anemferries.gr）渡轮开往卡利姆诺斯岛的博提亚（Pothia），夏季还有前往普塞里莫斯小岛的游船。

住宿

Athinas Studios 公寓 €

（☎6974180326；www.athinas-studios.gr；双/标三 €40/50）非常清新的公寓房间，有蓝色爱琴海镶边，还有一尘不染的小厨房。房间位于海滨后面一个街区的地方，不过楼层较高的房间有独立海景露台，而且这里还有一个屋顶花园。一个房间里有上下床、双人床和大阳台。

Studios Diana 公寓 €

（☎22420 59116；公寓 €40）干净简单的单间公寓，面朝大海，有独立阳台和非常小的厨房。开空调另加€5。

就餐

El Greco 希腊小馆 €

（主菜 €7~10；⏰早餐、午餐和晚餐）从沙滩沿蓝色小路而行，这家海滩小馆一贯令人满意，有新鲜的沙拉、西葫芦、烤肉串和迷迭香羊肉，以及烤沙丁鱼、鳕鱼和章鱼。只有最贵的鱼类菜肴价格超过€10。全天提供早餐。

Kali Kardia 海鲜 €€

（☎22420 59289；主菜 €6~15；⏰早餐、午餐和晚餐）氛围独特的小馆，就在港口，在室外小路上和木板室内摆上餐桌，时常有准备出海的老人光顾。一阵阵鱿鱼、虾和烤肉串的香气从厨房飘来，大份拼盘价格是每人€10。

卡马里和凯法洛斯海湾（Kamari & Kefalos Bay） Καμάρι & Κέφαλος

巨大的凯法洛斯海湾与科斯岛的西南海岸线一致，优质的沙滩绵延12公里长。海滩大部分连绵不绝，而主路沿岛内约500米的山顶延伸，每截单独路段都有标识清晰且有名称的小路。背靠灌木丛生的群山，温热的海水轻轻地拍打着沿岸，它们是岛上最美丽、最空旷的海滩：最受欢迎的当属**天堂海滩**（Paradise Beach）；最原生态的是**Exotic海滩**；**朗噶达海滩**（Langada Beach；你或许也会听到它被称作“香蕉海滩”）则介于二者之间。但最好的是位于最西端的**圣斯特凡诺斯海滩**（Agios Stefanos Beach），这里的小海岬上有一座荒废的5世纪教堂，而非常上相的小岛**Kastri**则位于刚下海岸且游泳就可到达的地方。

刚过圣斯特凡诺斯，就到了卡马里发展迅速的狭长度假胜地，主路边排列着俗气的旅游商店、餐馆和酒店。卡马里海滩尽头的小码头有游船，夏季每周有两班开往尼西罗斯岛的游船提供一日游；联系**Asklipios Tours**（☎22420 72143）获取时刻表。往返科斯镇的公共汽车（€4.40，每天3~4班）在附近停车。

村庄**凯法洛斯**位于卡马里上方的断崖，同样以旅游业为主。如果你决心逃离拥挤的人群，就继续前往岛上远处的南部半岛。翻过西岸崎岖的山峦，**圣塞奥洛戈斯海滩**（Agios Theologos Beach）背靠橄榄树覆盖的峭壁，令人感觉远离度假村的喧嚣。

食宿

Albatross Apartments 公寓 €€

（☎22420 71981；albatross@hotmail.com；Kamari Beach；公寓 €70；P ❄ 🛜 🏊）11个一模一样、一尘不染的简单单间公寓，带小厨房，被打理得如此整洁，就好像它们是昨天才建成的，全部能看到海景。这里有不错的游泳池，海滩就在马路对面，步行片刻就是码头。这里有酒吧，不过没有餐厅。居住3天以上可以提供接机服务。

Restaurant Agios Theologos 希腊小馆 €€

（☎6974503556；Agios Theologos Beach；主菜 €7~15；⏲午餐和晚餐 5月至10月 每天，11月至次年4月 仅周六和周日）从树荫遮蔽的露台向下延伸至连绵曲折的海滩，这家备受喜爱的季节性小馆可以让人欣赏到科斯岛最美的日落景色。这里有一群好奇的山羊，为滋味丰富的自制奶酪提供原料，这种奶酪油煎最够味。新鲜的烤鳊鱼价格约为€15。开胃小菜也很美妙——若是只点汉堡包或比萨，就会错过美味。

阿斯提帕利亚岛 (ASTYPALEA)

ΑΣΤΥΠΑΛΑΙΑ

人口 140

位置偏远，蝴蝶形状的阿斯提帕利亚岛被泛着光泽的深蓝色海水环绕，是徒步者、露营者以及历史爱好者的天堂。对于所有岛屿爱好者来说，这里是最佳避世之所——想想荷马史诗中所描写的高山草地、布满岩石的海滩和蓝绿色的海水，说不定有机会看到传说中的美人鱼呢。

山顶的霍拉是岛上主要的居民点，被晒得发白的房屋交织错落，从中世纪的堡垒呈阶梯状向下延伸到斯卡拉的渔港。虽然近年来出现了精品酒店，但这里的旅游基础设施和渡轮服务依然极少。90%的游客都是希腊人，其余的大都是法国人和意大利人。如果厌倦了拥挤的游客和炸鱼薯条，那你就来对地方了。

到达和离开

飞机

奥林匹克航空（www.olympicair.com）每周有3班飞机飞往莱罗斯（€61，25分钟）、卡利姆诺斯岛（€57，1小时40分钟）和科斯岛（€68，1小时40分钟），每周有5班飞机飞往雅典（€122，1小时）。在网上或通过Astypalea Tours（见395页）购票。

船

只有两家渡轮公司前往阿斯提帕利亚岛。Blue Star Ferries（见347页）深夜到达斯卡拉北部6.5公里处的偏僻小码头圣安德烈亚斯（Agios Andreas），非常不便。一辆公共汽车会定时迎接每艘渡轮上的乘客，不过不太可靠，别指望这个。从比雷埃夫斯来的一艘渡轮每周4班，途经帕罗斯岛、纳克索斯岛（Naxos）和阿莫尔戈斯岛（Amorgos），几个小时后沿来时的线路返回。另一班往来比雷埃夫斯和罗得岛的渡轮来回途中各在阿斯提帕利停靠一次，也在卡利姆诺斯岛、科斯岛、蒂洛斯岛和尼西罗斯岛停靠。

另外，**Nisos Kalymnos**（www.anekalymnou.gr）每周1班，连接斯卡拉的小港口和卡利姆诺斯岛。

Astypalea 阿斯提帕利亚岛

阿斯提帕利亚岛船只服务信息

目的地	时间	票价	班次
卡利姆诺斯岛	2.5小时	€13	每周1班
卡利姆诺斯岛	3.5小时	€11	每周1班
科斯岛	4小时	€18	每周1班
纳克索斯岛	4小时	€27	每周4班
帕罗斯岛	5.5小时	€34	每周4班
比雷埃夫斯	8.5小时	€35	每周5班
罗得岛	9小时	€32	每周1班

当地交通

阿斯提帕利亚岛的机场位于斯卡拉东北方向8公里处——岛屿平坦而狭窄的"脖颈"。夏季航班有公共汽车接驳，而岛上两辆开往斯卡拉的**出租车**（☎6975706365）费用约为€10。夏季，公共汽车往来斯卡拉与霍拉和西边的莱瓦贾，及东边的Analipsi/Maltezana，沿途在海滩停车（€2）。岛上的3家租车行中，**Vergoulis**（☎22430 61351；www.rent-a-car-astypalaia.com；小型摩托车 每天€15，汽车 每天 €30~60）值得特别推荐。

7月和8月，船只从斯卡拉去往圣爱奥尼斯(Agios Ioannis)、Kaminakia、Vatses等偏远的西部海滩，同一天还前往Koutsomytis（有着令人陶醉的翡翠绿色海水）和Kounoupa小岛。他们也有一整圈环岛游。详细信息联系Astypalea Tours（见398页）。

斯卡拉和霍拉（Skala & Hora）
Σκάλα & Χώρα

阿斯提帕利亚岛的主要城镇斯卡拉坐落于岛屿西半部的南岸，环绕一片由于水太浅而无法进入大型岛际渡轮的迷人海湾。斯卡拉比村庄大一点，空气中都是面包房里飘散出来的香气。有一处沙子和鹅卵石的小海滩，非常受当地人喜爱。酒吧和希腊小馆散落在码头上，淡季时是老水手们的专属领地，不过夏季的傍晚热闹惊人。

现代的游客沉醉于在头顶若隐若现的古老定居点霍拉那份纯粹的美丽之中，白色房屋在令人惊叹的城堡（kastro）下方沿山坡延伸。然而，对于斯卡拉的原住民而言，向上迁徙却是由于没完没了的海盗劫掠威胁而造成的。如今，霍拉是个让人惬意探索的迷宫，漫步在交错寂静的街道各处，攀登上要塞。筋疲力尽的时候，你可以前往村庄入口的标志——翻新过的基克拉泽斯群岛式(Cycladic-style)风车磨坊，在旁边热情好客的咖啡馆或希腊小馆里放松一番。

景点

城堡

城堡

(Kastro; Hora; ⊙日出至日落) 免费 15世纪初，威尼斯奎里尼(Quirini)家族修建了阿斯提帕利亚岛这座雄伟壮观的城堡。此后300年间，多达4000人住在这片不断扩张的区域，以躲避海盗的袭击。一场毁灭性的地震导致与城墙连成一体的石屋倒塌，最后一批居民随后在1956年离开。唯一的入口是在**圣母城堡教堂**(Church of the Virgin of the Castle)下挖掘的大门。神秘的**圣吉尔吉奥斯教堂**(Church of Agios Georgios)坐落在远处。

考古博物馆

博物馆

(Archaeological Museum; ☎22430 61500; Skala; 门票 €2; ⊙6月至9月 周二至周日 9:00~13:00和18:00~20:30)斯卡拉的小型考古博物馆坐落在大海边通向霍拉的道路起点处，保存了岛上从文明早期至中世纪的珍宝。亮点包括从两座迈锡尼墓穴中发现的墓葬品，以及一座罗马式阿芙罗狄忒的小型青铜像。

住宿

7月和8月必须预订。

Hotel Paradissos

酒店 €

(☎22430 61224; www.astypalea-paradissos.com; Skala; 双/标三 €55/65; ❄📶)庄严静谧的酒店，经过最近的翻新，又添几分清新时尚。Paradissos靠近港口，近到你好像可以尝到海水的咸味。18间白得耀眼的海景房里有写字台、独立卫生间、衣柜、电视、冰箱以及独立阳台，还有一个不错的咖啡厅及附设的旅行社。

★ Studios Kilindra

精品酒店 €€

(☎22430 61131; www.astipalea.com.gr; Hora; 双/公寓 含早餐 €125/150; ❄@📶🏊)🍃这家迷人的精品酒店正好位于城堡下面，在漂亮泳池的露台上可以欣赏蓝色的海湾。酒店大堂摆着不拘一格的古董，还有一架三角钢琴。单间公寓和较大的公寓完美融合现代和传统两种风格，配有错层式地面、架高的床、沙发以及小厨房。酒店还提供按摩、针灸和草药护理服务。

Mariakis Studios

公寓 €€

(☎22430 62072; www.mariakis.gr; Hora; 标单/双 含早餐 €70/80)4套出租公寓洁白无瑕，很有吸引力，毗邻距离霍拉中心几步之遥的一座家庭住宅。岛屿风格包括传统家具陈设和裸露的石墙，宽敞的露台可以欣赏美丽的海景。早餐非常棒。

Thalassa Hotel

精品酒店 €€

(☎22430 59840; www.stampalia.gr; Skala; 房间 含早餐 €120; ❄@📶)Thalassa的12个房间铺有大理石地板，配有四柱床、加勒比海蓝色家居用品以及花卉图案的床罩。最好的是，从它们宽敞的露台能看到美得惊人的风景——从港口到霍拉绵延而下的房屋。夏季房费稍微偏高，即便包括极好的早餐和免费的机场接送服务。

就餐

Barbarossa

希腊小馆 €

(☎22430 61577; Hora; 主菜 €8~14; ⊙午餐和晚餐; ❄📶📝)🍃这家友好的希腊小馆不容错过，在通向霍拉的主路边提供用心烹饪的美食，嘈杂的露台位于市政厅附近。裸露的石墙上贴满了古希腊女孩的海报。可以看到后面迷人的景色。菜单上的亮点，比如梅子猪肉片、油炸奶酪贻贝(mussels saganaki)和烤对虾，一定不会让你失望。

Agoni Grammi

希腊小馆 €

(☎22430 61988; Hora; 主菜 €7~12; ⊙午餐和晚餐)在这里，最引人注目的就是靠近霍拉地标性风车的室外露台，但白色的室内在夜里同样吸引人，点缀着板石，被红色吊灯照亮。除了自制意面和比萨之外，这家岛上最受欢迎的餐馆还以鱼汤和传统羊杂串(kokoretsi)而闻名。

Maïstrali

希腊小馆 €

(☎22430 61691; Skala; 主菜 €8~12; ⊙10:30至深夜; ❄📶📝)这家风格独特的餐馆隐藏在港口后的小街上，就在通向天堂(嗯，霍拉，行了吧）的台阶附近，提供从西葫芦球、羊排和茄子沙拉到油炸奶酪烤对虾和番茄酱兔肉等各色美味，应有尽有。

购物

Koursaros 饰品

（☎22430 59839；Skala；⏰17:00至次日1:00）一家五花八门的商店，出售珠宝、帽子、画像、山羊绒、箱包和泰国与印度的亚麻衬衣，以及天然海绵。请留意带有杰克船长（Jack Sparrow）和美人鱼的指示牌，就在从Hotel Paradissos延伸出的那条街上。

实用信息

Astypalea Tours（☎22430 61571；www.astypaleatours.gr；Skala；⏰18:00~21:00）出售机票和渡轮船票，安排游船。

艾波奇银行（Emporiki Bank；☎22430 59890；Skala）该岛唯一的银行，在滨海区有一台ATM机。

市政旅游办事处（☎22430 61412；www.astipalea.org；Hora；⏰6月至9月 18:00~21:00）位于一座整修过的风车磨坊里。

Paradise Travel Agency（☎22430 61224；paradisostravel@yahoo.gr）可预订渡轮船票。

警察局（☎22430 61207；Skala）位于滨海区一幢意大利式建筑里。

港口警察局（☎22430 61208；Skala）与警察局在同一幢建筑里。

邮局（☎22430 61223；Hora）位于斯卡拉至霍拉公路的尽头。

莱瓦吉（Livadi） Λειβάδι

阿斯提帕利亚岛最热门的海滩，莱瓦吉海滩（Livadi Beach）位于霍拉以南第一个海湾的植物茂密的山谷入口。从老城轻松步行20分钟可至，当地的公共汽车也前往这里。夏季，此处实际上变成了一个热闹的小度假村，海滨一带有很多时尚的餐馆和酒吧。

食宿

Mouras Studios 公寓 €€

（☎22430 61127；www.mourastudios.gr；单间公寓 €77；⏰5月至10月中旬）围绕着一座海滨庭院，这7个令人赞叹的白色单间公寓大小不一，不过都有时尚的暗色木家具、小厨房和独立阳台。一览无余的海景值得多花几欧元。

Fildisi Hotel 精品酒店 €€€

（☎22430 62060；www.fildisi.net；单间公寓€140~260；❄📶🏊）这家如梦似幻的精品酒店带有分离式露台。酒店中心有一个超大的游泳池，可以欣赏非比寻常的海景，旁边是果汁吧。吃早餐的房间精致优雅，不过早餐差强人意。10个超酷的房间每个都以珍贵的宝石命名，配有单独的阳台和小厨房，还能观赏海景。

Astropelos 希腊菜 €€

（☎22430 61473；主菜 €10~15；⏰8:00至午夜；📶✍）海滩边一流的餐饮场所，位于铺着木板的游廊上，上面设有别致的白色餐桌，菜单囊括章鱼沙拉、面包蟹钳和龙虾。柽柳掩映的休息室可以欣赏眼前霍拉山顶的风景。

斯卡拉西部（West of Skala）

斯卡拉以西，你很快就会来到阿斯提帕利亚岛偏远的内陆地区。那里只有一条路值得一提，不过也是刚能驾车通过。直接从霍拉前往内地，翻过西边山丘，在8公里后道路最终逐渐消失的地方，城堡（Kastro）遗址和Agiou Ioanni修道院（Moni Agiou Ioanni）肩并肩傲然矗立在海岸线上方。精力充沛的徒步者可以从这里向下步行至圣爱奥尼斯海滩（Agios Ioannis Beach），或者在道路尽头前不远处沿着向北岔出去的小路而行，你很有可能独享帕诺尔莫斯海滩（Panormos Beach）。

崎岖不平的小路沿莱瓦吉以西的南岸延伸，穿过起伏的草地，通向几处偏远的海滩。稍微绕一下，沿路而行，就是莱瓦吉海湾南侧树木成荫的美丽Agios Konstantinos海滩。这处海滩与遥远西边小路终点处的Kaminakia海滩都有出色的季节性希腊小馆。卡米纳基亚（Kaminakia）被花岗岩巨石围挡，是阿斯提帕利亚岛祭拜太阳神的最好祭坛。海水很清澈，甚至可以看到蓝色海水下的鹅卵石。

斯卡拉东部（East of Skala）

连接阿斯提帕利亚岛两翼的细长地峡拥

有岛上最受欢迎的几片海滩：马尔马里位于斯卡拉东北方向仅2公里处，那里的3个海湾都有鹅卵石和沙子海滩，就在路边；继续往前2公里的Steno海滩是沙滩，有阴凉，浅水适合儿童，名字意为“狭窄”——附近的地峡只有100米宽。

阿纳利普西斯（Analipsi）延伸越过斯卡拉东北8公里处机场旁的肥沃山谷，作为远离斯卡拉的唯一度假地区，这是个悠闲惬意的地方。阿纳利普西斯也被称为Maltezana，曾经是马尔他海盗的巢穴，近来的发展得益于东南边长长的Analipsi海滩，那里有沙子、鹅卵石、阴凉处和清澈的浅水。附近的塔拉罗马（Tallaras Roman）浴室遗址依然保留着一些马赛克。

阿斯提帕利亚岛东半部几乎无人居住，唯一的居住地点是偏远的小村庄Mesa Vathy，隐藏在巨大瓶颈湾的遮挡之下。村里只有6个家庭。有一处夏季游艇港口，没有像样的海滩。

食宿

Camping Astypalea
露营地 €

（☎22430 61900；www.astypalaiacamping.gr；Marmari；露营地 每个成人/帐篷 €7/2；⏰6月至9月上旬）这个柽柳掩映、竹林和树丛环绕的露营地仅在夏季营业。就在马尔马里海滩旁边，也就是说，紧邻马路。旺季时场面热闹。24小时供应热水，有一间厨房、一个咖啡馆和一家很小的超市。

Hotel Maltezana Beach
公寓 €€

（☎22430 61558；www.maltezanabeach.gr；Analipsi；标单/双 含早餐 €75/90；P❄📶🏊）非常适合家庭，这家热情的酒店坐落在修剪整齐的花园之间，与海滩相距只有几米。这里有清新宽敞的房间，带阳台。酒店所在的白色方块大楼环绕着一个精致的泳池，另外餐厅里有美味的家常饮食。海景房要多花€15。

Analipsi Taverna
希腊菜 €

（☎22430 61466；Analipsi；主菜 €8~12；⏰11:00~21:00）这家朴素的码头小馆全年营业，为当地渔民提供适宜的饮食。不过，夏季时，这里传统的岛上肉类和海鲜主菜也会让游客感到满意。

卡利姆诺斯岛（KALYMNOS）ΚΑΛΥΜΝΟΣ

人口 16,000

荒凉奇妙的卡利姆诺斯岛最重要的特征就是激动人心的山脉，吸引来自全世界的勇敢登山者。尤其是西侧一带，风景十分壮观，海岸公路被粉色夹竹桃装点成细长缎带，将上方的险峻峭壁和下方令人目眩的蓝色水面系在一起。环抱肥沃的山谷和葱茏的飞地，卡利姆诺斯岛比它的大多数邻居都青翠繁茂。再加上海岸边禁止车辆通行的迷人小岛泰伦佐斯（Telendos），你便有了引人入胜的旅行目的地。为合理起见，你至少要留出3天，理想的做法是租一辆交通工具。

虽然海绵渔业的全盛时期已过去很长时间，但卡利姆诺斯岛与大海依然密不可分地连在一起。碧蓝色的海湾里有几处可爱的海滩，虽然大都是鹅卵石，而非沙子。美食有乌佐酒章鱼及海水章鱼和海胆（spinialo）。岛上航海遗产显然在首府和主要渡轮码头博提亚，那里的货摊上堆满外形怪异的海绵，还有一尊波塞冬雕像俯临港口。然而，博提亚基本上是一座普通的城镇，所以住在西岸较小的居住地点，比如安波留斯和米提厄斯（Myrties），或者泰伦佐斯岛，更有意思。

到达和离开

飞机

卡利姆诺斯岛的机场位于博提亚西北方向6公里处，每天都有**奥林匹克航空**（www.olympicair.com）的航班往返雅典（€90，1小时）、莱罗斯（€54，15分钟）和科斯岛（€54，20分钟）。夏季有公共汽车与航班接驳。

船

卡利姆诺斯岛的主要渡轮码头博提亚每天有往来科斯岛、罗得岛、莱罗斯、帕特莫斯岛及其他附近岛屿的Dodekanisos Seaways（见347页）双体船。博提亚的**Blue Star Ferries**（☎22430 26000）每周3班往来比雷埃夫斯、科斯岛和罗得岛，每周1班或2班往返阿斯提帕利亚岛和锡米岛。

Nisos Kalymnos（www.anekalymnou.gr）往返莱罗斯、利普西、帕特莫斯岛和北部小岛，每周3~4班；另外还将卡利姆诺斯岛与阿斯提帕利亚岛的斯卡拉相连，每周1班。

Kalymnos Star和**Kalymnos Dolphin**（www.anekalymnou.gr）每天几班往来于博提亚和科斯岛北岸的马斯迪卡利之间，**ANEM**（www.anemferries.gr）亦是如此。几艘游船提供科斯镇到博提亚的一日游。

卡利姆诺斯岛西岸的小度假胜地米提厄斯每周有3班**Anna Express**（www.annaexpress.eu）连接利普西和莱罗斯的圣马里纳，每周有5班**Captain Yiannis**（☎6944819073）连接希罗卡波斯（Xirokambos；€10）或莱罗斯的潘德利（Pandeli；€15）。

ℹ 当地交通

船

夏季，游船从博提亚前往的目的地包括Kefalas洞穴（Kefalas Cave，€20），洞里延绵103米的钟乳石和石笋令人印象深刻；岛屿普塞里莫斯（Pserimos），那里有大片沙滩和若干希腊小馆。米提厄斯与泰伦佐斯岛之间的船只全年运营，班次频繁。

公共汽车

从博提亚港口出发的公共汽车前往米提厄斯、马苏里（Masouri）和阿耳米奥斯（Armeos；€1.50，每天7班）、恩博里奥斯（Emporio；€2，每天2班）和瓦锡斯（Vathys；€2，每天3班）。登录www.kalymnos-isl.gr查询时刻表。

小汽车和摩托车

博提亚港口边的租车公司包括友好实惠的**Auto Market**（☎6927834628，22430 24202；www.kalymnoscars.gr）和**Rent-a-Bike**（☎6937-980591；www.kalymnosrent.com）。预计租赁小汽车每天花费€20~40，小型摩托车是€12~15。

出租车

共乘出租车在博提亚的**出租车站点**（☎22430 50300；Plateia Kyprou），比公共汽车的费用稍高一点。单独的出租车费用大概是去往米提厄斯€9，去往机场€10，去往瓦锡斯€15，去往安波留斯€30。

卡利姆诺斯岛船只服务信息

目的地	时间	票价	班次	目的地	时间	票价	班次
阿斯提帕利亚岛	2小时40分钟	€12	每周2班	利普西*	1小时5分钟	€20	每天1班
科斯岛	1小时20分钟	€6	每天3班	帕特莫斯岛	4小时	€12	每周4班
科斯岛*	35分钟	€15	每天1~2班	帕特莫斯岛*	1小时40分钟	€29	每周6班
莱罗斯	35分钟	€10~15	每周18班	比雷埃夫斯	11小时	€38	每周3班
莱罗斯	1小时30分钟	€9	每周4班	罗得岛	6小时	€19	每周3班
莱罗斯*	45分钟	€20	每天1~2班	罗得岛*	3小时	€38	每天1~2班
利普西	1小时15分钟	€20	每周3班	萨摩斯岛	3小时45分钟	€38	每周5班

*高速服务

博提亚(Pothia) Πόθια

人口 12,300

博提亚是卡利姆诺斯岛的主要码头，到目前为止，它一直是岛上最大的城镇。沿朝南的海湾绕上2公里，向后越过一座低矮的山头，城镇一直延伸至西岸，背景是沉郁的群山。这里是实用的港口，而非度假胜地，但海滨四周是希腊小馆和咖啡馆，深棕色皮肤的渔民正在灌下松香味希腊葡萄酒。后面由白色小巷组成的精致迷宫里，有一些华丽的老宅子和一家出色的博物馆。

景点和活动

考古博物馆 博物馆

(Archaeological Museum; ☎22430 23113; 门票 €3; ⏲7月和8月 周二至周日 8:00~15:00，9月至次年6月 周三至周五 8:30~14:30)卡利姆诺斯岛现代的考古博物馆很难找到，藏身在博提亚海滨右侧尽头后面的小巷内。这里值得费劲来一趟，欣赏完美呈现的古代手工艺品，其历史可追溯至公元前5300年。这里有引人注目的玻璃器皿和黄金珠宝，但亮点是一尊比真人还大的精美女性青铜像，制作于公元前2世纪。1994年，身着希顿古装的她在卡利姆诺斯附近的水下被找到。

航海和民俗博物馆 博物馆

(Nautical & Folklore Museum; ☎22430 51361; 门票 €3; ⏲6月中旬至9月中旬 每天 9:00~17:00)航海和民俗博物馆位于海滨中心，分为两部分，并非总是同时开放：民俗博物馆有服装和家具，而航海博物馆则集中在海绵渔业，展示古代潜水员用来增加重量的大石头和20世纪他们穿戴早期潜水装备的照片，令人难忘。在人们了解潜水病以前，很多人都受到了严重的伤害。

Kalymnos Scuba Diving Club 潜水

(☎22430 47253, 6974646413; www.kalymnosdiving.com; 1日潜水 €50, 3日国际专业潜水教练协会开放水域潜水员培训 €350)经营沉船、海底火山、珊瑚礁和洞穴等一日潜水项目。老板Dimitris还组织乘船游，解说采集海绵的历史，示范使用石头和绳子的古代自由潜水(skandalopetra)。

住宿

★ Villa Melina 精品酒店 €

(☎22430 22682; www.villa-melina.com; 房间 含早餐 €55~65; ❄📶🏊)坐落在绚丽多彩的围墙花园内，这座淡粉红色的意大利风格别墅建于20世纪30年代，散发出旧时代的魅力。饰有木质镶板的房间以拉毛粉饰的天花板、淡紫色的墙壁、红木衣橱和舒适的大床为特色。可别期待一派奢华——全都稍稍褪色，不过老板Antonios和他的猫给予人亲切的欢迎，卫生间一尘不染，图书室宽敞，波光粼粼的泳池难以抗拒。

Archontiko Hotel 家庭旅馆 €

（☎6942838524；www.apxontiko-hotel.com；标单/双 €30/45；❄）这座奶黄色的新古典主义明珠俯瞰港口，步行5分钟可以到达渡轮停靠地。提供简单明亮的海景房间，配有阳台，地面铺有瓷砖。多花€5有空调。从其原始的石拱道踏入，碰到乐于助人的老板Henrik，独特的氛围扑面而来。物超所值。

Hotel Panorama 酒店 €

（☎22430 23138；www.panorama-kalymnos.gr；Ammoudara neighbourhood；标单/双 含早餐 €30/40；❄📶）得名原因是在山顶高处（需要从渡轮码头吃力攀登上来——要求他们免费去接你）可以俯瞰动人心魄的屋顶美景，这家友好的家庭酒店提供13个房间，配有独立阳台、现代化的家具以及一个公用露台。简单的早餐在露台供应。

Evanik Hotel 酒店 €€

（☎22430 22057；www.evanik-hotel.gr；标单/双/标三 含早餐 €40/60/75；❄📶）这家现代酒店离港口有几个街区的距离，缺少风景。走过其整洁的大厅，有28个各种房型的豪华房间，地板铺着瓷砖，配有宜家风格的家具、台灯和干净整洁的套内卫生间。楼下是一片惬意的早餐区。可以选择背面的房间，会比较安静。

就餐

数十家酒吧、咖啡馆、餐馆和希腊小馆，以及食品店和诱人的当地面包房排列在博提亚的码头上。只要一直走，一定能找到你想找的。

Pantelis Restaurant 希腊菜 €

（☎22430 51508；主菜 €7~14；⏲正午至午夜；📶✍）温馨的希腊小馆，坐落在渡轮码头附近的港口街角稍后的地方，这里的岛上特色有红酒羊肉和自制叶卷饭。一定要尝尝"古希腊"（Ancient Greek）沙拉，搭配苹果和核桃，以及当天的鲜鱼。这里还有精选的葡萄酒。

Stukas Taverna 希腊菜 €

（☎6970802346；主菜 €6~12；⏲午餐和晚餐）离开渡轮码头时冲着港口远端前往这家物有所值的本地餐馆。在码头旁边有餐桌，员工会说英语，非常友好。3道菜的套餐，对于素食者来说，价格为€9；对于吃鱼或吃肉的人来说，价格为€10。或者你可以要卡利姆诺斯岛风格的肉末烧茄子（mousakas）或炖肉（stifadho），价格更低。

Barba Yiannis 希腊菜 €

（主菜 €8~12；⏲9:00至午夜）整洁漂亮的甲板露台上和风吹拂，可以欣赏港口美景，Yiannis是品尝传统希腊菜肴的好去处，比如stifadho和烤肉串等。每天提供两道菜的午餐，价格€8。

饮品和夜生活

Neon Center 咖啡馆

（☎22430 59120；⏲8:00至次日1:00；📶）小巷里的咖啡馆，有免费便利的Wi-Fi和室外花园座位。这里有台球桌和网络游戏，尤其受当地年轻人喜爱，甚至还有全尺寸的四球道保龄球馆！

实用信息

博提亚的渡轮码头位于港口南边和左侧的尽头，整个码头都十分商业化，但真正的活动中心在位于中间的意大利时期市政建筑附近，距离渡轮码头600米。靠近海滨区的几家银行提供ATM机。保持警惕——道路狭窄，没有人行道，交通状况可能会很紧张。

Magos Travel（☎22430 28777；www.magostours.gr）岛上的主要旅行社，在渡轮码头附近，出售渡轮船票和双体船船票。外面有一台24小时自动售票机。这里还提供环岛巴士游，夏季有乘船观光游。

邮政总局 往岛内步行10分钟即可到达，位于城镇中心西北。

市政旅游信息中心（☎22430 29299；www.kalymnos-isl.gr；⏲周一至周五 7:30~15:00）该中心管理有方，十分出色，提供有关公共汽车和渡轮、登山和潜水、节日和岛上普遍状况的信息。位于渡轮码头入口处。

警察局（☎22430 29301；Venizelou）

港口警察局（☎22430 24444；25 Martiou）

博提亚周边

卡利姆诺斯岛曾经的首府**霍里奥**

(Horio)矗立在博提亚后面低矮山脊的顶部，距离大海约4公里。从其东部边缘有一条古老陡峭、没有阴凉的隐蔽石头台阶通往**佩拉城堡**(Pera Kastro)，这个抵御海盗的村庄一直到18世纪还有人居住。除了令人生畏的城墙和坚固的大门，如今这里几乎是一片废墟，野花丛生。不过废墟中间的9座15世纪的小教堂值得找找，里面依然有令人惊叹的壁画。

一条林荫路经过霍里奥，向下延伸2公路，到达美丽的村庄**帕诺尔莫斯**(Panormos)。相邻的两处海滩步行可至**Linaria**和更迷人的**Kandouni海湾**，群山环绕，一处小海滩上有咖啡馆、酒吧和酒店，可以俯瞰大海。

米提厄斯、马苏里和阿耳米奥斯 (Myrties, Masouri & Armeos)

Μυρτιές, Μασούρι & Αρμεός

3个充满活力且名称不同的小度假胜地排列在卡利姆诺斯岛西岸，隔着通常平静无波的800米海面，面对泰伦佐斯岛。米提厄斯和马苏里有迷人的海滩。马苏里的海滨更大，沙滩更多。过了米提厄斯的泰伦佐斯岛渡轮码头，西岸公路是单向环路。若想继续向北，你得原路返回，沿着山坡更高处基本空旷的路段前行。只有南行，才能见到连接两处度假胜地的主要商业地带，挨着的一排餐馆、出租公寓、酒吧、纪念品商店和小超市，距离海平面一个街区。

马苏里以北，公路再次成为双向道路，很快就能到达位于海岸上方的阿耳米奥斯，那里没有海滩。比它的邻居更新、更整洁，阿耳米奥斯几乎全都是面向登山者的大型酒店和公寓设施。

住宿

Hotel Atlantis 酒店 €

(☎22430 47497; www.atlantis-kalymnos.gr; Myrties; 双/标三 €35/40; ⊙4月至10月; ❄)位于大海上方一个街区处主路之上的家庭酒店，可以欣赏令人叹为观止的景色。有棚架露

登山和徒步的天堂

险峻的峭壁、光秃秃的悬崖和惊险的悬岩已经让卡利姆诺斯岛(Kalymnos)成为希腊最好的攀岩地点。如今这里拥有80多处指定的攀登区、将近2500条固定的线路。其中大多数线路都在岛屿的西岸公路上方，尤其是在阿耳米奥斯周边及以北——路边的白色标记指示出确切的地点——不过最好的几条线路向上延伸至水面对面的泰伦佐斯岛(Telendos)两侧。

攀登季从3月持续至11月中旬，最繁忙的时段是9月中旬至10月底。10月最开始的10天会举办一年一度的登山节。

这样的繁荣主要得归功于阿里斯·塞奥佐罗波洛斯(Aris Theodoropolous)，他和凯蒂·鲁索(Katie Rousseau)撰写了细致全面得令人惊叹的《卡利姆诺斯岛攀岩指南》(*Kalymnos Rock Climbing Guidebook*)，并且一直运营着一个有用的网站www.climbkalymnos.com，上面有攀岩者论坛。

卡利姆诺斯岛越来越受徒步者欢迎。**Terrain**(www.terrainmaps.gr)的1∶25,000地图非常出色，详细标注了已确定的路线。认真的徒步者或许想全程或部分走完要求很高的**卡利姆诺斯岛小径**(Kalymnos Trail)，这是一段环绕岛屿的100公里线路，同时也环绕泰伦佐斯岛，需耗时多日。2015年，卡尔·道森(Carl Dawson)出版了一本关于这条小径及其他岛屿小径的有用指南，见www.thekalymnostrail.co.uk。

路边热情的**Kalymnos Adventure Center & Climbing Shop**(☎6984933327, 22480 48160; www.kalymnos-adventure.com; Masouri; ⊙3月至11月 9:00至正午和16:00~20:00)出售并出租攀登装备，还有地图和指南，也可以安排各种活动。初学者和熟练者的半天攀登课程每人€60起，除此之外，这里也提供为期一周的课程，还有潜水、徒步和骑马，以及可以解决疲惫的瑜伽和按摩!

台，大厅采用古希腊神话的装饰风格。18个简单惬意的单间公寓有大阳台、舒服的大床，配有小厨房。

Hotel Philoxenia 酒店 €

（☎22430 59310；www.philoxenia-kalymnos.com；Armeos；标单/双 €40/50；❄）这家小型现代酒店很宽敞，位于阿耳米奥斯迷人的峭壁下方，是适合登山者的理想住宿场所。房间都有普通的瓷砖地面，配有独立海景阳台。这里还有一个不错的游泳池，旁边是小吃吧。

Myrties Boutique Apartments 公寓 €€

（☎6986285888；www.myrtiesboutiqueapartments.gr；Myrties；公寓 €106）从海滩步行几分钟即可到达，两套出租公寓令人愉悦且印象深刻，每套都有两个房间，最多可住5位客人，配备小厨房和宽敞的海景天井。每天都有人打扫，床上用品包括浴袍和沙滩浴巾。

就餐

★Smuggler's Restaurant 希腊小馆 €

（☎22430 48508；Myrties；主菜 €7~12；⏲8:30至深夜；❄✎）这家漂亮的海滨小馆紧临码头，位于米提厄斯南端，模仿一艘被海浪轻抚的古渔船修建。在这个好地方可以享用新鲜的金枪鱼排、贻贝或蒜香对虾，以及其他深海美味。价格全都非常合理。

★Fatolitis Snack Bar 咖啡馆 €

（☎22430 47615；Masouri；小吃 €4~7）这家舒适的路边咖啡馆有蓬松的流行艺术靠垫，位于Kalymnos Adventure Center对面，是个登山前后放松一番的理想场所——这里又被称作"登山者站"也就不足为奇了。你可以就着早餐、咖啡、冰激凌、全天供应的小吃或傍晚的啤酒分享自己的故事。

泰伦佐斯岛（Telendos Islet）

Νήσος Τέλενδος

令人着迷的泰伦佐斯岛在爱琴海上若隐若现，紧邻卡利姆诺斯岛西岸，450米的山脊如小岛的皇冠一般。该岛被认为是在公元554年的地震中脱离了卡利姆诺斯岛的其余部分。这里如今是个没有车辆的美妙地点，适合一日游或逗留更久，从米提厄斯乘船10分钟即可轻松到达（€2，8:00至午夜，每隔半小时发船）。

泰伦佐斯岛的日常生活集中在沿着美丽海滨向码头两边延伸的短短一排希腊小馆、咖啡馆和白色客栈。往右走，到达早期的基督教教堂**Agios Vasilios**遗址和向上延伸至同样破败的**Palaiopanayia**教堂的小路。而向左走的话，你既可以翻过夹竹桃斑斓旺盛的细长山脊，抵达海风吹拂的鹅卵石**Hohlakas海滩**，也可以探索岛上低洼的南部海岬，那里有几座如今被山羊占据的早期基督教小陵墓和安静壮丽的小海湾，适合游泳。

泰伦佐斯岛北侧一带的悬崖有几条备受欢迎的**攀岩线路**，可以沿崎岖的野外小路步行1小时左右到达，或者乘坐**Theofilis**（☎6974329670；每人 €5起）出租船更愉快地抵达，船只通常停泊在泰伦佐斯岛的主码头。

食宿

★On The Rocks 家庭旅馆 €

（☎22430 48260，6932978142；www.otr.telendos.com；标单/双/标三 €40/50/60；❄@🛜）这个服务热情的旅馆距离码头200米，是好动的攀岩者和闲适的海滨女郎的天堂。在其海滨花园餐厅后面，开放式酒吧和露台装饰着五花八门的航海物品。宽敞的单间公寓有小厨房、独立阳台和洗衣机。提供足疗和机场接送服务。

To Kafouli 希腊小馆 €

（☎22430 47363；主菜 €7~12；⏲午餐和晚餐）在这家景色如画般不可思议的小馆，坐在海滨餐桌边，你可以观看渔夫欢快地从小船上卸下鲜鱼清洗，然后在一群咕噜叫的小猫的注视下，享用最新鲜的肉或海鲜。

Zorba's 希腊小馆 €

（☎22430 48660；www.telendos.net；主菜 €6~12；❄🛜）传统的咖啡馆，从码头步行片刻即到，海景优美。老板会亲自打捞海鲜（客人可以随他一起去），有鱿鱼、章鱼、金枪鱼和剑鱼。这里还有3间很小但是舒适的粉色套房（€30）。

安波留斯（Emborios）

Εμπορειός

在阿耳米奥斯以北，卡利姆诺斯岛的西海岸公路将文明抛在身后。最后的路段怀抱着小小的Arginonda的深水湾，壮美无比，插入巨崖两翼，边上是盛开的夹竹桃。公路从博提亚延伸出来20公里，尽头是寂静小巧的安波留斯，白色房屋簇拥着悠长狭窄的鹅卵石海滩。

这里是岛上最好的游泳地点，海水如水晶般清澈，被沿海小岛卡拉维若斯（Kalavros）、泰伦佐斯岛上的山脉及上方占据地平线的阿耳米奥斯环拥。每天有两班长途汽车连接安波留斯和博提亚，夏季的游船当天从米提厄斯来到这里——没有固定的时刻表。

食宿

5家相似的希腊小馆排列在安波留斯海滨，露台或海滩上都有餐桌。全都向顾客提供全天免费的日光浴场，搭配落日小酌，提供的免费小吃非常丰盛。

★ Harry's Paradise 公寓 €

（☎22430 40062；www.harrys-paradise.gr；双/家庭公寓 €48/90；❄@）岛上最受喜爱的住宿场所，坐落在伊甸园一般的花园里，里面盛开着茉莉、玫瑰、木槿和香草。这个物超所值的住宿地点有迷人的老旧时尚元素、摇椅、小厨房以及宽敞阳台。如果有可能，选择面朝花园的单间公寓，不要选单独的海景楼。极为美味的家常菜对本地出产的卡利姆诺斯传统食材进行了现代改良。

★ To Kyma 希腊小馆 €

（☎22430 40012；www.tokyma-kalymnos.gr；主菜 €5~10；⏲早餐、午餐和晚餐）虽然只有一张单调的贴膜菜单，但这家非常友好的海滩小馆提供真正不同寻常的饮食，包括美味的大麦面包沙拉、盐腌鲭鱼和箭鱼烤串。餐馆的名称“浪潮”指的是晚夏地中海季风掀起的浪潮。

瓦锡斯和利那（Vathys & Rina）

Βαθύς & Ρίνα

从博提亚出发，沿着空荡荡的海岸公路向东北行进，不要直接翻山前往西海岸，经过悬崖边曲折崎岖的13公里路段，进入一座面朝东方的山谷，悠长繁茂，这里是卡利姆诺斯岛历史上的农业中心。狭窄的道路穿过柑橘园，果园周围环绕着被称为koumoula的高高石墙。

山谷得名于岛内定居地瓦锡斯，但对游客有吸引力的是小港口里纳。通过海上细长曲折的水湾可以抵达港口，而与你对希腊岛屿的任何预期比起来，它更像一条峡湾。夏季，大型游船从科斯岛带来一日游旅行团，在此吃午餐，让一些相互竞争的码头小馆忙碌起来，但安静的时候，这里还是个可爱的地方。轻松步行可至海湾两端山坡上拥有1500年历史的礼拜堂。

往岛内走，过了瓦锡斯，一条正处在风口上的道路蜿蜒翻越山脉，到达岛屿西北海岸，与穿越米提厄斯和马苏里建筑密集区的线路相比，是从博提亚到安波留斯速度更快的路线。

就餐

Galini Taverna 希腊小馆 €

（☎22430 31241；Rina；主菜 €8~14；⏲早餐、午餐和晚餐；P❄📶）餐馆铺着方格图案的桌布，天花板装饰着九重葛。在这里还能欣赏港口迷人的景色。Galini是个令人愉悦的地方，可以享用沙拉、海鲜、美味叶包饭和烤肉。相邻的酒店有朴素的套房（€30）。

莱罗斯（LEROS） ΛΕΡΟΣ

人口 8210

据说，莱罗斯是狩猎女神阿耳忒弥斯的家乡。这座岛屿确实拥有原生态和优美的魅力，零星分布着令人惊叹的东正教教堂、波光粼粼的蓝色海湾和刷着白石灰墙的村庄。首府普拉塔诺斯（Platanos）的上方高踞着朴实的风车和古代堡垒，最为引人注目，下面忙碌小巧的圣马里纳港有生机勃勃的商铺。莱罗斯的户外活动项目比较少，其旅游主题集中于对太阳神赫利俄斯（Helios）的崇拜。你可以找一片你喜爱的海滩，让这个神奇的地方慢慢展露真颜。

到达和离开

飞机

奥林匹克航空（www.olympicair.com）每天都有航班飞往雅典（€76，1小时），每周有3个航班飞往罗得岛（€68，1.75小时）、卡利姆诺斯岛（€54，15分钟）、科斯岛（€61，55分钟）和阿斯提帕利亚岛（€61，25分钟）。

船

Dodekanisos Seaways（见347页）运营的高速双体船在往返科斯岛、卡利姆诺斯岛、莱罗斯、帕特莫斯岛、萨摩斯岛、罗得岛及附近其他岛屿的途中抵达莱罗斯，每天2~4班。不过，容易弄混的是，有的船在岛屿东岸的圣马里纳停靠，有的船在西岸的拉基（Lakki）停靠。更糟糕的是，它们可能会根据每天的天气改变停靠码头。买票时，始终要确认对应的码头，出发当天要再次确认，如果天气有问题，准备好最后关头乘坐出租车穿越岛屿要用的现金。

Blue Star Ferries（☎22470 26000；Lakki）深夜停靠拉基，每周2班，1班途经科斯岛和卡利姆诺斯岛前往罗得岛，1班途经帕特莫斯岛和利普西抵达比雷埃夫斯。

Patmos Star（www.patmos-star.com）在圣马里纳与利普西和帕特莫斯岛之间行驶，班次不定，旺季时班次增加。

Nisos Kalymnos（www.anekalymnou.gr）连接拉基与南边的卡利姆诺斯岛和北边的利普西、帕特莫斯岛及各个小岛，每周3~4班。

Anna Express（www.annaexpress.eu）每周3班往来于圣马里纳与利普西及卡利姆诺斯岛西岸的米提厄斯，而**Captain Yiannis**（☎6944819073）航行于莱罗斯的希罗卡波斯（€10）或潘德利（€15）

Leros 莱罗斯

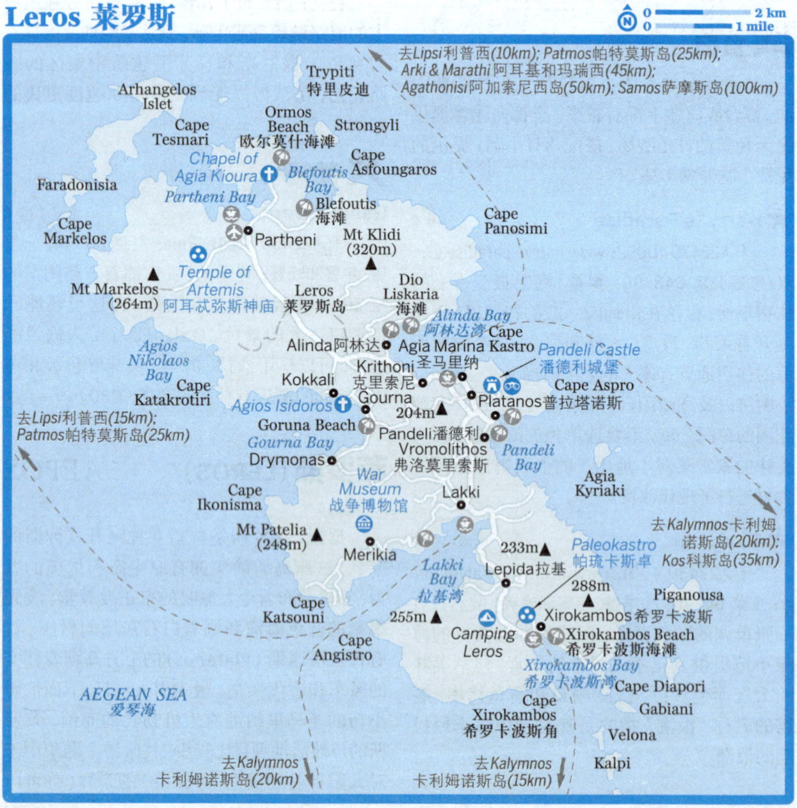

莱罗斯船只服务信息

目的地	时间	票价	班次	目的地	时间	票价	班次
阿加索尼西岛*	1小时50分钟	€16	每周1班	帕特莫斯岛	2小时	€10	每周3~4班
卡利姆诺斯岛	2小时	€9	每周4~5班	帕特莫斯岛*	45分钟	€16	每天1班
卡利姆诺斯岛*	50分钟	€20	每天1~2班	比雷埃夫斯	10小时	€39	每周1班
科斯岛	3小时15分钟	€14	每周1班	罗得岛	8小时	€30	每周1班
科斯岛*	1小时	€22	每周1班	罗得岛*	3小时30分钟	€41	每周3班
利普西	1小时	€9	每周3~4班	萨摩斯岛*	2小时50分钟	€16	每周5班
利普西*	20分钟	€14	每天1班				

*高速服务

Dodekanese Seaways双体船可能在圣马里纳或拉基停靠。

与米提厄斯之间，每周5班。

当地交通

莱罗斯的机场位于岛屿北端。**出租车**（☎6972014531，6974316421）驶往向南6公里处的圣马里纳，费用约为€10。

绿色和米色条纹相间的公共汽车每天3~6班全程运行莱罗斯，到达机场，以及阿林达（Alinda）、圣马里纳、普拉塔诺斯、潘德利（Pandeli）、拉基和希罗卡波斯（€4，单一票制）。如果招手，它们通常会随时停车。

在各个度假区都有门店出租汽车、小型摩托车和自行车，推荐阿林达和潘德利的**Motoland**（☎22470 24103，22470 24584；www.motoland.gr）。

夏季，**Agios Georgios**（☎22470 23060）和**Barbarossa**（☎6978048715）的游船有各种各样的一日游，环游岛屿和诸如阿耳基（Arki）和玛瑞西（Marathi）等小岛以北，一般费用为€20~25。

圣马里纳和普拉塔诺斯（Agia Marina & Platanos）

Αγια Μαρίνα & Πλάτανος

人口 3000

如果乘坐双体船或当地渡轮抵达，圣马里纳（发音为ayi-a ma-ri-na）迷人的小码头或许就是你对莱罗斯的第一印象。尽管不是度假胜地，没有酒店，但在这个低调的地方消磨几小时还是非常令人惬意的。酒吧、咖啡馆和面包房林立于码头上，富有魅力的赭色和酒红色意大利时期建筑及一些奇特的小商店坐落在唯一一条海滨街道沿线。

从渡轮码头往右，沿着海岸线走，能到克里索尼（Krithoni）和阿林达。不过，莱罗斯的主要居住区，白色的**普拉塔诺斯**（Platanos）就坐落在前方，往面朝码头的平缓山坡上步行10分钟即可到达。部分区域或多或少有些衰落，但宏伟的大楼依然散落山坡，经过翻新的一排**风车**向上延伸至壮观的崖顶城堡，勾勒出一幅壮美的画面。

景点

潘德利城堡 城堡

（Pandeli Castle；☎22470 23211；门票 €1；⏲8:30~12:30和16:00~20:00）陡峭的石路从普拉塔诺斯曲折向上延伸至山顶的潘德利城堡遗址。城堡最古老、最核心的部分可以追溯至1000年前，但外城墙是圣约翰骑士团在14世纪和15世纪扩建的。建筑所剩无几，不过可以在城墙上看到的360度全景震撼人心。你还可以从潘德利出发，沿着蜿蜒穿行于风车之间的野外道路，驱车至此。

住宿

圣马里纳没有住宿场所，普拉塔诺斯的住宿场所也少之又少。最近的替代选择是南边的潘德利和北边的克里索尼和阿林达。

★ **Maison des Couleurs** 精品酒店 €€

（☎22470 23341；www.maisondescouleurs.

com; Platanos; 房间 含早餐 €100~150; 📶) 宁静欢乐的小酒店，位于一栋华丽的老式别墅内，有5个宽敞的高天花板房间，内有古董家具。早餐——晚餐根据要求——在花团锦簇的田园风情露台上供应。找找普拉塔诺斯汽车站和出租车站西边的一段陡峭的台阶。

就餐

熏鲭鱼和百里香是莱罗斯的特色菜品。

★ To Paradosiakon 面包房 €

(Agia Marina; 小吃 €2~5; ⏲7:00~23:30; ❄📶) 位于漂亮的意大利式建筑内，颜色和谐的淡蓝色和绿色餐桌一直排到了码头上，这家面包房兼咖啡馆的果仁蜜饼、奶酪蛋糕、草莓馅饼、牛角面包、菠菜馅饼和当地出产的冰激凌受人青睐。

★ Taverna Mylos 海鲜 €€

(☎22470 24894; www.mylosexperience.gr; Agia Marina; 主菜 €9~16; ⏲13:00至深夜; ❄📶) 餐馆坐落在从渡轮码头绕向北边的鹅卵石海滩的尽头，被蓝绿色海水轻轻地拍打着，旁边是一个旧风车。这家餐馆在传统的食谱中加入了现代元素。来这里享用生章鱼片、胡椒罗勒鱿鱼，以及精美的海鲜什锦意面。海滨露台是享用浪漫的落日晚餐的理想场所。

饮品和夜生活

Enallaktiko Cafe 咖啡馆

(☎22470 25746; Agia Marina; ⏲10:00至午夜; 📶) 面朝码头，有宽敞的露台和海滨餐桌。进入室内，这家码头上最大的酒吧立马变得时尚现代起来。免费Wi-Fi、电脑和桌上足球让这里成为岛上年轻人最喜爱的地方。

Faros Bar 酒吧

(Agia Marina; ⏲19:00至深夜; 📶) 摇摇欲坠的场所，部分陷入了渡轮码头前方海岬灯塔下的洞穴中。这里有壁挂手风琴，灯光昏暗，非常有趣。傍晚前来，你可以坐在打开的窗户边，欣赏碧蓝海水中飞速遨游的鱼。周末有现场音乐演出和DJ。

实用信息

出租车在圣马里纳的渡轮码头候客，附近有两台ATM机。往上走，到达普拉塔诺斯小小的中央广场——Plateia N Roussou，那里有希腊国家银行的一家支行。公共汽车站和出租车站都在坡下50米处，通往潘德利和拉基的方向。

关于当地历史和设施的信息，登录www.leros.org.uk或www.lerosisland.com。

Kastis Travel (☎22470 22140) 有用的机构，面对圣马里纳的码头，出售渡轮船票，并组织前往附近海滩和小岛的乘船游。

Leros Active (☎22470 24590; www.lerosactive.com; Agia Marina) 专营非大众型旅游的机构和旅行社。安排的活动包括潜水和徒步，还有战争遗址参观，提供关于住宿的信息。

警察局 (☎22470 22221) 位于圣马里纳。

邮局 位于圣马里纳码头右边。

潘德利(Pandeli) Παντελή

潘德利村庄风景如画，位于普拉塔诺斯以南800米的新月形海湾周边，近年来成为热门度假胜地。白色的房屋沿着伸向海边的山谷斜坡层叠而下，白色的风车矗立在沙子和鹅卵石海滩两边，游艇停泊在现代的码头边。

食宿

Studios Happiness 公寓 €

(☎22470 23498; www.studios-happiness-leros.com; 双/单间公寓/公寓 €45/55/70; ❄) 非常友好的家庭经营场所，所在的花园五彩缤纷。位于向下通往潘德利的路边，距离海滩50米。蓝白相间的单间公寓配有小厨房、双人床和独立阳台，海景壮观。房间大小不一，但都非常干净整洁。

Panteli Beach Hotel 公寓 €€

(☎22470 26400; www.panteli-beach.gr; 单间公寓/公寓 €100/140) 非常舒适漂亮的建筑群，分布在海滩前面一座开放式庭院周围。所有的14套单间公寓都有清新的白墙、漂亮的羽绒被和闪亮的小厨房，相连的Sorokos海滩酒吧提供全天日光浴床。

El Greco 海鲜 €

(☎22470 25066; www.elgrecoleros.gr; 主菜 €6~12; ⏲午餐和晚餐) 餐桌就在海滩上或茅草屋顶的露台上，这家时髦的小馆准备了最新的传统海鲜菜式。一定要尝尝帝王蟹炸丸子和放在涂了黄油的烤面包片上的盐腌鲭鱼，味道让人啧啧称奇。

弗洛莫里索斯（Vromolithos）Βρωμόλιθος

只能步行或驾车翻越潘德利南边的海岬才能到达（没有海岸小路），弗洛莫里索斯有狭长的海滩，被爱琴海海水轻抚，蓝色的海水之间夹杂着绿松石般的色调，堪称完美。

餐饮

Dimitris O Karaflas 希腊菜 €

（☎22470 25626；Marcopoulo St；开胃小菜€4~8；⊙正午至16:00和18:00至深夜）招牌上写的是“O Karaflas”，但所有人都管高山顶上的这家店叫“Bald Dimitri’s”。布祖基琴乐曲飘过美丽的露台，食客们在露台上尽情享用各种美味菜肴，比如海胆沙拉、丰盛的岛上香肠、生章鱼片、蒸贻贝和大份鱿鱼。

Cafe Del Mar 酒吧

（☎22470 24766；小吃 €3~8；⊙9:00至深夜）悠然自得、让人无法抵御的山坡休闲酒吧，就坐落在海滩北端上方，拥有天堂般的海景。这里有凉爽的松荫天井、舒适的沙发和躺椅，夜晚还有炫酷音乐和DJ打碟。随时来享用咖啡和果汁，还有三明治、沙拉和意面。不要错过日落时的一两杯莫吉托。

拉基（Lakki）Λακκί

人口 2000

1912~1948年，西岸的拉基码头曾是重要的意大利海军基地，当时这座城镇被浮夸的行政和军事建筑改造得面目全非。这种盛行一时的建筑风格刚开始类似装饰主义风格，最后却明显更像法西斯主义，如今被归类为流线型现代风格。现在，拉基是个外表特别的地方，宽阔的街道上散布着奇形怪状的巨大建筑，却没什么人气，甚至没什么车辆。大型渡轮和一些双体船在距离城镇中心路程很远的码头停靠，不过没什么理由逗留。

景点

战争博物馆 博物馆

（War Museum；☎22470 22109；Merikia；门票 €3；⊙9:30~13:30）如今谁还记得“二战”中的一场重要战役会发生在这个偏远的小岛上呢？1943年9月，英国军队迫使意大利人投降，随后，德国空军在莱罗斯战役（Battle of Leros）中通过大规模袭击重新占领了这座岛屿。意大利人在拉基以西的森林地下挖的地道网络如今成为博物馆，保存了那场战斗中数不胜数的纪念品。

希罗卡波斯（Xirokambos）Ξηρόκαμπος

位于莱罗斯南端，希罗卡波斯海湾的鹅卵石和沙子海滩上有几处浮潜的好地方。除了几间村舍之外，这里还有一家不错的海滩小馆。有从卡利姆诺斯岛来的小型游船。上山后，往拉基方向向内陆走1公里，一条有路标的小道通往荒废已久的**帕琉卡斯卓**（Paleokastro）堡垒，那里风景绝佳。

食宿

Camping Leros 露营地 €

（☎22470 23372，6944238490；www.campingleros.com；露营地 每个成人/帐篷 €8/4；⊙6月至9月）位于拉基以南3公里处，距离海滩500米，该岛的露营地坐落在一片拥有400年历史的橄榄树林中，有一家备受欢迎的咖啡馆，晚上可以进行户外烧烤。这里也是一家水肺潜水中心，提供入门潜水和为期一周的课程。

To Aloni 希腊小馆 €

（☎22470 26048；主菜 €9~12；⊙午餐和晚餐）不能错过这家出类拔萃的海滨小馆，有水畔餐桌，精心准备了全套传统希腊小吃和主菜，从海鲜到肉类。是个躲避日间暑气的理想场所。

克里索尼和阿林达（Krithoni & Alinda）Κριθώνι & Αλιντα

刚过圣马里纳以北的第一处海岬就到了，克里索尼和阿林达这一对度假胜地都位于阿林达海湾，彼此相邻，与海滩平行，周边有咖啡厅和餐馆。莱罗斯最长的海滩位于阿林达，海滩很狭窄，但既有阴凉又多沙，海水清浅。就在海滨后面，一处令人感到沉痛的战争公墓中埋葬着在1943年莱罗斯战役中牺牲的英国人。

继续穿过克里索尼和阿林达，便可到达**DioLiskaria海滩**（骑小型摩托车几分钟即可抵达），那里是该地区最适合日光浴的地方。海滩尽头处有岩石，后面是一家希腊小馆，被蓝色的波涛环绕。

景点

历史和民俗博物馆 博物馆

（Historic & Folklore Museum；☎22470 24775；Alinda；门票 €3；⏲周二至周日 9:00~13:00和18:00~20:00）位于海滨一座不太协调的城堡式别墅里，历史和民俗博物馆涉及当地历史的几个方面。楼上房间主要展示武器、头盔和关于第二次世界大战的照片。在楼下，你能找到传统服装展览，还有一间展馆，专门展示在20世纪60年代和70年代军人独裁期间被监禁在岛上的政治犯们创作的艺术作品。

住宿

★To Archontiko Angelou 酒店 €€

（☎6944908182，22470 22749；www.hotel-angelou-leros.com；Alinda；房间 含早餐 €85~170；P❄📶）这家酒店位于一栋浪漫的19世纪玫瑰色别墅内，从海滩步行5分钟即可到达，到处都是夹竹桃和蓝花楹木，踏足此处仿佛置身于意大利老电影的场景中。想想木地板、维也纳壁画、复古床和房间的传统装修风格吧。露台沐浴在斑驳的阳光中，在这里享用早餐非常惬意。老板制作了令人垂涎欲滴的面包、果酱和橘子酱。这家酒店是多德卡尼斯群岛最棒的酒店之一。

Nefeli Hotel 公寓 €€

（☎22470 24611；www.nefelihotels.com；Krithonia；单间公寓 €90，公寓 €110~170，含早餐；P❄📶）过了圣马里纳北边，步行10分钟即可到达。公寓内有薰衣草装饰的紫色和粉色的房间，色彩十分艳丽，铺有石头地板，配有光洁明亮的厨房、沙发以及松软舒适的大床。所有的房间都有私人阳台，香气袭人的庭院里还有一间咖啡馆。

Hotel Alinda 酒店 €€

（☎22470 23266；www.alindahotel-leros.gr；Alinda；标单/双 €45/60；❄📶）这家海滨酒店的房间非常惹人喜爱，有单独的阳台，可以眺望外边郁郁葱葱的花园和通向海湾的海岸公路。房间大小不一，不过都一尘不染，有舒适的床、大衣柜和书桌。富有魅力的老板还在这里经营一家出色的希腊餐馆。

就餐

阿林达的海滨有一排风格独特的咖啡馆和餐馆。

O Lampros 希腊小馆 €

（☎22470 24154；Alinda；主菜 €8~12；⏲早餐、午餐和晚餐）顾客大都是饱经沧桑的老绅士，O Lampros是一家非常传统的希腊小馆，供应早餐、小吃和传统的烹饪菜肴，比如酸奶拌菜（tzatziki）、开胃小吃、希腊沙拉、金枪鱼和章鱼等。推荐油炸奶酪对虾。

Fanari 希腊菜 €

（☎6984135216；Alinda；主菜 €8~10；❄📶）这家餐馆内部装饰复古而别致，可以选择在露台或海边用餐。从早餐、开胃菜到stifadho和意面，一应俱全。也可以尝试一下双人套餐（€20），有肉丸、哈罗米奶酪、酸奶拌菜和青椒。

莱罗斯北部

莱罗斯北部散布着小型渔业社区、蜂房和高低不平的岩石。位于机场西边的**阿耳忒弥斯神庙**（Temple of Artemis，阿耳忒弥斯是该岛的守护神）建于公元前4世纪，但尚未进行发掘。东边的**Blefoutis海滩**位于一个美丽的封闭海湾中，这里有一片狭长的细沙和鹅卵石海滩。

帕特莫斯岛（PATMOS） ΠΑΤΜΟΣ

人口 3040

自从圣约翰在此经历了他令人敬畏的启

示之后，2000年间，帕特莫斯岛似乎毫无变化。他在山坡上的洞穴如今是修道院，一座更大的修道院正在岛上最高的山上拔地而起。这里没有大城镇，只有景色如画的港口小社区斯卡拉和迷宫般的白色村庄霍拉，因此帕特莫斯岛依然有很多无人打扰的海湾，沿线是沙滩和鹅卵石海滩，清澈的海水催人入眠，松林和石楠花覆盖的山坡居高临下。一座明显仍旧沉迷于历史的岛屿，它的神秘不可或缺，不随时间而改变，即使是来往的巡游船只似乎也无法打破。

历史

公元95年，圣约翰被罗马帝国皇帝图密善（Domitian）驱逐到帕特莫斯岛。他躲进了如今斯卡拉上方的一个洞穴里，成为一名隐士，在岩石的裂缝处听到了上帝发出的声音，并将他骇人听闻的幻觉记录为《启示录》（*Book of Revelation*）。大约1000年之后，1088年，拜占庭皇帝亚历克西斯一世（Alexis I Komninos）允许神佑的赫里斯托祖洛斯（Blessed Christodoulos）修建一座修道院以纪念圣约翰。为了抵挡海盗的侵袭而修筑坚固的防御城墙，修道院采用了这种山顶城堡式的建筑形式。

在过去的几个世纪期间，帕特莫斯岛成为一个半自治的宗教区，积累了大量财富，影响力与日俱增，有力地抵抗了土耳其人的入侵。

到达和离开

帕特莫斯岛的所有渡轮都停靠在斯卡拉。Dodekanisos Seaways（见347页）双体船往来于帕特莫斯岛与利普西、莱罗斯、罗得岛及其他南部岛屿之间，也连接北边的阿耳基、阿加索尼西岛（Agathonisi）、伊卡里亚岛（Ikaria）、富尔尼

Patmos 帕特莫斯岛

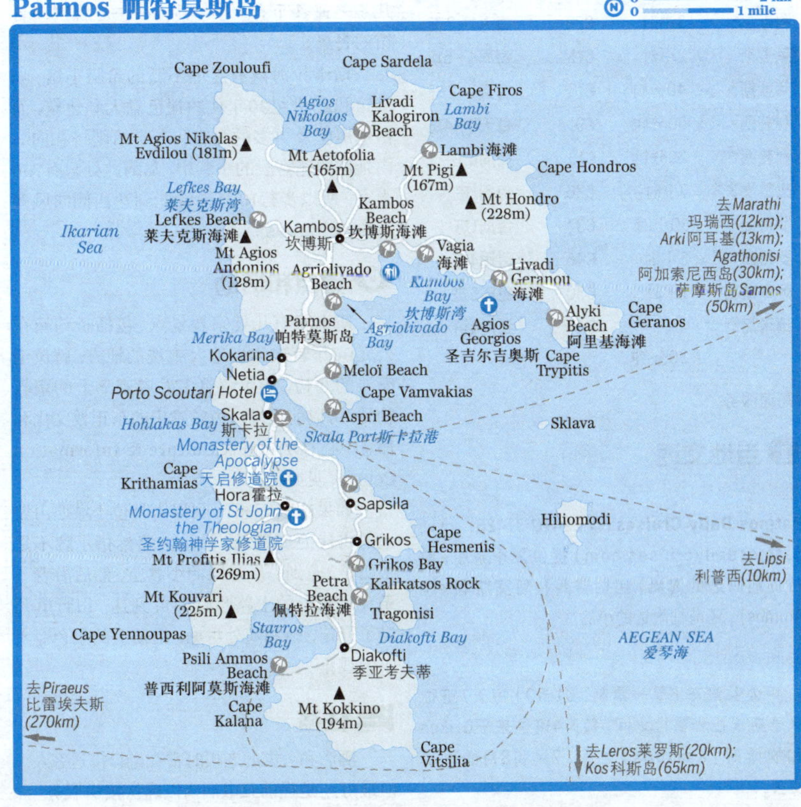

(Fourni)和萨摩斯岛。

Blue Star Ferries(见347页)每周两次到达：一次南下经过多德卡尼斯群岛岛链，前往罗得岛；一次开往比雷埃夫斯。

Nisos Kalymnos(www.anekalymnou.gr)往来帕特莫斯岛与卡利姆诺斯岛、南边的利普西和莱罗斯，还有北边的小岛，每周3~4班。

Patmos Star(☎22470 32500; www.patmos-star.com)行驶于帕特莫斯岛与利普西和莱罗斯之间，旺季每天1班，其他时候的班次较少。

帕特莫斯岛（斯卡拉）船只服务信息

目的地	时间	票价	班次
阿加索尼西岛*	55分钟	€16	每周1班
卡利姆诺斯岛	4小时	€12	每周3~4班
卡利姆诺斯岛*	1小时40分钟	€26	每天1~2班
科斯岛*	3小时	€29	每天1~2班
莱罗斯	2小时	€11	每周4~5班
莱罗斯*	40分钟	€16	每天1~2班
利普西	50分钟	€9	每天3~4班
利普西*	25分钟	€13	每周6班
比雷埃夫斯	7小时	€36	每周1班
罗得岛	10小时	€37	每周1班
罗得岛*	5小时	€46	每周4班
萨摩斯岛	1小时	€30	每周5班
锡米岛*	4小时30分钟	€44	每周4班

*高速服务

当地交通

船

Patmos Daily Cruises(☎22470 31425; www.patmosdailycruises.com)提供夏季游船，前往岛屿周边的海滩，包括普西利阿莫斯(Psili Ammos)，还前往附近的小岛。

公共汽车

公共汽车(单一票制，€1.50)每天7班往来于斯卡拉和霍拉之间，每天4班往来于Grikos和坎博斯(Kambos)之间，7月和8月的班次更多。

汽车和摩托车

斯卡拉的主要海滨街道上有几家汽车和摩托车租赁商店，包括**T&G Automoto**(☎22470 33066)和**Avis**(☎22470 33025)。旺季经常供不应求，如果可能，及早预订。最好的小型摩托车商店是**Moto Rent Faros**(☎22470 34400; www.patmos-motorentfaros.com)，位于去往霍拉途中的港口后面，出租的自行车速度快、质量佳。

出租车

可以在警察局对面的斯卡拉出租车站点招**出租车**(☎22470 31225)。

斯卡拉(Skala) Σκάλα

斯卡拉是帕特莫斯岛非常适合拍照的渡轮码头，坐落在岛屿东岸的巨大海湾边。除了到港的大型巡游船忽然之间淹没整个港口的时刻之外，这里是个悠闲的小地方。距离码头几步之遥甚至有一小片沙滩——尽管摆满餐馆的餐桌。

斯卡拉海滨有连绵不断的希腊小馆、咖啡馆和20世纪30年代的褪色意大利建筑，而白色房屋及更多的商店和咖啡馆则挤在向岛内延伸的迷宫般的小巷中。岛屿此处只有700米宽，所以步行10分钟就能到达西侧向风多石的Hohlakas海滩。

景点和活动

斯卡拉有几处宗教景点，包括圣约翰在公元96年首次为当地人施洗的地方，就位于海滩的北边。想了解更多并参观岛上的宗教物品，可以前往港口边教堂中的东正教文化和信息中心(Orthodox Culture & Information Centre; 见414页)。

如果想锻炼一下，可以去爬位于城西山坡上的古代卫城遗址。沿途的路标指示牌不是很明显，先到一座显眼的小教堂，然后沿着一条穿过田野的土路步行即可到达。田野里开满了野花，蜥蜴随处可见。山顶上的景色令人叹为观止。

住宿

酒店和公寓的老板时常在港口接送客人，但最好还是提前致电酒店以确认接送服务。

★Porto Scoutari Hotel
酒店 €€

（☎22470 33123；www.portoscoutari.com；双 含早餐 €145~235；P❄@📶🏊）环绕一个豪华的游泳池和水疗中心，这个优雅的白如婚纱般的酒店建筑群位于斯卡拉以北3公里处的乡村，可以俯瞰爱琴海。这里有宫殿般大小的房间，有航海主题的壁画、沙发、一尘不染的独立卫生间、独立阳台和老式床，最重要的是，有令人惊叹的海景。问问是否有极为便宜的淡季价格。

Captain's House
酒店 €€

（☎22470 31793；www.captains-house.gr；双/公寓 含早餐 €70/80；❄📶🏊）码头附近令人愉悦的住处，从码头向左走100米即可到达。有高档的房间和公寓，有独立卫生间和挺括的白床单。5个房间有单独的朝海阳台。后面还有漂亮的泳池，旁边有日光浴躺椅和享用早餐的美妙露台。这里是家庭出游住宿的首选。

Delfini Hotel
酒店 €€

（☎22470 32060；www.delfini-patmos.gr；标单/双 含早餐 €50/60；❄📶）海滨的Delfini是一家朴素实惠的酒店，有可以看到大海和霍拉的房间，里面铺有瓷砖地板，有阳台，还有干净的独立卫生间。另外，可以免费添加一张儿童床。酒店内的餐厅不错，餐桌摆到了小海滩上，提供三餐，包括早餐。

Kalderimi Apartments
精品酒店 €€

（☎6972008757，22470 33008；www.kalderimi.com；公寓 含早餐 €120；⏲5月下旬至10月上旬；❄📶）宁静的白色民宿旅馆，坐落在大海后面通向霍拉的小路起点处。有绿树成荫的庭院，种满棕榈树和九重葛，挂着摩尔式吊灯。5间宽敞的公寓采用传统的装修风格，以木梁和石墙为特色，配有光洁明亮的厨房。

就餐

Tzivaeri
海鲜 €

（☎22470 31170；主菜 €9；⏲17:00至深夜）斯卡拉最好的浪漫盛宴选择，铺排在港口北端的阳光露台上。墙上满是贝壳、海绵以及黑白相片，布祖基琴的琴声悠扬。这里的克里特式沙丁鱼、对虾和章鱼令人难忘，不过你也可以吃汉堡包或烤肉串。周五有现场音乐。

Chiliomodi
希腊小馆 €

（☎22470 34080；主菜 €5~9；⏲午餐和晚餐）传统的希腊小酒馆（ouzerie），就在海边后面几米处，通向岛内霍拉的道路起点。有挤在狭窄小巷内的室外餐桌。物超所值，正经的岛上佳肴，从盐腌鳕鱼到多汁味美的香肠，全都不超过€10。

Pantelis
希腊小馆 €

（☎22470 31230；主菜 €6~15；⏲午餐和晚餐）在这家老牌希腊小馆，当地人和游客挤在与码头平行的狭窄步行街上的餐桌边。如果你的胆子没那么大，不足以尝试熏海胆沙拉或"海中无花果"牡蛎（fouskes；确实是一种需要习惯的味道），可以选择类似肉丸和碎肉茄盒这样的主食，价格约为€7。

饮品和夜生活

★Koukoumavla
咖啡馆

（☎22470 31321；⏲周二至周日 10:00至深夜；📶）🌿餐厅融合了蒂姆·伯顿（Tim Burton）和弗里达·卡罗（Frida Kahlo）的艺术风格，绿色和橘色的墙壁上挂满了有趣的艺术作品，供应鸡尾酒和地道的咖啡。这家夜猫子场所还出售工艺品、书籍和玩具，还有小型的花园式露台，在大海后面的小巷内也有餐桌。

★Art Café
酒吧

（☎22470 33092；⏲19:00至深夜）想要避开港口的喧嚣，就爬上极棒的全景屋顶露台，然后在蓬松的坐垫和铺有白色靠垫的长凳之间欣喜若狂地欣赏夕阳、饮鸡尾酒（€7~9）。友好的德国老板也提供自制的美味鹰嘴豆泥，下面的室内休闲吧经常有现场音乐。

Arion
酒吧

（☎22470 31595；⏲9:00至深夜；📶）这家木镶板酒吧已有百年历史，古老庄严，梁木高挑，位于海滨中心，是当地的主要地标，也是当地人的约会地点。游客们通常更喜欢坐在外边，一边连接Wi-Fi，一边看人世变幻、波涛翻滚。

Meltemi
咖啡馆

（☎22470 31839；⏲9:00至深夜；📶）难以拒绝的海滩酒吧，位于从渡轮码头向北绕过500米的港口远端。坐在沙滩上，一边看夕阳沉入大海，一边品尝鸡尾酒，或者早点来吃早餐（全套早餐 €6），抑或中午在红柳树的树荫下享用三明治、水果沙拉或奶昔。

购物

Selene
艺术品、工艺品

（☎22470 31472；⏲9:00~13:00和15:00~23:00）一家名副其实的古玩店，就在港口上，从现代雕刻和木偶到陶瓷、圣像和珠宝，一应俱全。

实用信息

帕特莫斯岛的所有渡轮都停靠在斯卡拉的中心。出租车在码头候客，公共汽车终点站离设有ATM机的银行很近。从环岛径直向前，一条公路向岛内高处延伸，通向霍拉。斯卡拉向右延展，公路向北延伸时先绕过一条狭窄的海滩，再经过游艇码头。随着海岸公路向南延伸，左边有另一处小沙滩。

www.patmos-island.com和www.patmosweb.gr提供丰富的信息。

Astoria Travel（☎22470 31205；www.astoriatravel.com）最适合购买渡轮船票的机构，还有游览帕特莫斯岛的所有实用信息，包括住宿信息。

医疗中心（☎22473 60000）位于通往霍拉的路边2公里处。

东正教文化和信息中心（☎22470 33316；⏲周一、周二、周四和周五 9:00~13:00和18:00~21:00，周六和周日 9:00~13:00）这里没有常规游客中心，不过码头上的这家办事处提供关于岛上宗教地点的详细信息，包括当前的营业时间。

警察局（☎22470 31303）位于主滨海区。

港口警察局（☎22470 31231）位于码头的乘客大厅后面。

霍拉（Hora） Χώρα

顶端是圣约翰神学家修道院的城垛，矗立在山顶的霍拉与帕特莫斯岛的其余部分相距甚远。的确，这里曲折复杂的胡同小巷里有不少罐装果汁吧和设计精品店，旺季时挤满游客，但高高的白墙后面，村庄房屋依旧在守护它们的秘密，夜幕降临后，霍拉依旧像是一个神秘、古老和神圣的地方。

尽管经由公路很容易到达霍拉，但徒步穿越树林更难忘，更有氛围。从斯卡拉延伸出的拜占庭小路在步行大约10分钟的路边设有路标，全程大概40分钟。不过，多留点时间，沿途去天启修道院（Monastery of the Apocalypse）驻足一番。

景点

圣约翰神学家修道院
修道院

（Monastery of St John the Theologian；☎22470 31223；门票 €6；⏲周日、周一、周三和周五 8:00~13:30，周二、周四和周六 8:00~13:30和16:00~18:00）这座巨大的11世纪修道院兼堡垒依然在发挥作用，只有一小部分向游客开放。入口庭院通向一座有华丽壁画的礼拜堂，前面还有来自古代神庙的大理石柱子。别指望能参加仪式——每日敬拜时间是凌晨3:00！楼上的教堂珍品博物馆展示建设修道院的诏书原件，由拜占庭皇帝在1088年签署。

天启修道院
修道院

（Monastery of the Apocalypse；☎22470 31398；门票 €2；⏲周日、周一、周三和周五 8:00~13:30，周二、周四和周六 8:00~13:30和16:00~18:00）坐落于前往霍拉半路的松林之间，天启修道院主要集中于圣约翰作为隐士居住并受到启示的山洞附近。朝圣者及没那么虔诚的游船乘客源源不断地进入建在凹处上方的礼拜堂，去参观圣人用作枕头的岩石、他从祈祷者中间把自己拉上去的把手和被他用作书桌的石板。

佐得波斯皮吉修道院
女修道院

（Holy Monastery of Zoodohos Pigi；☎22470 31991；⏲周一至周六 9:00~13:00和17:00~20:00，周日 9:00~13:00）免费 这座东正教修道院被称为佐得波斯皮吉修道院，坐落于霍拉的后巷里。漂亮的小庭院不容错过，里面的小教堂保存了引人注目的17世纪壁画。这里居住了40位修女，其中一位会高兴地给你指

圣约翰和《启示录》

《启示录》(*The Apocalypse*)被大量困惑和不确定性所包围。不过别担心，那不是世界末日。哦，或许其中有些是，比如关于天启四骑士、末日大决战和撒旦最终的失败等部分。但是，圣经学者普遍认为，《启示录》实际上应该被当作作者对所生活年代的抨击书籍来阅读。

公元1世纪末，圣约翰在帕特莫斯岛(Patmos)体验属于他自己的启示。对于他来说，成为福音书作者约翰(John the Evangelist)、使徒约翰(John the Apostle)或施洗的约翰(John the Baptist)为时已晚。相反，他只是个游荡的犹太教/基督教先知，无人知晓，死后才获得圣约翰(John the Divine)、启示者约翰(John the Revelator)、神学者约翰(John the Theologian)和最简单的帕特莫斯岛的约翰(John of Patmos)的称号。实际上，他的《启示录》采用写给小亚细亚7个基督教会的书信体形式，谴责了罗马统治者及其对人民施加的苦痛，预言即将到来的世界末日——罗马帝国终将消亡。

出其中一幅壁画——耶稣在审判日将各式各样的主教和牧师送到流进野兽大嘴的火焰之河下面。

食宿

★Archontariki
民宿 €€€

(☎22470 29368; www.archontariki-patmos.gr; 套 含早餐 €200; ⊙复活节至10月; ❄📶)整个多德卡尼斯群岛最漂亮的民宿之一，隐藏在佐得波斯皮吉修道院附近的小巷里。拥有400年历史的村庄住宅里有4间华丽的套房，配备所有便利设施，陈设传统，风格豪华舒适。凉爽安静的花园庭院里有果树，在树荫下悠然自得，你再也不想离开。

Jimmy's Balcony
希腊菜 €

(☎22470 32115; 主菜 €6~12; ⊙10:00~23:00; 📶✍)坐落在道路上方，位于穿过村庄到修道院的主巷道内，这家热情的全天候咖啡馆兼餐馆有阴凉的露台，可以俯瞰斯卡拉对面北部岛屿的恢宏景色。来喝杯冷饮，或者享用美味的沙拉、早餐、碎肉茄盒和素菜。

Vaggelis
希腊小馆 €€

(☎22470 31967; 主菜 €10~15; ⊙午餐和晚餐)霍拉中央市场的老牌小馆，新老板在2015年实施了现代改良。如今，章鱼肉搭配"起泡奶油"，还有海鲜碎肉茄盒，不过仍旧提供无可挑剔的传统菜肴，比如烤帕特莫斯羊肉。坐在广场或后面的角豆树下，欣赏令人赞不绝口的风景。

Loza
希腊菜 €€

(☎22470 32405; 主菜 €10~20; ⊙早餐、午餐和晚餐)铺着瓷砖的华丽露台与爱琴海遥遥相对，这家高级小馆位于村庄入口处，是个游览霍拉前后放松一番的显眼地点。菜单从美味传统的开胃小菜到随心所欲的创意融合菜，比如碎肉茄盒薄煎饼和好吃却昂贵的烤牛排。

购物

Patmos Gallery
艺术品

(☎6988024890; ⊙营业时间不固定)制作拜占庭圣像的艺术家安德烈亚斯·卡拉茨斯(Andreas Kalatzis)在一座18世纪40年代的传统房屋里生活并进行创作，就在圣约翰神学家修道院以东。只要他想，就会开门充作画廊，出售他自己及当地其他艺术家创作的各种抽象派和具象派画作、珠宝以及华丽的雕像。

斯卡拉北部

帕特莫斯岛北部最热门和容易抵达的是开阔的沙滩坎博斯海滩，位于斯卡拉东北5公里处，就在坎博斯村庄的山坡下。夏季到处是本地家庭，这里是适合孩子的理想场所，可以安全游泳，有很多活动。

运气好的话，再开远一点可以到达较为安静的海滩。向左拐向岛内，过了坎博斯海滩，你很快就会发现自己正身处蜿蜒向下的翠绿山坡，前往Lambi海滩——北岸一片开阔的多彩鹅卵石海滩，令人印象深刻。此外，沿着坎博斯海滩以东的海岸公路一直前行，可以到达Vagia海滩，一处不受风雨侵袭的小海湾，有不错的浮潜地点，过了那里，就是Livadi Geranou海滩，海水碧蓝，红柳成荫，一座白色的小礼拜堂正在召唤海边的小岛。

活动

Kambos Beach Watersports 水上运动

（☎6972123541；www.patmoswatersports.com；Kambos Beach）总部在坎博斯海滩，这家机构可以带你进行尾波滑水和滑水，放松地划脚踏船，或者，不想太折腾的话，你可以租一张日光浴床，安静地待着。

就餐

George's Place 咖啡馆 €

（☎22470 31881；Kambos Beach；小吃 €5~8；⊙早餐、午餐和晚餐；P ❄ 📶 👪）非常凉爽的海滩酒吧，紧邻沙滩，拥有一个迷人的阳光斑驳的遮阴露台，面朝孔雀蓝色的海湾。播放轻松的音乐，有Wi-Fi，厕所可兼作更衣室。菜单简单，包括沙拉、自制馅饼、巧克力蛋糕、奶昔，以及油酥点心，顾客会感到十分开心。

Lambi Fish Tavern 希腊小馆 €

（☎22470 31490；Lambi Beach；主菜 €8~15；⊙10:00至深夜；P ❄ 👪）闲适宁静的海滩小馆，在鹅卵石海滩的树荫下支起餐桌，伴随着附近海浪的轻柔声响。毫无虚饰的当地菜单包括盐焗鲭鱼、蒸荷叶卷、烤肉串以及红酒焗章鱼。

Livadi Geranou Taverna 希腊小馆 €

（☎22470 32046；Livadi Geranou Beach；主菜 €9~12；⊙10:00至深夜）装饰着鲜花的露台位于道路尽头石南花遍野的山坡上，就在海滩上方几米处，这家大受欢迎的小馆受益于天堂般的海景。尽情享用海鲜，包括银鱼和章鱼，或者选择简单的肉丸或烤肉拼盘。

斯卡拉南部

帕特莫斯岛南半部散布着树木葱郁的小峡谷和风景如画的海滩。斯卡拉以南的第一个居民区就是安静小巧的Sapsila。翻越山坡往前1公里处的Grikos有悠长的沙滩，沙滩上有几家小馆，最主要的是一家豪华的度假酒店。人们认为，公元1世纪，圣约翰在这里为岛民洗礼，就在如今圣爱奥尼斯塞奥洛戈斯（Agios Ioannis Theologos）礼拜堂所在的地点。

再向南，佩特拉（Petra）海滩宁静阴凉，与令人心惊的Kalikatsos岩（Kalikatsos Rock）非常接近。不管是从海滩延伸出的崎岖的海岸小路，还是从霍拉而来的更长的柏油路，最远都能到达季亚考夫蒂（Diakofti），岛上最南边的社区。从那里出发，沿翻越岩石山坡的小径费力徒步半小时，到达一处树木成荫的优美沙滩，名为普西利阿莫斯海滩，那里有一家季节性小馆。

就餐

Benetos 希腊菜 €€

（☎22470 33089；www.benetosrestaurant.com；Sapsila；主菜 €10~27；⊙6月至9月 周二至周日 19:30至深夜；✎）从海岸公路向下延伸至海边，在斯卡拉以南几公里处，这家精品餐馆，位于一家尚在经营的农场中间，只提供晚餐。菜单受到了地中海各地区的影响，增加了融合菜（有时有亚洲菜），比如烤香草包金枪鱼和蘑菇奶酪西葫芦花。

利普西（LIPSI） ΛΕΙΨΟΙ

人口 700

利普西面积不大，长仅8公里，但对游客产生了极大的影响力。低矮的港口处可以看到成捆的黄色渔网，后面的山丘上坐落着刷着白粉墙的利普西村庄和教堂。如果你想探访崎岖的小山、静谧的蓝色洞穴以及空寂无人的海滩，来到这里就是来到了天堂。

在《奥德赛》中，利普西是仙女卡吕普索（Calypso）将奥德修斯囚禁多年的地方。好好享受日光浴，到后街小巷去逛逛，你会感觉乐趣无穷。

另外找找当地特产，由山羊奶和海水制成的mzithra奶酪和百里香蜂蜜。

到达和离开

利普西与邻近地区之间船次频繁。**Dodecanese Seaways**（www.12ne.gr）双体船北上至阿耳基、阿加索尼西岛和萨摩斯岛，南下至帕特莫斯岛、莱罗斯、科斯岛及其他岛屿。**Nisos Kalymnos**（www.anekalymnou.gr）的船开往帕特莫斯岛、莱罗斯和北边的小岛，每周3~4班。而**Patmos Star**（www.patmos-star.gr）驶向帕特莫斯岛和莱罗斯，夏季每天1班。总部在利普西的**Anna Express**（www.annaexpress.eu）的船开往莱罗斯和卡利姆诺斯岛西边的米提厄斯，每周3班。

渡轮码头上的小办事处（☎22470 41290；⏲发船前30分钟）出售所有船票。

利普西船只服务信息

目的地	时间	票价	班次
阿加索尼西岛	3小时	€7	每周4班
阿加索尼西岛*	1.5小时	€12.50	每周1班
卡利姆诺斯岛	3小时	€9	每周4班
卡利姆诺斯岛*	1.5小时	€20	每天1班
科斯岛*	4.5小时	€29	每天1班
莱罗斯	50分钟	€6.50	每天1班
莱罗斯*	20分钟	€13	每周6班
帕特莫斯岛	1小时	€9	每天1班
帕特莫斯岛*	25分钟	€13	每周6班
比雷埃夫斯	10小时	€38	每周1班
罗得岛*	5.5小时	€45	每周1班
萨摩斯岛*	1.5小时	€32	每周2班

*高速服务

当地交通

夏季，班次频繁的公共汽车连接利普西村与岛上主要的海滩（€1.50）。这里只有两辆**出租车**（☎6942409679，6942409677）。在利普西村Poseidon Apartments旁边的**Maria and Marcos**（☎22479 41358）出租小型摩托车和自行车。

利普西村（Lipsi Village）

Λειψοί

人口 600

紧靠港口的利普西村闲逸舒适，是岛上唯一的居住地区。村中老城区充满了怀旧气氛，带有蓝色百叶窗的房屋密密麻麻，它们延着小巷向山上延伸。港口是利普西的活动中心，从ATM机和香气扑鼻的面包房，再到美味可口的海鲜餐馆，应有尽有。

景点和活动

一定要参观美丽的蓝色圆顶教堂**Panagia tou Harou**，在那里的露台上，港口景色一览无余。

距离村庄最近的海滩，**Liendou海滩**，从渡轮港口北边步行两三分钟，翻过一个小海岬，即可到达。这是一处狭窄的沙滩，被清浅的海水冲刷着。

两艘船，Rena（€20）和Margarita（€15）组织从利普西小码头出发的夏季观光游，前往小岛，比如景色秀丽的Aspronisia和Makronisi，那里有蓝绿色的海水和奇形怪状的岩石，还可以野餐、游泳。

节日和活动

Panagia tou Harou 宗教

每年8月22日，村庄教堂里挤满了前来膜拜圣母像和观看玻璃陈设柜里的百合花的游客——无根无水的百合花会神奇地盛开。巡游过后，人们会到低处的广场上彻夜狂欢。

葡萄酒节 美食节

（⏲8月）膜拜希腊酒神狄厄尼索斯的节日，为期3天，届时人们载歌载舞，供应免费的葡萄酒。请到当地核实具体日期。

住宿

★Nefeli Hotel 公寓 €€

（☎22470 41120；www.lipsinefelihotel.com；房间 €100，公寓 €150~180，含早餐；P❄📶）格调优雅、舒适宜人的精品酒店，孤零零地坐落在漂亮的坎博斯海滩上方，位置极好，从村庄往北步行10分钟，即可到达。宽敞明亮的房间配有舒适的大床、小厨房、沙发床和独立的海景天井。晚上可能会伴着猫头鹰的叫声入眠。酒店还有豪华酒吧、休闲吧和用餐区，以淡紫色和紫色色调做装饰。

★Rizos Studios 公寓 €€

（☎6976244125；www.lipsi-annaexpress.com；双 €70；❄📶）高级公寓室内装潢奢华，配有蓝紫色家具，拥有可以欣赏港口景色的

Lipsi 利普西

独立阳台、石板地面以及配备厨房用具的小厨房。从码头步行上山10分钟即可到达。可提前打电话安排人接你。

Aphroditi Hotel
酒店 €€

(☎22470 41000; www.hotel-aphroditi.com; 标单/双/公寓 含早餐 €60/70/110; ❄)这家薄荷色的酒店面朝Liendou海滩，前面是酒店的蓝色和白色风车，有28套单间公寓（最多可住3人）和公寓（可住4人），有瓷砖地板、小厨房和阳台，具有花哨的现代感。漂亮的咖啡馆提供早餐，然后供应小吃，直至傍晚。

Poseidon Studios
公寓 €€

(☎6975368647, 22470 41130; www.lipsiposeidon.com; 双 €65; ❄)从渡轮往村庄走，这家酒店就在你左边的低矮山脊上。宽敞明亮的朴素房间铺有瓷砖地板，带有可以俯瞰海景的私人阳台以及小厨房。家庭公寓配有沙发床、洗衣机和大型厨房。

就餐

★ Theologos Fish Tavern
海鲜 €

(☎6978647354; 主菜 €7~10; ⏲午餐和晚餐)坐落在渡轮码头附近的海滨，码头上就有几张蓝色和白色餐桌，这个友好务实的地方完成了它的承诺：超级新鲜且经过精心准备的鱼，从大虾到“翅鲨鱼”(tope fish)——一种鲨鱼——烤肉串，还有薯条。夫复何求？

Yiannis
希腊小馆 €

(☎22470 41395; 主菜 €7~12; ⏲5月至10月午餐和晚餐)理所当然的热门小馆，靠近渡轮码头，高高的港口观景露台上有座位，轻快得不可思议的小船停泊在下面。村里最可靠的全能餐馆，红酱炖羊肉和沙拉、生箭鱼薄片同样值得推荐。

Manolis Tastes
希腊小馆 €

(☎22470 41065; www.manolistastes.com; 主菜 €8~10; ⏲正午至16:00和17:30至深夜; 📶)🍃主厨Manolis只为特定的客人烹饪。隐藏在教堂附近的曲折小巷内，村里最热门的这家餐馆凭借创意菜肴取悦老顾客，比如山羊奶酪配杂粮麦片和蜂蜜、主厨香肠、培根奶油酿蘑菇、柠檬汁迷迭香橄榄鸡肉，以及非常美味的奶冻布丁(pannacotta)。

Cafedu Moulin
咖啡馆 €

(☎22470 41316; 主菜 €4~8; ⏲8:00至深

夜）这家色彩缤纷的咖啡馆兼希腊小馆位于村庄教堂后面刷着白粉墙的安静广场上。这里可以吃到便利的早餐和传统的希腊菜，比如烤羊羔肉串、食用乌贼和对虾。

Bakery Shop 面包房 €

（☎22470 41050；甜点 €1；❄📶👪）🍃这家热闹的面包房同时供应意式冰激凌和咖啡，距村庄中心几步之遥，与海面齐平，是岛屿的社交中心——甚至通宵营业。这里是名副其实的宝库，有新鲜美味的曲奇、牛角面包、香肠卷、馅饼、三明治、果仁蜜酥饼、酒水，以及一些非常别致的蛋糕。由一位爱交际的可爱老板经营。

ℹ 实用信息

主要的渡轮码头在港口以北的左手端，附近有一家带ATM机的阿尔法银行。沿着码头往村庄中心走，登上前面的山坡，你会经过较小的游船码头，而Anna Express停泊在教堂正下方。邮局位于老城。

Lipsi Bookings（☎2247041130；www.lipsibookings.com）非常有用的机构，在码头的Poseidon Studios旁边，出售所有渡轮的船票，组织活动包括露营、徒步、骑马、帆船运动、浮潜，以及参观酿酒厂和生态农场。

警察局（☎22470 41222）位于港口。

港口警察局（☎22470 41133）位于港口。

利普西周边

利普西绿意盎然，这一点在希腊岛屿中出类拔萃。步行到更遥远的海滩，你得穿过乡村，周围散布着橄榄树和柏树，一派田园风光。一班小型公共汽车去往主要海滩。

利普西村以北1公里处，过了Liendou的海岬周围，**坎博斯海滩**（Kambos beach）与邻近的海滩相比，虽然窄一些，但沙子更多，多少有些红柳树荫。海水更深，水下岩石更多。

从坎博斯往岛内拐，愉快地徒步2.5公里，翻过岛上的低矮山脊，就来到了适宜儿童玩耍的**Platys Gialos海滩**。周围是山羊的铃铛声，平缓地延伸进入晶莹剔透的海水，这里有一家仅在夏季营业的出色小馆，18:00关门。

Katsadia海滩位于利普西村庄以南2公里处，沙子很多，比较原始，尤其是刮风的时候。这里有一些阴凉处，还有一家不错的夏季小馆，晚上作为酒吧营业至深夜。

利普西东端的海滩难以到达，对于出租车和公共汽车来说，道路过于崎岖。

阿耳基和玛瑞西

（ARKI & MARATHI）

ΑΡΚΟΙ & ΜΑΡΑΘΙ

阿耳基和玛瑞西位于帕特莫斯岛和利普西的北面，是多德卡尼斯群岛最安静祥和的岛屿。阿耳基只有50位居民，以农业、饲养山羊和捕鱼为生。海水非常纯净，蓝得耀眼。帆船运动爱好者、艺术家以及偶尔出现的背包客会来到这里。这里既没有汽车，也没有摩托车——只有一片宁静的氛围。带上泳衣、书籍和耳机，将喧嚣抛之脑后吧。

ℹ 到达和离开

3家渡轮公司的渡轮来往群岛的中途在阿耳基停留，不过不在玛瑞西停靠。所有渡轮都到达帕特莫斯岛、莱罗斯、利普西和阿加索尼西岛。Dodekanisos Seaways（见347页）的双体船向南最远到科斯岛，向北至萨摩斯岛，每周1班。**Anna Express**（www.annaexpress.eu）也前往萨摩斯岛（Samos；每周2班），**Nisos Kalymnos**（www.anekalymnou.gr）从卡利姆诺斯岛发船（每周3~4班）。

夏季，从利普西出发的游船和从帕特莫斯岛出发的凯科轻舟（caïques）提供去往阿耳基和玛瑞西的一日游（€20），班次频繁。当地也有水上出租往来于玛瑞西和阿耳基。

阿耳基和玛瑞西船只服务信息

目的地	码头	时间	票价	班次
阿耳基	玛瑞西	1.25小时	€7	1班/天
科斯岛	阿耳基	3小时	€31	1班/周
利普西	阿耳基	45分钟	€13.50	6~7班/周
帕特莫斯岛	阿耳基	1小时	€14	6~7班/周
萨摩斯岛	阿耳基	1小时	€20	6~7班/周

阿耳基(Arki) Αρκοί

人口 50

小小的阿耳基就位于利普西北5公里处，有起伏的丘陵和幽静多沙的海滩。远离唯一的居民点——一个很小的西海岸港口，也叫作阿耳基(Arki)——安静祥和的氛围近乎神秘。

这里没有邮局和警察局。Metamorfosis教堂坐落在居民点后面的小山上。沿着海湾北部的一条小路即可到达几处小沙湾。

Tiganakia湾位于东南海岸，拥有一个多沙海滩。从阿耳基村出发，沿着南边的小路步行，顺着多条羊肠小道一直往下走到海边即可到达，在那里还有机会看到海豚。

食宿

阿耳基有几家希腊小馆，提供舒适而整洁的房间。7月和8月必须提前预订。

O Trypas Taverna & Rooms 家庭旅馆 €

(☎22470 32230; www.arki-island.com; 双 €40; 📶)就在码头右边，位于岛上主"路口"!这家受欢迎的小馆提供5间陈设简单的迷人客房，有户外空间，供应美味诱人的当地特色(主菜 €6~9)，比如黑眼豆(fasolia mavromatik)和咸鱼(pastos tou Trypa)。这里还现场演奏本地音乐。

Taverna Nikolaos 家庭旅馆 €

(☎22470 32477; 双 €45; ❄)位于中心的朴素小馆，宽敞的房间里有白墙和两张单人床，可以欣赏夕阳景色。除了渔船送来的各种海鲜之外，厨房(主菜 €8~10)还烹制土豆脆皮(potatoes au gratin)、奶酪辣椒，还有被称为sfina的当地山羊奶酪，类似淡味羊奶酪。

玛瑞西(Marathi) Μαράθι

玛瑞西是阿耳基最大的卫星岛，有一片壮观的多沙海滩。最古老的居民点还有一个完好无损的小教堂，它坐落在港口上方的小山上。虽然全年留在玛瑞西的只有3个人，但当地家庭每年夏季都会返回，重开季节性希腊小馆。

食宿

Pantelis Taverna 家庭旅馆 €

(☎22470 32609; www.marathi-island.gr; 双 €50; ❄📶)距离玛瑞西最近的海滩度假村，位于沙滩北端，完善成熟。白色的公寓楼内有陈设漂亮的宽敞房间，除此之外，这里还出租较大的公寓套房。自家的小馆有精美的家常菜菜单(主菜 €8~12)，从章鱼丸子到炖羊肉，不一而足。

阿加索尼西岛(AGATHONISI) ΑΓΑΘΟΝΗΣΙ

人口 160

阿加索尼西岛港口隐藏在一个峡湾般的岩石结构里，这里的建筑数量少得惊人，一口气的工夫就能数得清清楚楚，但却充满魅力。阿加索尼西岛很少出现在旅行者的视野中，这个小岛非常宁静，静得仿佛能听到神话中独眼巨人Cyclops遥远的响屁声。除了阅读、游泳、洞穴探险(岛民们曾在洞穴里躲避海盗)，几乎没什么可做。

可以留意一下klidonas，这是一个宗教仪式，跳过火堆以净化灵魂。

实用信息

从船只停靠的圣吉尔吉奥斯出发，道路向上延伸至大霍里奥，向左通向小霍里奥。这里没有旅游办事处，不过大霍里奥的邮局里有ATM机。

到达和离开

阿加索尼西岛船只服务信息

目的地	时间	票价	班次
阿耳基	45分钟	€8	每周6~7班
卡利姆诺斯岛*	2小时	€26	每周1班
科斯岛*	3.25小时	€29	每周1班
利普西	1小时	€7	每周6~7班
帕特莫斯岛	2小时	€8	每周6~7班
萨摩斯岛	1小时	€7.50	每周6~7班

*高速服务

3家渡轮公司的渡轮连接阿加索尼西岛与帕特莫斯岛、利普西和南边的站点。Dodekanisos

Seaways（见347页）双体船（每周1班）和**Anna Express**（www.annaexpress.eu，每周2班）继续往北，前往萨摩斯岛。**Nisos Kalymnos**（www.anekalymnou.gr）前往的最北的地方是毕达格里奥（Pythagoreios，每周3~4班）。

圣吉尔吉奥斯（Agios Georgios）

Αγιος Γεώργιος

圣吉尔吉奥斯码头村（发音为agh-iosye-oryi-os）是该岛主要的居民点，有几家希腊小馆和简单的公寓。白天可以静坐在海滩港口边，对着蓝绿色海水发呆，或者观看渔民捕获大量的海鲜。Spilia海滩位于海岬西南方向900米处，沿着海湾远处的一条小路即可到达那里，更加安静，更适合游泳。再向前步行1公里即可到达Gaïdouravlakos，那是一个小海湾和海滩，从岛上喷涌而出的泉水在此汇入大海。

食宿

Mary's Rooms 家庭旅馆 €

（☎6979201537，22470 29003；www.maryroomsagathonisi.com；标单/双 €35/45）非常简朴但讲究摆设的房间，位于海滨中间，提供小厨房、冰箱和可以俯瞰海景的小阳台。这里还有花团锦簇的庭院。

Glaros Restaurant 希腊小馆 €

（☎22470 29062；主菜 €9~12；⊙午餐和晚餐；📶🍃）为数不多的港口小馆之一，"海鸥"（店名的希腊文含义）餐馆叶子花低垂的露台可能是最佳就餐地点。店主Voula和Giannis非常有魅力，提供葡萄叶特色酱汁羊奶酪棒（markakia），还有标准的烘焙餐、烧烤和鱼类菜肴，全都以有机产品为主。

大霍里奥（Megalo Horio）

从港口出发，汗流浃背地徒步攀登陡峭的1.5公里路程，就到了小山村大霍里奥，然而从峭壁上看到的景色美轮美奂，不枉费一番力气。村庄直到6月份才会热闹起来，来这里的理想时间是Agiou Panteleimonos（7月26日）、Sotiros（8月6日）和Panagias（8月22日）节日期间。届时，大霍里奥会准备丰盛的食物，奏起悦耳的音乐，跳起优美的舞蹈。

东边有一些步行即可抵达的海滩：Tsangari海滩、Tholos海滩和唯一的沙滩——波罗斯海滩（Poros Beach），还有同名教堂附近的Tholos（圣尼古拉奥斯）海滩。

食宿

Studios Ageliki 公寓 €

（☎22470 29085；标单/双 €35/45；❄）如果比起住在码头，你更喜欢安静的住处，那么这4个简单却相当舒适的单间公寓正适合你。房间全都可以俯瞰小葡萄园和港口的美景，配备小厨房、冰箱和卫生间。

Restaurant I Irini 希腊菜 €

（☎22470 29054；主菜 €7；⊙午餐和晚餐）大霍里奥中央广场上的热情小馆，以丰盛的炖羊羔肉和肉量很大的炖肉（stifadho）而闻名。

东北爱琴海群岛

包括 ➡

最佳餐饮

- Hotzas Taverna（见449页）
- Thea's Restaurant & Rooms（见432页）
- Taverna Angelos（见465页）
- Taverna Artemis（见441页）
- Mandouvala（见434页）
- Soulatso（见469页）

最佳住宿

- Rooms Dionysos（见430页）
- Archipelagos Hotel（见434页）
- Kouitou Hotel（见468页）
- Ino Village Hotel & Restaurant（见440页）
- Aldebran Pension（见486页）

为何去

东北爱琴海群岛（τα νησιά του Βορειοανατολικού Αιγαίου）以靠近土耳其大陆而闻名（和多德卡尼斯群岛一样）。旧式岛屿菜肴、传统村庄文化、生动的庆典，甚至语言，全都富有小亚细亚风格。

奇特的伊卡里亚岛以崎岖起伏的地貌、原始质朴的海滩、出名的长寿和"左倾"的民众为特色。附近的希俄斯岛土地肥沃，是地球上产树胶的乳香黄连木的唯一种植区。至于其他岛屿，大到酿造全世界一半乌佐酒（ouzo，茴香烈酒）的莱斯沃斯岛，中等大小的岛屿有亚热带的萨摩斯岛和平凡的利姆诺斯岛，小到海上明亮的斑点，比如伊努塞斯岛和普萨拉岛，不一而足。萨莫色雷斯岛是古代众神庙的所在地，而水量充沛的萨索斯岛如同大陆的延续。从莱斯沃斯岛、希俄斯岛和萨摩斯岛前往土耳其海岸度假胜地和历史悠久的希腊历史遗迹非常方便。

何时去

瓦锡(萨摩斯岛)

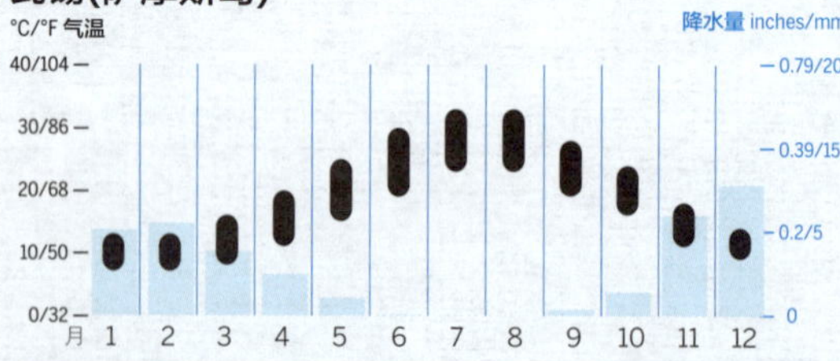

4月和5月 小路上开满了野生红罂粟，希腊复活节使每个村庄都充满生气。

7月和8月 时令水果是汁多味美的杏子，带去海滩野餐堪称完美。

10月和11月 没有了夏季拥挤的人群，希腊小馆又开始供应丰盛美味的汤品。

东北爱琴海群岛亮点

❶ 参加**伊卡里亚岛**一年一度的国际象棋锦标赛（见424页），挑战脑细胞。

❷ 在**富尔尼群岛**（见434页），一边享用最好的爱琴海龙虾，一边欣赏日落。

❸ 涉水过河，前往**Potami海滩**（见445页）附近的森林瀑布。

❹ 漫步在希俄斯岛**迈斯塔**（见452页）曲折的中世纪小巷里。

❺ 在**高山修道院**（见467页）玩味山顶的景色和中世纪手稿。

❻ 前往**莱斯沃斯岛**的石化森林（见467页），近距离接触拥有两千万年历史的树木。

❼ 思考萨莫色雷斯岛公元前10世纪的**众神庙**（见480页）之谜。

❽ 参加**萨索斯岛**一年一度的国际山地车比赛（见486页），骑行穿越古老茂密的森林。

伊卡里亚岛和富尔尼群岛（IKARIA & THE FOURNI ISLANDS）

ΙΚΑΡΙΑ & ΟΙΦΟΥΡΝΟΙ

伊卡里亚岛和富尔尼群岛可以说是东北爱琴海群岛最神奇的岛屿。伊卡里亚岛多样化的地形由令人惊心动魄的森林峡谷、岩石嶙峋类似月球表面的地貌以及拥有碧蓝海水的隐蔽海滩组成，而富尔尼小岛光秃秃的山地斜坡与地平线交叠，被一片盛产龙虾的大海环绕。

作为海盗和土匪曾经的藏身之处，富尔尼群岛一度令拜占庭以及其后的奥斯曼统治者备感受挫。在1946~1949年希腊内战期间，以及1967~1974年臭名昭著的“希腊军政府时期”（time of the colonels），伊卡里亚岛成为共产主义同情者的容身之地。伊卡里亚岛是以伊卡洛斯（Icarus）命名的，他是代达罗斯（Daedalus）之子，而代达罗斯是传说中米诺斯国王（King Minos）克里特岛迷宫的建筑师。就在这对父子乘着蜡制双翼试图逃出米诺斯国王的监狱时，伊卡洛斯不理会父亲的告诫，飞得太接近太阳，导致蜡翼融化，坠入大海，变成了伊卡里亚岛——冷酷无情地提醒世人，狂妄野心带来的危险。

希腊神话中，伊卡里亚岛被誉为酒神狄厄尼索斯（Dionysos）的诞生地。实际上，荷马证实了伊卡里亚岛人民是世界上最早的葡萄酒酿造者。如今，旅游者到这里可以在宁静安详、远离尘嚣的环境中，享用独具特色的当地红葡萄酒和新鲜纯正的当地菜肴。

徒步、游泳和骑行都非常棒，而伊卡里亚岛轻松愉快的夏季宗教节日panigyria会有大量美食、饮品和传统歌舞——东正教和伊卡里亚岛更深厚的酒神起源文化由此结合了起来。

节日和活动

7月底和8月，伊卡里亚岛会举办一些全岛性的节日。

伊卡里亚岛国际象棋锦标赛 体育节

（Ikaria International Chess Tournament; ☎6947829772, 6977730286; www.ikaroschess.gr）这个一年一度的圣基里科斯（Agios Kyrikos）传统活动由当地的象棋爱好者

Ikaria & the Fourni Islands 伊卡里亚岛和富尔尼群岛

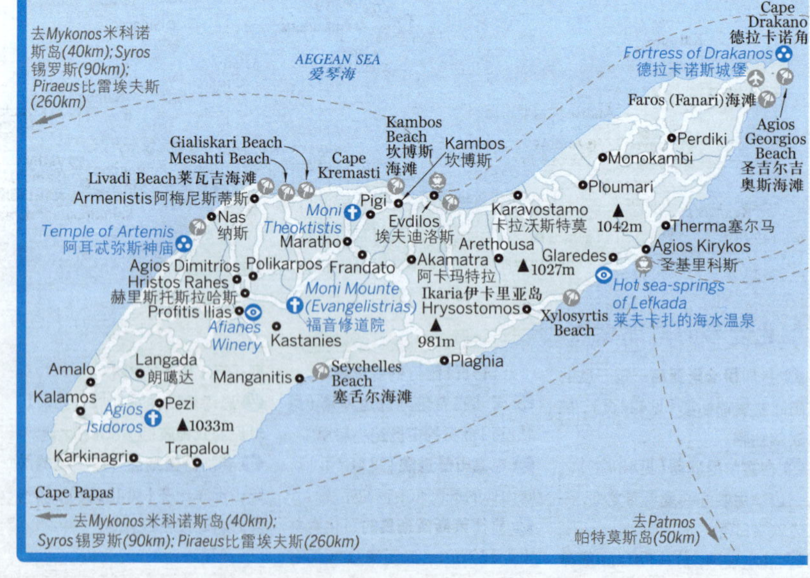

Kosmas Kefalos组织，吸引了欧洲及欧洲以外地区的各种类型的国际象棋选手。该比赛将在2017年庆祝开设40周年纪念，保留了明显的当地特色（一项活动是在实况转播大师赛期间让当地儿童在广场上演示象棋走法）。这场智慧之战于7月中旬举行，持续约一周。

伊卡洛斯文化交流节 文化节

（Icarus Festival for Dialogue Between Cultures；☎22940 76745，6979783201；www.icarusfestival.com；每个活动 €10；⊙演出从21:30开始）这个节日持续整个夏天（6月至8月），届时在全岛范围内上演的系列音乐会、新电影和戏剧将吸引希腊及国际著名艺术家前来。活动覆盖整座岛屿，并为节日活动的参加者准备了班车。

弗利卡里亚音乐节 音乐节

（Frikaria Music Festival）时尚的弗利卡里亚音乐节吸引了音乐发烧友和富有自由精神的人们前往各个演出地点。为期3天的活动在7月底或8月初举行，以希腊摇滚乐队和DJ秀为主要特色。在埃夫迪洛斯（Evdilos；可以试试Rififi；见429页）和圣基里科斯的咖啡馆也可以欣赏节目。

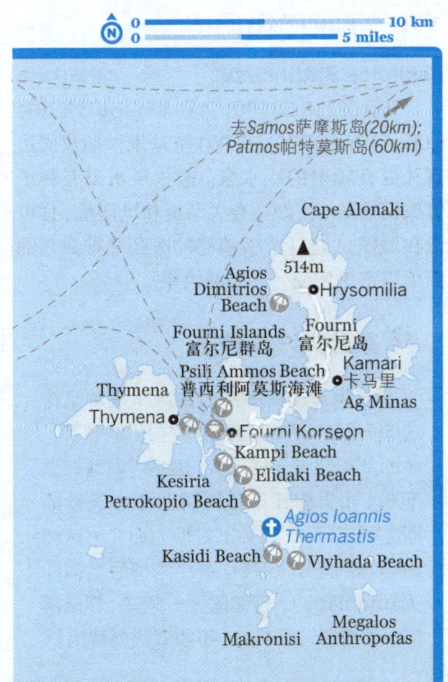

狄厄尼索斯戏剧节 戏剧节

（Dionysos Theatre Festival；www.aegean-exodus.gr；活动 €10；⊙8月）这个全岛节日会演出希腊古典戏剧，演员戴着面具，身着传统服装，在阿卡玛特拉（Akamatra）、卡拉沃斯特莫（Karavostamo）及其他村庄的露天剧院表演。联系阿梅尼斯蒂斯（Armenistis）的Hotel Daidalos（见432页）里的George Paroikos。

ℹ 到达和离开

飞机

伊卡里亚岛由**奥林匹克航空**（Olympic Air；☎22750 22214；www.olympicair.com）、爱琴海航空和阿斯特拉航空提供航班服务。机票在圣基里科斯（Agios Kirykos）和埃夫迪洛斯（Evdilos）的机构及机场出售。

伊卡里亚岛国内航班信息

目的地	时间	票价	班次
雅典	35分钟	€73	每天1~2班
利姆诺斯岛	45分钟	€44	每周2班
塞萨洛尼基	1.5小时	€74	每周6班

船

在圣基里科斯（大多数船只发船的地方）的Ikariada Travel（见427页）或Dolihi Tours Travel Agency（见427页）买票。在埃大迪洛斯，前往**Amfitriti Travel**（☎6940430526，22750 32757；www.amfitrititravel.gr；Evdilos）或Hellenic Seaways的机构**Roustas Travel**（☎22750 23441，22750 32931）试试，两家都在海滨。除了定期的渡船，圣基里科斯和以南20公里处的帕特莫斯岛之间每周还有一日游观光船（€32，55分钟，每周1~2班）。

ℹ 当地交通

船

夏季，水上出租（凯科轻舟）从圣基里科斯开往塞尔马（€3），每天1班。伊卡里亚岛南岸的另一班船连接Manganitis和2.5公里开外闲适宁静的塞舌尔海滩（Seychelles Beach），那里适合游泳和晒太阳。从圣基里科斯前往富尔尼的一日游观光船每周1班（€25）。

伊卡里亚岛船只服务信息

目的地	时间	票价	班次
希俄斯岛	5.5小时	€17	每周1班
富尔尼群岛	1小时	€6.50	每天3班
富尔尼群岛	20分钟	€14	每周2~3班
卡利姆诺斯岛	2小时50分钟	€32	每周1班
卡瓦拉	18小时	€45	每周1班
莱斯沃斯岛（米蒂利尼镇）	9.5小时	€22	每周1班
利姆诺斯岛	14小时	€32	每周1班
米科诺斯岛*	3小时	€19	每周4~5班
纳克索斯岛	2小时	€19	每天1班
帕特莫斯岛	1.5小时	€12	每周3班
帕特莫斯岛*	1小时	€22	每周1班
比雷埃夫斯	9.5小时	€29	每周3班
比雷埃夫斯**	8.5小时	€29	每周3班
萨摩斯岛（卡罗维西）**	1.5小时	€10	每周4班
萨摩斯岛（毕达格里奥）*	50分钟	€25	每周2班
萨摩斯岛（瓦锡）	3小时	€11.50	每周4班

* 水翼船服务

** 从埃夫迪洛斯出发

公共汽车和出租车

每天有一班公共汽车从圣基里科斯迂回前往Hrisos Rahes（€9），途经埃夫迪洛斯（€6）和阿梅尼斯蒂斯（Armenistis，€9）。每半小时有1班当地公共汽车前往塞尔马，线路全程10分钟（€1）。圣基里科斯至埃夫迪洛斯之间的出租车费用大约为€55。

汽车和摩托车

租辆小汽车或小型摩托车离开主要城镇旅行是个好主意（不过搭便车非常常见，当地人认为很安全）。想找小汽车，去Dolihi Tours Travel Agency或圣基里科斯的Ikariada Travel、埃夫迪洛斯的**Mav Cars**（☎6932908944，22750 31036；mav-cars@hol.gr），以及埃夫迪洛斯和阿梅尼斯蒂斯的**Aventura**（☎6972284054，22750 31140；aventura@otenet.gr）试试。多数租车机构也可以安排机场接送服务。在圣基里科斯，你也可以在距离阿尔法银行几步之遥的**Pamfilis Bikes**（☎6979757539；Agios Kirykos）租到不错的摩托车。

圣基里科斯（Agios Kirykos）

Αγιος Κήρυκος

人口 1880

伊卡里亚岛的首府是一个悠闲且值得信赖的希腊港口，有密集的老街道、美味的餐厅、酒店和出租房间，以及热闹的海滨咖啡馆地带。Xylosyrtis海滩（西南方4公里）是附近鹅卵石海滩中最棒的，颇具知名度的放射性温泉吸引了欧洲各地身体疼痛的人前来。

景点和活动

考古博物馆 博物馆

（Archaeological Museum；⏲周二至周日8:00~15:00）免费 经过翻新的漂亮博物馆重点介绍新石器时代到拜占庭时代的历史，包括大理石母子雕像和从沉船上发现的大壶。位于码头后面100米处。

Asklipios Bathhouse 健康与健身

（☎22750 50400；门票 €5；⏲6月至10月8:00~13:00和17:00~20:00）圣基里科斯及周边有几处有辐射的咸水泉。这些泉水以有利于健康而著称，比如适合关节炎和风湿病，你可以在城镇这处以希腊神秘的医药之神命名的简单浴室里感受一下保健效果。

> **乘公共汽车游览**
>
> 在伊卡里亚岛乘公共汽车是游览村庄的一部分。乘客直接称呼司机的名字，像朋友和邻居一样闲谈，途中可以随时上下车。如果你在圣基里科斯和埃夫迪洛斯之间旅行，司机会友好地为你介绍这座岛屿。在埃夫迪洛斯，甚至阿梅尼斯蒂斯（Amenistis），若你需要一辆车，你通常可以将车归还至机场，不收取额外费用。

热水从泉眼流进大海，平均洗浴一次花费时间约30分钟，应该足够让你融化在风景之中。在安全方面，水里的微量辐射受到了卫生主管部门的仔细检测和监控。

其他有辐射的泉水在塞尔马，莱夫卡扎有户外海泉。

住宿

★Hotel Akti
酒店 €

（☎22750 23905；www.pensionakti.gr；标单/双€35/50起；❄📶）Akti是位于主要景点的一家经济实惠的酒店，有舒适迷人的现代化房间，配有冰箱、电视、吊扇和蚊帐。老板平易近人，会说英语。还有当地热门的现代咖啡馆酒吧，可以俯瞰下面的大海以及港口。从阿尔法银行的右侧拾级而上。

Hotel Maria-Elena
酒店 €

（☎22750 22835；www.mariaelena.gr；标单/双€35/50；❄@📶）迷人、热情、安静，Maria-Elena距医院附近的港口约500米远，全年营业。花园式布局，提供21个一尘不染的简单房间，都带有可观海景的阳台，还有几间较大的套房。

Isabella Hotel
酒店 €

（☎22750 22839，6977196515；标单/双€30/35起）这家小型的家庭旅馆式酒店位于滨海区，房间干净整洁、通风良好并配有日光照射的浴室和隔绝海滨噪音的双层窗户。老板是热情好客的Alex和Isabella，会供应甜点。

Hotel Kastro
酒店 €

（☎22750 23480；www.ikariakastro.com；双€40起；❄📶🏊）码头上方这家设施齐全的住处拥有优美的景色，尤其是从较高楼层的房间看去，还有屋顶泳池酒吧。当你从阿尔法银行沿阶梯走到顶时，会发现它就在你左边30米处。亲切的老板Dimitris通常会提供当地各景点的建议和评价。

餐饮

★Tzivaeri
快餐 €

（☎22750 22850；食物€2~4）码头上的烤肉串和旋转烤肉（gyros；在立式烤架上制作的肉片，通常搭配皮塔饼吃）。找找Taverna Klimataria旁边的阳伞。

Taverna Klimataria
希腊小馆 €

（主菜€6~10）是一家诱人的希腊小馆，在国家银行后面，带有一个漂亮的庭院。这里的特色菜肴是烤肉和pastitsio（千层黄油通心粉和调味很浓的碎羔羊肉），还有许多沙拉。

Restaurant Tsouris
希腊小馆 €

（主菜€7~10）位于海滨，面对广场，这家繁忙的传统餐馆供应味道鲜美的烧烤和几种非常好吃的熟餐（mayirefta）和鲜鱼（按公斤出售，价格公道）。全年营业。

Kazino Cafe
咖啡馆

（☎22750 23290；⏲8:00至午夜）几家不错的海滨咖啡馆之一，Kazino占据了一栋1850年的建筑，供应咖啡和鲜榨果汁，特制巧克力奶昔和新鲜的奶酪派（tyropita），均由精明的梅基（Makis）制作。

实用信息

设有ATM机的银行位于广场（plateia）。邮局在上方的街道。

Dolihi Tours Travel Agency（☎22750 23230；dolichi@otenet.gr）一家提供全方位服务的旅行社，在阿尔法银行旁边。

医院（☎22753 50200）

Ikariada Travel（☎22750 23322；www.ikariada.gr）Diagonios纪念品商店旁边一家提供全方位服务的水滨旅行社。

Island Ikaria（www.island-ikaria.com）

警察局（☎22750 22222）在阿尔法银行上面。

港口警察局（☎22750 22207）

圣基里科斯周边

莱夫卡扎（Lefkada）的海水温泉位于圣基里科斯西部2公里处，是一个免费的疗养休闲地。虽然被指定为放射性盐水温泉，但事实上，它仅是海滩上一处美丽的景点，从其不规则的岩石圈即可辨认出来。这里的泉水和海水混合在一起，如果在温泉里你感到忽冷忽热，那么你就找对位置了。若想寻找温泉，留意一个小型的红白路标（标有"hot springs"),紧挨着路标有一条通往下面岩石海滩的小路。

伊卡里亚岛的东端是2公里长的**法罗斯海滩**(Faros, Fanari),在海岸路以北10公里处,还有建于公元前4世纪的**德拉卡诺斯城堡**(Fortress of Drakanos; ⌚周二至周六8:30~15:00),城堡用于举行宗教仪式,供奉掌管生育的女神Eilythia。城堡上有一个13米高的瞭望塔,有提供实用信息的指示牌和两名会讲英语的志愿者。从小礼拜堂出发,有一条小径通往小型的**圣吉尔吉奥斯海滩**(Agios Georgios Beach)。

在圣基里科斯东边的**塞尔马村**,时光似乎停止了。除了传统的**塞尔马温泉**(Apollon Spa, Therma Hot Springs; ☎22750 22665, 22750 24049; Therma; €4.50~8; ⌚8:00~11:00)之外,你还能找到一家令人愉快的洞穴状天然桑拿浴室**Spilio Baths**(To Spilio; ☎22750 24048; €3~4.50; ⌚每天 至黄昏)。

食宿

★ Evon's Rooms 公寓 €

(☎22750 32580, 6977139208; www.evonsrooms.com; Faros; 单间公寓/套 €30~90起; P ❄ @ 📶)距离法罗斯海滩不到100米处,热情好客的希腊籍意大利人Evon Plakidas出租高档套房,有些带有旋转楼梯,全都配有小厨房。单间公寓最多可容纳6人。毗邻的咖啡馆供应早餐、美味的薄煎饼、香甜的配着蜂蜜和肉桂蘸酱的球状甜甜圈(loukoumadhes)以及新鲜的果汁和沙拉。

★ Agriolykos Pension 家庭旅馆 €

(☎6944907023, 22750 22433; www.agriolykos.gr; 标单/双/标三 含早餐 €40/50/60起)这个非常有魅力的住处由Mrs Voula Manolarou经营,她会监督这个出类拔萃的经济型住所的每个细节,带有通往小海湾的楼梯,可以俯瞰海景。

Taverna Arodou 希腊小馆 €

(☎22750 22700; 主菜 €10以下)值得你停车驻足,这是一家地道美味的传统海滨餐馆,美丽的海景一览无余,位于圣基里科斯西南方5公里处。

埃夫迪洛斯(Evdilos) Εύδηλος

人口 460

伊卡里亚岛的第二大港口埃夫迪洛斯,位于圣基里科斯西北方41公里处;伊卡里亚岛的两条主路将其连接起来。这趟行程里高高的山脊、震撼的海景以及遍布石板瓦屋的

酒岛的宗教狂欢

异教神狄厄尼索斯(Dionysos)也许已不再统治伊卡里亚岛的葡萄园,但他的传统却在夏季节日Panigyria(岛屿各地在圣徒日整夜举行的节日庆典)中以基督教的形式保存了下来。一边向一个村庄的守护神致敬,一边喝酒、跳舞、欢宴,没有什么比这更能让人深入了解希腊岛屿文化了。但是请带上你的钱包:Panigria是当地社区募捐的重要时机。请利用这个机会,把任何放纵的享受变成好心的善举。

全岛在以下日期举办Panigyria:

坎博斯 5月5日
阿梅尼斯蒂斯(Armenistis)东正教复活节后40天
Agios Isidoros(Pezi)6月24日
Agios Giannis(Raches)6月24日
Platani 6月29日
卡拉沃斯特莫(Karavostamo)7月1日
圣基里科斯和伊卡里亚岛独立日(Agios Kirykos & Ikarian Independence Day)7月17日
Arethoussa 7月17日
Agios Panteleinonas(Fidos)7月27日
赫里斯托斯拉哈斯(Hristos Rahes)和Dafne 8月6日
Akamatra 8月15日
埃夫迪洛斯 8月15~20日
Agios Sofia & Monokambi 9月17日

山地小径和僧侣颅骨

拥有荒凉而崎岖的自然美景，伊卡里亚岛是山地步行的绝佳去处。令人精神振奋又不会太疲惫的当属环岛一日游，沿着从坎博斯以出发的一条土路，穿过Dafni、10世纪拜占庭的Koskinas城堡遗迹，以及风景如画的Frandato村和马拉索村（Maratho）。

当你抵达皮吉（Pigi）时，寻找“Frandato”的指示牌；继续往前走就到了与众不同的小型拜占庭风格的泰奥斯凯帕斯蒂礼拜堂（Chapel of Theoskepasti）——隐藏在突出的花岗岩之中。你必须爬上去，弯腰进入里面。一排排古代僧侣的颅骨已经被收走，但这座小礼拜堂依然是一个与众不同的参观地点，包括附近的Theoktistis修道院，内有可以追溯到1686年的壁画。毗邻的咖啡馆（kafeneio）有友善的老板Maria，适合喝杯咖啡或果汁。

村庄最值得纪念，令人难以忘怀。埃夫迪洛斯本身环绕在一个小小的半圆形的海湾四周，呈层状矗立在山坡上。这里蜿蜒曲折的街道上建有庄严的老房子，休闲放松且吸引人的水滨区有一个小型的免费停车场。

住宿

Hotel Atheras 酒店 €

（☎22750 31434；www.atheras-kerame.gr；标单/双/标三 €30/45/55起；P ❄ 📶 🏊）Atheras友好且现代，明亮干净的白色装饰与外面的蓝色爱琴海形成对比，使客人仿佛走进了基克拉泽斯群岛。酒店位于距离港口200米远的后街上，在泳池旁边有一个户外酒吧。全年营业，提供早餐（€7）。

Room-for-Rent 家庭旅馆 €

（☎22750 31518；标单/双 €40/50）也被称作“Anna' s place”，位于阿尔法银行上方的5间一尘不染的简单房间可以俯瞰码头，有吊扇。

Kerame Studios 公寓 €€

（☎22750 31434；www.atheras-kerame.gr；单间公寓/公寓/套 €40/70/90起；P ❄ 📶 🏊）这些单间公寓（在埃夫迪洛斯前1公里处）是Hotel Atheras的姊妹建筑。房间价位不同，配有厨房和可以观赏美景的宽敞木质平台。早餐咖啡馆建于一座风车磨坊里。

餐饮

Restaurant Koralli 希腊小馆 €

（Plateia Evdilou；主菜 €4~9）Koralli是滨海区在当地最受欢迎的希腊小馆，特色菜肴有鲜鱼和薯条、美味的烤肉、蔬菜沙拉和在炉灶上等待客人的熟食（mayirefta）。

Xalara 快餐 €

（皮塔饼小吃 €1.50~4；⏲午餐和晚餐）Xalara在希腊语里的意思是“放松”，是悠闲的埃夫迪洛斯的座右铭。另外，这家时髦的小餐馆一直出售美味的旋转烤肉配皮塔饼和烤肉串。

Tsakonitis Cafe 咖啡馆 €

（Plateia Evdilou；开胃食品 €4~7）这个乌佐酒馆（ouzerie，供应乌佐酒和便餐）坐落在滨海区，以传统肉类和海鲜开胃小菜（搭配当地烈酒齐普罗酒）闻名，还有自制的希腊酸奶、意大利面和大米布丁。找找石头建筑。

★ Café-Bar Rififi 咖啡馆

（☎22750 33060；Plateia Evdilou）这家时髦的酒吧位于港口边，供应美味的皮塔饼（pitta）小吃、生啤酒以及香浓的咖啡，名字来源于旁边的银行，因为它与银行仅一墙之隔。在希腊语中，Rififi是抢劫银行的人的绰号，侍者乐于告诉客人数量可观的钱藏在了哪里。

Cafe Kymmata 咖啡馆

（☎22750 31262）格局不规则的宜人咖啡馆，位于海滨，从早到晚都有希腊咖啡、冰激凌、乌佐酒、啤酒、面包房美食和小盘菜肴。

实用信息

滨海区有两台ATM机，售票代理处是**Hellenic Seaways**（☎22750 32931）。

Medical Center（☎22750 33030，2275032922）位于埃夫迪洛斯以东约2公里处，有一位会讲英语的医生员工。

警察局（☎22750 31222）

埃夫迪洛斯西部

坎博斯（Kambos） Κάμπος

人口 250

坎博斯在埃夫迪洛斯以西3公里处，曾是实力雄厚的"葡萄岛"（Oinoe；源于希腊语中"酒"这个词）伊卡里亚岛的首府。如今这座古老而壮丽的城市只剩下了一座破败的拜占庭宫殿、伊卡里亚岛最古老的教堂和一座小博物馆。坎博斯的其他主要景点是多沙的鹅卵石海滩和风景秀丽的山路。

景点

从埃夫迪洛斯一进入坎博斯，就能经过**拜占庭式宫殿**（Byzantine palace）的遗迹，那里还是早期希腊时代的议会及剧院。沿着从圣伊里尼教堂延伸出的小径前行片刻，就能找到。

圣伊里尼教堂 教堂

（Agia Irini Church）这座12世纪的教堂建在4世纪的天主教堂的原址上，其中的一些柱子直接取材于原教堂。可惜的是，因为清除工作的资金短缺，教堂里的许多壁画上仍涂有石灰水防护层。

考古博物馆 博物馆

（Archaeological Museum；☎22750 32935；⊙周三 8:30~15:00）免费 坎博斯的小博物馆收藏有新石器时代的工具、几何图形的花瓶、古典雕塑的碎片、小雕像以及象牙首饰等。如果博物馆不开放，就请Vasilis Kambouris（在Rooms Dionysos旅馆）把门打开。

食宿

★Rooms Dionysos 家庭旅馆 €

（☎22750 31688，6944153437；www.ikaria-dionysosrooms.com；双/标三/四 €25/35/45起；P 📶）每年吸引的众多回头客证明了该旅馆独具魔力，由魅力超凡的Vasilis Dionysos（狄厄尼索斯，意为"酒神"）Kambouris和他澳大利亚籍妻子Demetra，以及会讲意大利语的哥哥Yiannis共同经营。房间朴素，配有独立的卫生间，而屋顶床位有夏季特价，仅需€10。这里还有共用厨房和图书交换处，并提供探索伊卡里亚岛的良好建议。

早餐（€5）在可以俯瞰周围坎博斯海滩的阴凉露台提供，客人可以一边享受放松的氛围，一边喝一杯当地葡萄酒。

★Ikaros 希腊菜 €

（主菜 €3.50~7；⊙11:00至深夜）Ikaros是典型的乡村烧烤屋（ovelistirio），用立式烧烤架制作旋转烤肉。提供美味的食物、热闹的氛围、爽快的服务。位于药店对面。

Partheni 希腊小馆 €

（主菜 €6~8）位于坎博斯海滩上，Partheni供应美味的希腊常规菜肴，包括地道的炸鱿鱼（kalamari）。在"贞女"海滩（virgins' beach）游完泳后可以在这里用餐，既轻松又自在。Partheni意为"贞女"，该海滩曾一度专供穿着保守泳衣的年轻女子使用。

Popi's 希腊小馆 €

（Fytema Beach；主菜 €5~8.50；⊙晚餐）非常传统，位于坎博斯和埃夫迪洛斯之间的道路中途。该希腊小馆的饭菜绝对能让你唇齿留香，由热情开朗的Popi亲自掌勺。

Sourta-Ferta 咖啡馆 €

（☎22750 31651；小吃 €1.50~4）路边小咖啡馆，全天都有不错的咖啡和小盘菜。Sourta-Ferta在希腊语里的意思是"来来往往"。

坎博斯至西南海岸（Kambos to the Southwest Coast）

从坎博斯出发，向西有两条路：主路环绕北海岸，一直通向阿梅尼斯蒂斯（Armenistis），此后变为辅路继续向西北海岸延伸；另一条辅路，大部分是状况较好的土路，蜿蜒曲折地通往西南方——穿过令人叹为观止的酷似月球表面的地貌，直到南部海岸上偏远的Karkinagri。

穿过伊卡里亚岛中部的路，到达**Theoktistis修道院**和小小的**泰奥斯凯帕斯蒂礼**

拜堂（Chapel of Theoskepasti），就位于Pigi（皮吉）的西北方。从皮吉继续向南可抵达Maratho，再向西南就是令人印象深刻的Mounte修道院，也被称作福音修道院（Moni Evangelistrias）。前行500米左右有一个小水坝，里面有金鱼、呱呱叫的青蛙和夏季营业的食堂。

另一个岔路通往人气极高的赫里斯托斯拉哈斯（Hristos Rahes）——一个兼收并蓄的山村和优良的徒步基地，以开到很晚的商店和咖啡馆著称。在Women's Cooperative驻足，品尝一下当地的果酱、香草以及甜品。除了多种多样的传统产品以外，还可以购买非常实用的徒步地图《徒步环游Rahes》（*The Round of Rahes on Foot*，€4），大多数商店有售，其收益用于维修道路。

位于Hristos Rahes上面的是Afianes Winery（☎22750 40008，6977893731；www.afianeswines.gr；⏰周四至周二 正午至20:00）免费 组织团队游和免费品尝会。一间展览室以酿酒设备和19世纪的婚纱为特色。

沿着赫里斯托斯拉哈斯后面的一条道路向南走即可到达淳朴的Profitis Ilias，之后是标有路标的Pezi村。地形越发崎岖和极端，风吹拂着茂密的、紧紧依附在荒芜巨石上的绿树，随处可见野山羊。路的尽头是小小的Karkinagri，有几家希腊小馆和几间房间，附近还有一个海滩。

西南海岸还有Manganitis村，主要景点在塞舌尔海滩（Seychelles Beach）附近，塞舌尔海滩是一片僻静的白色鹅卵石海滩，海水蔚蓝，隐藏在一个保护湾内。夏季，有船每天来往于村庄和海滩之间。想从将曼加尼蒂斯和埃夫迪洛斯、圣基里科斯连接起来的海岸路到达那里，那么在出了隧道后125米处，找找无标识牌的停车场。从这里出发沿路向上攀爬（10~15分钟）即可到达海滩。

食宿

Fakaros Rooms 家庭旅馆 €

（☎22750 41269；Hristos Rahes；标单/双€20/30）朴实且一尘不染的廉价旅馆，位于广场（在Hristos Rahes上）的几米外。会讲英语的Fakaros家族经营这家干净舒适、魅力十足的旅馆。

★ Taverna Platanos 希腊小馆 €

（☎22750 42395；Agios Dimitrios；主菜€5~9.50；⏰午餐和晚餐）位于蔓生的悬铃树树荫下，从Hristos Raches漫步500米即可到达，Platanos提供正宗的伊卡里亚菜肴，包括夏季最受欢迎的炖菜（soufiko），特色是一般选用清晨采摘下的各种蔬菜。美味的烤肉、丰盛的沙拉和当地葡萄酒摆满餐桌。老板兼厨师兼服务员Maria会说英语、意大利语和法语。

Women's Cooperative 市场 €

（☎22750 41076；Hristos Raches）Hristos Raches中心位置上出色的市场兼熟食店兼面包房，出售现场制作的果酱、香草和甜食。

Sta Perix 希腊菜 €€

（☎22750 31056；Akamatra；主菜€5~11；⏰午餐和晚餐）Akamatra上有品位的小餐馆，位于埃夫迪洛斯以南6公里处，提供传统意大利菜谱、各种当地奶酪，甚至这里独有的葡萄酒，声望很高。

阿梅尼斯蒂斯至纳斯（Armenistis to Nas）

Αρμενιστής Προς Να

阿梅尼斯蒂斯位于埃夫迪洛斯以西15公里处，是伊卡里亚岛一个不显眼的旅游胜地。这里有两个长长的多沙海滩（由一个狭窄的海岬分隔开来）、一个渔港以及纵横交错的供步行探索的山间小径。咖啡馆和希腊小馆在海滩上呈一字排开。夏季，热闹但不喧嚣的夜生活赋予了阿梅尼斯蒂斯生机活力，随处可见当地人、其他地方的希腊人和外国游客。

景点和活动

莱瓦吉海滩 海滩

（Livadi Beach）阿梅尼斯蒂斯以东500米就是莱瓦贾海滩，水流强劲，有救生员提供帮助；海浪很大，有时候大到可以冲浪。除了莱瓦贾海滩，还有两个备受欢迎的海滩，分别是Mesahti和Gialiskari。

纳斯海滩

海滩

（Nas Beach）从阿梅尼斯蒂斯向西3.5公里是纳斯的鹅卵石海滩，位于道路和希腊小馆下面。适合裸体主义者，这处海滩地理位置优越，位于一条草木丛生的河流的入口处，在古老的阿耳忒弥斯神庙（Temple of Artemis）的小径遗址后面，从希腊小馆Taverna O Nas一眼就可以看到它。

住宿

阿梅尼斯蒂斯有很多家庭旅馆。尝试一下这些地方，换换口味。

★ Pension Astaxi

家庭旅馆 €

（☎6982446227, 22750 71318; www.island-ikaria.com/hotels/PensionAstaxi.asp; Armenistis; 双/标三 含早餐 €35/50起; P @ 🛜）这家物美价廉、出类拔萃的迷人旅馆隐藏在主街道后方30米处，恰好位于Carte Postal咖啡馆和Baido Taverna上面。亲切的老板Maria设计了这个悠闲热情的旅馆，有12间明亮宽敞、设施齐全的房间，配有风扇以及观海阳台。

Hotel Daidalos

酒店 €

（☎22750 71390; www.daidaloshotel.gr; Armenistis; 标单/双 含早餐 €40/50起; ⏲5月至10月; P ❄ 🛜 🏊）这家极具魅力且经营良好的中等规模旅馆（25个房间）采用传统的蓝白岛屿色调装修风格，绝对不容错过。房间宽敞舒适，大多数可以观赏海景。紧邻大厅还有一家小酒吧。位于进入阿梅尼斯蒂斯的一架小桥以西200米处。

Armenistis View

酒店 €

（☎6977621806, 22750 71529; www.armenistis.eu; 双/公寓 €40/60起）你很容易错过道路下方这5间管理有方而且友好的单间公寓，位置就在桥前方约30米处，有小厨房和温馨的海景游廊。

Atsachas Rooms

酒店 €€

（☎22750 71226; www.atsachas.gr; Livadi Beach; 双 €60起）Atsachas恰好位于莱瓦贾海滩上，房间干净且家具齐全，有的房间配有设施齐全的厨房。大多数房间拥有通风良好、可观海景的阳台。咖啡馆上面是一个花香四溢的可爱花园，从这里有一个楼梯向下通往美丽的海滩。

餐饮

★ Thea's Restaurant & Rooms

希腊小馆 €

（☎6932154296, 22750 71491; www.theasinn.com; Nas; 主菜 €5~9; ⏲午餐和晚餐）纳斯有几家不错的小馆，但Thea出类拔萃，提供不同凡响的开胃食品（mezedhes）、烤肉以及完美的蔬菜mousakas。配以上等的桶装葡萄酒和当地的烈酒齐普罗酒，才算是完整的一餐。有一个室外露台可俯瞰大海。Thea（又叫作Dorothy）在餐厅上面还有5个宽敞明亮的房间（€35），供应早餐。

★ Taverna Baido

希腊小馆 €

（☎6982331539; Armenistis; 主菜 €4.50~8）穿过通往纳斯的大桥，这家有趣的希腊小馆是Marianthi的作品，供应价格公道的菜肴，使用当地食材、鲜鱼和伊卡里亚岛葡萄酒。除此之外还有土耳其肉丸（soutzoukakia）和taramasalata（一种厚厚的粉色或白色泥状物，由鱼卵、土豆、油和柠檬汁制成）。

Pashalia Taverna

希腊小馆 €

（☎22750 71302, 6975562415; Armenistis; 主菜 €5起; ⏲午餐和晚餐）类似小山羊肉（katsikaki）或小牛肉在内的砂锅肉菜是阿梅尼斯蒂斯港口路第一家小馆的特色。美味的开胃小菜和鲜鱼很受欢迎。父子老板哈里斯（Haris）和瓦西里（Vasilis）还经营小馆上面的公寓（单/双 €35/45）。

Taverna Symposio

希腊小馆 €

（☎6972264046; 开胃菜和主菜 €3~8.50）Gialiskari的一家小馆，在阿梅尼斯蒂斯旁边，可以俯瞰码头，美味的开胃小菜和传统熟食（mayirefta）很受欢迎。

Kelaris Taverna

海鲜 €

（☎22750 71227; Gialiskari; 主菜 €6~11; ⏲午餐和晚餐）Kelaris供应新鲜打捞的鱼，在炭火上烹制，还有中午从烤箱里取出来的熟食（mayirefta）。寻找这里的地标性教堂，在阿梅尼斯蒂斯以东1.5公里处。

Carte Postale 咖啡馆、酒吧

（☎6981719567, 22750 71031; ⊙10:00至次日2:00）这家时尚的咖啡馆酒吧位于阿梅尼斯蒂斯的教堂以西100米处，高耸于海湾上。小吃种类繁多，从小比萨和沙拉，到早餐蛋饼和晚上的意大利肉汁烩饭，一应俱全，均由热情的Myrto打理，她的父亲制作橄榄。这里的氛围平和，有不拘一格的音乐，从世界各地音乐到希腊音乐。

Mythos 酒吧

（⊙10:00至深夜）有情调的舒适酒吧，由Dimitiros和Mariza经营。夏季，他们不时会提供优质的饮品和鲜榨果汁，还有现场音乐。

Karnayo 咖啡馆、酒吧

（☎22750 71240; Gialiskari）这是一间很棒的酒吧，播放着风格各异的音乐，位于Gialiskari的海滩上，在几家不错的乌佐酒馆的中间位置，并与之排成一行。

Ammos 酒吧

（☎22750 71250; Livadi Beach）凉爽的海滩酒吧，位于莱瓦贾海滩，匀称的沙子、棕榈叶、比萨、酒水和果汁。

购物

Kedroi Ceramics 陶瓷

（☎6984733455; Armenistis）位于从阿梅尼斯蒂斯通往纳斯的路上，这家吸引人的商店和工作室以雪松（kedroi）为名。Stavros和Kristina在这里烧制很多手工陶瓷制品。

实用信息

Aventura（☎22750 71117; aventura@otenet.gr; Armenistis）法式糕点铺旁边提供全方位服务的旅行社，就在大桥的前面。提供出租汽车和摩托车服务，是少数出租山地自行车的地方之一。另外提供机场接送服务。

Dolihi Tours & Lemy Rent-a-Car（☎22750 71122, 6983418878; lemy@otenet.gr; Armenistis）是位于村庄市场旁边的一个效率很高的旅行社。出租汽车、组织步行游览和四驱车旅行。

埃夫迪洛斯东部

卡拉沃斯特莫（Karavostamo）Καραβόσταμο

人口 550

卡拉沃斯特莫是伊卡里亚岛最大、最美丽的海岸村庄之一，位于埃夫迪洛斯以东6公里处。从主路起，该村庄蜿蜒曲折的小路倾泻而下，道路两边遍布花园、村庄教堂、菜地、鸡和山羊，尽头是一个惬意的广场（plateia）和一个小渔港。在这里，你可以见到一个面包房、一个小杂货店、一些廉价旅馆、希腊小馆和咖啡馆（kafeneia）——村民们每晚都聚集在这里聊天抬杠、吃吃喝喝、玩跳棋、讲故事。要去广场，沿着主路旁的路标走即可到达。位于卡拉沃斯特莫上方3公里处的Arethousa是一座宁静的村庄，是**伊卡里亚中心**（Ikarian Centre; ☎6979024066, 22750 61140; www.greekingreece.gr）的所在地，这所希腊语学校开设了各种短期寄宿制课程。

食宿

Despina Rooms 家庭旅馆 €

（☎6973050505, 21066 14371; 房间 €40~60; P❄📶）位于村子的中心位置，两层小楼的小旅馆内提供厨房、洗衣房。离海滩和广场都只有200米的距离。

★ **Xylakias** 希腊菜 €

（☎22750 61181; 主菜 €3~7; ⊙午餐和晚餐）这间不错的烧烤店气氛很好，服务爽利，有不错的旋转烤肉、皮塔饼烤肉、炸土豆和种类很多的自酿啤酒和红酒。

To Steki 开胃小菜 €

（⊙午餐和晚餐）位于广场上的这家小而朴实的开胃菜馆（mezedhopoleio）提供不错的烤肉、沙拉、薯条、啤酒或齐普罗酒（tsipouro）。夏天的夜晚，你会发现全村一半的人都坐在这里室外的餐桌边。

Taverna I Plaka 希腊小馆 €

（☎6972512551; Arethousa; 主菜 €4.50~8.50; ⊙午餐和晚餐）位于Arethousa的不错的传统希腊小馆，可以在能看海景的大露台上

乡村面包房

在卡拉沃斯特莫，你想要了解的所有关于这座岛屿的传统都可以在这家乡村面包房找到。Stephanos Kranas在这家面包房的木质烤箱里烘焙长面包，还有松脆的脆饼干（paximadia）和香甜新鲜的椒盐脆面包（koulouria）。

每天上午，面包店会用摩托车将面包送到村民的家中。但村民也会顺便过来，就算没有人在，也可以从柜台上的柳条篮里拿上一条面包，把钱留在柜台上的杯子里。如果面包店看起来关门了，他们可能只是在楼上，可以敲敲老板的门问问是否有面包。该方法已实施多年，这也是伊卡里亚岛的人对全球油价波动不怎么敏感的原因之一。当然，要是橄榄油价格波动，那可能就有点儿影响了。

品尝各种希腊风味美食。

★ Mandouvala 希腊菜 €€

（☎22750 61204；主菜 €7~12；⊙午餐和晚餐）卡拉沃斯特莫最高档的餐厅，位于海滨的最前端，从广场通过一条50米长的狭窄的鹅卵石小径即可到达。提供上好的鱼类、烤肉和顶级红酒。优质的服务和清新的海滨环境也为这里增色不少。

富尔尼群岛（Fourni Islands）

Οι Φούρνοι

人口 1500

富尔尼群岛是希腊最不为人知的岛屿珍宝之一。低矮的植被依附在连绵起伏的群山之上，形成了拥有多沙海滩和小港口的错综复杂的海湾。这里曾经是海盗的藏身处，在黄昏时尤为美丽——当夕阳西下，地面景观涂上了粉色、紫色和黑色的色调。

这个群岛的首府是Fourni Korseon，从这个名字中可以寻找到这一地区恃强凌弱、虚张声势的过去的蛛丝马迹。Corsair是指大胆冒险的法国私掠船只，后来这个名字就成为在爱琴海东部出没的所有海盗和恶棍的代名词。

如今，大部分的旅馆和服务，以及一些海滩都位于Fourni Korseon。另外的一些居民点包括北部面积不大的Hrysomilia和卡马里（Kamari），还有位于Thymena岛上的小渔村。在主要岛屿的南部是圣爱奥尼斯普罗德罗莫斯（Agios Ioannis Prodromos）修道院，宁静地矗立在远处的地平线上。

景点和活动

该岛连绵起伏的群山是徒步的好去处，途中必会经过一个海滩——普西利阿莫斯海滩（Psili Ammos Beach），它是距离Fourni Korseon最近的海滩，在海岸路以北600米处。海滩上阳伞密布，还有一个彻夜热闹非凡的海滩酒吧。沿海岸边的公路往南，Kampi海滩非常棒。继续往前2公里，Elidaki海滩底部是平缓的沙滩，接下来是鹅卵石小海滩Petrokopio海滩。

在富尔尼群岛的最南端，靠近圣爱奥尼斯普罗德罗莫斯修道院（Monastery of Agios Ioannis Thermastis）的是多沙的Vlyhada海滩，坐落在更加僻静的Kasidi海滩前。其他主要居民点Hrysomilia和卡马里，分别距离Fourni Korseon17公里和10公里远（在蜿蜒曲折的道路上驱车大约需要30分钟）。这两个地方都是寂静的渔村，有海滩，但是服务设施有限。从Fourni Korseon去往这些村庄的途中风景壮丽，可以观赏到倾斜山坡和隐蔽海湾的无数景色。

住宿

大多数住处都在Fourni Korseon，但是在更小的居民点和海滩上也有住宿选择，比如免费的海滩露营。

★ Archipelagos Hotel 酒店 €

（☎6973494967, 22750 51250; www.archipelagoshotel.gr; Fourni Korseon; 标单/双/标三含早餐 €35/45/50起；P ❄ 📶）这家高雅热情的小酒店位于港口的北部边缘，是富尔尼群岛上最不落俗套的住所之一。从开满天竺葵和玫瑰的石拱门下的庭院餐馆，到设施齐全的房间和咖啡馆兼酒吧，Archipelagos将传统建筑与现代化的奢华融为一体。

Studios Nektaria
公寓 €

(☎6973097365,22750 25134; studiosnektaria@yahoo.gr; Fourni Korseon; 双/标三 €35/45; ❄📶)位于港口较远的一边，这家富尔尼群岛上物美价廉的旅馆有干净的小房间，其中3间有阴凉的阳台，可以俯瞰环绕海湾南端的一片小海滩。

Toula Studios
家庭旅馆 €

(☎22750 51332, 6976537948; info@fournitoulastudio.gr; 标单/双 €25/35起; ❄📶)寻找爱琴海式蓝色阳台，这家友好的海滨备选住宿地点靠近商店和希腊小馆。有干净简单且可自己做饭的房间，其中10间围绕一座大庭院，可观海景，配有吊扇。

Nikos Kondilas Rooms & Studios
住宿服务 €

(☎6979732579, 22750 51364; Fourni Korseon; 双/标三 €35/45; ❄📶)联系乐于助人又有办法的老板Nikos，他可以帮你在岛上各地找几个不错的住宿场所，包括Kampi海滩。

餐饮

富尔尼群岛以海鲜闻名遐迩，尤其是龙虾意面(astakomakaronadha)。

Psarotaverna O Miltos
海鲜 €

(☎22750 51407; Fourni Korseon; 主菜 €7-10)这家经典的临水希腊小馆是烹饪富尔尼龙虾和鲜鱼的专家。还有出色的开胃小菜和传统沙拉。鱼和龙虾按公斤出售，价格公道。

Taverna Kali Kardia
希腊小馆 €

(Fourni Korseon; 主菜 €5~8)菜式丰盛的Kali Karida坐落在鹅卵石主街尽头的广场上，是享用味美多汁的烤肉和叉烤肉的好地方，活泼好动的当地老年人在阴凉的广场上为这里注入了活力。幸运的话，你还会找到ameletita(公山羊睾丸)，这是一道稀有的特色菜肴，因为一只公山羊仅能提供两颗睾丸。

Taverna Kotaras
希腊小馆 €

(☎22750 32797; Thymina; 主菜 €4.50~8)如果富尔尼人想尝试点儿新东西的时候，他们会乘坐水上出租到Thymina，在这家一流的鱼馆(psarotaverna)享用晚餐。如果错过了返回的船，不用担心，因为老板在楼上有3间一尘不染的房间(单/双 €30/35)。

Taverna Almyra
希腊小馆 €

(Kamari; 主菜 €5~9)这家悠闲的海滨小馆位于距离港口9公里的卡马里高地的小村庄里，有一种不可思议的魔力，供应鲜鱼和龙虾。

购物

Melanthi Shop
食品

(☎22750 51037)主街上的诱人商店，有包装精美的新鲜香草(百里香、薰衣草、牛至和奇特的throubi)，还有蜂蜜、奶酪、植物油、香树油和药膏，全都产自富尔尼。

实用信息

与中央水滨区垂直，Fourni Korseon的主街道通往内陆直达广场。这条没有名字的大道上有国家银行(National Bank，有一台ATM机)、旅行社、邮局以及村庄**药店**(pharmacy; ☎22750 51188)。

健康中心(Health Centre; ☎22750 51202)

Karla Irini Travel(☎22750 51481, 6978373416; Fourni Korseon)码头对面狭小有用的机构，可以预订渡船和住宿。

港口警察局(☎22750 51207)

到达和离开

有渡船和水翼船从富尔尼群岛发往伊卡里亚岛(圣基里科斯)和萨摩斯岛。Karla Irini Travel提供信息，出售船票。

富尔尼群岛船只服务信息

目的地	时间	票价	班次
伊卡里亚岛(圣基里科斯)	1小时	€7	每周4~5班
帕特莫斯岛	1.5小时	€25	每周2班
比雷埃夫斯	8小时	€35	每周3班
萨摩斯岛(卡罗维西)	1.5小时	€5	每周3班
萨摩斯岛(毕达格里奥)	1小时	€20	每周2班

当地交通

每周有1班凯科轻舟开往Hrysomilia，其他2~3班每天前往西迈纳岛。

油光锃亮的柏油马路全长20公里，贯通了Fourni Korseon、Hrysomilia和卡马里。每个人似乎都会在富尔尼各处走走，然后步行前往更多地点。租车是对富尔尼交通的不错补充。可以在海边的Escape Car & Bike Rental（☎22750 51514；www.fourni-rentals.com；Fourni Korseon）租一辆小汽车或小型摩托车。

搭便车很常见，被认为很安全，这里还有岛屿上唯一的**出租车**（☎6970879102）——由热情好客的Georgos经营。

萨摩斯岛（SAMOS）

ΣΑΜΟΣ

人口 32,820

萨摩斯岛紧邻土耳其海岸，是东北爱琴海群岛中最著名的旅游目的地之一。除了低调的度假胜地和气氛热闹的首府瓦锡（Vathy），在这片凉爽的、枝繁叶茂的内陆群山间还有数不胜数、鲜有人涉足的海滩和僻静的景点，在这里，传统的生活未曾改变。

萨摩斯岛的甜酒非常有名，另外，这座岛在历史上也占有举足轻重的地位。相传，这里是大名鼎鼎的赫拉（Hera）的诞生地，她庞大的古代神庙赫拉神庙（Heraion）的遗址也同样令人难忘。伟大的数学家毕达哥拉斯（Pythagoras）以及原子论的创始人、享乐主义之父、公元前4世纪的哲学家伊壁鸠鲁（Epicurus）皆出生于此。萨摩斯岛在科学方面的成就也由公元前524年震撼人心的欧帕里诺斯隧道（Evpalinos Tunnel）得到了证实，这是古代工程的一个壮举，深埋地下的隧道长达1034米。

到达和离开

飞机

萨摩斯岛的机场位于毕达格里奥（Pythagorio）以西4公里处。**爱琴海航空**（Aegean Airlines；☎801 112 0000；www.aegeanair.com）、**阿斯特拉航空**（☎23104 89392；www.astra-airlines.gr）、**奥林匹克航空**（Olympic Air；www.olympicair.com）和**Sky Express**（☎28102 23835；www.skyexpress.gr）都服务萨摩斯岛，在机场设有办事处。荷兰、奥斯陆和维也纳有到达这里的包机。以下是从萨摩斯岛出发的国内航班信息。

目的地	时间	票价	班次
雅典	45分钟	€80	每天2~3班
希俄斯岛	35分钟	€56	每周2班
莱斯沃斯岛	2小时	€66	每周2班
利姆诺斯岛	2小时	€66	每周2班
罗得岛	45分钟	€66	每周1~2班
塞萨洛尼基	55分钟	€50	每天1班

船

萨摩斯岛有3座码头——瓦锡（即萨摩斯岛）、毕达格里奥和卡罗维西。瓦锡新建的渡船终点站位于港口的东南端，只发往国内站点，距离旧终点站1.7公里远，旧港船只只发往土耳其。乘出租车往返于这两个终点站的费用约为€5。

ITSA Travel（☎22730 23605；www.itsatravel samos.gr；Themistokleous Sofouli；⊙8:00~20:00）位于瓦锡的渡船旧终点站正对面，提供具体信息，免费寄存行李，并出售包括发往土耳其的

测量这件事儿

尽管人们对“品脱”这种计量单位的痴迷看上去很现代，但是古希腊人对测量饮酒的量早有研究。毕达哥拉斯（Pythagoras）是萨默斯岛伟大的数学家（想必也是个酒鬼），他的一个发明创造可以确保派对主人和酒馆老板不会被前来买醉的客人欺骗。他的发明被称为毕达哥拉斯公平杯（Dikiakoupa tou Pythagora）。这个神奇多孔的饮酒器皿最适合装酒，如果器皿内的酒量超过刻度线，那么酒就会从玻璃杯底部全部流掉，算是对贪婪之人的惩戒！

如今，在萨摩斯岛的礼品店里可以买到这种器皿的高仿品，由色彩斑斓的釉陶制成，警醒世人谨记阿波罗的箴言：“凡事应有度。”

与土耳其的交通联系

从萨摩斯岛、希俄斯岛和莱斯沃斯岛出发，参观土耳其爱琴海海岸的度假胜地和历史遗迹十分便捷。一日游通常不需要签证。然而，船只路线、价格，甚至是运营公司经常变化，接下来会说明船只的大致运营情况。

萨摩斯岛

每天都有船只从瓦锡发往古老的Ephesus（Efes）附近的海滨度假胜地Kuşadası，行程为80分钟。希腊的Samos Star于8:30发船（单程/往返 €25/30），挂着土耳其旗帜的Kudasi Express在17:00出发。每周有1班或2班船从毕达格里奥发往Kuşadasi。船票费用为单程/不限时间往返€35/45，外加土耳其码头税€10（到站支付）。5月至10月，每天都有一日游观光旅游船，还可以选择参观Ephesus（另加€25）。购票或了解信息，在瓦锡的话，可联系开往土耳其的老渡船站点对面的ITSA Travel或毗邻的By Ship Travel；在毕达格里奥的话，联系刚进城镇主路口的By Ship Travel（见443页）。另外，从2015年开始，Samos Star连接萨摩斯岛北部的卡罗维西（Karlovasi）和土耳其的Sığacık（单程/往返€20/30，每周5班；Kuşadası和Izmir的机场之间）。

希俄斯岛

全年每天都有船只从希俄斯镇发往Çeşme，这是一个靠近繁忙的İzmir的港口，不过夏季班次最频繁。船只大约8:00发船，用时40分钟(单程/往返 €15/25)，18:00前返回希俄斯镇。周日渡船通常17:00返回。去往İzmir的热门包价一日游价格是€35，包括午餐和Çeşme与Izmir之间的1小时长途汽车路程。夏季，每周6天都有前往Izmir的观光游，冬季每周2班。关于信息和船票，可前往Hatzelenis Tours(见451页)或Sunrise Tours(见456页)。

莱斯沃斯岛

船只从米蒂利尼镇出发前往艾瓦勒克（Ayvalik）。5月至10月，两家土耳其公司Turyol和Jale每天9:00从米蒂利尼镇出发，18:00返回（往返€10，单程1小时20分钟）。另一家土耳其运营机构Jalem Tours运营更快的水翼船（catarmaran），单程用时40分钟（往返€15）。周四是集市日，去往Ayvalik的船只很受欢迎。旺季通常还有每周2班的选择，包括前往古老的Pergamon（Bergama）一日游，费用是€45，含午餐和到那里及返回Ayvalik的1小时长途汽车车程。米蒂利尼镇的大多数旅行社组织前往土耳其的团队游，可以选择Olive Groove Travel（见463页）、Mitilene Tours（见463页）或Tsolos Travel（见463页）。

船票。乐于助人的员工还会将你免费载到渡船新终点站。隔壁的By Ship Travel（☎22730 27337；www.byshiptravel.gr）出售前往土耳其的船票。

在毕达格里奥，可以去**旅游办事处**（见443页）、**港口警察局**（☎22730 61225）或By Ship Travel（见443页）查看渡船和水翼船的时刻表。

当地交通

抵离机场

每天有3~4班抵离机场的公共汽车（€2）；从机场前往瓦锡的费用为€25，前往毕达格里奥的费用是€6，在那里也有去往瓦锡的当地公共汽车。

船

每天（周六除外）从毕达格里奥发往帕特莫斯岛的夏季观光旅游船（往返€30），上午8点出发。一日游观光船从毕达格里奥（Pythagorio）发往小岛Samiopoula（含午餐，€20）。

公共汽车

瓦锡**公共汽车站**（☎22730 27262；www.samospublicbusses.gr; Themistokli Sofouli）每天有发往科卡利（Kokkari；€1.50，20分钟）、毕达格里奥（€1.70，25分钟）、圣康斯坦丁诺斯（Agios Konstantinos；€2.30，40分钟）、卡罗维西（Karlovasi；€4，1小时）、伊雷昂（Ireon；€2.30，25分钟）、米蒂利尼（Mytilinii；€1.60，20分钟）和Portrokali（€1.90，20分钟）的公共汽车。

每天从毕达格里奥有5班车发往伊雷昂（€1.60，15分钟），有4班车发往米蒂利尼（€1.90，

萨摩斯岛船只服务信息

目的地	时间	票价	班次	目的地	时间	票价	班次
希俄斯岛	3~4小时	€13~16.50	每周2~3班, V/K	利姆诺斯岛	12小时	€34	每周2班, V/K
富尔尼群岛	1小时	€20	每周2班, P	米科诺斯岛	3.5~5.5小时	€37~41	每周2~3班, V/K
富尔尼群岛	2.5小时	€6	每周4班, V	纳克索斯岛	4.5小时	€37	每周2~3班, P
伊卡里亚岛(圣基里科斯)**	2~3.5小时	€8~11.50	每周4班, V/K	帕特莫斯岛	2小时	€30	每周4班, P
伊卡里亚岛(埃夫迪洛斯)**	4小时	€12.50	每周3班, V	比雷埃夫斯	12小时	€32	每周3班, V
卡瓦拉	15小时	€45	每周2班, V/K	罗得岛	5.5小时	€55	每周1班, P
莱斯沃斯岛(米蒂利尼)	6小时	€21	每周3班, V/K				

V/K-瓦锡或卡罗维西, V-瓦锡, P-卡罗维西　　　　**途经富尔尼群岛

20分钟)和马拉松坎博斯(Marathokambos; €5.60, 1小时)。上车购票。周末车次减少。

汽车和摩托车

位于瓦锡的港口入口处对面的**Manos Moto-Auto Rental**(☎6974392157, 22730 23309; www.manos-rentals.gr; Grammou & Kounturioti)提供高效的服务, **Pegasus Renta Car**(☎22730 24470, 6972017092; www.samos-car-rental.com; Themistoklis Sofouli 5, Vathy)也是不错的选择, 出租价格合适的汽车、四驱车和摩托车。

Samos 萨摩斯岛

在毕达格里奥，还可以选择海滨附近主路上的**John's Rentals**（☎6972338103，22730 61405；www.johns-rent-a-car.gr；Likourgou Logetheti）。

出租车

瓦锡的出租车公司**taxi rank**（☎22730 28404）位于希腊国家银行旁边。开往机场的费用是€25，前往毕达格里奥的费用是€10。而毕达格里奥的**taxi rank**（☎22730 61450）则位于Lykourgou Logotheti底部的海滨旁。

瓦锡（萨摩斯岛）［Vathy（Samos）］

Βαθύ（Σάμος）

人口 2025

瓦锡，也叫萨摩斯，是该岛的首府，坐落在一个深海湾的褶皱处，营造出的曲线形滨海区有一排排的酒吧、咖啡馆和餐馆。在历史街区随处可见坡陡且狭窄的街道，以及位于山坡上的19世纪红砖瓦房，历史氛围浓厚。

景点和活动

瓦锡的主要景点有Ano Vathy老城区（距内陆1公里，途经Sofouli）、怡人的市政花园以及Roditzes和Gagos海滩，还有一座一流的考古博物馆和一座雄伟壮观的教堂**Agios Spyridonas**（Plateia Dimarheiou；⏲8:00~11:00和18:30~19:30）。瓦锡以东15公里处有该岛最棒的、游客最少的海滩之一，坐落在**圣帕拉斯凯维**（Agia Paraskevi）的小渔村。

考古博物馆 博物馆

（Archaeological Museum；☎22730 27469；成人/儿童 €3/免费，11月至次年3月 周日免费；⏲周二至周日 8:00~15:00）岛屿上最棒的博物馆之一，位于两栋相邻的建筑内，这片美丽的建筑群里陈列着自波利克拉特斯（Polycrates，公元前6世纪）统治时期开始的藏品。最著名的展品当属壮观的kouros（古风时期的青年男性雕像），发掘于毕达格里奥附近的赫拉神庙。这是已知最大的kouros，高5.5米。一家阴凉的博物馆咖啡馆在外恭候。大都来自赫拉神庙的其他很多雕塑，还有青铜雕塑、石柱和陶器，让这里的收藏更完整。

教会（拜占庭）博物馆 博物馆

［Ecclesiastical（Byzantine）Museum；28 Oktovriou；成人/学生 €3/2，周日免费；⏲周二至周日 8:30~15:00］馆内收藏着稀有的手稿、金银礼拜器具以及可以追溯到13世纪的引人注目的圣像。萨摩斯岛的主教地位（管辖着伊卡里亚岛和富尔尼群岛）使其拥有了这些神圣器具。

★ **萨摩斯岛葡萄酒博物馆** 葡萄酒厂

（Museum of Samos Wines；☎22730 87551；⏲周一至周六 8:00~20:00）免费 这座富丽堂皇的石头建筑位于新渡轮码头的对面，萨摩斯岛最好的葡萄酒商之一就在这里。这里经常有酒庄游，既可以免费品尝，也可以购买价格公道的葡萄酒，非常方便。

食宿

Pythagoras Hotel 酒店 €

（☎22730 28422；www.pythagoras-hotel.com；Kallistratou 12；标单/双/标三 含早餐€20/30/35；⏲2月至11月；❄@📶）这家经济实惠的酒店距离老港口500米，其非凡的魅力主要归功于热情好客的经理Stelios

Vathy (Samos) 瓦锡(萨摩斯岛)

去Pythagoras Hotel (75m); Ino Village Hotel & Restaurant (150m); Roditzes Beach (150m); Gagos Beach (200m)

去公共汽车站(200m); 港口警察局(200m); 邮局(350m); New Ferry Terminal新渡船终点站(1km); Museum of Samos Wines萨摩斯岛葡萄酒博物馆(1km); Pythagorio毕达格里奥(14km)

Vathy (Samos) 瓦锡(萨摩斯岛)

景点

1 考古博物馆 D3
2 Agios Spyridonas教堂 D3
3 教会（拜占庭）博物馆 A1

住宿

4 Hotel Medousa B2
5 Pension Dreams C2

就餐

6 Taverna Artemis A1
7 Telion C2
8 To Steki B2
9 Zen Restaurant C2

饮品和夜生活

10 Ble A1
11 Escape Music Bar A1
12 Joy C2
13 Mezza Volta A1

Mihalakis。很多房间配有海景阳台，可以享受海上吹来的微风，所有的房间都有大风扇。树木掩映的早餐庭院下面坐落着一片鹅卵石海滩。在渡船港口或公共汽车站提供免费的接送服务。

Pension Dreams 家庭旅馆 €

（☎6944518690, 22730 28422; Areos 9; 房间 带/不带阳台 €35/25; P ❄ 📶）这家安静的小型家庭旅馆地处中心地带，距离海滨100米，可以看到港口的山顶景色。全部7个房间明亮且受到精心打理，有的带大阳台，可以看到花园景色，卫生间窗户全都有遮挡。老板还会说英语和法语。

Hotel Medousa 酒店 €

（☎22730 23501, 6976559972; Themisokleous Sofouli 25; 标单/双 €25/35）酒店一千二净，友好且极具感染力的经济型住宿选择，尤其是6间海景房，带有明亮的玻璃窗，可以俯瞰水滨美景，更不用说楼下便利的冰激凌店了。

★ InoVillage Hotel & Restaurant 酒店 €€

（☎22730 23241; www.inovillagehotel.com; Kalami; 双 含早餐 €70~145; P ❄ 📶 🏊）庭院泳池的两侧是爬满了常春藤、带有阳台的白色建筑，Ino Village就位于瓦锡上方500米处，地理位置偏远，布置雅致。虽然这个小型度假村有时会被小型旅游团订满，但是对待没有预约的游客其价格也很公道，服务热情。酒店还有一个很受欢迎的Elea餐馆和鸡尾酒吧，供应地道的萨摩斯葡萄酒（Samian wines）。

★ Taverna Artemis 希腊小馆 €

（Kefalopoulou 4；主菜 €5~9；⏲正午至深夜）Artemis的鲜鱼和精心制作的开胃小菜和熟食（mayirefta）深受瓦锡当地人的喜爱，不过这里最有名的也许是成对沙丁鱼（sardeles pandremenos）。在希腊语中pandremenos意为已婚，沙丁鱼是摊开、成对供应的，就好像一对夫妇。小馆全年营业，距离码头西北端的港务局约20米。

Telion 希腊菜 €

（☎22730 27526；旋转烤肉和小盘菜 €1.50~3.50；⏲午餐和晚餐）位于中央广场附近海边的出色的烧烤店，服务爽利，有不错的猪肉、鸡肉和羊肉旋转烤肉、皮塔饼烤肉，还有晚餐特色菜，可送餐。

Zen Restaurant 海鲜 €

（☎22730 80983；Themisokleous Sofouli；主菜 €6~9；⏲午餐和晚餐）和周边几家马马虎虎的（希腊语etsi-ketsi）海滨小餐馆对比，Zen精心准备的鲜鱼、沙拉和开胃小菜很出众，意外之喜有炸肉排搭配优质烧烤和干葡萄酒。

ToSteki 希腊小馆 €

（Aogotheti 61；主菜 €4.50~7.50；⏲午餐和晚餐）这家朴实无华且热情好客的餐馆的地理位置比较隐蔽，供应大份烧烤、腌鳀鱼（gavros）、沙拉以及自制浓汤。

饮品和夜生活

在众多海滨咖啡馆中，品质和服务最好的是**Joy**（☎22730 89770；⏲8:00至午夜），从早上开到深夜。与北欧人经常光顾的毕达格里奥酒吧相比，瓦锡的夜生活更具有希腊风格。大多数的咖啡馆和酒吧都位于滨海区，最吸引人的是**Escape**（☎22730 28345；Kefalopoulou 9；⏲22:00至次日6:00）、**Ble**（Kefalopoulou 7；⏲11:00至次日4:00）和**Mezza Volta**（Kefalopoulou），位于码头外100米处、沿Kefalopoulou的水面上。午夜时分，人们载歌载舞。

ℹ 实用信息

设有ATM机的银行位于Pythagora广场和水滨区。毕达哥拉广场（Plateia Pythagora）和所有海滨地区都提供免费Wi-Fi。

港口警察局（☎22730 27890）

邮局（Plateia Nikolaou；⏲7:30~14:00）

萨摩斯岛综合医院（Samos General Hospital；☎22730 27407）是一家效率很高的地方医院，面向周边群岛，位于码头以北，Pythagoras Hotel对面。

毕达格里奥（Pythagorio）

Πυθαγόρειο

人口 1330

坐落在东南海岸、土耳其对面，美丽宜人的毕达格里奥有一个泊满游艇的港口，是萨摩斯岛主要的考古遗址发现地。从萨摩斯岛南部出发的所有船只都从毕达格里奥发船，包括去往小岛Samiopoula的一日游船只。向毕达格里奥西边步行1.5公里，即可到达一片干净、没有污染的海滩，海滩上随处可见太阳伞、卫生间，是游泳的好去处。

景点

欧帕里诺斯隧道 考古遗址

（Evpalinos Tunnel；☎22730 61400；成人/儿童 €4/免费；⏲周二至周日 8:00~15:00）公元前524年，当时毕达格里奥（之后改名为萨摩斯岛）是该岛的首府，同时还是一个拥有80,000人口的繁华大都市，确保饮用水的水源在当时尤为关键。为解决这一问题，统治者波利克拉特斯将他的独裁专政发挥到了极致，命令足智多谋的工程师欧帕里诺斯（Evpalinos）制定精密的计划，并让劳工根据计划从山的一侧开始掘进。许多工人在这项危险的掘进工作中命丧黄泉，成果就是长1034米的欧帕里诺斯隧道。中世纪时当地人用它来躲避海盗的入侵。

欧帕里诺斯隧道实际上是两条隧道：一条是服务隧道，另一条是从人行道上能够看见的较低的水渠。经过一段狭窄的阶梯即可进入隧道，但人群需排成一列纵队才能进

买一赠一

如果你想参观毕达格里奥以北新奇的欧帕里诺斯隧道（Evpalinos Tunnel）和位于机场西面的赫拉神庙（Heraion）——为纪念宙斯的妻子赫拉而建的户外神庙，购买两处的联票（€6）可以省钱。

人。只能进入隧道的100米左右，但这已经足够让人对这项黄金时代的工程奇迹佩服得五体投地。

莱克格斯罗格塞迪斯城堡 城堡

（Castle of Lykourgos Logothetis；⏲周二至周日 9:00至黄昏）1821年独立战争期间，萨摩斯岛人占据主导地位，该城堡由反抗领袖Logothetis于1824年建成，是那个动荡年代的主要遗迹。坐落于梅塔莫尔弗西斯索蒂洛斯南端的一座山丘上，靠近停车场。**城墙**曾一度从这里延伸至欧帕里诺斯隧道。

毕达格里奥考古博物馆 博物馆

（Archaeological Museum of Pythagorio；☎22730 62811；Polykratous；门票 €4；⏲周二至周日 9:00~15:00）这座金碧辉煌的博物馆已重新装修，陈列着来自毕达格里奥和不到5公里开外的公元前6世纪赫拉神庙的重大发现，还有引人注目的陶器，年代从公元前9世纪贯穿希腊的黄金年代。博物馆内贴有希腊语、英语和德语标签。

石窟圣母修道院 修道院

（Moni Panagias Spilianis，Monastery of the Virgin of the Grotto；☎22730 61361；⏲9:00~20:00）免费 位于毕达格里奥西北约1.5公里处，在岔路口向右走，路过一个古老的剧院，然后抵达这个岩洞修道院。人行道蜿蜒穿过一片老橄榄树林，除了游客凉亭外，树荫下也是躲避夏天烈日的好地方，这里可以俯瞰附近土耳其海岸的美景。

活动

除了游泳和日光浴，还可以尝试一下水肺潜水，前往**Samos Dive Center**（☎69729-97645；www.samosdiving@gmail.com；Konstantinou Kanari 1）或**Aegean Scuba**（☎69365-65707，22730 23006；Agios Nikolaou 8）。有专业教练带领你潜水，寻找海鳗、海星、章鱼、龙虾以及潜伏在毕达格里奥周边、被海绵遮住的岩石裂缝里的生物。初学者半天内潜水2次的费用为€35，全天潜水，包括开阔水面，起价约为€80。还组织浮潜（€20）。

住宿

★Pension Despina 家庭旅馆 €

（☎6938120399，22730 61677；www.samosrooms.gr/despina/more.html；A Nikolaou；房间/单间公寓 €35/40；❄📶）Despina是位于地处中心的Irinis广场上的一家被打理得无可挑剔的安静的家庭旅馆，提供迷人的房间和单间公寓，带吊扇和阳台（有的房间配有小厨房），还有一个后花园供客人放松。老板阿西娜（Athina）非常友好。

Philoxenia Pension 家庭旅馆 €

（☎6973768371，22730 61055；www.pensionphiloxeniasamos.blogspot.com；房间/单间公寓 €30/35起；❄@📶）位于考古博物馆对面，找一找鲜花盛开的小庭院。舒适无比的房间收拾得干干净净，配有吊扇和山景阳台，还有普通厨房和洗衣房设施。老板一家就住在附近的一座公寓里，所以想获得帮助的话，很方便。

Polyxeni Hotel 酒店 €

（☎22730 61590；www.polyxenihotel.com；标单/双/标三 含早餐 €40/50/65起；❄📶）这个管理良好的海滨酒店位于港口中央，从主路左转即可到达，有的房间带有可观海景的阳台（配有吊扇和双层玻璃窗），大厅里有颇受欢迎的鸡尾酒吧和相邻的礼品店，工作人员礼貌又热情。

餐饮

★Kafeneio To Mouragio 咖啡馆 €

（☎22730 62390；开胃小菜 €3~6；⏲8:00至午夜；📶）温馨的氛围和希腊客人占主导说明这个地方提供不错的小吃，比如鹰嘴豆炸丸子和各种开胃小菜。饮品包括上午的咖啡和晚些时候供应的冰镇乌佐酒、葡萄酒和啤酒。欢迎客人免费寄放行李。

Faros
希腊小馆 €

（☎22730 62464；开胃小菜 €4~6，主菜 €6.50~10；⏰11:00至午夜；📶）过了Elia Taverna就是这家东部海港餐馆，坐落在海湾内。Faros价格稍高，是一个极简主义的现代化地中海式小馆，提供出色的开胃小菜——mesklo奶酪、叶卷饭或烤章鱼，以及主菜酿羔羊肉（exohiko）和一直备受欢迎的红鲱鱼片（barbounia）。

To Tigani tis Platias
希腊小馆 €

（☎6971673770；Plateia Irinis；主菜 €5~9；🖊）提供漂亮的希腊常规菜，就在Pension Despina对面。在当地人和游客中间很受欢迎，尤其是出色的蔬菜选择，比如烘烤羊乳酪、白豆（gigantes）和西葫芦丸子，全都胜人一筹。烤肉也很棒，环境阴凉，服务令人愉快，还有美酒。

Robinson
快餐 €

（烤肉皮塔饼 €2~4；⏰11:00~23:00）在这里可以尽情地享用地道的多汁皮塔烤肉串（pitta souvlakia）和旋转烤肉配皮塔饼（gyros）。位于毕达格里奥的主交叉口处，一部分店门面朝港口。

Elia Taverna
希腊菜 €

（☎22730 61436；主菜 €5.50~9；⏰午餐和晚餐；📶）位于港口的东北角，Elia（意为"橄榄"）是一家树荫掩映的室外餐厅，供应甘美多汁的传统熟食（mayirefta），例如酿番茄（yemista）和在烤箱里慢烤的羔羊肉（kleftiko）。与港口的喧嚣有一定距离，令人放松。

Taverna Maritsa
希腊小馆 €€

（☎22730 61957；主菜 €5~11；⏰午餐和晚餐）在前往毕达格里奥的停车场附近，来到小街道里的这家小鱼馆，从海滨的喧嚣中解脱出来。鲜鱼按公斤出售，汤和沙拉非常丰盛，还有干葡萄酒。

Notos
酒吧

（☎22730 62351；Tarsanas Beach；⏰正午至深夜；📶）从主路出发，在港口处右转（向南）即可到达这家备受欢迎的午夜音乐酒吧兼希腊小馆，坐落在一个公共停车场对面。周二和周六还有现场音乐表演。

ℹ 实用信息

主街沿线有几台ATM机。大多数的咖啡馆和餐厅提供免费Wi-Fi。出租车集中在港口旁边的Egeou Pelagous。

By Ship Travel（☎22730 62285；www.byshiptravel.gr）是一个有用的、为游客提供全面服务的旅行社，提供租车、住宿服务，出售机票和渡船票。位于刚进城镇的岔路口处。

邮局（Lykourgou Logotheti；⏰7:30~14:00）

旅游办事处（☎22730 61389；deap5@otenet.gr；Lykourgou Logotheti；⏰8:00~21:30）

旅游警察局（☎22730 61100；Lykourgou Logotheti）

毕达格里奥周边

赫拉神庙地区（The Heraion）

Το Ηραίον

伊雷昂（Ireon）是远离考古遗址的度假村，与毕达格里奥相比，面积更小，更低调。这里的夜生活丰富多彩，也是洗海水澡的好去处，人们喜欢到这里欣赏月亮升起的景象。

👁 景点

赫拉神庙
考古遗址

（Heraion；成人/儿童 €4/免费；⏰周二至周日 8:30~15:00）零星分布的遗迹几乎很难令人联想到它昔日的辉煌，这个为女神赫拉所建的古代神庙坐落在毕达格里奥以西4公里处。"圣道"（Sacred Way）两侧曾经有数以千计的大理石雕塑，从城里一直延伸至这个被列入《世界遗产名录》的地方，建于传说中赫拉的诞生地的神庙。然而，这里有足够多保存下来的遗迹可以让我们进一步了解这座比帕台农神庙（Parthenon）大4倍的圣殿。

赫拉神庙建于公元前6世纪，建在早期迈锡尼神庙的遗址之上。尽管还残留着一些宽广的地基，但烧杀抢掠和地震使这里仅剩一根石柱。其他遗迹还包括一个柱廊、5世纪的基督教教堂以及令人不安的Geneleos Group家族无头雕塑。考古学家们仍然在此继续发掘，寻找地下的珍宝。

食宿

★ Hotel Restaurant Cohyli 酒店 €

(☎6977809389, 22730 95282; www.hotel-cohyli.com; Ireon; 标单/双/标三 含早餐 €35/45/55起; P ❄ 📶)可以在这家惬意的希腊小馆兼酒店就餐和住宿。房间既舒适又干净，配有冰箱和风扇。饿意袭来时可前往隔壁的树荫庭院，品尝一下美味的开胃小菜、炸奶酪(saganaki)、鲜鱼和带"阳光鸡蛋"的早餐。马路对面是一处小海滩，许多夏季夜晚有现场原声音乐。

Aegeio Taverna 海鲜 €

(Ireon; 主菜 €4.50~8.50; ⏲午餐和晚餐)这家热门的海滨小馆周日尤其拥挤，从毕达格里奥及周边来的希腊人都来这里吃海鲜。

Restaurant Glaros 海鲜 €

(☎22730 95457; Ireon; 主菜 €4~7.50)这座一切从简的原汁原味伊雷昂餐厅提供传统的鱼汤和手包葡萄叶与蔓藤卷饭(dolmadhes)。爬满了葡萄藤的外廊面朝淡蓝色的大海，令人愉快。

普西利阿莫斯 (Psili Ammos) Ψιλή Άμμος

多沙的普西利阿莫斯位于毕达格里奥以东11公里处，是东南部最宜人的海滩。面朝土耳其的一处美丽海湾周围树木掩映，有深受儿童喜爱的浅水区。几家香气扑鼻的鱼馆与海湾美景相媲美。想要欣赏海景品尝沙丁鱼，可选择高档的Apartments Elena(☎6974029932, 22730 23645; www.elenaapartments.gr; Psili Ammos; 标单/双 €30/40起; P ❄ 📶)，这里的房间宽敞舒适。

毕达格里奥至Drakeï Πυθαγόριο προς Δρακαίους

从毕达格里奥驱车向西，横穿南部海岸景色壮观的高山。这条路线上还有很多带有标识牌的小木屋，养蜂人在这里出售物美价廉的萨摩斯蜂蜜。

在村庄皮尔戈斯(Pyrgos)周边，抵达马拉索坎布湾(Ormos Marathokambou)之前，沿途会欣赏到壮丽的高山、蔚蓝的天空和波澜不惊的大海。西边4公里处的是沃察拉基亚(Votsalakia，常被称作坎博斯)，是一片长长的多沙海滩。为躲避盛夏拥挤的人群可继续向西3公里抵达更安静的普西利阿莫斯海滩(Psili Ammos Beach)，在这里的廉价旅馆留宿，在海边的希腊小馆品尝鲜鱼。

徒步者痴迷于探索Kerkis山的两侧，甚至是登上山顶(1434米)，不过事先需在沃察拉基亚(Votsalakia)打探好进山的道路，途经福音修道院(convent of Evangelistrias)。

经过坎博斯后，西边崎岖不平的道路，未经开发且很宁静，环绕着科齐斯山，通向Kallithea和Drakeï，之后就无路可走了。仅有一条步行道连接此地与北海岸的Potami。

萨摩斯岛北部

瓦锡至卡罗维西 (Vathy to Karlovasi) Βαθύ προς Καρλόβασι

从瓦锡出发，海岸路向西穿过大量的海滩和度假村。科卡利(距瓦锡10公里远)曾是一个渔村，后来发展为一个小型旅游胜地。夏季，这片长长的鹅卵石海滩是帆板爱好者体验海浪的好去处。对于多数以科卡利为基地的游客而言，附近的海滩如Lemonaki、Tsamadou、Tsambou和Livadhaki吸引了游泳和晒太阳的人。

继续向西，地表被更多的森林和群山覆盖。从左手边的岔路步行5公里即可到达美丽的山村弗尔里奥泰斯(Vourliotes)。那里色彩斑斓、带有百叶窗的房屋都簇拥在一个广场周边。此外，步行者可以穿越弗尔里奥泰斯和科卡利(Kokkari)之间的橄榄树丛和高山林地，体验一段8公里长的环线小路——那些神奇的人行步道(monopati)线路之一，在这些线路上，你几乎意识不到自己在攀登。弗尔里奥泰斯有免费的徒步地图。

返回海滨路，寻找设有路标的岔路前往另一个散发着芬芳气息的村庄马诺拉特斯(Manolates)，位于Ambelos山(Karvouni; 1150米)的缓坡、自山脚向上5公里处。四周是茂密的阔叶林和非常漂亮的传统房屋，马诺拉特斯几乎被群山环绕，相比海岸的酷热难耐，这里更加凉爽。

弗尔里奥泰斯和马诺拉特斯的商店均出售手工陶瓷艺术品和圣像。这里有很多地道的希腊小馆，虽然马诺拉特斯的游客更多，但为了一睹古萨摩斯岛的风采，这两个村庄值得一游。

返回海滨，继续西行，穿过鲜花盛开的**圣康斯坦丁诺斯**（Agios Konstantinos），就到达了平淡无奇的卡罗维西（Karlovasi）——萨摩斯岛的第三大港口，有几家酒店和希腊小馆，还有提供渡轮船票和可靠信息的**Rhenia Tours**（☎22730 62280）。**卡罗维西制革厂博物馆**（Karlovasi Tannery Museum；⏲周二至周日 9:00~13:00）免费和**卡罗维西民间艺术博物馆**（Karlovasi Folk Art Museum；☎22730 62286；⏲周二至周日 9:00~13:00）免费展示了这座城镇工人阶级的历史。码头上方的古老村庄老卡罗维西（Palio Karlovasi）值得驾车片刻上山看看，不过最远只能到小停车场，从那里步行500米，可以到达圣特里亚达（Agia Triada）小礼拜堂，视野很开阔。

卡罗维西3公里以外是多沙多鹅卵石的**波塔米海滩**（Potami Beach），适合游泳，还有一个雷鬼（reggae）海滩酒吧。附近的**森林瀑布**（forest waterfalls）为这里增色不少。从海滩出发向西走50米，在左边有指示牌。一踏入森林，首先映入眼帘的是历史悠久的**梅塔莫尔弗西斯索蒂洛斯礼拜堂**（Metamorfosis Sotiros chapel），虔诚的教徒在这里点燃蜡烛。继续前行约1.5公里，穿过沿河的木栈道，就来到了一个河道边，必须涉水或游泳过去才能欣赏到高2米的瀑布。

住宿

★ Studios Angela 公寓 €

（☎22730 94478；www.studios-angela.gr；Manolates；双 €35；❄）这家公寓经济实惠，5套单间公寓位于马诺拉特斯的教堂附近，建在山丘上，可以俯瞰大海，陈设传统，有现代化的小厨房，老板Angela友好热情。

Kokkari Beach Hotel 酒店 €€

（☎22730 92238；www.kokkaribeach.com；Kokkari；标单/双/标三 含早餐 €50/60/75；P❄📶🏊）这个引人注目的高档酒店位于公共汽车停靠站以西1公里处，坐落于公路后面的一幢淡绿色和蓝色相间的建筑里，就在海滩的正对面。房间通风凉爽，同样色彩鲜艳。

就餐

★ Hippy's Restaurant Café 希腊小馆 €

（☎6976770021，22730 33796；Potami Beach；主菜 €2~7；⏲9:00至日落以后；P📶）这家时尚的露天咖啡馆与酒吧是家族产业，将希腊和南太平洋的装饰风格与爵士、雷鬼、古典、神游舞曲和氛围音乐相结合。这里有不错的鸡蛋饼、意大利面、烤鲜鱼和烤串，还有老板Apolstolis用自然方式酿造的葡萄酒和各式各样的饮品及果汁。这个地方有末日般的散漫氛围，不乏热情和特色。

Taverna Bira 希腊小馆 €

（☎22730 92350；Kokkari；主菜 €5~9；⏲午餐和晚餐）在公共汽车站对面，Bira是一家优雅的老式希腊小馆，提供当地最受欢迎的食物，比如多加橄榄油的传统素菜（ladhera），也是宗教斋戒时的主要食物。这里的美味还有希腊煮青菜（horta）和酿西葫芦花（anthoi）。

Café Bar Cavos 咖啡馆 €

（☎22730 92426；Kokkari；主菜 €6~12；⏲9:00至午夜；📶）科卡利这家高效舒适的海港酒吧有不错的早餐、下午小吃、鲜榨果汁和傍晚鸡尾酒。价格公道，有免费Wi-Fi和可观看大型体育赛事的卫星电视。点一份Uli自制的蛋糕。

O Tarsanas Restaurant 希腊小馆 €

（☎22730 92337；Kokkari；主菜 €6~12；⏲17:00至午夜；📶）以科卡利古老的造船区命名，这家地道的老式希腊小馆提供恰到好处的美味比萨和肉末茄盒（mousakas）。热情的老板Kyriakos为你卷出可口的葡萄叶和蔓藤卷饭（dolmadhes），斟上自制葡萄酒。

Galazio Pigadi 希腊小馆 €

（Vourliotes；主菜 €5~8，⏲9.00~23:00）穿过弗尔里奥泰斯的广场就来到了这家氛围浓郁的老式小餐馆，供应品种多样的开胃小菜，包括bourekakia（酥脆的奶酪油酥糕点）。当地的葡萄酒值得一品。

Loukas Taverna 希腊小馆 €

（Manolates；主菜 €5~8；⏲午餐和晚餐）

踏入马诺拉特斯，首先映入眼帘的是一个接一个的指示牌，指引客人前往这家位于村庄高处的传统餐馆。这里的老板马诺利斯对自家美味丰盛的希腊小馆引以为豪，供应自酿的葡萄酒——红葡萄酒、白葡萄酒和甜味葡萄酒。

Taverna AAA 希腊小馆 €

（☎22730 94472; Manolates; 主菜€5~10; ⊙午餐和晚餐）向下踏入"Tria Alpha"（3个字母A）舒适绚丽的庭院，一家很吸引人的希腊小馆位于贯穿马诺拉特斯的主要步行路线旁边，有传统希腊厨房菜式，服务活泼。

实用信息

Terrain版本的萨摩斯岛地图是探索该地区的好向导，科卡利的**Lexis Bookstore**（☎22730 92271; ⊙9:30~22:30）有售，那里还有国外书籍、杂志和报纸。

EOT（希腊国家旅游组织；☎22730 92217; Kokkari; ⊙周一至周六 9:00~13:00; 📶）

希俄斯岛（CHIOS） ΧΙΟΣ

人口 53,820

颇受喜爱的希俄斯岛（发音：hee-os）是希腊较大的岛屿之一，连同毗邻的小岛伊努塞斯岛（Inousses），在国家历史上有重大意义，也是航海巨头的发源地。岛上地形复杂多样，既有北部僻静的高山峭壁，也有中心地带岛屿港口首府附近的Kampos柑橘庄园，还有南部土壤肥沃的乳香村（Mastihohoria）——这里是世界上唯一商业化种植乳香树（Mastic tree）的地方（见452页）。希俄斯人热情好客，对他们的历史、传统以及生活方式引以为傲。对于游客而言，这是一个了解希俄斯文化的机会，从艺术和美食到徒步和生态活动。

希俄斯岛有固定船只往来于整个东北爱琴海群岛，还有一个机场。在它们之间，东部希俄斯镇的港口和西北部的沃利索斯（Volissos）有定期渡船前往迷人的、人迹罕至的卫星岛普萨拉岛（Psara）和伊努塞斯岛，这两个岛与希俄斯岛一起共同拥有伟大的航海传统。海对岸是活力四射的土耳其海滨度假村。

历史

与萨摩斯岛和莱斯沃斯岛一样，希俄斯岛靠近土耳其，这一优越的地理位置既给它带来了辉煌，又使它陷于痛苦的境地。在奥斯曼的统治下，希俄斯岛对乳香——苏丹人最爱的胶糖——的垄断为希俄斯人带来了巨大的财富和特权。然而，1821~1829年独立战争期间，成千上万的希俄斯人被奥斯曼军队屠杀。

1922年，希俄斯与希腊本土人民共同发起了针对小亚细亚的追讨领土武装运动，然而惨遭失败，大批的难民从小亚细亚［安纳托利亚（Anatolia）］涌入希俄斯岛以及邻近的岛屿。次年发生了"人口交换"，两百多万希腊少数民族和土耳其人被迫返回他们祖先的家乡。

到达和离开

飞机

夏季，**爱琴海航空**（☎801 1120000; www.aegeanair.com）、**Sky Express**（☎28102 23835; www.skyexpress.gr）和**阿斯特拉航空**（☎801 7007466; www.astra-airlines.gr）服务于雅典和周边岛屿。机场距希俄斯镇4公里远。无公共汽车；乘机场出租车的费用为€8。在Hatzelenis Tours（见451页）和机场柜台可购买机票。

希俄斯岛国内航班信息

目的地	时间	票价	班次
雅典	45分钟	€50~72	每天3~4班
克里特岛（伊拉克利翁）	1.25小时	€91	每周2班
莱斯沃斯岛	35分钟	€47	每周2班
利姆诺斯岛	1.75小时	€56	每周2班
罗得岛	1.75小时	€62	每周2班
萨摩斯岛	30分钟	€47	每周2班
塞萨洛尼基	3小时（途经雅典）	€81	每天1~2班

Chios 希俄斯岛

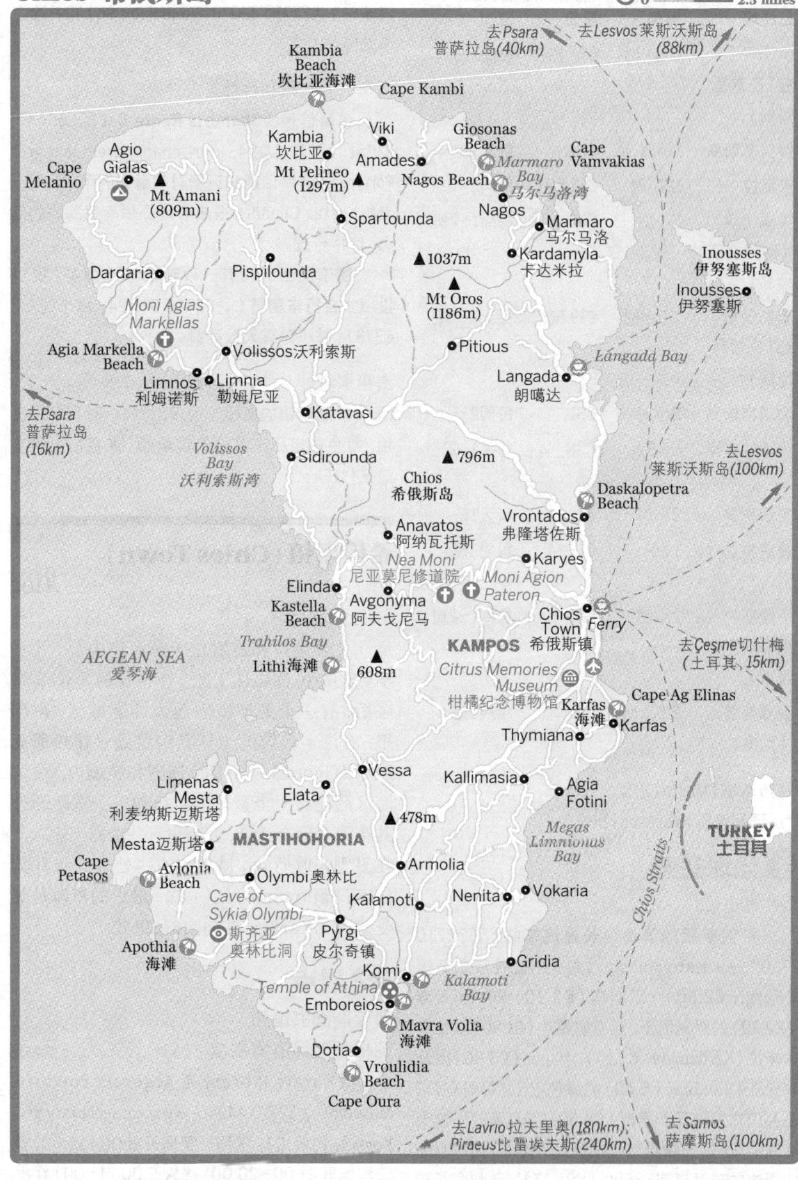

船

可前往位于希俄斯镇的Hatzelenis Tours（见451页）或Michalakis Travel（见451页）购买船票。

除了前往附近伊努塞斯岛的定期渡轮，每天有**水上出租**（Water Taxi，☎6945361281，6944168104）来往于朗噶达（Langada）和伊努塞斯岛（€65，最多由8名乘客均摊）。除非另有标注，以下班次从希俄斯镇出发：

希俄斯岛船只服务信息

目的地	时间	票价	班次
伊卡里亚岛（圣基里科斯）	4.5小时	€17	每周1班
伊努塞斯岛	1小时	€7	每天1班
卡瓦拉	12小时	€31.50	每周2~3班
拉夫里奥（途经普萨拉岛）	8小时	€26	每周1~2班
莱斯沃斯岛（米蒂利尼镇）*	2.5小时	€19.50	每天2~3班
利姆诺斯岛	8小时	€31	每周2班
比雷埃夫斯	6~9小时	€38	每天1~2班
普萨拉岛	3小时	€7~14	每天1班
普萨拉岛**	1.25小时	€7~14	每周2班
萨摩斯岛（卡罗维西）	2小时	€14	每周1~2班
萨摩斯岛（瓦锡）	2.5小时	€16	每周2班

*从迈斯塔（Mesta）出发

**从沃利索斯（Volissos）出发

当地交通

公共汽车

希俄斯镇的滨海区**长途汽车站**（☎22710 27507; www.ktelchios.gr）每天有发往皮尔奇镇（Pyrgi; €2.80）、迈斯塔（€3.90）和Lithi海滩（€2.70）的绿色巴士，还有朗噶达（€1.80）发往卡达米拉（Kardamyla; €3.10）、Nagos（€3.80）以及坎比亚（Kambia; €5.40）的绿色巴士。每周有3班公共汽车发往沃利索斯（€4.50）。6月至9月，这个高效的车站（有咖啡馆和投币式储物柜）还组织岛屿周边的公共汽车一日游（€8~15）。沃利索斯有往北的一班团队游，在圣马尔凯拉（Agia Markela）停留，然后在利姆尼（Limnis）留些时间游泳。

在沃纳基奥广场（Vounakiou Sq）的蓝色城市大巴也前往附近的Karfas海滩（€1.50），就在城镇以南，还去往城镇以北的弗隆塔佐斯（Vrontados; €1.50）。时刻表通常贴在**当地公共汽车站**（☎22710 22079; Vounakiou Sq）和长途汽车站内。

汽车、摩托车和自行车

值得信赖的**Chandris Renta Car**（☎69449-72051, 22710 27194; info@chandrisrentacar.gr; Porfyra 5）是希俄斯镇运营时间最长的租车公司，老板Kostas Chandris很热心地提供有关岛屿的信息，价格合理。

海滨的西北角有一项新的市政服务，提供投币式**自行车租赁**（☎22713 06724; 每小时/天€3/8），按小时或天数计费。

出租车

希俄斯镇的出租车很多，可按小时（€25）出租。红色的出租车前往希俄斯镇，灰色的出租车前往村庄。

希俄斯镇（Chios Town）

Χίος

人口 23,780

主要港口和首府位于东海岸中部，几乎半数的岛民都居住于此。在狭长的繁忙滨海区后，有一个更加寂静迷人的老城区，在那里，有许多传统的土耳其房屋矗立在热那亚城堡（Genoese castle）周围和城墙内。在滨海区后还有一个繁华的市场和一个宽敞的公共花园（Vounaki），公园里有一个露天影院，在夏季夜晚营业。城堡里有一处老式土耳其浴室（hammam）可以一探。最近的海滩是颇受欢迎的Karfas，在向南6公里处。

景点

科莱斯图书馆和阿根蒂斯民俗博物馆 博物馆

（Korais Library & Argentis Folkloric Museum; ☎22710 44246; www.koraeslibrary.gr; Korai3; 门票 €2; ⊙周一至周五 8:00~15:00，周二和周五 17:00~20:00，周六 9:00~14:00）在非凡卓越的科莱斯图书馆的上层，阿根蒂斯民俗博物馆内保存着19世纪的分娩椅，还有牧人的工具、刺绣品、传统服饰以及富有的阿根蒂斯家族的肖像。阿根蒂斯在1891年生于马赛（Marseilles），毕生致力于希俄斯岛历史的研究。图书馆内存有15世纪的医学文献。

考古博物馆

博物馆

（Archaeological Museum；☎22710 44239；Mihalon 10；门票 €2；⏰周二至周日 8:00~15:00）收藏有在Emporios的英国考古学院发掘出的史前和古风时期的珍宝，还有大量令人印象深刻、来自Agios Galas和Fana的新石器时代和古典时代的发现（硬币、雕塑和陶器）。

拜占庭博物馆

博物馆

（Byzantine Museum；☎22710 26866；Plateia Vounaki；门票 €2；⏰周二至周日 8:30~15:30）博物馆坐落在19世纪的奥斯曼Medjitie Djami清真寺内，内有来自拜占庭、后拜占庭、热那亚和伊斯兰时期的藏品，包括古老的真经、精美的圣像以及犹太人、穆斯林和亚美尼亚人的墓碑等。

朱斯蒂尼亚尼宫殿博物馆

博物馆

（Giustiniani Palace Museum；☎22710 22819；门票 €2；⏰周二至周日 8:00~15:00）这个小型博物馆（或“Palataki”）在城堡大门附近，看上去一如15世纪时的堡垒。其中最别具风格的当属可以追溯到13世纪的12幅拜占庭先知壁画，以及18世纪的大天使米迦勒（Archangel Michael）的全身圣像。

住宿

★Chios Rooms

家庭旅馆 €

（☎22710 20198；www.chiosrooms.gr；Aigaiou 110；标单/双/标三 €25/30/40起；📶）Chios Rooms是位于滨海区的一个兼收并蓄、与青年旅舍类似的新古典主义旅馆，设计师即店老板本人，是新西兰人Don，他还为客人提供清新的泉水。房间里配有古色古香的精美家具、传统地毯以及高高的天花板，个性十足。多数房间配有独立卫生间，其他房间共用一个卫生间。

Rooms Alex

家庭旅馆 €

（☎6979535256；roomsalex@hotmail.gr；Livanou 29；标单/双 €30/45）老板Alex Stoupas曾当过船长，每个干净简洁的房间里都饰有他手工制作的轮船模型。正如他乐于告诉你的那样，kapetanios是“全心全意的热心肠”，在渡船码头提供接送服务，会讲英语、法语和西班牙语。

Ionia Rooms

家庭旅馆 €

（☎22710 82979，6932467821；www.ioniarooms.gr；标单/双/标三 含早餐 €25/35/45起；❄📶）从繁忙的滨海区走一个小街区即可到达这家极具魅力、干净且高效的廉价旅馆，有7个房间，配有小冰箱和防蚊纱窗。如果不喜欢清晨摩托车的声音，可以要求住在后面的房间。

Hotel Kyma

酒店 €€

（☎22710 44500；www.hotelkyma.com；EvgeniasChandris 1；标单/双/标三 含早餐 €50/65/80起；❄📶）改建后的Kyma除了有可观海景的阳台和富丽堂皇的装饰外，最令人称赞的是其优质的服务——老板Theodoros Spordylis会用英语、意大利语、土耳其语和德语解决问题。

就餐

★Hotzas Taverna

希腊小馆 €

（☎22710 42787；Kondyli 3；主菜 €5.50~9；⏰周一至周六 晚餐）位于希俄斯镇的这家舒适迷人的希腊小馆，供应经过改良的地道希腊菜肴，如酸奶芝麻菜羊肉串、番茄和柑橘配白豆，以及柠檬叶卷饭。还有很多种美味的素菜，包括意大利调味饭。从意面到甜点，所有的食物都是手工制作（herisia）的。

★Kechibari Ouzerie

开胃菜馆 €

（☎6942425459；Agion Anargyron 7；主菜 €4~7；⏰6月至9月 午餐）这个舒适惬意的乌佐酒馆，从水滨出发，步行10分钟即可到达。供应种类繁多的小菜，除了味道极好的鱼以外，还有贻贝、烤马铃薯以及烤肉。服务优质，好吃不贵。在教堂对面。

Ixthioskala

海鲜 €

（☎22710 42114；主菜 €4.50~9；⏰午餐和晚餐）极具希腊特色的鱼馆（psarotaverna），非常可口，就在码头北端后面通向老式土耳其浴室的方向。这里是渔民及其他码头常客最喜爱的地方，与海边通常无甚出奇的小餐馆截然不同。

Ouzeri Tzivaeri

希腊小馆 €

（☎22710 43559；Neorion 13；开胃小菜 €3~8）位于港口边的这家餐馆食客络绎不

Chios Town 希俄斯镇

绝，供应油浸番茄干、烤鳕鱼、传统的希俄斯岛香肠和新鲜的鳀鱼（gavros）。

购物

Mastiha shop 化妆品

（☎22710 81600; www.mastihashop.com; Aigaiou 36）高效迷人的商店，有一系列的乳香产品，例如润肤乳、牙膏、肥皂和调味品。要一份纯乳香样品嚼嚼。

Sarandis Tourist Shop 纪念品、书籍

（☎22710 24224; www.saranti.gr; Aigaiou和Roïdi交叉路口）随兴的Sarandis各样商品都有一些，从冷饮和葡萄酒到乳香润肤乳和详细的岛屿地图。

实用信息

在滨海区沿线和广场上的银行里能找到ATM机。水滨咖啡馆提供免费Wi-Fi。

希俄斯岛综合医院（Chios General Hospital; ☎22710 44302; El Venizelou 7）

希俄斯岛旅游办事处（Chios Tourist Office; ☎22713 51726; www.chios.gr; Kanari 18; ⏰7月

Chios Town 希俄斯镇

景点

1 考古博物馆........C5
2 拜占庭博物馆........A2
3 朱斯蒂尼亚尼宫殿博物馆........A1
4 科莱斯图书馆和阿根蒂斯民俗博物馆........B4

住宿

5 Chios Rooms........C4
6 Hotel Kyma........D4
7 Ionia Rooms........B4
8 Rooms Alex........C4

就餐

9 Ouzeri Tzivaeri........B1

购物

10 Mastihashop........B2
11 Sarandis Tourist Shop........B2

和8月 7:00~15:00和18:00~22:00）岛屿的交通和住宿信息，还有免费的《希俄斯岛文化线路》（*Cultural Routes of Chios*）实用小册子。

Hatzelenis Tours（☎22710 20002；www.infochios.com；mano2@otenet.gr；LeoforosAigaiou 2）这家值得信赖、提供全面服务的旅行社位于港口对面，出售渡船票和机票，组织观光游（包括前往附近的伊努塞斯岛），安排住宿和价格公道的租车服务。

Michalakis Travel（☎22710 40070；www.michalakistravel.gr；Neorion）

邮局（☎22710 44350；Plateia Vounaki；⏰7:30~14:00）

旅游警察局（☎22710 44427/9；Neorion）

希俄斯岛中部

希俄斯镇以北4公里处是**弗隆塔佐斯**（Vrontados），是荷马的传奇石椅所在地，**Daskalopetra**（"教师的石头"）是靠近大海的一块尖锥形岩石，看上去很像是学生们上课的地方。

紧挨着希俄斯镇南部的是**Kampos**，周边是郁郁葱葱的柑橘树，热那亚和希腊的富商们从14世纪起就到这里避暑。这里有很多精致的花园和高墙府邸，有的被重新整修过，有的已经坍塌。琳琅满目的**柑橘纪念博物馆**（Citrus Memories Museum；☎22710 31513；www.citrus-chios.gr；Kampos；⏰6月至9月 10:00~21:00，10月至次年4月 至18:00）免费 记录了该地区以农业为主的生产模式，还有夏季音乐会和艺术展。

位于岛屿中部的**尼亚莫尼修道院**（Nea Moni，New Monastery；⏰9:00~13:00和16:00~19:00）免费 是列入《世界遗产名录》的11世纪拜占庭修道院。曾是希腊最富有的修道院之一，吸引了无数出类拔萃的拜占庭艺术家为其主教堂（katholikon）创作马赛克镶嵌画。不幸的是，在希腊独立战争期间，土耳其人将修道院付之一炬，屠杀了所有的僧侣。另一场灾难是1881年的一场地震，摧毁了主教堂的穹顶。这里如今是一座女修道院。

另一个庄严的地方是**阿纳瓦托斯**（Anavatos），位于西北方10公里处，在一条寂静小路的尽头。建于一处陡峭的悬崖之上，随处可见废置已久的灰色石屋和狭窄的步行道。1822年土耳其实施报复期间，村民们涌入这里以躲避抓捕。如今，这里被称作"鬼村（ghostvillage）"。

附近的村庄**阿夫戈尼马**（Avgonyma），在阿纳瓦托斯和尼亚莫尼修道院之间，是探索该地区的理想落脚点。**Pyrgos**（☎22710 42175；www.chiospyrgosrooms.gr；Avgonyma；主菜 €5~10；⏰早餐、午餐和晚餐）和相邻的**To Asteri**（☎22710 20577；Avgonyma；主菜 €4~7.50；⏰午餐和晚餐）在此恭候，非常适合在夕阳西下时喝一杯，或者吃个冰激凌。

在更为僻静的中央西海岸海滩中，风景如画的**Lithi**最受游客青睐，小海湾旁边有几家诱人的希腊小馆。

住宿

Spiti Elaionas 公寓 €

（☎22710 20002；mano2@otenet.gr；Kampos；双 €40起）两座传统且装饰雅致的石屋，坐落在安静的山坡上，距Karfas海滩300米远，可以俯瞰土耳其海岸的美丽景色。

Perleas Mansion 历史酒店 €€

（☎22710 32217；www.perleas.gr；Vitiadou，Kampos；标单/双/标三 含早餐 €80/100/120起；P❄📶）重新装修过的Perleas Mansion有7套设施齐全的高雅公寓。可供休闲的庄园建

于1640年，是热那亚建筑的典范。餐馆供应传统希腊菜肴。

希俄斯岛北部

从希俄斯镇沿着东海岸驱车向北，途经Pelineo山、Oros山和Amani山的陡峭山峰，最终穿过岛屿巨石散落的坑洼内地。

希俄斯镇附近零星分布的弗隆塔佐斯(Vrontados)居民区，第二有名的是村庄**朗噶达**(Langada)，一处悠闲的小海湾，有松林、住宅、出租房间和希腊小馆，以及前往附近伊努塞斯岛的水上出租发船点。可能你听到的最大响声就是小馆笼子里取悦客人的几只鸟，阳光下苟延残喘的章鱼没准儿傍晚就上了烤架。

主要的村庄**马尔马洛**(Marmaro)和接下来的**卡达米拉**(Kardamyla)有很多船主富商的祖居。在**Nagos**，道路从那里继续向西北延伸，绕过景色壮观的**Pelineo山**(1297米)的边缘，蜿蜒穿过**坎比亚**(Kambia)——位于高高的山脊上，可俯瞰海景。西北的Agia Galas附近允许野外露营，还有一个热门的洞穴。

中心道路向南途经Fita和Diefha通往**沃利索斯**(Volissos)，相传这里是荷马的诞生地，有令人难忘的热那亚要塞。距沃利索斯的作业港口**勒姆尼亚**(Limnia；可以前往普萨拉岛)约5公里远的是**Agias Markellas修道院**，以希俄斯岛的主保圣人的名字命名。沿沃利索斯海岸路继续向南抵达**Elinda**，之后向东折回。

沃利索斯值得游览的一个原因在于其美味可口的餐馆(和廉价旅馆)，**Taverna Fabrika**(☎22740 22045, 6976255829; fabrika_chios@yahoo.com; Volissos; www.chiosfabrika.gr; 主菜€6~8.50; ⏲午餐和晚餐)值得推荐。

希俄斯岛南部

独一无二的希俄斯岛南部无疑是该岛的最佳旅游胜地。尽管乳香树也生长于爱琴海的其他地区，但是几个世纪以来，这里都是希俄斯岛乳香胶的唯一商业化生产地。乳香树生长在一片肥沃的红色土地上，名为**Mastihohoria**(乳香村)。该地区山峦起伏，纵横交错的石墙穿过橄榄树和乳香树林，非常有气氛。

奥斯曼统治者对乳香树的嗜爱为乳香村带来了几个世纪之久的繁荣昌盛。皮尔奇镇和迈斯塔至今还留存着一些建筑奇观。皮尔奇镇的房屋采用与众不同的装修风格，色彩艳丽，图案各异。而迈斯塔则是14世纪热那亚人建造的有围墙的要塞居民点，没有车辆通行。

皮尔奇镇 (Pyrgi) Πυργί

人口 1040

坐落在希俄斯镇西南方24公里处，皮尔奇镇(发音：peer-ghi)是乳香村最大的村庄。这里是传统和现代建筑的结合体，正面装饰着错综复杂的灰白色图样，有的是几何图形，其他的则以花朵、树叶和动物图形为基础。这种工艺叫作xysta，是将等量的水泥、火山沙和石灰融合在一起，借助弯曲的叉子和良好的欣赏眼光创作出来的。

皮尔奇镇中央广场的两边布满了希腊小馆和商店，还有一座12世纪的小型**Agios Apostolos教堂**(Church of Agios Apostolos; ⏲周二至周四和周六10:00~13:00)。广场东边，一座房屋前的匾额表明了它的前主人是克里斯托弗·哥伦布(Christopher Columbus)，他同样也是乳香胶的爱好者，很显然在船只建造中他更喜欢将其作为一种密封胶。

退回到乳香生产商财源广进的时代，位于皮尔奇镇东南方6公里处的**Emboreios**是乳香村的港口。如今这里更加安静，但因拥有**Mavra Volia海滩**而远近闻名，该海滩是根据其黑色的火山鹅卵石而命名的。可以在这里的廉价旅馆留宿，在几家遮阴的希腊小馆里用餐。这里有出租房间和小馆，附近还有青铜时代早期的**雅典娜神庙**考古遗址的指示牌。

迈斯塔 (Mesta) Μεστά

迈斯塔(发音：mest-aah)是一个真正令人难忘的村庄，也是希腊最独特的地方之一。这里有极具魅力的石头小巷，鲜花盛放，还有精雕细琢的阳台——被厚厚的防御墙围了起来。防御墙是希俄斯岛早期的热那亚统治者的杰作，他们在14世纪建造了这个要塞城镇以防御海盗和其他侵略者的入侵。

迈斯塔是中世纪防御建筑的天才之作，

拥有双面城墙、四扇大门和五边形的结构。由于屋顶是互通的，所以驾轻就熟的向导可以带你步行穿越整个城镇。中世纪时，乳香因具药效而成为一种热销品，这就意味着迈斯塔需要特别加强防卫。

村庄不允许车辆进入，是一个悠闲自得、浪漫的地方，儿童在这里玩耍游逛十分安全。迈斯塔也是山间步行、探索南部海滩和洞穴的好基地，还可以参加文化和生态旅游活动。

村庄生活主要集中在中央广场上，那里有小型咖啡馆和餐馆，附近是塔克西亚塞斯教堂（Church of the Taxiarhes）。沿着僻静的小道有很多供出租的房间，从外观看去甚似附近的居民住宅。

景点和活动

塔克西亚塞斯教堂 教堂

（Churches of the Taxiarhes；周二至周六9:00~13:00）这里有两座塔克西亚塞斯（大天使）教堂。年代较久远、规模较小的教堂建于拜占庭时期，以17世纪壮丽恢宏的圣像屏帷而远近闻名。较大一点的教堂建于19世纪，是由镇民出资出力建成的。

★ Masticulture Ecotourism Activities 生态游

（22710 76084，6976113007；www.masticulture.com；团队游 €18起）如果你想弄脏双手并参加传统的文化活动，比如体验希俄斯人的农业生产，请联系Vassilis和Roula，他们会为你提供独一无二的生态旅游的机会——为游客介绍当地的社区及其历史和文化。活动包括乳香耕种游、占卜、骑自行车和海洋皮划艇旅行等。他们能帮助你找到住宿的地方，并提供前往附近的普萨拉岛旅行。

Tortuga Diving Center 水上活动

（Chios Underwater；6906062901；www.medi-sea.blogspot.com）组织有保障的水肺潜水、海上皮划艇和浮潜活动。Apothika海滩还有咖啡、小吃、美景和令人放松的氛围。

食宿

Masticulture Ecotourism Activities能帮你在迈斯塔、皮尔奇镇甚至游客更少的奥林比（Olymbi）安排住宿。

Dhimitris Pipidhis Rooms 家庭旅馆 €

（22710 76029，6937829450；www.pippidisrooms.gr；住宅 €60~70；）热情友好、讲英语的Dhimitris和KoulaPipidhis（又叫Popi）在迈斯塔出租两套传统住宅。每一套住房都设施齐全，并有两间卧室、一个迈斯塔式中庭（pounti）、一间厨房和一个洗衣机。物超所值，夏季需提前预订。

Lida Mary Rooms& Suites 历史酒店 €

（22710 76217，6976629668；www.lidamary.gr；房间 €45；）村庄里不错的住宿选择，由热情友好和乐于助人的Tasos管理。有几个房间可以俯瞰广场。

Despina Karabela Traditional Apartments 公寓 €

（22710 76065；www.taste-mesta.gr；标单/双 €40/50；）从广场（村庄围墙外）步行一小段路即可到达，这些漂亮的公寓温暖舒适，品位十足。暴露在外的石头为室内装潢增色不少，阁楼的"卧室"是一个凸起的平台。Despina还对当地的餐饮界有所促进；可以要求去附近的自家田地逛逛。

Anna Floradis Rooms 家庭旅馆 €

（6972490707，22710 76455；www.floradirooms.gr；标单/双 €40/50；）友善热情的Anna Floradis会讲法语和一点英语，她的漂亮房间、单间公寓和带有小厨房的套房遍及迈斯塔村。

咀嚼乳香

早在希波克拉底（Hippocrates）热捧其药用价值之后，乳香（Mastic gum）一直从希腊黄金时代被沿用至今，现代研究证明它含有抗氧化剂。几个世纪以来，乳香都支撑起了当地经济。乳香是乳香黄连木滴落的树脂，这种树在希俄斯岛南部的温和气候下生长繁茂。奥斯曼统治时期，希俄斯岛受到喜欢咀嚼乳香的苏丹及其妻妾贵妇的优待。在迈斯塔和希俄斯镇的商店可以买到。

Medieval Castle Suites 酒店 €€

(☎22710 76025; www.medievalcastlesuites.com; 双/标三/家 €60/80/110起) Castle Suites有20个房间遍布全村，全都是传统的石头风格，有现代化的卫生间，有的有壁炉，甚至电脑。房间面积相差很大，邻近广场。

★Meseonas 希腊小馆 €

(☎22710 76050; PlateiaTaxiarhon; 主菜 €5~10) 餐桌遍布整个天使广场（Plateia Taxiarhon），这家悠闲可靠的小餐馆备受当地人和游客的推崇，供应美味可口的大份传统熟食（mayirefta）、牛肉炸肉丸（keftedhes）和烧烤。所有菜品都是当地风味，尤其是友好店主家的乳香味烈酒（souma）。

购物

Ceramic Art Studio 艺术品

(Nikos Balatsos; ☎22710 76257) 艺术家和陶艺大师Nikos Balatsos经营这家杂乱而惬意的工作室，就在村庄主墙外边的路上。

当地交通

迈斯塔有固定的公共汽车发往希俄斯镇。会讲英语的**Dimitris Kokkinos**(☎6972543543) 提供出租车服务——从迈斯塔出发的标准票价为：利麦纳斯迈斯塔（Limenas Mesta）€7，奥林比（Olymbi）€5，皮尔奇镇（Pyrgi）€20，希俄斯镇€45。

迈斯塔周边

迈斯塔西海岸港口**利麦纳斯迈斯塔**（Limenas Mesta，又名利麦纳斯）有几家相当好的码头希腊小馆，从迈斯塔驾车片刻即到。

游泳可前往**Apothia海滩**（奥林比以南7公里处），是一片曲线形的多沙海湾，海水呈现出迷人的蓝绿色，后面有两棵柽柳树（almiriki）和一家夏季餐厅。

位于迈斯塔东南方约3公里处的是**奥林比**，这里同迈斯塔和皮尔奇镇一样，也是一个生产乳香的村庄，以其防御性建筑为特色。一条维护良好的、长3公里的**小径**连通奥林比和迈斯塔。

继续向南步行5公里即可到达景色壮观的**斯齐亚奥林比洞**（Cave of Sykia Olymbi; ☎22710 93364; 门票 €5; ⊙周二至周日 9:00~15:00），设有指示牌，写着“Olympi Cave”，是一个有一亿五千万年历史的洞穴，在1985年被偶然发现。洞穴深57米，随处可见色彩斑斓的钟乳石和其他形状的岩石，名字也是千奇百怪，比如管风琴、仙人掌和水母等。里面用泛光灯照明，还有一系列平台和带扶手的楼梯将之连接起来——皆为攀岩做准备。洞穴里温度恒定，保持在18℃，湿度是95%。必须由导游带领游览，每30分钟1次。

伊努塞斯岛(INOUSSES) ΟΙΝΟΥΣΣΕΣ

人口 400

伊努塞斯岛就位于希俄斯镇的东北方，宁静祥和，却是希腊近乎三分之一的航海大亨的家乡，每年夏天，他们富有的子孙后代都会从伦敦、巴黎或纽约回到这里度假。

1750年，来自希俄斯岛东北部卡达米拉（Kardamyla）的船业家族定居在伊努塞斯岛，在19世纪和20世纪初期，其中的一些人积累了巨大的财富。从伊努塞斯岛壮丽恢宏的宅第以及高耸于大海之上的那些富丽堂皇的家族陵墓中可以看出这段历史的痕迹。

虽然伊努塞斯岛鲜有人问津，然而到了夏季，这里又充满了活力，有露天影院、十分友善的居民和嘈杂活跃的夜晚海滨。岛屿的港口是其航海身份的象征。乘渡船抵达这里，首先映入眼帘的是一尊俯瞰着港口的绿色美人鱼小雕像——“**伊努塞斯之母**”（Mitera Inoussiotissa）——她是水手们的守护神。伊努塞斯岛还有一所引以为豪的商船学院。

景点和活动

伊努塞斯岛拥有数不胜数的可以攀爬的小山以及未受破坏的海滩。从港口步行10分钟即可到达景色秀丽、可以游泳的**Kakopetria海滩**。再走5~10分钟就来到了**Bilali海滩**，在一个宁静的海湾里，有一家热闹非凡的海滩酒吧，每到夏季，客人整晚络绎不绝。东正教的朝圣者可以参观岛屿西端的**Evangelismou Theotokou修道院**。

参观航海博物馆的窘境

伊努塞斯岛航海和民俗博物馆（Nautical Museum of Inousses）的开放时间和渡船时刻表并不匹配。对于只停留一晚的游客而言，渡船在博物馆13:00闭馆以后抵达，次日上午9:00发船，而博物馆10:00才开馆。但是请不要担心，谦和的博物馆经理人兼馆长Eleni Achlipta允诺会给提前预订的客人开馆。

伊努塞斯岛航海和民俗博物馆 博物馆

（Nautica Museum of Inousses；☎69734-12474，22710 55182；StefanouTsouri 20；门票€1.50；⏲9:00~14:00）建于1965年，这座漂亮的博物馆展出了当地航运业大亨Antonis Lemos的藏品。展出的部分模型（有些故意完成了一半，因此放在镜子前，这样就显示成整个轮船的样子）是由拿破仑战争时期的法国战俘建造的。同时还收藏有神气活现的18世纪的火枪和军刀、"二战"时期美国海军的潜水头盔、19世纪灯塔内的手摇曲柄，以及纳粹潜艇攻打希腊航船的绘画作品。

伊努塞斯岛陵墓 墓地

（Nekrotafion Inousson，Mausoleum of Inousses）坐落于Agia Paraskevi教堂枝繁叶茂的庭院里，伊努塞斯岛陵墓由岛屿上的船业大亨捐资建造，包括巨大的墓室、大理石雕塑以及小型教堂。这个地方令人为之动容，讲述着这些小岛上非凡的原住民的俗世成就以及他们对自我的看法。

也许更令人感动的是气势恢宏的Platiatis Naftosynis——**航海广场**——位于港口附近，仅有一座引以为傲的雕塑，以及雕塑后面的纪念碑，碑上刻有葬身大海的水手们的名字，仍有很多空白处。

住宿

Rooms Bilali 公寓 €

（☎6944677882；双 €45~70；❄）请联络Bilali Beach Bar的Kostas，以询问上面村庄设施齐全的一居室公寓和两居室公寓的详细信息。

Rooms Tsouri 住宿服务 €€

（☎6946286791；oinoussesstudios@ymail.com；双 含早餐 €60起；❄📶）若想寻找有吸引力的住宿地方，可联系上面村庄资源丰富的Despina Tsouri。

餐饮

Palio Teloneío 希腊小馆 €

（Old Customs；主菜 €5~9）海滨出色的新餐馆，各种希腊菜都有一些，但引以为豪的是当天捕获的红鲱鱼（barbounia）和酥脆的鳀鱼。

To Pateroniso 希腊小馆、咖啡馆 €

（主菜 €5~8）这家地道的希腊小馆在广场附近，供应不错的烧烤和海鲜，包括伊努塞斯岛/希俄斯岛的特色菜肴atherinopita——将洋葱和鳀鱼整个放在平底锅上煎，非常美味。

Tsoumpari 希腊小馆 €

（主菜 €3.50~8）去上村教堂前40米处的Tsoumpari试试，换换口味，尝尝当地菜式。

Naftikos Omilos Inousson 酒吧

（Yacht Club；☎22720 55596；⏲9:00至次日3:00；📶）朝向海滨的尽头，Inousses Yacht Club长长的吧台和露天庭院里挤满了年轻的希腊人以及他们散居在外回来度假的亲友们，还有很多来自希俄斯岛的一日游游客。

Bilali Beach Bar 酒吧

该酒吧坐落在比拉利海滩一个可游泳的小浅湾上，在这种安静祥和的环境下，提供阴凉处的桌子，动感的音乐，可口的饮品、果汁、冰沙和小吃。夏季非常受欢迎的消磨地点，从上午一直营业至凌晨。

娱乐

海滨中段附近有一座夏季**露天影院**（票价€3；⏲21:30）。

实用信息

银行（有ATM机）和邮局在航海博物馆旁边。水滨咖啡馆提供Wi-Fi。

Dimarhio[Town Hall；☎6973412474（下班后），

22713 51314; ⏲8:00~15:00]免费的小册子和住宿帮助，位于渡船码头对面。去找Kostas Lignos。

医生（☎22710 55300）

警察局（☎22710 55222）

到达和离开

小型的OinoussaiIII（单程€5，1小时，每天）下午从希俄斯岛出发，第二天早上从伊努塞斯岛返回，需留宿一夜。上船买票或从希俄斯镇的**Sunrise Tours**（☎22710 41390；www.sunrisetours.gr；Kanari 28）买票。周末还有夏季观光游（€20）。

每日**水上出租**（☎22710 55329，69383-70129，6944168104）到达/离开朗噶达（20分钟），距希俄斯镇以北15公里远。单程的费用比较昂贵，约€60，但是可以由最多8位乘客均摊。

当地交通

伊努塞斯岛既没有公共汽车也不能租车，可以在港口处乘坐semitaxi（兼用作出租车的车辆）。还可以从希俄斯岛的码头租一辆自行车或小轮摩托车带上轮船。

普萨拉岛（PSARA） ΨΑΡΑ

人口 420

远近闻名的普萨拉岛（发音：psah-rah），是希腊航海业极其古怪的地区之一。距离希俄斯岛西北方有16公里的路程，是海上的一个小点。岛屿上密布灌丛植被，随处可见闲逛的山羊以及奇形怪状的红色岩层，有一个居民点（也叫普萨拉）、一座僻静的修道院以及几处优质的海滩。

在如今的口口相传中，普萨拉岛的名气被无限放大了。普萨拉的大家族因航海而暴富，并参加了1821~1829年的独立战争，他们的事迹被写入现代希腊历史，尤其是康斯坦丁·卡纳里斯（Konstantine Kanaris，1793~1877年），他的英雄事迹曾6次将他推上总理的宝座。

卡纳里斯最著名的壮举发生于1822年6月6日晚。为了报复土耳其在希俄斯岛的大屠杀，普萨拉人在敌人毫无戒心地进行一场大屠杀过后的庆祝活动时，摧毁了土耳其海军上将的旗舰。卡纳里斯的军队引爆了轮船的炸药桶，炸飞了2000名水手和海军上将本人。然而在希俄斯岛，他们的行动却引发了奥斯曼帝国一场残酷的报复运动，奥斯曼在埃及和法国雇佣兵的援助下，于1824年屠戮了岛上的居民。

在接下来的一个世纪，很多普萨拉岛人到美国和其他国家定居。他们的子孙后代每年夏天都会回来，所以，当你遇到的希腊人会讲英语且带有纽约口音时，请不要感到诧异。

景点和活动

普萨拉村位于岛屿西南处一条长长的海湾上。从码头下船后，首先映入眼帘的是凹凸不平的Mavri Rachi（“黑肩”）——据说在1824年奥斯曼入侵期间，成千上万的普萨拉岛人躲进这块岩石里避难。

普萨拉岛主要的文化景点是**圣母升天修道院**（Monastery of Kimisis Theotokou），在小镇以北12公里处，是一个被保护墙环绕的小礼拜堂，收藏有圣山（Mt Athos）发掘出的罕见的僧侣手稿，以及在8月4日晚于整个村庄展示的一幅圣像。全岛各地有67座礼拜堂，每座均由一个当地家庭照管。坐落在普萨拉村中心的是**康斯坦丁诺斯·卡纳里斯纪念碑**（Konstantinos Kanaris Monument），希腊人以此来纪念这位民族英雄，实际上他被埋葬在雅典，而他的心脏却保存在比雷埃夫斯的Naval Museum内。

徒步

游客们应该根据介绍的徒步线路沿着

当地知识

血染的旗帜

在普萨拉岛（Psara）村庄各处，你会注意到岛上令人难忘的红白旗帜在微风中飘扬。旗帜上饰以革命口号“Eleftheria i Thanatos”（自由或死亡），中间是红色十字架，一侧是向上的矛，另一侧是刺穿青蛇的锚。犹嫌土耳其伊斯兰统治的证据不够明显一般，在那些图案下面还增加了颠倒的新月和星星。黄色的和平鸽很有毅力地振翅飞向一侧。

Black Shoulder（也叫作Black Rock，即黑岩）去往圣爱奥尼斯（Agios Ioannis）小礼拜堂和瞭望台纪念碑（lookout memorial）。顶端的风景令人难以忘怀，尤其是日落时分。从另外3条相对而言较短的且有记录的徒步路径也可以抵达：第一条路带你前往炮楼（cannon emplacement），位于普萨拉岛西北端（每段线路长2公里）；第二条路带你前往位于南部海岸的偏远的Limnonaria海滩（每段线路长900米）；第三条环形路（3公里）将你带到Adami湾和Kanalos湾。所有3条徒步路线在Terrain（www.terrainmaps.gr）版普萨拉地图上都有详细的描述。

海滩

普萨拉岛参差不齐的边缘处延伸出很多干净多沙的鹅卵石海滩。最近的是Kato Gialos和Katsouni村的海滩。前者位于海岬的西边，是一片鹅卵石海滩，后者从港口向北步行一小段距离即可到达，有细软的沙子并且水很浅，适宜儿童玩耍。两个海滩上都有希腊小馆。在更远一点的地方，姐妹海滩Lazareta和MegaliAmmos就位于东北方1公里处，海滩上随处可见漂亮的鹅卵石。还有一个选择是拉卡海滩（Lakka Beach），位于西海岸2.5公里处，紧接着的是Agios Dimitrios，距离普萨拉岛3.5公里远。

住宿

普萨拉村的住宿主要是普通客房和单间公寓。联系Psara Travel、Michalakis Travel（见451页）或希俄斯岛的Masticulture Ecotourism Activities（见453页）可以提前预订房间。

Kato Gialos Apartments 公寓 €

（☎22740 61178，6945755321；单间公寓€40起；❄）Spyros Giannakos出租干净明亮的房间和带有小厨房的公寓，可以俯瞰Kato Gialos海滩。去Psara Travel问问。

Studios Psara 房间 €

（☎22740 61386；单间公寓 €40起；❄📶）位于村庄边缘的棕榈树花园里，这些干净的房间通风良好，有小厨房，附设一间受欢迎的咖啡馆。

餐饮

To Iliovasilema 希腊小馆 €

（☎22740 61121；Kato Gialos Beach；主菜€4.50~9）村庄最新的鱼馆和乌佐酒馆，可在其室外雨蓬下用餐。

Spitalia 希腊小馆 €

（Katsounis Beach；主菜 €5~8；⏲11:00至次日1:00）这家香气袭人的希腊小馆的前身是奥斯曼的一个海边检疫站，非常适合在此享用一顿慵懒的海边午餐或晚餐，点一份特色的酿山羊肉（stuffedgoat）。

Kaza 希腊小馆 €

（主菜 €2.50~7）位于广场附近的海滩上，这家烧烤店（ovelistirio）正是你要找的，有制作旋转烤肉的烤架。

Idrahoos 咖啡馆、酒吧

（⏲10:00至午夜）这家别具风格的水滨咖啡馆全天营业，供应品种多样的饮品和烤奶酪三明治。

实用信息

水滨广场上有一台ATM机，还有信号良好的Wi-Fi。紧急情况下，这里有医生和**警察**（☎22740 61222）。

咨询旅游信息，可找**Psara Travel**（☎693-2528489，22740 61351）的Diana Katakouzinou，非常有帮助，她还组织普萨拉岛上午团队游，价格是€6。码头有一个夏季旅游信息亭，9:00~23:00办公。

到达和离开

在希俄斯镇，可以从Hatzelenis Tours（见451页）或Michalakis Travel（见451页）购买去往普萨拉岛的渡船票；在沃利索斯，请联系**Michalakis Travel**（☎22710 25848；www.michalakistravel.gr；Limnia，port of Volissos）。渡船从希俄斯镇（往返€12，3小时，周一至周五）、沃利索斯（€7，1.5小时，仅限周末）和比雷埃夫斯（€36，5小时，每周1班）出发抵达普萨拉岛。

当地交通

普萨拉岛不能租汽车或摩托车，也没有出租车，所以可以考虑自驾游从希俄斯岛渡运来一辆租用的汽车或摩托车。岛上最常见的就是搭车了。

莱斯沃斯岛（米蒂利尼）[LESVOS（MYTILINI）]

ΛΕΣΒΟΣ（ΜΥΤΙΛΗΝΗ）

人口 95,330

莱斯沃斯岛是继克里特岛和埃维亚之后的希腊第三大岛屿，有一片绵长的、崎岖不平的、犹如沙漠的西部平原，岛屿中央则是多沙的海滩以及盐沼。继续向东是森林覆盖的山脉和稠密的橄榄树林（这里种植了约1100万棵橄榄树）。

岛屿的港口和首府是米蒂利尼（Mytilini）镇，这是一个充满活力的地方，有全年营业的乌佐酒馆，还能提供良好的住宿。北部海岸城镇莫利沃斯[Molyvos，也称为米西姆纳（Mythimna）]令人赏心悦目——老旧石屋簇拥在蜿蜒曲折的小道上，可以俯瞰大海。

除了徒步和骑自行车，莱斯沃斯岛还是观鸟者的天堂，有多达279种鸟，从猛禽到涉禽，应有尽有。岛屿上还拥有具有治疗功效的温泉，喷涌出欧洲最温暖的矿泉水。

虽然莱斯沃斯岛的旅游业具有毋庸置疑的吸引力，但是辛勤劳作的莱斯沃斯岛的居民主要是以农业维持生计的。这里的橄榄油备受推崇，与乌佐酒地位相当——岛上农民生产的乌佐酒，大约占全球茴香味（aniseed-flavoured）烈酒销量的一半左右。

莱斯沃斯岛有伟大的文化遗产，从公元前7世纪的作曲家特尔潘德（Terpander），到20世纪的名人，如诺贝尔奖的获得者诗人奥德修斯·埃里蒂斯（Odysseus Elytis）以及杰出的画家希奥菲罗斯（Theophilos）等，不一而足。古代哲学家亚里士多德和伊壁鸠鲁在岛上创建了一所著名的哲学学院。然而，最负盛名的当属古希腊最伟大的诗人之一的萨福（Sappho）。她那感性、充满激情的诗歌刺激了当代社会，吸引了来自世界各地的女同性恋者来到斯卡拉埃雷索（Skala Eresou）村庄，公元前630年萨福在此出生。

到达和离开

飞机

机场位于米蒂利尼镇以南8公里处；去往城镇的出租车费用为€10，长途汽车费用为€1.60。**爱琴海航空**（Aegean Air；☎22510 61120；www.aegeanair.com）、**奥林匹克航空**（Olympic Air；☎22510 61590；www.olympicair.com）、**Sky Express**（☎28102 23500；www.skyexpress.gr）、**阿斯特拉航空**（Astra Airlines；☎80170 07466；www.astra-airlines.gr）和**米诺斯航空**（Air Minoan；☎28103 22771；www.minoanair.com/en）在机场设有办事处。在米蒂利尼镇的旅行社也可以购票。

莱斯沃斯岛（米蒂利尼）国内航班信息

目的地	时间	票价	班次
雅典	40分钟	€50	每天3~4班
希俄斯岛	30分钟	€47	每周2班
克里特岛（伊拉克利翁）	50分钟	€96	每周5班
利姆诺斯岛	30分钟	€56	每周5班
罗得岛	1小时10分钟	€75	每周4~5班
萨摩斯岛	40分钟	€56	每周2班
塞萨洛尼基	55分钟	€69	每天2~3班

船

在米蒂利尼镇可以从Mitilene Tours（见463页）、Olive Groove Travel（见463页）和Tsolos Travel（见463页）购买渡船票。

莱斯沃斯岛（米蒂利尼）船只服务信息

目的地	时间	票价	班次
希俄斯岛	3小时	€19.50	每天1~2班
卡瓦拉	8小时	€34	每周2班
利姆诺斯岛	6小时	€24	每周2班
比雷埃夫斯	11~12小时	€42	每天1班
萨摩斯岛（卡罗维西）	7.5小时	€22	每周1班
萨摩斯岛（瓦锡）	8小时	€22	每周2班

Lesvos (Mytilini) 莱斯沃斯岛(米蒂利尼)

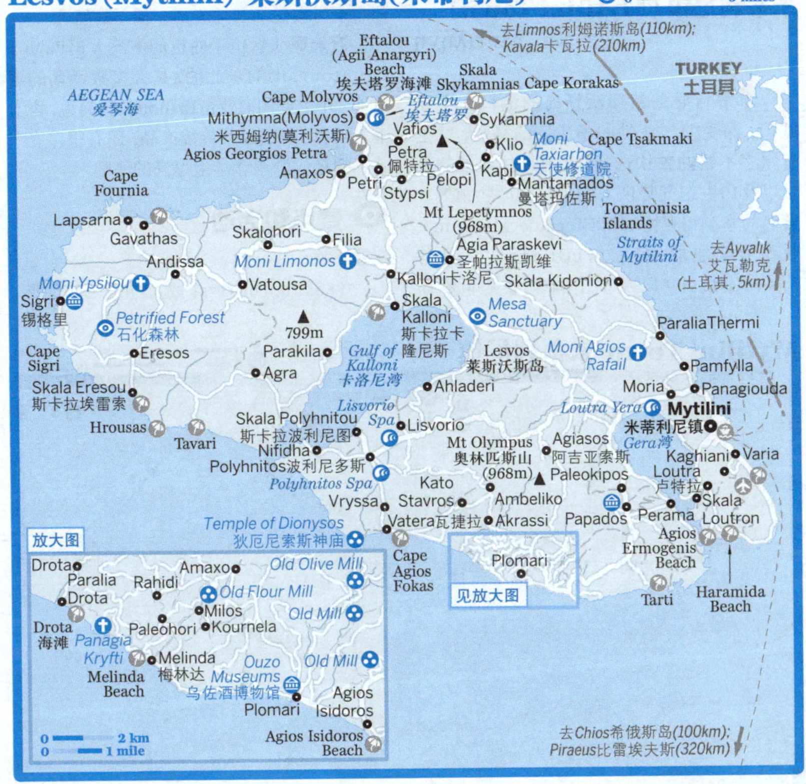

当地交通

长途汽车

从Agias Irinis公园附近的米蒂利尼**长途汽车站**(KTEL；☎22510 28873；ElVenizelou)出发，每天有1~2班长途汽车发往斯卡拉埃雷索(Skala Eresou；€11.20，2.5小时)，途经伊勒苏斯(Eresos)；2~3班发往莫利沃斯(Mithymna；€7.50，1.5小时)，途经佩特拉；还有1班发往锡格里(Sigri；€10.70，2.5小时)。每天有3班长途汽车发往Plomari(€5，1.25小时)，3班发往阿吉亚索斯(Agiasos；€3.20，45分钟)以及3班发往终点站瓦捷拉(Vatera；€6.80，1.5小时)，后者途经Polyhnitos。在这些较小的地方旅行，常常需要在卡洛尼(Kalloni)换乘，这里每天都有3~4班从米蒂利尼(€4.90，45分钟)发来的长途汽车。每天还有3~4班长途汽车从米蒂利尼镇向北前往天使修道院(Moni Taxiarhon；€4.50，1小时)。米蒂利尼的**当地公共汽车站**(KTEL；☎22510 46436；Pavlou Kountourioti)，靠近Sapphou广场(Plateia Sapphou)，运营去往镇上各处以及附近的卢特拉(Loutra)、Skala Loutron和Tahiarhis的公共汽车。

汽车和摩托车

有两家当地公司，**Discover Rent-a-Car**(☎22510 20391，6936057676；www.discover1.gr；Aristarchou 1)和**Billy'sRentals**(☎22510 20006，6944759716；www.billys-rentacar.com；waterfront，87 Kountouriotou；⏲7:30~22:00)出租崭新的汽车，服务灵活。Billy's也有摩托车，Pavlou Kountourioti一带的其他机构均出租摩托车。在莫利沃斯，你可以在**Kosmos Rent-a-Car**(☎22530 71710；www.lesvosrentals.com)租一辆车。

米蒂利尼镇（Mytilini Town）Μυτιλήνη

人口 29,650

米蒂利尼是莱斯沃斯岛的港口和主要城镇，深受朝气蓬勃的学生们的喜爱，这里有很多不错的餐饮选择，还有风格各异的教堂以及19世纪气势恢宏的宅第和博物馆等。著名的塞利得亚博物馆（Teriade Museum）收藏有毕加索、夏加尔（Chagall）、马蒂斯（Matisse）以及本土画家希奥菲罗斯（Theophilos）的画作。实际上，该岛的诗人和画家与橄榄油及乌佐酒一样享有盛誉。

渡船码头区位于曲折的水滨大道Pavlou Kountourioti的东北端，是大多数活动的聚集地。在主要的商业街Ermou及其周边，售卖手工陶瓷、珠宝以及传统产品，还有很多令人满意的乌佐酒馆和学生爆满的酒吧。

景点和活动

城堡 堡垒

（Kastro, Fortress；成人/儿童 €2/免费；

Mytilini Town 米蒂利尼镇

⏲周二至周日 8:30~14:30）14世纪，米蒂利尼壮观的早期拜占庭堡垒由热那亚君主Francisco Gatelouzo整修；之后，土耳其人再次将其扩建。两侧是松林，这里景色优美，是漫步的好去处。

塞利得亚博物馆 博物馆

（Teriade Museum；☎22510 23372；museumteriade.gr；Varia）Varia位于米蒂利尼以南4公里处，这里不太像是塞利得亚博物馆的所在地。馆内收藏着震撼人心的画作，例如毕加索、夏加尔、米罗（Miro）、勒·柯布西耶（Le Corbusier）和马蒂斯等艺术家的作品。博物馆还对出生于莱斯沃斯岛的艺术家和评论家Stratis Eleftheriadis表达了崇敬之意——是他将莱斯沃斯岛本土原始主义画家希奥菲罗斯（Theophilos）的画作带进了国际视野。

希奥菲罗斯博物馆 博物馆

（Theophilos Museum；☎22510 41644；Varia；成人/儿童 €2/免费；⏲周一至周五 10:00~14:00）这座低调的建筑存有原始主义画家希奥菲罗斯的86件作品，他一直是希腊文人中的一位民间英雄。他的生活贫困潦倒、经常搬家，并且为了维持生计而给咖啡馆绘画墙壁彩绘，描绘他在工作和游玩时遇见的人。1934年，他去世后一年，他的作品在罗浮宫展出。

考古博物馆 博物馆

（Archaeological Museum；☎22510 40223；8 Noemvriou；成人/儿童 €3/2；⏲周二至周日 8:30~15:00）这座经过翻新的漂亮博物馆在东码头（和已关闭的旧考古博物馆）上方约500米处，展现了公元前2世纪到公元3世纪的岛上生活，包括引人注目的马赛克地板，上面罩着玻璃对它进行保护，你可以横穿过这层玻璃。

圣塞拉彭教堂 教堂

（Church of Agios Therapon；Arionos；⏲9:00~13:00）这座教堂的球状穹顶高耸于米蒂利尼的天空。富丽堂皇的教堂内有巨大的枝形吊灯、精雕细琢的圣像屏帷、神父宝座，以及绘有壁画的穹顶。你在教堂庭院内能找到有许多圣像的**拜占庭博物馆**（Byzantine Museum；☎22510 28916；www.immyt.net/museum；成人/学生 €2/1）。

耶尼清真寺 清真寺

（Yeni Tzami）这座19世纪初的土耳其清真寺感觉破败，位于Ermou尽头附近，此处曾经有一个繁荣的土耳其市场。

住宿

★Alkaios Rooms 家庭旅馆 €

（☎6981314154, 22510 47737；www.alkaiosrooms.gr；Alkaiou 16；标单/双/标三 含早餐 €35/45/55；❄📶）该旅馆有30个一尘不染的整洁房间，不起眼地坐落在两幢翻修过的传统建筑里，是米蒂利尼最物超所值、最具吸引力的经济型选择。从滨海区的西侧（和Kitchen 19咖啡馆）步行2分钟即可到达。前台在经过翻

Mytilini Town 米蒂利尼镇

◉ 景点

1 考古博物馆 D3
2 拜占庭博物馆 A4
圣塞拉彭教堂 .... （见2）
3 城堡 D1
4 耶尼清真寺 B1

住宿

5 Alkaios Rooms A4
6 Hotel Lesvion B4
7 Iren Rooms C4
8 Porto Lesvos Hotel C3
9 Theofilos Paradise Boutique Hotel C3

就餐

Averoff Restaurant .... （见6）
10 Cafe P B3
11 O Ermis B1
12 Ouranos B1
13 Polytechnos B5
14 Taverna Kalderimi B3

饮品和夜生活

15 Briki C3
16 Hotspot C4
17 Mousiko Kafenio C3

购物

18 Book & Art C3
19 Gaia Ceramics B1

新的大楼里，早餐在鲜花盛开的庭院内提供。

Iren Rooms 家庭旅馆 €

（☎22510 22787; Komninaki和Imvrou交叉路口; 标单/双/标三 €35/45/55; ❄📶）受欢迎的Iren价格公道，穿过一个小型的别具风格的走廊，上楼即可到达干净明亮的房间。它是Alkaios Rooms的姐妹旅馆，如果从渡船码头步行过来会更近一些，旁边是一家可以上网的咖啡馆。

Porto Lesvos Hotel 酒店 €

（☎22510 41771; www.portolesvos.gr; Komninaki 21; 标单/双 含早餐 €35/50起; ❄📶）位于海滨远端后面，这家高效友好的住宿场所物有所值，有不错的自助早餐。房间有点小，不过干净舒适。楼上的房间可以俯瞰海景或古堡。

Hotel Lesvion 酒店 €€

（☎22510 28177; www.lesvion.gr; harbour; 标单/双/标三 含早餐 €45/60/70起; ❄📶）现代的Lesvion地段很好，正位于港口，服务友好，有宽敞迷人的房间，有的带可以看到码头的绝佳阳台。早餐吧可以俯瞰港口。

Theofilos Paradise Boutique Hotel 精品酒店 €€

（☎22510 43300; www.theofilosparadise.gr; Skra 7; 标单/双/四/套 含早餐 €65/90/110/140起; P❄@📶≋）这家漂亮的翻新酒店已有100年的历史了，高贵、惬意且物超所值，配有现代化的生活设施以及一个传统的土耳其浴室。22个时尚的房间（外加两间豪华套房）分别散落在3座毗邻的建筑里，它们环绕着一个宜人的庭院。

就餐

Polytechnos 快餐 €

（☎22510 44128; waterfront; 主菜 €2~5.50; ⏲午餐和晚餐）极为美味的旋转烤肉、皮塔饼烤肉串和爽快的服务无疑是最受欢迎的。外卖的午餐也很棒。在港口南端可以找到这家店。

Ouranos 希腊小馆 €

（☎22510 47844; N Ellis 15; 开胃小菜 €3~6）在北部旧港的这处天井可以欣赏土耳其美景。诱人的开胃小菜包括炸南瓜花酿饭（kolokythoanthi）和大块的炸鱿鱼。餐馆内至少有十几种当地乌佐酒可以挑选。

Taverna Kalderimi 希腊小馆 €

（☎22510 46577; Ermou和Thasou交叉路口; 主菜 €5~10; ⏲周一至周六 午餐和晚餐）这家值得信赖的小巷咖啡馆位于Ermou和水滨区之间，菜品从鳀鱼和烤猪排到传统熟食（mayirefta）和时令沙拉，一应俱全。开胃小菜可供4人享用，价格合理，只需€15。

O Ermis 希腊小馆 €

（Kornarou和Ermou交叉路口; 开胃小菜 €5~9）从1800年开始，这家一切从简的希腊小馆就作为土耳其区里的咖啡馆营业至今，传统的内饰零星褪色。提供马其顿和利姆诺斯岛的美酒，备有大量希腊盘装菜。

Cafe P 咖啡馆 €

（主菜 €2~7; ⏲11:00至次日3:00）凭借价格公道的独特小盘菜、简短的菜单、不拘一格的音乐和无处不在的轻松氛围，这家时髦的小巷酒馆吸引的主要是大学生。烤箱烤制的大葱猪肉或无花果香脂烤羊乳酪，外加生啤酒，价格€6。距离萨福广场（Plateia Sappho）大约50米。找找单独的希腊字母"Π"。

Averoff Restaurant 希腊小馆 €

（☎22510 22180; Kountourioti; 主菜 €6~10; ⏲10:00~22:00）该老式餐馆一切从简，有系着领带的服务员，供应的菜品种类齐全，有分量很足的传统烤制食品，比如炸鸡和番茄、番茄肉包以及蔬菜大杂烩（briam）。位于海滨中心。

饮品和夜生活

尽管最棒的海滨胜地位于后街上，但是在米蒂利尼热闹非凡的水滨咖啡馆内，游客也是络绎不绝。

★Mousiko Kafenio 咖啡馆

（Mitropoleos和Vernardaki交叉路口; ⏲7:30至次日2:00）这个时尚的咖啡馆深受学生们的推崇，室内装饰着不拘一格的画作、古董镜子以及年代久远的木质家具等，赋予了这里一种轻松的艺术氛围。播放着悦耳的音乐，这里成为镇上最有趣的地方之一。供应香醇的饮品、新鲜果汁以及浓香的咖啡，在炎炎夏日还提供自制冰茶。

Hotspot 酒吧

（waterfront；⊙10:00至次日3:00）大酒吧占据了水滨尽头的沿线，而小小的Hotspot以其惬意的室内环境和很有品位的音乐立足。

Briki 咖啡馆、酒吧

（⊙11:00至次日2:00）Briki的名字起源于制作希腊和土耳其咖啡的小黄铜壶，在希腊随处可见，但是这家友好的咖啡馆麻雀虽小却五脏俱全，应有尽有。

购物

Book & Art 书籍

（☎22510 37961；Komninaki 5）小街道上与众不同的迷人书店、画廊和玩具店，在Mousiko Kafenio附近。

Gaia Ceramics 艺术品

（☎6973279147；Ermou 219）宁静怡人的狭小地点，经营这家商店的当地手艺人制作出不同寻常的陶瓷珠宝首饰。在耶尼清真寺（见461页）附近。

实用信息

长途汽车站位于Irinis公园旁边，在圆顶教堂附近。当地公共汽车站在Sapphou广场对面。机场位于海岸以南8公里处。水滨南边有一排ATM机。大多数咖啡馆兼酒吧提供免费Wi-Fi。

Bostaneio综合医院（Bostaneio General Hospital；☎22510 57700；E Vostani 48）

EOT（希腊国家旅游组织；☎22510 42512；Aristarhou 6；⊙周一至周五 9:00~14:00）

Mitilene Tours（☎22510 54261；www.mitilenetours.gr；Kountourioti 87）提供各项服务，位于码头东侧。在住宿、租车和去往土耳其的旅行和团队游方面提供帮助。

Olive Groove Travel（☎22510 37533；www.olive-groove.gr；11 Pavlou Kountourioti；⊙7:30~22:00）这家旅行社位于水滨中央，服务周全；办理包括去往土耳其在内的票务，在当地信息方面提供帮助。

港口警察局（☎22510 28827；waterfront）

邮局（Vournasson；⊙7:30~14:00）

Tsolos Travel（☎22510 25346；www.flytsolos.com；Fanari St）服务齐全的机构，位于码头南侧。出售前往土耳其的渡轮票。

米蒂利尼南部

小小的、遍布橄榄树的米蒂利尼南部半岛上有几处风格独特的景点。沿着海岸路向南7公里，在机场的对面会看到一片长长的、多鹅卵石的**奈阿波利海滩**（Neapoli Beach），那里有几家轻松的海滩酒吧，随处可见穿泳衣的学生，雷鬼音乐和希腊音乐常常回荡在海滩上。

在SkalaLoutron，**1922年难民纪念博物馆**（Museum of the Memorial of the Refugees of 1922；☎22510 23901，2251091086；Skala Loutron；⊙17:00~20:00，也能应约开放）免费 向安纳托利亚（Anatolia）丢失的希腊文化致敬，在存在了2000年后，希腊文化于1923年的希腊与土耳其人口交换后在该地中断。截至1922年，大量希腊族人逃离小亚细亚的安纳托利亚地区；1923年，这一现实促使土耳其和希腊政府在洛桑正式签署两国人口互换条约。有趣的是，被列入强制限期离开名单的人并非按照民族或语言来划分，而是按照宗教。即使是说希腊语的希腊穆斯林和说土耳其语的土耳其东正教徒都被要求转换国家，不管愿意不愿意。

向南约9公里处，半岛包围着备受欢迎的、多沙和鹅卵石的**Agios Ermogenis海滩**和**Haramida海滩**，在海滩断崖上的松树下设有厕所和淋浴间。

莱斯沃斯岛北部

拥有遍布松树和橄榄树的绵延起伏的群山、宁静祥和的海滩以及美丽和谐的莫利沃斯镇[Molyvos，也称作米西姆纳（Mithymna）]，莱斯沃斯岛北部既能独处，又能组织一些低调的度假活动。同时还有传统的海滨温泉以及引人入胜的拜占庭修道院可供消遣。

曼塔玛佐斯（Mantamados）

Μανταμάδος

位于米蒂利尼镇以北约36公里处，在曼塔玛佐斯村庄附近，是莱斯沃斯岛最重要的朝圣地之一。宏伟的17世纪天使修道院（Moni Taxiarhon；⏱8:00至黄昏）免费 是集东正教、神话和军事于一体的中心轴——格外留意一下停放在院外前面的一架战斗机，时刻提醒着我们，大天使米迦勒（Archangel Michael）是希腊时期空军的守护神。在这里可以参观一下Agricultural Co-op of Mandamados（☎22530 61096）商店，出售大量天然产品，均出自当地农民之手，例如味道独特的硬奶酪和由羊奶制成的ladotyri。

莫利沃斯（米西姆纳）[Molyvos (Mithymna)]

Μόλυμβος (Μήθυμνα)

人口 1500

莫利沃斯，也叫作米西姆纳，是一座保存完好的奥斯曼时期的城镇，狭窄的街道上铺满鹅卵石，带有木质阳台的石屋随处可见，环绕在百花之中，可以俯瞰低处的一片鹅卵石海滩。14世纪气势恢宏的拜占庭城堡、附近优质的海滩，以及岛屿北部中央地带优越的地理位置，使莫利沃斯成为探索莱斯沃斯岛的一处好地方。

景点和活动

钟情于海滩的游客可以乘坐每天上午10:30发往Skala Sykamnias村（10公里）和附近的埃夫塔罗（Eftalou；€20起）的观光游览船。单程徒步也可以，然后乘坐观光船返回莫利沃斯。还可以乘坐日落游轮。问询相关信息请前往港口边的Faonas Travel Agency（☎22530 71630；tekes@otenet.gr）找Dimitris，办公点设在Sea Horse Hotel里，或前往位于主街道上的Lesvorama（☎22530 72291；www.lesvorama.gr；⏱9:00~22:00）。

除此之外，还有一个很受欢迎的瑜伽馆（www.angela-victor.com/work.html；Molyvos），由Angela Farmer创办，设在莫利沃斯的Yoga Hall。全年的课程安排都不一样。

拜占庭－热那亚城堡 城堡

（Byzantine-Genoese Castle；门票 €2；⏱周二至周日 8:00~15:00）恢宏壮丽的14世纪城堡高耸在莫利沃斯上方。攀爬至陡峭的城堡上，映入眼帘的是小镇的全景、大海甚至是地平线上土耳其闪烁的美景。夏季，城堡会举办很多节日。具体信息请问询市政旅游办事处（见466页）。

住宿

在莫利沃斯，有50多家已注册的优质廉价旅馆可供选择。具体情况请问询市政旅游办事处或上市集（Agora）的莫利沃斯旅游协会（Molyvos Tourism Association，见466页）。

★Nassos Guest House 客栈 €

（☎6942046279，22530 71432；www.nassosguesthouse.com；双/标三 不带卫生间 €20/35；📶）向上前往老镇上唯一的一所蓝色房屋，就能到达这座曾经的土耳其式宅邸，带有一个小型封闭式的花园，随处散发温馨的家庭氛围。这里有7个房间和两个共用厨房，还有两间完备的卫生间，每层一个。热情的经理Tom是荷兰人，可以提供当地信息。最好提前预订。

★Lela's Studios 公寓 €

（☎22530 71285，6942928224；www.eftalouolivegrove.com/lelas_studios.htm；单间公寓€40起；❄📶）莫利沃斯这个最近新建的漂亮公寓，经济实惠。只有2套单间公寓，位于开满玫瑰和天竺葵的庭院里，每间都带设备齐全的厨房，在石质游廊上可以欣赏夕阳海景。

Marina's House 家庭旅馆 €

（☎22530 71470；waterfront；标单/双 €35/40起；❄📶）登上台阶，可见天竺葵，这家管理良好的旅馆距离码头50米。房间明亮，一尘不染，有俯瞰主路的临海小阳台。Marina的丈夫Kostas为村里的商店绘制圣像。

Sea Horse Hotel 酒店 €€

（☎22530 71630；www.seahorse-hotel.com；harbour；标单/双/标三 含早餐 €55/65/75起；P❄📶）你会在码头区中心找到现代舒适的房间（全都有俯瞰港口的阳台），还有这个家庭的餐馆和旅行社。3个适合家庭的单间公寓有小厨房，可以看到部分海景。

Amfitriti Hotel 酒店 €€

（☎22530 71741; www.amfitriti-hotel.com; 标单/双/公寓 含早餐 €50/70/90起; P❄📶🏊）距海滩50米远，这家管理有序的传统石屋宾馆拥有现代化的房间，地面铺有瓷砖，还有一个大型的花园泳池。员工热情友好乐于助人，酒店幽静的地理位置也为这里增色不少。

Molyvos I Hotel 酒店 €€

（☎22530 71496; www.molyvos-hotels.com; waterfront; 双 含早餐 €65起; ❄📶）这家气派的水滨酒店虽然是随团游客的最爱之地，但是对独自前来的旅游者而言也是一个不错的选择。该酒店拥有维护良好的房间，对面是一个狭长的树荫海滩，服务热情友好，供应美味的早餐。

餐饮

★**Taverna Angelos** 希腊菜 €

（主菜 €4~8.50; ⏲午餐和晚餐）路过国家银行后找到黄色的遮阳篷，就来到了这家没有过多装饰的希腊小馆，馆内供应美味可口的沙拉、蔬菜大杂烩（vegiebriam）和希腊浓味蔬菜炖肉（stifado; 肉、野味或海鲜炖洋葱和番茄）。传统熟食（mayirefta），例如番茄酿饭（yemista）和鲜鱼，令人垂涎欲滴。价格公道，分量大，服务热情。

★**Betty's** 希腊小馆 €

（☎22530 71421; 17 Noemvriou; 主菜 €3~10; ⏲8:30~23:00）这是一处土耳其帕夏（旧时奥斯曼帝国的高级官员）的翻新住宅，位于街道的高处，可以俯瞰下面的港口，供应令人回味无穷的熟食，比如mousakas（肉或菜）、烤鱼、羔羊肉串、小奶酪饼（kotiropitakia）以及特色早餐。Betty在餐馆附近还有2套宽敞且设施齐全的单间公寓，位于一处安静阴凉的角落。

ToHani 希腊小馆 €

（☎22530 71618; agora; 主菜 €5.50~9; ⏲午餐和晚餐）这家时尚的家庭式希腊小馆位于滨海区上方的热闹市集（Agora）上，供应物美价廉的鲜鱼和烧烤，还可欣赏美丽的海景。

Alonia 希腊小馆 €

（主菜 €4.50~7; ⏲午餐和晚餐）这家朴实无华的餐馆位于城外，在去往埃夫塔罗海滩（Eftalou Beach）的途中，深受当地人推崇。氛围轻松愉悦，鲜鱼、希腊沙拉和当地葡萄酒极其美味。

Friends 快餐 €

（☎22530 71567; 主菜 €1.60~2.50; ⏲10:00至午夜）位于国家银行和城镇停车场之间，这家快餐店提供美味的皮塔肉串（pitta souvlaki）、猪肉和鸡肉串（kebabs）、整鸡和半只鸡以及小份素菜和沙拉。免费送餐是另一项优势。

★**Molly's Bar** 酒吧

（☎22530 71772; harbour; ⏲18:00至深夜; 📶）这家由天马行空的英国人经营的酒吧一直井井有条，坐落在滨海区的最东端，特色

关于橄榄树的种种

莱斯沃斯岛有将近1200万棵橄榄树，难怪专门为此开设了两座博物馆。

工业橄榄油生产博物馆（Museum of Industrial Olive Oil Production; ☎22530 32300; www.piop.gr; Agia Paraskevi; 门票 €3; ⏲3月至10月 周三至周一 10:00~18:00）位于莫利沃斯南部，这座漂亮的博物馆是由橄榄油磨坊改建而成的，里面满是锃亮的设备及标识清楚的陈列品。最早的"人力机器"就是那个年代的集体创新。

弗拉纳橄榄油博物馆（Vrana Olive-Press Museum; ☎22510 82007; Papados; 门票 €1; ⏲周二至周日 9:00~19:00）隐藏在米蒂利尼和南岸Ploumari之间的Papados村，这座小型弗拉纳橄榄油博物馆陈列着19世纪的蒸汽动力压榨机和往昔岁月的古画。它还在希腊的文学史上占有些许地位——其建造者尼古拉斯·弗拉纳斯（Nicholas Vranas）正是获得诺贝尔奖的希腊诗人奥德修斯·埃里蒂斯（Odysseas Elytis）的祖父。

观鸟建议

斯卡拉卡隆尼斯(Skala Kallonis)周边的湿地有130多种鸟类。如果你分不清蓝眼霍克蜻蜓和凤头䴙䴘,可以带上史蒂夫·达德利(Steve Dudley)的《莱斯沃斯岛观鸟指南》(*A Bird watching Guide to Lesvos*)。史蒂夫带领前往岛屿各地的观鸟游。另外,50多种蝴蝶和蜻蜓在这里翩翩起舞,沼泽的空气中响起无数青蛙的浅唱低鸣。

是彩绘蓝色星星、串珠窗帘以及瓶装的吉尼斯黑啤酒(Guinness)。Molly's迎合了活力四射的当地人和外国人。小阳台最适合欣赏落日。

Sunset 咖啡馆、酒吧

(⏲8:00至次日1:00)这家咖啡馆全天营业,待客友善,位于滨海区,靠近Molyvos Hotel,供应地道香醇的咖啡,服务周到。傍晚时来,还有不错的饮品。

ℹ 实用信息

国家银行有一台可靠的ATM机。大部分地区都提供Wi-Fi。

Com.travel(☎22530 71900;www.comtravel.gr)这家旅行社在经过改建的橄榄油工厂内,服务高效全面,位于主路上。

医疗中心(Medical Centre;☎22530 71333)

莫利沃斯旅游协会(Molyvos Tourism Association;☎22510 71990;Agora;⏲8:00~15:00)位于Upper Agora的旅游办事处,在药店附近。

市政旅游办事处(Municipal Tourist Office;☎22530 71347;⏲办公时间不定)挨着国家银行,帮助安排住宿、提供地图和组织观光游等。

邮局(Kastrou;⏲7:30~14:00)

佩特拉(Petra) Πέτρα

这个有名的旅游胜地位于莫利沃斯以南5公里处,大部分时间是一个拥挤不堪的海滩村庄。佩特拉的一处文化景点——位于一块突出的巨石之上,村庄就是以这块岩石的名字命名的——是建于18世纪的圣母之吻教堂(Panagia Glykofilousa, Church of the Sweet-Kissing Virgin),沿着114个岩石凿成的台阶拾级而上即可到达。虽然佩特拉有住宿场所,却不比莫利沃斯或附近的埃夫塔罗海滩有特色。村庄本身几乎就是纪念品商店和餐馆一条街,不过小广场悠闲放松。

埃夫塔罗海滩(Eftalou Beach) Παραλία Εφταλού

埃夫塔罗海滩[也称作阿吉伊阿纳吉里(Agii Anargyri)海滩]很适合喜欢独处的游客,位于佩特拉东北方2公里处。

狭长的埃夫塔罗海滩遍布鹅卵石,背靠一个悬崖,海水清澈,还拥有迷人的Mineral Baths of Eftalou(☎22530 72200;旧公共浴室/新独立浴室 €4/5;⏲旧浴室 6:00~21:00),这里干净卫生,水温保持在46.5℃。附近,温热的矿泉水流入冰冷的大海。古老的公共浴室铺有鹅卵石地板;相对而言较新、较干净的公共浴室提供独立的浴缸。据说温泉有治疗功效,可以医治从关节炎到高血压等不同种类的疾病。Elefteria Vamvoukou提供专业按摩服务,也可以在此观看希腊舞蹈活动。

浴室另一边是位于海滩前的Hrysi Akti(☎22530 71879;标单/双 €35/45),提供简单的房间,带有浴室,位于一片如田园诗般的鹅卵石海湾处,友善的老板还经营着一家小型餐馆(☎22530 71947;主菜 €4.50起),可以俯瞰大海。

莱斯沃斯岛西部

莱斯沃斯岛西部是由远古时期大规模的火山爆发而形成的,树木和其他所有生物也因此全部变成化石,这些都使它成为史前宝藏探索者心驰神往的宝地。莱斯沃斯岛的西部与岛上其他地区形成鲜明的对比,在这里,唯有嶙峋的岩石和几棵偶尔可见的橄榄树能打破整体景观带给人们的贫瘠荒芜之感。

再往西南方去,景观开始有了更多绿色,尽头是沿海村庄斯卡拉埃雷索(Skala Eresou),在希腊最负盛名的抒情诗人中,有一位就诞生于此,她叫萨福(Sappho),曾被柏拉图(Plato)赞誉为第十位缪斯。

斯卡拉卡隆尼斯到锡格里 (Skala Kallonis to Sigri) Σκάλα Καλλονής προς Σιγρί

就在农业村镇卡洛尼(Kalloni)以南，海滨的斯卡拉卡隆尼斯每年春秋两季会从沉寂的渔村变成观鸟圣地。春季迁徙在欧洲无与伦比，莱斯沃斯岛的湿地保护区成为数千种鸟类的栖息地，从火烈鸟和猛禽到啄木鸟和沼泽鹬，应有尽有。壮观的场景吸引了欧洲鸟迷的目光，他们会在4月中旬至5月中旬和9月中旬至10月的观鸟旺季蜂拥登岛。斯卡拉卡隆尼斯同样热情，**Pasiphae Hotel**(☎22530 23212; www.pasiphaehotel.com; Skala Kollonis; 标单/双/标三 含早餐 €45/55/75起; P ❄ @ 📶 🏊)是一处非正式的中心，鸟迷齐聚在大厅的酒吧交流(或吹嘘)。自带双筒望远镜。

从斯卡拉卡隆尼斯出发驾车西行34公里即可到达**Andissa**，这是个充满快乐、民风淳朴的村庄，不妨在此停下来喝杯咖啡或是吃点午餐，村庄广场(plateia)上耸立着两棵高大的悬铃树，遮天蔽日，为纵横的窄街小巷送来丝丝清凉。蟋蟀低声鸣叫，老人们高声谈笑，伴着这样的背景音，喝杯希腊咖啡或者来份刨冰冻饮(frappé)吧!

从安迪撒西行约9公里，有座拜占庭风格的修道院——**高山修道院**(Moni Ypsilou; ⏲黎明至黄昏)**免费**坐落于一座孤零零的山峰之上，四周环绕着火山平原。该修道院最初建成于8世纪，充满传奇色彩，里面有一个鲜花装饰的拱形庭院，还有一个小巧却引人注目的博物馆，馆内珍藏着历史久远的圣像以及拜占庭时期的手稿。站在修道院的围墙顶部向远处眺望，荒无人烟的赭色平原尽收眼底，一直延伸到海天相接处。

寂静的锡格里是个渔港，处处洋溢着安静慵懒的氛围，还有个渡轮码头，偶尔营业。锡格里的海景优美怡人，尤其是在日落时分；它西南角上的海滩人迹罕至，如田园诗般静美。

斯卡拉埃雷索 (Skala Eresou) Σκάλα Ερεσού

人口 1560

斯卡拉埃雷索既是个传统的渔村，又是个特立独行的悠闲海滩小镇，还是女同性恋者的圣地，尤其是9月为期两周的热闹节日，纪念公元前630年出生在这里的著名抒情诗人萨福。这个海边小社区有一种悠闲的氛围，小咖啡馆和希腊小馆紧挨海岸，纤细的柽柳

石化：呈现2000万年前的历史

向西前往锡格里(Sigri)，古老荒凉的地貌静候你的到来，那里有散落各处的石化森林遗迹。

莱斯沃斯岛石化森林(Lesvos Petrified Forest; www.petrifiedforest.gr; 门票 €2; ⏲8:00~16:00)过了高山修道院大约4公里处，左侧一条有路标的道路通向这处罕见而迷人的地质遗迹。它产生于2000万年以前，与第三纪中新世爱琴海北部大规模的火山活动有关。1985年，这片森林被宣布成为自然遗迹保护区；2004年，此处加入了联合国教科文组织世界地质公园网络(Global Geopark Network)。

莱斯沃斯岛石化林自然历史博物馆(Natural History Museum of the Lesvos Petrified Forest; ☎22530 54434; www.lesvosmuseum.gr; Sigri; 门票 €5; ⏲7月至9月 9:00~18:00, 10月至次年6月 8:30~16:30; P 👪)斯卡拉埃雷索西北的海岸村庄锡格里有一流的博物馆，内有标识清晰的展览，将游客带到了火山猛烈喷发的那一刻，温度极高的灰尘和岩石急速喷流而出，从东到西，几乎瞬间覆盖了莱斯沃斯岛西部的茂密森林——树木、树枝、根系、树叶、果子。接下来，熔岩浆里富含黄铁矿的热流将植物纤维完全石化。这一过程涉及有机植物和无机物的分子置换。

如今的石化森林展现了植物、根系和树干的结构特征，与2000万年前一模一样。巨大的石化红杉树干和开心果和橄榄树叶的小化石都是主要看点。这里还有礼品店和小咖啡馆，博物馆的员工经常会即兴提供免费团队游。

埃雷索斯国际妇女节

埃雷索斯国际妇女节(International Eressos Women's Festival; ☎22530 52130; www.womensfestival.eu; 门票 €50; ⊙9月)是具有当地特色的国际节日。该节日在斯卡拉埃莱索持续两周,派对和活动从现场音乐和露天电影到希腊舞蹈和沙滩排球,应有尽有。期间有水上活动、瑜伽、诗歌和冥想,昼夜不停,氛围对同性恋友好。

亮点包括LGBTQ电影节,希腊、土耳其和地中海现场民间音乐,四驱车游猎,另类时装表演(主要是参加节日的人),摄影讲习班和文身演示。现场表演的范围从喜剧和朗诵到滑稽戏和摇滚乐,多姿多彩。

鸡尾酒吧附近晶莹剔透的池水适合游泳,若是更喜欢穿着衣服,再往前就是海滩。对于热爱步行和徒步的人来说,该地区有纵横交错的内地和海滨线路。附近还有温泉、考古遗迹、水上活动、乘船游、观鸟游和骑山地自行车游。

树(almariki)在微风中摇摆。

在靠近村镇集市的地方,我们可以看到早期**Basilica of Agios Andreas**(Christian Basilica of Agios Andreas)的遗址,其中的5世纪马赛克装饰仍有一部分完好无损。

住宿

斯卡拉埃雷索既有经济实惠的廉价旅馆,也有奢华高档(相当昂贵)的酒店。大多数以前只接待女性旅客的地方也已经男女皆宜了。

★ Kouitou Hotel 酒店 €

(☎22530 53311; kouitou.hotel@gmail.com; 标单/双 €25/45; P@令)Vaso和Alex精力充沛,Kouitou Hotel正是由他们二位合作经营的。该酒店宜人、随性,房间整洁、与众不同,每个房间内均有不同的手绘装饰,并配有风扇。从阴凉的屋顶酒吧能够看到海边,走过去也只需5分钟。瓦索每天提供一顿家常便饭,用的都是当地纯天然的食材和佐料,如果运气好,还有胡萝卜蛋糕。

Heliotopos 公寓 €

(☎6977146229; www.heliotoposeressos.com; 公寓 €45~70; P❄令)从村庄从容步行15分钟即可到达,这个花园住所能为旅客提供5个单间公寓和3个两居室公寓,所有公寓都配有设施齐全的厨房。公寓的主人是好客的Debby和Patrick,他们使用新鲜的蔬菜水果,并且组织周边的观鸟之旅。这里还为房客提供免费的自行车,以供其四处骑行之需。

Hotel Gallini 酒店 €

(☎22530 53138; www.hotel-galinos.gr; Alkaiou St; 标单/双 含早餐 €30/45起; P❄令)此处可谓精选的便宜住处,距离海边约80米,房间内铺着瓷砖地板,站在小阳台上可以将山坡景色尽收眼底。在花香四溢的游廊上享用早餐,其中的果酱和奶酪均为家庭自制。

Aumkara Apartments 公寓 €

(☎6948131032, 22530 53190; www.aumkara.eu; 标单/双/四 €25/35/50起; P❄令)村庄中心附近一尘不染的整洁公寓,由热情的Maria及其团队人员管理。自己做饭的人会喜欢便利的小厨房,房间从小单间公寓到两居室公寓,一应俱全。距离海滩大约50米。

Sappho the Eresia 酒店 €

(Sappho Hotel; ☎22530 53233; www.sappho-hotel.com; waterfront; 标单和双 €35~50; P❄令)在怡然自得的斯卡拉埃雷索,友好亲切的Sappho有18个房间,称不上大酒店。它建在安静的海滩西头,位置得天独厚,加上吊扇和悠闲的咖啡馆酒吧,十分受人欢迎。在它最好的房间里可以俯瞰海景,遥望普萨拉岛。

就餐

斯卡拉埃雷索的饭店和酒吧像柽柳树一样沿海滩排成了一条线。鲜鱼是当地特色。大家可以通过寻找挂起来的鱿鱼和章鱼找到这些饭店。天气晴朗的日子里,希俄斯岛会出现在远方的海天交界处。

★ Soulatso
海鲜 €

(boardwalk; 鱼 €6~13; ⌚午餐和晚餐)这家生意兴隆的海滨乌佐酒馆—希腊小馆有一个很大的户外露台，招牌菜就是鲜鱼，按公斤出售，价格公道，出色的开胃菜也很有名。服务好，分量大，酒水优。

Aigaio
希腊小馆 €

(boardwalk; 主菜 €3.50~8.50; ⌚午餐和晚餐)大多数早晨，餐馆老板西奥多里斯(Theodoris)都会去钓鱼，以满足晚餐烹制鲜鱼的需求。店里还做传统熟食(mayirefta)和美味烧烤，播放的背景音乐是传统的希腊音乐。

Taverna Karavogiannos
希腊小馆 €

(boardwalk; 主菜 €5~9)这是一家物美价廉的滨海希腊小馆，俯瞰海滩，餐品包括鲜鱼、烧烤和数种素菜，比如野菜(horta)和各种沙拉。

Obelix
希腊菜 €

(主菜 €2~5.50; ⌚午餐和晚餐)超市附近快捷可口的小巷烧烤店，有美味的猪肉旋转烤肉配皮塔饼、烤肉串、各种烧烤和沙拉。

Sam' s Café-Restaurant
希腊小馆 €

(Eresos; 主菜 €4~8)从Skala Eresos驾车向上，行驶5分钟到达小Eresos，不要因此望而却步，这家黎巴嫩—希腊菜露天餐馆相当不错，尝尝Sam和Niki做的一流的希腊和黎巴嫩家常菜。

饮品和夜生活

斯卡拉埃雷索低调的夜生活由一系列紧密相连的小咖啡馆兼酒吧构成，它们沿不长的东端海滨一字排开。

★ Parasol
酒吧

(☎22530 52050)橙色的灯笼与不拘一格的音乐融为一体，该酒吧调制的鸡尾酒与其南太平洋情调的装潢风格交相辉映。日子一天天过去，Christos和Anastasia的定制早餐和卡布其诺让位于午餐特色菜、鲜榨果汁、面条和手工比萨。

★ Portokali
咖啡馆、酒吧

欢乐的小咖啡馆兼酒吧在伊勒苏斯山上3公里处，咖啡、甜食、齐普罗酒(tsipouro)和交谈的氛围在村庄里最受欢迎。

Flamingo Beach Bar
酒吧

(☎22530 52010)"五彩缤纷"不足以描述这个令人愉悦的流连场所，位于海滩遥远的西端。饮品和小吃不错，氛围热情。

Notia Jazz Bar
酒吧

(plateia)来这家时尚音乐酒吧，一边品味美酒，一边欣赏爵士乐吧。夏日的周末有现场演奏的爵士乐。不仅有诱人的鸡尾酒、希腊葡萄酒、生啤酒，还有迈尔斯·戴维斯(Miles Davis)和塞隆尼斯·蒙克(Thelonious Monk)等爵士乐大师的音乐作品。

Margaritari
咖啡馆、酒吧

(waterfront)白天，这里是美好诱人的咖啡馆，供应美味的自制甜品和蛋糕；晚上，则变身成酷感十足的酒吧，有一群客人，空气中回荡着美妙舒缓的音乐。

购物

Thalassaki
工艺品

(☎6973525421; waterfront; ⌚11:00~23:00)这家海滨礼品店色彩明快、引人驻足，里面琳琅满目的陶瓷工艺品和珠宝首饰都是由Despina Iossifelli手工制作的。

Polytechneio
艺术品

(☎6976045298)海滨边的明亮地点，有精心展示的手工珠宝、小型画作和制品。

Leather Workshop
饰品

在这家友好的皮革和饰品小店看看老式缝纫机。老板Kiriakos业余时间会教村里的孩子练功夫。

实用信息

Plateia Anthis中央广场面海而建，这里的大多数咖啡馆都有免费Wi-Fi。沿Gyrinnis继续往西走则是两个市场、一台ATM机和**药店**(☎22530 53844)。

萨福之旅(Sappho Travel; ☎22530 52130; www.sapphotravel.com)提供全方位的服务，包括租车和住宿，并提供国际艾利索斯妇女节的相关信息。

莱斯沃斯岛南部

阿吉亚索斯至梅林达(Agiasos to Melinda)

Αγιάσος προς Μελίντα

交错的橄榄树林与松树林是莱斯沃斯岛南部的标志性特征，它们从该地区的最高峰奥林匹斯山（Mt Olympus）的侧翼开始，一直向下延伸到海边，最好的海滩就在这里。该地区气候炎热，是密集型农业地区，这里蓬勃发展的橄榄油、葡萄酒和乌佐酒产业使旅游业相形见绌。

第一个旅游景点就是坐落于米蒂利尼—Polyhtinos公路南面的阿吉亚索斯。它位于奥林匹斯山以北，是一个保存完好的小村庄，既古怪又古朴，有狭窄的鹅卵石街道，开着老式皮卡车的渔民在这里出售清晨的渔获。村里上了年纪的人们坐在当地的咖啡馆（kafeneia）里，啜饮咖啡打发时光，而村里的做奶酪的人和制陶工匠们则沿街叫卖。这里悠闲轻松、绿树成荫，独具一格的圣母圣婴教堂（Church of the Panagia Vrefokratousa）让当地人引以为傲。

公路沿Gera湾的西岸一路向南，直达Plomari，即莱斯沃斯岛的乌佐酒产业中心。这里热闹非凡，是个令人流连忘返的海滨渔村，有一个棕榈树环绕的宽阔广场和数家水滨希腊小馆。Varvagianni乌佐酒博物馆（Varvagianni Ouzo Museum; ☎22520 32741; Plomari; ⏲周一至周五 9:00~16:00，周六和周日需要预约）免费是他们家族五代人酿制乌佐酒的地方。相邻的是另一家备受好评的乌佐酒制造商Ouzo Plomariou。两家都有免费的团队游，热情欢迎各方游客到此品味不同口感的乌佐酒。

向东3公里，就到了很受大众喜爱的海滩居住区——Agios Isidoros，吸收了Plomari的大部分夏季游客。然而在东边稍远一点的Tarti，游客就没这么多了。Plomari的西边是梅林达——一个平静安宁的渔村，这里海滩、希腊小馆和廉价旅馆应有尽有。

萨福：古代诗人，现代声音

希腊古典诗人萨福以抒情诗歌著称。她的诗句提到了对男性和女性的激情与爱情，但她的情绪与清晰的语言和朴素的风格相平衡。尽管作品仅存一鳞半爪，但我们还是知道她已婚，有一个女儿，在西西里岛被放逐了一段时间，很可能是因为她的政治立场。她的存世诗歌和情歌似乎就是写给支持她的女性小圈子的。她无疑是女性呼声的早期提倡者，而她的作品一直能引起共鸣。

住宿

Hotel Agia Sion 酒店 €

（Agiasos Hotel; ☎6941569107; Agiasos; 标单/双/标三 €20/25/30）阿吉亚索斯唯一的酒店（除了几个出租房间之外）毗邻圣母教堂（Church of Panagia），环绕一个枝繁叶茂的庭院。不必找招牌，压根儿就没有！提前给经理Stamatoula打电话，在教堂的信息亭询问，或者在附近药店询问会说英语的Sophia。

饮品

Ouzerie To Stavri 咖啡馆

（☎6978226936; Agiasos）To Stavri也被称作Vasilli's，是阿吉亚索斯顶端的一家店面。墙上的老照片和老工具值得看看，和它们争夺墙上空间的新平板电视，或许是唯一能让人想起现在甚至20世纪的物件。

梅林达至瓦捷拉(Melinda to Vatera)

Μελίντα προς Βατερά

从梅林达出发前往海滩度假村瓦捷拉（Vatera）的这条路很少有人问津，它横穿静谧的山村、森林密布的山丘以及险峻陡峭的峡谷。

驾车北上，你将依次经过3个风景如画的村庄——Paleohori、Akrassi和Ambeliko，沿着一条没有路标、适宜租车者驾驶通过的土路一路向下，穿过宁静的橄榄树和松树林，海岸美景一览无余。驾车从梅林达到瓦捷拉，全程共需1小时左右。

在这里，徒步旅行者可以尽情享受莱斯沃斯岛南部的橄榄之路（olive trails），这个徒步路径由小路和以前贯穿Plomari与梅林达的地方公路构成。梅林达-Paleohori

小道（1.2公里，30分钟）在到达海拔稍高的Paleohori之前，先要沿着Selandas河前行200米，沿途的泉水可以饮用。该徒步路径的尽头是村子里的橄榄油榨油厂。

另一条热门的徒步路径通向Panagia Kryfti、一个位于温泉（可供2人）边的洞穴教堂以及附近的一处Drota海滩。还可以选择Paleohori－Rahidi小道（1公里，30分钟），这条徒步路径铺满白石，途经清泉和葡萄园。2001年Rahidi才通上电，这里有迷人的老房子，还有一家咖啡馆（kafeneio）。

除此之外，其他几条更为复杂的徒步路径可以带你从梅林达直达瓦捷拉。详情请咨询EOT（见463页）或旅游办事处（☎22510 43255；Gate B，port；⊙周一至周六9:00~15:00），两家机构都设在米蒂利尼镇。

瓦捷拉和波利尼多斯（Vatera & Polyhnitos）

Βατερά προς Πολυχνίτος

尽管瓦捷拉（发音：vah-ter-ah）有长达10公里的沙质海滩，但它仍是一个名不见经传的小地方。因为这里只有几家小酒店和廉价旅馆，酒吧的数量更是屈指可数，所以难以留住游客。

在最西端的Agios Fokas海角，一座古老的狄厄尼索斯神庙（Temple of Dionysos）的遗址零零散散地占据了一个海岬，从这里可以俯视大海。有迹象表明，海滩与该海角之间的小海湾曾是古代的军事宿营地。事实上，很多历史学家坚信，此处正是荷马在史诗《伊利亚特》（*Iliad*）中提到的希腊军队围攻特洛伊时驻军的地点。

形成于550万年前的化石足以证明瓦捷拉历史悠久，包括一具跟大众甲壳虫汽车一般大小的乌龟化石（虽然它们的速度没有可比性），以及一只巨马和羚羊的化石。弗利萨自然历史博物馆（Vrisa Natural History Museum；☎22520 61890；Vryssa；门票 €1；⊙6月至9月 9:00~21:00，10月至次年5月 周三至周日 9:30~15:30）对游客的吸引力很大，坐落于Vryssa的老校舍里，展出上述化石以及其他意义重大的遗迹。

返回米蒂利尼镇时会路过以农业为主要产业的Polyhnitos，它位于瓦捷拉以北10公里处。Polyhnitos因其附近的两眼温泉而著称，它们算是欧洲最热的温泉。两眼中更受欢迎的是Polyhnitos温泉（Polyhnitos Spa；☎6977592991，22520 41229；www.hotsprings.gr；成人/儿童 €4/3，私人浴室 €5.50；⊙周一至周六 正午至20:00，周日 10:00~20:00），位于村庄以东1.5公里处，在一座漂亮的、整修一新的拜占庭式建筑里，温泉水温可达40℃（104℉），为全欧洲最热。可用于治疗风湿病、关节炎、皮肤病和妇科病等多种疑难杂症，还有机会简单地享受一次放松的泡澡，这里有专业的按摩。底层有小咖啡馆，提供饮品、午餐和晚餐。附近较小的温泉Lisvorio Spa（☎22530 71245；门票 €4；⊙9:00~19:00）位于Polyhnitos以北5公里处，浴室和按摩很受欢迎。

斯卡拉波利尼图（Skala Polyhnitou）渔港位于Polyhnitos西北方约5公里处的卡洛尼湾（Gulf of Kalloni）。凯科轻舟在码头上随着波浪上下起伏，渔民整理着渔网，在落日的余晖下与当地人共进海味晚餐，虽毫不张扬但感觉非常棒。如果你还想更低调，西行6公里，前往海边村庄Nifidha。

食宿

★ **Hotel Vatera Beach** 酒店 €

（☎22520 61212；www.vaterabeach.com；Vatera Beach；标单/双 含早餐 €35/50起；P ❄ @ 📶）这家安静的海滨酒店把顾客当作自己的老朋友，所以有很多回头客每年都会到此度假。为人友善的兄妹团队Takis和Jeannie Ballis提供出色的服务和舒适的房间，就在海滩对面。酒店的餐厅更棒，每日小菜单大都使用当地食材和有机食材。

利姆诺斯岛（LIMNOS）

ΛΗΜΝΟΣ

人口 16,990

利姆诺斯岛位置偏远，除了圣埃夫斯特拉蒂奥斯岛（Agios Efstratios）与之为邻外，几乎与世隔绝。该岛相对而言受现代旅游业的影响较小，对于想寻觅原汁原味的希腊小岛生活的游客来说，十分具有吸引力。米里纳（Myrina）

是这里的首府，保留了希腊渔港的古典风情，宏伟的热那亚城堡(Genoese castle)更是为这个小岛提供了引人注目的背景。

利姆诺斯岛东部是湖泊群，火烈鸟成群结队地飞到这里，景象蔚为壮观；湖心平原每逢春天都开满野花。不仅在首府周围可以看到上佳的沙滩，在岛上更为遥远的角落里也能找到。

利姆诺斯岛曾是希腊空军的中央指挥所，这可能是它最著名的一点了。不得不说，把它作为指挥所是个战略性的决策，毕竟利姆诺斯岛地处监视达达尼尔海峡（Straits of the Dardanelles）的理想位置，该海峡是通往伊斯坦布尔（İstanbul）的必经之路。正因如此，在第一次世界大战中，该岛是加里波利战役的指挥基地，该战役以失败告终。在当年盟军的船舰基地穆兹罗斯（Moudros）附近，有个令人动容的军用墓地，安眠于此的是阵亡的澳新军团（Australian and New Zealand Army Corps）士兵。为了纪念他们，直到今天，澳大利亚维多利亚州的一个小镇仍叫作利姆诺斯。

到达和离开

飞机

机场位于米里纳以东22公里处，设有**爱琴海航空**（☎801 1120000，22540 92700；www.aegeanair.com）、**SkyExpress**（☎28102 23800；www.skyexpress.gr）和**阿斯特拉航空**（☎80170 07466；www.astra-airlines.gr）的办事处。出租车费用约为€25。

利姆诺斯岛国内航班信息

目的地	时间	票价	班次
雅典	50分钟	€59	每天1班
希俄斯岛	1.5小时	€56	每周2班
伊卡里亚岛	45分钟	€50	每周6班
莱斯沃斯岛	40分钟	€56	每周5班
罗得岛	3小时	€82	每周5班
萨摩斯岛	2小时	€56	每周2班
塞萨洛尼基	45分钟	€65	每周5班

船

在Atzamis Travel（见475页）、Petrides Travel（见475页）或**Aegean Travel**（☎22540 25936；www.aegeantravel.eu；waterfront）购买渡船票。

利姆诺斯岛船只服务信息

目的地	时间	票价	班次
圣埃夫斯特拉蒂奥斯岛	1.5小时	€7	每周5~6班
希俄斯岛	8小时	€23	每周2班
伊卡里亚岛（圣基里科斯）	13小时	€31	每周2班
卡瓦拉	4.5小时	€16	每周5班
拉夫里奥	9小时	€30	每周4班
莱斯沃斯岛（米蒂利尼）	6小时	€23	每周2班
比雷埃夫斯	20小时	€56	每周1~2班
萨摩斯岛（卡罗维西）	10.5小时	€28	每周1~2班
萨摩斯岛（瓦锡）	11小时	€29	每周1班

当地交通

公共汽车

利姆诺斯岛的公共汽车有个很令游客讨厌的功能：早上将村民送进城里购物，午餐前把他们送回家。这样一来，游客要想在一天之内乘公共汽车往返的话，注定只能去4个地方，而这些地方绝不是最有意思的。例如Plaka、Skandali、Katalako和Kontias这4个地方非常有趣，却只能在第2天返程。

从米里纳开往穆兹罗斯的公共汽车每天有5班，而且途经机场（€3，30分钟），最后1班返程公共汽车的发车时间是12:15。但公共汽车的到站时间与飞机的起飞时间并不协调。

米里纳的**公共汽车站**（☎22540 22464；Plateia Eleftheriou Venizelou）会显示发车时刻表。

汽车和摩托车

彼得里季斯旅行社（Petrides Travel Agency；☎22540 22039；www.petridestravel.gr）和**爱琴海旅行社**（Aegean Travel；☎22540 23280）都位于水滨附近，对外出租汽车，租金每天€30起。摩托

Limnos 利姆诺斯岛

车出租点设在Kyda-Karatza。

出租车

在米里纳的中央广场上有个**出租车停靠站**(☎22540 23820)。到机场的费用为€25。

米里纳(Myrina) Μύρινα

人口 5110

在火山岩和一个多峭壁的热那亚城堡衬托下的利姆诺斯岛首府，显得特别古朴传统。在这里，渔民边展平渔网边呷饮希腊咖啡，五颜六色的凯科轻舟点缀在海港中。

一到夏天，米里纳就会焕发勃勃生机，店铺内出售各色传统美食和手工艺品，市集(agora)更是熙熙攘攘。粉刷了白色涂料的石屋、老式的理发店和咖啡馆坐落在历经风雨侵蚀的新古典主义风格的宅邸之间，给这个小镇增添了怡然自得的古典风情。

来米里纳旅游的主要是希腊本地游客(整体而言，利姆诺斯岛也是如此)，也为这里的海滨夜生活平添了一抹鲜明的希腊特色。城镇上方，在城堡杂草丛生的山坡上，则是另一番景象。在冬日的夜晚，平日里胆小害羞的小鹿，有时居然也会趁着夜色飞奔起来，大胆地冲进山下的市集。

景点和活动

米里纳城堡

城堡

(Castle of Myrina) 免费 位于米里纳孤零零的山头上的城堡(kastro)，始建于13世纪，其所在的海岬将米里纳与其颇受欢迎的海滩分隔开来。这座堡垒威风凛凛，由威尼斯人建造，只不过现在除了信自漫步的那些鹿以外，已是废城一座。你绝不会后悔花20~25分钟走上山顶，只是为了远眺一直延伸到圣山脚下的海景，俯视夜空下咖啡馆内闪烁的灯光。

考古博物馆

博物馆

(Archaeological Museum; ☎22540 22990; 门票 €2; ⏲周二至周日 8:30~15:00)米里纳气派的新古典主义宅邸博物馆，俯瞰Romeïkos Gialos海滩，馆内藏品包括利姆诺斯岛的坡利奥尼(Poliohni)、卡贝利神庙(Sanctuary of the Kabeiroi)和赫菲斯蒂亚(Hephaistia)三大遗址中发掘的公元前7世纪和公元前8世纪的古物。美女陶灯雕像上有1923年希腊与土耳其强制人口交换的细节，很值得一看。

Boat & Bus Tours 团队游

6月至9月，几家旅行社组织环岛乘船（半/全天 €20/25）和巴士（全天 €20）观光游。乘船游会停船吃午餐和游泳，包括考古遗址，通常在黄昏时结束。巴士游还要参观Mourdros和Portianos的军人公墓。联系Petrides Travel（见475页）或Atzamis Travel（见475页）。

海滩

小镇的海滩有宽广多沙的**Rea Maditos**，也有远离港口的、上好的**Romeïkos Gialos**；再往前走就是**浅滩**（Riha Nera），因其海床坡度平缓而得名。整个夏天，海滨咖啡馆和餐馆都到深夜才打烊。

沿着通往Thanos海滩的公路向南走5分钟，就到了水浅沙多的新月形**Platy海滩**（Platy Beach），这里有很多小酒吧、希腊小馆和几个住宿场所。

住宿

Apollo Pavillion 酒店 €

（☎22540 23712；www.apollopavilion.gr；Garoufalidhou；标单/双/标三 含早餐 €40/50/55起；P❄📶）隐藏在港口后方的新古典主义住宅之中，极具吸引力，客房宽敞，有高高的天花板，每间都有厨房和阳台。酒店距离港口150米，在警察局附近。

Vicky Studios 公寓 €

（☎22540 22137；www.vickystudios.com；Maroulas 5；单间公寓/公寓 €35/45起；P❄📶）这个出类拔萃的经济型住所友好完美，从浅滩的商店和海滩步行5分钟即可到达。房间面对漂亮的花园，拥有小厨房、书桌和冰箱。同样位于普拉蒂。

Hotel Lemnos 酒店 €

（☎22540 22153；标单/双/标三 €30/40/50起；❄📶）位于海滨中部的Lemnos是个不错的实惠选择，由新管理层经营，酒店员工亲切友好，客房小巧时尚，还有视野极佳的阳台，能俯瞰海港或城堡。

To Arhontiko 精品酒店 €€

（☎22540 29800；www.arxontikohotel.gr；Sahtouri和Filellinon交叉路口；标单/双/标三 含早餐 €45/65/75起；P❄📶）这栋楼房（米里纳的第一家酒店）始建于1851年，现已修葺一新，华丽精美的房间、壁炉、乐于助人的服务人员，舒适的酒吧，从内到外都散发着古典魅力，供应的传统希腊早餐使你一天都精力充沛。坐落于Romeikos Gialos的广场附近的一条安静小街上。

就餐

★Ouzeri To 11 海鲜 €

（Plateia KTEL；海鲜菜 €4.50~9.50）这家窄小低调的乌佐酒馆（供应乌佐酒和简单小吃的地方）在公共汽车停车场附近，是当地人最喜欢的海鲜小馆。从kydonia（大蒜贻贝和金星蛤）到海胆、小龙虾等，"To En-dheka"（店名的读音）不仅有千奇百怪的食物，还提供喝不完的乌佐酒，有助于让你感到"此中有美味，欲辩已忘言"。

O Platanos Restaurant 希腊小馆 €

（Kyda-Karatza；主菜 €5~8）这家标志性的餐馆供应自制意大利面、优质的勒姆尼葡萄酒（Limniwine）和美味且以肉食为主的传统熟食，坐落在市集主街的半路上，位于两棵高大的悬铃木下。

To Steki tis Yefsis 希腊菜 €

（☎6987930068；port；主菜 €2~6）码头对面的出色餐馆——快速的旋转烤肉、皮塔饼烤肉或丰盛的猪肉或香肠拼盘最好。服务爽利，令人愉快，可以坐下吃或带走。

To Limanaki 希腊小馆 €

（waterfront；主菜 €6~9.50）海滨最远端的餐馆，这里海鲜新鲜便宜，服务热情周到，在深夜还提供烤肉和醇香的利姆诺斯葡萄酒。

O Sozos 希腊小馆 €

（Platy；主菜 €5~8）位于普拉蒂，在米里纳以东2公里处，O Sozos最擅长做传统的希腊美食。招牌菜包括kokkaras flomaria（烤鸡意大利面）、羔羊肉和叶卷饭。

饮品和夜生活

夏季，米里纳的夜生活主要围绕着Romeïkos Gialos海滩上的酒吧展开。

Karagiozis 酒吧

(Romeïkos Gialosbeach; ⏰9:00至次日5:00)Karagiozis位于海边绿树繁茂的露台上，一到晚上就脱胎换骨，不再是白天俗气的刨冰冻饮兼咖啡馆(frappé-cafe)，而是一家沐浴着星光、绝对能让你尽兴的酒吧。饮品不含糊，价格公道。

Manos Bar 酒吧

(☎6932411134; Argonafton 20)浅滩上热闹的露天海滩酒吧，全天和多数夜晚营业，有不错的饮品和各年龄段的顾客。

Alexandros 酒吧

(☎6977273187; old port)位于海滨对面的老码头，这个地方环境平和，深夜会吸引来成群结队的常客。

实用信息

米里纳中央广场(Plateia Eleftheriou Venizelou)的附近有3台ATM机，该广场坐落于Kyda-Karadza(也叫作agora，即市集)的主干道的中途。码头上还有一台ATM机。大多数海滨咖啡馆有免费Wi-Fi。

Atzamis Travel(☎22540 25690; atzamisk@otenet.gr; waterfront)组织渡船，代售飞机票，安排住宿、游程，出租自行车。另外可以安排前往利姆诺斯岛东岸湿地游览。

Karaiskaki Travel(☎22540 22460; 22540 22900; hrissa5a@otenet.gr; waterfront)专门从事Agios Efstatiosisland的环岛之旅。曾经被称为Myrina Travel。

彼得里季斯旅行社(Petrides Travel; ☎22540 22039; www.petridestravel.gr; Kyda-Karatza 116)员工乐于助人，消息灵通，可以安排岛屿观光旅游和乘船游，出租汽车，协调转乘，安排住宿。

警察局(☎22540 22201; Nikolaou Garoufallidou)

港口警察局(☎22540 22225)

邮局(Nikolaou Garoufallidou; ⏰7:30~14:00)

利姆诺斯岛西部

在米里纳以北，有条马路经过**Kaspakas**村后向左转弯，通往美丽的**圣爱奥尼斯海滩**(Agios Ioannis Beach)，那里有块凸出的火山岩板悬在空中，岩板底下有几家希腊小馆和几座海景房。

从Kaspakas继续往东走2公里，便到了Kornos和塞尔马(Therma)的交界处。配套设施先进而豪华的**Therma Spa**(☎22540 62062; www.thermaspa.gr; Therma)富丽堂皇，是斥巨资修复的奥斯曼时代的浴室，在交界处以南1公里。位于塞尔马以北约6公里处，热门的**Mantella Taverna**(☎22540 61349; Sardes; 主菜€5~9.50)吸引来自米里纳及更远地方的居民和旅行者。

再往东走，公路在**Livadohori**向南转弯，越过贫瘠的褐色山丘，穿过产量一般的农田，就到了可爱迷人的**Kontias**，传统的石砌房屋和古老的风车便显现在眼前。接着马路折向西南，绕了一圈再回到米里纳，沿途经过的**圣帕夫洛斯海滩**(Agios Pavlos Beach)和**Thanos海滩**与众不同，特别受欢迎，距离米里纳仅有10分钟车程。

利姆诺斯岛中部

利姆诺斯岛中部的高原宽广辽阔，上面点缀着片片麦田、小葡萄园、羊群，还有希腊空军中央司令部(因此大部分区域都游客禁入)。**穆兹罗斯**(Moudros)是利姆诺斯岛的第二大镇，占据浑浊的穆兹罗斯湾的东部，曾是1915年惨烈的加利波利战役的主要驻军基地，并因此闻名于世，同时还是温斯顿·丘吉尔的秘密战时指挥部。

东穆兹罗斯协约国士兵公墓(East Moudros Allied Military Cemetery)在穆兹罗斯以东1公里的Roussopouli路上，里面都是加利波利战役牺牲的英联邦士兵的坟墓。这里有加利波利战役的史实简介，若是感兴趣不妨读一下。还有一处英联邦的墓地——**Portianos士兵公墓**(Portianos Military Cemetery)，位于Livadohori以南6公里、通往萨诺斯海滩和米里纳的路上，是该地区第二处肃穆的旅游景点。想参加团队游，联系米里纳的Atzamis Travel或Petrides Travel。

利姆诺斯岛东部

历史遗迹和杳无人烟的海滩吸引着游客

来到利姆诺斯岛东部。三大考古遗址包括坡利奥尼（Poliohni）、卡贝利神庙（Sanctuary of the Kabeiroi）和赫菲斯蒂亚（Hephaistia），开放时间全都是8:00至黄昏。可以联系米里纳的彼得里季斯旅行社以获取旅游信息。

坡利奥尼（Poliohni）位于东南海岸，据说是爱琴海地区的第一个史前聚居地，有4个古代的聚居点遗址，最重要的一个是前迈锡尼城邦（pre-Mycenaeancity），建成时间比特洛伊六世（Troy Ⅵ，公元前1800至公元前1275年）当政时间还要早。遗址处有家很小的博物馆（开放时间8:00~15:00），门票免费，虽然现存的不过是断壁残垣，但足以令人叹为观止。

卡贝利神庙（Ta Kaviria，Sanctuary of the Kabeiroi）坐落于遥远的Tigani湾的最北端。那里的人们对卡贝利众神的崇拜绝对要早于附近萨莫色雷斯岛的居民。拥有11根残缺不全的立柱的**古希腊神庙**（Hellenistic sanctuary）有着巨大的吸引力。传说中的**弗洛克提迪斯洞**（Cave of Philoctetes）就在附近，弗洛克提迪斯是特洛伊战争中的英雄，据说他在这儿因被蛇咬过的腿腐烂生蛆而惨遭遗弃，但后来伤好痊愈了。有条小路从卡贝利神庙出发，设有路标，直达这处海蚀洞。

赫菲斯蒂亚（TaIfestia）曾是利姆诺斯岛的主要城市，传说火与工匠之神赫菲斯托斯（Hephaestus）被宙斯逐下奥林匹斯山后，来到这里。只不过现在，除了低矮的城墙和发掘了一半的剧院遗址外，几乎再没有任何遗迹。

利姆诺斯岛的东北地区有几个民风淳朴、鲜有游客的村庄，偏远的**Keros海滩**深受帆板爱好者欢迎。在沿岸的咸水潟湖——**阿里基湖**（Lake Alyki）和附近的盐沼——**Hortarolimni湖**周围，有时能见到成群结队的火烈鸟。站在利姆诺斯岛东北部最远端的普拉卡角（Cape Plaka）远望，萨莫色雷斯岛和Imvros（土耳其语是Gökçeada）隐约可见。历史上，这3座岛屿被认为形成战略性三角形防御地带，守护达达尼尔海峡，也就守护了伊斯坦布尔（即君士坦丁堡）。因此，直到1923年，土耳其仍紧握Imvros不放——尽管希腊已于10年前夺回其他大部分岛屿。

圣埃夫斯特拉蒂奥斯岛（AGIOS EFSTRATIOS）

ΑΓΙΟΣ ΕΥΣΤΡΑΤΙΟΣ

人口 370

圣埃夫斯特拉蒂奥斯岛位于利姆诺斯岛以南18公里处，很少有人问津，可以说是爱琴海上的一座孤岛。当地人把它简称为“Aï-Stratis”，游客慕名前来，是因为这里的与世隔绝、遥远的海滩和宁静的美丽。然而，这里并非始终安静祥和——1968年，一场震中在附近岛屿的7.1级地震在爱琴海各处造成混乱，摧毁了港口村庄大部分的古代建筑，而后希腊军政府对重建工作处置不当，使情况变得更加糟糕。

无论如何，圣埃夫斯特拉蒂奥斯岛还是恢复了大半的魅力，人烟稀少的岛上有出租房间、优质的海鲜小馆、放松的山间步行小路和令人满意的海滩。主要村庄，同样名为圣埃夫斯特拉蒂奥斯，经常被简称为“那个村”。

历史

在利姆诺斯岛对面，岛上东北部的考古发现表明这里在青铜时代早期（公元前2800至公元前1900年）就有人居住。后来这座岛作为爱琴海的战略中心，数次被殖民统治，先是迈锡尼人，然后依次是雅典人、罗马人，以及中世纪的拜占庭帝国，后者的首都在君士坦丁堡（如今的伊斯坦布尔）。岛屿就是以那段时期的圣埃夫斯特拉蒂奥斯（St Efstratios）命名，他是公元813年被流放到这里的政治犯。

就像与岛屿同名的那位圣人，20世纪初，在长达数十年的时间里，政治犯都被流放至此，尤其是20世纪30年代梅塔克萨斯（Metaxas）的分裂独裁统治期间及后来的1967~1974年——希腊人将这段军事独裁统治时期称为“军政府时期”（time of the colonels）。很多政见不同者和疑似共产主义者都被放逐到这儿，其中包括大名鼎鼎的作曲家米基斯·提奥多拉基斯（Mikis Theodorakis）、诗人科斯塔斯·瓦尔纳利斯（Kostas Varnalis）和扬尼斯·里佐斯（Giannis Ritsos）。

景点和活动

景点虽少，却引人注目。1968年的地震后，老村庄的遗址上有屹立未倒的**马拉斯利奥斯学校**（Maraslios School）。唯一幸存的拜占庭时期纪念建筑：**Agios Vassilios教堂**可追溯至1727年，有一座圆顶大殿。

村庄以南是海上洞穴**Trypia Spilia**。圣埃夫斯特拉蒂奥斯岛的质朴海滩包括有深色火山沙和温暖海水的**村庄海滩**、Agios Dimitrios（往南5公里处）和Ftelio（往南8公里处）海滩，后面两处最好是乘坐当地的小船、四驱车或摩托车前往。Taverna Artemonas在圣尼古拉奥斯教堂附近，里面有位阿里斯先生（Mr Aris），可以向他咨询详细情况。

在岛上的草地上，陈年踩出的小道纵横交错。遍地都是水仙花、茴香、蓟草、不凋花、黑莓、白杨和柳树。岛上的东北角有一条2.2公里的小路伸入Avlakia山，穿越茂密的**橡树林**。在东岸，你会在Alonitsi海滩找到优美的**沙丘**。

不管怎么走，你一定能见到山羊、绵羊、牛和马，全都在小岛上自在游荡，还有很多候鸟和留鸟，包括苍鹭、猫头鹰和翠鸟。

食宿

大多数圣埃夫斯特拉蒂奥斯岛的游客购买渡船船票的时候，会顺便预订旅馆房间。在利姆诺斯岛，可以联系Karaiskaki Travel。最受欢迎的住处是**Rooms Kakali**（Rooms-to-Let；☎6973061585；kakali1K1maria@yahoo.gr；标单/双 €30/35）。尽管夏天很受欢迎，但岛上50多个客房也很少有同时全部住满的时候。岛上有一家咖啡馆，两家希腊小馆，包括**Taverna Artemonas**（☎22540 93333；⏲9:00至午夜），提供经济实惠、新鲜美味的海鲜。

到达和离开

伊奥利亚号（Aeolis）是艘小渡船，往返于利姆诺斯岛和圣埃夫斯特拉蒂奥斯小岛之间，每周5次（€8，1.5小时，周一至周五）。请在利姆诺斯岛米里纳的Karaiskaki Travel（见475页）购买船票。因为渡船16:30从利姆诺斯岛出发，6:00从圣埃夫斯特拉蒂奥斯岛返回，所以除非你就是去吃个晚餐，否则就要计划至少住两晚。不过夏季有周末一日游（€20），联系米里纳的Petrides Travel（见475页）。

每周还有4艘渡船，分别从内陆的拉夫里奥（Lavrio；€25，8小时）和Kavala（€23，7小时）发出。

萨莫色雷斯岛（SAMOTHRAKI）

ΣΑΜΟΘΡΑΚΗ

人口 2860

萨莫色雷斯岛在爱琴海的东北角显得有点孤零零，它位于大陆港口Alexandroupoli和利姆诺斯岛的中间，可是离谁都不近。岛上森林繁茂，因拥有希腊最重要的考古遗址之一——古代的色雷斯众神庙（Thracian Sanctuary of the Great Gods）而感到自豪。这里还耸立着爱琴海群岛上的最高峰——Fengari峰（Mt Fengari，1611米），据荷马记载，海神波塞冬正是在此目睹了特洛伊战争的发展。

萨莫色雷斯岛多山的内陆长满了高大粗糙的橡树和悬铃树，是徒步旅行和骑山地自行车运动的理想选择。岛上瀑布飞流直下，跌入深邃的碧潭之中，为炎炎夏日带来丝丝清凉。东南角偏远的海滩天然纯净，北部的卢特拉（塞尔马）拥有温泉。昏昏欲睡的卡马里奥迪萨（Kamariotissa）是主要的渔港，从这里

8月满月徒步

希腊徒步协会（Hellenic Trekking Association）组织的8月满月徒步前往岛上最高峰Fengari山。满月那天，这场备受喜爱的年度盛事会吸引许多热情的年轻徒步者攀登至1200米处的开阔空地上欣赏山峰景色、参加夜晚派对，然后露宿山间，次日清晨继续登顶并观看日出。掉队的人也会玩儿的很开心。去卡马里奥迪萨的Niki Tours（见479页）或Samothraki Travel（见479页），或者卢特拉（塞尔马）的Kafeneio Ta Therma（见482页）询问。

Samothraki 萨莫色雷斯岛

再往内陆走便是前首府霍拉（Hora），这里鲜花锦簇，房屋美观，俯瞰着远方的大海。

该岛位置偏僻，因此常被列岛旅游者忘诸脑后，但考古迷、奇特美食和超凡徒步旅行的爱好者却会发现，费尽千辛万苦到达这里相当值得。徒步旅行者请仔细查看地形图——《萨莫色雷斯岛》（*Samothrace*），同时可参考Anavasi地图册——《萨莫色雷斯岛之溪降运动》（*Canyoningin Samothraki*）。

活动

萨莫色雷斯岛的海滩一望无际，山峰高耸陡峭，河流和瀑布周围树木繁茂、丛林密布，可以说是户外探险活动的最佳选择。可是必须要有称职的向导带路，因为这里的小径缺乏路标，奔流的山泉随时可能泛滥成灾。Samothraki Travel（见479页）对隐蔽的**山间徒步**路径提供导游服务（€15），还提供10条惊心动魄的**溪降**运动线路（€40起）。人们通常在8月和9月进行上述两项活动，导游都由经验丰富的Georgos Andreas担任。同一家机构还提供**潜水**之旅，包括装备（两人€50）。

到达和离开

夏季，SAOS Lines（见626页）渡轮每天两班往来萨莫色雷斯岛和Alexandroupoli，其他季节班次较少（€9.60~14.50，2小时）。在卡马里奥迪萨（Kamariotissa）的Niki Tours（见479页）或码头信息亭购票。

当地交通

船

夏季，游船**Theodora**（☎694539 2089，6974062054；€25）提供环岛一日游，正午从塞尔马发船，18:00前返回。这艘船经过佛那斯河的拜占庭塔（Byzantine Tower of Fonias）、Panias岩层和Kremasto瀑布，中途在Vatos海滩停船游泳。船上提供多种点心，有时还会安排海滩烧烤（BBQ）。想参加的话，给船主打电话，或者去卡马里奥迪萨的Samothraki Travel（见479页）询问。

公共汽车

夏季，每天有1班公共汽车从卡马里奥迪萨的**汽车站**（☎25513 41533）开往霍拉和帕拉埃奥波利斯（Palaeopolis；€1.50）；并去往塞尔马、露营地和Profitis Ilias（每人€2.20），最后经过Alonia和Lakkoma。

汽车和摩托车

Kyrkos Rent-a-Car（☎6972839231，25510 41620）出租汽车、小吉普车；而摩托车和小型摩托车由**Rent-a-Motor-Bike**（☎25510 41057）提供。两家租车点都设在卡马里奥迪萨的渡船码头对面。

出租车

友好的**Evdohia Brahiolia Taxi**（☎69769-91270，6976991271）从卡马里奥迪萨去往多数目的地，包括霍拉（€6）、Profitis Ilias（€11）、众神庙（€7）、卢特拉（塞尔马；€14）、佛那斯河（Fonias River；€12）和Kipos海滩（€17）。

卡马里奥迪萨（Kamariotissa）

Καμαριώτισσα

人口 960

萨莫色雷斯岛的港口、最大的城镇和交通枢纽，卡马里奥迪萨是岛上公共设施（自来水、煤气、供暖等）的所在地。毗邻一个卵石海滩，滩上有酒吧，是个游泳的好地方。虽然大多数游客不会在此久留，但不能否认它是个招人喜爱、引人入胜的港口，遍布鲜花和希腊鱼馆。

住宿

大部分廉价旅馆和酒店都在城外，而且乘客下了渡船也不会碰到当地人向你“推销”房间，这一点与很多希腊小岛截然不同。

Niki Beach Hotel 酒店 €€

（☎25510 41545；www.nikibeach.gr；标单/双 含早餐 €40/65起；）这家酒店建筑美观，管理有方，客房宽敞而现代，正好坐落在小镇海滩的对面。阳台面朝大海，鲜花和杨树植满内部花园。虽然只有37个房间，但老板Elena和Vasillis的经营却营造出精品酒店的氛围。

Hotel Aeolos 酒店 €€

（☎25510 41595；标单/双 含早餐 €40/60起；）舒适宜人的Hotel Aeolos地势较高，位于Niki Beach Hotel后面的小山上，俯视海面。前面的客房正对游泳池和花园，后面的客房可以一览Fengari峰的美景。

餐饮

★ **I Synantisi** 希腊小馆 €

（☎25510 41308；鱼 €6~10）极好的鲜鱼和鳀鱼（店主人是位擅长叉鱼的潜水员），还有精美的肉菜，比如烤羊肉和风味饭。此处舒适热情，有开放式小厨房，经常提供一种土耳其名字的甜点（chaslamas），在萨莫色雷斯岛独一无二。

Klimataria Restaurant 希腊小馆 €

（主菜 €6~9）这家海滨小餐馆备受推崇，特色菜是gianiotiko，由猪肉丁、土豆和鸡蛋烤焙而成，还提供绝顶美味的碎肉茄盒（mousakas）和其他备选的传统熟食。

Fournello 意大利菜 €

（主菜 €4.50~9.50）靠近Niki Beach Hotel，Fournello是个换换口味的好地方，有美味的比萨和意大利细面条。是少数几个可以在海边就餐的地方之一。

Stasi 快餐 €

（port；主菜 €2~4）出色而令人愉悦的餐车，就在大海前面的停车场对面。美味、干净、便宜的皮塔饼烤肉最好。

Kafeneio Panagiotis Makris 咖啡馆

被评选为希腊最传统的咖啡馆之一。走进小小的Panagiotis，啜饮藏红花齐普罗酒，当然，要就着开胃小菜。永远不会有Wi-Fi。

实用信息

离开渡口以后左拐，前行50米即可到达旅游信息亭和公共汽车站。附近是该村的咖啡馆、餐馆、旅行社和租车行的聚集地，还有ATM机和超市。卡马里奥迪萨的小海滩再往东走100米就到了。

Niki Tours（☎25510 41465；niki_tours@hotmail.com；waterfront）票务、团队游和住宿。在港口路的公共汽车对面。

港口警察局（☎25510 41305）

萨莫色雷斯岛旅行社（Samothraki Travel；☎25510 89444，6984908254；www.samothrakitravel.gr）一流的旅行社，提供住宿和户外探险信息，从划船、潜水和骑马到徒步旅行再到溪降运动，一应俱全。

旅游信息亭（☎25510 89242；⏲7月和8月）

霍拉（萨莫色雷斯岛）［（Hora（Samothraki）］

Χώρα（Σαμοθράκη）

霍拉（也叫萨莫色雷斯），曾是该岛首府的不二之选。坐落在两座陡峭悬崖形成的天然屏障中，居高临下，坐拥大海全景。在10世纪，拜占庭人在它西北部的山峰上建了一座城堡，不过保存至今的大量遗迹中的绝大多数要追溯到15世纪热那亚人的统治时期。

铺着鹅卵石的街道曲折绚丽、鲜花环

绕，老式传统住宅覆着陶瓦房顶，这些都是霍拉的特点。这里也是悠闲地享用午餐、细细地品味咖啡的完美之选。夏天的夜晚，在并不宽阔的街道或屋顶酒吧里，夜生活拉开帷幕，任何人都能轻易地融入其中。从霍拉中心到塔楼（pyrgos）步行需要10分钟，那里陈列着许多中世纪时期的古董。

住宿

Hotel Axieros 酒店 €

（☎25510 41294，6972415611；www.axieros.gr；标单/双 €25/30起；❄📶）霍拉有几处出租房间，这处位于霍拉的中心地带，性价比最高。装修高档的客房充满传统气息，配有装备齐全的厨房，还有抬眼可见的全村美景。员工热情友好。

餐饮

咖啡馆和希腊小馆都在街道高处，这里还有一处山泉水形成的小喷泉。

★ O Lefkos Pygros 甜品店 €

（甜品 €4~6；⏲6月至8月 9:00至深夜）这家只在夏天开门营业的纯天然甜品店出类拔萃、别出心裁，由精明的糖果商Georgios与Dafni共同经营。招牌甜品是蜂蜜肉桂柠檬水（lemonade with honey and cinnamon）和苦杏仁希腊酸奶（Greek yoghurt with bitter almond），不妨来一杯尝尝看，还提供带有异域风情的茶水、咖啡以及混合饮料。

Café-Ouzeri 1900 希腊小馆 €

（主菜 €3.50~9；⏲早餐、午餐和晚餐）在这家布满鲜花的希腊小馆喝点酸奶和蜂蜜，开始你的一天，或是尝尝店家拿手的tzigerosarmades（用洋葱、莳萝和绿薄荷烹制的山羊肉）。菜单很大，印得五颜六色，看起来像是报纸，可以当纪念品带回家。

★ Meltemi 咖啡馆、酒吧

（☎25510 41071；⏲8:00至深夜）在喷泉对面找到这家由亲切的帕尼伊奥蒂（Paniyioti）经营的时尚酒吧，在从早到晚都备受欢迎的屋顶花园欣赏美景。

实用信息

公共汽车和出租车的停靠站设在村子里地势偏低的广场上。沿着主干道步行，就会看到邮局和**警察局**（☎25510 41203）。

众神庙（Sanctuary of the Great Gods）

Το Ιερό των Μεγάλων Θεών

众神庙（☎25510 41474；遗址和博物馆 成人/学生 €3/2；⏲夏季 周二至周日 9:00~16:00，冬季 周二至周日 8:30~15:00）位于卡马里奥迪萨东北方约6公里处，是希腊最富神秘色彩的考古遗址之一。公元前1000年左右，色雷斯人为他们的诸位生育之神修建了这座神庙。到公元前5世纪，与祭礼相关的神秘仪式和献祭吸引了很多著名的朝圣者——埃及女王阿尔西诺伊（Egyptian Queen Arsinou）、马其顿国王腓力二世（Philip Ⅱ of Macedon，亚历山大大帝的父亲）和希腊历史学家希罗多德（Herodotus）都在此列。值得一提的是，直到公元4世纪异教信仰遭到明令禁止时，这座神庙才逐渐衰落荒废。

众神庙中的主神是生育女神Alceros Cybele，又被称为"大母神"（Great Mother），后来与奥林匹斯山上的女神得墨忒耳（Demeter）、阿芙罗狄忒（Aphrodite）以及赫卡特（Hecate）合而为一。众神庙中其余的神都是大母神的配偶，如年轻健壮的卡德米勒斯（Kadmilos），是阴茎之神，后来化身为奥林匹斯山上的赫耳墨斯（Hermes）；又如达耳达诺斯（Dardanos）和Aeton，他们是卡贝利神，为宙斯与勒达（Leda）的双胞胎儿子，犹如恶魔附体般精力充沛。萨莫色雷斯岛的众神都因天赋神力而备受尊崇，相比之下，奥林匹斯山上那些喋喋不休的众神则显得轻浮有余。

关于这里到底发生过什么，我们知之甚少。但从考古证据中可以看到两种入会仪式，一种比较低级，另一种比较高级。前者是通过奏请众神，赐予新入教者精神上的重生；后者则是免除新入教者的罪孽。上述第二种忏悔仪式在神圣的圣地（Hieron）举行，里面保留至今的立柱也就毫无疑问地成了遗址中上镜率最高的部分。

我们知道，不管是男子还是女子，也不管是普通公民还是奴仆，所有人都可以参加神

庙中的仪式。由于泄露神庙秘密的人会被处死以示惩戒，所以入会的主要要求就是出席活动，并保守秘密。

景点

众神庙的**考古博物馆**（Archaeological Museum；☎25510 41474；持遗址门票免费；⊙周二至周日 8:30~15:00）提供整个景点的有用概览。探索该区域之前，领取免费的博物馆地图。博物馆内的展品包括：一块大理石雕带（刻画的是跳舞的女子）、陶土雕像、双耳细颈罐、珠宝和黏土灯（表明仪式在夜间进行）。1863年，法国外交家兼业余考古学家Champoiseau掠走了举世闻名的**"萨莫色雷斯胜利女神像"**（Winged Victory of Samothrace），神像现存于罗浮宫，于是博物馆内立了一座石膏模型来代替它。

Arisinoeion位于博物馆以南约75米处，它是一座由埃及女王阿尔西诺伊赠予的圆形建筑。就在它的附近，出土了神庙原来使用的岩石祭坛。旁边是长方形**Anaktoron**，级别较低的仪式在此举行；**Temenos**，举行庆祝圣宴的大厅；**圣地**（Hieron），级别较高的仪式场地。

圣地对面是一家**剧院**的遗迹。附近有条小径，向上直达**胜利女神纪念碑**（Nike monument；nike在希腊语中是"胜利"的意思），端庄宏伟的萨莫色雷斯胜利女神像曾一度矗立在这里，面朝北方眺望大海。说她是胜利女神非常贴切，因为她是专为迎接海战凯旋的神明而存在的。

卢特拉（塞尔马）[Loutra（Therma）]

Λουτρά (Θερμά)

卢特拉（又称塞尔马），位于卡马里奥迪萨以东14公里处，毗邻海岸，是萨莫色雷斯岛最受欢迎的旅游停留地。悬铃木和七叶树随处可见，绿草如茵，溪流汩汩。到了晚上，老老少少在户外咖啡馆欢聚一堂的时候，这个安逸的小村庄才活跃起来。

景点和活动

佩拉德奥索斯瀑布 瀑布

（Paradeisos Waterfalls）经过Kafeneion Ta Therma咖啡馆再走约500米，有条树木葱茏的小路（100米），通向一连串的岩池和瀑布，其中最壮观的瀑布悬挂在30米的高处。这里的地形像《指环王》中描绘的那样引人入胜，覆盖着苔藓的多节瘤悬铃木已经长了600年，在雾中若隐若现，森林里的地面覆盖着高大的蕨类植物和令人不快的巨石。炎炎夏日来到这里，准备好在凉爽的水里泡泡。

温泉浴场 温泉、公共浴室

（Thermal Baths；☎25513 50800；门票€4~6；⊙6月至9月 7:00~10:00和17:00~20:00）村庄的名字，塞尔马，指的就是这里富含矿物质并有益健康的温泉，据说包治百病，从皮肤病到不孕不育。汽车站旁边这栋显眼的白色建筑里有国营浴场，不过山上75米的地方有两个免费的户外小浴场。

格希亚瓦夏峡谷 徒步旅行

（Ghria Vathra Canyon）峡谷大体与佩拉德奥索斯瀑布平行，只不过沿着海岸公路更偏东一点。这个峡谷郁郁葱葱，因一系列波光粼粼的岩池和瀑布而著称，从水滨公路出发进入峡谷内陆，是个轻松愉快的跋山涉水之旅。

住宿

★ Mariva Bungalows 平房 €

（☎25510 98230；www.mariva.gr；双 含早餐 €40起；P ❄ 📶）爬满藤蔓的隐蔽石砌平房，有微风阵阵的现代房间，位于瀑布附近的繁茂山坡。想到达这里，从海岸公路通转向内地卢特拉方向，沿路标走。

Municipal Camping 露营地

（☎25513 50800）免费 海滩后面免费、迷人、阴凉的市政露营地，有基本设施。

Studios Ktima Holoway 公寓 €

（☎25510 98335，6945947182；www.ktimaholoway.com；Fonias；双/标三 €40/50；P ❄ 📶）位于卢特拉以东5公里处，通向佛那斯瀑布（Fonias Falls）的小路附近，这个放松的度假地点有现代的一室和二室公寓，可自己做饭，距离海滩50米，有适合小孩儿的小操场。友好的老板Elias还免费提供码头接送服务。

Hotel Orfeas 酒店 €

（☎6979330107, 25510 98233; christos 1400@yahoo.com; 双/标三 含早餐 €35/45起; ❄📶）就在从当地小溪延伸出的枝繁叶茂的小巷对面，Orfeas简单、舒适、友好。最好的房间有可俯瞰小溪的阳台，亲切的老板Christos会提供探索卢特拉周边森林山地的建议。

★ **Hotel Samothraki Village** 酒店 €€

（☎6982303396, 25510 42300; www.samothrakivillage.gr; Paleopolis; 标单/双/标三/套 €50/60/70/110; ❄📶🏊）位于卡马里奥迪萨以东4公里处，在众神庙前1公里的海岸公路上，这家旅馆设施一流，房间宽敞、风格现代，站在阳台上可以一览海景。酒店拥有两个露天游泳池（和一个供小孩子玩耍的迷你游乐场）和一个健身中心，还有一个土耳其浴室（hammam）。请提前预订酒店的免费码头接送服务。

就餐

卢特拉有相当不错的快餐店出售旋转烤肉配皮塔饼（gyros）和希腊烤肉（souvlaki）。

★ **Kafeneio Ta Therma** 咖啡馆 €

（☎6984994856; ⊙8:00至次日2:20; ❄）这家咖啡馆是个20多年的老店，老板Iordanis Iordaninis热情友善。这里是卢特拉的活动中心，在四周开阔的露天场地上，有优美动听的现场音乐、小摊贩即兴的吆喝，还有艺术家和舞者，此外咖啡和啤酒觥筹交错，当然还少不了美味的甜品。附近有浴室，还有好几条徒步路径。

Taverna O Paradisos 希腊小馆 €

（☎25510 98271; 主菜 €4~8.50; ⊙午餐和晚餐）悬铃巨树下受欢迎的夏季傍晚聚会地点，鱼非常棒。让Andreas展示当天的渔获给你看看。

佛那斯河（Fonias River）

Ποτάμι Φονιάς

过了卢特拉，在东北海岸上的是佛那斯河，以及著名的**佛那斯岩池**（Fonias rock pools; €1）。步行旅游路线从卢特拉以东4.7公里处的桥上开始，就在售票亭（仅夏天营业）的旁边。前40分钟的沿途路程路标明显，走起来非常轻松，通往一个巨大的、可游泳的岩池。12米高的瀑布倾泻而下，作为源头活水成就了这个岩池。佛那斯河被人们称为"凶手"，因为一到冬天，雨水增多，河流就像发怒了一般，变得迅猛湍急。然而，真正的危险在于迷路——虽然这片地区有6个瀑布，但几乎都没有明显的路标。若想在此处和Fengari峰附近徒步旅行，最好咨询一下卡马里奥迪萨的萨莫色雷斯岛旅行社（Samothraki Travel; 见479页）。

萨莫色雷斯岛南部

西南部的**Profitis Ilias**、**Lakkoma**和**Xiropotamos**等小村庄平静安宁，虽然交通便捷，但游客却极少。

800米的**长沙滩**（Pahia Ammos Beach）是一片绝佳的沙滩，在从拉科马曲折延伸8公里的道路旁边。夏天，会有卡马里奥迪萨的凯科轻舟来到这里。

从卢特拉出发的Theodora（见478页）乘船游在**Vatos海滩**的南岬附近停船，这处海滩同样非常美，适合裸体主义者。漂亮的鹅卵石海滩**Kipos**距离卢特拉15公里，是海岸公路的东南终点，在这里有时可以看见土耳其的Imvros岛（Gökçeada）。

山坡上的Profitis Ilias有几家小馆，包括**Vrahos**（☎25510 95264; 主菜 €4.50~9）和**Paradisos**（☎6972441889; 主菜 €5~9），都以烤羊肉而闻名。海边的**Taverna Akrogiali**（☎25510 95123; Lakkoma Beach; 主菜 €5~9）以鲜鱼著称。

萨索斯岛（THASOS）

ΘΑΣΟΣ

人口 14,900

萨索斯岛是希腊最绿意盎然、温柔宜人的岛屿之一，距离大陆上的Kavala有10公里远。岛上的气候和植被给人一种这里是希腊北部的延伸的感觉，它拥有得天独厚的沙滩

Thasos 萨索斯岛

和一个有森林密布的山峦的内陆。按照希腊岛屿旅游的消费标准来说，在萨索斯岛旅游的确很省钱，所以无论是家庭旅游，还是保加利亚和前南斯拉夫地区的学生，都特别喜欢到这个小岛度假。从希腊大陆出发的渡船非常频繁，个体旅游者可以很方便到达这里。公共汽车站点遍布全岛，四处走走看看可谓轻而易举。

纵观历史，萨索斯岛从上天赋予的自然财富中受益无穷。公元前700年，帕罗斯人建立了萨索斯岛的古城利麦纳斯（Limenas），他们在Pangaion山开采金矿并发展出口贸易，从中赚取的丰厚利润足以补给一支海军舰队。时至今日，金矿已成过去，可萨索斯岛上的大理石仍在开采之中，尽管这个过程难免使得被开采的山坡伤痕累累。

对现在的游客来说，岛上最主要的财富来源是唯美的自然风光、海滩、岛内村庄和名胜古迹。位于小岛首府萨索斯的考古博物馆内，藏有无数珍品。它和坐落于悬崖之巅、摄人心魄的拜占庭阿汉盖卢修道院（Byzantine Moni Arhangelou），以及阿里基（Alyki）东南部静谧海滩上的古希腊神庙一起，互为补充，相得益彰。

ℹ 到达和离开

游客只能从Keramoti和卡瓦拉的大陆港口到达萨索斯岛。每小时都有渡船往返于凯拉莫蒂和萨索斯岛（€3，40分钟）之间。卡瓦拉和斯卡拉普利努（Skala Prinou）之间每天有2~3班渡船（€4.70，1.25小时）。

渡船时刻表的领取地点是萨索斯（利麦纳斯）的**售票亭**（☎25930 22318）和斯卡拉普利努的港口警察局（见485页）。

ℹ 当地交通

自行车

在萨索斯（利麦纳斯）可以租到普通的自行车，但若想租到最好的款式或获取详细的路线信息，可以联系位于西南海岸的Potos的Velo Bike Rental（见486页）。

船

维多利亚（Victoria；☎6977336114；一日游 €27；⏲7月和8月）观光船提供环萨索斯岛的全天乘船游，中途会停船，方便游客游泳和吃午饭。游览船10:00从萨索斯（利麦纳斯）的老港口出发。水上出租定期从老港口出发，驶往Hrysi Ammoudia（黄金海滩）和Makryammos海滩。大小各异、满载酒水的游览船也会定期从海滨度假村起航。详细信息可以咨询萨索斯（利麦纳斯）的Visit North Greece（见485页）或Billias Travel Service（见485页）。

公共汽车

频繁的公共汽车往来穿梭于整个岛屿海岸，也能到达内陆的村庄。在斯卡拉普利努和小岛的交通枢纽萨索斯（利麦纳斯），公共汽车就在码头外面等着迎接即将到达的渡船。每天有8班公共汽车往返于这两个港口城镇之间（€2，20分钟）。

全天都有公共汽车从萨索斯（利麦纳斯）开往**西海岸**的村庄，如斯卡拉马里恩（Skala Marion；€3）、利迈那里亚（Limenaria；€4.50）、Potos（€4.70）和塞奥洛戈斯（Theologos；€5.90）。从萨索斯（利麦纳斯）出发的公共汽车也会到达**东海岸**的众多目的地：Hrysi Ammoudia（€2）、Skala Potamia（€1.70）——途经圣母教堂（Panagia；€1.50）、Potamia（€1.60）、天堂海滩（Paradise Beach；€2.90）和阿里基及其附近的阿汉盖卢修道院（Moni Arhangelou；€6.10）。

每天有6~8班（€10.60，3.5小时）完整的环岛游（约100公里），3班顺时针环岛行驶，3班逆时针环岛行驶。环岛公共汽车票全天有效，所以你可以随时上下车，无须另付车费。**公共汽车站**（☎25930 22162）位于萨索斯（利麦纳斯）的海滨，提供乘车时刻表。

汽车和摩托车

Potos Car Rentals（☎25930 52071）值得信赖，收费公道。**Avis Rent-a-Car**（☎25930 22535）在萨索斯、Potamia和斯卡拉普利努可以找到。

Mike's Bikes（☎25930 71820）距离萨索斯（利麦纳斯）的老港口只有1公里远。码头上的**Crazy Rollers**（☎6978937536；crazyrollers@gmail.com）出租摩托车和自行车。

出租车

萨索斯（利麦纳斯）的**出租车停靠站**（☎25930 22394，6944170373）位于海滨区，在主要公共汽车站点附近（斯卡拉普利努 €20，Panagia €12，Skala Potamia €20，阿里基 €40，Potos €50）。在Potos主干道的公共汽车站点旁边，有个标价明确的出租车停靠站。

萨索斯（利麦纳斯）[Thasos（Limenas）]

Θάσος（Λιμένας）

人口 2610

萨索斯（也叫利麦纳斯）拥有萨索斯岛的（自来水、煤气、供暖等）公共设施，一年到头都充满活力，还拥有一个风景如画的渔港、一片多沙海滩、几处古代遗迹和一家考古博物馆。如果你正探索城镇东侧，注意历史遗址的指示牌，沿阴凉的小径步行5分钟，可以到达漂亮的圣阿波斯托利（Agioi Apostoli）礼拜堂，可以俯瞰海滨景色。

景点

考古博物馆 博物馆

（Archaeological Museum；☎25930 22180；门票 €2；⏲周二至周日 8:30~15:00）萨索斯岛的考古博物馆中陈列着发掘于萨索斯岛中部神秘古墓的新石器时代的器皿，以及一座公元前6世纪的kouros（古风时期的青年男性雕像），高5米，怀抱一只公羊，令人印象深刻。

古市集 遗迹

（Ancient Agora）考古博物馆的旁边是古代市集的地基遗迹，这里曾是古代的商业中心。市集以东约100米处是**古剧院**，腓利比萨索斯节期间的古代戏剧和喜剧演出都将在此登场。从港口到该剧院，一路都有标示。一条小路将市集和**卫城**（acropolis）连在一起，卫城里有大量中世纪的堡垒遗址，还能居高临下欣赏海岸美景。雕砌的岩石台阶一直向下延伸到古镇脚下。

节日和活动

腓利比萨索斯节 文化节

（Philippi Thasos Festival；www.philippifestival.gr）7月下旬和8月，这个热闹的节日在内陆的卡瓦拉和萨索斯岛举行。古典戏剧、画展和当代希腊音乐都是腓利比萨索斯节的组成部分。在旅馆、咖啡馆和旅行社可以领取演出节目单。卡瓦拉的**旅游信息中心**（☎25102 31011；www.kavalagreece.gr；Eleftherias Sq，Kavala）、萨索斯岛的旅游警察局和Visit North Greece旅行社都提供票务信息。

住宿

Hotel Possidon 酒店 €

（☎25930 22739；www.thassos-possidon.com；oldharbour；标单/双 €40/50起；P❄📶）这家水滨酒店热情好客，大厅酒吧格局不规则，横跨港口和18 Oktovriou主商业街。小客房装修现代，其中很多房间带有舒适的海景阳台。

★ **Hotel Galini** 酒店 €€

（☎6945443322，25930 22195；Theageneou；标单/双 含早餐 €50/60；P❄📶）位于从海滨向小镇中心走的途中，距海滨一个小街区远，这家时尚现代的小酒店挨着欧洲银行（Euro Bank），共有16个迷人舒适的房间（4个可观海景），还有一个开满鲜花的后花园。

餐饮

★ **Simi** 希腊小馆 €

（☎25930 22517；old harbour；主菜 €6~9）当地人一致认为老码头上这家全年营业的小餐馆提供利麦纳斯最好的鱼，还有美味的鱼汤、希腊浓味蔬菜炖肉（stifado）和烤沙丁鱼。这里有儿童菜单、优质的葡萄酒和香辣的开胃小菜，包括能改变你一生的辣椒。

Taverna To Karanti 希腊小馆 €

（Miaouli；主菜 €5~9.50）是一家坐落于老港口渔船对面的乌佐酒馆，当地人和游客都经常光顾，更有动听的传统音乐和可口的开胃食品相伴。

Island Beach Bar 咖啡馆、酒吧

（Miaouli；📶）这家时髦的露天酒吧播放各种音乐直到夜晚，提供免费Wi-Fi、美味早餐和爽口饮品。

实用信息

中央广场附近设有ATM机。

比利亚斯旅行社（Billias Travel Service；☎25930 24003；Gallikis Arheologikis Scholis 2）这家旅行社提供全方位的服务。

港口警察局（☎25930 22106）

旅游警察局（☎25930 23111）

Visit North Greece（☎25106 20566，69425-24337；www.visitnorthgreece.com；Pavlou Mela 17）经营良好的独特旅行社，提供徒步、步行和骑行观光，还有四驱车游猎和航海之旅。乐于助人的老板Chrisoula和Stelios也可以安排换乘并提供建议。

西海岸

数年来，虽然一批又一批的旅游团涌向萨索斯岛的西海岸，但这里仍有几处如田园诗般唯美的景点和静谧的沙滩。更棒的是，内陆的小山村不仅秉承了传统的生活节奏，还保留着精美的石头建筑。

沿着萨索斯西边的海岸前行，会陆续经过两片沙滩：相当不错的**Glyfoneri**和更为出众的**Pahys海滩**。

继续向西，在**斯卡拉普利努**（Skala Prinou）港口有开往卡瓦拉的渡船，除此之外，没有什么值得你在此驻足。但再往内陆走6公里，过了Prinos镇，有两个小山村坐落于山坡上，分别是**小Kazaviti**（Mikro Kazaviti）和**大Kazaviti**（Megalo Kazaviti），它们合称为普利努村庄。远离满是游客的海岸，眼前一片苍翠，不可否认，这个地方独具一格，这里还有几家旅馆和餐馆，包括**Menir Luxury Apartments**（☎25930 58270；www.menir-thassos.gr；Mikros Kazaviti；标单/双 含早餐 €50/80起）。这里的徒步路径很好走，从大Kazaviti漂亮的广场分岔，旁边有标明路线的指示牌。

另一处名副其实的景点，**斯卡拉马里恩**（Skala Marion）的古怪渔港，位置更往南。这里的希腊小馆很少有顶棚，抬眼望去就是大海，村里上了年纪的人是这里的忠实顾客，他们优哉乐哉地下着西洋双陆棋，小孩子们则在一旁欢快地蹦蹦跳跳。村子里有几家廉价旅馆和一家面包房，在北部码头上。全村的宴会日（6月24日）那天，人们在教堂做完礼拜后，会围着广场观看民俗舞蹈的演出。

海岸公路向南再经过好几个海滩，才能抵达**利迈那里亚**（Limenaria）——萨索斯岛的第二大城镇，紧接着抵达**Pefkari**和**Potos**，它们经"包装"后都从原来的渔村变成了度假村，都有绵长的沙滩，并且在沙滩上排满了咖啡馆和希腊小馆。利迈那里亚还有独特、不规则的**雕塑花园**（☎6973080081；www.reocities.com/birou/index.html）和工作室。

从主干道的Theologos-Potos交叉路口出

发，朝着东南方向围绕海岸走，可以欣赏到令人叹为观止的海湾美景。西南部最后一个居民点是**阿斯特里斯**（Astris），有一个美丽的海滩，海滩上有希腊小馆和**Astris Sun Hotel**（☎25930 51281; www.astrissunhotel.gr; Astris; 房间 含早餐 €40起）。

活动

尽管萨索斯岛西海岸给人的旅游观光感十足，但这里的户外活动项目也非常值得体验一下，比如水肺潜水、骑山地自行车、观鸟和在海岸上方的小径步行。

★ Velo Bike Rental 骑自行车

（☎25930 52459, 6946955704; www.velobikerental.com; 普通/旧/新 山地自行车 每天 €10/15/20）全年在Potos出租自行车，还经营去往Ypsilariou山（Mt Ypsilariou）的导览自行车和徒步游。

有创造力的老板Yiannis Raizis还在4月的最后一个周日组织热门的**国际山地自行车业余赛**（www.mtb-thassos.com，门票 €15），每年吸引200多名选手来到Potos。他们飞速穿越岛内的树林，攀上Ypsilariou山（1206米），并经过景色优美的Kastro村返回。

圣母岛 观鸟、划船

（Panagia Islet; ☎6973209576; www.gothassos.com; 岛上游 €25）岩石嶙峋的无人荒岛圣母岛位于Potos的西南方，是希腊最大的鹭鸶栖息地（www.yrefail.net/Thasos/habitats.htm）。Aldebran Pension旅馆的老板Yiannis Markianos是当地的环保主义者，天气允许的话，会组织观鸟乘船游。

Diving Club Vasiliadis 潜水

（☎6944542974; www.scuba-vas.gr; Potos）在Potos，Vasilis Vasiliadis对初学者和开阔水域的潜水者提供潜水服务，并带领参观小镇阿里基的水下古大理石采石场。

> **另辟蹊径**
>
> **一日游：探寻高地村庄**
>
> 两座内陆村庄成就岛内一日游。距离斯卡拉马里恩约6公里，树木繁茂的Maries村将以凉爽的高地空气和漂亮的Agios Taxiarchis修道院回报游客。Potos的道路通向岛内有400名居民的森林小村庄，只有从那里才能到达萨索斯岛中世纪和奥斯曼的首府塞奥洛戈斯——以白色的石板顶房屋著称。找找1803年的Agios Dimitrios教堂，从宏伟的石板屋顶和白色灰泥钟楼即可辨认出来。在当地一家咖啡馆或小馆放松一番，尽情享受。

住宿

★ Aldebran Pension 家庭旅馆 €

（☎25930 52494, 6973209576; www.gothassos.com; Potos; 双 €40起; ❄📶）消息灵通又体贴的老板Elke和Yiannis将Aldebran打造成萨索斯岛南部最物有所值的家庭旅馆，庭院里绿树成荫，还有乒乓球台。这里有现代卫生间和设备齐全的公共厨房，全天提供咖啡和茶水，以上都是这家旅馆引以为豪的地方。常驻鸟类学家Giannis为客人提供春季到秋季的观鸟游，还有当地徒步小径等的相关信息。

Domatia Filaktaki 家庭旅馆 €

（☎25930 52634, 6977413789; Skala Marion; 房间 €30起; ❄📶）位于斯卡拉马里恩，房间简洁，配有空调，和蔼的Maria Filaktaki和她的家人住在旅馆下方。一路向下，你到达宁静海滨后看到的第一个地方就是这家旅馆。

Camping Pefkari 露营地 €

（☎25930 51190; www.camping-pefkari.gr; 露营地 每个成人/帐篷 €5/5; ⏲6月至9月）位于Pefkari海滩上方一个树木繁茂的地方，深受家庭游客的喜爱，特色是干净的浴室和洗衣房，还配有烹饪设施。

Camping Daedalos 露营地 €

（☎25930 58251; tseltha@otenet.gr; 露营地 每个成人/帐篷 €6/4）干净的海滨露营地，位于Skala Sotira以北1公里处，有一家便利店和一个餐馆，还有水上运动。

就餐

★ Armeno 希腊小馆 €

（Skala Marion; 主菜 €5~9）坐落于标新立

另辟蹊径

诗歌小径

萨索斯岛内陆的趣味之一是一条陡峭小径，位于Kallarahi，被称为“诗歌小径”。800米长的小径起点在村庄东边，终点是变形礼拜堂（Chapel of the Metamorphosis）。沿途的大理石板上铭刻着赫尔曼·黑塞（Herman Hesse）、莱纳·玛利亚·里尔克（Rainer Maria Rilke）和歌德（Goethe）的诗歌等作品，还有斯芬克斯（Sphinx）的谜语等。从礼拜堂出发，11公里长的环形徒步线路被称为Kallarahi环线，向下通往萨索斯岛最美的一处观景点。

异的斯卡拉马里恩，是家备受推崇的海滨餐馆，可以在此看看当日渔获。有机产品都是产自Filaktaki家的花园里，这一家人非常友好，他们出租客房，为游客提供当地信息。

Piatsa Michalis 希腊小馆 €

（Potos；主菜 €6~10）这家希腊小馆是Potos的50年老店，位于海滨，在小镇的旅游业发展起来之前生意就已经非常红火，一直以来都坚持供应特色菜，例如红烧野兔（stewed rabbit）和红酒章鱼（octopus in red-wine sauce），还提供满满一菜谱的希腊小馆菜肴。

O Georgios 希腊小馆 €

（Potos；主菜 €4.50~7）这家传统的希腊烧烤馆建在一个铺满鹅卵石的玫瑰花园中，在当地很受欢迎，远离Potos游客更多的主干道，服务周到热情，食物量大。

Kafeneio Tsiknas 咖啡馆 €

（Theologos）位于塞奥洛戈斯的入口处，就在教堂的前方，这家可爱的咖啡馆内设包厢雅座，提供咖啡和点心。

实用信息

斯卡拉普利努、利迈那里亚和Potos都有ATM机。

东海岸

萨索斯岛东海岸的海滩夏天非常漂亮，但没有旅游业更为成熟的西海岸那样拥挤。壮观的海岸景观从山上到海边都是郁郁葱葱的浓密森林。这里组织的活动很少，温暖清浅的水域非常适合带小孩子出游的家庭。小小的阿里基或许是东南海岸上最被忽视的地点，有非常适合放松的村庄、几家商店、出租房间和希腊小馆，以及两处漂亮的沙滩海湾，中间被散落在古代遗迹的小橄榄树丛隔开，其中包括阿里基考古遗址。

景点和活动

★阿里基考古遗址 考古遗址

（Archaeological Site of Alyki）免费 这处标识清晰的遗址不会被错过。它位于东南海滩上方，令人向往，容易到达，包括相当大的古代神庙遗址，适合拍照，这里是召唤神灵保护水手的地方。附近从公元前7世纪运营至公元6世纪的大理石采石场部分沉入了水下。沿着路标清楚的小路，可以到达港口西边这个醒目的地方。

圣母村 村庄

（Panagia）萨索斯南部的这个内陆村庄非常适宜拍摄风景照片。典型的建筑包括石板屋顶和**圣母升天教堂**（Church of the Kimisistou Theotokou），这座教堂端庄大气，穹顶蓝白相间，内部藏有大量圣像。循着节奏急促的泉水声，沿石子路向上往远离海岸的内陆方向走，便可到达这个宁静祥和的地方。

阿汉盖卢修道院 修道院

（Moni Arhangelou；⌚9:00~14:00和17:00至日落）免费 从阿里基往西，经过Thymonia海滩，就是悬崖顶上的阿汉盖卢修道院，这座Athonie山上的女修道院目前仍在使用，其中已有400年历史的教堂（虽有现代的画蛇添足之修饰）举世闻名，海景更是优美无比。衣冠不整者会被友好的修女要求用披巾裹住身体方可进入。

伊普萨利奥山 徒步

（Mt Ypsario）若想攀登萨索斯岛的最高峰——伊普萨利奥山（1206米），Potamia是个不错的出发点。从Potamia开始的拖拉机小路一直向西延伸到谷底，之后有条由箭头和石堆指引向上的陡峭小路。伊普萨利奥山徒步旅行全程需3个小时，属于中等难度。你可以在伊普萨利奥山招待所（Ypsario Mountain Shelter）住宿，不过需要事先联系萨索斯岛登山俱乐部（Thasos Mountaineering Club; ☎6972198032）的Leftheris，预订房间并领取钥匙。招待所设有壁炉，提供泉水。

海滩

圣母村（Panagia）和Potamia位于东岸最热门的海滩——隐藏在悠长曲折的海湾内的黄金海滩（Hrysi Ammoudia）以西4公里处；温和的Skala Potamia在其南端。两地之间的长途汽车（€1.30）每隔几小时一班。两地都有住宿、餐馆和夜生活。

从Skala Potamia再往南是理所当然受欢迎的天堂海滩（Paradise Beach），适合裸体主义者，过了Kinyra村2公里即是。

阿汉盖卢修道院以西约1.5公里，一条1公里长的小土路通向莱瓦吉海滩——萨索斯岛最漂亮的海滩之一，碧蓝的海水环绕山岩和森林，沙滩只有几把阳伞。

食宿

Kinyra、阿里基和天堂海滩有几个住宿场所，但黄金海滩和Skala Potamia的住宿场所更多。

Studios Vaso 公寓 €

（☎25102 33507, 6946524706; www.vaso-studios.gr; Alyki; 房间 含早餐 €50; P ❄）位于阿里基主干路的公共汽车站东边，寻找一大片鲜花和路标，按照指引的驾驶路线便可到达这家迷人的旅馆，共有9个自炊式房间，廉价旅馆的主人是热情的Vaso Gemetzi和他的女儿Aleka。这里有个枝繁叶茂的庭院。儿童免费住宿。

Thassos Inn 酒店 €

（☎25930 61612; www.thassosinn.gr; Panagia; 标单/双 €35/50）循着汩汩的泉水声，定能在教堂附近看到这家布局略显凌乱但按照传统样式翻新过的酒店。住在这里能将圣母村的石板顶房屋尽收眼底。热情好客的酒店老板Toula和Tasos可以为想靠近伊普萨利奥山小路起点的徒步旅行者提供建议。

Golden Beach Camping 露营地 €

（☎25930 61472; www.camping-golden beach.gr; Hrysi Ammoudia; 露营地 每个成人/帐篷 €5/4; P）Golden Beach Camping难得沉闷，有小超市、酒吧、海滩排球和来自希腊、塞尔维亚、保加利亚和土耳其各地的游客。

★Hotel Kamelia 酒店 €€

（☎698898767, 25930 61463; www.hotel-kamelia.gr; Skala Potamia; 标单/双/单间公寓 含早餐 €40/60/75起; P ❄ 📶）这家海滨酒店风景优美，在小镇上可以说是首屈一指，但却低调朴素，庭院的酒吧里传出阵阵爵士乐，服务态度从头到尾都非常友善。亲切和老板Eleni和Stavros及其家人可以让你一边远眺大海，一边享用精美的希腊早餐，还提供很多关于该地区的建议。这家酒店位于比较热闹的主海滩以北500米处，走过一个小桥就能到达。

★Souvlaki Special 希腊菜 €

（Skala Potamia; 主菜 €2~5; ⏲午餐和晚餐）这个低调的烤肉串店在Supermarket Enira旁边的主路和海滩相交处，做好排队的准备。招牌是希腊文，老板是Thanasis，食物很棒。找找红黑色的数字钟。非常值得等待。

Arhontissa Alyki 希腊菜 €

（☎25930 31552; Alyki; 主菜 €5~10; ⏲午餐和晚餐）热情友好的Anastasios Kuzis一家人经营着这个希腊小馆，它位于村庄停车场以东，环境安详静谧，海景令人陶醉。开车上来的路非常陡，但有路标。餐馆提供的食物特别棒，鲜鱼和开胃菜都是明星菜品。

Taverna Grill Elena 希腊小馆 €

（☎25930 61709; Panagia; 主菜 €6~10; ⏲10:00至午夜）这家典雅的希腊小馆位于广场旁边阴凉的露台下方，经营者是Georgios和Elena，最拿手的是叉烤羔羊和山羊（spit-roasted lamb and goat）。说到开胃菜，在吃叉烤羊杂（kokoretsi）之前，先品尝一下番茄红椒烤羊乳酪（bougloundi）吧。

Taverna Krambousa 海鲜 €

（主菜 €4.50~10; ⏲午餐和晚餐）悠闲放松，深受欢迎，价格公道，这家鱼馆位于海滩上，就在Hotel Kamelia前面。

埃维亚和斯波拉泽斯群岛

包括 ➡

最佳餐饮

- Dina's Amfilirion Restaurant（见495页）
- Taverna-Ouzerie Kabourelia（见500页）
- To Perivoli Restaurant（见506页）
- Hayiati（见512页）
- Stefanos Taverna（见517页）

最佳住宿

- Hotel Nefeli & Skyrian Studios（见515页）
- Atrium Hotel（见503页）
- Pension Sotos（见505页）
- Liadromia Hotel（见511页）
- Perigiali Hotel & Studios（见517页）

为何去

埃维亚（Εύβοια）和斯波拉泽斯群岛的四个岛屿（Οι Σποράδες）总体来说鲜有游客。虽然埃维亚是希腊第二大岛，但它似乎隐藏得太深，与大陆之间只有一道狭窄的Evripos海峡，位于忙碌的哈尔基达。远离商业中心，生活节奏也随着地形的绵延而越发闲适。岛上星罗棋布地点缀着小山顶上的修道院、小型农场、葡萄园、隐蔽的海湾和好奇的山羊。

斯波拉泽斯群岛（意为"分散的岛屿"）似乎是树木丛生的皮利翁（Pelion）半岛的延伸。事实上，在史前时代它们是连接在一起的。斯基亚索斯岛是这片群岛中开发最好的岛屿，自称拥有全希腊含沙量最多的海滩。斯科派洛斯岛则比较低调，景色可以与明信片上的港口和森林绿地相媲美。阿洛尼索斯岛是其中距离最远的，岛上有北斯波拉泽斯群岛国家海洋公园。斯基罗斯岛位于群岛链的最南端，以烹饪和传统艺术闻名，可以追溯到拜占庭时期，那时这些岛屿还是流氓和海盗的老窝。

何时去

斯基亚索斯镇

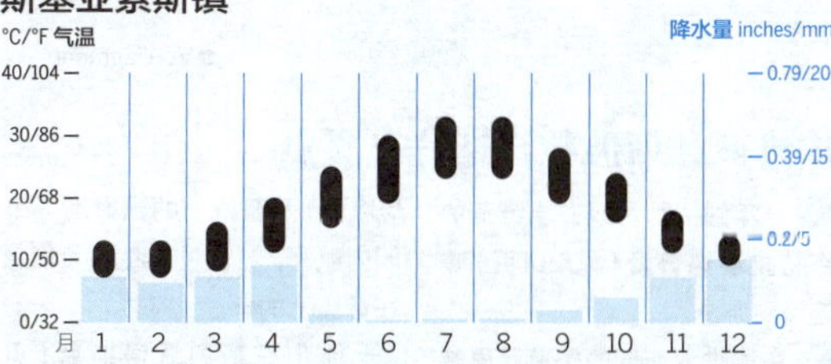

2月和3月 狂欢季，有诸多欢庆活动，气氛热烈。

4月和5月 可以在空气中嗅到春天的味道，复活节的节庆活动持续到夜晚。

6月和9月 气温适宜，天空晴朗，具备理想的徒步和游泳条件。

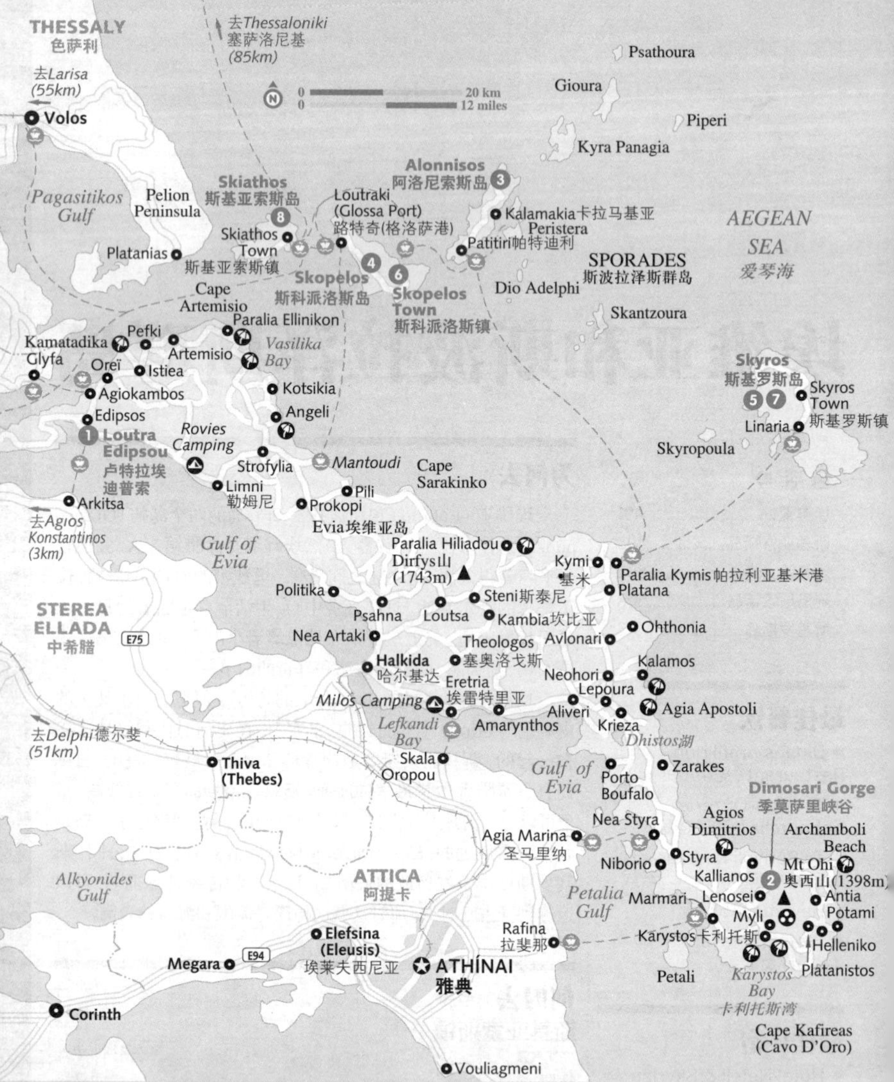

埃维亚和斯波拉泽斯群岛亮点

❶ 一年到头都可以去埃维亚的**卢特拉埃迪普索**（见494页）暖流海湾游泳。

❷ 在埃维亚南部的**季莫萨里峡谷**（见498页）的繁茂草木之间徒步10公里，然后扎进小路尽头的海水里尽享凉爽。

❸ 一边在**阿洛尼索斯岛**（见508页）希腊唯一的国家海洋公园内航行，一边观赏海豚和栖息在悬崖上的隼。

❹ 徒步在**斯科派洛斯岛**（见507页）内陆的草地上，寻找深红色的罂粟和美丽的蝴蝶。

❺ 爱抚**斯基罗斯岛**（见518页）上温和稀有的斯基罗斯马。

❻ 在城堡上俯瞰**斯科派洛斯镇**（见504页），聆听布祖基琴音乐。

❼ 在**斯基罗斯岛**（见513页）狂欢节上，与戴着面具的欢庆者一同起舞。

❽ 品尝**斯基亚索斯岛**福音修道院（见498页）僧侣酿造的葡萄酒。

埃维亚(EVIA) EYBOIA

埃维亚(发音: eh-vih-ah)是仅次于克里特岛的希腊第二大岛屿，岛上有壮观的山路和崎岖的小径，也有重大考古发现以及许多人烟稀少的海滩。一座南北走向的山脊将整座岛屿分成两半，东边是悬崖，而西边则是更为宁静怡人的海岸，备受游客青睐。渡船将埃维亚岛和大陆连接起来，在哈尔基达还有两座大桥。其中一座是跨过狭窄的Evripos海峡的滑动吊桥(原先的跨度可追溯至公元前410年)，海峡里的水流流向每天改变7次。自亚里士多德(Aristotle)以来，这一现象吸引了众多观察者，但至今也没有人能完全解释其原因，令水手们恐惧不已。

到达和离开

公共汽车定期从哈尔基达开往雅典(€7.50, 1.25小时，每半小时1班)、Ioannina(€43, 7小时，每天1~2班)和塞萨洛尼基(€43, 6.25小时，每天1~2班)。

有1班定期往返于哈尔基达和雅典(€5.5, 1.5小时，每天11班)的火车，还有1班往返于哈尔基达和塞萨洛尼基(€44, 5.5小时，每天6班)的特快列车。

埃维亚岛上有5个港口通往大陆，还有1个港口有去往斯基罗斯的轮渡；另外一座有前往斯科派洛斯岛和斯基亚索斯岛的服务。

埃维亚中部

过了大陆桥在哈尔基达通向埃维亚的入口，道路向南延伸，沿着海岸线即可到达熙熙攘攘的旅游胜地埃雷特里亚(Eretria)，这里同时也是一处考古遗址。继续向前走，沿路可以看到接连不断的小村庄和渔村，一直走到Lepoura的交叉路口，可以看到有一条路向北通向基米(Kymi)，向南通向卡利托斯(Karystos)。一条不平整的土路从基米蜿蜒向西，最后到达Paralia Hiliadou的悠长海滩。

哈尔基达(Halkida) Χαλκίδα

人口 69,900

史诗《伊里亚特》(*The Iliad*)中提到的强大的哈尔基达(Halkida，或Chalkis)兴起于地中海附近的几处聚居地。哈尔基达的名称源于古时候在这里制作的青铜器("halkos"在希腊语中的意思是"青铜")。如今，这里是一个生机勃勃的商业中心，也是通往埃维亚的门户。每当夜幕降临，老桥(Old Bridge)旁边的滨海步行大道就热闹起来了。

景点

想一窥哈尔基达多种多样的宗教历史，可以顺着Kotsou前往城堡(kastro)的方向，探寻令人惊叹的15世纪的**清真寺**和一座19世纪的**犹太教堂**，就在清真寺广场(Plateia Tzami)旁。向南150米，是拜占庭式的**圣帕拉斯凯维教堂**(church of Agia Paraskevi)和一座醒目的威尼斯风格高架桥。

考古博物馆 博物馆

(Archaeological Museum; ☎22210 15131;

埃维亚船只服务信息

目的地	港口	票价	时间	班次
圣马里纳	Nea Styra	€3.50	45分钟	每天6~9班
阿洛尼索斯岛	帕拉利亚基米港	€24	3.5小时	每周3班
Arkitsa	卢特拉埃迪普索	€3.70	40分钟	每天8~14班
Glyfa	Agiokambos	€2.30	20分钟	每天5~7班
拉斐那	Marmari	€8	1小时	每天3~4班
Skala Oropou	埃雷特里亚	€2	25分钟	每半小时1班
斯科派洛斯岛(格洛萨)	Mantoudi	€18	1.5小时	每周3班
斯基罗斯岛	帕拉利亚基米港	€10	1.75小时	每天1~2班

Leoforos Venizelou 13；门票 €2；⏲周二至周日 8:30~15:00）保存了来自哈尔基达及附近埃雷特里亚的公元前7世纪文物，包括一尊阿波罗的无头雕像。其他引人注目的发现有希腊时代的鸟嘴罐和两个黄金花环。

红房子 建筑

（Kokkino Spiti；Red House；Mallias Mansion；Tziarntini和Dimitrou Karaoli交叉路口；门票 €2；⏲周二至周日 9:00~16:00）海滨的红房子延续了哈尔基达19世纪的辉煌。开凿在岩石内，这里在第二次世界大战期间是德国人的总部。

食宿

Hotel Paliria 商务酒店 €€

（☎22210 28001；www.paliria-hotel.gr；Eleftheriou Venizelou 2；标单/双 含早餐 €60/80；P❄@📶）Paliria不仅仅像是一艘7层的现代游船，还占据了老桥附近的最佳海滨位置，有铺着地毯的宽敞房间和充足的便利设施。

Pantheon 1900 西班牙小吃 €

（Voudouri 10；€3~7；⏲午餐和晚餐）这家雅致的西班牙小吃餐馆坐落于水边的新古典主义大楼内，供应希腊酒，还有美味的小吃和点心。

实用信息

在海滨Venizelou和Voudouri的角落周围有几台ATM机。

医院（☎22210 21902；Gazepi和Hatzopoulou交叉路口）

药店（☎22210 25424；Isaiou 6）

邮局（Karamourtzouni和Kriezotou交叉路口；⏲周一至周五 8:00~14:00）

旅游警察局（☎22210 77777）

到达和离开

哈尔基达有公共汽车到达雅典（€7.5，1.25小时，每半小时1班）、Ioannina（€39，7小时，每天4~6班）和塞萨洛尼基（€40，6.25小时，每天8~10班）。哈尔基达有定期通往雅典的火车，还有1班特快列车开往塞萨洛尼基。

哈尔基达公共汽车站（Halkida KTEL bus station；☎22210 20400；Styron和Arethousis交叉路口）位于老桥以东3公里处，公共汽车同样将哈尔基达和埃维亚的以下目的地连接起来：

目的地	票价	时间	班次
埃雷特里亚	€2	25分钟	每小时1班
卡利托斯	€14	3小时	每天3班
基米镇&帕拉利亚基米港	€9.50	2小时	每小时1班
勒姆尼	€7.90	2小时	每天3班
卢特拉埃迪普索	€14	3.5小时	每天2班
Mantoudi	€8	2小时	每天3班
斯泰尼	€3.50	50分钟	每天3班

埃雷特里亚（Eretria） Ερέτρια

人口 3220

位于哈尔基达东南约20公里处，对于从大陆来的旅行者来说，埃雷特里亚是埃维亚第一个值得游览的地方。这里有一个小渔港，还有一条满是热闹希腊小馆、露天咖啡馆和海滩酒吧的木板路，游客很多。

景点

古代卫城（ancient acropolis）西边是一座剧院遗址，有一条供演员通行至舞台的地下通道。

埃雷特里亚考古博物馆 博物馆

（Archaeological Museum of Eretria；☎22290 62206；www.gtp.gr/archaeologicalmuseumoferetria；Archaiou Theatrou & Isidos；门票 €2；⏲周二至周日 9:00~16:00）包括可追溯到公元前4世纪的迷人的马赛克房间（House of Mosaics）。招牌展览以表现神话中的美杜莎陶瓦为特色，她在雅典娜神庙与波塞冬调情，被女神雅典娜报复，长发变成了活生生的蛇，为词语“不如意的一天”（bad hair day；直译是“头发不好的一天”）增加了神话意味。

食宿

Milos Camping 露营地 €

（☎22290 60420；www.camping-in-evia.gr；露营地 每个成人/帐篷 €6/4）这处管理完善的

露营地位于埃雷特里亚西北方向1公里处，十分阴凉，配有一家小餐馆和酒吧，以及一道鹅卵石铺就的200米长的海滩。

Diamanto Rooms 家庭旅馆 €

（☎6946836529，22290 62214；www.diamantorooms.gr；Varvaki 2, Theatre交叉路口；标单/双€25/35；P ❄ @ 📶）10个带阳台的闪亮出租房间、开朗的服务和公共厨房。

Villa Belmar Apartments 公寓 €€

（☎6971588424；www.villabelmar.gr；标单/双/标三 含早餐 €45/65/90起；P ❄ @ 📶）这些风格独特的公寓就在港口西南，有单独的海滨平台。如果想要在埃雷特里亚停留，住在这里是明智之选。店主是热情好客的Lina和Renia姐妹。

Romeo Taverna 希腊小馆 €€

（waterfront；主菜 €5~17；⏲午餐和晚餐）麻利的服务和美味的海鲜让这家海滨小馆脱颖而出。€25的固定价格套餐以鲜鱼和沙拉为特色，两个人都吃不完。

到达和离开

渡船每日往返于埃雷特里亚和Skala Oropou（€2，25分钟，每半小时1班）。可以在码头售票亭购买船票。

斯泰尼（Steni） Στενή

人口 1080

风景如画的小山村斯泰尼距离哈尔基达31公里，这里清泉汩汩，梧桐树和栗子树成荫。斯泰尼也是徒步者攀登Dirfys山的起点。一条蜿蜒的小路从斯泰尼延伸至北部海岸的Paralia Hiliadou，那里满是鹅卵石的优良海滩上有一片枫树和栗子树的树林，沿岸散落着几家私人经营的旅馆（domatia）和小餐馆。

活动

斯泰尼是徒步埃维亚最高峰Mt Dirfys（1743米）的起点。沿着9公里的土路可以到达1120米处的Dirfys Refuge（☎6974057517，22210 85760，22210 25230；www.eoschalkidas.gr；每人 €12）。从那里再走7公里陡峭的山路就到达顶峰了。有经验的徒步者从斯泰尼爬到顶峰大约需要6小时。想获取休息站的住宿信息（和钥匙）及当前的徒步条件，联系Minas Patsourakis（☎22210 85760，6974057517；www.facebook.com/groups/eoschalkidas）和EOS附属的Halkida Alpine Club（☎25930 23412，22210 25230；www.eoschalkidas.gr；Angeli Gouviou 22, Halkida；⏲周一至周六 9:00~17:00）。参见阿纳沃斯出版社（Anavasi）详尽的Mt Dirfys地形图。

食宿

Hotel Dirfys 酒店 €

（☎6972319451，22280 51270；dirfis@otenet.gr；Steni village；标单/双 含早餐 €35/45；P 📶）这是斯泰尼三家酒店中最吸引人的一个。所有的房间都配有阳台，可以欣赏到周围的森林景色，浴室也闪闪发光。有些当地人晚上会来酒店里的餐馆就餐。

O Neromylos 希腊小馆 €

（Agia Kyriaki, Kampia；主菜 €5~10；⏲午餐和晚餐）“水车”（店名的含义）与附近的Agia Kyriaki共享苍翠繁茂的景色，在斯泰尼东南3公里处有路标。厨房提供最热门的烤蘑菇和自制香肠。

基米和帕拉利亚基米港（Kymi & Paralia Kymis） Κύμη & Παραλία Κύμης

人口 3040

平淡无奇的基米会在日暮时分随着广场的活跃而振奋起来。基米是个繁荣的农业中心，周围是葡萄园和果园。帕拉利亚基米港位于山下4公里处，是通往斯基罗斯岛、阿洛尼索斯岛和斯科派洛斯岛的渡船的始发地。

景点

民俗博物馆 博物馆

（Folklore Museum；☎22220 22011；Kymi；门票 €1.50；⏲7月和8月 每天 10:30~13:30和18:00~20:00，9月至次年6月 周三、周六和周日 10:30~14:00）从基米主广场往山下走30米即是民俗博物馆，馆内收藏有纪念乔治·帕帕尼科拉乌博士（Dr George Papanikolaou）的展

品。出生于基米的他是巴氏子宫癌涂片检查法的发明者。

基米无花果合作社 合作社

（Figs of Kymi；☎22220 31722；figkimi@otenet.gr；Platana；⊙9月至11月 9:00~21:00或另行预约）免费 帕拉利亚基米港以南3公里处的Platana是基米无花果合作社的所在地，这个充满活力的农业合作社，致力于支持当地的无花果农进行可持续生产，出售经过防腐处理的无花果干和果酱。

食宿

在帕拉利亚基米港，水滨沿岸有几家小餐馆。可以去美味绝伦的鱼餐馆**Koutelos**（☎22220 71272；Platana；主菜 €7~11；⊙午餐和晚餐）尝尝鲜，就在Platana以南3公里处。

Hotel Beis 酒店 €

（☎22220 22604；Paralia Kymis；标单/双/标三 含早餐 €40/55/65；P❄📶）这家有30个房间的酒店值得信赖，朴素干净，就在开往斯基罗斯的渡船码头对面。

Thea Rooms 酒店 €

（☎6945880113；cafetheahotel@gmail.com；Paralia Kymis；标单/双 含早餐 €35/40起；P❄📶）舒适友好的经济型住宿选择，距离渡船码头200米，6个房间全都面朝大海。

Taverna Spanos 希腊小馆 €

（☎22220 22641；Paralia Kymis；主菜 4.50~9.50；⊙午餐和晚餐）不规则的海滨小馆，从鲜鱼到大份沙拉和傍晚的烤肉，每种都量很足。

埃维亚北部

从哈尔基达出发，一条向北穿行的小路通往美丽的村庄**Prokopi**。这里的居民是1923年从土耳其卡帕多基亚地区到普罗科皮翁（Prokopion）的难民后代。他们修建了朝圣教堂——**俄罗斯圣约翰教堂**（St John the Russian），以那位圣人的名字命名。直到今天，这位圣人始终是城镇身份认同和生活的中心，5月27日是纪念他的节日。

卢特拉埃迪普索（Loutra Edipsou） Λουτρά Αιδηψού

人口 3600

卢特拉埃迪普索是安静的水疗度假村，是埃维亚以北游客最多的地点。这里的硫黄温泉有治疗功效，自古以来享有盛名，吸引着络绎不绝的医疗游客。名人亚里士多德、斯特拉博（Strabo）、普鲁塔克（Plutarch）、普利纽斯（Plinius）和西拉（Sylla）都曾在这里泡过澡。

如今，这座小城拥有全希腊最现代的水疗和理疗中心，几家酒店都各有现代设施。由于温泉水汇入小城中的海湾，这里的海滩（Paralia Loutron）一年四季都很温暖。

活动

大多数旅馆都提供水疗服务，从简单的热水浴（€5）到双人按摩（€160）应有尽有。

EOT Hydrotherapy-Physiotherapy Centre 水疗

（☎22260 23501；25 March St 37；⊙6月至10月 7:00~13:00和17:00~19:00）度假村里有两处大型水疗中心，其中较为便宜的是EOT Hydrotherapy-Physiotherapy Centre。员工热情好客，四周是棕榈树，还配有一个矿泉水和海水混合的大型户外泳池。水流按摩浴疗法价格合理，€8起。

Thermae Sylla Hotel & Spa 水疗

（☎22260 60100；www.thermaesylla.gr；Posidonos 2；⊙9:00~20:00）非常时髦的水疗店，有着与店名相符的罗马风情，提供各种美容和保健护理，例如热泥浴和海藻裹敷。

食宿

有三家时髦的水滨餐厅值得一试，它们的招牌菜分别是**Ouzerie Ta Kohilia**（☎22260 23478；28 October；主菜 €4~7；⊙午餐和晚餐）的开胃菜（mezedhes）、**Alli Yefsi**（☎6984460759；主菜 €2~4；⊙午餐和晚餐）的烤串烧以及**Captain Cook Self-Service**（主菜 €3~7；⊙午餐和晚餐）的其他一切食物。

★ **Hotel Kentrikon** 酒店 €

（☎22260 22302；www.kentrikonhotel.

com; 25 Martiou 14; 标单/双/标三 含早餐€40/50/60; ❄@📶🏊)这家店由希腊籍爱尔兰人Konstantinos和Una打理，既有世俗的一面也有旧世界的魅力。配有现代化的房间，能从阳台欣赏到美景。有免费温泉浴池，还有一位非常专业的按摩理疗师Vicky Kavartziki(☎6945146374)。

Hotel Istiaia 酒店 €

(☎22260 22309; www.istiaiahotel.com; 28 Octovriou 2; 标单/双/标三 含早餐 €35/45/65起; ❄@📶)这家复古酒店有一种怀旧的感觉，房间天花板很高，还有一架壮观的楼梯，看起来就像是从20世纪50年代的好莱坞电影《塞西尔·B.戴米尔》(Cecil B DeMille)的复刻版。一家漂亮的咖啡馆兼葡萄酒吧朝向大海，如果你需要在拍特写前喝一杯，来这里最好。

Thermae Sylla Hotel & Spa 酒店 €€€

(☎22260 60100; www.thermaesylla.gr; Posidonos 2; 标单/双/套 含早餐 €100/160/250起; P❄@📶🏊)这家位于海边度假村的豪华酒店提供雅致而华丽的住宿，还有泥面膜和其他数不清的美容疗法供游客选择。白天可以尝试一下户外温泉浴池(€30)。

★Dina's Amfilirion Restaurant 希腊菜 €

(28 Octovriou 26; 主菜 €7~10; ⏲午餐和晚餐)在渡船码头以北20米处。这家朴素的餐馆每天都有特色菜，但是没有菜单。一份美味的烘土豆配烤鳕鱼、番茄黄瓜沙拉和酒水，每人最多花费€12。寻找那个写着绿色字母的小木牌就到了。

实用信息

水边均可以找到免费Wi-Fi。如需医疗服务，可以联系会说英语的医生**Dr Symeonides**(☎22260 23220; Omirou 17)。

到达和离开

船

有渡船定期往返于卢特拉埃迪普索和内陆的Arkitsa(€3.70, 40分钟)以及Agiokambos和内陆的Glyfa(€2.30, 20分钟)大陆之间。可以在码头售票亭购买船票。

公共汽车

公共汽车站(KTEL bus station; ☎22260 22250; Thermopotamou)距离港口200米，每天都有公共汽车开往哈尔基达(€14, 3.5小时, 每天2班)、雅典(€14, 3小时, 每天3~4班, 途经Arkitsa)和塞萨洛尼基(€27, 4小时, 每天1班, 途经Glyfa)。

勒姆尼(Limni) Λίμνη

人口 2120

在风景如画的勒姆尼，狭窄的街道和粉刷成白色的房屋交错纵横，宛如迷宫，一直延伸至舒适宜人的港口旁边，其间夹杂着各式咖啡馆和小餐馆。

景点

历史和民间艺术博物馆 博物馆

(Museum of History & Folk Art; ☎22270 31335; www.gtp.gr/historicalandfolkloremuseumoflimni; Anagnosti Goviou 7; 门票 €2; ⏲周一至周六 9:00~13:00, 周日 10:30~14:00)城镇里古香古色的民间博物馆，位于距离水滨50米的地方，保存着漂亮的乡村服装。

盖拉塔基修道院 女修道院

(Convent of Galataki, ☎22270 31489; ⏲9:00至正午和17:00~20:00)16世纪的盖拉塔基修道院在勒姆尼东南9公里处，紧挨着景色如画的海岸线的窄路尽头，是6名修女的家。修道院主教堂(katholikon)内有一幅精美的壁画，叫作《正义之人入天国》(*Entry of the Righteous into Paradise*)。

节日和活动

斯凯利亚斯游泳马拉松 体育节

(Skyllias Swimming Marathon; sites.google.com/site/skylliaslimni)勒姆尼的仲夏Elimnia节从大陆塞奥洛戈斯和勒姆尼之间14.5公里的马拉松开始。这个名字是为了纪念公元前480年长途游泳向希腊人发出波斯船队到来预警的那个人。

食宿

Zaniakos Domatia 家庭旅馆 €

(☎6973667200, 22270 32445; www.zania

kos.gr；房间 €35；P ❄）在这家位于海边200米的廉价旅馆里可能没有人会讲英语，但房间整洁，店主热情好客，会竭尽所能帮助你。

Home Graegos 公寓 €

（☎22270 31117；www.graegos.com；公寓 €55起；P ❄ 📶）这家漂亮的旅馆有4间公寓，有现代化的小厨房和游廊上一览无余的海景。

Rovies Camping 露营地 €

（☎22270 71120；www.campingevia.com；露营地 每个成人/帐篷 €6.50/6；P 📶）经营良好，极富吸引力，位于勒姆尼西北12公里处，坐落在鹅卵石海滩和橄榄树和松树林旁边。餐馆和小超市全天营业。

埃维亚南部

在埃雷特里亚以东，向南的道路在Lepoura分为了两支：植被稀疏的崎岖山峦替代了北部茂盛的植被，一条岔路通往Dhistos湖，浅浅的湖水是迁徙的白鹭最喜爱的地方。你会经过一座座高科技的风车，随着小岛越来越窄，海岸两边还有美景，最后到达卡利托斯。友好的当地人在这里享受生活，他们的生活节奏会让你忘记自己距离雅典如此之近。

卡利托斯（Karystos） Κάρυστος

人口 5130

这个低调的海岸景点坐落于奥西山（Mt Ohi；1398米）山脚下和广阔的卡利托斯海湾之上，侧面是两片沙滩，是去奥西山和季莫萨里峡谷（Dimosari Gorge）徒步的起点。卡利托斯热闹的阿玛利亚广场（Plateia Amalias）正对着海港，晚上的灯光和摇摆的船只闪闪发光。

值得一游

口哨之村安提亚

“口哨之村”安提亚（Antia）位于卡利托斯以东，最出名的是极富语言天赋的村民们所讲的一种口哨语言。这种口哨语言发明于拜占庭时期，是为了警示危险和海盗侵扰。现在，还能把嘴唇抿起来吹口哨的大都是老一辈的人了，只是他们很多人吹得已经不如之前牙齿健全的时候好。好消息是：这种对口哨的兴趣在安提亚的孩子们中间再次出现。让我们拭目以待。

景点

卡利托斯考古博物馆 博物馆

（Archaeological Museum of Karystos；☎22240 29218，22240 25661；门票 €2；⏲周二至周日 8:30~15:00）荷马史诗《伊利亚特》曾经提到卡利托斯，称它是伯罗奔尼撒战争中的一个强大城邦。博物馆中的收藏包括几盏新石器时代的小陶灯，还有奥西山和Styra公元前6世纪的龙屋（drakospita）。

布尔齐城堡 城堡

（Bourtzi）免费 这是卡利托斯引人注目的14世纪威尼斯城堡。

团队游

中央广场上的**South Evia Tours**（☎22240 26200；www.eviatravel.gr；Plateia Amalias）可以为游客提供住宿和船票信息，组织各种去往奥西山和斯蒂拉附近的龙屋的徒步短途游，租赁自行车和小艇以及环游Petali诸岛的游船（€35）。公司经理Nikos和员工们同时也会为想要徒步攀登奥西山的游客安排往返接送。另外，还可以安排带导游的4小时季莫萨里峡谷（Dimosari Gorge；€25）徒步游。

节日和活动

葡萄酒文化节 文化节

（Wine & Cultural Festiva；☎22240 22246；⏲8月和9月）这个热闹的节日包括观看剧院的表演、欣赏当地音乐家伴奏的传统舞蹈和参观当地艺术家举办的展览等，还可以免费品尝当地葡萄酒。

食宿

★Hotel Karystion 酒店 €

（☎22240 22391；www.karystion.gr；Kriezotou 3；标单/双 含早餐 €40/50起；P ❄ 📶）过了布尔齐城堡，就能看到坐落于海滩之上的

这家赏心悦目的酒店。这里有现代化、设施齐全的房间，令人饱足的早餐，工作人员会讲多国语言并乐于助人。有楼梯直接通往很适合游泳的海滩。

★Cavod' Oro 希腊小馆 €

（主菜 €5~8；⊙午餐和晚餐）这是一家位于主广场旁小巷里的希腊小馆，在此和当地人一起高高兴兴地享用精致的希腊菜吧。有主菜，也有当地产的果蔬和橄榄油制作的乡村沙拉。店主Kyriakos为人亲切，是夏日葡萄酒节的常客，届时还会演奏布祖基琴（bouzouki）。

饮品和夜生活

Aeriko 酒吧

（☎22240 22365；⊙8:00至深夜；）这家店是港口海滩沿岸酒吧中的翘楚，夏日周末有现场音乐会、日光浴、优质饮品和各个年龄层的顾客。

实用信息

主广场上有阿尔法银行（Alpha Bank）和比雷埃夫斯银行（Piraeus Bank）的ATM机。

到达和离开

船

定期有一班渡船往返于Marmari（卡利托斯以西10公里）和拉斐那（€8，1小时），以及Nea Styra（卡利托斯以北35公里）和圣马里纳（Agia Marina；€3.50，45分钟）。

船票可以在码头售票亭或者卡利托斯的South Evia Tours购买。

公共汽车和出租车

卡利托斯公共汽车站（Karystos KTEL bus station；☎22240 26303）位于圣尼古拉奥斯教堂对面，有公共汽车驶向哈尔基达（€11.70，3小时）、雅典（€18.60，3小时）和Marmari（€1.50，20分钟）。乘坐出租车到Marmari要价€18。

卡利托斯周边

红堡（Castello Rosso）是一座13世纪的法兰克式堡垒，从岛内距离卡利托斯4公里处且水源充足的村庄**Myli**出发走一小段就能抵达其遗址。城堡后面的高架渠曾经将山泉送到卡利托斯布尔齐城堡。从米利步行3公里，可以到达公元2世纪的**罗马采石场**（Kylindroi，意为"圆柱"），那里散落着大量Karystian cipollino大理石柱，是恺撒帝国（Caesar）时期被遗弃在那里的。

自驾车的话，可以探索坐落在奥西山南侧山麓的质朴的**Cavod' Oro**的探索村庄。亮点包括**Platanistos**、**Potami**和**Helleniko**有围墙的古代居民区遗址。

> **赫拉和宙斯：山间神话**
>
> 从前，或者说神话里，天上的统治者赫拉和宙斯在奥西山的山坡上发生关系。为了接近这位腼腆的女神，宙斯伪装成赫拉最喜欢的布谷鸟，在她将布谷鸟抱在怀中的时候现出真身。地动山摇之前，赫拉让宙斯承诺娶她。这位著名的天上之王和一夜情高手痛快地答应了。希腊语中的"Ohi"（奥西）就来自古希腊词语"ohevo"，意为交媾。

景点和活动

除了季莫萨里峡谷和奥西山之外，卡利托斯上方值得徒步一日的地方包括漫步穿过**Agios Dimitrios峡谷**天然泉，那里有一条岔路向上通向景色优美的**Boublia峰**（1127米）。一条狭窄的土路从Thymi通向美丽的**Archampoli海滩**，步行需要大约1小时。

奥西山 山

（Mt Ohi）从Myli出发，需要4小时便能登上奥西山（1398米）的山顶，眺望壮观的爱琴海景色。可以在1000米处的休息处过夜，然后徒步去看日出。山顶的Profitis Ilias峰有古代的神秘龙屋（drakospita），还有一组可追溯至公元前7世纪的巨石柱般的住所，由开凿出来的岩石堆砌而成，岩石间没有使用灰浆黏合，每块岩石重达数吨。

龙屋在大理石采石场附近，居高临下的位置说明这里曾是防御岗哨；另一种理论认为它们是为了纪念神话中在奥西山漫游的神祇，尤其是女神赫拉。道路附近的Styra（卡利托斯以北30公里处）还有一些龙屋，同样引人入胜。

★ 季莫萨里峡谷 徒步

(Dimosari Gorge) 季莫萨里峡谷为一日徒步者提供了一条维护良好的美丽小径，长10公里，4小时可以走完全程（包括游泳的时间）。小路起点是950米处的Petrokanalo村，向下延伸，经过Lenosei村，到达大海。这段令人惊叹的徒步路程大多是沿着鹅卵石小径，经过树木成荫的溪流和池塘、巨大的蕨类植物和树林，最后到达沙子和鹅卵石海滩Kallianos。

★ Bike Greece 骑山地自行车

(☎6944618565; www.bikegreece.com) 借助Bike Greece，你可以发现什么是真正的山地自行车。在埃维亚南部的荒野风景里，为期一周的自行车游探索了奥西山的山坡、季莫萨里峡谷，还包括海滩篝火和村庄葡萄酒品尝。费用包括装备、饮食和住宿。"半个外国人" James Brown组织深入欣赏当地景色和文化的演出。

斯波拉泽斯群岛 (THE SPORADES)

斯波拉泽斯群岛有4座奇特的岛屿。迄今为止，斯基亚索斯岛及其60多处海滩吸引的游客最多；而漂亮的斯科派洛斯岛姿态更酷，有隐蔽的海湾和岛内小径。最东边的阿洛尼索斯岛有一辆公共汽车、4辆出租车和27座教堂，是北部群岛中最偏僻质朴的。东南边的斯基罗斯有野马和热闹的艺术场所。

斯基亚索斯岛 (Skiathos) Σκιάθος

人口 6110

斯基亚索斯岛可谓是得天独厚，拥有希腊最美丽的一部分海滩，所以每年7月和8月这座岛屿都挤满了日晒不足的北欧人。每到这个时节，宾馆空闲房间的数量都会骤减，价格猛涨。斯基亚索斯镇位于东南海岸，是岛上的主要居住区和港口。南部海岸其余地区点缀着有围墙的度假别墅，以及松树环绕的沙滩。

到达和离开

飞机

夏季，每天有1~2班航班抵离雅典(€88)，另外还有很多从北欧飞来的包机。**爱琴海航空公司** (Aegean Air; ☎24270 29100; www.aegeanair.ccom) 在机场设有咨询处。

船

斯基亚索斯岛的主要港口位于斯基亚索斯镇，连接大陆的Volos和Agios Konstantinos，以及岛上目的地斯科派洛斯岛和阿洛尼索斯岛。

可以在位于Papadiamanti底部的**Hellenic**

斯基亚索斯岛船只服务信息

目的地	票价	时间	班次
Agios Konstantinos	€30	2.5小时	每天1班
Agios Konstantinos *	€37	1.5小时	每天1~2班
阿洛尼索斯岛	€11	2小时	每天1班
阿洛尼索斯岛*	€17	1.5小时	每天2班
斯科派洛斯岛（格洛萨）	€6	30分钟	每天1班
斯科派洛斯岛（格洛萨）*	€10	20分钟	每天2班
斯科派洛斯岛（斯科派洛斯镇）	€10	1小时	每天1班
斯科派洛斯岛（斯科派洛斯镇）*	€17	55分钟	每天2班
Volos	€23	2.5小时	每天1~2班
Volos *	€37	1.5小时	每天1~2班

*水翼船服务

Skiathos 斯基亚索斯岛

Seaways（☎24270 22209; www.skiathosoe.com; Papadiamantis交叉路口, waterfront）购票。

当地交通

船

每小时都有水上出租车从老港口出发，去往Achladies海湾（€2.50，15分钟）、卡纳皮特萨（€3，20分钟）和Koukounaries（€5，30分钟）。

长途汽车

7:30~23:00，长途汽车从斯基亚索斯镇发车驶向Koukounaries海滩（€2，30分钟，半小时1班）。南部海岸沿线共有26个海滩入口，长途汽车会分别在每个编号的海滩入口停车。

汽车和摩托车

斯基亚索斯镇信誉良好的两家汽车和摩托车出租公司均位于新港的**Europcar/Creator Tours**（☎6932382332，24270 22385；www.creatortours.com），这里也出租自行车，和**Heliotropio Tourism & Travel**（☎24270 22430；www.heliotropio.gr）。

出租车

出租车（☎24270 21460）从渡船码头对面的站点发车。出租车抵离机场的费用为€7，开往Koukounaries费用为€17，开往福音修道院（Moni Evangelistrias）费用为€8。

斯基亚索斯镇（Skiathos Town）

Σκιάθος

斯基亚索斯镇是岛上的主要旅游中心，滨水区和Papadiamanti鹅卵石步行干道上满是旅馆、纪念品商店、画廊、旅行社、餐馆和酒吧。走过一条15米的堤道，便到了水滨对面的**Bourtzi岛**（Bourtzi Islet）。这座岛绿树成荫，魅力十足。

景点

帕帕迪阿曼提故居博物馆 博物馆

（Papadiamanti House Museum；☎24270 22240；Plateia Papadiamanti；门票 €1；⏲周二至周日 9:30~13:30和17:00~20:30）斯基亚索斯是希腊19世纪著名长篇及短篇小说家亚历山德罗·帕帕迪阿曼提（Alexandros Papadiamanti）的出生地，其作品取材于伴他成长的岛民们的艰辛生活。他曾经居住过的19世纪60年代的老宅如今已经成为迷人的博物馆，收藏有书籍、画作和老照片。

团队游

游览团乘船旅游分为环岛半日游和一日游（€15~25起），通常会游览卡斯卓角（Cape Kastro）、Lalaria海滩、洞岩（Trypia Petra），以及黑洞（Skotini）和蓝洞（Galazia）两个岩洞（spilies）。其他船只（€12）将带你游览附近的Tsougria和Tsougriaki岛，在那里可以游泳和浮潜。来回可以换乘不同的船只。在老港口每只船前的告示板上查询船次信息。

若想在斯基亚索斯和阿洛尼索斯岛之间的海上尝试非凡的**帆船之旅**，那就乘坐**ArgoIII**（☎6932325167；www.argosailing.com；每人€65）公司的船吧，该公司由George和Dina夫妻经营。

住宿

在7月和8月，码头附近一家**售货亭**（☎24270 23172；harbour dock）提供房间价格、照片和其他介绍的广告，十分有帮助。

★Gisela's house-in-Town 家庭旅馆 €

（☎24270 21370，6945686542；gisbaunach@hotmail.com；房间 €45起；❄📶）这家旅馆位于Papadiamanti街旁一条安静惬意的小街上，管理完善，经济实惠。只有两间客房，各自配有两张床、吊扇、防蚊纱窗、桌子、茶壶和种满花的阳台。

Lena's Rooms 家庭旅馆 €

（☎24270 22009；ts1otr4s@gmail.com；Bouboulinas；房间 €35起；❄📶）这里的6间双人间位于店主的花店楼上，通风良好，一尘不染。每间房间都配有迷你冰箱、阳台、公共厨房和一个绿树掩映的游廊。

Hotel Meltemi 酒店 €

（☎24270 22493；www.meltemiskiathos.com；标单/双/家 €45/55/80；❄@📶）这家酒店坐落在新港一个绿树掩映的庭院里，如果不留心，很容易就会错过。这里的风格复古，十分吸引人，有满是古董的长廊和超级整洁的房间。

Hotel Mouria 酒店 €

（☎24270 21193；www.mouriahotel.com；Papadiamanti；双/标三/家 含早餐 €40/60/80起；❄@📶）漂亮的Mouria就藏在国家银行后，位于一个鲜花盛开的庭院内。这里有为客人提供的公共厨房，也有全套早餐，外加明亮的房间和随处可见的老照片。

Hotel Bourtzi 精品酒店 €€

（☎24270 21304；www.hotelbourtzi.gr；Moraitou 8，Papadiamanti交叉路口；标单/双/家 含早餐 €80/130/180起；P❄📶🏊）这家酒店时尚奢华，位于Papadiamanti街的高地上。房间以现代简约著称，酒店内还有迷人的花园和泳池，员工体贴周到。

就餐

像其他游客众多的城市一样，斯基亚索斯的食物味道一般般（用希腊语说就是：etsi-ketsi），价钱却很贵。不过，在老港口附近的窄街上也能找到一些例外。

★Taverna-Ouzerie Kabourelia 希腊小馆 €

（☎24270 21112；Old Harbour；主菜 €4~9；⏲正午至午夜；📶）这是老港口全年营业的热门餐馆，人们可以闻到开放式厨房飘出来的香味并一睹当天的渔获。烤鱼味道绝佳，招牌葡萄酒价格适中。烤章鱼和鱼子沙拉（taramasalata；浓稠的酱汁，由鱼子、土豆、植物油和柠檬汁制成）是众多出色的开胃小菜中的两例。

Foodie 小吃 €

（Igloo；☎24270 24076；Papadiamanti；饮品和小吃 €1.50~3；⏲6:00~23:00）乘坐早班渡

船离开前，在这里歇息片刻，享用冷饮、冰激凌和新鲜的早餐美味，非常理想。

Fasoulas Grill House 希腊菜 €

（☎24270 22080；Evangelistrias；小吃€2.50，主菜€6.50；⏰午餐和晚餐）希腊语中的Fasoulas大概可以翻译为"瘦竹竿"，这是矮个儿老板非常骄傲的幽默感。但是菜的分量充足，有美味的烤肉串和旋转烤肉（将肉放在立式烤架上滑动烹制，通常搭配皮塔饼吃）。

Lo & La 地中海菜 €

（☎6972408465；主菜€7~12；⏰午餐和晚餐）这家餐馆坐落于老港口，老板和老板娘是意大利人和希腊人的组合。供应他们最爱的私房菜。意大利面都是手工制作的，配有当地蘑菇的意大利调味饭尤其美味。

★ La Cucina di Maria 餐厅 €€

（☎6977466732；Plateia Trion Ierarhon；⏰晚餐）在这家老码头上方的热门地点，美味的薄皮比萨在空中旋转只是盛宴的开始。在桑树下的绚丽环境中享用新鲜的意大利面和美味的烧烤。

Bakaliko Restaurant 餐馆 €€

（☎24270 22669；主菜€5~11；⏰午餐和晚餐）这家海边小餐馆位于新码头以东300米处，提供美味的常规菜和开胃菜，比如烤羊乳酪、海茴香沙拉（kritamos）、慢烤羊肉（kleftiko）和鱼子沙拉。老式收音机收藏使这里平添情调。

Marmita 地中海菜 €€

（☎24270 21701；30 Evangelistrias；主菜€8~14；⏰晚餐）优雅的小餐馆位于Papadiamanti上层，融合传统希腊和地中海风味，从烤羊乳酪和野菜到蔬菜炖小牛肉和海鲜意大利面。店内还有实实在在的希腊葡萄酒酒单。

饮品和夜生活

午夜之后，在新海港沿岸的夜店聚集地带，不醉不归的痛饮场景不断升温。想逛夜店的话，最好的DJ在**Club Pure**（☎6979773854）和**Kahlua**（☎6978011870；www.kahluaclub.com），营业至黎明。

Kentavros 酒吧

（☎24270 22980；⏰10:00至深夜）这家漂亮的酒吧位于Papadiamanti广场对面，不停歇地播放着各种摇滚、爵士和布鲁斯音乐。这里的气氛柔和，艺术品和烈酒让当地人和外籍人士全都赞不绝口。

Main Street 酒吧

（Papadiamanti；⏰8:30至深夜）这是一家气氛活跃的咖啡厅兼酒吧，位于Papadiamanti街中段。

Rock & Roll Bar 酒吧

（☎24270 22944；Old Port；⏰19:00至深夜）这家热闹的酒吧位于老港口附近的台阶上，是深夜备选场所。该酒吧饮品纯正，价格公道。

娱乐

Cinema Attikon 电影院

（☎24720 22352，6972706305；门票€7）这家露天影院播放的都是最新的英语电影，可以在这里喝喝啤酒，顺便锻炼一下你快速阅读希腊语字幕的能力。

购物

Loupos & His Dolphins 古玩

（☎24270 23777；Plateia Papadiamanti；⏰10:00~13:30和18:00~23:30）这家优秀低调的画廊位于Papadiamanti博物馆旁边的庭院内，有精美的手绘圣像、手工制作的陶器和银质珠宝。

Galerie Varsakis 古玩

（☎24270 22255；www.varsakis.com；Plateia Trion Ierarhon；⏰10:00~14:00和18:00~23:00）可以看到许多不同寻常的古董，比如19世纪新郎们为迎娶未婚妻所做的纺锤。这里的收藏简直可以同最好的希腊民俗博物馆相媲美。

实用信息

公共汽车终点站位于新港口的最北端。在港口沿岸和Papadiamanti街上的大多数咖啡馆都可以找到免费Wi-Fi。Papadiamanti街以及滨水区有很多ATM机。

医疗中心医院(Health Centre Hospital; ☎24270 22222; Old Port往北)

港口警察局(☎24270 22017; New Harbour)

旅游警察局(☎24270 23172; Ring Rd; ⏲8:00~21:00)

斯基亚索斯岛周边

海滩

斯基亚索斯共有65处海滩，要想游遍需要花上很长时间。公共汽车定时在南部海岸26个有编号的海滩入口处停车。第一处值得游览的长沙滩便是松树环抱的Vromolimnos Beach。再往前走就到了白沙滩Koukounaries海滩(Koukounaries Beach)，海滩后面是松林和一小片湿地。繁忙的夏季来游览时，稍微拉开一些距离的话，你将会欣赏到最佳景色：1200米长的淡金色沙滩在阳光下闪闪发光。

Koukounaries海滩以西，是坐落于狭长海岬另一侧的大香蕉海滩(Big Banana Beach)，因其弯曲的形状、细沙和繁忙的海滩酒吧而闻名。裸泳爱好者们也喜欢去令人兴奋的小香蕉海滩(Little Banana Beach)，那里同样受同性恋者欢迎。绕过满是岩石的角落即是。

再向北走400米是优雅的Agia Eleni海滩，这里是帆板冲浪爱好者的最爱。沿着一条松树成荫的小径走1.5公里就到了曼德拉基沙滩(Mandraki Beach)，那里足以远离人群的喧嚣，还有一家极佳的餐馆。从Troulos出发走4公里便是悠长漂亮的沙滩Megalos Aselinos，旁边是稍小的沙滩Mikros Aselinos，再走上几公里就是僻静的Kehria海滩。

西北海岸的海滩游客少些，但是夏天会刮东北风(meltemi)。Lalaria海滩位于海岸北部，宁静的海滩上布满了浅灰色蛋形鹅卵石，只有在斯基亚索斯镇乘坐游览船才能抵达。

景点

城堡 遗迹

城堡位于北部海岸一个岩石遍布的海岬上。作为岛屿首府，它在1540~1829年曾经构筑了防御工事以抵御海盗入侵。至今仍有一门古老的大炮屹立在城镇北端，还有4座经过修复的教堂，其中的克里斯托教堂(Christos)收藏了数幅精美的壁画。从斯基亚索斯镇老码头来的观光船只停靠的海滩位于城堡下面，从那里可以轻易爬到上面城堡的遗址。

福音修道院 修道院

(Moni Evangelistrias; ☎24270 22012; 博物馆门票 €2; ⏲10:00至日暮)这座著名的修道院历史悠久，在独立战争时期曾是为自由而战的勇士们的山顶避难所。1807年，希腊国旗第一次在这里冉冉升起。如今，有两位修道士在此打理杂务，包括酿葡萄酒。你可以在博物馆的商店里品尝到他们的劳动成果——醇香的美酒。旁边的小棚屋里放置着旧时的橄榄木和葡萄榨汁机，不禁让人回想起院子上方出现卫星天线以前的时光。

库尼特拉斯圣母修道院 修道院

(Moni Panagias Kounistras; ⏲清晨至日暮)从Troulos出发，沿着一条向北的路走4公里，便到了库尼特拉斯圣母修道院。它建于17世纪，主教堂(katholikon)内装饰着精美的壁画，值得一看。

活动

潜水

斯基亚索斯南岸附近的小岛是潜水和浮潜胜地。潜水教练团队里的Theofanis和Eva隶属于Octopus Diving Centre(☎24270 24549, 6944168958; www.odc-skiathos.com; NewHarbour; 半日潜水 €45~55)，可以带领游客在Tsougria和Tsougriaki岛周围潜水，初学者和高手报名都可以。可以去他们在斯基亚索斯镇新港口的船上询问详情。

徒步

从福音修道院出发步行至卡斯卓角(Cape Kastro)，经过Agios Apostolis再绕回，整个徒步线路全程共计6公里。春季，卡斯卓是观鸟胜地，在那里既能看到长颈的地中海鸬鹚(Mediterranean shags)，还能见到掠过水面的蓝矶鸫(blue rock thrushes)。

食宿

Achladies Apartments 公寓 €

（☎24270 22486；www.achladiesapartments.com；Achladies Bay；双/标三/家 含早餐 €45/60/75；Ⓟ📶）这是个热情友好的绝妙公寓，位于斯基亚索斯镇以南5公里处。舒适的房间配有厨房（要求至少住两晚），天花板上还有吊扇。这里还有一个乌龟生态保护区。顺着一大片饶有趣味的花园蜿蜒而下，则会到达一片沙滩。从这里可以乘坐水上出租车到斯基亚索斯镇和Koukounaries海滩。

Camping Koukounaries 露营地 €

（☎24270 49250；Koukounaries Beach；露营地 每个成人/帐篷 €11/免费；Ⓟ📶）这个露营地位于Koukounaries海滩对面，掩映在无花果树和桑树之间，有一尘不染的浴室和烹饪设施，还有小市场和小馆。

★ **Atrium Hotel** 酒店 €€

（☎24270 49345；www.atriumhotel.gr；Paraskevi Beach；标单/双/套 含早餐 €105/130/170起；Ⓟ❄@📶🏊）传统建筑风格中融合了现代元素，使这家山坡酒店成为同档旅馆中的翘楚。房间雅致，配有盆式水槽和私人阳台，可以俯瞰大海。便利设施包括桑拿浴、儿童泳池、台球桌和乒乓球台。在这里，你可以用一顿丰盛的自助早餐开启一天的美好生活。

Panorama Pizza 比萨 €

（比萨 €7~10；⏲正午至16:00和19:00至深夜；📶）位于环路（Ring Rd）附近的山顶，是个不错的休憩之所。有用砖炉烤制的比萨和完美的景色。

Taverna Sklithri 希腊小馆 €€

（☎6946932869；Sklithri；主菜 €7~14；⏲午餐和晚餐）Sklithri海滩上的出色海鲜餐馆，殷勤好客，酒水充足。这里位于斯基亚索斯镇西南约4公里处，在11路公共汽车站附近。

斯科派洛斯岛（Skopelos）

Σκόπελος

人口 5400

美丽的斯科派洛斯岛上遍布着松林、葡萄园、橄榄树林以及栽满李子和杏树的果园，许多当地人都把这些作为原材料用到了他们的烹饪之中。临近岛屿斯基亚索斯岛一样，岛屿西北海岸上耸立着悬崖，没有植被覆盖，而东南海岸则有好几处铺满鹅卵石的沙滩。该岛有两处居民区：位于东海岸的重要港口斯科派洛斯镇，以及位于西北岸的格洛萨村。后者位于路特奇（Loutraki）以北2公里处，是岛上第二大港口。

到达和离开

船

斯科派洛斯岛有两个港口，即斯科派洛斯镇和格洛萨（又名路特奇）。从两地都能前往大陆上的Volos和Agios Konstantinos，还有斯基亚索斯岛、阿洛尼索斯岛和斯基罗斯岛。

可以去斯科派洛斯镇的**Hellenic Seaways**（☎24240 22767；传真 24240 23608）和格洛萨的港口购票，还可以前往均位于海滨的Madro Travel（见507页）和**Lemonis Travel**（☎6944582365，24240 22363；waterfront）购票。

当地交通

船

水上出租车早上晚些时候在斯科派洛斯镇出发前往Glysteri海滩（单程€5）。

公共汽车

夏季每天有4~6辆公共汽车从斯科派洛斯镇开往格洛萨/路特奇（€5.30，55分钟）和Neo Klima（Elios；€3.80，45分钟），还有3辆到达帕诺尔莫斯（Panormos；€2.90，25分钟）、Milia（€3.60，35分钟）、Agnontas（€1.60，15分钟）和Stafylos（€1.50，15分钟）。

汽车和摩托车

斯科派洛斯镇滨水区东端的环路附近有很多汽车和摩托车租赁公司，包括**Magic Cars**（☎6973790936，24240 23250）和**Motor Tours**（☎24240 22986；传真 24240 22602）。

出租车

出租车在斯科派洛斯镇公共汽车站旁等待乘客。乘坐出租车去Stafylos、Limnonari和格洛萨分别需要€7、€13和€32。

斯科派洛斯镇(Skopelos Town) Σκόπελος

斯科派洛斯镇环绕着一个半圆形的海湾,令人目眩的白色房屋层层叠叠地排列在山坡上。房子上都安有明亮的百叶窗,还有花团锦簇的阳台。最顶端则是一座古老的堡垒和聚在一起的四座教堂。这座小镇的滨水区两侧有两个码头。旧码头占据了海港西端,新码头则在东端,用以停靠所有渡船和水翼船。

景点和活动

围绕小镇漫步,闲坐在海边的咖啡馆,也许将是你在斯科派洛斯岛的主要消遣,但这里还有两座小型博物馆值得一去。

民俗博物馆 博物馆

(Folklore Museum; ☎24240 23494; Hatzistamati; 门票 €3; ⏲周一至周五 10:00~14:00和19:00~22:00)这座漂亮的博物馆以一间斯科派洛斯婚房连同传统服装和婚床为特色,位于Agios Nikolaou教堂(Agios Nikolaou Church)以西一个街区的地方。

巴克拉察住宅博物馆 博物馆

(Bakratsa Mansion Museum; ☎24240 23494; 门票 €3; ⏲10:00~14:00和18:00~21:00)位于一栋18世纪的医生住宅内,在Ploumisti Shop往岛内方向100米处,这座博物馆展示了那个年代的医疗设备以及已婚和未婚男女的服装。

Skopelos Cycling 骑自行车

(☎24240 22398, 6947023145; skopelo-scycling@yahoo.gr; 每24小时 €8~18)从Panos Provias出发,想要寻求高质量的步行和骑山地自行车游的话,可以联系Skopelos Cycling,就在邮局旁边。

课程

Skop Art 课程

(Skopelos Foundation for the Arts; ☎24240 24143; www.skopartfoundation.org)位于斯科派洛斯镇高处,Skop Art提供热门的寄宿制课程,范围涉及绘画和素描到制陶和造纸。

团队游

一日游的轮船(€20~40)每天10:00从滨

斯科派洛斯岛船只服务信息

目的地	港口	时间	票价	班次
Agios Konstantinos*	斯科派洛斯镇	4小时	€38	每天1班
Agios Konstantinos**	斯科派洛斯镇	2.5小时	€50	每天1班
Agios Konstantinos**	格洛萨	2.5小时	€43	每天1班
阿洛尼索斯岛	格洛萨	1小时	€14	每天1班
阿洛尼索斯岛*	斯科派洛斯镇	30分钟	€6	每天2~3班
阿洛尼索斯岛**	斯科派洛斯镇	20分钟	€9	每天2班
斯基亚索斯岛(经过格洛萨)	斯科派洛斯镇	1.5小时	€10	每天2~3班
斯基亚索斯岛*	斯科派洛斯镇	45分钟	€17	每天2班
斯基亚索斯岛**	格洛萨	30分钟	€10	每天2班
埃维亚(Mantoudi)	格洛萨	1.75小时	€18	每周3班
埃维亚(帕拉利亚基米港)	斯科派洛斯镇	4小时	€24	每周4~6班
Volos	斯科派洛斯镇	3.75小时	€28	每天2班
Volos**	格洛萨	2.5小时	€40	每天1班
Volos*	斯科派洛斯镇	3小时	€48	每天2~3班

*高速服务

**水翼船服务

Skopelos 斯科派洛斯岛

水区出发，游览项目通常包括参观阿洛尼索斯岛国家海洋公园（National Marine Park of Alonnisos），还会在中途停留吃午餐和游泳。沿途很有可能看到海豚。如果想要预订，可以联系滨水区的Madro Travel（见507页）、Thalpos Holidays（见507页）或**Dolphin Tours**（☎6977468190，24240 29191；www.dolphinofskopelos.com；town beach）。

住宿

★Pension Sotos 家庭旅馆 €

（☎24240 22549；www.skopelos.net/sotos；标单/双/€30/45起；❄📶）这家迷人的家庭旅馆位于滨水区，房间里铺着松木地板。每一间各有不同，其中一间的老式砖炉被改成了实用的搁架。旅馆内有个供客人放松的庭院、摆满鲜花的阳台和一间公共厨房。店主Alexandra热情好客，手头有很多资源。

Hotel Agnanti 酒店 €

（☎24240 22722，6978713252；www.skopelos.net/agnanti；标单/双/标三 €35/40/60起；P❄@📶）这家位于（更安静的）旧码头的旅馆由Theo和Eleni经营，是一方拥有12间淳朴房间的乐土。特色包括吊扇、具有时代感的家具、陶器装潢和一间借阅平装书的图书室。

Hotel Dionyssos 酒店 €€

（☎24240 23210；www.dionyssoshotel.com；标单/双/标三 含早餐 €65/75/90；P❄@📶🏊）这家低调的旅馆坐落于环路和滨水区之间，平日房客并不多，不过房间里的木质地板和编织地毯都让人有宾至如归的感觉。夜晚降临后，旅馆里的小型泳池酒吧则会热闹起来。

就餐

普拉塔诺斯广场（Plateia Platanos，也称Souvlaki Sq）就在码头往上走100米处，是享用烤肉配皮塔饼（gyros）或者希腊烤肉（souvlakia）的完美去处。

★Nastas Ouzerie 希腊菜 €

（开胃小菜 €2.50~5，主菜 €6~10；⊙午餐和晚餐）这家餐馆位于环路的路口上，供应绝佳的开胃小菜、烤肉和鲜鱼主菜，当然，也少不了tsipouro（与茴香烈酒类似的蒸馏烈酒）。这里是当地人追求高质量和低价格的不二之选。

Taverna Klimataria 希腊小馆 €

（主菜 €5.50~10；⊙午餐和晚餐）靠近码头的尽头有众多优质餐馆，Klimataria就是其中之一。这里提供预先做好的熟食菜肴（mayirefta）和鱼汤，晚上还提供很棒的烧烤。

O Michalis 咖啡馆 €

（8:00至深夜；小吃 €3~5）这家咖啡馆不是很显眼，好在红色的大门还算醒目，提供的奶酪馅饼（tyropita）堪称一绝，到了晚上又会摇身变为酒吧，提供醇香的葡萄酒。位于海滨中间，从Pension Sotos往岛内一个街区处。

To Rodi 希腊菜 €

（☎24240 24601；主菜 €4.50~10；⊙19:00至午夜）舒适而有品位的庭院餐馆，与海滨不远，隔着一个街区，在Kromata Ceramics对面。

★To Perivoli Restaurant 希腊菜 €€

（☎24240 23758；主菜 €7~14；⊙19:30至午夜）过了Souvlaki广场之后就是这家餐馆了，在优雅隐蔽的庭院中为食客提供极佳的希腊烹饪，就在普拉塔诺斯广场上方。特色菜有猪肉卷配料酒泡当地李子（koromila），还有优质希腊酒。

饮品和夜生活

Molon Lave 咖啡馆

（☎24247 70757；⊙7:00~14:00和16:00~21:00）位于海滨中央的小店，上午提供咖啡和手工奶酪馅饼，富有效率。这家店名在古老希腊语中大概可以翻译为“来试试”，源于公元前480年斯巴达将军Leonides对波斯王Xerxes一句挑衅的回复，因为Xerxes在塞尔马波拉（Thermapolae）战斗前要求希腊人放下武器投降。

Bardon 酒吧

（☎24240 24494；⊙19:00至深夜）这家舒适的酒吧位于一处翻新过的橄榄工厂庭院内。夏日的大多数周末会上演现场音乐。酒吧位于城镇停车场往岛内方向75米处。

Hidden Door 酒吧

（☎6978252848；⊙19:00至深夜）平和的酒吧位于海滨后面比较安静的小巷，在一栋有100年历史的改建房屋内，那里的边门或暗门曾经通向厨房。酒吧在圣尼古拉奥斯教堂（Agios Nikolaos Church）往岛内方向的3个街区处。

Pablo's Bar 鸡尾酒吧

（☎24240 24804；Old Port；⊙18:00至次日3:00）老板兼酒保Christos播放柔和的爵士乐，提供比音乐更柔和的鸡尾酒；最高的地方有微风轻拂的屋顶露台。位于海滨东南远端，就在Taverna Ta Kymata上方。

娱乐

Ouzerie Anatoli 传统音乐

（⊙夏季 20:00至次日2:00）至少等到23:00之后再去这家微风拂面的露天乌佐酒馆（提供乌佐酒和清淡小吃的地方）。位于海滨东南角附近的城堡高处，可以欣赏传统的希腊雅燃音乐（rembetika；蓝调），演唱者是斯科派洛斯岛本土歌手、希腊蓝调音乐家和布祖基琴（bouzouki）大师乔戈斯·辛达利斯（Georgos Xindaris）。

购物

海滨备选的购物场所包括**Ploumisti Shop**（☎24240 22059；waterfront；⊙10:00~21:00）和**Archipelagos Shop**（☎24240 23127；⊙10:00~21:00），在这里你可以选购精美的陶器、微型画作、圣像和手工制作的珠宝。

Chromata Skopelou 陶瓷

（☎6940 269636；⊙10:00~14:00和

20:00~23:00)这家独特的陶瓷作坊展示了英国陶艺师Elizabeth McGhie陶艺作品的精美风格。在Rodi Taverna对面，与海滨一街之隔。

实用信息

滨水地带沿线有4台ATM机，而且有免费Wi-Fi。

医疗中心(Health Centre; ☎24240 22222; Ring Rd, 消防站对面)

Madro Travel(☎24240 22300; www.madrotravel.com; waterfront)这家家庭经营的旅行社在旧码头的尽头，提供住宿信息和售票服务，安排步行游览和海洋公园游，开设烹饪课程，甚至还可以举办婚礼。

警察局(☎24240 22235; New Quay)国家银行上方。

港口警察局(☎24240 22180; Old Quay)在渡船码头旁边。

邮局(⏲7:30~14:00)圣母教堂(Panagia Church)对面。

Thalpos Holidays(☎24240 29036; www.holidayislands.com; waterfront)这家滨水的旅行社提供全方位的服务，工作人员态度友好。提供公寓和别墅住宿的服务，以及船只租赁、徒步、环岛游和举办婚礼等服务。

格洛萨和路特奇 (Glossa & Loutraki) Γλώσσα & Λουτράκι

格洛萨是斯科派洛斯岛的第二处居民区，有粉刷一新的商店和餐馆。顺着小广场蜿蜒向下便是悠闲惬意的港口路特奇(渡船时间表中称作"格洛萨")。还有一条稍短的鹅卵石小径(kalderimi)同样连接起两座城镇。2008年的电影《妈妈咪呀!》(*Mamma Mia!*)的影迷们可以从格洛萨开始他们的朝圣之旅，前往影片中的小教堂**圣约翰城堡**(Agios Ioannis Kastri; St John of the Castle)。

路特奇的意思是"小浴室"，你可以在港口的考古亭看到**古罗马浴室**(Roman baths)的遗迹。

食宿

Pansion Platana 家庭旅馆 €

(☎6973646702, 24240 33188; pansion-platana@hotmail.com; Glossa; 房间 €35起; P❄📶)这家廉价旅馆舒适宜人。房间配有吊扇和小厨房，可以俯瞰路特奇码头。热情的店主Eleni是希腊籍澳大利亚人，会给客人提供茶水和各种建议。过了Shell加油站大约30米的左侧即是。

★ **Flisvos Taverna** 希腊小馆 €

(☎24240 33856; Loutraki; 主菜 €4~7.50; ⏲午餐和晚餐)友好的Flisvos最擅长制做朴素的希腊饮食，供应新鲜鱼类，价格公道，还有传统常规菜式肉末茄盒(mousakas，烘烤的多层茄子或西葫芦，其中夹有碎肉和土豆并覆盖着奶酪酱汁)和番茄洋葱炖肉(stifadho; 将肉、野味或海鲜与洋葱一同在番茄酱中炖煮)。开胃菜中的酸奶黄瓜(tzatziki)及鱼子沙拉(taramasalata)尤为出色。

Agnanti Taverna & Bar 希腊创意菜 €€

(☎24240 33076; Glossa; 主菜 €8~14; ⏲午餐和晚餐)在这家店华美的露台上，你可以一边欣赏埃维亚的景色，一边享用极其美味的希腊创意菜，比如海茴香配烤沙丁鱼和红辣椒蒜香羊乳酪。

斯科派洛斯岛周边

斯科派洛斯岛上的游客能看见好几座修道院，只要在斯科派洛斯镇上驾车观赏美景或者进行一日徒步游。从环绕海湾的Monastery Rd出发，然后向内陆方向行进，去往18世纪的女修道院**福音修道院**(Moni Evangelistrias)，这里有一位隐居的修女。除了优美的景致之外，这座修道院内还收藏有一个镀金圣幛(iconostasis)，上面有一幅11世纪的圣母玛利亚圣像。

继续向前，便能到达16世纪的**梅塔莫尔弗西斯索蒂洛斯修道院**(Moni Metamorfosis Sotiros)，这是岛上最古老的修道院。从那里的狭窄小路继续出发，就可以到达17世纪的**Varvaras修道院**。在那里可以俯瞰海湾。距离斯科派洛斯镇8公里处，则是18世纪的**Prodromou女修道院**。

海滩

斯科派洛斯岛大多数优良海滩都位于有天然屏障的西南和西部海岸。位于斯科派洛斯镇东南4公里处的**Stafylos海滩**（Stafylos Beach）将是你到达的第一个海滩。从这片海滩的东端出发，沿一条小径前行，经过一个小海岬，就到了安静的**Velanio海滩**，这是经过官方正式批准的裸泳海滩，碰巧也是浮潜爱好者的好去处。可爱的**Agnontas**位于Stafylos以西3公里处，拥有一片鹅卵石海滩，小帆船可以从那里发船,前往不受风雨侵袭又多沙的**Limnonari Beach**。从Agnontas出发的公路在内陆的松林间穿梭，穿过树林后便到达美丽的**帕诺尔莫斯海滩**（Panormos Beach），此处有小餐馆和廉价旅馆。接下来的两处海湾**Milia**和**Kastani**都是游泳胜地。在岛屿的东北海岸上是宁静安详的**Perivoliou海滩**，距离格洛萨只有25分钟的车程。

团队游

Heather Parson's Guided Walks 徒步游

（☎6945249328；www.skopelos-walks.com；团队游 €15~20）如果你分辨不清双尾复活节蝴蝶（pascha butterfly）和豹纹兰（leopard orchid），不妨参加岛上居民Heather组织的步行导览游。她会用4小时带你沿着一条有几个世纪历史的古道横穿岛屿，饱览阿洛尼索斯岛和埃维亚的美景，最终到达一家海滩餐馆。在她写的《斯科派洛斯岛步行》（*Skopelos Trails*）中，她还将各种步行线路进行了分类归纳，一群忠实的志愿者会继续弄清楚岛上各处的小径，并设立路标和提供GPS。Heather同样安排了电影《妈妈咪呀！》的越野车之旅，其间会带领游客游览多处电影取景地。

食宿

Stafylos、Agnontas、Limnonari、Panormos、Andrines和Milia都有很多小旅馆、廉价旅馆、小餐馆和海滩餐厅。

Limnonari Rooms & Taverna 公寓 €

（☎6946464515，24240 23046；www.skopelos.net/limnonarirooms；Limnonari Beach；双/标三/套 €35/60/80起；P❄📶）这家设施齐全的10间公寓面朝美丽的Limnonari海湾，是一处家庭式花园餐馆，供应素食mousakas（本意为肉末茄盒）、烤鱼和烤肉，还有自制的橄榄和羊乳酪。

Guesthouse Mando Beachfront 公寓 €€

（☎6936131316，24240 23917；mando_skopelos@yahoo.gr；Stafylos；双/标三/家 含早餐€70/80/110起；P❄📶）这家管理完善的公寓位于Stafylos的一个小海湾后面，非常适合家庭居住，提供低调的房间和豪华别墅，还有室外公共厨房。在岩石上还有一处坚固的跳台，可以从那里下海游泳和浮潜。

★ **Taverna Pavlos** 希腊小馆 €€

（☎24240 22409；Agnondas；主菜€8~14；⏰午餐和晚餐）当地人觉得驾车越过Agnontas前来这家距离海湾几步之遥的阴凉小馆，享用精心准备的鲜鱼和一流的开胃小菜，是稀松平常的事。炖章鱼（Octopus stifadho）和蚕豆沙司只是招牌菜中的两道。

阿洛尼索斯岛（Alonnisos）

Αλόννησος

人口 2700

阿洛尼索斯岛就像是海洋中升起的一座山峰，绿意盎然。岛上的地中海白松（aleppopine）和胭脂虫栎（kermesoak）郁郁葱葱，乳香树（mastic）和杨梅扎堆生长，还有众多葡萄园、橄榄树和果树。其间，遍布着一片片芳香四溢的野生牛至（oregano）、鼠尾草（sage）和百里香（thyme）。西部和北部的海岸是陡峭且多岩石的悬崖，而东海岸则点缀着一些小海湾和鹅卵石沙滩。

阿洛尼索斯岛也曾经历过厄运。1952年一批从加利福尼亚进口的葡萄树感染了葡萄根瘤蚜，岛上兴旺的葡萄酒产业崩溃。许多人失去了生计，只得搬出岛去。之后的1965年，一场地震又将坐落于山顶的老阿洛尼索斯夷为平地，岛上的居民们移居到帕特迪利（Patitiri）。自那之后，帕特迪利便演变为一处奇异的岛屿港口。

活动

阿洛尼索斯岛的徒步机会很多，有十几

阿洛尼索斯岛船只服务信息

目的地	时间	票价	班次
Agios Konstantinos *	2.5小时	€50	每周4班
Agios Konstantinos **	4小时	€38	每天1班
埃维亚（帕拉利亚基米港）	2.5小时	€24	每周2~3班
斯基亚索斯岛	2小时	€11	每周4班
斯基亚索斯岛*	1.5小时	€17	每天4~5班
斯科派洛斯岛	40分钟	€6	每天1班
斯科派洛斯岛*	20分钟	€9.50	每天2~3班
斯科派洛斯岛（格洛萨）*	45分钟	€14	每天3~4班
Volos*	2.5小时	€42	每天1~2班
Volos**	3.5小时	€28	每天1~2班

*有水翼船服务

**有快船服务

条设有路标的小径。Terrain和阿Anavasi的阿洛尼索斯岛地图重点标出了热门小径。帕特迪利的Albedo Travel（见509页）可以帮忙安排步行导览游。

到达和离开

阿洛尼索斯岛的主要港口帕特迪利可以通向大陆的Volos和Agios Konstantinos，到达埃维亚的帕拉利亚基米港（Paralia Kymis），前往附近的斯科派洛斯岛和斯基亚索斯岛。船票可以在帕特迪利的**AlkyonTravel**（24240 65220；9:00~22.00）、**Albedo Travel**（24240 65804；www.alonissosholidays.com；9:00~22:00）或者**Alonnisos Travel**（24240 65188；www.alonissostravel.gr；9:00~22:00）购买。

当地交通

公共汽车

有一班公共汽车往返于帕特迪利和老阿洛尼索斯（€1.60），之后再驶向斯泰尼瓦拉（€1.70）。另外，夏季有一班**海滩公共汽车**（6973805610；€5）于10:30从帕特迪利出发向北走，16:00返程。

汽车和摩托车

帕特迪利滨水区聚集了几家摩托车租赁处，其中包括信誉良好的**I'm Bike**（24240 65010）。若想租汽车，可以试试同样在帕特迪利的Albedo Travel或Alonnisos Travel。

出租车

岛上的四家出租车公司（Georgos、Periklis、Theodoros和Spyros）都聚集在帕特迪利码头对面。到老阿洛尼索斯、Leftos Gialos和斯泰尼瓦拉（Steni Vala）分别需要€6、€10和€13。

帕特迪利 (Patitiri) Πατητήρι

帕特迪利的意思是"榨酒机"，坐落于东部海岸南端的两个砂岩峭壁之间。码头位于滨水区中央，那里有两条路通向内陆。

景点

★北斯波拉提群岛民俗博物馆 博物馆

（Folklore Museum of the Northern Sporades；24240 66250；www.alonissosmuseum.com；成人/儿童 €4/免费；5月和9月 11:00~18:00，6月至8月 至20:00）这家博物馆无与伦比，收藏有大量海盗用过的武器、打铁工具和古代航海地图，所有展品均配有详尽的解说。有一家小咖啡馆俯瞰海港的风光，还陈列着当地艺术家的作品，还有一家礼品商店对游人开放。博物馆位于港口西端。

北斯波拉泽斯群岛阿洛尼索斯岛国家海洋公园 国家公园

（National Marine Park of Alonnisos Northern

Alonnisos 阿洛尼索斯岛

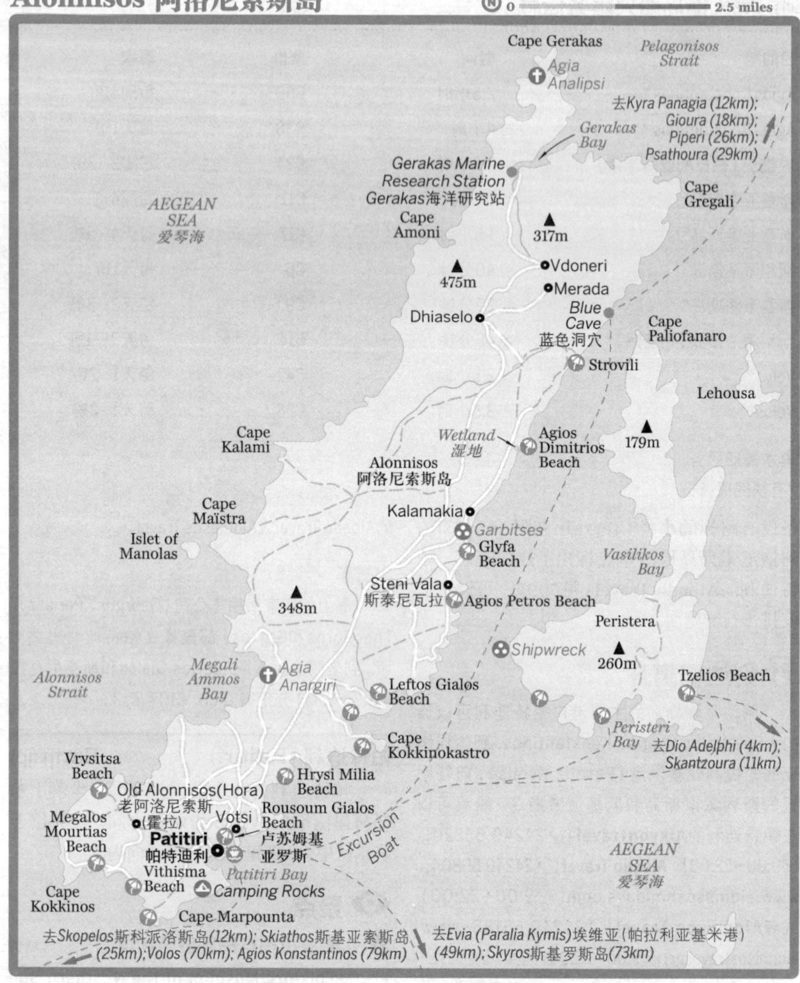

Sporades; www.alonissos-park.gr)对于一个缺乏长远的生态发展眼光的国家来说，北斯波拉泽斯群岛的阿洛尼索斯岛国家海洋公园(欧洲最大的海洋公园)算得上是一项颇受欢迎的创新之举。公园建于1992年，主要目的是保护濒临灭绝的地中海僧海豹和几种罕见的海鸟。夏天，可以乘坐有许可证的船只从阿洛尼索斯岛和斯科派洛斯岛启程，环游这座还保留着原始风貌的公园。尽管你不太可能见到怕生的僧海豹，但是看到海豚的可能性还是很大。海滨的机构都出售观光票。海洋公园分为两个区域，A区和B区。阿洛尼索斯岛，连同小岛Peristera和Dio Adelphi，都在B区。进入A区的限制更多，多数小岛不允许船只靠近400米之内。由于对僧海豹的繁衍具有重要意义，Piperi岛(Piperi Islet)5公里半径内是保护区。

希腊研究和保护僧海豹协会信息中心 博物馆

(MOM Information Centre; ☎24240 66350; www.mom.gr; waterfront; ⏲6月至9月 10:00~22:00) **免费** 这家位于滨水区的一流的信息中心有关于保护地中海僧海豹的各种知识。这

里有全面详尽的展示和英语宣传片。还有通晓多种语言的工作人员，可以随时提供帮助。

活动

在帕特迪利有一条2公里的**鹅卵石小径**(kalderimi)，它在灌木丛和果园之间蜿蜒穿梭，通向老阿洛尼索斯。Albedo Travel(见509页)可以安排步行导览游。

皮划艇和乘船游

你可以乘坐环游阿洛尼索斯岛的海上皮划艇进行半日游或者在洞穴过夜露营，详情请联系Albedo Travel(见509页)。Alonnisos Travel(见509页)和Albedo Travel都出租可供4人乘坐的18~25马力摩托艇(每天€48~60起)。

潜水

阿洛尼索斯岛周围的浅海海底中发现了几艘古代的帆船。目前这些地方正致力于开放导览潜水。在帕特迪利的Albedo Travel联系**Alonissos Blue Dive Center**(☎24240 65804; www.alonissosdiving.com)或斯泰尼瓦拉的**Ikion Diving**(☎24240 65158, 6984181598; www.ikiondiving.gr)。

团队游

水滨处有两家服务齐全的机构，Albedo Travel和Alonnisos Travel(见509页)，提供地图、安排海洋公园游览、组织浮潜和游泳环游Skantzoura岛及周边岛屿的项目。

若想尝试深受欢迎的环岛之旅(€40)，就登上传统的Gorgona号吧，船主是岛民**Pakis Athanasiou**(☎6978386588)。之后再游览东北海岸的**蓝色洞穴**(Blue Cave)以及海洋公园的**Kyra Panagia岛**和**Peristera岛**，中途还可以吃午餐和游泳。

住宿

★Liadromia Hotel 酒店 €

(☎24240 65521; www.liadromia.gr; 双/标三/套 含早餐 €40/60/75起; P ❄ @ 🛜)这家令人惬意的酒店被打理得井井有条，能够俯瞰海港景色，堪称帕特迪利最佳。房间各具特色，既有手工刺绣的窗帘也有古色古香的家具。和蔼可亲的店主Maria对自己的工作乐在其中。

Ilias Studios 酒店 €

(☎24240 65451; www.ilias-studios.gr; Pelasgon 27; 房间 €30起)距离码头仅100米，老板Ilias和Magdalini诚恳热情。明亮的房间一尘不染，通风良好，还有公共厨房恭候愿意自己做饭的人。

Camping Rocks 露营地 €

(☎24240 65410, 6973230977; rocks.camping@gmail.com; Marpounta; 露营地 每个成人/帐篷 €7.50/3)沿着指示牌的提示向码头以南走800米，便到了这处干净整洁且绿树成荫的海岸露营地。这里还有一家咖啡馆。

★Paradise Hotel 酒店 €€

(☎24240 65160; www.paradise-hotel.gr; 标单/双 含早餐 €60/75起; P ❄ 🛜 🏊)木质天花板和石砖地板让这里具有一种田园的气息，房间非常安静舒适。配有现代化的浴室和带百叶窗的阳台，可以眺望海湾。泳池酒吧上方还有一座楼梯，可以通向能游泳的小海湾。

餐饮

★Ouzerie Archipelagos 希腊菜 €

(主菜 €4~8; ⏲午餐和晚餐)如果想要好好地感受渡船码头对面的这家希腊餐馆，最

僧海豹

在黑海、地中海以及非洲的大西洋沿岸曾经分布着数百个地中海僧海豹聚居地，但现在地中海僧海豹已经减少至600头左右。其中一半生活在希腊周边海域。僧海豹(Monk Seal)是地球上最珍稀的哺乳动物之一，目前已被列入全球20种极度濒危物种行列。它们面临的主要威胁是食物来源减少及栖息地被破坏。渔民曾将僧海豹视为扯破渔网并抢走他们渔获的有害动物，屡屡对其进行猎杀；幸好，随着他们逐渐认识到保护僧海豹也有利于鱼类资源的恢复，猎杀行为如今已经减少。想了解关于僧海豹的更多信息，可以拜访**希腊研究和保护僧海豹协会**(MOM Information Centre)。

好是选一处靠里的桌子。那里会聚集成群的当地人，点着各式精美开胃小菜。比如永远新鲜的烤鱼和当地人最喜爱的烈酒齐普罗酒（tsipouro）。

café Bistro Helios 法式小馆 €

（☎24240 65667；小吃 €3~7；⏲18:00至午夜）这家时髦的法式小馆外表普通，位于国家银行几步开外的地方。供应价格实惠的小菜，兼具各国风味，还能顺便观赏港口景色。

Pi & Fi 烤肉串 €

（小吃 €2~4；⏲午餐和晚餐）Pi & Fi的大概意思是"方便快捷"，就像拿起来就能带走的烤肉串和皮塔饼烤肉。位于主路的警察局对面。

Drunk Seal 酒吧

（⏲10:00至深夜）码头几家欢快的低档酒吧之一，提供独特的鸡尾酒，位置就在偏向民俗博物馆的方向。

ℹ 实用信息

希腊国家银行的ATM机（主路的出租车停靠站附近）

警察局（☎4240 65205；main road）

港口警察局（☎24240 65595；quay）

邮局（main road；⏲7:30~14:00）

古阿洛尼索斯岛（Old Alonnisos）Παλιά Αλόννησος

古阿洛尼索斯岛（又名Palia Alonniso或霍拉）是一个充满魅力的地方，既能欣赏到开阔的秀丽景色，又有蜿蜒曲折的石阶小巷。村庄外的主路上有一条1公里的骑驴小径向下通向Megalos Mourtias海滩。汽车站有一块蓝色的布告牌，详细介绍了该区域的几条徒步线路。

课程

Kali Thea 瑜伽

（☎24240 65513，6975930108；www.kalithea.org；⏲5月至10月）比比（Bibi）和李（Lee）提供哈达瑜伽和按摩，在老阿洛尼索斯郊区。

住宿

Pension Chiliadromia 家庭旅馆 €

（☎24240 65814；chiliadromia@alonissos.com；Plateia Hristou；房间/单间公寓 €35/50起；❄📶）坐落在老村庄中心，这家温馨的家庭旅馆是个不错的经济型住宿选择，有小阳台、舒适的床、设备齐全的厨房和传统装饰。楼下有一家晨间咖啡馆。

Elma's Houses 公寓 €

（☎24240 66108，6945466776；www.elmashouses.com；单间公寓/公寓 €45/75起；❄📶）这家公寓的两间石屋都很宽敞，适合家庭居住，并且每一间都装饰传统，配有整套厨房和舒适的床铺，还能从庭院里欣赏美景。店址在村庄旧学校的附近。

★ **Konstantina Studios** 公寓 €€

（☎24240 66165，6932271540；www.konstantinastudios.gr；标单/双 含早餐 €50/85起；P❄📶）这家公寓称得上阿洛尼索斯岛最好的住处之一，安静美观的单间公寓配有设施齐全的厨房，还可以在阳台上欣赏到西南海岸的景色。神通广大的店主Konstantina会去码头迎接客人，提供自制的早餐。

餐饮

★ **Hayiati** 小吃 €

（☎24240 66244；Old Alonnisos；小吃 €2~4；⏲9:00~14:00）这家店白天是糖果店（glykopoleio），晚上则变身为钢琴酒吧，全天都能欣赏到一览无余的景色。早间供应的餐点中包括定制的奶酪馅饼（tyropita），这之后还会供应自制意大利面。店主兼厨师Meni和Angela都十分亲切热情。就在村庄的广场上。

Astrofengia 希腊菜 €€

（主菜 €7~15；⏲晚餐）精心烹制的希腊菜肴、少见的蔬菜肉末茄盒，各种海鲜、烤肉和招牌美酒，全都可以选择。或者，你也可以直接去吃galaktoboureko（乳蛋糕片）蛋奶甜点。餐馆在村庄入口的小停车场对面。

Aerides Cafe-Bar 酒吧

（⏲9:00~17:00和19:00至次日2:00）这家位于村庄广场的酒吧并不显眼却很时髦，Maria和Yiannis会亲自调制饮品、挑选音乐，并给你舀冰激凌。

Piperi 咖啡馆、酒吧

（☎24240 66384；⏲9:00至午夜）村庄广

场上的闪亮咖啡馆，非常适合上午喝咖啡或傍晚小酌。

阿洛尼索斯岛周边

阿洛尼索斯岛的主路从帕特迪利向北一直延伸19公里，至岛屿北端的Gerakas，这里有一座欧盟出资设立的海洋研究站。帕特迪利北部有路通往小渔湾和安静的海滩。

过了帕特迪利，东海岸沿岸第一个小海湾就是卢苏姆基亚罗斯（Rousoum Gialos）。下一个海湾便是Votsi，家庭旅馆Maria's Votsi Pension（☎24240 65510; www.pension-votsi.gr; Votsi; 双/标三 €40/50起; P ❄ @ 📶）就位于这里。房间整洁无瑕，工作人员热情好客。再往前走2公里就到了海角Cape Kokkinokastro。这里是古城Ikos的遗址，该遗址如今仍长眠于海底。继续向北走，道路通往Leftos Gialos。那里有一处鹅卵石海滩和饭菜一流的Taverna Eleonas（☎69450 81006; Leftos Gialos; 主菜 €5~11; ⏰午餐和晚餐）。

斯泰尼瓦拉（Steni Vala）是个小渔村，也是一处深水游艇码头，拥有50多间廉价旅馆。可以去友好的Ikaros Cafe & Market（☎24240 65390）寻求可靠的住宿信息。有4家餐馆俯瞰这个小船坞，Tassia's Cooking（☎24240 65545; Steni Vala; 主菜 €4.50~9; ⏰午餐和晚餐）最受欢迎。小沙滩Agios Petros Beach就位于村庄以南500米，这里有Lithea Studios（☎24240 66435, 6932586001; www.lithea.gr; Agios Petros; 单间公寓/别墅 €60/90起; P ❄ 📶），富有吸引力的石砌住所。

再向北走2公里就到了卡拉马基亚，也是最后一个值得关注的村落。那里拥有几家廉价旅馆，还有3家位于码头附近的优质鱼馆，包括Korali（Steni Vala; 主菜 €5~11; ⏰午餐和晚餐），那里的鱼鲜倒像早晨刚被捕获就立即从船上跳到了餐桌上。

阿洛尼索斯岛周边小岛

阿洛尼索斯岛周围环绕着8个荒无人烟的小岛，那里的动植物资源非常丰富。Piperi是阿洛尼索斯岛东北方向上距离最远的岛屿，也是僧海豹保护区，严禁入内。Gioura是一种珍稀野山羊的栖息地，同样禁止入内。这种羊以其脊背上的十字架形斑纹而闻名。乘坐游艇可以到达Kyra Panagia岛，去参观那里的古老修道院和橄榄榨油机。诸岛中最遥远的岛屿是Psathoura，岛上最引以为豪的是沉入海底的古城遗迹以及爱琴海上最明亮的灯塔。Peristera岛坐落在阿洛尼索斯岛东海岸附近，岛上有几处沙滩和一座城堡的遗迹。附近的Lehousa以其挂满钟乳石的海蚀洞穴而著称。Skantzoura位于阿洛尼索斯岛东南部，是艾氏隼（Eleonora's falcon）和极为珍稀的奥杜安海鸥（Audouin's seagull）的栖息地。位于Peristera岛和Skantzoura之间的是Dio Adelphi，在希腊语里它是"兄弟俩"的意思，每个"兄弟"实际上就是一座小岛。

斯基罗斯岛（Skyros） Σκύρος

人口 2890

斯基罗斯岛是斯波拉泽斯群岛中最大的岛屿，看起来像是被不同的风景分成两座岛屿：北部有小海湾、起伏的农田和松林，南部则遍布贫瘠的山峦，还有一条岩石嶙峋的海岸线。希腊神话中，斯基罗斯岛是青年阿喀琉斯（Achilles）的藏身之所。这里还是英国诗人鲁珀特·布鲁克（Rupert Brooke，1887~1915年）一生中停留的最后港口。他在投身于"加利波利之战"（Battle of Gallipoli）的途中患上败血症，死在一艘驶离斯基罗斯岛海岸的法国医务船上。

ℹ 到达和离开

飞机

斯基罗斯机场除了国内航班以外，偶尔还有从奥斯陆、阿姆斯特丹和法国各地飞来的包机。

购买机票可以联系**Sky Express**（☎22220 91876, 28102 23500; www.skyexpress.gr; airport）、**Aegean Airlines**（☎22220 91681; www.aegeanair.com; Skyros airport）或者直接前往斯基罗斯镇的Skyros Travel Agency（见516页）。斯基罗斯的国内航班飞往雅典（€28，25分钟）和塞萨洛尼基（€50，45分钟），每周3班。

船

斯基罗斯的主要港口是Linaria。夏季有渡船前往埃维亚(帕拉利亚基米港;€9,1.75小时,每天1~2班)、阿洛尼索斯岛和斯科派洛斯岛(€24,4.5~5小时,每周3班)。

购买船票可以去斯基罗斯镇的Skyros Travel Agency(见516页),也可以在Linaria或帕拉利亚基米港码头上的售票亭购买。

当地交通

公共汽车和出租车

有一班公共汽车从Linaria发车去往斯基罗斯镇、马加齐亚(Magazia)和莫洛斯(€1.60)。还有一班公共汽车从斯基罗斯镇开往机场。从斯基罗斯镇乘坐**出租车**(☎6972894088)到Linaria需要€15,到达机场需要€25。

汽车和摩托车

在斯基罗斯镇,若要租汽车、摩托车和自行车可以去Feel In Greece旅游办事处附近的**Martina's Rentals**(☎6974752380,22220 92022),都在汽车站附近的**Vayos Motorbikes**(☎22220 92957)——也出租自行车——和**Angelis Cars**(☎22220 91888)。

斯基罗斯镇(Skyros Town)

Σκύρος

斯基罗斯岛的首府位于一座高耸的岩壁之上。小镇最高处有一座13世纪的威尼斯堡垒。小镇上铺设着平滑的鹅卵石街道,错综复杂,这是为了防止犯罪分子和海盗在堡垒里畅行无阻而特意设计的。

镇子的主干道Agoras两边是蜿蜒的小巷,餐馆、酒吧和店铺鳞次栉比。沿广场前行约100米就到了主干道Agoras的分岔处,向左的岔路曲折通向鲁珀特·布鲁克广场(Plateia Rupert Brooke)旁边的两座小博物馆,从广场沿台阶向下1公里便到了马加齐亚海滩。

景点和活动

★马诺思·法尔泰伊斯博物馆 博物馆

(Manos Faltaïts Folk Museum;☎22220 91232;www.faltaits.gr/english/museum.htm;Plateia Rupert Brooke;门票 €2,含导览游 €5;⊙10:00~14:00和18:00~21:00)这座不容错过的博物馆详细介绍了斯基罗斯的神话故事和民间传说。19世纪的建筑好像一个多层次的迷宫,有各种斯基罗斯风格的服饰和刺绣、古色古香的家具、陶器、匕首、炊具和老照片。这里还有一家小礼品店俯瞰海景的露台。7月中旬,**雅燃音乐节**(☎22220 91232;www.rebetikoseminar.com/index.php)在这里举办。

考古博物馆 博物馆

(Archaeological Museum;☎22220 91327;Plateia Rupert Brooke;门票 €2;⊙周二至周日 8:30~15:00)这里陈列的主要是马加齐亚附近出土的迈锡尼陶器和在帕拉马里(Palamari)发掘出的青铜时期及后来的文物;博物馆的特色是传统斯基罗斯式房屋的内部装饰,同

斯基罗斯狂欢节

四旬斋前的这个狂野节日在大斋节和东正教复活节前的第四个周末举行,年轻的小伙子们装扮成他们长辈的样子,戴上山羊面具,穿上毛茸茸的上衣,身上还挂着几十个山羊的铜铃铛。之后他们便开始叮叮当当地跳起舞蹈,穿过斯基罗斯镇;每个人身边还有一名打扮成斯基罗斯新娘模样的男伴,同样也戴着山羊面具。明显的异教徒狂欢活动包括载歌载舞、畅饮美酒、享用大餐。

狂欢节上这种异装癖的习俗起源于对阿喀琉斯(Achilles)的狂热崇拜。在希腊神话中,斯基罗斯是阿喀琉斯孩提时期的藏身之所。一则预言中提到阿喀琉斯将在特洛伊战争(Trojan War)中大有作为,他的母亲非常担心,将他藏在这里。国王吕科墨得斯(Lykomides)代为照看阿喀琉斯,并把他伪装成自己的女儿之一。然而,年轻的阿喀琉斯还是被奥德修斯(Odysseus)欺骗了。奥德修斯给女孩子们带来了很多珠宝和华丽的服饰,还有一把剑和一面盾牌。只有阿喀琉斯对这两种武器表现出了兴趣,奥德修斯由此说服他前往特洛伊。

节日最后的那个周末会吸引2000多名游客到访,因此提早预订为宜。

Skyros 斯基罗斯岛

捐赠人家的房屋布置一模一样。

团队游

★Feel Ingreece 文化游

(☎22220 93100; www.feelingreece.gr; 紧邻upper Agoras; €20起)本地人Chrysanthi Zygogianni致力于维护最优秀的斯基罗斯文化。他的关注点是当地艺术和岛屿的自然环境，同时与欧盟扶持的斯基罗斯生态项目(Skyros Life Project)密切合作。该机构会组织徒步观赏野生斯基罗斯马(Skyrian horses)，提供观鸟、制陶、木雕、斯基罗斯烹饪之旅，安排希腊舞蹈课程及乘船游。

Niko Sikkes 导览游

(☎69769 83712, 22220 92707; nikonisi@hotmail.com)可以联系消息灵通、资源丰富的Niko Sikkes，了解其带领的即兴团队游。他的导游范围包括这座岛屿、城镇以及非凡的马诺思·法尔泰伊斯博物馆。

住宿

Pension Nikolas 家庭旅馆 €

(☎22220 91778; 标单/双/标三 €35/45/55; P❄📶)这家友好的家庭旅馆和出类拔萃的经济型住宿场所坐落在城镇边缘一条宁静的路上，距离繁忙的Agoras有5分钟步程。楼上的房间带有空调和阳台，楼下的房间则备有风扇，打开窗户即是绿树成荫的花园。

★Hotel Nefeli & Skyrian Studios 精品酒店 €€

(☎22220 91964; www.skyros-nefeli.gr; Skyros Town; 双/单间公寓/套 含早餐 €70/90/240起; P❄@📶🏊)这家精致温馨的酒店位

艺术家和海盗

斯基罗斯岛的艺术家社区氛围欣欣向荣，从事艺术工作的有陶工、画家、雕塑家和织工等。拜占庭时期，过路的海盗和当地流氓恶棍沆瀣一气，他们的房子实际上成了从商船中偷来的战利品的陈列室，陈例着来自欧洲、中东和小亚细亚的手工雕刻家具、瓷盘和铜饰品。现在，几乎所有斯基罗斯岛的房屋都有类似的装饰物。

想要欣赏这些独特的斯基罗斯岛传统遗产，可以前往最受欢迎的艺术家展室看看：雕塑家和画家**George Lambrou**（☎22220 91334；Magazia；⏰11:00~13:00和19:00~21:00），陶艺家**Stamatis Ftoulis**（☎22220 91559，22220 92220；Magazia），绣师和木雕家**Olga Zacharaiki**（☎6974666113；Agoras，Skyros Town）、**Andreou Stamatiou**（☎22220 92827；Agoras，Skyros Town）和**Amersa Panagiotou**（☎22220 92827；Agoras，Skyros Town），以及陶艺家**Stathis Katsarelias**（☎22220 92918，6971889647；Magazia）。

想在艺术家工作时找到他们，在**Feel Ingreece**（见515页）联系Chrysanthi。其中几位在广场和上集市之间展示作品。

于城镇边缘，斯基罗斯风格和极简主义的结合让人感觉十分惬意。家具华美，浴室豪华。酒店和附近的单间公寓共用一个海水泳池和一间户外酒吧。早餐有希腊人最喜欢的咸味小吃和甜点。

就餐

前来斯基罗斯岛游玩的雅典人络绎不绝，结果就是岛上的厨师们满足希腊人的口味甚于游客的口味。

★O Pappous Kai Ego　希腊小馆 €

（Agoras；主菜€6~9；⏰午餐和晚餐）这家小馆的名称意为"我的祖父和我"，很容易可以看到家族的一代菜谱是如何传到下一代的。用少许羊奶制作的斯基罗斯式叶卷饭最有名。

Maryetis Restaurant　希腊菜 €

（☎22220 91311；Agoras；主菜€6~9；⏰午餐和晚餐）当地人最喜爱的是烤鱼和章鱼炖菜（stifadho），还有绝佳的烧烤和开胃小菜，如眉豆和蚕豆蘸酱。葡萄酒和服务堪称一流。

Amaltheia　希腊菜 €

（主菜€5~10；⏰午餐和晚餐）在刚进城镇的Nefeli Hotel对面，这家受欢迎的小餐馆以传统希腊菜肴和分量足著称。点一份够两个人吃。

饮品和夜生活

斯基罗斯镇的夜生活主要集中在Agoras的酒吧周围。从广场越向北面走，喧嚣的声音便越发柔和。

Kalypso　酒吧

（Agoras；⏰正午至深夜；📶）这家漂亮时尚的酒吧经常播放爵士和蓝调音乐，店主兼吧台服务生Hristos提供桶装啤酒，能调制不加冰块的上好margarita鸡尾酒和自制的桑格利亚酒（sangria）。

Rodon　酒吧

（Agoras；⏰8:00至深夜；📶）时髦的深夜流连场所，可在夜晚最后来这里，有美味的小盘菜、浓烈的酒水和柔和的音乐。上午回来吃早餐。

Agora Cafe-Bar　酒吧

（Plateia；📶）这家舒适的酒吧位于邮局旁边，从早到晚营业，是远离主干道喧嚣的上佳之选。

实用信息

希腊国家银行的ATM机（Agoras）

警察局（☎22220 91274；Agoras）

邮局（⏰7:30~14:00；Plateia）位于中央广场。

Skyros Travel Agency（☎6944884588，22220 91600；www.skyrostravel.com；Agoras；⏰9:30~13:30和18:30~21:30）这家旅行社乐于助人且服务周到，可以安排住宿、交通和后续行程，提供汽车和摩托车出租业务，也可以组织游客乘坐越野车和游船环游斯基罗斯岛。

马加齐亚和莫洛斯（Magazia & Molos） Μαγαζιά & Μώλος

马加齐亚度假村虽小却多姿多彩，迷宫般的小巷蜿蜒其间，环绕斯基罗斯镇下方狭长多沙的沙滩南端。"马加齐亚"来源于希腊语"商店"，最初的建筑是橄榄油、农产品和干货的仓库。曾经沉寂的莫洛斯位于沙滩北端，如今也有了相当不错的餐馆、酒吧和客房。这里的地标是一座风车和与其毗邻的岩石凿成的**圣尼古拉奥斯教堂**（Agios Nikolaos），很容易就能找到。爱好裸泳的人可以在马加齐亚南端适合裸游的**Papa Houma**抛开周遭的一切。

住宿

★Perigiali Hotel & Studios 酒店 €

（☎22220 92075；www.perigiali.com；Magazia；双/标三/公寓 含早餐 €55/80/115起；P❄@🛜🏊）尽管距离马加齐亚沙滩只有60米，这家枝叶繁茂的酒店还是非常清静的。斯基罗斯风格的房间俯瞰楼下花园里的梨树和杏树。另外还有一处高级侧楼，配有游泳池和豪华套间。店主Amalia可以为游客提供诸多旅行建议。

Antigoni Studios 公寓 €

（☎6945100230, 22220 91310；www.antigonistudios.com；双/家 €50/80起；P❄🛜）是对马加齐亚住宿场所的出色补充。有宽敞的单间公寓，每间都有漂亮的陈设、厨房、现代卫生间，步行仅3分钟就可至海滩。由好客的Katarina经营。位于刚进马加齐亚的右侧。

Georgia's House 家庭旅馆 €

（☎22220 91357, 6973819787；www.georgiashouse.com；Magazia；房间 €30起；❄🛜）这家管理完善的旅馆到处装饰着天竺葵，距离大海很近，走20米就是沙滩。旅馆对面有停车场和咖啡馆。

Ammos Hotel 酒店 €€

（☎6974354181, 22220 91234；www.skyrosammoshotel.com；Magazia；双/家 含早餐 €65/100起；P❄🛜🏊）这家设计出众的旅馆令人印象深刻，虽然低调却很有吸引力。房间配有漂亮的浴室，房顶挂着吊扇。如果选择住在这里，你将会以享用定制的斯基罗斯式早餐而开始新的一天，还有可以欣赏落日的屋顶露台。

餐饮

★Stefanos Taverna 希腊小馆 €

（☎6974350372；Magazia；主菜 €5.50~9.50；⏰早餐、午餐和晚餐）客人坐在露台上可以眺望马加齐亚沙滩的景色。供应各式各样烤制菜肴，比如酿番茄（yemista）、多汁的烧烤和当地制作的香肠、野菜和鲜鱼。早餐的煎蛋卷€3起。

Apostolis 咖啡馆、希腊小馆 €

（Magazia；主菜 €5~9；⏰晚餐）在这家容易错过的咖啡馆兼希腊小馆，老板Apostolis提供简单的希腊菜谱，包括鲜鱼，如果有心情，可以吃分量充足的西班牙肉菜饭。在刚进马加齐亚的Perigiali小招牌旁边找找台阶。

Oi Istories Tou Barba 希腊小馆 €

（☎22220 91453；Molos；主菜 €4~10；⏰午餐和晚餐）在莫洛斯的沙滩上，循着淡蓝色的栏杆，便能找到这家出色的咖啡馆兼茴香酒馆（tsipouradhika；一种北方的乌佐酒馆）。

Juicy Beach Bar 酒吧

（☎22220 93337；Magazia；小吃 €2~5；⏰9:00至午夜）海滩酒吧Juicy相当繁忙，你可以在这里躲避正午的烈日，也可以在星空下乘凉。提供全日早餐。

Ammoudia 酒吧

（☎6949207460；Magazia；⏰10:00至深夜）凉爽的沙滩上有长吧台、新鲜的小吃和浓烈的酒，这里是海滩上新开的场所之一。

Linaria Λιναριά

Linaria是斯基罗斯岛的港口，隐蔽在一个小海湾里，泊满了渔船，岸边则是许多低调不张扬的餐馆和茴香烈酒馆。每当Achileas号渡船进港，宁静的港湾便会出现短暂的喧嚣。伴随着港口旁山坡上喇叭里传出的施特劳斯（Strauss）的《查拉图斯特拉如是说》（*Also Sprach Zarathustra*），渡船如梦似幻地抵达海港。

在渡船码头对面，可以看到King Lykomides Rooms（☎972694434, 22220 93249; soula@skyrosnet.gr; 房间 含早餐 €40~60起; P ❄ @ 📶）。这家廉价旅馆的主人是热情好客的Soula Pappas，房间干净整洁，都有阳台。

和常客一起，坐在大梧桐树下好客的Taverna Psariotis（⏲午餐和晚餐）内，享用这里价格公道的鱼和龙虾。在码头旁边，TavernaIvilai（主菜 €4~9; ⏲午餐和晚餐）的开胃小菜和烧烤很受欢迎。Kavos Bar（饮品和小吃 €2~5; ⏲9:00至午夜）可以俯瞰港口美景，吸引了斯基罗斯人在黄昏时分前来畅饮。

卡兰米扎 (Kalamitsa) Καλαμίτσα

卡兰米扎地势低平，是斯基罗斯岛上最大的湿地，由希腊语"kalamia"（意即芦苇）而得名。这里是迁徙的白鹭、苍鹭和猎鹰在爱琴海中途重要的停留地。古时候，年轻的阿喀琉斯正是从附近的Achili湾出发前往特洛伊。

Taverna Mouries（☎22220 93555; Kalamitsa; ⏲午餐和晚餐）供应传统的希腊菜式，分量十足而且美味可口。"Mouries"的意思是桑树，因为那里有几棵由店主Manolis祖父种下的老桑树，夏天时可供客人乘凉，十分惬意。这里的特色菜是烤羊羔和烤山羊。

阿齐查 (Atsitsa) Ατσίτσα

海港小村阿齐查风景如画，林木繁茂，位于西海岸。活泼明快的咖啡店Sunset Cafe（饮品和小吃 €1.50~4; ⏲早餐至日落）能够俯瞰海湾景色，供应的都是有机食品。来这里试试希腊咖啡、葡萄酒、鲜榨果汁、冰激凌或者精致的蛋糕和沙拉，都是对店主Mariana及其家人的最高赞赏。往北2公里，找找出色的路边小馆Cook-Nara。

西北海岸

在西北海岸的Agios Petros海滩附近可以找到味道一流的Taverna Agios Petros（☎6972842116; 主菜 €5~8）。这家餐馆位于一片松林之间，以其自产的果蔬、肉类和乳酪为特色。天蓝色的Petritsa海角（Cape Petritsa）位于阿齐查以南1.5公里处，沿着海岸边的道路向内陆走又会在Agios Fokas海湾上见到大海。这个沙滩上有一家餐馆，也非常适合游泳。在阿齐查东南方向10公里处有一座马掌形的沙滩，使Pefkos海湾增色不少。不远处，Aherounes的海滩沙质细软，

濒临灭绝的斯基罗斯马

身型矮小的斯基罗斯马（Equus cabalus skyriano）以其聪颖、美丽和温顺而受到重视。尽管古时候遍布希腊，如今却仅剩下不到300匹了，其中少数生活在斯基罗斯岛Kochilas山（Mt Kochilas）的南坡。

几位斯基罗斯人正在为保护这个物种而不懈努力。2006年，Amanda Simpson和Stathis Katsarelias创建Friends of the Skyrian Horse（☎6986051678; skyrosislandhorsetrust.com; Skyros Town）时仅有3匹马。如今他们的设施已经扩大规模，可供大约40匹马居住，他们试图重建野生纯种斯基罗斯马种群。斯基罗斯镇附近的小牧场欢迎游客参观。可以查看他们的Facebook网页"Friends of the Skyrian Horse, Katsarelia-Simpson-Project"。

每年夏季6月末，3天的斯基罗斯马节（Skyrian Horse Festival）以游行、音乐和传统舞蹈为特色，不收取费用。孩子们可以在卡兰米扎Taverna Mouries对面的穆列斯农场（Mouries Farm; ☎6947465900; www.facebook.com/skyrianhorses）安全地骑马。

了解相关信息，可以拜访斯基罗斯镇长途汽车站附近Skyros Life Project办事处的斯基罗斯马保护协会（Skyrian Horse Society; ☎6974694023, 22220 92345; www.skyrianhorsesociety.gr）。

很适合孩子们玩耍，还有两家餐馆和廉价旅馆。

特里斯布科斯湾 (Tris Boukes Bay) Τρεις Μπούκες Όρμος

岛屿最南角常受强风侵袭，而且因为是希腊海军驻地而部分限制通行。很多人来此参观英国诗人**鲁珀特·布鲁克（Rupert Brooke）墓地**。大理石墓地位于紧邻海湾内陆的宁静的橄榄树林中，路边有希腊文的木质标牌。墓碑上刻有布鲁克最著名的十四行诗《士兵》(*The Soldier*)。原十字架（现在在英国）上的碑文是："这里埋葬着上帝的仆人，英国的海军中尉，他为了将君士坦丁堡从土耳其人手中解救出来而献出了生命。"附近颠簸的土路（建议驾驶四驱车）通向**Renes湾**，一条5公里的**徒步小径**从那里环绕海岸高地，通往**Lithari角**的灯塔。在这里经常可以看见斯基罗斯野马，还有4月至10月在附近峭壁上筑巢的艾氏隼。

帕拉马里 (Palamari) Παλαμάρι

岛屿的东北部，人不多的帕拉马里占据了一片优美的沙滩。这里还有一处引人入胜的**考古发掘遗址**（archaeological excavation; geomorphologie.revues.org/668; Palamari; ⏲8:00~14:00）免费，它曾是一座可追溯到公元前2500年的青铜时代城镇。工程从1981年开始，发掘出手工艺品、石墙，甚至排水管和有路面的小路。发掘至今仍在进行，提供并展示了关于早期地中海贸易线路中心附近防御严密的史前海岸居民区的存在证据。组织完善的小型**游客中心**于2014年开设，斯基罗斯镇的考古博物馆（见514页）展示了更多来自帕拉马里的发现。毗邻的一片**湿地**则是残存的古代堰塞湖，当年生活于此的人们就是依靠在这个湖上打鱼和在附近狩猎为生。如今这里仍是一处观鸟胜地，尤其适合观赏鹭和鹮之类的长腿涉禽。

伊奥尼亚群岛

包括 ➡

最佳餐饮

- Arriva Fish Restaurant（见539页）
- Arhontiko（见549页）
- Klimataria（见534页）
- Irida（见554页）
- Il Vesuvio（见529页）

最佳住宿

- Hotel Perantzada（见556页）
- Petani Bay Hotel（见552页）
- Siorra Vittoria（见529页）
- Levant Hotel（见536页）
- Torri E Merli（见539页）

为何去

气候比较凉爽，橄榄树和柏树丛生，山峦丛林密布，伊奥尼亚群岛（Τα Ιόνια Νησιά）展现了更为轻松翠绿的希腊。威尼斯人、法国人与英国人用自己的方式塑造了这里的建筑、文化，以及（绝佳的）食物，造就了伊奥尼亚群岛的独特风格。

尽管群岛沿希腊大陆西岸连成一串，但每座岛屿都有独特的地貌和文化历史。科孚镇有巴黎风格的拱廊、威尼斯风格的小巷以及深受意大利莱启迪的美食。凯法利尼亚拥有高山和葡萄园，帕克西的意大利式港口村庄美得不可思议，深情的伊萨基保留了荒野地区和历史感。扎金索斯有海上岩洞和满是乌龟的水域。此外，莱夫卡扎那堪称希腊最好的海滩被碧蓝色的海水轻轻拍打，而基西拉与众不同，它神秘莫测。伊奥尼亚群岛适合探险者、美食爱好者、文化迷、海滩迷……

何时去

科孚镇

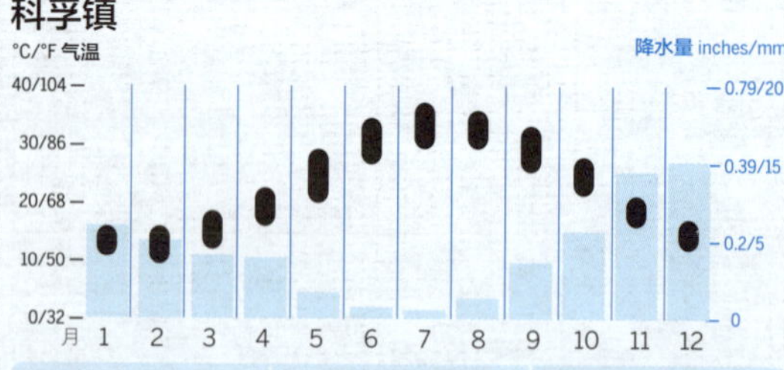

5月 万物悄寂无声，遍地野花盛开。

7月 希腊的其余地方酷暑难当，那就到最凉爽的岛屿来避暑吧。

9月 树叶变了颜色，正是凯法利尼亚的罗柏拉（Robola）葡萄丰收的季节。

伊奥尼亚群岛亮点

❶探寻**科孚镇**(见525页)世界一流的博物馆、堡垒、餐馆，以及威尼斯风格、法国风格和英国风格的建筑。

❷在田园诗般的**帕克西**(见536页)逐个游览一个接一个的美丽港口。

❸凯法利尼亚的顶级餐馆位于迷人的**菲斯卡尔宗**(见553页)和著名的**阿索斯**(见553页)，到那里好好犒劳自己一番吧。

❹在**瓦西利基**(见543页；莱夫卡扎)学习帆板，或在**凯法利尼亚**(见546页)潜水、划皮划艇、洞穴探险。

❺科孚岛或扎金索斯的海滩最热闹，帕克西或**莱夫卡扎西海岸**(见544页)的海滩则安静一些，为你喜欢的海滩排个名吧。

❻走走**伊萨基**(见535页)的"荷马小径"。

❼探索**基西拉**(见563页)的小村落、瀑布和僻静的小海湾。

历史

"伊奥尼亚"名字的由来仍是个未解之谜，据说取自女神艾奥（Io）的名字。艾奥是宙斯的一位情人，为了躲避盛怒之下且善妒的赫拉，曾穿过现在叫作伊奥尼亚海的水域。据荷马记载，伊奥尼亚群岛在迈锡尼时代地位举足轻重，虽然到目前为止只有坟墓（没有村庄和宫殿）出土。公元前8世纪，伊奥尼亚群岛是科林斯城邦的领土。一个世纪后，科孚岛叛乱成功。伯罗奔尼撒战争（公元前431年至公元前404年）之后，科孚岛对于希腊大陆当时的统治者来说，地位仅仅是略高于补给站而已。

到公元前3世纪末，罗马人征服了伊奥尼亚地区。随着帝国逐渐衰落，伊奥尼亚群岛又被卷入各方侵略者的漩涡之中，拜占庭帝国（直至君士坦丁堡沦陷）、威尼斯、拿破仑（1797年）、俄国（1799~1807年）和拿破仑（再次）曾先后入侵。1815年，拿破仑垮台后，伊奥尼亚群岛成了英国保护下的领地。英国人在此修建公路、桥梁、学校和医院，建立贸易联系，发展当地的农业和工业。但在他们压迫性的统治之下，民族主义者渴望独立，英国最终于1864年将群岛归还给希腊。

第二次世界大战对伊奥尼亚人来说是场噩梦，群岛见证了大规模的人口流失，1948年和1953年毁灭性的大地震更是雪上加霜。从20世纪60年代开始，来这里度假的外国人越来越多，旅游业蒸蒸日上。

参考网站

科孚岛 www.corfu.gr, www.allcorfu.com, www.corfuland.gr（希腊语网站）

伊奥尼亚群岛 www.greeka.com/ionian

伊萨基 www.ithacagreece.com

凯法利尼亚 www.kefalonia.net.gr

莱夫卡扎 www.lefkada.gr, www.lefkas.net

帕克西 www.paxos-greece.com, www.paxos.tk

扎金索斯 www.zakynthos-net.gr, www.zanteweb.gr

科孚岛（CORFU）

ΚΕΡΚΥΡΑ

人口 102,071

在历险的最后，荷马史诗《奥德赛》的主人公奥德修斯在费阿刻斯人（Phaecans）的岛屿遭遇海难，那些人在将他送上回伊萨基的船只之前耐心地倾听了他的传奇故事。这座岛就是科孚岛，如同一颗永恒的明珠，将以同样的友善迎接你。

自从8世纪科西拉人首先在这里定居以来，科孚岛或者希腊语中的Kerkyra（发音：ker-kih-rah）一直因其原生态的美丽和在地中海上的战略位置被竞相追逐。在现代希腊早期，科孚岛是欧洲学术的中心地带，拥有如图书馆和学术中心等文化机构。直到今天，科孚人仍然为他们浓厚的学术氛围和艺术底蕴而倍感骄傲。从一流的博物馆和丰富的文化生活，科孚岛秉承的文化遗产可见一斑。

这里有少数过度开发的度假村，尤其是科孚镇北部和科孚岛最北端。但这座岛屿面积足够大，可以轻易避开人流——在夹杂着尖锐柏树针叶的山林中探险，探索陡峭高处的村庄、碧蓝海水环抱的海湾，以及橄榄树从微光闪烁的肥沃内地。

到达和离开

飞机

科孚岛机场（CFU；☎26610 89600；www.corfu-airport.com）位于镇中心西南约2公里处。

国内

科孚岛国内航班信息

目的地	时间	票价	班次
雅典	1小时	€105	每天3班
伊拉克利翁	1小时	€142	旺季每周3班
凯法利尼亚	1小时5分钟	€55	每周3班
基西拉	3.25小时	€80	每周1班
Preveza	30分钟	€55	每周3班
塞萨洛尼基	55分钟	€90	每周3班
扎金索斯	2小时	€68	每周3班

爱琴海航空公司（Aegean Airlines；☎26610 27100；www.aegeanair.com）有直飞塞萨洛尼基的航班。

阿斯特拉航空公司（Astra Airlines；A2；☎2310 489 392；www.astra-airlines.gr）以塞萨洛尼基为基地的航空公司。

奥林匹克航空公司（Olympic Air；☎801 801 0101；www.olympicair.com）位于机场。

Sky Express（☎2810 223500；www.skyexpress.gr）安排每周3趟的航班去往Preveza、凯法利尼亚（Kefallonia）、扎金索斯（Zakynthos）和基西拉（Kythira），经停多站，6月至9月还有飞往克里特岛上伊拉克利翁的航班。

国际

易捷航空（www.easyjet.com）5月至10月，每天都有英国和科孚岛之间的直达班机；旺季还有飞往米兰、罗马和巴黎的航班。**英国航空**（British Airways, BA；☎210 890 6666；www.britishairways.com）现有英国飞往科孚岛的航班。柏林航空（Air Berlin；见541页）专门经营飞往德国的航班。5月至9月，北欧和英国有许多包机航班。

船

新港口（Neo Limani），所有渡船在此停靠，位于庞然大物般的新城堡（Neo Frourio）西侧。

国内

科孚镇的船票代售处在新港口附近，沿着Xenofondos Stratigou和Ethnikis Antistaseos路走就能找到。

Ilida（☎科孚岛 26610 49800，帕克西 26620

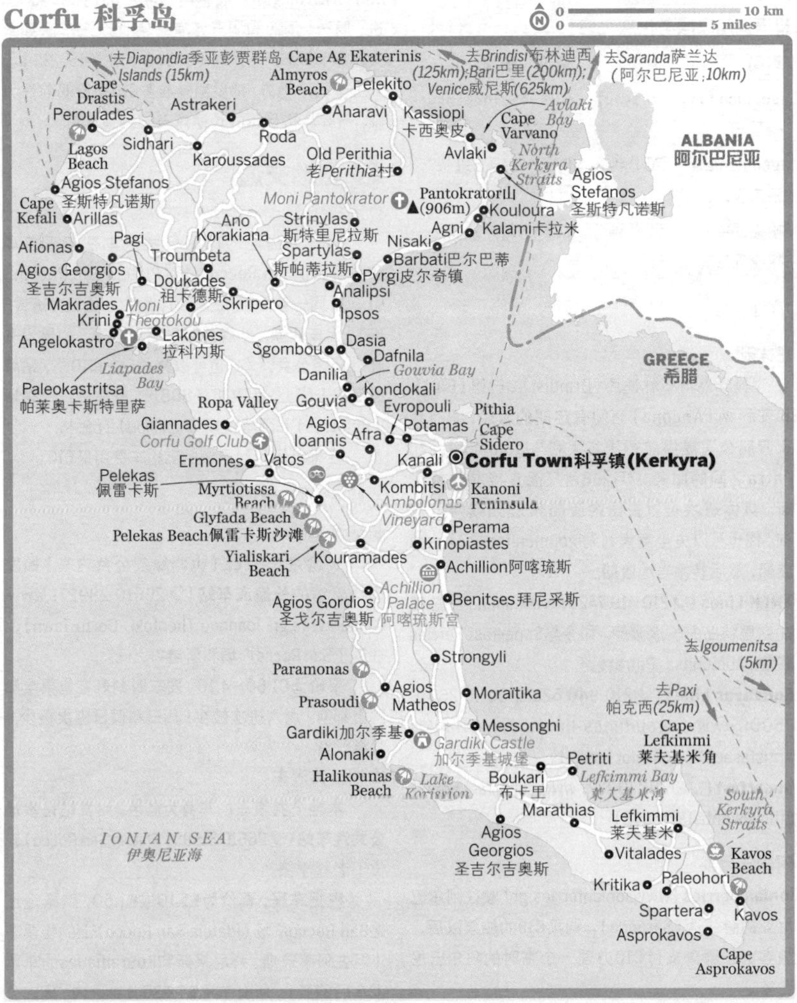

32401）3月中旬到10中旬，会安排水翼艇往返于科孚岛新港口和帕克西两地。船只Despina在科孚岛新港口、莱夫基米（Lefkimmi）、Igoumenitsa和帕克西服务。请提前与Kamelia Lines（见537页）预约，因为舱位很快就会被订满。

许多从科孚岛出发的国际渡船会在Igoumenitsa和凯法利尼亚停靠片刻。如果需要渡船时刻表，可以浏览www.openseas.gr，也可以联系设在Igoumenitsa的**渡船信息办公室**（☎26650 26280）。注意，目前不能直航扎金索斯，你得搭乘Sky Express（见523页）的飞机。如果前往Patra，先要乘渡船到Igoumenitsa。

科孚岛船只服务信息

线路	时间	票价	班次
Igoumenitsa–科孚岛	1.25小时	€10	每小时1班
Igoumenitsa–莱夫基米	70分钟	€7	每天6班
帕克西–科孚岛*	55分钟	€25	每天1~3班

*高速服务

意大利

科孚岛与布林迪西（Brindisi）、巴里（Bari）和安科纳（Ancona）之间有定期的渡船，只有几家渡船公司提供航行于意大利与Igoumenitsa和Patra之间的服务。7月和8月只能直接前往威尼斯。具体班次可以去国内渡船代理处或网上查询。你也可以先坐意大利到Igoumenitsa或Patra的渡船，然后转乘当地渡船。

ANEK Lines（☎210 419 7420；www.anek.gr）总部在克里特岛的长途渡船。如今与Superfast Ferries联营Igoumenitsa–Patra线路。

Endeavor Lines（☎210 940 5222，Corfu 26610 25000；www.agoudimos-lines.com；Ethnikis Antistaseos 2，Sea Pilot Travel）

Superfast（☎26610 81222；www.superfast.com；Ethnikis Antistaseos 18）

阿尔巴尼亚

Ionian Ferries（www.ionianferries.gr）驶往阿尔巴尼亚的萨兰达（Saranda）。购买€19的船票以后，旅客必须额外支付€10办理一个临时的阿尔巴尼亚签证。

从科孚岛出发的国际渡船

目的地	时间	票价	班次
安科纳（意大利）	14.5小时	€85	每周2班
巴里（意大利）	8小时	€85	每周3班
布林迪西（意大利）	5.5~6.25小时	€80	每周4班
萨兰达（阿尔巴尼亚）	25分钟	€19	每天1班

长途汽车

KTEL（☎26610 28927，26610 28898；www.ktelkerkyras.gr）开往雅典（€45，8.5小时，每天3班；周一、周四和周五各有一辆长途汽车途经莱夫基米）和塞萨洛尼基（€35，8小时，每天2班）。到上述两个地方，都要额外准备€10坐渡船前往大陆。需要从科孚镇的长途汽车站购买车票。

当地交通

抵离机场

科孚岛当地的15路公共汽车往返于机场和科孚镇的San Rocco广场（Plateia San Rocco；€1.50，周一至周五 每天7班，周六和周日 4班或5班），上车买票。站牌处张贴着时刻表。如果没有赶上15路公共汽车，也可以乘坐6路和10路，站牌设在主干路上，距离机场800米，就在去拜尼采斯（Benitses）和阿喀琉斯（Achillion）的途中。

往来机场和科孚镇的出租车费用是€10。

公共汽车

长途汽车

长途汽车KTEL（也叫绿皮公共汽车）始发于科孚镇的**长途汽车站**（☎26610 28927；www.ktelkerkyras.gr；Ioannou Theotoki，Corfu Town），往返于San Rocco广场和新港口之间。

票价为€1.60~4.10。发车时刻表在售票亭和网上都有。周六班次较少；周日和假日班次极少，甚至没有。

本地公共汽车

本地公共汽车的车身为蓝色，始发站是**本地公共汽车站**（☎26610 31595；Plateia San Rocco），位于老科孚镇。

根据车程，票价为€1.10或€1.50，购票地点是San Rocco广场（Plateia San Rocco）上的售票亭（但去阿喀琉斯、拜尼采斯和Kouramades的车票上车后购买）。所有车程都在30分钟之内。周末公共汽车班次较少。

长途汽车站时刻表

目的地	时间	班次
圣戈尔吉奥斯（Agios Gordios）	45分钟	每天5班
圣斯特凡诺斯（Agios Stefanos）	1.5小时	每天4班
Aharavi（经由Roda）	1.25小时	每天6班
Arillas（经由Afionas）	1.25小时	每天2班
巴尔巴蒂（Barbati）	45分钟	每天7班
Ermones	30分钟	每天6班
Glyfada	30分钟	每天4班
卡西奥皮（Kassiopi）	45分钟	每天6班
Kavos	1.5小时	每天8班
Messonghi	45分钟	每天8班
帕莱奥卡斯特里萨（Paleokastritsa）	45分钟	每天8班
皮尔奇镇（Pyrgi）	30分钟	每天5班
Sidhari	1.25小时	每天7班
Spartera	45分钟	每天2班

本地公共汽车时刻表

目的地	公共汽车路线	班次
圣爱奥尼斯（Agios Ioannis，经过Afra）	8	每天13班
阿喀琉斯	10	每天6班
拜尼采斯	6	每天14班
Evropouli（经过Potamas）	4	每天11班
Kanoni	2a	每半小时1班
Kombitsi（经过Kanalia）	14	每天3班
Kondokali和Dasia（经过Gouvia）	7	每半小时1班
Kouramades（经过Kinopiastes）	5	每天16班
佩雷卡斯（Pelekas）	11	每天11班

汽车和摩托车

科孚镇和其他度假小镇的机场有很多汽车和摩托车的租车处（如Alamo、Hertz和Europcar等），日租金的起价是€50（长期租车有优惠）。大多数当地的租车公司在北部海滨都设有代理处。

Budget（☎26610 22062；www.budgetrentacar.gr；Eleftheriou Venizelou 50，Corfu Town）

Sunrise（☎26610 26511，26610 44325；www.corfusunrise.com；Ethnikis Antistaseos 6，Corfu Town）

TopCars（☎26610 35237；www.carrentalcorfu.com；Donzelot 25，Corfu Town）

科孚镇（Corfu Town）

Κέρκυρα

人口 35,000

鹅卵石街道上闪耀着魔力之眼，散发着檀香木的香气，裹着黑袍的老妪手捻串珠消磨午后时光或者在阳台上晾晒衣物，漫步其间，优雅的科孚镇（又名Kerkyra）令人心醉神迷。“科孚”意为“双子峰”——城镇两边靠着两座山峰，上面修建了两座巨大的要塞，曾用于抵御奥斯曼人连续5次的围攻进犯。除了几座引人入胜的博物馆之外，这里还有很多高档商店和该地区最棒的几家餐馆，值得回味。

景点和活动

海边的广阔空地叫作**Spianada**，有拱廊的步行街**Liston**贯穿两端。法国人建的Liston步行街可以说是巴黎里沃利大街（Rue de Rivoli）的前身，Liston一带满是咖啡馆，如今已成为整个小镇的社交中心。宏伟的新古典主义风格的圣迈克尔和圣乔治宫（Palace of St Michael and St George）耸立在Spianada的北端。沿着内陆商铺林立的大理石街道，便可到达熙熙攘攘的现代化小镇，小镇以繁华的**San Rocco广场**（Plateia San Rocco，即G Theotoki Sq）为中心。

科孚镇景点一卡通

观光一卡通（成人/优惠 €8/4）适用的景点如下：老城堡（Palaio Frourio）、安提维涅迪萨博物馆（Antivouniotissa Museum）、考古博物馆和亚细亚艺术博物馆，一卡通在以上景点均有售。

Corfu Old Town 科孚老城

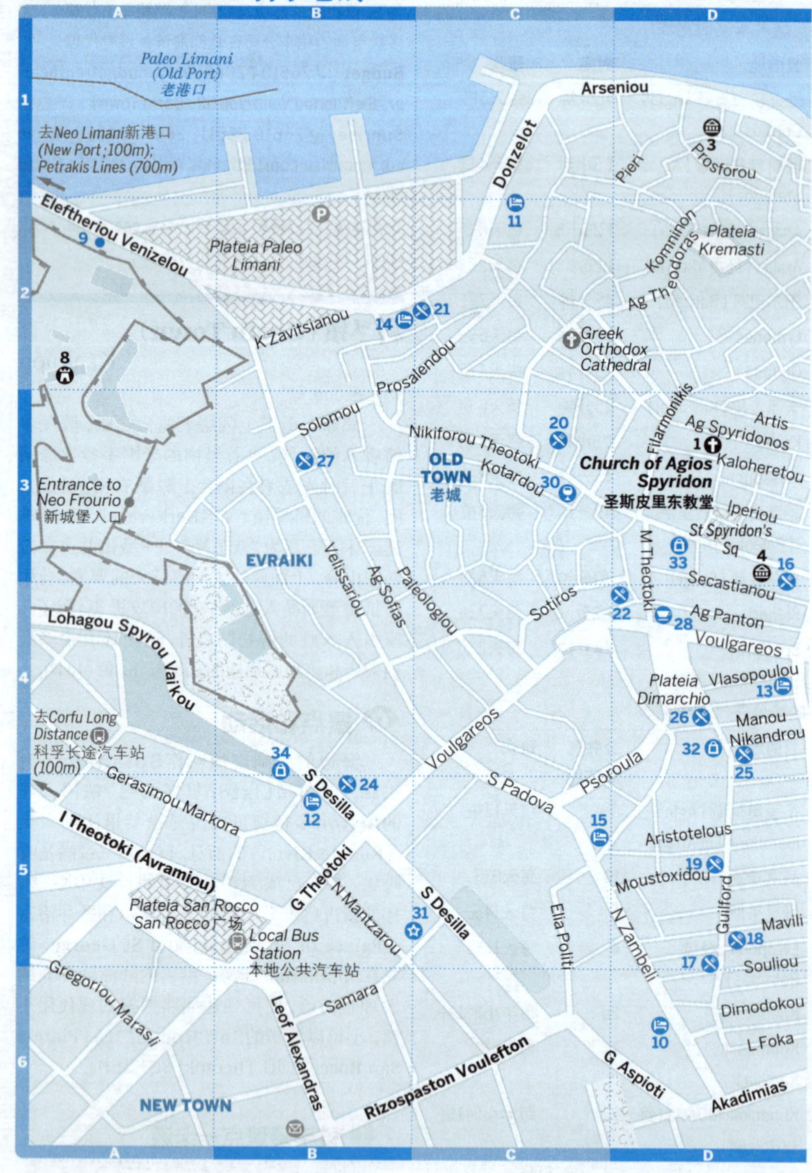

这本书写作之时，科孚岛的**考古博物馆**因大范围维护而闭馆。

老港口附近的**Evraiki**地区是个犹太人居住区，那里的Solomou广场有座醒目的**科孚岛犹太人纪念馆**。人们在老城堡（Palaio Frourio）以北的地点附近**游泳**。

★圣迈克尔和圣乔治宫 宫殿

（Palace of St Michael & St George）这座宫殿最初是历任英国高级专员的住所，现在却是建于1929年的世界级**亚洲艺术博物馆**

(Museum of Asian Art; ☎26610 30443; www.matk.gr; 成人/儿童 含语音导览 €3/免费，含安提维涅迪萨博物馆和老城堡 €8; ⏲周二至周日 8:30~15:30)的所在地。

馆藏文物约10,000件，包括非常贵重的史前青铜器、陶瓷、玉雕、金属货币以及玛瑙、象牙和珐琅工艺品。这些收藏品来自全

Corfu Old Town 科孚老城

重要景点

1 圣斯皮里东教堂 D3
2 圣迈克尔和圣乔治宫 E2

景点

3 安提维涅迪萨博物馆 D1
4 科孚岛爱乐协会 D3
5 科孚岛阅读协会 E2
6 市艺术馆 E2
7 亚洲艺术博物馆 E2
8 新城堡 A2

活动、课程和团队游

9 Sarris Cruises A2

住宿

10 Bella Venezia D6
11 City Marina Hotel C2
12 Hermes Hotel B5
13 Hotel Arcadion D4
14 Hotel Konstantinoupolis B2
15 Siorra Vittoria C5

就餐

16 Chrisomalis D3
17 Il Vesuvio D5
18 La Cucina D5
19 La Cucina D5
20 La Famiglia C3
21 Markas Grill C2
22 Panetteria D4
23 Rex E3
24 Rouvas B5
25 Starenio D4
26 To Dimarchio D4
27 To Tavernaki tis Marinas B3

饮品和夜生活

28 Café Bristol D4
29 Cavalieri Hotel E6
30 Mikro Café C3

娱乐

31 Municipal Theatre C5

购物

32 Icon Boutique Gallery D4
33 Papagiorgis D3
34 Public Market B4

亚洲。此外，宫殿的**正殿**和**圆形大厅**内以具有时代特征的家具和艺术品作装饰，让人印象深刻。

市艺术馆（Municipal Art Gallery；门票 €2；⏲周二至周日 9:00~17:00）位于宫殿后方的东侧，馆藏以科孚岛的代表画家的作品为主要特色，还有许多精美的圣像和巡回的展览，以及一家令人愉快的海滨**咖啡馆**。

★老城堡 要塞

（Palaio Frourio，Old Fortress；☎26610 48310；成人/优惠 €4/2；⏲4月至10月 8:00~20:00，11月至次年3月 8:30~15:00）15世纪时，威尼斯人在一座拜占庭式城堡的旧址上建造了这座城堡（后来又被英国人再次改建），它是座宏伟的地标性建筑，为穿梭于拥挤人群和流连于优美景致中的人们提供了喘息之机。城堡内有座灯塔坐落于裸岩的最高处，攀上顶端可以欣赏到360度的美景。门楼内有个拜占庭**博物馆**。

★圣斯皮里东教堂 教堂

（Agios Spyridonos，Church of Agios Spyridon；⏲7:00~20:00）免费 科孚岛备受爱戴的圣人圣斯皮里东（St Spyridon）的圣髑就在这座16世纪礼拜堂的精美银棺内。

安提维涅迪萨博物馆 博物馆

（Antivouniotissa Museum，☎26610 38313；www.antivouniotissamuseum.gr；紧邻Arseniou；成人/儿童 €2/1；⏲周二至周日 9:00~15:30）**安提维涅迪萨圣母教堂**（Church of Our Lady of Antivouniotissa）外形美观，房顶为木质结构，里面珍藏着拜占庭和后拜占庭时期的圣像和工艺品，年代都在13~17世纪之间。

新城堡 要塞

（Neo Frourio，New Fortress；⏲5月至10月 9:00~17:00）免费 沿着陡峭的台阶可以爬上这座威严的军事建筑，英国人曾对其进行大幅扩建。内部有许多怪异的地道、房间和楼梯，而外部景色秀美。

Mon Repos Estate 公园

（Kanoni Peninsula；⏲5月至10月 8:00~19:00，11月至次年4月 8:00~17:00）免费 在Kanoni半岛南端的郊区小镇上，一片树木繁茂的开阔草地环绕着一座优雅的新古典主义风格的别墅。里面是**Palaeopolis博物馆**（Museum of Palaeopolis；☎26610 41369；www.corfu.gr；成人/优惠 €3/2；⏲5月至10月 周二至周日 8:00~19:00），为公众提供有趣的考古展览和关于科孚镇历史的展示。穿过一片苍翠的绿地，两处多立克式神庙的遗迹散落在小路尽头：第一处的确是遗迹——只剩断壁残垣，但偏南一点的**阿耳忒弥斯神庙**（Temple of Artemis）端庄稳重、美轮美奂。

因为附近没有商店，所以要像野餐似的准备大量食物以及充足的饮用水。2a路公共汽车从Spianada开往Kanoni（€1.70，20分钟1班）。

科孚岛爱乐协会 博物馆

（Corfu Philharmonic Society，☎26610 39289；www.fek.gr；N Theotoki 10；⏲周一至周六 9:30~13:30）免费 成立于1840年，创始人是具有远见卓识的希腊国歌的曲作者Nikolaos Mantzaros，协会致力于资助免费的音乐演出，并专为展示小岛蓬勃的音乐发展史设立了一个**博物馆**。

科孚岛阅读协会 历史建筑

（Corfu Reading Society，☎26610 39528；www.anagnostikicorfu.com；Kapodistriou 120；⏲周一至周六 9:30~13:30）免费 成立于1836年，是现代希腊历史最悠久的文化机构，藏书达30,000卷。整幢建筑洋溢着文艺气息，在楼上的地图资料室里珍藏着一张15世纪的科孚岛地图，这是科孚岛的第一张地图。有时也会主办音乐会和讲座。

Vidos岛 岛屿

（Vidos Island）老港口提供前往Vidos岛的渡船（€5）——在临近海岸的地方，在**海滩**上玩耍及在**堡垒**和“一战”塞尔维亚士兵**公墓**之间散步最为理想。

团队游

Sarris Cruises 乘船游

（☎26610 25317；Eleftheriou Venizelou 13）组织从科孚岛出发的一日游，包括前往阿尔巴尼亚被联合国教科文组织列入《世界遗产名录》的古代遗址布特林特（Butrint）观光（€59；需要护照）和帕克西、蓝洞及安提帕克西岛乘船游（€40；选择无风的天气出游）。无须另交中转费。

住宿

科孚岛的住宿费相对较高：即便是淡季也比其他很多岛屿要贵。旅游旺季应当提前预订房间。

★Bella Venezia 精品酒店 €€

（☎26610 46500；www.bellaveneziahotel.com；N Zambeli 4；标单/双 含早餐 €120/125起；）这座新古典风格建筑曾经是女子学校，优雅的大厅里装饰着枝状大烛台、天鹅绒座椅和三角钢琴，从进入大厅的那一刻开始，这个地方纯粹的旧世界魅力就会令人陶醉不已。Venezia有高天花板的豪华房间，可以欣赏城市美景（有的带阳台）。酒店的服务人员认真负责，欢迎你的到来。花园里的露台早餐室赏心悦目。

★Siorra Vittoria 精品酒店 €€

（☎26610 36300；www.siorravittoria.com；Stefanou Padova 36；标单/双 含早餐 €99/135起，套 €193；P）建于19世纪的酒店大楼奢华与时尚并存，在安静的氛围下，精心修复的传统建筑与现代设施和谐相间。大理石浴室、挺括的亚麻床单以及彬彬有礼的服务都使你住在这里舒心放松。早餐的地点设在花园里的老木兰树下。酒店的Vittoria套房内有画室，住在这里可以观赏海景。

Arion Hotel 酒店 €€

（☎26610 37950；www.arioncorfu.gr；Sxerias 6 Mon Repo Anemomylos；标单/双/标三 €60/65/75；）从科孚镇沿海边的Dimokratias Street向南步行15分钟可至，这家大酒店有令人愉悦的房间，带小阳台和干净的卫生间。不要住在比较便宜的转角房间和那些面朝公路的房间，可以选择海景房间。这里有漂亮的大厅、游泳池、很棒的酒吧，以及美味的自助早餐。物有所值，氛围宁静。

Hermes Hotel 酒店 €€

（☎26610 39268；www.hermes-hotel.gr；Markora 12；标单/双/标三 €55/65/75起；）安静的Hermes有时尚的绿黄色调房间，位于中心地段（不过幸运的是，窗户是双层玻璃），有老式卫生间、复合地板和有品位的早餐区。房间有电视、冰箱和CD播放器。走上一段俯临市场的台阶即可找到这里。

Hotel Konstantinoupolis 家庭旅馆 €€

（☎26610 48716；www.konstantinoupolis.gr；K Zavitsianou 11；标单/双/标三 含早餐 €67/74/100；）走进老式电梯，吱吱嘎嘎地上到温馨的前台和早餐区。即使是那些面朝大海的房间，也会受到道路噪声的侵扰，先天不足，不过足够舒适。预计会有冰箱、卫生间和舒适的床。

City Marina Hotel 酒店 €€

（☎26610 39505；www.citymarina.gr；Donzelot 15；房间 带/不带海景 含早餐 €100/80；）面朝大海的Marina有醒目的大厅和通风宜人的套间，配有时尚的旧陈设和橙色的床罩，墙上还挂着精选的艺术品。海景房比较贵，景致奇妙，不过比较便宜的城市景色房间也很怡人。这里还有电梯。

Hotel Arcadion 酒店 €€

（☎26610 37670；www.arcadionhotel.com；Vlasopoulou 2；标单/双/标三 含早餐 €90/150/180；）酒店的魅力所在并不是贴着清爽瓷砖的简洁房间（其中有的还有四柱床）而是独特的地理位置。恰好坐落于Liston最繁华的街角，阳台下面是喧嚣的马路，远处是迷人的老城堡。有点嘈杂。

就餐

在多种（尤其是意大利）美食文化的共同影响下，科孚岛取其精华，形成了自己的烹饪技术。Guilford有很多美食可供选择。

★Il Vesuvio 意大利菜 €

（☎26610 21284；Guilford；主菜 €10；正午至深夜）这家有品位的意大利餐馆的老板是那不勒斯人，在街道两侧都有店，自制的团子、饺子和小方饺令人欲罢不能，获得了“希腊最佳意大利餐馆”的奖项。在街上或店内就餐，不过不要忘了尝尝他们丝般柔滑的奶酪布丁——如此新鲜，能让你的味蕾都唱起歌。

★To Tavernakitis Marinas 希腊小馆 €

（☎69816 56001；4th Parados, Agias Sofias

1；主菜€6~16；⊙正午至午夜）这家希腊小馆因其修复的石墙、硬木地板和开朗的服务员，整体氛围得到提升。可以尝尝每日特色菜，也可以点碎肉茄盒（mousakas，烤茄子片或西葫芦片，肉末和土豆上面抹有奶酪酱）、烤沙丁鱼或牛排。边吃边喝点茴香烈酒或齐普罗酒（tsipouro，与茴香烈酒相似的烈酒）。

Corfu Sailing Club 希腊菜 €

（Old Fortress，Mandraki；主菜€9；）傍晚前往这家迷人的港湾餐馆小酌，体验老城堡边缘的氛围；尽情享受，菜单丰富多彩，有鱿鱼、海鲷和鲈鱼，还有猪肝和培根及猪肉排。浪漫得无以复加，与喧闹的世界截然不同。想到这里的话，穿过安全门，等待免费巴士（或者从该地点步行大约5分钟）。

Chrisomalis 希腊小馆 €

（☎26610 30342；N Theotoki 6；主菜€8~12；⊙正午至午夜）150年的时间里不断壮大，这家小馆曾经接待过达雷尔家族（Durrells）和安东尼·奎因（Anthony Quinn）。外边的招牌是希腊文，所以只需循着香味找到传统的烤肉、猪排和箭鱼即可。热情的服务和室外餐桌让这里成为观看人来人往的理想场所。

Rouvas 希腊小馆 €

（☎26610 31182；SDesilla 13；主菜€9；⊙9:00~17:00）正宗的希腊风格，这家朴实的美食家乐土是一家科孚岛餐馆。需要留意的菜肴有番茄汁炖牛肉和土豆烤三文鱼，还有很多素菜。连著名的厨师Rick Stein也对这里赞不绝口。

Starenio 面包房 €

（☎26610 47370；Guilford 59）神奇的Starenio凭借自制的甜味佳肴受到科孚人的喜爱：果仁蜜饼、曲奇饼干和巧克力面包，还有让你精神一振的现磨咖啡。在店外找张椅子就餐。

Markas Grill 希腊菜 €

（Zavitsianou 5；主菜€13；⊙8:00至深夜；）面朝大海的Markas有蓝色台面的桌子和受当地人喜爱的防风露台。菜单的特色有鱿鱼、虾、贻贝、箭鱼和炭烤肉。令人轻松的优质午餐选择。

Panetteria 面包房 €

（☎26610 22654；Vrahlioti 3；甜点€3起）这家很棒的面包房有点心、新鲜的面包和如天赐般的布朗尼蛋糕。

★ **La Cucina** 意大利菜 €€

（☎26610 45029；Guilford 17；主菜€13~25；⊙19:00~23:00；）La Cucina是一家经营得很好的餐馆，由来已久，创意菜是它的闪光点，首推手擀意大利面。较老的店位于Guilford，笼罩在惬意的暖色调之下，挂满了壁画；后来开在**Moustoxidou**（☎26610 45799；Guilford和Moustoxidou交叉路口；⊙19:00~23:00）侧楼的这家（菜单完全一致）是座时髦的玻璃建筑，以灰色调为主。

La Famiglia 意大利菜 €€

（☎26610 30270；Maniarizi-Arlioti 26；主菜€13；⊙午餐和晚餐）隐藏在后街上，桃红色的内部，铺着格子桌布的餐桌，这家舒适的餐馆凭借开胃小吃、乳蛋饼、扁面条和熏三文鱼配生牛肉片吸引了不少食客。

Rex 地中海菜 €€

（☎26610 39649；www.rexrestaurant.gr；Kapodistriou 66；主菜€12~18；⊙午餐和晚餐）这家橄榄色调的餐馆非常讲究，具有贵族气质，位于宏伟的Liston，有地中海风格的菜单，包括意大利面、沙拉和特色菜，比如小牛肉快炒（sofrito，将小牛肉和葡萄酒及大蒜一同烹制）和科孚鸡（番茄汁鸡肉）。烛光氛围和各种精酿啤酒为温馨的服务提供补充，享受过后你就会明白为何这里始终忙碌了。

To Dimarchio 意大利菜 €€€

（☎26610 39031；www.todimarchio.com；PlateiaDimarchio；主菜€9~25；⊙正午和午夜）俯临漂亮的新古典广场，这家天蓝色的餐馆有花团锦簇的露台和意大利风格的菜单，擅长意大利面、意大利调味饭和精心烹制的海鲜菜肴。你或许会感到自己已经飞到了威尼斯。品位纯正。

饮品和夜生活

夜晚可前往的最佳地点是时尚的Liston

拱廊，这里是科孚人的社交之处；或者晚饭之前到Hotel Cavalieri的屋顶酒吧喝一杯，看看Spianada公园的浪漫景色。

若想跳舞，23:00以后可以前往科孚岛的迪斯科舞池区。它在新港口的西北方，沿着Ethnikis Antistaseos公路走2公里即到；最好乘出租车，因为这条路上人来人往，没有人行道，也没有路灯；入场费€10，一般包含一杯饮品。

Café Bristol 咖啡馆

（Voulgareos 40和M Theotoki交叉路口；⏲9:00至深夜；📶）薄荷绿色的墙壁、悬挂着无数灯泡的木质天花板和灯光昏暗的情调，这个氛围轻松的流连场所挤满了好看的科孚岛人，或许会让你想起巴黎的咖啡馆。

Mikro Café 酒吧

（☎26610 31009；www.mikrocafe.com；N Theotoki 42和Kotardou交叉路口）慵懒悠闲的当地人聚在这家充满欢乐的咖啡馆—酒吧里，偶尔还有现场娱乐表演。忘记烟雾缭绕的室内，在外边藤蔓成荫的怡人露台上喝一杯。

Cavalieri Hotel 酒吧

（Kapodistriou 4）几种餐前酒入口芳醇，屋顶的花园酒吧视野绝佳。

Edem Beach Nightclub 夜店

（☎26610 93013；www.edemclub.com；Dasia；⏲11:00至次日5:00）被评选为希腊十大最佳海滩酒吧之一。日落时分来这里乘凉，派对将在23:00前后开始。位于Dasia海滩，在San Rocco广场（Plateia San Rocco）乘坐7路公共汽车（€1.70，30分钟）。

☆ 娱乐

科孚镇拥有活跃的文化生活，诸如音乐会、读书活动等。点击www.corfuland.gr（希腊语网站），获得最新的文化活动安排表。

Municipal Theatre 艺术表演

（☎26610 33598；G Theotoki 68和Mantzarou交叉路口）科孚岛的文化重地，古典音乐、歌剧、舞蹈和戏剧表演会在这里以及Mon Repos旁边的剧院登上舞台。

购物

科孚镇里到处都是好东西。Filarmonikis街应有尽有，从高档披肩和精美珠宝到便宜的"邪眼"护身符和檀香木雕刻。

Icon Boutique Gallery 手工艺品

（www.iconcraft.gr；Guilford 52；⏲10:00~22:30；📶）名副其实，这家有品位的小精品店出售艺术家合作社自制的圣像，令人赞叹，还有精美的纹章艺术品和古玩。

Papagiorgis 美食、饮品

（N Theotoki 32；⏲8:00至深夜）提供40种不同口味的冰激凌，还有自制果馅饼、蜂蜜和饼干，这家老式商店是甜食爱好者的梦想之地。

公众市场 市场

（Public Market，⏲周一至周六 早晨）San Rocco广场北边。出售新鲜的蔬菜、水果和鱼。

ℹ 实用信息

《科孚岛人》（*The Corfiot*；€2）是份英语报纸，每月一期，上面会刊登旅游信息表。报亭有售。

Bits & Bytes（☎26610 36812；Mantzarou和Rizospaston Voulefton交叉路口；上网 每小时 €3；⏲24小时；📶）

科孚岛综合医院（Corfu General Hospital；☎26613 60400；Kontokali）城镇中心以西大约8公里处。

市旅游信息亭（Palaio Frourio；⏲6月至9月 周一至周六 9:00~16:00）提供关于科孚岛各处活动、住

达雷尔家族

作家劳伦斯·达雷尔和杰拉尔德·达雷尔（Lawrence and Gerald Durrell）与科孚岛关系密切，第二次世界大战之前，他们在卡拉米（Kalami）居住多年。劳伦斯的写实文学作品*Prospero's Cell*是对科孚岛的深情呼唤，他的兄弟杰拉尔德也有一部同样出色的作品《我的家人和其他动物》（*My Family and Other Animals*），20世纪30年代，达雷尔家族在科孚岛过着奇特的田园生活，这本书就取材于此。

宿和交通时刻表的有用信息。

Pachis Travel（☎26610 28298；Guilford 7；⌚9:00~14:30和17:30~21:00，周日关闭）这家有用的旅行社可以帮助购买渡船票和飞机票及安排酒店。他们还组织前往帕克西的包船和观光。

旅游警察局（☎26610 29168；3层，Samartzi 4）紧邻San Rocco广场。

科孚镇北部和西北部

若想探索岛上科孚镇以外的地方，最好有自己的交通工具。科孚镇北部大部分的海岸上挤满了海滩度假村，如Gouvia和Dasia，以及与其相连的Ipsos和皮尔奇（Pyrgi）度假村，附近都有人性化的住处，海滩虽然狭窄，但对于全家度假来说设施完善。

皮尔奇镇的上方是Pantokrator山（906米，科孚岛的最高峰）黄褐色的斜坡，一路向下延伸入海，使海岸风景变得秀丽了不少，沿着蜿蜒的公路绵延向前。皮尔奇的公路呈螺旋状上升，穿过风景如画的斯帕蒂拉斯（Spartylas）和斯特里尼拉斯（Strinylas）村庄，接下来经过的是一片荒地——一到春天这里就摇身一变，野花遍地，然后攀上山顶，到达Pantokrator修道院（Moni Pantokrator），只是这个修道院已被巨大的通信塔占为己有了。站在山顶可以全方位俯瞰壮观美景，视野远及阿尔巴尼亚的山峦和希腊大陆。

与皮尔奇北部的海岸相拥的景点中，第一个迷人的地方就是巴尔巴蒂（Barbati），这里有卵石海滩和水上运动中心。坐落于海湾一侧的村庄卡拉米（Kalami）以劳伦斯和南希·达雷尔的故居而闻名，这座别墅被称为当地的"白宫"（White House；☎26630 91040；www.corfu-kalami.gr；Kalami），如今对外出租。

再往北则是圣斯特凡诺斯（Agios Stefanos），也是一个魅力十足的渔村和度假村，依偎着树木掩映的海湾，还有一片卵石海滩。

在圣斯特凡诺斯以北，森林浓密的海岬上方有个绝美的小村庄阿夫拉基（Avlaki），大片的海滩几乎未被商业化开发，只有几家希腊小馆。这里很流行帆板运动。

卡西奥皮（Kassiopi）密密麻麻地分布着商店、希腊小馆及酒吧，站在具有战略意义的海岬上可以望见罗马和威尼斯人的居民点。据说尼禄（Nero，古罗马暴君）曾在这里肆无忌惮地度假享乐。现在，英国政要们还是

岛上活动

科孚岛上的户外活动精彩纷呈。风帆和帆板爱好者需要联系一下位于Avlaki的Greek Sailing Holidays（☎26630 81877；www.corfu-sailing-events.com）。若想租用船只，可以考虑Corfu Sea School（☎26610 97628；www.corfuseaschool.com）或Sailing Holidays Ltd（www.sailingholidays.com），两家机构都设在Gouvia的码头。

想在水晶般清澈的海水中潜水，可以在卡西奥皮（Kassiopi）、圣戈尔吉奥斯、圣吉尔吉奥斯、Ipsos、Gouvia和帕莱奥卡斯特里萨（Paleokastritsa）找到经营机构。

在科孚岛步行游览非常棒。科孚岛小径（Corfu Trail；www.thecorfutrail.com）贯穿岛屿南北，全部走完需要8~12天。徒步路径沿线也有提供住宿的地方，可以联系Aperghi Travel（☎26610 48713；www.travelling.gr/aperghi）。《跟随劳伦斯·达雷尔和杰拉尔德·达雷尔在科孚岛的足迹》[*In the Footsteps of Lawrence Durrell and Gerald Durrell in Corfu*（Hilary Whitton Paipeti，1999）]是一本很好的书。

想骑山地自行车，尤其是越野骑行，Corfu Mountainbike Shop（☎26610 93344；www.mountainbikecorfu.gr；Dasia）出租自行车，组织一日游和自行车度假游。骑马穿过橄榄树林，沿静谧的小径穿过位于Ano Korakiana的Trailriders（☎26630 23090；www.trailriderscorfu.com；Ano Korakiana）。Corfu Golf Club（☎26610 94220；www.corfugolfclub.com）在科孚岛西岸的Ermones附近。

附近罗斯柴尔德(Rothschild)庄园的常客。卡西奥皮因其精良的刺绣闻名于世，许多商店里都有售。在主街的圣母教堂(church of the Blessed Virgin)对面，拾级而上便可到达威尼斯城堡(Venetian castle)的遗迹。绕过海岬，眼前就是毗邻的Battaria和Kanoni海滩。驾车经由蜿蜒的公路入岛，前往壮观的老Perithia村，看看精心修复的威尼斯村庄。

在卡西奥皮的另一侧，主干道沿着科孚岛的北海岸向西延伸，依次穿过备受欢迎的Aharavi、Roda和Sidhari度假村，海边挤满了连成串的海滩。圣乔治湾乡村俱乐部(St George' s Bay Country Club; ☎26630 63203; www.stgeorgesbay.com)开在Aharavi，有奢华的露天游泳池、温泉浴场、海滨餐厅和单间公寓。可以游览附近的季亚彭贾群岛(Diapondia Islands)，从Sidhari的小港口乘坐渡船40分钟可到。

科孚岛的圣斯特凡诺斯位于西北海岸，有大片的沙滩。游览船定期从邻近的渔港出发，开往Diapondia群岛——一串鲜为人知的卫星岛，详情请联系San Stefano Travel(☎26630 51910; www.san-stefano.gr)。

住宿

Dionysus Camping Village
露营地 €

(☎26610 91417; www.dionysuscamping.gr; Dafnila Bay; 露营地 每个成人/汽车/帐篷 €6.50/4/4.50，木屋 每人€12; 📶🏊)距离科孚镇大约9公里，靠近Dasia海滩，露营地在绿树成荫、密密层层的400岁树龄的橄榄林里。这里还有圆形茅屋和游泳池。

★ Manessis Apartments
公寓 €€

(☎26610 34990; www.manessiskassiopi.com; Kassiopi; 四人公寓 €70~100; ❄📶)主人是位友好的希腊裔爱尔兰人，花园里花团锦簇，双卧室公寓以三角梅装饰(有几间房间有海景阳台)。公寓的位置选在卡西奥皮如画的海港尽头，风景秀美。

Casa Lucia
公寓、别墅 €€

(☎26610 91419; www.casa-lucia-corfu.com; Sgombou; 单间公寓和别墅 €70~120; ⏲4月至10月; P🏊)🍃Casa Lucia的花园里漂亮的单间公寓和别墅相结合，有很强的艺术气息和社区氛围。开设瑜伽、太极和普拉提课程，也会举办多种文化活动。位于前往帕莱奥卡斯特里萨(Paleokastritsa)的路上。

Rou Estate
度假村 €€€

[☎(44)020 8392 5854; www.rouestate.co.uk; ❄📶🏊]2005年被一位英国建筑师修复，地道科孚风格的Rou村向四面扩展，有200年历史的房屋，2~5间卧室的别墅里还有超豪华的住宿场所。这里还有餐馆、健康水疗、健身、瑜伽房、游泳池和漂亮的装饰性花园。

就餐

Little Italy
意大利菜 €

(☎26630 81749; Kassiopi; 主菜 €10; ⏲午餐和晚餐)内部装潢舒适：石头地面，餐桌上铺着黄色格子桌布，墙上有黑白老照片，在这个卡西奥皮最受欢迎的地方，生牛肉片、法式薄饼、意大利调味饭、意大利面和各种比萨盛宴正在恭候你。

Taverna Galini
希腊菜 €€

(☎26630 81492; www.galinitaverna.gr; Agios Stefanos; 主菜 €15~18; ⏲午餐和晚餐)靠防风灯照明，这家橄榄色和奶油色的明珠餐馆有藤蔓遮阴，十分浪漫，半开放式的露台临海。享用炖菜、土匪羊(kleftiko)、烤肉和新鲜的当地鱼获。

Cavo Barbaro
海鲜 €€

(☎26630 81905; Avlaki; 主菜 €11~15; ⏲午餐和晚餐)海滩景色一览无余，这家美丽安静的花园餐馆微风阵阵，你可以尽情享用章鱼、鱿鱼、烤奶酪、碎肉茄盒和箭鱼。

Piedradel Mar
地中海菜 €€

(☎26630 91566; www.piedradelmar.gr; Barbati; 主菜 €7~22; ⏲7月至8月或9月 午餐和晚餐)穿上尘封已久的华服，精心打扮一番，体验一下贵族的生活。海滨的别致情调与地中海风味的珍馐佳肴在此完美融合。

科孚镇南部

从科孚镇南部延伸出来的海岸公路直抵阿喀琉斯宫(Achillion Palace),路标清楚,在Gastouri村附近。阿喀琉斯宫南部是寂静的**拜尼采斯**(Benitses)度假村,古老且亲切的乡村使其更加迷人,从这里开始,数条小路直入高处树木繁茂的陡坡。

再往南走是受欢迎的**Moraïtika**和**Messonghi**度假村,蜿蜒的海岸公路沿着海平面穿越阳光斑驳的曲折树林,通向更加迷人、永远安静的**布卡里**(Boukari),那里有小港口。它相当低调。

莱夫基米(Lefkimmi)位于科孚岛南部,是岛上现实感最强烈的地方,这里的当地人为每日生计忙忙碌碌。点缀着迷人教堂的老区被一条奇特的运河一分为二,这条运河有时会散发出难闻的气味。

景点

阿喀琉斯宫 历史建筑

(Achillion Palace; ☎26610 56210; www.achillion-corfu.gr; Gastouri; 成人/儿童 €7/2,语音导览 €3; ⊙4月至10月 8:00~20:00, 11月至次年3月 8:45~16:00)19世纪90年代,阿喀琉斯宫是奥地利皇后伊丽莎白(Elizabeth; 希腊国王奥索是她的叔叔)的夏宫。一定要爬上台阶,前往别墅右边,到达大理石露台,欣赏描绘阿喀琉斯的壁画。这座别墅正是皇后敬献给阿喀琉斯的。景色美丽的花园由神话中人物的精美雕像看守。1907年,威廉二世(Kaiser Wilhelm Ⅱ)购买了这座宫殿,增建了一尊胜利的阿喀琉斯的凶猛雕像。早点到达,避开人群,穿过新古典主义的绝佳陈设和大胆的雕像(时髦还是低俗?)。

食宿

Golden Sunset Hotel 酒店 €

(☎26620 51853; www.goldensunsetcorfu.gr; Boukari; 标单/双 含早餐 €45/60; ❄)16个朴素的房间有令人惊叹的景色。这里还有露台餐馆。

Spiros Karidis 海鲜 €

(☎26620 51205; Boukari; 鱼 每公斤 €35~50; ⊙午餐和晚餐)在海岸边巨大的桉树树荫下就餐,龙虾就在餐馆的水族箱里游来游去。随便举例几种,鲱鱼、鲈鱼、石斑鱼和章鱼,都是在当地水域捕捞的。英国名厨Rick Stein曾在这里逗留,从出色的老板那里学了几招。

★ Klimataria 希腊小馆 €€

(☎26610 71201; www.klimataria-restaurant.gr; Benitses; 主菜 €8~14; ⊙2月至11月 19:00至午夜)拜尼采斯这家低调小巧的小馆本身就值得一去——菜单上的一切都绝对可口。从橄榄油和羊奶酪特产到鲜嫩的章鱼或各种开胃小菜,店主所提供的一切都很新鲜。夏季需要预订。

O Paxinos 希腊小馆 €€

(☎26610 72339; Benitses; 主菜 €12; ⊙午餐和晚餐)这家传统的餐馆位于村庄中心,有红葡萄酒颜色的外观,排列着令人毛骨悚然的俄罗斯套娃,还有很棒的肉丸、章鱼、碎肉茄盒、鱿鱼和凤尾鱼。

西海岸

西海岸的沿线地区分布着科孚岛最美丽的郊区、村庄和海滩。受人欢迎的度假村**帕莱奥卡斯特里萨**(Paleokastritsa)风景优美,距离科孚镇26公里,漫步3公里可以到达峡谷底部,一连串风景如画的小海湾静卧于岩石峭壁间。陡峭的山脉被高耸的橄榄树和柏树包围着。可以乘坐小**船**(每人€8.50; ⊙30分钟)去附近的洞穴或某个当地的海滩(约12个海滩)探险。

在帕莱奥卡斯特里萨尽头的海角上,有一座布满圣像的**Theotokou修道院**(Moni Theotokou; ⊙9:00~13:00和15:00~20:00) 免费 ,始建于13世纪(眼前的这座却是18世纪重建的)。一走出修道院的美丽花园,就有一个小**博物馆**(⊙4月至10月) 免费 ,橄榄油磨坊展厅里有个小商店,出售橄榄油和香草。孩子们会喜欢乘坐玻璃底船只**黄色潜水艇**(Yellow Submarine; ☎697409246; www.yellowsubmarine.gr; Harbour, Paleokastritsa; €5; ⊙10:00~18:00, 夜间巡游21:00)的旅行体验。

沿着从帕莱奥卡斯特里萨出发的那条小路往上走5公里,便可到达内陆原生态的**拉科**

内斯(Lakones)村，这里的海岸美景动人心魄。

祖卡德斯(Doukades)是个古雅的小村庄，这里有历史上著名的广场以及怡人的希腊小馆。帕莱奥卡斯特里萨以北6公里的公路直达Krini和Makrades，攀上陡峭的地势，便能欣赏到壮观的美景。路口左转，马路通往海岸，经过Krini的小镇广场后，再往下走是Angelokastro，拥有拜占庭城堡的遗迹及科孚岛最西端的堡垒。

经由村庄Pagi继续往北走，令人愉快的圣吉尔吉奥斯(Agios Georgios)和Arillas海滩度假村跨立在Arillas角(Cape Arillas)海岬的手肘两侧，小村庄Afionas就好像是散落在其脊柱上似的。南方4公里处，佩雷卡斯(Pelekas)是坐落于山林茂密的悬崖上的一片饼干奶油色的建筑。这个地方各处略微嘈杂，是个沉迷于欣赏山景之后喘口气的不错地点。继续往前一点，前往山顶，这里的皇帝的宝座(Kaiser' s Throne)是德国皇帝威廉骑马观览全岛的地方。在村里，前往Kalimera Bakery(Pelekas；点心€2起；⏲7:00至深夜)购买新鲜的点心。差不多对面就是青蛙绿色的Witch House(☎6974525376；Pelekas；⏲10:00~22:00)，非常适合购买无与伦比的礼物。

美丽怡人的老葡萄庄园位于Ambelonas(☎6932158888；开胃食品 €8~12，套餐含酒水 €16~27；⏲周三至周五 18:30起，其余时间需要预约)，在Karoubatlka附近的佩雷卡斯路(Pelekasroad)上，距离科孚镇6公里，游客可以买到各种诱人的当地产品，如醋、橄榄、甜点等等。参观橄榄油磨坊和葡萄酒厂，试试那些产品，包括科孚岛开胃小菜和用当地葡萄酿造的葡萄酒，比如Kakotrygis。

佩雷卡斯的旁边是两片沙滩，分别在Glyfada和Kontogialos(也叫佩雷卡斯)，第二个度假村有丰富的水上运动项目和足够的日光浴躺椅。大型酒店和其他住处为发展得相当完善的海滩提供了必不可少的支撑。佩雷卡斯村和这两处海滩之间有免费班车。继续往北是激动人心却(由于侵蚀)正在缩小的Myrtiotissa海滩。道路陡峭，部分路面是平的，行进艰难漫长(司机可以用山顶的停车场)。途中的希腊小馆和酒吧Elia是个受欢迎的休息地点。

圣戈尔吉奥斯(Agios Gordios)在Glyfada的南边，也是个游客喜欢的度假村，长长的沙滩上人潮拥挤。

在通往Halikounas海滩主干道的岔路上，坐落着拜占庭式的加尔季基城堡(Gardiki Castle)。尽管城堡入口处风景如画，但内部却是断壁残垣。城堡南边是宽广的Korission湖，一道狭窄的岬角将城堡和海水分隔开来，岬角前有片绵长的沙滩，可以使你避开人群。

住宿

帕莱奥卡斯特里萨和佩雷卡斯的住宿非常便利。

Yialiskari Beach Studios 公寓 €

(☎26610 54901；Yialiskari Beach；单间公寓 €60；⏲5月下旬至9月；❄📶)单间公寓的视野很棒，对于那些寻求遗世独立感的人来说是个完美的选择，和相邻的佩雷卡斯海滩有一段距离。

Rolling Stone 家庭旅馆 €

(☎26610 94942；www.pelekasbeach.com；Pelekas Beach；房间/公寓 €60/88；@📶)靠近海滩，这个时髦的旅行者绿洲有崭新的两卧室家庭公寓，带清新的房间、卫生间和小厨房。原来的公寓也一尘不染，四周是阴凉的露台，人们会聚在那里聊天。氛围悠闲友好。

Pink Palace 青年旅舍 €

(☎26610 53103；www.thepinkpalace.com；Agios Gordios Beach；铺 含早餐和晚餐 €22，房间 €29~32；❄@)被刷成鲜艳的粉色，是个出类拔萃的派对场所，Pink Palace提供各种实用的房间、四轮摩托车和许多活动，这里还有无数背包客。

Jimmy' s Restaurant & Rooms 家庭旅馆 €

(☎26610 94284；www.jimmyspelekas.com；Pelekas Village；标单/双/标三 €30/40/50；⏲4月至10月；❄)房间装修得体，可以坐在房顶欣赏美景，底下是备受好评的餐厅(主菜 €6~12)。

Sunrock 青年旅舍 €

(☎26610 94637；www.sunrockhostel.com；

Pelekas Beach；铺/房间 含早餐和晚餐 €18/28；@ 🛜）由迷人的Magdalena经营，这座旅舍距离海边30米，有宿舍和双人间。外表也许褪色，但内部清新友好。这里有可以感受阳光的不错阳台、挤满旅行者的大酒吧，还有包括意大利面和三明治的午餐菜单，以及农场出产的食物。

Paleokastritsa Camping 露营地 €

（☎26630 41204；www.paleokastritsa-bliss.com；Paleokastritsa；露营地 每个成人/汽车/帐篷 €5/3.10/3.50；⏲5月下旬至10月中旬；P 🏊）位于通向小镇的主干道右侧，露营地绿树成荫、组织有序，所在的橄榄树梯田在历史上非常有名，且有室内游泳池。

★Hotel Zefiros 酒店 €€

（☎26630 41244；www.hotel-zefiros.gr；Paleoka stritsa；双/标三/四 含早餐 €64/80/130；❄🛜）葡萄酒颜色的Zefiros距离美丽的海滩仅20米，有一家老旧别致的咖啡馆，有美味的开胃小菜和小吃菜单，还有现代风格的漂亮房间，带阳台。107号房间的景色最美。

★Levant Hotel 酒店 €€

（☎26610 94230；www.levantcorfu.com；Pelekas Village；标单/双 含早餐 €70/90；⏲5月至10月中旬；P ❄🛜🏊）位于最高处靠近"皇帝的宝座"的地方，这座大酒店有淡蓝色的房间、木地板、"美好年代"风格的灯光和阳台，散发出浪漫气息。房间还有冰箱和以大理石为主体的卫生间。另外，这里有一家有品位的餐馆，在可俯瞰科孚岛的露台上提供虾、意大利调味饭和炖肉。动心了吗？

Kallisto Resort 公寓 €€€

（☎6977443555；www.corfuresorts.gr；Pelekas Beach；公寓 €160，别墅 €240~450；P ❄🏊）山顶上被大肆称赞的地方，这些繁茂的露台式花园有雅致的公寓和两处闪亮的游泳池。别墅配备完善，可以住2~12人不等，它们沿着山坡顺势而下，将佩雷卡斯海滩北端的景色尽收眼底。

餐饮

★Alonaki Bay Taverna 希腊小馆 €

（☎26610 75872；Alonaki；主菜 €8~10；⏲午餐和晚餐）经过泥土路来到Korission湖北岸，有个简朴的家庭式希腊小馆，提供的简单菜单上有家常肉菜和熟食（mayirefta）。干净的房间（€35）和公寓（€45）可以俯视花园和悬崖的美景。

To Stavrodromi 希腊小馆 €

（☎26610 94274；Pelekas；主菜 €7~11；⏲晚餐）位于佩雷卡斯和科孚镇公路的交叉路口，让人有宾至如归的感觉，烹制美味的当地特色菜。在科孚岛，它因为拿手的烤猪肉（kontosouvli；用烤肉棒烤的猪肉，包裹辣椒粉和洋葱）而非常出名，还有炖兔肉和胡椒牛排。

Nereids 希腊小馆 €€

（☎26630 41013；Paleokastritsa；主菜 €12~15；⏲午餐和晚餐）沿着通向帕莱奥卡斯特里萨的蜿蜒的公路向下走——夜晚体验最佳，岩池平台和大壶四周灯光柔和——这是个浪漫的晚餐地点。尝尝叶卷饭、番茄酱肉丸、土匪羊和炖肉。

Limani 希腊小馆 €€

（☎26630 42080；Paleokastritsa；主菜 €9~17；⏲午餐和晚餐）这家港口边航海主题的希腊小馆提供箭鱼、土匪羊和烤虾，配合优质的服务。

La Grotta 咖啡馆

（www.lagrottabar.com；Paleokastritsa）隐藏于多岩石的海湾，碧波轻抚，这处甲板平台配有太阳浴床位和跳水板，是躲避海滩喧嚣的完美休憩地。在与Paleokastritsa酒店的车道相对的陡峭台阶下。

Corfu Beer 自酿酒吧

（www.corfubeer.com；Arillas）这家本地自酿酒吧酿造各种美味的麦芽酒。每周六11:00~13:00提供免费团队游。

帕克西（PAXI） ΠΑΞΟΙ

人口 2300

抵达这颗伊奥尼亚群岛的小明珠时（长仅13公里），航入深绿色的峡湾，前往盖奥斯（Gaïos），帕克西会将你征服。据说，波塞冬将他的三叉戟放入海中，制造出这座岛屿，这里有蓝色的海湾、几个世纪历史的橄榄树丛和粉色以及奶油色的港口小村庄——盖奥斯（Gaïos）、龙格斯（Loggos）和拉卡（Lakka）——它的确拥有某些特质。

花几天时间，在清澈无瑕的水中浮潜，在几家雅致的餐馆里享用当地捕捞的海鲜，或者只是在一处港口坐坐，一边看人来人往，一边感受悠闲。

如果不想乘车或步行，驾驶摩托艇也能到达未受破坏的海湾。西海岸的道路并不好走，洞穴和石窟使得石灰岩悬崖看起来更加陡峭巍峨，数百米高的崖顶直冲碧霄。古老的骡马之路是徒步旅行者的最爱。在旅行社可以买到步行地图*Bleasdale Walking Map of Paxos*（€12）。

到达和离开

船

渡船停靠在盖奥斯的新港口，在中央广场东面1公里处。游览船沿着海滨排成一列。

两艘载客的水翼艇将科孚岛和帕克西（€23，55分钟，5月至10月中旬每天1~3班）连在一起，偶尔也到Igoumenitsa。**Bouas Tours**（☎26620 32401；www.bouastours.gr；Gaïos）和**Zefi**（☎26620 32114；Gaïos）负责伊里达号（Ilida），而**Kamelia Lines**（€17；www.kamelialines.gr；Gaïos bus station附近）出售船只Despina（€17，90分钟，旺季每天1班）的船票。

6月末至9月初，两辆汽车渡船（€8.50）每天都有班次，连通了帕克西和Igoumenitsa。如果需要渡船时刻表，可以联系Igoumenitsa的渡船信息办公室（见524页）。

快捷的海上出租车按照船费定价。科孚岛到帕克西的费用是€300，可选择**Nikos**（☎6932232072，26620 32444；www.paxosseataxi.com；Gaïos）。

6月开始的整个夏季，可以在盖奥斯搭乘前往安提帕克西岛的水上出租（往返€10）。

长途汽车

雅典和帕克西之间的直达长途汽车（€55，帕克西和Igoumenitsa的渡船另加€8.50，7小时）旺季时每周两班。在帕克西，请从Bouas Tours买票。

当地交通

连通盖奥斯和拉卡并且路过龙格斯的公共汽车每天多达4班（€2.50）。盖奥斯到拉卡或龙格斯的出租车费用大约为€12；盖奥斯的出租车停靠站在内陆的停车场和公共汽车站附近。许多家旅行社出租小船，适合游览小海湾（根据发动机功率大小，船的租金在€40~90之间不等）。

旺季时汽车每天的租金最低是€38。可选择**Alfa Hire**（☎26620 32505；Gaïos）。**Arvanitakis旅行社**（☎26620 32007；Gaïos）是一家有帮助的旅行社。

Paxi & Antipaxi 帕克西和安提帕克西岛

盖奥斯（Gaïos） Γαϊος

人口 498

玫瑰和饼干色调的新古典建筑如同围绕盖奥斯新月形港口的一条项链，被附近树木茂密的小岛圣尼古拉奥斯（Agios Nikolaos）阻隔，美丽的海水轻抚海岸。孩子们在坞边钓鱼，游艇主人擦亮甲板，葡萄酒酒杯在港口边的希腊小馆叮当作响，英俊的老海员思念着远方的大海。

食宿

San Giorgio Apartments 家庭旅馆 €€

（☎26620 32223；单间公寓 €70；❄）在到

达盖奥斯之前仅100米处，登上一段台阶，这些温馨的单间公寓一尘不染，有小厨房、卫生间、温暖舒适的床罩和向阳的户外天井。1号和2号房间的阳台很特别，可以俯瞰海峡，其余房间共享一个露台。

Theklis Studios 家庭旅馆 €€

（Clara Studios；☎697292838，26620 32313；www.theklis-studios.com；单间公寓 €90；❄）可爱的Theklis是个自己有船的自由潜水员，拥有这座漂亮的房子，房间漂亮、怀旧而时髦，俯瞰宁静的海港。陈设风格精致，比如枝状大烛台和美术品，还有设施完善的小厨房和卫生间。经过博物馆，右转上山。Theklis可以去港口接你。这里只有4个房间，很快就会被订满，所以要提前致电。

Paxos Beach Hotel 酒店 €€€

（☎26620 32211；www.paxosbeachhotel.gr；双 含早餐 €120~190，套 €225~265；❄📶🏊）酒店所在地的小海湾、私人海滩、码头、游泳池、网球场和餐馆一应俱全，位于盖奥斯以南1.5公里的地方。Paxos Beach有家庭旅馆的情调，茉莉花香无处不在。新的"superior"房间陈设非常漂亮，更加宽敞。提供港口接送，还可以租船（€50）。

Karkaletzos 希腊小馆 €

（☎26620 32129；主菜 €9；⏰7:45~23:00）值得出城走走，这家质朴的小馆飘散着烤架上烤肉串和羊排的香气，令你垂涎欲滴。番茄酱肉丸也香气四溢。

Capriccio Creperie 咖啡馆 €

（法式薄饼 €3~6；⏰9:00至次日3:00）港口尽头再往南，这颗散发着艺术气息的明珠镶嵌在海边，有玻璃棚架和散放的古董。华夫饼和法式薄饼超级新鲜，他们自制的美味冰激凌可以滋润灵魂。

Carnayo 地中海菜 €€

（☎26620 32376；www.carnayopaxos.gr；主菜 €12；⏰午餐和晚餐）在城镇后1公里的安静庭院里提供雅致的菜式。口味极佳的菜肴包括蒜汤贻贝、土匪羊、炖肉和刚捕捞上来的鱼。

Dal Pescatore 希腊菜 €€

（主菜 €13；⏰午餐和晚餐）位于最靠近海面的广场角落，用网作装饰，这家极小的餐馆前面有青绿色的餐桌，凭借令人愉快的服务以及美味的开胃小菜、鱿鱼和意大利面胜出。

ℹ 实用信息

从广场开始，主街（Panagioti Kanga）通向内陆，一直到达小镇后面，这里有公共汽车站、出租车停靠站及停车场。广场附近有银行和ATM机。这里没有旅游办事处，但有旅行社。**Paxos Magic Holidays**（☎26620 32269；www.paxosmagic.com）组织短途旅行，提供订票服务并可以安排住宿。

龙格斯（Loggos） Λόγγος

两侧是白色悬崖和油厂残迹，漂亮的威尼斯房屋挤在水面澄澈的小海湾周边，龙格斯的美丽外貌令人窒息。酒吧和餐馆都俯视着海面，森林茂密的山坡抬眼望去十分陡峭。

食宿

Arthur House 公寓 €€

（☎26620 31330；paxos-arthur.blogspot.gr；1/2卧室公寓 €80/120；P）从海边往内陆走50米就能到达，位于一间怡人的花园内，这些朴素的公寓空间宽敞，配备小厨房、洗衣机和阳台。非常干净。

O Gios 希腊小馆 €

（☎26620 31735；主菜 €15~20；⏰午餐和晚餐）从这里看向水面，船只都如同飘浮起来一般。这家内部石砌装饰的小馆擅长烹制家常而高品质的海鲜，也有烧烤类菜肴。

Vasilis 地中海菜 €€

（☎26620 31587；主菜 €9~16；⏰午餐和晚餐）赤土色的Vasilis烹制锅煎墨鱼、意大利调味饭（risotto）、海胆和红酒酱汁章鱼（octopus in red-wine sauce），距离海边仅几步之遥，主要采用当地出产的有机食材。夏季用餐需要预约。

ℹ 实用信息

村子和**Café Bar Four Seasons**（☎26620 31829；📶）都有Wi-Fi覆盖。在Arthur House的Julia's Boat & Bike出租船（€50~70）和小型摩托车（€20）。

马加齐亚（Magazia） Μαγαζιά

位于帕克西岛西岸，在龙格斯西南方几公里外，仅比一个交叉路口稍微大点，马加齐亚有两三家咖啡馆兼酒吧，是个不错的旅行休息站。

Erimitis Bar 地中海菜 €€

（☎6977753499；www.erimitis.com；主菜€13~16；⏰5月至10月 正午至22:00）这个壮观的地方俯临峭壁直直地插进大海的最深处。只要有自己的交通工具，沿土路来此一游定不虚此行。

拉卡（Lakka） Λάκκα

如此慵懒的拉卡，几乎沦为遍布游艇的海湾，却会让你微笑着放缓节奏。几家餐馆传出布祖基琴音乐，散发着诱人香气，还有几家客栈。Harami等小海滩环绕海湾的岬角，而令人心旷神怡的步行小路纵横交错。

食宿

Yorgos Studios 公寓 €€

（☎26620 31807；www.routsis-holidays.com；双 €75；❄📶）居住环境干净舒适，由隔壁的Routsis Holidays经营，提供多个地区的单间公寓和公寓。

★ Torri E Merli 精品酒店 €€€

（☎26212 34123；www.torriemerli.com；套€390起；⏰5月至10月；P❄📶≋）由一位帕克西富人建于1750年，专门修建了防御海盗的塔楼，这座漂亮的精品住宿场所坐落在橄榄树丛里，成功地将建筑的威尼斯元素与当代风格相融合，成为岛上最好的酒店（伊奥尼亚群岛里大概也如是）。白色的木地板、蘑菇灰色的墙壁，所有房间都是套间，重新诠释了“酷”。卵形游泳池堪称完美。

这个绿洲受到寻找清静的好莱坞名流的欢迎不足为奇。酒店位于拉卡南部800米的山中一幢翻新后的石砌大楼里。

★ Arriva Fish Restaurant 希腊菜 €€

（☎26620 33041；主菜 €10~15；⏰午餐和晚餐）可以看到蔚蓝峡湾的绝美景色，这家宁静的小馆拥有25种不同的开胃小菜。刚刚捕捞上来的鱼和海鲜，从龙虾到红鲱鱼，塞在冰里等你巡视。出色的菜肴，比如红酒章鱼，令人回味。

ℹ 实用信息

Routsis Holidays（☎26620 31807；www.routsis-holidays.com）可以提供很多帮助，代理预订不同价位且设施齐全的公寓和别墅，并为你安排交通工具和短途旅行。

Paxos Blue Waves（☎26620 31162；www.paxos-studios.gr）出租船（€35~65）和小型摩托车（€20），港口旁边的**Sun & Sea**（www.paxossunandsea.com；⏰8:30~14:30和17:30~23:00）出租船和汽车（€40）。

安提帕克西岛（ANTIPAXI） ΑΝΤΙΠΑΞΟΙ

人口 25

安提帕克西岛在帕克西以南2公里的地方，面积不大但美不胜收。葡萄园和橄榄树林布满小岛，偶尔会看见散落其间的小村庄。旺季时，每天都有单桅小船和旅游船往返于盖奥斯和拉卡之间，还会在两个海滩小湾停靠，一个是小而多沙的Vrika海滩，另一个则是铺满鹅卵石的Voutoumi海滩。在清澈透亮的水面上泛舟游览将成为一段刻骨铭心之旅。

一条内陆的小路连接起两个海滩（步行30分钟），精力充沛的人不妨步行前往Vigla小村，或是远至小岛最南端的灯塔；带足饮用水，后两条路每条至少需要1.5小时。

Voutoumi和Vrika各有两家餐馆（主菜€7~15）。有几家希腊小馆提供住宿。

ℹ 到达和离开

前往安提帕克西岛的渡船（往返€7，只有旺季通航）10:00从盖奥斯出发，16:30左右返回（7月和8月班次更多）。

莱夫卡扎（LEFKADA） ΛΕΥΚΑΔΑ

人口 22,652

莱夫卡扎（又名Lefkas）被铁蓝色的海

Lefkada & Its Satellites
莱夫卡扎和其周边岛屿

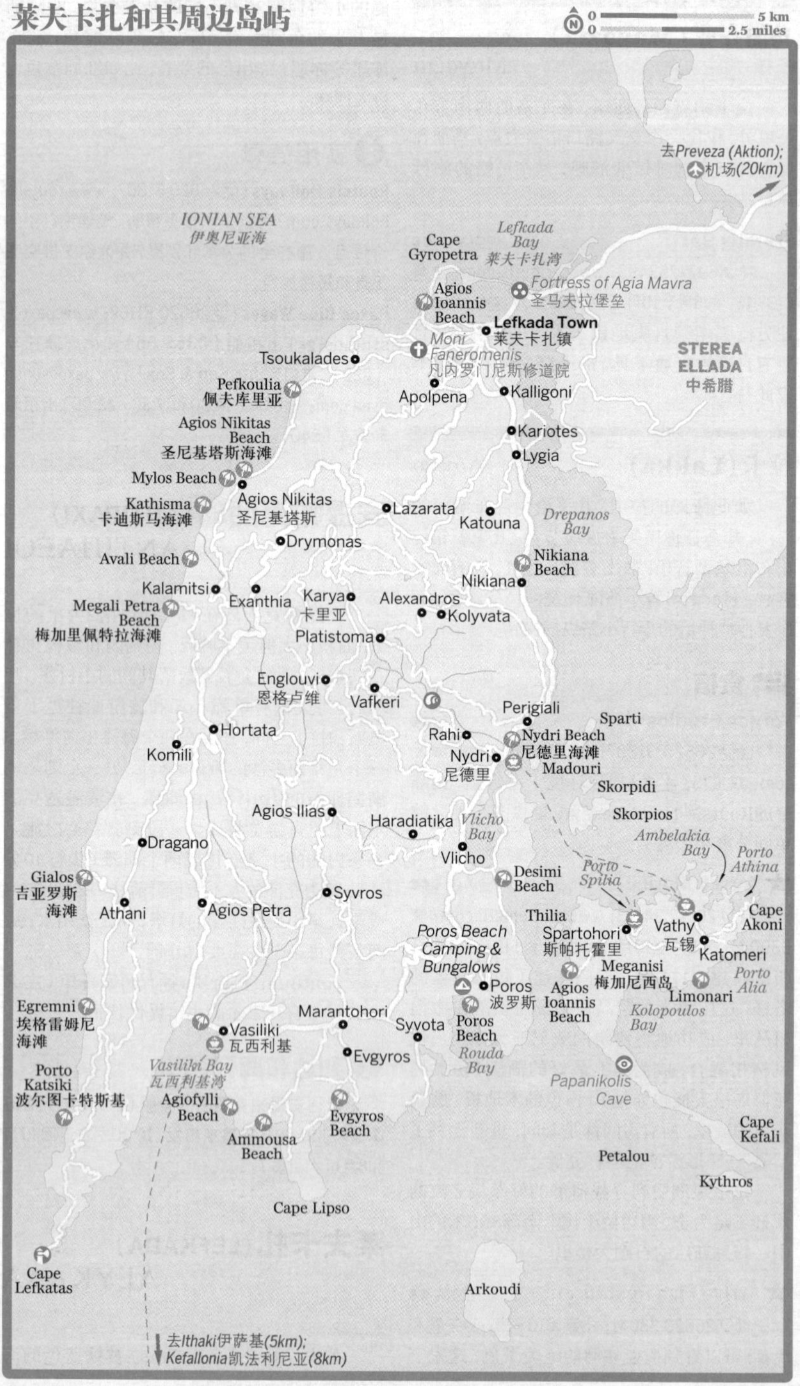

0 5 km
0 2.5 miles

去Preveza (Aktion); 机场(20km)

IONIAN SEA 伊奥尼亚海

Lefkada Bay 莱夫卡扎湾

Cape Gyropetra

Fortress of Agia Mavra 圣马夫拉堡垒

Agios Ioannis Beach

Lefkada Town 莱夫卡扎镇

Moni Faneromenis 凡内罗门尼斯修道院

STEREA ELLADA 中希腊

Tsoukalades

Pefkoulia 佩夫库里亚

Apolpena

Kalligoni

Kariotes

Lygia

Agios Nikitas Beach 圣尼基塔斯海滩

Mylos Beach

Kathisma 卡迪斯马海滩

Agios Nikitas 圣尼基塔斯

Lazarata

Katouna

Drepanos Bay

Drymonas

Avali Beach

Nikiana Beach

Nikiana

Kalamitsi

Exanthia

Karya 卡里亚

Alexandros

Kolyvata

Megali Petra Beach 梅加里佩特拉海滩

Platistoma

Englouvi 恩格卢维

Vafkeri

Perigiali

Sparti

Hortata

Rahi

Nydri Beach 尼德里海滩

Komili

Nydri 尼德里

Madouri

Skorpidi

Skorpios

Agios Ilias

Haradiatika

Vlicho Bay

Dragano

Vlicho

Ambelakia Bay

Porto Athina

Desimi Beach

Porto Spilia

Gialos 吉亚罗斯海滩

Athani

Agios Petra

Syvros

Thilia

Cape Akoni

Vathy 瓦锡

Spartohori 斯帕托霍里

Katomeri

Poros Beach Camping & Bungalows

Meganisi 梅加尼西岛

Porto Alia

Poros 波罗斯

Agios Ioannis Beach

Limonari

Egremni 埃格雷姆尼海滩

Kolopoulos Bay

Marantohori

Vasiliki 瓦西利基

Syvota

Poros Beach

Rouda Bay

Evgyros

Vasiliki Bay 瓦西利基湾

Porto Katsiki 波尔图卡特斯基

Papanikolis Cave

Agiofylli Beach

Evgyros Beach

Ammousa Beach

Cape Kefali

Petalou

Kythros

Cape Lipso

Cape Lefkatas

Arkoudi

去Ithaki伊萨基(5km); Kefallonia凯法利尼亚(8km)

水环绕，野生橄榄树丛和笔直的柏树闪烁微光。虽然与大陆之间有狭窄的堤道连接，但一些地方感觉未受旅游业影响——已开发的地区一般在东岸。

在岛屿中心地带，你能看到身着传统服饰的老太太和慈祥地照顾羊群的牧羊人；西侧有两三处全世界最好的海滩。强风侵袭莱夫卡扎，使得这座岛屿深受风筝冲浪者和帆板冲浪者欢迎，是职业巡回赛的固定场地。

莱夫卡扎与大多数岛屿相比，并没有那么与世隔绝，一度曾与希腊本土通过狭窄的地峡相连。公元前8世纪，侵占此地的科林斯人开凿了运河。

到达和离开

飞机

最近的机场距离莱夫卡扎北部也有20公里，靠近陆地上的Preveza（Aktion；PVK）。**Sky Express**（☎28102 23500；www.skyexpress.gr）往来Preveza与科孚岛（€53，25分钟）、凯法利尼亚（€49，20分钟）、扎金索斯（€55，1小时）、基西拉（€60，2.5小时）、锡蒂亚（克里特岛；€99，2小时，只有6月至9月通航）。奥林匹克航空（见546页）也有从Preveza飞往雅典、塞萨洛尼基、卡尔帕索斯、科孚岛、伊拉克利翁、罗得岛和Chania的航班。**柏林航空**（AB；☎210 353 5264；www.airberlin.com）偶尔有飞Preveza的航班。5月至9月，北欧和英国会有飞往Preveza的包机航班。

船

目的地	时间	票价	班次
菲斯卡尔宗（凯法利尼亚）	1小时	€10	每天2班
弗里凯斯（伊萨基）	2小时	€10	每周5班
Piso Aetos（伊萨基）	1小时	€10	每周2班
萨米（凯法利尼亚）	1.75小时	€10	每天1班

West Ferry（☎26450 31520；www.westferry.gr）从瓦西利基到凯法利尼亚和伊萨基的渡船每天都有，但没有固定的发船时刻表。旺季（7月和8月）每天有渡轮从莱夫卡扎开往伊萨基和凯法利尼亚。有的月份，**Ionian Pelagos**（☎26450 31520）的渡船从瓦西利基经由伊萨基的Piso Aetos驶往凯法利尼亚的Fitzcardo和萨米（Sami）。咨询信息和预订船票可以联系**Samba Tours**（☎26450 31520；www.sambatours.gr；Vasiliki）。

长途汽车

莱夫卡扎镇的**KTEL长途汽车站**（☎26450 22364；www.ktel-lefkadas.gr；Ant Tzeveleki）距离镇中心1公里，在新码头的对面，驶往雅典（€33.80，5.5小时，每天4班）、Patra（€16，3小时，每周2班）、塞萨洛尼基（€35，8小时，每周3班）、Preveza（€2.70，30分钟，每天6班）和Igoumenitsa（€12.20，2小时，每天1班）。

当地交通

莱夫卡扎和Preveza的Aktion机场之间没有公共汽车。到莱夫卡扎镇的出租车费用是€40，到尼德里（Nydri）为€60。先从机场坐出租车去Preveza，再乘公共汽车前往莱夫卡扎，这样比较便宜。

公共汽车

旺季时，公共汽车频繁地定时往返于莱夫卡扎镇和东海岸；周日和淡季时公共汽车的班次会大幅减少。目的地有圣尼基塔斯（€1.60，30分钟，每天3班）、卡里亚（Karya；€1.60，30分钟，每天4班）、尼德里（€1.60，30分钟，每天20班）、瓦西利基（€3.40，1小时，每天4班）以及Vlicho（€1.80，40分钟，每天11班）。

汽车

租车费每天€40起。尼德里有无数家汽车和自行车出租公司，瓦西利基也有几家。

如果要坐南去的渡船，可以在Preveza的Aktion机场安排租车，开到瓦西利基后还车（反之亦然）。

Europcar（☎26450 23581；www.lefkaseuropcar.gr；Panagou 16，Lefkada Town）

Santas（☎26450 25250；www.ilovesantas.gr；Lefkada Town）出租自行车和小型摩托车，每天租金€16起。紧邻Ionian Star Hotel。

莱夫卡扎镇（Lefkada Town）

Λευκάδα

人口 8673

莱夫卡扎镇是莱夫卡扎岛的主要城镇，

人来人往，洋溢着轻松、愉快的气息。小镇建于一个环礁湖东南角的海岬上，一直以来饱受地震的威胁。1948年的地震几乎将这个小镇夷为平地，灾后重建采用了特殊的防震建材，变得引人注目——许多建筑的上层外立面加上了颜色鲜艳的波纹铁皮。穿过充满活力的主步行街、Dorpfeld和热闹的Agiou Spyridonos广场散散步，或是参观一下美观大气的教堂吧。

景点

考古博物馆
博物馆

（Archaeological Museum；☎26450 21635；成人/儿童 €3/2；⏰周二至周日 8:00~15:00）位于Agelou Sikelianou西端的文化中心里，拥有横跨旧石器时代和罗马后期的岛上的文物。馆内最珍贵展品是一个公元前6世纪的陶像，雕刻了吹长笛的少年和山林仙女。

后拜占庭时期圣像博物馆
博物馆

（Collection of Post-Byzantine Icons；☎26450 22502；Rontogianni；⏰周二至周六 8:30~15:30，外加周二和周四 18:00~20:15）**免费** 距离Ioannou Mela不远，建筑恢宏，展出的圣像出自伊奥尼亚学派和俄国的圣像画家之手，历史可以追溯到1500年前。

圣马夫拉堡垒
要塞

（Fortress of Agia Mavra；⏰9:00~13:00）**免费** 穿过堤道，眼前就是这座14世纪的威尼斯堡垒。最初由十字军建造，但今天所见的遗迹大体可追溯到被威尼斯和土耳其占领的时期。

凡内罗门尼斯修道院
修道院

（Moni Faneromenis；☎26450 21305；⏰博物馆周一至周六 9:00~13:00）**免费** 始建于1634年，这座修道院位于小镇西边3公里的山顶上，1886年被付之一炬，现在看到的是重建后的。潟湖和小镇景致动人，爬到山顶后你绝不会后悔，更何况修道院博物馆中还珍藏着宗教艺术品。

住宿

★ Boschetto Hotel
精品酒店 €€

（☎26450 20244；www.boschettohotel.com；Dorpfeld 1；双 含早餐 €100起；❄@📶）这是一座优美而高雅的建筑（建于1900年前后），里面有4个雅致宽敞的房间，配备木地板、宽屏电视、细麻布床单、大理石浴室和阳台，可以俯瞰宝蓝色的海面和咖啡馆熙熙攘攘的景象。

Hotel Santa Maura
酒店 €€

（☎26450 21308；Sp Vlanti 2；标单/双/标三 含早餐 €55/70/80；❄📶）这座火烈鸟般的粉色豪宅装饰着鲜花和绿色百叶窗。18个清新的房间有平板电视、阳台和干净的卫生间。很多19世纪末的华饰依然得以保留。

Pension Pirofani
酒店 €€

（☎6936873735，26450 25844；Dorpfeld10；房间 €110~120；❄📶）从豪华的大厅到精品风格的房间，房间装饰偶尔采用铺天盖地的橙色和紫色、现代的灯具和家具，Pirofani时髦而完美无缺。闪闪发光的浴室增添了酒店的奢华氛围。

餐饮

西部海滨和Agiou Spyridonos广场到处是酒吧和咖啡馆。

Ciao
冰激凌 €

（Mitropoleos 8）紧邻Dorpfeld，在此舀起现制的冰激凌，口味从乳香（mastiha；希俄斯岛的一种甜酒）到巧克力，不一而足。

Frini Sto Molo
希腊小馆 €

（☎26450 24879；Golemi；主菜 €8；⏰午餐和晚餐）这家餐馆有温馨的内饰、无风露台上的充足光线，以及侧重海鲜的菜单，特色菜有章鱼、鱿鱼、虾和鲜鱼。

Ey Zhn
各国风味 €€

（☎6974641160；Filarmonikis 8；主菜 €9~12；⏰1月至10月 晚餐）这家餐馆布景丰富，路边客栈与艺术家府邸的风格相互交融，精致的美食融合了多种风味。外露的木地板、柔和的灯光和即兴演奏的音乐，使得不管是意大利蘑菇调味饭，还是口感柔嫩的唐杜里烤鸡都增色不少。

Burano
希腊菜 €€

（☎26450 26025；Golemi；主菜 €8~16；

⏲午餐和晚餐）气氛热烈，有种类丰富的菜单，菜肴有土匪羊、黑鲈、烤章鱼和意大利虾面。

东海岸

数年来，莱夫卡扎东海岸经历了较多的旅游开发，开发的焦点尼德里(Nydri)已从充满绚丽色彩的渔村，变为出售遮阳帽的旅游商店林立、海滩不怎么出彩的地方。逃离这片拥挤地带，到内陆看一看，则是另一个世界，映入眼帘的是零散的小村庄、精巧的希腊小馆和美丽的小路。漫步而行的人可以从尼德里出发，愉快地享受3公里步行，前往瀑布。

就尼德里自身而言，你可以转身向着大海进发，去那里的Madouri、Sparti、Skorpidi、Skorpios和梅加尼西岛(Meganisi)等小岛看一看。若去梅加尼西岛短途旅行，可以在Skorpios附近停下来游游泳(€15~25)，顺路游览伊萨基和凯法利尼亚(€20)。Borsalino Travel旅行社(☎26450 92528; www.borsalinotravel.gr; 上网每20分钟€1)位于尼德里的主街，几乎可以为游客组织所有的活动。尼德里以南15公里处(最好自驾车前往)，渔船和游艇漂浮在Syvota悠闲的港口。

食宿

Galini Sivota Apartments 家庭旅馆 €

(☎26450 31347; Syvota; 单间公寓 €45, 4人公寓 €70; ❄)距离港口15米，这些白色的朴素房间俯瞰柠檬树丛，以小厨房、电视和一尘不染的卫生间为特色。靠近超市，位置便利。

Poros Beach Camping & Bungalows 露营地 €

(☎26450 95452; www.porosbeach.com.gr; PorosBeach; 露营地 每个成人/汽车/帐篷€9/5/5, 单间公寓 €80起; P❄@📶🏊)坐落在完美的波罗斯海滩岸边，这家设备齐全且有组织的露营地有一个大游泳池、橄榄树丛里的露营位、不错的酒吧和有大游廊的宽敞咖啡馆餐馆。

Sivota Bakery 面包房 €

(Syvota; 法式薄饼 €6; ⏲8:00至深夜)港湾的墙壁上悬挂着老式自行车和马车灯，这个凉爽的棚子是个歇歇脚并享用果汁、自制馅饼、新鲜的牛角面包、法式薄饼和冰激凌的地方。天花板附近的燕子呢喃不另收费。

★ Minas Taverna 希腊小馆 €€

(☎26450 71480; www.minas-restaurant.gr; Nikiana; 主菜 €8~15; ⏲每晚 晚餐，周六和周日 午餐，淡季营业时间缩短)尼德里以北5公里处可以找到这家一流的希腊小馆，在Nikiana的正南方。全岛皆知这里的所有东西都出类拔萃——不管是意大利面，还是烤肉，抑或是海鲜。修复一新的石砌建筑里摆满了餐桌，站在内陆马路边的露台上可以俯瞰大海。

Stavros 希腊小馆 €€

(☎26450 31181; Syvota; 主菜 €9~13; ⏲复活节至10月 早餐、午餐和晚餐)在一棵巨型橡胶树的遮蔽下，这家希腊小馆坐落在港口，摆满了龙虾、鲷鱼、石斑鱼，氛围浓郁。

瓦西利基(Vasiliki)

Βασιλική

不仅仅是前往凯法利尼亚和伊萨基的便利交通枢纽，这座友好的港口村庄到处是石头很多的海滩，是希腊学习帆板运动的最佳场地之一，海湾里的劲风堪称风神的恩赐。附近海滨的桉树树荫下有一些美味的希腊小馆，这里有美术品和服装商店，是金融危机之后从雅典返乡的本地人开的。到了晚上，主街上有一圈漂亮的精品店。

活动

水上出租会把游客带到岛上更好一点的海滩和海湾，如瓦西利基南部的Agiofylli海滩。Samba Tours(见541页)能给游客提供非常多的帮助，出租汽车和自行车，代售船票并提供咨询。海滩沿岸的水上运动装备公司用旗帜、装备以及自家酒店来招揽顾客。

Club Vass 水上运动

(☎26450 31588; www.clubvass.com)欧洲学习帆板冲浪最好的俱乐部之一，Vass拥有25年的经验。这里出租帆板(每小时/天

€40/65)，有一对一课程(€50)，甚至还有一周课程班(€250)。

Nautilus Diving Club 潜水、皮划艇

(☎6936181775; www.underwater.gr)可选择的项目包括通气管潜水之旅(€10含午餐)、单次潜水(€45)、PADI开放水域课程(€410)和出租海上皮划艇(单人/双人 每小时€15/20)。

食宿

Pension Holidays 家庭旅馆 €

(☎26450 31426; www.pensionholidays.gr; 标单/双 含早餐 €55/60; ❄📶)友好的Spiros一家有着希腊式的热情，提供阳台早餐，可以观赏海湾和海港的迷人景色。这些靠近渡船码头的客房装修简单，但配有厨房，位置便利。

Vasiliki Bay Hotel 酒店 €€

(www.hotelvassilikibay.gr; 标单/双 €40/80; ❄📶)位于港口和主街后面的街道上，这家一流的酒店性价比极高。这里有布置漂亮的大房间，有焕然一新的墙壁和现代的卫生间、空调和阳台。这里有电梯和可享用自助餐的怡人早餐区。员工令人愉快。

Delfini 希腊小馆 €

(☎26450 31430; 主菜 €6; ⊙早餐、午餐和晚餐)港口里传统的老式小馆，挤满当地人，有香喷喷的海鲜烧烤和烤肉。

Taverna Vagelaras 希腊菜 €€

(主菜 €7~15; ⊙8:00至深夜; 📶)Vagelaras坐落在港口尽头，提供美味的沙拉、开胃小菜、意大利面菜肴和新鲜的海鲜。是海滨餐馆里最好的一家。

饮品

155 酒吧

(www.155cocktailbar.com; ⊙5月至10月)在海滨这家友好的酒吧里喝顶级鸡尾酒(€8)。

西海岸

狂热的海滩迷就直奔莱夫卡扎的西海岸吧，那里的大海绝不负长久以来的盛名：海面呈令人难以置信的绿松石色，海滩上有呈拱形的悬崖，也有白色的岩石，还有辽阔的沙滩，绵延不断。北部狭长的白色鹅卵石海滩**佩夫库里亚**(Pefkoulia)和**卡迪斯马海滩**(Kathisma)都是美丽的地方，后者现已发展得更好一些，几处单间公寓可供出租。Kalamitsi南部的**梅加里佩特拉**(Megali Petra)也非常优美。

并非到处是住宿场所，小村庄**圣尼基塔斯**(Agios Nikitas)沿中心街道向下延伸至蔚蓝海水轻抚的鹅卵石海滩，街道上有诱人的希腊小馆。欣赏完风景，随便吃点，然后沿西海岸继续往前，寻找由你独享的偏僻沙滩。**Mylos海滩**环抱海岬。想步行的话，走Taverna Poseidon旁边的小路吧，越过半岛大约需要15分钟，从圣尼基塔斯小海滩乘水上出租车(€3)也可以。

偏僻的**埃格雷姆尼海滩**(Egremni Beach)肯定可以竞争希腊海水最蓝的海滩。曲折的道路有时没有路面，尽头在临时停车场，沿这条路可以到达此处，一段720级的台阶从停车场向下延伸至海滩。寻求安静独处、熟悉内情的当地人会来此找寻他们的天堂。经过Athani村庄，从出售橄榄油、蜂蜜和葡萄酒的当地货摊之间穿过，最终辗转到达最南端激动人心的**波尔图卡特斯基**(Porto Katsiki)。想象一下：白色的悬崖在傍晚余晖下变成金色，下面的海滩有柔和的鹅卵石，轻抚的海水如神灵的喷枪。这里被视为世界上最佳海滩之一也不足为奇了。想吃午餐的话，前往山上便利的**Bilvi**(www.bilvi.gr; Porto Katsiki; 小吃 €6; ⊙9:00至深夜; ❄)。

住宿

Aloni Studios 公寓 €

(☎26450 33604; www.alonistudios-lefkada.com; Athani; 单间公寓/5人公寓 €50/60; P❄)浅黄绿色的阿萨尼鲜花盛开，下方的海景美丽得令人窒息。清新干净的公寓配备小厨房、冰箱和公共露台。

Olive Tree Hotel 酒店 €

(☎26450 97453; www.olivetreehotel.gr; Agios Nikitas; 标单/双/单间公寓 €50/60/75起; ⊙5月至9月; ❄📶)客房朴素，主人是希腊裔加

拿大人，非常友善。

★ Mira Resort 公寓 €€

（☎6977075881, 26450 24967; www.miraresort.com; Tsoukalades; 公寓套房 含早餐€80起; ⏰5月至10月; P❄📶🏊）坐落在山上，位置理想，波光粼粼的海面景色一览无余，令人惊叹。Mira有大游泳池和咖啡馆兼酒吧，公寓舒适，一尘不染。从莱夫卡扎镇往西南方走6公里就能看到。

Hotel Agios Nikitas 酒店 €€

（☎26450 97460; www.agiosnikitas.gr; Agios Nikitas; 双 含早餐 €70; ⏰5月至9月; ❄📶）位于海滩的高地上，这家令人赞叹的酒店有30多个雅致的房间，有浅蓝色墙壁、条纹床罩、现代卫生间、阳台和电视。这里还有小吃吧和室内咖啡馆。

Hotel Agatha 酒店 €€

（☎6948620615; www.agatha-hotel.com; Agios Nikitas; 单间公寓/公寓 €70/90; ❄📶）鸟鸣声声，从海滩步行几分钟即可到达热情的Agatha。漂亮的单间公寓和两室公寓阳光充足，墙壁是清爽的黄色，有小厨房和凉爽的瓷砖地板。我们最喜爱1号。

餐饮

★ Lefkatas 希腊小馆 €

（☎26450 33149; www.lefkatas.gr; Athani; 主菜 €7~12; ⏰5月至9月 午餐和晚餐; 📶）🌿长满橄榄树的山峦和前面的大海只是令人赞叹的景色的开始，这家令人愉悦的露台餐馆有奶油色餐桌，雪松成荫。享用早餐、沙拉、海鲜和汉堡包，留意每日特色，比如蒜香番茄角树鱼。餐馆位于村庄中心，你不会错过。

T' Agnantio 希腊小馆 €

（☎26450 97383; www.tagnantio.gr; Agios Nikitas; 主菜 €7~10; ⏰复活节至10月 午餐和晚餐）圣尼基塔斯最棒的希腊小馆，藤蔓遮蔽的露台位于海滩南侧，在当地奶酪、烤肉、肉丸、箭鱼和章鱼之间享受美妙的海景。

Kambos Taverna 希腊小馆 €

（☎26450 97278; Tsoukalades; 主菜 €7; ⏰5月中旬至9月 午餐和晚餐）沿着Tsoukalades教堂南面主干道的车道，就能发现这家小巧的家庭式希腊小馆，就在一片葡萄园和橄榄树之间。尝尝地道的菜式，比如土匪羊和西葫芦——不管做什么，基本上都是当天的创造。

莱夫卡扎中部

莱夫卡扎中部地区景观壮美，如果有充足的时间还有交通工具，那么传统的农耕村落、郁郁葱葱的山峰、气味芬芳的松树、大片的橄榄树和葡萄园以及变幻莫测的小岛美景，都值得你去探索。

小村庄卡里亚（Karya）是游客最喜欢去的地方，迷人的广场上悬铃木和希腊小馆相映成趣。这里最著名的是刺绣，19世纪时当地一位名叫Maria Koutsochero的非同寻常的独臂女子将刺绣引入村子，在一座传统的建筑里有个专为纪念她而设的博物馆。若想找个住处，可以问问Café Pierros（☎6938 605898）里的英国人Brenda Sherry。

岛上海拔最高的村庄是恩格卢维（Englouvi），在卡里亚以南几公里处，出产的蜂蜜和小扁豆远近闻名。导游引路的药草之旅（☎69342 87446; www.lefkas.cc）或参观奇特的Alexandros附近的工作室都需要预约。

Kolyvata Taverna（☎26450 41228, 6984056686; 主菜 €5~8; ⏰4月至10月）为真正的勇敢者开启梦幻般的乡村烹饪之旅。Kiria Maria善于交际，将自家前面的露台改造成餐馆向游客开放（提前预约确保她在家），提供新鲜且恰到火候的菜肴——菜园里只要是可以吃的东西都可以拿来烹饪。一到春天，南欧紫荆（koutsoupia，犹大树）纷纷开花，附近漫山遍野都是紫色，充满田园情致。找找Kolyvata那个满是石头建筑的小村庄，在Alexandros和Nikiana之间的公路旁设有路标。

梅加尼西岛（MEGANISI）
ΜΕΓΑΝΗΣΙ

人口 1040

梅加尼西岛笼罩在一片翠绿之中，卵石

海滩为绿松石色海湾镶边，来到这里是避开人满为患的尼德里最简单的办法。适合一日游，也可以自在地在这里多待一段时间。Porto Spilia（渡船码头，沿着陡峭的公路或者后面的台阶直走可到达）上方的高地处，坐落着**斯帕托霍里**（Spartohori），那里的车道狭窄，房屋上爬满三角梅。美丽迷人的**瓦锡**（Vathy）是岛上的第二大港，后方800米处为**Katomeri村**。如果时间充裕，去比较偏远的海滩（如**Limonari**）游玩也不错。

Asteria Holidays（☎26450 51107；www.asteria.gr）设在Porto Spilia，凡是与梅加尼西岛相关的事务，该公司都能帮得上忙。**Hotel Meganisi**（☎26450 51240；www.hotelmeganisi.gr；Katomeri；双 含早餐 €60；❄📶🏊）客房简单，有几间是海景房。最受欢迎的希腊鱼馆毋庸置疑就是**Porto Vathy**（☎26450 51125；Vathy；主菜 €6~14；⏲午餐和晚餐），建在瓦锡的一个小码头上。

到达和当地交通

渡船往返于尼德里和梅加尼西岛（每人/车 €2/14，25~40分钟，每天5班），在Porto Spilia和瓦锡停靠。斯帕托霍里（Spartohori）和瓦锡（途经Katomeri）之间每天有5~7班当地公共汽车往返，不过自带车辆上渡船很合算。

凯法利尼亚（KEFALLONIA）

ΚΕΦΑΛΛΟΝΙΑ

人口 35,801

伊奥尼亚群岛中最大的一个岛屿，凯法利尼亚是个能令人轻易迷失的地方，四周的空气中弥漫着夹竹桃的香气，传来游荡山羊的铃铛声。繁茂多山，拥有得天独厚的荒野草地、葡萄园和海水轻抚的神秘小海湾，海水的颜色比名模的眼睛还要蔚蓝，凯法利尼亚拥有一切。1953年的大地震毁掉了岛上原先的多数建筑，却有几座意大利风格的村庄幸免于难，即菲斯卡尔宗（Fiskardo）和阿索斯（Assos）。帕里齐半岛（Paliki Peninsula）等地区还未充分开发，在精致独到的烹饪技术和醇美的葡萄酒的合力作用下，景色秀美的岛屿显得更加完美。

到达和离开

飞机

机场（EFL；☎26710 41511）位于阿尔戈斯托利以南9公里处。

柏林航空旺季时开通航班。5月至9月，北欧和英国有许多包机航班。

奥林匹克航空公司（☎26710 41511；www.olympicair.com）飞往雅典。

SkyExpress（☎28102 23500；www.skyexpress.gr）提供凯法利尼亚与科孚岛、Preveza和扎金索斯之间的航班。

凯法利尼亚国内航班信息

目的地	时间	票价	班次
雅典	55分钟	€118	每天2班
科孚岛	1小时	€55	每周3班
基西拉	1.75小时	€56	每周3班
Preveza	20分钟	€55	每周3班
扎金索斯	25分钟	€55	每周3班

船

港务局（Port Authority；☎26710 22224）

国内

Ionian Ferries（www.ionianferries.gr）的渡船班次频繁，从波罗斯有前往伯罗奔尼撒半岛Kyllini的渡船。**Ionian Pelagos**（☎在Sami、Kefallonia 26740 23405；在Vasiliki、Lefkada 26450 31520）往返于萨米和伯罗奔尼撒半岛的Astakos，经由伊萨基的Piso Aetos和莱夫卡扎的瓦西利基。有些月份，**渡船**（☎26450 31520）从萨米出发直达瓦西利基。

West Ferry（www.westferry.gr）渡船从菲斯卡尔宗（有时从萨米）出发，前往瓦西利基（莱夫卡扎）。有时到弗里凯斯（伊萨基），一般从瓦西利基出发，偶尔也会从菲斯卡尔宗出发。咨询信息和买票要去**Nautilus Travel**（☎26740 41440；Fiskardo）。

5月至9月，每天有2班**渡船**（☎26710 91280）往返于南部偏远的Pesada港和扎金索斯北端的圣尼古拉奥斯。到港口的公共汽车很少，更简单便宜的办法是从波罗斯乘船去伯罗奔尼撒半岛大陆的Kyllini，从那里再到扎金索斯镇。许多意大利的渡船往返于科孚岛和Igoumenitsa时，会在中途的萨米停靠。

国际

由于Endeavour Lines最近关闭，萨米至Patra的渡船已经停止运营；Ventouris（见626页）依然往返于萨米和意大利的巴里（Bari）之间。旺季时，

Red Star Ferries（☎26710 27301）每周1班，周一从萨米开往布林迪西（硬座€87起，卧铺€115起，16小时）。

Blue Sea Travel（☎26740 23007；www.samistar.com；Sami）位于萨米海滨。

Vassilatos Shipping（☎26710 22618；Antoni Tritsi 54，Argostoli）在阿尔戈斯托利港务局对面。

长途汽车

每天有3班长途汽车往返于阿尔戈斯托利和雅典（€38，7小时，每天3班），途经波罗斯，使用渡船，具体安排为波罗斯（€35，4小时，每天1班）和Lixouri（€42，7小时，每天1班）。

阿尔戈斯托利KTEL长途汽车站（☎26710 22276；www.ktelkefallonias.gr；Antoni Tritsi 5）位于阿尔戈斯托利南部海滨。乘车时刻表打印得十分精致。

ℹ 当地交通

没有机场巴士，乘出租车大约需要€20。

Kefallonia & Ithaki 凯法利尼亚及伊萨基

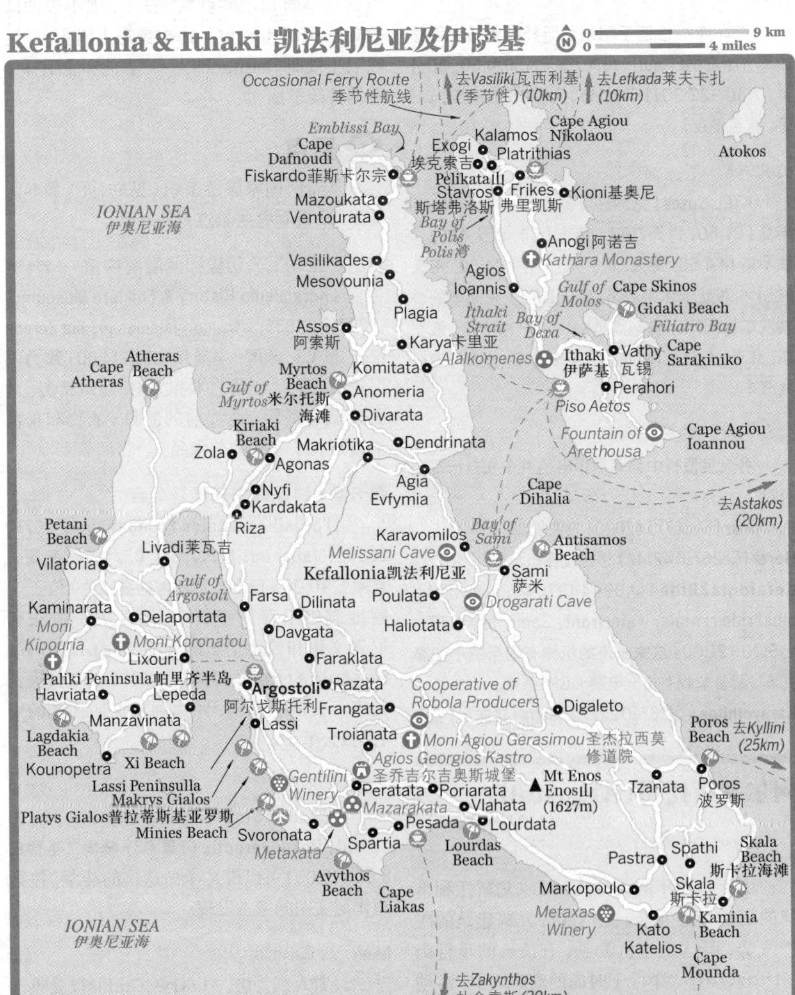

凯法利尼亚船只服务信息

目的地	发船地点	时间	票价	班次
圣尼古拉奥斯(扎金索斯)	Pesada	1.5小时	€8	每天2班(5月至9月)
Astakos(内陆)	萨米	3小时	€11	每天1~2班
Kyllini	波罗斯	1.5小时	€9	每天5~6班
Piso Aetos(伊萨基)	萨米	30分钟	€3	每周2班
瓦西利基(莱夫卡扎)	菲斯卡尔宗	1小时	€7	每天2~3班
瓦西利基	萨米	1.75小时	€9	每周2班(季节性)

船

汽车渡船往返于阿尔戈斯托利和该岛西边帕里齐半岛的Lixouri(每人/车 €3.50/4.50,30分钟,7:30~22:30每小时1班,7月和8月每半小时1班,直至午夜)。

公共汽车

KTEL Buses(见541页)的公共汽车开往Lassi半岛(€1.50,每天7班)、萨米(€4,每天4班)、波罗斯(€4.50,每天2班)、斯卡拉(€4.50,每天2班)和菲斯卡尔宗(€6,每天1班)。东海岸的公共汽车每天1班,各站点是Katelios、斯卡拉、波罗斯、萨米、Agia Evfymia和菲斯卡尔宗。周日没有公共汽车。

汽车和摩托车

各大度假村中都有很多出租汽车和自行车的公司。

Europcar(☎26710 42020)设在机场。

Hertz(☎26710 42142)也是设在机场。

Kefalonia2Ride(☎6944437045;www.kefalonia2ride.rentals;waterfront,Sami;每天€23;⏲9:30~21:00)这家一流的机构有崭新的小型摩托车,配备车载手机充电器和GPS系统。

Karavomilos(☎26740 22779;Sami)送车上门。

阿尔戈斯托利(Argostoli)

Αργοστόλι

人口 9748

由于1953年的大地震,阿尔戈斯托利重建的街道焕然一新。虽然或许欠缺建筑的庄严气势,但这里生机勃勃,有长长的步行街**Lithostroto**,穿行于时尚的商店之中。活动中心是迷人的**Valianou广场**,当地人会在这里的众多餐馆闲聊就餐。夏季,唱小夜曲的歌者(kantadoroi)一边在街道上漫步,一边哼唱小夜曲(kantades)——吉他和曼陀林伴奏的传统歌曲。

景点

从希腊国家旅游组织(见551页)拿本活动手册,看看哪些景点对外开放。

科尔吉亚勒尼奥历史和民俗博物馆 博物馆

(Korgialenio History & Folklore Museum;☎26710 28835;www.corgialenios.gr;Ilia Zervou 12;门票 €3;⏲周一至周六 9:00~14:00)致力于保护凯法利尼亚的艺术和文化,建筑精美,里面珍藏着圣像、地震前的器具、衣物和来自贵族与农工家庭的艺术品。

弗卡斯-科斯梅塔托斯基金会 博物馆

(Focas-Kosmetatos Foundation;☎26710 26595;Valianou;成人/儿童 €3/免费;⏲周一至周五 10:00~13:00,淡季时需要预约)位于一幢地震中幸存的建筑中,参观关于凯法利尼亚文化和政治历史的展品。**Cephalonia Botanica**(⏲周一至周五 8:30~14:30)免费是座可爱的植物园,距离阿尔戈斯托利的中心约2公里。

考古博物馆 博物馆

(Archaeological Museum;☎26710 28300;RokouVergoti;门票 €3;⏲周二至周日 8:00~15:00)可以说是全岛遗迹的荟萃,包括迈锡尼文明的考古发现。

Makrys Gialos 海滩

经常人满为患,Makrys Gialos很受英国度假者的欢迎。这里有美丽的蓝色海水。

普拉蒂斯基亚罗斯 海滩

（Platys Gialos）有广袤的树荫、清澈见底的海水和几个吃饭的地方。

Lourdas海滩 海滩

（Lourdas Beach）位于Argostoli-Poros路上，距离阿尔戈斯托利16公里。这里有一片迷人的广阔海滩，以绿色的群山为背景。

住宿

★Vivian Villa 家庭旅馆 €

（☎26710 23396；www.kefalonia-vivianvilla.gr；Deladetsima 11；双/单间公寓 €45/55；❄📶）这些漂亮的公寓位于一条安静的街道上，一切都非常规律。想想装饰雅致的客房、单独的儿童卧室、设备齐全的小厨房和阳台，在植物茂密的花园里百里香和罗勒的香气四溢。阁楼公寓令人赞叹，最多可住5个人。这里还配有电梯。

Camping Argostoli 露营地 €

（☎26710 23487；www.campingargostoli.gr；露营地 每个成人/汽车/帐篷 €6.50/3/5；⏲6月至10月；P📶）露营地位于半岛最北端的灯塔附近，是个安静怡人的地方。

Hotel Ionian Plaza 酒店 €€

（☎26710 25581；www.ionianplaza.gr；Plateia Valianou；双/标三/四 含早餐 €95/110/130起；P❄@📶）阿尔戈斯托利最漂亮的酒店，接待过好莱坞明星尼古拉斯·凯奇（Nicolas Cage）和佩内洛普·克鲁兹（Penelope Cruz），大理石装饰的大厅充满现代风格，客房虽然小但豪华，有平板电视和阳台。顶层的房间眺望广场的视野最佳。

Mirabel Hotel 酒店 €€

（☎26710 25381；www.mirabelhotel.com；Plateia Valianou；标单/双/标三 含早餐 €60/76/102；❄@📶）干净实用的房间逐渐乏味，这个商务旅行人士的住宿选择在广场一角。内有平板电视和书桌。

就餐

Ladokolla 希腊烤肉 €

（☎26710 25522；Xarokopou 13；菜肴 €2~8；⏲12:30至次日2:00）滚烫的鸡肉、猪肉或羊肉串以及皮塔饼在上餐的时候都不放在盘子里，而是直接放餐桌布上。

★Arhontiko 凯法利尼亚菜 €€

（☎26710 27213；Risospaston 5；主菜 €7~17；⏲早餐、午餐和晚餐）这家友好的传统餐馆有木质天花板和石墙，提供令人愉快的当地水产，比如鱿鱼、烤虾和章鱼，还有肉食动物们的最爱，比如凯法利尼亚肉饼（Kefallonian meat pie）或酿猪肉（exohiko；用西红柿、洋

凯法利尼亚的精彩户外之旅

尽管希腊国家旅游组织有时会准备详细的传单介绍全岛的步行路线，但走偏僻的小路时，聘请一位富有经验的当地人带路会方便得多。

Sea Kayaking Kefalonia（☎6934010400；www.seakayakingkefalonia-greece.com）经营的业务包括全系列的皮划艇一日游（包括午餐和浮潜设备，€60）、多日远足和认证课程。

Bavarian Horse Riding（☎6977533203；www.kephalonia.com；Koulourata；每1小时/4小时 €20/€80）骑上强健的巴伐利亚马短途旅行，穿越凯法利尼亚乡村。时间更长的4小时旅行带你翻越Ainosa山，到达岛屿另一侧的海边，你可以带着马去那里游泳。

Elements（☎6979987611；www.kefalonia-elements.com）各式各样的旅行，从徒步（€50起）、洞穴探险（€80起）到溪降（€60）、划皮划艇（€60）和吉普车游猎（€65）。

Donkey Trekking（☎6980059630；www.donkeytrekkingkefalonia.com；€20）萨米附近慢吞吞的骑驴之旅可以探寻四季常春的山谷和荒废的村庄。穿上结实的鞋。

Panbike（☎26710 27118；www.panbike.gr；Lithostroto 72, Argostoli）自行车费用每天€6起。店主Pandelis是自行车冠军，付费可送车上门，或者安排团队游。

Argostoli 阿尔戈斯托利

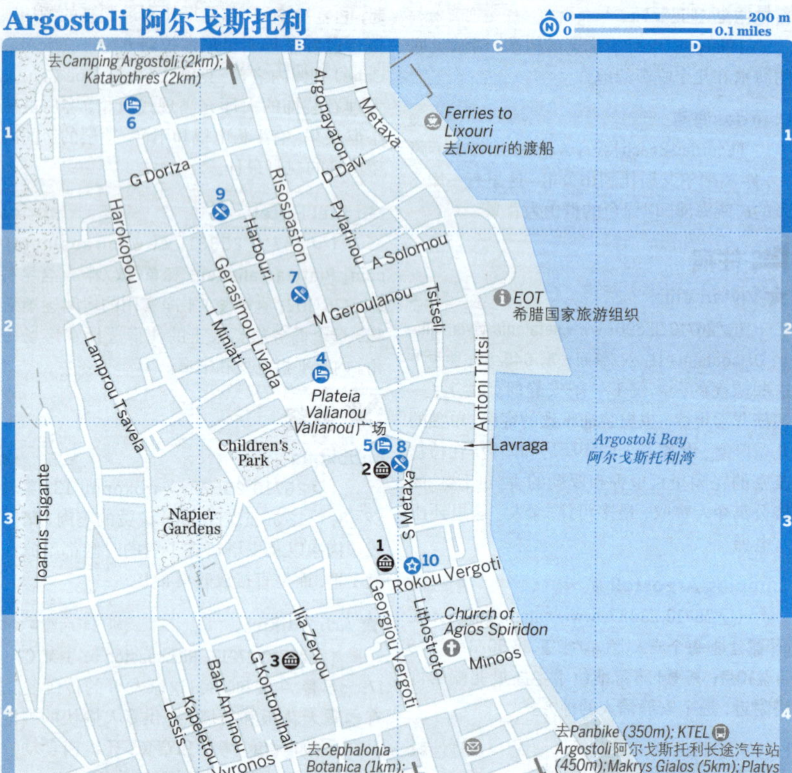

Argostoli 阿尔戈斯托利

景点

1 考古博物馆 B3
2 弗卡斯—科斯梅塔托斯基金会 B3
3 科尔吉亚勒尼奥历史和民俗博物馆 B4

住宿

4 Hotel Ionian Plaza B2
5 Mirabel Hotel B3
6 Vivian Villa A1

就餐

7 Arhontiko B2
8 Casa Grec C3
9 Ladokolla B1

娱乐

10 Bass Club C3

葱、辣椒和羊乳酪填馅的猪肉卷）等美味的主菜。优质的招牌葡萄酒，惬意周到的服务，以及舒适的用餐环境——这里总是忙碌也就不足为奇了。

Casa Grec 地中海菜 €€

（☎26710 24091; S Metaxa 12; 主菜 €12~22; ⏲每晚 晚餐，淡季营业时间缩短）赤土庭院植物丰富，烛光闪烁，一座喷泉成为这家美食休憩场所的浪漫背景。百里香鸡肉、酱汁微妙的意大利面、多汁的牛排、美味的甜点和各种葡萄酒，都是你来这里的理由。

饮品和夜生活

Valianou广场和Valianou的周边排满了咖啡馆，深夜时会迸发出无限活力。**Bass Club**（www.bassclub.gr; S Metaxa和Vergoti交叉路口）是个非常吸引年轻人的地方。受大众喜爱的酒吧餐厅Katavothres（☎26710 22221；waterfront）具有特殊的地形，顶级DJ加上形形色色的人群，带来别样的感受。海滩酒吧Stavento位于Makrys Gialos（见548页），在夏天非常活跃。

实用信息

最大的渡船码头位于海滨的最北端，而公共汽车却在最南端。北部海滨和Lithostroto都设有银行和ATM机。

希腊国家旅游组织（EOT；☎26710 22248；⊙周一至周五 7:00~14:30）位于北部海滨港口的警察局旁边，有乐于助人的旅游部门。

阿尔戈斯托利周边

把圣吉尔吉奥斯城堡（Agios Georgios Kastro）、圣杰拉西莫修道院（Moni Agiou Gerasimou）、罗柏拉（Robola）葡萄园和海岸或Enos山（Mt Enos）的小路连在一起，是一条风景优美的环线。

景点

圣吉尔吉奥斯城堡 遗迹

（Agios Georgios Kastro，Castle of St George；⊙周二至周日 8:30~15:00）免费 这座威尼斯城堡从16世纪开始便盘踞在阿尔戈斯托利东南部的山顶上，它曾是凯法利尼亚200多年的首府。城堡壮观华美，非常值得一看，还有个小村庄环绕着它，村里建有拜占庭教堂和餐馆（还有极好的远景）。Palatino（☎26710 68490；主菜 €7~10；⊙5月至10月 午餐和晚餐）提供凯法利尼亚的特色家常菜。Astraios（☎26710 69152；⊙21:00至深夜）是个酒吧，有希腊现场音乐，老板是受人尊敬的音乐家Dionysos Frangopoulos。

圣杰拉西莫修道院 修道院

（Moni Agiou Gerasimou；成人/儿童 €7/4；⊙9:00~13:00和15:30~20:00）专为凯法利尼亚的守护神而建，这座修道院（位于阿尔戈斯托利以东16公里处）一直由修女打理。小教堂里面还保留着Gerasimos待过的洞穴，他在这里结束严格的修道生活，进行更严苛的自我克制修行。顺着一个竖直的金属梯爬下来，便可进入下方6米处的修道室。

帕里齐半岛（Paliki Peninsula）Χερσόνησος Παλική

帕里齐半岛扎根于熙熙攘攘的海湾小镇Lixouri旁边，还是个没有充分开发的地区。丰富的色彩映入眼帘——白色和奶油色的建筑、红黏土的悬崖、嫩绿的庄稼和葡萄园，山顶上的小村庄。北边的白沙滩Petani海水清澈得可以引来疲倦的美人鱼，融化你的心灵。红沙滩Xi海滩也很迷人，但夏天的时候会挤满人。Kipouria修道院由一位独居的僧侣所建，站在里面，可以将光秃秃的悬崖、蔚蓝的大海和繁茂的葡萄园尽收眼底，因此，去半岛遥远的西部游览一番非常值得。

葡萄藤中的伊奥尼亚群岛

如果没有葡萄酒，伊奥尼亚群岛绝对会与现在的样子大不相同。凯法利尼亚的葡萄品种尤其与众不同，最著名的要数独一无二的罗柏拉葡萄（Robola，VQRPD）了。其他品种的葡萄如马弗罗达夫尼（Mavrodaphne，AOC）和麝香葡萄（Muscat，AOC）都为葡萄酒酿造增添了浓墨重彩的一笔。

阿尔戈斯托利东南部山区的高处，有个葱翠的Omala山谷，山谷中央是家葡萄酒厂，名为Cooperative of Robola Producers of Kefallonia（☎26710 86301；www.robola.gr；Omala；⊙5月至9月 9:00~20:00，10月至次年4月 周一至周五 9:00~15:00）免费 在这里，大约300个独立葡萄种植户的葡萄被酿制成黄绿色的罗柏拉干白葡萄酒，这种葡萄酒口感细腻，而且芳香四溢。据说这种葡萄由威尼斯人引进，用这种葡萄酿的酒是古代威尼斯总督最喜欢喝的。规模较小却杰出的Gentilini（☎26710 41618；Minies）位于阿尔戈斯托利以南2公里的机场路上，环境迷人，生产一系列优质的葡萄酒，包括亮闪闪的Classico葡萄酒。

Lixouri的中央广场坐落在海滨地区，来来往往的行人络绎不绝。从阿尔戈斯托利进入半岛最简单的方式是乘坐汽车渡船（每人/车 €3.50/4.50，30分钟，9月至次年6月每小时1班，7月和8月每半小时1班），即使你没有自己的交通工具，也能享受一次愉快的半日旅行。

Perdikis Travel（26710 91097；tvrperdi@hol.gr）位于Lixouri南部的海滨，可以帮助游客解决住宿问题和安排行程。

食宿

Xi Village 家庭旅馆 €€

（26710 93830；www.xi-village.gr；Xi；双/标三/四 €60/70/80；）俯瞰海滩，并建有游泳池和简单的木质白墙公寓，配有阳台和小厨房，Xi Village是个不错的选择。

Niforos 公寓 €€

（26710 97350；Petani；单间公寓 €85；5月至10月；）这里的单间公寓宽敞洁净，位于Petani海滩的上方，站在房间的阳台上可以远眺宽阔的海面。公寓主人亲切友好，巨大的游泳池和内部餐厅增加了公寓的吸引力。

★ **Petani Bay Hotel** 酒店 €€€

（26710 97701；www.petanibayhotel.gr；Petani；双 含早餐 €220~300；）拥有希腊最好的海景游泳池之一，这家漂亮的高山精品酒店俯瞰下方钴蓝色的海湾，有13个浪漫的套间，内有大理石地面、木叶电扇、小厨房和蘑菇灰色的墙壁。这里到处都很安静，唯一的声响就是山羊的咩咩叫声和葡萄酒杯的叮当声。

Erasmia 希腊小馆 €

（26710 97372；PetaniBeach；主菜 €6~9；5月至9月 午餐和晚餐）海滨喧闹的希腊小馆由于毫不含糊的海鲜菜单而广受欢迎。试想一下，在火红色的夕阳美景下享用刚刚烤好的鲈鱼。

Apolafsi 海鲜 €

（26710 91691；www.apolafsi.gr；Lepeda；主菜 €8~10；午餐和晚餐；）新鲜海鲜和烤肉，还有方便的酒店。房间（双 含早餐 €45~55）配有厨房和浴室。位于Lixouri以南2公里处。

Mavroeidis 面包房 €

（烘焙食品 €1.50起）位于Lixouri主广场上，是个完美的旅行休息站，这里的甜杏蛋糕（amygdalopita）是全岛最好吃的。

OiNisoi Vardianoi 希腊小馆 €€

（6986948528；Xi；主菜 €7.50~15；13:30至深夜）在微风阵阵的露台上可以看到广阔的海滩景色，菜单上都是海鲜和鱼类菜肴，这里是合适的午餐地点。

萨米及周边（Sami & Around）

Σάμη

人口 1025

萨米位于阿尔戈斯托利东北25公里处，是凯法利尼亚的主要港口，海滨一带到处是以游客为中心的咖啡馆——但除此之外，这个小镇充满魅力，它依偎着亮蓝色的海湾，把险峻的山峦当做天然屏障。很多修道院、古城堡遗迹、步行路线和附近的海滩（比如**Antisamos海滩**）值得一游。**Agia Evfymia**坐落于海湾北部，较为安静。附近的洞穴**Melissani**和**Drogarati**空有虚名。

活动

旅游办事处提供的小册子简要介绍了这片地区的**步行路线**。其中一个介绍了萨米和Antisamos的步行路线，另一个介绍了从Agia Evfymia到米尔托斯的路线。

食宿

Karavomilos Beach Camping 露营地 €

（26740 22480；www.camping-karavomilos.gr；Sami-KaravomilosRd；露营地 每个成人/汽车/帐篷 €8.50/3.50/6；5月至9月；）这处露营地面积很大，并且备受赞誉，在海滨占有优越的地理位置，配有极好的浴室和很多其他设施。

Gerasimos Dendrinos 公寓 €

（26740 61455；Agia Evfymia；标单/双 €50/60；）非常洁白的单间公寓，有沙发、电视和卫生间，在一栋古老漂亮的房屋内，花园里花团锦簇，位于村庄的北侧。楼层较高的房间有阳台。更好的是，这里靠近Paradise Beach（见553页）餐馆。

Hotel Athina 酒店 €€

（☎26740 22779；www.athinahotel.gr；Karavomilos；单间公寓 €60，双 含早餐 €80~95起；⏲5月至10月；❄@）墙壁粉刷的是冷色调的灰色，这家装修简单的度假酒店提供单间公寓，你可以俯瞰海湾。游客经常使用的游泳池属于隔壁华丽的Ionian Emerald Resort（☎26740 22708；www.ionianemerald.gr；双 含早餐 €220起），该度假村和Athina酒店是同一个老板。

Melissani Hotel 酒店 €€

（☎26740 22464；Dihalion 23，Sami；双/标三 €60/75；⏲5月至10月；❄）这个热情的地方距离海滨两个街区，具有复古风格，比如20世纪70年代的橙色电话和老式淋浴。这里虽然朴素，但可以看到极美的夕阳景色。

★**Paradise Beach** 凯法利尼亚菜 €

（Dendrinos；☎26740 61392；Agia Evfymia；主菜 €6~13；⏲5月中旬至10月中旬 午餐和晚餐）在Agia Evfymia海港地区的北端，这家漂亮的希腊小馆有藤蔓遮阴的露台，可以俯瞰萨米湾。受到《战地情人》（*Captain Corelli's Mandolin*）的演员和所有顺着香气而来的人的欢迎：当地养殖的牲畜的肉（尤其是小羊排骨）、叶卷饭、凯法利尼亚肉饼或炖野兔（braised rabbit）。你还会再来的，相信我们!

实用信息

包括邮局和银行在内的所有服务设施都在萨米。开往阿尔戈斯托利的长途汽车通常需要搭乘渡船。可以从Karavomilos（见548页）租车。

港务局（☎26740 22031；Sami）

阿索斯（Assos） Άσσος

人口 88

景色优美上镜，难以言表，小小的阿索斯汇聚了意大利风格的奶油色和赭色房屋，四周是被林木丛生的半岛遮蔽的美丽海湾。顶端的堡垒非常适合徒步旅行，小海湾也非常适合下水游泳。拜访这里的原因还缘于几家美味的小馆，节奏如此缓慢，你会感到自己的脉搏跳动都放缓了。

食宿

Apartment Linardos 公寓 €€

（☎26740 51563；www.linardosapartments.gr；双/四 €75/85；⏲5月至9月；❄）装饰雅致的单间公寓，在这里可以看到堡垒及一箭之遥的海滩景致，完美如画。配备电视、小厨房、阳台和冰箱。在涛声中安然入睡吧。

Molos 希腊菜 €

（☎26740 51220；主菜 €7~10；⏲9:30至深夜）位于海湾尽头，这家奶黄色的港口小馆将下午晚些时候的“黄金时段”用在了蓝色格子桌布上。沙拉、烤小牛肉、猪里脊、章鱼、红鲱鱼都美味醇香。

Platanos 希腊小馆 €

（主菜 €6~15；⏲复活节至10月 早餐、午餐和晚餐；✎）Platanos因其极具地方特色和新鲜可口的食材在全岛鼎鼎有名，它位于广场上一片极诱人的绿荫之下，靠近海滨。擅长烹饪肉类菜肴，同时提供鱼和蔬菜，碎肉茄盒就是其中一种。

菲斯卡尔宗（Fiskardo） Φισκάρδο

人口 189

在珊瑚蓝色的海水边，位置宁静怡人，这座小村庄到处是色彩浪漫的威尼斯建筑，令人陶醉——菲斯卡尔宗幸运地躲过了1953年大地震的最强破坏。这里有一些高档的餐馆和极为优质的住宿场所。夏天挤满游艇，这里散发出与岛屿其他地方大不相同的国际化喧闹气息。

住宿

淡季时客房的折扣幅度非常大。

Villa Romantza 家庭旅馆 €

（☎26740 41322；www.villa-romantza.gr；房间/单间公寓/公寓 €50/70/85；❄）这是个经济实惠的住处，房间和单间公寓既简洁又宽敞。

深海探秘

海滨后面的**Fiskardo Divers**（☎6970206172；www.fiskardo-divers.com；3小时初学者课程 €50，开放水域4日PADI课程 €400）新开设了一家很棒的潜水中心。展览包括僧海豹、赤蠵龟、居维叶突吻鲸（Cuvier's beaked whales）和鲨鱼的骨架。由海洋生物学家Cedric管理，这个出色的机构组织前往洞穴、沉船、礁石和"二战"落下的波弗特式鱼雷轰炸机炮弹地点的潜水。Fiskardo周边水域能见度40米，是学习潜水的理想地点。

Regina's Rooms
家庭旅馆 €

（☎26740 41125；www.regina-studios-boats.gr；双/标三 €50/70；❄📶）Regina's坐落在海滨上方，客房物有所值，有柔软的被子、小厨房、阳台和电视。店主也租**船**，住客可享受价格优惠。

Kiki Apartments
公寓 €€

（www.kiki-apartments.gr；套 €120~130；❄📶）6栋新公寓具有时髦的普罗旺斯风格。想象一下木面板桌、绿色和奶油色配色、闪闪发亮的小厨房、沙发、独立阳台和令人赞叹的卧室。这里还有游泳池。公寓坐落在海滩旁边。

Archontiko
家庭旅馆 €€

（☎26740 41342；www.archontiko-fiskardo.gr；双 无/有海景 €80/90，公寓 €100；❄）老式石砌大楼里的豪华房间，有四柱床、雅致的床上用品和海景阳台；这里还有宽敞的顶层公寓，有小厨房，可住5人。

Stella Apartments
公寓 €€

（☎26740 41211；www.stella-apartments.gr；单间公寓/公寓 €100/125起；❄@📶）在菲斯卡尔宗安静的南部郊外，这些风格热情的房间布置舒适，有冰箱和卫星电视，还有可以一赏附近海景和远处灯塔景色的大阳台。这里还有电梯。

Emelisse Hotel
度假村 €€€

（☎26740 41200；www.arthotel.gr；Emblissi Bay；双/套 €352/378起，4人公寓 €893起；⏲4月中旬至10月中旬；P❄@📶≋）度假村在菲斯卡尔宗以西1公里处，位置得天独厚，眼前便是Emblissi海湾。这家豪华酒店布置美观的客房位于精心打理的花草露台之中，带给你无上荣耀的体验。豪华的游泳池和餐厅可以看到莱夫卡扎、伊萨基甚至更远处的海景。房费包括早餐。

✕餐饮

菲斯卡尔宗有许多非常高档的餐厅。酒吧和咖啡馆像一个个玩具屋点缀着海滨，非常适合坐在里面观察行人。

★Irida
希腊菜 €

（www.irida-fiscardo.com；主菜 €8~13；⏲9:00至深夜）悬挂着不拘一格的老式潜水帽和艺术品，这家拥有200年历史的盐库不仅仅有神秘的波希米亚风格室内装潢，更可以在此享用炸鱿鱼、肉丸和羊肉饼或者尝尝酿鲳目鱼片搭配虾和香槟。

Tassia
地中海菜 €€

（☎26740 41205；主菜 €13；⏲5月至10月 午餐和晚餐）海滨以西有淡紫色的椅子和铺着亚麻桌布的餐桌，Tassia Dendrinou的自制馅饼、开胃小菜和西葫芦丸子令人开怀。尝尝"渔夫意大利面"（fisherman's pasta），里面有切碎的鱿鱼、章鱼、贻贝和大虾，这些东西混搭出不可思议的美味，甚至还会淋上一点法国白兰地提味。肉类菜肴相当不错。

Café Tselenti
意大利菜 €€

（☎26740 41344；主菜 €15；⏲5月至10月 午餐和晚餐）这家著名的餐馆自从1893年起一直为Tselenti家族所有，在村子中央还有个浪漫的户外露台。美味的菜肴包括茄子卷（aubergine rolls）和极好的意大利扁面（linguine，配有大虾、贻贝和小龙虾），还有羊腿、炖牛肉、苹果白兰地配箭鱼。

Vasso's
海鲜 €€€

（☎26740 41276；主菜 €10~40；⏲5月至10月 午餐和晚餐）在附近海水轻抚下的Vasso's是品尝优质海鲜的首选，比如蜂蜜章鱼搭配蚕豆泥、贻贝烤奶酪（saganaki）和番茄汁小牛肉（sofigado）。

实用信息

Nautilus Travel（见546页）和**Pama Travel**（☎26740 41033；www.pamatravel.com；Fiskardo）会为你安排一切。都提供上网服务（每30分钟€2）。登录www.fiscardo.com便可获取小镇信息。

伊萨基（ITHAKI） ΙΘΑΚΗ

人口 3231

人烟稀少，寂静迷人，它神秘的灵魂吸引着你，伊萨基有些特别之处。拥有古老的遗迹、小港口和深蓝海水边的曲折海岸，凯法利尼亚和希腊大陆之间的这座岛屿会使你始终记忆犹新，即便其他的小岛都随着时间淡去。

传说伊萨基是荷马笔下的奥德修斯的故乡，所以这个小岛一直备受推崇。奥德修斯的归期一拖再拖，他那忠贞的妻子佩内洛普（Penelope）一直耐心地等待丈夫归来。这座蝴蝶型的小岛由两大部分组成，中间以狭窄的地峡相连。险峻的悬崖、不时出现的橄榄树林、陡峭的荒山为这块伊奥尼亚群岛的宝石镶上了金边，而修道院和教堂则显示出拜占庭时期的风采，周围还有优美风景。

到达和离开

船

Ionian Pelagos（☎26740 32104；www.ionionpelagos.com）旺季时每天都有1班（有时2班）渡船往返于Piso Aetos、萨米（凯法利尼亚）以及（大陆上的）Astakos之间。

West Ferry（☎在Kefallonia 26740 41440，在Lefkada 26450 93182；www.westferry.gr）从弗里凯斯驶往瓦西利基（莱夫卡扎）的渡船时刻表经常变化。有时渡船从弗里凯斯直达菲斯卡尔宗（凯法利尼亚），但更多的时候会在瓦西利基停靠。周五和周六，**Kefallonia Lines**（☎21095 15100；www.kefalonianlines.com）运营从瓦锡开往伯罗奔尼撒的Kyllini（€13.60，2.5小时）的渡船。

从瓦锡两大旅行社（见557页）可以获取信息并购买船票，它们分别代理不同渡船公司的业务。

港务局（☎26740 32909）

长途汽车

可以购买一张前往雅典的长途汽车票（€38，含渡船票，每天1班），不过需要在瓦锡换乘汽车渡船；当船到了凯法利尼亚的萨米之后，开往雅典的长途汽车重新载客，一定要找到长途汽车的位置。

当地交通

Piso Aetos位于伊萨基的西海岸，没有住宿点。下了渡船之后会有出租车接站（只有旺季），也有城市公共汽车连接。

岛上的每辆公共汽车每天运营2班（周末除外，旺季班次增加），往返于基奥尼和瓦锡，并途经斯塔弗洛斯（Stavros）和弗里凯斯（Frikes，€3.90）。公共汽车因为班次有限，不适合一日游的游客乘坐。

为了环游全岛，最好的办法是租辆小型摩托车或汽车（旺季€35起）或是摩托艇。租车公司提供收费送车服务（€10~15）。

AGS（☎26740 32702；Vathy）西部海港地区。

Alpha Bike & Car Hire（☎26740 33243，www.alphacarsgreece.com；Vathy）在阿尔法银行（Alpha Bank）楼后。不错的小型摩托新车。

Sea Taxi（☎26740 33581，6972142374）

Taxis（☎6944790943，6944686504，6945700214）乘出租车相对来说非常贵（从瓦锡到弗里凯斯需要大约€30）。

伊萨基船只服务信息

目的地	发船地点	时间	票价	班次
Astakos（内陆）	Piso Aetos	2小时20分钟	€10	每天1~2班
萨米（凯法利尼亚）	Piso Aetos	30分钟	€3	每天2班
Nidri（莱夫卡扎）	弗里凯斯	1小时	€8	每周2班
瓦西利基	Piso Aetos	1小时15分钟	€8	每周2班，季节性

瓦锡（Vathy） Βαθύ

人口 1820

美丽的瓦锡有新古典主义的天蓝色和赭色房屋，坐落在不受风雨侵袭的马蹄形港口周边，背倚群山。中央广场——Efstathiou Drakouli广场以雄伟的奥德修斯铜绿雕像为装饰，到处都是咖啡馆，因海滨来往的车辆和渡船而熙熙攘攘，狭窄的车道从码头通向内陆。瓦锡是岛上唯一一个有夜店、银行、旅行社等场所的地方。

伊萨基布局较为紧凑，所以在较短的距离内就能欣赏到不同的景致（5~13公里不等），步行的过程中可以看到360度无死角的海景和周边的小岛。步行线路有带有路标的小径（关于徒步小径的信息，见www.ithacagreece.com），参加导览徒步游，探索小岛鲜为人知的一面。

活动

★ Island Walks 步行游览

（www.islandwalks.com；步行 €15~18）由Ester经营，步行路途长度不一。最著名的线路是"荷马步行线路"（Homer Walk），包括斯塔弗洛斯的博物馆，然后曲折前往附近的山坡，那里有奥德修斯的真实遗址，可能是他2800年前居住的地方。这段步行线路用时约3小时，带上耐穿的鞋子、帽子和水。

Mersini Massage & Reiki 健康与健身

（☎6980961691；全身/热石按摩 每小时€40/35，灵气疗法reiki 每小时€35）费力走过"荷马步行线路"之后，在这家靠近海边的安静工作坊（在广场后面），用轻柔的按摩舒缓自己疲倦的小腿。

乘船游览

Albatross（☎6976901643）和**Mana Korina**（☎6976654351）旺季时的航班可到伊萨基各处，从瓦锡出发，不同的航线到达菲斯卡尔宗（凯法利尼亚）、莱夫卡扎以及Atokos和Kalamos（最多10人包船 €400）等"未知岛屿"。乘船游览路线还包括前往**Gidaki海滩**（€10）。若想步行去Gidaki，沿着从**Skinos海滩**开始的步行路线就能到达。

住宿

Grivas Gerasimos Rooms 家庭旅馆 €

（☎26740 33328；双/标三 €45/55）物有所值，柠檬色的墙壁，宽敞的房间内有木床，上面铺着蓝绿色的被褥。有电视、冰箱、书桌和可以俯瞰港口的小阳台。建议要求住楼上带大阳台的房间。想去这里的话，在海滨的世纪俱乐部（Century Club）右转，然后在与海岸平行的公路第一个路口处左转，继续再走50米就到了。

Odyssey Apartments 公寓 €€

（☎26740 33400；www.odysseyapartments.gr；单间公寓 €100，单卧/双卧公寓 €130/160；P ❄ ≋）公寓建在小镇外500米的山上，这些单间公寓和公寓（有的可供5人居住）收拾得一尘不染，有阳台。极目远眺，可以看见港口的奇妙景色，甚至可以看到更远的地方。海滨东端有路标。

Hotel Familia 精品酒店 €€

（☎26740 33366；www.hotel-familia.com；Odysseos 60；标单/双 含早餐 €110/120起；❄ 📶）由过去的橄榄油压榨加工厂改建成了现在华丽的精品酒店。别致的板岩顶与柔软的挂毯、柔和的灯光交相辉映，令人赞叹不已。酒店属于家族经营，适合家庭，不过只有一个房间带有庭院，并且看不到海景。

Hotel Mentor 酒店 €€

（☎26740 32433；www.hotelmentor.gr；标单/双/标三/四 含早餐 €70/85/105/135；❄ 📶）简单时髦的房间有电视、书桌、大衣柜和阳台，还有诱人的现代早餐室，就位于海滨。

★ Hotel Perantzada 精品酒店 €€€

（☎26740 33496；www.arthotel.gr/perantzada；Odyssea Androutsou；双/标三/四 含早餐 €265/415/490起；⏲复活节至10月中旬；❄ @ 📶 ≋）昏暗的Perantzada在港口附近，有海景游泳池和带大阳台的房间，如白云般简约——有iPod播放器和平板电视、花岗岩和木质卫生间，以及足以自由潜水的大浴缸。自助早餐的确奢华，主厅非常适合阅读，你可以在那里消磨假期。

Trehantiri

希腊小馆 €

（☎26740 33444；主菜 €5~9；⏲午餐和晚餐）这里的厨房每天都烹制不同的东西，从炖羊肉到酿番茄、烤奶酪到土匪羊，不一而足。就在广场后面，有蓝色的桌子，宠物金丝雀唱出动人的歌声。

Karamela Cafe

咖啡馆 €

（主菜 €5；⏲6:30至深夜；❄📶）树荫遮蔽的花园里或者凉爽的室内是享用早餐的理想地点，有小吃、比萨和沙拉。位于海边。

ℹ 实用信息

伊萨基没有旅游办事处。**Polyctor Tours**（☎26740 33120；www.ithakiholidays.com）设在中央广场上，而**Delas Tours**（☎26740 32104；delastours.blogspot.gr）位于海滨；都可以在船票和相关信息方面提供帮助。

岛上只有中央广场上有银行（有ATM机）和邮局。

伊萨基周边

伊萨基与充满神话的过往从未失联，这里有好几处与荷马史诗《奥德赛》有关的遗址，不过寻找这些遗址本身就是史诗般的困难旅程，毕竟可供指引的路标少之又少。

Fountain of Arethousa喷泉位于小岛南部，据说奥德修斯手下的养猪人欧迈俄斯（Eumaeus）就是带猪来这里饮水的。通向喷泉的路是条荒芜孤寂的徒步路线，沿途可以看到没有受到任何破坏的风景和壮丽的海景，从转弯路口算起，全程共需1.5~2小时（往返）；但这段路并不包括到达路标之前5公里的丘陵路的跋涉。

奥德修斯宫（Odysseus' palace）的位置一直备受争议，考古学家也未曾找到确凿的证据；据许多现代考古学家推测，奥德修斯宫位于斯塔弗洛斯附近的Pelikata山上，而德国考古学家海因里希·谢里曼（Heinrich Schliemann）认为宫殿位于PisoAetos附近的Alalkomenes。

暂且从荷马神话中抽身，从瓦锡出发，向北沿着有惊人美景的山路前行，来到昏昏欲睡的古都阿诺吉（Anogi）。已修复的Agia Panagia教堂（自称建于12世纪）拥有令人叹为观止的拜占庭壁画和一座威尼斯钟楼。可以从旁边的咖啡馆（kafeneio）拿到钥匙，前往参观。往山上走200米，林立的岩石中有面积不大但让人浮想联翩的Old Anogi遗迹。

继续向北走，便可到达内陆的斯塔弗洛斯（Stavros）村，它坐落于Polis湾之上，走西海岸公路也可到达。除了瓦锡，这片地区只有斯塔弗洛斯有ATM机。参观一下小型的考古博物馆（☎26740 31305；⏲周二至周日 8:30~15:00）免费 非常有趣，里面藏有可以追溯到公元前3000年至罗马时期的当地文物。

驾车北上，登上埃克索吉（Exogi）的顶部一览全景；沿途会经过荷马故居（House of Homer）的考古发掘现场，从右侧设有路标的泥土路走下来便到。

从斯塔弗洛斯往东北方向走，就到了海滨的弗里凯斯（Frikes），渡船从这里出发驶往莱夫卡扎。虽然处于狂风横扫的悬崖之间，它的海滨仍有一片餐馆和繁忙的酒吧。

一条蜿蜒的公路从弗里凯斯出发，环抱迷人的海岸线，经过崎岖的悬崖，通往美丽的基奥尼（Kioni），威尼斯房屋组成的小山村向下延伸至小巧的海港。基奥尼的一些美味的希腊小馆和海湾对面的3座废弃风车几乎会让你的心灵融化。端一杯冷饮，等待夕阳西下。

🛏 住宿

Ourania Apartments

公寓 €

（☎26740 31027；www.ithacagreece.com/ourania/ourania.htm；Stavros；单间公寓/公寓 €40/65；🅿❄）从斯塔弗洛斯步行上山两分钟即可到达，这座浪漫的别墅有百叶窗，是鲜花的海洋，可以看到对面的橄榄林绵延至海边，景色优美。这里还有一间大一点的公寓。房主让人如沐春风。

Captain's Apartments

公寓 €€

（☎26740 31481；www.captains-apartments.gr；Kioni；2/4人公寓 €65/85；❄📶）朴素却整洁的单间公寓，有电视、松木家具和设备齐全的小厨房。快到海港的时候，在曲折的下坡路上寻找路口。

Kioni Apartments 公寓 €€

(☎26740 31144; www.ithacagreece.eu; Kioni; 公寓 €100; ⊙5月至10月; ❄)位于港口一隅，叶子花遍布，这座漂亮的意大利风格建筑有热情的公寓，内有木质天花板和大阳台。时尚而温馨，地处中心地段，但很安静。总之：完美。

餐饮

En Plo 希腊菜 €

(Kioni; 主菜 €6~8; ⊙8:00至午夜; ❄📶)楼上的露台是个欣赏夕阳的漂亮地点，远处海湾对面风车灯光亮起。提供鸡尾酒、沙拉、冰激凌、早餐和法式薄饼，很时髦。

Mythos 希腊小馆 €

(☎26740 31122; Kioni; 主菜 €8.50; ⊙午餐和晚餐)位于基奥尼，Mythos坐落在海浪边，有一流的希腊千层面(pastitsio)、炖小牛肉、自制鸡肉馅饼和虾烤奶酪(saganaki)。

Rementzo 希腊小馆 €

(☎26740 31719; Frikes; 主菜 €6~12; ⊙午餐和晚餐)就在弗里凯斯的港口，这个地方有传统菜式，比如炖肉、新鲜的海鲷和杏子干，还有当地特产葡萄干蒜香醋鱼(savoro)。

Sunset 咖啡馆 €

(Stavros; 主菜 €5; ⊙早餐、午餐和晚餐)在还不到斯塔弗洛斯中心的山坡上，地段理想，Sunset凭借绝美的海湾夕阳美景赢得这个名字。果仁蜜饼(baklava)、奶酪蛋糕、奶酪布丁(Panna Cotta)和法式薄饼(crêpes)不可多得，堪称甜美体验。

★ **Yefuri** 希腊小馆 €€

(☎26740 31131; Platrithias; 主菜 €7~16; ⊙周二至周日 晚餐，淡季营业时间缩短)在瓦锡镇外，Yefuri可以称得上是最棒的餐馆，这里的农产品食材新鲜，而且菜单经常变化。位于斯塔弗洛斯和Platrithias之间的公路边。

Ithaki Restaurant 希腊小馆 €€

(☎26740 31080; Stavros; 主菜 €8~14; ⊙午餐和晚餐)这家时髦的小馆位于广场一隅，有美景露台。试试炭烧小牛肉、猪肉和烤羊肉。

Polyphemus 希腊小馆 €€

(☎26740 31794; Stavros; 主菜 €10~17; ⊙午餐和晚餐)在茶灯的照耀下，这家浪漫的花园餐馆凭借烤鱿鱼、烤干章鱼和蒸贻贝而受人欢迎。

Cafe Spavento 咖啡馆

(☎26740 31427; Kioni; 📶)早餐很棒。有Wi-Fi。

To Kentro 咖啡馆

(Stavros; ⊙9:00至深夜)位于广场一侧，这家咖啡馆受到当地退休人士的欢迎。下午安静地拨弄手珠，啜饮一杯松香味希腊葡萄酒(retsina)，体验时光缓慢流逝的感觉。

扎金索斯(ZAKYNTHOS)

ZAKYNΘΟΣ

人口 40,759

扎金索斯也叫Zante(意大利语名)，它的东部和东南部沿海正面临着旅游业带来的沉重压力。在此背后，它是个美丽的岛屿——你只要径直前往西部和中部地区，峰峦叠翠，山下是似真似幻的绿松石般的海水，让你将喧闹抛诸身后。北部和南部的海岬仍保持着郁郁葱葱的本色，开发也较少。遍布餐馆和桃红色的叶子花，扎金索斯镇(Zakynthos Town)为旅游过度的东部增添了一点活力，可这里的赤蠵龟却面临着开发带来的生存威胁。

到达和离开

飞机

扎金索斯机场(Zakynthos Airport; ZTH)位于扎金索斯镇西南6公里处。想找往返塞萨洛尼基的航班，试试Astra Airlines(见522页)。

奥林匹克航空公司(Olympic Air; ☎801 801 0101, 26950 42617; www.olympicair.com; Zakynthos Airport; ⊙周一至周五 8:00~22:00)飞往雅典。

Sky Express(☎28102 23500; www.skyexpress.gr)飞往科孚岛(经由凯法利尼亚和Preveza)和基西拉。

5月至9月，有许多来自北欧和英国的包机。

柏林航空(www.airberlin.com)航班飞往德国。

易捷航空(www.easyjet.com)旺季时有飞往伦敦(Gatwick)、罗马和米兰(Milan)的航班。

Zakynthos 扎金索斯

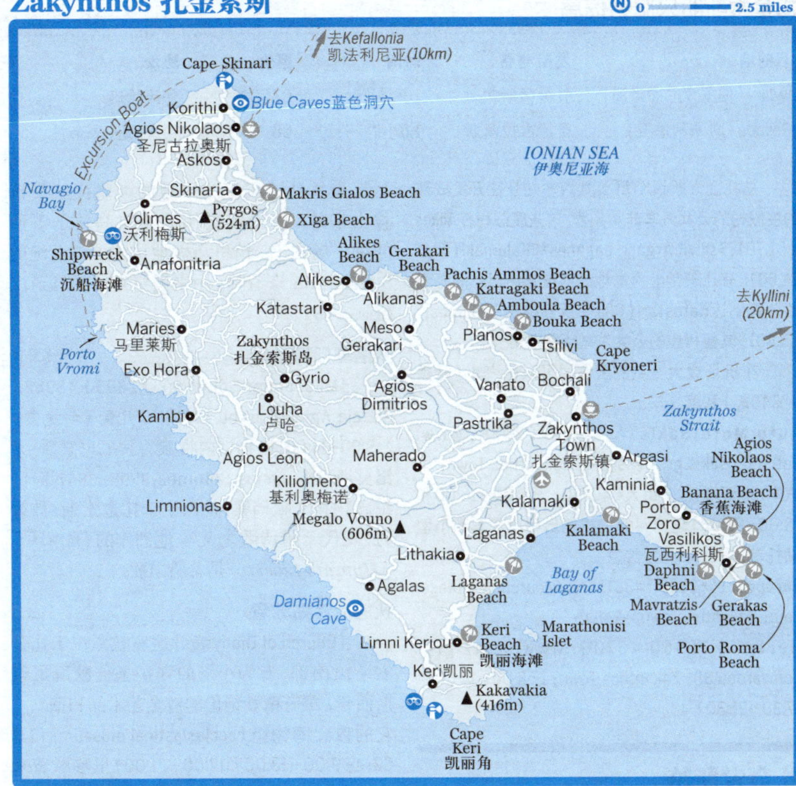

船

港务局（☎26950 42556）

Ionian Ferries（☎26950 22083；www.ionianferries.gr；Lomvardou 40&72，Zakynthos Town）根据季节不同，每天有4~8班航班往返于扎金索斯镇和伯罗奔尼撒半岛上的Kyllini。偶尔有驶往（或始发于）Igoumenitsa、萨米（凯法利尼亚）、意大利的巴里和布林迪西的国际渡船在扎金索斯停靠。

Ionian Ferries也出售旺季时经由Igoumenitsa开往意大利布林迪西和搭乘Minoan Lines（见626页）、Superfast（见626页）和Blue Star Ferries（见623页）前往科孚岛的船票。Ventouris（见626页）开往巴里（Bari）。

5月至10月间，每天有2班渡船从圣尼古拉奥斯北部的港口出发，驶往凯法利尼亚南部的Pesada；**Chionis Tours**（☎26950 48996；Lomvardou 8，Zakynthos Town）代售船票。几乎没有公共汽车开往这两个港口，所以除非你有自己的交通工具，从扎金索斯镇去内陆的Kyllini更方便经济，然后乘另一艘渡船去凯法利尼亚。

长途汽车

扎金索斯KTEL长途汽车站（☎26950 22255；www.ktel-zakynthos.gr；Zakynthos Town）位于通向扎金索斯镇西边的绕城道上。从位于海港的St Denis教堂去长途汽车站可以乘坐长途汽车。站点还包括雅典（€26.10，6小时，每天3班）、科林斯（€18.80，每天4班）、Patra（€8，3.5小时，每天3班）和塞萨洛尼基（€49.60，10小时，每周2班）。乘渡船前往Kyllini需要额外支付€8。

ℹ 当地交通

扎金索斯镇和机场之间没有公共汽车。出租车费约为€12。

扎金索斯船只服务信息

目的地	发船地点	时间	票价	班次
Kyllini（伯罗奔尼撒半岛）	扎金索斯镇	1小时	€7.50	每天10班
Pesada（凯法利尼亚）	圣尼古拉奥斯	1.5小时	€8	每天2班，季节性

从扎金索斯镇KTEL公共汽车站开往开发成熟的度假村的公共汽车非常频繁，这些度假村在Alikes（€1.70）、Tsilivi、Argasi、Laganas和Kalamaki（都是€1.60）。有几班常坐的本地公共汽车通过不同等级的公路到达Katastari（€3）和沃利梅斯（Volimes；€3.40）。其他村庄的公共汽车线路非常少。

在机场或大一点的度假村可以租汽车（旺季时€40起）和摩托车。

Auto Moto Sakis（☎26950 23928；www.automotosakis.gr；Dessila 4，Zakynthos Town；小汽车/小型摩托车 每天€40/20；⏰8:00~16:00和18:00~21:00）这家可靠的机构出租小汽车和小型摩托车，由Sakis先生经营。

Europcar（☎26950 43313；www.europcar-greece.com；ZakynthosTown）在机场。

Hertz（☎26950 45706；www.hertz.gr；Lomvardou 38，Zakynthos Town；⏰8:00~14:00和17:30~21:30）

扎金索斯镇（Zakynthos Town）

Ζάκυνθος

人口 9772

被一片巨大的蓝色海湾环抱，遍布热闹的餐馆，扎金索斯镇是扎金索斯岛律动的首府和港口。小镇在1953年的地震中严重受损，灾后重建了有拱廊的街道、气势宏伟的广场以及优雅的新古典主义公共建筑。山上有座威尼斯堡垒俯视着喧闹的小镇。

景点和活动

Agiou Markou广场原先是城镇生活的脉搏所在，如今成为持续性金融危机的受害者，已经关闭，等待重建，直到另行通知。

★拜占庭博物馆 博物馆

（Byzantine Museum；☎26950 42714；Plateia Solomou；门票 €3；⏰周二至周日 8:30~15:00）优秀的教会艺术作品占据了两层，展品都是从被地震夷为平地的教堂废墟中抢救出来的。博物馆宏伟的建筑高耸于下面的主广场之上。馆里巧妙地仿建了16世纪的St Andreas修道院，用来展览复原的修道院壁画。

索洛莫斯博物馆 博物馆

（Museum of Solomos；☎26950 48982；Plateia Agiou Markou 15；成人/儿童 €4/免费；⏰9:00~14:00）博物馆内收藏着狄厄尼索斯·索洛莫斯（Dionysios Solomos，1798~1857年）的纪念物和文献档案，他出生于扎金索斯，被誉为“现代希腊诗歌之父”。他创作的《自由颂》（*Hymnto Liberty*）是希腊国歌。

狄厄尼索斯教堂 教堂

（Church of Dionysios）这座教堂位于扎金索斯镇南部，专为小岛的守护圣徒狄厄尼索斯而建，藏有精妙绝伦的镀金艺术品和壁画。它的**教会博物馆**（ecclesiastical museum；门票€2；⏰9:00~13:00和17:00~21:00）里珍藏着来自Strofades修道院（狄厄尼索斯曾在此居住多年）的圣像，还有可以追溯到13世纪和14世纪的卷轴。圣徒狄厄尼索斯（St Dionysios）的躯体经过奇妙保存，已有400年历史，在每年8月24日这天被抬上街巡游。

城堡 遗迹

（Kastro；☎26950 48099；门票 €3；⏰周二至周日 8:00~15:00）这处静谧的威尼斯堡垒遗迹种满了松树，绿树成荫，高高地俯瞰着扎金索斯镇。此处距离小镇2.5公里，可以把车停在Bochali的停车场上，然后步行300米就到了。

Big Game Fishing 钓鱼

（☎26950 52521，6977357590；www.biggamefishingzante.com；包船最多6人 每小时€120）船长Yiannis可以带你去深海钓箭鱼、金枪鱼和旗鱼。所有的猎物都要被放回水中。他大概会在Hotel Strada Marina（见561页）

对面的港口边停泊。

住宿

Hotel Alba 家庭旅馆 €

(☎26950 26641; www.albahotel.gr; L Ziva 38; 标单/双 €44/55; ❄@📶)Alba干净、面积略小的大理石主体房间有老式卫生间，还有阳台、电视和冰箱，完全符合经济型住宿的要求。管理良好，位于中心地段。

Hotel Palatino 酒店 €€

(☎26950 27780; www.palatinohotel.gr; Kolokotroni 10; 双/标三 €75/95; ❄@📶)位于中心地段，华丽的Palatino有宫殿般的大厅和70个时髦的房间，配备小冰箱、电视、厚地毯、大卫生间和深蓝色的清新墙壁。有的房间有海景阳台。

Hotel Strada Marina 酒店 €€

(☎26950 42761; www.stradamarina.gr; Lombardou 14; 标单/双/四 含早餐 €50/75/90起; ❄📶🏊)坐落于海港的中心区域，最近被修复的庞然大物是城镇内第一家豪华酒店，建于20世纪初；它保留了优雅的魅力，国际标准的房间拥有开阔的码头视野。这里有漂亮的房顶露台**餐厅**和游泳池，可以俯瞰城镇最美的全景。

Hotel Diana 酒店 €€

(☎26950 28547; www.dianahotels.gr; PlateiaAgiouMarkou; 标单/双/四 含早餐 €55/70/85; ❄@📶)清爽高效，这些木地板房间有阳台、卫星电视、漂亮的卫生间和冰箱。另外还有一间双卧家庭套房，外加屋顶花园。

Plaza Hotel 酒店 €€

(☎26950 45733; www.plazante.gr; Kolokotronis 2; 标单/双 €75/85)Plaza感觉很新，有大理石地板和豪华的房间，内有海景阳台、现代的卫生间、冰箱、电视和保险柜。这里还有电梯。

餐饮

★Malanos 希腊小馆 €

(☎26950 45936; www.malanos.gr; Agiou Athanasiou, Kiri; 主菜 €7~12; ⏲正午至16:00和20:00至深夜)这是个家庭式经营的希腊小馆提供的扎金索斯特色菜很受欢迎。有简易的餐桌，走廊上带有顶棚，将为你奉上公鸡、兔子、野猪等招牌菜。位于乡村地带，在小镇南部边缘，找个当地人问问路便可以找到。

Mesathes 地中海菜 €

(☎26950 49315; Ethnikis Antistaseos 34; 主菜 €8.50; ⏲午餐和晚餐)位于拜占庭博物馆后的小巷，Mesathes有玫瑰色调的内部，外边也有几张餐桌。老板还会弹吉他，为精美的菜肴，比如炖兔肉、烤虾和入口即化的意式布丁伴奏。

Base 酒吧

(www.basecafe.gr)Base似乎可以指挥穿梭于Agiou Markou广场的人流，并为他们提供咖啡、饮料还有音乐，还可以在这里欣赏当地人流。

扎金索斯周边

若想层层解开扎金索斯的魅力之谜，有自己的交通工具真的非常必要。

景点

在扎金索斯岛延伸的南部地区，与Laganas湾毗邻的**瓦西利科斯半岛**(Vasilikos Peninsula)至今仍是岛上最为苍翠宁静的地方。可是开发开始了——比如，**香蕉海滩**(Banana Beach)位于半岛北部，是一片狭长的金色沙滩，到处都是人、水上运动设施和遮阳伞。**Kaminia海滩**是个相当不错的选择。扎金索斯最好的海滩是绵长的**Gerakas**，位于半岛的另一端，正对着Laganas海湾。但要注意一点，这里是岛上海龟筑巢的几大海滩之一，所以，5月至10月的黄昏到黎明这段时间，禁止进入海滩。请遵守相关部门提出的保护建议，具体要求可以从海滩入口旁的售票亭处了解。

如果有自己的交通工具，你可以去岛上遥远的西南部感受一番原生态的地貌。传统的**凯丽**(Keri)村后面，有一条小公路——经过一家自称拥有希腊最大国旗的希腊小馆——通向**凯丽角**(Cape Keri)，它的灯塔耸立于峭壁之上，刚过有长凳和小卖部的海岸观景点就是。

韩剧中的“乌鲁克”

热播韩剧《太阳的后裔》中，那个男女主角被派去驻扎的“乌鲁克”有一处绝美海湾，正是扎金索斯岛的沉船海滩(Shipwreck Beach)。

几条风景迷人的公路从这里出发，虽然容易混淆，但也乐在其中。公路穿过一片葱茏秀丽的丘陵地带，当地人在那里出售蜂蜜和其他应季的特产。有的道路通向人迹罕至的西海岸的小海湾，如**Limnionas**或**Kambi**；有的通向内陆犹如明珠般的地方，比如**基利奥梅诺**(Kiliomeno)，那里的**St Nikolaos教堂**因没有屋顶的钟楼而独具特色。**Agios Leon教堂**的钟楼以前是座风车房。美丽的**卢哈**(Louha)村沿着山谷散落开来，树林掩映，碧草连天。**Exo Hora**有许多干涸的泉眼，并因为这里有岛上最古老的橄榄树而非常出名。**沃利梅斯**(Volimes)是名副其实的传统商品贸易中心，比如橄榄油、蜂蜜、桌布和地毯。

扎金索斯镇北边是东海岸，那里有无数度假村，但一定不要就此停下，越往北走，岛上风景越是秀美迷人。公路经过**Agios Nikolaos**渡口小村时变窄，这个村庄开发的不多。继续往前走是田园般、微风习习的**Skinari角**(Cape Skinari)。

船从Agios Nikolaos和Skinari角出发，前往**蓝色洞穴**(Blue Caves)——洞穴与海平面齐平，刺穿石灰岩质的海崖。船会开进洞穴，有阳光射入洞口的时候(9:00~14:00)，海水会变得晶莹透蓝。

船还会到达著名的**沉船海滩**(Shipwreck Beach)，这里的照片为扎金索斯的旅游手册增色不少；沉船海滩位于**Navagio湾**，即小岛西北角上的沃利梅斯以西约3公里处。淡季时，这片海滩的确非常美丽，但有人说旺季，这里就像诺曼底登陆似的，整片水域都拥挤不堪——建议早点去。陆地上有个摇摇欲坠的**瞭望台**(在Anafonitria和沃利梅斯间设有路标)，那里的视野非常棒。**Potamitis Trips**(☎26950 31132; www.potamitisbros.gr; Cape Skinari)和**Karidis**(☎6974492193; Agios Nikolaos)运营单独去蓝色洞穴(€7.50)的渡船之旅，连同前往沉船海滩的路线费用为€15。

住宿

通过**Aresti Club**(☎26950 26151; www.aresti.com.gr)可以预订别墅，若想租住瓦西利科斯半岛周围的房子，可以联系**Ionian Eco Villagers**(☎在英国 0871 711 5065; www.relaxing-holidays.com)。

Panorama Studios 公寓 €

(☎26950 31013; www.panorama-studios.gr; Agios Nikolaos; 单间公寓 €40; P ❄ 📶)会说英语的房主为你提供可以看见海景的单间公寓，房间布置精美，在美丽的花园之中，位于从Agios Nikolaos开始的主路上，往山上走600米即到。

★ **Villa Christina** 公寓 €€

(☎26950 49208; www.villachristina.gr; Limni Keriou; 单间公寓 €55, 公寓 €65~80, 5人公寓套房 €150; ⏲5月至10月; P ❄ @ 🏊)位于伊甸园般的橄榄树丛，这些泥土色的单间公寓在鸟语花香的花园内。公寓干净，以松木为主，有阳台和小厨房。这里有阅览室、电视室、小商店、烧烤区和波光粼粼的游泳池。在Limni Keriou和Laganas路之间可以找到。

Windmill 家庭旅馆 €€

(☎26950 31132; www.potamitisbros.gr; 双 €130; ❄)是一幢由风车房改建的石砌的老房子，坐落在Skinari角的峭壁顶上，位置极佳。古典雅致的房间视野很好，都能看见美丽的风景。房间铺着凉爽的瓷砖地板，室内有裸露的石头。在台阶上面有片迷人的游泳区。不仅有烹饪设施，还有咖啡馆-酒吧。

就餐

扎金索斯周边的餐馆平淡无奇。凯丽、Limnionas和Kambi到了旺季才有物美价廉的普通希腊小馆营业。

Louha's Coffee Shop 咖啡馆 €

(☎26950 48426; Louha; 主菜 €4~7; ⏲5

月至10月）露台上葡萄藤叶带来阴凉，在这里吃点美食或喝点饮品非常惬意，正对面是St John the Theologian教堂。当地的葡萄酒美味醇香，与店里的每日特色菜和沙拉是绝配。远处柏树点缀的群山让人心旷神怡。

★ **Alitzerinoi** 希腊小馆 €€

（☎26950 48552；www.alitzerinoi.gr；Kiliomeno；主菜 €8~14；⏲9:00至深夜，冬季 仅周五至周日 晚餐）当地人为了Alitzerinoi的岛上美食徒步到小山村基利奥梅诺；这家店用的是当地食材和奶酪。在餐馆18世纪的舒适石屋内就餐，夜晚有现场音乐，或者在沿山坡向下的阶梯式庭院内就餐。

基西拉（KYTHIRA）

ΚΥΘΗΡΑ

人口 4041

基西拉岛（发音：kee-thih-rah）"漂浮"在距离伯罗奔尼撒的Lakonian半岛（位于爱琴海和伊奥尼亚海之间）12公里的海面上。这里安静得连猫咪都要打呵欠。崎岖地带对面经常笼罩在海上的雾气如同突然出现的罩子，多年以来，基西拉实在是一片"鬼城"，一片未受破坏的荒野，有茂密的山谷、峡谷和从碧蓝色海水中拔地而起的悬崖。尽管是伯罗奔尼撒半岛的近邻，但它属于伊奥尼亚群岛，而岛上的柏树林会使你充分认识到这一点，这座与世隔绝的小岛像是凝固在时光中，简直好像忘记了融入21世纪。地势起伏的中部高原是真正没有遭到破坏的处女地，占据了岛上大部分面积，有的地方进行了农耕开垦，有的地方则是一片荒地（只长了野生茴香和大蒜）。随着逐渐靠近海岸，地势变低，形成了海崖以及藏于其下的海滩。岛上的居民分布在方糖状设计风格的40多座村庄里。村庄里的建筑充满鲜明的基克拉泽斯风格，新古典主义的庄园夹缀其间，还能看见老式咖啡馆（kafeneia）。

这里的旅游业一直比较低迷，但是在7月和8月，全岛会进入疯狂的时期。不断下降的游客数中有一部分是从国外（尤其是澳大利亚）回来的基西拉侨民。其余的月份里，基西拉及其优美的海滩出奇地静美。

ℹ 基西拉信息资源

关于基西拉的更多信息，登录www.kythira.gr、www.kithera.gr、www.kythira.info或www.visitkythera.gr。一些旅行社、酒店和商店出售信息丰富的英文报纸《基西拉》（*Kythera*）。徒步者应该找找Frank van Weerde编著的《走遍基西拉——32条精选步行路线》（€10；霍拉和波塔莫斯附近有售），或者去www.kytherahiking.com查看自助徒步信息。

ℹ 到达和离开

飞机

基西拉机场（Kythira Airport；KIT）位于波塔莫斯（Potamos）东南方10公里处，那里有**奥林匹克航空公司**（☎801 801 0101；www.olympicair.com）提供飞往雅典的航班（€63，50分钟，每天2班）。Sky Express（见122页）提供的航班飞往扎金索斯、凯法利尼亚、Preveza和科孚岛（6月至9月）。

船

主要往返季亚考夫蒂和伯罗奔尼撒半岛的奈阿波利。渡船出发前在港口买票即可登船，也可在基西拉旅行社（Kithira Travel，见566页）购买船票。

LANE Lines（见626页）往返于比雷埃夫斯、基西拉、安提基西拉岛（Antikythira）、基萨莫斯-卡斯蒂里（Kissamos-Kastelli，克里特岛）、Kalamata和Gythio（伯罗奔尼撒半岛）的渡船每周1班，会在季亚考夫蒂（Diakofti）停靠。**Porfyra Travel**（☎27360 31888；www.kythira.info；Livadi）位于莱瓦吉，你可以在这里咨询信息和购买船票。

目的地	时间	票价	班次
Gythio	2.5小时	€10	每周1班
Kalamata	5小时	€20	每周1班
基萨莫斯-卡斯蒂里	2.5~4小时	€20	每周4班（2班经过安提基西拉岛，€9）
奈阿波利	1.25小时	€11	每天1班
比雷埃夫斯	6.5小时	€25	每周2班

Kythira & Antikythira
基西拉及安提基西拉岛

当地交通

8月时岛上间或有公共汽车。**出租车**（☎69443 05433）收费很高，往来霍拉和机场之间费用约为€25。鉴于岛屿面积很大，游览全岛的较好方式是抵达时在机场租赁交通工具。或者，租车公司可以将车送到你住的酒店。

Panayotis Rent A Car（☎6944263757, 27360 31004; www.panayotis-rent-a-car.gr; 小汽车/小型摩托车 每天€45/15起）Panayotis有一支120辆车的车队，包括四驱车（4×4s）、摩托车和小型摩托车，在机场和岛上各处设有分公司或办事处。

Drakakis Tours（☎27360 31160; www.drakakistours.gr; Livadi）出租汽车、小客车和四轮驱动汽车（4WD）。

霍拉（基西拉）[Hora（Kythira）]

Χώρα（Κύθηρα）

人口 281

山顶的霍拉（也叫基西拉）是基西拉岛的首府，漂亮地呈现出整齐的基克拉泽斯白色和蓝色风格，所坐落的细长山脊向北延伸，而起点是建于13世纪能够俯瞰大海的威尼斯城堡。多数活动在城镇广场周边，而商店则排列在通向城堡的路边，特别有品位，从精美的古玩到定制珠宝，应有尽有。

景点和活动

★城堡
城堡

（Kastro; ⏲8:00~15:00）**免费** 霍拉壮美的威尼斯城堡建于13世纪，是基西拉的亮点之一。在城堡的最南端，穿过**圣母教堂**（Church of Panagia），从眼前耸立着的峻峭的悬崖上可以看到卡普萨利（Kapsali）的瑰丽美景，天气好的时候，还能看到安提基西拉岛。

Pyrgos House
团队游

（☎6989863140; www.pyrgoshouse.com; Plateia Potamos）提供各种户外活动，从绳索岩降（abseiling; 每人€25，每组最少3人，周四16:00）到霍拉城堡（每人€15，每组最少4人，周三10:00）和教堂附近的导览步行游。

食宿

Castello Rooms
家庭旅馆 €

（☎27360 31069; www.kythera-castelloapts.gr; Spyridonos Staï; 单间公寓 €40起; ❄📶）非常舒适的单间公寓，有白色墙壁、小厨房和阳台，四周是花园，里面种满了鲜花和果树，位于主街后方。老板非常友好。你会发现此处正是通向城堡的街道尽头。

Hotel Margarita
家庭旅馆 €€

（☎27360 31711; www.hotel-margarita.com; 紧邻Spyridonos Staï; 标单/双/标三 €60/90/110; ⏲复活节至10月; ❄@）雪白的墙壁和蓝色的百叶窗，一尘不染，这家酒店非常迷人，12个房间（都配有电视和电话）位于翻新后的19世纪的大楼里，充满特殊魅力，黑白相间的大理石地板和奇特的螺旋楼梯是酒店的特色。在露台能欣赏到奇妙的城堡和海景。

Corte O Suites
公寓 €€

（☎27360 39139; www.corteo.gr; 单间公寓/双卧公寓 含早餐 €100/190; ⏲4月至10月; ❄@📶）这3间漂亮的现代化精装修公寓（和单间公寓）配有厨房，有两个卧室，有独立露台，可以看到大海或山谷的美景。位于一栋18世纪末期的房屋内，距离城堡咫尺之遥。

★Zorba's
希腊小馆 €

（☎27360 31655; 主菜 €9; ⏲周二至周日晚餐）内部装潢也许乍看上去过于朴素，但不要被迷惑：冰箱里刚摆上的肉经当地的香草

阿芙罗狄忒的身世之谜

神话故事中，主司爱、希望与美的女神阿芙罗狄忒出生在阿夫莱莫纳斯（Avlemonas）附近的基西拉海边。在克洛诺斯（Cronos）将乌拉诺斯（Uranus）阉割后丢弃其生殖器的地方，阿芙罗狄忒在巨大扇贝的泡沫中华丽地诞生了（以波提切利的画作出名）。后来，这位爱神再次出现于塞浦路斯岛（Cyprus）的Pafos附近，所以两个小岛争论不休，都想证明自己这里是她的出生地。

和香料调味并在开放式的烤架上烧制。极为多汁鲜美的羊排和大份沙拉。值得推荐。

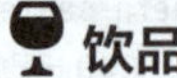

饮品

FosFanari 咖啡馆

（☎27360 31644；⏲8:00至深夜；📶）这家宽敞的咖啡馆出售新鲜的牛角面包、果汁和自制冰激凌，有商品充裕的酒吧，可以欣赏海景和山景。

购物

Aquarium 珠宝

（☎6977287741；www.aquarium.com；⏲10:00~21:00）位于沿山坡通向霍拉中央广场的街上，Aquarium坐落在纪念品商店之间，并不总营业，不过坚持去一下吧：里面使其得名的鱼缸发出的灯光照在定制的精美珠宝上，全都仅此一件。

实用信息

在中央广场上可以找到银行、ATM机和邮局。

基西拉旅行社（Kithira Travel；☎霍拉 27360 31390，波塔莫斯 27360 31848；www.kithiratravel.gr；⏲周一至周六 9:00~14:00和18:00~20:00）机票和船票，员工很是乐于助人。

警察局（☎27360 31206）位于城堡附近。

卡普萨利（Kapsali）

Καψάλι

人口 34

坐落于霍拉以南2公里处，景色上相的卡普萨利挨着两片安静的海湾，海湾周边有希腊小馆和住宿场所。海港在威尼斯时期用作霍拉的港口，现在已经被保护起来，在赭色的海滩上游泳因有阴凉而无须暴露于阳光之下。卡普萨利的海湾呈弧形，从霍拉的城堡上往下看，令人眼花缭乱。这里开设了几家时髦的咖啡馆。

布满岩石的小岛海岸被称为“**锅**”（Itra），因为当地人说白云笼罩的时候，它看起来像口热气腾腾的大锅。

Panayotis Rent A Car（见565页）位于海滨地区，出租皮划艇、脚踏船、轻型摩托车和自行车。**Kaptain Spiros**（☎6974022079）提供的乘着玻璃底的游船一日游（每人€12起）会到很多地方，包括可以游泳的Itra。

Kapsali Diving School（☎27360 37400；www.kytheradive.gr）最近才在港口这里开设；他们提供PADI开阔水域课程（€380），可以带你去各处礁石和洞穴潜水（€40）。

住宿

Spitia Vassili 家庭旅馆 €

（☎27360 31125；www.kythirabungalo

不要错过

MYLOPOTAMOS　ΜΥΛΟΠΟΤΑΜΟΣ

不要错过古朴的Mylopotamos，它依偎在霍拉北面13公里的小山谷里。中央广场一侧是迷人的教堂和钟塔，另一侧是韵味十足的传统咖啡馆**Kafeneio O Platanos**（☎27360 33397；主菜 €6~8），夏天的时候会变身成户外餐厅。这里的服务人员可以帮助你找到住处。附近的**O Delis**（☎27360 33813；www.odelis.gr；主菜 €8~12；⏲8:00至深夜）在悬铃树的树荫下，提供一流的希腊菜肴，旁边还有一条安静的溪流。

水中**仙女瀑布**（Neraïda waterfall）旁边的小路青翠欲滴，池塘碧绿的颜色随着光线变换，诗意盎然。走过教堂后，选择右边的岔路，根据路标前行。大门通往空气凉爽、墙体斑驳的Mylopotamos**城堡**，景色壮美的海岬边杂乱分布着保存完好的小教堂（大门紧闭），可以俯视峡谷和海面景色。过了教堂走左手边的岔路，沿着去Kato Hora的路标走即到。

其他从Mylopotamos出发的绝佳步行路线可以参见Frank van Weerde所著的《走遍基西拉——32条精选步行路线》（€10）。峡谷边的步行小路景色最优美，最具挑战性；谷内有过去4座面粉磨坊的遗迹。沿这条路你会经过瀑布和可以游泳的水潭。

wsvasili.gr; 双/标三 含早餐 €45/55起; P ❄ 📶)房子附近绿树成排，还能俯瞰卡普萨利海滩。房间明亮，风格热情，有木质天花板和地板、雅致的旧家具和铁架床。价格稍贵一点的大房间可以看到海湾美景。

Aphrodite Apartments 公寓 €

(☎27360 31328; www.hotel-aphrodite.gr; 双/标三/四 €55/70/75起; ❄ 📶)由Irene和Yiannis经营，路边的Aphrodite会让你爱上舒适宽敞的房间和带小厨房和阳台的公寓；几乎1分钟就能到海边。房间每天清扫，顶层风景最好。

★ El Sol Hotel 酒店 €€

(☎27360 31766; www.elsolhotels.gr; 双 €120~140, 5人公寓 €170~180, 均含早餐; P ❄ 📶 🏊)这些醒目的白色方块公寓可以看到奥林匹斯山的海景和生动的城堡背景。一尘不染的简约房间有阳台、现代卫生间和咖啡机；这里还有非常棒的游泳池、很多休闲室和摆满棋盘游戏的早餐室，可以在下雨天玩玩（不用费心等待！）。在紧邻霍拉-卡普萨利路（Hora-Kapsali road）的地方设有路标。

餐饮

★ Filio 希腊小馆 €

(☎27360 31549; Kalamos; 主菜 €7; ⏲6月至9月 午餐和晚餐)尽管位于卡普萨利村外5公里处（Kalamos附近设有路标），Filio值得专门去找找。位于无花果树荫下和盛开的玫瑰之间，可以享用最受欢迎的传统食物，比如番茄酱焖兔肉、肉馅茄子，以及基西拉香肠。

Goldfish Waffle House 创意菜 €

(☎6988766710; 主菜 €6; ⏲早餐、午餐和晚餐; 📶)不仅仅是华夫饼屋，它还是这一带最酷的小店，橙色的椅子和浅蓝色桌子就在海边。创意菜有面条、鸡蛋饼，当然，还有浸在冰激凌里的华夫饼。

Hytra 希腊小馆 €

(☎27360 37200; 主菜 €7~9; ⏲午餐和晚餐; 📶)正位于海滨中央，这个传统的小店有绿色的遮阳篷，烹制砂锅菜、美味的蔬菜馅饼、烤羊排、小牛肉排和大量新鲜海鲜。

Fox Anglais 酒吧

(📶)有木质天花板和舒适的酒吧，海边这个友好的流连之处拥有航海的氛围。

波塔莫斯（Potamos）

Ποταμός

人口 476

山坡上美丽的波塔莫斯遍布咖啡馆和餐馆，有一家银行和旅行社。岛上最忙碌的地方是周日早上的跳蚤市场，吸引来当地人，而花团锦簇的中央广场是随时观察行人的不二之选。

餐饮

Taverna Panaretos 希腊小馆 €€

(☎27360 34290; 主菜 €7~12; ⏲3月至10月 每天 午餐和晚餐, 11月至次年2月 周四至周日)位于中央广场，有奶油色的户外桌椅就餐区，Panaretos坐落在芬芳的松树树荫下，擅长用自己种的农产品烹制菜肴，比如用橄榄油和牛至酱汁烹饪的野山羊肉、百里香猪肉片，以及各种开胃小菜。

Kafe Astikon 咖啡馆

(☎27360 33141; ⏲7:00至深夜; 📶)氛围浓郁，这家高天花板的昏暗音乐酒吧就在中央广场对面恭候你：珊瑚绿色的墙壁、皮革蛋型椅、被灯光照亮的古董脚踏车，以及为爵士乐即兴演奏准备的舞台布景。这里还提供比萨、意大利面和早餐。

圣佩拉加（Agia Pelagia）

Αγία Πελαγία

人口 419

圣佩拉加是基西拉北部的港口，这座简朴的海滨村庄四周全是悬崖峭壁，位于内陆树木繁茂的山谷里。沙质卵石海滩上生机勃勃，漫着碧蓝色的海水，更值得一提的是海岬南部的火山黑沙滩，景色十分壮美，与Lagada海滩相接。峭壁下的片片红色、粉色以及茶色的海滩，非常适宜悠闲地散步。

食宿

Hotel Pelagia Aphrodite 酒店 €€

(☎27360 33926; www.pelagia-aphrodite.com; 标单/双/标三 含早餐 €80/90/125; ⏲复活

节至10月；P ❄ 📶）就位于海滩，由从澳大利亚归来的基西拉人经营，这家漂亮的酒店有13个崭新的房间，内有木质天花板和朝海的大阳台。原来的房间甚至更靠近海浪；白色、简朴，有阳台、电视和卫生间。楼下有氛围热情的早餐室。在城镇南端可以找到它。

Maneas Beach Hotel 酒店 €€

（☎27360 33503；www.maneashotel.com；双 带/不带海景 含早餐 €120/90；P ❄ 📶）这家高档的海滩酒店有现代感，房间内有现代部件、冰箱、平板电视和可以看到绝美海景的大阳台。

★Kaleris 希腊菜 €

（☎27360 33461；主菜 €9；⏲复活节至10月 午餐和晚餐）Kaleris坐落在红柳树凉爽的树荫下，以其创意菜式而闻名：试想一下诸如酸奶熏茄子沙拉、淋上当地百里香蜂蜜的自制挞皮羊乳酪小包、炖牛肉、传统面包干（vrechtoladea）和自制意大利式牛肉饺子（beef tortellini）。此处从1954年经营至今。老板Yiannis是个魅力非凡的主人。

Akrogiali 海鲜 €

（主菜 €7；⏲11:00至深夜）海边不错的海鲜餐馆，注意美人鱼骑海豚的遮阳蓬。红鲱鱼、鲭鱼、海鲷、贻贝和虾只是这里提供的一小部分菜肴。

基西拉周边

驾驶自己的交通工具，沿着偏僻小路开启美丽的探索之旅：高耸的山脉、陡峭的悬崖、隐秘的海滩，还有成片的柏树和橄榄树林。Agia Moni和（特别是）Agia Elesis修道院是山上的收容所，而且有绝佳视野；迷人的Moni Myrtidion周围环境宁静祥和，位于大海上方的高地上。

在霍拉北部的Kato Livadi，有座基西拉拜占庭和后拜占庭艺术博物馆（Museum of Byzantineand Post-Byzantine Art on Kythira；☎27360 31731；成人/儿童 €2/免费；⏲周二至周日 8:30~14:30），虽然不大，但里面的艺术藏品会让你大开眼界。在Kato Livadi正北边绕一点路参观一下标志性的Katouni桥。19世纪基西拉还是英国的保护地的时候，英国人建了这座希腊最大的石桥。

穿过帕莱奥波里（Paleopoli）宽广的卵石海滩继续往东北方向走，可以到达美丽的渔村阿夫莱莫纳斯（Avlemonas）——洁白无瑕，环抱碧绿的小海湾。考古学家数年来都在阿夫莱莫纳斯周边探寻一座神庙，被认为是阿芙罗狄忒出生地曾经存在的证据。看看能否找到kofinidia（即两块凸起的岩石），它是由克洛诺斯扔进海水泡沫中的乌拉诺斯的生殖器变成的。附近的Kaladi是最佳海滩之一，上面灰褐色的石头是这片海滩的特色。沿着弯弯曲曲的公路驱车而下，欣赏着沿途美景便来到灰紫色的石头沙滩Fyri Ammos。Kombonada海滩是另一处极美的海滩。

季亚考夫蒂（Diakofti）是小岛的港口，美丽的风景使你感觉就像是在画中穿梭，尤其是近海处还有沉船海滩，但没有必要在此逗留。

在东北部，拜占庭首府Paliohora的遗迹引人注目，探险的过程一定非常刺激——遗迹坐落的海岬人迹罕至，四面被峡谷环绕。

再往北走，苍翠迷人的Karavas小村与Platia Ammos广袤的灰沙海滩比邻而居。

食宿

Maryianni 公寓 €€

（☎27360 33316；www.maryianni.gr；Avlemonas；3人单间公寓 €110，公寓 €120~130；P ❄）基克拉泽斯风格的单间公寓蓝白相间，坐落于阿夫莱莫纳斯海滨。房间不同一般，营造出精品风格，比如铁艺床、古典艺术品和精选的家具。带有厨房和露台，可以欣赏瑰丽的海景。公寓非常安静，额外享受有大理石桌子和更宽敞的空间。可以免费使用儿童和成人自行车。

Skandia 希腊小馆 €

（☎27360 33700；Paleopoli；主菜 €6~11；⏲4月至10月 每天 午餐和晚餐，11月至次年3月 周五至周日）这家令人愉快的小馆提供正宗的希腊菜肴和新鲜的食物，从烤鱼和鱼汤到烤茄子，应有尽有。在大片榆树下放松一下身心，远离令人抓狂的人群。

Psarotaverna O Manolis 海鲜 €

(☎27360 33748; Diakofti; 主菜 €6~9; ⏲午餐和晚餐; 📶)当地人慕名前来品尝鲜鱼，同时观看来自比雷埃夫斯披着月光进港的船只。

Pierros 希腊小馆 €

(☎27360 31014; www.pieros.gr; Livadi; 主菜 €6~8; ⏲午餐和晚餐)从1933年起，Pierros希腊小馆在家族内代代相传，一直为大家提供纯粹的希腊菜肴。

Sotiris 海鲜 €

(☎27360 33722; Avlemonas; 鱼 每公斤€30~75; ⏲午餐和晚餐，淡季营业时间缩短)烹制的海鲜和鱼汤备受好评。

Varkoula 希腊小馆 €

(☎27360 34224; Platia Ammos; 主菜 €6~12; ⏲营业时间不固定)在店主弹奏的布祖基琴的乐声中，愉快地享用烹制的鲜鱼。最好提前打电话确认是否营业。

安提基西拉岛 (ANTIKYTHIRA) ΑΝΤΙΚΥΘΗΡΑ

鉴于这个9.5乘以3公里面积的小岛上旅游设施不多，因此几乎没有人会访问这座阳光炙热的岩石岛屿。位于基西拉东南角38公里处，据说常住人口仅有40多人，可以说，它是希腊最偏僻的岛屿，只有一处居民点——**波塔莫斯**(Potamos)。这里有一位医生、一名警察、一部电话、一个咖啡厅兼希腊小馆，以及一座修道院(对了，还有一处直升机停机坪)。没有邮局，也没有银行。只有夏季才有房间出租。登录www.antikythira.gr可以查看更多信息。Lane Lines(见626页)的渡船往返于基西拉(€9, 1.75小时，每周3班)和克里特岛的基萨莫斯-卡斯蒂里(€10, 2小时，每周1班)时，中途会在安提基西拉岛停靠。有的渡船还会在Monemvasia和伯罗奔尼撒半岛的Gythio或比雷埃夫斯停靠(€24, 10.5小时)。可以咨询莱瓦吉(基西拉)的Porfyra旅行社(见509页)。

了解希腊岛屿

今日希腊岛屿

虽然这个国家陷入了灰暗的债务危机，但希腊岛屿的生活似乎相对轻松。即便如此，几乎每个人都受到了工资和养老金的大幅度削减、开征的新税、创纪录的失业率和数千家商店、企业关闭的影响，人们也不指望旅游业能产生奇迹。很多岛屿居民幻想破灭，对可能脱离欧元区的未来和用激烈手段维持国家运行从而面对垮台前景的政府感到忧虑。

最佳影片

《斯巴达300勇士》（*300*；2007年）追溯斯巴达人在公元前480年的温泉关战役中抵御波斯人的史诗。

《妈妈咪呀》（*Mamma Mia*；2008年）斯科派洛斯岛与ABBA（瑞典的流行乐队）的声音相得益彰。影片中那个狭长蜿蜒通往教堂（见507页）的小道是真实的，每年夏天会有很多的游客来到这里。

推荐阅读

《奥德赛》（*The Odyssey*；荷马著，公元前8世纪）在海神波塞冬的百般阻挠下，奥德修斯突破重围，得以重返故乡。

《希腊人左巴》（*Zorba the Greek*；Nikos Kazantzakis著，1946年）对很多人来说，这是本心灵的《圣经》，诠释了一个人对生命难以抑制的渴望。

《我眼中的希腊神和希腊人》（李成贵著；2008年）一个熟悉、热爱希腊文化的中国记者眼中的希腊。

《希腊的回声》（依迪丝·汉密尔顿著，曹博译；2008年）透过一个个简单又深刻的故事讲述希腊的兴衰，引人深思。她的《希腊精神》，也值得一读。

紧缩措施

欧盟和国际货币基金组织借给希腊上千亿欧元的紧急救助，重要的附加条件是希腊政府必须实施紧缩政策，大幅降低平均工资，希腊人生活成本却激增猛涨，令人难以接受。与此同时，希腊的失业率一路走高，已达26%左右。2015年伊始，每天大约有59家企业倒闭，2014年预测的经济增长无迹可寻。

紧缩措施和生活水平的下降加剧了希腊本身突出的经济和社会失调现象——雅典人推崇享乐主义的生活方式，会在周末前往米科诺斯岛（Mykonos）短途旅行；而在很多边远岛屿上，领退休金的老年人或工人不得不为了自己的利益奋力抗争——这两类人的生活有着天壤之别。无家可归和自杀的人数都在持续增长，而民众的愤怒情绪和社会的动荡不安激发了大量的示威活动，从雅典蔓延到较大的岛屿。在连年的经济管理不善面前，幻想破灭的希腊年轻人所受的影响最为突出——随着青年人失业率攀升至60%，希腊受教育程度最高的一代（30%的20岁到30出头的年轻人是大学毕业生）面临着惨淡的就业前景，出现了坚决离开希腊的绝望情绪。

强硬派反对紧急救助，导致激进左翼联盟（SYRIZA）和右翼小党独立希腊人（ANEL）联盟内部出现分歧；2015年8月，总理阿莱克西斯·齐普拉斯（Alexis Tsipras）辞职，10月份重新参加选举，希望建立多数派政府。在激进左翼联盟4年任期的前8个月，希腊举行了3年多来的第4次选举。尽管激进左翼联盟赢得的多数票超过上次，却仍未能实现完全掌权，危机似乎更大程度上是被转移了，而非解除。希腊的经济并未表现出可及时偿还借款的恢复迹象，脱离欧元区的可能性并未消除。对于很多希腊人来说，在紧缩政策和希腊退欧之间做出抉择就像在泰坦尼克号上换座位一样。

人才流失

群岛上一度萎缩的村庄迎来新近因致贫而返回的希腊人返乡潮。失业的专业人才和破产的商人携家带口，还有无业的大学毕业生，回到岛上的老家，给家里的生意帮忙——常常是旅游业或农业。农业雇佣人口的增长是这个时期的副产品，人们回归了希腊人的传统强项和生活方式（虽然目前农业只占国内生产总值的3.5%）。另外，30岁以下受过教育的人越来越多地迁徙至欧洲、美国和澳大利亚等其他地方，希望能找到工作。

由于基础设施分散、季节性隔离和外国投资推高房价，很多岛屿的问题恶化。为年轻人创造工作机会非常艰难，在这方面，雅典不再是乐土，尤其是如今。

移民和避难

如今作为移民欧洲的主要入口，希腊遭遇了史无前例的非法移民潮；移民们从阿富汗、伊拉克、叙利亚和非洲出发，经过容易通过的土耳其边境和希腊边远岛屿抵达希腊。每天有1000多名移民抵达希腊，莱斯沃斯岛、希俄斯岛和科斯岛等岛屿的资源面临巨大的压力。联合国难民署宣布事态紧急，而对希腊移民政策和难民所处条件的国际批评依然强烈。

经济衰退激发了希腊国内的排外情绪，引发了反移民集会和不断增加的敌对行为，但希腊人根深蒂固的热情好客此时扬起了高贵的头颅——尤其是在岛上。尽管自身面临财政危机，很多希腊人仍然自愿为移民提供食物和衣服，当地的志愿者医生也会照料移民。这种状况让很多更富裕的国家感到惭愧。

环境问题

气候变化、水资源减少和海平面升高都是岛上居民关注的实际问题。总的来说，希腊人对环境恶化现象越来越警惕。你在很多岛上都能找到学生团体、环境机构和与外国人合作保护环境的本地人，尽管存在当地人与开发者之间错综复杂的利益纠纷和当地政府的暗箱操作交易。

人口：1103万

预期寿命：80岁

GDP：2380亿美元

通货膨胀率：-2.2%

每100个希腊人中

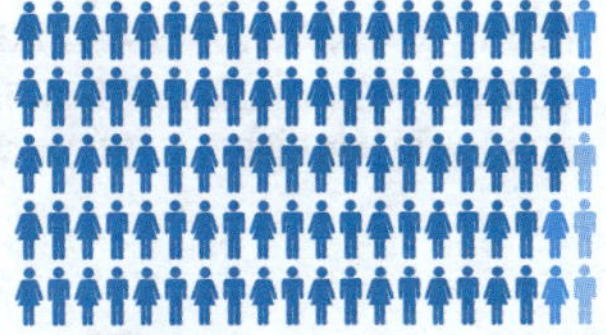

93 个是希腊人

4 个是阿尔巴尼亚人

3 个是其他

信仰体系

（占人口百分比）

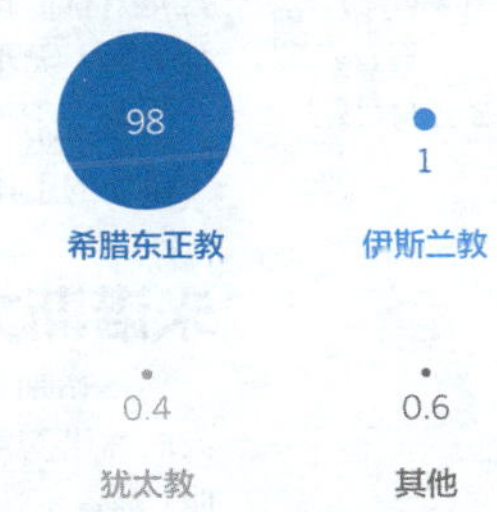

人口（每平方公里）

历史

几个世纪以来，希腊岛屿一直是北非、小亚细亚和欧洲之间的跳板，士兵、商人、征服者，甚至文明，都从这里跃过。这些岛屿在该国历史和文化发展中起到了基础作用，而其自身也拥有迷人的历史。在希腊岛屿上发展出的基克拉泽斯群岛的基克拉泽斯文明和克里特岛的米诺斯文明年代最早，最令人瞩目。从古至今，这些岛屿一直被争来夺去，受到接踵而至的入侵者的青睐。它们在航海世界的战略位置让很多岛屿成为繁荣自主的贸易中心。有的岛则由外国人管理，从如今在群岛上发现的威尼斯码头、罗马高架渠和法兰克城堡可见一斑。

最佳古迹

卫城（雅典）

克诺索斯（克里特岛）

提洛岛

林佐斯卫城（罗得岛）

阿克罗蒂里（圣托里尼岛）

基克拉泽斯文明

基克拉泽斯文明——以基克拉泽斯群岛为中心——由一些从事渔业与农业的小型社区组成，这些社区拥有成熟的艺术气质。学者们将基克拉泽斯文明分为3个阶段：早期（公元前3000年至公元前2000年）、中期（公元前2000年至公元前1500年）和晚期（公元前1500年至公元前1100年）。

著名的基克拉泽斯式雕像——用帕罗斯岛的大理石雕刻的雕像——是该文明最引人注目的遗产，还有其他留存下来的包括青铜和黑曜石工具，武器、金首饰，以及石头和黏土瓶罐。古风时期，基克拉泽斯群岛的雕塑家们雕刻的真人大小的大理石雕像（kouroi）十分精美，他们也因此闻名于世。

基克拉泽斯人还是熟练的水手，在克里特岛、希腊大陆、小亚细亚（如今的土耳其西部）、欧洲和北非之间发展起繁荣的海上贸易。

米诺斯文明

米诺斯文明——得名于神话中克里特岛的统治者米诺斯国王（半牛半人的弥诺陶洛斯的继父）——是欧洲第一个先进文明，吸收了中东两大文明（美索不达米亚文明和埃及文明）的灵感。

大事年表

公元前7000年至公元前3000年

这4000年里，希腊半岛的早期居民过着简单的农耕生活，种植农作物，饲养牲畜。大约在公元前3000年左右，包括住宅与规划街道的社区出现。

公元前3000年至公元前1100年

如何混合铜锡的发现预示着青铜时代的到来。随着贸易的发展，基克拉泽斯、米诺斯和后来的迈锡尼这三大文明日益繁荣。

公元前1700年至公元前1550年

圣托里尼岛发生灾难性的火山喷发，引起整个地中海范围的巨大海啸，一些学者认为正是这些灾难导致了米诺斯文明的毁灭。

米诺斯文明（公元前3000年至公元前1100年）在中期达到巅峰，大约公元前2000年，宏伟的宫殿建筑群克诺索斯、菲斯托斯、马利亚和扎克罗斯修建，标志着新石器时代后的村庄生活有了急速飞跃。从这些宫殿中发掘出的证据展现出一个复杂的社会，拥有辉煌的建筑和精细奇妙的壁画、高度发展的农业和广泛应用的灌溉系统。

青铜工具的产生让米诺斯人造出了巨大的船只，有助于树立他们强大的制海权并发展繁荣的海上贸易。他们制造精陶和漂亮金属制品的技术惊人，并将产品运输到希腊、小亚细亚、欧洲和北非各地。

学者们依然为导致米诺斯文明消亡的一系列事件争论不休。科学证据显示，公元前1500年前后圣托里尼岛（锡拉）灾难性的火山爆发产生了大量火山灰并引起海啸，造成了他们的衰弱。有人提出，一个世纪后强烈程度次之的地震或迈锡尼人的入侵摧毁了这个社会。可以确定，米诺斯文明衰落之际，迈锡尼文明兴起（公元前1600年至公元前1100年）。

希腊与其巴尔干邻国马其顿共和国之间的争议源于后者自称“马其顿”，无视希腊的宠儿——亚历山大大帝的出生地佩拉（Pella）依然位于希腊北部的马其顿区。

黑暗时代

多里安人是一个古老的希腊民族，在公元前8世纪已经定居于伯罗奔尼撒半岛。在公元前11世纪或公元前12世纪，这些勇士分散开并占据了大陆大部分地区，他们掌控迈锡尼王国并奴役当地居民。多里安人还将他们的触角伸进了希腊岛屿，公元前1000年前后在罗得岛建立了城市卡米罗斯、伊利索斯和林佐斯，而从伯罗奔尼撒逃往基克拉泽斯群岛的伊奥尼亚人在提洛修建了一处宗教圣地。

之后的400年常被称作希腊的黑暗时代。然而，对多里安人有利的是，他们引进了铁，还开发出了一种新的风格复杂的陶器，上面装饰着醒目的几何图案。他们还引进了多神论（polytheism），从而为宙斯与万神殿的12主神铺平了道路。

古风时期

约公元前800年，多里安人已经发展成为土地贵族阶层，希腊已被划分成一系列独立的城邦。以雅典和科林斯为首（公元前734年接管科孚岛），该城邦创建了大希腊（Magna Graeca），其中意大利南部也是重要组成部分。大多数城邦废除了君主统治与贵族专制，制定了一系列法规以重新分配财富并允许市民重新获得土地的控制权。

公元前800年至公元前650年就是所谓的古风时期，希腊文化发展迅

中世纪和威尼斯遗址

- 罗得老城（罗得岛）
- 圣约翰神学家修道院（帕特莫斯岛）
- 哈尼亚古城（克里特岛）
- 雷西姆农（克里特岛）
- 科孚老城（科孚岛）

公元前1500年至公元前1200年	公元前800年至公元前700年	公元前800年至公元前650年	公元前594年
伯罗奔尼撒半岛的迈锡尼文明达到鼎盛，克里特岛和基克拉泽斯群岛文化中相当一部分被其取而代之。金饰行业是迈锡尼文明生活中一个主要内容。	荷马在此期间创作了《伊利亚特》与《奥德赛》。这两部史诗是希腊最早的文学艺术作品。	古风时期，随着多里安人的发展，独立的城邦开始出现。这些小国家由贵族统治，有时会出现武力夺权的暴君。希腊字母出现。	梭伦是雅典的当权贵族，为公民带来了公平竞争这一原则，他进行了彻底的改革，在实质上创造了人权与政治权利，这被誉为真正的民主的第一步。

速。文学、雕塑、喜剧、建筑和学术方面出现了诸多进步，这次复兴与古典时代重叠。这段时期的发展有希腊字母、包括史诗《伊利亚特》和《奥德赛》在内的荷马史诗、奥林匹克运动会的创办，以及中心神殿的修建，比如德尔斐。

希腊语是欧洲最古老的书面文字，在世界上仅次于中文。这种语言可以追溯至米诺斯人和迈锡尼人的B类线形文字字母。关于B类线形文字字母的更多信息，可以试试网站www.ancientscripts.com/linearb.html。

古典时代

从公元前6世纪至公元前4世纪，希腊的文化创造力持续复兴。许多城邦经济改革力度加大，政治繁荣，文学和戏剧蓬勃发展。

雅典发展迅速，但同时意味着它要严重依赖于从黑海进口的食品，而波斯帝国的扩张威胁着穿越小亚细亚的沿海贸易路线，这一路线具有战略意义。雅典支持小亚细亚波斯殖民地内的叛乱，从而点燃了波斯战争。

公元前477年，雅典成立了提洛同盟——以提洛为基地的海军联盟。联盟组建的目的是解放北波斯占领的城邦并抵御波斯人的进一步攻击。联盟囊括爱琴海的很多岛屿和一些小亚细亚的伊奥尼亚城邦。它们必须宣誓效忠雅典，每年都要向船上的金库进贡（后来的贡品就是钱）。

公元前461年，伯里克利（Pericles）成为雅典领袖，他将提洛的金库运到卫城，用这些资金修建新建筑和宏大的神庙，替代被波斯人摧毁的那些建筑。

除了丰富的艺术和文化遗产，米诺斯人还发明了最早的“冲水”厕所和先进的下水道系统，详细信息见www.theplumber.com。

随着爱琴海被纳入安全的羽翼下，雅典向西寻找更多的战利品。雅典与斯巴达对抗的第一次伯罗奔尼撒战争（公元前431年至公元前421年）的主要诱因之一是雅典支持科西拉岛（现在的科孚岛）与它的母邦科林斯对抗。经过长期多次激战之后，雅典最终向斯巴达投降。

外族统治

罗马时代

当亚历山大大帝在东方建立庞大帝国的同时，罗马人已经将疆域拓展到西方，此时他们正迫不及待地要开始进军希腊。在经过多次冲突而未获成果之后，最终在公元前168年的比德纳战役中击败马其顿。到了公元前146年，这片大陆成为希腊罗马的亚加亚省。公元前67年，克里特岛陷落，哥提那这座南部城市成为罗马的昔兰尼加行省，包括北非的一大块地方。罗得岛一直坚持到公元70年。

www.ancientgreece.com是关于所有古希腊信息的很棒的门户网站。

由于罗马人崇尚希腊文化，所以希腊仍然保留了其作为学术中心的地位。实际上，罗马人接受了希腊文化的诸多方面，并将其完整的传统传播到

公元前477年	公元前461年至公元前432年	公元前400年	公元前86年至公元224年
雅典人成立了政治与军事联盟，即提洛同盟，其目的在于寻求安全，同时建立一个实质上的帝国。许多城邦与岛屿加入了这一新同盟。	雅典新领袖伯里克利将权力中心从提洛岛转移到雅典，并用提洛同盟的财富来建造大规模工程，包括建设宏伟的帕台农神庙。	希腊人开始以“塞里斯”称呼中国。	罗马扩张，吞并了希腊领土。公元前168年，罗马在比德纳第一次击败马其顿，最终完全统治希腊大陆，迎来了“罗马统治下的和平”，并持续了300年。

帝国各处。在几任罗马皇帝（即奥古斯都、尼禄和哈德良）的统治下，整个帝国度过了一个相对和平的时期，被称为“罗马统治下的和平”，持续了将近300年。

拜占庭帝国和十字军东征

公元250年，哥特人第一次入侵如今的希腊，其后是一系列的入侵。

为了解决这一地区的冲突，公元324年，信仰基督教的罗马皇帝君士坦丁大帝，将其帝国的首都从罗马转移到拜占庭，这是博斯普鲁斯海峡西岸的一座城市，并改名为君士坦丁堡（现在的伊斯坦布尔）。虽然罗马此时已经开始走向最后的衰败，但作为一个基督教国家，东部首都的财富和实力开始增长。在随后的几个世纪，拜占庭希腊持续受到来自威尼斯人、法兰克人、诺曼人、斯拉夫人、波斯人和阿拉伯人的压力，620年，波斯人占领了罗得岛，不过653年又被撒拉逊人（阿拉伯人）取代。824年，阿拉伯人还占领了克里特岛。其他爱琴海岛屿则依然处于拜占庭帝国的控制之下。

第四次十字军东征的法兰克领导者认为，攻占君士坦丁堡比耶路撒冷能获得更多的财富，由于他们的背叛，拜占庭帝国开始瓦解。1204年，君士坦丁堡陷落，拜占庭帝国被划分为多块领地，由自封的“拉丁”（大部分是法兰克或西日耳曼人）王统治。与此同时，威尼斯人也在希腊获得了立足之地。在接下来的几个世纪里，他们接管了大陆的关键港口和基克拉泽斯群岛，1210年占领克里特岛，成为地中海最强大的贸易者。

希罗多德（Herodotus）于公元前5世纪撰写的《历史》（*The Histories*）被认为是最早的书面历史记录。书中记录了古希腊城邦和波斯人之间的冲突。

奥斯曼统治

1453年5月29日，君士坦丁堡落入奥斯曼土耳其统治之下（希腊人称之为turkokratia）。希腊再次变成战场，这一次是土耳其和威尼斯人之间进行争夺。最终，除伊奥尼亚群岛（仍由威尼斯人控制）外，希腊成为奥斯曼帝国的一部分。

奥斯曼帝国在苏丹苏莱曼大帝（Süleyman the Magnificent，1520～1566年在位）的统治下达到顶峰。下一任君主塞利姆二世（Selim the Sot）于1570年将塞浦路斯纳入奥斯曼的版图。虽然经过25年的征战并最终于1669年攻占了克里特岛，但在此之后的16世纪晚期至17世纪，苏丹们无所作为，奥斯曼帝国走向衰败。

在为期3年的征战中（1684～1687年），威尼斯人驱逐了伯罗奔尼撒半岛上的土耳其人。征战期间，威尼斯的大炮击中雅典卫城内的火药库，帕台农神庙遭到严重破坏。

63年	250年至394年	529年	1204年
圣保罗访问克里特岛并留其弟子提多在岛上传教，从此基督教传入克里特岛。圣提多担任克里特岛第一任主教。	公元250年，哥特人入侵希腊，标志着“罗马统治下的和平”走上了下坡路；324年，首都迁至君士坦丁堡；394年，基督教被宣布成为官方宗教。	查士丁尼大帝为了倡导基督教神学，宣布讲授古典哲学为非法行为，这给雅典文化的影响以致命一击。自此人们把基督教神学看成学术探究的终极目标。	掠夺成性的法兰克十字军洗劫了君士坦丁堡。十字军利用宗教热情谋取私利，这一浩劫让君士坦丁堡走上了逐渐衰亡的道路。

1715年，奥斯曼帝国恢复统治，但再也没有恢复以往的权威。到了18世纪末，一批批土耳其的官员和贵族及有权势的希腊人成为自治集团，统治希腊的农民。但越来越多的希腊人渴望获得解放，其中不乏受过教育流亡海外的人。

独立

1814年，第一个希腊独立政党友谊社（Filiki Eteria）成立，消息迅速传播。1821年3月25日，希腊人民发动独立战争，希腊本土及被占领的岛屿几乎同时爆发了起义。战争十分残酷，双方都犯下了暴行，在伯罗奔尼撒半岛，特里波利斯（Tripoli）被攻占后，1.2万名土耳其人遇害，土耳其为了报复，在小亚细亚进行大屠杀，其中最臭名昭著的暴行发生在希俄斯岛（Chios）。

战况不断升级，一年之内希腊人获得了关键性的优势。1822年1月13日，他们在埃皮扎夫罗斯宣布独立。

区域纷争在1824年和1825年两次升级为内战。奥斯曼人乘虚而入，直到1827年土耳其人（及其埃及援兵）重新夺回控制权。此时西方列强进行干预，1827年10月，俄国、法国和英国海军舰队在纳瓦里诺海战中击沉土耳其和埃及军队。苏丹马哈茂德二世（Mahmud Ⅱ）不顾一切宣布圣战，促使俄国派遣军队进入巴尔干半岛与奥斯曼军队交战。战斗一直持续到1829年，俄国大军逼近君士坦丁堡，苏丹承认希腊独立并与俄国缔结《亚得里亚堡条约》，1830年，希腊独立正式获得承认。

古典希腊的知识活力无与伦比——如今探讨的几乎所有观念对于这个时代的伟大头脑来说都是无可争议的，无论是埃斯库罗斯（Aeschylus）、欧里庇得斯（Euripides）和索福克勒斯（Sophocles）扣人心弦的悲剧，还是阿里斯多芬尼斯（Aristophanes）的政治讽刺，或者希罗多德和修昔底德（Thucydides）记录的历史。

现代希腊

1827年4月，希腊选出科孚岛人爱奥尼斯·卡波季斯蒂亚斯（Ioannis Kapodistrias）担任共和国的第一任总统。第一希腊共和国定都伯罗奔尼撒半岛的纳夫普利翁。希腊仍然存在诸多纠纷，卡波季斯蒂亚斯在1831年遭到暗杀。随后国家陷入无政府状态，英国、法国和俄国公然宣布希腊实施君主制，1833年1月，他们将非希腊籍、年仅17岁的巴伐利亚王子奥托立为国王。这个新王国（根据1832年《伦敦条约》建立）包括伯罗奔尼撒半岛、中希腊（Sterea Ellada）、基克拉泽斯群岛和斯波拉泽斯群岛。

在前古典时代，伊奥尼亚人是居住在非洲和小亚细亚部分地区的古希腊人。这些人所开拓居住的群岛后来被称作伊奥尼亚群岛。

伟大理想

希腊的外交政策（被称为“伟大理想”）目的在于向分散在欧洲各地

1453年	1669年	1821年	1827年至1831年
希腊掌握君士坦丁堡（今天的伊斯坦布尔）控制权后，开始统治奥斯曼土耳其人，敲响了拜占庭帝国的丧钟。	猛烈围攻土耳其人20年之后，威尼斯人统治的克里特岛落入土耳其人之手（斯皮纳隆加岛和苏达坚守到1715年）。	3月25日，希腊大陆独立战争开始。为庆祝这一天，希腊将其设为独立日。	爱奥尼斯·卡波季斯蒂亚斯担任希腊成立不久的政府的总理，首都设在伯罗奔尼撒的纳夫普利翁镇。但不满随之而来，卡波季斯蒂亚斯遭到暗杀。

女性的力量

在希腊抵抗运动的历史进程中，希腊的女性扮演了重要的角色。著名的航海家、民族女英雄拉斯卡琳娜·波博利娜（Laskarina Bouboulina，1771~1825年）加入了反抗奥斯曼统治争取独立的友谊社。来自伊兹拉的她定居在斯派塞斯，作为海军上将，她在那里受命制造几艘战舰，并指挥战舰进行海军封锁（最著名的船只是"阿伽门农"号），产生了深远的意义。她为她的船员们和一小队士兵提供给养，还为革命者提供食物、武器和弹药，并用她的船来运输。她在海上行动中担当的角色极大地帮助了独立运动。然而，政府内部的政治派系斗争使得她在战后被捕，随后被放逐至斯派塞斯，并在那里逝世。

希腊各地都有以她的名字命名的街道，斯派塞斯镇还有敬献给她和她的曾孙女莱拉·卡拉扬尼斯（Lela Karagiannis）的雕像，波博利娜在该镇的故居如今是一家私人博物馆。

的希腊人宣示主权。以克里米亚冲突为背景，英法对希腊与俄国联盟对抗奥斯曼帝国的前景感到不安，担心利益会受到损害。

1815年，英国渐渐对伊奥尼亚群岛施加影响（之前威尼斯人、俄国人与法国人打了一场政治"乒乓球"）。英国的确改善了群岛的基础设施，许多当地人也接受了英国人的习俗（比如科孚岛的下午茶和板球运动）。然而，希腊的独立运动给英国施加压力，要求返还主权，1864年，英国人离开伊奥尼亚群岛。英国将希腊王位交给年轻的丹麦王子威廉（Prince William），在1863年将其加冕为国王乔治一世，其统治持续了50年。

1881年，俄国—土耳其战争后，希腊获得伊庇鲁斯部分地区与色萨利。希腊试图攻击土耳其，从而与克里特岛（这里一直在为从奥斯曼统治中解放出来而不断斗争）统一，但是却惨遭失败。由于大国及时进行外交干预才阻止了土耳其攻下雅典。

克里特岛被置于国际管理之下，但是该岛的政府逐渐被转交给希腊。1905年，克里特议会领袖埃莱夫塞里奥斯·维尼泽洛斯（Eleftherios Venizelos；后来成为总理）宣布克里特岛与希腊统一（虽然直到1913年才被国际法所认可）。

突厥与土耳其

现代的土耳其人源于古代中亚民族突厥的一支。而"土耳其"一词也是"突厥"的转译。

简·莫里斯（Jan Morris）的《威尼斯帝国》生动叙述了威尼斯人对希腊岛屿的巨大影响，极具可读性地讲述了如今依旧清晰可见的社会、文化和建筑遗产。

巴尔干战争

不断衰落的奥斯曼帝国仍坚守马其顿，引发了1912年和1913年的巴尔干战争。战争的结果是签订《布加勒斯特和约》（*Treaty of Bucharest*，

1833年

协约国列强（英、法、俄）决定：希腊为君主制国家，任命巴伐利亚王子奥托为近代希腊第一位君主。

1862年至1863年

国内出现君主制危机，奥托国王在一场不流血的政变中被废黜。为了平息希腊的扩张动乱，英国归还伊奥尼亚群岛（自1815年以来一直处于英国的保护之下）。

1896年

第一届现代奥运会在雅典举行，标志着希腊步入新的时代。冠军被授予银牌与橄榄叶花冠，亚军、季军分别获得铜牌与月桂树枝。

1914年

第一次世界大战爆发，希腊最初保持中立，后来因为协约国承诺助其夺回小亚细亚领土，最终加入西方协约国，对抗德国和土耳其。

1913年8月)，大大扩大了希腊领土，包括马其顿南部(其中包括塞萨洛尼基，是重要的文化中心，在巴尔干贸易路线中处于战略性位置)、色雷斯部分地区、伊庇鲁斯另一大片地区和东北爱琴群岛。希腊与克里特岛的统一也得到承认。

第一次世界大战与士麦那

第一次世界大战期间，协约国(英、法、俄)不断给中立的希腊施加压力，要求希腊与他们联手对抗德国和土耳其，作为回报他们承诺在小亚细亚做出让步。希腊军队作为协约国一方战绩卓著，但当1918年战争结束后，小亚细亚的应许之地却没了着落。于是希腊当时的总理维尼泽洛斯领导了一次外交活动以进一步促成这一"伟大理想"，在1919年5月将军队派往士麦那[今伊兹密尔(İzmir)]。小亚细亚似乎势在必得，到1921年9月，希腊已经逼近安卡拉。然而这时外国势力逐渐地不再支持维尼泽洛斯，穆斯塔法·凯末尔(后来的阿塔图尔克)指挥土耳其军队阻止了希腊军队的进攻。希腊军队撤退，但士麦那在1922年沦陷，当地数以万计的希腊居民丧生。

欧仁·德拉克罗瓦(Eugène Delacroix)的遗产至今依旧清晰可见，他的油画《希俄斯岛屠杀》(*The Massacre at Chios*，1824年)灵感来自1821年希腊独立战争时在小亚细亚发生的事件。这幅画挂在巴黎的罗浮宫博物馆。

这些敌对行动的结果是1923年7月《洛桑条约》(*Treaty of Lausanne*)的签订，条约规定土耳其收回东色雷斯、伊姆雷斯岛(Imvros)和特内多斯岛(Tenedos)，而意大利人则继续管辖多德卡尼斯岛(1912年，他们临时掌管并一直持续到1947年)。

该条约还呼吁希腊和土耳其之间进行人口交换，以避免日后发生任何纠纷。近150万希腊人离开土耳其，近40万土耳其人离开希腊，这次人口交换给希腊经济造成了巨大的压力，民众苦不堪言。许多希腊人放弃了小亚细亚优越的生活，移居到雅典和塞萨洛尼基新兴城市的棚户区，生活极端贫困。

英国诗人拜伦勋爵(Lord Byron)是大批支持希腊独立运动的志愿者之一，这些志愿者为推动希腊独立发挥了积极作用。拜伦于1824年去世，他对于希腊独立战争期间的努力也因此中止。

第二次世界大战和内战

在这段混乱时期，1924年，共和国在一系列政变和反政变之间宣布成立。此后，1935年11月，国王乔治二世任命右翼将军爱奥尼斯·梅塔克萨斯(Ioannis Metaxas)为总理。他以防止共产党煽动政变为托词实施独裁。梅塔克萨斯的宏大愿景是以古希腊和拜占庭时期的辉煌历史为基础，创建乌托邦式的第三个希腊文明。他随后将敌对者流亡或监禁，取缔工会和新近成立的希腊共产党(Kommounistiko Komma Elladas，简称KKE)，

1919年至1923年	1933年	1924年至1935年	1940年
希腊准备实施"伟大理想"——统一古代希腊地区，包括位于小亚细亚的部分。但这一努力以失败告终，并引发了1923年希腊和土耳其之间的人口交换，被称为小亚细亚的灾难。	罗念生赴希腊留学，成为希腊第一位中国留学生。	希腊宣布成为共和国，国王乔治二世离开希腊。大萧条的到来阻碍了国家恢复稳定，君主制支持者与以维尼泽洛斯为首的议员们都在争夺这个国家的控制权。	10月28日，希腊人断然拒绝了意大利法西斯提出的不抵抗投降的要求。正式说法是"说不纪念日"(Ohi Day)，很多希腊人还会用更生动的语言称呼这一天。

实施新闻审查制度，创建了一个秘密警察部队，并发动法西斯式的青年运动。但让梅塔克萨斯最出名的事件是他对墨索里尼发出的最后通牒（要求允许意大利在第二次世界大战初期进入希腊）给予的答复是“不”（ohi）。尽管意大利入侵希腊，但希腊人把他们赶入了阿尔巴尼亚。

1941年6月，德国军队入侵希腊，虽然有盟军的帮助，但整个国家还是被迅速占领。德国人以克里特岛为空军和海军基地，在地中海东部袭击英国军队。被占领期间，平民遭受了难以想象的痛苦，许多人死于饥饿。纳粹军队围捕了半数以上的犹太人，并将他们运送到死亡集中营。抵抗运动风起云涌，最终两极分化为保皇党和共产主义阵营，它们之间的斗争和对抗德国人的战争同样残忍，常常给希腊平民带来毁灭性的后果。

1944年10月德国人开始撤出希腊，但抵抗组织仍在自相残杀，导致了持续到1949年的血腥内战。内战让希腊陷入混乱，在政治与经济上均遭到重创。在3年残酷内战期间死去的希腊人比“二战”期间丧生的人数还要多，25万人无家可归。绝望感导致大量人口外流。村庄甚至整座岛屿荒废，近百万希腊人背井离乡，以寻求更好的生活，主要目的地是澳大利亚、加拿大和美国等国家。

马克·马佐韦尔（Mark Mazower）创作的《希特勒的希腊：1941~1944年的沦陷历程》（*Inside Hitler's Greece: The Experience of Occupation, 1941-1944*）深刻全面地讲述了希腊在纳粹占领期间的历程和抵抗运动的兴起。

军政府、君主制和民主制

1964年2月，乔治斯·帕潘德里欧（Georgios Papandreou）当政。他建立了中间派联盟（Centre Union; EK）并立即实施了一系列激进的变革：释放政治犯，允许流亡者返回希腊，降低收入税和国防预算，增加社会服务和教育投入。

帕潘德里欧对左派的宽容令希腊政界一片混乱，以乔治斯·帕帕佐普洛斯（Georgios Papadopoulos）和斯蒂利亚诺斯·帕塔克斯（Stylianos Patakos）为首的一群陆军上校在1967年4月21日发动政变。他们建立了军政府，帕帕佐普洛斯担任总理。

军政府宣布戒严，取缔政党和工会组织，实施审查和监禁，对成千上万持不同政见者进行拷打并流放。1972年6月，帕帕佐普洛斯宣布希腊为共和国，自己担任总统。

1973年11月17日，坦克冲进雅典理工学院（科技大学），以镇压呼吁反对美国扶持下的军政府的学生起义。虽然伤亡人数仍存在争议（据说有20余名学生死亡，数百人受伤），但这一行径为军政府敲响了丧钟。

不久之后，军事安全警察头目迪米特里奥斯·爱奥尼迪斯（Dimitrios

潘多利·佛加瑞（Pantelis Voulgaris）2009年的电影《灵魂深处》（*Psyhi Vathia*）是少数触及希腊内战敏感题材的电影之一，背景设定在那场激烈战斗的最后阶段。

1941年至1944年	1947年	1944年至1949年	1967年
德国入侵并占据希腊。君主立宪派、共和党人和共产党结成反抗组织，虽然组织内出现内讧，但还是在3年之后将德国人赶出了希腊。	当时的民国政府与希腊建立大使级外交关系。温源宁为第一任驻希腊大使。	第二次世界大战末期，希腊陷入内战，参战双方为君主派和共产党人。1946年，君主派重新掌权；但战争造成了巨大损失，许多希腊人为了寻求更好的生活移居国外。	左右翼摩擦不断，导致建立军政府的军事将领发动右翼军事政变，随后实施戒严令并废除多条公民权利。

Ioannidis）废黜了帕帕佐普洛斯，并试图强行合并塞浦路斯，这一失败的举动导致了与塞浦路斯的分裂和军政府的垮台。

康斯坦丁诺斯·卡拉马里斯被从巴黎召回就职，他的新民主党在1974年11月的选举中战胜了安德烈亚斯·帕潘德里欧（Andreas Papandreou，乔治斯·帕潘德里欧的儿子）领导的新成立的泛希腊社会主义运动党（PASOK），以多数票当选。在一项公民投票中，69%的人反对恢复君主制，并且解除了对共产党的禁令。

想要了解1967年的军事政变，可以阅读安德烈亚斯·帕潘德里欧（Andreas Papandreou）在《枪口下的民主》（*Democracy at Gunpoint*）里的叙述。

20世纪80年代和90年代

希腊在1981年成为欧盟第十位成员，也是最小、最贫穷的成员国。1981年10月，帕潘德里欧领导的泛希腊社会主义运动党当选，成立了希腊第一个社会主义政府，在希腊执政近二十年（1990年至1993年除外）。泛希腊社会主义运动党雄心勃勃地承诺要进行社会改革，关闭美国空军基地并退出北约。虽然美国的军事影响减少，但失业率居高不下，教育与福利改革十分有限。不过，妇女问题得到较好的解决：世俗婚礼制度被废除，堕胎合法化，实现公证结婚与离婚。然而，到了1990年，重大的政

分裂的塞浦路斯

20世纪30年代以来，希腊族的塞浦路斯人（占该岛人口的五分之四）渴望加入希腊，而自从1878年这里成为受英国保护的国家之后（1925年成为英国直属殖民地），土耳其始终对其有领土要求。希腊支持联合的意图遭到英国和美国基于战略立场的强烈反对。1959年，经过广泛协商，英国、希腊和土耳其达成折中方案，塞浦路斯成为独立共和国，希腊族的塞浦路斯人，马卡里奥斯大主教（Archbishop Makarios）成为总统，土耳其裔的费萨尔·库库克（Faisal Kükük）担任副总统。实际上，双方对此都感到不满：右翼的希腊族塞浦路斯人联合抵制英国，而土耳其裔的塞浦路斯人则强烈要求岛屿分裂。

1974年7月，刚刚自封成为希腊总理的季米特里奥斯·约安尼季斯（Dimitrios Ioannidis）试图推翻马卡里奥斯政府，强行合并塞浦路斯。但是，马卡里奥斯听到了风声，避开了暗杀。结果，土耳其本土派出军队占领塞浦路斯北部，将这座岛屿分裂，导致将近200,000名希腊族塞浦路斯人背井离乡，前往南部避难（据报道，超过1500人下落不明）。

受联合国保护的军事分界线是一座废弃的城镇，那里的时钟停止在1974年，将塞浦路斯分割开来。几十年过去了，谈判依然难以解决这一问题。2004年，关于统一的全民公投失败后，分裂的塞浦路斯加入欧盟，国际调停仍在持续。

1972年6月5日	1973年	1974年	1981年
中国与希腊建立外交关系。	11月17日，坦克撞开雅典理工学院校门，军队冲进校舍，镇压学生起义。据报道，20余名学生死亡。	塞浦路斯与希腊合并，这一拙劣计划适得其反，导致土耳其军队入侵塞浦路斯和军政府的垮台。这一系列行动促进了希腊议会民主制的恢复。	希腊加入欧盟，有效消除了贸易保护壁垒，希腊经济第一次向更广阔的世界开放，经济增长迅速。

策争议和经济动荡很快就让选民失去耐心，康斯坦丁诺斯·米佐塔基斯（Konstandinos Mitsotakis）领导的新民主党（ND）重新执政。

为了整顿高通胀和高政府支出等国家经济问题，政府实施紧缩措施，包括冻结公务人员工资及大幅提高公共水电和基本服务费用。

到1992年年底，对政府腐败的指控日益激烈，米佐塔基斯的很多支持者放弃了新民主党；新民主党丧失议会多数席位，在10月初举行的选举中，泛希腊社会主义运动党重新掌权。

由于健康状况不佳，安德烈亚斯·帕潘德里欧（Andreas Papandreou）在1996年初下台，6月26日去世，导致泛希腊社会主义运动党的政治路线产生巨大改变。该组织放弃了帕潘德里欧的"左倾"政治，选举经济学家和律师科斯塔斯·西米蒂斯（Costas Simitis）担任新总理。西米蒂斯随后在1996年10月的选举中赢得多数选票。

21世纪

新千年到来，希腊于2001年加入欧元区，但当时欧元区成员国认为希腊在经济上还没有做好准备——公共债务与通胀水平过高。许多人回首当年，感叹德拉克马兑换欧元时，希腊货币的价值被低估了，这使得希腊人民的生活成本一夜之间不成比例地增加了。即便如此，希腊政府仍将数十亿欧元投入到全希腊的大型基础设施项目之中，包括雅典的重建——很大程度上是由主办2004年奥运会带动的。然而，失业率上升、公共债务不断飙升、通货膨胀降低以及消费信贷挤压，这些都产生了负面影响。2007年，这个保守的政府（2004年执政）在处理夏季森林火灾时受到广泛批评，这场大火在全希腊造成大范围破坏，政府的舆论环境进一步恶化。即便如此，在2007年9月举行的提前选举中，新民主党获得的票数虽然减少了很多，不过还是当选了。

后来，一系列大规模罢工表现出民众对选举的不满加剧了。成千上万的人对激进的劳动力与养老金改革提议以及私有化计划进行抗议，分析人士声称，这些提议与计划将有助于控制公共债务。2008年12月，警察开枪打死一名15岁少年，雅典青年人对此愤怒不已，导致全国城市骚乱四起，反对新民主党政府的声浪达到顶点，政府也陷入一系列丑闻之中。

与西门子集团的希腊子公司（Siemens Hellas）相关的政府高官（两派政党都有）涉嫌腐败案等政治纠纷的调查持续受到关注，这之后又出现针对一座修道院和政府之间进行土地互换交易的争论，一些评论家认为，这

1981年至1990年

在安德烈亚斯·帕潘德里欧领导下，希腊有了第一个民选的社会主义政府（泛希腊社会主义运动党，缩写PASOK）。但好景不长，仅维持了9年之后，保守党最终再次夺得大权。

1999年

几周内，土耳其和希腊均遭受强烈地震，导致数百人死亡。两国承诺互相帮助与支持，外交关系开始缓和。

2001年

希腊加入欧元区，欧元取代了希腊货币德拉克马。

2007年

森林大火摧毁了伯罗奔尼撒西部广大地区以及埃维亚和伊庇鲁斯部分地区，这是数十年来希腊最严重的一次生态灾难。成千上万人失去家园，66人死亡。

一交易让修道院极大地受益，但损害了纳税人的利益。2009年10月，在卡拉马里斯任期内举行大选，泛希腊社会主义运动党PASOK（由乔治·帕潘德里欧领导）以压倒性优势战胜保守党夺回大权。

非浮即沉

2009年，巨大的公共支出与大面积逃税，加之全球经济衰退造成的信贷危机，使希腊经济受到重创。2010年，其他欧元区国家同意拨付贷款1100亿欧元（占希腊国内生产总值的一半）以帮助希腊重新振作，但条件非常严苛：执政政府[仍然由乔治·帕潘德里欧领导的泛希腊社会主义运动党（PASOK）执政]必须采取严格改革措施并减少希腊庞大的财政赤字。随之而来的是大幅度削减支出政策，包括公务人员工资削减10%，但力度不足并且为时已晚，国际债主继续要求提高贷款利率。

希腊此时真的进退两难——接受紧急援助，这对阻止把欧元信誉降低是绝对必要的，但若如此希腊就不得不进一步实行改革，希腊民众将更加苦不堪言，这会把之前不关心政治的公民推向革命。一些人希望希腊重新启用德拉克马；然而，也有许多人认为希腊仍将背负着巨额债务且货币体系完全无法立足。

2011年10月，乔治·帕潘德里欧要求人民对欧盟援助计划进行公投，但是随后，他组建联合政府失败，辞职下台。2011年11月，卢卡斯·帕帕季莫斯——欧洲央行前副行长——成为希腊新总理，接过希腊经济这个烫手山芋。新民主党领袖安东尼斯·萨马拉斯在第二年接替了他成为总理，并于2012年6月与第三大党泛希腊社会主义运动党以及一些较小的组织组建联合政府，以推进财政紧缩计划实施。第二笔1300亿欧元的救助要求实施更为严格的紧缩政策，雅典再次爆发大罢工，抗议大幅度削减政策——最低工资标准降低22%、退休金下调15%、削减公务人员1.5万人。首都的自杀率增长了40%。同时，越来越多的人支持极右翼法西斯组织“金色黎明”（Golden Dawn）。这一组织使种族主义行为不断增加，直接针对希腊的外来移民人口。

英国女王伊丽莎白二世的丈夫，爱丁堡公爵菲利普亲王（Prince Philip）是希腊王室成员，1921年出生在科孚岛，希腊和丹麦王子。希腊前国王康斯坦丁（Constantine）是威廉王子的教父。康斯坦丁及其家族流亡伦敦46年，于2013年返回雅典。

2013年6月，有着70年历史的希腊电视广播公司（ERT）关闭，政府试图解雇2500名员工，这是希腊的国际债主要求其财政削减计划的一部分。为抗议ERT关闭，记者工会团结一致举行24小时大罢工，引发全国范围内的新闻停摆。6天后，在希腊高等法院的调停下，这家公司恢复运营。对希腊民众而言，这确实是残酷的时代，薪资削减约30%，新增的17项税收更

2007年11月

北京至雅典开通直航。

2008年

在警察和青年之间进行所谓的“交流”之后，警察在雅典开枪杀死一名15岁男孩，这一事件引发一系列全国性的城市骚乱。

2009年

土耳其计划在卡斯特洛里佐岛和塞浦路斯沿海开发石油和天然气的计划引起了希腊的关注。当地人报告称土耳其喷气机从几座希腊岛屿的低空飞过，两国关系开始紧张。

2010年

希腊从欧盟成员国那里获得了历史上最大一笔财政贷款，价值1100亿欧元。希腊政府实施严格紧缩政策以缩减膨胀的赤字，却遭到国内抗议。

是让月收入所剩无几。

虽然欧盟和国际货币基金组织最初预测希腊将在2014年恢复增长，但在该年底，很多希腊人无力纳税，表明增长仅为0.4%。2015年1月，新民主党在选举中败给"左倾"的激进左翼联盟，后者与右翼政党独立希腊人结成联盟。40岁的新总理阿莱克西斯·齐普拉斯凭借反对紧缩的立场赢得了选举。

希腊退欧

2015年6月，希腊成为第一个无法偿还贷款并拖欠欧盟和国际货币基金组织债务的发达国家。1月份才上台的希腊总理，激进左翼联盟领袖阿莱克西斯·齐普拉斯试图通过谈判获得新的紧急救助以避免违约，但未能成功，他拒绝接受债权人提出的紧急救助所附带的严格紧缩措施。相反，他将提议带回希腊，让国民公投来做决定。虽然很多人担心投反对票会带来灾难并被开除出欧盟，但大多数希腊人还是决定抓住机会，超过61%的选民不愿接受紧急救助的条件。此后一周的动荡之一是希腊银行关闭，现金紧缺。希腊财政部长瓦鲁法基斯（Varoufakis）指责债权人雇用恐怖分子实施恐吓策略并被迫辞职。很多欧盟领导人认为希腊公投毫无诚意。然而，齐普拉斯认为主动权还在自己手中，公投结果让他信心大增，相信在第3次紧急救助贷款的谈判中会占据较大优势。

与此同时，世界各地的市场认为随着欧盟出台希腊退欧的详细计划——希腊会被逐出欧盟并重新使用德拉克马作为货币的可能性似乎也是真实存在的。欧洲大陆各地的主要首都发生了反紧缩游行，来自欧洲各地的支持令人吃惊。

最后关头，齐普拉斯成功争取到860亿欧元紧急救助贷款——不过代价超出他的预期。附加的紧缩措施甚至比公投前所提出的更加严格，很多人认为，随着希腊银行处于破产的边缘，齐普拉斯会被迫接受这些条款。加税、养老金改革和价值500亿欧元的公共企业私营化——一半用于偿还贷款，一半被债权人信托监管——让许多人将希腊视为欧洲的金融监控区。

由于反紧缩组织与防暴警察发生冲突，国会外面的和平抗议场面难堪。虽然绝大多数希腊国会议员投票通过了贷款条件，但激进左翼联盟的将近40名议员投了反对票，使得这位总理在政府的地位岌岌可危。

2012年	2013年	2015年	2015年
政府提出的削减政策包括：最低工资标准降低22%，退休金下调15%，裁减公务人员15,000人。	希腊失业率向上攀升至26.8%，创下欧盟最高纪录，青年人失业率攀升至近60%。	新民主党被由40岁的齐普拉斯所领导的激进左翼联盟取代，该政党的立场是反对紧缩。	由于无法支付债务，希腊很有可能被开除出欧元区，也许将被迫采取最严格的紧缩措施获得进一步的借款。

古希腊文化

当罗马帝国对希腊进行同化时，也在很大程度上尊重了希腊的文化，并赋予它理想主义的色彩。罗马人在许多方面都向古希腊学习，敬奉希腊的神明（只是重新起了名字），还有希腊的文学、神话、哲学、艺术及建筑。那么古希腊究竟有何与众不同呢？

黄金时代

马赛尔·加谬（Marcel Camus）的《黑人奥菲尔》（*Black Orpheus*；1959年）凭借对俄耳甫斯（Orpheus）和欧律狄刻（Eurydice）传奇故事的重新想象，将场景设置在20世纪50年代的巴西贫民窟，以波萨诺瓦舞曲为配乐，一举夺得了奥斯卡奖。讲述的是一对爱人躲避职业杀手和奥菲尔那怀恨在心的未婚妻的故事。

公元前5世纪，雅典经历了一次文化上的复兴，令后世望尘莫及——事实上，由于这一时期的成就极具多样性，现代的古典学者称之为“奇迹”。在马拉松战役和萨拉米斯战役中，希腊在军力悬殊的情况下以少胜多击败波斯大军，为这个时代拉开了帷幕；雅典和斯巴达之间不可避免的战争则标志着这个时代的终结。人们常常说，雅典的“黄金时代”是西方文明的基石，如果当年波斯获胜，那么今天的欧洲将是另一番天地了。雅典就像是20世纪30年代的巴黎，是人才的摇篮。每一个名副其实的艺术家或作家都离开家乡，前往那伟大的智慧之城，分享他们的思想，听听当时伟大的思想家们如何表达自己想法。

戏剧

埃斯库罗斯（Aeschylus）、阿里斯托芬（Aristophanes）、欧里庇德斯（Euripides）、索福克勒斯（Sophocles）等最伟大的剧作家们赋予戏剧新的内涵，使其从宗教仪式变为一种更为引人注目的娱乐形式。要欣赏这些戏剧可以去雅典卫城脚下的狄厄尼索斯剧场（Theatre of Dionysos），那里演出的喜剧和悲剧揭示出古希腊人许多精神层面的东西。

希腊全国各地都有大型的露天剧场，基本都建在山坡上，这种设计便于满足日益复杂的戏剧背景、道具、合唱团和主题等要求，而且能够最大限度地提高音响效果，即使坐在后排的观众也能听到舞台上演员的声音。戏剧的主要体裁是悲剧和喜剧。第一个已知的演员是一个叫泰斯庇斯（Thespis）的人，“演员”（thespian）这个词正是来自他的名字。

《古希腊人的世界》（*The world of the Ancient Greeks*，2002年），作者是John Camp与Elizabeth Fisher，广泛而深入地探究希腊人如何在政治、哲学、戏剧、艺术、医学和建筑等诸多领域留下他们的印记。

哲学

当剧作家在为演员们量身定制剧本的时候，公元前5世纪末至公元前4世纪初的哲学家亚里士多德（Aristotle）、柏拉图（Plato）和苏格拉底（Socrates）正引入一连串的新思想，这些新思想注重逻辑和理性。雅典最伟大、最高尚的公民苏格拉底（公元前469年至公元前399年）被指提出令人不适的尖锐问题腐化年轻人而被迫喝下毒芹汁，但他生前留下的假设还原论（hypothetical reductionism）学说一直沿用至今。

他最优秀的学生——柏拉图（公元前427年至公元前347年），负责记录老师的思想，并整理成书，如《谈话录》（*Symposium*），若没有他的努力，这些思想早就失传了。柏拉图被认为是一个理想主义者，他写了《理想国》（*The Republic*）一书以警示雅典城邦：人民要推崇法律与领导力，并充分教育青年人，只有这样国家才不会灭亡。

在黄金时代晚期，柏拉图的学生亚里士多德（公元前384年至公元前322年）专注于研究天文学、物理学、动物学、伦理学和政治学。亚里士多德还担任马其顿国王腓力二世的私人医生以及亚历山大大帝的导师。雅典哲学家们对现代思想的最伟大贡献就是理性探究精神。

雕塑

公元前6世纪，随着大理石裸体雕像的出现，希腊古典雕塑开始加速发展。大多数的雕像创作都是为了尊崇某一特定的神或女神，而且许多雕塑的设计都是披着华丽的长袍。先前古风时代的雕塑被称为kouroi，侧重对称与形式，但到了公元前5世纪初期，艺术家们开始追求面部表情与生动性。由于人们要求神庙建筑要精心雕刻，雕塑家们据此创作出大型浮雕。

公元前5世纪，雕塑家们学会了成功地绘制人脸并制作与实体相似的大理石半身像，雕塑工艺变得更为复杂了。或许最有名的希腊雕塑家就是菲迪亚斯（Pheidias）了，其作品“帕台农神庙浮雕”描绘的是希腊与波斯之间的战争——如今被称为“帕台农石雕”（Parthenon Marbles），曾经被称为“埃尔金石雕”（Elgin Marbles）——它是黄金时代最优秀的石雕作品之一，一直备受推崇。

苏格拉底最著名的两句名言是：“知道自己一无所知才是真正的智慧”和“浑浑噩噩的生活不值得过”。

英雄

有史以来一些最伟大的故事皆是出自希腊神话——也有人说希腊神话是很多故事的源泉。许多人在孩提时代就听过的赫拉克勒斯（Heracles）和奥德修斯（Odysseus）的奇幻故事，长大后仍然萦绕在脑海中，当代作家们也一直通过书籍与电影不断地重新诠释这些故事和人物。站在古代雅典卫城的废墟之上，凝视着遥远的海平面，仿若看到海怪克拉肯（Kraken，波塞冬的宠物）从爱琴海里浮现出来；当渔船朝落日驶去，眼前的画面又仿佛是当年的伊阿宋乘坐阿尔戈号去科尔喀斯寻找金羊毛的那一幕。

希腊人都为他们的神话故事感到十分自豪，而且他们很乐意给你讲述希腊众神的故事，如果你事先就了解一点，那他们就更开心了。

赫拉克勒斯[Heracles，赫丘利（Hercules）]

赫拉克勒斯是古希腊神话中最著名、最受人喜爱的英雄，他是宙斯和凡人阿尔克墨涅（Alcmene）的儿子，被充满嫉妒的赫拉引诱，一时激愤杀死了家人并受到惩罚，必须完成自己的敌人——迈锡尼国王欧律斯透斯（Eurystheus）设定的12项艰巨任务。这些任务包括击杀尼米亚猛狮（Nemean Lion）和九头蛇伊兹拉（Hydra），生擒刻律涅山牝鹿（Ceryneian Hind），活捉厄律曼托斯山野猪（Erymanthian Boar），在一天内清理奥革阿斯牛圈（Augean Stables），杀死以箭为羽的斯廷法利斯湖怪鸟（Stymphalian Birds），捕捉克里特岛疯牛（Cretan Bull），偷走狄俄墨得斯的食人牝马（Mares of Diomedes），得到希波吕忒的腰带（Girdle of Hippolyta）及革律翁的牛（oxen of Geryon），摘取赫斯珀里得斯的金苹果（Apples of the Hesperides），以及牵回冥府守门狗刻耳柏洛斯（Cerberus）。

忒修斯（Theseus）

弥诺陶洛斯——疯狂的半牛半人，克里特国王米诺斯的后代——每年都强迫7名男女为它献祭，而雅典英雄忒修斯自告奋勇成为祭品。忒修斯在阿里阿德涅公主（Princess Ariadne，中了阿芙罗狄忒之箭，对忒修斯一见钟情）的帮助下，一进入弥诺陶洛斯恐怖的迷宫（所有人都有去无回）就放开一个线团，杀死怪物之后沿着施放的线找到了出口。

从俄狄浦斯和克洛诺斯阉割乌拉诺斯的希腊故事中，西格蒙德·弗洛伊德（Sigmund Freud）得出结论，神话常常反映了无法在社会中表达的强烈的禁忌欲望。

伊卡洛斯（Icarus）

伊卡洛斯与父亲代达罗斯（Daedalus）被米诺斯国王和他的军队追赶，一同飞越克里特岛的悬崖。他们用蜡和羽毛制作羽翼，父亲叮嘱儿子要避开中午的阳光。伊卡洛斯沉浸于飞翔的快乐中无法自拔……蜡融化了，羽毛散开，这位鸟孩儿摔死了。

珀尔修斯（Perseus）

珀尔修斯要去完成一项几乎不可能完成的任务——杀死蛇发女妖美杜莎（Medusa）。美杜莎一头蛇发，人只要被她看一眼就会化作石头。珀尔修斯穿戴上从赫耳墨斯那里得到的隐形帽和飞行鞋，并用反射盾来避开美杜莎的目光。他砍下美杜莎的头颅装到一个袋子中，随后遇到了安德罗墨达（Andromeda）——被绑在礁石上的一位公主，她即将被杀死来献祭海怪。美杜莎的头颅将海怪变成了石头，珀尔修斯救出了女孩。

俄狄浦斯（Oedipus）

俄狄浦斯是古希腊送给弗洛伊德心理学派的礼物。俄狄浦斯在出生时就被遗弃，他从德尔斐神谕得知有一天他会杀了自己的父亲并娶了自己的母亲。在回出生地锡韦（底比斯）的途中，俄狄浦斯杀死了一个粗暴的路

神话中的群岛

希腊处处散发出神话的气息，很多岛屿就是很多传说及神灵和凡人产生交集的戏剧性场所。

克里特岛 据说，为了避免宙斯的父亲克洛诺斯（Cronos）将宙斯吃掉，宙斯的母亲在一个山洞中生下了他。可怕的弥诺陶洛斯也住在这里。

提洛岛 女神勒托（Leto）正寻找地方生阿波罗和阿耳忒弥斯的时候，这座岛屿从海浪中升起。

基西拉 据说，阿芙罗狄忒诞生于基西拉附近的海浪之中。

莱斯沃斯岛 俄耳甫斯被酒神的女祭司们杀害肢解后，他的脑袋被海浪带到这里，葬于安蒂萨（Antissa）附近。

米科诺斯岛 宙斯和泰坦巨神在这座岛上战斗，赫拉克勒斯也在这里击杀巨人。

米里纳、利姆诺斯岛 据说是亚马逊族女王米里纳（Myrina）缔造的。

罗得岛 宙斯战胜巨人之后，这座岛屿被交付给太阳神赫利俄斯（Helios）。

希腊神话中的五大妖兽

在希腊人熟悉的丑陋奇特的怪物里面，以下5个最臭名昭著。

刻耳柏洛斯（Cerberus）看守冥界入口的恶犬，长有3个头，在它的看守下没人能够随意出入。

基克洛普斯（Cyclops）独眼巨人。奥德修斯和他的船员就是被困在这样一个独眼巨人——波吕斐摩斯（Polyphemus）——的洞穴之中。

九头蛇伊兹拉（Hydra）砍掉任何一个头又会在原来的地方生出两个新的头。赫拉克勒斯用火炬烧灼致其断颈才将她铲除。

美杜莎（Medusa）因爱慕虚荣受到众神的惩罚，头上的蛇发令人看一眼就丧命。即使在死后，她的血也能致命。

弥诺陶洛斯（Minotaur）半人半牛的变异生物，生活在深不可测的迷宫中，痛苦不堪，只有在偶尔吃上一口人肉时才会温顺一点。

人，然后发现这个城市正被残忍的斯芬克斯（Sphinx，狮身女怪，长有双翼）困扰着。这个怪物要求毫不知情的路人和市民解答谜语：答不上来的人就会被摔死在岩石上。俄狄浦斯成功地解开了谜题，打败斯芬克斯，并与锡韦的王后成婚。后来他发现曾经杀死的陌生人竟是自己的父亲，而新婚妻子正是自己的亲生母亲，于是俄狄浦斯刺瞎了双眼，流放了自己。

神话

古希腊的虔诚崇拜以12主神为中心，这些主神都是神话里的重要角色，而非凭借其行为受到称颂。他们经常表现出小气、恶毒、极其残忍和自尊心缺失，并仗着神灵的喜好操纵凡人，引起无聊的纷争。每个城邦都有各自供奉与崇拜的专属守护神或女神，然而有时也会因人而异，比如农民可能会祭祀女神得墨忒耳（Demeter），让她保佑庄稼丰收，渔夫则会祭祀海神波塞冬（Poseidon）以求出海平平安安、满载而归。

著名古典雕塑家菲迪亚斯（Pheidias）没有原作存世，不过有罗马雕刻家的仿品。菲迪亚斯用象牙和黄金制作的宙斯巨像是古代世界的奇迹之一。

古代万神录

这里简要介绍希腊神话中的12主神，括号内（分号后）是他们在罗马神话中的名字。

宙斯[Zeus；朱庇特（Jupiter）]抛掷火球的诸神之王，奥林匹斯山的统治者，掌管天界，擅长伪装自己以追求凡间少女。伪装术包括金雨、公牛、老鹰和天鹅。

赫拉[Hera；朱诺（Juno）]妇女与家庭的保护神，天上的王后，既是宙斯心烦意乱的妻子，也是他的姐妹。她是一位典型的嫉妒心强又专权跋扈的妻子，对宙斯的私生子施加报复。

波塞冬[Poseidon；尼普顿（Neptune）]海神，掌管海洋、迷雾，是宙斯的弟弟。住在闪闪发光的水下宫殿里。

哈迪斯[Hades；普鲁托（Pluto）]死神，也是宙斯的兄弟，掌管冥界，在骨瘦如柴的摆渡者卡戎（Charon）的协助下，收割刚死去的亡灵。重刑犯被送往地狱接受酷刑的折磨，而英雄们去往极乐世界享受永恒的快乐。

雅典娜[Athena；密涅瓦（Minerva）]智慧、战争与科学女神，雅典的守护神，诞生于宙斯的头颅，一出生就披坚执锐。她与战神阿瑞斯（Ares）截然相反，雅典娜深欧里庇得斯的希腊悲剧《美狄亚》(*Medea*)讲述的是太阳神赫利俄斯的孙女杀了自己孩子以报复她的丈夫并在黑暗中找到新生活的故事。拉斯·冯·提尔(Lars von Trier)将其拍摄成宿命式的同名电影(1988年)。

谋远虑且战术高超。大力神赫拉克勒斯(Heracles)、伊阿宋[Jason，出自伊阿宋与阿尔戈英雄(Argonauts)的传说]和珀尔修斯(Perseus)都受益于她的庇护。

阿芙罗狄忒[Aphrodite；维纳斯(Venus)]爱与美之神。据说她生于大海的泡沫之中。她要么背着自己不幸的丈夫赫菲斯托斯(Hephaestus)与别人相好，要么同她可爱的儿子厄洛斯[Eros；丘比特(Cupid)]一起煽动人心制造麻烦(比如特洛伊战争)。

阿波罗(Apollo)司掌音乐、美术与预言之神，同时也是光明之神且精通射箭之术。正是在他的坚定指引下，帕里斯(Paris)才稳稳地射中阿喀琉斯(Achilles)唯一的弱点——脚后跟，从而杀死了他。

阿耳忒弥斯[Artemis；狄安娜(Diana)]阿波罗的孪生姐姐，是狩猎女神，颇具讽刺意味的是，她也是野生动物的守护神。时而恶毒，时而仁慈，人们常将她与险恶的赫卡忒(Hecate，巫术的守护神)相提并论。

阿瑞斯[Ares；玛尔斯(Mars)]战神，嗜杀残忍，缺少自制力，是宙斯最不喜欢的孩子。既然是战神，那么好战的斯巴达人崇拜他一点也不奇怪。

赫耳墨斯[Hermes；墨丘利(Mercury)]众神的信使，旅行者的守护神，相貌英俊，头戴长有双翼的帽子，脚穿长有翅膀的凉鞋。他总是能为他的父亲宙斯平息那些风流韵事。

赫菲斯托斯[Hephaestus；伏尔肯(Vulcan)]是司掌工艺、冶金与火的神，他是宙斯的儿子，残疾丑陋常被人嘲笑。为惩罚人类，他用黏土塑造出送给人类的第一个女子潘多拉(Pandora)。盒子里装着人类的罪恶。

赫斯提亚[Hestia；维斯塔(Vesta)]炉灶女神，她在神庙大殿内保护火种，希腊公民可以从那里获取火种，点燃火把。她终身未嫁，贞洁无瑕。

岛屿居民

居住在希腊岛屿上或许是件梦幻的事情，但即使是最闲适宁静的岛屿也有挑战。岛上比大陆更低调，更悠闲，人们的生活方式通常更传统。与世隔绝的时期、各种各样的地形和贯穿历史的外国文化影响，在岛上群体之间及内部塑造出强烈的地区认同感。

岛屿生活

岛上生活完全是季节性的，主要围绕旅游业、农业、畜牧业和渔业。5月至9月，很多岛上的游客数量会超过当地人口数量。

岛上多数人都是个体经营和家族经营。白天气温高的时候商店关闭，23:00左右重新营业——当地人通常会在那个时候和家人或同伴（parea）出去吃晚饭。

且不论漫长的营业时间，希腊人天生就是社会性动物，喜欢丰富多彩的社会生活。经营商店的人会坐在店外闲聊，直到客人来到；在村庄里，你会见到有些人就坐在房子外边看热闹；傍晚，海滨大道和城镇广场上挤满出来玩的老老少少，他们从下午的午睡中清醒过来（尽管商铺快要倒闭了），精心打扮。

岛屿产业

很多岛屿上的传统农耕生活已经让位于旅游相关产业，不过它们经常共存，家庭夏季经营酒店和小馆，冬季则以农业活动为主。

旅游业为很多岛屿带来了繁荣，较大的岛屿，包括克里特岛、罗得岛和科孚岛都有繁荣成熟的城市中心。农业发达的岛屿，比如莱斯沃斯岛和希俄斯岛，受旅游业影响较小。总而言之，更好的交通、技术、电信和基础设施让生活更便利，也让岛上居民没那么与世隔绝。

然而，即便是在岛内和岛上群体之间，依然存在着巨大的社会和经济差异。比如，国际化的米科诺斯岛与偏远的小岛有天壤之别：在那些小岛上，很多人生活节俭，好像还停留在传统岛屿生活的时间隧道里。

在没有机场或定期渡轮服务的偏僻岛屿上，人们的冬季生活尤其艰难。在有的岛上，人们会在旅游季节之后返回雅典，而在较大的岛上，一些当地人会从海滩度假胜地返回有学校和服务的山村和较大的城镇。虽然很多年轻人曾经离开，前往大陆工作或上学，但由于高失业率，如今许多人已返回家乡，其余的人正在寻找国外的工作。

岛上的居民已经感受到了希腊经济的困难，随着希腊人缩减假期和在外就餐次数的减少，国内旅游业衰退，国际旅游业也受到媒体对国家危机不断报道的影响。

希腊主要是城市社会。1070万人口的三分之二以上居住在城市，其中三分之一住在大雅典地区。居住在岛屿上的人口不足15%，人口最密集的岛屿是克里特岛、埃维亚岛和科孚岛。

伊卡里亚岛的人均寿命是欧洲最高的，三分之一的岛上居民可以活到90多岁。调查人员将其归因于下午漫长的午睡，大量饮用山上的茶并食用豆子，少摄入咖啡和肉类，持续到80多岁的健康性生活。

地域认同

在一个地域认同依然根深蒂固的国家，希腊岛屿的居民经常要首先认同他们的岛屿（及他们的村庄）——克里特岛人、伊萨卡岛或卡斯特洛里佐岛人等，其次才是希腊人。生活在雅典或国外的岛民总是与他们祖籍的城镇乡村联系紧密，常常会在假期回来。

受特定历史和地形的影响，各岛的习俗、传统，甚至人的性格，都各不相同，反映在从菜式和建筑到音乐和舞蹈的方方面面。

伊奥尼亚群岛的科孚岛摆脱了土耳其的统治，更多地受到意大利、法国和英国的影响，这里的人依然保留着一种贵族派头。克里特岛人以独立和好客著称，也许还拥有最经久不衰和与众不同的民间文化和传统，以及他们独特的方言。

在一些村庄，比如遥远东部的卡尔帕索斯的奥林波斯，很多女性还穿着传统服装，包括头巾和山羊皮靴子。斯弗诺斯独一无二的陶器传统很出名；希俄斯岛的乳香黄连木自成产业；莱斯沃斯岛是茴香烈酒的故乡；卡利姆诺斯岛的海绵潜水产业塑造了这个岛的特性，就像渔业和农业在其他岛屿上的作用一样。

家庭生活

希腊社会依然以家庭和亲属关系为主。大家庭扮演了重要角色，（外）祖父母经常会照看孙辈，让父母去工作或参加社会活动。在雅典工作的人会在夏季将孩子送到岛上的（外）祖父母处。

希腊人非常重视教育，下定决心为孩子们提供他们中的很多人所没有的机会。英语及其他语言被广泛使用。尽管希腊拥有世界上最高的人均国外留学生数量，但在这些学生中的很多人学历很高却难以完全就业。

年轻人结婚前搬出家庭的情况仍不多见，除非是为了求学或工作而离开，不可避免的是，在多数岛屿上，就业和教育机会有限。虽然情况慢慢在改变，但职业人士的晚婚及低工资和高涨的失业率也让希腊年轻人留在家庭里。按照传统，父母会努力为结婚的孩子们提供房屋，经常会给每个孩子都修建比自己的住处还好的公寓。

虽然存在大男子主义，但希腊很大程度上是个母系社会，男女之间的相互作用制造出一些有趣的悖论。男人们喜欢强调他们大权在握，但实

变脸

长期以来，希腊始终吸引着那些寻求田园岛屿生活并逃避激烈竞争的外国人。除了那些拥有度假房屋的人之外，少数来自各国的外国居民（xenoi）主要是有些个性或退休的欧洲人、曾经的嬉皮士和艺术家，或者由于夏季恋情与当地人结婚的人。近年来，美国人和澳大利亚人川流不息，还有返回祖籍岛屿的希腊裔。

然而，从20世纪90年代开始，希腊还成为很多经济移民的定居地：那个时候，这个国家突然从向外移民转变为接受移民。如今，这个国家也要同不断增加的非法移民做斗争，那些人中的大多数是难民。

尽管很多移民将希腊作为前往欧洲目的地的跳板，但希腊的人口增长全部来源于移民数量，移民数量占据劳动力的五分之一。经济衰退、对移民犯罪的关注和城市环境恶化激发出排外和极端主义情绪，引发了反移民集会和对移民不断增加的敌意。

际上，主持家庭和家族生意的经常是女人们。希腊妇女（至少是老一辈）对她们的厨艺感到自豪是出了名的。男人们涉足家务或者做饭的还相对罕见。

在保守的地方城镇和村庄，虽然妇女农业合作社在地方经济和文化传承保护中发挥了主导作用，但很多妇女仍然扮演着传统角色。在大城镇生活的妇女则要开明得多。

4月23日是克里特岛阿西戈尼亚（Asi Gonia）村一年一度的“羊蒙福日”，当地牧羊人将他们的羊群带到圣约戈斯（Agios Yiorgos）教堂接受赐福，然后挤奶并将新鲜的羊奶分给在场的所有人。

希腊人的性格

相对而言，希腊岛屿的居民势必更具自主性，但几个世纪以来，他们与大陆居民拥有同样的历史，因此也具有希腊人的典型特征。

长年的艰难和隔绝让岛屿居民恬淡寡欲、灵活机智，但他们同样友善闲散。与大多数希腊人一样，他们相当独立和爱国，自豪于他们的传统。他们为自己的尊严、荣誉感（filotimo）、热情好客和包容（filoxenia）感到骄傲，即使在最穷困的家庭里，你也能发现这一点。

直率好辩，多数希腊人会无所顾忌地表达自己的观点和讨论私事，而不是客客气气地闲聊。几乎没什么话题是禁区，从私生活和为什么不生孩子到赚多少钱或者花了多少钱买房子或鞋子，无所不谈。另外，希腊人的迟到臭名远扬（准时履约经常被称为“英国人那样”）。

个人自由和民主权利几乎是神圣不可侵犯的，人们对权威始终保留怀疑态度，对国家不存敬意。规则和条例通常被忽视或者被视为挑战。恩庇和裙带关系盛行，这种状况是多年处于外族统治干涉、内战和政局不稳定的情况下依靠个人关系网才能生存下去的持续副产品（不过贪污腐败是比较极端的形式）。顾全大局的观念经常让位于个人利益，集体责任感淡薄。

虽然希腊人无情地抨击自己的政府和社会，但他们会抵触外界的批评，怀有强烈的爱国主义、民族主义和种族主义。

1885年首次出版，詹姆斯·泰奥多尔·本特（James Theodore Bent）的《基克拉泽斯群岛，生活在与世隔绝的希腊人之间》（*The Cyclades, or Life Among the Insular Greeks*）是对岛屿生活的经典叙述。约翰·弗瑞利（John Freely）的《基克拉泽斯群岛》（*The Cyclades*）年代更晚（2006年），历史和视角丰富。

信仰和认同

东正教是希腊的官方宗教，也是希腊认同和文化的重要元素。在外国占领期间，教会是希腊文化、语言和传统的主要支柱。如今，教会在社会、政治和经济方面依然具有重大的影响力。

宗教仪式是岛屿日常生活的一部分。你会注意到，人们在经过教堂时会画十字，称赞大人和婴儿之后会做出吐口水（ftou ftou）的动作以阻挡“邪眼”。如果遇到问题，很多希腊人会去教堂为相关圣徒点蜡烛或献上供奉（tama）。

希腊的一年围绕着圣徒纪念日和宗教节日展开（每隔一天似乎就有一个圣徒或殉道者纪念日）。命名日（纪念与你同名的圣徒）比生日更重要，洗礼是重要仪式。多数人都会取圣徒的名字，就连船只、城镇和山峰亦是如此。

岛上散落着数百座为了保护航海家庭而修建的教堂和私人礼拜堂。你还会见到路边有很多小礼拜堂（iconostases），供奉的要么是在车祸中丧生的人，要么是圣徒。岛上的教堂和修道院面向游客开放，不过你始终都要着装得体。男人应该穿长裤，女人应该遮住胳膊（和乳沟），穿裙子的话，应该齐膝。

希腊大多数航运世家都出自群岛——超过三分之一来自希俄斯岛和附近的伊努塞斯岛，他们在那里拥有很多宏伟的宅邸。航运家族还拥有自己的岛屿，包括Spetsopoula岛[尼亚尔霍斯（Niarchos）]和Skorpios岛[亚里士多德·奥纳西斯（Aristotle Onassis）迎娶杰奎琳·肯尼迪（Jackie Kennedy）的地方]。

岛上风情的复活节

复活节是所有岛屿的重要节日，很多岛屿以其独特的圣周习俗和庆典著称——从克里特岛西南部点燃犹大肖像的篝火到福莱安兹罗斯持续3天并经过每家每户每条船的圣母玛利亚圣像游行。

在希俄斯岛的弗隆塔佐斯村，人们热情地庆祝耶稣复活的复活节。在村庄著名的火箭大战（Rouketopolemos）期间，山顶上相距约400米的两座教堂相互竞争，对准彼此的钟楼，发射大约60,000枚烟花火箭。

科孚岛的复活节尤其盛大，烛光照耀的棺材（epitafios）游行在乐队和唱诗班的伴奏下，穿过街道，引人遐思。圣周六上午还有一项可以追溯至威尼斯人控制时代的奇特传统，科孚镇的人将大陶罐从窗户和阳台上扔出去，摔碎在下面的街道上。

帕特莫斯岛被认为是庆祝复活节最神圣的地方之一，来自希腊和全世界各地的天主教徒会在这座据认为是圣约翰写出《启示录》的岛上庆祝。焰火的刺耳声响和数不清的烤羊和派对淹没了这座岛屿。

岛上大多数节日（panigyria）以每年的圣徒纪念日或当地教堂或修道院的节日为中心。收获及其他农业节日也有宗教基础或仪式。复活节是每年最重要的节日，作为庆祝，各个地方都会举行蜡烛游行，点燃午夜焰火和叉烤羊肉；有的岛屿还以独特的复活节庆典著称。

尽管宗教自由是宪法的一部分，但在希腊其他受到法律认可的宗教只有犹太教和伊斯兰教。罗马天主教徒超过50,000人，多数是最初居住在基克拉泽斯群岛的热那亚人或法兰克人，尤其是在锡罗斯，占据那里人口数量的40%。罗得岛有一个小犹太社区（可以追溯至罗马时代）。

艺术

人们崇敬希腊的艺术与文化遗产，如今，艺术仍然是希腊文化、身份与自我表达的一种元素。希腊艺术充满活力，并不断发展。尽管目前出现了经济危机，希腊的艺术活动与创造力却出现了明显的爆发（或者说正是由于经济危机才激发了艺术创造力的爆发），原本微薄的国家艺术资金遭到严重削减，一些艺术门类也因此受到影响，但另一种文化活动正在以低成本电影、艺术团体、小型地下剧院和画廊（出现在首都）等形式来反抗与弥补。

现代希腊艺术

19世纪以前，希腊的主要艺术形式还是拜占庭宗教绘画。在奥斯曼帝国的统治下，希腊几乎没有艺术作品问世，那段时期希腊其实错过了欧洲的文艺复兴。

拜占庭教堂的壁画和圣像画描绘的是基督和圣徒们的生活场景。圣像画中的“克里特流派”受意大利文艺复兴和君士坦丁堡沦陷后逃往克里特岛的画家们影响，技艺高超且内容极为丰富。出生于克里特岛的文艺复兴时期的画家埃尔·格列柯（El Greco，西班牙语中的“希腊”），即Dominikos Theotokopoulos，在1577年移居西班牙之前曾学习拜占庭晚期壁画的传统绘画艺术，并打下了良好的功底。

现代希腊艺术，就其本身而论，是在希腊独立后开始发展起来的，那时绘画趋于世俗化，绘画内容主要是人像、航海主题和独立战争。19世纪主要的画家包括Dionysios Tsokos、Theodoros Vryzakis、Nikiforos Lytras和慕尼黑学派（当时许多希腊画家学习这一学派）的顶尖画家Nicholas Gyzis。

20世纪早期的画家，如Konstantinos Parthenis、Fotis Kontoglou、Konstantinos Kaleas和后来的表现派艺术家George Bouzianis，他们的绘画在继承希腊艺术遗产的基础上结合了现代艺术的发展。

20世纪的主要画家包括立体派的Nikos Hatzikyriakos-Ghikas、超现实主义画家兼诗人Nikos Engonopoulos、Yiannis Tsarouhis、Panayiotis Tetsis、Yannis Moralis、Dimitris Mytaras和贫穷艺术运动（Arte Provera movement）先驱Yiannis Kounellis。

雅典的国家美术馆收藏的希腊20世纪时期的艺术作品数量最多，另外，在罗得岛的新艺术馆和安德罗斯岛的当代艺术博物馆中也有大量藏品。

现代和当代雕塑在雅典的国家雕塑馆展出。希腊的大理石雕塑传统在蒂诺斯岛经久不衰，蒂诺斯（Tinos）是现代最重要的雕塑家Dimitrios Filippotis、Yannoulis Halepas和Costas Tsoclis的诞生地，岛上的新博物馆中收藏了他们的大量作品。

雅典地铁站展示出的希腊艺术令人印象深刻，这些艺术作品来自著名的艺术家们，包括Yannis Gaitis（拉里萨）、Giorgos Zongolopoulos（宪法广场）和Alekos Fassianos（Metaxourgio），对仍然在世的希腊艺术家而言，他们作品的价格之高史无前例。

希腊电影

由于一些批评家将希腊电影戏称为“怪浪潮”(weird wave),希腊新一代电影人一直备受关注。Yorgos Lanthimos的获奖影片《狗牙》(*Alps*, *Dogtooth*)和Athina Rachel Tsangari的获奖影片《非普通教欲》(*Attenburg*)十分怪诞,代表了一种新兴的希腊独立电影的新风格。

Ektoras Kygizos的非凡作品《吃鸟食的男孩》(*Boy Eating Bird Food*)是对希腊目前困境的一种讽喻,近期其他值得关注的影片也都反映了这一主题——大都是在没有国家支持或行业资金的情况下合作创作的小型作品。

2012年,希腊最广受好评的电影制片人泰奥·安哲罗普洛斯(Theo Angelopoulos)在电影拍摄中遭遇车祸去世,这令希腊电影成为人们关注的焦点。安哲罗普洛斯以其如史诗般梦幻的电影风格与长镜头闻名于世,同时他忧郁的典型风格和对现代希腊历史和社会的评论也广为人知。

国际影展可能一直称赞希腊电影的艺术性,但国内观众更喜欢喜剧,如票房大片《岛》(*Nisos*, 2009年)和《爱琴海警报》(*Sirens in the Aegean*, 2005年)和以国内经济危机为背景的电影《如果的事》(*What If, 2011*年)。

鲜有希腊电影在海外发行。Tasos Boulmetis的《香料帝国》(*A Touch of Spice*, 2003年)、Pantelis Voulgaris的《新娘》(*Brides*, 2004年)和Yannis Smaragdis的大制作影片《埃尔·格列柯》(*El Greco*, 2007年)是例外。最享誉国际的希腊电影依然是1964年奥斯卡获奖影片——经典电影《希腊人左巴》(*Zorba the Greek*)。

当代希腊艺术

希腊当代艺术已经在希腊国内外得到越来越多的展示机会,参与国际艺术活动的希腊艺术家也越来越多。希腊艺术界变得更加生机勃勃,越发融入世界,实验艺术进一步发展,雅典的街头艺术逐渐得到认可。许多希腊艺术家已在国外学习、定居,也在国外享有一定的声誉。然而,如今出现了一股新的浪潮——回国或留在国内,产生全新的艺术能量。

新艺术场馆举办的大型国际展览令人印象深刻,涌现了许多小型私人画廊和原创展览,如一年一度的伊兹拉流派计划(Hydra School Project),希腊艺术向全球艺术展现出前所未有的光彩。自2007年以来,在雅典和塞萨洛尼基的双年展已经使这两座城市进入了国际当代艺术领域,而且国家当代艺术博物馆也在2015年迁入了固定馆址,即一座翻新过的啤酒厂。

> Petros Markaris的畅销犯罪系列小说中,谜一般的古怪侦探Haritos让读者们在趣味中了解雅典的犯罪和腐败。《切的自杀》(*Che Committed Suicide*, 2010年)、《晚间新闻》(*The Late Night News*, 2005年)和《区域联防》(*Zone Defence*, 2007年)已被译成英语。

现代希腊文学

在奥斯曼帝国的统治下,希腊文学几乎止步,之后受到语言选择的冲突而停滞——古希腊语与通俗白话语,抑或是二者混合妥协产生的现代希腊语(现代希腊语在1976年获胜)。

早期希腊文学最重要的作品之一是17世纪的10,000行史诗《埃罗多克里多斯》(*Erotokritos*),作者是克里特岛的Vitsenzos Kornaros。如今,克里特岛著名的押韵双行体(mantinadhes)仍然沿用15个音节押韵诗句,这些诗句还被谱上了曲子。

20世纪希腊最著名的(作品有译本的)小说家是尼科斯·卡赞扎吉斯(Nikos Kazantzakis),他备受争议,其小说充满了戏剧性,塑造了许多富有传奇色彩的人物，如《希腊人左巴》中的华丽角色。同时代另一个伟大的小说家是Stratis Myrivilis，他的经典作品是*Vasilis Arvanitis*和《美人鱼麦当娜》（*The Mermaid Madonna*）。

20世纪杰出的希腊诗人包括在埃及出生的Constantine Cavafy以及诺贝尔奖获得者George Seferis和奥德修斯·埃里蒂斯（Odysseus Elytis），他们分别于1963年和1979年获奖。

希腊的文学巨匠有Iakovos Kambanellis、Alexandros Papadiamantis、Kostis Palamas和诗人兼剧作家Angelos Sikelianos。Yiorgos Skourtis和Pavlos Matessis的剧本经过翻译，已经在国外演出。

当代作家

希腊的出版业虽然多产，但被译成英文的小说极少。

当代希腊作家已经开始小规模地打入国外市场，如国际畅销书《佩特罗斯叔叔和哥德巴赫猜想》（*Uncle Petros and Goldbach's Conjecture*）的作者Apostolos Doxiadis和获奖儿童文学作家Eugene Trivizas。

希腊出版商Kedros的现代文学翻译系列包括Dido Sotiriou的《告别安纳托利亚》（*Farewell Anatolia*）、Maro Douka的《傻瓜的上帝》（*Fool's God*）以及Kostas Mourselas的畅销书《被染成红色的头发》（*Red-Dyed Hair*），这本书还被拍成了电视连续剧，深受欢迎。作品被翻译成英语的其他著名作家包括Ersi Sotiropoulou、Thanassis Valtinos、Rhea Galanaki、Ziranna Ziteli、Petros Markaris和Ioanna Karystiani。

绕过翻译的问题，住在伦敦的Panos Karnezis[《迷宫》（*The Maze*）、《生日宴会》（*The Birthday Party*）和《女修道院》（*The Convent*）]和Soti Triandafyllou[《可怜的马戈》（*Poor Margo*）]用英文写作。作品被翻译成英语的其他著名当代作家还有亚历克斯·斯坦麦提斯（Alexis Stamatis，作品有*Bar Flaubert*和*American Fugue*）和Vangelis Hatziyiannidis[《四道墙》（*Four Walls*）和《被偷走的时光》（*Stolen Time*）]。

音乐

对于大多数人来说，提到希腊的音乐和舞蹈，脑海中就会出现人们围绕舞池、伴着布祖基琴（鲁特琴类乐器）弹奏的曲调欢快地踢腿的场景。其实，希腊的音乐传统深厚且历史悠久，其音乐影响与风格丰富多彩、多种多样。

虽然许多著名的表演艺术家们借鉴传统民间音乐，莱卡（laïka，流行城市民谣）和希腊雅燃音乐（蓝调音乐），但希腊充满活力的音乐界在流行、夜店舞曲、爵士、摇滚甚至嘻哈音乐方面也占据了一席之地。

1994年的电影《低俗小说》（*Pulp Fiction*）的片头字幕音乐令人难忘，是根据冲浪吉他传奇人物Dirk Dale在20世纪60年代的《蜜色罗》（*Misirlou*）改编的，而追根溯源是1930年左右由希腊雅燃音乐乐队录制的。

传统民间音乐

希腊独立后，资产阶级刻意地避开传统民间音乐，他们将目光转向欧洲的古典音乐和歌剧，而不是他们的东部或“农民”乡土音乐。

希腊各地区的民间音乐一般分为nisiotika（岛屿上较为轻松欢快的音乐）和在大陆地区广为流传的dimotika——后者以单簧管（klarino）为主要乐器，歌词题材多反映艰难困苦的岁月、战争以及乡村生活。慷慨激昂的

希腊演出指南

在夏季，希腊的顶级艺术家们会在全国各地的户外音乐会演出。在冬季，他们会在雅典和各地区的大城镇表演。

希腊地道的民间音乐越来越难找到。最好的办法就是在夏季期间去一些地区性的露天音乐节（panigyria）。有关的信息可以从海报上找到，一般张贴在电话旁或者电线杆上，也可以到处打听一下。

雅典的现场音乐场所包括一些秘密的希腊雅燃音乐夜店，以及bouzoukia——辉煌炫目、价格昂贵、卡巴莱歌舞风格的场所。二流的bouzoukia俱乐部被称为skyladhika（狗窝）——显然是因为歌手唱歌听起来像是呜咽悲鸣的狗叫声。Bouzoukia常常是扔鲜花（砸盘子的习惯近来已不常见）、奢华轻浮的表演、放纵与kefi（精神亢奋或着魔）的场所。

克里特音乐，主要演奏乐器是克里特岛的lyra（一种三根弦的梨形弓弦乐器）和鲁特琴，如今仍然是充满活力的音乐传统，新一代的演奏者定期演出并录音。

莱卡（Laïka）和Entehna音乐

莱卡音乐是希腊最受欢迎的流行音乐。作为希腊雅燃音乐的一个主流分支，莱卡音乐在20世纪50年代末和60年代流行起来，当时雅典的夜店规模更大、形式更华丽，音乐也更趋于商业化。布祖基琴开始变成电声乐器，曲调从歌咏爱情、失落、痛苦与移民感伤转为体现民族精神。Stelios Kazantzidis（已故）和Grigoris Bithikotsis是那一时代的最强音。

Mikis Theodoraki为电影《希腊人左巴》（*Zorba the Greek*）制作的配乐中，布祖基琴的声音成为不朽的记忆，也成为希腊的代名词。这种长颈鲁特琴类乐器成为雅燃音乐的核心，对莱卡音乐也起着主导作用。

受过古典音乐训练的作曲家Mikis Theodorakis与Manos Hatzidakis领导了一种新的音乐风格，被称为“风雅”音乐（entehni mousiki）。他们借鉴雅燃音乐的风格及其乐器，如布祖基琴（加入更多的和声），并将Seferis、Elytis、Ritsos和Kavadias多位诗人的诗歌加以创作，制作出许多流行金曲。

后来，作曲家Yiannis Markopoulos将乡村民间音乐和传统乐器引入主流乐坛，如lyra、santouri、小提琴和kanonaki，他还将一些民歌艺人带上舞台，如克里特岛的传奇人物Nikos Xylouris。

军政府时期，Theodorakis和Markopoulos的音乐成为表达政治观点的一种形式（Theodorakis的音乐被禁止传播，他也被捕入狱）。

当代音乐和流行音乐

具有国际知名度的希腊表演艺术家少之又少——20世纪70年代的国际流行歌手娜娜·穆斯库莉（Nana Mouskouri）和Demis Roussos仍然是最知名的——但希腊的本地音乐十分丰富，从传统和流行音乐到希腊摇滚、重金属、说唱和电子舞曲，风格多样，应有尽有。

许多最富有创意的音乐来自于希腊民间音乐、莱卡音乐和entehna等元素与西方音乐的融合。异想天开地将几种音乐融合的事例有很多，其中一例发生在2013年欧洲歌唱大赛的一场半开玩笑式的比赛中，雅燃音乐的资深音乐人Agathonas Iakovidis与Thessaloniki穿着苏格兰格子裙的Koza Mostra乐队（牙买加-巴尔干混合曲风）合作完成一曲。

当代希腊的大牌音乐家有Dionysis Savopoulos(被誉为希腊的鲍勃·迪伦)、资深音乐人George Dalaras和Haris Alexiou。

当代希腊杰出的表演艺术家包括在塞浦路斯出生的Alkinoos Ioannides、Eleftheria Arvanitakiis、Savina Yannatou以及融合民族与爵士乐的艺术家Kristi Stasinopoulou、Mode Plagal和克里特岛风格的Haïnides。

Mihalis Hatziyiannis是当前流行乐坛的宠儿,发行了一系列白金唱片。而莱卡音乐的知名表演者有Yiannis Ploutarhos、Antonis Remos和Thanos Petrelis。

尽管在希腊和国外的音乐会上,拜占庭唱诗班都会演出,但如今,拜占庭音乐基本只有在希腊教堂里才能听到,它影响了民间音乐。

古典音乐和歌剧

虽然只有少数希腊人(尽管在增加)喜欢古典音乐和歌剧,但希腊音乐的这一领域却对整个国际社会做出了最重要的贡献,如最著名的作曲家Mikis Theodorakis和Manos Hatzidakis,以及歌剧天后玛丽亚·卡拉斯(Maria Callas)。

Dimitris Mitropoulos在20世纪50年代领导纽约爱乐乐团,杰出的

雅燃音乐:希腊蓝调

雅燃音乐(rembetika)被称为希腊“蓝调”,一直是希腊的城市地下音乐,对希腊流行音乐影响深远。

两种风格共同构成了广为人知的雅燃音乐。一种是Smyrneika或Cafe Aman音乐,19世纪中晚期出现在希腊人口众多的士麦那和君士坦丁堡繁荣的港口城市和萨塞洛尼基、沃洛斯、锡罗斯和雅典。演唱风格多种多样,即兴演唱(amanedhes)萦绕于心、难以忘怀,偶尔出现土耳其的歌词,听起来更具东方韵味。主要乐器有小提琴、乌得琴(outi, oud)、吉他、曼陀林、kanonaki和santouri(一种多弦平板乐器)。另一种在比雷埃夫斯得以发展,乐器以六弦布祖基琴为主。

1922年人口大交换后,小亚细亚的大量难民涌入比雷埃夫斯(很多人也去了美国,因此20世纪20年代雅燃音乐也传到了美国,录制成了唱片),两种风格在某种程度上有所重叠,就这样,雅燃音乐成为贫民区的音乐。音乐中充满蔑视、怀旧和哀叹,歌曲主题反映了惨淡凄凉的生活和在大麻烟铺(tekedhes;激发出许多歌曲的创作灵感)唱歌跳舞的街头浪子(manges)。

20世纪30年代中期,梅塔克萨斯的独裁政权试图通过审查、警察干预和突袭大麻烟铺来消除这种次文化。携带布祖基琴的人都被逮捕了。许多艺术家不再表演,也不再录音,但雅燃音乐仍在秘密地发展。第二次世界大战后它再次兴起,这次新潮流去除了音乐中的低俗成分。

雅燃音乐的传奇人物有很多,包括因20世纪30年代早期的第一个布祖基琴团体而受到欢迎的Markos Vamvakaris,作曲家Vasilis Tsitsanis、Apostolos Kaldaras、Yiannis Papaioannou、Giorgos Mitsakis和Apostolos Hatzihristou,以及女歌手Sotiria Bellou和Marika Ninou,她们的生活带给Costas Ferris灵感,并在1983制作了电影*Rebetiko*。

20世纪70年代末到80年代初,真正的雅燃音乐复兴,引起人们的关注——尤其是学生和知识分子,一代又一代的人在不断地重新发掘它的魅力。

雅燃音乐乐团在演奏时坐成一排,按照传统的“不插电”方式演奏。一个典型特征就是演奏一段即兴序曲,称为taxim。

作曲家包括Stavros Xarhakos和已故的Yannis Xenakis。当代杰出的表演艺术家包括钢琴家Dimitris Sgouros、男高音Mario Frangoulis及女高音Elena Kelessidi和Irini Tsirakidou。

希腊的音乐厅和大型文化节庆活动有很多，如希腊节提供丰富的国际项目，而歌剧爱好者则可以去希腊国家歌剧院和锡罗斯的阿波罗剧院欣赏歌剧。

希腊舞蹈

男子常常会单独表演壮观的zeïmbekiko（起源于希腊雅燃音乐音乐的即兴舞蹈，舞者若有所思地旋转着）。女子跳的是柔美的tsifteteli舞，尽显袅袅婷婷的体态，这种舞蹈从中东肚皮舞演变而来。

自从希腊文化诞生时起，希腊人就一直与舞蹈有着不解之缘。一些民间舞蹈起源于古代神庙宗教仪式上的舞蹈表演——古希腊的花瓶上描绘了希尔托舞（syrtos，一种著名的民间舞蹈）。后来，舞蹈成为军事教育的一部分，在希腊被占领期间，跳舞变成一种反抗方式，人们也通过舞蹈巧妙地塑身。

希腊不同地区的舞蹈也不尽相同，如所选音乐的风格。缓慢而庄严的战斗舞（tsamikos）反映了寒冷且与世隔绝的山区生活，而在阳光充沛的岛屿上，舞蹈轻快且常伴有弹跳动作，如ballos舞和希尔托舞。本都地区希腊人（Pontian Greeks）的舞蹈有力且好斗，如kotsari，反映了他们与土耳其邻居多年来的争斗。克里特岛上的舞蹈风格多样，比如优美的希尔托舞、展现速度与狂欢的maleviziotiko舞以及动感十足的pentozali舞（以挑战舞者敏捷度的高踢腿和飞跃为特色）。所谓“左巴舞”（Zorba dance）或称作萨塔奇舞（syrtaki），是一种有固定风格的舞蹈，两个或三个舞者用手臂搭着彼此的肩膀起舞，但到了现代，这种舞蹈发生演变：人们围成一个圆圈，伴着逐渐加快的音乐节奏跳舞。按照传统，跳舞时女子与男子是分开的，并且有各自的舞蹈形式，但求偶舞例外，如sousta。分散在希腊各处的民间舞蹈团体将地方性的舞蹈传统保留下来。欣赏民间舞蹈的最好去处就是希腊的各种地方性节日以及雅典的舞蹈剧院Dora Stratou Dance Theatre。

在雅典国际舞蹈节上，由于希腊当地的主要舞蹈团表现出色，在国际上拥有了一席之地，现代舞也随之受到越来越多的关注。

建筑

只要留心观察一些最主要的西方城市，你就会发现很多地方的建筑其实都是对古希腊建筑的重新诠释，文艺复兴时期的灵感来源于古代风格，新古典主义运动和英国的希腊复兴运动也是如此。对于那些着眼于过去的人，希腊的魅力很大程度上源自其大量保存完好的神庙。站在帕台农神庙的废墟之上，只要展开想象就仿佛回到了公元前5世纪时的古典希腊。

米诺斯的辉煌

我们对希腊建筑的了解严格意义上说应始于公元前2000年的米诺斯文明，米诺斯人主要居住在克里特岛，但他们的影响力遍布了包括基克拉泽斯群岛在内的整个爱琴海。米诺斯的建筑师们以先进的建造技术而闻名，比如迷宫般的宫殿建筑群，位于克诺索斯的著名景点就是其中最大的一处。这些建筑通常具有“宫殿”的特征，但实际上是多功能的定居点——皇室和祭司的主要居所，但也安置一些平民。米诺斯的一些大村庄，如位于克里特岛的Gournia和Palekastro，建有铺设了路面的道路，这些道路不仅在村内四通八达，而且能够通往宫殿处的住所。更多米诺斯宫殿时代的复杂建筑位于菲斯托斯、马利亚和扎克罗斯古城（也全都在克里特岛上），以及圣托里尼岛南部阿克罗蒂里的古代米诺斯边区村落。

公元前15世纪中期，这一地区遭受了几次剧烈的火山喷发，引起当地地震，造成大量宫殿倒塌。但米诺斯人毅然将已摇摇欲坠的宫殿进行重建，重建后的规模甚至比原来还要大，结果又被一系列严重的自然灾害摧毁了。这些灾难在古代建筑史上留下的一段空白将由其对手——希腊大陆上新出现的迈锡尼人填补。

克诺索斯的宏伟宫殿

该王宫最初是在1878年由一个名叫Milos Kalokirinos的克里特岛人发现的，但直到1900年，克诺索斯遗址才被英国人阿瑟·埃文斯爵士发掘出来。这座精心设计的宫殿建筑群最初主要是用作行政区，围绕在宫殿主体周围，主体宫殿区有一个大型中央庭院（1250平方米），四周环绕着一些主要的建筑。随着时间的推移，整个区域历经重建与扩张，主长廊都高于地面，若干迷宫般的狭窄宫室贴着宫殿墙壁而建（蜿蜒的平面规划，加上宗教壁画上显眼的公牛图案，令人想起有关迷宫与弥诺陶洛斯的神话故事）。建筑群中有设计巧妙的内部采光井、复杂的通风系统、沟渠、淡水灌溉井，以及带有许多管道和排水系统的浴室。地面上的部分主要包括作坊、圆柱形粮仓和武器库。

多亏了修复工作，如今的克诺索斯才成为最能让人们展开想象力的遗址之一。

根据神话，负责设计迷宫以困住可怕的弥诺陶洛斯的人就是著名的雅典发明家代达罗斯，伊卡洛斯的父亲。他还为米诺斯国王设计了克诺索斯王宫。

经典作品

古典时代(公元前5世纪至公元前4世纪),大多数希腊建筑的风格与形式诞生于此。也是在这一时期,神庙建筑采用了各种著名的柱式结构而形成鲜明的特色,特别是多立克柱式、伊奥尼亚柱式和科林斯柱式。

所有的多立克式结构均始于公元前5世纪建筑史上的至尊——帕台农神庙(见70页):它是大理石建筑中璀璨的瑰宝。直到今天,它可能是整个希腊曝光率最高的珍宝,令人着迷。

与此同时,小亚细亚海岸的希腊殖民地也在创建着自己的伊奥尼亚柱式,这种柱式的柱础有多个层次,柱身有更多凹槽。这种更为优雅的柱头(capital)与带有花纹的柱身顶部相连,并融合了伊克蒂诺斯设计的帕台农神庙中的元素:它还被用在雅典卫城的雅典娜胜利女神庙和伊瑞克提翁神庙(Erechtheion)的修建上,而后者建有庄严的女像柱(Caryatids),十分著名。

古典时代末期,科林斯柱式小范围地风靡起来。以单排或双排华丽的绿叶卷轴(通常雕有毛茛叶纹)为特色,随后罗马人采用了这一柱式,但只用在了雅典科林斯神庙的修建上。奥林匹亚宙斯神殿庙在哈德良皇帝统治期间完成,气势宏伟,十分壮观。

希腊剧院的设计式样是古典时代的典型标志,建有一个圆形舞台,向外辐射出能容纳数千名观众的半圆形看台,一排排石制座椅向上形成倾斜的角度。巧妙的设计保证了极佳的音响效果,每一位观众都能清楚地听到下面舞台上的声音。大多数古希腊剧院仍然被用作举办夏季音乐节、音乐会和戏剧演出的场所。

希腊化的公民

在古典时代晚期(大约从公元前4世纪晚期开始),人们更加国际化,逐渐开始对神庙建筑感到厌倦,于是将目光转向更为颓废的都市风格。富裕的市民、达官贵人以及政要们慷慨地花大笔钱财用大理石来改建他们的住处,精美的马赛克图案成为身份的象征(显得更加光彩夺目),希腊风格的建筑师变得炙手可热,他们忙着修建私人住宅、改造宫殿。最能展现希腊化古代房屋建筑的就是提洛岛上的豪宅了。

拜占庭热潮

希腊的拜占庭时期(大约从公元700年开始),教堂建筑的风格尤具表现力。最初的希腊拜占庭式的建筑以独特的十字形为特色,主要是由四个

了解各式柱子

多立克式 三种风格中最简单的一种。柱身(shaft,柱子的主要部分)表面朴素,有20条槽纹,而柱头是个简单的圆形,且没有柱础。这种柱式最具代表性的例子就是帕台农神庙。

伊奥尼亚式 留意从上到下雕刻在柱子上的脊状凹槽。柱头上有涡形装饰,颇具特色,柱础则好似一摞圆环叠加而成。

科林斯式 三种柱式中装饰最繁复也是最受欢迎的一种。柱身有棱纹,而其显著特点是柱头上的花和叶子,下方有小漩涡形装饰。柱础类似于伊奥尼亚柱式。

五大岛屿古建筑

皮尔奇镇（Pyrgi; 见452页）去希俄斯岛的岛屿村庄皮尔奇小镇看看中世纪迷宫一般的拱形建筑，建筑采用独特的热那亚设计风格，复杂，呈几何形状，外墙是灰色和白色。

伊亚（Oia; 见238页）去圣托里尼岛悬崖顶由岩石凿成的伊亚村，眯起眼睛看白得耀眼的岛上街景和房屋。

莱夫卡扎镇（Lefkada Town; 见541页）探寻莱夫卡扎镇异常迷人的木结构房屋：较低的楼层用木板镶嵌而成，较高的楼层则衬以彩绘金属板或瓦楞铁皮。

罗得老城（Rhodes Old Town; 见348页）漫步穿过这座有城墙的中世纪城镇，阳光将鹅卵石街道涂上蜜色。

哈尔基岛（Halki; 见361页）在传统船长住宅的塔楼里，可以看到船只归来的景象。

底座上的拱形结构支撑一个中央穹顶，每个拱形结构两侧也有小穹顶，也就是四个角上都有小穹顶，东端突出三个半圆形后殿。神学建筑师没有使用雕刻画，而是使用壮观且内容虔诚的马赛克镶嵌画和壁画作为建筑物内部的宗教主题装饰。在雅典，12世纪的圣埃莱夫塞里奥斯教堂（Church of Agios Eleftherios）魅力非凡，它结合了潘特里克大理石古典雕带的元素；迷人的卡普尼卡里亚教堂（Church of Kapnikarea）建于11世纪，坐落在雅典市中心的密集地带——教堂内的地板由彩色大理石铺成，外部砖砌结构与石头相间构成图案。

奥斯曼帝国的遗址

有趣的是，在长达4个世纪的奥斯曼土耳其统治期间（16~19世纪），只有极少的古迹流传至今。尽管许多清真寺及宣礼塔已经倒塌或严重失修，令人十分遗憾，但仍有一些了不起的奥斯曼土耳其古迹留存下来，其中就包括罗得老城上著名的粉红色圆顶清真寺——苏莱曼清真寺（Mosque of Süleyman）。费特希耶清真寺（Fethiye Mosque）和土耳其浴室是雅典少数幸存下来的两处奥斯曼建筑。

蓝色和白色的基克拉泽斯式建筑与众不同，与希腊岛屿的关系最为密切，非常实用。平屋顶方房屋沿迷宫般的小巷挤在一起，设计目的是抵御强风和海盗。

新古典主义的光辉

1885年完工的雅典科学院（Athens Academy）被建筑界的专家们视为全世界最美丽的新古典主义建筑，它反映了希腊在独立后对于宏大形式与几何形式的向往，以及对希腊风格细节的追求。丹麦著名建筑师泰奥菲勒·汉森（Theophile Hansen）从伊瑞克提翁神庙获得灵感，从而为雅典科学院设计出伊奥尼亚柱式的入口（由阿波罗和雅典娜守卫），宽敞的长方形室内大厅里排列着大理石座椅，还邀请了奥地利画家Christian Griepenkerl负责装饰天花板和墙壁上精美的绘画。赫菲斯托斯神庙的多立克柱式对泰奥菲勒设计国家图书馆也产生了影响，这座图书馆采用了坚实的大理石建造。而泰奥菲勒的弟弟克里斯蒂安·汉森（Christian Hansen）则负责建造了同样气派但风格更为稳重的雅典大学，后者有着简明的建筑线条。

精心修复的新古典主义建筑内往往有著名的博物馆，如著名的贝纳基博物馆（见86页）和恩斯特·齐勒建造的国家考古博物馆（Numismatic

Museum)，馆内拥有美丽的壁画和铺着马赛克的地板。

一些地方小镇也展示出一些新古典主义的美丽元素。在锡米岛上，吉亚罗斯港口的两侧是丰富多彩的新古典主义外墙（虽然有些破败但仍然引人注目）。

现代理念

今天的雅典提倡一种更为复杂的建筑美学：既要展示其大量的文物古迹和建筑物发展过程中留下的考古遗存，也要美化步行区景观以改善城市环境。例如精心地对历史中心进行"整容"——包括由著名的皮尔·比度（Pierre Bideau）设计使古长廊更壮观的泛光灯照明，以及将曾经的单调且已废弃的工业区重新包装，变成新兴的具有前沿感的空间——如加齐区的科技城煤气厂综合艺术建筑群。雅典当代建筑的其他亮点有：

卫城博物馆（见73页）这座新建筑里保存着希腊的文物。这座博物馆由伯纳德·楚米（Bernard Tschumi）设计，内部以玻璃内殿（内室）为特色；为营造真实效果，柱子（外层覆钢）的数量与帕台农神庙相同，另外还能透过脚下的玻璃地板俯瞰遗址发掘现场。

斯塔弗洛斯·尼亚霍斯基金会文化中心（Stavros Niarchos Foundation's Cultural Center，见93页）获得普利兹克奖的建筑师伦佐·皮亚诺（Renzo Piano）是其设计者。规划内的希腊国家图书馆、国家歌剧院和国家芭蕾舞学校三处新馆都融入自然环境之间，另外的特色有一处市集与一条连接公园（位于Faliro的老赛马场）与大海的运河。

Planetarium 这是世界上最大的数字化半球形圆顶建筑之一，直径25米，在2.5个篮球场大小的空间里提供360度的虚拟3D星际之旅。

国家当代艺术博物馆（见79页）废弃的FIX酒厂位于雅典市中心，已经被掏空并翻新建成20,000平方米的美术馆空间。修建于20世纪50年代，这座建筑保留了很多战后工业建筑元素，包括后来用线型玻璃才能实现的横向感觉，而外墙的一侧已经覆上石头，令人想起这里曾有的河床。内部处处是玻璃和光线，屋顶有一座雕塑园。

雅典奥林匹克中心（Athens Olympic Complex，OAKA）西班牙著名建筑师圣地亚哥·卡拉特拉瓦（Santiago Calatrava）为2004年奥运会设计，这座设施有超现代的玻璃钢屋顶，屋顶悬挂在巨型拱梁的吊索上，非常醒目。两片巨大的树叶状的层压玻璃可以反射90%的阳光。

船长房屋

17世纪，希腊的船长们越来越富裕。其中很多人将刚赚到的财富投入修建比传统村屋更高的高大房屋。这些船长的房屋如今散落在岛屿各处，很多已经重生为精品酒店或餐馆。

虽然房屋的规模经常可以反映船长的财富，但这些有400年历史的房屋中最小的几座最为宏伟。船长的房屋并不需要太大，因为他们很长时间都待在海上。涂成白色的墙壁伸展到高耸的树脂天花板，经常绘有精美复杂、鲜艳生动的图案。窗户非常高大，面朝大海，常常有通向那里的木阁楼。这是为了夏季散热，还可以让船长的妻子能看到大海，看到丈夫的船只到达。

传统石门廊，或称为石路（pyliones）有手工雕刻的象征性图画。玉米代表丰收，鸟意为和平，十字架带来安全，向日葵意味着阳光，门框周围雕刻的绳索数量表示这位船长拥有几条船。这些房屋中最典型的几座位于罗得岛的林佐斯。

自然景观和野生动植物

希腊岛屿不仅是一个欣赏古老雕像的完美去处，同样也是个接近大自然的理想之国。你可以徒步在野花丛中穿过，近距离看一看赤蠵龟，或者只是在海滩上放松身心。希腊岛屿有一种魔力，令每一个人都想去一探究竟。

体验户外活动

希腊地理

在希腊，不论你走到哪里，与大海的距离都不可能超过100公里。崎岖的山脉、靛蓝的海水、多得简直数也数不完的岛屿是希腊景观的主体，这种景观是由大片海洋、火山爆发和矿产丰富的地形构成的。大陆面积为131,944平方公里，曲折的海岸线绵延15,020公里。山脉高度超过2000米，偶尔下降成为平原。同时，爱琴海和伊奥尼亚海连接这个国家的1400座岛屿，但只有169座岛屿有人居住，这些岛屿涵盖了面积多达400,000平方公里的领海。

希腊是欧洲地震最活跃的国家，欧洲大陆一半以上的火山活动发生在希腊。

对于那些地理爱好者而言，希腊有丰富的岩石，在三叠纪、侏罗纪、白垩纪甚至到后来的地质时期，希腊曾是一个浅富氧海。持续被淹没的土地形成了大片的石灰石，覆盖整个海底陆地。后来，土地从海中浮现出来成为当前地形的主干部分，由结晶岩石和其他有用矿物质形成的、受到明显侵蚀的地质景观也开始出现，标志着连接今天大陆北部和南部的脊状隆起形成了。石灰岩洞穴是喀斯特地貌的一个主要特点，由一层可溶性的基岩溶解形成。

火山活动曾经给希腊带来沉重打击——世界上最大的火山爆发发生于约公元前1650年的圣托里尼岛。现在，希腊仍然有地震发生，但规模较小且发生频率几乎都可以预测得到。1999年，雅典附近发生5.9级地震，造成近150人死亡，数千人无家可归。要了解希腊过去所经受的陨石撞击，可以去参观一下圣托里尼岛、尼西罗斯岛和Polyvotis的陨石坑。

野花

希腊有多种多样的植物，这在欧洲其他地区是无可比拟的。野花十分绚烂，种类多达6000余种，其中一些仅在希腊才有，单是兰花就有100多个品种。这些花儿一直在这里旺盛地生长着，因为大部分土地不适宜进行集约化农业，它们也因此逃过化肥的摧残。

《香草烹饪》(*Herbsin Cooking*)是一本说明性的书籍，作者是Maria和Nikos Psilakis，这本书既可以作为香草识别指南，也是一本以当地香草为调味品的希腊食谱。

野花最多的地区之一是克里特岛的Lefka Ori山脉。在较温暖的地区，树木早在2月底就开始苏醒，野花在3月份开始盛放。春天，山坡铺满鲜花，这些花儿似乎是从岩石中长出来的。到了夏天，除了北部山区，各地的花朵已凋谢。秋天到来，新的开花期又开始了。

国家公园

1938年，随着奥林匹斯山国家公园的创建，希腊第一个国家公园诞生了。如今，希腊一共有10个国家公园和两个海洋公园，旨在保护希腊独特的植物和动物。

国家公园往往只为游客配备了基本设施，大量的步行路线并不是一直都有人养护，基本的避难所也非常简陋。对于大多数游客来说，与大自然的壮丽景色相比，设施问题并不重要。如果有机会，前往其中一处，体验一下希腊野性的一面是非常值得的。

帕尔尼斯山国家公园（Mt Parnitha National Park）雅典北部非常受欢迎的森林绿地，是赤鹿的栖息地。

北斯波拉泽斯群岛阿洛尼索斯岛国家海洋公园（National Marine Park of Alonnisos Northern Sporades；见509页）包括斯波拉泽斯的6座岛屿和22座小岛，是僧海豹、海豚和珍稀鸟类的栖息地。

撒马利亚峡谷（Samaria Gorge；见326页）克里特岛壮观的峡谷，长角山羊（kri-kri）的庇护所。

Laganas湾（Bay of Laganas；见561页）赤蠵龟在伊奥尼亚群岛的一处保护区。

野生香草遍布希腊各处，你会看到当地人出去采摘新鲜香草用来做饭。当地种植的香草也越来越多地作为纪念品出售，而且一般都是有机的。

森林

似乎每一个村庄的中心广场都有一棵悬铃树为其遮阳，然而，曾经覆盖古希腊的茂密森林越来越少。几千年来由于放牧、建造船只和房屋，森林已经被摧毁了，最近又遭受严重的森林火灾。

自然保护区

鸟类（www.ornithologiki.gr）

野花（www.greekmountainflora.info）

海龟（www.archelon.gr）

环保潮流（www.cleanupgreece.org.gr）

每年，希腊森林火灾肆虐，都会摧毁数千公顷的森林，而且经常发生在一些风景如画的地区。2012年夏天，170余场大火迅速席卷希腊，大火吞噬村庄，造成50多人死亡。受灾最严重的岛屿是希俄斯岛，超过64平方公里的森林和农田被烧毁，9个村庄被疏散，岛上的乳香森林受到威胁。由于其中一场大火逼近雅典郊外，政府宣布进入紧急状态，并请求从西班牙和意大利用飞机释放水弹来灭火。2013年才到初夏，希腊就已发生20多场火灾，大火再次威胁首都。2014年，希腊向欧盟求助灭火。

近年来，火灾规模越来越大，这要归咎于地中海温度的上升和大风。许多当地人认为政府准备不足，而且每年处理火灾时行动迟缓。许多当地人担心会得不到政府帮助，于是，他们宁愿自己冒险去灭火，也不愿离开被疏散地区。

观赏野生动植物

陆地

在人类广泛居住的地区，除了偶尔会有几只狐狸、黄鼠狼和野兔急匆匆地跑过去，你见不到别的野生动物。

金豺是被希腊人误解最深的哺乳动物之一。虽然金豺的饮食结构中素食占到了50%（另外的50%是腐肉、爬行动物和小型哺乳动物），但大部分袭击牲畜的事件却都算在它们头上，而且农民为了防范，一直猎杀金豺，导致金豺濒临灭绝。直到1990年，它才被宣布成为受保护物种，目前仅在希腊中部的Fokida和萨摩斯岛有金豺存在。

希腊的蛇类数量很多，在春季和夏季，你不可避免地会在希腊各地的道路和小路上看到这些蠕动着的爬行动物。幸运的是，大多数蛇类是无害的，但蝮蛇、银环蛇可能会致人死亡。蜥蜴数量也非常多，几乎在任何一面干的石墙上都能见到一只这种好奇的生物爬来爬去。

希腊野生动物医院（Hellenic Wildlife Hospital，www.ekpazp.gr）是希腊和欧洲南部历史最悠久、规模最大的野生动物康复中心。

空中

希腊是观鸟者的乐园，因为鸟类南北迁徙的多条路线都途经这里。尤其是莱斯沃斯岛（米蒂利尼），吸引了来自欧洲各地定期观鸟的人前来观看，每年有超过279种已知鸟类在岛上驻足。鹳是莱斯沃斯岛上较为常见的鸟类，早春时节，它们就从非洲来到这里，年复一年，每次都回到同一个巢中。这些巢一般都建在电线杆上、烟囱顶部或者教堂塔楼上，重量可达50公斤。

有大约350对罕见的艾氏隼（Eleonora's falcon；占世界总数的60%）在蒂洛斯岛和斯波拉泽斯的Piperi岛上筑巢，这里也是极为罕见的白腹隼雕（Bonelli's eagle）和害羞的地中海鹭鸶的家园。

海里

作为欧洲头号濒危海洋哺乳动物，僧海豹（Monachus monachus）在希腊的处境极度危险，勉强生存着。在伊奥尼亚海和爱琴海海域曾发现200~250只僧海豹，约占全世界总数量的50%。还有一小部分僧海豹住在阿洛尼索斯岛，据说有人也曾在蒂洛斯岛见到过它们。栖息地普遍被侵占是导致僧海豹数量锐减的罪魁祸首，同时渔民大量捕鱼导致鱼类资源减少也是原因之一。

扎金索斯岛周围的水域是欧洲最后一处较大的海龟栖息地，濒危的赤蠵龟（Caretta caretta）就生活在那里，为数较少的赤蠵龟在凯法利尼亚以及克里特岛筑巢。希腊的海龟需要躲避多重危险——渔网的缠绕和船的螺旋桨、漂浮的垃圾，而且日光浴躺椅和遮阳伞会破坏它们筑巢的海滩并威胁到产下的卵，并且海龟筑巢的时间正值欧洲夏季的旅游季节。

你还有机会从渡轮甲板上看到海豚，但一些物种现在已经十分脆弱，数量正接近危险水平。在过去10年间，普通海豚（Delphinus delphis）的数量已从150只下降到不足20只。海豚面临的主要威胁是食物减少以及被渔网缠绕。

刚出生的赤蠵龟从巢穴爬向大海，在这一过程中可以增强身体的力量，人为帮助小海龟进入大海实际上会降低它们的生存概率。

野猪真倒霉

希腊与野生动物的关系一直不是很愉快。猎取野生动物是希腊人获取食物的一种普遍行为。在山区尤其如此，猎人之间的合作更是具有传奇色彩。尽管已经设有禁止狩猎的标志，但希腊的猎人们还是经常毫无顾忌地射杀各种猎物。他们的目标可能包括稀有和濒危的物种，但主要还是以野猪为主——这种行为从古代流传至今。野猪被认为是既有破坏性又狡猾的动物，近几十年来其数量有所增加，可能是因为狩猎者减少。许多人认为打猎是对野猪优胜劣汰的重要手段。野猪养殖场也越来越多，你会发现许多菜单上都有野猪肉。

环保问题

环保意识已经开始渗入到希腊社会的方方面面，并出现了一些缓慢却积极的改变。学校已经开始进行环境教育，城市中废物回收利用更为常见，即使是在最小的村庄里，你也会找到倡导有机与可持续发展的餐馆和企业。然而，也有许多长期存在的问题，如森林砍伐和土壤侵蚀，这些问题可以追溯到几千年前。农耕放牧和山羊一直是罪魁祸首，而薪柴采集、造船、住房和工业也都对环境造成了破坏。

希腊东正教教会是希腊第二大土地拥有者。

自20世纪70年代以来，主要沿海地区的非法开发以及在森林或保护区内建筑房屋在希腊愈演愈烈。尽管试图通过法律介入以及当地居民和环保团体进行抗议来解决这些问题，但执行法律时却出现严重的腐败问题，而且也缺少相应的措施来贯彻这些法律，这就意味着在减轻土地争夺上并没有起到太大作用。人口的增长和城市的扩张使环境问题变得更为复杂，这些发展往往对饮用水和濒危野生动植物造成沉重压力。尽管一些建筑已经被拆除，但在更多的地方，由于它们提供了人们亟须的实惠房屋，因此违法建筑已经合法化。

2014年，北约计划在克里特岛南岸附近海域处理700吨叙利亚化学武器，此举遭到关心环境和生计的10,000多名岛屿居民的反对。科学家们声称海水会在90天内中和这些化学品；然而，在阿尔巴尼亚、泰国、比利时、德国和挪威全部拒绝在自己的海域内实施这一过程之后，联合国选择了克里特岛和马耳他岛之间的公海。反对者称水解作用的效果不明，并告诫说，人们无法了解排入地中海造成的影响，那很有可能摧毁海洋生态和旅游业。遗憾的是，只有时间才能判断他们是否正确。

生存指南

出行指南

签证

如果想6个月内在希腊逗留3个月以上，你可以在居住国向希腊大使馆申请签证，不能在希腊申请。与学生和工作签证不同，旅游签证很少会获批3个月以上的期限。

希腊是申根国，可以申请申根签证。

持有中国因私护照的旅行者若办理了希腊的申根签证，还可以畅通无阻地前往任意申根国家旅行。签证所给时间长短，基本根据申请者所提交的行程安排决定。建议至少在出发前15天递交你的签证申请，否则很有可能耽误行程。可以最多提前90天（从你预计出发日期计算）递交签证申请。在大部分的情况下，办理申根签证需要以下步骤：

➡ 如果你出行要游览多个申根国，首先请确认你的行程中在希腊境内是否占最多时间，如果不是最多的，请向你停留时间最长的申根国申请签证。如果你在多个国家旅游时间基本相等，则希腊应是你第一个进入的申根国，否则你需要在第一个进入的申根国申请签证。

➡ 首先查看你的护照是否还有6个月以上的有效期且有至少两页空白页，不然赶紧去换护照吧。

➡ 在gr.vfsglobal.cn/查询申请签证需要的材料及送签地址。

➡ 填写申根签证申请表格。需要两张近期彩色照片（3厘米×4厘米），白色背景。

➡ 准备申请基本材料：机票预订单，需要是确认的往返机票；旅游医疗保险机打保单原件，必要时（如所提交的保险为在线购买的电子保单时），会要求提交保险的付费证明，保险金额不得低于30,000欧元；户口簿原件，以及户口簿的所有页的复印件，学生需要学生证和学校出具的证明信原件；住宿证明：旅行期间所有的住宿预订证明；旅行计划；申请人偿付能力证明：最近3~6个月的银行对账单，无须存款证明；在职人员需要公司营业执照复印件和由雇主出具的英语证明信（需包含公司地址），退休或无业人员需要固定收入证明或退休金证明；以前有出国经历者请携带相应身份或签证状态的证明文件，特别是以前使用的所有申根签证（包括过期签证）。当然，如果可以准备较多的财力证明（房产证、资产证明），会让旅游申请更为充分。

➡ 前往签证申请中心提交材料。

➡ 交纳签证费及签证服务费：申请费€60（约合¥510），外加¥170服务费，快递签证另行付费。

➡ 按签证申请中心提示查询办理进程。

➡ 前往签证申请中心拿回护照或由签证中心将护照快递至你手中。

各地签证中心：

北京希腊签证中心[☎010 8405 9490；gr.vfsglobal.cn；北京市朝阳区工体北路13号院1号楼702室（海隆石油）；⏲周一至周五 除使馆官方假日 8:00~15:00]

广州签证中心（☎020 3862 9771；gr.vfsglobal.cn；广州市天河区体育西路189号城建大厦2楼220室）广东、福建、海南、广西居民可在此提交申请。

上海签证中心（☎021 3330 3033；gr.vfsglobal.cn；上海市黄浦区徐家汇路555号广发银行大厦2楼）上海、山东、江苏、浙江、安徽、江西等周边省份长驻居民可在此提交申请。

领事馆：

希腊驻华使馆(签证处)(☎010-6532 1588，紧急电话 13911807084；北京朝阳区光华路19号；⏲周一至周五 09:30~11:30)

希腊驻广州总领事馆(广州天河区林和中路8号海航大厦2105室)

希腊驻上海总领事馆(上海市四川北路1350号申虹广场 2201和2207室)

山东、江苏、安徽、浙江、江西、上海(指户籍所在地或持有居住证的，下同)：

地址：上海市黄浦区四川中路213号久事商务大厦3层

邮编：200002

服务热线电话：0086-21-51859718

邮箱：infosha.grcn@vfshelpline.com

广东、广西、福建、海南：

地址：广州市天河区体育西路189号城建大厦3楼388室

邮编：510620

服务热线电话：0086-20-38629771

邮箱：infocan.grcn@vfshelpline.com

其余省、自治区、直辖市：

地址：北京市朝阳区工体北路13号院1号楼702室(海隆石油)

邮编：100027

服务热线电话：86-10-84059490

邮箱：infopek.grcn@vfshelpline.com

申请申根签证更多信息参考http://gr.vfsglobal.cn/

现金

ATM机

凡是有银行的城镇以及几乎所有的旅游区内都能找到ATM机。如果你用的是万事达卡(Master Card)或维萨卡(Visa)，那么在很多地方都能取款。使用Cirrus和Maestro卡的游客可以在所有大城镇和旅游区取款。需要注意的是，许多岛屿上的ATM机说不定什么时候就可能全都与银行失去联系，一两天之内任何人(包括当地人)都取不了款。因此，留些现金备用会很有必要。

在主要的旅游区一般都有自动外汇机，它们适用于所有主要的欧洲货币、澳元、美元和日元。虽然手续费高昂，但紧急情况下还是很有用的。

像在很多欧洲国家一样，银联卡已经可以在希腊取现。凡是带有银联标志或花旗银行(Citibank)标志的ATM机都可以提取欧元现金。详情查询cn.unionpay.com。不过，准备一个备份选择并非坏事，因为有些读者反馈说某些国家的ATM机会有小故障，即使他们的卡在欧洲其他国家还曾经使用过。

现金

现金最方便，但风险也最大。如果你丢了现金，那就不可能找回来了，旅游保险公司一般也不会赔偿你的损失。即使有个别保险公司愿意赔偿，一般也会有金额限制，通常不会超过约300美元。在目前的金融环境下，很多商铺只收现金，那么最好只带足未来几天要用的现金。还有一个好办法，那就是留出少量救急的现金，比如100美元，放在随身安全的地方。

需要注意的是，希腊的店主和做小买卖的人常常没有足够的零钱，所以如果要买小件物品，最好用硬币或小面额的纸币。

取款

许多信用卡公司会对你的卡设置一种防欺诈机制：当在国外第一次取款后会自动阻止本卡使用。为了避免这种情况发生，应将旅行计划告知银行。

信用卡

现在，信用卡已经广受接纳，成为希腊商业的一部分，只是在一些较小的岛屿和小村庄里还常常不被接受。在较大的地方，使用信用卡可以在高端酒店、餐馆和商店消费。某些C级酒店也接受信用卡支付，但D级和E级酒店基本不接受。

主要的信用卡有万事达卡和维萨卡，这两种卡都可以在希腊广泛使用。它们也可以用作借记卡在希腊银联所属的ATM机上取款，就像在你自己的家乡取款一样。每日取款限额由发卡行设定，且只能取当地货币。凡贴有银联标识的商户均可以受理银联卡。

小费

餐馆服务费通常包含在账单内，所以可以不用付小费(就像在北美地区一样)，但如果服务确实很周到，顾客往往会表示感谢并留下小费。出租车司机通常希望乘客付钱时能够取整数多给一点，帮你把行李送到酒店房间的行李员以及渡轮上带你去船舱的乘务员一般都希望你能给一点酬金，通常金额为€1~3。

折扣卡

如果你携带了合适的折扣卡，可在景点、住宿场所和交通工具上享受多种折扣。欧盟退休人员带上证明卡，可以享受各种福利，比如古迹和博物馆的优惠门票以及长途汽车和火车票的折扣。其他折扣卡包括：

国际露营卡（Camping Card International；www.campingcardinternational.com/）

欧洲青年卡（European Youth Card；www.eyca.org）

国际学生证（International Student Identity Card；www.isic.org）

电源

希腊电源采用欧洲标准，电压220~230V，频率50Hz。中国台湾游客如果自带电器的话，还需配备变压器。而笔记本、手机等电子产品的充电器一般有变压功能。需配备转换插头，可在国内购买。

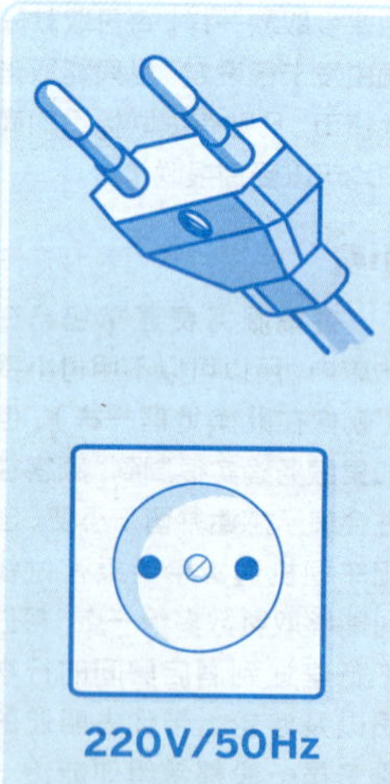

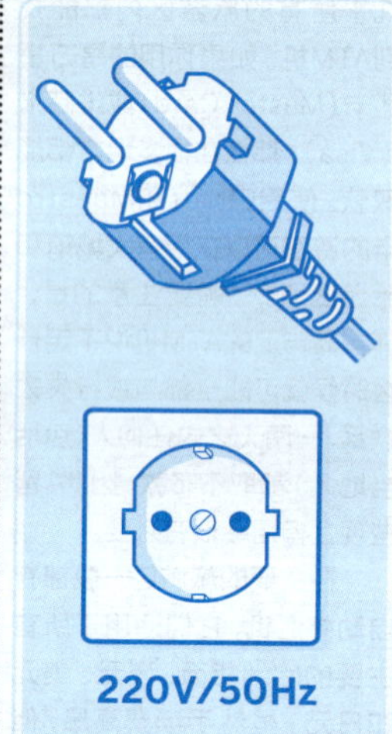

使领馆

所有驻希腊的外国使馆都在雅典及其郊区，有几个领事馆位于塞萨洛尼基。

中国驻希腊共和国大使馆

地址：2A, Krinon Str., 15452 P. Psychico, Athens, Greece

传真：0030-210-6723819

网址：gr.china-embassy.org

电子邮箱：chinaemb_gr@mfa.gov.cn

领事部：0030-210-6723282（电话），0030-210-6718839（传真）

海关条例

欧盟内部不再有免税限制。对于来自欧盟以外国家的游客，海关检查通常较为粗略，只需要口头申报。为防止毒品带入，仍会不时进行随机检查。药品进口条例十分严格，所以如果你正在服用药物，一定要在出发之前从医生那里开一份证明。比如，没有医生证明就携带可待因（codeine）进入希腊是非法的。

若没有出口许可证，严格禁止出口文物（任何超过100年的东西）。在处罚力度上，这一罪行仅次于毒品走私。从考古现场移走即使是最小的物品也是非法行为。申请出口许可证的地方是**雅典考古服务中心**（Athens Archaeological Service, http:// nam.culture.gr; Polygnotou 13, 普拉卡，雅典）的古董经销与私人收藏部（Dealers and Private Collections section）。

车辆

即使没有过境通行证，只要有绿卡（国际第三方保险），小汽车也可以进入希腊，限期6个月。如果你从意大利过来，那么船票存根可能是你入境的唯一凭据，别弄丢了。若是从其他国家过来，只需要你护照上的印章就足够了。

旅游信息

旅游信息由希腊国家旅游组织（Greek National Tourist Organisation；该组织的缩写在国外是GNTO，在希腊则是EOT）负责。不同办事处的服务质量千差万别：有的会为你提供丰富的信息，而有的则连办事人员都见不到踪影。虽然EOT的地位日益下降，有的甚至被当地的市政旅游办事处取代（比如在伯罗奔尼撒半岛），但在主要的旅游地区都设有EOT的办事处。

旅游警察局与EOT和市政旅游办事处的作用是一样的，负责分发地图和手册，提供交通信息。如果你实在找不到住处，旅游警察可以为你提供帮助。

营业时间

虽然开放时间可能会因季节、日子或老板心情而有所变化，但大体时间是可以确定的。需要注意，虽然政府为各大主要景点规定了开放时间，但那些地方并不总是严格执行。因此，参观之前应再次确认开放时间。如今，旅游目的地的商店经常也在旺季的周日营业。

节假日

所有银行、商店、大多数博物馆和古遗址在节假日都关闭。

许多景点（包括雅典的古遗址在内）可在每月的第一个星期日免费参观，但7月和8月除外。一些景点在地方性节日期间也可免费参观，但这在全国各地不尽相同。

国家节假日：

新年 1月1日

主显节（Epiphany）1月6日

大斋节的第一个星期日（First Sunday in Lent）2月

希腊独立日（Greek Independence Day）3月25日

耶稣受难日（Good Friday）3月/4月

东正教复活节（Orthodox Easter Sunday）2017年4月16日、2018年4月8日、2019年4月28日

五朔节（Protomagia）5月1日

圣灵降临节（Agiou Pnevmatos）复活节后的50天

圣母升天节(Feast of the Assumption)8月15日

抗击意大利入侵纪念日（Ohi Day）10月28日

圣诞节（Christmas Day）12月25日

圣史蒂芬节(St Stephen's Day)12月26日

标准营业时间

除非与下面列出的不同，否则文中不单独标注营业时间。

银行 周一至周四8:00~14:30，周五8:00~14:00

酒吧 20:00至深夜

咖啡馆 10:00至午夜

夜店 22:00至次日4:00

邮局 乡村地区 周一至周五 7:30~14:00；城市办事处 周一至周五7:30~20:00，周六7:30~14:00

餐馆 11:00~15.00和19.00至次日1:00

商店 周一、周三和周六 8:00~15:00，周二、周四和周五 8:00~14:30和17:00~20:30（克里特岛：周一至周六9:00~14:00；周二、周四和周五，商店会在17:30前后重新营业，一直营业至20:30或21:00；度假胜地的商店夏季全天营业）

住宿

希腊有一系列不同风格和价位的旅馆。所有住宿旅馆的价格都由旅游警察进行严格管制。根据法律规定，每个房间都必须张贴相关说明，告知旅客房间的种类以及每个季节的收费标准。希腊的住宿价格很难一概而论，因为旅馆的价格完全取决于季节与地点。不要期望在小岛上订到跟希腊中部或者雅典价格相同的双人房。

考虑酒店价格时，需要注意的其他事项：

- 酒店报价包括社区税和增值税（VAT）。
- 住宿时间少于三晚可能会有10%的附加费，但这并不是强制性的。
- 若要在房间中增加一个床位，则必须加收20%的费用（但若给孩子加床的话，常常是免费的）。
- 7月和8月期间，旅馆店主收取的住宿价格最高，高达淡季价格的两倍。
- 春季和秋季，价格会下降20%。
- 宰客的情况几乎不会发生；如果你怀疑自己花了冤枉钱，要告知旅游警察或正规警察机关，他们会迅速采取行动。

露营

露营是个不错的选择，尤其是在夏季。希腊约有350个露营地，大部分的岛屿都有（只有著名的萨洛尼克湾群岛除外）。露营地的标准设施包括热水淋浴、厨房、餐馆和小型市场，而且通常还会有一个游泳池。

大部分露营地仅在5月至10月之间开放，不过始终要提前确认；有的直到6月才开放。**泛希腊露营协会**（Panhellenic Camping Association；www.panhellenic-camping-union.gr）每年出版一本小册子，上面列出希腊所有的露营地，并介绍相关设施及开放时间。

如果你是在盛夏时节露营，记得带上银面的遮光罩，用来帮助帐篷反射热量（在寒冷地区流行的黑帐篷会变成桑拿房）。5月至9月中旬，天气温暖，你就可以在外露宿，在星空下入眠。夏季，许多露营地都会有架起棚子的区域，以供没有帐篷的游客露宿；你只需带一个轻质的睡袋即可。若是放个泡沫垫子在身下，放个防水罩在睡袋上，再多喷些防蚊液，那就更舒服了。

其他要点：

➡ 6月中旬至8月底，露营费用最高。

➡ 露营费为成人每人€5~7，4~12岁的儿童每人€3~4，4岁以下儿童免费。

➡ 帐篷露营点的费用为：小帐篷每晚€4起，大帐篷每晚€5起。

➡ 通常都能以€5左右的价格租到帐篷。

➡ 房车露营地的价格约为€6起；汽车费用通常为€4~5。

廉价旅馆

廉价旅馆（Domatia，字面意思是“房间”），相当于英国的民宿（B&B），只不过不提供早餐。在以前，廉价旅馆其实就是家里的空闲房间；而如今，很多廉价旅馆都是专门建造的，配有设备齐全的厨房，而且清洁标准一般都很高。

廉价旅馆仍然很受经济型旅客们的欢迎。单人间费用为€25~50，双人间费用为€35~65，价差取决于卫生间是公共的还是单独的、淡旺季以及你打算住多久。整个希腊大陆（大城市除外）和几乎每一个有常住人口的岛屿上都有廉价旅馆。许多廉价旅馆只在4月至10月营业。

从6月至9月，廉价旅馆的老板们全体出动，到处招揽顾客。只要见到有巴士和船只到来，他们就吆喝着“住宿，住宿！”而且还经常拿着他们旅馆客房的照片来做宣传。在旺季，不从中选择一个住处可能是很不明智的——但要警惕那些对旅馆地址含糊其辞的店主。

青年旅舍

希腊大部分的青年旅舍都由希腊青年旅舍组织（Greek Youth Hostel Organisation）运营。在雅典和克里特岛这些地方都有该组织旗下的青年旅舍。

宿舍中一个床位的价格从€10~20不等，而且不是会员也可以入住。没有宵禁。

酒店

希腊的酒店分为6个等级：豪华级、A级、B级、C级、D级和E级。酒店等级划分的依据是房间大小、有无酒吧、卫生间与床的大小等，而不是清洁程度、床铺舒适度、员工服务态度——虽然这些因素可能是客人更加关心的。

➡ A级和B级酒店设施齐全，有独立卫生间，24小时不间断提供热水。单人间价格€50~85不等，双人间价格€90起。

➡ C级酒店带有快餐吧，房间配有独立卫生间，但不一定是不间断提供热水。在旺季，单人间价格为€35~60，双人间价格为€45~80。

➡ D级酒店一般有公共卫生间，也许用太阳能加热水，这就意味着无法保证热水供应。

住宿价格区间

按照旺季（5月至8月）双人间的标准价格，我们已经将住宿划分成以下几种规格。除非另有说明，所有的房间都配有独立的浴室设施。

€ €60以下（雅典€80以下）

€€ €60~150（雅典€80~150）

€€€ €150以上

至于基克拉泽斯群岛（Cyclades），预算以7月和8月的价格为基准。米科诺斯岛的价格区间单独列出如下：

€ €150以下

€€ €150~300

€€€ €300以上

在线预订住宿

想了解更多Lonely Planet作者的住宿评论，可以登录www.lonelyplanet.com/greece/greek-islands/hotels，你可以在这里看到独立评论，以及最佳住宿的推荐，更方便的是你可以在线预订。

房价与廉价旅馆差不多。

➡ E级酒店也带公共卫生间，但你可能需要额外支付热水费用。房价与经济型廉价旅馆差不多。

山间旅舍

希腊岛屿共有几十家山间旅舍，分布在克里特岛和埃维亚。既有厕所在室外且没有烹饪设施的小木屋，也有非常舒适的现代化度假小屋。这些山间旅舍由该国的各种登山和滑雪俱乐部运营。最低价格约为每人€10，具体价格根据设施不同而有所不同。希腊国家旅游组织（Greek National Tourist Organisation，简称EOT）出版的《希腊：山间旅舍和滑雪中心》（*Greece: Mountain Refuges & Ski Centres*）对每处山间旅舍都做了详细介绍，从希腊国家旅游组织的所有办事处均可获得该书。

家庭旅馆

家庭旅馆与青年旅舍很难区分。它们被划分为A级、B级或C级三个级别。就设施和价格而言，A级家庭旅馆相当于B级酒店，B级家庭旅馆相当于C级酒店，C级家庭旅馆相当于D级或E级酒店。

租房

其实，要想既省钱又住得尽量舒服，有一个可行的办法，那就是租一套家具齐全的公寓或别墅。有许多这样的地方是专为游客而建的，也有一些——特别是别墅——可能是房主没有入住的寓所。一些房主可能要求你至少待一个星期。要寻找这种小别墅，可以去一个不错的网站看看：www.greekislands.com。

税费和退税

非欧盟居民，如果在一家商店一次性消费超过法定退税额度，且在3个月内离境，即可在离境时获得退税。但并非所有的商品都可以退税，而且相同物品的退税额在各个商店也不尽相同，你可以事先询问一下。或者在店内寻找"免税（tax free）"之类的标识。你必须在销售点完整地填好退税单（Refund Cheque），并在离境时由海关在上面盖章（海关可能要检查所购物品）。在雅典机场退税可以直接拿到现金。退税需要在最后离开欧盟区时统一办理，建议通过机场离开欧盟区，陆路离开欧盟区时寻找海关盖章会比较麻烦。

如今环球蓝联（Global Blue）已经在国内多个地方设立退税点，具体地点可访问www.globalblue.cn，查找退税办公室的信息。此外，中国工商银行在北京、上海和广州也有退税点。但要在这些地方办理退税仍需要海关盖章才行，因此也没比在机场领钱省事。

记得将退税商品放入手提行李中易于拿取的地方，方便海关检查。

环球蓝联、taxfree等大型退税机构已经陆续支持支付宝退税，在退税单（需要是表明支持支付宝退税的退税单）上填写你绑定过支付宝的手机号码（视退税单格式不同可能要酌情加入国家代码及0），按照退税流程完成盖章及退税单提交（现场或邮寄）后即可以直接享受人民币退税，相当方便。

地图

如果不打算徒步或驾车旅行，那么有一份希腊国家旅游组织和大酒店免费发放的地图就基本足够了（虽然不是百分之百精确）。位于雅典的Anavasi公司出版的地图涵盖范围广。徒步者应该考虑买一份这家公司出版的Topo系列地图，这些地图使用耐磨的塑料纸制作，并详细标明爱琴海群岛（Aegean Islands）的徒步路线。也要找一找地形图，是雅典出版的，而且信息同样全面。所有地图均可在网上购买或在希腊各大主要书店购买。

电话

希腊的电话业务由一家名为OTE（读作o-teh；全名为Organismos Tilepikoinonion Ellados）的公营公司经营。公用电话几乎无处不在，包括在一些十分偏僻的地方也能找到。电话操作简便，可以打本地、长途和国际长途电话。按下拨号面板左上角标有"i"的按键，便会出现英语的操作指令。需要注意的是，在希腊打电话时始终都要先拨区号（即希腊所有的电话号码都是10位数）。

打电话回中国需要拨☎0086，然后拨手机号或者区号加固定电话号。

许多网吧和青年旅舍的电脑都能使用Skype。当然，有网的话你可能会优先考虑手机里的微信和QQ。不过QQ在海外视频总有一两秒（甚至更长）的画面时延。

代码

地区	代码
中国大陆	86
中国香港	852
中国澳门	853
中国台湾	886

手机

希腊有好几家移动业务提供商，其中最著名的是Panafon、Cosmote、Vodofone和Wind。这些运营商中，Cosmote在偏远地区的信号覆盖最好。它们均支持2G业务，并提供预付费服务，所以买一个可充值的SIM卡，你就有了一个希腊手机号码。如果购买套餐，一定要再三确认细则。合约中会有限制条件，比如"免费时间"仅在给使用同一家运营商的手机打电话时才适用。在希腊，开车时严禁使用手机，但允许使用蓝牙耳机通话。

国内手机开通国际漫游业务后都能在希腊使用，中国电信用户请确认所持手机是否支持GSM/WCDMA频段，只有匹配WCDMA频段的手机才可以在当地使用数据流量上网。希腊漫游通讯费率请咨询各大运营商。建议使用当地的SIM卡拨打当地电话更便宜。

电话卡

所有公共电话均使用OTE电话卡，即telekarta卡，不接受投币。在街道报亭（periptera）、街角小商店和旅游商店均可买到这类电话卡。本地通话费用为每3分钟€0.30左右。

折扣卡的种类越来越多，因此也可以使用预付费方式。使用时要先拨接入码，然后再输入你的卡号。OTE的这类电话卡被称为"Hronokarta"。该卡配备希腊语和英语的使用说明，并且通话时间比标准电话卡要长得多。

上网

在希腊上网一向很方便。使用互联网的酒店和商店越来越多，多数咖啡馆、餐馆和酒店都有免费Wi-Fi。一些城市的购物和就餐区甚至有免费Wi-Fi区域。网吧或客用电脑越来越少，因为大多数人似乎都有智能手机或平板电脑。

时间

希腊全国都在一个时区。

在北京时间基础上减6个小时，夏令时（3月最后一个周日到10月最后一个周日）为北京时间减5个小时。

厕所

希腊大部分地方都有西式厕所，特别是面向游客的酒店和餐馆。在一些老房子、咖啡馆（kafeneia）和公共厕所中，你偶尔也会碰到亚洲风格的蹲式厕所。

➡ 除了机场、长途汽车站和火车站之外，一般见不到公共厕所。如果你着急如厕，那么咖啡馆是最好的选择，不过你得消费才能使用那里的厕所。

➡ 希腊的管道系统不能处理卫生纸——管道显然过于狭窄，只要比邮票大一点的东西似乎就能造成堵塞，所以厕纸等应放入每个厕所旁边的小垃圾箱内。

旅行安全

掺假和掺酒精的饮品

雅典的一些酒吧和夜店以及一些派对胜地会出售掺假饮品（又称为bombes）。这些饮品是用非法进口的廉价产品稀释而成的，喝了会让人第二天感觉很糟糕。

在很多面向大型经济旅行团的派对度假区，常常有饮料被掺酒，所以一定要把手捂在杯口上。很多时候，给你掺酒的肇事者都是外国游客而不是当地人。

旅游警察

旅游警察与希腊常规警察合作工作，在城市和热门旅游目的地都能找到他们。每个旅游警察办公室至少有一名工作人员会讲英语。旅馆、餐馆、旅行社、旅游商店、导游、服务员、出租车司机和公交车司机都受旅游警察管辖。如果你要投诉上述任何一方，可以告知旅游警察，他们会进行调查。如果因为失窃或遗失护照要报案，先去找旅游警察，他

旅行建议

以下政府网站提供关于当前热点的旅行建议和信息：

澳大利亚外交部（Australian Department of Foreign Affairs; www.smarttraveller.gov.au）

英国外交办公室（British Foreign Office; www.gov.uk/government/organisations/foreign-commonwealth-office）

加拿大外交部（Canadian Department of Foreign Affairs; www.dfait-maeci.gc.ca）

美国国务院（US State Department; http://travel.state.gov）

们会为你和常规警察进行沟通充当翻译。

法律事宜

拘留

最好时刻随身带着护照，以防警察拦住你询问。若是在边境地区旅行，这点尤其适用。希腊公民被要求随时随地携带身份证，警察认为外国游客也应如此。如果你被警察拘留，一定要找一位翻译（发音：the-lo dhi-ermi-nea）或一名律师（发音：the-lo dhi-ki-go-ro）。

毒品

希腊有关毒品的法律是欧洲最为严格的。希腊法院认为持有与传播毒品的性质等同。即使持有极少量大麻也很可能会被捕入狱。

残障旅行者

近年来，残障旅行者在希腊旅行的状况有所改善，但改善之处基本仅限于雅典，这里有了更多可接待残障人士的景点、旅馆和餐馆。在希腊其余大部分地区，轮椅仍然无法进入，而且大量的石头、大理石、湿滑的鹅卵石以及有台阶的小巷更是巨大的挑战。视觉或听觉障碍人士也很难被照顾到。

出发前制定周密的计划会有很大帮助。登录www.greecetravel.com/handicapped，可查看专为残障旅行者提供的当地物品、度假村和旅游团信息。Sailing Holidays（www.charterayachtingreece.com/DRYachting/index.html）提供乘坐无障碍游艇在希腊岛屿周边2天到2周的航海之旅。

同性恋旅行者

在希腊，教会仍然极大地影响着社会对诸多问题的看法，比如性的问题，所以你会发现当地人，尤其是在大城市以外的地区，一般都很难接受同性恋，这也不足为奇。虽然没有相关法律禁止同性恋活动，但还是需要谨慎一些。

然而，希腊的一些地区却是同性恋游客非常喜欢的旅游地。雅典同性恋很多，但同性恋游客更常去的地方是一些岛屿。米科诺斯岛一直因岛上的酒吧、海滩和大众的享乐主义闻名遐迩，在斯基亚索斯岛也有一些同性恋者常常光顾的地方。莱斯沃斯岛（米蒂利尼）是女同性恋诗人萨福（Sappho）的出生地，因此在某种意义上，这个地方已成为女同性恋者的朝圣之地。

柏林的Bruno Gmünder出版的《斯巴达克斯国际同性恋指南》（*Spartacus International Gay Guide*，在线阅读网址www.spartacusworld.com/en）被广泛地认为是同性恋者旅行的权威指南。该书中的希腊部分介绍了从Alexandroupoli到Xanthi的各处同性恋者聚集场所。

女性旅行者

很多女性独自去希腊旅行。希腊的犯罪率一直以来相对较低，因此独自旅行比在大多数欧洲国家都要安全。但这并不表示你就可以放松警惕了，抢包和强奸案件确有发生，尤其是在一些岛屿的派对度假区。

对于独自旅行的外国女性而言，最大的滋扰来自被希腊人称之为卡马里（kamaki）的一群家伙，这个绰号的意思是“三齿鱼叉”，用来形容这种人最爱的娱乐方式：“钓”外国女性。哪里有游客聚集，他们就会在哪里出现。他们大部分都是年轻人，油嘴滑舌，恬不知耻地在大街上跟女性搭讪。他们很烦人，赶也赶不走，但一般只是骚扰，不会构成威胁。绝大多数希腊男子都很尊重外国女性。

摄影

➡ 数字存储卡可以随时从相机商店购买。

➡ 不要拍摄军事设施，有的并不明显且靠近野生动物观赏区。

➡ 教堂里不允许开闪光灯，而且拍摄主祭坛是一大禁忌。

➡ 希腊人一般都很喜欢别人给自己拍照，但最好还是先征得同意再拍照。

➡ 在考古遗址拍照，不要使用三脚架，否则会被视为"专业摄影师"(要付费)。

吸烟

2009年7月，希腊颁布了类似于欧洲大部分地区的禁烟法律。现在，公共场所内禁止吸烟，否则业主要被处以罚款。欧洲烟瘾最大的吸烟者中，相当一部分人都在希腊，所以在希腊实施禁烟法律很困难，而且在业主担心失去生意的偏远地区，这一法律往往有名无实。

健康

医疗服务及费用

虽然希腊的医疗培训水准很高，但其公共医疗服务却处于资金严重不足的状态。医院可能会人满为患，卫生状况有时不尽如人意。患者的饮食需要亲人提供，对游客而言是个问题。私立医院的条件和治疗手段都要好很多，但费用昂贵。这就意味着好的健康保险必不可少。

➡ 在希腊，如需叫救护车，应拨打☎166。

➡ 每座岛上至少有一名医生，较大的岛上设有医院。

➡ 你可以从药店买到在欧洲大多数国家属于处方药的药品。

➡ 若是患有轻微的疾病，可以咨询药剂师。

环境引发的疾病和不适

➡ 危险的蛇类包括蝰蛇以及不太常见的蝮蛇和珊瑚蛇。为了尽量减少被蛇咬的可能性，当走过可能有蛇存在的矮树丛时，要穿靴子、长袜和长裤。

➡ 虽然没有感染疟疾的危险，但蚊子也是个恼人的问题。夜间防蚊虫通常用电蚊香就足够了。尽可能地选择带纱窗的住所。你可能会在山区遇到亚洲虎蚊(白纹伊蚊，Aedes albopictus)，这种贪婪的蚊子在白天叮咬行人，而且据说携带多种病毒，包括东部马脑炎病毒——感染这种病毒可能会影响中枢神经系统并导致严重的并发症及死亡。如果你怀疑自己在白天被蚊虫叮咬了，要使用防护喷雾剂或药膏。

保险

由于希腊是申根国，请你按照申根国要求，在出行前务必购买适用全部申根国的、时间完整覆盖你游览全程的、医疗保险金额不少于3万欧元(或等值人民币，约合25万元)的旅行保险，旅游医疗保险必须包括由于生病可能送返回国的费用及急救和紧急住院的费用。相关保单将作为申请申根签证的必要材料之一，所以你投保时建议选择规模较大且有信誉的知名保险公司，并索要纸质保单。

目前中国旅行者经常会购买的保险公司有这几家：安联、中国平安、美亚。

如果确实需要购买健康保险，一定要确保你获得的保险政策涵盖可能出现的最坏情况，比如遇到事故需要紧急乘机回国。要提前弄清你购买的保险是由保险公司直接支付海外医疗费用，还是自己先付钱再报销。

全球旅游保险的更多信息请查询www.lonelyplanet.com/travel_services。你可

实用信息

度量衡 希腊使用公制度量衡。

邮件 往国外寄信件要使用黄色信箱，上面标有"exoteriko(国外)"字样。

报纸 欲了解希腊时事，可阅读《国际先驱论坛报》(*International Herald Tribune*)旗下的英文版《每日新闻报》(*Kathimerini*)。《中希时报》是希腊及巴尔干地区目前唯一的一份华文报纸，每周一发刊，参见网站：www.cgw.gr/。

DVD 购买DVD回家观看的话，注意希腊的DVD是2区(中国内地6区，港台为3区)。

以随时上网购买保险、延保以及索赔——即使你已经出发了也没问题。

水源

除了一些小村庄和部分岛屿之外，希腊大部分地区的自来水是安全的，可以直接饮用。喝水前要记得问一问当地人是否安全，若不确定，一定要煮沸后再饮用或买水喝。即使水是安全的，也可能由于所含的物质和细菌与你日常饮用的水有所差异而导致呕吐或腹泻。瓶装水到处都能买到。

工作

欧盟国家公民无须工作许可，不过若打算逗留超过3个月，需要居留许可和希腊税号。其他国家公民则需要工作许可。

酒吧和青年旅舍工作

没有外国员工的话，希腊岛屿的酒吧根本无法存活，每年都有数千个夏季工作可以争取。虽然收入并不很高，但你可以在群岛上待一夏天。4月和5月就可以找找。青年旅舍和旅行者酒店经常也会雇用外国员工。

英语辅导

如果你正在寻找长期工作，最广泛的选择是教授英语。拥有TEFL（英语外语教学）证书或大学学位是一项优势，不过并非必须。在英国，可以通过《泰晤士报》（*Times*）教育副刊或周二的《卫报》（*Guardian*）寻找机会；在其他国家，可与希腊大使馆联系。

到了希腊之后再找教英语的工作也可以。到处都能找到语言学校。严格地说，在这些学校上课需要许可证，不过很多地方也会雇用没有许可证的人。寻找这类工作的最佳时机是夏末。

志愿者工作

希腊僧海豹研究与保护协会（Hellenic Society for the Study & Protection of the Monk Seal；☎210 522 2888；www.mom.gr；Solomou 53，Exarhia，Athens）志愿者的工作是监控伊奥尼亚群岛（Ionian Islands）上的项目。

希腊野生动植物医院（Hellenic Wildlife Hospital，Elliniko Kentro Perithalpsis Agrion Zo；☎22970 28367；www.ekpazp.gr；⏲10:00~19:00）志愿者去往埃伊纳岛上的大型野生动植物康复中心（尤其是在冬季月份）。

希腊海龟保护协会（Sea Turtle Protection Society of Greece；☎21052 31342；www.archelon.gr）志愿者的工作包括监测克里特岛和扎金索斯（Zakynthos）的海龟。

世界有机农场机会组织（World Wide Opportunities on Organic Farms，简称WWOOF；www.wwoofgreece.org）在希腊旗下有57个农场，他们会为志愿者提供机会。

交通指南

到达和离开

入境

来自欧盟以外的游客需要签证。出发前必须与领事馆确认。

从非欧盟地区抵达后，需要经过移民检查。入境窗口分为欧盟居民（EU Nationals，通常有显眼的欧盟蓝底白星标志）和"其他"（Non EU Nationals）。非欧盟护照持有者请在"其他"窗口排队。

有时移民检查人员会在检查护照的同时问一些简单的问题：比如你为什么来希腊、你来多久、你准备去哪些地方等，只要如实回答即可。最好将自己的行程单、电子机票打印单和住宿预订单随身携带，有时移民检查人员会要求查看。如果你对自己的英语不自信，也可以在入境提问时将行程单交给移民官。

➡ 提取行李

通过移民检查后，就可以前往行李到达大厅提取行李。依照航班代码去相应的转盘提取行李，记得将所有的托运行李全都取下来。

➡ 海关检查

取完行李出门之前，还有一道海关检查。没有海关申报物品的游客可使用无申报通道。跟着大部队走吧，此处不需要停留。

➡ 转机

如果需要转机，则在下飞机后再次确认登机口，有时下一个航班的登机口会发生变化。请在办理行李托运的时候告知你的最终目的地，行李会直接托运到那里。如果你乘坐的并非是联程航班，则需要重新托运行李。

飞机

机场和航空公司

希腊有四个主要的国际机场，提供包机和定期航班。渡轮和航班将群岛与雅典及北部的塞萨洛尼基连接起来。

希腊的其他国际机场在圣托里尼（锡拉）、卡尔帕索斯、萨摩斯岛、斯基亚索斯、凯法利尼亚和扎金索斯。这些机场通常用于来自英国、德国和北欧国家的包机。

埃莱夫塞里奥斯·维尼泽洛斯国际机场（Eleftherios Venizelos International Airport，即雅典国际机场，简称ATH；☎210 353 0000；www.aia.gr）雅典埃莱夫塞里奥斯·维尼泽洛斯国际机场靠近Spata，位于雅典以东27公里处。这里有各种现代设施，包括到达大厅里的24小时行李寄存和儿童游乐室，登记大厅上面还有小型考古博

气候变化和旅行

任何使用碳基燃料的交通工具都会产生二氧化碳，这是人为导致气候变化的主要原因。空中旅行耗费的燃料，以每公里人均计算或许比汽车来得低，但飞行的距离却要远很多。飞机在高空所排放的气体（包括二氧化碳）和颗粒同样对气候变化造成影响。许多网站提供"碳排量计算器"让人们估量个人旅程所产生的碳排量，以及鼓励人们参与降低全球变暖的旅行计划，以抵消个人旅程对环境所造成的影响。Lonely Planet会抵消其所有员工和作者旅行所产生的碳排放影响。

从西欧经陆路去往希腊

如果你不想坐飞机去希腊岛屿，那么陆路旅行爱好者们可以通过巴尔干半岛（Balkan peninsula）迷人的铁路线到达希腊，途经克罗地亚、塞尔维亚和马其顿共和国；也可以前往意大利西海岸（与欧洲大部分地区接壤），然后乘渡轮去希腊。你不仅能为地球节能减排做贡献，还能从车窗或甲板上欣赏宜人的美丽风景。

从伦敦开始的旅行路线：乘坐“欧洲之星”（Eurostar）到巴黎，然后坐卧铺夜车到达意大利的博洛尼亚（Bologna）。从那里，一列沿海火车会把你带到巴里（Bari），然后坐夜船去往伯罗奔尼撒半岛的帕特雷。从帕特雷再坐4.5小时的火车到雅典。按照这一旅行路线，从伦敦出发，你在两天内就能到达雅典。或者，你可以在意大利乘船直接前往伊奥尼亚群岛的科孚岛、凯法利尼亚或扎金索斯。

希腊是Eurail系统（www.eurail.com）的一部分。虽然火车只到希腊大陆，但Eurail最近推出了30天的阿提卡通票（Attica Pass），可用于希腊群岛之间的4处渡口以及希腊和意大利之间的两条国际乘船旅行路线。

物馆可以打发时间。

尼科斯·卡赞扎基斯国际机场（Nikos Kazantzakis International Airport，HER；☎总机 28103 97800，咨询 28103 97136；www.heraklion-airport.info）位于伊拉克利翁向东约5公里处（克里特岛）。有银行、ATM机、备货充足的免税商店和咖啡馆兼酒吧。

Diagoras国际机场（Diagoras Airport，RHO；☎22410 88700；www.rhodes-airport.org）位于罗得岛（Rhodes）。

Makedonia国际机场（Macedonia International Airport，SKG；☎2310 985 000；www.thessalonikiairport.com）塞萨洛尼基东南约17公里处。当地的78路公共汽车通往这里(每半小时1班)，出租车费用为€15~20。

很多国际国内航空公司都有飞往雅典的航班。其中中国国际航空公司有北京直飞雅典的班次（每周三、周六）。也可通过其他欧洲城市转机前往雅典。

可以通过以下网站，货比多家，淘到最实惠的机票：

去哪儿（flight.qunar.com）

淘宝旅行（trip.taobao.com）

艺龙网（flight.elong.com）

携程网（flights.ctrip.com/international）

天巡（www.tianxun.com）

Kayak（www.kayak.com）

Opodo（www.opodo.com）

Four Seas Tours（www.fourseastravel.com）

Shoestring Travel（www.shoestringtravel.com.hk）

希腊航空公司

爱琴海航空公司（Aegean Airlines；A3；☎801 112 0000；www.aegeanair.com）及其子公司**奥林匹克航空公司**（Olympic Air；☎801 801 0101；www.olympicair.com）有许多从雅典飞往欧洲各地及开罗、伊斯坦布尔和特拉维夫的航班。它们还运营希腊各地的航班，其中很多在雅典转机。这两家航空公司的安全性堪称典范。奥林匹克航空公司和爱琴海航空公司的当地办事处的详细联系方式在整本指南的很多章节都有介绍。

票务

如果你从欧洲以外的地方来希腊，可以考虑乘坐票价较低的航班先到达欧洲枢纽机场，如伦敦，然后搭乘包机，比如易捷航空公司（easyJet）的航班前往希腊，这样经常能找到希腊和欧洲其他地方之间最便宜的机票。一些航空公司还为学生提供便宜机票。如果你打算6月至9月去希腊旅游，提前预订是明智的选择。

陆路

选择陆路旅行，你有机会可以真正地欣赏风景，还能获得只有在火车或汽车上才能拥有的体验。随着快速列车的投入使用和铁路网的完善，特别是国际火车旅行在近年来变得更加完善，现在，乘坐火车或渡轮可以在两天内从伦敦到达雅典。如果选择陆路旅行而不是坐飞机旅行，你还可以减少碳排放量。这是一个双赢的选择。

穿越边境

阿尔巴尼亚

经过位于Kakavia的主要通道时，可能需要排队慢慢等候。持多次申根签证可直接进入。

Kakavia Ioannina西北60公里处。

Krystallopigi Kotas以西14公里处，位于Florina-Kastoria路上。

Mertziani Konitsa以西17公里处。

Sagiada Igoumenitsa以北28公里处。

保加利亚

保加利亚是欧盟成员国，所以过境通常比较便捷。持多次申根签证可直接进入。

Exohi Drama以北50公里处，一段新的长448米的过境隧道。

Ormenio 色雷斯东北部Serres41公里处。

Promahonas 塞萨洛尼基东北109公里处。

马其顿共和国（FYROM）

持多次申根签证可直接进入。

Doïrani Kilkis以北31公里处。

Evzoni 塞萨洛尼基以北68公里处。

Niki Florina以北16公里处。

土耳其

如果你去伊斯坦布尔，从Kipi走更加便捷。若选择穿过Kastanies的路线，你会途经希腊的Soufli和Didymotiho，以及土耳其的埃迪尔内(Edirne，古Adrianoupolis)。

Kastanies Alexandroupoli东北139公里处。

Kipi Alexandroupoli以东43公里处。

申根签证持有者可以申请土耳其E-Visa电子签证，可通过土耳其电子签证网（www.evisa.gov.tr）直接申请办理。

火车

希腊铁路组织**OSE**（Organismos Sidirodromon Ellados; www.trainose.gr）运营塞萨洛尼基至索非亚（Sofia）、塞萨洛尼基至贝尔格莱德（Belgrade）之间的火车，每天一班，途经Skopje，其中每周有一班火车继续往返布达佩斯。

海路

夏季，渡轮会很拥挤。如果你想带车辆乘船，最好提前预订。本指南提及的班次仅限旺季（7月和8月）。注意，所有去往土耳其的渡轮船票必须提前一天购买，并且基本上一定会要求你在航行的前一晚上交护照，第二天登船前会返还给你。去往土耳其的离港税约为€15。

从海路去希腊的另一种方法是乘坐往返爱琴海的游轮。

当地交通

在希腊四处走走并不是什么难事，这主要得益于完善的公共交通系统。公共汽车是陆地运输的支柱，覆盖范围广，即使最小的村庄也能到达。所有岛屿上都没有火车。如果你赶时间，希腊也有广泛的国内航空网络。不过，对于大多数游客而言，在希腊旅行就意味着跨岛旅游，不断地乘坐渡轮在亚得里亚海（Adriatic）和爱琴海之间往来。

飞机

希腊国内绝大多数的大陆航线由国家航空公司运营，即**爱琴海航空**（A3; ☎801 112 0000; www.aegeanair.com）及其子公司**奥林匹克航空**（☎801 801 0101; www.olympicair.com）。你会发现，哪里有航班，哪里就有奥林匹克航空公司的办事处，此外，该公司在其他的一些主要城镇也设有办事处。另外，还有许多希腊小型客运航空公司，包括总部在克里特岛的**Astra航空**（Astra Airlines; www.astra-airlines.gr）和**天空快运**（Sky Express; www.skyexpress.gr）。

本指南中列出的价格均为经济舱全价票，包含机票价格和国内税。周一至周四之间的往返票有折扣；星期六晚离开的往返机票会有更大的折扣。你可以在航空公司的网站上查看全部详细信息以及时间表信息。

国内航班的行李重量限额是15公斤，但如果国内航班是国际航班的一部分，限额则为20公斤。

自行车

骑自行车在希腊不是很流行，但却越来越受到游客的青睐。在山区骑自行车需要强有力的腿部肌肉，或者你可以沿一些平坦的沿海公路骑行。希腊的自行车道很少或根本没有，戴头盔也不是强制性的。科斯岛是希腊最适合骑自行车的地方，因为到处都很平坦，比如Thessaly和色雷斯的平原地区。

在大多数的旅游区都可以租到自行车，但不像汽车和摩托车那样普遍。租金价格取决于自行车的型号和新旧程度，每天€5~12不等。

乘坐渡轮，可以免费携带自行车。在希腊的各大城镇可以买到很好的山地或旅游自行车，但如果你想卖掉的话，找现成的买家不太容易。自行车的价格和欧洲其他国家差不多：€300~2000不等。

船

希腊的渡轮航线覆盖范围十分广泛，这也是去往许多岛屿的唯一途径。由于恶劣天气和罢工等原因，渡轮时间常常会延误；船票价格经常变动。在夏季，除了最偏僻的目的地，其他渡轮都是定期通航的。但是在冬季，渡轮服务严重不足，在某些情况下甚至会全部停止通航。

希腊国内渡轮公司

渡轮公司在许多岛屿上都设有当地办事处。

Aegean Flying Dolphins（☎210 422 1766；www.aegeanflyingdolphins.gr）雅典、埃伊纳岛和斯波拉泽斯群岛（Sporades）之间的水翼艇。

Aegean Speed Lines（☎210 969 0950；www.aegeanspeedlines.gr）往返于雅典和基克拉泽斯群岛之间的超快速船。

Aegeon Pelagos（☎210 419 7470；www.anek.gr）ANEK航线的子公司。

ANEK Lines（☎210 419 7420；www.anek.gr）总部设在克里特岛的长途渡轮。如今与Superfast Ferries合作运营Igoumenitsa至帕特雷（Patra）的线路。

ANES（☎210 422 5625；www.anes.gr）老式渡轮，为埃维亚和斯波拉泽斯群岛提供服务。

Anna Express（☎22470 41215；www.annaexpress.eu）连接北多德卡尼斯群岛的小型快速渡轮。

Blue Star Ferries（☎210 891 9800；www.bluestarferries.com）航行于希腊大陆、基克拉泽斯、东北爱琴海群岛、克里特岛和多德卡尼斯群岛之间的长途高速渡轮以及Seajet公

国际渡轮线路

目的地	出发地	到达地	时间	班次
阿尔巴尼亚	科孚岛	Saranda	25分钟	每天1班
意大利	帕特雷	Ancona	20小时	每天3班
意大利	帕特雷	巴里	14.5小时	每天1班
意大利	科孚岛	巴里	8小时	每天1班
意大利	凯法利尼亚	巴里	14小时	每天1班
意大利	科孚岛	巴里	10小时	每天1班
意大利	Igoumenitsa	巴里	11.5小时	每天1班
意大利	帕特雷	布林迪西	15小时	每天1班
意大利	科孚岛	布林迪西	6小时	每天1班
意大利	凯法利尼亚	布林迪西	12小时	每天1班
意大利	扎金索斯	布林迪西	15小时	每天1班
意大利	帕特雷	威尼斯	30小时	每周12班
意大利	科孚岛	威尼斯	25小时	每周12班
土耳其	希俄斯岛	切什梅	1.5小时	每天1班
土耳其	科斯岛	Bodrum	1小时	每天1班
土耳其	莱斯沃斯岛	Ayvalik	1小时	每天1班
土耳其	罗得岛	Marmaris	50分钟	每天2班
土耳其	萨摩斯岛	Kuşadası	1.5小时	每天2班

Ferry Routes 渡轮线路

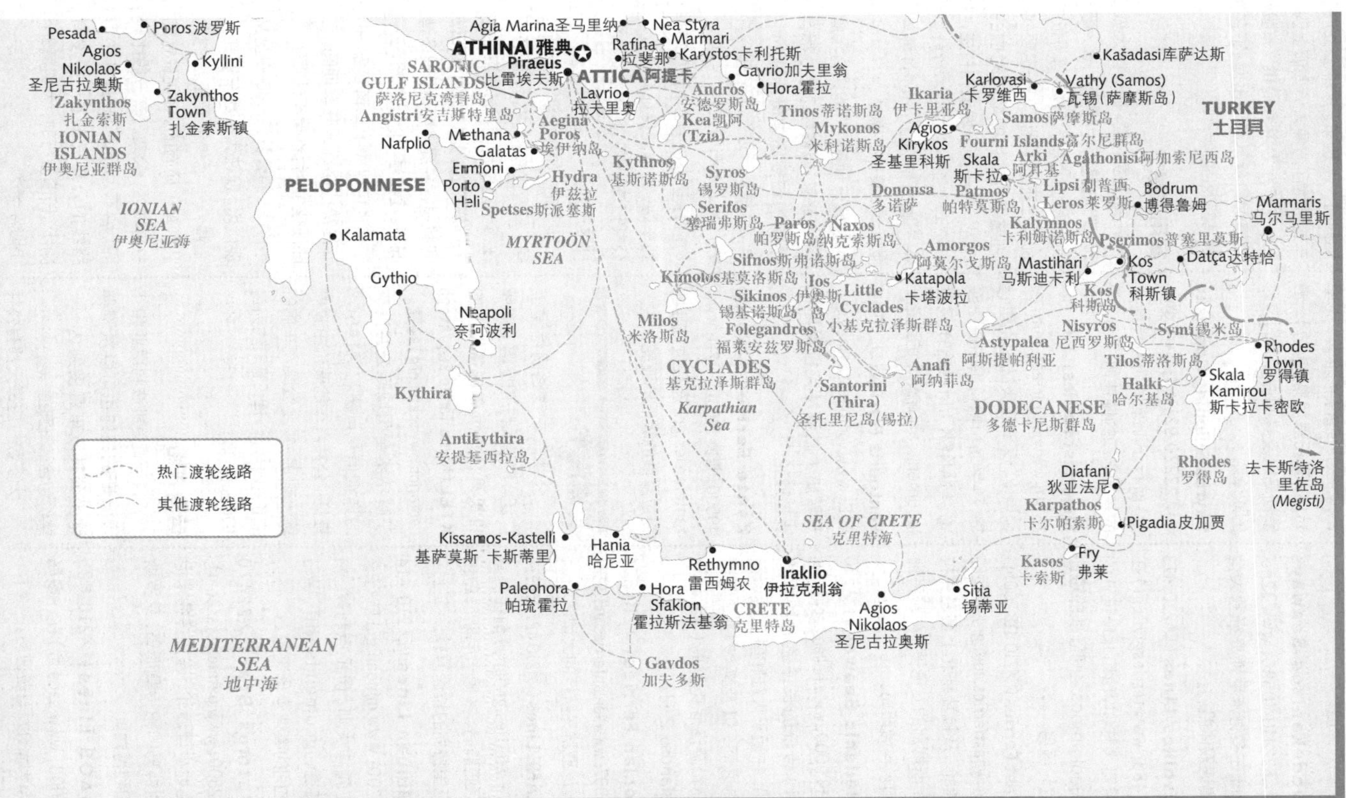
Pesada
Poros波罗斯
Agios Nikolaos 圣尼古拉奥斯
Kyllini
Zakynthos 扎金索斯
Zakynthos Town 扎金索斯镇
IONIAN ISLANDS 伊奥尼亚群岛
IONIAN SEA 伊奥尼亚海
PELOPONNESE
Kalamata
Gythio
Neapoli 奈阿波利
Kythira
Antikythira 安提基西拉岛
Agia Marina圣马里纳
Nea Styra
ATHÍNAI雅典
Rafina 拉斐那
Marmari
Karystos卡利托斯
SARONIC GULF ISLANDS 萨洛尼克湾群岛
Piraeus 比雷埃夫斯
ATTICA阿提卡
Gavrio加夫里翁
Hora霍拉
Andros 安德罗斯岛
Lavrio 拉夫里奥
Angistri安吉斯特里岛
Aegina Poros 埃伊纳岛
Kea 凯阿 (Tzia)
Nafplio
Methana
Galatas
Ermioni
Porto Heli
Hydra 伊兹拉
Spetses斯派塞斯
MYRTOÖN SEA
Kythnos 基斯诺斯岛
Syros 锡罗斯岛
Serifos 塞瑞弗斯岛
Tinos蒂诺斯岛
Mykonos 米科诺斯岛
Ikaria 伊卡里亚岛
Karlovasi 卡罗维西
Vathy (Samos) 瓦锡(萨摩斯岛)
Kuşadasi库萨达斯
Samos萨摩斯岛
TURKEY 土耳其
Agios Kirykos 圣基里科斯
Fourni Islands富尔尼群岛
Arki 阿尔基
Agathonisi阿加索尼西岛
Skala 斯卡拉
Patmos 帕特莫斯岛
Lipsi 利普西
Leros莱罗斯
Bodrum 博得鲁姆
Marmaris 马尔马里斯
Donousa 多诺萨
Paros 帕罗斯岛
Naxos 纳克索斯岛
Kalymnos 卡利姆诺斯岛
Pserimos普塞里莫斯
Amorgos 阿莫尔戈斯岛
Sifnos斯弗诺斯岛
Mastihari 马斯迪卡利
Kos Town 科斯镇
Datça达特恰
Kimolos基莫洛斯岛
Ios 伊奥斯岛
Little Cyclades 小基克拉泽斯群岛
Katapola 卡塔波拉
Kos 科斯岛
Sikinos 锡基诺斯岛
Milos 米洛斯岛
Folegandros 福莱安兹罗斯岛
Astypalea 阿斯提帕利亚
Nisyros 尼西罗斯岛
Symi锡米岛
Rhodes Town 罗得镇
CYCLADES 基克拉泽斯群岛
Anafi 阿纳菲岛
Tilos蒂洛斯岛
Skala Kamirou 斯卡拉卡密欧
Santorini (Thira) 圣托里尼岛(锡拉)
Halki 哈尔基岛
Karpathian Sea
DODECANESE 多德卡尼斯群岛
Rhodes 罗得岛
去卡斯特洛里佐岛 (Megisti)
Diafani 狄亚法尼
Karpathos 卡尔帕索斯
Pigadia皮加贾
SEA OF CRETE 克里特海
热门渡轮线路
其他渡轮线路
Kissamos-Kastelli 基萨莫斯(卡斯蒂里)
Hania 哈尼亚
Rethymno 雷西姆农
Iraklio 伊拉克利翁
Kasos 卡索斯
Fry 弗莱
Paleohora 帕琉霍拉
Hora Sfakion 霍拉斯法基翁
CRETE 克里特岛
Agios Nikolaos 圣尼古拉奥斯
Sitia 锡蒂亚
MEDITERRANEAN SEA 地中海
Gavdos 加夫多斯

司的双体船。

Dodekanisos Seaways (☎22410 70590; www.12ne.gr) 在多德卡尼斯岛经营大型高速双体船。

Evoikos Lines (☎210 413 4483; www.ferriesglyfa.gr) 在希腊大陆Glyfa和北埃维亚的Agiokambos之间舒适的短途渡轮服务。

Fast Ferries (☎210 418 2005; www.fastferries.com.gr) 舒适的渡轮，从拉斐那北上至基克拉泽斯群岛的安德罗斯、蒂诺斯和米科诺斯岛。

Hellenic Seaways (☎210 419 9000; www.hellenicseaways.gr) 传统的长途渡轮和双体船，往返于大陆和基克拉泽斯岛之间，以及斯波拉泽斯群岛和萨洛尼克群岛(Saronic islands)之间。

Ionian Ferries (☎210 324 9997; www.ionianferries.gr) 在伊奥尼亚群岛航行的大型渡轮。

LANE Lines (☎210 427 4011; www.ferries.gr/lane) 前往伊奥尼亚群岛、多德卡尼斯群岛和克里特岛的长途渡轮。

Minoan Lines (☎210 414 5700; www.minoan.gr) 航行于比雷埃夫斯、伊拉克利翁、帕特雷、Igoumenitsa和科孚岛之间的高速豪华渡轮。

Patmos Star (☎22470 32500; www.patmos-star.com) 当地小型渡轮，连接多德卡尼斯群岛的帕特莫斯岛、莱罗斯和利普西。

SAOS Lines (☎210 625 0000; www.saos.gr) 在许多岛屿停靠的大型慢速船。

Sea Jets (☎210 412 1001; www.seajets.gr) 在雅典、克里特岛、圣托里尼岛(锡拉)、帕罗斯岛以及其间许多岛屿停靠的双体船。

Skyros Shipping Company (☎22220 921164; www.sne.gr) 航行于斯基罗斯与埃维亚的基米之间的慢速船。

Superfast Ferries (☎261 062 2500; www.superfast.com) 顾名思义，这是从大陆到克里特岛、科孚岛和帕特雷的快速渡轮。与ANEK Lines合作运营Igoumenitsa至帕特雷的线路。

Ventouris Ferries (☎210 411 4911; www.ventourissealines.gr) 从希腊大陆到基克拉泽斯的大型渡轮。

Zante Ferries (☎26950 49500, 雅典 210 410 0211; www.zanteferries.gr) 连接大陆与基克拉泽斯的较旧的渡轮。

长途汽车

公共汽车线路网络覆盖广泛。希腊大陆和岛屿上的所有长途公共汽车由各地区的**KTEL** (Koino Tamio Eispraxeon Leoforion; www.ktel.org) 经营。了解希腊全国城际公共汽车的详细信息可拨打☎14505查询。公共汽车的票价由政府统一规定，乘坐公共汽车旅行的价格十分合理，费用约为每100公里€5。

运营线路

科孚岛、凯法利尼亚和扎金索斯的岛屿也可以从雅典乘坐公共汽车直接到达——票价包含渡轮船票。

大多数村庄每天都有公共汽车，但偏远地区可能一个星期只有一两班车。这种公共汽车主要为了方便人们去镇上购物，并非专为游客提供，一般早晨很早就从村庄出发，下午很早就返回。

实用信息

➡ 需要注意的是，在一些大城市，如雅典和伊拉克利翁，可能有多个公共汽车站，车辆分别发往不同的地区。一定要找到与你所去目的地相对应的车站。在一些小城镇和村庄，“公共汽车站”可能不过就是一个咖啡馆(kafeneio)或希腊小馆，兼作订票处。

➡ 在偏远地区，可能只有希腊语时间表，但多数订票处都有希腊语和罗马字母标注的时间表。很多长途汽车站如今都会在网上发布时间表。

➡ 最好至少在发车前20分钟到车站，这样能保证有座位。公共汽车一般都会提前几分钟发车。

➡ 买票时，你会拿到一个座位号，车票上有标注。座位号标在每个座位后面，而不是标在前排座位上，这让希腊人和游客都很容易混淆座位。很多情况下，座位号干脆被忽略。

➡ 你也可以先上车再买票，但若是热门路线或旺季期间，可能没座位，就不得不站着了。

➡ KTEL的公共汽车既安全又现代化，现在大多数车辆都有空调——至少主要路线的公共汽车上是有的。在更偏远的乡村地区，公共汽车一般比较旧，也不太舒适。一些非热门路线的公共汽车上一般没有厕所，长途旅行时，大约每3个小时停一次。

➡ 希腊所有的公共汽车都禁

止吸烟。

小汽车和摩托车

希腊是欧洲公路死亡率最高的国家之一，凡是在希腊的道路上旅行过的人都不会对此感到惊讶。每年死于交通事故的人数超过1000人，受伤的人数是死亡人数的10倍。超车被列为事故的最主要原因。

若不考虑上述问题，要想去探索那些人迹罕至的地方，自己驾车是个不错的选择。近年来，希腊的道路网络得到了极大的改善：旧地图上标记的多条泥土小道现在已经铺上沥青，许多岛屿上往来车辆极少。几乎所有的岛屿都提供定期（昂贵）的汽车渡轮服务。

骑摩托车要注意

对摩托车新手而言，希腊并不是最合适的地方。这里仍然有很多碎石路，特别是在一些岛屿上，每年都有几十名游客发生意外。小型摩托车特别容易在碎石路的弯曲路段滑倒。应尽量租用轮胎花纹断面较窄的摩托车。如果你打算骑摩托车或电动车，要检查一下旅行保险是否涵盖了这一项——许多保险公司不提供涵盖摩托车事故的保险。岛上另外一种热门选择是租四轮摩托车，这种车比摩托车稍贵，不过无须摩托车驾照。

实用信息

汽车协会 希腊的国内汽车协会是**ELPA**（Elliniki Leschi Aftokinitou kai Periigiseon; ☎210 606 8800; www.elpa.gr; Leoforos Mesogion 395, Agia Paraskevi, Athens）。

入境 在欧盟注册的车辆可进入希腊，6个月内不用缴纳公路税。需要绿卡（国际第三方保险）以及进入希腊的日期证明（船票或护照上的盖章即可）。非欧盟注册的车辆可能要在护照上登记。

驾照 欧盟的驾照可在希腊使用。欧盟以外的驾车者需要国际驾照（International Driving Permits），虽然租车机构很少提出要求，但如果被拦停，地方当局会要求你出示。国际驾照只能在你登记驾照的国家申请。

中国大陆和港澳台游客都应进行驾照公证，但因为中国大陆没有加入《联合国道路交通公约》，所以中国大陆游客是申请不到真正的国际驾照的，但通过公证处办理的英文驾照公证可以在希腊使用。部分国内租车平台网站还提供相对可靠的租车翻译件，请租车前确认好当地能够承认的驾照证明文件种类。另外，请务必携带你在中国的驾照一并出国。

燃料 在希腊各地都能买到燃料，但在周末和节假日，加油站可能不营业。在一些岛屿上，可能只有一处加油站，所以出发之前要弄清楚加油站在哪里。自助加油机和信用卡自动加油泵在希腊不常见。希腊的汽油比许多欧洲国家要便宜。

汽油类型：

- 有铅汽油（Super）
- 无铅汽油（amolyvdi）
- 柴油（petreleo kinisis）

租车

小汽车

- 所有的大型跨国公司在雅典都设有代理处，而且大部分都在主要城镇和热门旅游区设有分公司。大部分岛屿上至少有一个办事处。
- 希腊法律规定，出租车辆必须每6年更换一次，所以相对而言大部分车都比较新。
- 希腊的最低驾驶年龄是18岁，但大多数汽车租赁公司要求顾客不小于21岁，租用大型车至少23岁。
- 在旺季，租用最小车型（如Fiat Seicento）的费用为每周€280起，不限里程；到了冬季，租金会下调到约€200。上述价格不包含地方税（即增值税，简称VAT）。在当地的租车公司，你经常可以享受到很多优惠，与跨国公司相比，这些公司的报价要低50%，而且一般可以议价，尤其是在没有生意的时候。
- 在岛上，你可以花约€30~50租到一辆日租车，包含所有的保险和税费。
- 时刻记得检查一下保险所涵盖的内容。另外，经常有崎岖不平的道路或危险路段，只能开四轮驱动车。
- 如果你想驾驶租用的车辆去另一个国家或是乘坐渡轮，需要事先得到租赁公司的书面授权，因为保险条款可能涵盖不到这种情况。除非你用信用卡支付，否则大多数租车公司都会要求你支付押金，每天最低€120。

希腊一些主要的汽车租赁公司当前的价格，请参阅以下网站：

安飞士租车（Avis；www.avis.cn）

Budget（☎800 472 33 25；www.budget.com）

Europcar（www.europcar.cn）

租租车（www.zuzuche.com）

惠租车（www.huizuche.com）

Hertz（www.hertz.cn）

Auto Europe（www.autoeurope.cn）

Holiday Cars（www.holidaycars.com/cn-cn/）

摩托车

➡ 在游客租车的地方，随处可见电动车、摩托车和小摩托。大部分车辆都比较新、状况良好。尽管如此，还是要第一时间检查刹车。

➡ 你必须出示驾照，证明你能驾驭想要租用的车辆类型——这种规定适用于所有排量大于50cc的车辆。

➡ 机动自行车或排量50cc的摩托车最低价格约为每天€15，排量250cc的摩托车为每天€30。在淡季，价格会大幅下降，所以充分发挥你的砍价本领吧。

➡ 大多数摩托车的租金里都包含第三方保险，但最好还是确认一下。该保险不包括医疗费用。

➡ 戴头盔是强制规定的，作为租赁交易的一部分，租赁机构有义务提供头盔。

路况

➡ 近几年来，希腊主要公路的状况一直在改善，但是还有许多道路依然不够平坦。

➡ 一些主要道路还保留着20世纪60年代的双车道/硬路肩，这容易令人混淆，甚至会产生危险。

➡ 在希腊，道路工程可能要花上数年，尤其是在资金匮乏的岛屿上。而在有的情况下，路况优良的新型柏油道路可能已经修好了，但还未添加到当地地图上。

道路险情

➡ 慢性子司机——有许多是不了解路况、犹豫不决的游客——可能会在希腊的公路上引发严重的交通事故。

➡ 当一段路出现下陷或侵蚀时，路面状况可能会迅速改变。

➡ 有些道路经过山区，时常会有坠落的岩石，车辆底盘可能会严重受损，也可能会绊倒自行车。

交通规则

➡ 希腊同整个欧洲大陆一样，靠右侧行驶，从左侧超车。

➡ 在施工区域之外，主干道上的车辆在十字路口处具有优先行驶权。在城镇里，从右侧驶来的车辆可以优先通行，这条规则也适用于环状交叉路口——即使在环内，你也必须给要从右侧进入环内的司机让路。

➡ 前排座位的人必须系安全带，若后排座位有安全带，也要扣好。

➡ 12岁以下儿童不允许坐前排座位。

➡ 必须携带急救包、灭火器和三角警示牌，禁止携带汽油罐。

➡ 如果摩托车的排量不小于50cc，那么骑或乘摩托车的人必须戴头盔。如果被发现没有戴头盔，警方会将你记录在案。

➡ 住宅区以外的路段限速120公里/小时，其他道路90公里/小时，施工区50公里/小时。排量100cc以下的摩托车限速为70公里/小时，大型摩托车为90公里/小时。司机超速20%，很可能会收到€60的罚单；超速40%，罚款€150。

➡ 血液中的酒精含量达到0.05%会收到€150罚单，若超过0.08%则构成刑事犯罪。

➡ 如果发生了交通事故，但没有人受伤，则不必找警察做笔录，但最好还是去附近的警察局说明一下情况，因为保险赔偿时你可能需要一份警察的报告。如果事故涉及人身伤害，司机没有停车也不通知警方，那么他可能会被判入狱。

搭便车

在世界上任何一个国家，搭便车都不是百分之百安全的，不建议你这样做。决定搭便车的旅行者们应当清楚一点：这一举动发生危险的可能性虽然很小，可是一旦发生，潜在的风险很大。如果要搭便车，结伴而行比较安全，但也要让其他人知道你们打算去哪里。特别是女性，单独搭便车是极为不明智的选择，女性最好与一名男性同伴一起搭便车。

希腊的某些地区比较适合搭便车，而某些地区却不适合。靠搭车走出大城市并非易事，在雅典尤其困难；在偏远地区和公共交通不便利的岛屿上，搭车则要容易得多。在乡村公路上，即使你没有伸出大拇指，一般也会有人停下来问你是否想要搭车。

当地交通工具

公共汽车

大多数的希腊城镇都很小，步行四处转转就可以了。所有的大城镇都有当地公共汽车，但可能只在雅典这些地方你才会用到公共汽车。

地铁

在希腊，只有雅典才具有铺设地铁的规模。请注意，地铁学生票只有凭希腊学生证才能购买。

出租车

在希腊，除了一些非常小或偏远的岛屿，出租车随处可见。和整个欧洲相比，希腊出租车的价格很公道，特别是三四个人一起分担费用就更合算。现在，许多出租车司机都在车里安装了卫星导航系统，所以只要你有确切地址，就能轻而易举地到达目的地。

城市里黄色的出租车按里程计价，午夜至凌晨5点之间车费加倍。从机场、公共汽车站、港口或火车站打车要收取额外费用，单件行李超过10公斤也要收费。灰色的乡村出租车没有计价器，所以上车前要问好价钱。

雅典的一些出租车司机会多收粗心旅客的车费。如果你要投诉某位出租车司机，记下车牌号，然后向旅游警察投诉。希腊其他城市的出租车司机整体而言都很友好、热心、诚实。

团队游

如果你的时间非常有限或者希望别人制订好旅行计划，那么可以考虑团队游。在雅典，你会发现有很多的一日游旅行团，一些机构提供2天或3天的旅游行程，去往周边景点。了解一些规模更大的旅行安排，可以试试**Intrepid Travel**（www.intrepidtravel.com）。Intrepid提供从雅典到圣托里尼岛的8日游（€1300），还有基克拉泽斯群岛帆船8日游（€1200），除用餐和机票外全包。**Encounter Greece**（www.encountergreece.com）提供大量的团队游信息；希腊全境10日游€1085，不含去希腊的机票。

火车

所有岛屿都没有火车。在大陆上，火车由希腊铁路组织**OSE**运营。希腊的铁路网并不发达，北部线路最多。标准轨道线路从雅典经塞萨洛尼基和Alexandroupoli通向Dikea。另外还有通向Florina和Pelion半岛的线路。伯罗奔尼撒铁路网最远只到Klato，从那里可以乘坐长途汽车前往Plata搭乘渡轮。

由于希腊财政状况不稳定，火车班次已经大大减少，而且价格和时间表也常常发生变化。若可以的话，一定要去OSE网站上再次确认一下。从雅典或塞萨洛尼基的发车信息也可以通过拨打☎1440咨询。

舱位等级

有两种等级的火车：一种是常规（慢）列车，每站都停；另一种是更为快速的现代化城际（IC）列车，连接各大主要城市。慢车是希腊最便宜的公共交通方式：二等票价格低得离谱，即使一等票也比坐公共汽车出行要便宜。

火车通票

➡ Eurail通票、Inter-Rail卡和巴尔干半岛活期通票（Rail Plus Balkan Flexipass）在希腊也是有效的，但如果你打算只在希腊使用，一般不值得购买。乘坐城际列车和卧铺车，你仍然需要额外付钱。

➡ 出示身份证或者护照，60岁以上的乘客可享受25%的折扣（所有的路线），7月、8月和复活节周除外。

➡ 无论你持有何种通票，必须先预订再上车。

语言

希腊语被认为是欧洲最古老的语言之一，其口语有4000年之久的历史，书面文字则有大约3000年的历史。由于其多个世纪以来的影响，希腊语在许多印欧语系语言（包括英语）的词汇构成中占有很大的比例。它是希腊的官方语言，也是塞浦路斯的官方语言之一（此外还有土耳其语），同时很多移居世界各地的希腊裔也说这种语言。

接下来几页将介绍希腊字母表。不过，如果大家按照给出的英文标注来读，别人也能听懂你的意思。注意，dh的发音类似“there”中的“th”；gh则较弱，发比“g”更轻的喉音；kh是一个喉音，发音类似苏格兰语“loch”中的“ch”。在希腊语中，所有含两个或两个以上音节的单词都有重音符号（΄），标明哪个音节重读。在发音指南中，重读音节用斜体表示。

在本节中，有些词汇同时给出了阳性、阴性和中性的形式，用斜线隔开，并分别用“m”、“f”和“n”标明。敬语和非正式语则用“pol”和“inf”标示。

基础

你好。	Γειάσας.	*ya*·sas(pol)
	Γειάσου.	*ya*·su(inf)
再见。	Αντίο.	an·*di*·o
是的。/不是。	Ναι./Οχι.	ne/*o*·hi
请。	Παρακαλώ.	pa·ra·ka·*lo*
谢谢你。	Ευχαριστώ.	ef·ha·ri·*sto*
不客气。	Παρακαλώ.	pa·ra·ka·*lo*
打扰一下。	Μεσυγχωρείτε.	me sing·kho·*ri*·te
对不起。	Συγγνώμη.	sigh·*no*·mi

你叫什么名字？
Πώςσαςλένε; pos sas*le*·ne

我叫……
Μελένε... mele·ne ...

你说英语吗？
Μιλάτεαγγλικά; mi· *la*·te an·gli·*ka*

我听不懂。
ενκαταλαβαίνω. dhen ka·ta·la·*ve*·no

想知道更多？

想了解更深入的语言信息和实用短语，请参考Lonely Planet的《希腊语短语手册》（*Greek Phrasebook*）。大家可以在**shop.lonelyplanet.com**网站找到该手册，或是在苹果应用商店购买Lonely Planet的iPhone短语手册。

住宿

露营地	χώροςγια κάμπινγκ	*kho*·ros yia *kam*·ping
酒店	ξενοδοχείο	kse·no·dho·*khi*·o
青年旅舍	γιουθχόστελ	yuth *kho*·stela
一间房	ένα... δωμάτιο	e·na... dho·*ma*·ti·o
单人间	μονόκλινο	mo·*no*·kli·no
双人间	δίκλινο	*dhi*·kli·no
多少钱	Πόσο κάνει ...;	*po*·so *ka*·ni...

每晚	τηβραδυά	ti·vra·*dhya*
每人	τοάτομο	to *a*·to·mo
空调	έρκοντίσιον	er·kon·*di*·si·on
卫生间	μπάνιο	*ba*·nio
风扇	ανεμιστήρας	a·ne·mi·*sti*·ras
窗户	παράθυρο	pa·*ra*·thi·ro

问路

……在哪里?

Πούείναι…; pui·ne ...

地址是什么?

Ποιαείναιηδιεύθυνση; piai·*ne* i *dhi*·*ef*·thin·si

你可以(在地图上)指给我吗?

Μπορείςναμουδείξεις (στοχάρτη); bo·risna mu *dhik*·sis (sto *khar*·ti)

向左转。

Στρίψτεαριστερά. *strips*·te a·ri·ste·ra

向右转。

Στρίψτεδεξιά. *strips*·te *dhe*·*ksia*

下一个拐角

στηνεπόμενηγωνία stin e·*po*·*me*·*ni* *gho*·*ni*·*a*

在交通灯处

σταφώτα stafo·ta

在……后面	πίσω	*pi*·so
远	μακριά	ma·kri·*a*
在……前面	μπροστά	bro·*sta*
靠近	κοντά	kon·*da*
挨着	δίπλα	*dhi*·pla
对面	απέναντι	a·*pe*·nan·di
一直往前	ολοευθεία	o·lo ef·*thi*·a

饮食

请给留	Εvατ	e·na tra·
一张桌子……	ραπέζι	*pe*·zi
	για …	ya...
(8)点钟	στις(οχτώ)	stis(okh·*to*)
(2个)人	(δύο)άτομα	(*dhi*·o)*a*·to·ma
我不吃……	εντρώγω…	dhen *tro*·gho ...

希腊字母

希腊字母表一共有24个字母，下面列出了这些字母的大小写形式。注意，一些字母看起来很像英文字母，但是发音却非常不同，例如**B**，其发音是v；还有**P**，发音是r。像在英语中一样，字母的发音还受字母组合的影响，例如，**ου**这个组合的发音是u，就像在英文单词“put”中u的发音一样，而**οι**的发音是ee，就像在“feet”中一样。

Α α	a	与“father”中的a一样	Ξ ξ	x	与“ox”中的x发音一样
Β β	v	与“vine”中的v发音一样	Ο ο	o	与“hot”中的o发音一样
Γ γ	gh	更轻柔的喉音“g”，或	Π π	p	与“pup”中的p发音一样
	y	与“yes”中的y发音一样	Ρ ρ	r	与“road”中的r发音一样，
Δ δ	dh	与“there”中的th发音一样，带轻微的颤音			
Ε ε	e	与“egg”中的e发音一样	Σ σ,ς	s	与“sand”中的s发音一样
Ζ ζ	z	与“zoo”中的z发音一样	Τ τ	t	与“tap”中的t发音一样
Η η	i	与“feet”中的f发音一样	Υ υ	i	与“feet”中的ee发音一样
Θ θ	th	与“throw”中的th发音一样	Φ φ	f	与“find”中的f发音一样
Ι ι	i	与“feel”中的ee发音一样	Χ χ	kh	与苏格兰语中的“loch”的ch发音一样
Κ κ	k	与“kite”中的k发音一样		h	或像浊音的“h”
Λ λ	l	与“leg”中的l发音一样			
Μ μ	m	与“man”中的m发音一样	Ψ ψ	ps	与“lapse”中的ps发音一样
Ν ν	n	与“net”中的n发音一样	Ω ω	o	与“hot”中的o发音一样

注意字母**Σ** 有两种小写形式—**σ**和**ς**。第二种形式用在词尾。希腊语的问号是“;”，就是英语中的分号。

鱼	ψάρι	*psa*·ri
(红)肉	(κόκκινο)	(*ko*·ki·no)
	κρέας	*kre*·as
花生	φυστίκια	fi·*sti*·kia
禽肉	πουλερικά	pu·le·ri·*ka*

你推荐什么?
Τιθασυνιστούσες; ti tha si·ni·*stu*·ses
那个菜里有什么?
Τιπεριέχειαυτότο φαγητό; ti pe·ri·e·*hi* af·to to fa·ghi·*to*
干杯!
Εις υγείαν! is i·*yi*·an
很好吃。
Ήτανvοστιμότατο! *i*·tan no·*sti*·mo·ta·to
请拿一下账单。
Τολογαριασμό, παρακαλώ. to lo·ghar·ya·*zmo* pa·ra·ka·*lo*

关键词

开胃菜	ορεκτικά	o·rek·ti·*ka*
酒吧	μπαρ	bar
牛肉	βοδινό	vo·dhi·*no*
啤酒	μπύρα	*bi*·ra
瓶	μπουκάλι	bu·*ka*·li
碗	μπωλ	bol
面包	ψωμί	pso·*mi*
早餐	πρόγευμα	*pro*·yev·ma
咖啡馆	καφετέρια	ka·fe·*te*·ri·a
奶酪	τυρί	ti·*ri*
鸡肉	κοτόπουλο	ko·*to*·pu·lo
咖啡	καφές	ka·*fes*
冷	κρυωμένος	kri·o·*me*·nos
奶油	κρέμα	*kre*·ma
熟食	ντελικατέσεν	de·li·ka·*te*·sen
甜点	επιδόρπια	e·pi·*dhor*·pi·a
晚餐	δείπνο	*dhip*·no
鸡蛋	αυγό	av·*gho*
鱼	ψάρι	*psa*·ri
食品	φαγητό	fa·yi·*to*
叉子	πιρούνι	pi·*ru*·ni
水果	φρούτα	*fru*·ta
玻璃杯	ποτήρι	po·*ti*·ri
杂货店	οπωροπωλείο	o·po·ro·po·*li*·o
香料	βότανο	*vo*·ta·no
高脚椅	καρέκλα	ka·*re*·kla
	γιαμωρά	yiamo·*ra*
热/辣	ζεστός	ze·*stos*
果汁	χυμός	hi·*mos*
刀	μαχαίρι	ma·*he*·ri

主要句型

在希腊旅游，可以使用这些简单句型，加上自己需要的单词：

(下一班)公共汽车是什么时候?
Πότε είναι (το επόμενο λεωφορείο); po·tei·ne (to e·*po*·me·no le·o·fo·*ri*·o)
(车站)在哪儿?
Πού είναι (ο σταθμός); pu i·ne (o stath·mos)
你有(本地地图)吗?
Έχετε οδικό (τοπικό χάρτη); e·he·te o·dhi·*ko* (to·pi·*ko* *khar*·ti)
这里有(电梯)吗?
Υπάρχει (ασανσέρ); i·par·hi (a·san·ser)
我可以(试穿)吗?
Μπορώ να (το προβάρω); bo·*ro* na (to pro·*va*·ro)
你能(帮我)吗?
Μπορείς να (βοηθήσεις, παρακαλώ); bo·*ris* na (vo·i·*thi*·sis pa·ra·ka·*lo*)
我需要(预订)吗?
Χρειάζεται (να κλείσω θέση); khri·a·ze·te (na *kli*·so *the*·si)
我需要(帮助)。
Χρειάζομαι (βοήθεια). khri·a·zo·me (vo·*i*·thi·a)
我想(租一辆车)。
Θα ήθελα(να ενοικιάσω ένα αυτοκίνητο). tha i·the·la(na e·ni·ki·*a*·soe·na af·to·*ki*·ni·to)
(住一晚)要多少钱?
Πόσο είναι(για κάθε νύχτα); *po*·soi·ne(yia *ka*·thenikh·ta)

羊肉	αρνί	ar·ni
午餐	μεσημεριανό φαγητό	me·si·me·ria·no fa·yi·to
主菜	κύριαφαγητά	ki·ri·a fa·yi·ta
市场	αγορά	a·gho·ra
菜单	μενού	me·nu
牛奶	γάλα	gha·la
坚果	καρύδι	ka·ri·dhi
油	λάδι	la·dhi
椒类	πιπέρι	pi·pe·ri
盘子	πιάτο	pia·to
猪肉	χοιρινό	hi·ri·no
红酒	κόκκινοκρασί	ko·ki·no kra·si
饭店	εστιατόριο	e·sti·a·to·ri·o
盐	αλάτι	a·la·ti
软饮料	αναψυκτικό	a·nap·sik·ti·ko
勺子	κουτάλι	ku·ta·li
糖	ζάχαρη	za·kha·ri
茶	τσάι	tsa·i
蔬菜	λαχανικά	la·kha·ni·ka
素食者	χορτοφάγος	khor·to·fa·ghos
醋	ξύδι	ksi·dhi
水	νερό	ne·ro
白葡萄酒	άσπροκρασί	a·spro kra·si
有/没有	με/χωρίς	me/kho·ris

紧急情况

救命!	Βοήθεια!	vo·i·thya
走开!	Φύγε!	fi·ye
我迷路了。	Έχωχαθεί.	e·kho kha·thi
厕所在哪里?	Πούείναιη τουαλέτα;	pu i·ne i tu·a·le·ta
呼叫……!	Φωνάξτε...!	fo·nak·ste...
医生	έναγιατρό	e·na yi·a·tro
警察	την tin αστυνομία	tin a·sti·no·mi·a

我病了。

Είμαιάρρωστος. *i·me a·ro·stos*

我对(抗生素)过敏。

Είμαιαλλεργικός/αλλεργική (σταantιβιωτικά) *i·mea·ler·yi·kos/a·ler·yi·ki(m/f) (sta an·di·vi·o·ti·ka)*

路标

ΕΙΣΟΔΟΣ	入口
ΕΞΟΔΟΣ	出口
ΠΛΗΡΟΦΟΡΙΕΣ	问讯处
ΑΝΟΙΧΤΟ	开
ΚΛΕΙΣΤΟ	关
ΑΠΑΓΟΡΕΥΕΤΑΙ	禁止
ΑΣΤΥΝΟΜΙΑ	警察
ΓΥΝΑΙΚΩΝ	厕所(女)
ΑΝΔΡΩΝ	厕所(男)

购物与服务

我想买……

Θέλων'αγοράσω… *the·lo na·gho·ra·so ...*

我只是看看。

Απλώςκοιτάζω. *ap·los ki·ta·zo*

我能看看吗?

Μπορώνατοδω; *bo·ro na to dho*

我不喜欢它。

Δενμουαρέσει. *dhen mu a·re·si*

多少钱?

Πόσοκάνει; *po·so ka·ni*

太贵了。

Είναιπολύακριβό. *i·ne po·li a·kri·vo*

你能便宜一点吗?

Μπορείςνακατεβάσεις τηντιμή; *bo·ris na ka·te·va·sis tin ti·mi*

ATM机	αυτόματη μηχανή χρημάτων	af·to·ma·ti mi·kha·ni khri·ma·ton
银行	τράπεζα	tra·pe·za
信用卡	πιστωτική κάρτα	pi·sto·ti·ki kar·ta
网吧	καφενείο διαδικτύου	ka·fe·ni·o dhi·a·dhik·ti·u
手机	κινητό	ki·ni·to
邮局	ταχυδρομείο	ta·hi·dhro·mi·o
游客中心	τουριστικό γραφείο	tu·ri·sti·ko ghra·fi·o

时间和日期

几点了?

Τιώραείναι; ti o·ra i·ne

(2)点了。

Είναι(δύο)ηώρα. i·ne(dhi·o)i o·ra

(10点)半了。

(Δέκα)καιμισή. (dhe·ka)ke mi·si

早晨	πρωί	pro·i
(今天)下午	(αυτότο) απόγευμα	(af·to to) a·po·yev·ma
晚上	βράδυ	vra·dhi
昨天	χθες	hthes
今天	σήμερα	si·me·ra
明天	αύριο	av·ri·o
星期一	Δευτέρα	dhef·te·ra
星期二	Τρίτη	tri·ti
星期三	Τετάρτη	te·tar·ti
星期四	Πέμπτη	pemp·ti
星期五	Παρασκευή	pa·ras·ke·vi
星期六	Σάββατο	sa·va·to
星期日	Κυριακή	ky·ri·a·ki
1月	Ιανουάριος	ia·nu·ar·i·os
2月	Φεβρουάριος	fev·ru·ar·i·os
3月	Μάρτιος	mar·ti·os
4月	Απρίλιος	a·pri·li·os
5月	Μάιος	mai·os
6月	Ιούνιος	i·u·ni·os
7月	Ιούλιος	i·u·li·os
8月	Αύγουστος	av·ghus·tos
9月	Σεπτέμβριος	sep·tem·vri·os
10月	Οκτώβριος	ok·to·vri·os
11月	Νοέμβριος	no·em·vri·os
12月	Δεκέμβριος	dhe·kem·vri·os

提问用词

怎么?	Πώς;	pos
什么?	Τι;	ti
什么时候?	Πότε;	po·te
什么地方?	Πού;	pu
谁?	Ποιος;	pi·os (m)
	Ποια;	pi·a(f)
	Ποιο;	pi·o(n)
为什么?	Γιατί;	yi·a·ti

交通

公共交通

船	πλοίο	pli·o
城市公交	αστικό	a·sti·ko
城际公交	λεωφορείο	le·o·fo·ri·o
飞机	αεροπλάνο	ae·ro·pla·no
火车	τραίνο	tre·no

哪里可以购票?

Πούαγοράζωεισιτήριο; pu a·gho·ra·zo i·si·ti·ri·o

我想去……

Θέλωναπάωστο/στη…f the·lo na pao sto/sti...

它几点出发?

Τιώραφεύγει; ti o·ra fev·yi

它会不会在(伊拉克利翁)停一下?

Σταματάειστο (Ηράκλειο); sta·ma·ta·i sto (i·ra·kli·o)

我想在(伊拉克利翁)下车。

Θαήθελανακατεβώ στο(Ηράκλειο). tha i·the·la na ka·te·vo sto(i·ra·kli·o)

我想要	Θαήθελα (ένα)...	tha i·the·la(a)... (e·na)...
一等座/舱	πρώτηθέση	pro·ti the·si
二等座/舱	δεύτερηθέση	def·te·ri the·si
单程票	απλόεισιτήριο	a·plo i·si·ti·ri·o
往返票	εισιτήριομε επιστροφή	i·si·ti·ri·o me e·pi·stro·fi
取消	ακυρώθηκε	a·ki·ro·thi·ke
晚点	καθυστέρησε	ka·thi·ste·ri·se
站台	πλατφόρμα	plat·for·ma
售票处	εκδοτήριο εισιτηρίων	ek·dho·ti·ri·o i·si·ti·ri·on
时刻表	δρομολόγιο	dhro·mo·lo·gio
火车站	σταθμός τρένου	stath·mos tre·nu

驾车和骑自行车

我想租	Θαήθελανα	tha i·the·la na...

数字

1	ένας	e·nas(m)
	μία	mi·a(f)
	ένα	e·na(n)
2	δύο	dhi·o
3	τρεις	tris(m&f)
	τρία	tri·a(n)
4	τέσσε	te·se·
	ρεις	ris(m&f)
	τέσσερα	te·se·ra(n)
5	πέντε	pen·de
6	έξη	e·xi
7	επτά	ep·ta
8	οχτώ	oh·to
9	εννέα	e·ne·a
10	δέκα	dhe·ka
20	είκοσι	ik·o·si
30	τριάντα	tri·an·da
40	σαράντα	sa·ran·da
50	πενήντα	pe·nin·da
60	εξήντα	ek·sin·da
70	εβδομ	ev·dho·
	ήντα	min·da
80	ογδόντα	ogh·dhon·da
90	ενενήντα	e·ne·nin·da
100	εκατό	e·ka·to
1000	χίλιοι	hi·li·i(m)
	χίλιες	hi·li·ez(f)
	χίλια	hi·li·a(n)

	νοικιάσω …	… ni·ki·a·so …
四轮驱动车	ένατέσσερα	e·na tes·se·ra
	επιτέσσερα	e·pi tes·se·ra
自行车	ένα	e·na
	ποδήλατο	po·dhi·la·to
轿车	ένα	e·na
	αυτοκίνητο	af·ti·ki·ni·to
吉普车	ένατζιπ	e·na tzip
摩托车	μια	mya
	μοτοσυκλέττα	mo·to·si·klet·ta

我需要戴头盔吗？

Χρειάζομαικράνος; khri·a·zo·me kra·nos

这是去……的路吗？

Αυτόςείναιο af·tos i·ne o

δρόμοςγια … ; dhro·mos ya …

哪儿有加油站？

Πούείναιέναπρατήριο pu i·ne e·na pra·ti·ri·o

βενζίνας; ven·zi·nas

我可以在这里停车吗？（能停多久？）

(Πόσηώρα)Μπορώνα (po·si o·ra)bo·ro na

παρκάρωεδώ; par·ka·ro e·dho

汽车/摩托车（在……）抛锚了。

Τοαυτοκίνητο/ to af·to·ki·ni·to/

ημοτοσυκλέττα i mo·to·si·klet·ta

χάλασε(στο …). kha·la·se(sto…)

我需要个维修技师。

Χρειάζο khri·a·zo·me

μαιμηχανικό. mi·kha·ni·ko

我的轮胎扁了。

Επαθυλάστιχο. e·pa·tha la·sti·cho

我没汽油了。

Εμειναααπόβενζίνη. e·mi·na a·po ven·zi·ni

幕后

说出你的想法

我们很重视旅行者的反馈——你的评价将鼓励我们前行，把书做得更好。我们同样热爱旅行的团队会认真阅读你的来信，无论表扬还是批评都非常欢迎。虽然很难一一回复，但我们保证将你的反馈信息及时交到相关作者手中，使下一版更完美。我们也会在下一版特别鸣谢来信读者。

请把你的想法发送到**china@lonelyplanet.com.au**，谢谢！

请注意：我们可能会将你的意见编辑、复制并整合到Lonely Planet的系列产品中，例如旅行指南、网站和数字产品。如果不希望书中出现自己的意见或不希望提及你的名字，请提前告知。请访问lonelyplanet.com/privacy了解我们的隐私政策。

声明

气象图表数据引用自Peel MC,Finlayson BL & McMahon TA（2007）'Updated World Map of the Köppen-Geiger Climate Classification',*Hydrology and Earth System Sciences*,11,1633-44。

60~61，290~291页插图由Javier Martinez Zarracina绘制。

封面图片：伊亚，圣托里尼岛（锡拉），AWL/Shaun Egan。

本书部分地图由中国地图出版社提供，其他为原书地图，审图号GS（2016）2042号。

关于本书

这是Lonely Planet《希腊岛屿》的第9版，由Korina Miller、Alexis Averbuck、Carolyn Bain、Michael Stamatios Clark、Greg Ward和Richard Waters调研撰写。

本书为中文第一版，由以下人员制作完成：

项目负责 关媛媛

内容统筹 谭川遥

翻译统筹 肖斌斌 邹云

翻　　译 邹云 李高飞

内容策划 隗平凡（本土化内容）周伯源 丁子凌 涂识

视觉设计 李小棠 庹桢珍

协调调度 丁立松 富晓敏

责任编辑 廖恬

地图编辑 马珊

制　　图 田越

流　　程 孙经纬

终　　审 石忠献

排　　版 北京梧桐影电脑科技有限公司

感谢葛晓倩、舒文慧、徐维、洪良、于佳宁、王璐、魏嘉昕、乔爽、余盈、王心怡为本书提供的帮助。

索引

A

B

C

D

E

F

G

000 地图页码
000 图片页码

000 地图页码
000 图片页码

000 地图页码
000 图片页码

地图图例

景点

- 海滩
- 鸟类保护区
- 佛教场所
- 城堡
- 基督教场所
- 孔庙
- 印度教场所
- 伊斯兰教场所
- 耆那教场所
- 犹太教场所
- 温泉
- 神道教场所
- 锡克教场所
- 道教场所
- 纪念碑
- 博物馆/美术馆/历史建筑
- 历史遗址
- 酒庄/葡萄园
- 动物园
- 其他景点

活动、课程和团队游

- 人体冲浪
- 潜水/浮潜
- 潜水
- 皮划艇
- 滑雪
- 冲浪
- 游泳/游泳池
- 徒步
- 帆板
- 其他活动

住宿

- 住宿场所
- 露营地

就餐

- 餐馆

饮品

- 酒吧
- 咖啡馆

娱乐

- 娱乐场所

购物

- 购物场所

实用信息

- 银行
- 使领馆
- 医院/医疗机构
- 网吧
- 警察局
- 邮局
- 电话
- 公厕
- 旅游信息
- 其他信息

地理

- 棚屋/栖身所
- 灯塔
- 瞭望台
- 山峰/火山
- 绿洲
- 公园
- 关隘
- 野餐区
- 瀑布

人口

- 首都、首府
- 一级行政中心
- 城市/大型城镇
- 镇/村

交通

- 机场
- 过境处
- 公共汽车
- 缆车/索道
- 自行车路线
- 轮渡
- 地铁
- 单轨铁路
- 停车场
- 加油站
- 出租车
- 铁路/火车站
- 有轨电车
- 其他交通方式

路线

- 收费公路
- 高速公路
- 一级公路
- 二级公路
- 三级公路
- 小路
- 未封闭道路
- 广场
- 台阶
- 隧道
- 步行天桥
- 步行游览路
- 步行游览支路
- 小路

境界

- 国界
- 一级政区界
- 未定国界
- 地区界
- 军事分界线
- 海洋公园
- 悬崖
- 墙

水文

- 河流、小溪
- 间歇河
- 沼泽/红树林
- 暗礁
- 运河
- 水域
- 干/盐/间歇湖
- 冰川
- 珊瑚礁

地区特征

- 海滩/沙漠
- 基督教墓地
- 其他墓地
- 公园/森林
- 运动场
- 一般景点(建筑物)
- 重要景点(建筑物)

注：并非所有图例都在此显示。

我们的故事

一辆破旧的老汽车，一点点钱，一份冒险的感觉——1972年，当托尼（Tony Wheeler）和莫琳（Maureen Wheeler）夫妇踏上那趟决定他们人生的旅程时，这就是全部的行头。他们穿越欧亚大陆，历时数月到达澳大利亚。旅途结束时，风尘仆仆的两人灵机一闪，在厨房的餐桌上制作完成了他们的第一本旅行指南——《便宜走亚洲》(*Across Asia on the Cheap*)。仅仅一周时间，销量就达到了1500本。Lonely Planet从此诞生。

现在，Lonely Planet在都柏林、富兰克林、伦敦、墨尔本、奥克兰、北京和德里都设有公司，有超过600名员工及作者。在中国，Lonely Planet被称为“孤独星球”。我们恪守托尼的信条：“一本好的旅行指南应该做好三件事：有用、有意义和有趣”。

我们的作者

科里娜·米勒(Korina Miller)

统筹作者；克里特岛 第一次去希腊探险时还是个少年背包客，晚上在渡轮甲板上休息，白天在山间徒步旅行。从那时起，古老城镇里永恒的感觉就深深地吸引着她，她时常与当地人在海边的咖啡馆喝咖啡。科里娜在温哥华岛长大，从16岁起就开始了独自探索全球的旅程，她到访或居住过的国家多达36个，在旅行过程中，她获得了传播学和加拿大学研究的学位，以及移民研究的硕士学位。科里娜为孤独星球撰写了近40本出版物，她也是一位儿童写作指导老师。科里娜为本书撰写的部分有“计划你的行程”“了解希腊岛屿”(除了“古希腊文化”之外)，以及“生存指南”。

亚历克西斯·艾弗巴克(Alexis Averbuck)

雅典及周边；克里特岛；萨洛尼克湾群岛 亚历克西斯住在伊兹拉，定期往返雅典，利用一些机会去那些偏僻的乡村小路旅行。为了消除人们认为希腊只是一连串的沙滩这一偏见，她一直在努力。作为旅行作家的20年里，亚历克西斯曾在南极洲生活了一年，乘帆船横跨太平洋，在亚洲和美洲旅行期间她写了许多有关旅行的书。她还是一位画家，登录www.alexisaverbuck.com了解更多。

更多有关Alexis的信息：
auth.lonelyplanet.com/profiles/alexisaverbuck

卡罗琳·贝恩(Carolyn Bain)

基克拉泽斯群岛 出生在墨尔本的卡罗琳2000年第一次参与Lonely Planet指南就涉及希腊各地的跳岛游，于是她迷上了两件事：指南写作和希腊岛屿。15年后，这段多姿多彩的2个月旅程让卡罗琳过瘾地游览了整个基克拉泽斯群岛。如今，她已到访过50个希腊岛屿，拥有了太多最爱。登录carolynbain.com.au了解更多。

迈克尔·斯塔马蒂奥斯·克拉克(Michael Stamatios Clark)

东北爱琴海群岛; 埃维亚和斯波拉泽斯群岛 迈克尔的希腊之旅可以追溯到爱琴海伊卡里亚岛的Karavostamo村——他移居美国的外祖父母的家。第一次去希腊时,他还是一艘希腊货船上的甲板水手,通过喝葡萄酒和下双陆棋学习希腊语并教英语。从那时起,他就成了一个希腊人,经常游览群岛,欣赏希腊雅燃音乐,品尝松香葡萄酒(retsina)。他还参与撰写了Lonely Planet的《缅甸》《纽约》和《夏威夷》指南。

格雷格·沃德(Greg Ward)

多德卡尼斯群岛 十几岁就拿着欧洲火车通票第一次来到希腊,格雷格·沃德(个人网站www.gregward.info)从此不断回到这里,并在锡米岛度了蜜月。他为很多出版社和报纸撰写过有关希腊岛屿的书籍和文章。

理查德·沃尔特斯(Richard Waters)

伊奥尼亚群岛 理查德是一位获奖记者,他为《每日电讯报》《独立报》和《星期日泰晤士报》的旅游杂志撰写有关希腊的内容。他与家人住在英国科茨沃尔德,1974年,彼时还是个孩子的他首次来到希腊岛屿,从那以后,希腊岛屿已成为理查德的精神家园。他到过这里20多次,坐在咖啡馆里怡然自得地谈论神话,津津有味地吃着刚捕获到的鱿鱼,深入探寻跳岛游。他对希腊人一如既往地赞赏——虽然他们遇到了难以想象的难关,但依然是世界上最友好的人。

希腊岛屿

中文第一版

书名原文：*Greek Islands*（9th edition，Mar 2016）

本中文版由中国地图出版社出版

图书在版编目（CIP）数据

希腊岛屿 / 澳大利亚 LonelyPlanet 公司编；邹云等译. -- 北京：中国地图出版社，2016.10
书名原文：Greek Islands
ISBN 978-7-5031-9428-3

Ⅰ.①希… Ⅱ.①澳… ②邹… Ⅲ.①旅游指南－希腊 Ⅳ.① K954.59

中国版本图书馆 CIP 数据核字（2016）第 239275 号

出版发行 中国地图出版社
社　　址 北京市白纸坊西街 3 号
邮政编码 100054
网　　址 www.sinomaps.com
印　　刷 北京华联印刷有限公司
经　　销 新华书店
成品规格 197mm×128mm
印　　张 20.75
字　　数 1101.6 千字
版　　次 2016 年 10 月第 1 版
印　　次 2016 年 10 月北京第 1 次印刷
定　　价 89.00 元
书　　号 ISBN 978-7-5031-9428-3
审 图 号 GS（2016）2042 号
图　　字 01-2016-2134

如有印装质量问题，请与我社发行部（010-83543956）联系